OPVS EPISTOLARVM
DES. ERASMI ROTERODAMI

DENVO RECOGNITVM ET AVCTVM

PER

P. S. ALLEN, M.A.

COLLEGII MERTONENSIS SOCIVM

TOM. II

1514–1517

OXONII

IN TYPOGRAPHEO CLARENDONIANO

Oxford University Press, Walton Street, Oxford OX2 6DP
Oxford New York Toronto
Delhi Bombay Calcutta Madras Karachi
Petaling Jaya Singapore Hong Kong Tokyo
Nairobi Dar es Salaam Cape Town
Melbourne Auckland
and associated companies in
Berlin Ibadan

Oxford is a trade mark of Oxford University Press

Published in the United States
by Oxford University Press, New York

First published 1910
Re-issued 1992

British Library Cataloguing in Publication Data
Data available

Library of Congress Cataloging in Publication Data
Data available

ISBN 0–19–820342–X

Printed and bound in
Great Britain by Biddles Ltd,
Guildford and King's Lynn

PREFACE

In this volume appear the first instances of letters printed only from rough drafts. A considerable number of these are extant; having been preserved by their writers not merely through vanity or antiquarian instinct, but from the desire to be able to revive recollection of their letters, if answers should be slow in coming. The manuscripts vary from letters copied fair for despatch, but through some accident of circumstance not sent, and therefore exposed to subsequent alteration, down to the hastiest scratches dashed off on the spur of the moment and freely corrected and revised. Sometimes groups of letters are found repeating much the same news and written continuously without regard to pages; the name of the person addressed being added in brief at the head of each, but often with no dates except those of place. Such letters were probably written more or less at a sitting; and then, when suitable messengers presented themselves, copied out and despatched with the precise dates of sending filled in. In some cases, too, several drafts survive of the same letter, marking stages in its growth. But on the whole such evidence as is available goes to show that rough drafts give the substance of what the writer wished to say; though there may be sometimes an interval between composition and despatch, and in the final text some variation of phrases.

It is neither possible nor desirable to reproduce such manuscripts as closely as if they were finished letters; to show the numerous corrections and insertions, or the misspellings and repetitions which arise in the haste of composition known not to be final. In consequence I have treated them with some freedom; and occasionally, when drafts were very rough, with sentences wandering up and down the page, it has been necessary to construct the letter as best one might. Deletion, again, was so frequently preparatory to rewriting, that I have sometimes retained in the text passages of interest which the writer had struck out. In a few cases of alteration, where the words written over the top have proved illegible, I have adopted the first version without recording the fact. But where a sentence after much cutting about has been left with an imperfect construction, I have noted any rectifications that I have made.

As this edition advances, each volume contains more letters found and published by modern pioneers. Much of that work was done hurriedly and under pressure, for publication in fugitive periodicals; so that its accuracy is not always so great as could be desired. It has therefore been necessary, before reprinting such letters, to collate them with the original manuscripts; and this has been done independently by my wife and myself. Manifest misreadings of our predecessors are not, however, included in the critical notes; and in cases of divergence between this text and theirs, I would invite the reader to give the preference here. For, besides the first collation of the manuscripts, the proofsheets have been carefully corrected by each of us, in many cases not with the 'copy' but with the original manuscript; and they have also enjoyed the benefit of searching revision by Mr. Ingram Bywater. Thus I venture to hope that error in this text has been reduced to a narrow compass.

As in the preceding volume, I have abundant aid to acknowledge. Besides the helpers mentioned in that preface, to many of whom I am again no less indebted, my cordial thanks are due to Dr. Lange and the authorities of the Royal Library at Copenhagen for the loan of a rich codex of Erasmus' rough drafts; to Count Grégoire Stroganoff and the Earl of Radnor for permission to reproduce the two portions of Metsys' diptych; and to the late Major-General E. Renouard James for allowing me to publish Ep. 440—the existence of which was brought to my notice by Dr. Stein from Srinagar on his return from Central Asia. Dr. Reicke, Custos of the Town Library at Nuremberg, has most generously placed at my disposal all the material he has gathered in preparation for an edition of Pirckheimer's letters. Dr. Brom, Director of the Dutch Historical Institute at Rome, has continually remembered me in his work, and has communicated to me with the utmost readiness everything that he has found in the Vatican which seemed likely to be of use. Dr. Clauss, who has succeeded Dr. Gény at Schlettstadt, has given me every facility and assistance; Dr. Cowley has interpreted for me the occasional Hebrew; and for many varied contributions I am obliged to Professor Woodward, whose Renaissance Studies are a lively encouragement to those who labour in putting together bones that sometimes appear dry.

In conclusion I must add that most of the manuscripts enumerated on p. xi of vol. i still elude me. At this point it is of special importance to me to discover the present home of the Codex Horawitzianus, the volume of Martin Lipsius' correspondence which belonged to Horawitz and which is said to have been sold, after his death in 1885, to Rotterdam.

P. S. ALLEN.

LONGWALL COTTAGE, OXFORD.
17 December 1909.

BRIEF TABLE OF EDITIONS OF ERASMUS' LETTERS

(*A fuller description will be found in Appendix* 7)

A = Iani Damiani Senensis Elegeia. 4°. Basle. J. Froben. Aug. 1515.
B = Epistole aliquot ad Erasmum. 4°. Louvain. Th. Martens. Oct. 1516.
C = C^1 C^2
C^1 = Epistole sane quam elegantes. 4°. Louvain. Th. Martens. Apr. 1517.
C^2 = Idem. 4°. Basle. J. Froben. Jan. 1518.
D = D^1 D^2
D^1 = Auctarium selectarum epistolarum. 4°. Basle. J. Froben. Aug. 1518.
D^2 = Idem. 4°. Basle. J. Froben. March 1519.
E = Farrago noua epistolarum. Fol. Basle. J. Froben. Oct. 1519.
F = Epistolae ad diuersos. Fol. Basle. J. Froben. 31 Aug. 1521.
G = Selectae epistolae. 4°. Basle. J. Herwagen & H. Froben. 1528.
H = Opus epistolarum. Fol. Basle. H. Froben, J. Herwagen & N. Episcopius. 1529.
J = Epistolae floridae. Fol. Basle. J. Herwagen. Sept. 1531.
K = Epistolae palaeonaeoi. Fol. Freiburg. J. Emmeus. Sept. 1532.
L = De praeparatione ad mortem. 4°. Basle. H. Froben & N. Episcopius. ⟨c. Jan.⟩ 1534.
M = De puritate tabernaculi. 4°. Basle. H. Froben & N. Episcopius. ⟨c. Feb.⟩ 1536.
N = N^1 N^2 N^3
N^1 = Operum tertius tomus. Fol. Basle. H. Froben & N. Episcopius. 1538.
N^2 = Idem. Fol. Ibid. 1541.
N^3 = Idem. Fol. Ibid. 1558.
O = O^1 O^2
O^1 = Vita Erasmi. 4°. Leiden. T. Basson. 1607.
O^2 = Idem. 12°. Leiden. G. Basson. 1615.
P = Pirckheimeri opera. Fol. Frankfort. J. Bringer. 1610.
Q = Epistolae familiares. 8°. Basle. C. A. Serin. 1779.
Lond. = Epistolarum libri xxxi. Fol. London. M. Flesher & R. Young. 1642.
LB. = Opera omnia. Tomus tertius. Fol. 2 vols. Leiden. P. Vander Aa. 1703.

NOTE.—I have printed at the head of each letter a list of the editions in which it is found, with the necessary references. The references to Lond. serve also for H and N. Sources, printed or MS., other than the editions above catalogued, are indicated, when necessary, by Greek letters.

In the critical notes any of these editions or sources which is not specified by the sigla must be understood to follow the reading of its immediate predecessor. Thus, in Ep. 106. 1, E stands for E, F, H, N^1, N^2, N^3, Lond. and LB. Similarly, with the Greek alphabet this principle is generally followed; but occasionally, when the sources are diverse or there is some special reason for it, e.g. in Ep. 296, all the authorities are specified by their sigla.

The Corrigenda found in some of the volumes of letters have usually been treated as the true readings of those editions; but occasionally the uncorrected text and the correction have both been given; the latter following immediately after the former.

The small superior figures attached to letter-numbers refer to letters answered, the inferior to letters answering.

Angular brackets ⟨ ⟩ denote additions by an editor, square brackets [ ] denote omissions.

TABLE OF LETTERS

[* Not in LB. ** Printed here for the first time. ‡ Autograph. (This sign should have been attached in vol. i to Epp. 207, 209, 212, 213, 263.) Letters indented are written to Erasmus.]

1514 (*continued*)

*298.	John de Neve. Disticha . .	1 Aug. 1514	Louvain.
299.	Andrew of Hoogstraeten. Deflexi . .	⟨Aug. 1514⟩	Liège.
*300.	Reuchlin. Cum . .	⟨Aug. 1514	Basle.⟩
301.	Mountjoy. Salue . .	30 Aug. ⟨1514⟩	Basle.
*302.	Wimpfeling. Iumento . .	1 Sept. 1514	Strasburg.
303.	Zasius. Perfricuisse . .	7 Sept. 1514	Freiburg.
*304.	Dorp. Caue . .	⟨c. Sept. 1514⟩	Louvain.
*305.	Wimpfeling. Quid . .	21 Sept. 1514	Basle.
306.	Zasius. Quamuis . .	21 Sept. 1514	Freiburg.
307.	Zasius. Singularem . .	23 Sept. 1514	Basle.
**‡308.	Reisch. Summis . .	⟨Sept. 1514	Basle.⟩
309.	Reisch. Humanissime . .	4 Oct. 1514	Freiburg.
310.	Zasius. Hoc . .	11 Oct. 1514	Freiburg.
311.	Schürer. Bona . .	15 Oct. 1514	Basle.
312.	Gilles. Vulgare . .	15 Oct. 1514	Basle.
*313.	Zasius. Ne . .	18 Oct. ⟨1514⟩	Basle.
314.	Colet. Erasme . .	20 Oct. ⟨1514⟩	London.
315.	Lefèvre. Heri . .	23 Oct. ⟨1514⟩	St. Germain's, Paris.
316.	Paliurus. Parce . .	1 Nov. 1514	⟨Basle.⟩
317.	Zasius. Quando . .	7 Nov. 1514	Freiburg.
318.	Pirckheimer to B. Rhenanus. Meministi . .	9 Dec. 1514	Nuremberg.
319.	Zasius. Noli . .	22 Dec. 1514	Freiburg.

1515

320.	Becar. Quum . .	4 Jan. 1515	Arlon.
321.	Bebel. Cum . .	20 Jan. 1515	Tübingen.
322.	Pirckheimer. Iam pridem . .	24 Jan. ⟨1515⟩	Basle.
323.	Sapidus. Quod . .	31 Jan. 1515	Schlettstadt.
*324.	Reuchlin. Iam . .	1 March ⟨1515	Basle.⟩
*325.	Ruthall. Mire . .	7 March 1515	Basle.
*‡326.	The reader. Haud . .	March 1515	Basle.
**‡326[a].	Pirckheimer. Si . .	⟨April 1515	Augsburg?⟩
327.	B. Rhenanus. Cum . .	13 April 1515	St. Omer.
328.	B. Rhenanus. Seneca . .	17 April 1515	Basle.
329.	Nesen. Salue . .	⟨c. 17 April 1515⟩	Basle.
330.	B. Rhenanus. Frobennius . .	30 April 1515	Basle.
331.	Br. Amorbach. Salue . .	1 May 1515	Basle.
332.	Gilles. Si recte . .	7 May ⟨1515⟩	London.
333.	Riario. Quod . .	15 May 1515	London.
334.	Grimani. Quo minus . .	⟨15 May⟩ 1515	London.
335.	Leo x. Si . .	21 May 1515	London.

336. Fisher. Perlegimus . .	⟨May 1515⟩	Halling.
337. Dorp. Non . .	⟨May fin.⟩ 1515	Antwerp.
338. Leo x. Letati . .	10 July 1515	Rome.
339. Leo x to Henry VIII. Carissime . .	10 July 1515	Rome.
340. Riario. Clarissime . .	18 July 1515	⟨Rome.⟩
341. The reader. Ipsa . .	30 July 1515	Basle.
342. Gerbell. Quam . .	⟨Aug. init.⟩ 1515	Strasburg.
343. Gerbell. Scripsimus . .	8 Aug. 1515	Strasburg.
344. Zasius. Quem . .	9 Aug. 1515	Freiburg.
‡345. Zasius. Decretum .	⟨Aug. init. 1515	Basle.⟩
346. Badius. Domine . .	19 Aug. 1515	Paris.
**347. Dorp. Acceptis . .	27 Aug. 1515	Louvain.
348. Wolsey. Doleo . .	30 Aug. ⟨1515⟩	Basle.
349. Gerbell. Accepi . .	31 Aug. 1515	Strasburg.
350. Pace. Plane . .	4 Sept. ⟨1515⟩	Basle.
351. Gerbell. Proximis . .	9 Sept. 1515	Strasburg.
352. Gerbell. Non . .	11 Sept. 1515	Strasburg.
353. Sapidus. Nequiui . .	12 Sept. ⟨1515⟩	Schlettstadt.
354. Sapidus. Qui . .	15 Sept. 1515	Schlettstadt.
355. Kirher. Etsi . .	16 Sept. 1515	Spires.
356. Gilles. Demiror . .	⟨Sept. 1515	Basle.⟩
357. Zasius. Ecquando . .	21 Sept. ⟨1515⟩	Freiburg.
358. Zasius. Si . .	⟨Sept. fin. 1515	Basle.⟩
359. Pirckheimer. Qua . .	1 Oct. ⟨1515⟩	Nuremberg.
360. Ammonius. Belle . .	2 Oct. ⟨1515⟩	Basle.
361. Kirher. Cum . .	⟨Oct. 1515⟩	Basle.
362. Pirckheimer. Equidem . .	16 Oct. ⟨1515⟩	Basle.
363. Angst. Obscuri . .	19 Oct. ⟨1515⟩	Hagenau.
364. Sapidus. Carmen . .	⟨c. Oct. 1515⟩	Basle.
365. Hutten. Omnes . .	24 Oct. ⟨1515⟩	Worms.
‡366. Zasius. Scripsi . .	⟨Oct. 1515	Basle.⟩
367. Zasius. Salutem . .	30 Oct. 1515	Freiburg.
368. Volz. Nacti . .	30 Oct. 1515	Hügshofen.
369. Gerbell. Matthias . .	⟨Nov. ? 1515	Strasburg.⟩
370. Becar. Quas . .	22 Nov. 1515	Arlon.
371. De Molendino. Dominus . .	23 Nov. 1515	Tournay.
372. Volz. Litteras . .	25 Nov. 1515	Schlettstadt.
373. The reader. Quanquam . .	⟨c. Dec.⟩ 1515	Basle.
374. Caesarius. Quoties . .	3 Dec. ⟨1515⟩	Cologne.
‡375. Pirckheimer. Iterum . .	13 Dec. 1515	Nuremberg.
376. Zasius. Vide . .	16 Dec. 1515	Freiburg.
377. Caraffa. Reuerendissime . .	23 Dec. ⟨1515⟩	Basle.
378. Ammonius. Galeatius . .	23 Dec. ⟨1515⟩	Basle.
‡379. Zasius. Vix . .	⟨Dec. 1515 ?	Basle.⟩
380. Zasius. Frobennius . .	26 Dec. 1515	⟨Freiburg.⟩

1516

381. Andrew of Hoogstraeten. Vt . .	10 Jan. ⟨1516⟩	Liège.
382. Wimpfeling. Viuine . .	15 Jan. 1516	Schlettstadt.
383. Gerbell. Nequeo . .	21 Jan. 1516	Strasburg.
384. Leo x. Inter . .	1 Feb. 1516	Basle.
*385. Wimpfeling. Viuimus . .	3 Feb. ⟨1516⟩	Basle.
386. U. Regius to J. Faber. Scripsi . .	⟨c. Feb. 1516⟩	Ingolstadt.
387. Bedill. Erasme . .	10 Feb. ⟨1516⟩	London.
388. More. Posteaquam . .	⟨c. 17 Feb. 1516	London.⟩
389. Ammonius. Quibus . .	⟨18⟩ Feb. ⟨1516⟩	London.
390. Zasius. Patere . .	20 Feb. 1516	Freiburg.
391. Basell. Quod . .	⟨c. Feb. 1516⟩	Hirsau.
392. U. Regius. Exhibuit . .	24 Feb. 1516	Basle.

393. Prince Charles. Cum . .	⟨c. March 1516	Basle.⟩
394. U. Regius. Sic . .	7 March 1516	Basle.
‡395. Ellenbog. Doctissime . .	30 March 1516	Ottobeuren.
*396. Warham. Tanta . .	1 April 1516	Basle.
*397. Anshelm. Multum . .	1 April 1516	⟨Basle.⟩
398. Precell. Omnium . .	5 April 1516	Ulm.
399. Sapidus. Merito . .	11 April 1516	Schlettstadt.
400. Baldung. Vir . .	24 April 1516	Ensisheim.
401. Zwingli. Scripturum . .	29 April ⟨1516⟩	Glarus.
*402. Ellenbog. Hieronymus . .	⟨April 1516	Basle.⟩
403. Budaeus. Dici . .	1 May ⟨1516⟩	Paris.
*‡404. Zwingli. Maiorem . .	⟨c. 8 May 1516⟩	Basle.
*‡405. Egli. Φθείρουσιν . .	⟨1516?	Basle.⟩
406. Zasius. Video . .	9 May 1516	Freiburg.
407. Pirckheimer. Nec . .	12 May 1516	Basle.
*‡408. Bon. Amorbach. Quod . .	⟨c. 12 May 1516⟩	Basle.
409. Pirckheimer. Ante . .	20 May 1516	Nuremberg.
410. Le Sauvage. Tandem . .	1 June ⟨1516⟩	Antwerp.
411. Rimaclus. Tandem . .	1 June ⟨1516⟩	Antwerp.
412. More. Caeteris . .	⟨c. 3 June 1516	Brussels.⟩
413. Fisher. Reuerende . .	5 June ⟨1516⟩	St. Omer.
414. Ammonius. Gaudeo . .	5 June ⟨1516⟩	St. Omer.
415. Linacre. Tametsi . .	5 June ⟨1516⟩	St. Omer.
416. Urswick. Equi . .	5 June ⟨1516⟩	St. Omer.
417. W. Latimer. Per . .	5 June ⟨1516	St. Omer.⟩
418. Reuchlin. Mi . .	5 June 1516	Stuttgart.
419. Froben. Quas . .	17 June ⟨1516⟩	Basle.
**‡420. Br. Amorbach. Salue . .	⟨c. 17 June 1516	Basle.⟩
421. Budaeus. Iam . .	⟨c. 19 June 1516	Antwerp.⟩
422. Brielis. Quamprimum . .	20 June ⟨1516⟩	
423. Colet. Non . .	20 June ⟨1516⟩	Stepney.
424. More. Iubes . .	⟨c. 21 June 1516	London.⟩
425. Warham. Erasme . .	22 June ⟨1516⟩	Otford.
426. Bedill. Erasme . .	22 June ⟨1516⟩	Otford.
427. Ammonius. Semper . .	22 June ⟨1516⟩	London.
428. Caesarius. Habent . .	23 June 1516	Antwerp.
429. Ammonius. Coclitem . .	26 June ⟨1516⟩	Westminster.
430. Sixtin. Cum . .	26 June ⟨1516⟩	London.
431. Lupset. Etsi . .	28 June ⟨1516⟩	London.
432. Fisher. Etsi . .	⟨c. 30 June 1516⟩	Rochester.
433. Alard. Salueto . .	1 July 1516	Louvain.
434. Badius. Erasme . .	6 July 1516	⟨Paris⟩
435. Budaeus. Accepi . .	7 July ⟨1516⟩	Paris.
436. Le Sauvage. Salue . .	8 July 1516	Brussels.
437. Ruthall. Ornatissime . .	9 July 1516	Antwerp.
438. Dorp. Audiui . .	10 July ⟨1516?⟩	Brussels.
**439. Br. Amorbach. Quid . .	13 July ⟨1516⟩	Antwerp.
**440. Glareanus. Magnopere . .	⟨c. 13 July⟩ 1516	⟨Antwerp.⟩
441. Budaeus. Nactus . .	14 July ⟨1516⟩	Antwerp.
442. Hermann of Neuenahr. Literae . .	14 July ⟨1516⟩	Cologne.
443. Barbirius. Postquam . .	18 July 1516	Brussels.
444. Viterius. Etsi . .	2 Aug. 1516	Paris.
445. Grey. Tametsi . .	5 Aug. ⟨1516⟩	Paris.
446. Leo x. Abunde . .	9 Aug. 1516	London.
447. Grunnius. Hactenus . .	⟨Aug. 1516	London.⟩
448. Sixtin to Gilles. Quanquam . .	12 Aug. ⟨1516	London.⟩
449. Bullock. Tuus . .	13 Aug. ⟨1516⟩	Cambridge.
450. Watson. Tertio . .	⟨c. 13 Aug. 1516	Cambridge.⟩

451.	Ammonius. Precor . .	⟨c. 14 Aug. 1516	London.⟩
452.	Ammonius. Precibus . .	17 Aug. ⟨1516⟩	Rochester.
453.	Ammonius. Ita . .	⟨c. 19 Aug. 1516⟩	Westminster.
454.	Melanchthon. Κρατῆρας . .	20 Aug. 1516	Tübingen.
455.	Ammonius. Plane . .	22 Aug. ⟨1516⟩	Rochester.
456.	Bullock. Ex . .	⟨22?⟩ Aug. 1516	Rochester.
*457.	Reuchlin. Nullo . .	27 Aug. ⟨1516⟩	Calais.
458.	Snoy. Salue . .	1 Sept. ⟨1516?⟩	Gouda.
459.	Capito. Recte . .	2 Sept. 1516	⟨Basle⟩
460.	B. Rhenanus. Quam . .	3 Sept. 1516	Basle.
461.	More. Nusquamam . .	3 Sept. ⟨1516⟩	London.
*462.	Nesen. Siue . .	5 Sept. 1516	Antwerp.
463.	Glareanus. Si . .	5 Sept. 1516	Basle.
‡464.	Br. Amorbach. Salue . .	5 Sept. 1516	Basle.
465.	Warham to More. Post . .	16 Sept. ⟨1516⟩	Otford.
*‡466.	Ammonius to Leo x. Beatissime . .	⟨Sept. 1516	Westminster⟩
467.	More. Accepi . .	⟨c. 20 Sept. 1516	London.⟩
468.	More. Erasme . .	⟨22 Sept. 1516⟩	London.
469.	Nesen. Doleo . .	⟨Sept. 1516⟩	Frankfort.
470.	J. Busleiden. Vel . .	28 Sept. ⟨1516⟩	Antwerp.
*471.	Reuchlin. Cum . .	29 Sept. ⟨1516⟩	Antwerp.
472.	Badius. Accepi . .	29 Sept. 1516	Paris.
473.	Nesen. Etsi . .	⟨Sept. fin. 1516	Basle.⟩
474.	More. Iam . .	2 Oct. 1516	Antwerp.
475.	Ammonius. Vin' . .	6 Oct. ⟨1516⟩	Brussels.
476.	Gilles. Nactus . .	6 Oct. 1516	Brussels.
477.	Gilles. Matura . .	17 Oct. ⟨1516⟩	Brussels.
478.	Ammonius. Risi . .	20 Oct. ⟨1516⟩	Westminster.
*‡479.	Ammonius. Obsignatis . .	22 Oct. ⟨1516⟩	London.
480.	Budaeus. Mirum . .	28 Oct. 1516	Brussels.
481.	More. Rescribo . .	31 Oct. ⟨1516⟩	London.
482.	Hexapolitanus. Noram . .	⟨Autumn 1516?	Brussels?⟩
483.	Ammonius. Male . .	9 Nov. 1516	Brussels.
484.	J. Busleiden. Ecce . .	9 Nov. ⟨1516⟩	Mechlin.
485.	Alard. Quod . .	11 Nov. 1516	Louvain.
486.	Mountjoy. Accepi . .	12 Nov. ⟨1516⟩	Tournay.
487.	Geldenhauer. Vtopiae . .	12 Nov. 1516	Louvain.
488.	Ber. Quemadmodum . .	12 Nov. 1516	Basle.
489.	Canossa. Ea . .	13 Nov. 1516	Amboise.
490.	Glareanus. Quod . .	13 Nov. ⟨1516⟩	Basle.
491.	Gilles. Deum . .	18 Nov. ⟨1516⟩	Brussels.
492.	Adrian to Cornelius Barland. Literas . .	⟨c. Nov. 1516⟩	Louvain.
493.	Budaeus. Identidem . .	⟨26 Nov. 1516⟩	Paris.
494.	Deloynes. Miraberis . .	⟨c. 26 Nov. 1516⟩	Paris.
495.	Lister. Cum . .	⟨Nov. fin. 1516	Zwolle.⟩
496.	Dorp. Quae . .	⟨Nov. fin. 1516⟩	Louvain.
497.	Paludanus. Mitto . .	⟨c. Nov. 1516?	Brussels?⟩
*‡498.	Ammonius. Aegre . .	4 Dec. ⟨1516⟩	Westminster.
499.	More. De . .	⟨c. 4 Dec. 1516	London.⟩
500.	Lister. Longicampianum . .	⟨c. Dec. 1516⟩	Zwolle.
501.	Spalatinus. Quanquam . .	11 Dec. 1516	Lochau.
502.	More. Non . .	15 Dec. ⟨1516⟩	London.
503.	Viterius. Salue . .	18 Dec. 1516	⟨Paris.⟩
504.	Lister. Lectis . .	28 Dec. ⟨1516⟩	Zwolle.
505.	Ammonius. Πρός . .	29 Dec. 1516	⟨Brussels.⟩
506.	Alvar. Erasme . .	⟨1516 fin.?	Brussels?⟩

1517

507. Ber. An . .	1 Jan. 1517	Brussels.
508. Mountjoy. Litteras . .	4 Jan. ⟨1517⟩	Tournay.
509. Dorp. Quod . .	⟨Jan. 1517⟩	Louvain.
510. Barland. Quum . .	⟨Jan. 1517	Louvain.⟩
511. Agge. Cogitantem . .	10 Jan. ⟨1517?⟩	Paris.
512. Watson. Quam . .	13 Jan. 1517	Brussels.
513. More. Maruffi . .	13 Jan. ⟨1517	London.⟩
*‡514. George of Saxony. Cum . .	⟨Jan. 1517?	Weimar?⟩
515. Gilles. Mei . .	18 Jan. ⟨1517⟩	Antwerp.
516. Gilles. Te . .	20 Jan. ⟨1517⟩	Brussels.
*517. Leo x to Ammonius. Exponi . .	26 Jan. 1517	Rome.
*518. Leo x. Vitae . .	26 Jan. 1517	Rome.
519. Leo x. Vitae . .	26 Jan. 1517	Rome.
520. W. Latimer. Redditae . .	30 Jan. ⟨1517⟩	Oxford.
521. Gigli. Venerabilis . .	31 Jan. 1517	Rome.
522. Budaeus. In . .	5 Feb. ⟨1517⟩	Paris.
523. Cop. Quod . .	6 Feb. ⟨1517⟩	Paris.
524. Clava. Quod . .	6 Feb. ⟨1517⟩	Ghent.
525. de Keysere. Salue . .	⟨c. 6 Feb. 1517⟩	Ghent.
526. Gilles. Quod . .	⟨Feb. init. 1517	Antwerp.⟩
527. Pirckheimer. Hieronymus . .	⟨Feb. 1517?	Nuremberg.⟩
528. Grey and Viterius. Eodem . .	13 Feb. 1517	Brussels.
529. Poncher. Quanquam . .	14 Feb. 1517	Antwerp.
530. Clava. De . .	⟨c. 14 Feb. 1517⟩	Antwerp.
531. Budaeus. Nae . .	15 Feb. 1517	Antwerp.
532. Morillon. Non . .	18 Feb. ⟨1517⟩	Brussels.
533. Francis I. Cum . .	21 Feb. 1517	Antwerp.
534. Budaeus. Vix . .	21 Feb. 1517	Antwerp.
535. Deloynes. Video . .	21 Feb. 1517	Antwerp.
536. Dorp. In . .	21 Feb. ⟨1517⟩	Antwerp.
‡537. Cop. O felicem . .	24 Feb. 1517	Antwerp.
538. Canossa. Et . .	24 Feb. 1517	Antwerp.
539. Ammonius. Vix . .	24 Feb. 1517	Antwerp.
540. W. Latimer. Vt . .	⟨Feb. 1517⟩	Antwerp.
541. Capito. Non . .	26 Feb. 1517	Antwerp.
542. Afinius. Gratulari . .	⟨Feb.⟩ 1517	Antwerp.
543. More. Nuper . .	1 March 1517	Antwerp.
544. Accard. Cum . .	1 March 1517	Brussels.
545. More. Misi . .	8 March 1517	Antwerp.
546. Rescius. Est . .	8 March ⟨1517⟩	Louvain.
547. Bartholinus. Herasme . .	⟨March 1517⟩	Antwerp.
548. Bartholinus. Venissem . .	⟨c. 10 March 1517	Antwerp.⟩
549. Bartholinus. Mirum . .	10 March 1517	Antwerp.
550. Huttich (?). Quanquam . .	⟨c. March?⟩ 1517	Antwerp.
551. Ammonius. An . .	11 March 1517	Antwerp.
*552. Ammonius. Accepi . .	15 March ⟨1517⟩	Antwerp.
553. Emser. Salue . .	15 March 1517	Dresden.
554. Dunghersheym. Non . .	18 March 1517	Leipzig.
555. Pirckheimer. Quamuis . .	20 March 1517	Nuremberg.
556. B. Rhenanus. Impendio . .	22 March 1517	Basle.
**‡557. Br. Amorbach. Quod . .	⟨c. 22 March 1517	Basle.⟩
558. Warham. Erasme . .	24 March ⟨1517⟩	Canterbury.
559. Giustinian. Putabam . .	⟨March 1517?	London.⟩
560. Mosellanus. Quanquam . .	24 March ⟨1517⟩	Leipzig.
561. Capito. Alterum . .	24 March 1517	⟨Basle.⟩
562. Reuchlin. Ad ea . .	27 March 1517	⟨Tübingen?⟩.

563. Oecolampadius. Vbinam . .	27 March 1517	Weinsberg.
564. Accard. Saepe . .	1 April 1517	Brussels.
565. Barbirius. Salue . .	3 April 1517	Brussels.
566. Leo x. Vt vbique . .	⟨c. 4 April⟩ 1517	Brussels.
567. Gigli. Duplicasti . .	⟨c. 4 April⟩ 1517	Brussels.
568. Budaeus. Duas . .	5 April ⟨1517⟩	Paris.
569. Brixius. Rediit . .	6 April 1517	Paris.
570. John of Hérinnes. Sacris . .	6 April 1517	Enghien.
571. Tunstall to Budaeus. Quod . .	⟨April 1517	Antwerp.⟩
572. Tunstall. Binas . .	22 April ⟨1517⟩	Antwerp.
573. Corn. Batt. Quum . .	22 April 1517	Groningen.
574. Sagundinus to Musurus. Maximo . .	22 April 1517	London.
575. B. Rhenanus. Reddidit .	24 April 1517	Basle.
576. Watson. Benigne . .	⟨April 1517⟩	Peterhouse, Cambridge.
577. Wolsey. Reuerendissime . .	⟨c. 28 April 1517⟩	London.
578. Stromer. Doctissime . .	30 April 1517	Frankfort.
579. Bullock. Quum . .	1 May ⟨1517⟩	Cambridge.
580. Bullock. Apage . .	4 May ⟨1517⟩	Cambridge.
581. B. Rhenanus. Cum . .	10 May 1517	Basle.
582. Ber. Litterae . .	11 May 1517	Basle.
583. Budaeus to Tunstall. Eadem . .	19 May ⟨1517⟩	Paris.
584. More. Calendis . .	⟨30 May⟩ 1517	⟨Antwerp.⟩
585. Clava. Et . .	4 June ⟨1517⟩	Ghent.
586. Frederick and George of Saxony. Vt . .	5 June 1517	Antwerp.
587. Morillon. Helena . .	5 June ⟨1517⟩	Ghent.
588. Egnatius. Vdalricus . .	21 June 1517	Venice.
589. Asulanus. Mirabiliter . .	⟨c. 21 June 1517	Venice.⟩
590. Sagundinus. Quanquam . .	22 June 1517	London.
591. Giustinian. Ex . .	29 June 1517	London.
592. Fisher. Quantum . .	⟨c. June 1517⟩	Rochester.
593. Colet. Subirascor . .	⟨c. June 1517⟩	London.

App. 11. Prefaces to B, C, D.

LIST OF ABBREVIATIONS COMMONLY USED

(For A, B, C, ... Q, Lond., LB., denoting editions of Erasmus' letters, see p. vi and vol. i. pp. 599–602.)

Collections of Letters

AE. = Les correspondants d'Alde Manuce, 1483–1514; par P. de Nolhac. (Studi e documenti di storia e diritto, 1887, 8.) Rome, 1888.

Al. E. = i. Lettres familières de Jérôme Aléandre, 1510–40; par J. Paquier. Paris, 1909.

ii. Jérôme Aléandre et la principauté de Liège; par J. Paquier. Paris, 1896.

Am. E. = Bonifacius Amerbach und die Reformation; von Th. Burckhardt-Biedermann. Basel, 1894.

*BE.*¹ = Epistolae Gulielmi Budaei. Paris, J. Badius, 20 Aug. 1520.

*BE.*² = Epistolae Gullielmi Budaei posteriores. Paris, J. Badius, March 1522.

*BE.*³ = G. Budaei Epistolarum Latinarum lib. v, Graecarum item lib. i. Paris, J. Badius, Feb. 1531.

*BE.*⁴ = Répertoire de la correspondance de Guillaume Budé; par L. Delaruelle. Toulouse—Paris, 1907.

Bl. E. = Briefwechsel der Brüder Ambrosius und Thomas Blaurer, 1509–1548; bearbeitet von T. Schiess. t. 1, 1509–38 (Badische historische Kommission). Freiburg i. Br., 1908.

BRE. = Briefwechsel des Beatus Rhenanus; herausgeg. von A. Horawitz und K. Hartfelder. Leipzig, 1886.

EE. = Briefe an Desiderius Erasmus von Rotterdam; herausgeg. von J. Förstemann und O. Günther. (XXVII. Beiheft zum Zentralblatt für Bibliothekswesen.) Leipzig, 1904.

*EE.*² = Briefe an Desiderius Erasmus von Rotterdam; herausgeg. von L. K. Enthoven. Strassburg, 1906.

GE. = Roberti Gaguini epistole et orationes; ed. L. Thuasne. t. 2. Paris, 1904.

HE. = Epistolae Vlrichi Hutteni; ed. E. Böcking. t. 2. Lipsiae, 1859.

JE. = Der Briefwechsel des Justus Jonas; herausgeg. von G. Kawerau. (Geschichtsquellen der Provinz Sachsen, XVII.) t. 2. Halle, 1884, 5.

La. E. = Lasciana; herausgeg. von H. Dalton. Berlin, 1898.

LE. = Dr. Martin Luthers Briefe, Sendschreiben und Bedenken; herausgeg. von W. M. L. de Wette. t. 5. Berlin, 1825–8.

*LE.*² = Dr. Martin Luther's Briefwechsel; bearbeitet von E. L. Enders. Frankfurt am Main, 1884– .

ME. = Philippi Melanthonis epistolae, praefationes, consilia, iudicia, schedae academicae; ed. C. G. Bretschneider (Corpus Reformatorum, I–X). t. 10. Halis, 1834–42.

MHE. = i. Michael Hummelberger; von A. Horawitz. Berlin, 1875.
ii. Analecten zur Geschichte des Humanismus in Schwaben; von A. Horawitz. Wien, 1877.
iii. Analecten zur Geschichte der Reformation und des Humanismus in Schwaben; von A. Horawitz. Wien, 1878.
iv. Zur Biographie und Correspondenz Johannes Reuchlin's; von A. Horawitz. Wien, 1877.
(ii, iii, iv in Sitzungsberichte der phil.-hist. Classe der kaiserlichen Akademie der Wissenschaften, 85, 86, 89.)

MRE. = Der Briefwechsel des Mutianus Rufus; bearbeitet von C. Krause. (Zeitschrift des Vereins für hessische Geschichte, N. F., IX. Supplement.) Kassel, 1885.

MRE.[2] = Der Briefwechsel des Conradus Mutianus; bearbeitet von K. Gillert. (Geschichtsquellen der Provinz Sachsen, XVIII.) t. 2. Halle, 1890.

OE. = Oláh Miklós Levelezése; közli Ipolyi Arnold. (Monumenta Hungariae historica: diplomataria, XXV.) Budapest, 1875.

Ra. E. = Religiosissimi viri fratris Ioannis Raulin, artium et theologiae professoris scientissimi, epistolarum . . . opus eximium. Lutetiae Parisiorum, A. Ausurdus expensis I. Petit, 1521, Cal. Ian.

RE. = Johann Reuchlins Briefwechsel: herausgeg. von L. Geiger. (Bibliothek des litterarischen Vereins in Stuttgart. CXXVI.) Tübingen, 1875.

SE. = Christoph Scheurl's Briefbuch; herausgeg. von F. von Soden und J. K. F. Knaake. t. 2. Potsdam, 1867–72.

TE. = Ioannis Tritemii, abbatis Spanhemensis, epistolarum familiarium libri duo. Haganoae, P. Brubachius, 1536.

VE. = Vadianische Briefsammlung; herausgeg. von E. Arbenz und H. Wartmann. (Mitteilungen zur vaterländischen Geschichte, 24, 5, 27–9.) ⟨5 parts and 5 supplements (s^1–s^5).⟩ St. Gallen, 1890– .

ZE. = Vdalrici Zasii epistolae; ed. J. A. Riegger. t. 2. Vlmae, 1774.

Zw. E. = Huldrici Zuinglii Opera, voll. VII, VIII, Epistolae; ed. M. Schuler et J. Schulthess. t. 2. Turici, 1830–42.

Other Sources

ADB. = Allgemeine deutsche Biographie. Leipzig, 1875– .

Agric.[1] = Rodolphi Agricolae opuscula; ed. Petro Aegidio. Anuerpiae, T. Martinus, prid. cal. Feb. 1511.

Agric.[2] = Rodolphi Agricolae lucubrationes, tomus posterior; ed. Alardo Aemstelredamo. Coloniae, J. Gymnicus, ⟨1539⟩.

Agric.[3] = Unedierte Briefe von Rudolf Agricola; von K. Hartfelder. (Festschrift der badischen Gymnasien.) Karlsruhe, 1886.

AHVN. = Annalen des historischen Vereins für den Niederrhein. Köln, 1855– .

ANGB. = Acta nationis Germanicae universitatis Bononiensis; ed. E. Friedländer et C. Malagola. Berolini, 1887.

Anselme = Histoire généalogique et chronologique de la maison royale de France; par le P. Anselme. 3e édition, t. 9, Paris, 1726–33.

Athenae Cantab. = Athenae Cantabrigienses, 1500–1609; by C. H. Cooper and T. Cooper. 2 vols. Cambridge, 1858–61.

BEr.[1] = Bibliotheca Erasmiana, listes sommaires. Gand, 1893.

BEr.[2] = Bibliotheca Erasmiana; extrait de la Bibliotheca Belgica, publiée par F. Vander Haeghen, R. Vanden Berghe, et T. J. I. Arnold.
Adagia. Gand, 1897.
Admonitio etc. Gand, 1900.
Apophthegmata. Gand, 1901.
Colloquia. t. 3. Gand, 1903–7.

Bergenroth. = Calendar of letters, despatches, and state papers, relating to the negotiations between England and Spain, preserved in the archives at Simancas and elsewhere, 1485– ; edited by G. A. Bergenroth, and continued by P. de Gayangos and M. A. S. Hume. London, 1862– .

BN. = Biographie nationale. Bruxelles, 1866– .

Böcking = Index biographicus et onomasticus; cur. E. Böcking. (Vlrichi Hutteni Operum supplementum: tomi posterioris pars altera.) Lipsiae, 1870.

Brewer = Letters and papers, foreign and domestic, of the reign of Henry VIII; arranged by J. S. Brewer, and continued by J. Gairdner and R. H. Brodie. London, 1862– .

Bulaeus = Historia vniuersitatis Parisiensis; authore C. E. Bulaeo. t. 6. Parisiis, 1665–73.

Burchard = Iohannis Burchardi Argentinensis, capelle pontificie sacrorum rituum magistri, Diarium (1483–1506); ed. L. Thuasne. t. 3. Paris, 1883–5.

Butzbach = Beiträge zur Geschichte des Humanismus am Niederrhein und in Westfalen; von C. Krafft und W. Crecelius. (Zeitschrift des Bergischen Geschichtsvereins, VII, pp. 213–97.) Heft 1. Elberfeld, 1870.

Butzbach[2] = Zur Kritik des Johannes Butzbach; von G. Knod. (AHVN, lii, pp. 175–234.) Köln, 1891.

Butzbach[3] = Beiträge zur Geschichte des Humanismus in Schwaben und Elsass; von W. Crecelius. (Alemannia, VII, pp. 184–9.) Bonn, 1879.

BWN. = Biographisch woordenboek der Nederlanden. Haarlem, 1852–78.

Campbell = Annales de la typographie néerlandaise au XVe siècle; par M. F. A. G. Campbell. La Haye, 1874.

Chevalier = Répertoire des sources historiques du moyen âge: Bio-bibliographie; par U. Chevalier. 2e édition. t. 2. Paris, 1905–7.

Ciaconius = Vitae et res gestae Pontificum Romanorum et S. R. E. Cardinalium, opera A. Ciaconii; ab A. Oldoino recognitae. t. 4. Romae, 1677.

Copinger = Supplement to Hain's Repertorium bibliographicum; by W. A. Copinger. 2 parts. London, 1895–1902.

CPR. = Das Chronikon des Konrad Pellikan; herausgeg. durch Bernhard Riggenbach. Basel, 1877.

CR. = Corpus Reformatorum. Voll. 1–28. Melanthonis Opera; ed. C. G. Bretschneider et H. E. Bindseil. Halis et Brunsvigae, 1834–60.
Voll. 29–87. Calvini Opera; ed. G. Baum, E. Cunitz, E. Reuss. Brunsvigae et Berolini, 1861–1900.
Voll. 88– . Zwingli's Werke; herausgeg. von E. Egli und G. Finsler. Berlin, 1904– .

Creighton = A history of the Papacy during the period of the Reformation; by M. Creighton. 5 vols. London, 1887–94.
(Vols. 1 and 2; new edition. London, 1892.)

de Nolhac = Érasme en Italie; par P. de Nolhac. 2e édition. Paris, 1898.

de Reiffenberg = Histoire de l'ordre de la Toison d'Or; par le Baron de Reiffenberg. Bruxelles, 1830.

DNB. = Dictionary of national biography. London, 1885–1901.

Ducange = Glossarium mediae et infimae Latinitatis, conditum a Carolo du Fresne, domino Du Cange; ed. L. Favre. t. 10. Niort, 1883–7.

Dugdale = Monasticon Anglicanum, by Sir Wm. Dugdale; edited by J. Caley, H. Ellis, and B. Bandinel. 8 vols. London, 1817–30.

EEV. = Epistolae aliquot eruditorum virorum, ex quibus perspicuum quanta sit Eduardi Lei virulentia. Basle, J. Froben, Aug. 1520.

EHR. = The English Historical Review. London, 1886– .

EOV. = Epistolae obscurorum virorum, ed. E. Böcking. t. 2. Lipsiae, 1864–70.

Fantuzzi = Notizie degli scrittori bolognesi, raccolte da G. Fantuzzi. t. 9. Bologna, 1781–94.

Foppens = Bibliotheca Belgica; cur. J. F. Foppens. t. 2. Bruxellis, 1739.

Gachard = Collection des voyages des souverains des Pays-Bas; publiée par L. P. Gachard et C. Piot. (Collection de Chroniques Belges inédites.) t. 4. Bruxelles, 1874–82.

Gams = Series episcoporum Ecclesiae Catholicae; ed. P. B. Gams. Ratisbonae, 1873.

GC. = Gallia Christiana; opera D. Sammarthani, monachorum congregationis S. Mauri, et B. Hauréau. t. 16. Parisiis, 1715–1865.

Goethals = Dictionnaire généalogique et héraldique des familles nobles du royaume de Belgique; par F. V. Goethals. t. 4. Bruxelles, 1849–52.

Hain = Repertorium bibliographicum; opera L. Hain. t. 2. Stuttgartiae et Lutetiae Parisiorum, 1826–38.

Henne = Histoire du règne de Charles-Quint en Belgique; par A. Henne. t. 10. Bruxelles—Leipzig, 1858–60.

Herzog = Realencyklopädie für protestantische Theologie und Kirche; begründet von J. J. Herzog. 3e Auflage; herausgeg. von A. Hauck. t. 21. Leipzig, 1896–1908.

Hody = De Graecis illustribus libri duo; e codd. potissimum MSS. deprompsit H. Hodius. Londini, 1742.

Horawitz = i–iv. Erasmiana; von A. Horawitz. Wien, 1878, 80, 83, 85.
v. Erasmus von Rotterdam und Martinus Lipsius; von A. Horawitz. Wien, 1882.
(in Sitzungsberichte der phil.-hist. Classe der kaiserlichen Akademie der Wissenschaften, 1878, 79, 82, 84, 82.)

Jänig = Liber confraternitatis B. Marie de Anima Teutonicorum de Vrbe; ed. C. Jänig. Romae—Vindobonae, 1875.

Jortin = The life of Erasmus; by J. Jortin. 2 vols. London, 1758–60.

Knight = The life of Erasmus; by S. Knight. Cambridge, 1726.

LB. i–x = Desiderii Erasmi Roterodami opera omnia; ed. J. Clericus. t. 10. Lugduni Batavorum, 1703–6.

Le Glay = Négociations diplomatiques entre la France et l'Autriche durant les trente premières années du XVIe siècle, publiées par E. Le Glay. (Documents inédits sur l'histoire de France: première série.) t. 2. Paris, 1845.

Legrand = Bibliographie hellénique ou description raisonnée des ouvrages publiés en grec par des Grecs aux XVe et XVIe siècles; par Émile Legrand. t. 4. Paris, 1885–1906.

Le Neve = Fasti Ecclesiae Anglicanae, by J. Le Neve; continued by T. D. Hardy. 3 vols. Oxford, 1854.

Luc. Ind. = Lucubrationum Erasmi Roterodami index. Louanii, T. Martinus. Cal. Ian. 1519.

Mazzuchelli = Gli scrittori d'Italia, ⟨A–B⟩, del Conte G. Mazzuchelli. t. 2. Brescia, 1753–62.

Molinet = Chroniques de Jean Molinet, 1474–1506; publiées par J. A. Buchon. (Collection des chroniques nationales françaises, XLIII–XLVII.) t. 5. Paris, 1827–8.

MSH. = Messager des sciences historiques. Gand, 1823– .

Muratori = Rerum Italicarum scriptores, 500–1500; ed. L. A. Muratorio, t. 25. Mediolani, 1723–51.

NAKG. = Nederlandsch Archief voor kerkelijke Geschiedenis. Leiden, 1829– .

NBG. = Nouvelle biographie générale. Paris, 1855–66.

Nève = Mémoire sur le collège des trois-langues à l'université de Louvain; par F. Nève. (Mémoires couronnés par l'Académie Royale de Belgique, XXVIII.) Bruxelles, 1856.

Nicéron = Mémoires pour servir à l'histoire des hommes illustres dans la république des lettres, par J. P. Nicéron. t. 43. Paris, 1729–45.

Nichols = The Epistles of Erasmus, from his earliest letters to his fifty-first year, arranged in order of time. English translations . . . with a commentary . . .; by F. M. Nichols. 2 vols. London, 1901–4.

OHS. = Publications of the Oxford Historical Society. Oxford, 1885– .

Opmeer = Opus Chronographicum . . . usque ad annum M.DC.XI. auctore Petro Opmeer Amstelrodamo. Antverpiae, 1611.

Panzer = Annales typographici, opera G. W. Panzer. t. 11. Norimbergae, 1793–1803.

Proctor = Index to the early printed books in the British Museum; by R. Proctor.
Part I, to MD: 4 sections, London, 1898, 9; and 4 supplements, 1899–1902.
Part II, MDI–MDXX: London, 1903– .

Reich = Erasmus von Rotterdam. Untersuchungen zu seinem Briefwechsel und Leben in den Jahren 1509–18; von M. Reich. (Westdeutsche Zeitschrift für Geschichte und Kunst: Ergänzungsheft ix, p. 121.) Trier, 1896.

Renouard = Annales de l'imprimerie des Alde; par A. A. Renouard. 3e édition. Paris, 1834.

Richter = Erasmus-Studien; von A. Richter. Dresden, 1891.

Rot. Parl. = Rotuli Parliamentorum. 6 voll. fol. s.l. et a.

Ruelens = Notice sur la jeunesse et les premiers travaux d'Érasme; dans Erasmi Roterodami Silva Carminum, reproduction photo-lithographique. Bruxelles, 1864.

Rymer = Foedera, conventiones, literae, . . . inter reges Angliae et alios quosvis imperatores, reges, etc., 1101–1654; accur. T. Rymer et R. Sanderson. t. 20. Londini, 1704–35.

Sanuto = I diarii di Marino Sanuto (1496–1533); pubblicati per cura di N. Barozzi, G. Berchet, R. Fulin, F. Stefani, M. Allegri. t. 58. Venezia, 1879–1903.

Schmidt = Histoire littéraire de l'Alsace (xv^{c}–xvi^{c}); par C. Schmidt. t. 2. Paris, 1879.

Seebohm = The Oxford Reformers, John Colet, Erasmus, and Thomas More; by F. Seebohm. 3rd edition. London, 1887.

Steiff = Der erste Buchdruck in Tübingen (1498–1534); von K. Steiff. Tübingen, 1881.

Stokvis = Manuel d'histoire, de généalogie et de chronologie de tous les états du globe; par A. M. H. J. Stokvis. t. 3. Leide, 1888–93.

Stow = A survey of the cities of London and Westminster, by J. Stow; edited by J. Strype. 2 vols. London, 1720.

Tiraboschi = Storia della letteratura italiana; del Cavaliere Abate G. Tiraboschi. 2ª edizione. t. 9. Modena, 1787–94.

Trith.[1] = Liber de scriptoribus ecclesiasticis disertissimi patris domini Iohannis de Trittenhem. Basileae, Jo. de Amerbach, 1494.

Trith.[2] = Cathalogus illustrium virorum Germaniam suis ingeniis . . . exornantium domini Iohannis Tritemii. ⟨Moguntiae, P. Friedberger, c. 1495.⟩

Trith.[3] = Disertissimi viri Iohannis de Trittenhem . . . de scriptoribus ecclesiasticis collectanea, additis nonnullorum ex recentioribus vitis et nominibus. Parrhisius, B. Rembolt et Jo. Paruus, 1512, die xvi m. Octobris.

Trith.[4] = Dn. Iohannis Tritthemii . . . de scriptoribus ecclesiasticis . . . liber. . . . Appendicum istarum prior ⟨Trith.[3]⟩ nata est nuper in Galliis: posterior nunc recens additur, authore Balthazaro Werlino Colmariensi. Coloniae, P. Quentel, m. Martio, 1546.

Trith.[5] = Zusätze des Trithemius zu seinem Catalogus illustrium virorum Germaniae aus der in der Würzburger Universitätsbibliothek befindlichen Handschrift: in Johannes Trithemius, von I. Silbernagel, pp. 253–63. Regensburg, 1885.

van Heussen = Historia episcopatuum foederati Belgii; ed. H. F. van Heussen. t. 2. Lugduni Batavorum, 1719.

van Iseghem = Biographie de Thierry Martens d'Alost; par A. F. van Iseghem. Malines-Alost, 1852.

Vischer = Erasmiana; von W. Vischer. Basel, 1876.

Voigt = Die Wiederbelebung des classischen Alterthums; von G. Voigt. 3ᵉ Auflage. t. 2. Berlin, 1893.

Wilkins = Concilia magnae Britanniae et Hiberniae, 446–1717; ed. D. Wilkins. t. 4. Londini, 1737.

ADDENDA AND CORRIGENDA

Vol. I

P. 7, l. 22 n., ll. 1, 2. *For* the spring of 1476 *read* 1475.
 l. 5. *For* brother *read* cousin.

P. 28, l. 37 n. The late M. André Meyer of Paris pointed out to me in Oct. 1906 that LE. 533 is printed in the *Iudicium Erasmi Alberi de Spongia Erasmi*; of which BEr[1]. mentions two editions c. 1524, one by Schott at Strasburg.

P. 200, l. 9 n. Adrian Barland, *De rebus gestis ducum Brabantiae*, Louvain, R. Rescius, 1 May 1532, ff. M[8] v° and O[2], states that Standonck's college at Louvain was founded in 1498.

P. 266, last line. *For* Ep. 115 *read* Ep. 103.

P. 373, Ep. 164 introd. There is an Italian translation of the *Enchiridion* by Emilio di Emilii, Brescia, Lodovico Britannico, 1531.

P. 375, Ep. 164. 39 n. *For* 300 *read* 301.

P. 388, Ep. 175 introd. The date of de Keysere's printing of Houcarius' *Tractatus de penitentia* should be 11 March $151\frac{3}{4}$; for he only rebought the Lynx in July 1513. See V. Vander Haeghen, op. cit. in Ep. 525 introd., p. 18.

P. 390. The presentation manuscript of Ep. 177 and the Declamations is in the Library of Trinity College, Cambridge.

P. 406, Ep. 182 introd. For the manuscripts used by Valla see A. T. Russell, *Life of Lancelot Andrewes*, 1860, pp. 282 seq.

P. 413, Ep. 184 introd. *For* C *read* C[1].

P. 455, Ep. 218 introd. Some verses by Andreas Arena Lucensis appear in an edition of an oration of Nic. Tegrimus tendering the submission of Lucca to Julius II, 20 Dec. 1503; see E. G. Ledos in *Revue des Bibliothèques*, vii. (1897), p. 163.

P. 459, Ep. 222 introd. The earliest Froben edition is dated March 1515, not May.

P. 498, Ep. 251. 12 n. *For* Arribale *read* Annibale.

P. 507, l. 137 n. SE. 1 shows that Beroaldus' death must be placed in 1505.

P. 513, Ep. 262. 6 n. *For* LB. 66 *read* LB. App. 66 (= Ep. 433. 32, 3).

P. 520. On 28 Dec. 1512, during his residence in London, Erasmus was paid 20*s*. for composing the epitaph for Lady Margaret's tomb in Westminster Abbey; see C. H. Cooper's *Memoir of Margaret, Countess of Richmond and Derby*, ed. J. E. B. Mayor, 1874, pp. 124 and 200.

P. 526, Ep. 270 introd. In the autumn or winter of 1513 Pirckheimer heard from Beatus Rhenanus that Erasmus was still living (BRE. 422). On 6 Dec. 1513 Mutianus announces Erasmus' death, and on 7 June 1514 had only recently learnt that he was still living (MRE.[1] 323 and 363; MRE.[2] 331 and 378).

P. 533, Ep. 275 introd. l. 4. *For* tres *read* l̄res (lettres).

P. 564, Ep. 296 is printed in Eobanus' *Epistolae*, 1543, pp. 259–64. The text there given appears to be an extremely inaccurate copy of γ^2.

Vol. II

P. 8. Note on Aucuparius. *For* 12 Jan. 1522 *read* 10 Jan. 1522.

P. 38, Ep. 316 introd. L. Klett was Dr. of Laws at Basle in 1515 and Dean of the Law Faculty in 1520, 1523, 1527; see *Athenae Rauricae*, p. 108.

P. 153, Ep. 363 introd. Angst's friendship with Hutten dated from Frankfort on the Oder, where they both matriculated in 1506; and where Angst was B.A. 17 Feb. 1507. See G. Bauch in *Centralblatt für Bibliothekswesen*, xv (1898), p. 301.

In the same essay Bauch places this letter in 1516, relying largely on the fact that the battle of Marignano (13, 4 Sept. 1515) is mentioned in Eov. i. 35. But the news of the battle had certainly reached Basle by 2 Oct. (Ep. 360), and perhaps earlier; and it is therefore by no means impossible that it should have been known to the authors of Eov. in time for the insertion of it in one of the later letters (Eov. i contains only 41 in all) and the publication of the book by 19 Oct. Bauch's typographical arguments are discussed in the *Centralblatt*, xv, pp. 490 seq. by Steiff; who enforces his former and seemingly unanswerable demonstration (*Buchdruck in Tübingen*, pp. 217, 8 n.), that the first edition of Eov. was printed by Gran at Hagenau.

P. 164, Ep. 373 introd. Dr. M. R. James has shown that the scribe of the Leicester Codex was a Greek, Emmanuel of Constantinople (xv^{c}. med.); and that the MS. was perhaps written by him in Cambridge after 1472: see *Journal of Theological Studies*, v (1904), pp. 445–7, and xi (Jan. 1910).

P. 182, ll. 1, 20. I. p. 14. 5 seq. should have been cited in addition to the references to IV.

P. 202. Nic. Basell was a friend of Mutianus in 1503 and probably earlier; see RE. 87 and MRE^{1}. 293 = MRE^{2}. 2 and 302.

P. 209, Ep. 395 introd. Ellenbog's correspondence with Gallus Knöringer, Prior of the Benedictine monastery of St. Magnus at Füssen in Bavaria, is copied in a manuscript volume belonging to Knöringer; which is now the property of the Ponickau estate at Füssen.

P. 295, l. 98 n. *For* xv^{o}. *read* xv^{c}.

P. 390, Ep. 493 introd. From the frequent agreement between C^{1} and β, extending even to the reproduction of errors (cf. Ep. 522. 52), I incline to think that Budaeus must have used C^{1}, and not his own manuscripts, as the basis for the text of those letters (Epp. 403, 435, 493, 522) which he printed in BE^{3}. Similarly for Ep. 583 he seems to have used as his basis either D^{2} or F; cf. Ep. 583. 158 and 294.

LIST OF PLATES

PAGE

1. Deventer Letter-book, f. 121 v°, written by Hand A in its straight and curved form; Ep. 370 160

In the manuscript the difference of ink makes it easy to discern the operations of the xviii^{c}. editor (not Leclerc: presumably De la Faye); e.g. in l. 1, the enlargement of the initial o of *octobribus*, in l. 4 the alteration of o to u, and the addition of c (l. 5) to *percontari*. To him are due also the heading (copied, without scrupulous accuracy, from the foot of the preceding page), the marginalia, the underlines, the accents over a and e, and the commas of upright form (e.g. after *quidem*, l. 2; after *perlatae*, l. 3).

2. Deventer Letter-book, f. 164, written by Hand A in its curved form, and corrected by Erasmus; Ep. 481 371

In l. 2 the stroke above *qua* is scratched through by both Hand A and the xviii^{c}. editor. In the margin Erasmus writes *hgmodi phī*, which is expanded and altered by the xviii^{c}. editor. In l. 11 the last letter of *siue* added by Erasmus is made by the xviii^{c}. editor to t; but e seems clear.

3. Deventer Letter-book, f. 211, written by Hand B and corrected by Erasmus, with the numeration of Hand C or D in the top right-hand corner; Ep. 588 587

Erasmus' obliterations are usually intensified with a finer pen by the xviii^{c}. editor; who in ll. 1 and 10 alters i into j, and in l. 10 adds the accent over Erasmus' correction a.

298. TO JOHN DE NEVE.

Opuscula aliquot f°. A v°. Louvain.
1 August 1514.

[The preface to *Opuscula aliquot Erasmo Roterodamo castigatore*, Louvain, Th. Martens, Sept. 1514 (α); which include *Catonis praecepta, Mimi Publiani, Septem Sapientum celebria dicta* and *Institutum Christiani Hominis carmine pro pueris ab Erasmo compositum.* Van Iseghem (90) mentions another edition by Martens in Sept. 1515; but the copy specified by him I have not been able to trace. In Oct. 1515 Schürer published a new edition revised by Erasmus at his request, with considerable alterations in the preface (β^1); and this is followed by his editions of Oct. 1516 (β^2), Nov. 1517 and Aug. 1519. The undated edition by Martens (γ) may be placed in the latter part of 1517, after Erasmus' settlement at Louvain. It was reprinted by Martens in Nov. 1518 and by Froben in Oct. 1520 and June 1526. Badius reprinted one of Martens' editions, probably the latest, 13 Aug. 1527 (δ) and again in Nov. 1533; and the last edition produced during Erasmus' lifetime by any of his authorized printers is that of Froben and Episcopius in 1534 (ε).

The date of the preface is unquestionable. Erasmus' statement that his work on Cato cost him only a day (Ep. 421) is perhaps to be understood of the work of final revision for the press; cf. Epp. 384 introd. and 428 introd. The book may have been brought with its dedication ready written (cf. Ep. 199 introd.); for Erasmus' stay in Louvain at this time was short, and the book was left behind with Dorp to be printed (Ep. 304. 156–9).

The Royal Library at Munich has a copy of β^1 (4° A. Lat. a. 24) with the following autograph inscription by Erasmus: 'Iohanni Oecolampadio Vinimontano amico ἐντιμοτάτῳ munus haudquaquam βαρύτιμον donauit Erasmus ὁ ῥοδερόδαμος.'

John de Neve of Hondschoote, S.E. of Dunkirk, was B.A. from the Collège du Lis at Louvain in 1497, and M.A. in 1499. He subsequently became Bachelor of Theology, Regent of his College, and Feb.–Aug. 1515 Rector of the University. Erasmus knew him intimately during his residence in the Collège du Lis, from 1517 onwards. His name does not occur among the followers of the Muses at Louvain in the *Epithalamium Petri Aegidii*, composed in 1514 but rewritten probably c. 1517–8 (Ep. 312. 86 n.); but after his death Erasmus wrote a letter of regret (Lond. xxiii. 5, LB. 671) which was published with his *Exomologesis*, Basle, Froben, ⟨c. Sept.⟩ 1524. The date of de Neve's death—which occurred suddenly of paralysis—has not been certainly established. On the ground of Erasmus' letter it has usually been placed in 1524; but John Heems of Armentier, who is there mentioned as de Neve's successor, is shown by the University records to have become Regent in 1522, and after holding office for more than thirty-seven years to have died on 1 July 1560. See E. Reusens in *Analectes pour . . . l'hist. ecclés. de la Belgique*, vol. xx (iv in 2nd ser.), pp. 293–326 and 361; cited in EE. pp. 357,8. Förstemann and Günther place EE. 5, which answers a letter of Erasmus inquiring about some books which he seems to have left behind at Louvain with de Neve, in 1522; but from a similarity in contents with EE. 13. 24 and also in month-date I incline to think that both letters belong to 152$\frac{2}{3}$: in which case de Neve's death may be placed at the end of 1522. Dorp's Dialogue (p. 11) is dedicated to him.]

ERASMVS ROTERODAMVS M. IOANNI NEVIO HONDISCOTANO, LILIANORVM LOVANII GYMNASIARCHAE, SALVTEM D. P.

DISTICHA moralia vulgo Catonis inscripta titulo, Neui theologorum decus, primum diligenter a mendis repurgauimus collata Planudis

TIT. LOVANII α: APVD INCLYTVM LOVANIVM γ: *om.* ε. 1. Neui . . . decus *add.* β.

---

2. Planudis] Maximus Planudes (c. 1260–1310), a Byzantine monk, who was sent on an embassy to Venice in 1296. He translated into Greek a

interpretatione, tametsi Graeculus ille Romani carminis sententiam saepenumero non assequitur. Addidimus et scholia, perbreuia quidem illa, sed aliquanto commodiora, ni fallor, iis commentariis quibus duo quidam opusculum hoc contaminauerant; quorum alter insulsissime rhetoricatur, homo ipsa infantior infantia, alter ineptissime philosophatur, vterque οὐδὲν πρὸς ἔπος loquitur. Porro cuius autoris sit hoc opus et vtrum vnius an plurium, non admodum referre puto; Catonis ob id tantum arbitror dici, quod sententias habeat Catone dignas. Adiecimus his Mimos Publianos falso inscriptos Senecae prouerbia. Atque his quoque castigatis (offendimus enim deprauatissimos) adscripsimus breuissima scholia, reiectis iis quae perperam erant admixta ex aliorum libris, tum appositis aliquot ex Aulo Gellio et Senecae controuersiis.

Sed interim clamabit vitilitigator aliquis, Hui, theologum in tam friuolis versari nugis? Primum ego nihil fastidiendum duco, quantumuis humile, quod ad bonas pertineat literas, nedum hosce versus tanta Romani sermonis mundicie tamque ad bonos mores conducibiles. Quamquam cur me pudeat in hoc genere pauculas horas collocare, in quo non pauci scriptores Graeci non mediocri cum laude sunt versati? Nam extant et hodie Theognidis sententiae, Phocylidis et Pythagorae praecepta non abs re aurea dicta. Denique si mihi indecorum esse volunt emendasse haec tam humilia et explanasse, multo foedius erit eadem et deprauata fuisse et (quod ex ipsorum liquet commentariis) ista tam puerilia non intellecta fuisse ab iis viris qui se nihil nescire putant. Nam Publii Mimos quis contemnat, quos Aulus Gellius lepidissimos, Seneca disertissimos vocat, cuiusque sententias, vt idem testatur, non piguit summos etiam rhetores aemulari? Addidimus et Septem Sapientum celebria dicta et Hominis Christiani Institutum, quod nos carmine dilucido magis quam elaborato sumus interpretati, conscriptum antea sermone Britannico a Iohanne Coleto, quo viro non alium habet mea quidem sententia florentissimum Anglorum imperium vel magis pium vel qui Christum verius sapiat.

Hoc quicquid est laboris tibi nuncupandum duximus, mi Neui ornatissime, simul vt habeas quod tuis praelegi cures alumnis, quos nulla neque litterarum neque morum barbarie sinis infici, simul vt

14. Aulo Gellio α : Auli Gellii noctibus β. 18. pertinet ε. 21. non pauci αγ : pauci β. 32. antea *add.* γ. 34. florentissimum *add.* β.

---

number of the Latin classics, including the *Disticha* attributed to Cato; often very imperfectly. See *Ovidi Heroides*, ed. Palmer, 1898, chap. 3. He is more famous as the editor of the Anthology. His version of Cato was published by Aldus in Feb. $149\frac{5}{6}$.

28. Gellius] 17. 14. 3.

Seneca] *Controu.* 7. 3. 9; cf. ibid. 4. 8.

hoc qualecunque monumentum non sinat nostram necessitudinem intermori. Quod equidem ita assecuturum me confido, quum propter natiuam tuam humanitatem ac vetus in me studium, tum etiam quod hac lucubratiuncula tuo satisfaciam desyderio, qui iam olim (vt mihi Dorpius noster narrauit) summopere expetas sententias probati cuiuspiam auctoris ita expoliri vt et animos adulescentum ad virtutes et linguas ad rectam eloquutionem forment; quorum vtrumque nisi heae Catonis ac Publianae Septemque Sapientum sic castigatae atque elucidatae faciant, nullae faciant. Bene vale.

Louanii. Anno. D.M.XIIII. Kal. Aug.

299_{381} To Andrew of Hoogstraeten.

Epistolae ad diuersos p. 473. Liège.
HN: Lond. xii. 8: LB. 296. ⟨August 1514.⟩

[A younger branch of the Borsselen family (cf. Epp. 80 and 93 introd.) acquired the lordship of Hoogstraeten in 1437 (Stokvis iii. 10, geneal. 10, 16); so that Erasmus' ancient friendship with this Andrew, who was perhaps a dependant on the same footing as Peter of Courtebourne (Ep. 169), may have dated back to the Tournehem days.]

ERASMVS ROT. ANDREAE HOOCHSTRATO SVO S.

Deflexi nonnihil ab itinere meo, vt et te veterem amicum meum viderem et vrbis tam celebris conspectu fruerer; verum vtrunque frustra malo quodam meo fato. Nam et tu aberas, et vrbs ita placuit vt a nulla vnquam discesserim lubentius. Bene vale.

Leodii. [Anno M.D.XVII.]

$^{290}300$. To John Reuchlin.

Illustrium virorum epistolae f°. s³. v°. (*a*). ⟨Basle.⟩
RE. 190. ⟨August 1514.⟩

[This letter and Epp. 324, 457, 471 are included in *Illustrium virorum epistolae, Hebraicae, Graecae et Latinae, ad Ioannem Reuchlin Phorcensem*, Hagenau, Anshelm, May 1519, but were never reprinted by Erasmus. The volume is an album of letters, the first part of which, published by Anshelm at Tübingen in March 1514, was intended to show that Reuchlin had the support of the learned world in his controversy with Pfefferkorn on behalf of Hebrew learning; the second part, to which these letters belong, testifies the general satisfaction at the Spires decision (Ep. 290) and the encouragement shown to Reuchlin in the later stages of the contest. See RE. pp. 2,3.

298. 40. Quod .. 47. nullae faciant α: Non me clam est quam sit hoc plus quam leuidense munusculum impar magnitudini tuae, qui cum eruditione rara tum moribus non minus integris quam festiuis et ornas ornatissimum theologorum ordinem et illustrissimam Louaniensium scholam illustras. Verum confidebam fore vt optimo viro libellum quantumuis pusillum ipsa commendaret vtilitas β: (illustrissimam . . . scholam *om.* δ *per lapsum*). 48. D.M.XIIII $\alpha\beta^2$: D.M.XV β^1: 1513 ϵ. Kal. Aug. *om.* ϵ.

Geiger dates from Louvain, but the letter is clearly written from Basle. The contrast between the proposal to move on to Italy in l. 41 and the intention of staying through the winter expressed in Ep. 305. 217, 8, shows that Erasmus was writing shortly after his arrival, before he had settled into Froben's circle.]

ERASMVS IOANNI CAPNIONI SVO S. D.

Cvm agerem apud Britannos, redditae sunt mihi tuae literae vna cum absolutione Episcopi Spirensis; communicaui cum doctis aliquot amicis, quorum nullus est quin et suspiciat ingenium tuum tam foelix tanque foecundum. Riserunt et a me damnatum illum libellum vehementer efflagitarunt, vel hinc coniectantes rem esse praeclaram, quod talibus displicuisset. In primis autem Episcopus Roffensis, vir singulari morum integritate ac theologus absolutissimus, deinde Ioannes Coletus, decanus Sancti Pauli apud Londinum. Me tamen nonnullus adhuc habebat scrupulus ne quid scripsisses incautius, quod viderem Episcopi sententiam subtimide scriptam esse ac pene meticulosam, quod adderet 'haeresim apertam' et 'accedente tractatu', donec Moguntiae nactus ipsum libellum, articulos illos 'haereticos irreuerentiales et impios' legissem; iam risum tenere non potui. Posteaquam autem damnationem illam, bone Deus, quam belle compositam, legissem, absolui te, eaque mihi apologiae vice fuit, maioremque in modum optabam vt ea in eruditorum omnium manibus esset. At simul atque legissem et Apologeticum tuum, tanta alacritate, tanta fiducia, tanto eloquentiae fulmine, tanto acumine, tam multiiuga eruditionis vbertate conscriptum, iam mihi videbar non audire reum pro se dicentem, sed victorem de subactis hostibus triumphum agentem. Vnum illud desyderabam, mi Capnion, (loquar enim simpliciter et amice)—malebam te in locos illos comunes parcius digredi aut certe minus immorari, ad haec magis temperasse a manifestis conuitiis. Verum illud si vitium est, vitium est hominis eruditione ac literis superfluentis; hic difficile est alieno dolori modum praescribere. Rem facies eruditis omnibus gratissimam, si curaris illum libellum in Angliam transmittendum, vel ad Ioannem episcopum Roffensem vel ad Coletum, decanum S. Pauli. Ipse quoque, si potero, mittam meum, tametsi vnicum mihi.

Scripsimus annotationes in Nouum Testamentum vniuersum. Ita-

2. aliquot *corr. Geiger*: aliquod *a*. 4. tanque *correxi, cf. Ep.* 396: tanq̃ *a*.

---

5. libellum] Augenspiegel.

12. Moguntiae] Cf. Ep. 314. 4. For Erasmus' enthusiastic reception by Reuchlin and H. Busch see MRE. 533. It was on this occasion that he met Hutten for the first time; cf. *Spongia*, LB. x. 1668 DE and Ep. 332 introd.

11. 'haeresim' etc.] These seem to be allusions, though not verbal, to the Bp.'s judgment (Eov. ii. 550, 1) and to the attacks on Reuchlin by Hochstrat and Arnold of Tongres.

que est animus excudendum curare Nouum Testamentum Graecum adiectis nostris annotamentis. Aiunt tibi exemplar esse emendatissimum; cuius copiam si feceris Ioanni Frobennio, gratum facies non solum mihi atque illi verum etiam studiosis omnibus. Codex integer et incontaminatus ad te redibit. Vale et rescribe.

Ad literas quas in Anglia accepi, respondi; an redditae sint nescio. Tuas literas expectabo. Rursum vale, totius Germaniae vere vnicum decus et ornamentum incomparabile. Magnopere cupiebam tecum coram colloqui, verum, vt video, non licebit. Nam ad Idus Septembres hinc in Italiam pergo, nisi si quid extiterit interea noui. Iterum atque iterum vale.

301. To William Blount, Lord Mountjoy.

Farrago p. 200. Basle.
F. p. 335: HN: Lond. vii. 46: LB. 182. 30 August ⟨1514⟩.

[1514 is the only year in which Erasmus journeyed to Basle at this season. The main part of the letter was evidently written from Ghent in the middle of July, and the postscript was added on arrival at Basle. Erasmus may be traced on his journey at Hammes, St. Omer, Ghent, Antwerp, Bergen, Louvain (Epp. 298 and 304), Liège (Ep. 299), Mainz (Ep. 300), Strasburg, Schlettstadt (Ep. 305); and so to Basle, probably along the left bank of the Rhine.]

ERASMVS ROTERODAMVS GVILHELMO MONTIOIO.

Salve, Mecoenas optime. Biduum apud Abbatem commoratus sum; eos dies multa cum hilaritate transegimus. Dimisit non sine xenio, pollicitus item amantissime multa. Denique laeta omnia, et ecce subito me fortuna perdidit docuitque nulli rerum successui fidendum esse. Vix egressus sum diuersorium quoddam, quod est medio ferme spatio inter Rusellam et Gandauum, cum equus meus visis pannis aliquot humi stratis consternatur, dumque inflexus paro nescio quid dicere ministro, rursum territus equus in diuersum fertur, atque ita distorquet imam dorsi spinam vt repente magnis clamoribus cruciatum intolerabilem testari cogerer. Conor ex equo descendere, non possum; minister manibus exceptum deponit;

---

300. 33. exemplar] Basle MS. AN. iv. 2; cf. Ep. 373 introd. It was borrowed by Reuchlin from the Dominicans at Basle in 1488, and was not returned to them until after his death (see RE. 15 n.). For a full description of the MS. see Lake, *Cod.* 1 *of the Gospels* (*Cambridge Texts and Studies*, vii. 3), pp. ix–xiv.

37. literas] Probably an intimation that Erasmus had already replied to Ep. 290; cf. Epp. 324. 1 and 573. n. 1. Ep. 290. 25–8 perhaps refers to previous correspondence with Reuchlin.

40. Idus Septembres] The stay in Basle was intended to be short (cf. BRE. 40), but the journey to Italy was gradually postponed and finally abandoned, though it was still in view in March 1515, Epp. 323. 21, 324. 27.

301. 1. Abbatem] of St. Bertin's at St. Omer; see Ep. 143.

6. Rusellam] Rousselaer (Roulers), about twenty-seven miles from Ghent.

9. distorquet] spinam dorsi fregit Erasmus. E. *in marg.*

saeuit dolor nullis explicandus verbis, maxime si corpus inflexissem. Erectus minus affligebar, sed tamen ipse me non poteram erigere semel incuruatus. Eram illic in agris, nulla diuersoria nisi frigidissima et rusticissima, et aberam a Gandauo sex maximis passuum milibus. Sensi ambulatione minus saeuire malum, et tamen longius erat iter quam vt vel a sano pedibus confici posset.

Cogita quid mihi hic fuerit animi. Voui diuo Paulo me commentarios in epistolam ad Romanos absoluturum, si contingeret hoc periculi euadere. Aliquanto post cum desperarem, coactus sum experiri num equum possem conscendere; conscendi praeter spem, ambulo lente, fero; iubeo ministrum progredi paulo celerius, fero, tametsi non sine cruciatu. Gandauum peruenio, descendo ex equo, ingredior cubiculum; ibi dolor se totum prodit, maxime a quiete. Stare non poteram, nisi a duobus vtrinque sublatus in altum, idque valide; quod si vel paulum me remisissem, intolerabilis redibat dolor. Nec sedere poteram, iacens nec tantulum me poteram mouere. Accerso medicum et pharmacopolam. Ita modis omnibus affectus fui vt nihil nisi de morte cogitarem.

Mane dum aluum paro deiicere, paulum conor me mouere lecto; procedit, sto, moueo, sedeo, nullo sustinente. Ago gratias Deo et Paulo. Manet adhuc sensus mali, maxime si corpus distorqueam. Itaque Gandaui dies aliquot commoratus sum, amicis retinentibus et malo ita suadente: de quo nondum securus sum. Neque enim vulgare fuit, quicquid fuit. Offendi hic Praesidem Flandriae, virum in omni literarum genere doctissimum, et consiliarios duos, Antonium Clauam et Gulielmum Vualam; nam Caesarem et alios quosdam antea noueram. Nunc Hantuuerpiam pergam, si modo per morbum licebit; et vbicunque locorum ero, reddam te de valetudine mea certiorem. Bene vale.

Principem Veriensem salutaui Bergis vna cum matre, sed offendi sollicitum; nam vxor a partu nonnihil aegrotabat, et nunciabantur ex Selandia parum laeta. Salutaui illum tuo nomine et admonui de

26. me *add. H.*

18. commentarios] Cf. Ep. 296. 157.

35. Praesidem Flandriae] John Le Sauvage; see Ep. 410.

37. Clauam] Ep. 175. 10 n.

Vualam] Wm. de Waele, Lord of Hansebeke, a prominent citizen of Ghent. In mid-August 1514 he was elected first sheriff of the court known as La Keure; and at some period he visited the Holy Land and became a Kt. of Jerusalem. By 2 June 1518 he was Treasurer and 'Garde des Chartres' of Flanders Gachard, ii. 530). On 4 June 1532 he was created a member of the Council of Flanders, as his father and grandfather had been before him. In 1539, during the troubles in Ghent, an attempt was made to arrest him, but he seems to have escaped. See Hoynck, *Analecta Belgica*, 1743, vol. vi, pp. 378 n., 384 n. : OE. p. 479; and Lond. xxvii. 5, LB. 1230.

Caesarem] Robt. de Keysere; see Epp. 175 and 525.

41. matre] See Ep. 80 introd.

42. partu] See Ep. 93 introd.

fauore quo vsus esses in illi subditos. Basileam veni post †annunciationis. Germania tanto honore me excepit vt propemodum puderet. Nunc inclusus aestuariis Germanicis curo aedendas nugas meas, non minus tumultuans in hoc negocio quam Caesar in expugnandis Venetis. Reditum maturabo quantum licebit. Faxit Deus vt vos omnes offendam incolumes.

Basileae. III Cal. Septemb. [Anno millesimo quingentesimo decimoquinto.]

302_{305} FROM JAMES WIMPFELING.

Gouda MS. 1323, f. 24 v° (*a*). Strasburg.
De Copia f. 73. 1 September 1514.

[This letter, which was written by Wimpfeling in the name of the Strasburg Literary Society after Erasmus' departure for Basle, has survived by reason of its answer. The best text for both letters is in the Gouda manuscript (App. 9). They were printed first in Schürer's edition of the *De Copia*, Dec. 1514 (*β*); and subsequently in many editions of that work. I have collated Schürer's of Oct. 1516 (*γ*) and Froben's of April 1517 (*δ*). The date assigned is clearly correct.]

DESIDERIO ERASMO IACOBVS WIMPHELINGVS.

IVMENTO nonnunquam ineptiori manticae et sarcinae imponuntur; sic et mihi veterano minusque idoneo Sodalitas literaria apud Argentoracum id oneris imposuit, vt te omnium nomine saluum iubeam, tibi bene esse exoptem, tuas literas quae status tui nos certiores efficiant, ad nos propediem mittendas expostulem. Credimus autem te a Basiliensi gymnasio humaniter exceptum atque perbenigne foueri inter doctos doctissimum. Praecipue vero in conuentu illo philosophico nihil tibi, quod iucunditatem possit praestare, Beatum Rhenanum, qui te alioqui amat, colit, obseruat, speramus negaturum.

Commendat sese tibi vniuersa nostra Sodalitas literaria, inque tua commoda omnia deditissimam sese offert: Sebastianus Brantus,

301. 50. Anno . . . decimoquinto *add. H.* 302. TIT. WIMPHELINGVS *a*: VVIMPHELINGVS SELETSTANVS NOMINE SODALITATIS LITERARIAE ARGENTINEN. *β*. 6. autem te *a*: te quoque *β*. 8. conuētu illo *a*: conuictu *β*. 9. alioquin colit, amat *β*. 11. inque tua . . 12. offert *om. β*.

301. 44. subditos] at Tournehem; cf. Ep. 266. 5 n.
annunciationis] 25 March, which is impossible. *Assumptionis*, 15 August, is the easiest correction. On 2 Sept. Erasmus is said to have arrived 'nuperrime' (BRE. 40): but he had certainly reached Basle some time before the end of August (Ep. 300 introd.).
45. Germania] Cf. Epp. 302, 305.

302. 2. Sodalitas] A very similar list of this society in 1516 occurs in BRE. 54.
12. Brantus] (c. 1457—10 May 1521). From 1475–1500 he was at Basle University, first as a fellow-student of Reuchlin, later as Dean of the Faculty of Law. His interest in the classics induced him to write much poetry, and also to correct many of Froben's

Iacobus Sturmius, Thomas Rappius, Thomas Aucuparius, Mathias Schurerius, Ioannes Rudalfingius, Stephanus Tielerus, Petrus Heldungus, Ioannes Guida, Hieronimus Gebulerius, Ioannes Ruserius,

---

publications for the press. He published the famous *Narrenschiff* in 1494. In 1500 he returned to Strasburg, his native town, for the remainder of his life; and held there the offices first of Syndic and in 1503 of Secretary to the Magistrates. See Schmidt, i, with a good bibliography, and ADB.

13. Sturmius] (10 August 1489—30 Oct. 1553) of a good Strasburg family, a kinsman of Wimpfeling. He studied in Heidelberg (1501–4) and then under Zasius at Freiburg; where he still was in 1511 (MHE. i. 8). Wimpfeling desired to guide him into theological studies, but he inclined to the life of politics and diplomacy. To this he obtained an entry in 1517, and perhaps before, as secretary to the Palgrave Henry, Provost of Strasburg Cathedral; in whose service he discharged several missions. In 1524 he left the Provost and was elected a member of the Council of Strasburg. Thenceforward he played a brilliant part in the politics of Germany during the Reformation; with which he was in considerable measure in sympathy. See *Ioannis Sturmii consolatio ad senatum Argentinensem de morte . . . Iacobi Sturmi*, 1553; and ADB. Erasmus mentions him with commendation in the *Nouum Instrumentum* (ii. 555).

Rappius] Vicar of Strasburg Cathedral, and friend of Beatus Rhenanus, who in 1515 dedicated to Rapp his edition of Seneca's *Ludus de morte Claudii Caesaris* (BRE. 44). He was useful in procuring a MS. of Tertullian for Beatus' edition of 1521 (BRE. 179 and 207).

Aucuparius] Thos. Vogler († 4 March 1532) of Obernai, also called Didymus and Myropola. After travelling in Italy, in 1501 he was almoner of Strasburg Cathedral and poet laureate. Beatus Rhenanus dedicated to him some of Baptista of Mantua's poems, Schürer, 20 June 1510 (BRE. 17); and Vogler's own literary work included an edition of some unpublished writings of Poggio (1511) and a Terence for schools (Feb. 1511), besides numerous verses in books published by his friends, and a commendatory letter for Fries' edition of Ptolemy, dated 12 Jan. 1522. In 1524 the citizens of Strasburg nominated him for a proposed commission to dispute with the Reformers. His last years were spent in the convent of Stephansfeld, near Strasburg. See Schmidt, ii.

14. Rudalfingius] John of Rudolfingen (? near Trullikon in Canton Zurich), Vicar of Strasburg Cathedral, to which in 1505 he presented a collection of MSS. He was famed as a musician, and Nachtgall's *Musicae Institutiones* (1515) are dedicated to him. Gerbell dates the preface to a Terence (Schürer, Jan. 1516) 'ex aedibus Rudalphingii, studiosorum Moecenatis,' and in a preface to Philostratus' *Vitae Sophistarum* (Schürer, March 1516) speaks of his numerous friends. Erasmus found him again at Strasburg in Sept. 1518 (Lond. v. 25, LB. 357). See Schmidt, ii.

Tielerus] mentioned also in the list referred to in l. 2 n.

Heldungus] (c. 1486 – 1561) of Obernai, afterwards steward to the Cathedral Chapter at Strasburg. See Schmidt, i, and BRE. 305.

15. Guida] of Schlettstadt, a pupil of Wimpfeling, whom he helped in the production of Aeneas Sylvius' *Germania*, Strasburg, Beck, 16 June 1515. He appears in Eov. p. 288, as a defender of good learning; cf. Böcking, p. 386.

Gebulerius] (c. 1473—21 June 1545), of Horburg, near Colmar. He studied in Paris (B.A. 1491–2); then matriculated at Basle (1492) and was a pupil of Brant; but returned to Paris to complete his course (M.A. 1495). In 1498 he was schoolmaster at Breisach; and in the end of 1501 he succeeded Crato Hofman as master of the celebrated school at Schlettstadt, where Boniface Amorbach, Beatus Rhenanus and John Sapidus were among his pupils. He was Cathedral schoolmaster at Strasburg, 1509–24; and then moved to the school at Hagenau (cf. EHR. xxii. 753), where he remained till he died. See Schmidt, ii; G. Knod, *Aus d. Bibliothek d. Beatus Rhenanus*, p. 16; J. Gény, *Die Reichsstadt Schlettstadt*, p. 55; and Strüver, *Die Schule zu Schlettstadt*.

Ruserius] of Ebersheimmünster. He worked for Schürer's press (Lond. vi. 24, LB. App. 242 and 167), and was a friend of Beatus Rhenanus, who

Othmarus, et ceteri omnes quorum nomina recensere longum esset: et ego in primis. Bene vale.

Ex Argentoraco. prima septembris: anno m°. v^{c}. 14.

303$_{307}$ From Ulrich Zäsi.

Deventer MS. 91, f. 200. Freiburg.
LB. App. 9. 7 September 1514.

[Ulrich Zäsi or, as he styles himself in an early poem on the Nativity (Stuttgart MS. Poet. 4°. 47, f. 183 v°), 'Udalricus Siguardus cognomento Zäsi' (1461—24 Nov. 1535), was born at Constance of a good burgher family. He matriculated at Tübingen 27 Apr. 1481, and after some years there returned to Constance to work as a notary in the Bishop's court. In 1491 he went to Freiburg with the appointment of town-clerk, and used his leisure to study law. In 1496 he resigned his post to become head of the town-school and taught Latin for three years; but his interest was for law, and on 11 Nov. 1499 he matriculated in the University, becoming Dr. of Civil Law in 1500 or 1. For a time he had to be content with a Lectureship in Poetry, and it was not till 16 June 1506 that after much struggle he received the Lectura ordinaria legum, which he held for the rest of his life. His sturdy, if somewhat cantankerous, character combined with great legal ability made him an attractive teacher, enthusiastically admired by his pupils. In 1508 he received an Imperial Councillorship; and he was soon recognized as a lawyer of great eminence. The friendship formed with Erasmus at this time lasted unbroken.

His legal writings were numerous, but are not easily accessible; the editions printed during his lifetime being rare. After his death his works were collected by his son, and published in six volumes.

See a life by his pupil J. Fichard, in *Vitarum . . . Iureconsultorum Periochae* 1537; ZE.; a life by Stintzing, 1857, with a bibliography and documents; Schreiber, *Gesch. d. Univ. Freiburg* i. 190-210; two programms by J. Neff, 1890-1; and EE.]

Sese commendat. Perfricuisse iam frontem, magne Roterodame, mihi videbar, vt modica certe tibi scriberem; sed obstabat maior diuinae eruditionis tuae maiestas, ita ob oculos obuersabatur, vt non auderem. Qui enim nulla sum iusta doctrina initiatus, quomodo

302. 16. omnes *om. β.* recensere longum esset *a*: me fugiunt *β.* 17. Bene *om. β.*

---

dedicated to him an edition of Pliny's *Letters*, Schürer, Feb. 1514 (BRE. 437, 36 and 66). He became a priest of the Order of St. John and died in their house at Schlettstadt on 28 Oct. 1518. See Gény, *op. cit.* pp. 56,7 and Schmidt.

302. 16. Othmarus] Nachtgall or Luscinius, also Philomela, Progneus or Aëdos (c. 1487—Sept. init. 1537) of Strasburg, where he was a pupil of Wimpfeling. About 1508 he studied in Paris under Faustus Andrelinus and Aleander, and after visiting Louvain, Padua, and Vienna he travelled into Hungary, Greece, Turkey and Asia Minor. In 1510 he had returned to Augsburg, and after making the acquaintance of Botzheim at Constance in 1512 and of Reuchlin at Spires in 1514, he returned to Strasburg, where he was appointed organist of St. Thomas' Church in March 1515, and vicar in the August following. He was the first to teach Greek at Strasburg, and was one of the leaders of the classical revival, though his publications also include books on music and law. In 1520 his posts at Strasburg were taken from him and he withdrew to Augsburg 1523-9, where he received a prebend. In 1529 he went to Freiburg, in 1531 to Marseilles, in 1532 to Mainz; thence he returned to Freiburg, where he died in the Charterhouse. See Schmidt, ii; C. C. am Ende in G. T. Strobel's *Miscellaneen*, vol. iv (1781); and EE.

303. 1. Sese] This formula, without heading, is frequent with Zasius.

sacratiora tua adyta temeritate aliqua impiarem? Sed Bonifacii adulescentis optimi suasu fidentior factus, qui tuam singularem humanitatem praedicare non cessat, haec rurestria ad te dedi; tantum precatus me non quidem clientibus tuis (nec enim me tali dignor honore), sed mediastinis certe seruitiis adscribas. Ero enim ita tibi a pedibus, ab atriis, a pauimento, a verriculis, a scopis seruus, vt reiectaneorum nihil sim abominaturus, dum vel vestibula tua mihi verrere concedatur.

Vale, decus orbis, non dico Germani, sed omnium viuentium splendor. Nos in iure ciuili, quod profitemur, mendicula quaedam pro veris intellectibus contra aliorum communia sensa meditamur; in quibus mihi, vt mortalibus Deus, praedicaris. Denuo vale.

Ex Fryburgo vii idus Septemb. 1514.

Tuus Vdalricus Zasius,
Legum et doctor et ordinarius in Achademia Fryburgensi.

304$_{337}$ From Martin van Dorp.

Gouda MS. 1324, f. 51 v°. Louvain.
Enarratio in Ps. 1, f^o. E^3. v^o. ⟨c. September 1514.⟩
Brussels MS. 4850–7, f. 68.

[This letter was not at hand (cf. Ep. 356) when Erasmus' reply was printed by Froben in A, August 1515. The best text of it (α) is supplied by one of the Gouda manuscripts (App. 9). It was first published in Martens' reprint of Erasmus' *Enarratio in primum Psalmum*, Oct. 1515 (β^1), and afterwards by Badius, with Ep. 337, in the *Moria*, 24 June 1524 (β^2). The Bibliothèque Royale at Brussels has a manuscript copy (γ) in the volume written by Martin Lypsius (cf. Ep. 296 introd.); which was probably made from the printed book like some of Lypsius' other extracts in the same volume. There is also a xvii^c manuscript copy in the University Library at Utrecht (No. 843, f. 83) by the hand of Arnold Buchelius (1565–1641); but as some specimen readings, with which Prof. van Someren has kindly furnished me, agree uniformly with β^1, it may be inferred that the manuscript was probably copied either directly or indirectly from the printed book.

14. mendicula *scripsi*: inedicula *MS.*: modicula *Riegger*. *Cf. Ep.* 380. 26 *n.* 15. contra *Riegger*, *cf. Ep.* 319. 42 *n*: ceu *MS.* 16. mortalibus *scripsi*: mortales *MS.*: mortalis *Riegger*. praedicaris *scripsi secundum Ep.* 307. 49, *cf. Ep.* 319. 19: praedicatis *MS.*

5. Bonifacii] Amerbach. See Ep. 408.

15. pro veris intellectibus] His *Intellectus Singulares* (*Opera*, vol. v), which contain such headings as 'Intellectus verus . . . contra communes opiniones; . . . contra omnes doctores; . . . contra doctorum sententiam.' They were first published by Cratander at Basle, Jan. 1526.

16. praedicaris] I cannot find any reference to Erasmus in the *Intellectus*, but he is mentioned in Zasius' *Oratio de laudibus legum* (*Opera*, v. 168,9); 'sicuti Erasmo Roterodamo magno illo dicente, littora validius communiri solent quae vehementissimis fluctibus impelluntur.' It was Zasius' custom to deliver an oration at the opening of term after the summer vacation, and this one, which was delivered by him as 'ordinarius,' may possibly belong to this year. I cannot trace the words quoted in it from Erasmus.

In β^2 I have collated the variants and about half the text, and find that with the few exceptions recorded here it invariably follows β^1.

Jortin (ii. p. 336) prints this letter 'from Von der Hardt,' but I have not been able to discover in which work of that voluminous writer he found it. It is not in the *Hist. literaria Reformationis*, 1717, from which Jortin cites his next letter; nor in several other of Von der Hardt's publications. The text given is so corrupt that its variations are not worth recording, but on the whole it agrees with γ.

The date is given by the reference in ll. 156-9 to the *Opuscula* (Ep. 298).

Martin Bartholomew van Dorp (1485—31 May 1525) of Naaldwyk in Holland, was a nephew of James Hoeck, Dean of Naaldwyk, the friend of Wessel of Groningen. After completing his course at the Collège du Lis in Louvain University, 1504, he became professor of philosophy in that College. He spent some years in teaching, during which he superintended the performance of Plautus' *Aulularia*, 3 Sept. 1508, and subsequently of the *Miles Gloriosus*; and c. 1509 he was appointed University Lecturer (BRE. 126). On receiving a benefice (cf. l. 161 n.) he began the study of theology, and in this his later years were spent. He was elected member of the council of the University 28 Feb. 1510. In 1515 on taking his Doctor's degree in theology he received a Professorship in that faculty and the accompanying Canonry in St. Peter's church; and in September of the same year he was elected President of the Collège du Saint-Esprit. He resigned this office on 14 Nov. 1519, but remained at the University; of which he was Rector Feb.—Aug. 1523. He worked with Martens and wrote verses and prefaces for many of the books issued by him; see van Iseghem. His own writings include a sermon on the Assumption, delivered 15 Aug. 1510; an *Oratio in laudem Aristotelis*, 3 Dec. 1510; an *Oratio de laudibus sigillatim cuiusque disciplinarum*, delivered 1 Oct. 1513 at the opening of the autumn session; a Dialogue on the temptation of Hercules ⟨c. 1514⟩; and an *Oratio in praelectionem epistolarum diui Pauli*, delivered in 1516 (Ep. 438). On this and subsequent occasions he was instigated by the theologians of Louvain (for whose intentions, as reported by Reuchlin at this time, see RE. 198) to attack Erasmus; but in spite of temporary disagreements (cf. Ep. 474) their relations remained cordial, and at Dorp's death Erasmus wrote an epitaph for him.

See Nève, *Mém. sur le Collège des Trois Langues* and *Renaissance en Belgique*, pp. 174-92; Val. Andreas, *Fast. Acad. Louan.*; BRE.; EE.; and BN.]

MARTINVS DORPIVS ERASMO ROTERODAMO SACRAE THEOLOGIAE PROFESSORI VNDECVNQVE DOCTISSIMO SALVTEM DICIT PLVRIMAM.

Cave credas, mi Erasme (nam hoc solum nomen ita nunc est doctrinae excellentiaeque nomen, vt nihil sit adiiciendum)—caue, inquam, credas vllum esse omnium amicorum tuorum, quos sane pro ista eruditione omniiuga istisque tam candidis moribus habes plurimos, vbique ferme qua patet ditio Christiana sparsos, qui te synceriore complectatur amore quam ego, primum olim tibi familiarissimus, deinde nuper qum hic esses, humanissime abs te iussus accersi pene solus; postremo, quod non in extremis habendum puto, conterraneus eciam tuus, vt ne dicam tantus admirator ingenii praecoque gloriae tuae quantus nemo alius. Proinde quicquid ad te, quamuis libere, scribam, id ex amicissimo tibique deditissimo pectore proficisci persuadeas tibi, vt tuo nomini honorique consulatur.

3. quos tu sane βγ. 4. omniiuga *om.* βγ. 8. non . . . habendum *a*: in prima parte βγ. 11. tibique deditissimo *om.* βγ. 12. honorique *om.* βγ.

6. olim] For this intimacy cf. Ep. 337. 6, 7; it was presumably in 1502-4.

Nam tua arbitror refert scire quid de absente vulgo senciant homines.

Itaque primum scito Moriam tuam multum omnino turbarum excitauisse, idque inter tui nominis pridem studiosissimos. Quis enim non candide faueat isti pectori, quod sibi Musae, quod philosophia sibi, quod theologia gratissimum sibi delegit hospicium? Nec defuerunt tamen, vti et nunc non desunt, qui rem gnauiter excusarint; sed qui omnibus numeris probauerint, ii sane fuere perpauci. Quid enim? inquiunt. Eciam si verissima scripserit, nonne demenciae est nihil aliud se fatigando quam odium querere? Nonne stultum sit, si vel optimam agas fabulam, quam nemo spectet inoffensus quaque plurimi vehementer offendantur? Iam vero theologorum ordinem, quem tantopere expedit non contemni a plebe, quid profuit, immo vero quantum oberit, tam acriter suggillasse? vt donemus interim vera ⟨te⟩ de quibusdam dixisse. Preterea de Christo vitaque beata, an hoc piae ferant aures, quod illi stulticiam tribuat, hanc nihil aliud dicat futuram quam demenciae quiddam? Neque enim quod falsum est, id solum scandalo esse constat; sed quicquid infirmis fratribus possit esse ruinae occasio, pro quibus aeque ac pro magnis sophis animam suam impendit Christus. Multa in plerisque conciliis damnata fuisse eiusmodi, alioqui verissima (id quod de concilio Constanciensi manifestum est), Iohannes Gerson doctor praeclarus affirmat. Equidem, mi Erasme charissime, quid ego iis argumentis responderim longum foret narrare; certe nunquam obmutui, nunquam cessaui quod e re tua esse censuerim sagaciter animaduertere, non modo quid illi de te loquantur, vt amusi, ita neutiquam mali, verumeciam quid pessimus quisque effuciat, quo possit vel coram ab amicis vel abs te absente litteris refelli.

Neque eo confugias velim, Quidnam ad me pertinet quod blaterones isti illitterati ac barbari obstrepunt? Mihi ad conscientiam abunde sat est doctissimis quibusque me meaque probari, tametsi ab iis qui damnant numero superatis. Quid enim vetuit et parum litteratos, ne dicam barbaros, tuam eruditionem admirari, praedicare

13. scire α: resciscere βγ. 16. excitasse βγ. pridem αβ: olim γ. 19. et αβ: nec γ. non α: minime βγ. 20. excusauerint βγ. probarint βγ. fuerunt βγ. 24. vehementer *om.* βγ. 31. constat *om.* βγ. 33. Multaque βγ. consiliis α. 34. consilio α. manifestum est Iohannes *om.* βγ. 35. affirmat α: quique eius pars magna fuerit, affirmet βγ. 37. cessaui β^2: cessi $\alpha\beta^1\gamma$. e α: ex βγ. 38. sagaciter *om.* βγ. illi α: ii βγ. 42. Quidnam α: quid βγ. quod α: quidnam βγ. 43. obstrepunt α: moleste obstrepent βγ. Mihi quidem ad βγ. 44. satis βγ. quibusdam βγ. etsi βγ. 45. damnent βγ.

---

22. demenciae] Cf. Sall. *Iug.* 3. 3. 29. illi] LB. iv. 498 A. hanc] LB. iv. 500 A.

atque, quod sedulo prius factitabant, in celum ferre? Deinde quid inde fructus, immo quantum mali, si iidem ipsi offensi palinodiam canant, detrahant, calumnientur ac toto agmine infesti tuo nomini obscurare famam Erasmicam nitantur? Aspere facetiae, eciam vbi multum est veri admixtum, acrem sui relinquunt memoriam. Pridem mirabantur te omnes, tua legebant auide, praesentem expetebant summi theologorum ac iureconsultorum, et ecce repente infausta Moria quasi Dauus interturbat omnia. Stilum quidem et inuentionem acumenque probant, irrisiones non probant, ne litterati quidem. Et profecto, Erasme eruditissime, quid isthuc sit velle solis litteratis placere haud satis intelligo. Nonne praestet vel a rusticis probari quam reprehendi? Nonne volupe est si vel catelli cauda velut amicitiae symbolo adblandiantur? Sed vt bonus sis recteque facias praestare potes; vt alii bene de te senciant, vt nihil obloquantur, id praestare non est in tua manu. Ideoque Christi exemplo Phariseos spernis vtpote maleuolos, cecos et cecorum duces. Audio sane istud, mi Erasme, omnium longe charissime. Atqui humanum quid paciuntur qui te tuaque damnant; infirmitate faciunt, non malicia; nisi forte putes sola humanitatis studia, non eciam philosophiam, non sacras litteras, bonos efficere. Occasione faciunt, non accepta solum ab eis verumeciam abs te vt videtur data; quam vt non dares in te situm erat. Sed quid, inquies, tandem faciendum? Quod semel factum est fieri non potest vt non sit factum. Cupio mutare consilium, cupio vt quicunque amice vnquam fauerint, ii nunc quoque faueant. O mi Erasme mellitissime, o si isthuc sencias dicasque a me persuasus. Tibi pro ista industria non deerit consilium, neque conuenit vt ego tibi Mineruae sus. Sed spero pro meo captu omnia facillime consequeris, si contra Moriam composueris Sapientiae laudem eamque aedideris. Argumentum est fecundum, dignum tuo ingenio tuisque studiis, amabile ac gratissimum vniuersis futurum; et quod tibi multo plus fauoris, amicitiae, celebritatis, addo

48. immo *α* : immo vero *βγ*. ipsi *α* : illi *βγ*. 49. calumnienter *α*. 50. famam Erasmicam *om.* *βγ*. Aspere *βγ* : Acerbae *α*. eciam *om.* *βγ*. 52. auide *om.* *βγ*. 53. ac iureconsultorum *α* : summi etiam iurisconsultorum *βγ*. 56. Erasme *α* : mi Erasme multo *βγ*. 57. haud satis *α* : neutiquam *βγ*. 58. velud *α*. 59. blandiantur *βγ*. 61. non *α* : videlicet non *βγ*. 62. spernis *α* : contemnis *βγ*. cecos et *α* : caecosque ac *βγ*. istud *om.* *βγ*. 63. quid *om.* *βγ*. 64. damnant *α* : damnant vel oderunt *βγ*. 65. forte *om.* *βγ*. 66. non item sacras *βγ*. 67. non *α* : ne *βγ*. 71. quoque *α* : etiam *βγ*. sencias . . 72. persuasus *α* : dicas a me persuasus, o si istuc sentias *βγ*. 74. facillime *om.* *βγ*. 75. laudem *α* : apologiam *βγ*. 76. ac gratissimum *α* : gratissimumque *βγ*. 77. est *ante* fauoris *add.* *βγ*.

---

50. Aspere facetiae] Cf. Tac. *Ann.* 15. 68. 4; and 5. 2. 3 for the reading of *α*. More, in quoting this passage twice (LB. App. 513, 1913 A, 1915 C), gives the reading of *βγ*.

54. Dauus] Ter. *Andr.* 663, *edd. vett.*

et emolumenti, eciam si hoc contemnas, est conciliaturum quam Moria illa vti videtur inauspicata. Hoc consilii siue probes siue non probes, ego certe tuus sum eroque semper.

Quod reliquum est huius epistolae tam verbosae argumentum, audio te diui Hieronimi Epistolas a mendis, quibus hactenus scatebant, repurgasse, adulterina obelis iugulasse, obscura elucidasse; rem profecto fecisti te dignam et qua de theologis optime sis meritus, iis potissimum qui sacris litteris policiem elegantiamque volent connectere. Sed Nouum quoque Testamentum te castigasse intelligo, et supra mille locos annotasse, non sine fructu theologorum. Hic denuo est quod amicissimus amicum commonitum esse velim; et in primis taceo quod Laurentius Valla et Iacobus Faber eadem in harena desudarint; quos tu quidem, nihil ambigo, longe lateque superabis. Verum cuiusmodi istud sit litteras sacras castigare, idque ex Grecis Latinos codices, dispiciendum est. Nam si ostendam Latinam translationem nihil habere falsi errorisue admixtum, nonne fateberis superuacaneam esse operam omnium qui eam emendare conantur, nisi subinde admoneant sicubi significancius quippiam vertere potuisset interpres? Sed ego nunc de veritate integritateque disputo eamque nostrae peruulgatae aedicioni assero. Non enim est consentaneum vniuersam ecclesiam tot iam seculis errasse, quae et vsa est semper et nunc quoque tum probat tum vtitur hac aeditione. Neque verisimile est falsos fuisse tot sanctos patres, tot viros consummatissimos, qui eidem innixi arduissima queque in conciliis generalibus definierunt, fidem defenderunt elucidaruntque ac canones aediderunt, quibus et reges suos fasces submiserunt. Et huiusmodi concilia rite congregata nunquam errare, quatenus fidem contingunt, apud plurimos tum theologos tum iureconsultos in confesso est. Quod si qua noua necessitas nouum exposceret generale concilium, hanc proculdubio sequeretur

78. et α : etiam $\beta\gamma$. eciam si α : etsi $\beta\gamma$. est *om.* $\beta\gamma$. 79. illa α : ista tam $\beta^1\gamma$: ista β^2. Hoc consilii α : Habes meum consilium quod $\beta\gamma$. 80. non probes α : minus $\beta\gamma$. 81. argumentum *add.* $\beta\gamma$. 82. hactenus scatebant α : perscatebant $\beta\gamma$. 84. fecisti *om.* $\beta\gamma$. 85. policiem α : ornatum $\beta\gamma$. 86. volunt $\beta\gamma$. 89. Valla α : Vallensis β^2 : *om.* $\beta^1\gamma$. 90. desudauerint $\beta\gamma$. 91. lateque *om.* $\beta\gamma$. istud α : istuc $\beta\gamma$. 93. admixtum *add.* $\beta\gamma$. 95. emendare conantur α : student emendare $\beta\gamma$. 100. verisimile est α : simile est vero $\beta\gamma$. 102. consiliis α. definiuerunt $\beta\gamma$. 104. consilia α. 107. consilium α.

82. Hieronimi] Cf. Ep. 296. 153.

86. Testamentum] Cf. Ep. 296. 156.

89. Valla] Cf. Ep. 182.

Faber] in an edition of St. Paul's Epistles, from the Vulgate, Paris, H. Stephanus, c. 25 Dec. 1512. Side by side with the Vulgate is a paraphrase of his own, entitled *Intelligentia ex Graeco*, which he offers, though with an apology, on the ground that the Vulgate version was not the work of Jerome.

92. ex Grecis] In an *Oratio* printed in 1519 (see Ep. 438 introd.), though first delivered in 1516, Dorp entirely retracts what he says here on this subject. See pp. 38,9 of Froben's edition of the *Oratio*, Jan. 1520.

aeditionem, quocies de fide nodus incideret. Aut ergo fatendum est temere fecisse patres temereque facturos, si hanc edicionem interpretacionemque sequantur, aut eam veram et integram esse. Quid autem? An libros Graecos credis esse Latinis emendaciores? Nunquid maior illis fuit quam Latinis cura integre seruandi libros sacros, apud quos religio Christiana sepenumero sit labefactata, quique praeter vnum Iohannis Euangelium cetera omnia affirment nonnihil erroris continere, vt alia interim taceam, qum apud Latinos semper inuiolata perseuerauerit sponsa Christi ecclesia? Iam vero quinam scias te in castigata, si modo pluscula sis nactus, incidisse exemplaria, vt vel maxime donem aliqua esse Graecis castigata?

His racionibus adducor, mi Erasme, vt Laurentii Fabrique operas non ita magnifaciam; nam contemnere nihil velim non omnino malum. Neque video quid illi tanto molimine contulerint, nisi quocies significantius, vt dixi, aliquid verti potuisse admonent, hoc libens recipio, eciam si quando graecissasse interpretem, si quando barbare vertisse notent. Nam elegantius multo verti potuisse quis nescit? Quod si sentenciam a Latino interprete redditam a Graeco codice in veritate discrepare contendunt, ibi valedictis Grecis adhereo Latinis, quod animum inducere non possim Latinis codicibus Graecos esse integriores. Atqui Augustinus iubet Latinos riuulos ex Graecanicis fontibus irrigari. Ita sane ipsius seculo, quo neque ita erat ab ecclesia recepta vna aliqua aeditio Latina, neque ita corrupti Greci fontes, vt nunc esse verisimile est. Sed dices: 'Nolim in tuo codice quicquam immutes, neque credas falsam esse Latinam aeditionem; solum ostendo quid in Graecis voluminibus deprehenderim, quod discrepet a Latinis; et hoc quid officiet?' Officiet mehercle, Erasme. Nam de sacrarum litterarum integritate disputabunt plurimi, ambigent multi, si vel tantillum in iis esse falsi, non dico ex tua opera didicerint, sed narrantem duntaxat quempiam audierint; et fiet quod ad Hieronimum scribit Augustinus: Si ad scripturas sacras admissa fuerint vel officiosa mendacia, quid in eis remanebit autoritatis?

Hec omnia me induxerunt, Erasme charissime, vt orem te obsecremque per amicitiam inter nos mutuam, quam tu absens tueris, perque natiuam humanitatem candoremque tuum, vt vel solos illos Noui Testamenti locos emendes, vbi manente sentencia significantius aliquid substituere potes; vel si omnino mutandam esse sentenciam annotabis, iis racionibus in epistola liminari respondeas.

110. integramque $\beta\gamma$. 111. credas $\beta\gamma$. 125. $\alpha\beta$: nesciat γ. 126. in *om.* $\beta\gamma$. ibi α: ibi vero $\beta\gamma$. 131. Sed α: At enim $\beta\gamma$. 134. officiat? Ita mehercle officiet $\beta\gamma$. 136. iis $\alpha\beta$: his γ. 146. hiis β^1: his $\beta^2\gamma$.

138. Augustinus] *Ep.* 28. cap. 3 (ed. Migne).

Habes epistolam et prolixam et ineptam, sed quae tibi ingrata esse non potest, vtpote ab tui amantissimo profecta. Theodoricus Alustensis chalcographus, qui Enchiridion et Panaegyricum impressit, orauit me vti se commendarem tuae humanitati. Cupiuit plurimum videre te, cupiuit hospicio comiter ac liberaliter excipere, et ea de causa Antwerpiam profectus, vt resciuit te non illic sed Louanii esse, ilico recurrit ac totam ambulans noctem venit postridie Louanium sesquihora ferme postquam abiuisses. Si qua in re potest tibi gratificari, omnia pollicetur, et haud scio an omnium hominum viuat homo tui amantior. Catonem abs te castigatum mihique creditum castigate impressit, me erratorum vindice. Eam operam magistro Ioanni Neuio, Lilianorum gymnasiarchae, vti iussisti, dicaui; qui te ob hoc beneficium ita complectitur, vt qum redieris, sis profusissime sensurus. Si aliquam tuarum aeditionum domino Meynardo, abbati Egmondano, Mecenati meo, dicaueris, certo scio gratissimum illi futurum et beneficium haud illiberaliter pensaturum. Quod vt facias, te eciam atque eciam oro. Hollandus est et religionis Hollandicae primas, vir doctus quidem, sed religiosior tamen quam doctior, tametsi doctos omnes non mediocriter amet, et qui tibi, si vsu veniat, multis in rebus possit esse auxilio.

Bene vale, doctissime mihique multo charissime Erasme. Louanii.

147. et prolixam et α : prolixam ac $\beta\gamma$. 148. profecto γ. 149. Alustensis chalcographus α : Martinus Alustensis, calchographus noster $\beta\gamma$. 150. commendem $\beta\gamma$. 151. comiter ac *om.* $\beta\gamma$. 152. α : Antuerpiam β^2 : Anuerpiam $\beta^1\gamma$. 159. ob $\alpha\beta$: vt γ. 160. profusissime α : aliquando $\beta\gamma$. Si . . . 161. Mecenati α : Editionum tuarum si aliquam domino Abbati Haecmundensi patrono $\beta\gamma$. 161. certo *om.* $\beta\gamma$. 163. religionis . . . primas α : Hollandiae nostrae primas religionis $\beta\gamma$. 166. Nomen eius est Menardus Vir *post* auxilio *add.* $\beta\gamma$. 167. Bene *om.* $\beta\gamma$. Louanii *om.* $\beta\gamma$.

---

152. non illic] Erasmus had diverged to Bergen (Ep. 301). His visits there and at Louvain must have been very brief; cf. ll. 7, 8 *supra*.

156. Catonem] Cf. Ep. 298.

161. Meynardo] Meyn. Mann (†1526) of Wormer, S. of Alcmar; 36th Abbot of Egmond, W. of Alcmar. He rebuilt the Abbey after its destruction in a fire which caused the death of his predecessor, 30 Oct. 1509; see van Heussen, *Batavia sacra*, 1714, ii. 430. Dorp was indebted to him for a benefice (see the preface to his *Oratio de laudibus disciplinarum*, Louvain, Th. Martens, 14 Oct. 1513, dedicated to Mann); and also addressed to him a letter which was printed in the first edition of Adrian of Utrecht's *Quodlibetica*, Louvain, Th. Martens, March 1515, but not in later editions. Corn. Gerard (Ep. 17 introd.) praises him at length in *Batauia*, 1586, p. 17, for his antiquarian interests; and John Murmell of Roermond dedicated to him his *Charoleia*, Louvain, Th. Martens, *s. a.*, with a preface dated 24 April 1515.

Erasmus did not act upon the suggestion made here; but mentions Mann with praise in dedicating Eucherius to Alard of Amsterdam (Ep. 433), who was Mann's kinsman.

[302]305. To James Wimpfeling.

Gouda MS. 1323, f. 25. Basle.
De Copia f. 73 v°. 21 September 1514.

[The best text is again that of the Gouda MS.; but I have discarded its somewhat barbarous orthography in favour of that of β, except in the date and in contemporary proper names.]

DESIDERIVS ERASMVS IACOBO WIMPHILINGO, GERMANVS GERMANO, THEOLOGVS THEOLOGO, LITERARVM SCIENTISSIMO LITERARVM SITIENTISSIMVS SALVTEM DICIT.

Qvid ais, mi Wimphilinge? Itane tu vocas istud, boui clitellas, quod tibi potissimum ad nos scribendi datum est negocium? At mihi plane videtur illud, quod Graeci dicunt παροιμιαζόμενοι, τὸν ἵππον εἰς πεδίον. Nam cuius humeris aptius ista sedisset sarcina, aut cui rectius hoc muneris delegare poterat Argentinensis illa sodalitas (sic enim tu vocas) non literatissima modo sed et humanissima, quam Wimphelingo, cum bonarum literarum apud suos facile principi, tum omnis humanitatis antistiti? Neque vero commissurus eram vt vos anteuerteretis officio literarum, ni labor hic recognoscendi locupletandique meas annotationes, quas in Nouum scripsimus Testamentum, ita totum me sibi affixum ac veluti pistrino alligatum haberet, vt vix etiam capiendi cibi suppetat ocium. Non enim vsqueadeo stupidus est Erasmus vt tam inauditam in se benignitatem non intelligat, neque tam obliuiosus vt non meminerit, neque tam inciuilis vt dissimulet, neque tam ingratus vt non pro virili conetur respondere. Nam quoties mihi venit in mentem tam celebris eruditissimorum hominum coetus, quam obuiis, vt aiunt, vlnis me nouum hospitem exceperit, quam singulari consuetudinis iucunditate fessum refecerit, quanta benignitate fouerit, quanto studio germanum suum complexus sit, quanto candore quamque amice suspexerit etiam hunc homuncionem longe positum infra mediocritatem, quibus ornarit, immo pene onerarit, officiis, quam hospitaliter dimiserit, quam officiose produxerit, partim apud me pudore quodam suffundor, quippe mihi conscius quam istis tam magnificis officiis non respondeat nostra tenuitas et curta, quemadmodum ait Persius, domi suppellex; partim Germaniae nostrae gratulor, quae tam multos, tam eximios gignat et alat viros, non solum omni doctrinae genere praecellentes verumetiam pari morum integritate parique modestia praeditos.

Quin et ipse mihi (cur enim non effundam in sinum tuum affectus meos?) nonnihil placeo blandiorque, quod viris longe probatissimis

3. παροιμιαζόμενοι . . . 4. πεδίον *β*: Hic Greca *a*. 13. in se *add. β*. 17. hominum *add. β*. 25. *β*: Parsius *a*.

25. Persius] 4. 52.

videar, non ausim dicere probatus, sed certe non improbatus fuisse. Neque enim vsque adeo perfricui frontem vt laudes istas, quas mihi vos tribuitis, agnoscam. Et tamen nonnihil faueo meis laudibus; quas ego certe sic interpretor, vt existimem in hoc tributas, quo vel exhortaremini cessantem vel animum adderetis parum forti vel amicum nudulum vestris opibus ornaretis ac locupletaretis, quasi non pecuniam modo verumetiam gloriam oporteat inter amicos esse communem. Nam nec errare iudicio possunt tam eruditi nec derident tam amici nec adulantur tam integri nec simulant Germani. Dicerem amore lapsos, nisi hic ipse vester in nos amor e iudicio natus esset. Neque enim ob id me talem iudicastis quod immodice amaretis, sed ob id coepistis amare quod talem iudicaueritis. Atque vtinam aliquam et iudicii vestri portionem mihi possim asserere; nullam profecto gloriam malim quam talium virorum calculis approbari. Verum hoc magis debeo pro vestris laudibus, quo minus promereor; siquidem meritam laudem aliquoties et inimicus tribuit inimico. Eius nomine debemus maxime, quod gratuito donatum sit. Sed, vt finiam, siue residi calcar addere voluistis, debeo pro studio, siue putidulum erigere, debeo pro officio, siue nudam corniculam vestris plumis exornare, debeo pro benignitate, siue facit amor quidam in nos propensior vt talis videar qualem praedicatis, magis debeo pro tam singulari beneuolentia; siue est in me nonnihil eorum quae tribuitis, debeo pro tam candido suffragio.

Iam vero non me fugit et illud vobis deberi, quod ornatissimus Argentinensis reipublicae vterque praefectus magistratus, qui me praesentem tam admiranda complectebatur humanitate, tam non vulgari prosequebatur honore, nunc absentem, et tam procul absentem, salutationis obsequio prosequitur. Negas futurum vt vnquam illis veniam in obliuionem, imo ipse nunquam desinam istos vere proceres et meminisse et dictis pariter ac scriptis pro virili celebrare; quibus emoriar si quid vnquam vel expertus sim humanius vel viderim omni virtutum genere cumulatius. Crede mihi, mi Wimphelinge, nullo sermone consequi queam, nedum epistola, quantam animo persenserim voluptatem, quamque iucundum mihi fuerit spectaculum, antique cuiuspiam ac philosophicae ciuitatis videre simulachrum, tot egregios optimates vel ipsa (quod aiunt) fronte totoque corporis habitu singularem prudentiam, summam integritatem ac plane maiestatem quandam prae se ferentes, sed mira conditam modestia.

43. et *add.* β. possim αγ : possum β. 50. β : benig-/tate α. 57. absentem *post* procul αδ : absentientem β. 58. obsequio α : officio β. 62. mi *om.* β. 65. β : philsophicae α.

39. Germani] Cf. Ep. 269. 38. 55. praefectus] Cf. l. 120 n.

Foelicem se fore putat apud Homerum Agamemnon, si sibi decem contingant Nestori similes. O saepius foelicem augustissimum Maximilianum, cui tot sunt in vna republica Nestores, vel potius Scipiones et Catones, aut si quid iis quoque vel sapientius vel incorruptius. Si quando grauitatem hominum contemplabar, prorsus veteres illos Areopagitas mihi videre videbar; si morum integritatem, multos Aristides videre me putabam; si mores placidos ac sedatos, imaginabar meros Fabios. Rursum vbi victus et cultus sobriam mundiciem et mundam frugalitatem perpendebam, priscorum Lacedaemoniensium imago quaedam obuersabatur animo. Demum quoties inspicerem, vt mira quadam temperatura factum esset vt vicissim et seueritatem condiret morum comitas et comitatem ornaret grauitas, illa quondam laudatissima Massyliensium respublica sese nobis representabat, quae miris modis Romanam disciplinam cum Graecorum vrbanitate copulasse legitur, prorsusque iis fuisse institutis vt ab vna virtutum omnium ciuilium exempla omnia peti possent.

Licuit apud vos in ciuitate vna cunctarum laudatarum dotes conspicere, Romanorum disciplinam, Atheniensium sapientiam, Lacedaemoniorum continentiam. Maiorem in modum me delectabat mirificus ille rerum concentus ex diuersissimis veluti sonis in summam modulatus concordiam. Videbam tot senes absque tristicia, tot imaginibus illustres absque fastu, tot potentes absque supercilio, tot plaebeios clarissimorum heroum ornatos virtutibus, tantum hominum numerum sine vlla turba. Denique videbam monarchiam absque tyrannide, aristocratiam sine factionibus, democratiam sine tumultu, opes absque luxu, foelicitatem absque procacitate. Quid hac harmonia cogitari potest foelicius? Vtinam in huiusmodi rempublicam, diuine Plato, tibi contigisset incidere; hic nimirum, hic licuisset illam tuam ciuitatem vere foelicem instituere. Diuus Hieronimus in epistola facundissima pariter et eruditissima quam ad Gerontiam scripsit de monogamia, inclytae ciuitatis istius facit mentionem, vt intelligas et olim fuisse nobilem, eamque tum a barbaris euersam deplorat. Quid si nunc eandem conspiceret? Vnam tribus irriguam fluuiis, sic munitam, sic et opibus florentem et ciuibus; super omnia talibus ornatam institutis, a talibus gubernatam proceribus. An non illi nomen commutaret, proque Argentoraco Auratam appellaret? Adde iis quod diutina iam pace fruitur,

72. iis α: his β. 76. Rursus β. 84. virtutum αδ: virtute β. omnia *add.* β. 105. iis α: his β.

69. Homerum] *Il.* 2. 371,2.

98. epistola] No. 11 in Erasmus' edition of 1516, vol. i. f. 39. In his scholia he gives various forms of the name Gerontia; which in the editions of St. Maur and Migne appears as Ageruchia. The reference to Strasburg is at the end.

immunis ab expilationibus, immunis ab insanissimis bellorum tumultibus, quibus iam annis aliquot mundus fere miscetur vniuersus. Fruitur clementissimo principe Maximiliano, cuius potentiam non aliter sentit nisi cum illius benignitate sapientiaque iuuatur. Atque haec demum vere magno imperatore digna laus. Vt enim mundus hic Dei potentiam non aliis modis experitur quam illius in se beneficentia, ita pulcherrimum est imperium quod ciuium libertatem tuetur, non opprimit, quod opes suorum auget, non exterminat, quod omnia reddit florentiora. Huiusmodi est summi numinis imperium in mundum, huiusmodi animi in corpus, vt vbique prosit, ledat nusquam.

Verum hisce de rebus dabitur alibi locus copiosius et exactius disserendi. Iamdudum finem exigit epistola et interpellant intermissi labores. Proinde fac vt egregiis istis et optime de me meritis primatibus, nominatim autem clarissimo viro Henrico Ingoldo, Argentinensis reipublicae praefecto maiori, reliquisque proceribus humanissimis vicissim meo nomine salutem annuncies; et si quid erit quod meo studio, meis literis, mea industria praestari possit, id totum istis audacter ex me pollicearis. Ad haec magnopere te rogo vt elegantissimam istam sodalitatem, hoc est Musarum et Gratiarum omnium collegium, diligentissime meis resalutes verbis; nominatim incomparabilem illum iuuenem Iacobum Sturmium, qui maiorum suorum imagines illustrat morum integritate, iuuentutem ornat senili morum grauitate, doctrinam haudquaquam vulgarem incredibili modestia mire condecorat. Deinde Thomam Rappium, ipsis oculis, ipso vultu, suauitatem et candorem ingenii prae se ferentem. Thomam item Aucuparium, quem ego sane vel ob hoc laurea dignum existimo, quod ab omni fastu longe sit alienissimus; cui morbo fere genus hoc hominum videmus obnoxium. Hunc cum plurimi faciam, tamen quo parcius laudem, ipse fuit in causa, qui me suo carmine laudarit, non dicam quam vere sed prorsus amantissime; ne quis illud in nos iaciat, muli mutuum scabunt. Ad hec Mathiam Schurerium, virum cum aliis multis nominibus egregie mihi charum, tum hoc etiam chariorem quod hunc quoque fertilis illa tot eruditorum hominum, tot foelicium ingeniorum, edidit Selestadium, cui et Beatum Rhenanum et Ioannem Sapidum debeo et ipsum denique

120. Heinrico *β*. 122. humanissimis *α*: optime de me meritis *β*. 128. suorum *om. β*. 136. quam *add. β*. 140. Selestadium *αδ*: Stlesestadium *β*.

120. Ingoldo] († 1523): member of the town council of Strasburg 1491, and Burgomaster 1509 and 1514. See A. M. P. Ingold's *Les Ingold*, in *Mitteil. d. Gesellschaft f. Erhaltung d. geschichtlichen Denkmäler in Elsass*, 2nd ser. vol. 22, 1908, pp. 207–222.

136. carmine] printed at the end of this letter in *β* and later editions, with Erasmus' poem of reply; cf. l. 256.

Wimphelingum. Mathiam igitur nisi vehementer amem, merito dicar ferrum et adamantem gestare in pectore, adeo me prior et officiis suis et beneficiis ad amicitiam prouocauit. Neque committam vt animo certe studioque videar superatus, etiam si ille priores occupauit; assequar aliquando et officiis, si modo non desint animo vires.

Ad haec salutabis accuratissime Hieronimum Gebulerium, vnum omnium quos adhuc viderim humanissimum, qui me suis laudibus, doctissimis quidem illis sed plane, vt Germanus Germane dicam, vanissimis, ad coelum vsque vexit. Et sic orationis suae praestigiis mihi imposuit, vt prorsus ipse mihi viderer aliquid esse, vixque post biduum ad me redierim, quis essem agnoscens. Praeterea Ioannem Rudalphingium, plane μουσικότατον non solum arte sed et moribus, hoc est festiuissimum et compositissimum, qui me vna cum Hieronimo ad proximum diuersorium est prosecutus. Neque praeteribis Othmarum, hominem citra ostentationem, vt mihi videtur, eruditum, qui nos suis toties vocem mutantibus cannis, vt vel lusciniam vincerent, adeo delectauit vt diuina quadam voluptate rapti videremur. Eadem opera salutabis optime spei iuuenem Ioannem Ruserium, nostri vt visus est studiosissimum. Item elegantissimos iuuenes, Stephanum Tielerum, Ioannem Guidam, Petrum Heldungum, et, vt finiam, caeteros omnes; quorum et si nomina me fugiunt, tamen memoria praecordiis intimis poenitissime insculpta est et erit semper. Nam Sebastianum Brant, vt eximium, extra omnem et ordinem et aleam pono; quem ego virum, mi Wimphelinge, tanti facio, sic amo, sic suspicio, sic veneror, vt magna quaedam foelicitatis pars accessisse mihi videatur, quod illum coram intueri, coram alloqui et amplecti contigerit.

Iam quod scire cupis quomodo iter reliquum successerit, paucis accipe. Ad oppidum Selestadiense, tuam patriam, foeliciter perueni. Ibi continuo primores reipublicae, haud scio cuius indicio, de meo aduentu facti certiores, per publicum nuncium treis exquisitissimi vini misere cantaros xenii nomine, sed eos cantaros vt vel decem tricongiis satis esse possint. Inuitarunt ad prandium in diem posterum, verum excusaui, properans ad hoc negocium in quo nunc sum. Ioannes Sapidus, tuus in bonis literis alumnus, qui te moribus quoque mire refert quique te non secus ac patrem et amat et suspicit,

152. ipse *add.* β. 154. β : musicotaton α. 158. suis αδ : sua β : suā γ. 165. ac semper erit β. 166. et *ante* ordinem *add.* β. 171. Selestadiense αδ : Slezestatense β. 177. bonis *om.* β.

150. Germanus] Cf. l. 39 *supra*.

171. Selestadiense] In acknowledgement of this hospitality Erasmus wrote a Panegyric on Schlettstadt, which was printed in A, and afterwards in the *Epigrammata*.

Basileam vsque nos est prosecutus. Illic admonueram hominem ne me proderet ; delectari me paucis amiculis sed exquisitis ac delectis. Primum itaque non aderant alii quam ii quos maxime volebam, Beatus Rhenanus, cuius ego prudenti modestia et acerrimo in literis iudicio vehementer delector,—nec est quicquam huius quotidiana consuetudine mihi iucundius ; item Giraerdus Listrius, medicae rei non vulgariter peritus, ad hec Latinae, Graecae, et Hebraicae literaturae pulchre gnarus, denique iuuenis ad me amandum natus. Bruno quoque Amorbachius singulari doctrina, trilinguis et hic. Ioanni Frobenio reddidi literas ab Erasmo missas, addens esse mihi cum eo familiaritatem arctissimam ; ab eodem de edendis illius lucubrationibus negocii summam mihi commissam, vt quicquid egissem, id perinde vt ab Erasmo gestum ratum fore ; denique me illi adeo similem vt qui me videret, Erasmum videret. Is postea risit intellecta fraude. Socer Frobenii, resolutis omnibus quae debebantur in diuersorio, nos vna cum equis ac sarcinis in suas aedes traduxit. Post biduum huius Academie doctores per theologicae professionis Decanum et alterum quendam in posterum diem nos ad coenam vocarunt. Aderant omnes omnium facultatum, vt vocant, doctores. Aderat et Ludouicus Berus aut, si Latine mauis, Vrsus, huius Academie rector, apud Parhisios theologicam lauream assecutus, vir aetate quidem virens adhuc, sed ea doctrina, ea vitae castimonia, ea denique prudentia, vt existimem eum non vulgare decus suae Germaniae appositurum. Est enim Basiliensis, quam vrbem et alias non incelebrem doctissimus ille Guielmus Copus, alter nostri temporis Hippocrates, sic et moribus et literis illustrauit vt nulli nobilissimarum cedere debeat. Erant me quotidianis officiis oneraturi, ni iam accinctus ad laborem institutum rogassem vti me mihi relinquerent. Contulit huc sese nostri visendi gracia Ioannes Gallinarius,

186. Bruno quoque α : Ad haec Bruno β. 188. αδ : Frobennio β. 193. αδ : Frobennii β. 197. vocarunt αδ : vocauit β. 207. gracia α : causa β.

---

196. Decanum] Maurice Finiger, of Pappenheim, S. of Weissenburg in Franconia, an Austin friar who was admitted to the Theological Faculty at Basle in 1500, and was Dean of it for eight annual periods (1 Oct.—30 Sept.) between 1502–20, including 1513–14.

207. Gallinarius] John Henlin of Heidelberg, a kinsman of Wimpfeling ; through whom he was perhaps a pupil of Crato Hofman at Schlettstadt, since he composed an epitaph for Hofman († 1501) ; see Knod, *Aus d. Bibl. d. Beatus Rhenanus*, 1889, p. 16. He matriculated at Heidelberg 1 April 1495, and taught there for a time ; but by 1503 (Knod, *op. cit.* p. 15) he had moved to Strasburg, where he took part in many books issuing from the presses, and also became schoolmaster at New St. Peter's Church. In Wimpfeling's *De integritate*, Strasburg, Knoblouch, 5 March 1505, is a dedicatory letter to him from Thos. Wolf the younger dated 31 Jan. 1505. He subsequently became parish-priest of Scherweiler, near Schlettstadt; and in 1516 was parish-priest of Breisach (BRE. 62). But he 'found the air too strong' there, and was endeavouring

vir varia doctrina praeditus, ad haec moribus doctrina dignis. Est hic quoque poeta laureatus, Henricus Glareanus, mire candidus ac festiuus et summae spei iuuenis. Ab Vdalrico Zasio, qui Friburgis magna cum laude leges Caesareas profitetur, vnas atque alteras accepi literas, ex quibus mihi perspicere videor hominem non tantum eruditum et eloquentem, verumetiam raro quodam ingenii candore ac singulari praeditum prudentia. Audio passim apud Germanos esse viros insigniter eruditos, quo mihi magis ac magis arridet et adlubescit mihi mea Germania, quam piget ac pudet tam sero cognitam fuisse. Proinde facile possum adduci vt hic hyemem vsque ad Idus Marcias; deinde confectis quae volo in Italia negociis, ad Idus Maias vos reuisam. Atque id faciam lubentius, si velut de eodem, quod aiunt, oleo eademque opera vniuersas lucubrationes meas hybernis his mensibus liceat emittere.

Adagiorum opus iam excudi coeptum est. Superest Nouum Testamentum a me versum et e regione Graecum, vna cum nostris in illud annotamentis. Tum epistolae diui Hieronimi a nobis recognitae et a suppositiciis ac nothis repurgatae, necnon et scholiis nostris illustratae. Praeterea Senecae oratoris omnia scripta non sine maximis sudoribus a nobis emaculata. His fortasse et scholiorum nonnihil adiiciemus, si dabitur ocium. Sunt et alia minutula, de quibus minus solliciti sumus; quae si suscipiet hic chalcographus, abdemus nos testudinum ritu, non ad somnum sed vt toti versemur in hoc negocio. Ex Italia reduces, vti spero, dies aliquot salutandis et cognoscendis Germaniae proceribus sumemus. Nam hos vere proceres existimo, non qui funes aureos collo circumferunt quique parietes et vestibula pictis maiorum imaginibus ornant, sed qui veris ac suis bonis, hoc est eruditione, moribus, eloquentia, patriam suam ac suos non solum illustrant sed etiam adiuuant. Reuerendo patri Christophoro Basiliensi episcopo tuas nondum reddidi literas, in

209. Henricus *om.* β. 210. summae α: optime β. Friburgi β. 215. insigniter α: eleganter β. mihi *add.* β. αδ: ac magis *om.* γ. 221. his β: iis α. 227. His fortasse α: Fortassis β. 234. imaginibus αδ: magistratibus β. 236. Reuerendo patri Christophoro *om.* β. 237. reddi δ.

to transfer himself to another cure in 1521 (Gény, *Die Reichsstadt Schlettstadt*, p. 109) and again in 1525 (BRE. 446): which is the last glimpse we have of him. He may perhaps be identified with a Io. Gallinarius, who matriculated at Cologne 30 June 1509; but the Io. Henlin, author of the *Expositio Antiphone seu Cantici Salue Regina*, Basle, Furter, 20 Jan. 1505 (Panzer ix. 391), was probably a different person. See Schmidt and Böcking.

212. literas] Ep. 303; and apparently Ep. 306 had already been delivered.

217. possum adduci] On 24 Sept. ⟨1514⟩ Bruno Amorbach writes to Boniface: 'Dominus Erasmus apud nos hyematurus est.' Basle MS. G. II. 13. 90. The letter (an autograph) is dated xx4 (more probable than xxi) Septembris Anno MDXIII; but a final stroke has evidently been dropped in the year-date by mistake.

223. a me versum] The first mention of an intended translation; cf. pp. 182, 3.

237. Christophoro] of Utenheim.

quibus facile coniicio nihil aliud esse quam amica quaedam de Erasmo mendacia (vide quam sim ambitiosus); at primum non aderat in hac vrbe. Nunc omnem fugio occasionem quae me a libris auocet. An tu non gratulaberis Erasmo tuo, qui propicia Iunone et Ilithia foeliciter enixus est? Audis fecunditatem meam, qui saepius pariam quam ipsi cuniculi: quoque magis gratuleris, edidi foetum saxeum, non sine laboriosissimis nixibus. Ita mihi semper faueat Lucina, mi Wimphelinge. Ludis, inquies, in re tam misera? qui minus ego quam Socrates, qui iocans bibit cicutam, iocans mortuus est?

Absolutissimum virum dominum Ioannem Reuchlinum, tot literis, tot linguis praeditum vt plura corda quam Ennius habere videatur, vnicum mea sententia totius Germaniae decus, lumen et ornamentum, tam procul hinc abesse doleo, vt aegre literis etiam colloqui liceat. Ioannem Sapidum, cum viderem a nobis vix auelli posse, tetrasticho sum consolatus. Et quo pignus esset charius amanti, vel deamanti ac depereunti magis, meis digitis scripsi; id ad te mitto. Mitto et hoc quod ex itinere scripseram ad incomparabilem virum Sebastianum Brant; nam in eo voculas aliquot mutaui. Adieci quod ad Aucuparium non scripseram sed effutieram. Porro tempus et res aliquando suppeditabit occasionem idoneam testificandi animum meum erga proceres vrbis Argentinensis. Saluta venerabilem dominum Priorem Ioannitam, amicum tuum et meum. Bene vale, frater honorande et amice sincerissime.

Basilee, 11. Calendas Octobris, 1514.

306$_{307}$ FROM ULRICH ZASIUS.

Deventer MS. 91, ff. 138 v°. (*a*) and 201 (*β*). Freiburg.
LB. App. 10. 21 September 1514.

[This letter is copied twice in the Deventer book; by Hand A in each case. On the second occasion it is marked to follow Ep. 303; to which no answer had yet been received.]

241. An tu non *α*: At non tu *β*. 246. ego *om.* *β*. 248. *αδ*: Reuchlin *β*. 252. Ioannem *om.* *β*. 254. *β*: deperienti *α*. 260. et meum *om.* *β*. 261. sincerissime *α*: incomparabilis *β*.

248. Reuchlinum] He was now in Stuttgart; cf. RE.

249. plura corda] 'Quintus Ennius tria corda habere sese dicebat, quod loqui Graece et Osce et Latine sciret.' Gell. 17. 17.

252. tetrasticho] *Ad Ioannem Sapidum suum in discessu*; printed in *β* after this letter.

255. hoc] Also printed after this letter in *β*.

256. ad Aucuparium] Cf. l. 136 n.

260. Priorem] In the list of Priors given in Ingold's edition of Grandidier, vol. v. p. 44, Colmar, 1900, Thos. Erber is shown as Prior 1492–1539; but the length of this period suggests a gap. The house of the Strasburg Knights of St. John, a favourite resort of Maximilian, was on the Grüne Wörth (viridis insula), now the Schlachthausplatz: cf. *Strassburg u. seine Bauten*, 1894, pp. 299 and 301, and A. Seyboth, *Das alte Strassburg*, p. 282.

Sese commendat. Quamuis, vir magne, (magnum autem ideo dico, quia omnia in te summum magnitudinis gradum obtinent)—quamuis, inquam, potui nouisse me non esse tanti, qui pumili mea litterarum ⟨dote⟩ tibi obstreperem, amor tamen in magnas illas animas et in te potissimum me propulit vt scripserim. Proinde quia siles atque adeo meas forte litteras tanquam incoctas auersaris, temeritatis labem a me deprecari volui, qui non iniciatus adyta tua accesserim. Crede igitur nulla me alia fine perpulsum quam vt genio meo, qui in tua nomina gestit, subsilit, satisfacerem. Scio illud Vatinii ad Ciceronem, qui negat viros magnos nisi in magnis adiri debere. Nos si cum exiguis istis te adiuimus, non alia re fecimus quam vt feruoris in te flagrantis flammam temperarem. Vale, vir magne, decus vniuersi orbis. Ex Fryburgo xi Cal. Octob. 1514.

Girardo, viro solidae eruditionis, me multis nominibus commenda, quem spero olim mihi propiorem et magis coniunctum futurum.

Tuus Vdalricus Zasius, ll. doctor ordinarius.

$^{303,6}307_{310}$ To Ulrich Zasius.

Farrago p. 387. Basle.
F. pp. 472 and 615 : HN : Lond. xii. 7 : LB. App. 11. 23 September 1514.
Munich MS. Lat. 1470, f. 199.

[In the Munich manuscript from which Ep. 313 is derived there is a copy of this letter (*a*) by the same hand. The copy seems to have been made from a manuscript, because there are gaps where the writer was evidently unable to decipher his original. Of the several printed editions its text agrees most closely with E; but as it has a few substantial differences, it was probably copied either mediately or immediately from the autograph. There are, however, so many palpable blunders that it cannot be given precedence; and therefore, whilst preferring some of its readings, I have adopted the text of E as a basis; though for convenience in the sigla I have placed *a* before E in the apparatus criticus. A few specimens of the blunders are given below; but it would serve no purpose to record them all.

In F through an oversight this letter was printed twice, though without variation; but the second text is removed in H.

The date is confirmed by the list of works on which Erasmus was engaged; cf. Epp. 269, 396, 373, 311, 312, 272, 297, 325.]

ERASMVS ROTERODAMVS VDALRICO ZASIO, EXIMIO LL. DOCTORI, GERMANIAE DECORI INCOMPARABILI S. D.

Singvlarem eruditionem tuam cum pari coniunctam eloquentia nuper e duobus eruditissimis nec minus facundis cognoui; primum ex Beato Rhenano, mox ex Ioanne Gallinario. Facetiam tuam non vulgarem ex literis intelligo; siquidem cum tu, vir omni virtutum

306. 1. Sese commendat *β* : VDALRICVS ZASIVS DOMINO ERASMO S. *a*. 7. inicitatus *β*. 8. alio *a*. meo *β* : me *a*. 9. sussilit *a*. 13. 11 Cal. Octob. 14 *a*. 14. Girardo . . . 16. ordinarius *add. β*. 307. TIT. VDALRICO . . . S. D. *a* : ZASIO SVO S. *E*.

306. 15. Girardo] Lister; cf. Ep. 495.

laude cumulatissimus, non grauatus esses nos, qui nihil sumus, politissimis literis tuis ad amicitiam prouocare, quantum ego felicitatis nec optare vnquam ausus fueram, mox altera epistola crimen impudentiae deprecaris quod tantulus ad tantum heroa scripseris. Vt missas faciam istas delicias quibus apud Italos vulgo docti sese delinire consueuerunt, et homo Germanus cum Germano germana illa et simplici veritate agam, ipse me meo, quod aiunt, pede metior, et noui quam sit mihi curta supellex, tantum abest vt laudes agnoscam quas tu mihi tribuis. Caeterum ex animo nostrae gratulor Germaniae, quae iam olim bellicae rei gloria florens nunc passim tot etiam eximiis in omni literarum genere viris illustratur, qua quidem gloria non alia neque verior neque diuturnior; quos quanquam omnes vehementer suspicio, sicuti par est, tamen nullius stilo magis capior quam tuo, non tantum ob id quod castissimus est et ab omni neuo purissimus, verumetiam ob id quod Politianicam illam Venerem ac delicias mire referre videtur, cuius viri ingenio semper ita sum delectatus vt nullius aeque. Porro cum in Politiano summa laudum sit eloquentia, quanto rectius te, mi Zasi, conuenit suspicere, in quo, quod in tanto viro summum, in te accessorium est et velut auctarium.

Proinde debeo Beato, debeo Gallinario, per quos te primum coepi cognoscere, sed magis tibi debeo, cuius humanissimis simul et elegantissimis literis etiam in amicorum tuorum numerum cooptor; qua re nihil mihi potuit accidere iucundius aut honorificentius. Neque vero commissurus eram vt tu priores occupares, ni huic pistrino sic essem affixus et alligatus vt vix sit ocium capiendo cibo. Adagiorum opus ita locupletatur vt aliud videri possit. Apparatur mox excudendus Hieronymus cum annotamentis et scholiis nostris. Adornatur Nouum Testamentum nostris purgatum et illustratum scholiis. Aeditur a nobis recognita Copia; aedetur et Similium liber. Opera quae verteram e Plutarcho iam formulis excusa sunt. Paratur et Seneca Anneus a me summis laboribus emaculatus. Cum horum vnum quodlibet huiusmodi sit vt totum hominem, et quidem non Erasmum sed adamantinum aliquem, desyderet, facile potes coniecturam facere quam mihi nihil sit vacui temporis. Vnde veniam des oportet, primum quidem quod ad tuas literas tam elimatas tam inconditis respondeo, plane *χρύσεα χαλκείων ἀμειβόμενος*· deinde si posthac aut rarius aut paucioribus quam tu velles tecum agere videbor. Simulatque hisce me laboribus nonnihil extricauero, libebit vel iustis voluminibus cum meo Zasio congredi.

7. ausus *a E* : ausurus *a in marg.* 9. . Vt *a H* : , vt *E*. 10. , et *a* : . Sed vt *E* : , sed vt *H*. 17. tamen *F* : tum *E* : tn̄ tm̄ *a*. 26. etiam *E* : et *a*. coopter *E*. 29. obligatus *E*.

10. Germanus] Cf. Ep. 269. 38. 11. metior] Cf. Hor. *Ep*. I. 7. 98.

Quod moliris in ius Caesareum illustrandum, precor vt Musae bene fortunent; scis, opinor, Budaeum Parisiensem tale quiddam esse conatum; et Cutbertus Tonstallus, Cantuariensis Archiepiscopi cancellarius, vir vtriusque literaturae callentissimus, innumeros habet locos annotatos. Quod in tuis commentariis nostri mentionem facis meque paras immortalem reddere, magnopere gratum est laudari a viro omnium laudatissimo. Vnum illud a te rogo, ne posthac tam inuidiosis titulis oneres Erasmum, ne quam nasutulis irridendi mei praebeas ansam. Quis enim non rideat Erasmum magnum appellari, qui nulla non parte minimus sit? ad haec felicem, cui nihil est quod fortunae possit acceptum ferre? Bonifacium, iuuenem iuxta modestum atque eruditum, quaeso ne graueris meo nomine salutare. Resalutat te Gerardus Listrius noster ex animo, vt tui studiosissimus, ita dignus profecto quem tu mutuo, sicut facis, diligas. Bene vale.

Basileae. nono Calendas Octob. M D.XIIII.

308_{309} To ⟨Gregory Reisch⟩.

Basle MS. G. II. 13^{a}. 47. ⟨Basle.⟩
⟨September 1514.⟩

[An original letter, in Erasmus' autograph throughout, except for the address, which he left to be added by another hand; probably in these early days having heard of Reisch's attainments without gathering his name. But even so the address is not completed. From the fact that all the points on which Erasmus consults Reisch occur at the beginning of the first volume of Jerome in the 1516 edition (Ep. 396), and that Erasmus was already at work on his scholia at this time (Epp. 307 and 313), it is clear that the date given by the Deventer MS. for Ep. 309 is correct.

Gregory, sometimes wrongly George, Reisch († 9 May 1525) of Balingen in the Wurtemberg Schwarzwald, matriculated at Freiburg 25 Oct. 1487 and became B.A. 1488, M.A. 1489. Subsequently he seems to have studied at Heidelberg, where he composed his *Margarita philosophica*, a kind of encyclopaedia for the purposes of catechetical instruction; first printed by John Schott at Freiburg, c. 13 July 1503. Before that time he had entered the Carthusian house of the Mount of St. John Baptist, near Freiburg, where John Eck was one of his pupils (Eck, *Epist. de rat. studiorum suorum*); and in 1502 had risen to be Prior. Later he became Visitor of the Carthusians in the province of the Rhine, a title which is given to him in his *Priuilegia ordinis Cartusiensis*, Basle, Io. Amorbach, 15 Jan. 1510. An edition of Geiler's *Nauicula Penitentie*, Augsburg, J. Otmar, c. 8 Sept. 1511, is dedicated to him by his pupil James Otther; who in his preface, 15 Nov. 1510, speaks of the friendship subsisting between Reisch and Geiler. For his interest in Jerome at this time see p. 211. He was confessor to Maximilian, to whose deathbed he was summoned at Wels in 1519. He died at Freiburg during the Peasants' Revolt. The Hebrew dictionary and

44. vt Musae bene *E*: Musae bonae *α*. 45. *E*: Bariscensem *α*. 46. Cutbertus Tonstallus *E*: ut Bertus Donstanus (*cf. Epp.* 207. 22 *et* 471 *prooem.*) *α*. 50. a *ante* te *add. E.* 56. Listrius *add. F.* ex animo vt *α*: , ex animo vt *E*: , vt ex animo *H.* 58. M D.XIIII. *add. E.*

---

45. Budaeum] *Annot. in Pandectarum Libros*, Paris, J. Badius, 17 Nov. 1508.

46. Tonstallus] His work on this subject does not seem to survive.

grammar which Conr. Pellican composed in 1501, were undertaken for Reisch's benefit (CPR. pp. 22 and 140).

See Schreiber, *Gesch. d. Univ. Freiburg*, i. 64,5 ; Schmidt, ii. 89 ; *Basler Chroniken* i ; and ADB.]

Salvtem plurimam, reuerende pater. Summis sudoribus adnixi sumus et adhuc adnitimur, vt diui Hieronymi epistolas castigatas emittamus in manus hominum ; quibus nihil dici aut fingi potest deprauatius : cum meo iudicio vnus fere sit Hieronymus dignus qui ab omnibus legatur, inter theologos duntaxat Latinos. Ordinem hunc instituimus. Primo loco ponemus que vere sunt illius. Secunda, que falso Hieronymo tribuuntur, sed digna tamen que legantur. Tercio loco adulterina quoque subiiciemus, a nebulone nescio quo insulsissimo atque impudentissimo subdita. Addemus causas cur ea nobis non videantur esse Hieronymi. Ita pariter fiet vt neque decipiatur lector mendacibus titulis neque quicquam in volumine desyderet cui talia placent deliramenta. Deprehendi stilum vnius rabule qui multa miscuit et Augustini operibus, vt sermones eremiticos, et Ambrosianis addit sermonem Ambrosii gratulatorium de baptizato Augustino.

Video te eodem animo in hunc diuinum esse virum quo nos, et ordinem tuum non improbo ; quem tamen sequi sine magno meo labore non possem : essent enim omnia retexenda. Preterea periret mea separatio. Postremo sunt multe epistole que alio quodam ordine inter se coherent ; siquidem ipse Hieronymus iubet libellum quem scripsit ad Nepotianum copulari cum eo libello quem scripsit ad Heliodorum. Itaque veterum ordinem sequemur exceptis adulterinis, et loco ordinis quem tua paternitas excogitauit, indicem ponemus, vt duplex sit ordo duplexque commoditas. Addidimus argumenta in singulas et scholia, vt non admodum eruditi inoffensius eum possint legere. Explicuimus allusiones ad loca scripturarum diuinarum, eas duntaxat quas non quiuis etiam theologus sensurus erat.

Gratulor profecto sanctissimo viro qui mirabili cura doctissimorum iuuenum Amberbachiorum tam emendatus in lucem prodire coeperit. Non grauabitur paternitas tua reuerenda nobis impartire si quid habes emendatorum codicum, aut si qua loca feliciter annotata.

In epistola ad Heliodorum cuius initium est, *Quanto amore*, varie legitur hic locus, *cui nos morituros relinquis? etc.* Aperi nobis, si molestum non est, quid tu sentias. In epistola ad Rusticum cuius

20. coheret *MS*. 32. emedatorum *MS*.

34. *morituros*] In his text (1516, f. 1) Erasmus prints *seruituros* ; but in the scholia *morituros*, adding 'Hunc locum non vno modo confusum ac deprauatum ex peruetusto quodam exemplari sic restituimus.'

initium, *Nihil Christiano etc.*, torquet nos locus de filiis Ionadab, quos ait in Psalmo scriptos, quod primi sustinuerint captiuitatem. De his lego apud Hieremiam; apud Psalmographum non memini quicquam esse. In epistola ad Nepotianum que incipit, *Petis a me*, torquet nos locus, *Testudineo Grunnius incedebat gradu*, versibus aliquot maxime ibi, *Hic bene nummatus etc.* In epistola ad Letham offendit locus, *Quibus corax, niphus, miles.* Multa diuinauimus, omnia non possumus. Rursum in eadem, *Cibus eius olusculum sit et simila, caroque et pisciculi*, diuino legi debere, *Cibus eius olusculum ⟨sit⟩ et e simila garoque pisciculi.*

Sunt et alia; quid enim ibi non deprauatum? Sed non est ocium de singulis scribere. Bene vale, pater optime.

Erasmus tuus per omnia.

Venerabili patri ac domino D. Frib⟨urgi⟩.

[308]309. From Gregory Reisch.

Deventer MS. 91, f. 171 v°. Freiburg.
LB. App. 12. 4 October 1514.

F. GREGORIVS, PRIOR CARTVSIAE, DOMINO ERASMO ETERNAM IN DOMINO CONSEQVI SALVTEM.

Hvmanissime ac doctissime Erasme, gaudeo plurimum peruulgatam tuam auctoritatem Hieronymo nostro accessisse; credo diuinitus ita factitatum, vt praeconceptus labor non prius in publicum prodiret, donec exercitatissimum ingenium tuum ea quae vel manca vel detruncata et erroribus obfuscata haud dubium semper manerent, castigationis lima illustraret ac restitueret. Placet quam maxime vt quae falso Hieronymo tribuuntur, similiter et adulterina, ab aliis quae vere illius sunt segregentur. Ordinem meum, quinimmo Ammerbachii senioris feliciter defuncti, si immutaueris, iudicio multorum iacturam non paruam vendentibus facies, forte non minorem legentibus; nam confuse valde epistolae cum libris et tractatibus

309. 9. feliciter *LB* : felicitatē *MS.*

308. 36. Ionadab] In the scholia (1516, f. 19) Erasmus explains this difficulty by reference to the LXX. title of Ps. 71.

39. Nepotianum] A wrong reference. These passages also are in the *Epistola ad Rusticum* (1516, f. 22 v°); and are explained in the scholia on ff. 19 v°, 20 with allusion to Grunnius Corocotta. Cf. Ep. 222. 37,8.

42. *Quibus corax*] For Erasmus' conjectures see f. 24 of the 1516 edition; the text is on f. 25 v°.

43. *Cibus*] Erasmus prints his emended version in the text (f. 27) and gives the corrupt reading in his notes (f. 25). In 1526 (f. 57) he reads *raroque*.

309. 9. Ammerbachii] John of Amorbach in Lower Franconia (c. 1430—25 Dec. 151 4/3), the famous Basle printer. After taking his M.A. at Paris he returned to Germany, and became corrector in Koberger's press at Nuremberg. About 1475 he set up his own press in Basle, and his first book was published in 1478. Throughout

collocantur in aliorum impressuris, vti cernis. Sepius audio a doctioribus me reprehensam istiusmodi aggregationem et titulationem, vt liber integer sub epistolari numero, quo tamen allegari non solet, imprimatur, et modicus vel pene nullus materiarum ordo seruetur; dum Augustini opera in tomos seu partes distincta placuere multis, et his qui impensas laborum faciunt; nam parum conduxit talis distinctio.

Eapropter, si fieri poterit, maneat praescriptus partium ordo, hoc saluo vt epistolae quas libri vel tractatus exigunt, istis praemittantur, et quae falso attributa sunt, iam sequantur. Argumenta vetera nunquam placuerunt; optime facis addendo alia, similiter et scholia. Nullus emendatorum apud me codicum est, nullas vnquam feci annotationes, demptis dictionibus Hebraicis quae sunt in exemplaribus. Signata loca in certis epistolis perfecimus; impressoris recessu videre non potui. Diffido tamen, quod tu omnium doctissimus et exercitatissimus non potes, inuenire posse. Valeat dominatio tua felicissime.

Raptim ex Cartusia Friburg. in die Sancti Francisci 1514.

^{307}310$_{313}$ From Ulrich Zasius.

Epistole ad Erasmum f^{o}. i^{2}. v^{o}. Freiburg.
C^{2}. p. 256: F. p. 93: HN: Lond. ii. 15: LB. 161. 11 October 1514.

VDALRICVS ZASIVS, PVBLICVS VTRIVSQVE IVRIS PROFESSOR APVD FRIBVRGVM, ERASMO SVO S.

Hoc velut puncto in praesentem tabellarium, magne Roterodame, nostrae aetatis Varro, incidi, quem nisi comitibus meis literis abire non sum passus; licet iam in cardine obeundae ciuilis lectionis Bartolus et Baldus caeterique id genus illatini autores auribus circumstreperent. Tuis elegantissimis literis me, si qua est in doctissimorum

309. 16. partes *LB* : pte *MS*. 25. perfecimus *scripsi* : p̄fecī9 *MS*.

---

his career he aimed at printing books which should promote the cause of good learning; and this enthusiasm he transmitted to his sons, and to his partner Froben, who joined him in 1500 and carried on the high traditions (cf. CPR. p. 27) of his press. His ambition was to publish worthily the four Doctors of the Church (cf. IV. 256 seq.). Ambrose appeared in 1492, Augustine in 1506, and Jerome he lived to see well on the way to completion. His will was signed on Tuesday, 13 Dec. 1513 (Basle MS. C. VI. 30 fin.). The date of his death is given in a family inscription, in the hand of his son Boniface (Basle MS. D. IV. 7. p. 423): 'Vixit Pater Ann. LXXXIII, OB. ineuntis anni M.D.XIIII. VIII Kl. Ian.,' which is undoubtedly to be understood of a year beginning at Christmas. Beatus Rhenanus' draft for this inscription (Basle MS. KA. C. I. 2. I. 14; see BRE. 161) differs from Boniface's in almost all its dates, but is clearly of less value. See C. C. Bernoulli in *Basler Büchermarken,* 1895, pp. xiv, xv; EE.; and ADB. A large quantity of his correspondence is preserved in the Basle University Library. A specimen of his vigorous Latinity is printed in EHR. xxii. 742.

virorum congressu beatitudo, plane beatum fecisti; et tanta sane mihi gratificandi simul et respondendi sylua in eis offertur, vt alio ad eam rem et tempore et loco opus esse existimem. Hoc habe, tuam illam, tuam inquam illam mellitulam epistolam toto nostro gymnasio circumferri, a scholasticis adpeti, mirari tantos eloquentiae puros fontes, mirari Roterodami numen, de coelo desumptum ignem; Zasium magni fieri, digitis denotari, hunc esse cui Roterodamus, cui Cicero Germaniae nunc aetatis nostrae, tam humaniter, tam amice scripserit; felicem quem eo fortuna dignetur honore vt Roterodami preconio referatur: non minus Achille qui Homerum buccinatorem, non minus Augusto quem Virgilii tuba, non minus Scipione qui Sillii classico innotuerit, non inquam minus quocunque qui a viro laudato laudatus sit, fortunatum. Ita mihi vna haec epistola existimationem auxit, magni viri conflauit amicitiam, et supra Croesi diuitias opulentum fecit. Quae igitur censes, Roterodame, tibi sunt agendae gratiae?

Sed aliud, vt dixi, tempus expostulat. Haec nostra rudior epistola, quamuis temere, praeuolat tamen praeluditque; vt interim alio tibi genere quemadmodum gratificer cogitare possim. Vale et nostros aliquando, si tu magnus Iupiter Faunorum casulas non dedigneris, lares digneris inuisere, optatissimus nobis hospes futurus.

Bonifacius te plurima salute impartit, cui post amoena illa humanarum literarum virecta insuetus est ad duriusculos iuris ciuilis scopulos callis; sed peruincet ingenium, sedulitas, fides si qua est interpretis. Vale delicium, non dico meum, quod maxime dico, sed vniuersi literati orbis, ex Friburgo quinto idus octobris Anno. M.D.XIIII.

Nolo mihi rescribas tantis rebus fatigatus; sat mihi erit meis ineptiis vel oculos admoliri.

Tuus ab animo Vdalricus Zasius ll. doctor.

311. To Matthias Schürer.

De Copia (1514) f. 2. — Basle.
N: Lond. xxviii. 27: LB. App. 13. — 15 October 1514.

[The preface to *De duplici Copia verborum ac rerum commentarii duo ab authore ipso diligentissime recogniti et emaculati atque in plerisque locis aucti*, published together with the letters between Wimpfeling and Erasmus (Epp. 302 and 305) and the *Parabolae* (Ep. 312) by Schürer, Dec. 1514 (*a*). For the effect of this transaction on Badius, the original publisher (Ep. 260), see Epp. 346, 434, 472, and Lond. vi. 24, LB. App. 242. Schürer's edition of Oct. 1516 follows *a*, but Froben's of April

21. *H*: sint *B*. 26. inuisere *H*: reuisere *B*. 33. Nolo *B*: Non *H*. 35. Tuus . . . doctor *om*. *H*.

---

26. inuisere] The correction made in H confirms the inference from Ep. 307. 24, 5, that Erasmus and Zasius had not as yet met.

1517 (β) has some slight changes. In Froben's edition of March 1519 this preface is removed; but it is one of those collected by the editors of N for inclusion according to Erasmus' wish (cf. I. p. 39. 26–8).]

ERASMVS ROTERODAMVS MATTHIAE SCHVRERIO STLEZESTANO S. D.

Bona pars istorum qui formulis excudunt libros, Matthia Schureri, vel inscitia literarum inopiaque iudicii pessimos authores pro optimis suscipiunt, vel auiditate quaestus eum librum optimum esse ducunt vnde plurimum emolumenti rediturum sperent. Vnde quod caeteris in rebus fere solet, id in hac quoque arte videmus vsu venire, vt quod ad summam studiorum vtilitatem sit excogitatum, id abutentium vitio in grauem vergat perniciem. Qua quidem in re tu mihi duplici nomine laudandus videris; primum quod pro tua non vulgari eruditione proque acri iudicio ea deligas quae ad veram eruditionem conferant; deinde quod ingenuo quodam erga bonas literas amore nostris studiis potius quam tuis scriniis consulere gaudes, vnum hoc agens vt libros quam optimos quam emendatissime excusos in lucem emittas.

Proinde Copiam nostram ad te misimus a nobis diligentissime recognitam et emaculatam, vt pridem apud Britannos concepta, apud Parrhisios vtcunque edita, nunc rursus velut abiectis exuuiis nitida prorsus et expolita, in foelicissima Argentoratorum ciuitate foelicioribus auspiciis exeat in manus hominum. Si modo videbitur non indigna tuo praelo, erit vel ob id ipsum omnibus bonarum literarum amatoribus commendatior, quod e Schureriana prodierit officina; ex qua iam persuasum est nihil proficisci quod non sit et authoris elaboratum ingenio et tua cura castigatissimum. Adiecimus et Ὁμοιώσεων librum, nusquam adhuc editum sed ab ipsis quod aiunt follibus ad te profectum.

Lucubrationes Rodolphi Agricolae, hominis vere diuini, iamdudum expectamus; cuius ego scripta quoties lego, toties pectus illud sacrum ac coeleste mecum adoro atque exosculor. Bene vale.

Basileae. Ann. M.D.XIIII. ad Idus Octob.

312. To Peter Gilles.

Parabolae (1514) tit. v°. Basle.
Lond. xxix. 17: LB. i. 559. 15 October 1514.

[The preface to the *Parabolae siue Similia*, published with the *De Copia* (Ep. 311) by Schürer, Dec. 1514 (α). It was revised for Martens, who reprinted it at Louvain in June 1515 (β); cf. Ep. 369. 9 n. Schürer also printed it again in

TIT. SELESTANO β: SELATANO *N*. 9. deligis β *N*.

25. Agricolae] It is much to be regretted that Schürer never carried out this projected publication: for which see BRE. 36; Ep. 342. 43; Lond. vi. 24, LB. App. 242, 154, 167; and EHR. xxi. pp. 305,6.

Feb. (γ) and Nov. 1516 (δ), July 1518 (ζ), and Feb. 1521 (η). In 1516 Erasmus sent a copy of β to Badius with the suggestion that he should reprint it (Epp. 434 and 472). Badius, who held strict views about copyright (cf. Ep. 263 and Lond. vi. 24, LB. App. 242), was at first unwilling, but ultimately issued an abridgement of the work (ε) with some explanatory notes by himself (cf. *Luc. Ind.* and Badius' preface to Peter Gilles, 'Aduersanorum a libellis' dated 29 Nov. 1516). His text of Erasmus' preface was followed by Froben in editions of Feb. 1518, Feb. 1519, and July 1521, his notes being added at the end of the *Parabolae* without his name; but in a revised edition of Aug. 1522 (θ), perhaps in consequence of representations from Erasmus, who had then returned to Basle, Badius' authorship of the notes was acknowledged and some slight changes made in this preface. In the *Opera* of 1540, vol. i. p. 466, the text of the preface follows ε.]

ERASMVS ROTERODAMVS PETRO AEGIDIO, CELEBRATISSIMAE CIVITATIS ANTVVERPIENSIS A LIBELLIS, S. D.

VVLGARE quidem et crassum istud amicorum genus, Petre amicorum candidissime, quorum vt omnis vitae, ita necessitudinis quoque ratio in corporibus sita est, si quando procul seiunctos agere contigerit, anulos, pugiunculos, pileolos atque alia id genus symbola crebro solent inuicem missitare; videlicet ne vel consuetudinis intermissione languescat beneuolentia, vel longa temporum ac locorum intercapedine prorsus emoriatur. Nos vero, quibus animorum coniunctione societateque studiorum omnis amicitiae ratio constat, cur non potius animi xeniolis et literatis symbolis identidem alter alterum salutemus? Non quod vllum sit periculum ne propter interruptam vitae consuetudinem frigus aliquod obrepat, neue tantis regionum interuallis semota corpora copulam ac nexum soluant animorum; qui vel hoc arctius sibi conglutinari solent, quo vastioribus spaciis illa fuerint dirempta: verum vt si quid ex amicitiae fructu detrahere videatur absentia, id huiusmodi pignoribus literariis non sine foenore sarciamus.

Proinde nihil quidem vulgarium xeniorum ad amicum adeo non vulgarem, sed plurimas in vno libello gemmas mitto. Cur enim non sic appellem has Ὁμοιώσεις ex opulentissimo summorum authorum mundo selectas? Nuper enim dum Aristotelem, Plinium ac Plutarchum locupletandis Adagiorum Chiliadibus relego, dum Anneum Senecam a mendis, quibus ille non contaminatus erat sed prorsus extinctus, repurgo, has obiter annotaui tibi munusculum haud quaquam ingratum futuras. Sic enim augurabar, quod et te perspicerem ad orationis elegantiam natura compositum esse, et intelligerem non nitorem modo sed vniuersam prope sermonis dignitatem a metaphoris proficisci. Nihil autem aliud est παραβολή, quam Cicero collationem vocat, quam explicata metaphora. Caeterorum orna-

TIT. A LIBELLIS α : AB ACTIS θ. 11. aliquod αγ : aliud β.

---

21. Adagiorum] Cf. Ep. 269. 22. Senecam] Cf. Ep. 325.

mentorum singula suam quandam ac peculiarem adferunt gratiam et commoditatem dictioni; metaphora sola cumulatius praestat vniuersa quam exornationes reliquae singula. Delectare vis? nulla plus habet festiuitatis. Docere studes? non alia probat vel efficatius vel apertius. Flectere paras? nulla plus addit acrimoniae. Studes copiae? nusquam suppellex locupletior. Placet Laconismus? nulla plus cogitationi relinquit. Sublimitatem affectas? haec quiduis quantumuis attollit. Est quod velis extenuare? nulla magis deiicit. Ἐνάργειαν captas ac lucem? nulla melius rem ob oculos ponit. Hac fere condiuntur adagia, huic gratiam suam debent apologi, haec commendat apophthegmata, huius accessione conduplicatur sententiae dos, adeo vt Salomon ille, vir diuinus, oracula sua non alio magis quam parabolarum titulo voluerit commendari. Tolle metaphorae suppellectilem ex oratoribus, ieiuna erunt omnia. Tolle parabolas e propheticis et euangelicis literis, magnam gratiae partem detraxeris.

At fortasse dicet aliquis, Belle hic munus suum ornat verbis; quasi vero magni sit negocii similitudines nusquam non obuias adducere. Verum nos non passim obuias sumpsimus, nec lapillos in littore sparsos collegimus; sed exquisitas aliquot gemmas ex abstrusis Musarum thesauris deprompsimus. Neque enim haec a tonstrinis aut sordidis fori conciliabulis petuntur, quae doctorum aures et oculos morentur. Ab intimis naturae arcanis, e poenitissimis disciplinarum aditis sunt eruenda, ab eloquentium poetarum eruditis fabulis, a nobilium historicorum monumentis. Qua quidem in re, vt duplex est difficultas, ita gemina laus debetur. Primum illud ipsum nonnihil est, peruestigasse quod sit egregium. Neque vero minus est, quod deprehenderis, id concinniter accommodare. Quemadmodum est aliquid primum insignem repperisse gemmam; deinde nonnulla laus est repertam apte sceptris aut anulis addidisse. Addam exemplum quo res fiat dilucidior. Cicuta venenum est homini, vinum cicutae; quod si cicutae vinum admisceas, iam venenum multo praesentius et prorsus immedicabile reddis, propterea quod vis et impetus vini veneni noxam citius ad vitalia membra perferat. Iam hoc ipsum rem naturae tam abstrusam tenere, nonne pars est eruditionis nec inelegans nec iniucunda? Age iam, si quis ad hunc vsum accommodet vt dicat adulationem amicitiae praesentaneum esse venenum, verum ei rursum veneno venenum esse libertatem admonendi quam Graeci vocant παρρησίαν: quod si libertatem prius inficias, et ita commisceas cum adulatione vt tum maxime aduleris amico, cum maxime videris obiurgare, iam immedicabile malum esse; nullane hic ingenii laus esse videbitur? Non mediocris, opinor.

34. βδ: Laconissimus *αγ*. 35. βε: relinquet *αγ*. 57. βε: repertum *αγ*. 62. naturae *a LB*: natura *Lond.*

Neque velim tamen aucupari gratiam, vbi nihil promerear. Quibus hic titulus praefertur ex Aristotele Plinioque, in his mea est collationis inuentio. Porro quae ex Plutarcho Senecaque desumpta testatur inscriptio, in his nihil mihi vindico praeter colligendi explicandique laborem et si quid laudis meretur commoda breuitas. Neque vero me clam est quantum Similium pelagus possit e rerum omnium naturis, e tot disciplinis, e tot poetis, e tot historiographis, e tot oratoribus aggregari. Verum quae dementia sit quod infinitum est velle persequi? Gustum dumtaxat dare voluimus, vt ingenia iuuenum ad his similia conquirenda excitaremus. E Plutarcho complura recensuimus, partim quod is author Graecus est, partim quod in hoc genere sic excellit vt cum hoc nemo vel eloquentissimorum iure conferri queat. E Seneca, quoniam in eo tum aliud agentes versabamur, non ita multa decerpsimus. Non alienum fuerit hunc libellum Adagiis aut, si mauis, Copiae commentariis ceu coronidem adiungere, quod cum illis plurimum habeant affinitatis et ad hanc vel in primis faciant. Epithalamium tuum quo minus et absolutum sit et editum, famulus meus in causa fuit, qui Louanii me quidem imprudente reliquit exemplum. Bene vale.

Basileae. Anno a Christo nato M.D.XIIII. Idibus Octobriis.

[310]313. TO ULRICH ZASIUS.

Munich MS. Lat. 1470, f. 199 v°. Basle.
18 October ⟨1514⟩.

[This letter occurs in a manuscript volume of 217 ff. belonging to the Royal Library at Munich. The volume is the work of several hands, the earliest of whom signs himself as a monk at Wessosprunn, in Bavaria, in 1456. The copyist of this letter, also perhaps a monk at Wessosprunn, filled ff. 78–102 and 175–205 in the manuscript with miscellaneous contents: the first series including (f. 94) a copy of a letter dated 23 Dec. 1517; the second containing, besides this letter and Ep. 307, the *Iulius Exclusus*, finished (f. 185 v°.) by the writer on 31 Dec. 1518, some letters (ff. 186–95) from the *Illust. vir. epist. ad Io. Reuchlin*, March 1514 and May 1519 (Ep. 300), and some extracts (ff. 202 v°–205) from Erasmus' *Adagia* and translations of Lucian and from A. The handwriting is of the early sixteenth century, and thus bears out the inference suggested by these dates. For the character of the copyist's work see Ep. 307 introd.

This letter is printed by Prof. Neff, *Udalricus Zasius*, pt. 2 (1891), p. 33; not quite accurately. The date is given by the third edition of the *Adagia*; cf. Ep. 269.]

71. et aliis nonnullis *post* Plinioque *add.* θ. 78. est ε : sit α. 85, 6. αγ : habeat . . . faciat εθ. βε : affinitatem αγ. 87. sit βε : est αγ.

71. titulus] *Parabolae siue Similia e physicis, pleraque ex Aristotele et Plinio.*

86. Epithalamium] *Petri Aegidii*, afterwards included in the *Colloquia* of Sept. 1524 (LB. i. 746). It was rewritten, probably c. 1517–18, with allusions to the death of Jerome Busleiden (Ep. 205), and the foundation of the Collegium Trilingue introduced. Cf. also Ep. 356.

INCOMPARABILI IVRIS VTRIVSQVE PROFESSORI, VDALRICO ZASIO, ERASMVS ROTERODAMVS S. D.

Ne tuis responderem litteris, doctissime Zasi, obstabat Adagiorum opus, quod tercio iam nascitur, quiddam etiam supra Bachum bis natum referens. Et renascitur sic auctum, sic locupletatum, vt prorsus aliud videri possit. Multo vero magis obstabat diuus Hieronymus, quem mihi non paulo maioribus sudoribus constat emaculare et scholiis explicare quam ipsi constiterit scribere. Demum admonebant et tuae litterae ne responderem. Verum isdem illis ad respondendum extimulas, quibus ne respondeam mones, ac nouo quodam modo renitens efflagitas, condonans exigis, non cogendo maxime cogis. Eiusmodi Zasii mei simulacrum epistola veluti depingit ac repraesentat, nimirum hominis qui tria quedam eximia bona ex aequo copularit, in quorum singulis excellentes paucos reperire licet; quantum illic eruditionis, quantum verae facundiae, postremo quantum humanitatis ac candoris! Foelix academia Friburgensis, quae tanti viri facunda eruditione et erudita facundia simul et illustratur et eruditur, quae tam parata humanitate fruitur; immo foelix Germania tam incomparabili ornamento dotata. Quod scribis meam epistolam istic circumferri, hoc est meas tam ineptas ineptias in manibus omnium esse traducique, minus moleste ferrem, si scirem omneis eodem esse candore quo Zasius est, qui quantumuis neglectim effigiatus venias, potes boni consulere. Bene vale.

M. Conradum, amicum meum et bonarum litterarum candidatum, adiuua tuo fauore, si quid opus erit.

Basileae natali Lucae.

314. From John Colet.

Deventer MS. 91, f. 152. London.
LB. App. 85. 20 October ⟨1514⟩.

[The answer to a letter written from Basle on the same date as Ep. 301 and narrating the events of the journey.]

IOANNES COLETVS DOMINO ERASMO S.

Erasme charissime, accepi litteras tuas Basileae scriptas 3. Cal. Septemb. Gaudeo quod intelligimus vbinam locorum es et sub quo coelo viuis; gaudeo etiam quod vales. Fac votum persoluas Paulo, vt inquis, factum. Maguntiae tanti te factum fuisse quantum scribis,

313. 15. facunda *corr. Neff*: fatū *MS.*, *sequente lacuna*. 16. huanitate *MS.* 19. minus *scripsi*: mitius *MS.* 20. omneis *scripsi* (oeis): esse is *MS.* (eeis).

313. 2. Bachum] Cf. Ep. 269. 3.
22. Conradum] Probably Fonteius; cf. Ep. 331. 5 n.
314. 3. Paulo] Cf. Ep. 301. 18-20.

facile credo. Gaudeo te reuersurum aliquando ad nos; tamen non possum id sperare. De vberiore fortuna tibi nescio quid dicam, nisi quod qui possunt nolunt, qui volunt non possunt. Tui hic omnes valent; Cantuariensis semper est solita suauitate, Lincolniensis regnat nunc Eboracensis, Londinensis non cessat vexare me. Cotidie meditor meum secessum et latibulum apud Cartusienses. Nidus noster prope perfectus est. Reuersus ad nos, quantum coniicere possum, illic mortuum mundo me reperies. Tu cura vt valeas, et quo te conferes fac sciam.

Vale ex Londino xx^{mo} die Octob.

315. From James Lefèvre.

Epistole ad Erasmum f^{o}. h. — St. Germain's, Paris.
F. p. 92: HN: Lond. ii. 13: LB. App. 427. — 23 October ⟨1514⟩.

[Evidently written on hearing of Erasmus' first arrival in Germany. For Erasmus' correspondence with Lefèvre at this time see his *Apol. ad Iacobum Fabrum*, LB. ix. 20 AB.

James Lefèvre (c. 1455–1536) of Étaples in Picardy, the forerunner of the Reformation in France, after taking his M.A. at Paris went to Italy and was a pupil of Hermolaus Barbarus, from whom he acquired a strong interest in Aristotle. On returning to Paris he brought out a Paraphrase of the *Physics* (Paris, J. Higman, 1492), and in the next fifteen years published a number of philosophical and scientific writings drawn from Aristotle, Dionysius the Areopagite, and Boethius; his life being varied by journeys in search of MSS., notably to Rome in 1500, to Mainz and Cologne in 1509. By 1504 he had become secretary to Wm. Briçonnet, Bp. of Lodève, a former pupil (cf. a preface by Jo. Molinaris in C. Bovillus' *Methaphisicum*, Paris, G. Marchand, 30 Jan. 150$\frac{3}{4}$; also BRE. 430). In 1507 he was established at St. Germain-des-Prés by Briçonnet, who had just received the Abbacy; and from this time forward his studies were principally Biblical, though with little Greek and less Hebrew he was inadequately equipped. He published a *Quincuplex Psalterium*, 1509, Commentaries on the Epistles of St. Paul 1512 (p. 14), and on the Gospels 1521; after which he began a translation of the Bible into French, which he published complete—the first entire in French—at Antwerp in 1530. In 1520 he was taken by Briçonnet to Meaux, his patron's new see; and whilst there was attacked by the Sorbonne in 1521 and again in 1523 for Lutheranism, but was protected by the King and the Bp. During Francis' captivity in 1525 he was again attacked, and fled for some months to Strasburg, where he dwelt in Capito's house; but on Francis' release he returned to France and was protected by royal favour for the remainder of his life.

See Trith.^{3}; NBG.; EE.; and a sketch by C. van Proostdij, Leiden, 1900, in which 1435 is given for the date of his birth. For a study of his work see Delaruelle, *Budé*, pp. 45–54.]

6. nisi *scripsi*: nescio *MS.*

---

9. Eboracensis] by Papal Bull dated 15 Sept. 1514. The temporalities had been granted on 5 August.

Londinensis] Cf. Ep. 270. 44 n.

10. Cartusienses] The Carthusian house of Jesus of Bethlehem at Shene near Richmond, on the S. bank of the Thames; twin foundation with Sion (vol. i. p. 225) at Isleworth across the river, both having been founded by Henry v in 1414. See Dugdale, vi. 29. Colet perhaps made some enlargement of the buildings as a sort of payment for the shelter he was to receive; see Lupton, *Life of Colet*, 215–19.

DOMINO ERASMO ROTERODAMO, LITERARVM SPLENDORI, IACOBVS FABER S. D.

Heri circa crepusculum noctis praesentium tabellarius me conuenit et nomine tuo dixit salutem; quae non nisi gratissima esse potuit: sed eo vberiore laetitia animum meum oppleuit, quo te intellexi in Germania inter typographos versari. Publica enim vtilitas (vt continuo concepi) et literarum feliciter propagandarum amor te Brytannos deserere suasit, et nobis quidem oppido quam optabiliter ac vtiliter. Quid enim aliud faceres, qui plenus es omnium bonarum literarum, nisi non tibi sed vtilitati publicae eas studiis ac studiosis propagares, imitator publici solis? Sic nanque mundi sol candidae lucis plenissimus non intra se illam occulit, sed omnibus mortalium oculis non suo sed illorum vsu manifestat ac ingerit. Quis non suspiciat, amet, colat Erasmum? Nemo non, qui bonus et literatus fuerit. Ergo qui prorogat vitas, fila vitae tuae faciat quam maxime longeua, vt merita meritis diutius cumulans serus ad feliciora regna de toto quam optime meritus mundo transeas; non solum gloriae famam posteris relinquens, sed vitam iam cum superis viuens heroicam. Vale felix et viue nobis et nostro saeculo, et ama te colentem et amantem. Ex coenobio diui Germani iuxta Lutetiam Parisiorum. x. Cal. No.

316. From Lucas Klett.

Deventer MS. 91, f. 158. ⟨Basle.⟩
LB. App. 301. 1 November 1514.

[The manuscript date, which is misread in LB. into 1518, is confirmed by Ep. 317. 3 seq.; from which it is plain that Erasmus complied with Paliurus' request.

Lucas Klett of Ruffach, S. of Colmar, matriculated at Basle early in 1509 and was M.A. at Christmas 1512. In 1514 he was keeping a school at Basle (BRE. 38; dedicating to Klett an edition of Bapt. Guarino's *De modo et ordine docendi*, Strasburg, Schürer, March 1514); but he subsequently took up law—his request to Zasius in this letter is perhaps connected with these studies—and by 1517 had become Chancellor to Christopher of Utenheim, Bp. of Basle (Lond. iii. 23,4; LB. 259, 262). There was perhaps an interval in his tenure of this office; for in 1526 he was at Tübingen (EE. 50). But in 1530 he is found in it again and he was still holding it in 1538. See some letters from him to Boniface Amerbach (Basle MSS. G. II. 30. 106, and KA. C. v. 1[e]); in the last of which he gives the clue to his name, with the signature 'Lucas Klet, aut si mauis Paliurus.' One of Erasmus' epigrams, composed c. 1515, is addressed to him. He is perhaps to be identified with the Doctor Lucas (CPR. p. 71) who was intimate with Jodocus Gallus of Ruffach.]

DOMINO ERASMO VNDECVNQVE DOCTISSIMO LVCAS PALYVRVS S.

Parce, mi Erasme, si tuam magnificentiam rudiori Minerua obtundam; patrocinii tui certe vbique terrarum multum ponderis et authoritatis habentis adminiculo parumper opus habeo. Noui ego quantum te faciat Zasius ille, nostrae tempestatis iurisconsultus absolutissimus. Vellem igitur eidem non tam me quam negocium meum litteris tuis commendares. Quo autem commendationis argumento opus sit, Frobenius tuus exploratum faciet. Has si preces (me hercules) humili e pectore fusas non surda aure pertransieris, ita me tue magnificentiae deuinctum obligabis vt nihil sit quod pro Erasmo illo maximo, humanissimo et doctissimo praeceptore meo, subire pertimescam.

Vale, ex aedibus nostris, turbulentis curarum vorticibus angustiato, die omnibus superis dicato 1514.

317. FROM ULRICH ZASIUS.

Deventer MS. 91, f. 200. Freiburg.
LB. App. 14. 7 November 1514.

[The manuscript date is confirmed by the gift of Plutarch, and by the reference in ll. 11–13 to Epp. 303, 306, 307. 50–54.]

QVANDO, ter maxime Erasme, nunc tempus latiora ad te scribendi non suppetebat, articulo et temporis et legittimi muneris exclusus, modica haec accipe. Lucae nostro, viro optimo et diserto, suppetias ferre paratissimus sum, tum quia doctrinae specimen haud mediocre praebet, tum maxime quia tuis commendatus ornatissimis litteris, tuis inquam quem [non] perinde ac lumen de coelo delapsum veneror. Quod porro Plutarcho tuo Latiali per te veste intecto me donasti, non est eius generis quod verbis remetiar, quando nec ieiuno mihi ea verborum flumina suppeterent, quibus tam gratum, tam amabile, adde tam eruditum, opus consequerer! et si maxime facundus essem, non verbis sed re ipsa vel sunt vestigia gratitudinis exhibenda. Superioribus litteris tu Iupiter ita fulmine intonuisti, cum magnum, cum felicem te nominarem, vt attonitus manum nunc retraxerim et pro magno ter maximum nominauerim. Quid enim aliud dicerem? quo alio titulo nominarem? qui omni mortali praeconio sis superior, qui, si vnquam quisquam in mille annis, te verum heroa qui paulo sit immortalibus inferior referas. Scio dices Zasium adulatili effoeminari stilo, Germano Germanum, quod dedeceat, blandia dare; hoc enim aliquando, vir integer et erectus, acris et fortis, in me carbone nigro notasti. At alia non potui; sic me animus meus, genius, feruor, affectio impellunt. Tu enim, o Erasme, fama ingens (vt Ciceronis

316. 10. praeceptori *MS.* 317. 2. non *LB* : ē *MS.* muneris *scripsi, cf. Epp.* 83. 2 *n.*, 388. 41 *n. et* 494 : nu/meris *MS.* : numeri *LB.* exclusus *MS.* : *notabile anacoluthon.* 7. per te *LB* : parte *MS.* 11. vel *MS.* : *forsitan* verae *legendum.*

317. 3. Lucae] Paliurus. Cf. Ep. 316.
7. Plutarcho] Cf. Epp. 272 and 297.
21. Ciceronis] An allusion to Verg. *Aen.* 11. 124, which Macrobius (*Sat.* 6. 2. 33) notes to have been imitated from Cicero's lost work on Cato.

verba vsurpem), factis ingentior, quomodo non omnibus sis numeris celebrandus? in quo celebrando iam numerus non erit numerus, iam mensura, iam pondus a suis terminis excurrent.

Sed iam sistendum est, quia ad ff. veteris lectionem vado. Caetera pluribus, quia tecum confari, tanquam cum Eudaemone, ex animo delector. Vale, anima mea, decus meum, imo decus philosophiae et philosophiae encyclicae; parce si parum ex iusto graecissaro, homo in talibus peregrinus.

Ex Fryburgo vii idus Nouemb. Anno 1514.

Tuus Zasius.

Bonifacius ille tuus, imo noster, quando fulgure tuo praestrictus manum ⟨scribere⟩ non audet, rogare non cessat se tibi commendem, te suo nomine salutem. Quod equidem, quando semel factus sum impudens illotas meas ad te dandi, lubens facio; et vt sim gnaue impudens, et vt morem geram ei amico quo mihi hic Fryburgi nil est dulcius. Ergo verba salutis nomine Bonifacii a distincto isto vernula suscipe.

318. From Willibald Pirckheimer to Beat Bild of Rheinau.

Deventer MS. 91, f. 143. Nuremberg.
LB. App. 15. 9 December 1514.

[Evidently on the occasion of Erasmus' first visit to Basle. Cf. also Epp. 322 and 326A.

Willibald Pirckheimer (5 Dec. 1470—22 Dec. 1530) was born at Eichstadt; and after beginning his education there was in Italy, 1490–7, studying Greek at Padua and law at Pavia. On returning to Germany he settled with his father at Nuremberg, of which town he soon became councillor. In this capacity he attracted the notice of Maximilian, who made him an Imperial Councillor and consulted him about literary matters. He served Nuremberg till 1522, when he resigned his office in consequence of local jealousies, and gave himself up to learned leisure. He had been left a widower in 1504 with five young daughters, whom he educated carefully, and who afterwards became as famous for learning as the daughters of Sir Thomas More. His writings include translations from Lucian and Plutarch, a description of Germany, and a history of the Swiss wars. His wealth and position enabled him to assist less fortunate men of learning, one of whom was Dürer, who illustrated some of Pirckheimer's works. Of these a collected edition (P) was printed in 1610.

See his Autobiography, printed with his *De Bello Eluetico* by K. Rück (Munich, 1895) from the British Museum MS.; and ADB. xxvi. 810–7. Dr. Reicke of Nuremberg and Dr. Reimann of Berlin are editing his correspondence. The latter has made some detailed researches into the history of the Pirckheimer family, in which the fate of Willibald's library is traced.

For Pirckheimer's previous interest in Erasmus cf. BRE. 422 ⟨autumn 1513⟩.]

25. Caeteri *MS.*: *corr. LB.* 33. *Post* manum *deesse videtur verbum aliquod in fine versus*; admouere *add. Riegger. Cf. tamen Epp.* 319. 3, 376. 28. cessat *LB*: cesset *MS.*

---

25 ff.] The accepted abbreviation for the Digest; cf. Ep. 319. 41 n. Its origin is uncertain, but it is thought to be a corruption of PP. for Pandectae.

BILIBALDVS PIRCKHEYMER BEATO RHENANO S. D.

MEMINISTI, vt arbitror, vir optime, intercessione olim Conradi Peutunger, amici communis, amicitiae iure te mihi conciliatum esse. Eandem operam ac maxime in eodem officii genere nunc quoque a te familiariter vicissim exigo; audio siquidem Erasmum Roterodamum, non absque honoris praefatione nominandum, Basileae nunc agere; quem vnum ex omnibus incognitis notissimum mihi amicitia copulari summopere cuperem. Quamuis enim gratiam Imperialem meruerim, variorum principum fauorem acquisiuerim, hominum clarorum ac doctorum familiaritatem consequutus sim, reliqua denique amicorum turba belle mihi pollere videar, amicitiam tamen viri tam eruditi ac clari non in vltimis bonis collocarem, sed et rebus preciosissimis longe anteponerem. Tu itaque enitere, oro, vt amicitiam tanti viri acquirere valeam, qua re nil mihi gratius facere poteris. Promisisti te aliquando (in literis) huc venturum; o si talem mihi adduceres hospitem, qua beneuolentia, quanto illum prosequerer amore! Spero enim ac animus spondet, me ex humanis non excessurum priusquam illum viderim coramque alloqui detur. Amici igitur tui satisfacias desyderio, quem nullo maiore officio demereri poteris. Vale, et si quando reliqua ex testamento nostri humanissimi Ioannis mihi relicta transscripseris, ad me pergant curato. Iterum vale.

ex Nuremberga nona Decembris 1514.

2. Peutunger] of Augsburg (15 Oct. 1465—28 Dec. 1547). He went to Italy in 1482 to study law, and visited Padua, Bologna, Florence, and Rome. In 1490 he entered the service of Augsburg, and in 1497 was appointed town-clerk; the missions which he discharged in this capacity and in the service of the Swabian League in all directions—to Rome 1491, to Vienna 1506, to the Netherlands 1513 and 1520—enabled him to pursue the study of archaeology by collecting coins, MSS., &c. His *Romanae vetustatis Fragmenta in Augusta Vindelicorum et eius diocesi*, Augsburg, Ratdolt, 1505, was the first attempt to deal with Roman inscriptions in Germany; and he is also credited by Zasius with a profound knowledge of Roman law. He was made an Imperial Councillor by Maximilian, to whom he was much attached, and the construction of whose memorial at Innsbruck he subsequently superintended. In 1534 he resigned his appointment as town-clerk and gave himself wholly to his studies, in which throughout his life he was assisted by his gifted wife Margaret. Some portions of his library and collections still exist in the libraries of Augsburg and Munich. See ADB. The famous map which bears his name was bequeathed by him to Celtis. His acquaintance with Beatus Rhenanus had perhaps begun already in 1510 (BRE. 18); and in 1513 he dedicated to Beatus an edition of *Paulus Cortesius in Sententias* (BRE. 33).

19. Ioannis] John Kuno (Conon) of Nuremberg (c. 1463—21 Feb. 1513), a learned Dominican, who studied under Aldus and John of Crete at Venice, and under Marcus Musurus and Scipio Carteromachus at Padua. In 1505 he was sent by Aldus to request Maximilian's patronage for the Neacademia (AE. 50; cf. a letter of Aldus in *Archivio Veneto*, xxi, 1881, p. 269). He became an eminent Greek scholar, and in 1507 published at Padua a translation of Basil's *De differentia οὐσίας καὶ ὑποστάσεως*, dedicated to Jodocus Gallus (cf. CPR. p. 69). In 1511 or perhaps earlier he came to Basle and worked for Amorbach's press, helping with Jerome (Ep. 335. 305 seq.); and teaching his sons Bruno and Boniface, who were

319. From Ulrich Zasius.

Deventer MS. 91, f. 201. Freiburg.
E. p. 386 : F. p. 471 : HN : Lond. xii. 6 : LB. 152. 22 December 1514.

[1515 is hardly possible, since this letter is so different in tone from Epp. 376 and 380 : so that 1514 may stand.]

Sese commendat. Noli mirari, Erasme ter maxime heros, si rarius ad te literas dedero ; imo magis mirabere quod aliquas vsquam dedi, ita ad augusta illa tua nomina et oculos praestringor et mentem. Quem enim Platones ipsi, Cicerones, Fabii suorum ordini inseruissent, suis fuissent sedibus dignati, nos elingues, infantes, barbari, quo loco, quo honore, qua venerantia prosequemur? Profecto nisi tua me animasset admirabilis humanitas, quam noster ille Bonifacius Amerbacchius, adulescens virtute et doctrina clarus, praedicare non cessat, nisi optatissimi tui muneris, quo me ornasti, beneficentia inuitaret, quin potius perurgeret, manum calamo (quod boni consulas) prorsus abstinuissem. Mediocris enim ista mea literatio, si in optimis doctrinis perquam exigua mihi contulit, ea certe me discretione instruxit, vt noscam homo infans non ita magnorum heroum auribus esse coram obstrependum, sicut absentium sunt laudes praedicandae, quod illud non nisi doctrinae politioris gradu receptis, hoc omnibus licuerit. Proinde si sileo, veneratio me tui elinguat, nulla abflectit ingratitudo. Equidem vbivbi gentium degam, quoquo proficiscar, multus mihi in ore, multus fando Erasmus versatur. Huius eminentiam circunfero ; hunc mea quamlibet exigua praedicatione celebro ; eam venerandam et omni aetati admirabilem doctrinam extollo, pro numine adorandam iubeo ; non hominem esse terrenum sed ignem de coelo sumptum defendo.

Hoc doctissimus nostra aetate iurisconsultus Pius Hieronymus Baldagnus, Caesareae maiestatis consiliarius, principalis consistorii

1. Sese commendat *MS.* : VDALRICVS ZASIVS ERASMO ROTERODAMO S. *E.* 3. *MS. F* : perstringor *E.* 7. Amorbachius *E.* 14. sunt *om. E.* 16. si sileo *add. E* : *stat lacuna in MS., amanuensi fortasse Zasii manum, valde difficilem, non vaticinante.* 19. *E* : praedicatum *MS.* 20. eam *MS.* : eius *E.* 24. Balduginus *E.*

joined in August 1511 by Beatus Rhenanus (cf. MHE. ii. 7). He brought a number of Greek MSS. from Italy, and published a translation of Gregory of Nyssa's philosophical works (Strasburg, Schürer, May 1512) dedicated to Beatus (BRE. 25), and an oration of Gregory Nazianzen dedicated to Thomas Truchses ; besides an unpublished translation from Chrysostom (MHE. ii. 6). Some MSS. copied by him—one dated 1509, Padua, another 1510—are now in the Schlettstadt Library ; having been inherited by Beatus (cf. BRE. 45), who was a devoted pupil, and composed the epitaph for his tomb in the Dominican church at Basle. See IV. 261–8, ADB. (Conon) and BRE. Erasmus suggests in the scholia on Jerome (vol. i. f. 139, ed. 1516) that his death was hastened by straitened circumstances.

7. humanitas] Cf. Ep. 303. 7.

9. muneris] Cf. Ep. 317. 7.

nostrae prouinciae regens, testabitur; ad cuius, vt veteris amici, coenam cum hoc dierum in oppido Ensisheim (ibi enim moratur) vocatus adessem, tuas incomparabiles dotes (quod semper facio) in partem epularum citaui: atque ita citaui vt, cum ipsa vltro coena omne genus ferculis splenderet, tua tamen nomina splendori auctarium et quidem memorabile addiderunt. Ignorauit Hieronymus tam te nobis vicinum agere, imprecarique fortunae videbatur quod tantus vir tam diu eum (quod minime decebat) latuisset. Is tibi notior esse cupit, amicus esse desyderat; in tuas ardet literas, quibus vt eum impartias et rogo et hortor. Vir est et iuris peritissimus et insuper omnibus humanitatis studiis ex pari doctus; et, vt verbo dicam, eum comperies Hieronymum, quem pro sua iuuenta (nec enim tricesimum annum agit) vix alium Germania nostra superior tibi exhibebit.

Quod ad me attinet, ita Zasio vtitor vt seruo a pedibus. Iam enim me candidiori hostia litasse putabo, si me dignum haberi sensero vt vel inter calunculos tuos dinumerer. Glossae, quas in certas iuris ciuilis partes meditor, Summa ff. veteris cui iam manus fere imposita est, Intellectuum iuris ciuilis veritas quae contra communia sensa doctorum propediem prodetur, De aduocatis opus non poenitendum,—quae omnia pari sub incude sudant—ea de te praedicabunt quae ne coram scribam et modestia prohibet et terret pudor. Vale, decus doctorum, quod simile vix aliqua videbit posteritas.

Ex Fryburgo xi Cal. Ianuarii. 1514.

Tuus Vdalricus Zasius ll. doctor.

320. From John Becar of Borsselen.

Deventer MS. 91, f. 120 v°. Arlon.
LB. App. 18. 4 January 1515.

[Plainly prior to Ep. 370, and therefore only 1515 is possible; since it is evident that both letters are addressed to Basle.]

IOANNES BECAR BORSALIS ERASMO ROTE. S. P. D.

Qvvm nullam decreueram scribendi ad te occasionem vnquam omittere, praeceptor prae omnibus obseruande, eam ob rem nuncium quempiam nactus qui isthuc erat profecturus, nolui committere quin vel paucis ad te scriberem, tametsi plane nescirem isthicne ageres

319. 26. Ensishem *E.* 29. *E*: ferculi *MS.* 30. quidem *MS. H*: quiddam *E.* adderent *E.* 31. tantus vir *MS.*: ea res *E.* 36. Hieronymum *add. E.* quem . . . nec *MS.*: quo pro ratione aetatis, necdum *E.* 37. *MS. Lond.*: superiorem N^2. tibi *om. E.* 39. *E*: censero *MS.* 41. ff. *MS.*: digesti *E.* manus fere *MS.*: prope manus *E*: prope summa manus *H.* 42. contra *E*: ceu *MS.*, *cf. Ep.* 303. 15 *n.* 43. propediem *add. E.* 45. *E*: prohibebit *MS.* 46. doctorum *MS.*: doctrinarum *E.* 47. Friburgo *E.* 48. Tuus . . doctor *om. E.*

319. 42. Intellectuum] Cf. Ep. 303. 15 n.

adhuc an iam Romam esses profectus; id quod vehementer et suspicabar et metuebam, multo certe scripturus verbosius, si quidem scissem certo te nondum isthinc discessisse. Itaque in incertum epistolam hanc missurus, volui et pauca scribere, et ea duntaxat quae etiam quemuis alium legere facile patiar, ne quando epistola ad me remittatur sine responsione cuiusquam, quod quidem de litteris ad te in Britanniam missis est factum. Primum itaque significo tibi me relicta patria et amicis omnibus atque cognatis, praeterea studiorum sociis et plurimis patriae commoditatibus, suasu ac iussu propemodum veteris patroni mei, Hieronymi Busleidii, in hanc terram Lucenburgensem ⟨concessisse, vt eius⟩ nepotulum et ingenuos mores et litteras politiores doceam; viuoque cum illius pueri matre, muliere probissima, Arelini ac subinde Lucenburgi—commutamus enim sedes interdum—et viuo condicione honesta in primis et quaestuosa satis, sed mihi nonnihil molesta, quod extra litteratorum conuentum et ferme in solitudine mihi nunc viuendum est tantisper, dum mittemur ad aliquod publicum gymnasium. Nondum enim mulieri persuaderi potest vt filiolum aetate adhuc tenera, vnicum defuncti mariti solatium, a se ableget.

Cupio vicissim fieri abs te certior quos isthic libros impressioni mandaueris; intellexi enim cum ex litteris quibusdam tuis, tum ex iis qui te isthuc proficiscentem conuenere, quod constitueris castigationem Noui Testamenti, et item Epistolarum diui Hieronymi, antequam Romam te conferres, isthic impressoribus seu calcographis committere; et alia item nonnulla, quae te scripsisse ex tuis ad me litteris aestate hac proxima cognoui. Quod si Britannia egressus me quoque Middelburgi conuenisses, quod quidem vehementer cupiebam et tu te facturum, si commode posses, significaueras, certius multo sciuissem omnia et nonnulla etiam coram vidissem. Nunc vero fuerit mihi gratissimum, si qui isthic libri abs te impressioni commissi sint, et quanti singuli veneant, atque etiam quo pacto huc possim tanto locorum interuallo curare aduehendos, significaueris. Quod si is qui litteras has tibi reddidit, ferendorum ad me librorum prouinciam suscipere voluisset aut etiam ad me quouis modo dirigendorum, emi iussissem quotquot isthic sunt impressi. Si vero vel Treuerim vel Metim mitti possent ad bibliopolam quempiam, quando ipsi inter se negocia multa habent communia chalcographi et bibliopolae, vt inde certo pretio ego petam, fuerit id mihi multo gratis-

37. li/borum *MS.*

---

5. Romam] Cf. Ep. 300. 40 n.

10. litteris] Perhaps the letter referred to in Ep. 291. 43. It evidently was not answered by Erasmus, since the news is repeated in Ep. 291.

15. nepotulum] Cornelius Erdorf; see Nève in the *Annuaire de l'Univ. Cath. de Louvain*, 1874, pp. 399–409, where a letter written to him at Louvain by Jerome Busleiden in 1516 is printed.

30. litteris] Evidently in answer to Ep. 291; cf. Ep. 573, note 1.

simum; cupio enim omnes emere, vt modo dixi, quotquot isthic emisisti in publicum. Quod si quid aedideris exiguum, quod citra incommoditatem hic ferre secum velit et possit, id cupio mitti per hunc. Vale, Bursalumque tuum credito semper futurum tui etiam absentis amantissimum et obseruantissimum.

Ex Areluno vel, vt antiquitatis inuestigatores censent, Araluno, oppido terre Lucenbergensis, pridie nonas Ianuarias 1515.

Tuus Ioannes Becar Borsalus.

Si quis alius Erasmo absente, illius nominis et eruditionis amator atque obseruator, hanc epistolam resignauerit, id quod iussi fieri in superscriptione, hunc oro vt ob communem mihi secum Erasmi amorem paucis rescribat, fungaturque in hoc negocio Erasmi nostri officio; cui si ignotus et longe absens nullam gratiam referre potero, maximam tamen semper habebo et agam.

321. From Henry Bebel.

Deventer MS. 91, f. 172. Tübingen.
LB. App. 19. 20 January 1515.

[The manuscript date may be accepted, since the tone of the letter accords well with Erasmus' first visit to Basle; and 1516 would be lengthening the interval denoted by *nuper* (l. 1) to between two and three years.

Henry Bebel (1472–1518) of Justingen, near Ulm, studied at Cracow and Basle (matric. 1495), and in 1497 was appointed to a Lecturership in poetry and rhetoric at Tübingen, where he remained for the rest of his life. He was an enthusiastic patriot, and delivered before Maximilian an oration in praise of Germany, which in 1504 he expanded into a book. He was a considerable Latin scholar, and after receiving the poet's laurel in 1501 he wrote *Commentaria epistolarum conficiendarum*, 1503, *Ars Versificandi*, 1506, *Latinum idioma*, 1509, *De institutione puerorum*, 1513, and other works; he was popularly known through a volume of *Facetiae*, published in 1506 by Grüninger at Strasburg.

See a life by Zapf (1802); MHE.; Trith [4,5]; ADB.; and Böcking.

HENRICVS BEBELIVS IVSTINGENSIS DOMINO ERAS. S. D.

Cvm nuper falso rumore, vir doctissime, deceptus Beatus Rhenanus te e medio viuentium sublatum in quadam epistola euulgasset, dolui profecto vicem tuam, dolui [ob] communem litterarum et Germanicae laudis iacturam. Verum cum nunc intelligo te esse Basileae incolumem et bonas litteras gnauiter promouentem, gaudeo mirum in modum; nec temperare mihi potui quin te litteris meis licet subrusticis salutarem, quem, vt loquar ex animi sententia et communi in Sueuia doctorum consensu, vnicum existimo cui in multiiuga eruditione, singulari quoque vtriusque linguae peritia, cedant omnium nunc viuentium ingenia; vt, non Germanos modo verumetiam Gallos

321. TIT. INSTIGENSIS *MS.* 2. euulgasset *corr. Erasmus ipse, pro* emisisset *ab amanuensi scripto.* 3. ob *deleuit Erasmus.* 10. nunc *corr. Erasmus pro* modo.

321. 2. epistola] BRE. 35; cf. Ep. 270 introd.

et Italos longissimo interuallo praecedens, sis cum antiquitate atque vetustis litteratorum nominibus comparandus connumerandusque. Proinde hoc vnum te rogo, vt ita palam te Germanum declares tuis scriptis, ne vllo modo aut Angli aut Galli, gens in suam laudem satis effusa, possint de te superbire aut suum te ciuem immodice gloriari. Vale, vir doctissime, atque patere me aequo animo incultis te litteris obtundere, cum ex summa in te obseruantia et admiratione proueniant. Iterum vale.

Ex Tubingha 20. die Ianuar. 1515.

322 326A, 359 TO WILLIBALD PIRCKHEIMER.

British Museum MS. Arundel 175 f. 17 (*a*). Basle.
P. p. 267 : O^2. p. 152 : Lond. xxx. 21 : LB. App. 48. 24 January ⟨1515⟩.

[The earliest source for this letter is a manuscript volume in the British Museum which contains some miscellaneous writings by Pirckheimer. Some of these are autographs, including the *De Bello Eluetico* and the autobiography edited by Rück (p. 40); others are written by a late sixteenth-century hand, including a copy of the *De Bello Eluetico*, four letters of Erasmus to Pirckheimer (this ; Ep. 362 ; Lond. xxx. 41, LB. 740 ; and one unprinted) and two draft title-pages. From a comparison of these with the title-page of P it seems probable that their owner, John Imhof, a great-grandson of Pirckheimer, intended to include these papers in that edition of his ancestor's works, and that they were in fact prepared for that purpose. The manuscript has therefore good authority for these letters, which were perhaps copied from the originals; and the text which it gives for the three published in P is certainly the better.

The contents of the volume, which is described in detail by Rück, clearly formed at one time part of the Pirckheimer papers, most of which are now in the Town Library at Nuremberg. In 1636 some of the papers were sold to Thomas, Earl of Arundel, from whom they passed, by channels described in the British Museum catalogue, into that institution.

This letter, which is in effect an answer to Ep. 318, must be dated 1515, because the *Adagia* (Ep. 269) are still in progress. On 24 Jan. ⟨1515⟩ Lister, who was assisting at the printing, wrote to Boniface Amerbach expressing a hope that they would be finished by 2 Feb. (Basle MS. G. II. 20. f. 220).]

ERASMVS BILIBALDO SVO S. D.

IAM PRIDEM ardebam desiderio tui, neque mediocrem amoris in te flammam e tuis conceperam lucubratiunculis, in quibus mihi visus sum Bilibaldi mei velut expressum simulacrum agnouisse, hominis vel potius herois cuiuspiam incomparabilis, in quo vicissim et fortunae splendorem ornarent litterae et litteras illustraret fortunae splendor, vtrumque commendaret morum integritas, et haec pari ingenii comitate suauitateque cumulata. Accendit ardentem, et iuxta Graecorum prouerbium *πῦρ ἐπὶ πῦρ* addidit Beati Rhenani, quo

321. 13. vnum *corr. Erasmus pro* vnicum. 322. 5. illustraret *a* : ornaret *P*.

321. 13. Germanum] For the French desire to claim Erasmus cf. BRE. 24 ; Erasmus asserts his adhesion to Germany in Ep. 269. 38 and elsewhere. Cf. also a note on Ep. 529. In the *Nouum Instrumentum* (ii. 555) he says : '⟨Germani⟩ censentur hodie qui Germanice loquuntur.'

non alius tui nominis studiosior, praedicatio. Nam huius pene cotidiana consuetudine, doctissima pariter et mellitissima, sic delector vt hac re me plane putem esse quod ille dicitur. Is mecum de nemine confabulatur vel saepius vel honorificentius vel amantius quam de suo Bilibaldo. Super haec accessit epistola tua, non illa quidem ad me, sed tota de me scripta ; et tamen ad me quoque scripta, quandoquidem ad eum data est quem ego vere *μίαν ψυχήν* possim appellare. Ambis nostram necessitudinem et optas consuetudinem, quorum vtrumque iam pridem ipse magnis votis suspirabam verius quam sperabam. Quamquam seiuncti sumus, nihil vetat quo minus arctissima necessitudine copulemur. Demus operam vt mutuis item fruamur amplexibus.

Eduntur Adagiorum Chiliades sic emendatae, sic locupletatae, vt nouum opus videri possit. Eduntur vniuersa diui Hieronymi monumenta, argumentis et scholiis a me illustrata, nec sine summis sudoribus emendata, notatis ac semotis quae notha fuerant admixta. Emendauimus totum Nouum Instrumentum, additis scholiis ; molimur obiter et alia. His laboribus sic obruimur iam sextum ferme mensem, vt vix valetudinem tueri possimus. Et tamen non potui mihi temperare quin his plus quam extemporariis nugis Bilibaldum lacesserem. Sciebam quid tua postulabat dignitas, quid eruditio ; sed boni consules quod non suasit sed imperauit amor tui. Praeter expectationem nuntius hic oblatus est. Malui eum ineptis quam nullis meis litteris comitatum venire. Dabitur breui plusculum otii, iamque non litteris sed voluminibus tecum agam. Vtinam propius abesses ! nam mense Martio Britanniam repeto. Bene vale, praecipuum nostrae Germaniae decus. Basileae. IX. Cal. Febr.

Splendidissimo domino Bilibaldo Pirckheimerio, Caesareae Maiestatis consiliario, senatori Norembergensi.

323. From John Witz.

Deventer MS. 91, f. 156 v°. Schlettstadt.
LB. App. 20. 31 January 1515.

[The manuscript date may be accepted, because of Erasmus' proposal to go to Italy; cf. Ep. 324.

John Witz, or Sapidus († 8 June 1561), was educated under Hofman and Gebwiler at Schlettstadt, of which town he was probably a native, and then went to Paris where he became B.A. 1506–7, M.A. 1508. After his return to Schlettstadt he worked for a time under Gebwiler as assistant in the Latin school; cf. Basle MS. G. II. 30. 178. 9, which must be dated 1508–9. In Dec. 1509 a successor was appointed to Gebwiler; but at the end of a year the appoint-

25. Instrumentum *a* : Testamentum O^2. 28. nugis *a* : magis *P*. 34. adesses *P*.

13. epistola] Ep. 318. 34. Britanniam] Cf. Ep. 324. 27 n.

ment lapsed and Sapidus was chosen to fill the vacancy (cf. MHE. i. 6), at first for a year, and then, 12 Feb. 1512, on a more permanent basis (cf. Ep. 364. 30 n.). His tenure was marked by great prosperity, the school numbers rising under him to 900. In August 1525, however, he resigned rather than take part in what he considered an obsolete church ceremony, his sympathies being with the Reformers. The citizenship of Schlettstadt was conferred on him shortly afterwards, but in Oct. 1526 he abandoned it and withdrew to Strasburg, where he continued his scholastic and humanistic activities until his death.

At Schlettstadt he was a prominent member of the literary circle to which Beatus Rhenanus, Wimpfeling, Volz, and many others belonged. A volume of his *Epigrammata* was printed there by Laz. Schürer, March 1520; and the *Epistolae eruditorum virorum* (p. 126) contains a letter from him to Lee with some remarkably free-spoken abuse.

See Gény, *Die Reichsstadt Schlettstadt*; Strüver, *Die Schule zu Schlettstadt*; BRE.; MHE. iii; and ADB.]

IOANNES SAPIDVS DOMINO ERASMO S. D. P.

Qvod iam diu quamplures occasiones ad te scribendi silentio praeteriuerim, nec quidem eo inficias; sed non modo propter scholares et domesticas occupationes id factum esse scito, quae me sibi semper rapiunt, vix aliquid ocii vel respirandi impartientes, verum etiam studiis tuis et illis in rem tam litterariam quam Christianam laboriosissimis obstrepere meis nugis veritus sum; quae quanta sint, nemo studiosorum cum maxima nominis tui celebratione non olim praedicabit. Nolo tamen eam ob taciturnitatem me abs te putari tui oblitum, quum nec minimam quidem horulam sine tui honestissima iuxta ac dulcissima mentione, ne memoria dixerim, agere possim, et Erasmo nouos amatores parere non desinam; qualis est dominus Iacobus Specularis (vt alios interim omittam), diui

---

323. 12. Specularis] James Spiegel of Schlettstadt (c. 1483—p. 30 June 1547), a nephew of Wimpfeling. After his father's death in 1493 he was educated by his uncle at Spires. On 7 Oct. 1497 he matriculated at Heidelberg as 'Iacobus Wimpfling alias Spiegel', and he was B.A. 20 Jan. 1500. He then studied law, probably at Freiburg under Zasius, and in the autumn of 1504 entered the Imperial Chancery. He accompanied the Archduke Philip on the campaign against Gueldres 1504–5, and in June 1505 attended the Diet at Cologne. In Feb. 1506 he was secretary to Peter Bonomo, Bp. of Trieste, AE. 58, from which it appears that some Russian letters received at the Imperial court were sent to Spiegel at Trieste for translation. An oration on the death of Philip in 1506 brought him an offering of books from Aldus, whom he afterwards visited at Venice, perhaps in 1508. In 1511–12 he studied at Tübingen, and in 1513 he was Professor of Law at Vienna; where he is said to have studied previously under Conrad Celtis, and where he published at this time a translation of Isocrates' *De regno gubernando* (H. Vietor and J. Singren, 13 Feb. 1514). He subsequently returned to the Chancery, but on the death of Maximilian (12 Jan. 1519) his appointment lapsed; whereupon he settled at Schlettstadt and interested himself in letters, publishing amongst other works *In hymnum auiae Christi Annae dictum ab Erasmo Roterodamo Scholia*, Augsburg, S. Grimm and M. Wyrsung, 4 March 1519. He attempted without success to enter the service of the Abp. of Mainz, but in May 1520 obtained employment in the Chancery of Charles V, and attended the Diet of Worms as Imperial Secretary, where Aleander found him a useful source of information. At the end of 1522, with Erasmus' recommendation, he entered the service of Ferdinand, from which he retired in 1526.

See a life by Knod; Gény, *Die Reichsstadt Schlettstadt*; BRE.; VE.; EE.; and ADB.

Maximiliani P. F. A. a secretis, vir praeter magnam eruditionem etiam mira integritate praeditus; qui quidem pridem ex Vienna Austriae patriam rediit. Is studio te visendi meis stimulis multum incensus est seque te aditurum promisit quam primum sibi per oportunum ociolum licuerit. Interim vero tibi supplicat vt se in amicorum tuorum album adsumere non dedigneris.

Si autem quaeris cur scribam tibi iam non minus occupato litterariis negociis quam priori tempore, respondeo me non immemorem Calendarum Mar., quae te forte propediem Italiae tradent. Persuasi itaque mihi e re mea fore, si meis litteris digressum tuum praeuenirem, quae Sapidi memoriam, tui mehercle omnium studiosissimi, tibi tanquam hulcus refricarent sicque reintegrarent. Nullis enim verbis vnquam consequi possum quantum mihiipsi applaudam atque congratuler, quandocunque mihi infantissimo doctorum familiaritas contingit. Tanto itaque mihi de tua magis placeo, quanto tu alios praecellis eruditione, sapientia et probitate; ita autem excellis vt tibi, quum omnibus par sis, similem inuenire non possis. Sed quid soli lumen infero?

Vale festinanter pridie cal. Feb. ex Schlestat 1515.

324. To John Reuchlin.

Illustrium virorum epistolae f^{o}. s^{3}. ⟨Basle.⟩
RE. 113^{a}. 1 March ⟨1515⟩.

[For the source see Ep. 300 introd. 1515, because Erasmus is still contemplating the journey to Rome. Geiger is quite wrong in dating 1510.]

ERASMVS REVCHLINO SVO S. D.

Iam bis ad te scripsi, fortassis negligentius quam decuit ad tantum virum, sed tamen amice simpliciterque: at tu ne verbo quidem respondes. Non possum quicquam de te suspicari, nisi quod sit eruditissimo simul et humanissimo viro dignum. Episcopus Roffensis, vir absolutissimae doctrinae, in suis ad me literis ita de te meminit: 'Quod mei meminisse volueris et me per literas salutare, gratias ago tibi maximas, et praecipue quod de Reuchlin tam diligenter omnia scripseris; cui ego valde faueo, quanquam incognito mihi.' Ac paulo post: 'Ad Reuchlin illum redeo, cuius opera, si qua ediderit quae apud nos non fuerint, cures quaeso ad nos perferri. Nam mihi valde placet hominis eruditio, vt, qui vicinius ad Ioannem Picum accesserit, alium extare neminem credam. Vellem, Erasme,

323. 25. appllaudem *MS.* 30. quid . . . ? *LB*: quia . . . *MS.*

323. 13. P.F.A.] Pii Felicis Augusti.
324. 1. bis] Ep. 300 and the previous letter mentioned there in l. 37.
5. Roffensis] Fisher; cf. Ep. 229.

sciscitareris ab eo per literas, si forte illum non conueneris, vnde acceperit genealogiam illam sacrosanctae virginis Mariae quam Vocabulario suo Hebraico apposuit. Vehementer enim scire cupio vnde habeat ea res authoritatem, simulque quonam modo fieri possit vt, cum iuxta Philonis breuiarium Solomonis linea penitus intercisa fuerit, ipsa nihilominus ex Solomone illic descendisse tradatur. Coneris, Erasme, vt meus Reuchlin dignetur me de his duobus certiorem facere.' Rursum in fine: 'Vale, optime Erasme, et me ipsi Reuchlin commendatissimum facias; quem haud dubie viserem ipse, si non his sacris vestibus essem indutus.' Haec, mi Reuchlin, vir ille clarissimus suapte manu ad me scripsit; quae ad verbum ad te transcripsi, vt ex his intelligas quanti te faciat. Dignus est cui morem gerat humanitas tua, vel ob hoc ipsum quod te tam ardenter amat.

Nos hoc in procinctu scripsimus, et quidem occupatissimi; nam Romam auolamus. Quod attinet ad editionem operum Hieronymi, tantum abest vt vel pilum tuorum laborum aut gloriae mihi velim vindicare, vt citius aliquid de meo in te transfuderim. Cum eum laborem susciperem, ignorabam te in eodem versari: quanquam non agimus idem. De Hebraicis literis nihil arrogo mihi, quas primo-

---

14. genealogiam] On pp. 19–31 of Reuchlin's *Rudimenta Hebraica*, Pforzheim, Anshelm, 27 March 1506. It is compounded of the two given for Joseph in Matt. 1 and Luke 3; and follows the latter, vv. 31–8, from Adam to David, and 24–7, from Shealtiel to Matthat, the former, vv. 6–12, from David through Solomon to Shealtiel. The pseudo-Philo's *Breuiarium de Temporibus*, which was printed in Latin at Rome and Venice in 1498 and at Paris in 1510 and 1512 in a small collection of writers on chronology, perhaps forged by their first editor, Annius of Viterbo, represents the seed of Solomon as being cut off and one of the descendants of Nathan as carrying on the line; thus agreeing with Luke. Reuchlin's genealogy makes Matthat the father of Jehoiakim (whose name he states on the authority of the same *Breuiarium* to be equivalent to the Heli who in Luke is the father of Joseph) and Jehoiakim the father of Mary. He uses it merely as a convenient instrument for teaching Hebrew letters and syllables; and states in his prefatory remarks that his readers will have heard it 'saepe in ecclesia, licet indocte pronunciatam, festis diebus'.

This is perhaps the occasion on which Erasmus wrote to consult Reuchlin on behalf of an English theologian; see his *Resp. ad Annot. Lei*, Basle, Froben, 21 July 1520, p. 73 (LB. ix. 160 A). But if so, his memory was at fault in the details.

27. Romam] Mr. Nichols proposes to read *statim*, on the ground that Erasmus could hardly have been contemplating a journey to Rome so shortly before he actually went to England; but Ep. 323. 21 shows that he had fixed 1 March as the date of his departure for Italy; for the motive of the journey see Ep. 328. 36 n. From Ep. 322 it appears that he was hesitating between Italy and England.

28. tuorum laborum] Pellican (CPR. pp. 38,9) states that in 1508 he began at John Amorbach's request to revise the Hebrew passages in Jerome; and that Reuchlin had already done the same for the Greek. But in view of RE. 109 and RE. p. 360 Pellican's date should probably be 1509. In July–Aug. 1510 Reuchlin visited Basle to give further assistance with the Hebrew (MHE. i. 1). See also iv. 260 and RE. In 1509 Conrad Leontorius (RE. pp. 360,1) and in 1512 Sapidus (Basle MS. G. II. 30. 178. 4) also took some part in the work.

31. Hebraicis literis] In the Jerome Erasmus had help from the Amorbachs for the Hebrew (*Adag.* 2001 *fin.* and

ribus duntaxat gustaui labris. In summa dabitur sua cuique laus, idque candidissime. Bene vale et Erasmum in eorum adscribito numerum qui tuo nomini vere et ex animo fauea⟨n⟩t. Kal. Martiis.

325. To Thomas Ruthall.

Senecae Lucubrationes f°. a^2 (α). Basle.
Gouda MS. 1324, f. 23 v° (β). 7 March 1515.

[The preface to the edition of Seneca's *Lucubrationes*, for which Erasmus had prepared in England and which he left to be printed by Froben after his departure from Basle. The book was begun in April (Ep. 328. 17 n.) and finished in August 1515. In I. p. 13. 14–24 Erasmus enlarged upon the carelessness of the friends whom he had left in charge of the work and on the fraudulence of one in particular, who removed part of the manuscript. Beatus Rhenanus (Epp. 328 and 330) plainly was one of those censured by Erasmus, who does not mince his words even about his friends; and possibly the Amorbachs also helped with the edition. But it is clear from a comparison of Erasmus' various utterances on the subject that the chief offender was William Nesen (cf. Epp. 328, 329, 330; and Lond. xxi. 4, xix. 3, xxi. 26; LB. 689, 714 and 782). In an emended edition of Seneca published in March 1529, Basle, H. Froben and J. Herwagen, with a new preface, Lond. xxviii. 12, LB. 1010, Erasmus speaks of him with more moderation. From the same preface it appears that the *Lucubrationes* did not reach Ruthall until Erasmus' return to England in 1516 (cf. Ep. 437); and that Ruthall was in consequence annoyed.

There is a copy of this letter in one of the Gouda manuscripts (App. 9); but as there are no variants except such as might be made by a clever but not over-careful writer, copying from the printed book, I have not given it precedence.

For Erasmus' work at the tragedies of Seneca also see I. p. 13, and Ep. 263.]

AMPLISSIMO PATRI D. THOMAE RVTHALLO, EPISCOPO DVNELMENSI, SERENISSIMI BRITANNIAE REGIS SECRETARIO MAGNO, ERASMVS ROTERODAMVS S. D.

Mire videtur euenisse, Praesul ornatissime, vt vtrique diuerso quidem genere sed tamen haud ita dissimilem militiam eodem tempore militauerimus. Etenim dum tu primum regis vere inuictissimi felicibus auspiciis Gallos in fugam agis, deinde a castris in castra reuersus Scotorum regem maximis et instructissimis copiis in ditionis tuae fines irrumpentem repellis, fundis, conscindis, ego duos omnium optimos sed omnium deprauatissimos autores, diuum Hieronymum et Senecam, a mendis, teterrimis videlicet litterarum hostibus, quibus hactenus non contaminati fuerant sed prorsus extincti, summo studio vindicaui. Et mihi cum geminis hostibus fuit res, nec vsquam arbitror in vestris castris plus fuisse difficultatis

325. 11. vsquam α : vnquam β.

Epp. 334. 125, 6 and 396. 272 seq.); and later also from Oecolampadius (Ep. 373. 72 seq.) for the New Testament.

325. 3. dum tu] See the correspondence of 1513. Ruthall went over to France with the King in June; but was soon sent back to take part in organizing resistance to the Scottish invasion. See Brewer i. 4460–2 for his letters to Wolsey after Flodden.

aut sudoris quam mihi fuerit in hoc negocio. Quanquam hoc etiam vinco nomine, quod vnus ipse dux pariter ac miles cum tot hostium milibus conserui manum. Iam nec strages in hoc conflictu minor quam in vestris praeliis. Nam aduersus Gallos, quo minus cruenta fuerit pugna, ciuilitas hostium (nam quo potius appellem nomine?) in causa fuit, qui sic ad primum statim congressum cessere melioribus, vt appareret in hoc ipsum venisse, quo vobis praedam adducerent. Caeterum e Scotis ingens quidem contigit victoria, nimirum ipso rege cum innumeris optimatibus caeso, et eo rege qui gladiatorio (quod aiunt) animo summam perniciem vniuersae Britanniae moliretur. Verum ea contigit multo vestratium empta sanguine. At ego vnico conflictu supra quatuor hostium, imo portentorum, milia iugulaui, confodi, deleui; tot enim opinor mendas vel ex vno Seneca sustuli. Adde quod Scotus miles vix primos Britannicae ditionis fines fuerat ingressus, et vnicam duntaxat occuparat arcem, vnde mox depulsus est. At totum Hieronymum totumque Senecam multis iam saeculis infinitus mendarum numerus occuparat, vt nihil vsquam esset reliquum quod non ab hostibus teneretur.

Atque hac quidem in re mihi pro gladio calamus fuit, pro Marte Musae, pro copiis ingenium. Nec vllum alioqui auxilium in tantis rerum difficultatibus praeter duos vetustos codices, quorum alterum exhibuit e sua bibliotheca summus ille meorum studiorum Moecenas et incomparabile nostri saeculi decus, Gulielmus archiepiscopus Cantuariensis; alterum Regium apud Cantabrigienseis collegium suppetias misit; sed vtrunque primum mutilum, deinde vulgatis etiam exemplaribus mendosiorem, vt minus fidendum fuerit auxiliaribus copiis quam ipsis hostibus. Illud tamen profuit quod non consentiebant errata, id quod accidere necesse est in his libris qui ex eodem exemplari formulis excuduntur. Proinde quemadmodum aliquoties fit vt peritus et attentus iudex e multorum testium oratione quorum nemo tamen verum dicat, rem colligat, ita nos e diuersis mendis veram coniecimus lectionem. Ad haec permulta velut olfecimus, ipsa litterarum et apicum secuti vestigia. In nonnullis diuinandum fuit; quanquam id quidem fecimus parcius, non ignari

13. vincam β. 34. Guielmus β. 39. his α: iis β. 42. tamen α: bn̄ β.

17. cessere] Cf. Ep. 283. 138 n.

26. arcem] Norham Castle; see Brewer i. 4457.

32. alterum] Perhaps one of the Lambeth MSS. 138 or 232 (xiii^{c}.), each of which contains works printed in the *Lucubrationes*; see Todd's Catalogue. There is nothing, however, to show that they belonged to Warham; and I can find no trace in them of use by Erasmus.

35. Regium] This MS. seems to have already disappeared in 1526; for when Aldridge was asked by Erasmus to collate it again for the new edition of 1529 it was not forthcoming. See Lond. xxi. 26, 55, LB. 782, 852, and Aldridge's intermediate letter, EE^{2}. 40.

sacram esse rem tantorum virorum monumenta, et in his non modo circumspecte verumetiam religiose versari oportere.

Quapropter multa reliquimus aliis excutienda. Quae falso Senecae titulum occuparant, ea non resecuimus quidem, ne quid a lectore desyderaretur, sed in extremum locum relegauimus. Caetera ordine commodiore digessimus. Addidimus festiuissimum pariter et eruditissimum libellum de morte Claudii, nuper in nostra repertum Germania et eruditissimis Beati Rhenani scholiis explanatum. Atque vtinam extaret liber de terrae motu cuius ipse meminit in Naturalibus Quaestionibus, et alius item de matrimonio cuius testimonium adducit Hieronymus scribens aduersus Iouinianum, ac tertius ille de superstitione vnde quaedam ad verbum recenset Augustinus in opere cui titulus De Ciuitate Dei. Neque vero me clam erat nullum esse laboris genus quod plus adferat autori molestiae, gloriae minus; sic enim fructus omnis redit ad lectorem, vt nec sentiat beneficium emendatoris. Porro cum nihil magis pereat quam quod confertur ingrato, tamen magis etiam perit officium quod confertur in non sentientem.

Atque id cum haud nesciremus, tamen hoc honoris duobus his habendum putauimus. Siquidem vnum habemus Hieronymum quem in diuinis litteris Graeciae quoque possimus opponere. Quo si careamus, profecto non video quem omnino producere possimus vere dignum theologi nomine; liceat modo verum fateri. Et Senecam tanti fecit diuus Hieronymus vt hunc vnum ex omnibus ethnicis in Catalogo scriptorum illustrium recensuerit, non tam ob epistolas illas Pauli ad Senecam et Senecae ad Paulum (quas nec a Paulo nec a Seneca scriptas probe nouerat, vir naris emunctissimae, tametsi ad autoris commendationem hoc est abusus praetextu) quam quod hunc vnum dignum iudicarit qui non Christianus a Christianis legeretur. Nihil enim huius praeceptis sanctius; tantoque ardore hortatur ad honesta, vt prorsus appareat illum hoc egisse quod praecepit. Solus hic animum auocat ad res coelestes, erigit ad rerum vulgarium contemptum, inserit odium turpitudinis, inflammat ad amorem honesti; denique meliorem dimittit, quisquis hunc hoc animo sumpserit in manus, vt melior esse cupiat. Nec enim me magnopere commouent veteres quorundam calumniae, quorum nemo tamen vitam hominis ausus est incessere, sed in dictione modo

46. his α : iis β. 49. occupauerant β. 52. Caesaris *add.* β *post* Claudii. 56. diuus *add.* β *ante* Hieronymus. 59. autori *om.* β. 64. his α : iis β. 66. possumus β. 67. possimus α : queamus β. 77. hic α: sic β.

52. libellum] Also printed by Froben in the volume containing the *Moria*, March 1515; cf. BRE. 44.

54. Nat. Quaestionibus] 6. 4. 2.

56. Hieronymus] *adv. Iouin.* 1. 49.

57. Augustinus] *de Ciu. Dei* 6. 11.

desyderant nescio quid. Caligula Senecae orationem appellauit harenam sine calce; sed idem Vergilium et Liuium adeo contempsit vt parum abfuerit quin eorum imagines ex omnibus eraderet bibliothecis. Genus dicendi non probat Quintilianus, sed ita vituperat vt summam pene tribuat laudem. Taxat hunc acrius A. Gellius, sed immodico quodam Ciceronis studio Senecae quam par est iniquior.

Quanquam est quod ipse quoque mutari malim. Offendunt verba quaedam humiliora, et alicubi submolesta est senilis quaedam loquacitas; tum ioci nonnunquam procaciores, epiphonemata suffrigida, sermonis impetus abruptus; tum quod abunde sibi tribuit, alieni ingenii parum candidus aestimator. Etenim in controuersiis dictu mirum quam vix vllum probet, quam multos velut e sublimi derideat. Proinde exemplum illius in ipsum, vt fit, recidit, opinor. Verum quis vnquam extitit autor tam absolutus vt nihil in eo requireretur? Tantum est in hoc sanctimoniae vt, etiam si infantissimus esset, tamen legendus fuerit omnibus quibus est bene viuendi studium; tantum autem eloquentiae vt eloquentissimo illo saeculo inter eloquentiae proceres haberetur, et periclitaretur Quintilianus ne inuidere Senecae putaretur. Neque vero me fugit plurimum adhuc restitisse mendarum; sed quae sine veterum auxilio codicum submoueri vix ab ipso possent Seneca.

Hic igitur tam salutaris autor nostra industria quoad licuit restitutus tui nominis auspiciis exibit in lucem, ornatissime Praesul. Memini cum e castris vltramarinis in Angliam redisset, mihi forte tum obuio nonnihil de Gallicanis manubiis impertiit tua benignitas, vt qui belli fueram expers, non essem tamen expers praedae. Ego vicissim meae trophaea militiae tibi dedico consecroque, ne tot tuis prouocatus et officiis et beneficiis videar omnino tuorum in me magnitudinem meritorum vel dissimulare vel non agnoscere; quorum alterum ingratitudinis sit, alterum stuporis. Bene vale, clarissime Praesul.

Basileae, Nonis Martiis. Anno salutis. M.D. XV.

326. To the Reader.

Basle MS. A. IX. 56 (a and β^1). Basle.
Hieronymi Opera (1516) vol. ii. f. 189 (β^2). March 1515.

[The second volume of Jerome (cf. Ep. 396) contains three prefaces by Erasmus addressed to the reader, ff. 2, 101, 189. The first is of the nature of a critical essay and is too long to be printed here; the second is only a few lines

83. Caius *add.* β *ante* Caligula. 94. specula *add.* β *post* sublimi. 107. manubriis β. 108. expars β *bis*. 114. Christianae *add.* β *ante* salutis.

---

83. Caligula] Suet. 53 and 34. 87. Gellius] 12. 2.
86. Quintilianus] 10. 1. 125 seq. 107. manubiis] Cf. Ep. 281. 5,6.

in length; from the third, which is also very long, I have selected two passages as suitable for inclusion in this edition.

The original manuscripts of the first and third prefaces are in a packet of papers belonging to the Basle University Library, together with a great number of the scholia on Jerome in Erasmus' hand. Besides Erasmus' autograph for this preface (α) the packet contains also a manuscript copy by Conrad Fonteius (p. 67), which seems from notes and marks on it to have been made for use in the press (β^1). In illustration of the critical standards of the age it may be remarked that even β^1 does not reproduce α with minute fidelity, and that in β^2 the printers followed the established orthography of their press rather than that of Erasmus as represented by Fonteius. These differences of orthography are, however, too numerous to be shown here in detail. The insignificant variants in the revised edition of 1524–6, vol. iv. pp. 407 and 412 (γ), are doubtless due to the printers. In Chevallon's edition, Paris, 1533–4 (see p. 211), the text of this preface, vol. iv. f. 138 v°, follows the variants of γ.

It is noticeable that the second extract, ll. 63–130, is not found in the first drafts of either α or β^1, but forms part of a passage inserted later; clearly after the receipt of Ep. 304, to which it is a reply resembling Ep. 337, and thus (cf. Ep. 337. 1) after the visit to England on which Erasmus determined to dedicate the New Testament to Leo x instead of to Warham.

The date given is unquestionable.]

ERASMVS ROTERODAMVS DIVINARVM STVDIOSIS LITTERARVM S. D.

Haud me fallit, optime lector . . .

⟨f. 189⟩ Sunt rursum quibus non omnino deest iudicium, sed vix est credibile quantum valeat imaginatio persuasioque, si prior animum occuparit; idque non solum in vulgo verum etiam in eruditissimis magnique iudicii viris. Sic cotidie falluntur oculi, sic populi totius aures olim Parmenonis suem requirebant; quae quidem res et in prouerbium deinde cessit. Non pigebit fabulas aliquot hoc referre loco, quo magis quod dico fiat perspicuum. Fuit olim iuueni mihi cum Petro Santeramo Siculo, homine non minus festiuo quam aerudito, familiaritas in edibus inclyti viri Henrici, vulgari cognomento de Bergis, episcopi Cameracensis. Is, vti referebat, cum Parisiis ageret, ludens huiusmodi scripserat epigramma, veluti τὴν ἠχώ referens:

Tempora fatalis quoniam sic limitis itis,
Tristia concentu funera solor olor.

Affinxerat titulum, Cygnus moriens pro specu. Sub id adhibuit scribendi pulchre peritum artificem, qui distichon hoc quam maxime posset ad imitationem antiquitatis pingeret, litteris aliquot data opera relictis mutilis ceu iam oblitteratis vetustate. Carmen adornatum exhibuit Fausto Andrelino, qui multos iam annos illic poeticen profitetur. Addidit eam schedulam inter vetustissimas antiquitatis reliquias sibi repertam fuisse, videlicet quod sciret hominem aspernaturum, si dixisset nudius tercius apud sese natam.

9. erudito β.

8. Santeramo] Cf. Ep. 71 introd. and App. 5.

Legit iterum atque iterum Faustus et difficile dictu quam stupuerit, quam[quam] exosculatus sit, quam pene adorauerit doctam illam et inimitabilem antiquitatem. Nec finis nec modus admirandi antiquitatem, donec ipse Santeramus sui proditor rem omnem in risum verteret.

Lusit olim ad consimilem modum Gulielmus Copus, immortale Basiliensis vrbis ornamentum, quae talem prodiderit heroa; imo totius nostrae Germaniae nunquam intermoriturum decus: Galliarum felicitas, quae tanto viro tot iam annis fruitur et vtinam quam diutissime fruatur, aule regalis honestamentum, in qua apud Regem regum omnium haud dubie principem principem agit medicum; imo (vt quod est illo dignius dicam) totius orbis praesidium, cui rem omnium saluberrimam, nempe medicinam, inscitia profitentium propemodum extinctam eruditissimis suis lucubrationibus vindicat ac restituit. Is igitur, vt est non solum integritate doctrinaque singulari verumetiam gratissima quadam morum festiuitate preditus, sed quae bonum virum nequaquam dedeceat, cum in coena catinus appositus esset diuersi generis olerum plenus, et forte fortuna complures simul accumberent medici, vulgo quoque notissimam herbam delegit, quam Greci petroselinon appellant, apii genus. 'Medicorum' inquit 'est herbarum formas et vires nosse. En adsumus tot medici. Dicat qui potest, quod sit huic herbae nomen.' Nemo ausus est pronunciare, quod omnes iam teneret persuasio rarum aliquod ac peregrinum oleris genus esse, de quo vir tantus tam sollicite percontaretur, donec ipse problema risu solueret, et accersitam culinae famulam pro medicis respondere iuberet. Ea nihil contata nomen edidit.

Iam terciam quoque fabulam accipies, sed *ἀνώνυμον*. Cuidam apud Italos inter primos erudito in manum dedit nescio quis paginam e codice quopiam reuulsam, sic vt nullus esset titulus qui proderet autorem. Qui tradiderat admonuit sibi videri recentioris cuiuspiam scriptoris opus esse. Erat autem is ex istorum numero qui studio fauoreque vetustatis omnia neoterica fastidiunt. Ibi protinus offensus homo spurcicie sermonis, vt tum quidem videbatur, multa conuicia congessit in barbarum scriptorem, qui tam indoctis nugis miseras perdidisset chartas. Nec modus aut finis irridendi, donec alter ostenderet id quod tantopere damnasset fragmentum esse Ciceronis. Agnouit admonitus et risit homo doctus tantam ex imaginatione delirationem. Tantum valet in eruditis quoque praesumpta persuasio, nec alia res in iudicando magis vel auertit vel adimit oculos.

24. quam α *bis per lapsum, in fine et initio linearum*; quamque β *perperam*.
31. et α : atque γ. 34. cui α : qui β. 56. spurcitiae β^1 : spurcitia β^2.

⟨f. 191⟩ Et superiore praefatione satis, opinor, demonstratum est nullum esse scriptorum genus quod non alicubi sit subditiciis huiusmodi libris contaminatum. Num illud pium et candidum esse duces, cuiuis indocto permittere vt quidlibet inuehat, deprauet quidlibet: non permittere studiosis et eruditis vt quod suppositum fuerit reiiciant, quod viciatum emendent? Sed illud fortassis exigis vt hoc autoritate fiat episcoporum. O rem preposteram! Non indignantur impostori qui citra vllius autoritatem viciauit sacros libros; in eos stomachantur qui citra totius ecclesie autoritatem que viciata sunt corrigunt. Quanquam nos haud conamur preire principibus ecclesie, sed illorum occupationes hac nostra qualicunque adiuuamus opera. Admonemus, non decernimus; indicamus, non iudicamus. Neque quicquam addubito quin [et] illi vel potissimum sint nostram comprobaturi sententiam. Sed odiosum est, inquiunt, tot iam seculis recepta labefactare. At quid olim septuaginta editione receptius? Nec tamen hanc veritus est Hieronymus, frustra reclamantibus cum Augustino quibusdam episcopis, sua interpretatione corrigere. Quid illa de septuaginta cellulis fabula decantatius? At non dubitauit Hieronymus rem nulli non creditam, non solum Augustino, mendacium appellare. An quicquam est hac Noui Testamenti editione vulgatius? At quid decessit de pondere veritatis euangelice, quod Laurentius, homo rhetoricus magis quam theologus, locos aliquot reprehendit perperam ab interprete redditos? An minore fide iam epistole Paulinae leguntur, quod earum editionem hanc qua vulgo vtimur Iacobus Faber Stapulensis, vir non minus integritate vite quam eruditione probandus, negauit esse Hieronymi, quod Laurentium imitatus permulta mutauit vel deprauata vel male reddita? Qua quidem in re nos quoque per idem tempus nauabamus operam, ac mire factum est vt cum vterque de altero nesciret, tamen ambo rem eandem eodem moliremur tempore, etiamsi [si] illius anteuortit editio. Quae vtinam esset eiusmodi vt nostra quam paramus prorsus superuacanea videri possit. Plurimum tribuo Fabro vt viro non vulgariter erudito; veneror vt optimum, faueo vt amicissimo. Verum si in prophanis rebus Aristoteles veritatis potius quam amici Platonis rationem habendam esse iudicauit, multo magis id par est facere in his litteris, quas inter sacras habemus, vt ita dicam, sacratissimas. Nec hoc dixerim quod illius editionem

65. Num $\alpha\beta^2$: Nam β^1. 69. β : p̄posterum α. β^2 : indignatur α. 71. $\alpha\beta^2$: stomachatur β^1. 75. et *ab Erasmo deletum add.* β. 96. β^2 : Aristotelis α.

---

81. Hieronymus] *adv. Ruf.* 2. 25.
84. Laurentius] Valla; cf. Ep. 182.
87. Faber] Cf. Ep. 304. 89 n.
90. nos quoque] Cf. Ep. 337. 844 seq. and *Apol. ad Ia. Fabrum*, LB. ix. 19 BC.
96. Aristoteles] *Eth. N.* 1. 6. 1.

minus approbem, sed vt mihi detur venia, sicubi videbor a tanto viro dissentire.

Verum vt ad id quod agitur redeam, quid proximis hisce diebus accidit ecclesiae? Num labascit orbis Christianus quod Paulus Middelburgus, episcopus Forosemproniensis, publicum de ratione festi Pascalis errorem libris editis coarguit? Quod si tantarum nouatione rerum non solum non labefactatur ecclesiastica autoritas verum etiam constabilitur, quid pauitant ne celum ruat, si nos ab eruditissimis Hieronymi libris illitteratas ineptias studuimus semouere? Atque vtinam quod in epistolarum voluminibus prestitimus, in ceteris item illius commentariis prestare licuisset. Quod si omnino requiritur autoritas, molimur hec multis ac magnis, et his eruditis, praesulibus fauentibus, adhortantibus, extimulantibus, nec approbantibus modo verum etiam effusissima liberalitate nostram industriam adiuuantibus. Quorum princeps et antesignanus, vnicus ille studiorum meorum Moecenas, Gulielmus Waramus, archiepiscopus Cantuariensis, totius Anglie primas, vir omni litterarum ac virtutum genere sic absolutus vt que vix singula reperias in aliis, in hoc mireris vniuersa; et vnus abunde sufficiat ad omnes consummati praesulis dotes veluti in tabula representandas. Nec alii sane sua laude fraudabuntur; verum in praesentia non est onerandus longiore prefatione lector. Illud modo adiiciam. Admonitus est iampridem super hoc nostro labore Leo Pontifex modis omnibus maximus, idque non tantum meis sed complurium item excellentium virorum litteris: a quo ceu doctissimo simul et optimo non illud solum expectamus, vt hos conatus nostros sua comprobet autoritate, verum etiam vt amplissimis premiis prosequatur.

104. β^2: Sempronensis α. 117. sic *add.* β^2. 119. velut β^2. 123. meis α : mei γ.

104. Middelburgus] Paul of Middelburg (1446—14 Dec. 1534), after education at Bruges and Louvain, was appointed to the chair of astronomy at Padua a. 1479, for which year he issued a *Prognosticon* (Copinger 4034). There are also annual prognostications by him for the years 1480–4, one dedicated to Duke Frederick of Urbino. He had probably returned to the Netherlands by 1484, when Leeu printed for him *Prenostica ad viginti annos duratura* at Antwerp. In the same year with an *Epistola apologetica* (Copinger 4036) addressed to the Doctors of Louvain he engaged in a controversy *de anno dominice passionis*, Louvain, John of Westfalia; in which he was opposed by Peter de Rivo, Dr. of Law in the University. On his appointment in 1494 to the see of Fossombrone, near Urbino, he was summoned to Rome, where he laboured hard to promote the reform of the calendar. The work alluded to here, *Paulina, de recta Paschae celebratione*, was published, together with a treatise on the precise date of the Crucifixion, by Oct. Petrutius, Fossombrone, 8 July 1513. On the election of Clement VII he dedicated to him a Prognostic for 1524; in the same year he resigned his see.

See D. Marzi, *La Questione della Riforma del Calendario nel Quinto Concilio Lateranense*, Florence (*Pubblic. del R. Istituto*), 1896; where Paul's life by Bern. Baldi (1553—1617) is printed for the first time.

Verbosius quidem hec, fateor, a nobis sunt disputata quam prologorum modus patiatur. Sed nihil non tentauimus, nullum non mouimus lapidem, quo nemini non esset satisfactum, vt alios alie res vel offendunt vel placant. Quod si quis adhuc reperietur vel adeo stupidus vel adeo sibi ipsi inimicus vel ita diutina consuetudine corruptus, vt in hisce blateramentis bonas horas velit male collocare, ne is quidem habebit quod nobis succenseat; quandoquidem per nos habet omnia quae superiores editiones complectebantur, eaque multo quam antehac emendatiora, nonnullis etiam additis quae illic non habebantur. Adeo cauimus ne quem offenderemus, vt eruditis pariter et ineruditis, aequis et iniquis, deploratis simul et bonae spei ingeniis studuerimus morem gerere.

Bene vale, lector amice, Basileae, An. M. D. 15. Mense Martio.

[322] 326A. From Willibald Pirckheimer.

Nuremberg MS. PP. No. 131. ⟨Augsburg?⟩
⟨April 1515.⟩

[A rough draft, autograph, by Pirckheimer amongst his papers at Nuremberg (Ep. 322 introd.): for additions made to the contents in the fair copy see Ep. 375. Epp. 362 and 375 show that the letter did not reach Erasmus. Sir Robert Wingfield was in Augsburg throughout April and May, and was then hoping to return soon to England (Brewer ii. 294 and 377); but at the end of May he was sent to Innsbruck (ibid. 531 and 563).]

Si alicui de amicorum splendore gloriari licet, me non plane vltimum hac in re esse arbitror, vtpote qui non solum hominum priuatorum sed et illustrium ac maximorum cum Germanie tum Gallie et Italie principum amicicia mihi excellere videar. Verum ita me bona adiu⟨u⟩et fortuna, inter vniuersos amicos istos nulli secundus sed maximus et precipuus es, mi eruditissime ac iucundissime Erasme. Legi epistolam tuam longe mihi gratiorem et acceptiorem quam si a quopiam rege etiam maximo ad me perscripta esset; non quoniam laudes quas in ea mihi attribuis agnoscam, sed quia amiciciam tuam exoptatissimam mihi obtigisse conspiciam. Beato itaque meo, qui talem ac tantum virum mihi conciliauit, gratias ago, nec minores tibi habeo, qui tam humanum ac facilem te prestitisti. Mihi vero precipue hanc ob rem gratulor ac horam hanc que tam fortunatas mihi at⟨t⟩ulit litteras merito candidiori signo lapillo: quibus profecto quamprimum respondissem, ni tardissime aduenissent. Cum enim 9 Kl. Februarii scripte essent, non nisi post Aprill. mihi consignate fuere Kl., ac iam Francfordensibus finitis nundinis, quo

326. 139. Martio *a*: Augusto β^2.

326A. 11. Beato] Cf. Ep. 318.

te in Britaniam proficiscentem venturum intellexeram. Verumtamen hac neglecta occasione aliam repperi viam per quam etiam Occeanum te nauigantem litteris meis consectarer. Nam R⟨obertum⟩ W⟨imphildum⟩, qui oratoris munere apud Caesaream maiestatem Anglorum regis ⟨nomine⟩ fungitur, virum clarissimum ac doctissimum mihique amicum, rogaui vt has ad te mitteret litteras; qui, vt spero, id quod opto efficiet. Bene igitur et tu feceris, mi Erasme, si amiciciam nostram inchoatam litteris celebrare perges; qua re nil iucundius mihi facere poteris.

327. To Beatus Rhenanus.

Lucubrationes (1515) p. 235. St. Omer.
Lond. xxix. 31 : LB. v. 171. 13 April 1515.

[The preface to *Enarratio allegorica in primum Psalmum*, printed in Erasmus' *Lucubrationes*, Strasburg, Schürer, Sept. 1515 (α). The *Enarratio* was printed separately by Martens at Louvain, Oct. 1515, without change in the preface. There is a slight alteration in Schürer's edition of the *Lucubrationes*, June 1516 (β), which is followed by his of Nov. 1517 and Jan. 1519 and by Froben's of July 1518 and Oct. 1519. There are also signs of revision in Froben's edition of *Exactissimae enarrationes in aliquot Psalmos* (γ), s.a. ⟨1524?⟩, reprinted in Feb. 1525. I have not been able to examine γ, but have taken a volume with the same title published by Cervicornus at Cologne in 1524 as a reprint of it; in view, however, of certain publications of Cervicornus in 1524 it is possible that his edition of the *Enarrationes* has the priority over Froben's.

Mr. Nichols, guided by the dates assigned to the printed versions of Epp. 333,4, alters the place from St. Omer to London; but the manuscript date of Ep. 333 removes the necessity of finding Erasmus in London at this time.

Beat Bild (22 Aug. 1485—20 May 1547) was the third son of Antony Bild, a butcher of Schlettstadt, whose family originated from the neighbouring village of Rheinau. The young Beatus was educated first at Schlettstadt, under Hofman and Gebwiler (p. 8). Leaving his father's house on 25 Apr. 1503 he arrived in Paris on 9 May, and matriculated in the University, taking his B.A. in 1504, and M.A. 1505. For two years he worked as a corrector in the press of Henry Stephanus; but in the autumn of 1507 returned to Schlettstadt, where he remained for about a year. During that time he began to write prefaces for books published by Schürer, who in June 1508 had opened his press at Strasburg; and in the winter of 1508-9 he moved to Strasburg, in order to take more active part in Schürer's undertakings. On 31 July 1511 he arrived in Basle, attracted by the fame of Kuno of Nuremberg (p. 41); and there he remained for 15 years, living with Amorbach and Froben and devoting himself entirely to the service of good learning in editing and superintending new books. In 1526 he returned to Schlettstadt, which became his home for the remainder of his life. His literary output was very great. In BRE. 68 volumes are enumerated in which he avowedly had a share, including the *editio princeps* of Velleius Paterculus (Basle, Froben, November 1520), from the MS. found by him in 1515 in the abbey of Murbach, near Gebweiler in Alsace. To Erasmus he was devotedly attached, and he was content to efface himself and conceal his own labours in supervising the publication of his friend's innumerable writings. His library, which is exceedingly rich in books of the period, is preserved almost intact in the Town Library at Schlettstadt.

---

21. Wimphildum] Sir Robt. Wingfield (c. 1464—18 March 1539) had been employed since 1508 on important diplomatic missions; and in spite of frequent maladroitness he continued to serve on embassies until 1526 and also as privy councillor. He was deputy of Calais 1526-31, and mayor 1534. See DNB. His name can be supplied here from Epp. 359 and 375.

See a life by Sturm (1551), reprinted in BRE; numerous other publications by Horawitz; Knod's *Aus d. Bibliothek d. B. Rh.*; and ADB.]

ERASMVS ROTERODAMVS BEATO RHENANO SLESTADIENSI S. D.

Cvm videamus, Beate optime, illiteratum etiam hominum vulgus xeniolis vltro citroque missitatis necessitudines suas vicissim alere, non putaui conuenire vt in optimarum literarum cultoribus haec ciuilitatis et officii pars cessare videatur, praesertim in nobis quos communis studiorum ardor tam arcta necessitudine copulauit vt arctiore non possit. Nuper igitur cum itineris labore delassatis equis dieculas aliquot apud diuum Audomarum cogerer subsidere, ne tempus hoc omnino periret studiis, de parando tibi xeniolo coepi cogitare, et commodum veniebat in mentem quod grauiter admonet Seneca noster, cum primis esse dispiciendum non solum vti munus dignum sit eo qui mittit, verum etiam aptum ei cui mittitur; sic enim fieri vt quae per se vilissima sunt, hoc ipso reddantur preciosissima, quod commode fuerint delecta. Quid autem magis mitti decuit ab homine theologo quam eximium aliquem flosculum ex vernantissimis diuinarum literarum areolis decerptum? Quid autem magis conueniebat mitti Beato quam ipsam vere beati formulam diuini Spiritus penicillo depictam? Diuinum plane cognomen, vt quod hominis naturam superet. Vnde Graeci poetae numinibus hoc ceu peculiare tribuere consueuerunt, μάκαρας eos appellantes. Neque prorsus in vllum mortalem tam eximii cognominis honor competit, nisi qui sic insitus sit Christo vt iam veluti transfiguratus et vnum cum illo factus, quemadmodum in ipsius immortalitatis, ita et in tam egregii cognominis consortium ascisci mereatur. Nihil enim magis abest a verae beatitudinis appellatione quam isti quos stultissimum vulgus beatos appellat. Sic enim illis tribuit beatitudinem vt tribuit et diuinitatem, vel turpiter errans vel turpius assentans. Toties in mysticis literis iteratur hoc beati cognomen; nec tamen vsquam tributum offendimus opulento, nusquam monarchis, nusquam Sardanapalis. Lego 'Beatos qui timent Dominum, qui ambulant in viis eius'. Lego 'Beatum cui non imputauit Dominus peccatum'. Lego 'Beatum qui intelligit super egenum et pauperem'. Lego 'Beatos immaculatos in via, qui ambulant in lege Domini'. Tot sunt beatitudinis ordines, et tamen istorum ὥσπερ τῶν Μεγαρέων οὐδεὶς λόγος, quemadmodum habet Graecorum prouerbium. Primus beatus ille quem Dei timor a peccando cohibet. Rursum beatus et is qui prolapsus quidem est in vitia, sed ita lachrymis commissa diluit vt ei

327. 7. dieculas aliquot] The *Enarratio* is described in its closing passage as 'xeniolum plusquam extemporarium'.
29. Beatos] *Ps.* 127. 1.
30. Beatum] *Ps.* 31. 2.
31. Beatum] *Ps.* 40. 1.
32. Beatos] *Ps.* 118. 1.
33. τῶν Μεγαρέων] *Adag.* 1079.

clemens Dominus non imputet quod admisit. Neque non beatus ille qui pietatis et charitatis officiis vitae superioris errata pensat; nam hunc in die iudicii a malo liberabit Dominus. Sed beatior est quem diuinae legis intuitus ab omni vitiorum inquinamento custodierit immunem; beatissimus autem quem hoc Psalmo describit, cui non solum contigit nullis inquinari vitiis, sed ita iugiter versatus est in praeceptis diuinis vt, cum ipse perpetua vitae floreat innocentia, tum aliis exemplo morum salutarique doctrina fructum pulcherrimum afferat.

Mitto igitur te tibi, hoc est Beatum Beato. Quid enim aliud magis quadrabat? praesertim cum tu vt ingenium nactus es nullis obnoxium vitiis, ita vitam pariter et famam ab omni vitiorum labe intactam tueri studes, tamque infatigabili studio versaris in optimis literis, vt Christo tuos pulcherrimos conatus bene fortunante et ciuitatulae tuae iam tot egregiis ingeniis editis nobili non mediocre lumen ac decus addas, et spes sit fore vt toti Germaniae eum aliquando virum exhibeas, vt intelligant homines Beati vocabulum tibi non fortuito sed diuini numinis consilio contigisse. Proinde xeniolum hoc non solum te commonefaciet Erasmi tui verum etiam teipsum tibi proponet. Faxit Deus Opt. Max. vt sicut hactenus studiorum societate dulcissime coniuncti fuimus, ita posthac aeternae veraeque beatitudinis consortio simul frui promereamur. Vale, amicorum optime.

Apud diuum Audomarum. Anno M. D. XV. Idibus Aprilibus.

328. From Beatus Rhenanus.

Deventer MS. 91, f. 113. Basle.
LB. App. 21. 17 April 1515.

[The date is confirmed by the mention of Seneca; cf. Ep. 325. Conrad Resch, the Paris bookseller, was the bearer of the letter; see Ep. 330. 14 n.]

BEATVS RHENANVS ERASMO ROTERODAMO S.

Seneca belle procedit, eloquentissime vir; duobus enim praelis imprimitur. Nesenus est admodum in recognoscendo diligens, atque vtinam in restituendo tam essem ego felix quam hic in olfaciendis erratis non est naris obesae. Ceterum cum exemplar sit adhuc multis mendis deprauatum (quod ipse nosti), tuam vnius operam adhuc posceret. Incidi casu nuper in id caput quarti libri de Beneficiis, cuius hoc est initium: 'Non ideo per se non est expetendum, cui aliquid extra quoque emolumenti adhaeret. *Eero* enim pulcherrima quaeque multis et aduentitiis comitata sunt *dolis*, sed

327. 49. studeas γ. verseris γ. 52. spes sit fore vt *add.* β.

328. 6. caput] 23. The xv^c editions begin at *Non ideo*, and have the readings *tempore* and *animum*. The Venice edition of 1492 also has *alligatis*.

illas trahunt, ipsa praecedunt. Num dubium est quin hoc humani generis domicilium circuitus solis ac lunae vicibus suis temperet? quin alterius calore alantur corpora, terrae relaxentur, immodici humores comprimantur, *alligatis* omnia hyemis tristitia *frangantur*, alterius *tempore* efficaci ac penetrabili *rigatur* maturitas frugum? quin ad huius cursum foecunditas humana respondeat, quin ille *animum* obseruabilem ⟨fecerit⟩ circumactu suo?'

Haec extempore, cum ea charta iam imprimi coepisset, in hunc modum, nescio si tam docte quam audaciter, restitui: 'Fere enim pulcherrima quaeque multis et aduentitiis comitata sunt dotibus, sed illas trahunt, ipsa praecedunt. Num dubium est quin hoc humani generis domicilium circuitus solis ac lunae vicibus suis temperet? quin alterius calore alantur corpora, terrae relaxentur, immodici humores comprimantur, alligantis omnia hyemis tristicia frangatur, alterius tepore efficaci et penetrabili rigetur maturitas frugum? quin ad huius cursum foecunditas humana respondeat, quin ille annum obseruabilem fecerit circumactu suo?' Hactenus Seneca. Hoc idem in multis praestiti locis, vt cum pro *clementisse* dementissime, pro *perierat* peierat, pro *de stabili via* detestabili via, pro *nota* vota, plurimaque id genus alia reposui. Sed nolim meo semper iudicio fidere, praesertim extemporario quodque ab impatientibus morae hominibus exigatur. Verum si nobis exemplar aliquod vetustum adesset, nihil agerem lubentius quam vt hunc autorem in his quae supersunt incastigata restituerem: hoc enim agendo cum studiosis prodessem, tum honori consulerem tuo, quanquam tu non omnes mendas sed plurimas te dispunxisse praefatus es.

Petit Frobennius Nouum abs te Testamentum habere, pro quo tantum se daturum pollicetur quantum alius quisquam. Is negat a Duncello sibi quicquam de mittendis vestibus fuisse commissum, cum tamen ab vtrisque vobis aliud intellexerim. Doleo te litteras quas (vt e Neseno didici) mihi scripsisti, non Lachnero tradidisse. Si Schurerio dedisti, nescio quando sim recepturus; nosti enim hominis miram negligentiam. Et fortassis nunc ad quaedam responderem.

16. fecerit *addidi in fine lineae*. 27. vt *corr. LB*: & *MS*. 30. more *MS*. 40. vt *correxi*: & *MS*.

14. *rigatur*] Haase reads *regatur*.

17. ea charta] f°. d^2, p. 39. The signatures show that the book was printed straight through, beginning with the preface. The printing was therefore only just begun at this time. Cf. ll. 53, 4.

36. Testamentum] Evidently Erasmus had not yet arranged for the printing of the New Testament; cf. Ep. 330. He perhaps hoped to have it printed in Italy; and hence the frequent mention of a journey to Rome (cf. Ep. 324. 27 n.). See Ep. 384 introd.

38. Duncello] This name appears as Dinckellius in Ep. 330. 21. The person intended had evidently accompanied Erasmus to England, probably as a secretary; from Froben's responsibility in the matter, his son Jerome, now aged 14, is possibly meant.

39. litteras] Cf. Ep. 330. 15,16.

Scriberem tibi quo pacto Glareanus noster in aulam sophistarum, qui disputationis causa de Paruorum vtilitate Logicalium conuenerant, insidens equo fuerit ingressus ; nisi stultiora putarem quam quae ad te scribantur, virum certe sapientem, si quisquam vspiam sapiens est.

Ex Moriae mille et octingentis exemplaribus non nisi sexingenta supersunt. Statim igitur denuo imprimetur ; vbi poterunt addi (si voles) Scarabeus, Sileni, Gryllus Plutarchi, Parasitica et Muscae Encomium Luciani. Porro Lucubrationes tuas (hunc enim titulum libellus in frontispicio praefert) euestigio Frobennius excudet, simulac intellexerit non esse tibi integrum ei libello quicquam adiicere demereue. Nesenus te salutat, qui cuperet tam esse vicinus metae quam est a carceribus (vt aiunt) parum adhuc progressus. Si quid comparandis Duncello vestibus aliisue rebus expenderis, id omne dissoluturum Frobennius sancte promisit; qui tibi laeta omnia pre-

47. sexingenta *MS.* : sexaginta *LB. praue.* 54. carceribus *LB.* : cautibus *MS.*

43. Glareanus] Though teaching publicly at Basle with the title of Professor, Glareanus was still only a Master ; and the authorities had not yet determined whether he should be allotted a seat among the Doctors at University assemblies. Resenting a position among the Masters Glareanus adopted this theatrical way of forcing a decision ; cf. Schreiber's life, pp. 23,4. In addition to the authorities there quoted the following account is given by Myconius in his copy of the *Moria* (Ep. 394 introd.). 'Memini tamen me audiuisse a iureconsultis non infimi subsellii, vt sibi videbantur, dum publice disputatum est Basileae a quodam bacculario theologo vtrum Parua Logicalia essent vtilia, dumque Glareani mei equus cui insidebat tedio ex tali disputatione affectus (aulam enim collegii magni eques Glareanus inscenderat) foedissime cacaret, assertum neminem bonum perfectumque iureconsultum fore nisi qui sophisticam calleret ad vnguem. Quid ergo dicent philosophi ? Anno 15.' f^o H^2., against the words *asininam philosophi.* Cf. also Epp. 463, 529, and VE. 141.

44. Paruorum . . . Logicalium] More than one of the regular textbooks of logic bore this title. One was the work of Marsilius of Inghen, an ex-Rector of Paris, who in 1386 became the first Rector and 'Founder' of Heidelberg University (see Rashdall, *Universities*, i. 441 and ii. 248); for another see Ep. 447. 98 n.

47. Moriae] The first Froben edition is of March 1515 ; not May, as I have wrongly given twice in Ep. 222 introd.

sexingenta] This form, which is modelled on *septingenta*, &c., occurs sometimes in Renaissance Latin ; e. g. in a letter of Boniface Amerbach, dated 1519, Basle MS. D. IV. 18. 350. The corruption in LB. enhances the rapidity of the demand, but is quite without foundation. Even 1,200 copies in a month would be a remarkable sale, the spring fair at Frankfort notwithstanding.

48. denuo] Froben's second edition was issued without date, but with a new title page : IOANNES FROBENIVS LECTORI. 'Habes iterum Morias Encomium . . . ,' and on the v^o a list of contents, to which was added Ep. 337. It was not actually undertaken till 1516 ; see Ep. 419.

49. Scarabeus] This and the *Sileni Alcibiadis* are two of the *Adagia*, Nos. 2601 and 2201. They were printed separately by Froben in 1517 ; the *Sileni* in April, the *Scarabeus* in May. Cf. Ep. 575.

Gryllus] This and the works that follow were not printed by Froben with any of Erasmus' writings. In Sept. 1516 (Ep. 473) Beatus had completed his translation of the *Gryllus*, but I cannot find that it was ever printed ; he was still proposing then to attach it to the *Moria.*

50. Lucubrationes] Froben did not print these till July 1518 : perhaps because Schürer had an edition now in hand, which appeared in Sept. ; see Epp. 93 introd. and 342. 28 n.

53. metae] of Seneca.

catur. Glareanus noster in Italiam concessit; nos laeti tuum reditum ad Septembrem expectamus. Bene vale, eloquentissime vir, Beati tui memor.

ex Basilaea 17 Aprilis 1515.

329. From William Nesen.

Deventer MS. 91, f. 149. Basle.
LB. App. 107. ⟨c. 17 April 1515.⟩

[Probably contemporary with Ep. 328, because of Seneca.
William Nesen (1493—5, 6 July 1524), of Nastätten (Anaxopolis) between Coblenz and Mainz, was of peasant origin. He matriculated at Basle in 1511, M.A. 1515; and was not long in making his way among the printers. In 1512–13 Beatus Rhenanus dedicated to him Platus' *De Carcere* (BRE. 28). In July 1514 Nesen edited Mich. Lochmayers' *Parochiale Curatorum*, Basle, M. Furter. In 1515 he was employed by Froben as corrector for Erasmus' Seneca (Ep. 325); but his work did not give satisfaction. He was still with Froben in 1516 (Ep. 469), when he received from Erasmus the dedication of a new edition of the *Copia* (Ep. 462); but for a time during this period he kept a school (BRE. 135). Early in 1517 he went to Paris as tutor to the sons of Nicholas Stalberger of Frankfort; and remained with them till 1519, when Erasmus persuaded him to come to Louvain. His lectures on Mela being prohibited by the University, on the ground that he was not a member of it (Nève, p. 135; cf. Ep. 433 introd.), he accepted an invitation to become head of the new Latin school at Frankfort, and presided over it 1520–3. He then visited Luther at Wittenberg, and joined the Reformers; and his relations with Erasmus became less cordial in consequence. He was drowned in the Elbe at Wittenberg whilst boating for pleasure.
See a life by Steitz in *Archiv f. Frankfurts Gesch.* N.F. vi, 1877; BRE; Zw. E.; and ADB.]

DOMINO ERASMO ROTE. NESENVS S.

Salve, doctissime Erasme. In operibus Senecae que tuo labore maximo politiorum litterarum candidatis restituisti, offendimus in margine quaedam tua manu veluti adultera et suppositítia notata, his quidem verbis, 'Haec a quodam nebulone addita'; rescribe, quamuis ego indoctior quam vt a doctissimo litteras expectare debeam, an sint haec expungenda vel cum ceteris imprimenda.

Vale, Erasme doctissime, et inter tuos etiam ⟨me⟩ ministros connumerato.

Raptim apud nauem, Basileae.

330. From Beatus Rhenanus.

Deventer MS. 91, f. 115. Basle.
LB. App. 23. 30 April 1515.

[Shortly after Ep. 328, and dealing with the same subjects.]

BEATVS RHENANVS ERASMO ROTERODAMO S.

Frobennivs Nouum Testamentum a te cupit habere; Lucubratiunculas quoque tuas, Enchiridion videlicet Christiani Militis, vt

329. 7. me *add. LB.*, *sed post* ministros.

emendes et mittas rogat. Moriae Gryllum Plutarchi addemus, Parasiticam et Muscam Luciani, Scarabeum et Silenos Alcibiadeos. Seneca duobus praelis excuditur. Vellem exemplar esse castigatius et recognitorem paulo diligentiorem. Sed nec is singula deprehendit errata, nec, si nonnunquam deprehendat, is ego sum qui cuncta restituere possit, tum quod eruditio contigit perquam exigua, tum quod in alieno libro nimis ingeniosum esse stulticia non vacat. Accepit hic necessarius tuus a Frobennio duos aureos; fuitque nobis vel hoc nomine gratior, quod proxime Erasmum facie refert, vt etiamsi id verbis non testetur, tamen formae similitudo statim Erasmi clamat esse propinquum.

Scripsi tibi nuper per Chunradum, Parisiensem bibliopolam, istis de rebus longissimas litteras; at tuas quas ex Francofordia mihi scripsisti, nondum accepi, nec etiamdum ex Schurerio verbum. Quis hunc veternus inuasit? Ad Augustum huc te rediturum speramus. Interim de absoluendis Conficiendarum Epistolarum libris et de Quintiliano restituendo nonnihil cogita. Misimus Senecae Claudium. Salutant te et reducem exosculari cupiunt Frobennius, Gertrudis vxor, Amorbachii et Nesenus. Saluus sit Dinckellius. Bene vale, vir eloquentissime, et Beatum, ceu facis, ama.

Basilea pridie Calen. Maias. 1515.

331. FROM BRUNO AMORBACH.

Deventer MS. 91, f. 117. Basle.
LB. App. 24. 1 May 1515.

[There is no reason to question the manuscript date. In 1516 Erasmus was in Basle at this time.

Bruno (1485—21 Oct. 1519) and Basil (c. 1488–8 April 1535; cf. Basle MS. AN. VI. 36. f°. B), the elder sons of John Amorbach (p. 29), were educated under Crato Hofman at Schlettstadt, May 1497—c. April 1500. In the summer of 1500 they matriculated at Basle, but in May 1501 they went to Paris and became B.A. in 1504–5, M.A. in 1506. In spite of some protests from his father (cf. EHR. xxii. 742–4) Bruno stayed on in Paris till the summer of 1508 (Basle MS. G. II. 30. 188); but Basil returned home, and in June 1507 was studying law

3. Grylli *MS.*: *corr. LB.*

6. recognitorem] Evidently Nesen, despite the change of tone from Ep. 328. 2–4.

10. necessarius] Nothing is known of Erasmus' kinsmen, though he doubtless had some, since his father was one of many brothers (II. 9). It is possible that his brother Peter (Ep. 3) may have come to seek him in Basle: or this person may have been an impostor. There is no further allusion to the incident. Mr. Nichols' suggestion seems hardly necessary.

14. Chunradum] Resch, a native of Basle, who had a bookshop in Paris. Books were printed for him at Paris 1516–26 (Ph. Renouard, *Imprimeurs Parisiens*, 1898, pp. 317, 8), and Panzer mentions one at Basle in 1535.

15. litteras] Ep. 328.

18. Conficiendarum] The *De Conscribendis Epistolis*, see Ep. 71. The *Conficiendarum Epistolarum formulae* was a pirated publication; cf. Lond. xxvii. 42, LB. 1295.

19. Claudium] Cf. Ep. 325. 52 n.

under Zasius at Freiburg—see ZE. p. (152). Bruno on returning worked in the press; reading Greek with Kuno (p. 41) in 1511, and also Hebrew (pref. to vol. v of Jerome). After their father's death the three brothers retained an interest in the printing-house; but their ostensible labours as editors are open to doubt (see Ep. 396 introd.), and Bruno alone seems to have taken any actual part in the work. In 1517 he made a journey to Italy to collect literary material; but his life was prematurely cut short by the plague a few months after the death of his young wife. Basil's name appears frequently in the correspondence of Froben's circle, and some of his letters to Boniface have been printed; but his career was less distinguished than those of his brothers. See Basle MSS. G. II. 13, 13[a], 29 and the Amorbachiana; Am. E.; BRE.; MHE.; VE.; ZE.; and EE., in which a number of sources are quoted.]

BRVNO AMORBACHIVS ERASMO.

Salve, doctissime Erasme. Nihil aliud quod ad te scribam occurrit quam vt moneam, modo te monere liceat, vt quamprimum ad nos redeas. Venies, crede mihi, expectatus non modo tuis, hoc est nobis, sed prorsus omnibus. Vale.

Basilius frater et Chunradus noster te salutant.

Raptim ex pistrino nostro apud Basileam prima Maii Anno 1515.

Tuus, quicquid est, Bruno Amorbachius.

332. To Peter Gilles.

Farrago p. 196. London.
F. p. 331: HN: Lond. vii. 40: LB. 155. 7 May ⟨1515⟩.

[Shortly after Erasmus' arrival in England, which occurs at this time in no other year. From the many delays mentioned here his departure from Basle cannot be put much later than the middle of March. He accompanied the party of bookdealers going to the Frankfort fair (Epp. 328. 39-41, 330. 15, 16) where he had his second meeting with Hutten (cf. Ep. 300. 12 n., *Spongia*, LB. x. 1662c and 1668E, and HE. 26): and thence he travelled to England through Antwerp, Ghent, Tournay, and St. Omer (Ep. 327).

The purpose of this visit may be found firstly in the necessities of Jerome (l. 6 n.) and the New Testament (pp. 182, 3); partly also in his natural restlessness and desire for change of air (cf. Ep. 345. 6–8), and partly in the wish to revisit his friends and the patrons on whom, in the absence of the endowments which came subsequently (cf. Epp. 370. 18 n. and 436), he was still dependent.]

ERASMVS PETRO AEGIDIO SVO S. D.

Si recte vales, est quod plurimum gaudeam. Diutius commoratus sum in itinere quam putaram; nam et Gandaui triduum remoratus

331. 5. Chunradus] Conr. Brunner (Fonteius or Fontanus) of Wesen on the Walensee († c. 23 Oct. 1519). He was a contemporary of Boniface Amerbach at Basle University (matric. 1509, M.A. Jan. 1513), and afterwards worked with the Amorbachs and with Froben; making himself useful in their presses (cf. pp. 55, 114) and also acting as a bookbuying agent (cf. BRE. 71, which is by him, and an autograph note on the same subject in Basle MS. G. II. 29). When Glareanus left Basle in 1517, Fonteius succeeded to his school (BRE. 135, Zw. E. 1518. 1, and a letter of Glareanus to him, in Basle MS. G. II. 33, which perhaps refers to this transaction between them). He succumbed to the plague a few days after Bruno Amorbach (Zw. E. 1519. 35,6), meeting death with great calmness (BRE. 130).

est Cancellarius Principis illustrissimi; Tornaci Montioius meus, qui nunc ei praefectus est vrbi regias agens vices; apud diuum Audomarum abbas Bertinicus. Traiectio sumptuosa fuit et periculosa, sed tamen velox. Vas meum quod fratri Francisci commiseram, nondum aduectum est; qua re mihi nihil potuit contingere infelicius. In eo sunt omnia in Hieronymum commentaria; quae nisi mature recepero, cessabunt Basileae qui excudunt, non sine magno suo malo. Id si casu factum est, factum est infelicissime; sin arte et data opera, quo vetera sua Prouerbia prius extrudant, factum est inimicissime: nihil enim est in quo me magis laedere potuisset. Exhibiturus eram Episcopis suos libros; eos nunc saluto vacuus et dimittor item ab illis vacuus. Quod si vas misissent, sicut erant polliciti, iam nunc istic adessem. Adsunt Brugis duo totius Angliae doctissimi, Cutbertus Tunstallus, Archiepiscopi Cantuariensis cancellarius, et Thomas Morus, cui Moriam inscripsi, vterque mihi amicissimus. Si quid forte inciderit in quo possis illis gratum facere, rectissime collocaris officium tuum. Admone Franciscum super hisce rebus. Vti spero, ante Iulium vos reuisam. Interim cura vt recte valeas, amice incomparabilis. Londini Nonis Maii. [M. D. XIIII.]

333_{340} TO RAFFAELLE RIARIO.

Basle MS. Erasmiana, Urk. IIb. 1 (*a*). London.
A. f°. I: B. f°. c. v°: F. p. 78: HN: Lond. ii. 3: LB. 168. 15 May 1515.

[The date of this letter is conclusively established from its contents. It was first published in August 1515, with a date 31 March 1515, which conflicts with Epp. 327 and 332; and in consequence Mr. Nichols has proposed to alter the place from which Ep. 327 is addressed, and is obliged to suppose that Ep. 332 was written six weeks after arrival, while Dr. Reich has suggested the assimilation of this and Ep. 334 to Ep. 335 by the easy conversion of the date from 31 March to 30 April, according to a not uncommon form of confusion. The difficulty is, however, removed by a manuscript copy, of the concluding portion of this letter, from l. 83 onwards, and of the whole of Ep. 335, which exists in the library of Basle University. The manuscript is not an autograph, but is written in a contemporary German hand; and Ep. 335 follows this immediately on the same side of the first leaf, Ep. 334 and the beginning of this letter having been probably on a previous leaf. At the end of Ep. 335 a hand, which is perhaps Erasmus', has scrawled 'Nimio soloecismo non opus est', in jesting comment on the character of the handwriting.

4. regias . . . vices *add. H.*   7. eo *H*: ea *E.*   15. istic *F*: istis *E.*

---

3. Cancellarius] Le Sauvage; Ep. 410.
Montioius] Mountjoy had been appointed Governor of Tournay on 20 Jan. and arrived there on 5 Feb. (Brewer ii. 41, 126, 147). It was perhaps on this occasion that he showed Erasmus the manuscript of Suetonius mentioned in Ep. 586.

6. Francisci] Birckman, the Antwerp bookseller (cf. Ep. 258. 14 n.). Erasmus had evidently brought with him some of the 'copy' of Jerome, for revision with the manuscripts which he had used in England; and also copies of the new edition of the *Adagia* (Ep. 269) for distribution.

15. Brugis] For this embassy see Brewer; also Seebohm, pp. 342,3.

A comparison of the letters with the greatly amplified versions published in A leaves no doubt of the genuineness of the manuscript; and the promptness with which Erasmus had them printed on his return to Basle—the first of his letters proper to be published by himself—raises the question, Why should he have wished to create the impression that they were written at the beginning of his visit to England instead of at what must have been the very end? His motive is to be looked for in connexion with those whom he desired to mislead —clearly not with the recipients of the letters. Possibly it was that he wished Warham and his English friends to believe that in the earliest days of his visit to England he was already committed to proposals for dedicating Jerome to the Pope. The mistake of dating Epp. 333, 4 in March, when Erasmus was not in England (Ep. 327 introd.), as his English friends must have known, may be due to the supervisors of the printing, who perhaps received instructions to date Epp. 333, 4 before Ep. 335 in accordance with actual facts, but overlooked the necessity of altering the place.

The existence of this manuscript affords an excellent opportunity for estimating the treatment to which an 'elegant epistle' might be subjected, without any concealment (Ep. 360. 10, 1), before publication. To avoid the insertion of long passages in the critical notes I have adopted the text of A, except for the date.

Raff. Riario (3 May 1461—9 July 1521) of Savona was at this time one of the most powerful prelates in Rome. He had been created Cardinal in 1477 through his uncle's influence with Sixtus IV; had been a candidate for the Papacy in 1503; and Leo X's most formidable rival in the election of 1513. See Creighton iii, iv, and Ciaconius iii. 70–6. It was at his request that Erasmus wrote the oration against the war with Venice, when in Rome in 1509 (I. p. 37. 7–10); perhaps in the course of some lessons on oratory (cf. Ep. 340. 45 n.).]

REVERENDISSIMO IN CHRISTO PATRI AC DOMINO D. RAPHAHELI, CARDINALI SANCTI GAEORGII, ERASMVS ROTERODAMVS S. D.

Qvod annis iam aliquot meae siluerunt litterae, non tuorum in me meritorum obliuio fuit in causa, reuerendissime pater, quae sane nec desii, nec desinam vnquam, vel praedicare vel meminisse; sed partim pudor quidam obstitit, quod improbum existimarem tot grauissimis negociis districtum nostris insuper interpellare nugis—etenim aliquoties officiosum est non salutare—, partim temporum ipsorum iniquitas, quae nobis plusquam ferrea inciderunt. Nam si leges silent inter arma, quanto magis tum silent Musae virgines, cum tantis rerum procellis personant, perturbantur, miscentur vniuersa? Verum posteaquam Leonis Pontificis modis omnibus maximi laetissimis auspiciis pax tandem est orbi reddita, compositi principum motus, sublatum illud omnium perniciosissimum mundi dissidium, iam non solum meae litterae Romam ire gestiunt, verum ipse quoque mira quadam ardeo cupiditate reuisendi veteres illos meos Moecenates. Est quidem apud Britannos fortuna mediocris, vt minor et meis votis et amicorum promissis, ita meritis nostris maior. Siquidem rex ipse Henricus octauus, cuius natura, mihi crede, nihil cogitari potest vel melius vel felicius, ita de nobis et loquitur et sentit vt nemo vel amantius vel honorificentius. Fauent episcopi, cum caeteri ferme omnes, tum praecipue Dunelmensis, qui Regi est a secretis. Item Roffensis, vir pietate doctrinaque singulari. Ad haec Archiepiscopus Eboracensis, cuius nunc est incredibilis apud regiam celsitudinem tum gratia tum autoritas. Nam regiis curis sic adest vt maxima pars publicorum negociorum in huius inclinet humeros. Porro reuerendissimus Archiepiscopus Cantuariensis, totius Angliae primas, in quo viro summum est quicquid est optimum in rebus mortalium, sic perpetua quadam benignitate vel vt verius dicam pietate nos fouet, tuetur, ornat, vt si frater esset aut pater, non posset amantius.

Et tamen non possum non discrutiari Romanae vrbis desyderio, quoties animo recursat quam libertatem, quod theatrum, quam lucem, quas deambulationes, quas bibliothecas, quam mellitas eruditissimorum hominum confabulationes, quot mei studiosos orbis proceres relicta Roma reliquerim. Atque adeo nonnunquam ipse mihi quouis infortunio dignus videor, qui te tantum ac talem Moecenatem, sic de me meritum, sic ad ornandum et euehendum me modis omnibus propensum et expositum, cum quauis fortuna commutandum duxerim. Sed quid facerem? Monteis aureos, imo plusquam aureos, suis litteris pollicebantur amici. Certa promittebat Gulielmus Montioius et quidem ingentia, eaque rursum cum summo ocio vitaeque libertate coniuncta, quam ego sic amplector vt, si quis hanc adimat, vitam esse non putem. Defuncto regi successerat plane diuinae cuiusdam indolis iuuenis nec ineleganter bonis litteris initiatus; nostri vero adeo iam multo ante studiosus vt paulo ante patris obitum, cum in Italia viuerem, litteras ad me dederit et suopte Marte conditas et propriis descriptas articulis sed eiusmodi vt vel ex hiis singulare quoddam et regno dignum ingenium possis agnoscere. Ex hisce videlicet rebus totos Midas, plusquam Pactolos ac Tagos animo conceperam. Saeculum quoddam vere aureum et insulas fortunatas somniabam, κᾶτ' ἔγωγ' ἐξηγρόμην, vt inquit Aristophanes. Quanquam, vt vere dicam, non tam mihi defuit fortuna quam ipse fortunae defui, homo sic abhorrens a communibus negociis, sic alienus ab ambitione, imo adeo socors, vt plane Timothei fortuna sit opus, quae dormientis retibus felicitatem implicet.

Itaque nihil est quod incusem amicos, quibus vna mecum blandissima spes imposuit; siquidem cum reliquos amicos, tum Regem ipsum, aurei saeculi parentem, mox secuta bellorum procella Musis omnibus praeripuit; adeo Iuliana illa tuba mundum vniuersum ad Martis studium exciuerat. Caeterum rebus iam vestra sapientia tranquillatis velut de integro totus ad litterarum accingor munia.

36. et *add. H.* 47. his *F.* 50. *B* : κᾶτ' ἀνηγρόμην *AF.*

28. vt si frater] Cf. Ep. 253. 12.
43. diuinae] Cf. Ep. 215. 5.
45. litteras] Ep. 206; for Erasmus' further statement see Ep. 206 introd.
50. Aristophanes] *Ran.* 51. The correct reading, restored by Gilles in B, disappears again in subsequent editions.
53. Timothei] Cf. *Adag.* 482.

Quanquam nec in mediis illis bellorum tumultibus vnquam est a nobis cessatum. Emisimus enim cum alia permulta, tum Adagiorum opus diligenter a nobis recognitum et ita locupletatum vt quarta voluminis pars accreuerit. Excuditur iam dudum diuus Hieronymus totus, imo renascitur, antehac adeo deprauatus ac mutilus vt nunc non tam restitutus quam primum aeditus videri possit. Hunc non aestimandis sudoribus, multis collatis exemplaribus iisque peruetustis emendauimus, adiectis in loco scholiis, quo possit inoffensius legi. Scis enim apud hunc passim infulciri quae lectorem obscuritate remorentur. Graeca atque Hebraica vel reposuimus vel correximus. Nothos ac supposititios libros, quorum alios casus, alios impostor aliquis admiscuerat, non amputauimus quidem sed in suum reiecimus tomum, neue quid desyderare possit lector auidior quam elegantior, neue insulsissimi blateronis nugae tam excellentis viri titulo diutius sese venditarent. Excuditur ingens opus ad decem, opinor, volumina rediturum; et excuditur tantis impendiis, tanta cura, vt ausim deierare his annis viginti nullum opus ex vllius exisse officina pari sumptu pariue studio elaboratum. Nec arbitror ipsi Hieronymo tantidem constitisse suas lucubrationes conditas quanti nobis constabunt restitutae. Ipse certe in hoc negocium tanto incubui studio vt parum abfuerit quin memet labore confecerim, dum operam do vt reuiuiscat Hieronymus.

Verum ita fert animus, tam pio tanque frugifero labori vel immori libet. Nam mihi res quam cordi sit vide. Anno superiore totos octo menses Basileae sumus hac gratia commorati, non sine summo rei pecuniariae dispendio, vt laborem et iter omnium periculosissimum negligam. Ac proximo rursum autumno certum est Italiam repetere, quo videlicet ditissimas istas lustrem bibliothecas. Nullius vnquam laboris me piguerit, modo sensero tuum tuique similium fauorem nostris aspirare conatibus. Ad haec nondum statui, sed ex tuo constituam consilio, cui sit hoc operis inscribendum. Archiepiscopo Cantuariensi nihil non debeo; dignissimus enim est quem vnum omnis mea celebret pagina. Alioqui probe videbam conuenturum vt theologorum omnium princeps Pontificum omnium principi con-

70. ac *A* : atque *N*. 83. Nam . . . vide *A* : Mihi quidem res hec adeo cordi est vt *a*. 84. sumus . . . 86. negligam *A* : sim commoratus *a*. 87. videlicet *add. A*. 88. modo *A* : si modo *a*. 89. Ad . . . 90. Archiepiscopo *A* : Nondum equidem statui cui tantum opus velim nuncupare *a*. 91. nihil non *A* : omnia *a*. 91. dignissimus . . . 98. Verum *A* (97. addituram *F Corrig.* : additurum *AF* : additarum *B*) : Sed mihi pulchre videtur conuenire vt summus et doctissimus omnium theologus (theologos *a* : *correxi*) summi doctissimique Pontificis nomine exeat in manus hominum, et eiusdem auspiciis tantus autor orbi reddatur, cuius opera pax est orbi restituta. Prospitio quantum dignitatis sit accessurum Hieronymo nostro ex Leonis ornamentis. Imo non video quo [quo] fideliori monumento Leonis decora possint immortalitati consecrari. Sed *a*.

90. inscribendum] Jerome was in the end left to Warham, the *Nouum Instrumentum* being dedicated to the Pope.

secretur, imo vt omnes bonae litterae eius auspiciis reflorescant per quem pax est rebus humanis reddita litterarum ac studiorum altrix. Video vicissim et Hieronymo non parum accessurum commendationis ex Leonis nomine, et huius nomini plurimum decoris addituram Hieronymianarum lucubrationum dedicationem. Verum hisce de rebus coram et pluribus et diligentius. Interim oro vt si quid inciderit, eum patronum praestes Erasmo quem Romae sum semper expertus. Si qua res exorietur in qua R. T. D. infimi clientuli obsequio non grauetur vti, praesertim apud Archiepiscopum Cantuariensem, efficiam vt intelligas omnia mihi defuisse potius quam fidem ac diligentiam.

Sed illud pene exciderat. Maiorem in modum te et obsecro et obtestor per bonas litteras, quibus tua celsitudo semper vnice fauere solet, vt eximius vir, dominus Iohannes Reuchlinus, in suo negocio aequos vos sentiat et beneuolos. Eadem opera bene merebimini de litteris ac litteratis omnibus, quorum vt quisque doctissimus est, ita illi impensissime studet. Huic omnis debet Germania, in qua primus Graecarum et Hebraicarum litterarum studium excitauit. Vir est enim complurium linguarum egregie peritus, variis expolitus disciplinis, iam libris aeditis clarus et orbi Christiano notus, Caesari Maximiliano cum primis gratus, vt cui sit a consiliis, grauis et honoratus apud suos, inter quos Duumuiri munere fungitur, famae semper hactenus incontaminatae; ad haec senectute iam et canicie reuerendus. Iam et ille promerebatur vt hac aetate honestissimorum studiorum dulcissimam meteret messem; et nos expectabamus vt quod annis compluribus condidit, nunc in communem omnium depromeret vtilitatem. Bonis igitur omnibus indignissimum videtur, non solum apud Germanos verum et apud Anglos et Gallos, quibus ex litteris notus est, tam eximium virum tot ornamentis pulcherrimis cumulatum tam odiosis diuexari litibus, idque ex ea re quae meo sane iudicio vel ipsam asini vmbram superet, in quam iocus extat prouerbialis. Principum arma vestra sapientia cohibita sunt; eadem et litterarum cultoribus suam restituat pacem.

99. et pluribus et diligentius *add. A.* 99. si quid . . . 105. exciderat *A* (101. R. T. D. *om. H.* 102. grauaberis *H*): conatus nostros tuo fauore prosperes. Si quid erit in quo R. T. D. infimi clientuli sui seruitio velit vti, presertim apud Cantuariensem, summa fide studioque exequar. Ad hoc *a.* 105. te et *add. A.* 106. per . . . 107. dominus *A*: vt *a.* 107. Reuchlin *a.* 109. vt quisque . . . 111. excitauit *A*: nemo non impensissime fauet illi *a.* 111. enim *add. A.* 113. et . . . Caesari *add. A.* cum primis *add. A.* 114. inter *A*: apud *a.* Duumuiri *A a*: Triumuiri *N.* 115. hactenus *add. A.* 116. senectute . . . 119. vtilitatem *A* (116. Iam *A*: Proinde *H*): senectutis iam reuerendae, in qua (qui *a*: *correxi*) par erat et ipsum suis frui litteris honestissimorumque studiorum dulcissimam messem metere et nos ex eius veluti autumno ditissimam ingenii frugem carpere *a.* 120. non solum . . . 137. restituerit *A*: huiusmodi virum tam odiosis inuolui nugis per eos homines qui nihil ipsi preclarum possint efficere *a.*

123. asini vmbram] Cf. *Adag.* 252.

Procul eiiciatur quicquid rancorem, quicquid simultatem sapit. Posteaquam principes vobis autoribus in concordiam redierunt, absurdum est eruditos viros libris ac iurgiis inter se conflictari et, cum illi tela habeant innoxia, hos se mutuo stilis veneno tinctis configere. Quanto praestiterat hunc hominem quod operae, quod sumptus, quod temporis his litium tricis impendit, honestissimis litteris impartisse. Multis hic gratiosior est Iulii secundi memoria, quod Iacobum Vuimphelingum, virum praeter eruditionis et sanctimoniae commendationem iam senio quoque venerabilem, sua ipsius voce ab huiusmodi litibus absoluit, et calumniatoribus silentium indixit. Crede mihi innumeros mortales sibi deuincturus est quisquis Iohannem Reuchlinum Musis ac litteris restituerit. Bene valeat R. T. D., cui me quantus quantus sum dico consecroque.

Londini An. M.D. 15. Decimooctauo Calen. Iunias.

Erasmus E. R. D. T. addictissimus.

334. To Domenico Grimani.

Damiani Elegeia f^o. G^4. v^o. London.
B. f^o. b^2: F. p. 74 : HN : Lond. ii. 2 : LB. 167. ⟨15 May⟩ 1515.

[Plainly contemporary with Ep. 333, with which it is almost identical in tenor; and doubtless expanded for publication to the same extent. The month-date may be altered to bring it into accord. Grimani's reply was kept by Ammonius with the other documents from Rome which he decided to retain (cf. Ep. 338 introd.); and failed subsequently to reach Erasmus (Lond. iii. 11 and v. 26, LB. 315 and 331) in spite of the urgent entreaties which he addressed to Ammonius' kinsman and executor (LB. App. 228, 260, 132, 281).

Domenico Grimani (19 Feb. 1461—27 Aug. 1523) was the son of Antonio Grimani, who from being an exiled general of the Republic became Doge in 1521. Domenico, who was created Cardinal in 1493, and Patriarch of Aquileia 1498, shared his father's exile at Rome, and rose to be Cardinal Bp. of Porto, second only to Raffaelle Riario. He was a patron of literature, and his rich collections of MSS. now form part of the Library of St. Mark's at Venice. Erasmus addressed to him his Paraphrase on St. Paul's Epistle to the Romans, Louvain, Th. Martens, Nov. 1517. See Ciaconius iii. 180, 1 and NBG.]

REVERENDISSIMO DOMINO CARDINALI GRYMANO ERASMVS ROTERODAMVS S. D.

Qvo minus a primo illo et eodem postremo congressu repetiuerim dominationem tuam reuerendissimam, quemadmodum et illa iusserat et ego me facturum receperam, non mea negligentia sed tua magis

333. 137. R. T. D. *A a* : tua pietas *H*. 138. quantus quantus . . . consecroque *A* : totum dico tradoque *a*. 139. Londini . . . 140. addictissimus *a* : Londini pridie Calendas Apriles. An. M.D.XV. *A*. 334. 2. dominationem *A* : amplitudinem *F*. reuerendissimam *om. F*.

---

333. 132. Vuimphelingum] In his controversy with the Augustinians in 1506; see Lond. xxiii. 10, LB. 1008, and Knepper's *Wimpfeling*, chap. 6.

140. E.] Eidem.

334. 1. congressu] Fully related in Lond. xxvi. 34, LB. 1175; cf. de Nolhac, pp. 69 and 87-90.

inusitata quaedam et singularis comitas humanitasque fuit in causa; ac prorsus nouo factum est modo vt quae res vel maxime debuerat ad reditum inuitare, ea sola deterruerit ne redirem. Quid tandem istuc nouae rei fuit? inquies. Dicam equidem simpliciter et, quod hominem decet Germanum, ingenue. Id temporis omnino decretum erat adire Britanniam. Huc me veterum necessitudinum affectus, huc potentium amicorum amplissima promissa, huc Regis omnium florentissimi propensissimus in nos animus vocabat. Hanc insulam mihi patriae vice adoptaram, hanc senectuti meae sedem delegeram. Inuitabar, imo flagitabar, crebris litteris modo non montes auri pollicentibus: quibus ex rebus homo strenuus alioqui pecuniarum contemptor tantam auri vim animo conceperam quantae vix decem Pactolos eluendae suffecturos crediderim. Proinde verebar ne si redissem ad tuam celsitudinem, verterem animi decretum. Etenim qui primo statim colloquio sic labefactaras, sic inflammaras, animum meum, quid facturus eras, si diutius ac propius fuissem congressus? Quod enim vel adamantinum pectus non flectat tam amabilis ista morum tuorum comitas, tam mellita facundia, tam exquisita doctrina, tam fida iuxta et amica consilia, denique tanti primatis tam expositus ad bene merendum animus? Sentiebam iam tum sensim labascentem animi sententiam, et coeperat quidem instituti suppoenitere, et tamen pudebat virum parum constantem videri. Sentiebam vrbis amorem, quem vix excusseram, denuo tacitis auctibus gliscere: proinde ni me repente Roma diuulsissem, nunquam deinde fueram Romam relicturus. Abripui me ne rursus afflarer, et in Angliam auolaui magis quam profectus sum.

Quid nunc igitur? inquies: num poenitet consilii? num poenitet non obsecutum fuisse amanter admonenti? Mentiri sane non est meum. Varie res haec afficere solet animum meum; neque enim non possum tangi Romae desyderio, quoties tantus tantarum simul commoditatum aceruus in mentem venit. Primum vrbis omnium multo celeberrimae lumen ac theatrum, dulcissima libertas, tot locupletissimae bibliothecae, suauissima tot eruditissimorum hominum consuetudo, tot litteratae confabulationes, tot antiquitatis monumenta, denique tot vno in loco totius orbis lumina. Speciatim autem quoties succurrit cum aliorum cardinalium, tum vero praecipue Reuerendissimi Nanetensis mirum quoddam erga nos studium, Cardinalis Bononiensis propensissimus fauor, diui vero Georgii Cardinalis

15. *B*: tantum . . . quanto . . . 16. eluendo *A*. 40. Reuerendissimi *A*: R. D. *F*. Cardinalis *add. F*. 41. Cardinalis *add. F*.

---

8. Germanum] Cf. Ep. 269. 38 n.
40. Nanetensis] Guibé; cf. Ep. 253.
41. Bononiensis] Alidosi; cf. Ep. 296. 103 n.
diui . . . Georgii] Riario; cf. Ep. 333.

non iam fauor modo verumetiam benignitas haudquaquam vulgaris, super omnia felicissimum illud cum R. D. T. colloquium: haec videlicet faciunt vt nulla prorsus fortuna tam benigna possit obtingere quae Romae semel degustatae desyderium eximat animo meo. Iam apud Britannos tametsi fortuna contigit non vsquequaque poenitenda, certe meis aliquanto maior meritis, tamen, vt verum fatear, non omnino respondet nec votis nostris nec amicorum pollicitis. Quae res non tam accidit illorum perfidia quam temporum iniquitate. Nam Regem ipsum, alioqui multo regum omnium benignissimum, ad hoc optime de Erasmo tum sentientem tum loquentem (id quod partim ipsius ad me litteris, partim multorum praedicatione compertissimum habebam), subito ingruens bellorum procella prope totum nobis eripuit; tanto animo, tanto studio pius ac generosus adolescens bellum apparabat, quod ad Ecclesiae Romanae dignitatem tuendam pertinere iudicabat. Et Gulielmus Montioius, vetustissimus post R. P. ac D. Henricum Bergium, episcopum Cameracensem, studiorum meorum Moecenas, sic obrutus est belli oneribus vt magis amaret quam succurreret, vir antiquae sane nobilitatis et incredibili beneficentia erga bonarum litterarum cultores, verum vt inter huius regni barones animo magis quam re beatus: vt ne quid interim meam ipsius lentitudinem incusem, homo vsque adeo non ambitiosus vt plane Timothei fortuna sit opus, quae dormientis impleat rete.

Attamen quo minus poenitere queat aditae Britanniae, Gulielmus archiepiscopus Cantuariensis, totius Angliae non titulo tantum sed omni decorum genere primas, potissimum fuit in causa; vir modis omnibus incomparabilis ac prorsus vnicum eius regni et ornamentum et praesidium, sapientia, iudicio, doctrina, autoritate maximus; sed hoc tamen seipso maior, quod ob singularem quandam modestiam solus ipse magnitudinem suam non agnoscit. Mira vitae sobrietas, summa dexteritas ingenii, animus impiger et ab ocio prorsus abhorrens. Magnus rerum vsus, vt qui in grauissimis legationibus maximisque regum et regni negotiis iam olim sit versatus. Vnde fit vt tot rebus administrandis, quot aliorum complures vix sufficiant, vnus non modo par sit, verumetiam supersit quod euoluendis bonis autoribus, quod priuatis amicorum affectibus impartiat. Nam praeter episcopi functionem totius regni cancellarium, hoc est summum iudicem, agit. Is me sic amore complectitur, sic ornat autoritate, sic benignitate fouet, in summa sic vbique mirum quendam praestat Moecenatem vt, si pater esset, non possit indulgentius, si frater, non

43. R. D. T. *A*: tua pietate *H*. 57. R. P. ac D. *om. H*. 67. et *om. N*.

---

55. Ecclesiae] See Creighton iv. 182–6. 57. Henricum Bergium] Ep. 49.

possit amantius. Vnde factum est vt quod Romae in tot egregiis cardinalibus, in tot ornatissimis episcopis, in tot eruditissimis viris reliqueram, id totum in vno homine mihi viderer recuperasse.

Nunc vero posteaquam opera Leonis Pontificis vere maximi pax est orbi restituta, multo quidem commodior est Britannica fortuna; et tamen acrius etiam Romae desyderio titillatur animus, dum et passim famae praeconio celebratur et veri simillimum est, sub tali Principe veluti signo dato quicquid vsquam gentium est eruditionis eximiae, quicquid egregiae virtutis, hoc tempore Romam velut in suum theatrum concurrere. Ante biennium igitur adornaram iter, comes futurus reuerendissimo patri D. Ioanni episcopo Roffensi, viro omni episcopalium virtutum genere cumulatissimo et, vt compendio laudes illius explicem, Cantuariensis, cui subsidiarius est, simillimo; verum is ex itinere subito reuocatus est. Rursum anno superiore meis auspiciis Basileam vsque processeram. At hic quoque res quaepiam est remorata, nescio quid alii sensuri sint, at meo iudicio maxima; nam maximum fuerit oportet, quod ab Vrbe potuerit auocare.

Iampridem hoc moliebar, haud sane mediocribus vigiliis, vti diuus Hieronymus nobis totus quasi renasceretur; quem sic Latini summum habemus theologum, vt prope solum dicere liceat; sed eundem adeo deprauatum, adeo confusum, adeo contaminatum, vt cum non sit alius aeque lectu dignus, tamen vnus maxime sit qui legi non possit, nedum intelligi. Huius igitur lucubrationes omnes, praesertim epistolares, in quibus plurimum erat negocii, primum in ordinem digessimus; deinde mendas quibus obrutus erat magis quam oblitus, veterum auxilio codicum nostroque ingenio sustulimus. Addidimus cum argumentis commoda in loco scholia, quo possit vel a mediocriter eruditis inoffensius legi, qui antehac, dicam audacter sed vere, nec ab eruditissimis intelligebatur. Nam quemadmodum olim Romulus dictus est non minus magnificus ostentator egregiorum facinorum quam gestor, ita videre est in diuo Hieronymo nouam quandam et variam eruditionem cum sancta quadam ostentatione coniunctam. Graeca et Hebraica, quae vel deerant prorsus vel sic erant asscripta vt praestiterit nihil asscriptum fuisse, summa cura restituimus. Supposititia et adulterina, quae quidam bona pars est, in suum relegauimus volumen; vt nec desyderaret aliquid auidus magis quam eruditus lector, nec rursum indoctissima blateramenta tam incomparabilis viri titulo diutius circumferrentur.

Equidem perspiciebam Italiam et bibliothecarum auxiliis et re-

91. reuerendissimo *A* : R. *F*. 92. omni *Bywater* : omnium *A*.

90. biennium] An error; cf. Epp. 252–4. 111. Romulus] Cf. Liv. i. 10. 5.

gionis autoritate ad operis aeditionem magno vsui futuram, sed commodum offendi Basileae quosdam ad id operis accinctos, imo iam aggressos; praecipue Iohannem Frobenium, cuius et arte et impendio magna ex parte res agitur; nec non treis doctissimos iuuenes fratres Amorbachios, Hebraicarum quoque litterarum pulchre doctos: atque his litteris non paucis in locis vtitur Hieronymus. Ac mihi quidem hac in parte iuxta Graecorum prouerbium Theseo quopiam fuit opus, vt qui litteras eas vix primoribus, vt aiunt, labris degustassem. His igitur in laboris partem ascitis Herculano, quod aiunt, animo negocium aggressus sum. Feruet ingens officina, excuditur elegantissimis formulis diuus Hieronymus, imo renascitur, tantis impendiis et pecuniarum et sudorum vt minoris constiterit Hieronymo sua conscripsisse quam nobis restituisse. Mihi certe tantum hic laboris exhaustum est vt parum abfuerit quin ipse immorerer, dum studeo vt ille renascatur. Summa, ni fallor, operis ad decem volumina succrescet.

Sed quorsum hoc mihi? inquies. Primum sciebam te pro perpetuo quodam tuo erga bonas litteras studio pariter et Hieronymo gratulaturum et nostris fauturum conatibus, imo fauturum pietati Christianae, cui plurimum adiumenti ex Hieronymianis litteris accessurum spero. Atqui haec res citra plurimarum et locupletissimarum bibliothecarum auxilia confici vt dignum est non potest. Proinde si quid habet vel tua bibliotheca, quam domi habes ditissimam et omniiugis omnium linguarum libris refertam, vel summi Pontificis aut aliorum, pietatis tuae fuerit in publicam orbis vtilitatem impartire. Deinde mihi visum est vehementer congruere vt summus theologus summi Pontificis felicibus auspiciis exiret in manus hominum ita restitutus vt antehac nec aeditus videri possit; vtque scriptor omnium eruditissimus eius nomine commendaretur orbi, e cuius familia tot litterarum proceres nobis prodiissent: sic enim pariter fore vt ex tam eximii Pontificis autoritate multum Hieronymo splendoris ac dignitatis adiungatur, et vicissim ex eminentissimi doctoris celebritate non mediocris accessio fiat Leonis gloriae. Nec enim video quonam alio monumento magis possint illius decora immortalitati consecrari. Huic igitur renatum Hieronymum consecrabimus, praesertim si nostro iudicio tuus accedet calculus. Nam alioqui propemodum erat decretum dicare Praesuli Cantuariensi, cui debemus omnia. Quanquam is quoque lubens ac volens hoc quicquid est gloriae Romano

150. ex *om. N.* 157. Praesuli *add. H.*

121. commodum] Erasmus represents this meeting as fortuitous. But there is reason to suppose that he was aware of the edition of Jerome in progress at Basle, for some time before he left England in 1514; cf. Epp. 263. 28 n. and 283. 162 n.

127. Theseo] Cf. Ep. 324. 31 n.

Pontifici cessurus est, sat scio; eo est in istam sedem animo. Et nos huius memoriam ita cum Leonis laudibus copulabimus, optimi cum optimo, primatis cum primo, vt hac via rectius etiam consultum fuerit et Hieronymo et Moecenatis mei nomini.

Edidimus praeter alia permulta Chiliadum opus a nobis emendatum et ita locupletatum vt quarta voluminis pars accreuerit; proxima aestate emissuri varias nec infrugiferas, vt opinor, annotationes nostras in Nouum Testamentum, vna cum Apostolicis epistolis sic a nobis versis vt intelligi possint; in quo labore ita puto me versatum, vt non sine causa post Laurentium Vallam, post Iacobum Fabrum, virum iuxta doctum ac diligentem, videar hoc negocii suscepisse. Est in manibus libellus de instituendo Principe, quem illustrissimo Carolo archiduci Burgundiae, Maximiliani nepoti, destinauimus. His defuncti rebus commentarios olim in Paulum inceptos in manus reuocabimus; decretum enim est quicquid superfuturum est aeui, id totum arcanis dedicare litteris. Nec vllus labor ab instituto deterrebit, si tuo tuique similium fauore fulciemur; scis enim iam vetustissimum illud esse, vt inuidia quauis excetra nocentior egregiis conatibus semper obsibilet.

Id quod nuper in summo illo viro Iohanne Reuchlino non sine summo animi dolore conspeximus. Iam par erat, iam tempus erat, vt homo venerandae senectutis suis pulcherrimis studiis frueretur et ex honestissima iuuenilium semente laborum suauissimam caperet messem. Conueniebat vt vir tot linguis, tot disciplinis instructus hoc velut aetatis autumno diuitem ingenii prouentum in vniuersum orbem effunderet. Ad hoc erat laudibus extimulandus, praemiis inuitandus, studio inflammandus. Et exortos audio nescio quos qui, cum ipsi nihil praeclarum efficere possint, peruersissima via gloriam affectent. Deum immortalem, quam friuolis ex nugis quantas tragoedias concitarunt! Ex libellulo, imo epistola, eaque Germanice scripta, quam nec ediderit ipse nec edendam putarit, tantum excitari tumultus! Quis vnquam vel scriptum nouisset eum libellum, nisi isti mundo publicassent? Quanto placabilius erat, si quid ibi fuisset erratum (vt errant homines omnes), id vel premere vel candide interpretari, aut certe tam eximiis hominis virtutibus condonare! Non hoc dixerim quod illic vllum videam erratum, qua de re sane

174. *B*: dedicari *A*.

165. annotationes] The New Testament is not mentioned in Ep. 333 nor in Ep. 335; cf. Ep. 338. 25 n.

166. epistolis] The earliest part translated by Erasmus; see p. 182.

168. Vallam] This passage is evidently an answer to Dorp's suggestion that the work of Valla and Faber was sufficient (Ep. 304). But it is not necessary to question the veracity of Erasmus' statement in Ep. 337. 1, since the sentence here was very likely added at the time of publication.

170. libellus] Cf. Ep. 393.

172. commentarios] Cf. Ep. 164. 39.

188. libellulo] Cf. Ep. 290. 1 n.

aliorum est pronunciare. Illud dicam, si quis ad istum modum malignius et, vt Graeci dicunt, ἀποτόμως excutiat diui Hieronymi libros, permulta reperiet a nostrorum theologorum decretis longe lateque discrepantia. Quorsum igitur attinebat virum et litteris et aetate venerabilem, ob rem nihili in huiusmodi pertrahi turbas, in quibus iam septimum, opinor, perdit annum? Vtinam hoc operae, vtinam hoc temporis licuisset adiuuandis honestissimis litterarum studiis impendere. Nunc omnibus dignus praemiis, molestissimis litibus inuoluitur, non mediocri doctorum omnium, imo totius Germaniae, et dolore et stomacho. Quanquam his omnibus spes est futurum vt vestra opera vir tam eximius et orbi restituatur et litteris.

Hyeme proxima Roma nos videbit, si modo fauerit Christus Optimus Maximus, et regia maiestas vna cum Archiepiscopo Cantuariensi denuo facultatem permittent abeundi; quam si non ipse, certe diuus Hieronymus ab illis impetrabit. Reuerendissimam D. T. in plurimos annos incolumem ac florentem nobis, imo litteris et orbi, seruet optimus ille Samarites Christus; cui me totum addico dedicoque. Londini. [Pridie Kalen. Apriles.] An. M.D. XV.

335_{338} To Leo X.

Basle MS. Erasmiana, Urk. II^b. I. (*a*). London.
A. f°. F: B. f°. a^2: F. p. 68: HN: Lond. ii. 1: LB. 174. 21 May 1515.

[For the manuscript and printed versions of this letter see Ep. 333 introd. As with that letter, I have adopted the text of A and have only given precedence to *a* in two places (ll. 114 and 352–7). I have also disregarded some of the more obvious blunders made by the copyist, which are mostly omissions of necessary words or corruptions by the addition or omission of a single stroke; e.g. *ducti* for *ductu*, *ommeis* for *omneis*.

The manuscript date is confirmed by the events mentioned. For Leo's reception of this letter see Ep. 389. 31–8.]

BEATISSIMO PATRI LEONI DECIMO, PONTIFICI VERE MAXIMO, ERASMVS ROTERODAMVS S. D.

Si celsitudinis tuae ratio habeatur, beatissime pater, nemo vel summorum principum inueniatur qui non veriturus sit ad sanctitatem tuam scribere. Quis enim non metuat eum compellare litteris qui quanto caeteri mortales pecudibus antecellunt, tanto ipse mortales vniuersos maiestate superat, et inter homines prorsus coeleste quoddam agit numen? Attamen singularis quaedam naturae tuae bonitas et incredibilis humanitas, qua quidem illam ipsam superas

334. 210. Reuerendissimam D.T. *A*: Te *H*. 335. 2. inueniatur *A*: sit *a*. veriturus sit *A*: vereatur *a*. sanctitatem tuam *A*: te *H a*. 6. naturae ... 7. quidem *A*: tua humanitas bonitasque per quam *a*.

magnitudinem tuam, qua superas et maximos, non solum publica totius orbis voce praedicata verum etiam ipsa, quod aiunt, fronte totoque corporis habitu relucens, mihi vero, cum olim agerem Romae, domestico etiam congressu degustata, tantum addit fiduciae vt nec ipse, infimae pene sortis homuntio, dubitarim sublimitatem tuam meis interpellare litteris. Atque vtinam liceat vere beatissimis istis aduolutum pedibus oscula figere. Video passim, audio passim, quacunque patet orbis Christianus, summos pariter atque infimos sibi de tali principe gratulari. Quod quidem cum omnes meritissimo faciant, nullos tamen aeque id facere par est atque eos qui verae pietatis et optimarum litterarum studio ducuntur; primum quod nobilis illa et nominis immortalitate semper victura Medicium familia, cui Leonem debet orbis, semper excellentium probitate ac litteris virorum et altrix fuerit et ornatrix. Ex qua nobis velut ex equo Troiano tot eximii in omni doctrinae genere proceres paucis iam annis exilierunt, tot Cicerones, tot Marones, tot Platones, tot Hieronymi, vt vel hoc vnum omen studiosos omneis summam in spem debeat erigere, numinum prouidentia Leonem orbi datum, sub quo praeclarae virtutes, sub quo bonae artes omnes reflorescant.

Iam vero ab isto tuo genere adeo non degeneras, vt domus alioqui multo omnium laudatissimae gloriam tuis superaris virtutibus, atque hoc ipso reddideris illustriorem, quod illius lucem ornamentorum tuorum splendore quodammodo obscuraris. Nimirum ad optimam indolem optima accessit institutio, et felicissimo ingenii tui solo longe bellissimus obtigit cultor, politissimus ille Politianus; cuius opera non spinosis istis ac rixosis litteris, sed veris illis nec sine causa bonis appellatis ac mansuetioribus vt vocant Musis es initiatus, quae ferum etiam ingenium mite placidumque solent efficere; neque vero initiatus tantum, verumetiam absolutus. Itaque duae res quas in principe ciuitatis requirit Plato, naturae bonitas et recta educatio, sic nobis constant in totius orbis Principe, vt amplius ne votis quidem concipi possit. Neque vero defuit hisce tam egregiis

8. magnitudine *a*. 9. totius *add. A*. 10. toto *a*. agerem *A*: essem *a*. 11. etiam *add. A*. 12. dubitarem *a*. 13. vere *add. A*. 14. audio passim *add. A*. 16. principe *A*: pontifice *a*. 17. tamen *post* facere *a*. 19. et nominis ... victura *add. A*. 21. et *add. A*. et ornatrix *add. A*. nobis *add. A*. 22. tot eximii ... 23. exilierunt *add. A*. 23. tot Marones *add. A*. 24. nobis prodierunt *a post* Hieronymi. hoc vnum omen *A*: hec vna res *a*. 25. numinum ... 26. reflorescant *add. A*. 27. ab isto *A*: a *a*. alioqui multo *add. A*. 28. atque hoc ... 30. obscuraris *add. A*. 32. longe *add. A*. politissimus ille *A*: Angelus *a*. 33. nec ... 34. appellatis *add. A*. 34. vt vocant *add. A*. 35. neque vero *A*: nec *a*. 38. orbis *A a*: ecclesiae *H*. ne *A*: nec *a*. 39. concipi *A*: optari *a*.

11. domestico ... congressu] The only evidence for this intercourse; repeated in Ep. 339. 13. The absence of any reference to association with Leo, when as Cardinal John dei Medici he visited St. Omer on his travels which ended in 1500 (cf. Ep. 162), implies that Erasmus did not see him then.

primordiis vel tua ipsius industria vel diuini numinis fauor. Quibus rebus factum est vt, cum Romanae vrbis libertas integerrimos quoque viros non raro soleat aspergere, tu vt vitam ita et famam modis omnibus illibatam ad istam attuleris dignitatem, ad quam vsque adeo nullis pecuniarum aut factionum praesidiis penetrasti, vt nec ambiens nec expectans non tam hominum suffragiis quam diuini numinis calculo delectus fueris atque ascitus.

Neque vero mediocriter illustrauit laudum tuarum decus illa fortunae saeuientis iniquitas, quae sane superum permissu videtur incidisse, quo nimirum genuina virtus animi tui, velut aurum igni exploratum, spectatior redderetur mortalibus. Nam vt Mario plurimum addidit laudis fortunae vicissitudo, ita quidam Alexandri gloriae hoc detrahunt nomine, quod perpetuo pene rerum successu fuerit vsus. Timothei vero felicitas picturis etiam fuit exagitata. Egregium nauclerum aduersa tempestas arguit. Insignis sculptor, quo duriorem ac minus obsequentem nactus est materiam, hoc maius artis suae miraculum praebet. In quouis rerum statu explicat sese genuina illa virtutis vis; nusquam tamen clarior quam quoties nouerca Iuno Herculem suum omni genere malorum exercet. Magis illustrarunt Vlyssem tot exantlati labores quam feliciter excisa Troia. Quanquam illud sepenumero videmus accidere, vt qui res aduersas fortiter pertulerunt, fortunae blandientis indulgentia corrumpantur. At tu quam integritatem in rebus afflictis semper praestiteras, eandem hactenus ad summum rerum apicem euectus praestitisti. Nisi quod nunc tuam bonitatem magis sentimus, dum nobis expressius Christi refers imaginem, cuius haud dubie vicem geris, posteaquam ad summam bonitatem summamque sapientiam par accessit potentia; vt quantum pro tua bonitate prodesse vis, quantum pro tua singulari sapientia qua ratione succurrendum sit rebus humanis perspicis, tantundem pro summi Pontificii fastigio possis. Vt enim nihil possit accidere pestilentius quam si prauitas ac stulticia summi magistratus armetur autoritate, ita non alia res aeque salutaris a superis dari potest mortalibus quam si ad cuncta moderantis Dei similitudinem tria haec in principe copulentur.

40. ipsius *add. A.* 41. omnibus *ante* rebus *a.* 42. non raro *A* : nonnunquam *a.* vt . . . et *add. A.* 43. vsque adeo *add. A.* 44. vt *A* : sed *a.* 45. non tam . . . 46. calculo *A* : ceu diuino suffragio *a.* 46. fueris atque *A* : es et *a.* 47. illa fortunae *A* : Rhamnusiae *a.* 48. sane *A* : quidem *a.* 49. nimirum genuina *add. A.* 50. redderetur *A* : esset *a.* 53. fuerit *A* : sit *a.* 53. Timothei . . . 61. corrumpantur *add. A.* 63. summum *A* : supremum *a.* 65. nobis *add. A.* 68. singulari *add. A.* 70. Vt enim . . . 75. malum *add. A.*

48. fortunae saeuientis] As in the expulsion of the Medici from Florence in 1494, or more recently in the capture of Cardinal John after the battle of Ravenna, 11 Apr. 1512. See Creighton iii. 188 and iv. 147.

Porro quo maior est potestas, hoc perniciosior est, si inciderit in hominem vel stultum vel malum.

Sensit ilico mundus Leonem gubernaculis rerum admotum, repente saeculum illud plusquam ferreum in aureum versum; ac tanta tamque fatalis subito rerum omnium commutatio, vt nemini non palam esset haec autore Deo geri. Compositae bellorum vndae, cohibitae principum inter ipsos minae, acerbis odiis dissidentes maximorum regum animi in Christianam adacti concordiam; sublatum perniciosissimum illud schisma, et ita sublatum tam ingens malum vt ne cicatrix quidem supersit. Vt sileam interim quod aliquot Italiae principes suis ciuibus, quod complures ciues in exilium actos suae patriae reddidisti; quod tuam familiam diu fortunae iniuria vexatam restituisti; quod Florentiam, ciuitatem tuam, quae maiorum tuorum prudentia diu florentissima fuit, multo reddidisti florentiorem. Hoc nimirum erat gentilicio Medicis cognomini respondere, tot tam immedicabilibus pene totius orbis malis subito mederi; idque non vi neque seueritate, veluti sectionibus, inusturis aut alioqui tristibus pharmacis, sed consilio, sed prudentia, sed animi moderatione, sed mansuetudine.

Alii laudibus vehant bella a Iulio secundo vel excitata gnauiter vel gesta feliciter, victorias armis partas recenseant, triumphos regaliter actos celebrent. Quantumlibet hisce rebus gloriae tribuent, tamen eam cum multorum dolore coniunctam fuisse fateantur necesse est. Vt interim sileam quod ex rei bellicae gloria magnam partem sibi vendicant principes, quorum ductu auspiciisque negocium agitur; maiorem fortasse miles, cuius periculo manibusque res geritur; maximam vero fortuna, quae nulla in re magis dominatur quam in bello. Ad Leonis autem gloriam nullus est qui ingemiscat, nemo qui musset; neque periculum est ne, quod in plerisque fieri solet, damnet posteritas cui sua applauserit aetas. Accedit huc quod tua gloria, praeterquam quod nulli non salutaris, nulli non laetissima fuit, tota tibi coelestique numini propria est, vt quae publico omnium

76. admodum *a*. 78. tamque fatalis *add. A*. 80. ipsos *A* : se *a*. acerbis *add. A*. 82. illud *add. A*. 83. sileam interim *A* : ne commemorem *a*. 84. quod complures . . . 85. patriae reddidisti *add. A*. 85. diu *add. A*. 87. tuam *add. A*. prudentia diu florentissima *A* : prudentissima *a*. 88. gentilicio *A* : gentili *a*. cognomine *a*. 91. inusturis *A* : inustionibus *a*. tristibus *A* : grauibus *a*. 91. consilio . . . 92. mansuetudine *A* : sola sapientia animique moderatione *a*. 93. gnauiter *A* : strennue *a*. 95. hisce rebus *A* : his *a*. 97. rei bellicae gloria *A* : militie laude *a*. 98. negocium agitur *A* : res geritur *a*. 99. manibus *a*. res geritur *A* : negocium agitur *a*. 101. Ad Leonis . . . 103. quod *A* : At *a*. 104. non salutaris, nulli *A* : mortalium *a*. 105. fuit *A* : est *a*.

82. schisma] The schismatic Cardinals (cf. Epp. 236, 239, 247) submitted to the Lateran Council in June 1513.

86. Florentiam] Since the restoration of the Medici in Sept. 1512 Cardinal John had been the leader of his house.

bono bene fortunante Deo incredibili tua sapientia contigerit; atque vel ob hoc ipsum magis est propria tibi, quod illius munere contigerit qui non fauet immerenti.

Vt maximum declararit Iulium totus pene orbis ad bellum excitatus, certe maiorem testatur Leonem pax orbi restituta. Clarius arguit tuam magnitudinem, quod inclytus Lodouicus Galliarum rex se suaque omnia tuo submisit arbitrio, quam Iulii, quod ab eo bello victus est aut certe vexatus. Magis illustrauit autoritatem tuam serenissimus Angliae rex, Heinricus huius nominis octauus, quod te autore deposuit arma, quam Iulii, cum illius instinctu suscepit arma; propterea quod ad capessendum bellum facile quemuis alliciat victoriae spes nemini non blandiens, et haud scio an illis potissimum quibus insidias struit fortuna. At vero efficere vt tantus rex, imo vt iuuenis excelso atque inuicto praeditus animo, ad haec tanto rerum successu velut exultans, victoriam iam certam amittat e manibus, atque ex hoste acerrimo in summam transeat concordiam; id vero plane diuinitatis cuiusdam esse videtur. Denique vt pro tempore necessaria fuerit Iulii seueritas, certe magis salutaris fuit Leonis mansuetudo, multoque propius ad eius accedens exemplar cuius locum inter mortales occupat Romanus Pontifex; nempe Solomonis illius pacifici, qui sua concordia coelum pariter ac terram conciliat atque conglutinat, qui tolerantia vicit, non copiis; qui moriendo triumphauit, quique non aliorum sanguine sibi vindicauit imperium, sed suo sanguine nobis regnum coeleste comparauit.

Proinde optimo iure sibi gratulatur orbis Christianus talem Leonem, in cuius ore reperit mundus plusquam melleam dulcedinem. Quid enim pace dulcius? praesertim post grauissimos ac diutinos bellorum tumultus, quibus inter nos collidebamur immensa Christiani sanguinis iactura, ingenti bonarum mentium dolore, magno Turcarum gaudio. Ad ipsam etiam illorum temporum recordationem inhorrescit animus. Sed cuicunque malum illud acceptum feret posteritas, Medici certe debemus remedium. Quod superest, confidi-

106. contigerit *A*: contigit *a*. 106. atque vel ... 108. immerenti *add. A*. 111. inclytus *add. A*. 112. bello *add. A*. 113. illustrant *a*. 114. Heinricus *om. A*. 116. quemuis alliciat *A*: allicit *a*. 117. et haud ... 118. fortuna *add. A*. 118. tantus rex *A*: aliquis *a*. 119. exelso *a*. 119. ad haec ... 120. exultans *add. A*. 121. transeant *a*. 122. plane *add. A*. 124. multo *a*. 125. Salomonis *a*. 127. qui tolerantia ... 129. comparauit *add. A*. 130. Proinde optimo *A*: Optimo itaque *a*. gratulator *a*. Christianus *add. A*. 131. repperit *a*. 133. quibus inter ... 138. perspeximus, ita *A*: Confidimus autem futurum vt illud quoque *a*.

111. Lodouicus] France submitted to Leo in Dec. 1513.

114. Angliae rex] 'The peace between England and France was concluded ⟨in Aug. 1514⟩ without much consideration of the Pope.' Creighton iv. 199.

mus fore vt quemadmodum Samsonis aenigma iam perspeximus, ita Christo res tuas bene fortunante mox et illud Apocalypseos in te quadret, Vicit Leo de tribu Iuda. Sapientiae moderationisque tuae dulcedinem iam sensimus omnes, et Leonem videlicet illum victorem breui spectabimus.

Hoc nobis de te pollicentur virtutes istae tuae tam incomparabiles; hoc vtrumque nomen ominatur, et quod ad summum Pontificium attulisti, et quod creatus Pontifex adoptasti. · Etenim cum Ioannem audimus ac Leonem, quid aliud intelligamus quam eximiam bonitatem cum inuicto animi robore coniunctam? Quin illud quoque felix auspicium habere videtur, quod non solum Leonem habemus, quo nomine nullus adhuc fuit Romanus Pontifex non egregie laudatus, verum etiam Leonem decimum. Nam quicquid ingens esset, id decumum appellabat antiquitas. Proinde quicquid virtutum in singulis Leonibus excelluit, id totum expectamus a Leone decimo: Primi Leonis felicem autoritatem; Secundi eruditam pietatem et sacrae musices studium; Tertii praeter salutarem eloquentiam animum quoque ad vtranque fortunam infractum; Quarti simplicem illam et a Christo laudatam prudentiam; Quinti sanctam tolerantiam; Sexti pacis vbique sarciendae studium; Septimi coelo dignam sanctimoniam; Octaui integritatem; Noni effusam in omneis benignitatem. Haec inquam omnia nobis promittunt non solum nominum ipsorum haud quaquam contemnenda auguria, verum etiam haec quae iam abs te praestita videmus, quae videmus apparari. Felices rerum orsus felicem portendunt exitum. Porro victoriae spem hoc nobis facit certiorem, quod optime perspicit sapientia tua, vt est gemina victoria, ita bellum quoque geminum esse: alterum cum vitiis, nimirum omnium pestilentissimis et haud scio an solis Christianae professionis hostibus; alterum cum impiis et barbaris Christiani nominis et Romanae sedis inimicis. Ac prius quidem illud vt magis necessarium est, ita et longe difficilius et a nobis maxime pendens, eoque maiore tractandum cura. Quod simul atque a nobis rite confectum fuerit, posterius hoc facile Christo auxiliante conficietur.

Vt ne dicam interim vtriusque belli longe diuersam esse rationem, alterum est eiusmodi vt a bonis nonnullis improbetur, alterum vno cunctorum ore laudatum. Nam ad bellum cum vitiis gerendum haud dubie adhortatur Christus, extimulat Paulus; at belli cum

139. mox . . . Apocalypseos *A* : aliquando *a*. 141. videlicet *add. A.* 143. Hoc . . . 163. sapientia tua *add. A* (143. tam *A* : iam *H*). 163. est . . . 164. esse *A* : geminum bellum, ita gemina victoria *a*. 164. nimirum omnium *add. A.* 165. et . . . solis *add. A.* 167. Ac *A* : At *a*. 168. longe *add. A.* 168. eoque . . . 169. cura *add. A.* 169. Quod *A* : Quos *a*. 171. Vt ne . . . 184. senatus *add. A.*

139. Apocalypseos] 5. 5.

Turcis suscipiendi nec autor est Christus nec adhortatores Apostoli. Vt demus vtrumque gerendum, certe maiore studio moliendum quod indixit Spiritus ille coelestis quam quod instituerunt homines. Et haud scio an, quemadmodum ipse Christus vna cum suis Apostolis ac Martyribus beneficentia, patientia, sancta doctrina sibi subegit vniuersum orbem, ita rectius Turcas vitae pietate subacturi simus quam armis; vt iisdem rationibus vindicetur Christianum imperium quibus olim paratum esse constat. Quod si vtrumque probandum est (probandum autem procul dubio quicquid Romanus approbarit senatus), neutra certe in re cessat inaudita tua pietas, pater beatissime, quae simul et Christianae plebis religionem iam olim multis collapsam modis et in dies magis ac magis collabentem saluberrimis, vt audio, synodi constitutionibus sarcit ac restituit; et huiusmodi constitutionibus, non quae quaestum aut dominandi libidinem aut tyrannidem oleant, sed quae vere spiritum referant Apostolicum; quas quiuis a patribus non a dominis profectas possit agnoscere, in quibus piae mentes ipsum Christum veluti loquentem venerentur.

Hac igitur via molitur sanctitas tua vt Christi Ecclesia veris ac suis opibus locupletetur, vt sua praemineat gloria, vt sua polleat ditione; breuiter iis coelestibus donis cumuletur, quae nonnunquam tum potissimum exuberant, cum caeteris illis destituimur maxime. Quanquam nec alteram illam virtutis functionem videris negligere, vt qui conciliandis omnium inter se principum animis componendisque Christianorum rebus pulcherrimam pariter ac tutissimam struis viam ad impiam Turcarum gentem vel subigendam vel profligandam. Non ferent aliquando Leonis nostri rugitum immanes illae beluae; sentient, sentient inuictum illud Leonis mansuetissimi robur quantumuis truculentae ferae; impares erunt Pontifici magis pietate quam copiis armato ac numen etiam immortale secum in bella trahenti. Video iamdudum, beatissime pater, quam ingens laudum tuarum campus se nobis aperiat, sed longe impar est huius ingenioli vis rebus tantis explicandis; ad tam diuina facinora nostra non aspirat eloquentia vel potius infantia. Atque vtinam hoc studium detur eruditis omnibus vt velint, tum ea facultas vt possint, omnium saeculorum memoria dignas Leonis decimi virtutes dicendi viribus exaequare. Me quidem procul absterret tua celsitudo; quem enim illa non absterreat? Et tamen nescio quo pacto mihi vehementer

184. certe *A* : vero *a*. 185. quae *A* : quo *a*. Christianae . . . olim *A* : Christianorum pietatem *a*. 186. et . . . collabentem *add. A*. 186, 7. vt audio, synodi *add. A*. 187. cotidie *ante* sarcit *a*. 187. huiusmodi . . . 197. vt qui *add. A*. 197. componendisque . . . 198. rebus *add. A*. 198. pariter . . . struis *A* : certissimam struit *a*. 201. sentient *add. A*. 202. impares . . . 204. trahenti *add. A*. 204. beatissime pater *add. A*. 206. explicandis *add. A*. 207. vel potius infantia *add. A*. 208. tum *add. A*. 209. decimi *add. A*. 210. quem . . . 211. absterreat *add. A*.

gestit animus pro virili omneis ingenii neruos in hoc explicare, vt quanta extiterunt Leonis in Christianam gentem merita, tanta et posteris habeantur ac celebrentur, nullo vnquam tempore intermoritura.

Qua de re diu cogitanti mihi, cum exploratum haberem nequaquam ingenii nostri praesidio confici posse, propemodum visum est fieri posse, vt hac ratione vtcunque quod conor liceat assequi, si ad id efficiendum immortalis alicuius per se nominis adminiculo fuerimus vsi. Perspiciebam diuum Hieronymum sic apud Latinos esse theologorum principem, vt hunc prope solum habeamus theologi dignum cognomine; non quod caeteros damnem, sed quod illustres alioqui, si cum hoc conferantur, ob huius eminentiam velut obscurentur: denique tot egregiis cumulatum dotibus, vt vix vllum habeat et ipsa docta Graecia quem cum hoc viro queat componere. Quantum in illo Romanae facundiae, quanta linguarum peritia, quanta omnis antiquitatis, omnium hystoriarum noticia! Quam fida memoria, quam felix rerum omnium mixtura, quam absoluta mysticarum litterarum cognitio! Super omnia quis ardor ille, quam admirabilis diuini pectoris afflatus! Vt vnus et plurimum delectet eloquentia et doceat eruditione et rapiat sanctimonia. Atqui hunc virum vt vnum habemus dignissimum qui legatur ab omnibus, ita vnus sic deprauatus erat, sic contaminatus, sic conspurcatus, vt nec a doctis posset intelligi.

Videbam facinus quidem pulcherrimum, si nostra cura doctor tam eximius orbi restitueretur. Verum perspiciebam tantum esse in eo negocio difficultatis, vt ea res non vnum desyderaret Herculem; tantum aberat vt vnum me parem esse posse confiderem, adeo non Hercules vt vix etiam homo. Attamen certatim adhortantibus eruditis, efflagitantibus episcopis, nominatim autem vnico illo, non meo tantum sed et omnium litterarum, omnis virtutis apud Britannos Mecoenate, D. Gulielmo archiepiscopo Cantuariensi—quo quidem viro vt nihil habet illa insula vel eruditione vel integritate vel omnibus denique ornamentis episcopalibus absolutius, ita non alium habet ad prouehendum optimarum rerum studium propensiorem; porro in omnibus negotiis quae ad Sedis Romanae dignitatem, amplitudinem ac maiestatem pertinent, ea pietate vt maiore non possit. Deinde iam veluti restitantem et ob immensam laboris

212. gessit *a*. pro virili *add. A*. 214. omnibus *post* posteris *a*. 216. Qua de . . . 218. conor *A*: Quod haud scio an ita demum *a*. 219. per se *add. A*. 220. vsi *add. A*. 220. Perspiciebam . . . 269. sumpsi *A*: Excuduntur Basileae typis elegantissimis omneis diui Hieronymi vere diuinae lucubrationes et excuduntur immensis sumptibus, summa cura, non estimandis sudoribus. Nos ita sumus adnixi vt propemodum ipse me laboribus enecarem, dum operam ⟨do⟩ vt renascatur Hieronymus. Nam vniuersum opus, quod ad decem, ni fallor, accrescet volumina *a*. 242. *H*: Moecenati *A*.

magnitudinem susceptae prouinciae suppoenitentem reuerendi in Christo patris Ioannis Petri Caraffa, episcopi Theatini, qui nunc apud Anglos nomine Sanctitatis tuae oratorem agit, denuo redaccendit oratio, suaque voce et applausu reddito mihi animo in certamen reuocauit. Quid enim non persuadeat illa tam singularis hominis eloquentia? quem non permoueat tam integri, tam grauis autoritas Praesulis? quem non inflammet tam rara optimi viri pietas? Nam ad trium linguarum haud vulgarem peritiam, ad summam cum omnium disciplinarum tum praecipue theologicae rei cognitionem, tantum homo iuuenis adiunxit integritatis et sanctimoniae, tantum modestiae, tantum mira grauitate conditae comitatis; vt et Sedi Romanae magno sit ornamento et Britannis omnibus absolutum quoddam exemplar exhibeat, vnde omnes omnium virtutum formam sibi petere possint. Hic tantus tantum tribuit hisce meis laboribus, vt ne si immodestissimus quidem sim, possim agnoscere. Et tamen nescio quo pacto laudibus illis suis iam fesso calcar addidit, fathiscentem erexit, deficientem restituit.

Horum igitur et his consimilium hortatibus extimulatus, atque in primis eius auxilio fretus qui non solet vnquam piis deesse conatibus, veluti nouus iam ad intermissum opus redeo. Epistolarum volumina—nam haec mihi proprie sumpsi—a mendis quibus extincta fuerant verius quam deprauata, partim veterum collatione codicum, partim nostrapte sagacitate repurgauimus; Graeca, quae vel deerant omnino vel perperam erant addita, reposuimus diligenter. Quod idem factum est et in Hebraicis; verum οὐκ ἄνευ Θησέως, vt Graecum habet prouerbium, quod eas litteras ipse primoribus modo labris degustarim. Ad hoc quoniam diuus Hieronymus, vt est omni genere litterarum absolutissimus, ita mirus est opum suarum ostentator, vt qui passim gaudeat infulcire quicquid vsquam apud omnis linguae scriptores abstrusum ac reconditum habeatur—vnde fit vt eruditus etiam lector ad plerosque locos velut ad salebras restitet—adiecimus commoda suis locis scholia, quoties incurrit quod lectorem remoraturum esse videatur. Praeterea quoad licuit in ordinem redegimus omnia. Nothos ac subdititios libellos, quos partim casus, partim librariorum quaestus aut inscitia, partim improbissimi cuiusdam impostoris temeritas Hieronymianis lucubrationibus admiscuit,

250. Caraffae *H.* 269. extincta . . . 271. sagacitate *A* : prorsum extinctum erat, non deprauatum *a*. 272. omnino *add. A*. erant *A* : fuerant *a*. Quod idem *A* : Id quod item *a*. 273. et *add. A*. 273. vt . . . 274. prouerbium *add. A*. 275. degustarint *a*. Ad . . . diuus *A* : Et quoniam *a*. 276. absolutus *a*. 277. vt qui . . . 279. restitet *add. A*. 281. videatur *A a* : videbatur *F*. Praeterea *A* : Ad hec *a*. 282. redegimus *A* : digessimus *a*. 283. partim librariorum . . . inscitia *add. A*. 284. Hieronymianis lucubrationibus *add. A*.

250. Caraffa] See Ep. 287. 7 n. 270. codicum] See Ep. 373 introd.

non resecuimus quidem, sed ab aliis semotos ademptis titulis in suum relegauimus tomum; vt neque sit quod desyderare posset auidus magis quam elegans lector, neque rursum tam insulsae neniae sese posthac tam incomparabilis viri titulo venditarent. Atque id ne audacter magis quam iudicio fecisse videremur, praefationibus et censuris additis, quid in his secuti simus lectorem docuimus. Quid multis? Tantum hic laboris exantlatum est, vt parum abfuerit quin meipsum enecarim, dum sedulo adnitor vt Hieronymus renascatur. Neque verebor illud vel iureiurando confirmare, minoris ipsi Hieronymo constitisse suas scripsisse lucubrationes quam nobis restituisse et illustrasse.

Feruet igitur iampridem ingens opus, et apud inclytam Germaniae Basileam totus renascitur Hieronymus: idque in officina Frobeniana, qua non est alia vel accuratior vel vnde plus bonorum exeat codicum, praesertim qui ad sacras pertineant litteras. Neque vero vnius hominis hic labor est neque vnius hominis impendium. Nam in caeteris Hieronymi monumentis, quae mihi non sumpsi, etiam si pro tempore nonnihil opitulor, a compluribus eruditissimis viris iam pridem est desudatum. Inter quos est eximius ille vir, Ioannes Reuchlinus Phorcensis, trium linguarum Graecae, Latinae et Hebraicae pene ex aequo peritus; ad haec in nullo doctrinae genere non ita versatus vt cum primis certare possit. Vnde merito virum hunc ceu phoenicem et vnicum suum decus tota suspicit ac veneratur Germania. Neque parum attulit momenti Conon Nurenbergensis, theologus ex instituto horum quos vulgo Praedicatores vocant, vir vt Graecae litteraturae callentissimus, ita in adiuuandis bonis litteris infatigabili quadam diligentia, cumque his Beatus Rhenanus Selestadiensis, iuuenis tum exquisite doctus tum in iudicando naris emunctissimae. Porro plurimum attulerunt momenti fratres Amorbachii, quorum et impendiis et sudoribus cum Frobenio communicatis hoc negotii potissimum peragitur. Quae quidem domus in hunc vsum ab ipsis fatis parata videtur, vt eius opera reuiuisceret Hieronymus. Pater, vir omnium optimus, treis filios in Graecis, Hebraeis ac Latinis litteris curarat instituendos. Ipse decedens liberis suis studium hoc velut hereditarium commendauit, quicquid erat facultatum huic negocio dedicans. Atque optimi iuuenes pulcherrimam prouinciam ab optimo parente mandatam gnauiter obeunt, sic mecum partiti Hieronymum, vt quod ab epistolaribus libris superest, id ad illorum pertineat curam.

285. suam *a*. 286. possit *a*. 287. tam insulsae *A* : huiusmodi *a*. 288. Atque id . . . 326. et tamen *A* (296. Germaniae *A* : Rauracorum *F*): In summa sic cum a multis tum a me precipue sudatum est in hoc negocio vt aliquanto minoris constiterit ipsi Hieronymo suas condidisse lucubrationes quam nobis restituisse *a*.

At quorsum haec? inquiet sanctitas tua; nimirum huc ibam, beatissime pater. Nihil est Hieronymiano nomine celebrius, nihil ipso comprobatius, et tamen video quantum huic lucis, quantum ponderis et autoritatis sit accessurum; Leonis gloria nihil luculentius, et tamen haud mediocris, ni fallor, huic adiungetur accessio: si tam rarum, tam ingens, tam inclytum opus felicissimo tui nominis auspicio veluti denuo renatum in lucem et in hominum manus exeat. Et pulchre videtur conuenire vt omnes bonae litterae, quae pacis alumnae sunt, per eum Pontificem reflorescant, per quem ocium et pax studiorum altrix orbi terrarum parta est; et pulchre quadrauerit vt primus Christianae religionis Doctor eiusdem religionis Antistiti summo dedicetur, et optimus omnium theologus omnium optimi Pontificis titulo commendetur. Equidem haud sum nescius religiose quoque tentandum, vt beatitudini tuae quicquam dedicetur; dignum numine sit oportet quod numini consecretur. Attamen si sensero hac in re tuae quoque maiestatis fauorem, non solum hasce lucubrationes verumetiam vniuersum studiorum meorum prouentum cupiam Leoni consecrare. Ipse ex tantis sudoribus non alium expecto fructum quam vt nostra qualicunque industria Christiana pietas ex Hieronymi monumentis adiuuetur. Is abunde rependet premium in cuius gratiam hoc laboris desudo. A pluribus legetur, si fuerit a pluribus intellectus Hieronymus; sed et libentius legetur ab omnibus, si tanti Pontificis calculo fuerit comprobatus.

Sanctitatem tuam nobis et vniuersae reipublicae Christianae quam diutissime seruet incolumem, semperque felicibus incrementis in maius prouehat idem qui te donauit orbi Christus Optimus Maximus.

Reuerendissimus D. Cantuariensis, vir omni virtutum genere cumulatissimus ac miro ac in sedem Romanam et in tuam beatitudinem ⟨studio⟩ iussit vti suo nomine salutem ascriberem. Nam is

326. huic . . . 327. et *add. A.* 327. Leonis . . . 328. adiungetur *A* : et alioqui probatissimo Hieronymo nostro; et tuae gloriae non mediocris fiet *a*. 329. tam ingens . . . felicissimo *A* : et ingens opus et inclitum *a*. 331. Et . . . conuenire *A* : Conuenit enim *a*. 331. quae . . . 332. sunt *add. A.* 333. pulchre quadrauerit *A* : probe quadrat *a*. 334. *F a* : Christiani *A*. 335. Antistiti . . . dedicetur *A* : summo Principi nuncupetur *a*. omnium *post* theologus *add. A.* 336. Equidem . . . nescius *A* : Scio *a*. 338. dignum . . . consecretur *add. A.* 339. hac . . . maiestatis *A* : tui numinis *a*. 340. hasce lucubrationes *A* : has vigilias *a*. 341. cupiam Leoni *A* : cupio tuo numini *a*. 341. Ipse . . . 347. comprobatus *add. A.* 348. nobis et *add. A.* Christianae *add. A.* 349. felicibus . . . 350. maius *A* : ad meliora *a*. 350. idem . . . orbi *add. A.* 352. Reuerendissimus . . . 357. Iunias *a* : Datum Londini tertio Calendas Maias. An. M.D.XV. *A*.

352. D. Cantuariensis] The Archbishop's salutations are omitted in all the printed versions.

mihi eiusmodi prebet Moecenatem vt nec optare possim vel amantiorem vel benigniorem.

Londini Anno. M.D. 15. duodecimo calen. Iunias.

336. From John Fisher.

Deventer MS. 91, f. 122. Halling.
LB. App. 429. ⟨May 1515.⟩

[Dr. Reich dates this letter in 1516, because of the visit to Rochester actually accomplished in that year (Ep. 452); Mr. Nichols in 1515, on the ground that in 1516 Erasmus' work in Basle was finished. Although Epp. 420 and 459 show that his friends there were still hoping that he would return, 1515 seems to me more probable, from the mention of Agricola (l. 1.) and because in 1516, at the time when this invitation might have been issued, the Bishop was in Cambridge (Epp. 432. 1 n. and 512).

Halling is a small parish on the Medway above Rochester, where the Bishops had a palace (Hasted, *Hist. of Kent*, i. 475 seq.). Brewer's correction (ii. 2282) to Malling is baseless.]

IOAN. EPISCOPVS ROFFENSIS, ERASMO S. P. D.

Perlegimvs, Erasme, his diebus Rodolphi Agricolae Dialecticam; venalem enim eam repperimus inter bibliopolas. Fecit autem vt emerem laus tua, qua illum inter Adagia tua prosequeris; neque enim persuadere mihi potui quin is lectu dignissimus foret, qui a te simul et Hermolao illo tantopere commendatus fuit. Paucis dicam: nihil vnquam, quantum ad artem illam pertinet, legimus iucundius et eruditius; ita singula quidem puncta expressisse videtur. Vtinam iuuenis praeceptorem illum fuissem nactus! Mallem id profecto, neque sane mentior, quam archiepiscopatum aliquem.

Sed de hac re coram dicemus. Quando iter Basileam arrepturus sis, fac per nos venias; consiliis enim tuis nobis opus erit. Quamobrem ne id negligas precor, et felix ac diu valeas. Ex Hallyng.

Tuus Io. Roffensis.

$^{304}337_{347}$ To Martin Dorp.

Damiani Elegeia f°. I⁴. v°. Antwerp.
Lond. xxxi. 42: LB. ix. 1. ⟨May fin.⟩ 1515.

[This letter was evidently written on Erasmus' return from England (ll. 20–2). His route lay through Bruges (Epp. 362 and 388), Antwerp, Mechlin (Epp. 356 and 362), Cologne (?: Ep. 374), Mainz, which he passed on 1 June (MRE. 533), Spires (Epp. 355 and 391), and Strasburg. Here he appears to have spent some time, perhaps not reaching Basle until July; cf. Epp. 342. 1 and 343. 5, 6. Ep. 344. 1

---

336. 1. Agricolae Dialecticam] *De Inuentione Dialectica*, Louvain, Th. Martens, 12 Jan. 1515. For the history of the publication see EHR. xxi. pp. 304, 5.

3. Adagia] 339, 'Quid cani et balneo?'; which contains Hermolaus Barbarus' epitaph on Agricola.

also implies that Erasmus' arrival at Basle was then recent. It was perhaps on this occasion that he had the honourable reception in Strasburg described in the *Chronik* of Wm. Werner, Freiherr von Zimmern (1485–1575); ed. Barack, in the *Bibl. d. litterar. Vereins in Stuttgart*, 1869, vol. 3, p. 206. See also Ep. 363. 5 n. The inundations mentioned in Epp. 345 and 348 may have helped to prolong his stay.

From Ep. 347 and More's letter to Dorp there mentioned it is clear that like Ep. 333 and 335 the printed version of this letter is an enlargement of that actually sent. After publication in A it did not again appear with Erasmus' *Epistolae*; and in the *Opera* of 1540 it is included among the *Apologiae*—a title which More gave to it at once (Ep. 388). It was reprinted with a few errors corrected in Erasmus' *Enarratio in primum Psalmum*, Louvain, Th. Martens, Oct. 1515 (Ep. 327). Afterwards it formed one of the pieces regularly printed with the *Moriae Encomium*, and appears in all the early editions of that work from 1516 onwards. It was revised for Froben's edition of 1515–16 (a^1), the first in which it is found (cf. Ep. 328. 48 n.), and again for his of July 1522 (β). I have collated the variants between A and Lond. in the following editions: Froben's of Nov. 1517 (a^2), Schürer's of June 1519 (a^3), and Froben's of Nov. 1519 and Oct. 1521, which follow a^3; also in the *Opera*, 1540 (ix. 3), which follows β. From the variants in ll. 688 and 871 the London editors seem to have printed from both a^1 and a^2.]

ERASMVS ROTERODAMVS MARTINO DORPIO THEOLOGO EXIMIO S. D.

Non fuit reddita nobis epistola tua, sed tamen exemplar, haud scio quo modo exceptum, amicus quidam exhibuit Antuuerpiae. Deploras Moriam parum feliciter aeditam, studium in restituendo Hieronymo nostrum magnopere comprobas, ab aeditione Noui Testamenti deterres. Quibus litteris tuis, mi Dorpi, tantum abest vt quicquam fuerim offensus, vt posthac mihi coeperis esse multo charior, cum semper fueris charissimus. Adeo syncere consulis, mones amice, obiurgas amanter. Habet nimirum hoc Christiana charitas, vt etiam cum saeuit maxime, tamen genuinae suae dulcedinis gustum obtineat. Multae mihi cotidie redduntur ab eruditis viris litterae, quae me decus Germaniae, quae solem, quae lunam faciunt, et splendidissimis titulis onerant verius quam ornant. Harum emoriar si vlla vnquam me perinde delectauit vt illa Dorpii mei iurgatrix epistola. Vere dictum est a Paulo, charitatem non peccare; siue quid adulatur, studet prodesse, siue stomachatur, non aliud agit. Atque vtinam liceret per ocium ad tuas litteras rescribere, quo tanto amico satisfaciam. Vehementer enim cupio quicquid ago te approbante fieri, cuius ingenio pene coelesti, cuius eruditioni singulari, cuius iudicio longe acerrimo tantum tribuo vt malim vnius Dorpii quam mille caeterorum calculis approbari. Verum adhuc a nauigatione nauseabundus et mox equitatione fessus, ad haec in componendis sarcinulis occupatus, satius esse duxi quomodocunque respondere quam amicum in ista relinquere opinione; siue hanc ex teipso conceperis, siue instillauerint alii, qui te ad eam epistolam scribendam subornarunt, quo sub aliena persona suam agerent fabulam.

1. Non fuit reddita] Cf. Ep. 334. 168 n. 11. solem] Cf. Epp. 315. 9, 323. 30.

Primum igitur, vt ingenue dicam, aeditae Moriae propemodum me poenitet. Is libellus nonnihil mihi peperit gloriae vel, si mauis, famae. At ego nihil moror gloriam cum inuidia coniunctam. Quanquam, o superi, quid est hoc totum quod vulgo gloriam vocant, nisi nomen inanissimum ex gentilitate relictum? Quod genus non pauca resederunt apud Christianos, dum immortalitatem appellant famam posteris relictam, et virtutem qualiumcunque litterarum studium. In omnibus aedendis libris hic vnicus semper mihi fuit scopus, vt mea industria aliquam adferrem vtilitatem; id si minus assequi possem, certe nullam adferrem noxam. Proinde cum magnos etiam viros videamus litteris suis abusos ad affectus suos digerendos, dum alius cantat ineptos amores suos, alius adulatur iis quos captat, alius iniuria lacessitus stilo referit, alius ipse sui tibicen est et in efferendis propriis laudibus quemuis Thrasonem, quemuis Pyrgopolinicen superat; at ego quamuis ingenio tenui et perquam exigua doctrina praeditus, tamen huc semper spectaui vt, si possem, prodessem; sin minus, ne quem laederem. Homerus suum in Thersiten odium molesta carminis hypotyposi vltus est. Plato quam multos nominatim perstrinxit suis dialogis! Cui pepercit Aristoteles, qui nec Platoni pepercit nec Socrati? Habuit suum Demosthenes Aeschynem in quem stilo debaccharetur. Habuit suum Cicero Pisonem, habuit Vatinium, habuit Salustium, habuit Antonium. Quam multos nominatim et ridet et carpit Seneca! Quod si recentiores expendas, et Petrarchae in medicum quendam et Laurentio in Pogium et Politiano in Scalam stilus teli vice fuit. Quem ex omnibus mihi dabis tam modestum qui non amarulentius in aliquem scripserit? Ipse Hieronymus, vir tam pius et grauis, aliquoties non sibi temperat quin in Vigilantium incandescat acrius, in Iouinianum insultet immoderatius, in Rufinum amarulentius inuehatur. Semper hic eruditis mos fuit, quicquid dolet aut delectat, chartis ceu fidis sodalibus committere, in harum sinum omnes pectoris aestus effundere. Imo deprehendas quosdam non alio consilio libros scribendos suscipere quam vt in his obiter animi sui motus infulciant atque hac ratione transmittant in posteros.

At ego in tot iam aeditis voluminibus, cum tam multos candidissime laudarim, quaeso, cuius vnquam denigraui famam? cui vel leuissimam aspersi labem? quam gentem, quem ordinem, quem hominem nominatim taxaui? Quid si scias, mi Dorpi, quoties ad id faciendum fuerim nulli tolerandis contumeliis prouocatus? Semper tamen vici dolorem animi mei, magisque rationem habui quid posteritas esset iudicatura de nobis quam quid illorum mereretur improbitas. Si res ipsa perinde fuisset nota caeteris, vt erat mihi, nemo

35. nullam *A* : ne quam *a*. 39. at ego *A* : ego tamen *a*.

55. chartis] Hor. *S.* 2. 1. 30, 1; cf. Ep. 341. 5, 6.

me mordacem iudicasset sed aequum, sed modestum etiam ac moderatum. Sed ita mecum cogitabam, quid aliis cum nostris priuatis affectibus? aut qui nostra haec nota poterunt esse vel procul dissitis vel posteris? Ego non quod illis, sed quod me dignum est, fecero. Praeterea nullus est tam inimicus quem non optem, si fieri possit, in amicum redire. Cur ei rei praecludam viam? cur id scribam in hostem quod aliquando frustra nolim scriptum in amicum? cur notabo carbone cui suum candorem, etiamsi promereatur, non possim restituere? Malo in hanc peccare partem vt vel parum meritos praedicem, quam vt meritos vituperem. Nam si quem falso laudaris, candori tribuitur; sin quantumlibet etiam ignominia dignum suis pinxeris coloribus, non illius factis sed tuo morbo asscribitur. Vt ne dicam interim, quod vt ex iniuriis mutua talione reciprocantibus ingens bellum aliquoties exoritur, sic ex maledictis vicissim vltro citroque regestis periculosissimum incendium non raro nascitur; et vt parum Christianum est iniuriam iniuria pensare, ita parum generosi pectoris est dolorem suum foeminarum exemplo conuitiis vlcisci.

Huiusmodi rationibus ipse mihi persuasi vt semper innoxias et incruentas haberem litteras, nec eas vllius mali nomine contaminarem. Nec aliud omnino spectauimus in Moria quam quod in caeteris lucubrationibus, tametsi via diuersa. In Enchiridio simpliciter Christianae vitae formam tradidimus. In libello De principis institutione palam admonemus quibus rebus principem oporteat esse instructum. In Panegyrico sub laudis praetextu hoc ipsum tamen agimus oblique quod illic egimus aperta fronte. Nec aliud agitur in Moria sub specie lusus quam actum est in Enchiridio. Admonere voluimus, non mordere; prodesse, non laedere; consulere moribus hominum, non officere. Plato philosophus tam grauis largiores in compotationibus inuitatiunculas approbat, quod arbitretur quaedam vitia per hilaritatem vini posse discuti, quae seueritate corrigi non possent. Et Flaccus existimat iocosam quoque admonitionem non minus atque seriam conducere.

Ridentem, inquit, dicere verum
Quid vetat?

Neque non perspectum est hoc sapientissimis olim viris, qui saluberrima vitae praecepta ridendis ac puerilibus in speciem apologis proponere maluerunt, quod per se subaustera veritas, voluptatis illecebra commendata, facilius penetrat in animos mortalium. Nimirum hoc est illud mel, quod apud Lucretium medici pueris medentes absynthii

72. id *A* : hic *a*.

---

84. incruentas] For this sentiment cf. II. 150, I and note.
88. De principis institutione] Cf. Ep. 393.
94. Plato] Cf. Macr. *Sat.* 2. 8.
97. Flaccus] *S.* I. I. 24,5.
105. Lucretium] I. 936–8.

poculo praelinunt. Nec in alium vsum veteres illi principes hoc morionum genus in aulas suas induxerunt quam vt horum libertate leuiora quaedam vitia citra vllius offensam et aperirentur et emendarentur. Fortasse Christum in hoc album vocare non conueniat. Verum si licet coelestia cum humanis vllo modo conferre, nonne huius parabolae confine quiddam habent cum veterum apologis? Et iucundius illabitur et acrius insidit in animos euangelica veritas huiusmodi lenociniis commendata, quam si nuda produceretur, id quod in opere de doctrina Christiana diuus Augustinus copiose persequitur. Videbam quam esset mortalium vulgus stultissimis opinionibus corruptum, idque in singulis vitae institutis, et remedii votum erat verius quam spes. Proinde videbar mihi repperisse rationem vt delicatis animis hac arte tanquam obreperem et cum voluptate quoque mederer. Et sepenumero conspexeram festiuum hoc et iocosum admonendi genus multis felicissime cedere.

Quod si respondebis personam quam induxi leuiorem esse quam vt sub illius praetextu de rebus seriis disputetur, hanc culpam fortassis agnoscam. Inepti reprehensionem non admodum deprecor, amarulenti deprecor. Quanquam et illud probe tueri possem, si non alia ratione, certe tot grauissimorum hominum exemplo, quos in ipsius libelli praefatiuncula recensui. Quid autem facerem? Diuersabar id temporis apud Morum meum ex Italia reuersus, ac renum dolor complusculos dies domi continebat. Et mea bibliotheca nondum fuerat aduecta. Tum si maxime fuisset, non sinebat morbus quicquam in grauioribus studiis acrius agitare. Coepi per ocium Morias encomium ludere, nec in hoc sane vt aederem, sed vt morbi molestiam hoc velut auocamento leuarem. Operis incoepti gustum amiculis aliquot exhibui, quo iucundior esset risus cum pluribus communis. Quibus cum vehementer placuisset, instituerunt vti pergerem. Obsecutus sum, et in hoc negocii septem plus minus dies impendi; qui sane sumptus mihi pro argumenti pondere nimius etiam videbatur. Deinde quorum instinctu scripseram, eorundem opera deportatus in Galliam libellus formulis excusus est, sed ab exemplo non solum mendoso verum etiam mutilo. Porro quam displicuerit vel illud satis est argumenti, quod intra pauculos menses plus septies fuerit typis stanneis propagatus, idque diuersis in locis. Demirabar ipse quid ibi cuiquam placeret. Hanc, mi Dorpi, si ineptiam vocas, habes reum confitentem aut certe non reclamantem. Ad hunc modum et per ocium et amiculis obsecundans ineptiui, idque semel duntaxat in vita. Quis autem omnibus horis sapit? At ipse fateris caeteras lucubrationes meas eiusmodi esse vt iuxta piis atque eruditis omnibus

127. Morum] For this account of the origin of the *Moria* see Ep. 222. introd.

145. omnibus horis] Plin. *N.H.* 7. 40. 131.

magnopere probentur. Qui sunt isti tam rigidi censores vel potius Areopagitae, qui homini vel vnam ineptiae culpam nolint condonare? Quae tam insignis morositas vt vnico ridiculo offensi libello tot vigiliarum superiorum gratia repente scriptorem spolient? Quot ineptias aliorum proferre possem hac multis partibus ineptiores, etiam in magnis theologis, dum rixosas et frigidissimas quaestiones commenti, de nugacissimis nugis perinde ac pro focis et aris inter se digladiantur. Atque isti tam ridiculas fabulas et vel ipsis Atellanis ineptiores citra personam agunt. Ego certe verecundius qui, cum ineptior esse vellem, Stulticiae personam obtexui; et quemadmodum apud Platonem Socrates obtecta facie laudes amoris recitat, ita ipse fabulam hanc personatus egi.

Scribis ab istis ipsis quibus argumentum displicet, et ingenium et eruditionem et eloquentiam probari, verum eosdem offendi nimis libera mordacitate. At isti reprehensores plus etiam tribuunt mihi quam velim. Quanquam nihil moror hanc laudem, praesertim ab his profectam quibus ego nec ingenium esse puto nec eruditionem nec eloquentiam; quibus si pollerent, mi Dorpi, crede mihi, non tantopere iocis offenderentur salutaribus magis quam ingeniosis aut eruditis. Obsecro te per Musas, quos tandem oculos, quas aures, quod palatum adferunt isti quos offendit in eo libello mordacitas? Primum quae potest illic esse mordacitas, vbi nullius omnino nomen perstringitur praeterquam meum? Cur non venit in mentem quod toties inculcat Hieronymus, vbi generalis est de vitiis disputatio, ibi nullius esse personae iniuriam? Quod si quisquam offenditur, non habet quod expostulet cum eo qui scripsit; ipse si volet, secum agat iniuriarum, vtpote sui proditor, qui declararit hoc ad se proprie pertinere, quod ita dictum est de omnibus vt de nemine sit dictum, nisi siquis volens sibi vendicet. An non vides me toto opere sic a nominibus hominum temperasse, vt nec gentem vllam acrius taxare voluerim? Etenim vbi cuique nationi peculiarem philautiam recenseo, Hispanis asscribo militiae laudem, Italis litteras et eloquentiam, Anglis lautas mensas et formam, et caeteris item eiusmodi quaedam, quae quisque in se dicta vel agnoscat non illibenter vel certe cum risu audiat. Ad haec, cum iuxta argumenti suscepti rationem per omnia mortalium genera voluar et in taxandis singulorum vitiis verser, quaeso quid vsquam aut dictu foedum occurrit aut virulentum? Vbi flagitiorum sentinam aperio? vbi secretam illam vitae humanae moueo Camarinam? Quis nescit quam multa dici potuerint in malos pontifices, in improbos episcopos et sacerdotes, in vitiosos principes, breuiter in quemuis ordinem, si ad Iuuenalis exemplum non puduisset ea mandare litteris,

159. Scribis] Ep. 304. 54, 5.
170. Hieronymus] *Ep.* 125. 5, Migne.
177. philautiam] LB. iv. 448 B–E.
178. Anglis] Cf. Ep. 77. 14 n.

quae multos non pudet facere? Tantum festiua quaedam et ridicula magis quam foeda recensuimus, sed ita recensuimus vt obiter et maximis de rebus nonnunquam admoneamus, quod illos scire magnopere referat.

Scio tibi non esse vacuum ad huiusmodi nugas descendere. Sed tamen si quando dabitur ocium, fac attentius excutias ridiculos illos Moriae iocos; nimirum comperies non paulo magis quadrare ad Euangelistarum et Apostolorum dogmata quam quorundam splendidas, sicuti putant, et magnis dignas magistris disputationes. Atque ipse quoque in tuis litteris non diffiteris pleraque vera esse quae illic referuntur. Verum existimas non expedisse

Auriculas teneras mordaci radere vero.

Si putas nullo pacto libere loquendum esse, nec vnquam promendam esse veritatem nisi cum non offendit, cur medici pharmacis medentur amaris, et ἱερὰν πικρὰν inter laudatissima ponunt remedia? Quod si illi faciunt, corporum medentes vitiis, quanto magis par est nos idem facere in sanandis animorum morbis? Obsecra, inquit Paulus, argue, increpa, oportune, importune. Apostolus vult omnibus modis insectanda esse vitia, et tu nullum vis hulcus attingi? praesertim cum id ea moderatione fiat, vt ne possit quidem quisquam laedi nisi qui studio laeserit seipsum. Quod si vlla est ratio citra vllius offensam medendi vitiis hominum, haec vna, ni fallor, est omnium maxime accommoda, cum neque nomen cuiusquam aeditur; deinde cum temperatur ab iis, a quorum commemoratione quoque bonorum abhorrent aures—etenim quemadmodum in tragoediis quaedam atrociora sunt quam vt oculis spectatorum conueniat exhiberi, et narrasse sufficiat, ita in hominum moribus quaedam obscoeniora sunt quam vt verecunde possint narrari—postremo cum illa ipsa quae narrantur, sub ridicula persona per lusum et iocum efferuntur, vt omnem offensam sermonis hilaritas excludat. An non videmus quantum aliquoties apud seueros etiam tyrannos valeat iocus commodus et in tempore dictus? Quaeso te, quae preces, quae seria oratio potuisset regis illius animum tam facile placare quam militis iocus? 'Imo,' inquit, 'nisi lagena nos destituisset, longe atrociora fueramus in te dicturi.' Arrisit rex et ignouit. Nec sine causa tam diligenter de risu praecipiunt duo summi rhetores, M. Tullius et Quintilianus. Tantam vim habet lepos et iucunditas sermonis, vt etiam in nos apte tortis dicteriis delectemur, id quod de C. Caesare litteris est proditum. Proinde si fateris vera quae scripsi, si festiua magis quam obscoena, quae ratio

---

197. litteris] Ep. 304. 21 seq.
199. Auriculas] Pers. 1. 107, 8.
204. Paulus] 2 Tim. 4. 2.
220. iocus] Cf. Quint. 6. 3. 10.
222. risu] Cic. *de Or.* 2. capp. 62 seq.; Quint. 6. 3.

commodior excogitari poterat medicandi communibus hominum malis? Primum ipsa voluptas illectat ad legendum et illectum remoratur. Nam in caeteris alias res alii venantur. Voluptas ex aequo blanditur omnibus, nisi si quis stupidior est quam vt litteratae voluptatis sensu tangi possit.

Porro qui illic offenduntur vbi nullius aeditur nomen, ii mihi videntur haud multum abesse a mulieicularum affectibus: quae, si quid in malas foeminas dictum fuerit, sic commouentur quasi ea contumelia ad singulas pertineat; rursum si quid laudis tribuatur probis mulieribus, sic sibi placent quasi quod vnius aut alterius est, id pertineat ad omnium laudem. Absit hoc ineptiae genus a viris, at multo magis ab eruditis viris, maxime vero a theologis. Si quid hic offendo criminis a quo sum immunis, non offendor; sed ipse mihi gratulor, qui vacem iis malis quibus multos obnoxios esse video. Sin est tactum hulcus aliquod, et sum ipse mihi ostensus in speculo, nec hic quicquam est causae cur offendi debeam. Si prudens sum, dissimulabo quod sentio, nec ipse mei veniam proditor. Si probus, admonitus cauebo, ne mihi tale conuitium posthac in os nominatim possit impingi, quod illic sine nomenclatura notatum video. Cur non saltem hoc donamus huic libello quod vulgaribus istis comoediis tribuunt et idiotae? Quam multa, quanta cum libertate iaciuntur illic in monarchas, in sacerdotes, in monachos, in vxores, in maritos, in quos non? Et tamen quia nemo nominatim incessitur, arrident omnes, et suum quisque morbum aut fatetur ingenue aut dissimulat prudenter. Violentissimi quoque tyranni ferunt scurras et moriones suos, cum ab iis aliquoties manifesto conuitio feriuntur. Non vltus est Imperator Flauius Vespasianus exprobratam sibi cacantis faciem. Et quinam isti tam delicatis auribus qui Moriam ipsam non ferunt in communem hominum vitam sine vllius nominis inustione ludentem? Nunquam explosa fuisset vetus comoedia, si ab aedendis nominibus illustrium virorum abstinuisset.

At tu quidem, optime Dorpi, ita propemodum scribis quasi totum ordinem theologicum Moriae libellus a nobis alienasset. 'Quid opus fuit' inquis 'theologorum ordinem tam acriter lacessere?' meamque deploras fortunam. 'Olim' inquis 'tuas lucubrationes magno studio legebant omnes, te praesentem videre gestiebant. Nunc Moria veluti Dauus interturbat omnia.' Scio te nihil per calumniam scribere, nec ipse tecum tergiuersatorem agam. Quaeso, lacessitum theologorum ordinem putas, si quid dictum fuerit in stultos aut malos theologos eoque indignos nomine? Atqui si placet ista lex, vniuersum mortalium genus infensum habeat, qui quid dixerit in sceleratos homines.

253. Vespasianus] Suet. *Vesp.* 20. 260. inquis] Ep. 304. 25-7.
261. inquis] Ep. 304. 51-4.

Quis vnquam fuit tam impudens rex qui non fateatur regum nonnullos esse malos et hoc honore indignos? Quis episcopus tam insolens quin idem de suo fateatur ordine? An vnus ordo theologorum in tanto numero nullum habet stupidum, nullum indoctum, nullum rixosum, sed tantum Paulos, Basilios et Hieronymos nobis exhibet? Imo contra fit vt quo quaeque professio praeclarior est, hoc pauciores habeat qui respondeant. Plures inuenies bonos naucleros quam bonos principes, plures medicos bonos quam bonos episcopos. Atqui ea res haud pertinet ad contumeliam ordinis, sed ad laudem paucorum qui in pulcherrimo ordine sese pulcherrime gesserunt. Rogo, dic mihi, cur magis offenduntur theologi, si modo sunt qui offendantur, quam reges, quam primates, quam magistratus, quam episcopi, quam cardinales, quam summi Pontifices? denique quam negociatores, quam mariti, quam vxores, quam iureconsulti, quam poetae?—nullum enim omnino mortalium genus praeteriit Moria—nisi quod ⟨hi⟩ non vsque adeo desipiunt vt in se quisque dictum existimet quod in genere dictum sit in malos? Diuus Hieronymus scripsit ad Eustochium de virginitate, atque in eo libro malarum virginum mores ita depingit vt nullus Apelles magis possit oculis exponere. Nunquid offensa est Eustochium? Nunquid succensuit Hieronymo, quod virginum ordinem dehonestasset? Ne tantulum quidem. At quamobrem tandem? nempe quod virgo prudens non existimaret ad se pertinere, si quid dictum esset in malas, imo gaudebat admoneri bonas, ne in tales degenerarent; gaudebat admoneri malas, vt tales esse desinerent. Scripsit ad Nepotianum de vita clericorum. Scripsit ad Rusticum de vita monachorum, ac miris coloribus pingit, miris salibus taxat vtriusque generis vitia. Nihil offensi sunt ad quos scripsit, quod scirent horum nihil ad se pertinere. Cur non alienatus est Gulielmus Montioius, inter optimates aulicos non infimus, quod multa luserit Moria in proceres aulicos? Nempe cum ipse sit vir et optimus et prudentissimus, arbitratur, id quod res est, quod in malos ac stultos dictum est primates, nihil ad se pertinere. Quam multa lusit in malos et laicos episcopos Moria? Cur nihil hisce rebus offensus est Archiepiscopus Cantuariensis? Nempe quia vir omni virtutum genere absolutus nihil horum ad se pertinere iudicat.

Quid ego tibi pergam commemorare nominatim de summis principibus, de caeteris episcopis, de abbatibus, de cardinalibus, de viris eruditione claris, quorum neminem adhuc sentio vel pilo factum alieniorem Moriae gratia? Nec adduci possum vt credam vllos theologos irritatos hoc libello, nisi forte pauculos aliquot qui vel non

307. adduci *Aβ* : abduci *a*.

intelligant vel inuideant vel natura sint adeo morosa vt nihil omnino probent. Habet enim, id quod in confesso est, hoc hominum genus admixtos quosdam, primum ingenio iudicioque adeo infelici vt ad nullas omnino litteras sint appositi, nedum theologicas; deinde, posteaquam pauculas Alexandri Galli regulas edidicerint, ad haec paululum ineptissimae sophistices attigerint; post ex Aristotele decem tenuerint propositiones, nec has intellectas; postremo ex Scoto aut Occam totidem edidicerint quaestiones, quod superest ex Catholico, Mammetrecto et consimilibus dictionariis velut ex Copiae cornu petituri, mirum quam cristas efferant, vt nihil est arrogantius imperitia. Isti sunt qui contemnunt diuum Hieronymum vt grammatisten, quia non intelligant. Isti Graecas, Hebraicas, imo et Latinas rident litteras; et cum sint quouis sue stupidiores ac ne sensu quidem communi praediti, putant se totius arcem tenere sapientiae. Censent omnes, damnant, pronunciant, nihil addubitant, nusquam haerent, nihil nesciunt. Et tamen isti duo tresue magnas sepenumero commouent tragoedias. Quid enim est inscitia vel impudentius vel pertinacius? Hii magno studio conspirant in bonas litteras. Ambiunt in senatu theologorum aliquid esse, et verentur ne, si renascantur bonae litterae et si resipiscat mundus, videantur nihil scisse, qui antehac vulgo nihil nescire videbantur. Horum sunt illi clamores, horum illi tumultus, horum coniuratio in viros melioribus addictos litteris. His non placet Moria, quia non intelligunt, neque Graece neque Latine. In huiusmodi non theologos sed theologiae histriones si quid forte dictum sit acerbius, quid hoc ad magnificentissimum bonorum theologorum ordinem? Nam si pietatis studio commouentur isti, cur Moriae potissimum succensent? Quam impia, quam spurca, quam pestifera scripsit Pogius? at hic vt autor Christianus passim habetur in sinu, in omneis pene versus linguas. Quibus probris, quibus maledictis clericos insectatur Pontanus? at hic vt lepidus ac festiuus legitur. Quantum obscoenitatis est in Iuuenale? at hunc quidam putant concionatoribus etiam vtilem esse. Quam maledice scripsit in

337. vt *a* : et *A*. 338. *a* : linguā *A*. 339. vt *a* : et *A*.

316. Scoto] John Duns 'Scotus' (1265?–1308?), the schoolman: Franciscan and 'Doctor subtilis'. See DNB.

Occam] Wm. Ockham or Occam (✝ 1349?), 'the second founder of Nominalism'; Franciscan and 'Doctor inuincibilis.' See DNB.

317. Mammetrecto] A glossary to the Latin Bible, the *Legenda Sanctorum*, and other devotional writings; also known as Mammotrepton. It was compiled by Marchesinus of Reggio, a Franciscan (c. 1300? or c. 1466?); and was first printed at Mainz, 10 Nov. 1470.

337. Pogius] in his *Facetiae*, which by 1500 had been translated into English, French, Italian and Spanish.

339. Pontanus] Jovianus Pontanus (Dec. 1426—Aug. 1503) for many years President of the Academy at Naples, a prolific writer of light poetry and prose. See NBG. His Lucianic dialogue, *Charon*, is perhaps intended here.

Christianos Cornelius Tacitus, quam inimice Suetonius, quam impie deridet immortalitatem animarum Plinius et Lucianus! at hos tamen eruditionis gratia legunt omnes, et merito quidem legunt. Solam Moriam, quia salibus aliquot luserit, non in bonos theologos et eo dignos titulo, sed in ineruditorum friuolas quaestiunculas et ridiculum magistri nostri titulum, ferre non possunt.

Ac duo tresue nebulones, theologico schemate personati, mihi conantur hanc mouere inuidiam, quasi theologorum ordinem laeserim et alienarim. Ego tantum tribuo theologicis literis vt eas solas soleam appellare litteras. Ita suspicio venerorque hunc ordinem vt huic vni nomen dederim ac voluerim ascribi; quanquam pudore prohibeor quo minus mihi tam eximium titulum asseram, quippe qui non ignorem quae dotes et eruditionis et vitae theologico nomini debeantur. Nescio quid homine maius profitetur qui theologum profitetur. Episcoporum ea dignitas est, haud mei similium. Nobis satis est Socraticum illud didicisse, quod nihil omnino scimus, et qua possumus operam nostram iuuandis aliorum studiis conferre. Equidem nescio vbinam lateant isti duo tresue theologorum dii, quos scribis mihi parum esse propicios. Ipse compluribus in locis sum versatus ab aedita Moria, in tot academiis vixi, in tot frequentissimis vrbibus. Nullum vnquam theologum mihi sensi iratum, nisi vnum aut alterum ex istorum numero qui omnibus bonis litteris sunt hostes. Nec hii tamen vnquam verbo mecum expostularunt. Quid in absentem mussitent non admodum obseruo, tot bonorum iudicio fretus. Ni vererer, mi Dorpi, ne cui videar arrogantius quam verius haec dicere, quam multos tibi possem recensere theologos, vitae sanctimonia celebres, eruditione praecellentes, dignitate praeminentes, aliquot ex his etiam episcopos, qui me nunquam magis amplexi sunt quam post aeditam Moriam, et quibus ille libellus magis arridet quam mihi ipsi. Horum singulos titulis ac nominibus suis hoc loco referrem, nisi vererer ne tantis etiam viris Moriae causa futuri sint iniquiores tres isti theologi; imo vnum duntaxat esse puto apud vos istius auctorem tragoediae—nam rem propemodum coniecturis assequor: quem si vellem suis depingere coloribus, nemo miraretur eiusmodi viro displicuisse Moriam; imo mihi non placeret, nisi talibus displiceret. Quanquam nec mihi placet. At isto certe nomine minus displicet, quod talibus ingeniis non placet. Plus apud me ponderis habet sapientum et eruditorum theologorum

342. Tacitus] *Ann.* 15. 44. 3 seq. Suetonius] *Ner.* 16.

352. nomen dederim] Cf. Ep. 200. 8.

359. quos scribis] Not in Ep. 304.

373. vnum duntaxat] Perhaps John Briard (Atensis), with whom Erasmus was afterwards in conflict; cf. Lond. xiii. 24, LB. 471, where Reich identifies Noxus with Atensis (ἄτη). From his residence at Louvain in 1502–4, Erasmus would have the means to form an opinion.

iudicium, qui tantum absunt vt me suggillent mordacitatis, vt moderationem etiam et candorem meum laudibus vehant, qui procax per se argumentum citra procaciam tractarim et in re iocosa sine dente luserim. Etenim vt solis respondeam theologis, quos solos audio offendi, quis nescit quam multa vulgo quoque dicantur in mores malorum theologorum? Moria nihil attingit istiusmodi. Tantum iocatur in ociosas illorum disceptatiunculas, nec has ipsas tamen simpliciter improbat, verum eos damnat qui in his solis theologicae rei puppim, vt aiunt, et proram collocant, quique logomachiis, vt diuus appellauit Paulus, eiusmodi sic occupantur vt nec euangelicas nec propheticas nec apostolicas litteras vacet legere.

Atque vtinam, mi Dorpi, pauciores essent huic obnoxii crimini. Possem tibi producere qui annum egressi octogesimum tantum aetatis in huiusmodi tricis perdiderint, nec vnquam contextum euangelicum euoluerint; id quod a me compertum ipsi quoque demum confessi sunt. Ne sub Moriae quidem persona sum ausus dicere, quod tamen non raro multos audio deplorantes, theologos et ipsos, sed vere theologos, hoc est viros integros, graues, eruditos, et qui Christi doctrinam penitus ex ipsis imbiberint fontibus. Ii quoties apud eos sunt apud quos fas liberas animi voces depromere, deplorant hoc recentius theologiae genus mundo inuectum et vetus illud desyderant. Quid enim eo sanctius, quid augustius, quid aeque resipiens ac referens illa coelestia Christi dogmata? At hoc, vt omittam barbari facticiique sermonis sordes et portenta, vt omittam omnium bonarum litterarum inscitiam, vt imperitiam linguarum, sic Aristotele, sic humanis inuentiunculis, sic prophanis etiam legibus est contaminatum, vt haud sciam an purum illum ac syncerum Christum sapiat. Fit enim vt, dum ad humanas traditiones nimium auertit oculos, minus assequatur archetypum. Hinc sepenumero coguntur theologi cordatiores aliud apud populum dicere quam vel apud se sentiant vel apud familiares loquantur. Et aliquoties non habeant quod respondeant consultoribus, cum perspiciunt aliud docuisse Christum, aliud humanis traditiunculis imperari. Quaeso, quid commercii Christo et Aristoteli? quid sophisticis captiunculis cum aeternae sapientiae mysteriis? quorsum tot quaestionum labirynthi? inter quas quam multae sunt ociosae, quam multae pestilentes, vel hoc ipso quod contentiones et dissidia pariunt! At sunt vestiganda quaedam, sunt et decernenda quaedam. Non abnuo. Sed e diuerso permulta sunt quae rectius sit omittere quam inquirere (et scientiae pars est quaedam nescire); permulta de quibus

392. annum *a*: annos *A*. 393. perdiderint *a*: perdidissent *A*.

389. Paulus] 1 Tim. 6. 4.

salubrius est ambigere quam statuere. Postremo si quid statuendum est, id velim reuerenter, non arroganter, et ex diuinis litteris, non e commenticiis hominum ratiunculis statui. Nunc neque quaestiuncularum vllus est finis; in quibus ipsis tamen quanta familiarum et factionum dissensio! Et cotidie decretum ex decreto nascitur. Breuiter eo redacta res est vt negocii summa non tam ex Christi praescripto quam ex scholasticorum definitionibus et episcoporum qualiumcunque potestate dependeat: quibus rebus sic inuoluta sunt omnia vt ne spes quidem sit mundum ad verum illum Christianismum reuocandi.

Haec aliaque permulta perspiciunt ac deplorant sanctissimi iidemque doctissimi viri, quorum omnium praecipuam causam in audax hoc et irreuerens recentium theologorum genus reiiciunt. O si tibi liceret, mi Dorpi, tacitis oculis animi mei cogitationes intueri; nimirum intelligeres quam multa prudens hoc reticeam loco. At horum aut nihil attigit Moria, aut certe leuissime attigit, ne quem offenderem. Atque eandem cautionem in omnibus seruare curaui, ne quid obscoene scriberem, ne quid pestiferum moribus, ne quid seditiosum, aut quod cum vllius ordinis iniuria coniunctum videri posset. Si quid ibi dictum est de diuorum cultu, semper reperies aliquid asscriptum quod palam testetur nihil aliud taxari quam superstitionem non recte colentium diuos. Item si quid in principes, si quid in episcopos, si quid dicitur in monachos, semper addimus quod declaret illud in ordinis iniuriam non esse dictum, sed in corruptos et suo indignos ordine, ne quenquam bonum laederem, dum malorum insector vitia. Ac rursus, dum hoc ago, subtractis omnium nominibus effeci, quod in me fuit, ne vel mali possent offendi. Postremo, dum salibus et iocis fictaque et ridicula persona tota peragitur fabula, curatum est vt tristes etiam et morosi boni consulant.

Iam illud non vt mordacius dictum notari scribis, sed vt impium; nam quo, inquis, pacto ferant piae aures quod futurae vitae felicitatem dementiae speciem vocas? Obsecro te, optime Dorpi, quis tuum candorem docuit subdolum hoc calumniandi genus? siue (quod magis arbitror) quis astutus ad hanc mihi struendam calumniam tua abusus est simplicitate? Ad hunc modum solent isti calumniatores pestilentissimi duo verba decerpere, eaque nuda, nonnunquam et immutata nonnihil, praetermissis his quae durum alioqui sermonem leniunt et explicant. Notat ac docet hanc astutiam in suis institutionibus Quintilianus, vt nostra quam commodissime referamus, additis confirmationibus, et si quid est quod mitiget, quod extenuet,

432. tibi *add. a.*

---

450. inquis] Ep. 304. 28–30.

quod alioqui causam adiuuet; contra, quae sunt aduersariorum, ea destituta his omnibus recitemus, idque verbis quam fieri potest odiosissimis. Hanc artem isti non ex Quintiliani praeceptis sed ex sua maleuolentia didicerunt; qua sepenumero fit vt quae magnopere placitura fuerint, si sic referantur vt scripta sunt, aliter recitata vehementer offendant. Relege, quaeso te, locum, ac diligenter inspice quibus gradibus quoque sermonis progressu huc peruentum sit vt felicitatem illam dementiae speciem esse dicerem; ad haec obserua quibus verbis id explicem. Videbis illic esse quod vere pias aures etiam delectet, tantum abest vt quicquam sit quod offendat. In tua recitatione offendiculum est, non in meo libello.

Etenim cum hoc ageret Moria, vt vniuersum rerum genus stulticiae nomine complecteretur, doceretque totius humanae felicitatis summam a stulticia pendere, per omne mortalium genus peruagata est vsque ad reges ac summos pontifices; deinde peruentum est ad ipsos Apostolos atque adeo Christum, quibus stulticiam quandam tributam reperimus in sacris litteris. Neque vero periculum est ne quis hic imaginetur Apostolos aut Christum vere stultos fuisse, sed quod in his quoque fuerit infirmum quiddam et nostris tributum affectibus, quod ad aeternam illam ac puram sapientiam parum sapiens videri possit. Verum haec ipsa stulticia vincit omnem mundi sapientiam; quemadmodum et Propheta omnem mortalium iusticiam pannis confert foeminae menstruo fluxu contaminatae. Non quod bonorum iusticia polluta sit, sed quod ea quae apud homines purissima sunt, quodammodo impura sint, si ad illam ineffabilem Dei puritatem conferantur. Et vt sapientem proposui stulticiam, ita sanam insaniam et cordatam amentiam facio. Quoque mollius esset quod de sanctorum fruitione sequebatur, praemitto tres Platonis furores, e quibus felicissimus sit amantium, qui nihil aliud sit quam ecstasis quaedam. At piorum ecstasis nihil aliud est quam gustus quidam futurae beatitudinis, qua toti absorbebimur in Deum, in illo magis quam in nobis ipsis futuri. At hunc Plato furorem vocat, cum quis extra se raptus in eo est quod amat eoque fruitur. Non vides quam diligenter paulo post distinxerim stulticiae et insaniae genera, ne quis simplicium in verbis nostris labi posset?

Verum de re non pugno, inquis, a verbis ipsis abhorrent piorum aures. At cur non offenduntur eaedem aures istae, cum Paulum audiunt dicentem, 'Quod stultum est Dei' et 'stulticiam crucis'? Cur non diuum Thomam in ius vocant, qui de Petri ecstasi scribit in hunc modum: 'Dum pie desipit, sermonem incipit de taberna-

481. Propheta] *Is.* 64. 6.
487. praemitto] LB. iv. 439 B. Platonis] *Phaedr.* 244 seq.
496. Paulum] 1 Cor. 1. 25 and 23.
498. Thomam] Perhaps cf. *Comm. in Matt.* 17. 5.

culis.' Sacrum illum ac felicem raptum desipientiam vocat. Et tamen ista canuntur in templis. Cur mihi non olim scripsere dicam, quod in precatione quadam Christum magum dixerim et incantatorem? Diuus Hieronymus Christum Samaritanum appellat, cum fuerit Iudaeus. Paulus eundem et peccatum vocat, quasi plus dicas quam peccatorem; maledictum vocat. Quam impium conuitium, si quis maligne velit interpretari? quam pia laus, si quis, vt Paulus scripsit, ita accipiat? Ad consimilem modum, si quis Christum praedonem appellet, si quis adulterum, si quis temulentum, si quis haereticum, nonne futurum sit vt boni omnes obturent aures? At si quis commodis verbis haec efferat, et sermonis progressu paulatim huc lectorem veluti manu deducat, quemadmodum triumphans per crucem praedam ab inferis abductam patri reuexerit, quemadmodum Moysi synagogam, velut vxorem Vriae, sibi adiunxerit, vt ex ea nasceretur pacificus ille populus, quo pacto charitatis musto temulentus semetipsum nobis impenderit, quemadmodum nouum doctrinae genus inuexerit, ab omnium et sapientum et insipientum placitis longe diuersissimum; quis quaeso poterit offendi, praesertim cum horum vocabulorum singula nonnunquam reperiamus in arcanis litteris in bonum vsurpata sensum? Nos in Chiliadibus (nam id obiter venit in mentem) Apostolos Silenos appellauimus, imo Christum ipsum Silenum quendam diximus. Accedat iniquus interpres qui hoc tribus verbis odiosius explicet, quid intolerabilius? At legat pius et aequus quae scripsi, probabit allegoriam.

Demiror autem nec illud animaduersum ab istis, quam cautim efferam ista, quamque correctione studeam mitigare. Sic enim propono: 'Sed posteaquam semel τὴν λεοντῆν induimus, age doceamus et illud, felicitatem Christianorum, quam tot laboribus expetunt, nihil aliud esse quam insaniae stulticiaeque genus quoddam. Absit inuidia verbis. Rem ipsam potius expendite.' Audisne? Primum quod Moria de re tam arcana disputat, id mitigo prouerbio, quod iam leonis exuuium induerit. Nec simpliciter appello stulticiam aut insaniam, sed 'stulticiae insaniaeque genus', vt piam stulticiam et felicem intelligas insaniam, iuxta distinctionem quam mox subiicio. Nec hoc contentus, addo 'quoddam', vt appareat figuram subesse, non simplicem esse sermonem. Nec his contentus, offensam deprecor, quam verborum sonus possit gignere, et admoneo vt magis obseruent quid dicatur quam quibus dicatur verbis; atque

511. lectorem *add. a.*

---

502. precatione] The first mentioned in Ep. 93. 101 n.: LB. v. 1213 A.

503. Hieronymus] *Hom. Orig. in Luc.* 34.

504. Paulus] Gal. 2. 17 and 3. 13.

519. Chiliadibus] *Adag.* 2201 *init.*: (LB. ii. 772 B and 771 D).

526. Sed posteaquam] LB. iv. 500 B.

haec quidem in ipsa statim propositione. Iam vero in ipsa rei tractatione quid est omnino quod non pie, quod non circumspecte sit dictum ac reuerentius etiam quam vt conueniat Moriae? Sed ibi malui paulisper obliuisci decori quam non satisfacere dignitati rei; malui rhetoricen offendere quam laedere pietatem. Ac postremo peracta probatione, ne quem moueret, quod de re tam sacra Stulticiam, hoc est iocosam personam, fecerim loquentem, et hanc deprecor culpam hisce verbis: 'Verum ego iamdudum oblita mei, ὑπὲρ τὰ ἐσκαμμένα πηδῶ. Quanquam si quid petulantius aut loquacius a me dictum videbitur, cogitate et Stulticiam et mulierem dixisse.'

Vides vt nusquam cessarim omnem offendiculi ansam praecidere. Verum ista non perpendunt, quorum aures praeter propositiones, conclusiones et corollaria nihil admittunt. Quid quod praefatione praemunierim libellum, qua conor omnem praecludere calumniam? Neque quicquam addubito quin ea candidis omnibus faciat satis. Quid autem facias istis qui vel ob ingenii pertinaciam sibi satisfieri nolint, vel stupidiores sint quam vt satisfactionem intelligant? Nam quemadmodum Simonides dixit Thessalos ebetiores esse quam vt possint a se decipi, ita quosdam videas stupidiores quam vt placari queant. Ad haec non mirum est inuenire quod calumnietur, qui nihil aliud quaerit nisi quod calumnietur. Quod si quis eodem animo legat diui Hieronymi libros, centum locos offendet quae calumniae pateant, nec deerit in omnium Christianissimo doctore quod ab istis haereticum possit appellari; ne quid interim dicam de Cypriano, de Lactantio deque caeteris consimilibus. Denique quis vnquam audiuit ludicrum argumentum in theologorum vocari cognitionem? Quod si placet, cur non eadem opera, quicquid a poetis hodie scribitur aut luditur, ad hanc excutiunt legem? Quot illic reperient obscoena, quot veterem paganismum olentia? Verum haec, quoniam inter seria non habentur, nemo theologorum existimat ad se pertinere.

Neque tamen postulem istorum exemplum mihi patrocinari. Ego nec ioco scriptum a me velim quod vllo pacto Christianorum officiat pietati; modo detur qui quod scriptum est intelligat, modo detur aequus et integer, quique cognoscere studeat, non affectet calumniari. At si quis istorum habeat rationem qui primum nullo sunt ingenio praediti, minore iudicio; deinde nihil omnino bonarum litterarum attigerunt, sordida tantum ista perturbataque doctrina infecti potius quam eruditi; denique infensi omnibus qui sciunt quod ipsi nesciant,

555. Simonides *a*: Themistocles *A*.

545. Verum ego] LB. iv. 504 B. 555. Simonides] Plut. *de Aud. Poet.* p. 15 D.

nec aliud secum adferentes propositum quam calumniandi, quicquid illud sit, quod forte vtcunque intellexerint: is nimirum nihil omnino scripturus est, si vacare velit calumnia. Quid quod istorum nonnullos gloriae studium ad calumniandum adducit? Nihil enim gloriosius inscitia cum scientiae persuasione coniuncta. Proinde cum vehementer sitiant famam nec eam possint bonis rationibus assequi, malunt Ephesium illum iuuenem imitari, qui incenso phano totius orbis celeberrimo nobilitatus est, quam inglorii viuere. Et cum ipsi nihil lectu dignum possint aedere, toti sunt in hoc, vt celebrium virorum lucubrationes carpant.

De aliis loquor, non de me, qui nihil omnino sum. Ac Moriae libellum ipse ne pili quidem facio, ne quis putet hac re commoueri nos. Quid autem mirum si tales quales modo diximus, propositiones aliquot eligant ex magno decerptas opere; quarum alias faciant scandalosas, alias irreuerentiales, alias male sonantes, alias impias et haeresim sapientes: non quod haec mala reperiant illic, sed quod ipsi secum adferant! Quanto placabilius erat et Christiano candore dignius, eruditorum hominum industriam fauore alere et, si quid forte fortuna fuerit elapsum incogitantius, aut conniuere aut comiter interpretari, quam inimice quaerere quod reprehendas, et sycophantam agere, non theologum! Quanto felicius mutua collatione vel docere vel discere et, vt Hieronymianis vtar verbis, in scripturarum campo sine nostro dolore ludere! At in istis mirum quam nihil sit medium. Quosdam autores sic legunt vt quantumuis manifestum inciderit erratum, vel friuolo praetextu defendant; in quosdam adeo sunt iniqui, vt nihil tam circumspecte dici possit quod non aliqua ratione calumnientur. Quanto praestiterat, dum haec agunt, dum vicissim et lacerant et lacerantur, simul et suum perdentes ocium et alienum, Graecas aut Hebraicas aut certe Latinas litteras discere! quarum cognitio tantum adfert momenti ad diuinarum scientiam litterarum, vt mihi sane videatur vehementer impudens earum rudem theologi nomen sibi vindicare.

Proinde, Martine optime, pro mea in te beniuolentia non te desinam adhortari, quod antehac sepius feci, vt studiis tuis saltem Graecarum litterarum cognitionem adiungas. Rara quaedam est ingenii tui felicitas. Stilus solidus et neruosus ac fluens et exuberans animum arguit non sanum modo verumetiam foecundum. Suppetit aetas non tantum integra sed virens adhuc et florida. Et vulgatum istum studiorum cursum iam feliciter absoluisti. Crede mihi, si istis tam praeclaris initiis Graecanicae litteraturae colophonem addideris, ausim tum mihi tum aliis omnibus magnum quiddam de te polliceri, et quod antehac nemo recentium theologorum praestiterit. Quod si in hac es opinione, vt amore verae pietatis putes omnem humanam eruditionem esse contemnendam, et arbitraris ad hanc sapientiam maiore compendio perueniri transfiguratione quadam in Christum, caeteraque omnia quae digna cognitu sint, plenius in fidei lumine perspici quam in hominum libris, facile tuae subscripsero sententiae. Quod si, vt nunc habet humanarum rerum status, veram theologicae rei cognitionem tibi promittis absque linguarum peritia, praesertim eius in qua pleraeque sunt traditae diuinae litterae, tota nimirum erras via.

Atque vtinam hanc rem persuadere tibi tam possim quam cupio; nam cupio non minus quam et te diligo et tuis studiis faueo, porro tum diligo effusissime, tum faueo impensissime. Quod si tibi non possum approbare, saltem illud amici precibus dones velim, vt periculum facias. Nihil recusabo supplicii, nisi fateberis amicum ac fidum fuisse consilium. Si quid meretur hic meus in te amor, si quid valet patria communis, si quid tribuis huic, non ausim dicere doctrinae, sed certe laboriosae in bonis litteris exercitationi, si quid tribuis aetati (nam quantum ad annos attinet, ego tibi pater esse possem); sine me hoc vel gratia vel autoritate, si minus argumentis, abs te impetrare. Ita demum mihi videbor eloquens, quod tu mihi soles tribuere, si hanc rem persuasero. Quod si assequor, futurum est vt vterque gaudeamus, ego dedisse consilium, tu paruisse; et qui nunc es omnium charissimus, hoc nomine non paulo futurus es charior, quod te tibi reddiderim chariorem. Sin minus, vereor ne natu iam grandior ac rerum vsu doctus et meum probaturus sis consilium et tuam damnaturus sententiam; quodque fere solet vsu venire, tum intelligas errorem tuum, cum serum erit mederi. Possem tibi permultos enumerare nominatim, qui cani iam coeperint in his litteris repuerascere, quod tandem animaduertissent sine his mancum ac caecum esse litterarum studium.

Verum hac de re nimis iam multa. Vt ad tuam redeam epistolam, quoniam existimas hac vna ratione leniri posse theologorum inuidiam et veterem instaurari fauorem, si quasi *παλινῳδῶν* Sophiae laudem opponam Morias Encomio, vehementer hortaris et obsecras vt ita faciam. Ego, mi Dorpi, qui neminem contemno nisi meipsum, quique cupiam, si liceat, vniuersos mortales habere placatos, nec hoc laboris grauarer suscipere, nisi prospicerem futurum vt si quid apud pauculos iniquos et indoctos ortum est inuidiae, non solum non extinguatur verumetiam magis exacerbetur. Proinde satius esse duco *μὴ κινεῖν τὸ εὖ κείμενον κακὸν, καὶ ταύτης Καμαρίνας μὴ ἅπτεσθαι.* Rectius, ni fallor, tempore languescet haec excetra.

Nunc ad alteram epistolae tuae partem venio. Operam meam

---

652. hortaris] Ep. 304. 69–75.

660. alteram] Ep. 304. 81 seq.

in Hieronymo restituendo magnopere comprobas et ad consimiles hortaris labores. Hortaris tu quidem iam currentem; quanquam non tam hortatoribus opus est ad hanc rem quam adiutoribus, tantum est in negocio difficultatis. Verum nolim posthac mihi quicquam credas, nisi hic veracem deprehenderis. Isti quos tantopere offendit Moria, nec Hieronymi probabunt aeditionem. Nec isti multo sunt aequiores Basilio, Chrysostomo, Nazianzeno quam nobis, nisi quod in nos licentius debacchantur; quanquam aliquoties irritatiores nec illis indigna luminibus verentur effutire. Bonas litteras metuunt et suae timent tyrannidi. Atque vt intelligas me non temere hoc diuinare, cum opus esset institutum et fama iam percrebuisset, accurrere quidam graues, vt habentur, viri et insignes, vt sibi videntur, theologi, per omnia sacra typographum obtestantes ne quid Graecitatis aut Hebraismi pateretur admisceri: ingens in eis litteris esse periculum, nec quicquam esse fructus; ad solam curiositatem esse paratas. Et ante hoc tempus cum apud Britannos agerem, forte fortuna incidit mihi compotatio cum Franciscano quodam primi nominis Scotista, qui plebis iudicio multum sapere, suo nihil nescire videtur. Huic cum exposuissem quid in Hieronymo conarer, vehementer admiratus est esse quicquam in huius libris quod a theologis non intelligeretur; homo vsque adeo indoctus vt demirer si tres versus in omnibus Hieronymi lucubrationibus recte intelligat. Addebat homo suauis, si quid in Hieronymi praefationibus addubitarem, Britonem omnia luculenter exposuisse.

Quaeso, mi Dorpi, quid istis facias theologis aut quid preceris, nisi forte fidelem medicum qui cerebro medeatur? Et tamen huius farinae sunt aliquoties qui in theologorum consessu fortissime vociferantur; hii de Christianismo pronunciant. Timent et horrent ceu rem periculosam ac pestilentem, quam diuus Hieronymus, quam Origines etiam senex magnis sudoribus sibi parauit, quo vere theologus esset. At Augustinus iam episcopus, iam senex, in Confessionum libris deplorat quod iuuenis ab eis litteris abhorruisset quae sibi in exponendis sacris litteris magno vsui esse potuissent. Si periculum est, non metuam hoc discriminis, quod viri tam sapientes affectarunt. Si curiositas, nolim esse sanctior Hieronymo de quo quam bene mereantur isti, qui quod ille fecit curiositatem vocant, viderint ipsi. Extat peruetustum pontificii senatus decretum de constituendis

688. Christianismo *A* a^2 : Christianissimo a^1 *Lond.*

671. institutum] Jerome was already begun in 1510 : see MHE. i. 1.

678. Scotista] The incident occurred in London. It is more fully related in the notes on Jerome, iv. f. 4 v°.

684. Britonem] Oliver of Tréguier († 1296), a learned Dominican, and commentator on the Sentences.

691. Augustinus] *Conf.* 1. 12 seq.

697. decretum] Cf. Ep. 182. 181 n.

doctoribus qui linguas aliquot publice traderent, cum de sophistica, de Aristotelis philosophia perdiscenda, nusquam vnquam quicquam sit cautum; nisi quod ista in Decretis vocantur in dubium, vtrum fas sit ea discere necne. Atque horum studium a multis ac magnis autoribus improbatur. Cur quod Pontificum autoritas iussit negligimus; de quo dubitatum est, imo quod improbatum, id solum amplectimur? Quanquam idem istis euenit in Aristotele quod in diuinis litteris. Adest vbique Nemesis illa, contempti sermonis vltrix; passim et hic hallucinantur, somniant, cecutiunt, impingunt, meraque portenta proferunt. His egregiis theologis debemus quod ex tam multis scriptoribus quos in catalogo recenset Hieronymus, tam pauci supersint, quia scribebant quod magistri nostri non intelligerent. His debemus quod diuum Hieronymum sic habemus deprauatum ac mutilum, vt aliis plus prope negocii sit in restituendo quam ipsi fuerit in scribendo.

Iam vero quod tertio loco scribis de Nouo Testamento, sane demiror quid tibi acciderit, aut quonam interim perspicacissimos ingenii tui oculos auerteris. Nolis quicquam a me mutari, nisi si quid forte sit apud Graecos significantius; et negas in hac qua vulgo vtimur aeditione quicquam esse vitii. Nefas esse putas rem tot saeculorum consensu, tot synodis approbatam, vllo pacto conuellere. Obsecro te, si vera scribis, eruditissime Dorpi, cur frequenter aliter citat Hieronymus, aliter Augustinus, aliter Ambrosius quam nos legimus? Cur Hieronymus multa reprehendit et corrigit nominatim, quae tamen in hac habentur aeditione? Quid facies cum tam multa consentiunt, hoc est cum secus habent Graecorum codices, cum ad horum exemplar citat Hieronymus, cum idem habent vetustissima Latinorum exemplaria, cum ipse sensus multo rectius quadrat? Num his omnibus contemptis tuum sequeris codicem fortassis a scriba deprauatum? Neque vero quisquam asseuerat in diuinis litteris vllum esse mendacium, quandoquidem et hoc adductum est abs te; neque totum hoc, de quo cum Hieronymo digladiatur Augustinus, quicquam ad rem pertinet. At illud ipsa res clamitat, et vel caeco, quod aiunt, potest esse perspicuum, sepe vel ob imperitiam interpretis vel ob oscitantiam Graeca male reddita esse, sepe germanam ac veram lectionem ab indoctis librariis fuisse deprauatam, id quod cotidie videmus accidere, aliquoties mutatam a semidoctis parum attentis. Vter magis fauet mendacio, qui haec corrigit ac restituit an qui citius ferat addi mendam quam tolli? quandoquidem ea deprauatorum natura est vt menda mendam gignat. Et sunt fere eiusmodi quae mutamus, vt ad emphasim pertineant magis quam

---

713. tertio] Ep. 304. 86 seq.

ad sensum ipsum; quanquam sepenumero magna sensus pars est emphasis. Verum non raro tota aberratum est via. Quod quoties accidit, quaeso te, quo confugit Augustinus, quo Ambrosius, quo Hilarius, quo Hieronymus, nisi ad Graecorum fontes? Id cum sit ecclesiasticis quoque decretis comprobatum, tamen tergiuersaris et studes refellere, vel potius elabi distinctiuncula.

Scribis eo saeculo Graecorum codices emendatiores fuisse Latinis; nunc contra esse, nec fidendum illorum libris qui desciuerint ab ecclesia Romana. Vix adducor vt credam te hoc ex animo scribere. Quid ais? non legemus eorum libros qui desciuerunt a fide Christiana? Cur igitur Aristoteli tantum autoritatis tribuunt ethnico, cui nihil vnquam fuerit cum fide commercii? Tota Iudaeorum gens a Christo desciuit; nihil igitur ponderis habebunt apud nos Psalmi et Prophetae suo sermone scripti? Iam mihi recense capita omnia in quibus Graeci a Latinis dissentiunt orthodoxis; nihil reperies quod ex Noui Testamenti verbis natum sit aut quod huc pertineat. Tantum de vocabulo hypostaseos, de processione sancti Spiritus, de consecrandi cerimoniis, de paupertate sacerdotum, de potestate Romani Pontificis controuersia est. At nihil horum ex falsatis approbant exemplaribus. At quid dices vbi videris sic interpretatum Originem, sic Chrysostomum, sic Basilium, sic Hieronymum? Num eo quoque saeculo falsauerat aliquis Graecorum codices? Aut quis vnquam deprehendit Graecorum codices vel vno in loco falsatos fuisse? Postremo cur falsare velint, cum hinc non tueantur sua dogmata? Adde huc quod semper in omni doctrinae genere Graecorum codices emendatiores fuisse quam nostros fatetur et M. Tullius, quanquam alioqui Graecis iniquior. Nam distinctio litterarum, apices et ipsa scripturae difficultas in causa est quo minus facile queant vitiari; aut si quid fuerit vitiatum, facilius possit restitui.

Porro quod scribis ab hac aeditione non esse recedendum tot videlicet consiliis approbata, more vulgarium theologorum facis; qui quicquid vllo modo in publicum vsum irrepsit, ecclesiasticae tribuere solent autoritati. At mihi vel vnam profer synodum in qua sit haec aeditio comprobata. Nam qui comprobauit, quae cuius sit nemo nouit? Nam Hieronymi non esse vel ipse testantur Hieronymi praefationes. Sed esto comprobarit synodus aliqua: num ita comprobauit vt nihil omnino liceat ex Graecorum fontibus emendare? Num mendas etiam omnes comprobauit, quae variis modis potuerint irrepere? Num huiusmodi verbis conceptum fuit decretum a patribus? 'Haec aeditio cuius sit autoris nescimus, sed tamen eam appro-

752. suo *A* : illorum *a*.

745. Scribis] Ep. 304. 111 seq.

764. Tullius] Cf. *Ep. Q. Fr.* 3. 5. 6, and 3. 4. 3.

768. scribis] Ep. 304. 93 seq.

bamus; nec obstare volumus, si quid secus habent Graeci codices, quantumuis emendati; si quid secus legit Chrysostomus aut Basilius aut Athanasius aut Hieronymus, etiam si illud magis quadrauerit ad sensum euangelicum: et tamen hos ipsos autores in caeteris magnopere comprobamus. Quin etiam quicquid in posterum quocunque modo vel a semidoctis et audaculis vel ab imperitis, ebriis, oscitantibus librariis fuerit viciatum, deprauatum, additum, omissum, eadem probamus autoritate; neque cuiquam volumus licere mutare scripturam semel inductam.' Ridiculum decretum, inquis. At huiusmodi necesse est fuisse, si nos autoritate synodi deterres ab hac industria.

Postremo quid dicturi sumus, vbi viderimus nec huius aeditionis exemplaria consentire? Num et hanc pugnantiam approbauit synodus, praescia videlicet quid quisque mutaturus esset? Atque vtinam, mi Dorpi, tantum esset ocii Romanis Pontificibus vt hisce de rebus salutares aederent constitutiones: quibus caueretur de restituendis bonorum autorum monumentis, de parandis et reponendis emendatis exemplaribus. Verum in eo consilio sedere nolim istos falsissimo nomine theologos, qui huc tantum spectant vt quod ipsi didicerunt, id solum habeatur in precio. Quid autem isti didicerunt, quod non sit ineptissimum et idem confusissimum? Quibus si contingat tyrannis, futurum est vt antiquatis optimis autoribus insulsissimas istorum naenias pro oraculis habere cogatur mundus: quae vsque adeo nihil habent bonae eruditionis, vt ego sane malim vel mediocris esse cerdo quam istius generis optimus, si nihil melioris accesserit doctrinae. Isti sunt qui nolint quicquam restitui, ne quid ignorasse videantur. Hii nobis fictam synodorum autoritatem obiiciunt; hii magnum Christianae fidei discrimen exaggerant; hii periculum ecclesiae (quam isti scilicet humeris suppositis fulciunt, rectius plaustrum fulturi) et huiusmodi fumos spargunt apud vulgus indoctum ac superstitiosum; apud quod cum pro theologis habeantur, nolint vllam opinionis suae iacturam facere. Verentur ne, cum perperam diuinas citant litteras, id quod sepenumero faciunt, Graecae aut Hebraicae veritatis autoritas in os iaciatur, et mox appareat esse somnium quod velut oraculum adducebatur. Diuus Augustinus, vir tantus, ad haec episcopus, non grauatur vel ab anniculo puero discere. Isti tales malunt omnia sursum ac deorsum miscere quam committere vt quicquam videantur ignorare quod ad absolutam pertineat eruditionem: quanquam nihil hic video quod magnopere pertineat ad fidei Christianae synceritatem. Quod si maxime pertineret, hoc certe magis esset elaborandum.

Neque vero periculum est ne protinus omnes desciscant a Christo, si fors auditum fuerit repertum esse in sacris libris quod vel scriba deprauarit indoctus aut dormitans vel interpres nescio quis parum apte verterit. Aliis ex rebus hoc periculum est, quas hoc loco prudens subticeo. Quanto Christianius fuerit semotis contentionibus quod quisque possit in communem vsum libenter conferre, idque candide amplecti, simulque et citra fastum discere quod nescias, et citra inuidiam docere quod scias. Quod si qui sunt illitteratiores quam vt quicquam recte docere possint, elatiores quam vt quicquam discere velint; hos, quoniam pauculi sunt, valere sinamus, et bonarum aut certe bonae spei mentium potius habeamus rationem. Ostendi quondam meas annotationes rudes adhuc et adhuc a follibus, quod aiunt, calentes viris integerrimis, summis theologis, doctissimis episcopis. Hii fatebantur ex illis qualibuscunque rudimentis sibi plurimum lucis affulsisse ad diuinarum litterarum cognitionem.

Porro quod admones sciebam, Laurentium Vallam ante nos hoc laboris occupasse, quippe cuius annotationes primus curarim euulgandas; et Iacobi Fabri in Paulinas epistolas commentarios vidi. Atque vtinam ab his sic esset elaboratum vt nostra industria nihil foret opus. Equidem Vallam plurima laude dignum arbitror, hominem rhetoricum magis quam theologum, qui hac diligentia sit vsus in sacris litteris vt Graeca cum Latinis contulerit, cum non pauci sint theologi qui nunquam vniuersum Testamentum ordine perlegerint: quanquam ab hoc aliquot locis dissentio, praesertim in his quae ad rem theologicam pertinent. Porro Iacobus Faber commentarios illos iam tum habebat in manibus, cum nos hoc operis moliremur; ac parum commode euenit vt nec in familiarissimis colloquiis alterutri nostrum in mentem venerit de suo meminisse instituto. Nec ante cognoui quid agitasset ille, priusquam opus formulis excusum prodisset. Et huius conatum vehementer approbo: quanquam ab hoc quoque locis aliquot dissentimus inuiti, cum tali amico libenter ὁμόψηφοι futuri per omnia, nisi veri magis quam amici esset habenda ratio, praesertim in sacris litteris.

Sed mihi nondum satis liquet cur hos duos obiicias. Num vt a re velut occupata deterreas? At apparebit me post tantos etiam viros non sine causa laborem hunc suscepisse. An hoc significas, nec istorum industriam probari theologis? Equidem quid Laurentio ad veterem illam inuidiam accesserit non video. Fabrum audio probari ab omnibus. Quid quod nec omnino simile negocium molimur? Laurentius tantum annotauit locos aliquot, idque, vt apparet, in transcursu leuique, quod dici solet, brachio. Faber in Paulinas dun-

837. vidi *A* : videram *a*.

835. admones] Ep. 304. 89 seq.
836. euulgandas] Ep. 182 introd.
844. Faber] Cf. Ep. 326. 90 seq.
847. colloquiis] Probably during Erasmus' visit to Paris in 1511; cf. Epp. 218-22.

taxat Epistolas aedidit commentarios, easque suo more vertit: tum si quid discrepabat, obiter annotauit. Nos vniuersum Testamentum Nouum ad Graecorum exemplaria vertimus, additis e regione Graecis, quo cuiuis promptum sit conferre. Adiecimus separatim Annotationes, in quibus partim argumentis, partim veterum autoritate theologorum docemus non temere mutatum quod emendauimus, ne vel fide careat nostra correctio vel facile deprauari possit quod emendatum est. Atque vtinam praestare potuissemus quod sedulo sumus conati. Nam quantum ad ecclesiae negocium attinet, nihil verebor has meas vigiliolas cuiuis episcopo, cuiuis cardinali, cuiuis etiam Romano Pontifici dicare, modo talis sit qualem habemus. Postremo non dubito futurum quin tu quoque sis aedito libro gratulaturus, qui nunc ab aedendo dehortaris, modo vel paululum eas degustaris litteras sine quibus hisce de ebus recte iudicari non possit.

Vide, mi Dorpi, vt eodem officio geminam inieris gratiam; nimirum alteram apud theologos istos, quorum nomine diligentissime functus sis tua legatione; alteram apud me, cui tam amica admonitione testatiorem feceris amorem tuum. Tu vicissim boni consules nostram aeque liberam satisfactionem; et, si sapis, nostro consilio potius accedes, qui tuam vnius rem ago, quam istorum qui tuum ingenium eximiis rebus natum non ob aliud student in suam trahere factionem quam quo tanti ducis accessione suas communiant copias. Sequantur illi meliora, si possint; sin minus, tu tamen quod est optimum sequere. Quod si non potes illos reddere meliores, id quod velim te adniti, saltem illud caue, ne te reddant deteriorem. Porro fac vt qua fide causam istorum apud me egisti, eadem meam agas apud istos. Placabis homines, quoad fieri potest, et persuadebis me quod facio non in eorum facere contumeliam qui hasce litteras nesciunt, sed in publicam omnium vtilitatem; quae nemini non patebit, si velit vti, neminem vrgebit, si malit carere: tum eo esse animo vt, si quis exoriatur qui rectiora docere possit aut velit, me primum fore qui nostra rescindam et abrogem et illius subscribam sententiae.

Iohanni Paludano multam ex me salutem dicito, cum quo fac vt hanc de Moria litem partiaris propter commentarios illi dicatos a Listrio nostro. Doctissimo Neuio, humanissimo D. Nicolao de Beueris, Praeposito diui Petri, fac me diligenter commendes. Menardum Abbatem, quem tam magnificis ornas praeconiis, nec dubito quin, qua es fide, verissimis, vel tua causa diligo venerorque, neque negligam in litteris meis, simul atque inciderit commoditas, eius

871. Romano *A* a^3 : Romano etiam a^2 *Lond.*

---

895. Nicolao] of Burgundy; Ep. 144. Beveren was one of the lordships belonging to the family; cf. Ep. 93 introd.

honorificam facere mentionem. Bene vale, mortalium charissime Dorpi. Antuuerpiae. An. M.D.XV.

^{335}338$_{446}$ FROM LEO X.

Basle MSS. Erasmiana Urk. II^{b}. 2, 3 ($\beta^{1, 2}$). Rome.
Breue f^{o}. a^2 v°. (β^3). 10 July 1515.
B. f^{o}. c^4: C^2. p. 220: F. p. 80: HN: Lond. ii. 4: LB. 178.

[There are two manuscripts of this letter and Ep. 339 in the Basle University Library. One (β^1) is in the hand of Boniface Amorbach, and from its similarity with the Velleius (Basle MS. AN. II. 38), which he finished copying on 11 Aug. 1516, it was probably written at the same period; an inference which, as will be seen, accords with the facts. The other, Urk. II^{b}. 3 (β^2), is in the hand of Conrad Fonteius (p. 67), and though it agrees with β^1 except in some negligible variants, its reading in Ep. 339. 1 shows that it is independent.

The letters were first printed in B in Oct. 1516; but later in the year they were published separately by Beatus Rhenanus (β^3) in response to a request from Othmar Nachtgall. The book, *Breue sanctissimi domini nostri Leonis X ad Desyderium Erasmum Roterodamum*, Basle, Froben, consists of only eight pages and is without date; but Beatus' preface to Nachtgall (BRE. 54) is dated 'pridie Calendas Ianuarias. Anno M.D. XVI', which in BRE. is interpreted as 31 Dec. 1515. According to commoner practice, however, the date should mean 31 Dec. 1516; and this is confirmed by the wanderings of the letters before they reached Erasmus' hands. On arriving in England, perhaps c. 19 August 1515 (Brewer ii. 823), they were given into the charge of Ammonius. He, feeling uncertain of Erasmus' movements, retained them; and it was not till Feb. 1516 that he ventured to send one of the duplicates of Ep. 338 and the copy of Ep. 339, together with Ep. 340, through Pace (Ep. 427 and 429) to Erasmus at Basle (Ep. 389. 20-26). After following Pace into Italy (Jortin ii. 347) these did not reach Basle until Erasmus had left; and though they were dispatched after him (Epp. 419 and 460), the first that he saw of these proofs of Papal favour was when Meghen (Ep. 412 introd.) arrived at Antwerp in July 1516 with the other copy of Ep. 338 sent by Ammonius (Ep. 429. 5, 6). Ep. 339 he cannot have seen till he reached England a few days later (Ep. 429 and 457. 37, 8). The documents sent through Pace, except Ep. 340, were finally delivered to him at Antwerp in September (Ep. 475. 36, 7; cf. Brewer ii. 2299).

β^1 and β^3 agree together and differ from B in two important readings, where Erasmus decided to alter the text. It is clear, therefore, that Boniface's copy was taken from the documents sent by Ammonius to Basle; and that Beatus' book may have been printed from his manuscript. Further confirmation for the date assigned to Beatus' preface is given by the mention in it of his recent visit to Strasburg; cf. Ep. 460 and BRE. 62.

Sadolet, who composed Epp. 338 and 339, had been appointed Papal Secretary on the accession of Leo x. The dates given are unquestionable.]

LEO PAPA X.

DILECTE fili, salutem et Apostolicam benedictionem. Letati admodum sumus ex tuis ad nos litteris Londini datis; pertulerunt enim cum amorem tuum, tum praeclarum de nobis iuditium quod facis; quorum vtrumque nobis gratissimum. Hoc etiam erant ambo illustriora, quod non a quouis homine, sed a viro doctissimo et nobis probatissimo, quem et in minoribus cognouimus, illa nobis accidebat gratulatio, quam summa scribentis fides et summa eloquentia commendaret. Quapropter volumus tibi certo persuasum esse nos alterum effecturos, vt virtutem et beneuolentiam tuam erga nos singularibus nostrae paternae caritatis occasione oblata excipiamus offitiis; in altero conaturos vt tuis egregiis de nobis iuditiis studia nostra consentiant. Vtinam auctor ille summus bonarum non actionum solum verum etiam mentium, qui nos nullis insignibus meritis ornatos sola sua liberalitate et prouidentia ad hunc altissimum gradum produxit dignitatis amplissime, quemadmodum ea optare nos voluit quae ad optimum Christianae reipublicae statum faciunt et sunt idonea, ita viam muniat qua sit nobis expeditus cursus ad veram pietatem atque virtutem inter homines instaurandam. Et sunt adhuc quidem aliqua incohata per nos, quae tu amanter in tuis litteris attingis. Sed restant maiora multo et difficiliora, ad que diuino maxime opus est auxilio; quod si affuerit, dabimus operam vt qui bene de nobis et natura nostra sentiunt, id vero iuditio facere videantur.

Verum haec Deus misericordie viderit. Nos et volumina diui Hieronymi tua cura elaborata iucunda quadam cupiditate expectabimus, et promissum tuum quo omnium studiorum tuorum fructus te nobis delaturum affirmas, in maximi muneris loco ducemus in eoque gratiam tibi sumus habituri. Amamus autem multum hoc nomine venerabilem fratrem Archiepiscopum Cantuariensem, quod in tua virtute studiis suis confouenda satis ipse egregium testimonium perhibet et virtutis et dignitatis suae. Et quoniam abes longe gentium atque in ea es insula in qua regnum obtinet Rex clarissimus et nobis ac Sedi Apostolicae omni ratione coniunctissimus filius, scribimus ad eum litteras in commendationem tui: quas ipsas et earum exemplum tibi mitti iussimus, si viderentur reddende, vt redderes. Nos tum communi studio nostro et amore erga bonas litteras, tum praecipua quadam opinione virtutis et doctrinae tuae desideramus admodum tuis ornamentis et commodis patere aliqua occasione liberalitatem nostram, sicut et nostra in te voluntas postulat et virtus tua meretur.

Datum Rome apud sanctum Petrum, sub annulo piscatoris Die x. Iulii M.D.XV. Pontificatus nostri anno tertio. Ia. Sadoletus.

Dilecto filio Erasmo Roterodamo.

11. vt β^3 : ne *verius quam* vt β^1, *sed fortasse postea emendatum*. 13. etiam β^1*B*: et β^3. 25. et Noui Testamenti *add. B post* Hieronymi. 31. Et quoniam ... 35. redderes *om. B.*

25. Hieronymi] The insertion made in B was rendered necessary by the change made in the dedications. In Ep. 335 there is no allusion to the New Testament.

31. Et quoniam ... 35. redderes] In omitting this passage Erasmus may have wished it to be thought that the letter to Henry (Ep. 339) had been sent direct; but cf. Ep. 389. 27–9.

339. From Leo X to Henry VIII.

Vatican MS. Arm. 44, vol. 5, f. 71 (a). Rome.
Basle MSS. Urk. II^b 2, 3 ($\beta^{1, 2}$): Breue f°. a^3 v°. (β^3). 10 July 1515.
B. f°. d: C^2. p. 222: F. p. 81: HN: Lond. ii. 5: LB. 179.

[The earliest source is a rough draft in the Vatican Archives, which Dr. G. Brom, Director of the Nederlandsch Historisch Instituut at Rome, has brought to my notice. It is in Sadolet's hand and is endorsed: 'Regi Anglie, pro Erasmo Roterodamo. Sad⟨oletus⟩ x Iulii 3.' For β see Ep. 338 introd. β^2 has only a fragment of this letter, down to *singularis* (l. 4). At the end of β^1 Boniface Amorbach has written: 'Exemplum Breuis ad regiam maiestatem in commendationem D. Erasmi: Regi Anglorum.']

LEO PAPA X CHARISSIMO IN CHRISTO FILIO NOSTRO HENRICO, ANGLIAE REGI ILLVSTRISSIMO.

Carissime in Christo fili noster, salutem et Apostolicam benedictionem. Extat quoddam nostrum studium erga homines doctos et eiusmodi litteras quae et sunt re ipsa et appellantur bonae, ac animi affectio prope singularis innata quidem nobis a pueris et domestica disciplina confirmata, sed aetate progrediente etiam iudicio aucta; tum quod homines hosce qui optimas artes et litteras sectantur, minime malos esse integerrimaque fide preditos saepe iam experti sumus; tum quod ab hac scientia et sancte Ecclesie doctorum eloquentia scimus maxima non adiumenta modo verum etiam ornamenta in Christianam rempublicam profecta fuisse. His causis adducti diligimus admodum in Domino dilectum filium Erasmum Roterodamum, quem inter primos huius scientiae atque artis esse iudicamus: notum quidem nobis et domestico congressu antea cum in minoribus essemus, sed deinde longe magis ex eis ingenii monumentis quae litteris mandauit, non notum solum verum etiam maxime probatum. Is ad nos ex Anglia, vbi nunc commoratur, litteras misit plenissimas officii; nobis hoc etiam gratiores, quod afferunt secum ab illo testimonium regie istius virtutis et magnanimitatis tuae: qua commemoratione nihil nobis est pro nostra summa in maiestatem tuam beniuolentia iucundius.

Eum nobis visum est maiestati tuae commendare, neque illi nos nunc certam rem vllam a te petimus, neque vero ipse hoc a nobis postulat; sed facimus sponte nostra, vt quibus nos ex animo bene volumus, eisdem ab aliis qui possunt, similem voluntatem et beniuolentiam requiramus. Erit igitur nobis vehementer gratum, si quid ipse maiestatis tuae gratiam, fauorem humanitatemue desiderauerit,

TIT. LEO PAPA X $\beta^{1,3}$, *cui* CHARISSIMO ... ILLVSTRISSIMO *add. B Corrig.*: REGI ANGLIE a: *om.* β^2. 1. in Christo *add.* β. fili *add.* β^2. noster ... benedictionem *add.* β. 13. et a: ex *H.* 17. afferunt $a\beta^3$: afferant β^1. 22. postulauit *B.*

---

13. domestico congressu] Cf. Ep. 335. 11 n.

vt ei preter eam liberalitatem quam sponte tua deferres, etiam ostendas magnum hac nostra commendatione pondus accessisse. Hoc cum pergratum nobis fuerit, tum maiestati tue, vt quidem arbitramur, perhonorificum. Datum Romae apud sanctum Petrum, sub annulo piscatoris, die . x. Iulii. 1515. Pontificatus nostri anno 3°.

Ia. Sadoletus.

[333]340. From Raffaelle Riario.

Opus Epistolarum p. 869. Rome.
N: Lond. xxii. 13: LB. 180. 18 July 1515.

[This letter was dispatched by Ammonius to Basle with the other documents mentioned in Ep. 338 introd. For some reason it was mislaid and in 1518 had not yet reached Erasmus; cf. Lond. iii. 11 and v. 26, LB. 315 and 331. Hence the delay in its publication.]

RAPHAEL CARD. S. GEORGII ERASMO ROT. S.

Clarissime vir, amice singularis, salutem. Duo praecipue tuis in literis exosculati sumus; priscam quandam planeque Romani candoris facundiam, sed eam nobis iam pridem cognitam perspectamque, abunde quidem ex tuis eruditissimis colloquiis, sed multo vberius ex praeclaris ingenii tui monumentis, quae abs te et Graeca Latinaque literatura et prosa pariter atque carmine perpolita in lucem prodierunt; quae vt nomen tuum seculorum aeternae memoriae consecrabunt, ita Britanniae multis rebus per se clarae non parum splendoris adiunget alumnus Erasmus. Alterum non minus gratum fuit quam est nouum. Significas enim te consultare de repetenda Vrbe; quod quo vehementius optamus, hoc minus audemus nobis polliceri, ne nos ipsos coniiciamus in falsum gaudium. Vtinam quod deliberas, semel statuisses. Vereor enim, vt sunt volubiles hominum cogitationes variaeque rerum ac temporum occasiones, ne qua res alio deflectat animum tuum, nec ad diem abs te praescriptum nos inuisas. Tum quemadmodum inuiti te dimisimus, nec alio nomine potuisti commeatum a nostris affectibus impetrare, nisi quod dicebas te serenissimi Regis, Archiepiscopi Cantuariensis, Guilhelmi Montioii crebris literis inuitatum in Britanniam, ita non audemus te a tam eximiis Moecenatibus improbis hortatibus auellere.

Arbitror animum meum tibi non ignotum esse. Hoc tantum admonemus prudentiam tuam, praesentem huius vrbis occasionem non esse negligendam, siue quaeris emolumentum siue dignitatem spectas, quorum neutrum censeo tibi contemnendum; siquidem et imminenti senectuti mature procurandum est viaticum, et dignitas te

339. 29. cum *a*: tum *B*. 30. apud . . . 31. piscatoris *add. B*. 31. die *add. β*. Pontificatus nostri *add. B*. 32. Ia. Sadoletus *add. β³*.

ab inuidiae, quae semper egregiae laudis comes esse solet, morsibus vindicabit. Quicunque literis pollent, ad vrbem hanc velut ad theatrum conuolant vndique, vbi non solum summis viris, id est tui similibus, amplissima virtutis praemia parata sunt, verum etiam vulgaris notae hominibus non deest suus honos, quo prouocentur ad altiorem gradum. Quid quod Roma te suo iure veluti suum reposcit? et quanquam hoc habet cum multis vrbibus commune, quemadmodum Homerum septem vrbes sibi certatim vendicabant, tamen haec vrbs in hoc certamine nullius studio cessura videtur. Aliis alia patria est; Roma communis literatorum omnium et patria est et altrix et euectrix. Contristasti nos discessu tuo; vtinam reditu laetifices.

Quod diuum Hieronymum emaculatum in lucem reuocasti, ad me nonnihil videtur attinere, qui sacerdotium cum illo commune in Romana Ecclesia obtineo. Nae tu praeclarum illi monumentum erexisti, tui quoque nominis aeternam memoriam seruaturum. Proinde curabitur vt quam primum illum nobis denuo comparemus, quo videlicet in eo versantes et sermonis elegantia delectemur et saluberrimis praeceptis ad pietatem instruamur; quod vtinam aliquando liceat tecum, qui mihi, quum hic ageres, ad dicendi facultatem tantum aperuisti lucis, quantum antehac ab alio nemine fuit ostensum. Bene vale, die XVIII. Iulii Anno domini M.D.XV.

341. TO THE READER.

De constructione f°. a². Basle.
LB. i. 167. 30 July 1515.

[The preface to a revised edition (cf. l. 29 n.) of a little work on Latin syntax entitled *Absolutissimus de octo orationis partium constructione libellus*, Basle, Froben, Aug. 1515 (α); concerning the genesis of which Erasmus gives here some details. In Sept. 1517 Froben published a new edition (β), revised again by Erasmus for his godson, who is styled in both title-page and colophon 'Erasmus Frobenius'. In a Louvain edition of Sept. 1516 Martens reprinted this preface without change; but in another by him of Oct. 1523 (γ) there is an omission which is corrected in the *Opera* of 1540, vol. i (δ). The date is confirmed by the book.]

ERASMVS ROTERODAMVS CANDIDIS LECTORIBVS S. D.

IPSA re comperio verum esse quod olim Graecorum prouerbio dictum est, εὖνοι' ἄκαιρος οὐδὲν ἔχθρας διαφέρει. Video passim exoriri mei nominis et quam ipse velim studiosiores, qui libros mihi asserunt quos aut non scripsi, aut certe non in hoc scripsi vt aederentur. Vetus hic mos studiosorum hominum, vt omnes animi affectus chartis ceu fidis, vt ait Flaccus, sodalibus committant. Neque protinus

341. 6. ceu αγ: seu β.

340. 39. sacerdotium] S. Lorenzo in Damaso, of which Jerome is said to have been Cardinal Priest; see Ciaconius i. 253 and iii. 70.
45. dicendi] Cf. Ep. 333 introd.
341. 6. Flaccus] *Sat.* 2. 1. 30, 1.

euulgari velimus quicquid cum amiculo congerrone vel stomachamur vel nugamur. Ediderunt epigrammata a me quidem scripta (non inficior) sed non in hoc scripta. Ea, sicuti coniicio, famulus suffuratus typographis vendidit. Alius quispiam ex pauculis paginis iisque deprauatissime scriptis, velut ex opere edito, dictu mirum quam multa citet et inculcet de ratione conscribendarum epistolarum. Et vt de caeteris minutioribus sileam, nuper hunc περὶ συντάξεως libellum mihi veluti postliminio vindicarunt, primitus nullius aeditum titulo.

Quaerebat Iohannes Coletus, theologus inter Anglos eximius, nouae scholae suae nouum de Constructione libellum, qui simul et compendio pueris commendaretur et perspicuitate. Eum huius iussu scripserat Gulielmus Lilius, vir vtriusque literaturae haud vulgariter peritus et mirus recte instituendae pubis artifex. Absolutum ab illo mihi tradidit, imo obtrusit emendandum; quid enim facerem, cum vir ille rogandi finem non faceret, tam amicus vt nefas esse ducerem quicquam negare precanti, tantae vero authoritatis, sic de me meritus, vt suo iure quiduis etiam imperare posset Erasmo? Quoniam autem sic emendaram vt pleraque mutarim (nam id mihi videbam esse facilius), nec Lilius, vt est nimia quadam modestia praeditus, passus est librum suo vulgari nomine, nec ego iudicaui mei candoris esse vsurpare mihi in quo quicquam esset alienum. Proinde magnopere sum interminatus, cuiusuis titulum asscriberent, modo ne meum. Itaque recusante vtroque libellus ἀνώνυμος prodiit, Coleti duntaxat praefatiuncula commendatus.

Quem quidem libellum in praesentia nec laudaturus sum, ne cui videar arrogantior, nec vituperaturus, ne parum candidus habear. Verum haec praefari visum est, ne posthac quisquam vt meum amplectatur quod ipse praefatiuncula mihi non assero. Plus satis erratorum et in iis quae publicantur a nobis, vt nemo alius edat

22. sic *a*: *om.* γ: tam δ.

8. epigrammata] First published by Badius with the *Adagia* 8 Jan. 1507; Badius also published a separate edition on 15 July 1512.

9. famulus] This statement is perhaps only another instance of the disclaimer in the cause of modesty; cf. Ep. 30. 16 n.

12. epistolarum] Cf. Ep. 71 introd.

18. Lilius] Wm. Lily (1468?—1522) after a degree at Oxford went on pilgrimage to Jerusalem and resided for some years in Rhodes (BRE. 72). He also studied in Italy and became a good Greek scholar. His return to England may probably be placed before 1500. Settling in London (cf. Ep. 185. 13 n.) he was intimate with More, with whom he contended in verse-writing (see More's *Epigrammata*), and with Colet, who appointed him first high master of St. Paul's School in 1512—an office which he held until his death. But his name rarely occurs in Erasmus' writings. His fame as a grammarian was great and rested upon this work and another small syntax composed at Colet's request c. 1509. The two books were subsequently combined and served for more than a century as a national Latin grammar. See DNB.

29. libellus] The first edition was by R. Pynson, 1513, with a preface by Colet, also dated in 1513; from which it appears that Colet had some share in the book.

quae vel non scripsimus vel non emendauimus. Bene vale, lector amice.

BASILEAE. III. CALENDAS AVGVSTI. M.D.XV.

342. FROM NICHOLAS GERBELL.

Deventer MS. 91, f. 129 v°. Strasburg.
LB. App. 42. ⟨August init.⟩ 1515.

[Not long before Ep. 343.

Nicholas Gerbell of Pforzheim (c. 1485—c. 20 Jan. 1560) was studying at Vienna under Celtis c. 1502 (VE. s^{1}. 17). On 16 June 1506 he matriculated at Cologne, whence he corresponded with Trithemius in June 1507 (TE). In 1508 he was M.A. at Tübingen and in 1510 was studying Aquinas in the Dominican college there; but nevertheless he was an admirer (RE. 98) and supporter of Reuchlin in his contest with that order. Pellican found him at Pforzheim in 1512 (CPR. p. 44); but by 31 May he had returned to Vienna (RE. 149), where he edited a number of books for Vietor and Singren and the Alantsees. In 1514 he went to Italy, where he visited Aldus and met Gesner at Venice, and on 2 Oct. was made Doctor of Canon Law at Bologna (MHE. ii. 30; not Vienna, as Pellican). In 1515 he came to Strasburg and began to work for Schürer; interrupting this by a short visit to Basle in the autumn (cf. Epp. 358. 5 n. and 364 introd.) to assist in correcting the proofs of Erasmus' *Nouum Instrumentum*. The remainder of his life was spent at Strasburg, where he became legal adviser to the Bishop and the Cathedral Chapter, and 1541–3 was Public Reader in History. He sympathized with the Reformers, and at one time was closely connected with them; but subsequently his literary interests reasserted themselves and he published many historical and geographical works. In March 1521 he edited the New Testament in Greek, Hagenau, T. Anshelm.

See C. Varrentrapp in *Strassburger Festschrift zur xlvi. Versammlung Deutscher Philologen*, 1901; Aschbach, *Wiener Univ.*, ii; ADB; and for a trace of his papers HE. 21.]

NICOLAVS GERBELLIVS ERASMO IN CHRISTO IESV SALVTEM P.

QVAM molestus mihi fuerit abitus tuus nec dicere ausim nec scribere, videlicet ne rursum in os mihi obiicias, linguam me velle exercere vel eloquentiam; in quibus quam sim egenus quamque ieiunus, ego iamdudum expertus sum, vsque adeo manifeste vt nec vno etiam teste sit opus. Vtcunque feras tamen, hoc nec volo nec possum dissimulare, nunquam mihi cum quouis homine necessitudinem fuisse gratiorem, nullius vnquam me praesentia plus oblectatum, aut cuiusquam penitius gauisum colloquio affatuque plusquam humano, plusquam suaui, plus quam dici potest iucundo, quam Erasmi mei: cui si vel vnum aut alterum tam gratum foret in Gerbellio quam accepta sunt mihi vniuersa in Erasmo, gaudium meum numeris absolutum praedicarem omnibus; neque vlla re, quantumuis magna, me perfectius beatum esse posse quam si familiaritas nostra, qualiscunque sit haec, Erasmo non vndequaque displiceret.

Scio quid nunc facis, rides; scio quid cogites, ex ore me illa loqui,

342. 11. gadium *MS.*

---

342. 1. abitus] This word suggests a residence of some length, not a mere passing through; cf. Ep. 337 introd.

non ex pectore. Sed nescis, Erasme doctissime, quantum in hac tua opinione deciperis; mallem etenim vel nihil scribere potius quam mentiri, vel, si honestius quis fieri putat, talia confingere. Exerces stilum, ais? Fieri potest et illud sine fuco, sine fraude, citra simulationem. Exerces linguam? Faciunt et hoc pueri, non tam fictis sepenumero quam veris argumentis vtentes. Sed hoc nihil ad amiciciam, inquis, que simplex atque vera non alicubi quam in ipso habitat pectore. Haud aliter (vt me Deus amat) facit sentitque Gerbellius; cuius si pectus posses corporeis penetrare oculis, litteras (ad hoc quantum attinet) nihil foret opus.

Sed de hoc satis. Credo etenim non tam durum esse Erasmum vt bona quae sunt vertat in malum, eumque qui syncere amat, adulatorem putet potius quam amicum. Opus Lucubrationum fabrefit modo cura non admodum vulgari; cui negotio, quantum fieri potest, adsum viribus omnibus. Placebit tibi (vt arbitror) labor noster, neque te morem gessisse nobis poenitebit. Tu cura vt reliqua quoque ad nos aduolent—sunt enim quaterniones fere quatuor absoluti—; atque siquid apud te est farinae eiusdem, quo magnitudo libelli foret et iustior atque vendibilior, fac quaeso liberalitatem tuam et nos experiamur et studium tuum in Christum sentiant studiosi lectores. Annotauimus nos locos aliquot in Enchiridio a puerorum captu paululum remotiores: quibus vt vel hac saltem nostra opera gratificari possemus, aliqua in fine libelli veluti scholia adiicere statuimus. Hoc si tibi non displicet, rem prosequemur; sin secus, stet sententia tua.

Vale felicissime atque rescribe, si Gerbellium amas. Salutat te vicibus mille Io. Rudolphingius studiosissimus tui, simul et Matthias Schurerius, qui plurimum rogat B. Rhenanum vt aliquando manus Rodolpho adhibeat; nam si castigatus esset, non diutius editionem eius moraretur. Iterum vale.

Argen⟨torati⟩ 1515.

343. From Nicholas Gerbell.

Deventer MS. 91, f. 177. Strasburg.
LB. App. 26. 8 August 1515.

[The manuscript date is confirmed by the reference to the edition of the *Lucubrationes*, evidently Schürer's of September 1515.]

17. decipiaris *corr. LB.* 24. litteras *MS.*: litteris *LB.* 34. experiemur *MS.*: *corr. LB.* 38. finem *LB*, *per errorem.* 42. Rhenum *MS.*: *corr. LB.*

28. Lucubrationum] Published by Schürer, Sept. 1515, with a preface by Gerbell dated 1515. For its principal contents see Epp. 93, 108, 164, 327. The only new item is Erasmus' Walsingham ode; cf. Ep. 262. 6 n.

32. quaterniones fere quatuor] 48 pages: considerably less than half way through the *Enchiridion*.

36. locos] The proposal made here was not accepted.

41. Rudolphingius] Cf. Ep. 302. 14 n.

43. Rodolpho] Agricolae; cf. Ep. 311. 25 n.

NICOLAVS GERBELLIVS DOMINO ERASMO S.

Scripsimvs ad te diebus superioribus de statu nostro deque Lucubrationum tuarum editione. Rogauimus praeterea vt reliqua ad nos mitteres, quo citius maturiusque opus, quemadmodum desyderasti, fabrefieret. Vt autem mittere possis et certius atque commodius, aurigam nunc habes, cum quo sarcina tua apud nos per ministrum tuum relicta ad te defertur. Opus tuum diligenter relegi, atque inibi quaedam, quantumcunque fieri potuit commodius, restitui; hoc tamen pacto ne a tua castigatione longius recederem, talia tamen interdum quae diligentem offendere possent lectorem. Cruces aliquot in margine deprehendimus, quae quid sibi velint non possum augurari. De his atque aliis rogo copiose rescribas. Celeriter hec scripsimus; quare veniam des rusticitati rogamus.

Argentorati 1515, 6to Idus Aug.

344. From Ulrich Zasius.

Deventer MS. 91, f. 204. Freiburg.
LB. App. 27. 9 August 1515.

[The manuscript date agrees with Erasmus' return to Basle in 1515.]

Sal. P. D. Quem felicissimum nuncium accepi te redisse, Erasme doctrinarum decus, ita mihi iucundus, ita desyderatus fuit vt, nisi senile me corpus distinuisset, iam ad te salutandum, ad tua numina excipienda aduolassem. Sed quando corporis moles tenui fulta tibicine statam stationem aegre retinet, quod nec crura nec pedes satis suo faciant officio, candida illa tua humanitas aequi et boni faciat, si vicarias meae praesentiae litteras ad te dedero. Salue igitur, Desyderi Erasme, ter maxime heros, facundiae Graecarum Latinarumque litterarum omnium Germaniae procerum facile princeps; eaque ominalis dies salua sit, in meliores referatur fastos, quae nostris te iterum retulit. Multis nimirum nominibus tibi Basilea debet, quae tanto tuo lumine toties illustratur. O si aureus ille tui diuini ingenii radius nostris quoque diuersoriis ⟨se⟩ diffudisset, quae nos bearet felicitas, qui perpetuus nos decor sequeretur! Hoc enim fateri et ex iudicio possum, sexcentis et amplius retro annis doctiorem te Germaniae vel omni nunquam contigisse. Admirabilis tua eruditio testis est, testes torrentissima eloquentiae tuae flumina, si interim

343. tit. idem *ante* nicolavs *MS., vbi Ep.* 383 *praecedit.* 344. 6. faciant MS.: fungantur *LB.* 13. se *add. LB in fine versus.*

343. 5. sarcina] The sending of the parcel at this time suggests that Erasmus had not long left Strasburg.
6. Opus] The *Lucubrationes*; cf. Ep. 349. 3–6. Gerbell was probably working with a copy of Martens' 1509 edition corrected by Erasmus.
344. 4. tenui] Cf. Juv. 3. 193.

sententiarum diuitias praeteriero. Lucianus ille rhetor et sophista celeberrimus, si viuat, ex pari tecum congredi nolit, ita tuis eum disertissimis vrges declamationibus; quas quoties lego, quoties insinuationum cuniculos, obliquos ductus, proserpentia pedetentim animorum oppugnacula, argumentorum ⟨ac⟩ rationum vim, confutationum fulmina aliaque id genus ex ipsissima oratoriae artis penu deprompta colligo, extra me feror et velut ad superni cuiusdam numinis sublimitatem perstupeo.

Quod si Adagiorum tuorum inaestimabile opus, si fluminosas disserendi vndas, amplificationis immensam vbertatem, qua scarabeum ex stercorario foetu insectulum supra aquilam ponis, qua belli tristissima nubila et e regione pacis placidissimum candorem, qua et alia similia tersissima dictione, perspicuitate admirabili consequaris— si, inquam, incomparabilia haec pro iusto commendare pergam, dea ipsa Suada meis inserta labris non sufficeret. Quid de exquisitissimis, scitissimis, lepidissimis Adagiis dixerim? quae, vt olim in Alcinoi hortis pirum piro, pomum pomo succedebat, ita successu suo, ita copia, ita fertilitate (dum foetus foetu subtruditur) vernant vt, quoquo vertas, sublimia, iucunda, pulchra, industria, florentia inuenias. Iam vero cornu illud Copiae verbis et rebus refartissimum si recensuero, si Moriam, si quae tam luculenter e Graeco vertisti memorem, ingens adeo praestabitur laudis sylua, quae nec meo exiguo ingenio par sit, sed nec epistolari posset breuitate complecti. Tantum dico dignum te esse quem vnum docti omnes admirentur, in quem celebrationis omne genus ipso quod dicitur horreo congerant. Quod ad me attinet, eo me crede tibi vinculo ligatum, vt delitiarum loco putaturus sim, si vnquam vel nutum tuum praecipere, ne dicam imperata facere, liceat.

Fueram pluribus tecum commentaturus, et porro quaedam quae me angunt abs te quaesiturus. Sed noster Bonifacius, adulescens egregiae indolis, solida eruditione conspicuus, humeris incumbit. Spero me in octo, aut ad summum x diebus coram pariturum.

Vale ex Fryburgo v Idus Augusti 15.

Tuus Zasius.

Beato Rhenano omnia charitatis nomina meo nomine declarato et, nisi tibi molestum sit, Philippum Engentinum valde salutato. Plura mihi scribenda forent, quae coram absoluam.

19. tetum *MS.* 22. ac *add. LB.* 39. meo *LB*, *cf. Epp.* 304. 9, 418. 2: me *MS.*: cui ... meum exiguum ingenium ... 40. possem *Riegger.* 42. Quod *LB*: qđ *MS.* 44. percipere *LB*, *per errorem.* 47. solida eruditione *scripsi*, *cf. Ep.* 306. 15: solide eruditoꝶ *MS.* conspicuis *LB.*

27. scarabeum] *Adag.* 2601.

46. Bonifacius] Amorbach; evidently the bearer of this letter.

52. Engentinum] Philip Engelbrecht († c. Sept. 1528) of Engen in S. E. Baden, matriculated at Wittenberg in 1508–9 with Luther; and was still there in 1512 (SE. 61 and 65), ulti-

345. To Ulrich Zasius.

Basle MS. Frey-Grynaeus, II. 9. 135 (*a*). ⟨Basle.⟩
D. p. 222: F. p. 172: HN: Lond. iii. 49: LB. 371. ⟨August init. 1515.⟩

[An autograph; from ll. 7, 8, 10 plainly written shortly after a *return* to Basle. As it is published in D, only 1515 and 1518 are possible; and the reference to the flooded Rhine (l. 2) indicates 1515.

It presumably answers Ep. 344, since that letter is clearly Zasius' first to Erasmus after his return. There is, however, no mention there of any 'gustus operis' promised by Zasius. But Ep. 344 was written in haste; and Erasmus perhaps answers a message brought by Boniface Amorbach. In this connexion the addition made in D to l. 11 is noticeable.]

ERASMVS ZASIO SVO S. D.

Decretvm erat, Zasi, vir numeris omnibus absolute, Friburgum tua potissimum causa visere. Verum Renus exundans ita corruperat viam vt natandum fuerit magis quam equitandum. Nos tui videndi magno tenemur desyderio. Sed ante omnia, mi Zasi, fac valetudinis tuae rationem habeas. Nolimus hanc voluptatem nostram tanti constare tibi. Nos, cum tua redderetur epistola, languor quidam tenebat dies aliquot, periculose obrepens, simillimus illi qui proxime nos coegit mutare locum. Sed gratia superis subduxi me ei periculo. Parcius quidem scribo, at nihilo parcius amo.

Rursus in hoc pistrino non vna sarcina premimur. Operis tui gustum quem polliceris, perlibenter accipiam. Neque enim addu-

1. Zasi . . . absolute *add. D.* 3. magis *a*: verius *D.* 5. Nolumus *D.* 6. Nos *a*: Me *D.* 11. quem polliceris *add. D.*

---

mately proceeding M.A. On 31 Oct. 1514 he was incorporated at Freiburg on his Wittenberg degree. A poem by him in praise of Freiburg was printed through a bookseller-friend—Jerome Husaerus of Bludenz—by John Schott at Strasburg, 7 March 1515. But this edition was badly executed, and in the summer of 1515 he went to Basle, where he republished his poem with a preface dated 1 August, and also began to work with Froben (cf. Ep. 358 introd.). By 1516 he was again at Freiburg, lecturing on poetry and petitioning for a regular appointment as lecturer, which he subsequently received. On 15 March 1517 he addressed a *Carmen Paraeneticum*, printed at Basle, to Philip, Count Palatine of the Rhine. In the spring of 1519 with many of his fellow-professors he fled to Constance, because of the plague, and was away till March 1520. During his absence he published his poem on Freiburg again with Froben, April 1519; prefixing to it a poem on St. Lambert, Freiburg's patron saint. On his return he contributed a letter in defence of Erasmus to the *Epistolae eruditorum virorum*, Basle, Froben, Aug. 1520. In March 1521 he received the poet's laurel at Worms. By 1521 he had begun to favour Luther, and in spite of University protests he was still inclining towards the Reformers in 1523 (VE. 349); but he did not go far in that direction. The remainder of his life was spent at Freiburg; until he went to Strasburg for an operation, of which he died (ZE. 125).

See Schreiber, *Gesch. d. Univ. Freiburg*, i. 85–91; Böcking; and J. Neff in some Donaueschingen Programms, 1896–8.

2. Renus] Cf. Ep. 348. 8–10. These experiences evoked the verses entitled: *Cum multos menses perpetuo pluisset et per vnam modo dieculam se mundo sol ostendisset, rursusque non minus odiose quam antea plueret, Erasmus Basileam repetens in itinere sic lusit in Iouem*, AN. M.D.XV; and published in the *Epigrammata*, Basle, Froben, March 1518, p. 353.

bito quin Zasio dignum sit, hoc est homine non minus erudito quam eloquente. Sentio quidem litteras tuas velut ab occupatissimo ex tempore scribi; mirum tamen quam me delectet ille felicissimus orationis fluxus non sine candore. Hec mihi foecundum nec minus excercitatum arguunt ingenium. Ad harum igitur gustum non dubito quin opus illud tuum sit responsurum. In quo quid ego tibi possim praestare non video. Nec enim mea est harena. Animum tamen ad quiduis obsequii promptissimum polliceor, neque hac in re solum, verum in aliis quibuscunque desyderabis amici officium. Bene vale cum tuis omnibus, eruditissime Zasi. [Anno M.D.XVIII.]

Splendidissimo ll. doctori Zasio, amico incomparabili. Friburgi.

346. From Josse Bade.

Deventer MS. 91, f. 176. Paris.
LB. App. 28. 19 August 1515.

[The date is confirmed by the books mentioned.]

IODOCVS BADIVS DOMINO ERASMO S.

Domine Erasme, amicorum praestantissime, accepi litteras tuas, solitae in me beneuolentiae testes amplissimas. Deus faxit vt commodis tuis honorificis aliquando ex sententia inseruiam. Animus certe praesens est, et prouidentiae facultatem fecerit, si admonueris. Franciscus de Adagiis tuis magnis satis probe mecum egit. Reliqua tua cum praeconio tuo nouo et instrumento in Alemania impressa meis detrimento sunt; si tamen ita e re tua aut honore est, patiar, et quidem aequiori animo. Valent Copus et Faber et reliqui amici tui, quos excellentissima literatura et doctrina singulari non solum tibi conciliasti sed etiam demeruisti. Budaeus opus de Asse relambit. A Ruella Dioscoriden impressioni

345. 18. possum *N.* 19. neque . . . 20. officium *add. D.* 21. Anno M.D.XVIII *add. H*: An. M.D.XVII *N*³. 22. Splendidissimo . . . Friburgi *om. D.*
346. 7. meis *MS.*: meo *LB, praue.* 8. honore *LB*: honor *MS.*

346. 5. Franciscus] Berckman (Ep. 258. 14 n.), who had now given satisfaction for the transaction mentioned in Ep. 283. 152 seq.

6. Reliqua] The *De Copia* published by Schürer; cf. Ep. 311, which is the 'praeconium nouum'. By the 'instrumentum' probably is intended the index of seven pages prefixed to that edition. For Erasmus' appreciation of Badius' generosity in this matter cf. Lond. vi. 24, LB. App. 242.

11. de Asse] Badius published the first edition on 15 March 151$\frac{4}{5}$, and the second on 14 Oct. 1516.

A Ruella] John Ruell of Soissons (1479—24 Sept. 1537), a learned physician and student. He was Dean of the Medical Faculty at Paris, 1508–9. On the death of his wife he took orders and devoted himself to study, receiving a Canonry in Notre-Dame. He published a translation of Dioscorides' *De medicinali materia*, Paris, H. Stephanus, 24 Apr. 1516; *Veterinaria medicina*, 1530; *De natura stirpium*, 1536, both by Colinaeus; and his edition of Actuarius' *De medicamentorum compositione* appeared posthumously in 1539. He was physician to Francis I, to whom all his works, except the Dioscorides, are dedicated. See NBG.

aptat. Nos Quintilianum, vt possumus, reponimus, freti codice satis fideli a Laurentio Vallensi, dum viuebat, possesso. Vale.

14 Cal. Septemb. 1515. Pariss.

[337]347. From Martin Dorp.

Schlettstadt MS. Cat. Rhen. 174 (*a*). Louvain.
27 August 1515.

[This letter is bound up with a number of other manuscript leaves at the end of a copy of E and the *Institutio Christiani Matrimonii*, Basle, Froben, 1526, which together form No. 174 in the catalogue of Beatus Rhenanus' books in the Town Library at Schlettstadt. At the end of this letter are the words 'Exscrip: Basileae 1518', written by the same hand. I have not been able to identify the copyist; who wrote also the Basle MS. A. IX. 69, *Oratio pro salute Iulii secundi, conscripta ab Heremita quodam Hybernio, angelo, vt aiunt, dictante*.

In a letter to Lee (Eev., p. 67) dated 20 May 1519 More states that Erasmus answered Dorp hastily, but in a cooler mood suppressed his letter; and that he himself likewise suppressed a long reply which he had composed. Erasmus' letter has perished, but More's has survived (LB. App. 513), probably in the original (β^1; cf. Ep. 388. 157 n.). Another manuscript of it (β^2) in the unknown hand follows this letter in the Schlettstadt volume; but it was not printed until after his death, in the collected edition of his *Lucubrationes*, Basle, 1563, p. 365 (β^3). In composing it More seems to have had before him copies of Epp. 304,337 (in its short form; cf. ll. 8, 275 nn.) and this letter; and from it several passages in this letter can be restored. In a few cases More cites the same passage twice, at different parts of his letter. As the second text sometimes varies from the first, both in the manuscripts and the printed volume, I have designated it by γ. It will be noticed that none of Dorp's quotations from Ep. 337 agrees verbally with that letter as printed. It follows, therefore, that he was replying to the shorter form which he actually received.

There is a reference to this letter in Ep. 545.]

DORPIVS ERASMO SVO S. D.

Acceptis litteris tuis incredibili affectus sum voluptate, Erasme charissime, quum quod intellexerim meas tibi fuisse neutiquam ingratas, quas scripseram equidem vt ad amicum primarium, ita candide et amico pectore; tum etiam quod me scribas earum lectione chariorem factum esse tibi, cui vt sim charus maxime est in votis. Ceterum vt deinceps libere tecum agam (quod ais te nunquam egre laturum), videris nequaquam fecisse satis meis contra tuam sententiam rationibus, id quod non miror, cum pollicearis ex Basilea

12. Quintilianum] Cf. MHE. ii. 35. The *Institutiones Oratoriae* were published, with notes by Badius and others, by Badius and Petit, 13 Jan. 1516.

codice] The Codex Vallensis (Parisinus 7723); cf. Peterson's edition of *Inst. Orat. Lib. X*, pp. lxxiii, iv. Badius' preface, dated 13 Jan. 1516, states that the edition was prepared from a MS. lent by Remigius Ruffus of Aquitaine, which was stolen, however, just when the printing was beginning; and that Valla's was found to take its place. Some verses which follow the *Tabula* to Quintilian show that Valla's MS. was brought to France by Peter Sylvius, physician to Charles VIII.

347. 8. ex Basilea] This promise is not specifically made in Ep. 337, the nearest approach to it being in ll. 20–2. More in citing the same passage (LB. 1892 F) confirms Dorp: 'quibus tibi breuiter, vtpote fessus ex itinere atque adeo in eodem adhuc itinere occupatus, satisfacit; copiosius idem se facturum professus, quum Basileam delatus esset'.

copiosius te responsurum. Quod vt fatias tanto abs te desiderio contendo quanto quod maximo; et rationes meas vt omnes bona fide pertractes, omnium sinus excutias, nullam earum vim intactam praetereas, quin potius exiles per se tuo ingenio corrobores. Caue tamen rhetoricis vtare persuasionibus, quibus scio quiduis facias credibile; sed rem ipsam, ipsum ferias articulum. Scis tute vetitum esse apud Areopagitas ne quis orator affectibus studeret commouendis, solum rem ipsam syncere explicaret.

Nunc ad tuam epistolam. Quod gloriam nihil moreris inuidiae coniunctam, sapis tu quidem, mi Erasme. Id videlicet erat, si pressius intuearis, quod in priori epistolae meae parte tantopere nisus sum ostendere; extremae videri dementiae, si quis multum nitatur, et norit tamen magno molimine nihil eque ac odium sese relaturum. Miraris tantos conciuisse motus tuam Moriam, que plurimis placet non theologis modo sed episcopis etiam. Atqui ego te demiror, Erasme, qui pluris facias episcoporum in hac re iuditium quam theologorum; siquidem episcoporum nostri seculi vitam, mores, eruditionem dicam an inscitiam, noueris: quorum vt sunt certe nonnulli tanto digni fastigio, ita mira est paucitas, praesertim eorum qui diuo Paulo satisfaciant ad Thimotheum quid in episcopo requirat scribenti. Deinde quorsum amicos pridem ea re velis commouere quam nihil retulisset supressam esse? Num defuerunt scribendi argumenta quibus maiorem etiam gloriam toto applaudente mundo fuisses assecutus? Epicteti praeceptum est, hominis sapientissimi, 'Non putes omnibus iucunda esse auditu que tibi iucunda sunt dictu.' Si quis inuicem vniuersum gramaticorum, poetarum, oratorum eorumque omnium agmen qui literas istas bonas profitentur, stilo insectaretur, affirmaretque fabulosis illis nugis et poeticis figmentis anilibusque deliriis, meris mendaciis, prestigiis, imposturis ludicris—Dum Aeneae discuntur errores, proprii iubentur valere; dum Niobes quot filii fuerint, que Iouis sit Iouialiumque genealogia —dum hec, inquam, tanto studio disquiruntur, si quis affirmaret maximo dispendio optimam etatem perdi, nihilque pernitiosius esse Christianae religioni, quid, Erasme, nihil in talibus dictis punctus doleres? Omnia placerent? Non credam. Atqui hec omnia tu acerbius etiam in theologos, quos plurimum refert integrae esse authoritatis, quippe qui gregem Dominicum legis Dei pabulo soli pascunt; nisi tu censeas poetas aut eos solum qui Graece quoque sciant illi praefitiendos.

22. plurimis $\alpha\,\beta^1$: pluribus β^2 (*LB*. 1914 A). 23. β: Atque α. 26. quorum . . . certe β: certe quorum vt sunt α. 27. β: digno α.

17. nihil moreris] Ep. 337. 28 seq.
22. Miraris] Ep. 337. 258 seq.
28. Paulo] 1 *Tim*. 3. 2–7.
32. Epicteti] *Ench*. 33. 14.

Sed redeo ad epistolam tuam. Non dolent bonas renasci literas quicunque politioribus istis non ad senium vsque inuigilant. Alioqui et tu doleres pingendi fingendique artes renasci, siquidem eas non sectaris. In Pogium, scelestissimum spurcissimumque scriptorem et dignum qui Vulcano tradatur, non sunt equi theologi, nec in Pontanum item. Quid enim aliud nebulones illi quam famosos libellos scripserunt? Adolescentibus toxica venena blandis et compositis velut melle illita sermonibus miscuerunt, quo potionem nescientes sumant morte amariorem.

Iam vero nouum vocas theologiae genus quod nunc tot seculis regnat in academiis; sed si mundus resipiscat, videbuntur nihil scire qui hactenus nihil nescire videri volunt. Ergo vel mundus ipse totus nunc desipit tua, Erasme, sententia. Sed quamobrem, queso? An quod mundioribus istis et pollitioribus, mansuetioribus, humanioribus, literatis literis Musisque et humanitatis artibus (et multa sunt alia nomina) non omnes diuinum quendam cultum impendant? Ecquaque Thespiadum oraculo docuit has solas esse bonas literas? Et qua alia re istae linguarum reginae (Latinam dico et Grecam) nostrati, id est crassae illi Holandicae, preste⟨n⟩t quam quod omnes propemodum disciplinae illis sunt tradite? Nemo dubitat sapientes fuisse Graecos. Atqui nescierunt Latine. Haebraeos scimus sapientiae studio fuisse priores Graecis. At idem nescierunt Grece. Quatenus ergo hac vel illa lingua traditae sunt disciplinae, eatenus prestat. Quis enim nisi stultissimus non malit recte sapere, etiam si pater futurus sit barbariei, quam citra sapientiam vel optime dicere? Ergo ob disciplinam lingua colenda est vel Greca vel Latina. Fateor; sed quid vetat quaecunque in literis sacris Latine sunt scripta intelligi ab eo qui elegantia dicendi Laurentii palato non respondeat? Gallice loquentes subinde intelligo; at nihil eorum noui Gallice reddere que audierim. Caue credas, mi Erasme, theologos nostros non satis intelligere que legunt queque ad eorum professionem pertinent, etiam si barbare loquantur. Tametsi haud scio an gramatici vestri statuerint vtrum sit odiosius, nomen barbarorum an Turcarum. Plus, credo, amabunt Turcam, maiorique persequentur beneuolentia Iudeum, modo non sit ille amusus, quam fratrem Christianum tetra ista barbarie, hoc est pene dixerim heresi perniciosissima, infectum: adeo vix homo est ipsis quisquis vel semel barbara vtatur vocula. Vnde ⟨'Vide,'⟩ inquit Augustinus 'Domine Deus, et patienter vt vides vide, quam dili-

85. quisquis *scripsi*: quisque *a*.

58. si mundus] Cf. Ep. 337. 328 seq.
76. Laurentii] Vallae.
86. Augustinus] *Conf.* I. 18. This and the other passages quoted from the Fathers do not follow the originals closely. I have only recorded diver-

genter obseruent homines pacta literarum accepta a prioribus locutoribus et a te accepta eterna pacta perpetuae salutis negligant: vt qui illa sonorum vetera placita teneat aut doceat, si contra disciplinam gramaticam sine aspiratione prime sillabae *ominem* dixerit, magis displiceat hominibus quam si contra tua praecepta hominem oderit, cum sit homo'.

Ceterum non video cur adeo pestilens esse dicas et studiis et moribus nouum hoc theologorum genus. Ergo pestilentes fuerunt ecclesiae Dei tot viri sancti, Thomas, Bonauentura, Altisidiorensis, Hugo et alii permulti? Ergo pestilentes item fuerunt quicunque mille abhinc annis sacra tractauerunt? Atqui Ecclesia istos pestilentes catalogo sanctorum asscripsit, et diuum Thomam quidem ob doctrinae diuinitatem quandam. Cum enim ⟨de eo⟩ et miraculis eius ageretur in cardinalium coetu, respondit Pontifex pro miraculis esse questiones, quas diuino ingenio scriptas reliquisset. Et quo medicamine hec pestis curabitur que tam late mundum inuasit? Quod si theologi pestilentes sint moribus, quod sacris poeseos non sunt initiati, quid iurisconsulti? quid medici? An illi iuri dicundo censebuntur idonei, isti potionibus conficiendis, qui nescio an multo longius a sacris illis absunt. Praeterea Pontifex ipse summus, cardinales, episcopi, abbates, cur non hoc statuunt, ne quis in suum ordinem referatur qui sit amusus? Et praestiterit forte ex mediis Turcis accersere viros eloquentes bonis literis absolute eruditos, qui Dei ecclesiam illustrent, hoc est fabulas Ouidii, Apulei Asinum, Lutiani somnia publice doceant; siquidem literae sacrae Latine quidem scriptae sunt barbare, dormitante interprete; Graece autem dispeream si Lutiani elegantiam assequantur. Praestiterit item in publicis gymnasiis Vergilium (nam is est summus poetarum ac nescio an prophetarum etiam) prelegi iis qui sacrae Scripturae peritiam affectant. Sed audi Augustinum li. 1° Confessionum, capite 16, loquentem de poeticis Homericisque figmentis: 'O flumen Tartareum, iactantur in te filii hominum. Ita vero non cognosceremus verba hec, Imbrem aureum et gremium et fucum et templa celi, nisi

88. negligant: vt qui *August.*: negligunt: vt q̄ *a.* 112. autem *scripsi*: aut *a.* 115. preligi *a.* 116. 16 *correxi*: 15 *a.*

---

gences which materially affect the sense.

94. theologorum genus] Ep. 337. 400 seq. and 432.

95. Thomas] of Aquino (1225–74), the schoolman, leader of the Dominicans; canonized 1323; 'Doctor angelicus.'

Bonauentura] John of Fidanza (1221–74), scholastic philosopher and champion of the Franciscans; canonized as St. Bonaventura 1482; 'Doctor seraphicus.'

Altisidiorensis] Wm. of Auxerre († 1230), Archdeacon of Beauvais and author of a *Summa Theologica*.

96. Hugo] The friend of St. Bernard, Hugo of St. Victor (c. 1097–1141), is probably intended, rather than Hugo of St. Cher (cf. Ep. 459. 71 n.). Both wrote many books on Biblical subjects, which were printed in xv[c].

Terentius induceret nequam adolescentem proponentem sibi Iouem ad exemplum stupri, dum spectat tabellam quandam pictam in pariete;

ibi inerat pictura hec, Iouem
Quo pacto Danaae misisse aiunt in gremium quondam imbrem aureum,
. . . fucum factum mulieri.

Et vide quemadmodum se concitat ad libidinem, quasi celesti magisterio:

At quem deum! inquit, qui templa celi summa sonitu concutit.
Ego homuntio id non facerem? Ego vero id sponte feci ac lubens.

Non omnino per hanc turpitudinem verba ista comodius discuntur; sed per hec verba turpitudo ista confidentius perpetratur. Non accuso verba, quasi vasa electa atque pretiosa, sed vinum erroris quod in eis nobis propinabatur ab ebriis doctoribus; et nisi biberemus, cedebamur, nec appellare ad aliquem iudicem sobrium licebat.'

Hactenus Augustinus; tametsi id in meo codice perperam legitur non *Danaae* sed *Dianae*. Danaae enim theologis insolens est vocabulum, Dianam forte vspiam audierint. Ideo hoc pro illo corrector, quisquis fuit, restituit. Sed in eum locum si quis incidat literator arrogans, mox exclamabit vasta voce: 'Apage theologos istos qui sua inscitia bonos codices corrumpunt, quod nihil bonarum literarum degustarunt, immo nec Terentium legerunt. Viden eos nihil intelligere qui Dianam arbitrentur a Ioue corruptam, que virgo perseuerauerit?' Atqui, Erasme, quid interest legat theologus Dianae an Danaae? Quid si legat cuidam? Quid si meretriculae? An rerum sensus eum fugiet? Minime, opinor, nisi periculum forte praesentaneum sit eorum imperitia vniuersam Iouis genealogiam ignoratum iri, dum Christi progeniem studiosius scrutantur. Iam quid de Martiali dicam, quid de Nasone, immo quid de Horatio et Iuuenale, cum Terentius omnium, vt arbitror, castissimus vel ab Augustino dicatur vinum erroris propinare? Quid illi nisi mera animarum toxica, nisi infernales potationes politioribus istis literis inclusas propinant?

Sed pergamus, quanquam lento gradu. 'Qui Moriam' inquis 'damnant, nec Hieronymianam aeditionem ii comprobabunt.' Noua gloria, si aedas quod pauci probabunt. Age, non probabunt theologi; qui, queso, probabunt ergo? Iurisconsulti? an medici, an philosophi denique, vt falcem immittant alienae messi? Sed gramaticis eam paras. Sedeant itaque gramatici in solio, censores

123. quondam *Ter. et August.*: quendam *a*. 126. summa *Ter. et August.*: summo *a*. 127. vero . . . feci *a*: illud vero ita feci *Ter.*; vero feci illud ita *August.* 128. discuntur *August.*: dicuntur *a*. 130. vasa *August.*: verba *a*. 133. id in *scripsi*: diu *a*. 154. ergo *add.* β (*LB.* 1895 E). 155. falcem immittant $\alpha\beta^1$: saltem immittant falcem β^2. 156. censores $\alpha\beta^{13}$: *om.* β^2.

120. Terentius] *Eun.* 584–91. 151. inquis] Ep. 337. 665, 6.

omnium disciplinarum, et nouam nobis theologiam parturiant, nascituram tandem aliquando cum ridiculo mure. Verum metus est ne nolint studiosi illorum se sceptris inclinare. Sceptra enim sunt ferulae quibus plagoso regnant in antro, et Philautia ac Moria stultiores arbitrantur se omnes nosse disciplinas, quod voculas intelligunt ipsas et orationum structuram. Ergo non est opus academiis. Scola Squollensis aut Dauentriana suffecerit; et certe hec est sententia magni viri Hieronymi Hussitae, vniuersitates tam prodesse ecclesiae Dei quam diabolum. Neque gramaticos vel tantillum commouet quod damnata fuerit ea sententia in concilio Constantiensi, quippe in quo certum sit neminem fuisse non amusum aut qui non ignorauerit Grece.

Nunc ad reliquam epistolae tuae partem. Non asserui, mi Erasme, nihil esse vitii in Nouo Testamento, quippe quod probe noueram a Hieronymo multis in locis emendatum; verum affirmabam, nec muto sententiam, nihil inesse erroris, nihil mendatii. Idem in epistola tu fateris; sed addis veram lectionem a librariis esse corruptam. Hic est articulus nostrae disputationis. Dic ergo, quibus ex libris potes perpendere deprauatum esse, postquam eam Hieronymus ad Grecanicos fontes castigauit? ad quos minime mirum est sua confugisse tempestate quos tu citas, Hieronymum, Ambrosium, Augustinum, Hilarium, vtpote puros adhuc et incontaminatos. Nunc vero subortis in Grecia tot heresibus et tam longo scismate, vnde constabit libros eorum non esse vitiatos? Quod scribis in causa esse literarum distinctionem, apices et huiusmodi difficultates, miror hanc redditam a te rationem quam ipse in te retorques; quandoquidem facilius erratur vbi multa sunt obseruanda. Quam leuiter librarii apiculum omiserint! Atque per hoc, si te intelligo, deprauabitur codex. Et quid est quod Latinos codices non sinat incorruptos? Quid nisi calcographorum incuria pariter et imperitia? Vide iam vtros inuenies rariores, qui Grecis imprimendis sint idonei an qui Latinis; et scies vtros codices censere debeas castigatiores.

Sed non vides quid hic proprie pertineat ad fidei synceritatem. Hoc est, mi Erasme, quod tantopere abs te contendebam, vt sicubi dormitasset interpres, sicubi parum commode, parum significanter vertisset, id annotares, modo ne mutares quicquam, sicubi sententia

158. metus α: necmetus β^1: nec metus β^2. 159. sceptris β: scriptis α. 160. ac α: et β. 163. Squollensis α: Nolensis β^1: Zoulensis β^2: Zuollensis β^3. 165. Neque α: Nec β. 166. $\alpha\beta^{13}$: consilio β^2. 167. Constantinensi β^3. certum β: certe α. 188. β (*LB.* 1910 E): debes α.

---

157. parturiant] Cf. Hor. *A. P.* 139.

164. Hieronymi] of Prague (†30 May 1416), the follower of Hus and with him leader of the Bohemian Reformers; see Creighton, i. 313-61.

169. Non asserui] Cf. Ep. 337. 716, 7.

180. scribis] Ep. 337. 765, 6.

189. non vides] Cf. Ep. 337. 817, 8.

discreparent Latini codices a Grecis; nam ibi herendum esse Latinis voluminibus. Fatetur enim diuus Hieronymus, cum Euangelia codicum Grecorum emendata collatione castigaret, ita calamo se imperauisse, vt iis tantum que sensum videbantur mutare correctis, reliqua manere pateretur vt fuerant. Ecce Hieronymus quicquid a vero sensu erat collapsum restituit. Si quid aliud occurrit, quamuis barbarum ac ineptum, sinit ita permanere. Quod tamen si nunc emendetur, non reclamo. Sed si Hieronymi seculo vitiata fuerint Latina volumina, que causa est, inquies, quamobrem non rursus ab eius castigatione librarii deuiarint tot seculis? Causam arbitror summam diligentiam fuisse quam sancti patres impenderint vt integra manerent volumina sacrosancta que Hieronymus castigasset. Et si qua ratione videri possint deprauata, cupio et quidem vehementissime audire cur non eadem et Greca collapsa sint; siquidem apiculi et aliae difficultates (quod supra dixi) prestent ansam errandi, nedum non amoueant.

Queris quo in concilio vulgata aeditio sit comprobata, que cuius sit nemo nouit. Non dixi, Erasme, in vno aliquo concilio esse comprobatam nominatim, sed plurima concilia, quoties de fide nodus incidisset, ad hanc vnam confugisse; quod ita esse nosti, si vnquam Decretales videris. Et hanc arbitror causam esse quamobrem minus Latina et elegans sit, quod fidelius ad verbum Grece respondeat. Quanto enim ad verbum magis transferas, tanto aridior fias oportet; quod multa comode dicantur vna lingua quae in alia nisi multis verbis vel obscura sententia vel parum commode non possunt reddi. Verisimile itaque est ex omnibus translationibus hanc vnam ab ecclesia Dei et a sanctis patribus ad nos esse transmissam, quod fidelior sit. Alioqui qua sorte hec vna superesset e tam multis? quum dicat Augustinus 2 de Doct. Chr. c. 11: 'Qui Scripturas ex Hebrea lingua in Grecam verterunt numerari possunt, Latini autem interpretes nullo modo. Vt enim cuique primis fidei temporibus in manum venit Grecus codex, et aliquantulum facultatis sibimet vtriusque linguae habere videbatur, ausus est interpretari.' Hucusque Augustinus. Hinc adducor vt credam, ne varietate codicum fideles vacillarent, omnibus reiectis hanc vnam esse ab Ecclesia receptam, que a Hieronymo fuit castigata. Quod si rem ita accidisse vt dixi doceri velis (prius tu nisi alia ratione astruas hec esse vera Euangelia que nos recipimus, quam quod ea ecclesia Dei comprobauerit), 'Ego' inquit Augustinus, 'Euangelio non crederem, nisi me Ecclesiae compelleret authoritas.' Responde iam, Erasme, vtram

216. quae *scripsi* (q̄) : quam *a* (q̄ꝫ). 232. Erasme *add.* β (*LB.* 1908 E).

209. Queris] Ep. 337. 771 seq. 231. Augustinus] *Contr. Ep. Manich.* 5.

aeditionem probet Ecclesia, Grecamne, qua non vtitur sed neque multis iam seculis est vsa, non magis quam ipsis hominibus communicauerit, videlicet scismaticis, an Latinam, quam solam citat, quoties e sacra Scriptura aliquid est definiendum, vel Hieronymo preterito, si quando aliter legat: quod quidem non raro contingit.

Theologorum istorum (puto Louanienses designari) doctrinam perturbatissimam, immo insulsissimam, sinis valere. Sed memineris, Erasme, ardeae omnem aquam esse perturbatam, ideoque aquam culpare ardeam, extat in Adagiis tuis; itidem et dialecticae Aristotelicae (que hic sola docetur) imperitis omnia sunt perturbata, quoties in disputandi palestram descenditur. Quod insulsam vocas hanc doctrinam, quo spiritu, queso, reuelatum est quo in loco Scripturae proditum poeticas nugas salem esse quo condiatur Christi doctrina? Equidem sententiam amplector magni dialectici, diui Augustini li. 2 de Doctrina Christiana, capite 13: 'Vtrum *inter hominibus*' inquit 'dicatur an *inter homines*, ad rerum non pertinet cognitorem. Vtrum *ignoscere* producta 3^a sillaba vel correpta dicatur, non multum curat qui peccatis suis Deum vt ignoscat petit. Sed tamen eo magis inde offenduntur homines quo infirmiores sunt, et eo sunt infirmiores quo doctiores videri volunt, non rerum scientia qua edificamur, sed signorum qua non inflari difficile est.' Hactenus Augustinus, et infra capite 31: 'Disputationis disciplina ad omnia genera questionum que in literis sacris sunt, conclusionum et diffinitionum et distributionum, plurimum intellectorem adiuuat.' Et Hieronymus in Ezechielem ca. 25 (estque insertum glosae nostrae ordinariae): 'Quicquid in seculo peruersorum dogmatum est, quicquid ad terrenam scientiam pertinet et putatur esse robustum, hoc dialectica arte subuertitur et instar incendii in cineres fauillasque dissoluitur, vt probetur esse nihili quod putabatur esse fortissimum.' Sentisne, Erasme, hanc artem disputandi ab Augustino Hieronymoque comprobari, et illam etiam gramatice loquendi partem duci, modo a re ipsa non deuiemus?

Porro quod hypothesim fatias, Erasme, nostros theologos solis sophismatum meditationibus esse occupatos, tota erras via. Dic, age, quidnam eos quamuis sane poeseos ignaros arcebit ab Euangeliis, Paulinis epistolis totaque Biblia euoluenda? Proferam ego multos hinc qui reiectis libris sola memoriae vi cum quouis de textu Scripturae certabunt. Caue credas Endimionis somnum dormire

233. sed . . . 235. scismaticis *om.* β. 236. e α : ex β. definiendum β : desumendum α. 238. puto β (*LB.* 1899 D) : puta α. 249. 3 α. 251. et eo sunt infirmiores *August.* : de α. 258. dogmatum *Hieron.* : determinatum α. 270. somnium β^2 (*LB.* 1901 A).

239. sinis valere] Cf. Ep. 337. 829. 265. hypothesim] Ep. 337. 310, 391 seq.

theologos, quo tempore vos literis inuigilatis; aut ingenio carere quicunque non poetantur aut rhetorisant. Nonne videmus abiectissimos opifices, immo vilissima mancipia clarissimis esse praedita ingeniis? Quid ergo sibi volunt hec in theologos omnes detorta vocabula—pingues, rudes, pestilentes et qui nihil habeant mentis? Nullius est artis probrosa dicere in quosuis, sed neque honestum est aut boni viri offitium, si seueram Saluatoris nostri sententiam perpendamus, 'Qui dixerit fratri suo Racha, reus erit concilio; qui autem dixerit Fatue, reus erit gehennae ignis.' Vbi Hieronymus: 'Si de otioso sermone reddituri sumus rationem, quanto magis de contumelia. Qui in Deum credenti dicit Fatue, impius est in religionem.' Postremo non satis intelligo, tardior videlicet, mi Erasme, quanta sit laus ista, quam gramatici toties publice praedicant, quaque se cum primis efferunt ac iactant, sese prorsus ignorare quicquid est sophisticae. Non est laus ista, mi Erasme; immo laus est, quicquid sit, quantumuis humile, tamen id scire, modo prestantioribus ne sis impar aliis. Quid si sophisticam callens nihil ignorat quod ad sacras literas pertineat? Num in dicta causa ob id vnum veluti ethnicus et publicanus excommunicabitur, hoc est aqua et igni interdicetur, quod in sophistica (facinus indignum), immo in dialectica puer sit exercitus? Quid si non antea a sophisticis resipiscat quam Augustinus a Manichei erroribus, hoc est annos natus triginta, et tunc sese vigilantissimo acerrimoque studio literis sacris dedat? An huic nihil erit spei deinceps? et multo etiam minus quam si mercimoniis emendis vendendisque etatem transegisset aut totos dies stertuisset? Fugit te quid Plato tuus in Gorgia sentiat, non offendi se si puerum videat sophismatibus argutantem, modo ne in illis etas conteratur? Etiam hoc caue, mi Erasme, ne falsa opinione sophistas voces qui syncerissimi sunt omnium qui hodie viuunt dialecticorum. Neque enim potes recte diiudicare inter dialecticum et sophistam quid intersit, si vtramque artem ignores. Quod si Louanienses omnes atque eo magis Parisienses theologos sophistas facis, fit vt dialectica toto exulet orbe exulaueritque multis seculis. Dic alioqui vbinam terrarum dialectica, quam tu synceram ducas, publice doceatur, si forte vnus aut alter tam felici sit ingenio vt citra preceptorum operam, hoc est mutis

271. aut ingenio . . . 272. videmus *add.* β (*LB.* 1901 A *et* 1899 E). 275. $\alpha\beta^2$: habent β^1. 276. probrosa $\alpha\gamma$ (*LB.* 1900 B) : probra β. 278. β^3 : consilio α. 302. Lauonienses α. 303. exulet *scripsi* : exulat α.

---

275. rudes] Ep. 337. 607, 455, 689.

nihil habeant mentis] The passage is quoted by More (β^1 : LB. 1900 E) : 'Cottidie re ipsa experior quam nihil habeant mentis qui preter sophisticas nugas nihil addidicerunt (didicerunt β^2).' It does not occur in the printed form of Ep. 337; but cf. there ll. 310 seq.

277. Saluatoris] Matt. 5. 22.

297. Gorgia] 485 A.

magistris, ipsemet percipiat quecunque in dialectica Aristoteles tradidit. Iam hic alter Augustinus est; Aristotelem enim spes est non vocatum iri. Non putes itaque sophistas esse qui sacras literas sine Grecae linguae peritia attigeri⟨n⟩t, siue qui Ouidii fabulas aut Terentii legem metrorum non teneant. Nisi forte tibi sophistae sunt omnes quibus disputatione videaris inferior, hoc est omnes dialectici; vti Cresconius gramaticus cum suis, hereticus videlicet cum hereticis, Cristianos doctores audire recusauit, atque inter hos Augustinum omnium maxime, quod omnium dialecticorum diceretur esse acutissimus. Sed hic Augustinus ipse pro me respondet ostendens apostolum Paulum sepe sepius esse dialectica vsum, vt est videre 22 capite Apostolicorum Actuum (pace tua vulgato vtar vocabulo, alioqui scio *Actorum* esse a politis et Laurentianis dicendum, et per sanctam Moriam refert multum. Cur autem diuam hanc tam laudatam non iuremus etiam?). Si copia tibi sit librorum Augustini, vt reor, inuenies dialecticae patrocinium libro contra Cresconium gramaticum 1°, capite 12 vsque vigesimum. Non persuadeas, Erasme, tibi eum demum esse absolutum theologum qui Bibliae seriem ad literam intelligat, nec eum item qui morales sensus eque ac alter Origenes nouit eruere. Multa restant discenda, vt intellectu difficiliora, ita et vtiliora gregi pro quo mortuus est Christus. Alioqui qui sciemus vt sint sacramenta administranda, quenam sint eorum formae, quando absoluendus peccator, quando sit reiiciendus, quid praeceptum sit restitui, quid seruari possit, et innumera huiusmodi? Multum nisi erro, longe minori opera bonam Bibliae partem edisceres, priusquam vel vnius perplexeitatis nodum discas dissoluere. Cuiusmodi plurimi quotidie occurrunt, vbi vel in 4 verbis diutissime herendum est; nisi tu has etiam theologorum voces nenias, quecunque ad sacramenta pertineant, sine quibus tamen sancta Dei ecclesia catholica profitetur salutem hominis periclitari.

Quod Grecarum literarum cognitionem necessariam censeas meis studiis atque ob id ad eas horteris, scio ex amico proficisci pectore, sed in hoc libere a te dissentio. An si Latine tantum, non Grece, sciam, nequibo que Latina sunt intelligere? Quod si barbara sint et ego barbare calleam, cur non intelligam? Ioannes Campanus vir habitus est et fuit etiam eloquentissimus, et in Latine linguae

323. Erasme *add.* β^1 (*LB.* 1902 F): Erasmo β^3. 324. absolutum *om.* β^2. 325. ac $\alpha\beta^2$: atque β^{13}. 326. discenda β: dicenda α. β: intectu α. difficiliora $\alpha\beta^{13}$: difficilia β^2. 328. vt α: quomodo γ (*LB.* 1904 D). sint $\alpha\gamma$: sunt β. 329. sit *om.* γ. quid $\alpha\beta^{13}\gamma$: quia β^2. 330. huiusmodi $\alpha\beta^2$: eiusmodi β^1. 331. longeque β^2. minore $\beta\gamma$ (*LB.* 1903 B). 332. $\alpha\beta^{13}$: ediscere β^2: posset ediscere γ. vel $\beta\gamma^2$: *om.* γ^{13}. 334. herendum $\alpha\beta^{13}\gamma$: hesitandum β^2. 336. β: catholice α.

319. Laurentianis] Students of Valla's *Elegantiae*; cf. Ep. 23. 106 n.

334. nenias] Cf. Ep. 337. 801.

337. censeas] Ep. 337. 609 seq.

elegantia nemini cedit neotericorum, itidem et Pomponeus Letus; atque Grece neuter sciuit. Laurentius denique Vallensis, Hercules ille monstrorum linguae Latinae domitor, nec ipse nisi senex iam Grece didicit. Si illi bonas quas vocant literas sine Grecarum peritia perceperunt, et cum gloria sint in ipsis versati, quid vetabit quo minus ego quoque sacras sine eisdem sim Deo propitio intellecturus, nisi quod ingenio tantis viris sim inferior?

Habes ad epistolam tuam responsionem longam et verbosam, sed amice tamen ab amicissimo tui profectam. Quod si vehementius interim pungam, nihilo tamen alienior est a te amicissimus semper animus meus. Sed ⟨quae⟩ ab aliis audiui, partim a iurisconsultis, partim a medicis ac philosophis, non solum theologis (quanquam et ab illis), ea veluti sumpta persona tibi explicaui. Si qua videbuntur non a me probabiliter sed ab aliis dicta, amplectare; sin minus, excitabunt tamen te vt plenius lectoribus satisfatias, si praesciueris quid illi sentiant. Neque potuissem adduci, saltem vt tam libere scriberem, nisi plusculis in locis tuorum librorum legissem, plus interim prodesse reprehensorem quam laudatorem, teque semper ⟨hunc⟩ quam illum malle, quippe qui plus prosit. Fideliora sunt vulnera amici quam voluntaria oscula inimici. Memineris ergo quod prudentissime dixisti ipse vt obserues, hoc est reprehensus ab amico ne excandescas. Magister Ioannes Neuius, qui nunc Rectorem agit nostrae Academiae, te iubet saluere vultque de se omnia tibi pollicearis, quecunque ab amicissimo tibi homine possis desiderare; quod senties, si quando volueris prebere qua tibi aut tuorum cuipiam possit gratificari. Theodericus item Alustiensis, calcographus noster, qui has perfert, sese orauit vt commendarem; quod ego fatio, mi Erasme, diligentissime. Dignus est quem ames et cui, si fuerit oportunum, benefatias atque inprimendum aliquid committas; et haud scio an omnium hominum viuat homo tui amantior. Quod Abbatis Menardi decreueris meminisse, bene collocabis apud eum qui non sit futurus ingratus. Postremo scito me ad te scribere quid alii de te absente absentes loquantur; loqui vero de te apud alios longe aliter quam scribo. Proinde fac me ames; amabis autem tui ama⟨n⟩tissimum et tui nominis et gloriae publicum praeconem, tametsi in quibusdam non idem sentio quod tu vir vndecunque doctissimus. Vale.

Louanii 6° calend. Septembris 1515.

360. hunc *addidi*: *cf. l.* 136. 364. Neuius *correxi*: Menius *a*.

343. Pomponeus] (1425—21 May 1497), a pupil of Valla and founder of the Roman Academy; an enthusiastic admirer of Roman antiquity, and writer on Roman archaeology. See NBG. and Creighton iii. 41-7.

359. librorum] Cf. Epp. 180. 12-15 and 182. 57-60.

369. perfert] Probably to Frankfort, on his way to the fair.

348. To Thomas Wolsey.

Farrago p. 227. Basle.
F. p. 355 : HN: Lond. viii. 33 : LB. App. 74. 30 August ⟨1515⟩.

[The reference to the Rhine floods makes this letter contemporary with Ep. 345. Wolsey was not created Cardinal till 10 Sept. 1515; so that this title, of which there is no mention in the letter, must have been added in the heading at the time of printing. There is a noticeable contrast between the tone of this letter and that in which Erasmus addresses Wolsey on leaving England a few years later (Ep. 577), with his position assured.]

REVERENDISSIMO DOMINO D. THOMAE CARDINALI ET ARCHIEPISCOPO EBORACENSI ERASMVS.

Salvtem plurimam, reuerendissime Praesul. Doleo mihi non licuisse familiarius ac diutius colloqui cum celsitudine tua priusquam Angliam relinquerem. Extremam et sacram, vt vocant, ancoram meae felicitatis in te fixeram; sed vrgebat Hieronymus, opus ingens et inclytum et, ni fallor, semper victurum, praeterea pium ac frugiferum. Id mihi sic cordi est vt huic omnia posthabeam. Semper hoc iter obnoxium latrociniis fuit, sed nunquam magis quam nunc; deinde Rhenus niuibus auctus et pluuiis cuncta suis aquis obtexerat, maxime circa Argentoratum, vt natandum fuerit verius quam equitandum. Omnia contempsi, modo prodeat Hieronymus. Excuditur et Nouum Testamentum Graecum, vt ab Apostolis est scriptum; Latinum, vt a me versum, vna cum nostris annotationibus. Exierunt iam et alia quaedam minutiora. Hae nugae magis nos habent occupatos ac magis intentos quam vos ardua ista negocia. His igitur absolutis maturabimus reditum, maxime si tua benignitas aliquid interim parauerit, quo fatigatum hisce laboribus animum simul et corpus refocillemus. Bene valeat reuerendissima tua dominatio, cui me totum dico dedicoque.

Basileae. III. Cal. Septemb. Anno M.D.XV[I].

349. From Nicholas Gerbell.

Deventer MS. 91, f. 160 v°. Strasburg.
LB. App. 29. 31 August 1515.

[For the date cf. Ep. 343.]

NICOLAVS GERBELLIVS DOMINO ERASMO S.

Accepi litteras tuas elegantissimas, quibus de quibusdam locis qui subobscuri videbantur, certiorem me reddidisti. Postremum, quod

348. 11. Nouum Testamentum] Cf. Ep. 384 introd.

13. alia] The *De Constructione* and A; cf. Epp. 341 and 353. 1 n.

apposuisti super dictione *scatens*, reddam candori suo. Opus tuum fabrefit summa vtriusque cura; feruent omnia,

redolentque thymo fragrantia mella.

Quid enim erunt aliud Lucubrationes tuae quam mella, quam flores, quam denique ἀγαθῶν θάλασσα? Placebit tibi libellus, ni me prorsus fallant oculi. Vnum tamen maximopere vereor, ne me malum prophetam fuisse dicturus sis, qui toties cogor in scriptura tua vaticinari. Sepenumero fit vt in partes omneis detorqueam caput illud obesum, donec dispiciam quo nomine nonnulla debeant baptisari. Verum vtilitas studiosorum, diuitiae multiplices quae in hac enarratione latent, constans erga Erasmum meum cum amor tum obseruantia, facilia mihi reddunt omnia. Postremo non desistam obtestari te plurimum ne desistas, ne cedas, ne remittas humeros, sed cures vt Christus augeatur, crescat, floreat, multiplicetur. Ego si quid possum ea in re tibi opitulari, non credis quam sim paratus, quam facturus sim libenter quae praeceperis. Ad me quod attinet, rogo ne te frustra amem; non quod talionem repetam beneficii vel muneris cuiuspiam, sed id solum vt me reames, vt mei non obliuiscaris. Quid opus est vt me moneas, inquis? Scio te minime egere me monitore vel ad laborem pro studiosis vel ad amorem pro Gerbellio, cum tute possis hec omnia melius dinoscere facereque, si velis. Sed quoniam non melius scribendi argumentum occurrebat, haec placuit ad te scribere potissimum, quae te commonefacerent Gerbellii. Vale foelicissime, et de Testamento Nouo deque tuo opusculo, quid illud sit quod Basileae excuditur, ⟨rescribe⟩. Iterum vale.

Argentorati Anno 1515 Pridie Cal. Septemb.

Paucis adhuc diebus finem diis bene fortunantibus Lucubrationibus imponemus. Miror plurimum cur ad nos Rhenanus nihil scribat; nescio an pudeat ipsum nostri, vel alia sit causa cur non responderit. Tu facito vt bene valeas. Propediem noua audies de nostro Reuchlino, quae mirum in modum te oblectabunt. Doctissimus quidam Hebraeus, Graecus et Latinus sedecim libros in eius scripsit

5. fragrantia *rest. LB* : redolentia *MS.* 25. te *LB* : te vt *MS.* 26. quid *LB* : qđ *MS.*

---

4. vtriusque] Gerbell and Schürer.
5. redolentque] Verg. *G.* 4. 169.
26. opusculo] Perhaps A.
34. libros] Probably Peter Galatinus' *Opus de arcanis catholicae veritatis*, in 12 books only, containing a defence of Reuchlin. The work was not completed till 4 Sept. 1516, and not published till 15 Feb. 1518, Ortona, H. Suncinus; but it was in hand in the summer of 1515 (cf. RE. 211, 2). Maximilian's letter approving of the proposed work is dated from Innsbruck, 1 Sept. 1515, and alludes to Galatinus' 'in tribus linguis eruditio'. Cf. Böcking, Eov. ii. pp. 91–3. For Peter Monggius, of St. Peter in Galatina († p. May 1539), a learned Franciscan, see a life by Domenico de Angelis in *Le Vite de' Letterati Salentini*, Naples, 1713, pp. 231–252, which corrects Cave, *Scr. Eccl.* i. App., in some particulars.

defensionem contra illos μελανολεύκους. Valetudinem cura, et rescribe.

350. To Richard Pace.

Farrago p. 196. Basle.
F. p. 331: HN: Lond. vii. 39: LB. 699. 4 September ⟨1515⟩.

[Only 1514 or 1515 are possible, as the notes on Jerome are evidently still in course of composition. In Sept. 1514 Pace was still in Italy. 1515 is therefore necessary, since this letter is clearly written to London, whither it presumably accompanied Ep. 348.]

ERASMVS PACEO SVO S. D.

Plane confido, qui tui est ingenii candor, mi Pacee, te perpetuum amicum futurum; nec ob id descisces ab amicitia, quod tanto sis felicior. Atque vtinam sis multo etiam felicior. Si commentarii nostri iam aduecti sunt, vt puto, fac diligenter recondas aut, quod malim, apud Morum deponas donec reposcam. Linacrum fac in amicitia retineas et, si fieri potest, etiam Grocinum. Non haec scribo quod vel metuam aliquid vel quicquam ab illis expectem commodi, sed quod tales viros perpetuo velim amicos. Non egent illi meis praeconiis, illud tamen ausim dicere, nec inter Anglos esse qui de illis vel senserit magnificentius vel praedicauerit honorificentius quam Erasmus. Et non libet meminisse quid vterque, haud scio quorum instinctu, in nos molitus fuerit; id quod ipsa re comperi, non suspicione conieci, quanquam olim iam idem olfeceram. Sed homines sumus; ego semper ero mei similis, et huic iniuriae tot opponam illorum benefacta. Linacri feci honorificam mentionem in scholiis Hieronymianis. Nil magnum sit, si contemnam contemptus, si oderim odio habitus. Illud literis est dignius, officiis certare, non odiis. Apud Eboracensem, quoties inciderit commoditas, fac Paceum agas. Cura vt recte valeas.

Basileae. pridie Nonas Septemb. [An. M.D.XIX.]

350. 13. conieci *add. H.* 18. Cardinalem *ante* Eboracensem *add. H.* 20. An. M.D.XIX. *add. H.*

349. 35. μελανολεύκους] The Dominicans, who in public wore a black cloak over the white robe and hood of their order. Cf. Ep. 290. 10 n.

350. 3. felicior] In entering Wolsey's, or perhaps the King's, service. The date of Pace's appointment as Royal Secretary is uncertain. See DNB.

commentarii] The *Antibarbari*; cf. Ep. 30. 16 n.

12. in nos] Perhaps by disturbing Erasmus' relations with his patrons; cf. I. p. 5 and Ep. 388. 164 n.

15. mentionem] Jerome i, f. 36 (1516), scholia in Ep. ad Furiam: 'Id opus Galeni ⟨περὶ ὑγιεινῶν⟩ adhuc extat, ac iam dudum in manibus est Thomae Linacro medico Britanno, viro vndecunque doctissimo, breui vt spero Latinum proditurum. Est eodem titulo liber Pauli Aeginitae, quem Gulielmus Copus Basiliensis traduxit. Est et Plutarchi quem nos nuper vertimus.'

18. Eboracensem] The title added in H is impossible at this time, since Wolsey was only created Cardinal on 10 Sept. 1515.

351. From Nicholas Gerbell.

Deventer MS. 91, f. 161. Strasburg.
LB. App. 30. 9 September 1515.

[Prior to Ep. 352.]

NICOLAVS GERBELLIVS DOMINO ERASMO S.

Proximis litteris certiorem te feci quidnam sit actum inter Lachnerum et me, quidque facturum me esse sim pollicitus; qua in re nulla alia mora est quam penuria aurigarum, qui omnes nunc ad nundinas Franckfurdenses descenderunt. Verum quam primum fieri potest, iter arripiam; tametsi non ingratum mihi foret, si tu interim scriberes, quo statu negocium id esset de quo mihi scripsisti. Nam si vel opera nostra, vtpote quae in re tali modica est, non egeres, vel sententiam mutasses, vel quis alius esset huic aptior oneri, parcerem impensis. Sin secus arbitraris, libenter admodum facturus sum quicquid tu iusseris. Rogo non graueris idipsum ad me scribere.

Litteras Rhenani elegantissimas plenasque multa fide et synceritate accepi, legi, amplexus sum pluribus osculis; quibus vt responderem multis nominibus dignum fuisset, ni nuncius ille praeproperus ansam mihi praeripuisset. Quare si tibi molestum non est, gratias maximas illi nomine meo pro beneuolentia, pro amicicia proque tam admirabili eius in me obseruantia referas vehementer oro; adiungens me vicibus mille eundem Beatum salutasse. Vale felicissime.

Argentorati 1515 v. Idus Septemb. celerrime.

352. From Nicholas Gerbell.

Deventer MS. 91, f. 130 v°. Strasburg.
LB. App. 31. 11 September 1515.

[Only 1514 and 1515 are possible, since the form of the New Testament (Ep. 384) is discussed. In 1514 Gerbell was in Italy; cf. Ep. 342 introd.]

NICOLAVS GERBELLIVS ERASMO RO. S. IN CHRISTO IESV.

Non sum adhuc pollicitationis meae oblitus, eruditissime Erasme, qua me tibi primum ac deinde Lachnero obstrinxi. Verum aliud nihil me moratur quam quod hucusque nullus vspiam fuit auriga quocum peruenire possem Basileam, vt vel illic experirer quid iuberes quidue possem efficere quod tuis votis ex animo responderet. Retulit mihi minister tuus nonnulla de opere tuo in lucem prodigendo, qua

352. 6. prodigendo *MS.* : producendo *LB.*

---

351. 1. litteris] The letter is lost. Lachner had evidently proposed that Gerbell should come to Basle to act as corrector to the New Testament.

12. Litteras Rhenani] also lost.

352. 2. tibi] at Strasburg; cf. p. 90.

forma, quibus typis, quo ordine excudendum putaueritis; scilicet vt columna columnae respondeat, sintque intermixta omnia, Greca Latinis et rursum Latina Graecis. Vereor plurimum, Erasme doctissime, ne vobis quidem haec figura procedente tempore non sit placitura, atque id ob multas causas, quas ad te amicum optimum placuit scribere; quod huic proposito tuo operi maximopere semper fauerim, atque non possum non plurimum exultare quod eam diem, qua sol ille mundo effulgebit, attigerim; deinde quod sciam non molesto te animo accepturum, etiamsi paulo inconsultius atque imprudentius scripserim, cum minime ignores quo id fiat a me animo.

Erit igitur hoc in primis, vt arbitror, ingratum his qui in litteris Grecanicis nonnihil profecerunt, vtpote qui Latinis ad id negocii nihil egeant. Sit praeter haec ea forma, vbi omnino Graeca sunt omnia, tum pulchrior tum acceptior. Preterea si vel indoctis et rudibus laborem hunc deberi censes, et nonnihil accipient illi incommodi, si a dextra semper impendeat Latina tralatio. Nam ille qui parum doctus est, plus oculos in id quod nouit, quod didicit, quod intelligit, coniicit quam in ea quae vel difficilia sunt vel prorsum incognita. Ad hoc omnino fieri videmus, vt separata a Latinis Graeca facilius percipiantur et haereant tenacius, videlicet in vno solo ingenio occupato. Nec admodum grauis est labor, si quis Latina Grecis conferre velit, vel tantillum vertere foliorum, cum saepe accidat gratiorem esse collationem quae labore facta felicius obuenerit. Iam vero si ea forma excudatur qua ab Aldo Gregorius Nasiansenus, quis erit vspiam eruditorum profecturus in Italiam, in Gallias, in Britanniam, qui non secum ferat Nouum Testamentum Graece vel, si fieri potest siue comperiet, idem ipsum Latine in eodem volumine? quod nequit fieri, si codex praemagnus fuerit formaque augusta. Neque etiam tantum afferret graciae, quantum vnumquodque suo repositum loco, sua refulgens dignitate, sua maiestate decorum. Quid autem erit illo magnificentius quam quod eruditi non offendantur ineruditorum adminiculo, et ineruditi gaudeant, si adminiculo olim non sit opus? Possem multa obiicere, vnum tantum dispicio quod tu possis obtrudere, scilicet vt facilius Latina Graecis conferantur; quod mihi melius probiusque fieri posse videtur, si primum Graeca (atque ea

8. columna *LB*: colūnam *MS*. 15. incolsultius *MS*. 35. angusta *LB* *perperam*.

8. intermixta] The form of the New Testament had already been settled in 1514; cf. Ep. 305. 222–4. Gerbell's protest indicates that the printing of the book cannot yet have advanced far; cf. Ep. 356. 11, 2.

31. Gregorius] *Carmina*, June 1504, 4°. In order to be able to bind up the Greek and the Latin either separately or together, Aldus printed them on separate sheets. For the singular consequences entailed see Renouard.

separatim) probe didicerit quispiam. Tum enim securius conferet et intelliget clarius.

Verum de his boni consulas, doctissime Erasme. Non etenim dubito quin vos eandem rem longe deliberaueritis exactius, statueritis prudentius, perficietis felicius, quam quod ego, qui nihil aut parum intelligo, possim consulere; de quibus tamen coram, quam primum fieri poterit, copiose commentabimur. Vale felicissime, optime Erasme, et me ama.

Argentinae 1515 3°. Idus Septembris.

Saluta nomine meo Bea. Rhenanum, virum optimum simul et eruditissimum hominem, deinde Ioannem Frobenium. Portabo mecum decem Erasmos, quos Schurerius Erasmo dono dedit.

353. From John Sapidus.

Deventer MS. 91, f. 124. Schlettstadt.
LB. App. 78. 12 September ⟨1515⟩.

[The date is given by the books referred to.]

IOANNES SAPIDVS ERASMO RO. S. P. D.

Neqvivi animum meum satis explere lectione Lucubrationum partim tuo, partim aliorum non vulgariter doctorum, Marte compositarum, quas a Frobenio nostro pridem missas accepi; et quo tuis aliae longe sunt inferiores, eo me minus saturum reddere potuerunt, sed maiorem indies mihi famem parere videntur. Puto tamen eas non minus felices quam tuas, vt quibus vsuuenit ⟨non⟩ modo cum tuis tanta affinitate coniungi sed et earum gloriae et laudum participes esse, aeternumque viuere. Insuper quantum tibi patria mea debeat, quam tam eximia laude extulisti, quantum imprimis Sapidus quem Athenis dignum praedicas (vt alios sileam), non video quibus consequi verbis possem; quis enim cum eo aequis beneficiis certare velit quem omne mirabitur aeuum? Tutius itaque erit nos

352. 43. conferet *LB*: conferre *MS*. 353. 6. non *add. LB*.

352. 54. Erasmos] Evidently the *Lucubrationes*; cf. Ep. 342. 28 n.

353. 1. Lucubrationum] This must be, not Schürer's publication (cf. Ep. 342. 28 n.), but A; the only book in which Erasmus combined his work with that of a number of other writers. Besides Epp. 333–5 and 337, its contents are three letters (for one see Ep. 216 introd.) and some poems dealing with defeats recently inflicted on the Turks and the Russians. Copies of these printed severally at Rome about 25 Jan. 1515, for a thanksgiving service held by Leo x, were sent by Mich. Hummelberg to Beatus Rhenanus on 28 Jan. (cf. MHE. ii. 32); and are now in the Library at Schlettstadt (Cat. Rhen. 199). The marks on them confirm the obvious suggestion that they were used for the printing of A.

9. laude] In the *Encomium Slestadii*, which is printed at the end of A. The praise of Sapidus as 'doctis quoque dignus Athenis', occurs in the same poem.

ingratos mori quam assiduo (non sine famae quoque dispendio) compensandi studio flagrare atque torqueri.

Sed heus, celeberrime vir, nec te lateat quomodo sibiipsi gratuletur et blandiatur mea pubes, quod relictis iam nunc aliorum ambagibus, tuo ductu ad veram Latinitatis cognitionem tuto peruenire possit. Ego Frobennio pecuniam fideliter congerere paratus sum pro libellis, quem nomine nostro salutare digneris; Beatum quoque meum, cui ob repentinam abitionem nuncii scribere non potui. Ammorbachii sint quoque salui, nec non Ioannes Anglus tuus, adulescens ob praestantissimam indolem Erasmiana consuetudine admodum dignus. Vale, maximum totius orbis decus, tui Sapidi nonnunquam memor.

Raptissime ex Selestadio pridie Idus Septemb.

Wimphlingi vetuli te tempora cana salutant,
Et mea casta meus Margaris vnus amor.

354. From John Sapidus.

Deventer MS. 91, f. 156 v°. Schlettstadt.
LB. App. 32. 15 September 1515.

[Oecolampadius arrived in Basle on 21 Sept. 1515 (Ep. 358. 5 n.) and spent the winter in helping Erasmus with the *Nouum Instrumentum*. See his commendatory letter printed at the end of the *Annotationes*, Basle, Froben, 1 March 1516.]

IOANNES SAPIDVS DOMINO ERASMO S. D.

Qvi tibi hasce meas litteras reddit, praestantissime vir, dignus est vt alloquio tuo perfruatur, partim quod moribus atque litteris maxime sit ornatus, partim quod nihil aeque videre contendit ac Erasmianos vultus, id est viri omnium doctissimi. Huic nomen est Icolampadio; quo facile in confesso est eum Graecorum litteratura non indoctum. Sed et quantam rei theologicae peritiam habeat vel hinc constare potest, quod lucubrationes componere solitus sit, vt longe eruditas, ita plane a Deo non alienas. Accedit et his hominis Hebraei sermonis cognitio non omnino triuialis. Tu eum ita excipere velis, vt is sentiat insipidas Sapidi litteras quicquam ponderis apud te habuisse. Wimphelingus noster te plurimum salutat. Te quoque non pigeat Rhenanum et Ammorbachios et Frobenium meo nomine salutare. Si muliebria admittis, salutat te quoque nostra Lucretia, qua mihi nihil antiquius. Sed video te risu solutum.

Vale ex Selestadio 1515. 17 Cal. Octob.

354. 3. nihi *MS.*

353. 17. tuo ductu] in the *De Constructione*; cf. Ep. 341.

21. Ioannes Anglus] Smith; cf. Ep. 276 introd.

355_{361} From John Kirher.

Deventer MS. 91, f. 151 v°. Spires.
E. p. 199: F. p. 333: HN: Lond. vii. 44: LB. 184. 16 September 1515.

[The date cannot be certainly confirmed. Only 1514 and 1515 are possible, since Erasmus' answer is dated from Basle.

John Kirher of Schlettstadt († July 1519) spent much of his life at Spires, where for ten years he lived with Truchses (l. 49 n.). In 1508 he published an edition (Spires, Conr. Hist.) of Filelfo's *Conuiuia*, which he had found in Truchses' library; and there are verses by him in Schürer's edition of Landinus' *Quaestiones*, 1508. In May 1509 Beatus Rhenanus dedicated to him *G. Trapezontii Dialectica* (BRE. 8); at which time he was teaching, perhaps in the Cathedral school at Spires. In September he went to study in Paris and was admitted B.A. in 1509–10 on a degree obtained elsewhere. Though M.A. in 1510, he was still in Paris in July 1512. It appears that at some time he was at Freiburg with Boniface Amerbach, perhaps as a fellow-student under Zasius (Basle MS. G. II. 20. 118): probably early in 1515, for by June (l. 4 n.) he had returned to Spires, where he took orders (Basle MS. *vbi supra*) and received a canonry in the Cathedral. See Schmidt, BRE. and MHE.]

IOANNES KYRHERVS SLESTADIENSIS DOMINO ERASMO S. P. D.

Etsi diu antea, Erasme doctissime iuxta et disertissime, tuam erga studiosos humanitatem comitatemque exploratam habui, idque ex variis ingenii tui clarissimis monumentis, quae has simul et alias virtutes consequio trahere solent; tamen ab eo tempore quo Spirae nobiscum prorsus hylare versatus es, tuam in omnes facilitatem longe clarius perspexi. Ita enim humaniter atque amoeniter te nobis praestitisti, vt ingens cunctis te amandi colendique desyderium reliqueris; quod inde cuiuis ad liquidum patere potest, quod omnes vno ore Erasmum laudent, loquantur, praedicent, vnum vere doctum, vnum modestum dulcemque conuiuam dictitantes: sibique diuinitus contigisse autumant, quod tua non solum praesentia vti, sed (quae tua est affabilitas) familiaritate etiam frui potuere. Quae cum ita sint, in spem venio haud dubiam, me abs te quod peto, communis amici causa non grauate impetraturum. Incidit nuper Maternus noster, cui tecum non vulgare hospicii ius est, in quendam diui Hieronymi locum qui in prooemio contra Iouinianum est, vbi de numeris coniugii, viduitatis, et virginitatis agit; ibique satis subtiliter et proinde obscure nimis eosdem numeros in digitos mittit, quorum varia con-

TIT. SLESTADIENSIS *add. E.*

4. Spirae] Cf. p. 90.

14. Maternus] Hatten or Hatto († p. 1544?) of Spires, where he became Precentor and Vicar of the Cathedral. He was the friend and executor of Jodocus Gallus († 21 March 1517), Pellican's uncle; and he soon became intimate with Erasmus (Lond. v. 25, LB. 357). In May 1518 Froben dedicated to him an edition of Pictorius' *Epigrammata*. He was still at Spires in 1521 (Strasburg MS. Epist. eccl. s. xvi. i. 89 and 257); but on the outbreak of the Reformation he withdrew to Strasburg, where he became Canon of St. Thomas'. Vol. iii of Bucer's correspondence, in the Town Archives at Strasburg, contains some intimate letters to Hatten. See CPR. pp. 2 and 70; and BRE.

nexione plicatilique positura veteres alias tricesimum, alias sexagesimum, alias centenarium significari voluisse prodidit. Quae quidem digitorum ratio cum nobis numeris (quod aiunt) Platonicis obscurior esset, coepit Maternus †neque non tamen theologos ea de re consulere. At Deum immortalem, quam frigide ieiuneque responderunt! vt facile crederes eos non primarios ecclesiae scriptores voluere, sed circa minutas, nodosas friuolasque quaestiunculas magis occupatos esse. Neque id mirum mihi visum est; τί γὰρ κοινὸν λύρᾳ καὶ ὄνῳ; Frustratus igitur Maternus (vt est in talibus importunior) constituit rem ad te deferre, vtpote tibi propter multiiugam eruditionem cognitissimam; in cuius statim sententiam pedibus omnes manibusque discessimus. Voluit itaque Maternus pro veteri nostra beneuolentia, vt ego pro tempore hac ad te scribendi legatione fungerer: obsequutus sum homini, neque perinuitus hanc prouinciam subiui.

Proinde petit ille, imo petimus obsecramusque, fandi dulcissime Erasme, vt cum per ocium occupationesque tuas (quae iam maximae sunt) licuerit, hunc nodum Hieronymianum, nobis certe Herculanum, dissoluere velis; poteris enim, si modo velis. Duo autem sunt que potissimum tibi ad hoc, quod in tuo luco et fano situm est, cupidius persequendum calcaria admouere debent. Primum quod eo et quidem prolixo beneficio summam apud omnes nos inibis gratiam. Alterum quod huius loci interpretatione inanium theologorum supercilium franges, reclamantium semper melioribus studiis capita sibilantia, velut Hercules hydrae, contundes. Quod si huic honestissimo desyderio nostro morem gesseris, quod tua professio et nostra in te obseruantia postulat, spero fore vt nunquam te collati in nos beneficii poenitere queat: curabimusque pro virili semper omnia facere quae interesse tua aut etiam velle te existimabimus, si vllo pacto facere possimus. Vale, vnicum bonarum literarum decus, et Kierheri ausus boni consule.

D. Thomas Truchses tui studiosissimus, te qui cenis suis adhibuit,

22. neqȝ nō tñ *MS*: ? nunquam (nūqȝ) *vel* nunc tantum (nc̄ tm̄). 39. omnes *om. E.* 41. -que *add. E post* reclamantium. 47. possumus *E.*

49. Truchses] of Wetzhausen in Bavaria († 12 July 1523) matriculated at Leipzig in 1484, and was at some time a pupil of Reuchlin. He received a canonry at Spires, and on 24 March 1495 was in Rome on business connected with his prebend. In 1500 he received a prebend in St. Burckhard's at Würzburg, and in the same year went to study under Philip Beroaldus the younger at Bologna, where besides Greek and Latin he acquired a knowledge of Canon Law. On 5 Sept. 1503 he was appointed master of the Cathedral school at Spires; but on 27 Sept. 1504 he was sent to Rome by the new Bp. of Spires to fetch the pallium, and received his degree as Dr. of Canon Law at Bologna on the way (9 Oct.). On his return he resumed his duties as schoolmaster, and formed a library which was at the service of his friends. He was appointed Vicar-General to the Bishop 9 Nov. 1507; and by 1 Feb. 1513 had become Dr. of Roman Law also. He was in Rome again about the confirmation of the new Bishop of Spires on 12 July 1513

Maternus item, in aere tuo esse cupiunt, saluumque te et diu rei literariae propagandae superesse desyderant.

Spiris 16 Cal. Octob. Anno M.D.XV.

356. TO PETER GILLES.

Farrago p. 193. ⟨Basle.⟩
F. p. 329: HN: Lond. vii. 31: LB. 365. ⟨September 1515.⟩

[The date is given approximately by the books mentioned. This letter must be prior to Ep. 358 in which Gerbell's arrival is announced, and to Ep. 360 in which the printing of the New Testament has been resumed.]

ERASMVS PETRO AEGIDIO SVO S. D.

DEMIROR quid illi furcifero meo venerit in mentem, vt isthinc tam subito discesserit: nam eodem die scripseram ex Mechlinia quid fieri vellem. Obambularat animi causa nebulo, isthinc Mechliniam, inde Bruxellam, inde Louanium, illinc demum in Diest. Post mensem huc peruenit, perditis vestibus et consumptis decem aureis; itaque abieci portentum.

Cura vt haec epistola reddatur Cancellario, quam tuae adiunxi. Aedidimus aliquot epistolas, et inter has illam qua Dorpio satisfacimus; et illius epistolam adiuncturi, si ministro commisisses, vti iusseram. Libellum adferet bibliopola. Excusum est Enchiridium additis aliis quibusdam. Nouum Testamentum coeptum erat, sed rursus intermissum ob inopiam castigatoris; simulatque vel paululum dabitur ocii, tuum aedemus Epithalamium. Sedebimus hic vsque ad mensem Nouembrem. Bene vale cum tuis omnibus, amicorum optime. [Anno M.D.XVIII.]

357_{358} FROM ULRICH ZASIUS.

Deventer MS. 91, f. 202 v°. Freiburg.
LB. App. 33. 21 September ⟨1515⟩.

SESE commendat. Ecquando cessabis, amplissime heros, liberalibus tuis beneficiis Zasium exornare? Quae per Iouem ea est singularis

355. 50. et diu *MS.*: diuque *E.* 52. Anno M.D.XV *add. H.* 356. 4. *H*: illic *E.*

(Jänig p. 42); and when Reuchlin's case was submitted to the Bp. (cf. Ep. 290. 13) he was one of the delegates appointed to examine the *Augenspiegel*, and pronounced it free of heresy. From 8 July 1517 till his death he was Dean of Spires. Rough drafts for his epitaph, giving the date of his death, in the autographs of Erasmus and Beatus Rhenanus, are in the Town Archives at Strasburg (Epist. eccl. s. xvi. ii. 208).

See Knod in ADB; ANGB; Remling, *Gesch. d. Bisch. zu Speyer*; RE. 67 and 248; BRE. 162; MHE. iii.

356. 7. Cancellario] Le Sauvage; see Ep. 410 introd. The letter is lost.

8. epistolas] A.

9. illius epistolam] Ep. 304.

10. Enchiridium] in the *Lucubrationes*; cf. Ep. 342. 28 n.

12. castigatoris] For the attempts made by Erasmus and Lachner to secure Gerbell's services see Epp. 351,2.

13. Epithalamium] Cf. Ep. 312. 86 n.

tua humanitas, vt donis tam optatis, tam elegantibus mę tantopere prosequare, cum tamen inuicem nulla tibi ne vmbra quidem officii, nedum officio, respondeam. Sed immensa tuae admirandae doctrinae latitudo negat et liberalitatis erga ⟨me⟩ tue opulentiam concludi septis, vt, sicut in optimis doctrinis tui similem Germanus non habet orbis, et forte nec Italus, ita et humanitatis primas sedes insederis. Ea enim demum iusta est humanitas quam complurium studiorum iusta professio instruit. Equidem quando nihil habeam quo tuis repetitis pulcherrimis donis gratificer, vtroque me et animo et mente obligo, vt sub tuam manum subiectus tuis sim iussis praesenti semper obedientia pariturus.

Caeterum quia nuptiales filiae pompas (quod bonum et faustum sit) vi. Nonas Octob. iam futuro sum celebraturus, te, vt ei pompae praesens adesses, si id tibi non foret molestum, maximo quo possem nixu perprecarer. Venires enim et expectatus multis bonis viris qui in te ardent, et non modici ornamenti accessione me decorares. Domus mea tam augusto hospiti effusis pateret foribus, et totum gymnasium tua praesentia illustraretur. Sed eo te officii grauare non audeo, dum noueris toto me desyderio Desyderium, si venire dignaberis, excepturum, prouisurumque ne quid te viatici impensa premat. Philippus noster, licet spem fecisset non abeundi nisi litteris meis comitibus, abiuit tamen, credo vel opportunitate aliqua vel necessitate permotus. Est enim (quod abominor) corpore satis affecto, bonus alioqui vir et humanus. Itaque praesentium exhibitori, genero meo, litteras dedi. Vale, decus litterarum et litteratorum princeps.

Ex Fryburgho xi Kal. Octob.

Tuus Zasius.

Beato Rhenano, rarae integritatis et eruditionis viro, quicquid poteris pulchrum, amicum, honorificum dicito; quem et tibi itineris, si id sis ingressurus, et ornamenti quod meae familiae affulgebit, comitem ex medullis cupio.

[357]358. To Ulrich Zasius.

Basle MS. D. IV. 18, f. 339 v° (*a*). ⟨Basle.⟩
E. p. 385: F. p. 471: HN: Lond. xii. 5: LB. 164. ⟨September fin. 1515.⟩

[The manuscript is a copy by Boniface Amorbach on the last leaf of a manuscript translation of Lucian made by him in the summer of 1515 and dedicated

6. me *addidi* : ḡ tue *MS.* : quin tuae *LB.* opulentia *LB*, *perperam.* 9. est *LB* : & *MS.* 10. professio *LB* : professum *MS.*

14. filiae] Clementia, Zasius' younger daughter by his first marriage. She married a Freiburg merchant; cf. Stintzing, *Zasius*, p. 177. In ZE. 166, dated 22 Aug. 1515, Zasius announces her betrothal. For the subsequent loss of affection between her and her father see ZE. 18 and 24.

23. Philippus] Engelbrecht; see Ep. 344. 52 n.

to Zasius. The letter was carried by Engelbrecht (Ep. 366. 1), who came back from Freiburg about 21 Sept. (cf. Ep. 357. 23 seq. and Froben's letter quoted in l. 5 n. complaining of Engelbrecht's non-return from leave) and seems to have returned there again soon. In any case the answer to Ep. 357 cannot have been long delayed.

ERASMVS ZASIO SVO S. D.

Si quo pacto liceret ex hoc euolare pistrino, quod quidem facerem cupidissime, malim extra nuptiarum tempus te visere, quo totus toto te frui possem. Nunc in tanta hominum turba quantula tui portio rediret ad nos? Mitto Enchiridion nuperrime excusum. Beatus pari diligentia te resalutat; adest et Gerbellius et Oecolampadius. Bene vale, vir eruditissime. Precor vt nuptie filie tue tibi tuisque sint voluptati pariter ac bono.

Incomparabili ll. Doctori Zasio. Friburgi.

^{322}359$_{362}$ From Willibald Pirckheimer.

Deventer MS. 91, f. 105. — Nuremberg.
LB. App. 83. — 1 October ⟨1515⟩.

BILIBALDVS PIRCKHEYMER ERASMO ROTE. S.

Qva animi voluptate priores ac nouissimas tuas ac exoptatissimas ac plusquam gratas acceperim litteras, etsi vellem exprimere, haud possem; et si possem, minus tamen mihi fecisse viderer quam dignatio tua beneuolentiaque mea expostularet. At tamen prioribus tuis iam pridem respondi, ostendique quam leto animo tuam amiciciam tam humane ac faciliter mihi oblatam acceptauerim. Et quoniam tum scribebas Britanniam te petiturum, epistolam meam per oratorem Anglicum, qui Caesarem sequitur, in Britanniam misi; verum quia in Germania substitisti, coniicere licet illam tibi minus consignatam esse. Breuiter itaque quae tum scripsi nunc repeto, vtpote quae mihi non solum in ore sed et imo pectore semper recondita manebunt; neminem videlicet ex omni viuentium numero, et ne roges quidem, eius apud me esse existimationis, cuius Erasmus iampridem ob innumeras virtutes animo meo destinatus, nunc vero

358. 1. *E*: pristino *a*. 7. pariter ac bono *add. E*. 8. Incomparabili . . . Friburgi *om. E*.

---

358. 4. Enchiridion] In the *Lucubrationes*; cf. Ep. 342. 28 n.

5. Gerbellius] Cf. a letter of J. Froben to Boniface Amorbach, dated Basle, 22 Sept. 1515 (Basle MS. G. II. 29): 'Vff Matthei ist komen Ycolampadius von Heidelperg, auch Nicolaus Gerbellius von Strassburg, vnd wollen mir zu Hilff komen im Nouo Testamento, vnd sind in meym Hwss. Hetten wir solliche menner von erst gehebpt, bessert euch vnd vnss allen.'

359. 1. priores] Ep. 322.

nouissimas] from Mechlin; cf. l. 18 and Ep. 362. 23.

7. epistolam] Ep. 326A.

8. oratorem Anglicum] Robert Wingfield; cf. Ep. 326A. 21 n.

9. substitisti] In writing from Mechlin Erasmus evidently had not stated that he had carried out his projected visit to England.

confessione ac benignitate etiam propria meus. Perge igitur, mi Erasme, amiciciam nostram tam fauste incohatam litteris tuis suauissimis conseruare; qua re nil mihi gratius facere poteris.

Matronam quam nouissimis tuis litteris mihi commendasti, ita foui vt ipsa nec plus sperare nec ego praestare potuissem; quid enim tui gratia non faciendum censerem? Amicum communem, Beatum nostrum, saluta: cui non parum inuideo, etsi vehementer hominem amem, quoniam praesentia ac iucunda consuetudine tua, mihi vero negata, illi frui conceditur; spondet tamen animus non penitus vanus aruspex ambos quandoque coram oblatum iri amicabiliterque vna versari posse. Fiat, fiat.

Vale, Latinae linguae instaurator, bonarum litterarum reserator ac vnicum Germanie decus.

Nurenberge Kal. Octobris.

360. To Andrew Ammonius.

Farrago p. 224. Basle.
F. p. 353: HN: Lond. viii. 29: LB. App. 3. 2 October ⟨1515⟩.

[The date is given by the reference to the New Testament and to the publication of A.]

ERASMVS ROTERODAMVS ANDREAE AMMONIO SVO S. D.

Belle hactenus mihi fuit vsque ad nidorem hypocaustorum, quae nuper incendi coepta sunt. Hieronymus in processu est. Nouum Testamentum iam aggressi sunt. Ego nec manere possum ob intolerabilem nidorem aestuariorum, nec abire ob opus inceptum, quod sine me nullo pacto possit peragi. Eluetii nostri magnopere stomachantur aduersus Gallos, quod sibi in acie non cesserint ciuiliter, vt olim cesserant Anglis, sed machinis suis multos dissipauerint. Rediere domum aliquanto pauciores quam exierant, laceri, mutili, saucii, signis dissectis; proinde pro epiniciis celebrant parentalia.

Epistolam ad Leonem cum aliis nonnullis curauimus aedendam, sed locupletatam: si quid responsum est quod ad me vehementer pertineat, significa tuis literis, sed caute. Si valetudo patietur, commorabimur hic vsque ad natalem Christi; sin minus, aut Brabantiam repetemus aut Romam recta.

Eboracensis donauit me praebenda Tornacensi, sed *ἀδώρῳ δώρῳ*,

359. 18. Matronam] Cf. Ep. 164 introd.

24. aruspex] Cf. Prop. 3. 13 (4. 12). 59.

360. 2. Nouum Testamentum] For the interruption of work cf. Ep. 356. 12.

6. acie] Marignano; 13, 14 Sept. 1515.

7. Anglis] at the battle of the Spurs, 16 Aug. 1513.

machinis] Cf. Creighton iv, p. 211.

10. Epistolam] Ep. 335.

15. praebenda] Mountjoy obtained this prebend for Erasmus from Sampson, as Wolsey's Vicar-General; and

si quid nouentur res. Huius commissarius, publicitus propositis schedulis, fuit excommunicatus in Flandria; tanta illic Eboracensis reuerentia. Viuit, valet ac triumphat Episcopus eius loci, vir nobilis, doctus ac potens. Accepimus tamen; nihil enim facilius quam amittere.

Optarim Epigrammata tua, si fieri possit; quod et antehac scripsi. His literis facile ignosces, si scias quibus eiusdem generis obruar laboribus. Bene vale, doctissime Ammoni, et Erasmo fac sis qui fuisti semper. Basileae. postridie Calend. Octob. [Anno M.D.XIII.]

[355]361. To John Kirher.

Epistolae ad diuersos p. 334. Basle.
HN: Lond. vii. 45: LB. 185. ⟨October 1515.⟩

ERASMVS ROT. IOANNI KIRHERO SVO S. D.

Cvm ipse doctissimus tot habeas eruditos amicos, demiror cur hoc a me tam ambitiose querendum putaueris, optime Kirhere. Quid autem est tam arduum quod Maternus hospes meus non vel tribus verbis a me impetret, si modo sit eius generis vt prestare possim?

360. 16. Huius *F*: Iulius *E*. publicitus . . . 17. schedulis *E*: schedis publicitus affixis *F*. 17. tanta . . . 18. reuerentia *add. F*. 24. Anno M.D.XIII *add. H*.

---

the offer of it was made at Bruges, when Erasmus returned from England. At the time he hesitated to accept it (Ep. 388. 29 seq.; Lond. iii. 5, LB. 352); but subsequently decided that he would. Wolsey, however, by letter of 22 Aug. 1515 had then given it to another (Brewer ii. 889, 890); and this news was communicated to Erasmus in November (Ep. 371). When another prebend fell vacant in 1516, Sampson tried to obtain it for Erasmus, but without success (Brewer ii. 2066, 3573, 3700).

16. nouentur res] On the resignation of Chas. du Hautbois in 1513, Louis Guillard (l. 18 n.) was elected Bishop of Tournay. But after the occupation by the English Henry VIII gave the see to Wolsey. The rival Bishops contended continually for possession until the English evacuated Tournay in 1518.

commissarius] Rich. Sampson; see Ep. 388. 35 n. His excommunication was published shortly before 7 July 1515; cf. Brewer ii. 672.

18. Episcopus] Louis († 19 Nov. 1565), son of Andrew Guillard, President of the Parliament of Paris. When elected to the see of Tournay he was still quite young, and he spent the years 1513–17 at the College of Navarre in Paris (Launoi, *Nauarr. gymn. hist.* pp. 232 and 737–9), under the tutorship of Jodocus Clicthove. He made his entry into Tournay at length on 13 Feb. 1519, and during his tenure of the see was a patron of learning. Lud. Blaublomme dedicated to him an edition of Gregory the Great, Paris, Chevallon, 14 Feb. 1523; and the prefaces of many of Clicthove's works bear his name; cf. *Bibliotheca Belgica* and GC., also Lond. xiv. 17, LB. 578. In 1525 he was translated to Chartres, in 1553 to Châlon-sur-Saône, and in 1560 to Senlis.

21. Epigrammata tua] Probably not the volume mentioned in Ep. 218 introd., which contains only a few epigrams. Erasmus was perhaps contemplating a joint volume such as he afterwards published with More; cf. Ep. 550 introd. Most of the new epigrams included there had already been composed by this time.

Sed de ratione numerorum qui gestu digitorum olim notabantur, ex Bedae fragmentis nonnihil annotabimus; quod hic repetere perlongum sit, cum breui sit exiturum volumen. Quanquam mihi non admodum probatur huiusmodi arguta curiositas in numeris explicandis: neque satis liquet an eadem ratio quam tradit Hieronymus fuerit apud Hebraeos.

Studiorum ac laborum moles in quibus versor, non sinunt vt in praesentia pluribus respondeam. D. Thomam Truchses, virum et citra ostentationem eruditum et citra fucum humanissimum, ac Maternum, niuei pectoris amicum, diligenter salutabis meo nomine. Bene vale, Ioannes amice non vulgaris. Basileae Anno M.D.XV[I].

^{359}362$_{375}$ TO WILLIBALD PIRCKHEIMER.

British Museum MS. Arundel 175, f. 18. Basle.
P. p. 271: O^2 p. 160: Lond. xxx. 24: LB. App. 194. 16 October ⟨1515⟩.

[For the manuscript see Ep. 322 introd. The date is given by the books referred to: the *Enchiridion* (Ep. 342. 28 n.) and *Enarratio in primum Psalmum* (Ep. 327) of Sept. 1515, and Jerome and the New Testament, which are in progress.]

CLARISSIMO D. BILIBALDO PIRCKHEYMERO, LITTERARVM ET GERMANIAE DECORI, ERASMVS S. D.

EQVIDEM arbitror fatali quadam propensione ingenii fieri vt Bilibaldum meum tam vnice deamem. Testis est mihi Beatus Rhenanus, cum vixdum gustassem libellum abs te versum, protinus flammam noui cuiusdam amoris erga te concepisse. Nunc et e litteris ad me tuis et e doctissimis ingenii tui monumentis cotidie nonnihil adiungitur. Prorsus rarissima es auis huius seculi, qui tam eximiam eruditionem cum tanto fortunae splendore, rursum cum hoc tantum comitatis et humanitatis copularis, vt qui me meique similes homunculos non graueris in tuorum amicorum numerum adscribere. Libellum quendam abs te versum Brugis exhibuit mihi Thomas Morus ex Anglia reuerso; nam is tum apud nostros Regis ac

361. 12. D. *om. H.* 362. 5. e doctissimis *MS.*: doctissimi *P.* 11. nostros *MS.*: nos *P.*

361. 6. annotabimus] See Jerome (1516) vol. iii, ff. 25 and 31; the latter containing additional notes from a MS. of Bede lent by L. Ber (p. 381).

362. 3. libellum] Pirckheimer's translation of Plutarch's *De his qui tarde a numine corripiuntur*, Nuremberg, F. Peyp, 30 June 1513, which he had asked Erasmus to revise. Cf. Ep. 375.

10. Libellum] Pirckheimer had translated Plutarch's *De vitanda vsura*, Nuremberg, 26 Jan. 1515, and Lucian's *De ratione conscribendae historiae*, ibid. March 1515. Either may be intended here.

11. Morus] More's commission for this embassy is dated 7 May 1515; he arrived in Bruges about 18 May. Cf. Brewer, ii. 422, 473,4. Erasmus must have followed a few days later; cf. p. 90.

gentis suae nomine legatione fungebatur. De litteris nulla mentio. Tantum adiecit obiter ad me missum, nec explicuit a quo. Suspicor te commisisse litteras tuas D. Roberto Wimphildo, qui cum me saepius in Anglia salutarit et quodam die diutius etiam fuerit collocutus, demiror quam ob rem ne verbum quidem vnquam super hac re fecerit.

Quod mihi tantum tribuis laudum, quas ne si immodestissimus quidem sim, possim agnoscere, hoc certe effecisti, vt paulo minus mihi displiceam. Obruimur hic duplici sarcina, quarum vtrauis Herculem, non Erasmum, requirat. Praeter alia minutiora sustinemus Hieronymum et Nouum Testamentum, quod nunc typis excuditur. Foemina quam tibi ex Mechlinia commendaui, soror est eius cui Enchiridion dicaui. Id operis nuper excusum est Argentorati. Adieci commentarium in Psalmum Beatus Vir, Beato Rhenano nostro dedicatum; nihil enim hoc amico amicius. Missurus eram codicem, ni respondissent iam isthuc esse deportatum. Scripsimus haec non solum incredibilibus obruti laboribus, verum etiam a coena subito de tabellionis discessu admoniti. Vnum illud adiiciam, quantumuis eruditione et fortuna vincatur Erasmus, studio et amore nunquam cessurum licet inuicto Bilibaldo. Vbi dabitur commoditas (dabitur autem, vt spero, breui) totis voluminibus tecum agam, nedum epistolis. Beatus Rhenanus plane Pythagoricus amicus, hoc est *μία ψυχή*, salutem abs te libenter acceptam multo cum foenore reprecatur. Bene vale, praecipuum rei litterariae decus.

Basileae, Natali Diui Galli ad multam noctem.

363. From Wolfgang Angst.

Deventer MS. 91, f. 169. Hagenau.
LB. App. 389. 19 October ⟨1515⟩.

[Böcking (HE. 40) places this letter in 1516 with a query; but I follow Schmidt, Reich and Mr. Nichols in dating it 1515; on the ground that there is good reason to suppose that the first part of the *Epistolae Obscurorum Virorum* appeared in print as early as the autumn of 1515 (Erasmus had certainly seen it in print before he left Basle in 1516; cf. *Spongia*, LB. x. 1640 E–41 A, also W. Brecht, *Die Verfasser der Eov.*, pp. 366–72, citing SE. 98 and 103), and that this letter plainly accompanies the gift of a copy. Another reason for adopting this date may be found in a letter of Angst to Bruno Amorbach dated from Strasburg, 26 Sept. ⟨1516⟩ (Basle MS. G. II. 29. 7), the year-date to which is assigned from the reference to the just completed edition of Jerome and

21. *MS. LB*: Praeteri *P.* 23. *MS. LB*: Mechlina *P.* 25. Beatus Vir *om. P.* Rhenano *add. P.*

14. Roberto Wimphildo] Erasmus has here confused the two brothers; cf. Ep. 375. 8–11. Sir Robert was at this time at Augsburg with Maximilian's court; cf. Ep. 326A introd. Sir Richard had been in France, but on 2 May 1515 crossed with Queen Mary from Calais to England. See DNB.

also to an expected visit of Beatus Rhenanus to Strasburg (cf. Ep. 338 introd.). Also, this letter has the tone of being written to Basle rather than to Brabant.

Wolfgang Angst of Kaysersberg (cf. Ep. 412. 3 n.) is known only as a corrector for the press. His name has not been traced in the records of any university; but Schmidt conjectures (ii. 155) that he may have been with Hutten at Cologne, for in a poem written in 1510 (Opp. iii, p. 78) Hutten speaks of him as 'quondam meus', and praises his knowledge of Plautus. In Feb. 1510 he corrected an edition of the *Tusculanae Quaestiones* for Schürer at Strasburg, and in Nov. 1514—March 1515 the *Opus concionatorium* of Sancius de Porta for Gran at Hagenau. In Sept. 1516 he may be found at Strasburg (*v. supra*); but by the next summer he had moved to Basle and was correcting the *Adagia* for Froben's edition of Nov. 1517 (Ep. 575, and LB. App. 146, 166). In Sept. 1518 he had left Basle (Basle MS. G. II. 30 *ad fin.*), evidently for Mainz, where in 1518–19 he corrected for Schöffer (HE. 110 and 96) the Livy to which Hutten contributed a preface and also Hutten's *De Guaiaci medicina*, Apr. 1519; but after that time nothing is known of him. Erasmus' preface to him, mentioned in Lond. vi. 14, LB. 413, is not known to exist.

See an article by Mohnicke in Ersch and Gruber's *Encyclopädie*, corrected in several points by Böcking; and Schmidt, ii. pp. 154–8.]

WOLPHANGVS ANXT CAESERBERGIVS DOMINO ERASMO S. P. D.

OBSCVRI viri ad myrtum canentes, apud me in sterili harena orti, fronte iam perfricata in tuum conspectum prodire volunt; dumque id sedulo prohibere conor, fortius repugnando in me insurgentes inquiunt nil fore se Erasmo gratius, tum quod dudum is strennuiora sua dicta Argentorato memoriter recitauerit, tum quod istorum sint familia quos Moria tam gnauiter pridem celebrauerit. Hac victus procacitate reliqui vela ventis; superest vt dieculae hospicium non deneges iis quos tui tam cupidos fuisse cognoscis. Tuum erit vt ridicula non aegraeferas nec spernas; non enim opis est Anxsteae tibi omnium doctissimo quicquam praeter voluntatem dignum impartiri. Vale et viue.

Date Hagenb 14 Cal. Nouemb.

364. TO JOHN SAPIDUS.

Epistole elegantes f^{o}. o^{4} v^{o}. Basle.
C^{2}. p. 170: F. p. 61: HN: Lond. i. 35: LB. App. 96. ⟨c. October 1515.⟩

[This letter responds to a poem from Sapidus which precedes it in the various editions of the *Epistolae*. The poem enumerates Erasmus' friends in Basle, Gerard Lister, Bruno and Basil Amorbach, Beatus Rhenanus, Froben, Nesen, Glareanus, Oecolampadius, Gerbell, Artolphus, and Fonteius; and congratulates them on enjoying his society. The presence of Gerbell and Oecolampadius enables the letter to be dated approximately; cf. Ep. 358. 5 n. Gerbell had returned to Strasburg by Dec. 1515 (MHE. ii. 36). See also l. 30 n. Sapidus' poem was perhaps intended as a reply to the *Encomium Slestadii*; cf. Ep. 353. 9 n. He replied to the quasi-invitation conveyed in this letter by visiting Basle in November; see Ep. 372. 2.

---

1. harena] Schmidt speaks of the 'plaine sablonneuse' of Hagenau.

5. Argentorato] It was here, doubtless during his visit in June 1515 (Ep. 337 introd.), that Erasmus saw the 'epistolam manu descriptam de conuiuio magistrorum' (clearly Eov. i. 1; Brecht, op. cit., p. 366), which 'toties inter amicos lecta est vt propemodum haereret memoriae. Basileam reuersus . . . ex memoria dictaui Beato Rhenano.' *Spongia*, LB. x. 1640 EF.

Dr. Reich regards this letter as an answer to Ep. 399, which is accompanied by a poem; but the references in ll. 1 and 21 show clearly that the poem here answered is that which precedes this letter in the early editions.]

ERASMVS IOANNI SAPIDO LIBERALIVM ARTIVM DOCTORI S. D.

Carmen tuum, eruditissime Sapide, tam vnice placuit toti sodalitio quam tu illi vnice charus es. Mihi sane vt non fuit ingratum, ita voluptati esse non potuit. Neque enim vnius est hominis delectari et erubescere, nisi mihi forsitan adeo nihil oris esse credis, vt ista tua praeconia citra ruborem legere queam. Verum est quod tecum expostulem. Tot eruditis iuxtaque candidis amicis meam consuetudinem gratularis, nec mihi vicissim de illorum gratularis contubernio, quasi minus sim ipse felix hoc nomine quam illi. Nam mihi prorsus in amoenissimo quopiam Museo versari videor; vt ne dicam eruditos tam multos, et eruditos tam non vulgari more. Nemo Latine nescit, nemo Graece nescit, plaerique et Hebraice sciunt; hic in historiae cognitione praecellit, ille callet theologiam; hic mathematices peritus est; alius antiquitatis studiosus, ille iuris consultus. Iam hoc quam sit rarum ipse nosti. Mihi certe hactenus non contigit in aeque felici versari contubernio. Verum vt haec sileantur, qui candor omnium, quae festiuitas, quae concordia? Vnum omnibus animum esse iures.

Nec est quod complores te ab hac mensa abesse; vt Platonis more loquar, tam ades quam qui maxime. Nullum prandium, nulla coena, nulla ambulatio, nulla confabulatio sine Sapido nobis agitur. Porro sortem tuam, vt laboriosam esse non negauerim, ita tragicam vt tu vocas aut deplorandam esse prorsus inficior. Ludi litterarii magistrum esse proximum regno munus est. An tu putas sordidam esse functionem primam illam aetatem tuorum ciuium optimis litteris et Christo statim imbuere totque probos et integros viros patriae tuae reddere? Stultorum opinione humilius est, re longe splendidissimum. Etenim si ethnicis quoque semper praeclarum magnificumque fuit de republica bene mereri, (dicam audacter) nemo melius de ea meretur quam rudis pueritiae formator, modo doctus et integer; quae duo sic in te paria sunt vt nesciam vtro teipsum superes. Iam quod in salario dimi-

30. nesciam *F Corrig.*: nescias *C.* C^2: superas C^1.

1. Carmen] *Ad sodales Erasmo Roterodamo consuetudine iunctissimos Ioannes Sapidus Sletstadiensis Germanus.* C^1. f°. o^3.

21. tragicam] 'me quae sequitur tragicis Rhamnusia fatis': *Carmen Sapidi.*

30. in salario] Sapidus's appointment was for four years from 12 Feb. 1512 with six months' notice at the end on either side: see Strüver, *Die Schule zu Schlettstadt*, p. 38. It is possible that he had recently received notice from the Town Council that his salary would be reduced on the renewal of the appointment.

nutum est, Christus ipse de suo pensabit abunde; siquidem ipsa virtus satis amplum sui praemium est. Neque vero quicquam moueat animum tuum, quod vides quorundam ignauissimo ocio tantum annui census e publico decretum, qui sibi viuant vel principibus inseruiant, at non ex vsu reipublicae; ei vero qui communis est omnium liberorum parens, et in re maxime omnium necessaria tantis sudoribus agit publicum negocium, tam malignum stipendium exolui. Integrum et incorruptum virum munus hoc requirebat, cuique vel gratuita pietas cordi sit. Itaque magnitudo salarii dignitasque proposita sceleratissimum quenque ad hoc negocii pelliceret. Ipse, mi Sapide, dignitatem addes ex tuis dotibus muneri, si parum apud homines splendido, certe apud Christum magnificentissimo.

Nec est quod hanc sodalitatem inuideas Basileae. Habet et Slestadium μουσεῖον suum, fortassis infrequentius; sed quam multis aliis vnum opponere potes Paulum Volscium Curiensem abbatem! Deum immortalem, quae mentis puritas, qui candor ingenii, quam prudens simplicitas, qui studiorum ardor, quam nullum omnino in tot dotibus supercilium! Tales, tales opinor fuisse priscos illos religionis antistites Antonium, Hilarionem, Hieronymum. Proinde si numeres contubernium, perpauci fateor estis; sin expendas, multi, cum tot homines tibi prestet vnus. Maiorem in modum te rogo, fac vt is vir intelligat me sui memorem esse. Mellitissimam coniugem tuam, nec leue tuorum laborum solamen, quouis margarito candidiorem Margaritam, meis verbis saluta diligenter. Bene vale. Basileae. [M.D.XVI.]

365. From Ulrich von Hutten.

Deventer MS. 91, f. 178 v°. Worms.
LB. App. 86. 24 October ⟨1515⟩.

[The date is given from a comparison with HE. 37, 8; the former of which, dated 9 Aug. ⟨1516⟩ from Bologna, says that he had been nine months in Italy; the latter, dated 22 Aug. from Bologna, can be ascribed to 1516, because Erasmus' New Testament (Ep. 384) is reported to have reached Rome. Böcking dates thus 1515, but Leclerc and other editors 1516, wrongly.

Ulrich von Hutten (21 Apr. 1488—Aug. or Sept. 1523) had been forced by his father to enter the Benedictine monastery of Fulda in 1499; but had escaped in 1505. For eight years he wandered from one university to another, finally reaching Italy; where he maintained himself in the study of law by following the profession of arms. On returning to Germany in 1513 he was reconciled to his family by his brilliant defence of the rights of a cousin who had been murdered, and means were found for him to revisit Italy in 1515. When he returned home again in 1517, he received the poet's laurel from Maximilian on 12 July; and re-entered the service of Abp. Albert of Mainz, for whom he went on an embassy to France in 1517–8. On the election of Charles v he threw himself heart and soul into the attempt to create a united German nation under Charles; and allied himself with Franz von Säckingen (Ep. 582): and as

41. C^2: munere C^1. 54. M.D.XVI. *add. H.*

45. Volscium] See Ep. 368.

Luther and the reformers represented in one aspect the cause of Germany, he impetuously embraced their movement. But his fiery words outran his achievements, and by 1522 his cause was discredited, and he himself became a fugitive.

Erasmus first met Hutten in 1514 (Ep. 300. 12 n.), and was so favourably impressed that he mentioned him with praise in the *Nouum Instrumentum* (ii. 555: removed in 1527). Hutten on his side at first hailed Erasmus as a leader of Germany; but when Erasmus refused to follow Luther, Hutten flouted him in bitter disappointment, and their relations ended in a miserable quarrel.

Hutten's works have been admirably edited by Böcking; see also ADB. and, for his share in Eov, Brecht's book cited on p. 152.]

VLRICVS HVTTENVS ERASMO RO. S.

OMNES mihi deos irasci puto, quorum voluntate fit quo minus sim tecum aliquot annos, quique me a tuo latere auellunt; cui, si per fortunam licuisset, tenacius adhesissem quam ille Alcybiades Socrati. Quare enim non Germanum Socratem appellabo te, Erasme, ita de nobis quantum ad litteras meritum vt de suis ille Graecis? Non is sum ego forte qui omnino possim placere tibi, cui posse placere quaedam admodum felicitas est; at non indignus fuissem qui ad tuos pedes didicissem Graecas litteras, qui te sectatus essem studiose, custodiuissem vigilantissime, obseruassem reuerenter, omnia tua iussa executus essem, ad omnem nutum exiluissem. Neque tibi fuisset indecorum, si tibi mira sedulitate, incredibili fide ministrassem, eques Germanus. Hoc praetulissem, Erasme, non modo aulicae consuetudini, ad quam vocor magna mea molestia, sed et huic, ita me dii ament, peregrinationi Italicae.

Et vt breuiter scias quid mihi nuper proposuerim, constitueram ire ad te, ac sequutus forte in Britanniam vsque fuissem. Quod meum salutare consilium interuertit importuna meorum liberalitas; liberalitatem enim vocant quod discendis legibus sumptum elargiuntur, atque ob id nunc Romam mittor. Haec ex itinere scribo ad te, circumstrepentibus multis conuiuis. Parce extemporalitati. Non dabitur reuidendi copia. Inuitus eo vbi te non licet videre teque frui. Qui comites sunt, eis persuaderi non potuit vt Basilea iter faceremus. Non mirum; quod non omnes agnoscunt tuam diuinitatem. Vtinam persuaderi posset tibi quanti te faciam!

Videbis editum a me Neminem, carmen non omnino contemnendum forte, in cuius praefatione tui, vt decuit, memini honorifice. Totus a tremore conualui, item ex morbo pedis. Si venies in Italiam, nihil remorabitur euntem ad te ex illo legali carcere quo me relegant

25. Neminem] This seems to refer to the second version of the *Nemo*, first published at Augsburg in 1518, with a preface to Crotus Rubianus (HE. 84), in which (§ 40) Erasmus is mentioned; in words hardly applicable, however, to this time. The first version of the *Nemo* appeared in 1512 (?) without preface. It seems, therefore, that Hutten had arranged for a new edition of the first version, with a preface added, but that it was never completed.

mei. Exorassem vt me commendares alicui Romae, si venissem Basileam; non negasses hoc beneficiolum, quae tua est humanitas. Quod si vacat, scribens Romam commendabis me alicui ex litteratis, cui non mulos scabam aut equos fricem sed inter libros assideam. Non licet plura.

Vale Vuormaciae ix Cal. Nouemb.

366. To Ulrich Zasius.

Basle MS. D. IV. 16. 107 (*a*). ⟨Basle.⟩
D. p. 223: F. p. 173: HN: Lond. iii. 50: LB. 289. ⟨October 1515.⟩

[An autograph, hastily written and folded up wet, so that the ink has blotted across. It was probably preserved by Boniface Amorbach, who was at this time at Freiburg. It must be dated not long after Ep. 358, but at sufficient interval for Erasmus to have expected an answer to that letter. There is reason to suppose that this letter was not delivered to Zasius until some months afterwards; cf. Ep. 379. 11 n.]

ERASMVS ZASIO SVO S. D.

Scripsi per Philippum nostrum perque eundem Enchiridii codicem dono misi, nec dubito quin vtrunque acceperis. Nos laboribus propemodum obruimur, et gemina difficultate, nempe Hieronymi et Noui Testamenti, sic distringimur vt existimem Herculi minus fuisse negocii cum excetra et cancro. Non potuimus tamen committere quin incomparabilem amicum Zasium vel salutaremus. Per hos labores non licet vllo frui amico, cum tam multos habeat Germania; sed dabit deus his quoque finem. Tu si cum tuis recte vales, fac nos tuis litteris certiores, quo magis gaudeamus. Bene vale, doctissime Zasi. M. Philippo salutem ex me dicito.

Resalutat te Beatus cumque eo totus hic eruditorum chorus.

[An. M.D.XVII.]

Eximio ll. professori Vdalrico Zasio, domino et amico incomparabili. Friburgi.

367. From Ulrich Zasius.

Deventer MS. 91, f. 139. Freiburg.
LB. App. 35. 30 October 1515.

[The date is confirmed by the wedding; cf. Epp. 357,8.]

VDALRICVS ZASIVS DOMINO ERASMO SESE COMMENDAT.

Salvtem mihi verbis tuis, magne Erasme, praesentium exhibitor Acchatius attulit, optatissimam illam quidem, sed cui tuas dulcissimas litteras praetulissem. Quod tamen subuerenter significo, ne importunius tua benigna humanitate abuti videar. Scio enim grauibus

366. 4. vt *aFH*: & *F*, *in quibusdam exemplaribus*. 6. *a* N^3: salutemus N^2. 7. tam *a H*: tamen *D.* 10. M. *om. H.* 12. An. M.D.XVII. *add. H.* 13. Eximio . . . 14. Friburgi *om. D.*

366. 1. Philippum] Engentinus. D *in marg.* 8. dabit] Verg. *Aen.* I. 199.

te et honestissimis negociis, vt rem litterariam in nostra Germania crescentem pro nisu adiuues, impediri, vt nihil mirum sit si rarius scribas, praecipue ad hominem plane exiguum, cui satis sit si mei aliquando vel verbo memineris. Ceterum quod proxima tua elegantissima epistola nuptiis filiae meae bene precatus es, in vicem non iam ominis sed vel oraculi accipio, tanquam a deo aliquo bonum illud felix et faustum emerserit; diuum enim honore quomodo te non praedicem, in quo quicquid pulchrum diuini et humani vel Deus vel natura congerere in viuentem potuit, tibi adfore conspicimus? Quod si praesens pompas nostras ornasses, iam plane beatum arbitrarer. Sed spem fecisti aduentus aliquando tui, quod desyderantes expectamus omnes, qui tibi bene volumus, qui ex te pendemus; multi enim sunt hic boni viri, qui non solum te videre, tibi adesse, communicare, consueuisse tecum, sed etiam in castra tua, tua inquam illa castra, optimorum studiorum princeps, deierare gestiunt. Quod nisi citus aduenias, ecce ad te homines tui, animalia tua deuolabimus.

Et aduolassem equidem iam diu, nisi quod valetudine aduersa velut perpetuo hoste oppugnor, qui arcem capitis et aurium impetens iam pene oppressit, nisi si qua Dei nostri adiutrix manus ferat suppetias. Sed quamuis caetera fragilis, studio tamen sum obfirmatissimus; quae vna res me et reficit et valde consolatur. Gerbellius, vir lepidae eruditionis et doctor meritissimus, egregiis me tuis opusculis, Enchiridio et nonnullis aliis, in quae tot annos sitiui, quae conquisitis vndique siggillaribus expetii, optatissimo dono donauit; faxit Deus vt vicem aliquando remetiri possim. Dispeream si non omnes numeros gratitudinis explicuero; cui et praeterea Rhenano, delitiis meis, et Icolampadio, integerrimo meo amico, verba salutis immensa adferto: quibus et scripsissem, sed lege ii[a] de Ori. Iur., cuius commentaria fere ad calcem perduxi, immoramur, ne vel momento, vbi a lectionis munere vacauero, dilabi patiar.

Vale, ex Fryb. 3 Cal. Nouemb. 1515.

368. From Paul Volz.

Deventer MS. 91, f. 131 v°. Hügshofen.
LB. App. 34. 30 October 1515.

[The date is confirmed by the reference to Ep. 337.
Paul Volz of Offenburg (1480—6 July 1544) matriculated at Tübingen in 1496.

15. aduentus *LB* : adentus *MS*. 33. lege *scripsi* : lex *MS*. *Quod nisi fit, verba quae sequuntur amplius sunt corrigenda*. 34. ita moratur . . . momentum *coni*. *LB*.

9. epistola] Ep. 358.

27. Enchiridio] The copy sent by Engelbrecht (Ep. 358) seems not to have been delivered, though Zasius had had the letter; cf. l. 9. Some allusion, too, might have been expected here to Ep. 366; cf. Ep. 379. 11 n.

33. commentaria] First published in Zasius' *Lucubrationes*, Basle, ⟨Froben⟩, 1518.

By 1503 he had entered the Benedictine monastery of Schuttern near Offenburg; and in 1512 was elected Abbot of Hügshofen in the Weilerthal, near Schlettstadt, in order to introduce there the Bursfeld reforms. By the middle of 1526 he had gone over to the reformed doctrines—a step which he seems to have contemplated before 1521 (Lond. xii. 33; LB. 490). He withdrew to Strasburg, where in 1528 (BRE. 293) he was appointed preacher to the nuns of St. Nicholas; but he refused to subscribe to the Wittenberg Concordia (1536) and on 13 Jan. 1537 was deprived of his office. He was restored in 1539, after being convinced again by Calvin; and thenceforward remained in communion with the Strasburg Reformers.

He was a member of Wimpfeling's Literary Society at Schlettstadt and composed antiquarian *Obseruationes*; most of which perished in the Peasants' Revolt, when Hügshofen was sacked. He also wrote Chronicles of Schuttern; for which see an article by J. May in *Zs. f. Gesch. d. Oberrheins*, viii (1893) pp. 256–88. Erasmus dedicated to him the new edition of his *Enchiridion* (Ep. 164 introd.); and besides sending him a cup shortly before his death (EE.[2] 153) left him 100 florins in his will. BRE and EE. contain twenty-six letters written by him; see also Trith.[5] p. 255 and Knod in ADB.]

PAVLVS HVGONIS CVRIAE ABBAS ERASMO S. P. D.

NACTI opportunitatem non potuimus non salutare tuam praestantiam, Erasme extra omnem aleam doctissime. Salue igitur, amice charissime, qui optime meritus es apud doctos omneis, non tantum propter multiiugem doctrinam quam amplissime prae te fers, sed item ob moratam Moriam et ob sapientem Stulticiam, quae demum in Dorpiana defensione cum primis enituit; quam lectitando ego communesque nostri amici, Ia. Wimphl. et Io. Sapidus, inter epulas et ridemus et miramur, imo pro cibis sorbemus et delectamur, etc. Vale in Christo Iesu, qui tibi vires addat pro ceptis tuis olim feliciter obeundis.

Properiter ex monasterio nostro penultima Octobris 1515. B. Rhenanum nomine nostro salute imperti.

369. FROM NICHOLAS GERBELL.

Deventer MS. 91, f. 161 v°. ⟨Strasburg⟩.
LB. App. 43. ⟨November? 1515⟩.

[Evidently prior to Ep. 383 and after Gerbell's return from Basle; cf. Ep. 364 introd. The *Parabolae* (Ep. 312) were reprinted by Schürer in February and November 1516.]

NICOLAVS GERBELLIVS DOMINO ERASMO S. D.

MATTHIAS SCHVRERIVS, communis amicus noster, Erasme doctissime, plurimum vrgeri se causatur ab his qui libros hinc inde gestant venales, atque fere conuitiis ab eo expostulari Similia. Respondi ei vix fieri posse vt a te vel nunc iterum castigentur, ob ingentes tuos labores, quibus vtrinque pressus haud vnquam pleno ore respires.

368. 5, 6 demum in Demum in Dorpiana *MS.*

368. 6. Dorpiana defensione] Ep. 337, recently published in A.
8. etc.] Something of the substance of the missing passage may be gathered from Ep. 372.
369. 3. Similia] The *Parabolae*.

Ille vero cogi se inquit, ni penitus e manibus eripi sibi velit opuscula ab his qui veluti simiae imitantur omnia. Nihil se posse maius hoc tempore a te recipere dicit, quam si libellus a te reuisus prodeat castigatior; verum, si fieri nequit, omnino aedendum esse ad exemplar illud quod ad ipsum mensibus superioribus misisti. Ea in re quid facere possis aut quid fieri velis, ad nos rescribe. Nihil vspiam cupimus ardentius quam morem tuae gerere voluntati. Si potes commode, consule studiosorum desyderio tam constantis amici. Operam meam, qualiscunque sit ea, perquam libenter accommodabo. Viue felix, atque de valetudine tua fac me certiorem. Commenda me humanissimis simul et eruditissimis tuis conuiuis. Commendat se tibi noster Rudolphingius vna cum reliquis amicis, qui subinde ex me audire cupiunt qua sis valetudine, quibus desudes laboribus. Spem maximam illis de Testamento Nouo deque Hieronymo adiitio, quem auide omnes expectant. Iterum vale.

370. From John Becar of Borsselen.

Deventer MS. 91, f. 121. Arlon.
LB. App. 36. 22 November 1515.

[Plainly subsequent to Ep. 320; and therefore only 1515 is possible.]

IOANNES BORSALVS ERASMO ROTERODAMO THEOLOGO S.

Qvas Calendis Octobribus litteras ad me scripseras, accepi paucis ante diebus quam has scriberem, non ab eo quidem cui ferendas hac profecturo commiseras, sed a Louanio vsque, quum illuc essent perlatae, ad me missas. Itaque neque hominem vllum conuenire datum est, vt de te quae vellem percontari potuerim, et temporis angustia metuo ne mihi impedimento sit, quo minus tibi hae meae, priusquam Basilea discedas, reddantur; atque ob eam rem scripsi breuius quam institueram, quando nullum adhuc satis certum nactus ad te nuncium.

Habeo primum maximam tuae singulari humanitati gratiam, qui negociorum turba obrutus tanto tamen locorum interuallo ad me scripseris, et quidem humanissime. Deinde te oro, si quae offeretur aliquando ad me denuo scribendi occasio, facias me copiosius de rerum tuarum statu, de compositis aut e Greco conuersis atque castigatis omnibus libris certiorem, et quonam sis isthinc profe-

369. 6. opuscula *LB*: opusculis *MS*.

369. 8. reuisus] It is evident from Ep. 383 that the February edition was not revised by Erasmus. The November edition bears no sign of revision on its title; and probably received none from him, as he had been recently persuading Badius to undertake a new issue. See Ep. 312 introd.

9. exemplar] Probably Martens' ed., β.

17. Rudolphingius] See Ep. 302. 14 n.

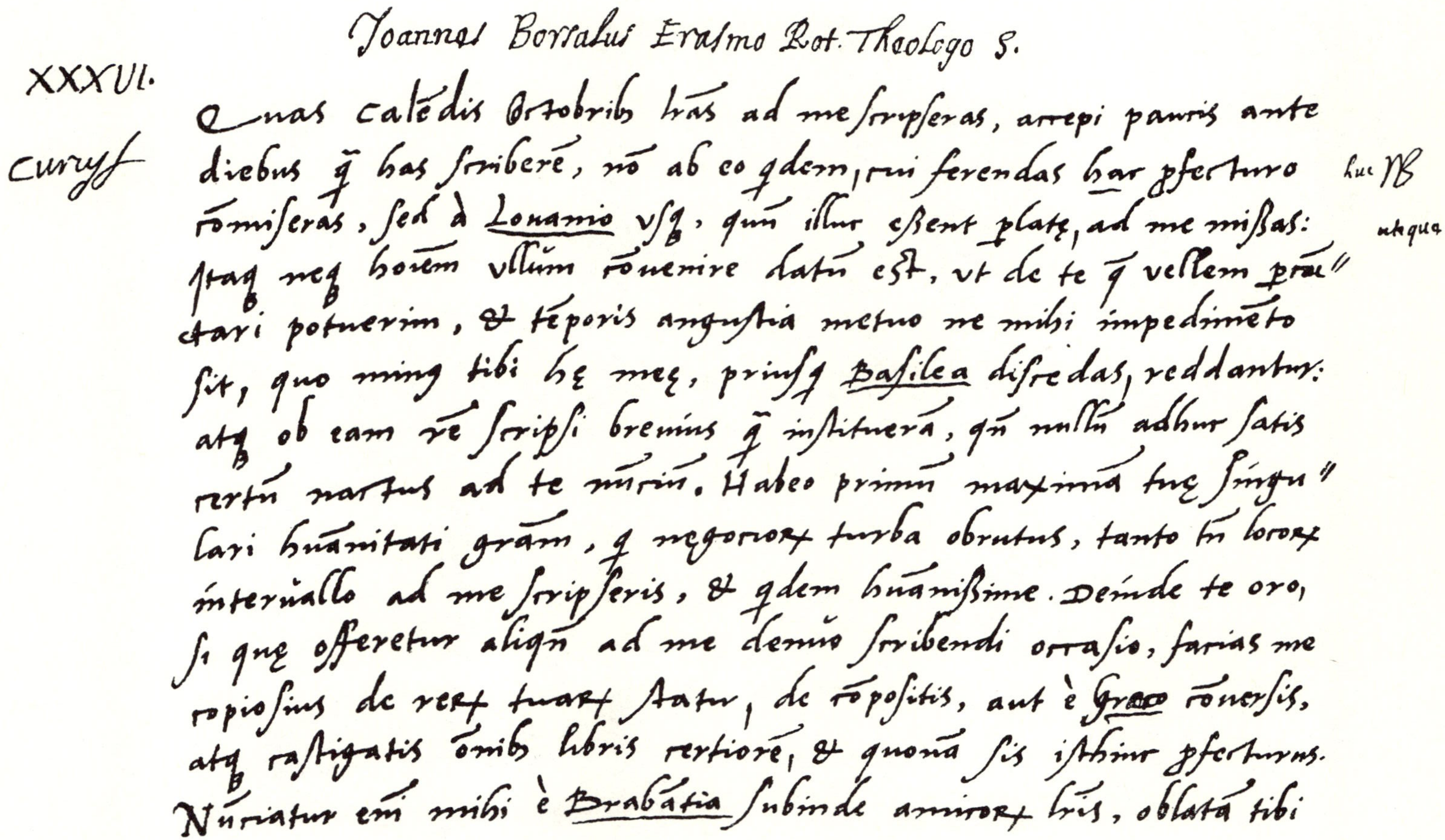

Joannes Borsalus Erasmo Rot. Theologo S.

XXXVI.

Quas calendis Octobribus literas ad me scripseras, accepi paucis ante
diebus quam has scriberem, non ab eo quidem, cui ferendas hac perlaturo
commiseras, sed a Louanio usque, quum illuc essent platae, ad me missas:
itaque neque hominem ullum conuenire datum est, ut de te quae vellem perconta-
tari potuerim, et temporis angustia metuo ne mihi impedimento
sit, quominus tibi hae meae, priusquam Basilea discedas, reddantur:
atque ob eam rem scripsi breuius quam institueram, quum nullum adhuc satis
certum nactus ad te nuncium. Habeo primum maximas tuae singulari humanitati gratias, quod negociorum turba obrutus, tanto tamen locorum
interuallo ad me scripseris, et quidem humanissime. Deinde te oro,
si quae offeretur aliquando ad me denuo scribendi occasio, facias me
copiosius de rerum tuarum statu, de compositis, aut e Graeco conuersis,
atque castigatis omnibus libris certiorem, et quonam sis isthinc perfecturus.
Nunciatur enim mihi e Brabantia subinde amicorum literis, oblatam tibi

Deventer Letter-book, f. 121 v°.: Ep. 370.

P. 160

cturus. Nunciatur enim mihi e Brabantia subinde amicorum litteris, oblatam tibi et iam paratam honestam vitae quouis loco regionis illius exigendae conditionem, praestituto scilicet non contemnendo ex Principis aerario annuo salario, sperareque doctos omnes illam te conditionem suscepturum non grauatim; atque ita quidem vt, nisi acceperis, non a nostratibus, quod semper questi sumus omnes, te neglectum sed nostram hanc regionem te negligere ac contemnere, nisi tamen ampliori aliqua honestiorique obiecta hanc repudiaueris. Verum, quicquid huiusmodi erit, si tecum iam statueris, nosse peruelim. Scripsisti enim te ad Decembrem isthic futurum, neque addidisti quonam tum inde sis abiturus; itaque et ipse cum ceteris vna maxima spe teneor, te ad istam conditionem in Brabantiam amenissimam concessurum, vbi reliquum vitae cum summa gloria et tranquillitate maxima exigas: quem vtinam diem mihi videre aliquando liceat.

Quod de meo statu nosse cupis, neque admodum probas, imo reprehendis verius, quod in pedagogico hoc munere consenescam, agnosco tuum in me antiquum amorem ac praeceptoris amantissimi affectum, qui me maioribus negotiis magisque gloriosis ac magnificis vacare cupias. Equidem tecum plane sentio de docendorum puerorum aliquando deserendo munere velut huic aetati meae parum congruo; ad quod sum e patria abhinc plus anno maxima importunitate et

18. conditionem] The first mention of Erasmus' appointment as Councillor to Prince Charles. By Feb. 1516 Erasmus regarded himself as having entered upon his office (Ep. 392. 15, 6) and his actual appointment may be dated Jan. 1516, since at Whitsun 1517 arrears of pay for a year and a half were due to him (Ep. 565. 12–7). But the first proposal had perhaps been made in May 1515, when he was returning to Basle through Mechlin (Ep. 362. 24); for in one of the notes to the New Testament (ii. p. 294, ed. 1516; cf. Ep. 446. 72) he says: 'Pauculos menses ad hunc laborem ab illustrissimi Burgundionum Principis Caroli obsequiis, in cuius famulitium nuper asciti sumus, vsurpauimus verius quam impetrauimus.' This passage may be dated about Jan. 1516, since he says lower down that he has been at work for 'menses ferme sex' (cf. p. 90); and from its position in the book it can hardly be placed later, since it is followed by nearly 400 pages of print (cf. p. 183). Again, Mutianus was perhaps aware of the appointment as early as 11 June 1515 (MRE. 533); for, writing of Erasmus' recent appearance at Mainz, he adds: 'Nescio quo pergit . . . forte confert se ad principem Karolum Burgondionem' (MRE². 507).

Corroboration is unfortunately not obtainable from Erasmus' statements about the *Institutio Principis Christiani* (Ep. 393); for although it appears from Ep. 334. 170–2 that this treatise was already in hand by August (and possibly by May) 1515, the two passages on the subject in 1 (pp. 19. 25, 6 and 44. 3–5) perhaps only mean that the work was not *presented* to Charles until after the appointment. In the title assigned to Erasmus in Ep. 588. 7, 8. Egnatius (or Hutten) is perhaps not reporting aright what he had heard. If he is correct, the title was probably only honorary; for there seems to have been no question of Erasmus's performing regular duties.

The annual value of the pension was 200 florins (Lond. xix. 115, LB. 747) or 300 livres (Lond. xxiii. 14, LB. 1064); but it was not often paid (cf. EE. p. 346).

25. Scripsisti] Cf. Ep. 360. 12–14, written at the same time.

32. pedagogico] Cf. Ep. 320. 11 seq.

pollicitatione magnificentissima compulsus, ferme inuitus, vnius Ariensis opera maxime, cui ob gratitudinis studium, qua semper virtute praeditus esse ac videri volui, nihil honeste videbar posse negare. Sed rem ipsam, cum propter aetatem iam maturiorem tum propter regionis huius molestissimam mihi ruditatem et litteratorum hominum hic raritatem—hanc rem, inquam, et prouinciam experior mea opinione longe difficiliorem; qua fungerer certe aequiori animo, si cum celebri aliquo gymnasio hunc locum commutare quamprimum possem. Verum quando semel cepi, certum est, nisi per oportunissimam honestamque inprimis occasionem, prouinciam susceptam non deponere: cuius propemodum tempus vicinum prospicio, si non liceat ad aestatem proximam in Galliam aliquo seu Franciam commigrare. Quod ad valetudinem attinet, valui semper satis adhuc recte hocque coelum atque victum fero citra grauem molestiam.

Vale ex Arluno oppido terrae Lutzenburch decimo Cal. Decembris 1515.

371. From John de Molendino.

Deventer MS. 91, f. 156. Tournay.
LB. App. 37. 23 November 1515.

[The date is confirmed by the reference to the Tournay prebend; cf. Ep. 360. 15 n. It cannot be later than 1515, because Jerome is still in progress.

John de Molendino of Tournay (also Molendinus, Molinaris, Molanus: ? Vander Molen) was Rector of Paris University in 1501. He taught in the college of Cardinal Lemoine at Paris; whence his 1504 preface is dated (p. 37), and whence in June 1508 he dedicated to John de Ganay, Chancellor of France, a Latin version of a description of Italy composed in French by the Chancellor's nephew Germain (Paris MS. Bibl. Nat. Lat. 4845). There are also two epitomes by him of Cicero's *De Legibus* (ibid. Lat. 6598, 9), dedicated to Germain, who was perhaps his pupil. He afterwards became Canon of Tournay, and was intimate with Barbirius (Ep. 443 introd.); for whom he acted as proctor in the matter of Erasmus' Courtray pension (Ep. 436. 5 n.), sharing the responsibility for de Hondt's payments. His kinsman, Livinus Ammonius, speaks of him in 1534 as having a fine library (OE. p. 500). See EE.]

IOANNES DEMOLENDINO DOMINO ERASMO S. P. D.

Dominvs Eboracensis, id quod est curialibus perquam peculiare, palinodiam cecinit. Canonicatum enim tibi iampridem donatum alteri contulit, filio chirurgi regii; sed quem non puto sine litigio futurum, si res innouari contingat. Pollicitus est tamen ipse Eboracensis tibi hic alium canonicatum aut in Anglia quippiam maius donaturum, quod mihi coram exposuit Montioius; tametsi eiusmodi pollicitationibus diues quilibet esse potest. Non dici potest quam mihi aliisque compluribus etiam canonicis gratum fuisset, si te huc

370. 38. Ariensis] Jerome Busleiden; see Ep. 205 introd.

371. 3. chirurgi regii] Marcellus de la More, who was King's surgeon in 1510 and was promoted to be serjeant of the surgeons in 1513. He died probably c. April 1530, when his offices were given to another. See Brewer i–iv.

4. res innouari] Cf. Ep. 360. 16 n.

7. diues] Cf. Ov. *A. A.* I. 444.

tandem post varios et improbos labores bona dea retulisset: sed non vidi iustum derelictum. Dixit item Montioius se propediem in Angliam profecturum, voluitque vt te de ea re facerem certiorem. Seruabo tamen interim mandatum siue procurationem quam vocant, si forte qua in re ea vti tua causa contigerit.

Scribis Hieronymum tuum belle procedere. Vix ego verbis possum consequi quantopere illum videre, legere, osculari gestiam, cum tuis operibus reliquis et Nouo Testamento. Perge igitur, mi Erasme, et in has lucubrationes clarissimas viriliter incumbe, quae tibi nomen immortale ac sempiternam gloriam pariturae sunt. Sic tamen incumbe vt valetudinis rationem semper habeas; litteris enim omnino conducit te esse maxime longeuum. Vale igitur et diu et feliciter.

Ex Tornaco 23[a] Nouemb. 1515.

372. From Paul Volz.

Deventer MS. 91, f. 131 v°. Schlettstadt.
LB. App. 38. 25 November 1515.

[The manuscript date may be accepted. The letter cannot be earlier than 1515, for it was only in that year that Wimpfeling returned to Schlettstadt. It can hardly be later; for in 1516 Erasmus had left Basle and also his opinion on this question was accessible in the published volume of Jerome.]

PAVLVS HVGONIS CVRIAE ABBAS ERASMO S. P. D.

Litteras illas tuas, quas pridie diui Martini ad communem nostrum amicum Iacobum Wimphlingum dedisti, adferente eas Io. Sapido, itidem communi amico, lectitantes inuenimus quod vel pro minimo nostro beneficiolo ingentibus actis gratiis nosse desyderas eum in Ezechielis praefatione locum quo nos fatebamur saepicule offensos. Is locus est in calce eius praefationis quae in omnibus Bibliis Ezechielis volumini praemitti consueuit, vbi secundum aliqua saltem verba (nam modo textus abest) hoc pacto legitur: 'Quod si aemuli mei et hunc subsannarint, vereor ne illis eueniat quod Graece significantius dicitur, vt vocentur phagolidori, id est manducantes senecias.'

371. 9. sed non vidi] Ps. 36. 25.
10. Montioius] Almost from the beginning of his appointment Mountjoy had been endeavouring to return to England; cf. Brewer ii. App. 10. He applied for leave again at this time (ibid. 1112; and 2820, which from comparison with 1259, 1498, 1499, 1509, 1510, must be dated 1516); but did not actually return till 1517 (cf. Ep. 508. 17 n.).
14. Scribis] Probably in a letter contemporary with Ep. 360. Cf. also Ep. 370. 1 and 25 n.

372. 8. aemuli] The Vulgate reading is *amici*, which Lyra explains: 'id est inimici. Yronia est.'
10. phagolidori] This passage in the Vulgate is still a puzzle to the commentators. Erasmus (Jerome, ed. 1516, iv. f. 11 v°) proposed to read φιλολοίδοροι, and, treating the words that follow as an interpolated gloss, to correct *senecias* to *conuicia*. The Benedictines correct

Senecia quid sit ignoramus et post multam inuestigationem nunquam inuenimus, praeterquam apud Lyram, Mammotrectum, Catholicon et id genus hominum, qui super hoc vocabulo bullatas adferunt nugas. Senecio herba est Plinio lib. xxv. cap. vlt. Nat. Histor., quam Graece erigeron vocari dicit; sed quo modo huc pertineat nescimus. Porro Graecum hoc adagium φαγωλοίδοροι, quod item λοιδοροφάγοι, quo modo dicuntur κρεωφάγοι et ἰχθυοφάγοι, planius intelligimus, et posset Latine vno ac nouo verbulo interpretari, conuiciuori calumniuori, id est conuiciorum heluones, calumniarum voratores, quibus ora conuiciis ac iurgiis iugiter opplentur. Et isthaec quidem iuxta pinguem nostram Mineruam tute boni consule. Valetudinem tuam cura, vt multis prodesse valeas. Vale autem in illo dulcissimo puero Iesu cum amicis.

Ex Sletstadt die festo diuae Catherinae 1515.

373. To the Reader.

Nouum Instrumentum (1516) tom. ii. p. 225 (*a*). Basle.
Lond. xxix. 81: LB. vi. f^{o}. ***^{4}. ⟨c. December⟩ 1515.

[To this preface, which introduces Erasmus' notes on the New Testament, a month-date can be approximately supplied from its position in the book. As he notices in it some of the MSS. which he used for his work, they may conveniently be considered here.

As may be seen in Ep. 384 introd., there is reason to suppose that Erasmus' work on the Latin versions of the New Testament began in 1505–6. For this he had two Latin MSS. lent by Colet from the Chapter Library of St. Paul's. As nothing is now known of them it seems probable that they perished in the fire of 1561 or in the great fire of London in 1666. For his first recension of the Greek text, which took place in England, probably in 1512–13 (see p. 182), he had four Greek MSS.; see the *Apologia* prefixed to the *Nouum Instrumentum*, 1516, f^{o}. bbb^{6} v^{o}., LB. vi. f^{o}. **^{2}. One of these was the Codex Leicestrensis (Evan. 69: xiv^{c}); which has been traced by Dr. Rendel Harris (*Origin of the Leicester Codex*, 1887) in the possession of Richard Brinkley, a Cambridge Franciscan, early in xvi^{c}. A second recension was made at Basle, where he had before him five Greek MSS. (*Apologia*, ibid.), which are now all in the University Library (AN. III. 11, IV. 1, 2, 4, 5; Paul. 7, Evan. 2, 1, Acts 2, 4.). From his account of the printing of the first edition (*Apologia qua respondet duabus inuectiuis Eduardi Lei*, Antwerp, M. Hillen, ⟨c. Feb.⟩ 1520, f^{o}. D^{1}; Jortin, ii. 512) it appears that he had prepared a MS. for use by the printers,—probably IV. 1 (xv^{c}) which has corrections by his hand and red chalk-marks corresponding to the pages of the 1516 edition—and entrusted it to Oecolampadius and Gerbell to see through the press; giving them at the same time IV. 2 (xii^{c}), the MS. borrowed from Reuchlin (cf. Ep. 300. 33 n.). He soon found that his proof-readers did not scruple to correct his text by this MS.: whereupon he gave them a less elegant one which he regarded as more accurate, probably IV. 4 (xiii–xiv^{c}); and in addition he, or they, made use of III. 11 and IV. 5 (xv^{c}). For the Book of Revelation, which proved to be wanting in all the manuscripts enumerated above, he persuaded Reuchlin to lend him a MS.; and as the text

19. conui/uori *MS.*: *corr. LB.*

---

it to *sannas*. See Jerome ix. 939,40 (Migne); Ducange *s. vv.* 'fagolidori' and 'senecia', for some of the mediaeval interpretations; and Forcellini *s. v.* 'senecia'.

13. Lyram] Cf. Ep. 182. 116 n.
Mammotrectum] Cf. Ep. 337. 317 n.
Catholicon] Cf. Ep. 26. 89 n.

was so embedded in the commentary that the two were difficult to distinguish, he had a copy made before sending to press. At the end five verses and a bit are missing in the MS.; these Erasmus retranslated from his Latin MSS., warning the reader of the fact in his notes (*Resp. ad Adnot. Lei* ii, LB. ix. 246 A–C). The 'Codex Reuchlini' was for long thought to be lost; but in 1861 it was discovered in a private library at Mayhingen by Delitzsch (see his *Handschriftliche Funde*, 1861–2). Erasmus describes it as so old that it might have been written in the Apostolic age (*Annot. in Apoc.* 3. 7.); but modern critics attribute it to the xii^c^.

For his second edition (β) he had the loan of the Aureus Codex, a Latin MS. (xi^c^) of the Gospels, which had belonged to Matthias Corvinus, King of Hungary, and had recently come into the hands of the Regent Margaret; who had placed it in the Royal Library at Mechlin. It is now in the Escurial. The Austin priory at Corsendonk near Turnhout also supplied him with two MSS.: one (Evan. 3 : xii^c^) in Greek containing the whole of the New Testament except the Revelation; the other (ix–x^c^) in Latin containing the Gospels only. On the first leaf of each, as well as elsewhere, he has inscribed the fact that they were used by him for his second edition; and from the coincidence of the dates, 19 May 1519 (f. 1 of the Greek, wrongly copied by Wetstein, p. 56; f. 121 v° of the Latin) the suggestion is that these inscriptions were made when the MSS. were being returned to Corsendonk; the injunction 'Seruetur' or 'φυλαχθήτω', which he adds, conveying ominous suggestion of the fate not uncommonly attending MSS. The Greek codex is now in the Royal Library at Vienna (Suppl. gr. 52), the Latin in the Royal Library at Berlin (Lat. theol. 4°. 4; Rose, 261). That Erasmus took them with him to Basle and left them there till the printing of the second edition was completed, is shown by his statement that Froben had one of the illuminations from the MS. copied in Erasmus' absence, to serve as frontispiece to a book (*Apologia qua respondet*, &c. f°. E². v°; Jortin ii. 515). The same *Apologia* (f°. A³; Jortin ii. 497) mentions a MS. lent by Tunstall in the summer of 1517. At Ghent, which he visited more than once in that year (cf. LB. App. 241 and Lond. x. 24 LB. 284), the Abbot of St. Bavo showed him a Latin MS. of the Gospels of reputed antiquity (*Apol. adu. debacch. Sutoris*, LB. ix. 766 F). Another Greek MS. of the Gospels was borrowed from the Monastery of Mount St. Agnes near Zwolle (Epp. 504 and 515), but I have not been able to find any specific mention of it in the *Annotationes*.

The third edition (γ) is notable for the inclusion of the heavenly witnesses in John 1. 5. 7. To this step Erasmus was provoked by his opponents, Lee and Stunica; to whom he promised to insert the passage, if it could be shown to exist in a single Greek MS. The required authority was discovered in England (*Annot. in loc.*); and the promise was fulfilled. This MS. has been identified with the Codex Montfortianus at Trinity College, Dublin (G. 97 : xv–xvi^c^ : Evan. 61); which in Erasmus' days was probably in Franciscan hands (Rendel Harris, op. cit. pp. 46–8). On this question he was directed also to a MS. belonging to the Franciscans at Antwerp, where he found the words added by a later hand in the margin; and, through Paul Bombasius, he consulted the Codex Vaticanus (B), where they were wanting (Lond. xvii. 13, LB. 579). The reference to the Vatican MS. in *Annot. in Ioan.* 1. 5. 7 appears in the edition of 1527 (δ), that in *Act.* 27. 16 not till the edition of 1535 (ε).

When at Bruges in August 1521, during the meeting of the Emperor with Wolsey, Erasmus took the opportunity to examine the MSS. belonging to the College of St. Donatian, of which his friend, Mark Lauweryn, was Dean. He found there four Latin MSS. of the New Testament, some of which he describes as dated in viii^c^, one containing the whole New Testament, and another being much mutilated. Of these he availed himself in his third edition; cf. *Annot. in Matt.* 1. 18 and 3. 16, and *Ioan.* 1. 5. 7.

An autograph note (Leipzig MS. Burscher collection) from Paul Tilia of Mechlin to Peter Wychmann, Canon of Anderlecht, acknowledges the return of a MS. which had been lent to Erasmus and on which he had recorded the variant readings of the Aureus Codex. As Wychmann was Erasmus' host at Anderlecht in the summer of 1521, this MS. was presumably collated for the third edition. For this he was also able to consult the Aldine edition which had appeared in Feb. 1518 (*Apologia* to 4th edit. f°. A⁴. v°); though the number of places in which this differed from his own is not great (Scrivener, 3rd edit. 1883, pp. 434–5).

In the fourth edition (δ : 1527) he alludes to two Latin MSS. of the Gospels, one ancient and one more recent, shown to him by Botzheim in the Chapter Library at Constance, probably on the occasion of his visit in Sept.–Oct. 1522 (cf. *Annot. in Ioan.* 21. 22, *Gal.* 3. 1, *Col.* 1. 28 and *Ioan* 1. 5. 7; and Lond. xxiii. 8, LB. 882). Both have now disappeared. For the same edition he consulted two Latin MSS. at Basle, one of which was in the University Library; besides having the advantage of the Complutensian edition, which though printed in 1514 did not reach him till 1522 (cf. *Annot. in Ioan.* 1. 5. 7, *Apol. adu. debacch. Sutoris*, LB. ix. 766 F, and *Apologia* to 4th edit. f°. A^4 v°).

For this study of the manuscripts cf. J. Wordsworth, *Old-Latin Biblical Texts I*, 1883, pp. 51–4; F. H. A. Scrivener, *Introduction to the Criticism of the New Testament*; J. J. Wetstein, *Nouum Testamentum Graecum, Prolegomena*, ed. J. A. Lotze, 1831; A. Bludau, *Die beiden ersten Erasmus-Ausgaben des Neuen Testaments*, 1902; and H. C. Hoskier, *Collation of Cod. Evan.* 604, 1890, App. F.]

D. ERASMVS ROTERODAMVS PIO LECTORI S. D.

QVANQVAM id pro nostra virili in ipso statim huius operis vestibulo fecimus, tamen haud abs re fuerit denuo lectorem commonere paucis et quid illum in hisce commentariolis oporteat expectare et quid nobis vicissim ab ipso praestari conueniat. Primum annotatiunculas scribimus, non commentarios; et eas duntaxat quae ad lectionis synceritatem pertinent, ne quis vt improbus conuiua pro merenda coenam efflagitet, et requirat a nobis quod ab argumenti suscepti professione sit alienum. Hanc in praesentia fabulam agendam suscepimus. Proinde vt nobis argumento seruiendum fuit, ita par est vt candidus et comis lector, ceu commodus spectator, faueat agentibus et praesenti scenae sese accommodet.

Testamentum quod vocant Nouum omni qua licuit diligentia quaque decuit fide recognouimus, idque primum ad Graecam veritatem; ad quam ceu fontem, si quid inciderit, confugere non solum illustrium theologorum exempla suadent, verum etiam toties monent Hieronymus et Augustinus, et ipsa Romanorum Pontificum decreta iubent. Deinde ad fidem vetustissimorum Latinae linguae codicum, quorum duos exhibuit eximius ille diuinae philosophiae mystes Ioannes Coletus, Paulinae apud Londinum ecclesiae Decanus, adeo priscis litterarum typis vt mihi ab integro discenda fuerit lectio et in noscitandis elementis fuerit repuerascendum. Tertium praebuit illustrissima virago Margareta, Caroli Caesaris amita; cuius in hac aeditione tertia frequenter adduximus testimonium Aurei Codicis titulo, quod totus et auro sit conuestitus et aureis literis pulchre descriptus. Mox aliquot mirae vetustatis exhibuit Brugis vt antiquissimum, ita longe celeberrimum collegium diui Donatiani. Nam ante, codicem belle castigatum praebuerat collegium Corsendonkense, praeter eos quos nobis eruditissimi fratres Amorbachii communicarant. Non igitur ad animi nostri somnium emendauimus quaedam, sed ad

1. nostra *add.* γ. 3. et *post* expectare β: vt α. 15. etiam . . . 16. Augustinus *add.* β. 17. fidem *add.* ε. 20. fuerit *om.* β. 21. Tertium . . . 31. memorare *add.* γ.

2. fecimus] in the preliminary *Apologia*.

horum quos recensui codicum fidem, et aliorum his similium, quos non perinde refert memorare. Postremo ad probatissimorum omnium suffragiis autorum vel citationem vel emendationem vel enarrationem, nempe Origenis, Chrysostomi, Cyrilli, Hieronymi, Ambrosii, Hilarii, Augustini, Theophylacti, Basilii, Bedae: quorum testimonia compl usculis locis in hoc adduximus vt, cum prudens lector perspexerit certis in locis nostram emendationem cum illorum iudicio consentire, in caeteris item nobis habeat fidem, in quibus haud scio an casu factum sit vt illi nihil annotarint aut alioqui suffragati fuerint.

Verum quoniam sciebam hominum more fieri vt cum omnibus in rebus, tum praecipue in studiis semper offendat nouitas, et veterem illum gustum ac familiarem notamque, sicut aiunt, saliuam plaerique requirant; deinde perpendens quanto facilius sit, his praesertim temporibus, emendatos libros deprauare quam deprauatos emendare, sacris libris recognitis hos velut indices annexuimus: partim vt lectori faceremus satis reddita ratione quid cur mutatum sit, aut certe placaremus, si quid forte offenderit, vt varia sunt mortalium tum ingenia tum iudicia; partim vt operis incolumitati consuleremus, ne posthac cuiuis in procliui esset rursum vitiare quod tantis sudoribus fuerat vtcumque restitutum. Primum igitur si quid librariorum vel incuria vel inscitia, si quid temporum iniuria viciatum comperimus, id non temere, sed omnia quae licuit subodorati, germanae reddidimus lectioni. Si quid obscurius dictum occurrit, illustrauimus; si quid ambigue dictum ac perplexius, id explicuimus; sicubi varietas exemplariorum aut diuersa distinctio aut ipsa sermonis ambiguitas varios gignit sensus, sic eos aperuimus vt ostenderemus quid nobis magis probaretur, caeterum lectori iudicium deferentes. Et quanquam ab interprete, quisquis is fuit, ob inueteratam et receptam editionem non libenter dissentimus, tamen sicubi res ipsa palam clamitat illum vel dormitasse vel hallucinatum fuisse, non veriti sumus et hoc indicare lectori, ita patrocinantes veritati vt in neminem simus contumeliosi. Soloecismos euidentes ac prodigiosos submouimus, et ita sermonis elegantiam vbique, quantum licuit, secuti sumus, vt nihilo minor esset simplicitas. Neque piguit, vbi Graeci sermonis vel ἰδίωμα vel ἔμφασις aliquid habet quod ad mysterii rationem pertinet, commonstrare et aperire.

Denique testimonia Veteris Instrumenti, quae non pauca citantur vel ex interpretatione Septuaginta vel ex ipsis Haebreorum fontibus, si quando illorum aeditio cum Haebraica dissentit origine, contulimus

34. Theophylacti . . . Bedae *add.* γ. 38. alioqui *add.* γ. 61. Soloecismos . . . 63. simplicitas *add.* β.

41. saliuam] Cf. *Adag.* 1319.

et excussimus: quanquam id quidem οὐκ ἄνευ Θησέως, vt Graecorum habet prouerbium; nihil enim alienius ab ingenio moribusque meis quam ad exemplum Aesopicae corniculae alienis me venditare plumis. Hac igitur in parte, cum primum hoc opus aederemus, nonnihil adiuti sumus opera subsidiaria viri non solum pietate verum etiam trium peritia linguarum eminentis, hoc est veri theologi, Ioannis Oecolampadii Vinimontani; quod ipse in litteris Haebraicis nondum eo processeram vt mihi iudicandi sumerem autoritatem.

Equidem haud nesciebam has minutias et ceu spinas longe plus habere sudoris quam gloriae, neque multum gratiae ex hoc laboris genere solere redire ad autorem, tum lectori magis vsui esse quam voluptati. Verum si nos tantum tedii publicae vtilitatis respectu deuorauimus, par est nimirum vt lector item vel suae vtilitatis causa nonnihil molestiae decoquat, et eum animum quem nos iuuandis aliis praestitimus, ipse praestet sibi suoque commodo. Sunt haec quae tractamus minutissima, fateor, sed eiusmodi vt minore propemodum negocio magna illa tractari potuerint, quae sublimes theologi magno supercilio buccis typho crepantibus solent ἐκτραγῳδίζειν· ad haec, eiusmodi vt ob has minutissimas minutias et illa maxima fuerint aliquoties excutienda. Minima sunt, verum ob haec minima videmus maximos etiam theologos nonnunquam et labi turpiter et hallucinari: quemadmodum et locis aliquot indicabimus, non vti quenquam insectemur (qui morbus ab opere Christiano, imo a tota vita Christiana, quam longissime debet abesse) sed vt paucis exemplis citra cuiusquam contumeliam adductis nostram fidem lectori probemus, ne quis has ceu nugas contemnat, quandoquidem re vera iuxta Flacci dictum hae nugae seria ducunt. Cur in ciborum apparatu tam morosi sumus, in cultu minimis etiam offendimur, in re pecuniaria nihil est tam minutum cuius non habeatur ratio, in solis litteris diuinis displicet haec diligentia, placet neglectus? vt ne dicam interim eam esse rei maiestatem, vt nulla pars tam humilis esse possit quae sit homini pio fastidienda, imo quae non reuerenter ac religiose tractanda. Humi reptat, inquiunt, in verbulis ac syllabis discruciatur. Cur vllum eius verbum contemnendum ducimus, quem verbi titulo colimus et adoramus? presertim cum ipse ne minutissimum quidem ioda aut apiculum in vanum abiturum testatus sit. Infima pars est quam vocant literam; sed huic ceu fundamento mysticus innititur sensus. Rudera sunt, sed his ruderibus admirandi illius aedificii moles augusta fulcitur.

72. cum . . . aederemus *add.* β. 84. eiusmodi α : eius generis ε. 87. aliquoties *add.* β. 89. turpiter α : insigniter ε. 90. indicauimus ε. 94. re vera *add.* ε. 96. minimis β : nimis α. 104. iota β.

94. Flacci] *A. P.* 451. 103. ipse] Matt. 5. 18.

Diuus Hieronymus eximios aliquot Graeciae scriptores taxat, quod historico contempto sensu suo arbitratu maluerint in allegoriis ludere; seque ipsum deplorat, quod calidus adhuc iuuenta prophetam Abdiam allegorice fuisset interpretatus, cuius nesciret historiam. Vt in vilissima concha preciosum latet margaritum, vt sub friuola siliqua nobile tegitur granum, vt sub arida minutaque tunicula tam miranda seminis vis latet; ita in verbis vt apparet plebeis, in syllabis, in ipsis denique literarum apiculis, ingentia diuinae sapientiae mysteria condita sunt. Qui miratur cur spiritus ille diuinus suas opes his inuolucris tegere voluerit, idem miretur cur aeterna sapientia pauperis, humilis et contempti damnatique hominis personam assumpserit. Vt haec minuta sciret, diuus Hieronymus nec Iudaeum, eumque nocturnum, aspernatus est doctorem, nec vllum fugit laborem. Ob has minutias diuus Augustinus iam episcopus, iam senex, ad puero sibi fastiditas Graecas litteras reuersus est. Ob has Origenes iam canus et senex ceu iam repuerascens ad Hebraeae linguae descendit elementa, Catonem etiam illum Rhomanum superans. Ad has minutias libenter alludit Ambrosius, resistit Hilarius. Has passim excutit, in his pia curiositate philosophatur ille non ore tantum aureus Chrysostomus. Et Cyrillus hunc secutus grande mysterium ex articulo Graeco, id est vnica litterula ὁ, depromit, hinc velut ineuitabile telum mutuatur quod torqueat in haereticos. Vt ne dicam interim quod dum haec ex professo curamus, illa tamen aliquoties obiter aperiuntur; etenim quemadmodum qui sententias enarrant, coguntur aliquoties verborum explicare rationem, ita nos dum in verbis explicandis versamur, cogimur interim et sententiarum vim aperire. Denique haec grauioribus orsis et coeptis iam olim in Paulum commentariis praeparamus: in quibus fortassis apparebit vtrum iudicio an casu ad has minutias descenderim.

Sed age, fingat me qui volet nihil aliud prestare potuisse, et vel ob ingenii tarditatem et frigidum circum praecordia sanguinem, vel ob eruditionis inopiam infimam hanc sumpsisse prouinciam: tamen Christiani pectoris est qualecunque officium boni consulere quod pia sedulitate praestatur. Christus coniectum in gazophylacium a paupercula quadrantem laudauit, rem per se vilissimam animo aestimans offerentis. In re vehementer praeclara vel extrema functio splendida est. In regiis et qui verrunt et qui coquunt habentur honesti. Caeterum in domo Dei quae tandem functio fastidienda videri potest?

123. iam *post* ceu *om.* β. 131. etenim δ: vt α. 141. coniectum in gazophylacium β: missum α.

108. Hieronymus] *Comm. in Is.* 18. 2: and *Ep.* 51. 4.
110. deplorat] Hier. *Prol. in comm. in Abdiam.*
134. in Paulum] Cf. Ep. 164. 39.
138. praecordia] Cf. Verg. *G.* 2. 484.

Nos rudera comportauimus sed ad structuram templi Dei. Alii locupletiores ebur, aurum, marmor et gemmas addituri sunt. Nos viam ante salebris ac lamis molestam industria nostra constrauimus, sed in qua deinde magni theologi commodius essedis ac mannis vectentur. Nos circi solum aequauimus, in quo iam inoffensius praeclaras illas suae sapientiae pompas aedant. Nos noualem antehac spinis ac lappis incommodum sarculo repurgauimus, quo facilius illi felicem exerceant segetem. Nos campum aperuimus, amoliti quae obstabant, in quo qui volent posthac arcanas explicare literas vel colludant liberius vel congrediantur expeditius. Quibus vetus illa theologia magis arridet, ii magnum habent adminiculum quo nituntur eluctandi. Rursus qui iuxta parabolam euangelicam dicit, Vetus vinum melius est, et huius recentioris theologiae studio veterem negligit, habet is quoque quo sua quae mauult certius ac fidelius tractet. Et vt nihil hinc accedat commoditatis, nihil certe perditurus est de suo, si haec accesserint iis qui malunt diuinas litteras e purissimis fontibus quam ex qualibuscunque riuulis ac lacunis haurire, toties aliunde alio transfusis, ne dicam suum et asinorum vngulis perturbatis. Vt gratius est pomum quod tuis manibus ex ipsa matre decerpseris arbore; vt dulcior aqua quam ex ipsa vena subscatentem hauseris; vt iucundius vinum quod ex eo deprompseris dolio in quo primum fuerat conditum: ita diuinae literae nescio quid habent natiuae fragrantiae, nescio quid spirant suum ac genuinum, si eo sermone legantur quo primum scripserunt ii qui partim e sacro illo ac coelesti hauserunt ore, partim eiusdem afflati spiritu nobis tradiderunt. Si Christi sermones extarent Hebraicis aut Syriacis, hoc est iisdem verbis proditi quibus ille locutus est, cui non cordi foret in illis philosophari, et non solum verborum vim ac proprietatem verum singulos etiam apices excutere? Certe quod huic est proximum habemus et negligimus. Si quis ostentet Christi vestem aut pedis vestigium, procumbimus, adoramus, exosculamur. Atqui vt vniuersas illius vestes et totam maternae domus supellectilem proferas, nihil est quod Christum expressius, efficacius, absolutius referat, exprimat, repraesentet quam Euangelistarum et Apostolorum literae.

Proinde si cui aut non licet aut non libet in his sacris versari deliciis, certe ne obstrepat, ne obturbet, ne inuideat meliora conantibus. Amplectantur ipsi quod amant, habeant, fruantur. Nemo vetat. Nos illis haec non scripsimus. Sed erunt e diuerso quibus haec admodum pauca videantur, et malint nihil cum aeditione vul-

171. aut Syriacis *add.* ε.

157. Vetus vinum] Luke 5. 39.

gata conuenire. Verum non hoc egimus vt sermo politior esset, sed vt emendatior ac dilucidior: nec erat hic in scyrpo, quod aiunt, quaerendus nodus. Quin illud potius optandum est omnibus, vt nihil vsquam sit obuium in sacris literis quod hanc operam postulet. In Euangeliis, quoniam per se dilucidus ac prope semet explicans historiae tenor simplici et inaffectato sermone profluit, ne fieri quidem potuit vt admodum multa vitiare potuerit vel interpres vel librarius: quanquam haec ipsa, si quis ad summam expendat, nimium etiam multa sunt, illic vbi nullum oportebat subesse scrupulum. Caeterum in Epistolis Apostolicis ob sermonis pariter et sententiarum obscuritatem, plura necesse fuit immutare. Nos interim adnotandi diligentiam ita moderati sumus vt nec superstitione molesti nec indiligentia diminuti videremur. Rem autem omnem quam potuimus paucissimis verbis indicauimus magis quam explicuimus, ne negocio suapte natura parum amoeno loquacitatis quoque taedium adderemus. Pium est opus, Christianum est opus.

Proinde te, quaeso, lector optime, vt tu quoque vicissim pias aures et Christianum pectus ad legendum adferas. Ne quis haec eo animo in manus sumat quo fortassis sumit Noctes Gellianas aut Angeli Politiani Miscellanea; videlicet quo neruos ingenii, vim eloquentiae et eruditionem retrusam velut ad Lydium exigat lapidem. In re sacra versamur, et in ea re quae simplicitate puritateque potissimum est orbi commendata: in qua ridiculum sit humanam eruditionem ostentare velle, impium humanam iactare eloquentiam; quam etiam si forsan adesset, dissimulare conueniebat, ne quis illud merito possit obiicere, *τὸ ἐν φακῇ μύρον*. Simplici puroque studio tradimus haec Christianis auribus, quo posthac in sacrosancta hac philosophia et plures versarentur et lubentius, denique vt minore cum negocio, ita maiore cum fructu. Christum ipsum, quo teste simul et adiutore molimur haec, parum mihi propitium imprecor, nisi ex hisce laboribus adeo nihil venamur emolumenti, vt magnam etiam certamque rei pecuniariae iacturam scientes ac volentes acceperimus. Porro famae dulcedine tantum abest vt titillemur, vt ne nomen quidem nostrum fuerimus asscripturi, ni veriti fuissemus ne hac ratione operis minueretur vtilitas; quod apud omnes suspecta res sit liber *ἀνώνυμος*. Nos ad vtrunque iuxta parati sumus, vt vel rationem reddamus si quid recte monuimus, vel ingenue confiteamur errorem sicubi lapsi depraehendimur. Homines sumus et humani nihil alienum a nobis esse ducimus.

210. illud *om.* β. 211. tradidimus γ. 214. simul *om.* γ. 219. ne α : nec ζ.

221. ad vtrunque] Cf. Verg. *Aen.* 2. 61. 223. Homines] Cf. Ter. *Haut.* 77.

Hoc igitur animo cum ego dederim haec, optime lector, fac vt tu quoque simili accipias. Ea res vtrique nostrum commodo futura est. Nam et tu plus capies vtilitatis, si libenter et candide quod donatur acceperis, et me mearum vigiliarum minus poenitebit, si cognouero bonis vsui fuisse. Quod si quis existet vel adeo praefractus ac morosus, vel adeo durus et iniquus, vt nullis incantamentis deliniri queat, ab hoc certe vel precibus illud impetrare nitar, vt hoc saltem aequitatis tribuat piis studiis quod tribunalia tribuunt parricidiis et sacrilegiis. Illic turpe iudicatur si cognitionem anteuertant calculi, nec pronunciatur nisi causa diligenter excussa. Legat prius ac inspiciat, deinde, si videatur, damnet ac reiiciat. Superbum est de libro ferre sententiam quem non intelligas, superbius et de eo quem ne legeris quidem.

Vale lector, quisquis es ; quem etiam atque etiam rogo vt si quid fructus e nostris excerpseris lucubrationibus, officii memor, vt Christiano dignum est, me vicissim piis votis Christo commendes : a quo vno solidum laboris huius praemium expectamus. Basilaeae. An. M.D.XV.

374. From John Caesarius.

Deventer MS. 91, f. 197 v°. — Cologne.
LB. App. 93. — 3 December ⟨1515⟩.

[1515, because of Glareanus' return from Italy ; cf. Ep. 328. 57 and Schreiber's *Glareanus*, p. 25.

John Caesarius of Jülich (1468?—15 Dec. 1550) matriculated at Cologne 9 Nov. 1491, but subsequently went to Paris, where he was a pupil of Faber Stapulensis, and learnt from him to dislike the scholastic philosophy. He was B.A. there in 1496–7, M.A. 1498 ; but did not make the acquaintance of Erasmus at this period. For a time he taught in St. Lebuin's school at Deventer, and also corrected for R. Paffroet ; see his preface to Paffroet's edition, 26 Nov. 1504, of Clicthove's *Fundamentum Logice*. He also contributed a preface dated 30 May 1507, to an edition *s. l. et a.* of Faber Stapulensis' introduction to the Arithmetic of Boethius. In Dec. 1508 he accompanied Hermann Count of Neuenahr to Italy, and worked at Greek in Bologna. On his return c. 1510 he established himself as a private teacher at Cologne, and was so successful as to draw many pupils from the regular professors. Amongst his pupils were Glareanus, Listrius, Corn. Agrippa, Mosellanus, Bullinger, and many young noblemen. His life from this time forward was principally spent at Cologne, but he paid frequent visits elsewhere. He went to Münster in the autumn of 1512 to deliver a course of lectures on Greek (Reichling, *Ioh. Murmellius*, p. 80) ; and again in 1518–19 (EE^{2}. 1) to avoid the plague. In 1527 he was at Leipzig and in 1529 at Mainz ; and in his later years he frequently enjoyed the hospitality of the Counts of Stolberg in the Harz and Wm. Count of Neuenahr at Mörs. He was a friend of some of the Reformers ; but like Erasmus remained within the Church. Erasmus dedicated to him his translations of Gaza's Grammar (Ep. 428). Amongst Caesarius' works are editions of Boethius, Horace, and Pliny's Natural History.

Some of his letters are printed by C. Krafft in *Zs. d. berg. Geschichtvereins*, vi. (1869), pp. 315–24 ; and others by C. and W. Krafft in *Briefe u. Documente aus d. Zeit d. Reformation*, 1875. See also Böcking, corrected by Krafft in Butzbach.]

231. illud *om.* ε. vt hoc α : vt illud δ. 232. parricidis ε. sacrilegis ε. 238. vt α : sicuti γ. 240. Basilaeae α : Basileae β : *om.* δ. An. M.D.XV α : An. M.D.XXI γ : *om.* δ.

IOANNES CESAREVS ERASMO ROTERODAMO SALVTEM.

Qvoties memoria mecum repeto tuos istos labores summos et lucubrationes proculdubio ingentes, quibus scilicet bonas litteras ac ne illas quidem infimas reparare atque iuuare satagis pergisque foelicissime, vix dici potest quanta me teneat admiratio tui, dignissime vir; cum quo quod familiaritatem mihi nuper inire contigerat, cum apud nos Coloniae esses, non paruam (sic mihi crede) felicitatis meae partem, qualem quidem in hoc vitae salo homines assequi possunt, reputo. Nam quid felicius his nostris temporibus obtingere potuit, studiosis praesertim hominibus, quam tales tantosque viros iam haberi, quorum opera incessabili et industria incredibili ea studia in lucem iam demum prodeant rursus? quibus (proh pudor!) diu neglectis nescio quae absurda interim monstra, non modo in prophanis (vt ita dixerim) et secularibus litteris verumetiam (ob quod maxime dolendum erat) in diuinis, imo vero et in ipsa religione nostra, quae alioqui sincerissima existit, annis abhinc retroactis octingentis vel amplius suborta sint. Non dubito quin fato aliquo aut certe diuino potius nutu istud ita eueniat, vt monstra ista abs te veluti altero Hercule nec non et ab aliis quibusdam pari quidem conatu, etsi non eadem felicitate, eliminentur, exterminentur ac neci demum dedantur.

Admonerem profecto te vt pergeres sicut coepisti, nisi certo scirem te tua sponte ad hanc rem animum prorsus induxisse. Illud tamen non omittam significare tibi, quod mirabili voto tuae quotidie ferme expectantur lucubrationes ac ab omnibus mirifice commendantur et sine inuidia, ab iis quoque qui monstra adhuc talia parturiunt, assueti haud aliud quippiam parere. Quod quis nescit iure inter memorabilia referendum? Itaque quanta te gloria in posterum et post mortem maneat, quae omnia maiora facere solet, nec ipse quidem coniicere poteris. At nos Deum Optimum Maximum oramus sedulo, speroque quod exorabimus, vt longum valeas. Vale optime.

Coloniae iii Nonas Decemb.

Audio Glareanum, virum non parum doctum, ex Italia reuertisse atque iam nunc inter vos versari: qua sane in re me multo est felicior, etsi alias vices eius ob insperatum casum doleo. Hunc oro vt humanissime meo nomine saluere iubeas; cui profecto et iam scripsissem ego, et me per litteras vtcunque gratum exhibuissem, si per ocium licuisset. Nam haec vix scribere ad te potui, sero monitus adesse eum qui hasce ad te meas litteras vel potius ineptias ferret.

---

6. Coloniae] There is nothing to show whether the visit was made on the journey to England or on the return; see pp. 67 and 90.

Testor Deum quod ausus eram, tamen animatus quod expertus alias essem tuam humanitatem minime fastidiosam. Vale iterum iterumque, summum Germaniae decus, promissique tui et mei memor.

[362]375. From Willibald Pirckheimer.

Deventer MS. 91, f. 169 v° (α). Nuremberg.
Nuremberg MS. PP. No. 127ᵇ (β). 13 December 1515.
LB. App. 39.

[Two manuscripts of this letter exist, one in the Deventer letter-book, the other among the Pirckheimer papers at Nuremberg (p. 46). α, though written by a secretary, has the higher authority, since it represents, after allowing for the process of copying, the letter actually received; β, though in Pirckheimer's own hand and earlier in point of time, is only a rough copy. I have given precedence, therefore, usually to α, for text and order; but have adopted the spelling of β.]

BILIBALDVS PIRKHEYMER DOMINO ERASMO S.

Itervm tuas suauissimas et acceptissimas recepi litteras; quapropter non parum tibi debeo, qui inter tot negotia tua mei quoque memor es. Quod epistola mea vna cum libello non reddita fuit, aegre tuli, quoniam in illa tibi significabam leticiam, quam ob te talem tantumque mihi conciliatum amicum conceperam. Pariter rogabam vt, quod per Beatum nostrum promiseras, Plutarchi mei mendas mihi ostenderes: quod et adhuc rogo; nam syncero te id animo facturum haud dubito. Tradideram epistolam illam Roberto Wimpfeldo, sed ille semper dehinc curiam secutus est; locutus es tu interim forsitan cum fratre illius, qui et ipse aliquando apud Caesarem oratorem regis sui egit.

Gaudeo beatum Hieronymum tandem reperisse qui illum pristino

375. TIT. BILIBALDVS . . . S α: *om.* β. 1. suauissimas et *om.* β. quapropter non α: nec β. 2. quoque α: tamen β. 3. Quod . . . 28. 1515 α: Epistolam meam tibi redditam non esse miror, cum tamen libellum acceperis: nam illam domino Roberto Wing⟨field⟩ vna cum libello tradidi, verum is post conuentum Imperatoris et Anglie regis a curia non discessit. Habet vero fratrem qui et olim apud Imperatorem legatum egit. De illo forsan dicere voluisti. Significabam tibi epistola illa leticiam meam quam ob te tantum mihi conciliatum amicum conceperam, simul rogabam de P⟨lutarcho⟩; nam B⟨eatus⟩ id te promisisse scribebat. Id vt, si prae occupationibus vales, facias oro, a me tantum aberit vt id sinistre accipiam. Homo sum et multorum negotiorum, quamuis parum excusationes meas scripserim. Quod labores gaude, mihi tristiciam relinque β. 11. egit β: aegit α.

375. 3. epistola] Ep. 326A.

6. Plutarchi] The earlier translation; cf. Ep. 362. 3 n.

9. semper dehinc] No definite treaty was concluded between Henry and Maximilian in the spring of 1515, as stated in β; but there was much negotiation of agreement. Cf. Brewer ii. 438, &c.

10. fratre] Sir Rich. Wingfield (c. 1469—22 July 1525) after education at Cambridge and Ferrara began his diplomatic career in 1512 with a mission to the Emperor. He discharged many confidential embassies, and also was Deputy of Calais 1513–19, and High Steward of Cambridge University in 1524. He died at Toledo, whilst on a mission to procure the release of Francis I.

restitueret candori; quod non absque singulari diuina dispositione accidisse reor. Felix tu, qui laboribus istis Deo, sanctis ac mundo acceptior eris. Nos fora, iuris strepitum, principum rixas sequi cogimur, vbi forsan nec Deo placere possumus; quam maligne vero se rebus publicis immiscentibus fortuna respondeat, plane priscorum ostendunt exempla. Perge igitur vt coepisti, mi Erasme, et lumen tibi a summo opifice concessum non sub modio absconde. Ille enim creaturam procreare voluit, in qua eloquentia pristinas ostendere vires vniuersas posset; tu per viam quam ingressus es progredere, et famam praepara durabiliorem diuitiis et regnis.

Sed de his satis, ne adulari videar. Vnum est quod super cuncta desydero, vt te aliquando coram cernere possem; tuque expedito Hieronymo tuo facile mihi morem gerere poteris. Scio, non poenitebit te talem vidisse rempublicam, qualis nulla alia in Germania, eumque amicum qui te vnice diligit et obseruat.

Interim bene vale ex Nurembergha 13 Decemb. 1515.

376_{379}. FROM ULRICH ZASIUS.

Basle MS. D. IV. 16 (*a*). Deventer MS. 91, f. 204 v° (*β*). LB. App. 40.

Freiburg. 16 December 1515.

[There are two manuscripts of this letter, one in the hand of Zasius, down to *animus*, l. 5, and then of Boniface Amorbach (who at this time was Zasius' pupil), on an unnumbered leaf towards the end of a volume in the Basle University Library; the other in the Deventer book. The former was probably begun by Zasius as a fair copy, but abandoned because of a great blot over *mens* (l. 5); and afterwards continued by Boniface as a clean copy for preservation. Its postscript was perhaps omitted intentionally. The latter reproduces the letter actually received, but through less accurate copying has not so good a text. The readings in ll. 1, 7, 19 illustrate the practice of the Leiden editors. The date is confirmed by the mention of the day of the week.]

S. P. D. Vide, heros meus, quo procedat temeritatis confidencia. Tua vsurus opera, tua ope nixurus, te appellare non vereor, quem nulla ne vmbra quidem officii vnquam sim prosecutus. Sed tua humanitas me confidentem fecit, tua mansuetudo ansam peccato praebet. Tua illa serena mens, placidus animus, dulcia verba animauere. Itaque si tua prophanus sacraria irrumpo, non tam mee temeritati, que tamen non abest, quam tue placidissime comitati acceptum referes.

Sed quid tandem, inquies? Nempe rem modicam tibi, mihi vero maximam. Euolui (vt mihi videor) tenebras, si que sunt in l. 2 de Orig. Iur.: sunt enim multe illic, non tibi et doctis, sed legum

376. 1. meus *aβ* : mi *LB.* 3. quidem *β* : quidam *a.* sim *a* : sum *β.* 4. me *om. β.* fecit *aβ* : facit *LB.* 6. si *om. β.* 7. referes *aβ* : referens *LB.*

376. 10. de Orig. Iur.] Published in Zasius' *Lucubrationes*, Basle, ⟨Froben⟩ 1518. For the importance of this work see Stintzing, *Zasius*, pp. 126-33.

sectatoribus, quibus nihil cum syncerioribus litteris commune est. Nam et historias explicui et cetera quedam scholia (ita tu nominas) adieci. Quaterniones duos mitto; nec enim extrema manus imposita est, licet in calce modica restent, per hos natales dies absoluenda. Iuditium tuum peto, et quidem acre et tale quod iuditii frontem referat. Si ex ponte deieceris, iam vel nullo meo suffragio iuuabuntur. Susque deque fero, vrna excidant an gradus teneant; quando tuum, viri sicut omnium doctorum principis ita plane iusti, iuditium prae Hamonis erit oraculo. Laborabis autem (si modo labor, et non verius occupatio sit) non frustra. Cuicuimodi enim iste mee nuge sint, tuam tamen operam honorario condigno sum remensurus. Vale. Paucula istec et male tornata scribenti parce; premunt enim vel in hoc ipsissumo Dominico die negotia forensia eo pondere vt spirandi vix sit vsus. Vale, Germanie lumen et decus.

Ex Friburgo XVII K. Ian. Anno &c. XV.

Tuus Vdalricus Zasius ll. doct.

Bonifacius noster totus alba linea tibi sesse commendat; cui vel perfricta fronte scribere non audet, quando spectatore tuo semper maior obstes. Tuus tamen est ita vt est studiorum legalium; vtrorumque enim totus est quotus spirat.

377. To Peter Caraffa.

Farrago p. 182. Basle.
F. p. 321: HN: Lond. vii. 12: LB. App. 16. 23 December ⟨1515⟩.

[1515, because the New Testament (Ep. 384) is nearly finished.]

R. P. D. PETRO CARAFFA, EPISCOPO THEATINO, NVNCIO APOSTOLICO APVD ANGLOS, ERASMVS ROTEROD. S. D.

Reverendissime Pater, sensi, sensi, sed sero sensi errorem meum de munere tuo. Admonueram vt non solum faueres sed etiam adiutares. At quod ego de literis ac doctrina sentiebam, tu de pecunia putabas dictum. Dici non potest quoties me postea puduerit facti. Nouum Testamentum iam propemodum absolutum est, et quidem satis feliciter, nisi quod ego laboribus enecor. Adest qui in Hebraicis nonnihil succurrat. Operis summa succrescet ad octoginta ferme ter-

376. 15. *a*: iudicii *β*: iudicis *LB*. 16. vel nullo *a*: nullo vel *β*. 17. grad9 *a*: gradum *β*. 18. doctorum *om*. *β*. 19. Hamonis *aβ*: Ammonis *LB*. veri9 *a LB*: verior *β*. 26. Tuus . . . doct. *add*. *β*. 27. Bonifacius . . . 30. spirat *om*. *β* (28. spectatore *scripsi*: speculare *MS*. *Cf*. *Ep*. 303. 2).
377. 1. Reuerende *F*. 2. adiuuares *F*, *cf*. *Ep*. 379. 4 *n*.

---

377. 6. in Hebraicis] Oecolampadius; cf. Ep. 373. 72 seq.

7. octoginta] There are 81 sheets altogether in the *Nouum Instrumentum*.

niones. Certum est Leoni decimo dicare. Epistolam ad illum scriptam opinor te vidisse—iam enim typis excusa est; in qua tui quoque memini. Hieronymus gnauiter procedit, sed opus immensum. Bene vale. Basileae. decimo Calen. Ianuar. [M.D.XIIII.]

378[389] TO ANDREW AMMONIUS.

Farrago p. 235. | Basle.
F. p. 361: HN: Lond. viii. 46 (45): LB. App. 224. | 23 December ⟨1515⟩.

[1515, because the New Testament is nearly finished. From the movements of Galeazzo (l. 1) and Pace (l. 7) at this time, as detailed in Brewer ii, it may be doubted whether they actually came to Basle, as stated in this letter. More probably Erasmus composed this and Ep. 377 in readiness for their coming, announced beforehand; writing in terms as though they had already arrived.]

ERASMVS AMMONIO SVO S. D.

GALEATIVS hic qui isthuc Mediolanensium nomine orator aduolat et has adfert, intra mensem hac redire cogitur. Nos hic ad Calendas Martias sedebimus; per hunc, quaeso te, scribe, si quid est quod me scire oporteat. Eboracensis bello somnio me bearat de praebenda Tornacensi; magis dolet ludibrium quam dispendium. Nouum Testamentum ferme iam est absolutum. Surget ad octoginta ferme codicillos. Leoni dicabitur. Cum Paceo qui hic agit, literis tantum sum collocutus. Bene vale ac scribe.

Basileae. Decimo Calen. Ianua. [AN. M.D.XVII.]

[376]379. TO ULRICH ZASIUS.

Basle MS. D. IV. 16. 106 (*a*). | ⟨Basle.⟩
E. p. 385: F. p. 470: HN: Lond. xii. 4: LB. 162. | ⟨December 1515?⟩

[An autograph, written very hastily and folded up wet, so that the last line has blotted across. Erasmus not infrequently wrote rough drafts of his letters (cf. Ep. 534. 66, 7); and though most of them were doubtless copied fair by his secretaries (cf. Ep. 388. 181, 2), some he wrote out again himself. In this case his haste caused him to omit a passage (see ll. 13, 4), probably through a familiar form of error. The editors of E dealt with the truncated sentence drastically; and their necessity there encouraged them to treat the text of the whole letter with remarkable freedom. It is clear that they had in their hands, not Erasmus' rough draft, which would have contained the missing clause, but this original or a copy made from it after receipt. Very probably the auto-

377. 11. M.D.XIIII. *add. H.*

---

377. 8. Epistolam] Ep. 335, printed in A. The reference to Caraffa, ll. 248 seq., is added in the printed version.

378. 1. Galeatius] Galeazzo Visconti (born c. 1456), a Milanese noble, who had led the resistance to the French on behalf of Max. Sforza before Marignano. He had at this time great influence with the Swiss, and was also acting as confidential agent for Henry VIII. By 1521 he had gone over to the French interest, and was endeavouring to recover Milan for them from the Spaniards. Alciati's edition of Tacitus, Basle, Froben, Aug. 1519, is dedicated to him.

See Brewer, where the last mention of him is in 1526; and Rawdon Brown, *Despatches of Sebastian Giustinian.*

4. praebenda] Cf. Ep. 360. 15 n.

graph was preserved, like Ep. 366 and the rough draft of Ep. 376, by Boniface Amorbach.

The date cannot be certainly determined; but the mention of Zasius' book and the message to Boniface suggest that this letter answers Ep. 376.]

ERASMVS ZASIO SVO S. D.

Vix tuas licuit legere litteras, mi Zasi, quibus alioqui nihil accidere potest iucundius. Quid ego librum tuum collaudem? Compendio dicam. Zasianus est, hoc est absolutissimus, dignus qui fiat orbi communis. Ad id adiutabimus, simul atque vacabit (vacabit autem intra bimestre): quanquam Thoma citato nonnihil inquinasti splendorem tue dictionis. Verum id scio quibus tribueris et fero; mallem alioqui perpetuum illum Zasiane dictionis cursum ac tenorem. Deinde Erasmum nimis amanter citas, hoc est longe supra meritum. Bene vale.

Bonifacium non vno nomine vnice diligo, de quo sane summam spem concepi. Mitto et alteram epistolam olim ad te scriptam sed obliuione ministri relictam apud me. Probat et Beatus librum tuum, tu cura vt absoluatur; et, si fieri potest, ⟨velim totum opus, non modo in his que proprio Marte scripsisti⟩ verum etiam in iis que citas ex parum expolitis autoribus, tamen Zasiano lepore conuestiri.

Incomparabili ll. doctori Vdalricho Zasio. Friburgi.

380. From Ulrich Zasius.

Deventer MS. 91, f. 202. ⟨Freiburg.⟩
LB. App. 41. 26 December 1515.

[Evidently following Ep. 376; Ep. 379 seems not to have reached Zasius yet.]

S. P. D. Frobennius noster, magne Erasme, litterarii orbis lumen, profundo hodie crepusculo veniens, matutino crastino abitum molitus est, nec ei familiarius communicare potui, quin certe ⟨tibi⟩ salue dicerem et vale. Salue itaque, vir salutaris, de cuius salute litteraria salus et quidem maxime pendet. Vale porro, a cuius valetudine omnium studiorum valetudo increscat, quo valente Germania, sicut

379. 2. poterat *E.* 4. adiuuabimus *E*: *cf. Ep.* 377. 2 *n.* 5. Thoma *a*: Aquinate tam subinde *E.* 8. Deinde *a*: dicendi *E.* 11. alterum epistolium . . . scriptum . . . 12. relictum *E.* 14. verum etiam in iis *a*: velim ea quoque *E. Liquet deesse aliquid.* 15. Rursum vale *post* conuestiri *add. E.* 16. Incomparabili . . . Friburgi *om. E.* 380. 3. ei *Riegger*: cui *MS.* communicare *Riegger*: coīcādi *MS.* tibi *add. Riegger.* 4. de *incertum*: *oblitterauit LB.* litteraria *LB*: l̄raris *MS.*

379. 5. Thoma] If this letter is rightly placed, it seems that Zasius acted upon this criticism; for the name of Aquinas hardly occurs, if at all, in the *De origine iuris*.

8. Erasmum] See p. 15 of the 1518 edition of Zasius' *Lucubrationes*.

11. epistolam] Perhaps Ep. 366, the autograph of which has been preserved with this. There is reason to suppose that it did not reach Zasius at once; cf. Ep. 367. 27 n.

nuper belli, ita nunc doctrinarum, vexilla circumferre victrix possit. Quis mihi loquendi suggeret supellectilem? quo stilo, qua facundia, qua animi intensione, qua mentis vehementia, quo nixu eum scribendo feruorem, hoc desyderium consequar? quo meum, imo peritorum omnium, Desyderium Erasmum vel ex modico contingam? Os, mens, lingua, animus, ardor, industria in te deficiunt. Ita quod enixissime cupio, fugit enixissime; et quod ad mediocres alios erubescerem, ad summum doctrinarum principem scribendo blesus esse cogor et barbarus. Et tamen ne taceam, ita genio impellor, vt pro laude ducam manifestari meam imperitiam, in cuius sedibus nihil est loci imperitiae.

Sed amicitia excusabit quod accusat inercia; nam et qui reges et principes foris auro integuntur et purpura, cum amicis amiculo parabiliori, induculis familiaribus conspiciuntur. Hoc habe, tam de te non posse me loqui ex condigno quam ex iusto nemo mortalis te mirari possit. Testis est mihi Saluator, cuius imaginaria circumferimus (vtinam digne) praesepia, ita me in tua nomina obstupescere, vt non iam stupore attoner Socratico, sed totus ex Medusae terriculamento excutiar. Vale.

Mea mendicula peto videas. Scio te ea probare non posse, tum quia quae historias sapiunt tibi puero cognita fuere, sed quae iuris sunt, ea tu non moraris. Sed potes vel ex genere ferre iudicium, quod mihi Hamonis superabit oraculo. Vale.

7 Kal. Ianuarias. 15.

Tuus Zasius.

[299]381. From Andrew of Hoogstraeten.

Deventer MS. 91, f. 142. Liège.
LB. App. 111. 10 January ⟨1516⟩.

[This letter cannot be dated before 1516, because of Ep. 299. It cannot be dated later, because in March 1516 Aleander left Liège for Rome; cf. his *Journal*, pp. 35 and 17, and Al. E. ii.]

ANDREAS HOECHSTRATENSIS ERASMO SVO S.

Vt, cum litteras tuas mihi alioqui iucundissimas in aedibus meis anno vno et amplius iam decurso relictas perspexissem, quibus ob meam absentiam fato aduerso te proposito tuo frustratum accepi, non parum dolui, sic nouissimis tuis litteris, ad me 3°. Nonas Octob. vna cum xeniolo pro donantis beneuolentia mihi gratissimo e Ba-

380. 26. mendicula *scripsi*: medicula *MS.*: modicula *Riegger*. *Cf. Ep.* 303. 14 *n*.
381. 2. relictas *LB*: relutas *MS.* 5. *LB*: zeniolo *MS.*

380. 23. praesepia] The Christmas custom.

silea directis, plurimum gauisus sum; eo maxime quod sperem te in reditu Leodio facturum iter: quod te obnixe oro, et rogo vt ad domum meam te diuertas. Spero vrbs ipsa, quam prioribus tuis litteris parum tibi placuisse scribis, amicorum ductu ac praesentia Hieronymi Aleandri, qui apud nos agit insignis et primarie Ecclesie Leodiensis Canonicus, Cancellarius antistitis Leodiensis et Praepositus apud diuum Petrum, quantum alia quaeuis, placebit. Bene vale, amice singularis. Ex Leodio 4 Idus Ianuar.

382_{385} FROM JAMES WIMPFELING.

Deventer MS. 91, f. 175. Schlettstadt.
LB. App. 46. 15 January 1516.

[1516, because Oecolampadius is at Basle (Ep. 358. 5 n.) and because Jerome is not finished (Ep. 396).]

IACOBVS WIMPHELINGHVS DOMINO ERASMO S.

VIVINE adhuc an vita functi sunt, aut inter marciales et feroces inhumanitatem quandam contraxerunt dominus Erasmus Roterodamus, Io. Icolampadius, Beatus Rhenanus? vt tanto tempore nihil amicissimis scribant, renuncient, significent de statu, de valetudine, de reditu, de fine operum Hieronymiorum. Ego sane vlcerum plenissimus podagram incidi; quae si non errasset (pauperem enim obruit, quae morbus diuitum esse fertur), iampridem me Basilea vidisset. Mulam enim cum famulo misit ad me Praesul Basiliensis. Sed proh dolor! neque equitare nec domum egredi possum, tantis doloribus dies atque noctes afficior.

In Cathalogo Archiepiscoporum Maguntinorum, quem interim collegi, D. Erasmi Ro. honestissimam feci mentionem. Icolampadium spero huc ad Sletstad. rediturum, vt secum adducat quae illi traditurus sum ad max⟨imos⟩ amicos meos Heydelb⟨ergenses⟩ per-

381. 10. *LB*: p̄marie *MS.* 11. ꝑpositus *MS.*: *corr. LB.*

382. 1. marciales] For the renewal of the war with France cf. Brewer ii. 1352.

11. Cathalogo] In MS., possibly autograph, at the Hofbibliothek, Aschaffenburg; to the kindness of Dr. Hart, the Librarian, I owe the following information. Erasmus is described (f. 27) as 'doctissimus omnium quos vnquam vidi aut visurus sum'; and his *Bellum* (*Adag.* 3001) is referred to there and on f. 36. On f. 14 Wimpfeling says: 'Si episcopus omnia sua munera per alios fieri sinat, ipse ocio aut voluptati deditus, timeat ne suis vicariis ad superos intromissis ipse foris defleat et dentibus strideat, et ne, si dixerit omnia sese per alios implesse, responsum audiat: 'Fingas ergo te per eosdem qui vicem tuam implerunt, gaudiis celestibus interesse'; vti nuper mihi episcopos Germanorum excusanti Erasmus Roterodamus venuste ac lepide respondebat.' Extracts from the MS. have been printed by G. Englert in a *Commentatio*, Aschaffenburg, 1882; see also Knepper's *Wimpfeling*, pp. 297–300.

ferenda. Beatum Rhenanum praestolatur grandeuus pater desyderii plenus. Omneis vos tres valere peropto.

Ex Sletstad. 18 Cal. Febr. 1516.

383. FROM NICHOLAS GERBELL.

Deventer MS. 91, f. 176 v°. Strasburg.
LB. App. 47. 21 January 1516.

[For the date see Ep. 369 introd.]

NICOLAVS GERBELLIVS DOMINO ERASMO S. IN CHRISTO IESV.

NEQVEO mirari satis, Erasme doctissime, cur Parabolarum libellum ad nos non miseris, cum nihil vspiam fuerit in tabellione isto dispendii, maxime cum tute ipse desyderaris fidelem quempiam nuncium, qui ad nos eum ipsum deferret. Tametsi abunde te excusaueris laboribus istis plusquam dici potest grandibus, nihil tamen fuisset acceptum magis Schurerio, nihil vtilius (vt reor) studiosis, quam si emendatiores in lucem prodiissent lucubrationes tuae. Verum cum aliter fieri nequit, curabimus vt exeat, quoad eius fieri potest, castigatissime. Scriptum est nobis te gratificari velle communi amico nostro Schurerio argumentis quibusdam in Ciceronem pariter et Vergilii Aeneida; quod si feceris, non credis quam impense simus conaturi, ne ingratus dicatur Gerbellius nec illiberalis tuus Schurerius.

Viue felix, amicorum optime, et de tua valetudine, de litteris deque operibus tuis rescribe. Saluta nomine meo virum doctum modestissimumque Beatum Rhenanum ceterosque communes amicos nostros. Salutant te omnes qui apud nos studiis florent, cum primis meus Io. Rudolphingius.

Argentorati 1516, xii Cal. Februar.

384. TO LEO X.

Nouum Instrumentum (1516) f°. aa^2. Basle.
Lond. xxix. 79: LB. vi. f°. ⁎ v°. 1 February 1516.

[The preface to the *Nouum Instrumentum*, Basle, Froben, Feb. 1516 (*a*); a work which, like many others, was an enlargement of Erasmus' original plan.

382. 15. pater] Antony Bild of Rheinau († 21 Nov. 1520), a butcher by trade, who settled at Schlettstadt and rose to be Burgomaster. See BRE. pp. 1, 621.

383. 7. lucubrationes] Evidently the *Parabolae*, and not the volume with this title (Ep. 342. 28 n.). The word is used of A in Ep. 353. 1.

10. Ciceronem] In June 1516 Schürer published a new edition of Angst's *Tusculanae Quaestiones* (p. 153), and in August the *De Amicitia*, &c.; but Erasmus does not seem to have rendered any assistance. For a similar request from Schürer in 1517 see Lond. vi. 24, LB. App. 242.

11. Vergilii] Gerbell had edited the Aeneid for Schürer in June 1515; but there is no trace of another edition at this time.

18. Rudolphingius] Cf. Ep. 302. 14 n.

According to Beatus Rhenanus (IV. 280) the task of editing Valla's notes on the New Testament (Ep. 182) suggested to Erasmus a volume of the same character (cf. Ep. 305. 10); but as the work proceeded, when he had examined numerous MSS. both Greek and Latin (ll. 52–5; also Ep. 296. 155, and p. 164), he decided to attempt a new edition of the Greek with his own notes added (Ep. 300. 31–3). At what point this decision was made is not clear; perhaps during his residence in England, where he was certainly at work upon the New Testament in 1512–13 (Epp. 264. 13, 270. 58; and *Resp. ad iuu. gerontodid.*, LB. ix. 986 EF). On arriving at Basle he began to negotiate with Froben for the printing; and at the beginning of September Beatus Rhenanus announces the conclusion of an agreement between them (BRE. 40). It appears from Ep. 421. 51–3 that he expected to find at Basle good MSS. which he would be able to send to the press without further labour; but in this he was disappointed, and he regarded it as an unnecessary addition to his task that he should have had to correct the Greek text before it could be printed (cf. p. 164).

From his published utterances (e.g. in a preface added to the Paris edition of Jerome, Chevallon, 1533, vol. i. f°. †; Jortin ii. p. 543) it might be supposed that up to this time he had had no idea of making a translation; but that within a few weeks of his arrival (Ep. 305. 222, 3) he undertook at Froben's suggestion to include this in his scheme (IV. 283–5; Ep. 421; Lond. xix. 91, LB. 746, 863 D; *Apol. adu. debacch. Sutoris*, LB. ix. 751 D; *Resp. ad iuu. gerontodid.*, LB. ix. 987 A; and Copenhagen MS. G. K. S. 95 Fol., f. 182). But facts to which Wordsworth calls attention (pp. 51,2 of op. cit. on p. 166) show that this is not the case. A manuscript is in existence which contains Erasmus' version of the New Testament (except the Acts and Revelation) side by side with the Vulgate in parallel columns, and written by Peter Meghen (Ep. 231. 4 n.) at Colet's direction in the years 1506 and 1509. The first portion, comprising St. Matthew and St. Mark, is in the University Library at Cambridge (Dd. vii. 3), and has an elaborate colophon dated 8 May 1509, with the corroborative statement that Henry VII had died in April of the same year. The second portion, St. Luke and St. John, is in the British Museum (1 Reg. E. v. 1), with an equally elaborate colophon dated 7 Sept. 1509, 1 Henry VIII; and the third part, containing all the Epistles, is its companion (1 Reg. E. v. 2) and has a colophon dated in Oct. 1506, 22 Henry VII, further corroborated by the statement that Philip of Castile had been driven into England in the same year (cf. Ep. 189 introd.) and died in Sept. (Ep. 205)—spaces being left for the precise month-dates, which were not, however, filled in. The colophons are printed in full in the Cambridge Catalogue of 1856, i. p. 321, and in part in the British Museum Catalogue, *Manuscripts of the King's Library*, 1734, pp. 11,12. Besides Erasmus' version the MS. also contains the Arguments to the Epistles, which he afterwards published, with only slight modification, in collected form (Louvain, Th. Martens, Nov. 1518).

Another copy of Erasmus' version, interlined with the Vulgate, is in the Library of Corpus Christi College, Oxford (E. 4. 9,10: Coxe 13, 4); but unhappily the colophons, if ever they existed, have disappeared. Though less magnificent than Colet's MSS., the volumes are beautifully executed; and may probably be assigned to the same period. They contain the whole of the New Testament, including Acts and Revelation, and also the Arguments to the Epistles. An examination of various passages shows that on the whole the texts of the Vulgate and of Erasmus' version agree very closely with Colet's MSS.; but there are occasional traces of another recension by Erasmus, especially in the Arguments to the Epistles.

Erasmus' translation of the New Testament was therefore executed several years earlier than is commonly understood; and the whole circumstances of the work supply an interesting confirmation of the influence exercised over Erasmus by Colet, on which Dr. Seebohm has rightly laid such stress. In Dec. 1504 Erasmus writes to Colet of his desire to work at 'sacrae literae' and especially of his interest in the Epistle to the Romans (Ep. 181. 24 seq.). In 1505 he comes to England and spends most of his time in London; and in Oct. 1506 we have a translation of the Epistles made by him and copied by Colet's amanuensis. It is therefore not difficult to suppose that one of the first acts of the new Dean (Ep. 181. 18 n.) was to lend his friend two Latin MSS. from the Chapter Library (p. 164) and to encourage him to undertake a new translation from the Greek: perhaps also it had been through Colet that the invitation had come to return to England in 1505. For the lapse of three years before Meghen completed the copy of the Gospels it is not possible to account with certainty. Erasmus' letters for that period throw no light upon the subject; but on the whole I incline to suppose that the interval was due to causes connected with Meghen, and that Erasmus had finished his work before he left England in 1506.

The dates in the MSS. also elucidate Erasmus' letter to Richard Bere, Abbot of Glastonbury, in 1524 (Lond. xviii. 46, LB. 700); from which it appears that after returning from Italy Erasmus was introduced by Bernard Andreas (Ep. 243. 52 n.) to the Abbot, and offered him a copy of a portion of the translation, containing the Arguments, perhaps with some suggestion of publication; but that the Abbot showed disapproval of the idea of improving on the Vulgate, and that in consequence Erasmus threw the work aside.

With regard to the date when Erasmus first determined to make his translation, it is not necessary to charge him with intentional misstatement in the utterances quoted above; for all, except that from the preface to Jerome, admit equally well of the interpretation that the idea of *publishing* it had not occurred to him until he went to Basle, but that he yielded there to the suggestions of his friends; and even in the Jerome preface it is easy to suppose that in repeating towards the end of his life a statement he had often made before, he unconsciously modified it slightly in form.

After the first proposals in 1514 the negotiations appear to have been broken off, Erasmus having perhaps considered that he might get the book better printed in Italy (Epp. 324. 27 n., 389. 9 n.). But probably one object of his journey to England in March 1515 was to fetch a copy of his translation; though he perhaps obtained only the earliest part (Ep. 334. 166, 7). In April Beatus Rhenanus was again attempting to secure the book for Froben (Epp. 328. 36, 330. 1); and by the time Erasmus returned to Basle, he had decided to accept Froben's offer. The work began in August (Ep. 348. 10–12); but it was interrupted (Ep. 356. 11, 2), and by the middle of September not much way can have been made, for Gerbell was still making suggestions as to the form of printing (Ep. 352. 5 seq.). Within a fortnight, however, Gerbell and Oecolampadius (Ep. 358. 5 n.) were installed to correct the proofs, and with two presses at work (cf. a letter from Froben to Boniface Amorbach, 16 Oct. 1515: Basle MS. G. II. 29) the book soon made rapid progress; although the correctors proved less able for their task than Erasmus had hoped (Ep. 421. 53–6). Just as with the *Adagia* (Ep. 211 introd.), the *Annotationes* (which are on the Vulgate) were greatly enlarged whilst in the press (IV. 281–3 and Ep. 421. 50) and ultimately instead of the 30 sheets at first estimated the book filled over 80 (Epp. 421. 63–5 and 377. 7 n.). The final colophon is dated Feb. 1516, that to the notes being 1 Mar. 1516: and although on 21 Feb. Erasmus was still occupied with the introductory matter including this letter (cf. BRE. 57), on 7 March he could announce that the book was published (Ep. 394. 36). Thus a folio of more than 1,000 pages had been printed, and even partly written, in the space of five to six months. A copy, probably presented by Erasmus, reached Budaeus in Paris on 26 April (Ep. 403. 27, 8) and the book was on the Paris market a week later (Ep. 403. 28 n.); Reuchlin, too, received it through the Frankfort spring fair (Ep. 418. 1).

Immediately after publication Erasmus was dissatisfied with his work (Ep. 402. 1, 2) and began preparing for a new edition (Epp. 417 and 421. 70 seq.). Besides revising the Greek with new MSS. (cf. Ep. 373 introd.) he now introduced his original translation; which in 1516 had been considerably modified, with a general tendency towards the retention of the Vulgate. For example, in the opening of St. John's Gospel the 1516 edition follows the Vulgate closely, keeping in v. 1 *verbum* instead of *sermo*, which is found in Colet's MSS. In 1519 *sermo* was restored—a change which cost Erasmus a controversy (cf. l. 46 n.)—and throughout the whole work the translation was brought into accord with the text of Colet's MSS.: with such minute accuracy that even insignificant variations such as *et* for *ac* or *-que* for *et* are invariably put back into their original form. So thorough was the revision that a careful examination of a great many passages has not revealed more than a few instances of a 1516 variant remaining in 1519, and only two examples of departure in 1519 from the text of Colet's MSS. Of this transformation I have not been able to discover any trace among Erasmus' letters or remains, except a single manuscript in the bundle of Jerome papers at Basle (A. IX. 56; cf. Ep. 326 introd.). It is a sheet of two folios, copied by Hand D of the Deventer MS. and containing portions of the Gospel of St. Mark.

But in view of the date of Hand D (App. 8, p. 605) it is noticeable that the manuscript follows the text of 1516; and that the familiar red chalk marks recording the divisions of the pages agree with that edition (pp. 94 and 103), and not with the pages of 1519.

To print his new edition Erasmus went to Basle in May 1518; but before the printing had long begun he returned to the Netherlands, leaving the task of bringing the book through the press to Bruno and Basil Amorbach and his former servant-pupil, James Nepos; see Froben's letter on p. 566 of the book, dated 5 Feb. 1519. It was published in March 1519 (β), the title being changed to *Nouum Testamentum*; and there were subsequent editions, revised and amplified, in Feb. 1522 (γ), March 1527 (δ), and March 1535 (ε), reissued in Sept. 1539: all printed by the Froben press. In δ and in an edition prepared after his death for inclusion in his collected works, 1541–2 (ζ), the Vulgate translation was printed side by side with the Greek and the version of Erasmus.

For the critical value of the various editions see Ep. 373 introd. and some of the authorities quoted there.]

LEONI DECIMO, PONTIFICI MODIS OMNIBVS SVMMO, ERASMVS ROTERODAMVS THEOLOGORVM INFIMVS S. D.

INTER tot egregia decora, Leo decime, Pontifex Maxime, quibus vndique clarus et suspiciendus ad Pontificiae dignitatis culmen adisti—hinc infinitis Mediceae domus ornamentis, non minus eruditorum hominum monumentis quam maiorum tuorum imaginibus et honoribus inclytae; hinc innumeris corporis animique dotibus, quas partim diuini Numinis indulsit benignitas, partim eadem aspirante tua parauit industria—non alia res te verius aut magnificentius illustrauit quam quod ad istum honorem, quo maior inter homines homini non potest contingere, parem morum attuleris innocentiam: neque vero vitam modo ab omni dedecore longe lateque semotam, verum etiam famam nulla vnquam sinistri rumoris labe aspersam. Id quod cum vbique difficillimum est, tum praecipue Rhomae: cuius vrbis tanta est libertas, ne dicam petulantia, vt illic a conuiciis parum tuta sit et integritas, ac ne ii quidem absint a crimine qui plurimum absunt a viciis. Quibus rebus factum est vt Leoni non paulo plus verae laudis pepererit, quod summum Pontificium promeruisset, quam quod accepisset.

Iam in ipsa pulcherrimi simul et sanctissimi muneris functione cum tot praeclaris factis, tot eximiis virtutibus, susceptum honorem vicissim cohonestes, nihil tamen est quod te superis pariter et mortalibus commendet efficacius quam quod summo studio parique sapientia illud potissimum agis ac moliris, vt in dies in melius prouehatur Christiana pietas, hactenus temporum maximeque bellorum vicio nonnihil labefacta collapsaque, vt est caeterarum item omnium rerum humanarum natura, ni manibus pedibusque obnitamur, paulatim in deterius relabi velutique degenerare. At res egregias aliquoties vt difficilius, ita et pulchrius est restituisse quam condidisse.

10. vero α: enim ε. 11. ad pontificiam sublimitatem pertulisti *add.* ε *post* aspersam.

Proinde quando tu nobis velut alterum exhibes Esdram, et sedatis, quod in te fuit, bellorum procellis, sarciendae religionis prouinciam strenue capessis, par est nimirum vt omnes vbique gentium ac terrarum Christiani rem omnium pulcherrimam ac saluberrimam conantem pro sua quisque facultate adiuuent. Iam video passim excellentes ingenio viros, ceu magnos et opulentos reges, Solomoni nostro in templi structuram mittere marmora, ebur, aurum, gemmas. Nos tenues reguli seu potius homunculi qualescunque materias aut certe caprarum pelles, ne nihil conferremus, mittere studemus: vile quidem munusculum, quod ad nostram attinet operam, sed vnde (nisi me fallit animus) Christi templo, si non multum splendoris, certe non parum vtilitatis sit accessurum; praesertim si eius calculo comprobetur, de cuius vnius nutu ac renutu summa rerum humanarum pendet vniuersa.

Etenim cum illud haberem perspectissimum, praecipuam spem planeque sacram, vt aiunt, ancoram restituendae sarciendaeque Christianae religionis in hoc esse sitam, si quotquot vbique terrarum Christianam philosophiam profitentur, in primis autoris sui decreta ex Euangelicis Apostolicisque literis imbibant, in quibus verbum illud coeleste, quondam e corde Patris ad nos profectum, adhuc nobis viuit, adhuc spirat, adhuc agit et loquitur, sic vt mea quidem sententia nusquam alias efficacius aut praesentius: ad haec, cum viderem salutarem illam doctrinam longe purius ac viuidius ex ipsis peti venis, ex ipsis hauriri fontibus, quam ex lacunis aut riuulis, Nouum (vt vocant) Testamentum vniuersum ad Graecae originis fidem recognouimus, idque non temere neque leui opera sed adhibitis in consilium compluribus vtriusque linguae codicibus, nec iis sane quibuslibet, sed vetustissimis simul et emendatissimis. Et quoniam nouimus in rebus sacris religiose quoque versandum esse, nec hac contenti diligentia per omnia veterum theologorum scripta circumuolantes, ex horum citationibus aut expositionibus subodorati sumus quid quisque legisset aut mutasset. Adiecimus Annotationes nostras, quae primum lectorem doceant quid qua ratione fuerit immutatum: deinde, si quid alioqui perplexum, ambiguum aut obscurum, id explicent atque enodent: postremo quae obsistant quo minus procliue sit in posterum deprauare quod nos vix credendis vigiliis restituissemus. Quanquam, vt ingenue dicam, quicquid hoc

28. exhibes α : praestas β. 36. conferremus α : conferamus δ. 46. verbum illud coeleste . . . 47. profectum α : sermo ille coelestis . . . profectus β.

34. templi structuram] An evident allusion to the building of St. Peter's; see Creighton, iv. pp. 83–5.

46. verbum] The change made here in β was made at the same time in John I. I; cf. p. 183. It aroused hostile criticism in many directions; to which Erasmus replied with the *Apologia de 'In principio erat sermo'*, Basle, Froben, Aug. 1520.

est operis videri poterat humilius quam vt ei dicandum esset quo nihil maius habet hic orbis; nisi conueniret vt quicquid ad religionem instaurandam pertinet, haud alii consecretur quam summo religionis principi et eidem assertori.

Neque metus est ne munus hoc nostrum qualecunque sis aspernaturus, qui non loco tantum referas illum qui donaria non preciis sed animis solitus sit aestimare, qui duo minutula pauperculae viduae splendidis et opimis diuitum donariis praetulerit. Iam an non cotidie videmus inter auro gemmisque radiantia regum donaria pratensibus flosculis aut hortensibus herbulis concinnatas corollas suspendi diuis, quas re tenuis, pietate diues offert plaebecula? Alioqui quicquid illud est seu magnum seu pusillum, seu ludicrum seu saerium, quod huius ingenioli fundus produxerit, id omne, vt nullus dedicem, suopte iure sibi potest vindicare summus ille apud suos virtutum ac literarum omnium Mecoenas et antistes, Gulielmus Vuaramus archiepiscopus Cantuariensis, totius Angliae non tituli tantum honore primas, ac tuae sanctitatis legatus, vt vocant, natus: cui meipsum quoque quantus quantus sum debeo, non modo vniuersum studii mei prouentum. Siquidem is (vt ne dicam interim cuiusmodi tum publice tum priuatim in me fuerit) id praestat suae Britanniae quod Leo praestat orbi terrarum: quodque Medicea domus iam olim est Italiae vel hoc nomine terrarum omnium felicissimae, hoc is suis est Anglis, ceu salutare quoddam sidus, ab ipsis fatis in hoc datus vt eo praeside quicquid est bonarum rerum repullulet ac subolescat. Nam perinde quasi vno in homine plures sint heroes et vnicum pectus non simplex inhabitet numen, ita miris modis archiepiscopum gerit ecclesiae, legatum sedi Rhomanae, consiliarium regiae, cancellarium iusticiae, Mecoenatem studiis; cuius opera potissimum factum est vt insula iam olim viris, armis opibusque pollens, nunc optimis item legibus, religione, moribus, ad extremum ingeniis omni literarum genere perpolitis adeo floreat vt cum quauis caeterarum regionum possit ex aequo contendere.

Verum quo latius huius laboris nostri manaret vtilitas, visum est tui nominis apud omnes sacrosancti ceu lenocinio quodam ad publicam orbis abuti commoditatem, praesertim cum huc vocet ipsa quoque rei ratio; quod pulchre congruebat vt illius auspiciis haec Christiana philosophia diriuaretur ad omneis mortales, qui Christianae religionis teneret arcem, ac per eum proficisceretur doctrina coelestis ad vniuersos homines, per quem Christus nos voluit accipere quicquid homines e terris euehit in coelum. Quanquam adeo quid tandem vetat quo minus hic liber gemina commendatione fultus, hoc

71. sit α: est ε. 72. praetulit ε. 80. Vuaramus *add.* γ. 90. vnicum pectus α: in vnico pectore δ. 101. deriuaretur ε.

etiam felicius et auspicatius exeat in manus hominum, si duobus totius orbis summatibus viris communiter fuerit consecratus? quandoquidem aris templisque videmus hoc plus accedere maiestatis ac venerationis, quod pluribus simul diuis sint dedicata. Iam hoc quantumlibet nouum videatur, modo publicae conducat vtilitati. Et ea est Leonis modestia facilitasque, vt hac parte non minus sit maximus quam ea qua maximos omnes longo superat interuallo. Et ea est Archiepiscopi in omni decorum genere praestantia, vt Leonem omnibus numeris summum non alius magis deceat collega. Postremo si fas est apud tantum Principem nonnihil Thrasonis e comoedia referre, quantumuis in speciem humilis videatur hic meus labor, tamen confido futurum vt attentus lector aliquanto plus deprehendat in secessu quam prima statim fronte prae se ferat opus.

Sed ne celsitudinem tuam iugi sollicitudine terrarum orbi consulentem longiore sermone remorans in publica peccem commoda, quod reliquum est cum plebeio lectore transigam; sed prius illud apprecatus, vt cuius prouidentia Leo decimus contigit subleuandis rebus mortalium, idem eum nobis et quam maxime longaeuum esse velit et felicissimum.

BASILEAE ANNO RESTITVTAE SALVTIS M.D.XVI. CALENDIS FEBRVARIIS.

[382]385. TO JAMES WIMPFELING.

Bapt. Mantuani Fasti f°. a^8 v°. | Basle.
3 February ⟨1516⟩.

[This letter is printed in Baptista Spagnuoli of Mantua's *Fasti*, Strasburg. Schürer, Aug. 1518. The book is edited by Wimpfeling, who in his preface dated Schlettstadt, 1 May 1518, encourages Schürer to print it as more suitable to be read in schools than the poems of Tibullus, Propertius, Catullus, Lucretius, Marullus 'et horum lasciui similes'. The year-date can be corrected from the mention of the New Testament and Jerome.]

D. ERASMVS ROTERODAMVS IACOBO VVIMPHELINGIO SVO SALVTEM DICIT.

VIVIMVS, valemus, tui meminimus, te amamus omnes et, si tuo fiat commodo, aduentum quoque tuum expectamus. Nouum Testamentum iam ad metam properat. Hieronymus belle procedit. Demiror iudicium Sapidi. Iuro quisquis is fuit qui hoc illi persuasit, nihil illo ineptius. Malim hemistichium Mantuani quam treis Marullicas

384. 119. ne β: ne si α. 120. longiori ϵ.

384. 112. longo] Cf. Verg. *Aen.* 5. 320.
120. sermone] Cf. Hor. *Ep.* 2. 1. 3, 4.
385. 4. Sapidi] By 1518 Sapidus had perhaps modified his preference for Marullus; for Wimpfeling mentions him in his preface as one of the schoolmasters ready to introduce the *Fasti* into their classes.
5. Mantuani] For Erasmus' high opinion of the poems of Spagnuoli (Ep. 47. 79 n.) see Ep. 49. 96 seq.
Marullicas] Michael Tarchaniota Marullus Constantinopolitanus (c. 1445–10 Apr. 1500) was born of Greek parents

myriadas. Cura vt reualescas et podagram vna cum scabie profligas. Scripseram Abbati Volsio, verum epistola periit, nescio cuius culpa. Scripsi ne querereris me non scripsisse. Bene vale. Salutat te coetus omnis, doctissimus me excepto, tuique amantissimus me non excepto.

BASILEAE postridie Purificationis. ANNO. XVI[I].

386. FROM URBAN RIEGER TO JOHN FABER.

Epistole ad Erasmum ff. h² and h³ v°. Ingolstadt.
C² pp. 266, 270: F. pp. 97, 98: HN: Lond. ii. 17, 18: LB. 229, 230. ⟨c. February 1516.⟩

[This letter, to which Ep. 392 is practically the answer, is printed in all the later editions as two; the postscript which follows the signature appearing as a separate letter with a heading of its own. It is, however, clearly, as suggested by Horawitz, *Joh. Heigerlin, genannt Faber*, p. 17, n. 1, a postscript, written by Rieger in his own name on a blank space at the end, and is printed thus without heading in B and C². In Ep. 412. 21, too, the 'vna epistola' sent for More to see is evidently this; for the invitation to Ingolstadt is mentioned in the corresponding place in Ep. 413. The division is due to an error. In C² the postscript happens to come at the top of the last page. In the previous opening the headline—VRBANVS REGIVS IOANNI FABRO—is spread across the two pages; but on the last it is necessarily contracted into one. The editors of F mistook it for the heading of a new letter, and made the separation.

Urban Rieger (Regius or Rhegius) of Langenargen on the N. shore of the Lake of Constance (May 1489—25 May 1541) was perhaps the son of a priest. After education at Lindau he went to Freiburg, where he lived with Zasius and took his B.A. About 1510 he migrated with John Eck to Ingolstadt, and after taking his M.A. opened a house for pupils, but fell into financial difficulties. From these he was delivered by Eck, who got him a lecturership in Rhetoric and Poetry; and in 1517 he was crowned Poet laureate by Maximilian. After this he resumed the study of theology and settled at Constance, where on 16 Sept. 1518 in John Faber's house he completed his *De dignitate sacerdotum*, Augsburg, Miller, 19 Feb. 1519, addressed to Hugo von Landenberg, Bp. of Constance (BRE. 101), and in 1519 was ordained. He visited Tübingen (matric. 20 Aug. 1519) and Basle (matric. 28 Sept. 1520); and then through Faber's influence was appointed Cathedral preacher at Augsburg. He began to incline towards Lutheran opinions, and in Dec. 1521 was obliged to leave Augsburg. For a time he was preacher at Hall, near Innsbruck; but in 1523 was in trouble with the Bps. of Trent and Brixen, and returned to Augsburg, where the Reformation was now established. In Dec. 1524 he definitely adopted Lutheranism, and on 16 June 1525 married. He played a mediating part in the religious struggles at Augsburg, but in 1530 was finally obliged to depart, through the action of

---

settled at Byzantium. After the capture by the Turks he was brought to Italy, where he received patronage from Lorenzo dei Medici and, though a soldier, became an excellent Latinist and writer of verse. His *Epigrammata* were printed at Rome in 1490 and 1493; and again in 1497 at Florence, with his *Hymni Naturales* addressed to the gods of Greece and Rome. This volume had been reprinted by Schürer in July 1509 with two prefaces by Beatus Rhenanus, one addressed to Sapidus; in which the poetry is praised but its pagan character deplored (BRE. 12 and 432). Erasmus' judgement of it in the *Ciceronianus* (LB. i. 1010A) is to the same effect; but Muretus and Scaliger rate it more highly. It certainly does not merit the epithet 'lasciuus'. He was drowned with his horse in a quicksand of the Cecina. See Hody, *De Graecis illustribus*, 1742, pp. 276–93; Munro's introd. to Lucretius, where the value of his work on Lucretius is recognized; and NBG.

7. Scripseram] Probably in answer to Ep. 368.

Charles V at the Diet. On the invitation of Duke Ernest of Brunswick-Lüneburg he settled at Zell, and spent his remaining years in promoting the spread of the Reformation in the Duchy. The collected edition of his works (1561–2) fills seven folio volumes.

See ADB and the sources quoted there; MHE. iii; VE.; EE.; Schreiber, *Gesch. d. Univ. Freiburg*. A few letters by and to him are in the Basle MS. KA. C. iv. 5. 1. ff. 45 and 57, and in Wolfg. Rychard's letter-book at Hamburg (p. 209).

John Heigerlin (1478—21 May 1541) of Leutkirch in the Allgau was the son of a smith, and hence adopted the name of Fabri or Faber. He studied at Tübingen and took priest's orders; and then matriculated on 26 July 1509 at Freiburg, where he was a pupil of Zasius and Reisch. By 1516 he had secured the post of Chancellor to the Bp. of Basle; in 1518 he became Vicar of the Bp. of Constance and in 1521 Suffragan Bp. He was in general sympathy with the humanists, many of whom were under obligations to him; and for a time it seemed as though he might join the Reformers (cf. Bl. E. 35). His decision to remain in the Church angered them greatly, especially as he at once declared strongly against heresy; but it opened the way of ecclesiastical preferment to his ambitious energy. In 1523 he became minister to Ferdinand, whose confidence he soon gained and who loaded him with offices and honours. He was Coadjutor-bp. of Neustadt 1528–38; Bp. of Vienna and Dean of Breslau 1530; Provost of Basle 1539. He visited his various charges with immense activity, and was especially vigorous in promoting the prosperity of Vienna, which had suffered severely from the Turks. His benefactions include the foundation of a trilingual College of St. Nicholas at Vienna University. He showed continual favour to Erasmus; and in 1528 sought to persuade him to settle in Vienna.

See Horawitz in ADB., based on MSS. in the Imperial Library at Vienna, one of which is Faber's autobiography; expanded into *Johannes Heigerlin, genannt Faber*, Vienna, 1884. Also Schreiber, *Gesch. d. Univ. Freiburg*, ii; and EE.]

PRAECELLENTISSIMO VIRO D. IOANNI FABRO, IVRIS PONTIFICII DOCTORI AC THEOLOGO CLARISSIMO, M. VRBANVS REGIVS S.

Scripsi nuper ad te, clarissime vir, quo in statu res meae sint positae, quae studia consecter, quid denique post tanta conditionis meae discrimina sperem. Quam grata item mente tuam Doctorisque Vuolfgangi beneficentiam acceperim, animo complecti facilius quam scribere possum; intellexisti tamen omnia mihi potius quam fidem et gratitudinem deesse. Frater meus qui meas tibi reddidit literas, aliud a te nihil petit quam vnam et eam perexiguam curam disquirendi famulatus; ferocientem iuuenis spiritum quem nostra indulgentia auxisset, haud magno negocio exilium et aliena increpatio retundent. In hoc, si puero rudi quidem caeterum fideli tuleris suppetias, iam alterum tibi fratrem mancipasti.

Fama est Roterodamum lumen illud doctorum esse apud vos, cui te et studiorum et vitae similitudo iampridem reddidit coniunctissimum. Quapropter quae illum scire peruelim, tuae humanitati Doctorique Vuolffgango committam; quod ego ad tantum virum citra decori rationem scripsissem. Credo equidem te non latere quanto amore et benignitate plusquam paterna Dux Hernestus, illu-

4. Vuolfgangi *B*: V. Fabritii Capitonis C^2. 15. Vuolffgango *B*: V. Fabritio Capitoni C^2.

6. Frater] It seems that nothing else is known of this brother.

17. Hernestus] (13 June 1500–7 Dec. 1560), third son of Duke Albert IV of

strissimus Bauariae princeps, gymnasium nostrum Angelipolitanum confoueat, excolat, ditet suaeque praesentiae splendore illustret, vt vel cum summis academiis literariis contendere audeat: estque ei in animo doctissimos passim, vbiubi in Germania fuerint, conducere suaue liberalitate magnifice exornare, quo tandem suo auspicio omnes bonae literae, quae vtroque cornu hactenus laborarunt, profligata barbarie reflorescant natiuoque restituantur nitori. Porro in primis Erasmus polyhistor ille, vir admirabili et diuino ingenio ac doctrina singulari, visus est Principi nostro omni honore et fauore dignissimus: ob id et diligenter inquisiuit an aliqua ratione magnus ille literarum antistes posset induci, vt aliquid apud nos ordinaria professione docens suae tum eloquentiae tum eruditionis multiiugae flumine nostram irrigaret ariditatem, quibusdam obnixe negantibus, aliis vero eius viri praesentiam sperandam adserentibus. Princeps ipse proposito suo pertinacissime adhesit, non sumptibus vllis parsurus quo Erasmum ad nos perducat.

Cupio itaque ex te scire quid sentias, an conditio opulenta Erasmo sit conferenda. Si putas eum persuaderi posse ad annuendum tanto Principi, cui est acceptissimus, ad me quamprimum perscribe. Multa nanque sunt quae eum permouebunt vt Germanus in Germania reliquum vitae transigat. Primum omnium tanti Principis fauor propensissimus et syncerus in studia politiora amor; in iisce enim a praeceptoribus minime poenitendis pulchre eruditus est Princeps: quare ei foret Erasmus vel ipsa charitate charior, quod magnanimo viro debet videri magnum. Dein salario honestissimo sacerdotiisque, si acceptabit, vberrime prouidebitur et condonabitur. Quod si senium, cui docendi labores sunt molesti, causabitur, nihil hoc ipsum remoretur, quippe suauissima dabitur quies; non enim vocatur vt fatigetur, verum vt videatur vir rarus suaque praesentia lucem adferat nostro Lycaeo. Accedit gratissima loci amoenitas, aerisque, quantam non facile alibi reperiet, mira quaedam salubritas, vt merito studiosorum sedes appellari queat Angelipolis. Adde honorem quem erecta

18. Angelopolitanum C^2. 25. C^2: polyhister *B*. 44. remoretur *scripsi*: remoratur *B*. 49. Angelopolis C^2.

Bavaria. After travelling in Italy with John Turmair (Aventinus), who had been his tutor since 1508, he had matriculated at Ingolstadt in 1515. Under the guidance of Turmair, who was still his tutor, he used his position and influence to attract men of learning to the University, which had been founded by his kinsman, Duke Louis of Ingolstadt and Landshut, in 1472. Though still a student, Duke Ernest was Rector of the University Apr.–Oct. 1516, and during that period supported Turmair in the inauguration of a Literary Society. In 1517 he left Ingolstadt to take up his duties as Bp. of Passau, of which he had been Coadjutor since 1514; and from 1540–54 he was Abp. of Salzburg. Erasmus dedicated to him an edition of Quintus Curtius, Strasburg, Schürer, June 1518. See Prantl, *Gesch. der Univ. in Ingolstadt, Landshut, München* (1872), i. p. 134, and ADB. vi. 249, 50.

mens ceu virtutis praemium exosculatur; qui tam cumulate homini impendetur certatim vt onerari potius se officiis (quae eius est modestia singularis) quam honorari sit conquesturus. Et, vt semel finiam, nihil non adblandietur Erasmo. Quod si antequam huiusmodi conditionem recipiat, placeret adire nostrum Principem, inuisere locum, Princeps viarum impendia et honorarium neutiquam despicabile lubentissime offert. Tuum itaque fuerit Erasmum conuenire, omnibus quibus potes modis allicere, adhortari, extimulare et quam gratus sit Principi cum exaggeratione manifestare et, si licet, vrgere vt in Germania coelo patrio potius cum suis viuat, illis prosit, quam cum exteris: vbi etsi omnia quae vel ad vitam vel honorem spectant, suppetant supra vota, antiquior tamen et venerabilior debet esse patria, praesertim tot votis, tam ardentibus desyderiis, omnis doctrinae principem et praeceptorem suum sitiens et suspirans.

Haec sunt quae in praesentiarum ad te patronum et praeceptorem scribenda non abs re institui; tanta enim autoritate polles et vales gratia apud Erasmum vt persuadere ei nemo te melius faciliusue possit. Vale, doctorum decus, ex Angelipoli.

Magister Vrbanus Regius.

Optime vir, illa ego scripsi ex iussu Principis Hernesti et domini Leonardi Eck, viri nobilis, artium et iurium doctoris, nostri gymnasii moderatoris, cui sum familiarissimus; ille nostras literas vidit approbauitque. Praeterea ita expectat Princeps Erasmum vt hunc quem vides tabellarium ad Basileam solum illius negocii gratia, Erasmi vtpote vocandi, miserit. Quod si animo apud nos manendi venire recusauerit, aureos ducentos quotannis si noluerit et opulentissima sacerdotia respuerit, Princeps tamen hoc vnum petit confiditque se exoraturum: vt videlicet Erasmus visendi gymnasii causa veniat. Huic itineri mensem impendat, vt a Principe videatur, excipiatur, amplexetur; videre enim ex animo Erasmum cupit. Et sumptus ad iter ministrabit magnificos, remunerabitque virum liberalissime, vt videat Principem nihil aeque ac literatos et literas amare, obseruare, suspicere. Denuo vale.

Haec velut amanuensis Principi nostro et ipso dictante scripsi; quare ita accipias, ita rem agas ex fide ac si Princeps tibi coram

67. Angelopoli *C²*. 68. Magister *om. C²*. Vrbanus Regius *om. F*.

70. Eck] († 17 March 1550) of Wolfegg in Würtemberg, of a noble Bavarian family. He matriculated at Ingolstadt in 1489 and was M.A. in 1493. After studying law at Siena, he was appointed tutor and afterwards councillor to the young Duke Wm. IV of Bavaria, and in 1519 Chancellor; and exercised a guiding influence in Bavarian politics for the remainder of his life. See ADB. and Prantl, op. cit., i. pp. 143, 4. Regius mentions him as a patron in the *De dignitate sacerdotum*, f°. f⁴ v°.

loqueretur. Mitto tuae humanitati Eckii nostri theologi honorificentissime de te sentientis aliquot Orationes.

387. From Thomas Bedill.

Deventer MS. 91, f. 135. London.
LB. App. 49. 10 February ⟨1516⟩.

[For the date only 1516 is possible; for Erasmus' first proposal was to dedicate Jerome, and not the New Testament, to the Pope, and for that he was still negotiating in May 1515 (Epp. 333–5): and by Feb. 1517 the New Testament was in circulation. Cf. also Ep. 389. 48 seq.

Thos. Bedill († Sept. 1537) was B.C.L. from New College, Oxford, on 5 Nov. 1508. By 1516 he had become Secretary to Warham: in which capacity he rendered frequent service to Erasmus. On Warham's death Henry VIII appointed him clerk to the Privy Council; and he was employed in the business of the divorce, the examination of Fisher and More, and the suppression of the monasteries. See DNB. (Bedyll), which gives a long list of his preferment, beginning in 1512.]

THOMAS BEDILLVS DOMINO ERASMO S.

Erasme doctissime, salutem. Egi negocium tuum de pensione diligenter apud dominum, qui scripsit ad Maruffum vti integrum transmittat: quod sese curriculo praestiturum promisit et Moro et mihi praesenti. Approbat dominus vehementer consilium tuum, quod destinaueris consecrare Nouum Testamentum tua opera versum summo Pontifici, et per omnes numeros te summis laudibus extollit, vbicunque incidit tui memoria (quod sepe me auctore contingit), quod tot labores et vigilias exhauris in optimis litteris, et diuinis Scripturis; quae nominis immortalitatem tibi non modo promittunt, sed persoluerunt. Pro quibus dominus meus persancte spopondit, se nunquam defuturum quo minus te pro meritis abunde iuuet: quod vberius quotidie tua Do. perspiciet et, quicquid Bedillus potest, nomen ⟨non⟩ desyderabit quod diu viuat, et optime valeat.

Ex Londino x Februarii.

387. 12. perspiciet *LB*: pficiet *MS*.

386. 85. Eckii] John Eck, who is here intended, had published two collections of *Orationes* at this time; Augsburg, J. Otmar, 24 Dec. 1513, and Augsburg, Miller, 5 Dec. 1515. He had been Professor of Theology at Ingolstadt since 1510.

387. 2. Maruffum] Raphael Maruffo, a merchant of Genoa, who was already in England in 1509. Erasmus' Aldington pension (Ep. 255 introd.) was usually paid through him; and complaints of his action in the matter are not infrequent. On this occasion he seems to have made some deductions for transmission. In 1522 he appears as a Papal agent in England for the sale of dispensations (Brewer iii. 2163 and v. 703). In the spring of 1535 he visited Erasmus at Freiburg, when on his way to Genoa.

12. Do.] dominatio.

388_{412} From Thomas More.

Epistole ad Erasmum f°. h^3 v°. (London.)
C^1. f°. q: C^2. p. 258: F. p. 93: HN: (c. 17 February 1516.)
Lond. ii. 16: LB. 227.

[Perhaps rather earlier than Ep. 389, as there is no allusion to the birth of the Princess Mary. The date of Tunstall's appointment (l. 106 n.) need not conflict with this supposition, as he was probably informed of it before the actual signing of the commission.

Mr. Nichols, although he refers in a note to Tunstall's new appointment in February, dates this letter in May, because then also Tunstall was only allowed a few days in England on his return from an embassy. But the similarity of this and Ep. 389 makes it more probable that they should be contemporary.]

THOMAS MORVS ERASMO SVO S. D.

Posteaqvam a nobis digressus es, Erasme charissime, ter omnino literas abs te recepi. Si toties dicam rescripsisse, fidem fortasse mihi non es habiturus, etiam si sanctissime mentiar; presertim quum ipse me tam probe noscas et ad scribendas epistolas pigrum, neque tam superstitiose veracem vt mendaciolum vsquequaque velut parricidium abominer. Paceus noster isthic legatione fungitur, quanquam non prorsus isthic; ita enim abest a nobis vt tamen non adsit tibi. Per literas enim nobiscum ei licet loqui, praesenti vero nec tecum: vtinam re bene gesta breui redeat domum, vt dimidia saltem mei pars mecum viuat. Nam te quando liceat expectare non video, cui animus est Italiam petere; vbi in eos incides qui vereor vt te patiantur auelli. Ego interim videor mihi dimidio mei carere, dum abest ille; altero dimidio dum tu. Spero propediem fore vt illi egregia aliqua dignaque illo viro fortuna contingat. Ita plane sentio et Regis animum et Cardinalis voluntatem et bonorum prorsus omnium studia in eum ornandum euehendumque propendere.

De te vero, nisi me mea spes tam saepe frustraretur, etiam multo maiora sperarem, quanquam nunc quoque bene sperare quid vetat? Neque enim quia parum processit hactenus, ideo futuri quoque spes adempta est, imo nunc maxime confido. Neque eadem perpetuo cuiquam est fortuna, neque diutius potest esse maligna tibi, cui Pontifex, reges, episcopi, omnes prope mortales, quaqua versus orbis patet Christianus, impendio fauent ac demirantur. Apud nos quo in te animo sint episcopi et seorsum Cantuariensis, tum Princeps ipse quo te fauore complectitur, superuacaneum foret commemorare. At quod hactenus nullum in te beneficium aut te dignum aut tam magno tantorum amore virorum prouenerit, partim tute qui neglexeris ea quae ambiunt alii, partim nescio quae fortuna fuit in causa; veluti nunc

12. mei *om. F.*

---

388. 1. ter . . . 2. literas] Probably contemporary with those to Ammonius (Ep. 389. 2 n.).

8. nec tecum] Cf. Ep. 378. 7, 8.

quoque accidit de illo canonicatu quem vocant Tornacensi, quem dominus Montioyus obtinuerat tibi. Videris nunc ab eo non abhorrere; scribis enim omnia te misisse instrumenta Montioyo, quae ad eum tibi conferendum viderentur idonea. At ego, si meministi, quum esses mecum Brugis, ea de re sermonem habui tecum, in quo tu enumeratis omnibus eius beneficii commodis et incommodis item alieno esse animo videbare; nec id celasti Sampsonem, qui se Tornaci gerit Eboracensis Episcopi vicarium. In quam sententiam non hoc te solum impellebat, quod verebare ne non esset tibi perpetuus, nisi alterius etiam episcopi consensus accessisset, a quo non expectabas vt illius factum haberet ratum cuius omnia facta conatur infringere; sed illud quoque quod praeterquam quod propemodum decem librae nostrates illico tibi in primo erant ingressu munerandae, domus praeterea ducentis nobilibus aut pluris etiam redimenda. Ea est ibi consuetudo; cui nisi parueris, vix sex nobiles annuos consequeris, at nec illos quidem, quantum accepi, nisi ibi perpetuo degas. His tu rationibus adductus mihi ac Sampsoni videbare illum canonicatum non admissurus.

Paulo posteaquam tu a me discesseras, ego Tornacum concessi. Ibi a domino Montioyo atque item a Sampsone audiui Archiepiscopum Eboracensem vtrique eorum scripsisse, vt id beneficium donaretur alii, cui, vt videbatur, fuerat pollicitus, quum ignoraret tibi fuisse destinatum. Hoc ego quum audiui, dissimulato quod intellexi, beneficium animo non admodum respondere tuo, suasi vt rescriberent tibi esse concessum, remque in eo esse statu vt mutari non possit, nisi tibi de meliore fortuna prius esset prouisum. Rescripsit Eboracensis eum locum haud quaquam fore idoneum tibi, quod et praesenti parum esset locuples et nihil afferret absenti: se sponsorem acciperent melioris tibi conferendi. Ita quum ego aderam, nec me certe dissuadente, decreuerant illud beneficium ei donare cui volebat Episcopus. Quid sit factum postea nescio. Verum hoc scio, nisi illud habes, Cardinalem et pinguius tibi debere et breui spero persoluturum. Amicissimam saepe de te mentionem iniicit.

41. numerandae *C*; *cf. Ep.* 317. 2 *n.* 47. *F. Corrig.*: discesseris *B.*
59. *B*: habeas *Lond.*

29. Tornacensi] Cf. Ep. 360. 15 n.

35. Sampsonem] Rich. Sampson († 25 Sept. 1554) was B.C.L. from Trinity Hall, Cambridge, in 1505, and, after studying at Paris and Sens, D.C.L. in 1513. His acquaintance with Erasmus at Cambridge mentioned in Lond. iii. 5, LB. 352, probably belongs to this later period. He became chaplain to Wolsey, who on receiving the see of Tournay appointed Sampson his commissary, to represent him in the contest with Guillard (Ep. 360. 16 n.). Sampson served on many embassies and made himself useful to Henry VIII; and as a reward received endless preferment, which culminated in the bishoprics of Chichester 1536, and of Coventry and Lichfield $154\frac{2}{3}$. See DNB.

58. Episcopus] Used for Wolsey; as in ll. 62, 72, 76 for Warham. Cf. Epp. 424. 26, 468. 5, 481. 82.

Pensionem tuam non erat opus vt ego ab Episcopo exigerem. Ipse enim ex semet memor, priusquam meas accepisset litteras, egerat de ea re cum Maruffo, cuius ad haec, vt scis, negocia opera semper vtitur, interim etiam pecunia, quoad collata ratione statis temporibus paria inter se faciant. Verum protinus habitis literis meis (nam versabatur Otfordiae) iterum hominem extimulat per epistolam vt viginti libras nostrates celeriter ad te transmitteret; pollicitus eas Maruffo redditurum se, vbi primum ex tuo chirographo cognouisset eas ad te esse perlatas. Conueni Maruffum. Ipse ait se scripturum tibi vt chirographum properes ad sese mittere, quo te testeris accepisse pecuniam; quo ad Episcopum delato nummos ea velut occasione sibi numeratos tum demum ad te curaret perferendos. Ego quum haec audirem, veritus sum aliquid subesse periculi, ne si pecunia iam tum non solueretur ei, ea mora vicissim deriuaretur in te. 'Ergo non est' inquam 'hac simulatione opus. Aut pecuniam illico mitte Episcopi nomine ac fide; aut si nisi prius receptum graueris impendere, efficiam protinus vt in manu habeas.' 'Imo,' inquit ille, 'nihil est quod metuas. Nam sic agam vt Erasmo statim haec pecunia adsit; quin iam nunc quoque adest. Nam habet a me chirographum quo possit vbi volet ducatos mille conficere: e quibus quicquid acceperit, debet hoc mihi (sic enim inter nos conuenit) ex hac pensione resolui.' Haec ille dicit. Ego vix credo nisi collata prius in eius mensam pecunia vllas eum literas tibi pro conficienda pecunia tradidisse. Quare si res secus habet quam dicit, effice mature vt intelligam.

Archiepiscopus Cantuariensis officio Cancellarii, cuius onus iam aliquot, vt scis, annos mirum quam laborabat excutere, tandem exolutus est; ac desyderatum iamdiu secretum nactus, gratissimo inter literas ocio ac negociorum bene ab se gestorum recordatione perfruitur. Princeps ei Cardinalem suffecit Eboracensem; qui ita se gerit vt spem quoque omnium, quanquam pro reliquis eius virtutibus maximam, longe tamen exuperet, et (quod est difficillimum) etiam post optimum decessorem valde probetur ac placeat.

Nostra legatio, quoniam haec quoque tibi curae est, vt mea omnia, satis foeliciter processit, nisi quod longiore tractu quam aut speraui aut volui res protelata est. Etenim quum domo discedens vix bimestrem absentiam expectauerim, vltra sex menses in ea legatione con-

66. faciat *C*². 71. sese *B*: se *H*. 86. *F*: officium *B*.

67. Otfordiae] Cf. Ep. 425 introd.

86. Cantuariensis] Warham resigned the Great Seal to Wolsey on 22 Dec. 1515; see Brewer ii. 1335 and cf. Epp. 389. 60, 414. 1 n.

94. Nostra legatio] More was appointed ambassador on 7 May 1515, started on 12 May, and reached Bruges on 18 May. His meeting with Pace at Gravelines may be dated 24 Oct. See Brewer ii. 422, 678, 473, 1059, 1067. Pace was then departing on an embassy which kept him for more than two years in Switzerland.

triui. Verum longam tandem moram exitus satis gratus est insequutus. Ergo vbi negocium, quamobrem ipse veneram, ad finem vidi perductum et alia tamen rursus ex aliis nasci, quae longioris morae viderentur initia (neque enim vnquam inter principes desunt), datis ad Cardinalem literis redeundi veniam impetraui mihi; vsus ad eam rem cum caeterorum amicorum opera tum praecipue Pacei: neque enim adhuc abierat. Sed dum redeo, Grauelinii subito occurri, idque tam propere festinanti vt vix ei liceret, dum nos mutuo salutaremus, subsistere. Tunstalus iam nuperrime reuersus dies vix decem hic moratus, nec vllo tamen eorum pro suo arbitrio suauiter acto, sed omni eo tempore anxie atque odiose consumpto in earum expositione rerum quas legatus in mandatis habuerat, ecce rursus eodem subito noua legatione retruditur, idque certe scio, si negare liceret, inuitissimus.

Mihi nunquam admodum legati munus arrisit. Neque videtur perinde nobis laicis quam sacerdotibus conuenire vobis, qui primum vxores ac liberos aut domi non habetis aut vbique reperitis. Nos sicubi paulo absumus, coniugum protinus ac sobolis desyderio reuocamur. Deinde sacerdos quum emittitur, totam familiam potest vbi velit circumducere et regiis interim expensis pascere quos domi pasturus erat suis. At mihi absenti duplex alenda familia, altera domi, altera peregre. Commeatus mihi satis benigne dabatur a Rege pro eorum numero quos eduxi mecum; verum eorum quos interim necesse fuit domi relinquere nulla est habita ratio: a quibus ego, quanquam scis quam clemens maritus, quam indulgens pater, quam mitis dominus, tamen ne tantulum quidem quiui impetrare vt mea causa tantisper quoad domum redirem ieiuni persisterent. Postremo sacerdotibus laborum atque impensarum gratiam auctoramentis ecclesiasticis procliue est principibus sine vllo sumptu suo rependere; nobis neque tam laute neque tam facile prospicitur: quanquam mihi reuertenti pensio annua ab Rege decreta est, eaque plane, seu quis honorem spectet seu fructum, neutiquam contemnenda. Quam ego tamen hactenus recusaui, videorque mihi perpetuo recusaturus; quod ea suscepta praesens haec mea in vrbe conditio, quam ego etiam meliori antepono, aut mihi foret relinquenda aut, quod minime vellem, cum aliqua ciuium offensione retinenda: quibus si qua cum Principe, quod nonnunquam accidit, oriretur de priuilegiis questio, minus me

104. *N*: Granelmii *B*: Granelinii *F*. 115. paulum *H*. 119. *BLB*: dabitur *Lond.* 126. suo *add. H.*

106. Tunstalus] He left Brussels for England c. 29 Jan. 1516; but received a fresh commission on 19 Feb. See Brewer ii. 1458, 1459, 1574.

128. pensio annua] of £100; Brewer ii, p. 875. More was not for long successful in resisting the royal bounty; cf. Brewer ii. 4247.

131. conditio] More was Under-Sheriff of the City of London, 1510–19.

syncerum ac sibi fidum ducerent, tanquam annuis Principi mercedibus obstrictum.

Caeterum in illa mea legatione quaedam me impendio delectarunt. Primum tam longum ac tam perpetuum Tunstali contubernium; quo vt nemo est omnibus bonis literis instructior, nemo vita moribusque seuerior, ita nemo est vsquam in conuictu iucundior. Deinde quod cum Buslidiano mihi intercessit amicitia, qui me et pro egregia fortuna sua magnifice et pro animi bonitate comiter recepit. Domum tam singulari artificio excultam, tam eximia suppellectile instructam ostendit; ad haec tot vetustatis monumenta, quorum me scis esse percupidum; postremo tam egregie refertam bibliothecam, et ipsius pectus quauis etiam bibliotheca refertius, vt me plane obstupefecerit. Eum audio iam nunc ad Principem nostrum legatione functurum. Sed in tota peregrinatione mea nihil mihi contigit optatius quam Petri Aegidii Antuerpiensis hospitis tui consuetudo, hominis tam docti, faceti, modesti ac vere amici vt peream nisi eius vnius conuictum libenter mihi velim bona mearum fortunarum parte redimere. Is ad me misit apologiam tuam et commentarios item in Psalmum illum, Beatus Vir, quos tu Beato Rhenano vel tanto ac tam perpetuo amici monumento vere beato dedicasti. Dorpius epistolam suam imprimendam curauit et apologiae tuae praeponendam. Illum optaueram, si qua incidisset occasio, conuenire. Id quando non licuit, per epistolam saltem salutaui, imo per epistolium quoddam Laconicum, nam longiori non suppetebat tempus: at insalutatum praeterire non potui hominem, qui mihi mirum in modum cum ob eximiam eruditionem tum multis etiam aliis nominibus placet, nec ideo in postremis, quod taxata Moria scribendae tibi apologiae praebuit occasionem.

Gaudeo Hieronymum ac Nouum Testamentum tam bene procedere. Mirum est quanto vndique desyderio expectantur ab omnibus.

---

141. Buslidiano] Cf. Ep. 205 introd. More's *Epigrammata* contain verses on Busleiden's house at Mechlin and his collection of coins.

147. legatione] I cannot find that Busleiden actually discharged this embassy. The reference quoted by Mr. Nichols from Lond. iii. 31, LB. 267 probably refers to the embassy of 1509; see Ep. 205 introd.

152. apologiam] Ep. 337 as printed in A.

commentarios] Cf. Ep. 327.

154. epistolam] Ep. 304.

157. epistolium] Evidently a jesting description of LB. App. 513, which in spite of its length More speaks of as interrupted by the necessity of his return (1916 A). The best source for the letter is a MS. at Paris (Bibl. Nat. Lat. 8703), which M. Delcourt has brought to my notice. It is not in More's hand, but is written by a secretary, and is very probably the actual copy sent to Dorp. Its date, 21 Oct., may therefore be accepted with confidence, although this is missing in the Schlettstadt MS. (p. 126) and More's *Lucubrationes* of 1563, of which the Bodleian MS., Wood F. 22 (? xvii[c]) appears to be a copy. The divergence of the Schlettstadt MS.,—which otherwise is both early and good—from the Paris MS. in this point perhaps indicates that it was derived from a copy sent to Basle for Erasmus' friends to see (cf. Ep. 545. 6–8); from which the date of dispatch might have been omitted.

Linacer, mihi crede, Erasme, de te et optime sentit et vbique loquitur; id quod ego nuper ab his accepi qui ei amantissime atque effusissime apud Regem in caena de te loquenti affuere: quo in sermone Rex ea vicissim respondit, vt hi qui mihi retulerunt, opinionem plane conceperint fore vt breui aliquid egregiae in te fortunae conferatur; quod ego superos precor vt ratum esse velint.

Vale, Erasme charissime, et Rhenanum et Lystrium meo nomine saluta; quos ego et tua predicatione et ipsorum scriptis et chariores habeo et penitius etiam notos quam multos ex his quibuscum versor cotidie. Vxor mea te salutat, et item Clemens, qui literis et Latinis et Graecis ita proficit indies vt non exiguam de eo spem concipiam, futurum eum aliquando et patriae et literis ornamento.

Iterum vale atque his vnis literis in multos menses esto contentus: quibus auaros sum imitatus; qui quod raro quemquam inuitant, si quando ad caenam vocant, prolixissime conuiuium instruunt, vt vna coena cotidianum sumptum inuitandi effugiant. Iam tertio vale.

Episcopus Dunelmensis inscriptionem Senecae gratissimam habuit. Vide quam te libenter imiter, qui tibi nunc itidem vt tu nuper mihi aliena manu scribo, tam certus imitator, vt ne hoc quidem meapte manu fuerim scripturus nisi vt certum tibi facerem literas has meas esse.

170. & *ante* Lystrium *B*: ac *H*. 183. asscripturus *C*.

---

164. Linacer] Erasmus had for some years been doubtful of Linacre's feelings towards him; cf. Epp. 237. 54–9, 350. 5 seq., 502. 18,9, and 513. 8,9.

173. Clemens] John Clement (†1 July 1572) was a pupil of Lily at St. Paul's school. He became servant-pupil to More, whom in 1515 he accompanied on his embassy to Bruges (Pref. to *Utopia*). He made rapid progress with classical learning, and in Sept. 1516 was able to help Colet with Greek (Ep. 468. 12). In ⟨Dec. 1517⟩ he was still in More's household (Brewer ii. App. 17), where he acted as tutor to the children; but in April 1518 had entered the service of Wolsey (Lond. iii. 13; LB. 242). In the autumn of 1518 Wolsey sent him to Oxford as the first of his newly-founded Readers in Humanity (Brewer ii. App. 56), and he was lodged in Foxe's college of Corpus Christi. By the spring of 1520 he had left Oxford for Louvain (Lond. Mor. 1; Jortin ii. 396) to study medicine; to which he now devoted himself. Two years later (Lond. Viv. 6^{a}, 7; LB. 615, 619) he went on to Italy; where, together with his successor in the Oxford Readership, Lupset (Ep. 270. 60 n.), and two other Englishmen, Odoardus and Roseus, he helped to edit the Aldine Galen, Apr.–Aug. 1525, 5 vols. folio (the first edition in Greek): see pref. to vol. v. f^{o}. *^{3}. On returning from Italy with the degree of M.D. (probably from Padua) he obtained employment about the court, and on 1 Feb. 152$\frac{7}{8}$ was admitted a member of the College of Physicians in London; becoming President in 1544. About 1530 he married Margaret Giggs, More's kinswoman and inmate of his house; for whom see DNB.

He adhered to the Roman supremacy, and withdrew under Edward VI to Louvain; returning to England under Mary. But on the accession of Elizabeth he again retired to the Netherlands and settled at Mechlin, where he died.

Simon Grynaeus' edition of Proclus' *De motu*, Basle, Bebel, Aug. 1531, is dedicated to Clement, with a preface which refers to his work on Galen when in Italy; and also suggests that it was from him that Grynaeus received the MS. of Proclus when visiting England in the spring of 1531. See DNB.; Rendel Harris, *Leicester Codex*, pp. 46, 7, and 53–6, for MSS. belonging to him; and Bridgett, *Life of More*, p. 126 n.

180. Senecae] Ep. 325.

[360, 378]389. FROM ANDREW AMMONIUS.

Epistole ad Erasmum f^{o}. d^{3}. London.
C^{2}.p.228: F. p. 83: HN: Lond. ii. 7: LB. 236. ⟨18⟩ February ⟨1516⟩.

[Like Ep. 388 evidently a first letter to Erasmus, since his departure from England in May 1515. It was sent to Pace, who was in Switzerland (Ep. 388. 94 n.), to be forwarded, but failed to reach Erasmus; and Ammonius therefore sent another copy of it in June, when Erasmus had returned to the Netherlands (Epp. 427 and 429). The month-date given is incorrect in view of the mention of the Princess Mary's birth (l. 59 n.). It can be rectified easily in the way suggested in the text; that Ammonius should have calculated for the leap-year without reckoning for the bissextile day is less likely.]

ANDREAS AMMONIVS ERASMO S. P. D.

QVIBVS victimis hoc expiabo, vt binis mei Erasmi literis non antea responderim quam ternas acceperim? Malo crimen fateri quam causas ineptas afferre; quanquam nonnullae sunt haud omnino (vt mihi videntur) ineptae. Veritus enim sum ne operae, cuius tantis tricis vehementer impeditus parcus esse cogor, iacturam facerem, quum in incertum scribendum ad te esset, quod tu pertesus hypocaustorum nidorem e Germania ad Calendas primo Nouem., deinde festis Natalibus peractis auolaturum te significabas: nondum tamen constituisse videbare Romamne ires an huc reuerteres, seu Venetias te conferres. Quamobrem priusquam ad te rescriberem, vbi constitisses gnarum me fieri expectabam. Interim tamen si Romam petiisses, veteri meo patrono Episcopo Vuigorniensi, nostri illic Regis oratori, studiose te commendaui: ex eo atque adeo ex ipsis palatinis columnis singularem Pontificis Maximi in te animum protinus cognouisses raptusque confestim ad eum fuisses. Sin vero Britanniam Italiae praetulisses, quid literis inter praesentes opus? Nunc autem postquam, vt tu scribis, ad Calendas Martias, vt ipse iam coniecto, ad Maias tuum istinc discessum produxisti, periclitari hanc opellam volui. Quare de his quae putem scire te oportere haec accipe.

Ternas Pontificis Maximi literas, quas Breues vocant, accepi: binas ad te eiusdem plane exempli, alias ad Regem, quibus ei perquam diligenter, vt ex earum exemplo intelliges, commendaris. Quae erant ad te, quoniam quid bonae spei continerent scire magnopere auebam, pro nostrae amicitiae iure mihi sumpsi vt resignarem: vnas ad te nunc mitto cum exemplo earum quae sunt commendatitiae, ipsas vero literas cum alteris ad te diligenter tibi seruo. Si huc non redieris, quid de illis commendatitiis fieri velis significato. Hoc tibi

TIT. *F* ı AMONIVS *B*. 10. te *C*^{2}: re *B*. rescriberem *B*: scriberem *C*^{2}. 11. tamen *H*: tum *B*.

2. ternas] The first was perhaps contemporary with Ep. 348.

9. Venetias] Before leaving England Erasmus may have talked of taking the New Testament to Asulanus, in case the negotiations with Froben should fail. Cf. Ep. 384 introd.

20. Ternas] Cf. Ep. 338 introd. The *exemplum* of Ep. 339 (cf. Ep. 338. 34) was evidently not reckoned as a Brief.

ante deliberatum oportuisse dices, literasque forte antiquiores iudicabis quam vt Regi sint reddendae. Sed crede mihi perinde fore ac si recens factum fuisset. Vix enim vnquam istiusmodi minutiae considerantur, quando non ex syngrapha pecunia postulatur. Asscripsit praeterea mihi Episcopus Vuigorniensis Leonem tuis literis mirum in modum fuisse exhilaratum, ac de te diligenter sciscitatum, vbinam esses, quid rerum gereres, et an putaret te libenter ad se venturum, compluriaque alia amantissimi erga te animi signa: conuersumque postea ad viros quosdam eruditissimos et beatissimos, qui forte adstabant, tuas literas eis tradidisse, adiecto suo praeiudicio de tuo raro ingenio atque eruditione, certatimque in tuas laudes ab omnibus itum. Vetus enim mos adhuc perdurat,

Tantum admirari, tantum laudare disertos:

quanquam Leo noster hercule fouet etiam et beat, spesque studiorum in eo summa. Ad quem curriculo, si tuum commodum spectem, contendere, si meam voluptatem, huc reuolare te velim. Deus quicquid decreueris fortunet.

De Hieronymo ambiguum non habeo operae te precium assecutum, valde expecto vt appareat. Senecam a te castigatum venalem iam habemus. Vis dicam quid sentiam? Apellem in fingenda Venere videris imitatus. De Nouo Testamento equidem plurimum gaudeo et tibi gratulor; est enim mea sententia opus vt religiosissimum, ita et maxime necessarium quod ab omnibus excolatur, ingeniique ac doctrinae capacissimum dignumque imprimis te et Pontifice Maximo cui inscribendum destinasti. Macte animo, sic itur ad astra. De somnio quo te ab Eboracensi fuisse beatum dicis et ludibrio habitum arbitraris, vellem explicatius scripsisses. Caeterum de ludibrio omnia alia, nihil est a viro alienius; quin scio te ab eo fieri maximi: verum aliquid accidit praeter eius quoque voluntatem ac sententiam, quod corrigi fortassis adhuc posset.

Haec habui quae de tuis rebus in praesentia scriberem. Addam aliquid de rebus Britannicis. Regina scitulam peperit filiolam. Tuus Cantuariensis cum bona Regis venia magistratu se abdicauit: quem Eboracensis impendio rogatus suscepit et pulcherrime gerit. Morus a tuis Belgis legatione honorifice functus domum rediit et palatinos fumos nobiscum frequentat. Nemo temperius eo matu-

51. *F Corrig.*: Pontifici C^2: Ponti. *B*. 62. tuis *B*: suis *N*.

32. tuis literis] Ep. 335.
40. Tantum] Juv. 7. 31.
46. Senecam] Cf. Ep. 325.
47. Apellem] His Venus was considered his masterpiece.
52. Macte] Cf. Verg. *Aen.* 9. 641.
59. filiolam] The Princess Mary, who was born at 4 a.m. on 18 Feb.: Brewer ii. 1573 and 1556, and DNB. The date given in Brewer ii. 1563 is negligible.
63. matutinum] Cf. Mart. 1. 55. 6.

tinum Eboracensi portat aue. Paceus ita in istis regionibus se gerit vt maxime ei gratulandum esse censeam. Mihi res aegre quidem, sed non pessime procedit: corporis firmitas adsit modo, cui fac, mi Erasme, vt sedulo inseruias.

xii[i]. Calendas Martias ex Londino. [M.D.XVII].

390. From Ulrich Zasius.

Deventer MS. 91, f. 140. Freiburg.
LB. App. 50. 20 February 1516.

[The date given by the manuscript is confirmed by the mention of Zasius' book (cf. Ep. 376. 10 n.) and of the two sons-in-law, the second of whom had married Zasius' younger daughter in 1515 (cf. Ep. 357. 14 n.). The letter is clearly written to Basle, and thus 1516 is the only year possible out of those covered by the Deventer Letter-book (App. 8).

In the manuscript the remainder of the page after the letter is filled up by *In Nouum Testamentum ab Erasmo Ro. translatum hexastichon*; to which Leclerc prefixes the name of Zasius. The attribution is probably correct, and thus supplies confirmation for the date of the letter; but it has no authority.]

VDALRICVS ZASIVS DOMINO ERASMO SESE COMMENDAT.

Patere tantillum id, magne heros, vt et saluum te dicam et vno commoneam verbo generos meos esse qui tuam amplitudinem conueniunt; alterum ex inclytis Augustarum negociatoribus, litteris praesertim legalibus et integritate non aspernabilem, alterum negociatorem, ambos iuuenes. Quibus si vel verbo, cum ita vacarit, comem te ostenderis, me beasti; nihil enim ex te vel exiguum prodit, quod non beet.

Vale, patrone, ex Fryburgo x Cal. Martii 1516.

In mea de Orig. Iuris lege, sordidis aliquando vti auctoribus necesse est, qui indoctis et imperitis earum rerum scribo. Timeo enim vt sim cum barbarie etiam mea castigatior quam sors barbarorum ferat: ita optima iurisconsultorum iussa exularunt. Cytharedus esse non possum, vt doctis scribam: itaque dissimulabis, si choraulen induero. Tibi magna, tibi grandia, tibi alta rei Latinae, morum, philosophiae relinquimus: tu triremes nauclerus gubernabis, ego si myoparonem inflexero, bene mecum.

391. From Nicholas Basell.

Deventer MS. 91, f. 133. Hirsau.
LB. App. 101. ⟨c. February 1516.⟩

[This letter must be dated before the publication of the New Testament (Ep. 384) but at some distance from Erasmus' visit to Spires, if the correction in l. 10 is right.

389. 65. *F*: equidem *B*. 68. M.D.XVII *add. H*. 390. 12. optimā *MS*. praecepta *ab amanuensi ante* iussa *deletum add. LB.*, ac *quoque adiuncto*. 13. choraulem *MS*.

---

390. 3. alterum] George Funck, who married Zasius' elder daughter Catherine c. 1513; Stintzing, *Zasius*, p. 163. For this visit cf. ZE. p. 483.

Nicholas Basell of Dürkheim, W. of Mannheim, was a monk at Hirsau, a Benedictine abbey near Calw in Würtemberg, where his life was mainly spent. Pellican saw him there in 1496 (CPR. p. 44), at which time Trithemius, whose pupil Basell was in Spanheim at some period, was also in Hirsau. In June 1505 Basell may be traced at Spires (TE. ii. 15); on 1 Sept. 1508 he finished copying a MS. of Reuchlin's *Colloquia Graeca* at Hirsau (Stuttgart MS. poet. 76); and he was still a monk there in 1520, when he is described as 'venerabilis pater' (BRE. 179 and 207). He continued the chronicle of Nauclerus (Ep. 397) down to 1514; but K. E. H. Müller, *Quellen von Tritheim's Annalen*, Halle, 1879, p. 25, asserts that his contribution was mainly copied from Trithemius. See Trith.[5] p. 259 and RE. 80 and 104.]

NICOLAVS BASELLIVS DOMINO ERASMO RO. S. P. D.

Qvod tuas admodum et doctissimas et suauissimas, Erasme omnium doctissimorum doctissime, litteras ineptiis meis praeuerterim atque primus in scribendo glaciem perfregerim, non vsque adeo (quod libenter crediderim) vel inficias ibis vel abs me temere factum iudicabis; qui de temporis oportunitate atque certo nuntio mihiipsi vix persuadere potuerim, quin potius impatientia quadam temporis victus, etiam hunc Thomam nostrum proprio et a pedibus conductitio quodam tabellario preuenire maturassem, nisi hoc vno subleuatus onere diem ille abeundi certum praestatuisset. Tantus enimuero dulcissimi eloquii tui iampridem in Nem⟨et⟩ensium ciuitate vnico congressu ac breui contubernio ardor me tui incessit, tantus furor, amor tantus inussit, vt nec illum ipsum quidem (etiam dum volo) bene temperare possim. Ob singularis etenim doctrinae et scientiae multiiugae praestantiam, quae in te vno, Germanorum omnium doctissimo, copiosissime relucent, abundant vel potius supereffluunt, ita me calculo quodam amoris tui inferbuisse fateor ac plane extra me transformatum, vt Vlyssi cunctabundo per omnia similis, nihil ita menti inhaeserit meae, nihil adeo corculo meo impressum insederit, veluti vnica et viuida quaedam Erasmi idea.

Nam vbi post sacra postque litterarum otia tandem fessa componere membra [dispono] haud satis noro, quae mihi noctium fantasmata soporanti animum conturbare ac peregrinis quibusdam impressionibus defatigare videntur! vt quasi te praesentem dulci ex colloquio sensibus etiam ligatis videre videar, sicque plane vt ipse spiritus meus iubilo quodam extra se ferri credatur. Cum vero sacris de manu datis ad litteras et ocium, quo negotiosior sum nunquam, interdiu me conuertero, dii boni! nihil est in supellectili mea litteraria vel Hybleo melle (non in aurem haec susurro

17. Vlysse *MS.*: *corr. LB.* similis *MS.*: *anacoluthon notatu dignum.* 20. tandem *scripsi*: tm̄dem *MS.*: tantumdem *LB.* 23. mihi *deleuit amanuensis post* praesentem: *addidit tamen LB.* 26. Cum *scripsi*: Tum *MS.* de manu datis *scripsi*: de mādatis *MS.*

391. 10. Nemetensium] Erasmus was at Spires in June 1515: cf. Ep. 337 introd.
21. componere] Cf. Verg. *G.* 4. 438.

dixisse arbitreris velim) Erasmicis lucubrationibus dulcius, nihil tersius, sapidius nihil; quodque memoriam ipsam de transactis adeo refricet, de praesentibus autem et quae sub ipsis oculis versantur ita reficiat, ingenium recreet, animum exhilaret, quam que tua ex officina tuaque incude cum docte, tum perpolitissime vel elucubrata vel elaborata in lucem prodiere. Qualia sunt ipsa tua Moria, Adagia, Similitudines, Verborum Copia et omne illud quod tu hercle de Graecis etiam litteris, non περιφράστης sed vindex ac iudex plane iustissimus, ad solem tenus es interpretatus; in quis Gorgiam, Demosthenem, Isocratem, Aeschinem ac reliquos Graece litteraturae praestantissimos monarchas, etsi non superare, tamen aequare videris.

O felix iam nunc Germania! quae te vno atque solo Germano veterem Latinae linguae barbariem explodere, abstergere, abradere, ac cum Italis, hominibus alioqui gloriole cupidissimis, iam manus conserere ausit: siquidem nemo est qui Erasmi nomen suppeditare, doctrinam floccipendere, multiiugam scientiam eloquentiae salibus nitidissime inspersam nauci facere possit, nisi si vel Zoilus aut litterarum homo vacuus bonarum siet. Manet enim ac manebit post fata laus perpes, gloria decusque tibi; quod hac vna quidem omnium iudicio doctiorum elaboratissima diui Hieronymi operum castigatione parturies, cum per orbis vniuersi climata bibliothece omnes Erasmi celebre nomen nunquam intermoriturum retinent, atque in astra vsque tollent. Hoc tu tibi vnus atque solus post multos iure quodam memoriale perpetuum non iniuria vendicabis, etiamsi ruperint aemuli vt ilia Codrus. Tu, inquam, tu Germaniae decus, oculus, sol, ardens lucerna, quam sub modio prauorum etiam inuidia si poni contingeret, occultari tamen haudquaquam poteris, quum nec superbis herbam Italis porrigere nec crispatis palmas Gallis dare noueris. Velint igitur nolint indocti blaterones, amusi, rabuli, nebulones, bicolorati theologistae, laudes Erasmi praedicare debebunt, quando sacras vtriusque Instrumenti litteras, quarum se ficte potius quam vere professores asseuerant, tua opera, studio, labore, vigilia, ingenio, sudore in integrum restitutas viderint; quod si minus, nec tum quidem dignos quos etiam terra sustineat iudicauero. Discedant igitur in infernum viuentes omnigenarum osores litterarum, a Cerbero frustulatim discerpendi, quoniam digni sunt, abeantque in malam horam.

Sed hec missa velim. In reliquum, ego quod epistolaris angustiae

33. tuoque *MS.*: corr. *LB.* 36. περιφράστης *scripsi* : παραφράστης *LB* : περίφρασεσ *MS.* 39. monarchas *scripsi*: Hanarchos *MS.* : ? Πanarchos. 43. suppeditare *MS.*: ? supplantare. 45. nauci *LB* : nausi *MS.* 49. climata *LB* : climita *MS.* 58. linguae *ab amanuensi post* vtriusque *deletum addidit LB, adiuncto et* N., *scilicet* Noui. 63. osoreres *MS.* : *corr. LB.*

52. Codrus] Cf. Verg. *Ecl.* 7. 26.
53. sol] Cf. Ep. 337. 11 n.
sub modio] Cf. Matt. 5. 15, &c.
57. bicolorati] Cf. Ep. 349. 35 n.

tramitem excesserim, nunquam poenitebit. Tuum erit, Erasme, qualiacunque ista fuerint, abs me tumultuarie dictata et amice et optime interpretari, qui pluris facio nihil quam ad te doctissimum, indoctus ego et nullius momenti homulus, scribere. Ad calcem nunc te per humanitatem tuam adiuratum venio, quatenus vel in infimo tuorum calculo amicorum me reponas, quo in posterum audentior factus liberaliori quodam animo ad amicum amicus, ad dominum et praeceptorem discipulus, scribere possim. Vale et me commendatum habe.

Ex Palladeario nostro Hyrsaugiano.

392. To Urban Regius.

Epistolae ad diuersos p. 98. Basle.
HN: Lond. ii. 19: LB. App. 51. 24 February 1516.

[The invitation to Ingolstadt (Ep. 386), to which this is the answer, must be dated in 1516 by reason of its mention in Ep. 413.]

ERASMVS ROTERODAMVS VRBANO REGIO S. D.

Exhibvit tuas literas haud vulgaris amicus meus ac patronus Ioannes Faber, officialis, sed eo tempore vt non potuerit intempestiuius; quippe iam non solum in ipso operis calce simul et capite tumultuanti, sed multorum etiam mensium perpetuis laboribus enecto verius quam fatigato. Quibus hoc certe debeo, quod Vrbanum coeperim cognoscere, virum, id quod indicant literae, candidum, prudentem, facundum, eruditum, in summa omnibus omnium gratiarum ac musarum dotibus vndique praeditum. Talem Principem vere magnum magnopere gratulor nostrae Germaniae; cuius vtinam essent quam plurimi similes, qui ad eas res quae semper egregiis heroibus dignae sunt habitae, adiiciant animum. Cui sane iam pluribus nominibus debeo plurimum, vel quod tam amanter errat in Erasmo, vel quod tam munifice prouocat et inuitat ad ea quae mihi studiis omnibus erant ambienda: si modo liberum esset cuiquam me addicere, postea quam illustrissimo Principi Carolo et meo Principi sum addictus, idque suffragiis consilii principalis excepta seu recepta potius libertate; quam si videbo periclitari, cuncta resignauero. Neque tamen defeci nec vnquam defecturus sum ab eximio Mecoenate meo Archiepiscopo Cantuariensi. Verum in confinio constitutus confido futurum vt vtrique satisfaciam patriae, tum ei in qua natus sum, tum ei in quam sum cooptatus. Alioqui ne senectutem quidem excusarem, tametsi plus est senii quam senectae; nam

392. 6. *H*: iudicant *F*.

392. 16. addictus] Cf. Ep. 370. 18 n. 21. ei in quam] England.

annum ago non plus vndequinquagesimum. Sed aetas non annis est aestimanda, imo viribus. Quod si feret itineris mei ratio, non grauabor bidui triduiue dispendio tam eximii Principis conspectum emercari; cuius nomine vt nos inuitasti, ita vicissim illi meo nomine gratias ages pari facundia.

Epistolae nostrae breuitatem simul et rusticitatem excusabunt occupationes; quae si tibi vere cognitae essent, mirareris etiam hoc ipsum qualecunque est a me scribi potuisse, tantum abest vt offendereris. Vale.

Basileae, sexto Calend. Martias. Anno M.D.XVI.

393. To Prince Charles.

Institutio Principis Christiani f°. a^2. ⟨Basle.⟩
Lond. xxix. 59: LB. iv. 559. ⟨c. March 1516.⟩

[The first mention of the *Institutio Principis Christiani*, to which this is the preface, is in Ep. 334. 170–2; but as in I Erasmus twice states (pp. 19. 24–6 and 44. 3–5) that the book was not composed until after his appointment as councillor (cf. Ep. 370. 18 n.), the passage in Ep. 334 may be regarded as an insertion at the time of publication in A. So also with the mention in Ep. 337. 88, 9. The composition was therefore probably begun after Erasmus' return to Basle in the summer of 1515; but the printing was left so late that it was not complete when he left Basle in May 1516 (Ep. 407. 6). The colophon of the volume in which it first appeared is dated May 1516; and this is confirmed by Froben's letter of 17 June (Ep. 419) announcing the completion of the book. In it (α) the *Institutio* is followed by the *Panegyric* (Ep. 179), with a separate colophon, April 1516; the concluding portion being the translations from Plutarch (Epp. 272 and 297). The volume was reprinted by Martens, Louvain, Aug. 1516, entire; but Badius' edition of 1 March 1517 (β) contains only the *Institutio* and its accompanying Isocrates. In the summer of 1518 Erasmus revised the *Institutio* for dedication to Ferdinand (cf. I. p. 39. 30 n.), and Froben published new editions of α in July 1518 (γ) and June 1519; but after that there is no edition that can be regarded as authorized until the collected *Opera* of 1540 (δ).

The Stuttgart Landesbibliothek has a copy of α in which the colophon after the *Panegyric* is dated April M.D.XV, though in other respects the book agrees minutely with α. The page shows no sign of having been tampered with, and I know of no other copy with this date. It cannot, however, be correct. The entries in BEr.[1] of a Louvain and a Venice edition in 1515 are erroneous.]

ILLVSTRISSIMO PRINCIPI CAROLO INVICTISSIMI CAESARIS MAXIMILIANI NEPOTI DES. ERASMVS ROTERODAMVS S. D.

Cvm per se res eximia quaedam est sapientia, Carole principum amplissime, tum vero nullum sapientiae genus excellentius existimat Aristoteles quam quae doceat salutarem agere principem, vt optimo

392. 32. Anno M.D.XVI *add. H.*

392. 23. vndequinquagesimum] This figure is repeated in the *Methodus*, prefixed to the *Nouum Instrumentum*, Feb. 1516, f°. bbb^2; but is at variance with Erasmus' usual estimate that he was born in 1466 (App. 2). In Martens' edition of the *Methodus*, Nov. 1518, reprinted by Froben, Jan. 1519, and included in the New Testament of March 1519, p. 17, it is corrected to liii.

iure Xenophon in libro quem inscripsit Oeconomicon arbitretur esse quiddam homine maius planeque diuinum imperare liberis ac volentibus. Haec nimirum est illa principibus expetenda sapientia, quam vnam caeteris rebus contemptis optauit cordatissimus adolescens Solomon, quamque iugiter regio throno voluit assistere. Haec est illa castissima simul et pulcherrima Sunamitis, cuius vnius complexibus vnice delectatus est Dauid, sapientissimi filii sapientissimus pater. Haec est quae loquitur in Prouerbiis: 'Per me principes imperant et potentes decernunt iusticiam.' Hanc quoties in consilium adhibent reges, exclusis pessimis illis consultoribus, ambitione, ira, cupiditate et adulatione, iam rebus omnibus florens respublica, principis sui sapientiae felicitatem suam acceptam ferens, merito sibi gratulatur; 'Venerunt' inquiens 'mihi omnia bona pariter cum illa.' Proinde Plato non alia in re diligentior est quam in instituendis reipublicae suae custodibus, quos non opibus, non gemmis, non cultu, non imaginibus, non satellitio, sed sola sapientia caeteros vult antecellere; negans vnquam beatas fore respublicas, nisi aut philosophi gubernaculis admoueantur, aut ii quibus forte contigit administratio philosophiam amplectantur: philosophiam, inquam, non istam quae de principiis, de prima materia, de motu aut infinito disputat, sed quae falsis vulgi opinionibus ac viciosis affectibus animum liberans ad aeterni numinis exemplar recte gubernandi rationem commonstrat. Tale quiddam sensit, opinor, et Homerus, cum Mercurius Vlyssem aduersus Circes veneficia moly herba praemunit. Nec sine causa Plutarchus neminem existimat de republica melius mereri quam qui principis animum, omnibus consulturum, optimis ac principe dignis rationibus imbuerit: e diuerso neminem aeque grauem perniciem adferre rebus mortalium atque eum qui principis pectus prauis opinionibus aut cupiditatibus corruperit, haud secus quam si quis fontem publicum, vnde hauriant vniuersi, letalibus venenis infecerit. Idem haud abs re taxat celebratissimum illud Alexandri magni dictum; qui cum a colloquio quod habuerat cum Diogene Cynico digressus admiraretur animum illum philosophicum, excelsum, infractum, inuictum et omnibus humanis rebus superiorem, 'Ni Alexander' inquit 'essem, Diogenes esse cupiam'; imo quo pluribus rerum procellis obnoxia est ingens ditio, hoc magis illi fuerat optandus Diogenis animus, qui tantis rerum molibus par esse posset.

Sed quam Alexandrum felicitate superas, Carole princeps inclyte, tam speramus futurum vt anteeas et sapientia. Nam ille quidem

---

4. Oeconomicon] 21. 12.
11. Prouerbiis] 8. 16.
16. Venerunt] Sap. 7. 11.
26. Homerus] *Od.* 10. 305.
28. Plutarchus] *Mor.* 778 D; LB. iv. 48 B.
34. Idem] *Alex.* 14, and *Mor.* 782 A: LB. iv. 45 AB.

ingens imperium occuparat nec citra sanguinem nec admodum duraturum. Tu pulcherrimo natus imperio, maiori destinatus, vt quam illi sudandum erat vt inuaderet, tam tibi forte laborandum erit vt aliquam ditionis partem vltro cedas potius quam occupes. Superis debes quod incruentum et nullius malo emptum contigit imperium; iam tuae sapientiae partes erunt incruentum item ac tranquillum tueri. Et est ea naturae tuae bonitas, ea mentis integritas, ea vis ingenii, ea sub incorruptissimis praeceptoribus fuit institutio; denique tot vndique te maiorum tuorum circunstant exempla, vt omnibus certissima spes sit Carolum aliquando praestaturum quod a patre tuo Philippo dudum expectabat orbis: neque fefellisset expectationem publicam, ni mors illum ante diem terris eripuisset. Itaque cum non ignorarem tuae celsitudini nihil opus esse cuiusquam monitis, nedum meis, tamen visum est optimi principis simulacrum in commune proponere, sed tuo sub nomine; vt qui magnis imperiis educantur, per te rationem accipiant administrandi, abs te exemplum: quo simul et tuis auspiciis haec vtilitas ad omnes permanaret, et nos iam tui his ceu primitiis animi in te nostri studium vtcunque testificaremur.

Isocratis de regno administrando praecepta Latinitate donauimus; ad cuius aemulationem adiecimus nostra velut aphorismis absoluta, quo minus esset tedii legentibus, sed tamen ab illius decretis haud parum dissidentia. Siquidem ille sophista regulum nescio quem seu tyrannum potius instituit, ethnicus ethnicum; ego theologus inclytum et integerrimum principem, ad haec Christianus Christianum. Quae si mihi scriberentur ad prouectioris aetatis principem, poteram fortasse nonnullis in suspicionem venire vel adulationis vel procacitatis. Nunc cum hic libellus dicatus sit ei, qui tametsi summam de se spem praebeat, tamen vt admodum adolescens et nuper inauguratus imperio ne potuerit quidem admodum multa gerere, quae solent in aliis principibus aut laudari aut repraehendi; liber nimirum vtraque suspicione, non possum aliud quaesisse videri quam publicam vtilitatem: quam vt regibus, ita et regum amicis ac famulis oportet vnicum esse scopum. Inter innumera decora quae tibi Deo praeside tua parabit virtus, erit et haec nonnulla pars laudum tuarum, talem fuisse Carolum, vt non veritus sit aliquis illi citra vllam assentationem integri verique Christiani principis simulachrum

49. Et est α: Est δ.

53. Philippo] Cf. Ep. 205.
60. tui] Evidently a reference to Erasmus' appointment as councillor.
62. Isocratis] Printed with the *Institutio*.
63. aphorismis] Cf. Ep. 523.
72. inauguratus] Charles was invested with the government of the Netherlands on 5 Jan. 1515: Henne ii. 87.

ostendere, quod vel libenter agnosceret optimus princeps, vel sapienter imitaretur adolescens semper seipso melior euadere cupiens.

Bene vale.

394. To Urban Regius.

Basle MS. (*a*). Basle.
H. p. 618: N: Lond. xviii. 35: LB. App. 53. 7 March 151$\frac{5}{6}$.

[The earliest form of this letter is in the volume belonging to the Art Museum at Basle, which contains the *Moria* illustrated by Holbein in 1515 at the request of its first owner, Oswald Myconius, for the amusement of Erasmus. The *Moria*, which is in Froben's edition of March 1515, is bound up with the Plutarch of August 1514 (Ep. 272); on a blank leaf of which (f°. D^6) Myconius has copied this letter. Throughout the volume are numerous annotations written by Myconius in 1515–16, and it is therefore probable that his copy of this letter is contemporary with its composition. His text is not quite so good as that of H; but as it has considerable advantage in point of time, I have given it precedence.]

ERASMVS ROTERODAMVS VRBANO REGIO SVO S. D.

Sic existimo, Vrbane doctissime, me iam nunc omnia debere vel illustrissimo principi Hernesto vel tibi ob animum in me tam propensum. Proinde iudicaui me nonnullam gratiae partem hac ratione posse referre si, quando mihi cupienti non est integrum, hominem commonstrauero qui quod a nobis expectabatis longe cumulatius praestare possit. Est apud nos Henricus Glareanus Caesarea laurea insignis; quod equidem decus inter tot iuuenis ornamenta multo infimum esse duco. In omnibus disciplinis quas mathematicas vocant eximie doctus neque vulgariter exercitatus. In omni quae nunc in scholis traditur Aristotelica philosophia eo progressus vt cum summatibus etiam congredi possit. Magnam insuper theologicae rei partem assecutus. In geographia, in historiis absolutus. Denique nullum est genus bonarum litterarum in quo ille non sit felicissime versatus; Graece quoque doctus vsque ad mediocritatem, et hic breui absoluendus, quae est hominis tum industria tum dexteritas. Adde huc aetatem maxime tempestiuam huic negocio. Ad trigesimum accedit annum, quae aetas vt grandior est quam vt contemptui sit obnoxia, ita laborum omnium longe est tolerantissima.

Est autem Glareanus praeter aetatem peculiari quadam naturae dote literarii laboris et appetens et patiens. Quod nescit, discit auide; quod scit, docet libenter et candide. Moribus alacribus ac festiuis ac prorsus omnium horarum homo. Addam extremum calculum, quem ego vel in primis estimandum arbitror; ingenium

393. 82. Bene vale *αγ*: *om. β*. 394. 4. referre *add. H*: acquirere *add. a in margine, forsitan ex coniectura*. 13. bonarum *om. H*. 16. huc *H*: hinc *a*. 18. longe *add. H*.

394. 6. Glareanus] See p. 279.

integritati natum. Abhorret a compotationibus istis temulentis, abhorret ab alea, a turpiloquio, a scortis, ita vt harum rerum ne mentionem quidem ferre possit. Inuitatur a multis nec aspernandis conditionibus, et iam addictum putabam. Verum inter confabulandum sensi hominem istuc pellici posse, si modo offeratur quod illius virtutibus sit non indignum. Iuuenis est, plus habet eruditionis quam opum aut auctoritatis, quamquam iam non leuis auctoritas indies accrescit homini. Illustrabit hunc Principis splendor, et ille vicissim Principis imagines ac fortunam cohonestabit, quodque decoris mutuum accepit ab illius celsitudine vel cum foenore aliquando reponet. Arbitrabar me initurum gratiam apud vos, si haec literis meis indicassem. Et scio quem commendem.

Nouum Testamentum editum est. Hieronymo supremus inponitur colophon. Bene vale.

Basileae, Nonis Martiis. Anno 1515.

395$_{402}$ From Nicholas Ellenbog.

Stuttgart MS. Hist. Q. 99, f. 212. — Ottobeuren.
Deventer MS. 91, f. 162. — 30 March 1516.
LB. App. 55.

[This letter and its answer are found in Book 2 of Ellenbog's correspondence (α) at Stuttgart. The copy preserved in the Deventer Letter-book (β), though corrupt in one place (l. 3), represents the version actually sent, and its readings may therefore be accepted in cases of marked difference; but in spelling I have given precedence to α. Ellenbog's correspondence is arranged in roughly chronological order, so that confirmation of the date, which the contents of the letter amply supply, is unnecessary.

Nich. Ellenbog (18 March 1480 or 1481—6 June 1543) was the son of Ulrich Ellenbog, sometime Lecturer in Medicine at Ingolstadt. After schooling at Memmingen, in 1497 he entered the Bursa Wenck at Heidelberg, where he became acquainted with Wimpfeling and Oecolampadius. In 1502 he went to Cracow, but after studying astronomy there for a short time (cf. Vienna MS. 4756, ff. 151–60), migrated to Montpellier, with the intention of reading medicine like his father. In 1503, in fulfilment of a vow made during an attack of plague, he entered the Benedictine house of Ottobeuren, near Memmingen. After a year of noviciate he made his profession on 15 Aug. 1504, and was ordained subdeacon in Sept. 1505, and priest on 19 Apr. 1506. He was prior of the monastery 1508–12, and steward 1512–22; after which he was released from office and allowed to pursue the studies, principally Greek and Hebrew and astronomy, in which he delighted.

His correspondence gives a pleasing and intimate picture of monastic life, with much detail about the Peasants' Revolt, and well deserves publication. It consists of eight books, each containing 100 letters, and a ninth unfinished: all copied by his own hand. The first two, which were lost to Ellenbog in the Peasants' Revolt, are now in the Stuttgart Landesbibliothek, MS. Hist. Q. 99: the remainder are at Paris, Bibl. Nationale, MS. Lat. 8643. The letters to Wolfgang Rychard of Ulm are copied also in Rychard's Letter-book; a MS. of the Town Library at Hamburg, 49 Quarto in the Uffenbach-Wolf collection.

See a sketch by Geiger based on the Paris MSS. in *Oesterr. Viertelj. f. kath. Theologie* ix. (1870) 45–112 and 161–208, in which fifty letters are printed:

27. addictum *H*: adductum *α*. 28. offeratur *H*: afferatur *α*. 33. acceperit *H*. 38. 1515 *α*: millesimo quingentesimo decimo sexto *H*.

supplemented by him in x. (1871) 443-58, with further details, and two letters from Books 1 and 2, which had been brought to his notice in an xviii.^{c} copy at Ottobeuren. From these sources Geiger also printed twenty-four letters in RE; and there are two more in EHR. xxii. 741 and 745.]

FRATER NICOLAVS ELLENBOG DOMINO ERASMO ROTERODAMO S. D.

Doctissime vir, quum certior factus sim agere te Basileae apud chalcographos, non potui non ad te dare litteras, quibus vtcunque animus erga te meus qualis sit scire posses. Legi dudum opera tua incude faberrime excusa, quibus legendis oblectatus sum mirifice; et exinde nominis tui praeconem vltro me constitui, dulcissimumque iudico pro loco et tempore honorifice nominis tui facere mentionem. Haec sane non adulacione sed vt [agnoscas] quo sim in literatos viros animo, liquido agnoscas, ad te scribere volui; nihil inde quaerens nisi vt inter familiares tuos Nicolaum tuum deinceps connumerare velis. Caeterum velim certiorem me reddas de operibus gloriosissimi Hieronymi, quibus vltimam esse impositam manum accoepi, vbinam venalia inueniantur quantique vendantur. Insuper efflictim rogo vt, si Nouum Testamentum, quod tu e Graeco in Latinum transtulisse diceris, in lucem prodiit, vnum librum ei qui has tibi reddidit litteras, dare velis, qui etiam pecuniam tibi appendet coram. Vale foelix et me nominis ac honoris tui esse praeconem scias fidelissimum.

Ex monasterio Ottenpurra tertio Kl. aprilis. anno M D XVI.

396. To William Warham.

Hieronymi Opera, Basle, 1516, vol. i. f^{o}. a^2. Basle.
1 April 1516.

[Erasmus' interest in Jerome dates from his early years and may perhaps be traced to the Brethren of the Common Life, under whom he had been trained (App. 2) and who, from their zealous study of Jerome, were named Hieronymiani. It first manifests itself at Steyn, where he was already quite familiar with Jerome's Letters (Ep. 22); and where in composing a funeral oration for Berta de Heyen (Ep. 2 introd.) he takes Jerome as his model (LB. viii. 553 D). At Oxford in his disputation with Colet (Epp. 108-11) he contended vehemently against Jerome on a particular question; in which connexion it may be remembered that at one time his preference was for Augustine (Lond. ii. 26; LB. 376). But a year later—and possibly earlier (Ep. 67)—he had begun work upon Jerome, correcting the text and preparing a commentary (Epp. 138, 139, 149; cf. Ep. 531), the Letters engaging his special attention (Ep. 141). In 1511 the work was resumed in Cambridge (Ep. 245), where Dr. Caius (*Annales Collegii de Gonuille et Caius*, ed. J. Venn, in *Public. Cambridge Antiq. Soc.* 1904, p. 125) records that he lectured on Jerome's Letters and Apology against Ruffinus; and in May 1512 Badius was negotiating with him for the edition (Ep. 263). But the work was not nearly complete; there were still many ancient manuscripts to examine (Epp. 264, 270, 271, 273, 281); and by the time it was ready a fortunate chance had brought him into relation with

TIT. FRATER *om.* β. DOMINO *add.* β. 3. te meus α: me tuus β. 4. *LB.*: excussa αβ. 6. iudico β: duco α. 7. agnoscas αβ: *seposuit LB.* 14. ei ... 15. litteras β: praesentiarum latori α. 15. etiam *add.* β. 16. nominis ... tui β: tui nominis α. 17. monasterio *add.* β.

Basle and he was able to transfer his work on the Letters to form a part of the great edition which John Amorbach had planned and which in 1514 had already been for some years in preparation (cf. Ep. 324. 28 n.). Ep. 308 suggests that in so doing he supplanted Reisch, who seems to have begun work on the Letters, but had perhaps not made much way when Erasmus' material was ready. Two letters from Reisch to the Amorbachs dated 10 Oct. 1513 and 12 Aug. 1514 (Basle MS. G. II. 29; cf. also G. II. 13. 90) certainly manifest great interest in the undertaking; and the prefaces to vols. v and vi testify to his help in gathering manuscripts from many libraries (cf. Ep. 419. 10 n.). To preparatory work on the Letters by other hands, John Kuno, Reuchlin, and the Amorbachs, there is reference in vol. iv. f. 34 v°.

The edition was completed by Froben in the summer of 1516 (α), the expenses of production being shared with him by Amorbach's three sons and James Rechburger, a citizen of Basle, who had married their sister. It filled nine volumes, the first four of which contain the Letters edited by Erasmus, the last five Jerome's other works. The prefaces to vols. v–ix are in the name of Bruno Amorbach, Basil's being added to his in vol. v only. They are addressed to the reader and are dated as follows: vol. viii 13 Jan., vol. vii 7 March, vol. v 7 May, vol. vi 1 June, vol. ix 26 June, and a supplement to vol. viii 25 August—all in 1516. But the ascription to the Amorbachs is perhaps misleading in all cases; for autograph originals of three of them exist at Basle, two, for vol. ix and the supplement to vol. viii, written by Beatus Rhenanus (Basle MSS. G. II. 13ª. 1 and D. IV. 15. 272); and the third, a draft which was partially used for vol. vi, in the handwriting of Erasmus (amongst the Amorbachiana, cf. p. 343).

Of the prefaces to the volumes which Erasmus contributed, those to vol. ii have already been mentioned (Ep. 326). Vols. iii and iv each have a preface to the reader announcing the contents of the volumes; dated from Basle 5 Jan. and 1 March 1516. Vol. i has a brief preface to Erasmus' notes on the *Catalogus Scriptorum Ecclesiasticorum*; also addressed to the reader but without date. The only one suitable for inclusion here is the following, which is printed at the end of vol. i and forms the preface to the whole edition. It bears considerable resemblance to Epp. 334,5 and also to *Adag.* 2001.

The edition of Jerome was reprinted by Froben in 1524–6 (β); and there are subsequent editions by Chevallon, Paris, 1533–4(γ), to which Erasmus contributed a short preface (cf. p. 182), and by the Froben firm in 1536–7 (δ), 1553, and 1565.

Of the MSS. which Erasmus used for his work nothing seems to be known. They were clearly of some antiquity (l. 170 seq.); but though he refers to them frequently in his notes, he gives no other clue to their identity. Aldridge (EE.[2] 40; quoted in Ep. 281. 4 n.) speaks of having worked with him at Jerome in Queens' College, Cambridge; but as the old catalogue (1472) of that library (printed by Searle, *Communic. Cambridge Antiq. Soc.* ii, 1864) contains no MSS. of Jerome, they were perhaps borrowed from elsewhere. It is plain, however, from Ep. 332. 7–9 that the English MSS. formed an important part of his edition. Another MS. of the Letters was borrowed for him from the monastery of Reichenau, in the Lake of Constance, in Nov. 1515 (Basle MS. G. II. 30. 184) by Peter, a Carthusian, who first at Freiburg under Reisch, and subsequently as Prior of the house at Ittingen, in Canton Thurgau, took an active interest in the work (Basle MSS. G. II. 30. 131 and 129).]

ERASMVS ROTERODAMVS SACRAE THEOLOGIAE PROFESSOR REVERENDISSIMO PATRI AC DOMINO DOMINO GVLIELMO VVARAMO ARCHIEPISCOPO CANTVARIENSI TOTIVS ANGLIAE PRIMATI ET EIVSDEM REGNI CANCELLARIO SVMMO S. D.

TANTA semper fuit litterarum apud ethnicos quoque veneratio, Gulielme praesulum decus et virtutum ac litterarum antistes, vt disciplinarum omnium origines haud aliis quam diis authoribus conse-

TIT. ET . . . SVMMO *om.* β.

crandas ducerent; eaque cum primis cura summis ac florentissimis regibus digna videretur, si excellentium virorum libros, quo pluribus vsui esse possent, in diuersas linguas transferendos curarent: hinc videlicet et sibi verissimam certissimamque laudem et regno praecipuum ornamentum accessurum rati, si bibliothecam quam optimis simul et emendatissimis codicibus instructam posteritati traderent. Nec vllam grauiorem iacturam accidere posse iudicabant quam si quid ex id genus opibus intercidisset. Proinde ne qui suis ingeniis suisque vigiliis tantopere de mortalibus vniuersis meriti fuissent, horum memoria iniuria temporum nihil non oblitterantium intermoreretur, authores ipsos statuis ac picturis expressos passim in porticibus ac bibliothecis ponebant; qua certe licuit illos ab interitu vindicantes. Tum eorundem apophthegmata marmori aerique passim insculpta mortalium oculis ingerebant, libros ingenti redemptos precio magnaque fide vel religione potius descriptos cedrinis inclusos capsulis tum cedri succo oblitos in templis reponebant; partim vt rei tam sacrae tamque diuinae custodia non aliis quam ipsis numinibus concrederetur, partim ne quid situs aut caries illa monumenta vitiaret quae sola principum gloriam a situ carieque queunt asserere, et impune intermorerentur quae praestant omnibus immortalitatem.

Fuerunt qui nec hac contenti diligentia codices ceu thesaurum incomparabilem in altissimis terrae latebris reconderent, tanta cura vt nec incendiis nec bellorum procellis, quibus omnia sacra prophanaque misceri solent, interirent et posteris certe superessent. Nimirum perspexerunt hoc non minus sapientia quam regno clari principes, barbaricum esse cadauera defunctorum vnguentis, aromatibus ac vitro nonnunquam tam diligenter oblini ne computrescant, cum ea ne referat quidem seruari, quippe iam nec figuram oris aut corporis imaginem referentia—quod saxeae tamen faciunt imagines; nec parem curam adhiberi seruandis animorum reliquiis. Proinde multo iustius eam curam in excellentium virorum libros transferri, in quibus orbi supersunt etiam defuncti et ita supersunt vt et pluribus et efficacius loquantur mortui quam viui. Confabulantur, docent, adhortantur, deterrent, consulunt, erigunt, consolantur sic vt nulli nec fidelius nec paratius. Denique tum nobis verissime viuunt posteaquam sibi viuere desierunt. Equidem sic opinor, si quis cum M. Tullio (vt hunc exempli causa nominem) complureis annos domesticam egisset consuetudinem, minus nouerit Ciceronis quam faciunt hi qui versandis Ciceronis scriptis cum animo illius cotidie confabulantur.

Porro si hic honos est habitus supersticiosis etiam voluminibus

9. instructam *add.* β. 13. temporum iniuria β. 29. aromatibus . . . 30. diligenter *add.* β. 32. nec parem . . . 33. multo β: Multo igitur α.

veluti Numae ac Sibyllae, aut rerum ab hominibus gestarum memoriam complectentibus velut apud Aegyptios, aut aliquam humanae sapientiae portionem tradentibus veluti Platonis et Aristotelis, quanto iustius est idem facere principes Christianos et episcopos in seruandis eorum monumentis qui sacro afflati spiritu non tam libros quam oracula nobis reliquerunt! Et tamen haud scio qui factum sit vt non alia in re magis cessatum videatur a maioribus nostris. Sit sane leuis ethnicorum authorum iactura, quae tantum efficiat vt minus eruditi simus aut minus eloquentes, non vt minus pii. Caeterum ex tot eximiis vereque sacrosanctis authoribus quos nobis vel erudita dedit Graecia vel huius aemula prodidit Italia vel olim studiis florentissima produxit Gallia vel ingeniosa peperit Aphrica vel laboris patiens aedidit Hispania, rara quadam eruditione suspiciendos, eloquentia claros, vitae sanctimonia venerandos, queso te, quam pauci supersunt casu seruati magis quam nostro beneficio! atque hi rursum ipsi quam foede mutili, quam contaminati, quam prodigiosis mendis vndique scatentes vt non magni referat sic superesse! Equidem vt non aspernor simplicem vulgi pietatem, ita non possum non mirari tam praeposterum multitudinis iudicium. Calceos sanctorum et sudariola mucco sordentia exosculamur, et eorundem libros, sanctissimas et efficacissimas diuorum reliquias, neglectos iacere patimur. Tuniculam aut indusiolum diui aureis gemmatisque thecis reponimus, et libros ab illis elaboratos, in quibus id quod illorum fuit optimum nobis adhuc viuit spiratque, cymicibus, tineis ac blattis impune rodendos relinquimus.

Neque vero difficile sit huiusce rei causam coniecturis assequi. Posteaquam principum mores plane iam in barbaricam quandam tyrannidem degenerassent, tum episcopi prophanam ditionem magis coepissent amplecti quam ab apostolis traditum docendi munus, mox vniuersa docendi prouincia in istos quosdam est relegata qui charitatis et religionis cognomen hodie ceu peculiare sibi vindicant: iam negligi ceptae bonae litterae, fastidita Graecanici sermonis peritia multoque magis Hebraici: spretum eloquentiae studium, quin et ipsa lingua Latina sic conspurcata est subinde noua barbarie vt iam nihil minus esset quam Latina. Nec historiae nec geographiae nec antiquitatis vlla cura. Tantum ad sophisticas quasdam argutias contracta res litteraria, et eruditionis summa penes summularios quosdam collectores ac excerptores esse coepit, hoc nimirum impudentiores quo minus eruditos. Proinde veteres illos scriptores facile vel antiquari passi sunt vel, quod vero propius est, ipsi abolendos curarunt vt quos iam frustra legerent, nimirum his rebus destituti sine quibus illi non queant intelligi. Et tamen ex illis vtcunque decerpta quaedam suis

66. diui α: sanctorum β. 83. eruditos α: habebant eruditionis β.

commentariis admiscuerunt; qua gratia magis etiam in rem istorum erat illos interire, ne quando vel plagii conuincerentur vel inscitiae. Scilicet tanti erat antiquari Clementem, Hirenaeum, Polycarpum, Origenem, Arnobium, vt horum vice Occam, Durandum, Capreolum, Lyranum, Burgensem et his etiam indoctiores legeret orbis. Sub horum igitur diutina tyrannide tanta fuit bonarum litterarum ac bonorum authorum πανολεθρία vt e doctorum ordine pelleretur qui vel paulum litteraturae melioris attigisset.

His rebus factum est vt tot orbis lumina, quorum titulos duntaxat nec id sine lachrymis legimus, funditus interierint: et si quos contigit suis superesse fatis, hi sic modis omnibus deprauati sunt, adeo truncati contemeratique, vt felices videri possint qui perierunt. Atque id profecto cum mihi vehementer indignum videtur in omnibus eruditis, tum longe indignissimum in Hieronymo; cuius tam multae tanque eximiae dotes promerebantur vt vel solus et totus et incorruptus seruaretur. Nam caeterorum quidem alios aliae commendant dotes, in hoc vno συλλήβδην, vt aiunt, coniunctum fuit, eximium fuit, quicquid in aliis per parteis miramur. Et cum in singulis egregium esse magnum sit ac rarum, hic sic excelluit in omnibus vt longe praecurrat in singulis, si illum cum caeteris conferas; sin ipsum secum componas, in nullo praemineat: tanta est rerum omnium summarum temperatura. Etenim si naturae felicitatem expendas, quid illius ingenio vel ardentius ad discendum vel acrius ad iudicandum vel foecundius ad inueniendum? Denique quid dexterius aut festiuius, si forte res delectationem desyderet? Sin eloquentiae laudem requiras, in hac certe Christianos scriptores vniuersos tanto post se reliquit interuallo vt nec hi cum Hieronymo conferri queant qui vitam omnem in vno bene dicendi studio contriuerunt; ac prorsum tantum abest vt quisquam sit nostrae religionis scriptor quem cum hoc possis componere, vt meo iudicio Ciceronem etiam ipsum, suffragiis omnium eloquentiae Romanae principem, nonnullis dicendi virtutibus superet: quod quidem in ipsius vita copiosius demonstrabimus. Mihi sane hoc ipsum solet vsu venire in

90. Arnobium *add.* β.

---

90. Durandum] Wm. Durand (c. 1230—1 Nov. 1296), a French canonist and liturgical writer; Bp. of Mende 1286. His *Rationale Diuinorum Officiorum* was printed at Mainz in 1459 and was widely used. He also wrote a *Speculum Iudiciale*, printed at Strasburg in 1473, and a *Repertorium iuris canonici*, printed at Venice in 1496.

Capreolum] John Caprioli of Toulouse (†6 Apr. 1444), a Dominican; author of commentaries on the *Sentences*, in defence of the theology of Thomas Aquinas, printed at Venice in 1483–4.

91. Burgensem] Paulus de S. Maria (c. 1353—29 Aug. 1435), a Jew and native of Burgos. He was converted to Christianity 1390, became Bp. of Carthagena c. 1405, Bp. of Burgos 1415, and Chancellor of Castile and Leon. His *Scrutinium Scripturarum*, composed in 1434, was printed at Rome, Ulr. Han, c. 1470.

116. Ciceronem] Cf. Ep. 141. 39–43.

Hieronymo quod olim in M. Tullio: cum quo si quem contulero per se quantumuis disertum, repente velut obmutescere videtur, et cuius linguam citra contentionem vehementer admiror, ad hunc compositus et admotus elinguis videtur et balbus. Sin doctrinam exigas, queso te, quem habet vel eruditissima Graecia sic absolutum in omni doctrinae genere vt cum Hieronymo sit committendus? Quis vnquam pari felicitate omneis totius eruditionis parteis coniunxit et absoluit? Quis vnquam in tot linguis antecelluit vnus? Cui tanta historiarum, tanta geographiae, tanta antiquitatis noticia contigit vnquam? Quis vnquam sacrarum et prophanarum omnium litterarum et parem et absolutam scientiam est assecutus? Sin memoriam examines, quis author seu vetus seu nouus quem ille non in promptu habuerit? Quis angulus Diuinae Scripturae, quid tam abditum, quid tam varium quod ille non velut in numerato habuerit? Sin industriam, quis vnquam tantum aut euoluit aut scripsit voluminum? Quis sic vniuersam Diuinam Scripturam edidicit, imbibit, concoxit, versauit, meditatus est? Quis aeque sudauit in omni doctrinae genere? Iam si morum sanctimoniam spectes, quis Christum spirat viuidius? Quis docuit ardentius? Denique quis eum vita magis expressit? Poterat hic vnus pro cunctis sufficere Latinis, vel ad vitae pietatem vel ad theologicae rei cognitionem, si modo integer et incolumis extaret.

At nunc haud scio an quisquam omnium tractatus sit indignius. Bona pars vigiliarum illius intercidit. Quod superest non deprauatum erat, sed prorsus extinctum et oblitteratum; idque partim quidem illitteratorum vitio scribarum, qui solent ex emendatis inemendata describere, ex mendosis mendosiora reddere, praetermittere quod non legunt, corrumpere quod non intelligunt, velut Hebraea Graecaque vocabula quae frequenter intermiscet Hieronymus; sed multo sceleratius a sacrilegis haud scio quibus studio detruncata permulta, addita nonnulla, mutata plaeraque, deprauata, sordidata, confusa pene omnia, vt vix vlla sit periodus quam eruditus inoffense possit legere. Imo quod est pestilentissimum vitiandi genus, perinde quasi parum esset tot insulsissimas nugas iuxta infantes atque ineruditas in hominis eloquentissimi pariter ac doctissimi nomen ac titulum contulisse, mediis illius commentariis passim admiscuerunt suas naenias ne quis repurgare posset. Nam librum falso inscriptum permulta sunt quae coarguant: caeterum fragmenta sparsim intermixta, veluti frumento confusum lolium, quo tandem cribro repurget aliquis? Atque haec omnia sic esse facta docebimus mox in operum illius catalogo, tum secundi tomi duabus praefationibus ac censuris.

Commouit itaque me partim tam insignis ecclesiae doctoris non

129. & α: ac β.

ferenda contumelia, in cuius immortalia monumenta sic impune debacchati sint isti plusquam apri Calydonii, partim publica studiosorum vtilitas, quos videbam a tam eximiis epulis hisce rebus submoueri, vt epistolarum volumina, quae quo plus habebant eruditionis et eloquentiae, hoc foedius erant deprauata, pro mea virili restituerem, haud quaquam ignarus quam duram et arduam adirem prouinciam. Iam primum enim ipsa tot voluminum inter se collatio quantum habeat tedii norunt hi quibus vsu venit in hoc pistrino versatos esse. Et saepe cum his voluminibus erat res quae vel legere non mediocris esset negocii, quippe litterarum figuris vel carie situque oblitteratis, vel tinearum ac blactarum iniuria semirosis ac mutilis, vel Gotthorum aut Longobardorum more depictis, vt in formis etiam noscitandis mihi fuerit repuerascendum: vt ne commemorem interim, quod illud ipsum animaduertere ac velut olfacere, si quid parum resipiat germanam ac veram lectionem, hominis sit mea sententia nec ineruditi nec stupidi nec oscitantis. Atqui super haec longe difficillimum est aut ex varie deprauatis quid ab authore positum fuerit coniicere, aut ex qualibuscunque figurarum fragmentis ac vestigiis primam diuinare lectionem: ac rursus ea res cum vbique plurimum habeat difficultatis, tum vero potissimum in libris Hieronymianis. Idque pluribus de causis accidit. Primum quod ipsum dicendi genus haud quaquam triuiale sit, sed sententiis variegatum, epiphonematis argutum, strophis obliquum ac vafrum, argumentis densum et instans, allusionibus festiuum, nonnunquam variis rhetorum schematis veluti lasciuiens, vbique doctum et artificem prae se ferens. Vnde factum est vt quo longius huius oratio abest a vulgi intelligentia, hoc pluribus mendis fuerit contaminata, dum hic scribit non quod legit sed quod intelligit, ille deprauatum existimans quicquid non assequitur, vtcunque visum fuerit, mutat scripturam, animi modo sui secutus somnium. Rursum alius forte deprehendens corruptam esse scripturam, dum ex leui coniectura nititur emendare, pro vnico mendo geminum inducit et, dum vulnusculo mederi studet, vulnus infligit immedicabile.

Accedit ad haec varia quaedam et admirabilis omnium rerum mixtura, quam affectauit etiam Hieronymus, sed omnino felicissime, pia nimirum ambitione et sancta quadam ostentatione iactitans opes suas, quo magis veternum nobis excutiat et oscitabundos ad arcanae scripturae studium expergefaciat. Quid enim est vsquam in vllo vel authorum vel litterarum genere quod ille passim non aspergat, inculcet, infulciat? Hebraica, Graeca, Latina, Chaldaica, sacra, prophana, vetera, noua. Denique quid non? Sic ille velut apicula per

173. β: Logobardorum *α*. 176. sit δ: esse *α*. 181. habet β. 187. vulgi *α*: simplicium β. 202. Denique *add.* β.

omnia circumuolitans ex vno quoque quod esset eximium ad operis sui mellificium congessit, ex variis flosculis hinc illinc decerptis serta concinnans aut velut ex versicoloribus tessellis musaicum opus contexens. Et in his quod maxime retrusum est, id libentissime consueuit intertexere. Quid enim tam abditum in prophetarum inuolucris, in totius Instrumenti Veteris mysteriis, quid in Euangelicis aut Apostolicis litteris quod ille non ceu notum adhibeat? nonnunquam sic alludens vt nec animaduertatur nisi ab eruditis et attentis. Quid in Hebraeorum aut Chaldaeorum monumentis, quid in rhetorum, cosmographorum, poetarum, medicorum, philosophorum, denique haereticorum libris vnde non aliquid suo attexat volumini? Ea cum intelligi non queant nisi vndiquaque doctis, etiam si forent emendatissima, quid fieri credis, cum ita vitiata, mutilata confusaque sunt omnia vt si ipse reuiuisceret Hieronymus, libros suos nec agnosceret nec intelligeret?

Super haec omnia fuit et illud incommodum, quod maxima pars authorum e quorum fontibus sua mutuatus est Hieronymus, interiit; quorum praesidiis vtcunque sarciri poterat quod erat iam toties deprauatum aut etiam omissum: siquidem in extremis rerum difficultatibus ad hanc ceu sacram ancoram confugere solent eruditi. Nam me quidem posteaquam neque gloriae neque quaestus gratia laboris hoc suscepimus, non perinde mouebat quod alium fortasse procul ab huiusmodi negocio capessendo deterruisset. Quid istuc, inquies? Nempe quod vt non alius est labor qui plus adferat tedii molestiaeque, ita rursum nullus est vnde minus ad suum redeat authorem vel gloriae vel gratiae, propterea quod omnis huius laboris vtilitas sic redit ad lectorem, vt non modo non sentiat nostros sudores quibus fruitur, sed ne suum quidem commodum, nisi si quis forte nostra cum vulgatis codicibus contulerit. Ac dum ille in pratis amoenissimis ociosus errat, ludit et currit inoffensus, haud aestimat quamdiu, quam odiose nobis luctandum fuerit cum spinis ac vepribus, dum illi campum hunc repurgamus. Nec expendit quamdiu vel vnica vocula nonnunquam torserit emendatorem, nec venit in mentem quam multa nos offenderint hoc molientes ne quid sit quod illum remoretur; quantis difficultatibus parata sit illa facilitas, quantis molestiis constiterit quod ille nihil sentit molestiae.

Sed ne molestus sim omneis huius negocii molestias persequens, vnum illud et vere dicam et audacter, minoris arbitror Hieronymo suos constitisse libros conditos quam nobis restitutos, et paucioribus vigiliis apud illum natos fuisse quam apud nos renatos. Iam ex hoc caetera sibi quisque coniiciat. Quid hic commemorem ingratissimam quorundam hominum imperitiam, qui nihil omnino nouari volunt in

240. arbitror *add.* β.

bonis authoribus? qui cum ipsi nihil agant, aliorum praeclaris conatibus semper obstrepunt: homines adeo pingui iudicio vt his mendosum sit quicquid rectum est, contra nitidum et elegans quod sordidissime conspurcatum; ad haec adeo peruerso vt, cum eruditis non patiantur esse ius magno studio deprauata corrigendi, tamen iidem quibuslibet nebulonibus permittant impune suo arbitratu summorum virorum libros contaminare, foedare, perdere. Proinde necessum est fieri vt a plaerisque nullam referas gratiam, ab his postremis malam etiam pro bono officio gratiam reportes. At quaestum quidem facile negligit generosus animus, gloriam et laudem facile contemnit Christianus. Porro gratiam pro meritis expetunt et optimi quique. Quis ferat pro beneficio rependi calumniam?

Haec omnia cum non ignorarem, tamen apud me tantum valuit Hieronymi vindicandi studium, tantum vtilitas eorum quibus cordi sunt arcanae litterae, tantum denique tuae celsitudinis et iudicium et voluntas, quem prae caeteris assiduum huius negocii et impulsorem habebam et efflagitatorem, vt contemptis difficultatibus omnibus Herculano quodam animo laboriosissimam quidem sed pulcherrimam adirem prouinciam, vnus propemodum cum tot mendarum portentis depugnaturus. Nec enim tantundem laboris exantlatum arbitror in paucis edomandis monstris Herculi quam mihi in tollendis tot mendarum milibus. Neque vero paulo plus vtilitatis hinc orbi profecturum existimo quam ex illius omnium ore celebratis laboribus. Primum enim complurium sed praecipue veterum collatione voluminum, nonnunquam ex apicum vestigiis addiuinantes, mendas sustulimus et germanam reposuimus scripturam. Graeca quae vel omissa fuerant vel perperam addita restituimus. Quod idem fecimus et in Hebraicis; verum hac sane in parte quod minus nostro Marte poteramus aliorum suppetiis praestitimus, praecipue fratrum Amerbachiorum, Brunonis, Basilii et Bonifacii, quos optimus pater Iohannes Amerbachius velut instaurandis bonis authoribus genitos trium linguarum peritia curauit instruendos. Atque hi sane paternum animum et expectationem vicerunt etiam, nihil antiquius ducentes Hieronymi gloria, et hac gratia nec impendio parcentes nec valetudini. Quorum equidem auxilio libenter sum vsus, quod Hebraeorum litteras degustassem verius quam didicissem. Et tamen curauimus ne quid deesset auido lectori, etiam si quid deesset nobis; quodque nostris viribus erat diminutum, id ex aliorum suppetiis abunde sarsimus. Cur enim nos pudeat id facere in vindicando tanto authore quod haud pudet facere summos monarchas in recipiendis, imo in perdendis oppidulis?

247. contra *add.* β.

---

272. Hebraicis] Cp. Ep. 324. 31 n.

Adiecimus singulis libellis aut epistolis argumenta, veluti fores aperientes ingredi volentibus. Deinde quando non omnibus contigit tot linguarum ac litterarum cognitio, si quid remorari poterat lectorem mediocriter eruditum, id scholiis additis illustrauimus quae geminam vtilitatem adferant: alteram quod tam insignis author, qui antehac nec ab eruditissimis legi poterat, posthac a semidoctis poterit intelligi; alteram quod iam non perinde procliue fuerit cuiuis deprauare quod ab aliis est restitutum. Nec his contenti quaecunque falso Hieronymi titulo circumferebantur, eaque magna ex parte talia vt non Hieronymum authorem, sed impudentissimum simul et insulsissimum rabulam opificem prae se ferrent, non recidimus, ne quid omnino desyderaret auidus magis quam elegans lector, hoc est, vt dicam crassius, ne non haberent similes labra lactucas, sed in suum relegauimus locum, nullo alioqui digna loco. Denique totum opus—de ea loquor portione quam nobis proprie sumpsimus—in quatuor digessimus volumina. Primo παραινετικὰ καὶ παραδειγματικὰ complexi; quod eorum quae ad vitam instituendam pertinent oporteat primam esse curam. Secundum in tres diuisimus classes; in quarum primam retulimus quaedam non inerudita quidem illa nec indigna lectu, sed tamen falso inscripta Hieronymo. In proximam aliena, sed quae suis titulis authorem testentur. In tertiam velut in sentinam reiecimus ineptissimas ineptias impostoris haud scio cuius; de quo merito dubites infantiorne sit an indoctior an impudentior. Is mihi certe, quisquis fuit, videtur dignissimus quem publicis odiis prosequantur omnia saecula; qui de omnium aetatum ingeniis tam male senserit vt sperarit neminem futurum qui possit insani rabulae naenias ab eloquentissimi, doctissimi sanctissimique viri libris dignoscere. Tertium volumen dedimus ἐλεγκτικοῖς et ἀπολογετικοῖς, nimirum his quae ad refellendos haereticorum errores et maleuolorum calumnias pertinent. Quartum tribuimus ἐξηγηματικοῖς, videlicet quae sacrorum voluminum habent enarrationem.

Non dissimili studio nuper dedimus Nouum Instrumentum adiectis annotationibus nostris: cuius lucubrationis nuncupationem Leoni Pont. Max. tuaeque celsitudini communem facere visum est, quo nouum opus duorum totius orbis summatum nomine tum munitius tum commendatius exiret in manus omnium. At Hieronymum velut ab inferis in lucem reuocatum tibi proprie dicatum esse volumus; vel quod citra exceptionem vni tibi mea debeam omnia, vel quod tu Hieronymi gloriae soleas vnice fauere; nimirum prudenter intelligens nihil esse secundum Euangelicas et Apostolicas litteras dignius quod legatur a Christianis. Equidem crediderim ipsum

319. communem] Cf. Ep. 333 introd. and 89 seq.

Hieronymum sibi nonnihil hoc nomine gratulari, quod faustissimis tui nominis auspiciis mundo reuixerit, tam inter theologos summus quam tu inter laudatos episcopos nulli secundus. Etenim vt ille doctrinae orbem numeris omnibus felicissime absoluit, ita tu virtutum omnium episcopalium circulum et harmoniam mire temperasti.

Caetera quidem pulchre congruunt. Vnum illud vereor ne nostra mediocritas non satisfecerit vel Hieronymi dignitati vel tuae celsitudini. Nec enim vsquam magis ingenioli mei tenuitatem sentio quam vbi contendo tuis eximiis virtutibus et amplissimis in me meritis vtcunque respondere. Sed quid facerem, tot ac tantis nominibus obstrictus tibi vt ne capitis quidem auctione facta sim vlli portioni soluendae par futurus? Feci quod solent qui, cum prorsus soluendo non sint, data quantulacunque aeris portione sese magis etiam astringunt, et rem, non animum, sibi deesse testificantur, malae fortunae potius quam malae fidei debitores, et ob hoc ipsum iudicum fauorem emereri soliti, quod miseri sint verius quam ingrati. Atque in hoc sane genere rerum vna est referendae gratiae ratio, si quis ingenue libenterque debeat, et agnoscere creditorem ex parte retulisse est. Imo vt quod similius est conferam, eorum consilium secutus qui malunt versuram facere quam in neruum ire, ab Hieronymo sumpsi mutuum quod tibi dependerem. Quanquam cur id iam mutuum videatur ac non potius meum? nam multae res soli vel occupatione vel praescriptione demigrant in ius alienum. Caeterum in hoc rerum genere Hieronymus ipse nobis legem praescripsit, in ea praefatione quam libris Regum praeposuit, iterum atque iterum illud opus suum appellans propterea quod quicquid corrigendo, legendo crebroque versando nostrum fecimus, id iure nobis vindicamus. Hac lege cur non et ipse mihi ius vindicem in Hieronymianis libris, quos tot iam saeculis pro derelictis habitos velut in vacuum veniens non aestimandis sudoribus verae theologiae studiosis asserui?

Aureum flumen habet, locupletissimam bibliothecam habet quisquis vnum habet Hieronymum. Atque hunc rursum non habet, quisquis habet cuiusmodi ferebatur antehac vndiquaque confusum et contaminatum. Non quod ausim confirmare nihil vsquam veterum mendarum, hoc est nulla pristinae ruinae vestigia residere: quod haud scio an ipse praestare queat Hieronymus, nisi contingant exemplaria castigatiora quam nobis adhuc habere licuit. Illud summo adnixi studio consecuti sumus, vt non multum supersit. Et vt nihil aliud, certe noster conatus nonnullos extimulaturus est, ne posthac nullo delectu quicquid in libris offenderint quantumuis corruptum a quocunque impostore, quocunque titulo subditum, ample-

348. nam β : ac α.

ctantur, legant, approbent ac velut oraculum citent. Atque vtinam eruditi omnes totis viribus in hoc incumbant negocii, vt quicquid nobis ex tot naufragiis vtcunque reliquum est bonorum authorum, id quoad fieri potest pristinae integritati restituatur. Nolim tamen hanc adire prouinciam nisi qui non minus fide, religione, iudicio curaque polleant quam eruditione; quod nulla sit acerbior bonorum voluminum pestis quam semidoctus aut oscitabundus aut praeceps aut infelici iudicio castigator.

Vtinamque principibus cunctis eadem mens esset quae tibi, vt omissis insanissimis pariter ac miserrimis bellorum tumultibus ad saeculum suum pacis artibus illustrandum conuerterent animum, et ad huiusmodi saluberrimos labores eruditorum studium praemiis accenderent. Videremus nimirum id breui toto orbe fieri quod hisce non ita multis annis in tua factum est Britannia; quae iam olim viris opibusque potens, nuper etiam religione, iusticia, vitaeque cultu, denique litterarum veterum omni genere sic exculta est, sic enituit, sic effloruit, idque tua potissimum opera, vt ab orbe semota insula cultissimis quoque regionibus ad honestissimarum rerum studium calcar addere possit.

Bene vale in Christo Iesu, praesulum ornatissime, quem ille instaurandae pietati ac prouehendis bonis litteris quam diutissime seruet incolumem.

Basileae. Anno salutis. M.D.XVI. Kalen. April.

397. To Thomas Anshelm.

Naucleri Commentarii tit. v°. ⟨Basle.⟩
1 April 1516.

[A commendatory letter contributed to the first edition of Nauclerus' *Memorabilium omnis aetatis et omnium gentium chronici commentarii*, Tübingen, T. Anshelm, March 1516, 2 vols. folio. The chronicles are continued from 1500 to 1514 by Nicholas Basell (Ep. 391). This letter was evidently printed at the last, for it fills only a small part of the verso of the title, which is otherwise left blank (cf. Ep. 199 introd.); and this conclusion is borne out by the date.

Thomas Anshelm or Anshelmi of Baden matriculated at Basle in 1485, but soon began to pay attention to printing: for his name appears on a Strasburg volume of 10 Jan. 1488. But he did not establish himself until 1500, when he set up a press at Pforzheim. He worked there till March 1511; then July 1511—July 1516 at Tübingen, whither he was drawn by the influence of Reuchlin. Although not learned—he had never graduated—he enjoyed the esteem and support of the Tübingen humanists; and no reason has been found to account for his removal to Hagenau. He printed there Nov. 1516—Dec. 1522 and continued his intimacy with Tübingen; but after that date nothing is known of him. See RE. 303, MHE. ii, Steiff and Proctor.]

D. ERASMVS ROTERODAMVS THOMAE ANSHELMO TYPOGRAPHO DEXTERRIMO ET EIDEM FIDELISSIMO S. D.

Mvltvm tuae debent industriae, mi Thoma, sed plus debent fidei, quicunque vbiuis terrarum bonas amant coluntque literas; quibus tua officina laudatissimos autores suppeditat Latinis, Graecis, et Hebraeis formulis excusos, et his quidem longe elegantissimis. Peculiariter autem nostram Germaniam tibi demereris, quam istiusmodi subinde nouis illustras ornamentis quae sola verum et immortale decus possunt adferre. Atque vtinam omnibus aeque cordi sit hoc certamen cum Italis suscipere, illis innoxium, omnibus frugiferum, ac nobis multo gloriosius quam si barbarico ritu saxis ac ferro cum illis decertemus: siquidem in eo conflictu fere qui vincit immanior est, qui vincitur calamitosior; in hoc et qui superat beneficentior est et qui superatur discedit se ipso melior. Plurimum igitur verae gloriae tum tibi tum vniuersae Germaniae, nisi fallor, pariet historia per Nauclerum, diligentissimum hominem et velut ei rei natum, concinnata; quod ea pars eruditionis vel praecipue conducat ad vitam cum laude degendam, si modo delectus adsit quo lector quid imitandum, quid fugiendum sit dignoscat. Orationis nitorem non admodum requiret qui modo meminerit in historia nihil aeque spectandum ac fidem. Oro superos vt tua industria, quam est vsui studiis, tam tuae quoque rei conducat. Iam passim per omnem Germaniam foelicissime subolescunt honestissimarum studia disciplinarum, quae confido breui ad frugem peruentura te tuique similibus gnauiter adnitentibus.

Bene vale. Anno salutis M.D.XVI. Kalend. April.

398. From George Precell.

Deventer MS. 91, f. 107 v°. Ulm.
LB. App. 57. 5 April 1516.

[Precell seems to have been a parish-priest at Ulm. He is perhaps a 'Jeorius Pratzel de Nyeder Eysenszheym', in Würzburg diocese, who matriculated at Heidelberg 11 Apr. 1496 and was B.A. (as Bratzel) 9 Nov. 1497. In his quotation from the *Adagia* he was using the edition of 1508 (*a*), not that of 1515 (*β*).]

GEORGIVS PRECELLIVS VLMANVS ERASMO S.

Omnivm mortalium praestantissime vir, tua spectatissima humanitas quibusdam tempusculis transactis, in Adagiis tuis [Graecorum] maioribus cudendis de quodam libello insignium metaphorarum

398. TIT. P̄CELLIVS *MS.*: PRICELLIVS *LB.* 2. Graecorum etc. *seposui, tanquam a scriba minus literato in medium contextum translata ex marginali spatio, vbi Precellius forsitan* Graecarum et Latinarum *scripserit, post* metaphorarum *addenda. Cf. ll.* 14, 5.

397. 14. Nauclerum] John Verge, or Vergenhans, born in 1428 (?) of a noble Swabian family. In 1450 he became tutor to the young Eberhard im Bart. On Eberhard's accession in 1459 Nauclerus received a Provostship at Stuttgart; and in 1477 on the foundation of the University of Tübingen he was appointed Professor of Canon Law, and in 1478 Chancellor. Both these offices he held till his death in 1510. See Steiff and, for a criticism of the Chronicle, ADB., with the sources there quoted; also RE. 62 and 66[a].

inscripto promissum [inerat] circa paragraphum [etenim] 'Odorari ac similes aliquot metaphorae' prope calcem inseruerat, ita inquiens: 'Quare quanquam istiusmodi videntur ad prouerbiorum cognationem pertinere, tamen ea minutius exactiusque conquirere non est sententia, maxime quod iam hanc prouinciam sibi sumpsit Ricardus Paceus natione Britannus, iuuenis Graecae pariter ac Latinae litteraturae cum primis eruditus, tum haud mediocriter exercitatus in euoluendis omnigenae professionis autoribus. Hic, inquam, felicibus Musarum auspiciis opus animo concepit, iam opinor etiam prae manibus habet, magno, ni fallor, vsui futurum politioris litteraturae studiosis: in quo quicquid est apud vtriusque linguae scriptores insignium metaphorarum, quicquid festiuiter ac scite dictorum, quicquid huiusmodi gemmarum ac deliciarum orationis, in vnum volumen concinnare destinat.'

Fac quaeso, praestantissime vir, is libellus diu desyderatus vel olim in manus veniat studiosorum. Eo profecto libello egerrime carent. Clamitant dies atque noctes: 'Georgi Precelle, Erasmus Ro. (quia tete totum vendicaui, non minus ac parentem meum et amo et diligo ac veneror; quoties sermo de te ortus fuerit, tete super ethera tollo) cur hunc codiculum insignium metaphorarum in lucem prodire curabit negligentius?' O si hanc tempestatem superuiuerem, vt saltem viderem, si ad vsum legendi concederetur minime. Vale, disertissime Apollo.

Datum Vlmae ex aedibus omnium Sanctorum noni⟨s⟩ Aprilis 1516.

Georgius tuus vt suus.

399. From John Sapidus.

Deventer MS. 91, f. 175. Schlettstadt.
LB. App. 58. 11 April 1516.

[There is no reason to question the date given by the manuscript. The letter is followed by a poem on the nationality of Erasmus, entitled *Ioannis Sapidi certamen de origine Roterodami quo duae nationes collitiganteis introducuntur*, which is printed in LB. In a letter to Boniface Amerbach (Basle MS. G. II. 30. 178. 6) dated 11 Nov. 1515 Sapidus announces the completion of the poem and sends it for Boniface to see.]

IOANNES SAPIDVS DOMINO ERASMO S. D.

Merito te, omnium doctissime Erasme, docti nostrae Germaniae diligunt atque suspiciunt, quos non modo singulari amore prosequutus es semper, sed et tuis vigiliis atque doctrina multo reddis

398. 5. inquies *MS.*: *corr. LB.* 8. sumpsit αβ: sumpserit *MS.* 9. *Post* Britannus *aliquot verba add.* β. Graecae pariter αβ: Graece pitus *MS.* 11. omnigenae *MS.* α: omniiugae β. 20. P̄celle *MS.*: Pricelle *LB.* Ro. *MS.*: tuus *LB.* 23. hunc *LB*: huc *MS.* 399. TIT. IOĀNNES *MS.*

398. 4. Odorari] *Adag.* 581. 22. super ethera] Cf. Verg. *Aen.* I. 379.

feliciores; atque hinc factum est vt passim ex omni Germania ad te tui admodum amantes confluant litterarum cultores. E quorum numero est et Beatus meus Arnoldus, qui quo se longe beatiorem redderet, te vnum omnium beatissimum adire constituit; sperans id se facile consequuturum, si tuae humanitatis aliquo modo sibi copiam feceris.

Si quaeris quid agam, in ludo litterario atque vxoriis rebus meo more consenesco. Vale raptim ex ludo nostro 1516, xi April.

Beatus Rhenanus beate viuat atque omnes Erasmiani.

400. From Jerome Baldung.

Deventer MS. 91, f. 173. Ensisheim.
LB. App. 59. 24 April 1516.

[Evidently written to Basle; and therefore only 1516 is possible.

Jerome Baldung or Waldung of Gmünd in Swabia was probably educated at Vienna, since he speaks of Celtis as 'communis praeceptor' to Vadianus and himself (VE. 394); but his name does not occur in Aschbach's *Gesch. d. Wiener Univ.* On 5 Feb. 1506 he matriculated at Freiburg and on 16 June succeeded Zasius as Lecturer in Poetry. His subject, however, was Law, in which he took his Doctor's degree in 1506, becoming Dean of the Faculty in 1507; but it was not until 27 Feb. 1510 that he was allowed to teach it. His University career was ended by his appointment on 23 July 1510 to be Imperial Councillor and Agent at Ensisheim in Alsace (cf. Ep. 319. 23). In 1517 he was summoned to Innsbruck as Privy Councillor to Maximilian; see Capito's *Hebraicae Institutiones*, Basle, Froben, Jan. 1518, f°. P v°. He is mentioned in Zasius' *Lucubrationes*, 1518, p. 8, as having recently discovered at Murbach a MS. of Gaius' *Inst.* bk. 1; which is now lost. In 1524 he was Chancellor to the Abp. of Salzburg; and in 1532 Zasius dedicated to him his *Substitutionum Tractatus* (ZE. 257). His name is sometimes confused with Balbus' (Ep. 23. 47 n.).

The *Aphorismi compunctionis theologicales Hieronymi Baldung, artium et medicinarum doctoris*, Strasburg, J. Grüninger, 6 Jan. 1497, with a preface dated from Gmünd 12 Feb. 1493, were the work of his father, who was physician to Maximilian, and is probably the person intended in BRE. 118 and 444.

See Schreiber, *Gesch. d. Univ. Freiburg*, i. 82–4; ZE. pp. (149–63); VE.; and ADB.]

HIERONYMVS BALDVNG ERASMO S. P.

Vir doctissime, Lucas Paliurus, homo, quantum paucis horis coniicere licuit, et humanus et bonarum litterarum studiosus, tantisper apud nos moratus, dum tui memoria fieret, id quod persepe inter doctos contingit, multa de te praeclara nec minus vera tametsi breuibus narrasset, incensum alioqui me inflammauit tui vtcunque

399. 6. Arnoldus] Batt Arnolt (4 May 1485—4 Oct. 1532), son of a Schletsttadt artisan. He was B.A. at Paris in 1504, with Beatus Rhenanus, who was a kinsman (BRE. 5); but he does not seem to have proceeded M.A. From 1507 to 1511 he worked for the printers at Strasburg, and verses by him appear in many of their books. Also Beatus Rhenanus dedicated to him the *Opuscula Christiana* of Bigus Pictorius (Strasburg, Schürer, 17 Jan. 1509). Subsequently like his fellow-townsman Spiegel (Ep. 323. 12 n.) he became Secretary to Maximilian and afterwards to Charles v; and in that capacity he was able to be of use to his literary friends in matters of copyright. He died at Vienna. See Gény, *Die Reichsstadt Schlettstadt*, p. 63, and BRE.

400. 1. Paliurus] See Ep. 316.

compellandi desyderio. Quod si per tuam comitatem recte factum iudicaueris, homo integerrime, dabitur deinceps opera vt ne Erasmum poeniteat Hieronymi qualemcunque noticiam adeptum esse. Vale, vt vides, tumultuarie ex Ensisheym 24 April. 1516.

Beatum Rhenanum saluum esse meis verbis—hoc primum volui, sed ⟨ad⟩ te priorem scribendi propositum fecit. Iterum atque iterum vale.

401$_{404}$ From Ulrich Zwingli.

Deventer MS. 91, f. 124 v°. Glarus.
LB. App. 22 : Zw. E. 1515. 2 29 April ⟨1516⟩.

[The year-date given by the manuscript must be wrong, for in 1515 Erasmus had returned to the North long before Whitsun-Day (Ep. 404. 14), which fell on 27 May. 1516 is the only year possible, in view of his movements.

Ulrich Zwingli (1 Jan. 1484—11 Oct. 1531) was born on the Toggenburg (hence 'Doggius') but was adopted by his uncle, the parish-priest of Wesen on the Walensee. After schooling at Basle and Bern he matriculated at Vienna in 1500; but in 1502 he returned to Basle, where he was B.A. 1504, M.A. 1506. Since 1506 he had been parish-priest of Glarus; and whilst actively continuing his own education had been developing an independence of character, which brought him into sympathy with the movement for reform. For the high opinions already formed of him see Glareanus' *Heluetiae Descriptio*, Basle, A. Petri, 1515, and the second edition, with a commentary by Myconius, Basle, Froben, March 1519: also Glareanus' *Elegiae*, dedicated to Zwingli, ibid. 14 Nov. 1516.

A new edition of Zwingli's correspondence is being prepared by Prof. Egli of Zurich.]

D. ERASMO RO. PHILOSOPHO ET THEOLOGO MAXIMO
HVLDERICVS ZVINGLI S.

Scriptvrvm ad te, D. Erasme virorum optime, terret hinc eruditionis tuae splendor ille, capacior sane quam sit quem cernimus orbem, postulans inuitat illinc suauissima humanitas tua, qua te videndi causa vere mox ante ingruescente Basileam venienti exhibuisti; non mediocri benignitatis argumento, quod infantem hominem, ignotum litteratorem haud es dedignatus. Sed plane hoc Heluetico sanguini (cuius ingenia subolfeci non adeo maxime tibi displicere) dedisti, Henrico Glareano, quem familiarissime tibi coniunctum vidimus. Mirari autem vehementer potuisti ecquid non domi manserim, qum nullam interim questionis quantumlibet arduae (quod tui solent mataeologi) dissolutionem ⟨voluerim,⟩ nedum petiuerim; verum vbi nos energiam illam in te quesisse ratiocinando deprehenderis, mirari desines. Hanc enim, me Hercules, cum morum comitate vitaeque commoditate inconniuenter, minus etiam verecunde, tantam suspeximus, vt te, vbi tua legimus, loquentem audire

400. 9. Enſgheym *MS.*, *sc. pro* Enſsheym. 401. 11. voluerim *addidi, in fine versus*. 12. verum *LB*: vtrum *MS*.

400. 11. fecit] *sc.* Paliurus.

et corpusculo hoc tuo minuto, verum minime inconcinno, vrbanissime gestientem videre videar. Nam (vt verbo absit inuidia) tu nobis amasius ille es, cui ni confabulati simus, somnum non capimus.

Sed quorsum tandem stridulis hisce aures eruditissimas fatigo, qum graculos humi vesci debere non nesciam? Istorsum certe vt nos peracti ad te itineris (quod Hispani Gallique iam olim Romam euntes videndi Liuii causa, referente diuo Hieronymo, fecerunt) scias tam abesse vt poeniteat, vt magnum etiam fecisse nomen existimemus, non alia re magis gloriantes quam Erasmum vidisse, virum de litteris Scripturaeque sacrae arcanis meritissimum; quique Dei hominumque ita charitate flagret vt quicquid litteris impenditur, sibi impendi putet: pro quo item omnes bene precari oporteat, vt eum D. O. M. incolumem seruet, vt sanctae litterae a barbarie sophismatisque per eum vindicatae in perfectiorem aetatem grandescant, ne tenellae adhuc tanto patre orbae ingratius duriusque educentur. Ego enim, vt tandem hanc tragoediam exeiulem, pro in vniuersos tua isthac beneficentia, sero licet, tibi dudum quod Socrati Aeschines (quanquam imparem) donaui. At ⟨si⟩ non accipis hoc te donum minime dignum, adiiciam plus quam Corinthii ab Alexandro spreti, me neque dedisse vnquam nec daturum alii: quod si nec sic quidem accipis, sat erit a te repulsam passum esse; nam nihil emendatius vitam corrigit quam talibus displicuisse viris. Nam et velis nolis meliorem me mihi (vt spero) restitues tandem, vbi tuo iam mancipio quomodolibet vsus fueris. Feliciter vale.

Ex Clarona iii Cal. Maii Anno [1515].

[395]402. To Nicholas Ellenbog.

Stuttgart MS. Hist. Q. 99, f. 213. ⟨Basle.⟩
Horawitz, Erasmiana i. 22. ⟨April 1516.⟩

ERASMVS ROTERODAMVS NICOLAO ELLENBOGIO SVO FRATRIS VICE DILECTO S. D.

Hieronymvs ad proximum autumnum absoluetur. Nouum Testamentum praecipitatum est verius quam aeditum, et tamen sic editum vt in hoc sane genere superiores omneis vicerimus. Quod nostris nugis delectaris, amo tuum candorem et studium erga me tuum amplector; laudem nihil moror. Hoc gratius fuerit, si Christo me commendas, a quo probari vera foelicitas est. Tua phrasis

401. 17. (vt *scripsi*: (et *MS*. *Cf. Ep.* 328. 40. 23. tam *MS.* (tā): tantum *Zw. E.* (tm̄). nos *post* nomen *add. Zw. E.* 27. eum *LB*: tum *MS.* 34. Corinthū . . . soreti *MS.*: *corr. Zw. E.* 36. emandatius *MS.*

401. 22. Hieronymo] *Ep.* 53. 1 (Migne). His source is Plin. *Ep.* 2. 3. 8.
32. Aeschines] Cf. Ep. 31. 11–17.

simplex, aperta puraque et ingenii simulachrum prae se ferens me vehementer delectauit. Si iudicabis laborem nostrum, quem in Noui Testamenti editione insumpsimus, vtilem fore ad rem Christianam, fac et alios ad idem inuites studium.

Bene vale, Nicolae charissime.

$403_{421\ 441}$ FROM WILLIAM BUDÉ.

Epistole ad Erasmum f^o. f^2. v^o. Paris.
C^1. f^o. b: C^2. p. 19: F. p. 6: HN: Lond. i. 6: LB. 250. 1 May ⟨1516⟩.
Deventer MS. 91, f. 192 (α).
Budaei Epistolae (1531) f. 117 v° (β).

[This letter was printed by Erasmus in B within a few months of its arrival; and then with three others—its two answers and Ep. 388—shortly afterwards in C^1, in this case from a desire (Ep. 531. 533-6) to rectify the blunder in l. 149 on which Budaeus remarks in Ep. 493. 45 seq. It is also found in the Deventer Letter-book and in BE^3.; having in the former the notable feature that the Greek is all translated into Latin, except the special words the precise meaning of which is here discussed. As the printed versions issued by Erasmus and Budaeus agree in having the Greek, there can be no doubt that this was in the original. It may be conjectured, therefore, that the Latin versions were made by Erasmus—perhaps dictated offhand; for the variants given in the translation of l. 132 suggest a tentative rendering—on behalf of a servant-pupil (Hand A), to relieve him from much copying of an unfamiliar language.

In BE.^{3} the Greek is on the whole more correctly printed than in B and its followers. But its occasional amplifications indicate that Budaeus polished up the letter before printing it; for these cannot have been part of the original, since they are missing in both B and the Deventer manuscript, which are independent copies of it. I therefore give the precedence to B as closer to the original than either α or β: which for convenience I have placed at the end of the sigla, i.e. after LB.

The year-date is given by the arrival of the *Nouum Instrumentum* in Paris (l. 28 n.). Writing on 6 June 1516 Badius mentions the dispatch of this letter through Arnold Birckmann (MHE. ii. 37); it reached Erasmus from Cologne on 19 June (Ep. 421. 2,3).

Wm. Budé (26 Jan. $146\frac{7}{8}$—23 Aug. 1540) sprang from a family of state officials. In 1484 he entered the College of Navarre at Paris as a student of theology (Launoi, *Nauarr. gymn. hist.* p. 217), but subsequently went to Orleans to study law; and this he abandoned in its turn for literature c. 1491. He learnt Greek first from Hermonymus (I. p. 7. 22 n.) and then from John Lascaris (Ep. 269. 51 n.); and Faustus in addressing to him his *De influentia syderum* in 1496 (Ep. 84 introd.) describes him as 'Graeca et Latina litteratura insignitum'. In 1497 he became one of the royal secretaries, and served on embassies to Italy in 1501 and 1505; but his literary activities were not thereby checked. His first ventures were translations from Plutarch and Basil; the earliest dated 1503, though no printed edition is known earlier than 1505 (cf. Ep. 421. 25 n.). More important are his *Annotationes in xxiv Pandectarum libros*, Paris, Badius, 17 Nov. 1508,—a work in which he showed marked originality, by discarding the vast accumulation of glosses and by attempting to restore the purity of the text through study of manuscripts,—and the *De Asse*, Paris, Badius, 15 March $151\frac{4}{5}$, which is an attempt to define the relative money values of classical and Renaissance times and thereby to determine the conditions of ancient civilization. In 1519 he was summoned to court by Francis I, for whom he had written the *Institution du Prince* (see Woodward, *Studies in Education*, chap. 7); and he made use of his position to further the cause of good learning in France, notably by persuading Francis to make the Collège de France trilingual. His own continued enthusiasm for Greek is shown by his *Commentarii linguae Graecae*, Paris, Badius, Sept. 1529, by a collection of Greek letters published in BE^3, and by a treatise *De transitu Hellenismi ad Christianismum*, Paris, R. Stephanus, 5 March 1535, in which he defends his favourite studies from a charge of alliance with heresy.

His relations with Erasmus were marred by occasional misunderstandings, the outcome of his over-sensitive temperament; but on the whole the two scholars had a just appreciation of each other.

His work is at length receiving due recognition in the life by M. Delaruelle, of which one volume has been published, Paris, 1907. See also the same author's *Répertoire* of his correspondence, Toulouse, 1907; a contemporary life by Ludovicus Regius, Paris, J. Roigny, 1540; BE.; and Legrand.]

GVLIELMVS BVDAEVS ERASMO ROTERODAMO S. D.

'Dici non potest,' inquis, 'mi Budaee, quantopere et tuae faueam gloriae et eruditionem admirer.' 'Istuc quoque posterius bona fide?' 'Bona certe' inquis. 'Egone id credam?' 'Quid ni?' inquis. 'Equidem mihi hoc lubens persuaserim; πῶς γὰρ οὔ, ὅς γε ἄνδρα σε εἶναι ἐπιεικῆ πέπεισμαι; οὐ γὰρ ὅπως θεολόγον σε, ἀλλὰ καὶ τὴν ἀλήθειαν σεβόμενον ἡγοῦμαι, τούτου παρ' ἐμοὶ πίστιν ποιησαμένης τῆς Στρατείας τοῦ Χριστιανοῦ, τῆς ὑπό σου πάλαι ποτὲ ἐκδοθείσης. Ego vero nec dicere' inquam, 'nec eloqui ac ne proloqui quidem possim, O noster Erasme' (maior enim esse mihi videre quam vt meum te appellem, cum omnibus nostris vnus satis esse possis; quin et vsque adeo publicus scriptis tuis factus es vt nemo sibi priuatim vindicare te possit): verum, vt dixi, exprimere nequeo quam tuum me nuper feceris, posteaquam epistolam tuam accepi. Reddiderat illam iuuenis is quem mihi commendasti, Sorbonae nunc agentem, μᾶλλον δὲ ἐν σερβωνιτίδι λίμνῃ διατρίβοντα· οὕτω γὰρ ἂν εἰκότως ἀποκαλοίημεν τὴν τῶν σοφιστῶν τουτωνὶ διατριβήν, ὥς γε νῦν καθέστηκε. Reddita igitur mihi epistola tua et semel iterunque lecta, παραχρῆμα τῶν μετὰ χεῖρας ἀφέμενος σχολάζειν σοι μόνῳ αὐτίκα δὴ μάλα ἐγνώκειν. καὶ δὴ τῇ ὑστεραίᾳ τῆς ἀποδόσεως ἢ τῇ γε οὖν ταύτης ἑξῆς τὸν Σενέκαν σοῦ ἕνεκα διεξιέναι ἠρξάμην· οὕτω γάρ συ κελεύειν ἐδόκεις, εἰ δὲ μή, πῶς ἂν μαρτυρεῖν ἂν δυναίμην τῷ ἐντυπωτῇ τῷ σῷ; τῷ τοίνυν Σενέκᾳ ἐπικεκυφότι μοι, ἰδοὺ δὴ

2. Istuc *B a*: Istud *N*. bona *B a*: bonan *C*: bonan' *F β*. 4. πῶς ... 7. ἐκδοθείσης *B β*: cur enim non id velim, qui quidem persuasum habeam te (& *a*) virum esse aequum? Non enim theologum modo esse te arbitror, sed eum qui verum colat. Atque huius rei fidem apud me fecit Militia Christiana olim abs te edita *a*. 6. τοῦ *B*: τῆς *β*. 7. τῆς *B β*: τοῦ *N*. 10. nostris *C a secunda manu*: nobis *B a prima manu*. 13. *B β*: postquam *a*. mihi *ante* iuuenis *add. a*: *om. β*. 14. μᾶλλον ... 16. διατριβήν *B β*: quin magis in Sorbonica palude versantem; sic enim merito vocauerim sophistarum istorum scholam *a*. 15. σερβωνιτίδι *B F Corrig.*: σερβωνίδι *C β*: σορβωνίδι *H*. 16. ὥς γε νῦν καθέστηκε *add. β*. 17. παραχρῆμα ... 23. ἐπίδοξον *B β*: confestim iis quae in manibus erant omissis, tibi vni vacare deinde prorsum decreueram. Et sane postridie quam tuae mihi redditae fuerant litterae, aut certe ab hoc proximo, Senecam tua causa coeperam euoluere; sic enim mandasse tu mihi visus es: alioqui qui possim testimonium ferre tuo excusori? Cum igitur Senecae incumberem, ecce iam adesse pietatis Instrumentum annunciatum est, illud ab Erasmo profectum, illud bilingue, illud celebre *a*.

---

6. Στρατείας] The *Enchiridion* (Ep. 164).

15. σερβωνιτίδι] Cf. crit. note with Thuasne, *Études sur Rabelais*, pp. 65, 6.

21. ἐντυπωτῇ] Erasmus seems to have desired to bring the excellence of Froben's work to Budaeus' notice, and for this purpose to have sent him a copy of his Seneca (Ep. 325), which, though inadequate as an edition, is a finely printed volume.

παρεῖναι τὸ Ὄργανον τῆς εὐσεβείας ἀπηγγέλθη, τὸ ὑπὸ τοῦ Ἐράσμου, τὸ ἀμφίγλωττον, τὸ ἐπίδοξον· nam tu de eo quoque ad me scripseras, *συστήσας μοι τὸν τυπογράφον.*

Αὕτη ἡ βίβλος παροῦσα τὸν διὰ χειρὸς ἐχόμενον ἤδη Σενέκαν ἐξετίναξεν ἡμῖν. Apologia igitur tua et paraclesi ac praefatione legendis dimidiatum diem Dominicum consumpseram, huius mensis vigesimum septimum; pridie enim liber allatus erat. A prandio statim cum Franciscum Deloinum viserem, hominem doctrina et autoritate summa, curiae principem, vt scriptorum tuorum lectorem auidissimum, sic meorum meique amantissimum; cuius nomini dicasse librum De Asse mihi videor, cum eum circa finem libri mecum disserentem faciam: sic enim tum tulit mea ratio, et alioqui eius dicationis memoriam nunquam nisi cum libro interituram videbam, cum saepe praefationes pereant—sed cum ad eum adiissem, ecquidque noui haberem interrogasset, vt respondi nihil me habere, 'At ego' inquit, 'habeo quod ad te pertineat quodque tibi iucundum futurum sit.' Quid id esset me rogante, 'Ecce tibi' inquit, 'elogium ab ea autoritate profectum quam tu instar senatusconsulti Romani habiturus sis. Solebas enim optare vt treis aut quatuor Erasmos in Gallia haberemus (si tamen tot simul Erasmi similes vna aetas efferre posset) vt tibi animo tuo aliquando obsequi liceret ingeniique tui mediocritati liberius vela pandere: nihil autem tibi molestius esse quam quod inferuescente stilo quasique Musarum aura plaenius aspirante vela tu saepe contrahere cogerere atque ad eum modum velificandi impetum moderari, quem nostratium hominum ferret captus ac libenter admitteret. Ecquis enim aequo animo ferre posset semidoctos homines intelligentiae suae finibus Latinae linguae copiam circunscribere? Hunc ipsum igitur Erasmum habes operum tuorum non modo lectorem sed etiam praeconem.'

Quae cum ille dixisset et ego suspensus expectarem, promit librum tuum solutum adhuc et recentem ab officina, locumque ostendens

23. eo *B β* : et *α*. 24. *συστήσας* . . . 26. *ἡμῖν B β* (25. *ἐχόμενον F Corrig.* : *ἐρχόμενον B*) : commendans mihi typographum. Hic liber, cum aduenisset, Senecam qui iam in manibus erat, excussit nobis *α*. 26. tua et *B β* : ac *α*. ac *B β* : & *α*. 30. summa *B* : summae *β*. 31. nomini *B β* : momī *α*. 32. mihi videor *B* : videri possim quibusdam *β*. 33. tum *B β* : tuā *α*. 35. ad *B β* : *om. α*. 36. vt *B β* : & *α*. 40. Solebas *B β* : olebas *α*. 42. posset vt *B β* : possit & *α*. 45. contrahere cogerere *B β* : contra herere viderere *α*. 47. ac *B* : aut certe *β*. 48. posset *B* : possit *α*. 52. abs *β*.

27. diem Dominicum] 27 Apr. 1516. The words *huius mensis* show that, though dated in May, the letter was at any rate begun in April.

28. allatus] Conrad Pellican, who arrived in Paris on 3 May, found the book on sale there next day; see CPR. p. 53.

29. Deloinum] See Ep. 494.

52. locum] The note on Luke 1. 4. Erasmus there states that at that stage in the printing Beatus Rhenanus pointed out to him a translation of Luke's opening verses given by Budaeus

ἐν τῷ κατὰ Λουκᾶν, 'O virum' inquit, 'eleganter ac probe amicum hunc tuum Erasmum, cuius tu haud falso, vt video, amicum esse te dictitabas, cuique non gratuitum saepe testimonium tulisti. Equidem' inquit, 'cuius antea ingenii prestantiam mirabar, nunc etiam candorem exosculor. Videndum tibi, Budaee, omnino ne qui principum in re literaria virorum emulatione accensus es, nunc huiusmodi viro officio te prouocanti cessisse videare.'

Hactenus ille. Σὺ τοίνυν ἴσθι, ἄνερ μοι προσφιλέστατε, οὐκ ἐλάττω που οἰσόμενος ὧν εἰς ἐμὲ ἐχαρίσω. Οὐ γὰρ ἂν ἐν τούτῳ γε ἐκστῆναί σοι ὑπομείναιμι, ὡς μὴ τοῖς ἴσοις ἀμείψασθαι τὸν εὐηργετηκότα με φίλον ἄνδρα καί, τό γε αὐτοῦ μέρος, τὴν μνήμην ἀπηθανατικότα τοῦ γένους τῶν Βουδαίων, ἄλλως τε πρότερον αὐτὸς ὑπὸ τοῦ κρείττονος εὖ πεπονθώς. Σύν γε μὴν τόκῳ τὸ χρέος ἀποδώσειν οὐκ ἂν ὑποσχέσθαι τολμῴην, ὁπηνίκα καὶ τὸ ἀρχαῖον αὐτὸ ἐκτίνων πάνυ τι κεκμηκὼς εὖ οἶδ' ὅτι ἔσομαι. Ἐγὼ μὲν δὴ εἰς στενοχωρίαν τινα αἰσθάνομαι ἤδη καθεστὼς τῷδε τῷ ἐγκωμίῳ, ᾧ δὴ ἐλέφαντά, φασιν, ἐκ μύρμηκος ἀπέδειξας. Οἶσθα γὰρ δήπου ὡς ἂν μὲν ἀφειδῶς τε καὶ πιστῶς τὰ ἐπιβάλλοντά σοι ἀποδῶ (ἐπιβάλλει γάρ τοι ἕκαστος τῶν περιττῶν ἐπαίνων), οὐκ ἂν φθάνοιμι ἔγωγε ἀντιχαρίζεσθαί σοι δοκῶν, παρά γε οὖν εἰδόσι τὰ ὑπό σου γεγραμμένα, τοῦτ' ἔστι παρὰ πᾶσι. τίς γὰρ οὐ διατελεῖ ἀναγινώσκων τὰ ἀπὸ σοῦ; Ἂν δ' αὖθις αὖ τοῦτ' εὐλαβούμενος φειδωλῶς πως καὶ ἀκροθιγῶς τῶν σῶν ἐπαίνων τῶν ἀμφιλαφῶν ἅψωμαι, τί δὴ ἄλλο ἢ ἀδικῶν τὸν παντός σε ἄξιον κακοήθης εἶναι δόξω; Οὐκοῦν εἰς τοιαύτην με

53. ἐν ... Λουκᾶν *Bβ*: in euangelio secundum Lucam *α*. 60. Σὺ ... 84. ῥήματος *Bβ*: Tu igitur scito, vir mihi charissime, te haud inferiora laturum alicubi iis quae in me contulisti. Non enim hac sane in re committam vt tibi cesserim, quominus viro amico bene de me merito paria rependam, quique, quod in ipso fuit, generis Budeorum memoriam immortalem effecerit, idem et alias a maiore beneficio affectus. Atqui cum foenore me redditurum haudquaquam ausim polliceri, quando et sorte ipsa resoluenda (re soluenda *α*) sat scio vehementer sum laboraturus. Ego quidem in angustia quadam sentio me iam constitutum ob istud encomium quo elephantum, vt aiunt, e formica reddidisti. Nosti enim profecto quod si affatim bonaque fide quae tibi debentur persoluero (debentur certe tibi omnes laudes eximiae), non effugero quin tibi vicissim gratificari videar, apud eos certe qui tua scripta viderint, hoc est apud omnes. Quis enim non assidue legit abs te profecta? At rursus si id cauens parciter ac summis digitis tuas copiosissimas laudes attigero, non potero non videri vir malus, qui tibi quouis honore digno fecerim iniuriam. Igitur in huiusmodi perplexitatem tu me coniecisti qui prior hoc beneficium egregium ac plurimi faciendum in amicum contuleris. At contra occu[l]passe me et hoc tibi negocii exhibuisse oportuit, qui dexterius temetipsum ab hac difficultate explicuisses: quanquam spero fore vt et rationem aliquam reperiam et facultatem parem, qua vtcunque liberer aliquando hoc aere alieno. Ceterum vt semel exoluam, id ego sane ne in omni quidem vita sperauerim, nimirum maiore debito quam pro meis facultatibus. Attamen quiduis citius in me admiserim quam vt tantae ac tali ingratitudini sim obnoxius. Iam et hoc nomine tibi gratiam habeo et ago, quod mihi in verbo παρακολουθηκότι veniam dederis *α*. 61. *β*: ὑπομέναιμι *B*. 63. *Bβ*: ἀπηθανατηκότα *C*. 65. τολμῴην *β*: τολμήην *B*: τολμίην *C*: τολμείην *F*. 67. τῷ *Bβ*: *om*. *C*[2]. 68. *C*: ἀποδείξας *B*. μὲν *C*: ὡς μὲν *B*. 69. ἕκαστος *β*: ἕκαστον *B*. 72. αὖ *C*: οὖν *B*.

---

in his *Annot. in Pandectas*, Paris, J. Badius, 17 Nov. 1508 (vol. iii, p. 56, in the Basle edit. 1557).

σὺ τὴν ἀπορίαν κατέστησας, ὁ ὑπάρξας τῆς εὐεργεσίας εἰς φίλον τῆς ἀξιολογωτάτης, δέον αὖ προλαβόντα με τοῦτό σοι τὸ πρᾶγμα παρασχεῖν ἀγχινούστερον ἂν ἀπαλλαχθέντι ταύτης τῆς δυσχερείας. Οὐ μὴν ἀλλ' ἐλπίζω εὑρήσειν τε τρόπον τινὰ εὐπρόσωπον πόρον τε εὐπορήσειν ἐφ' ᾧ ἀπαλλάξαι πως τουδὶ τοῦ ὀφειλήματος· καθάπαξ δὲ ἀπαλλαχθήσεσθαι οὐκ ἂν διὰ βίου ἔγωγε ἐλπίσαιμι, μείζονος δὴ ὄντος ὡς ἀληθῶς τοῦ δανείου ἢ κατὰ τὰ ὑπάρχοντά μοι. Ἀλλὰ μὴν πάντ' ἂν μᾶλλον ἀποδεξαίμην ἢ τοσαύτην καὶ τοιαύτην ἀχαριστίαν ὀφλεῖν.

Καὶ μὲν δὴ καὶ χάριν σοι οἶδα καὶ ὁμολογῶ, τῆς συγγνώμης σου τῆς περὶ τοῦ παρηκολουθηκότι ῥήματος. Quam molli articulo ibi me tractasti, imo quam mihi me reprehendendum emendandumque reliquisti! Agnosco, fateor, deprecor non culpam sed poenam, sed ignominiam, quae fatenti remitti solet. Potuisti iure tuo τὸ σφάλμα μου ἐπανορθωτικῶς γε δὴ σημειώσασθαι, vt etiam critica seueritate abstineres: ἔδοξε κἀμοὶ παρηκολουθηκότι ἄνωθεν πᾶσιν. Ego ita locum transtuli, quasi Lucas se ἀκόλουθον τῶν αὐτοπτῶν diceret, cum hic παρηκολουθηκότι idem quod ἐφιγμένῳ significet, vt tu ipse sentire videris, etiam si Latine *assecuto* improbare videris pro τυχόντι καὶ ἐφικομένῳ καὶ κατορθοῦντι. *Assecuto* vt probem facit Demosthenes ἐν τῷ περὶ Παραπρεσβείας his verbis: ἵνα ὡς μετὰ πλείστης συγγνώμης παρ' ὑμῶν ὁ τὰ τούτου πονηρεύματα εἰδὼς ἐγὼ καὶ παρηκολουθηκὼς ἅπασι κατηγορῶ. Hic vtrum Demosthenem intelligam omnia Eschynis flagicia criminaque comperisse accurateque in eum inquisiuisse, quasique omnia eius gesta factaque e vestigio ita persecutum vt tandem inuestigarit? an arbitrum et spectatorem fuisse rerum perperam ab eo gestarum vt aequalem, vt συμπολιτευόμενον, vt eadem legatione functum? Idem alibi: ὑμεῖς γάρ, δικασταί, ῥᾷον παρακολουθήσετε πᾶσι τοῖς λεγομένοις· nihil vos fugiet, sed omnia vt a me dicta erunt intellectu assequemini. Sic Galenus παρακολουθῆσαί τινι θεωρίᾳ dixit animo ita percipere vt speculamentum

83. σου *B* : σοι *C* : *om.* β. 84. β : παρακολουθηκότι *B*. 87. τὸ . . . 88. σημειώσασθαι *B* β : erratum meum certe veluti corrigens indicare α. 88. β : σημειάσασθαι *B*. ἔδοξε . . . 89. πᾶσιν *B* β : visum est et mihi peruestigatis ab initio omnibus α. 89. β : παρακολουθηκότι *B*. 90. ἀκόλουθον τῶν αὐτοπτῶν *B* β : comitem eorum (eorum *scripsi* : nō α) qui suis oculis viderant α. α : παρακολουθηκότι *B*. 91. ἐφιγμένῳ *B* β : assecuto α. 92. τυχόντι . . . κατορθοῦντι *B* β : adepto et potito et voti compote α. 93. ἐν . . . 95. κατηγορῶ *B* β : in actione de perperam obita legatione his verbis, vt velut cum plurima venia vestra, qui huius fraudes ipse sciam et peruestigarim (peruestigaram α) omnia, accusem α. 94. *Dem. N* : ἡμῶν *B* β. 95. *Dem.* : παρακολουθηκώς *B*. 100. συμπολιτευόμενον *B* β : simul cum eo gerente remp. α. ὑμεῖς . . . 101. λεγομένοις *B* β : vos enim, iudices, facilius assequemini omnia quae dicuntur, id est α. 103. παρακολουθῆσαί τινι θεωρίᾳ *B* β : omnia assequi speculatione quadam α.

---

84. παρηκολουθηκότι] Luke 1. 3. For Pace's views on this question see Jortin ii. 347–50.

92. *assecuto*] The Vulgate reading. Erasmus translates *persecutus* (misprinted *prosecutus*), Budaeus *assectatori*. In his second edition (1519) Erasmus modifies his translation and introduces Budaeus' citations from Demosthenes and Galen into his note. Cf. Ep. 441.

93. Demosthenes] 423.

100. alibi] Dem. 1050: *in Macart.* 1.

non fugiat τὸν ἐνθυμούμενον. Tu ad historiam texentis ordinem rettulisti. Quod si recte sentis, miror cur dixit καθεξῆς σοι γράψαι: oportuit enim primum ordine omnia didicisse, deinde γράψαι. Et tamen vtraque sententia idem dicit; prosequi enim dixisti, non assequi. Id cum tu dicas, non tamen probas. Omnino locus δυσνόητός ἐστι.

Ἄνωθεν recte reddidisti pro ἀπ' ἀρχῆς et *retrorsus*. Absit autem vt inficiator esse mediter potius quam vt me ipse profecisse fatear. Sed de κατηχῶ te memoria lapsum scio, cum Lucianus tuus in Asino vtatur: ἐμὲ δὲ, inquit, ἀπέδωκεν ἀπελευθέρῳ τινὶ τῶν ἑαυτοῦ νεανίσκων καὶ εἶπε κατηχεῖν ὅσα ποιῶν μάλιστα ψυχαγωγεῖν αὐτὸν δυναίμην, de asino loquens, quem saltationem doctum fuisse narrat; κατηχεῖν ἀντὶ τοῦ διδάσκειν dicens alibi pro *commonefacere*, id est νουθετεῖν: Εὐστόμει καὶ μηδὲν εἴπῃς φαῦλον, ἀλλὰ κατηχούμενος πείθου παρ' ἐμοῦ. Vnde et κατήχητοι Dionysio Areopagitae dicto. Deinde κατηχήθης quasi κατήχησο vertis.

Caeterum vtinam tam tibi placeres quam nobis in istis eximiis et μεγαλοπρεπέσι: iam enim tibi admonitorem me ingeram. Vt enim tecum familiariter agam, πολλάκις θαυμάζειν με ἔφησά σου τοῦ καταχρωμένου τηλικαύτῃ καλλιλογίᾳ καὶ εὐφυΐᾳ εἰς λεπτολογήματά τινα, in quibus tu interquiescere soles; ὥσπερ οὐ προσῆκον τὰ μέτρια τῶν συγγραμμάτων καὶ τὰ μικροπρεπῆ τοῖς πρὸς ταῦτα συμμέτρως ἔχουσι καταλιμπάνειν. Σὺ μέντοι τὰ πρῶτά τε καὶ τὰ τρίτα καὶ τὰ τούτων ἐφεξῆς τῷ αὐτῷ νῷ περιβάλλων, τοῦτο μὲν προαναρπάζειν τὰ τῶν ἡττόνων τε καὶ μετρίων ἔπαθλα αἰτίαν ἂν ἔχοις, τοῦτο δὲ καὶ τὸν σαυτοῦ ἐνθουσιασμὸν οὐκ εἰς δέον καταναλίσκειν· πρὸς δὲ τούτοις καὶ τὸ ἀξίωμα τῆς καλλιλεξίας τε καὶ μεγαλονοίας κολοβοῦν, quod prisci minuere maiestatem appellabant. Postremo

104. τὸν ἐνθυμούμενον *B β*: cogitantem *a*. 105. si *B β*: sic *a*. καθεξῆς σοι γράψαι *B β*: deinceps tibi scribere *a*. 106. γράψαι *B β*: scribere *a*. 107. *B a*: dixit *N*. prosequi *B a*: persequi *H*. 108. *B β*: probes *a*. 109. δυσνόητός ἐστι *B β*: difficilis est intellectu *a*. 110. ἀπ' ἀρχῆς *B β*: ab initio *a*. 111. *B LB*: fateor *Lond*. *β*. 112. κατηχῶ *β*: κατηχῇ *B LB*: χατηχη *a*: κατηχεῖν *Lond*. 113. ἐμὲ . . . 114. δυναίμην *B β*: Me vero, inquit, tradidit liberto cuidam e suis adolescentulis, et iussit vt me doceret quae faciendo maxime illum delectare possem *a*. 115. κατηχεῖ *β*. ἀντὶ τοῦ διδάσκειν *B β*: pro docere *a*. 116. Εὐστόμει . . . 117. ἐμοῦ *B β*: Bona verba et ne quid dixeris mali, sed cum a me admoneris, obtempera *a*. 118. Areopagitae dicto *add*. *β*. 120, 1. et μεγαλοπρεπέσι *B β*: ac magnificis *a*. 122. πολλάκις . . . 130. κολοβοῦν *B β*: sepenumero dixi me admirari te qui abutaris tanta et eloquentia et ingenii felicitate in rebus quibusdam minutulis; quasi non conueniat mediocria et humilia scripta iis quibus ea congruunt relinquere. At tu et prima et tercia et iis proxima eadem mente complectens duplici nomine (noīs *a*) possis accusari, partim quod inferioribus ac mediocribus praeripias praemia, partim qui tuam ipsius diuinitatem, vbi non oportet, consumas; ad haec qui dignitatem eloquentiae simul et ingenii sublimitatem contrahas *a*.

---

107. prosequi] Cf. crit. note and l. 92n.

112. Lucianus] *Asin*. 48. In the second edition this quotation is introduced into the note on κατηχήθης.

116. alibi] Luc. *Philopatris* 17; cf. Ar. *Nub*. 833.

quam te amari a me putas de praefatione illa tua πρὸς τὸν Ἀρχιερέα! cuius tu τὸ ἀξίωμα οἱονεί τι φυλακτήριον περιάπτων τῷ συγγράμματι τῷ σῷ περιέθηκας scite sane et sollerter, ἐπὶ τῇ ἀποσοβήσει τῶν νυκτικῶν τούτων σφηκῶν τῶν ψευδοθεολόγων. Ac ne quid tibi interim deperiret, δεδωρημένης ἤδη βίβλου ὅμως ἀντιλαβέσθαι τὸν Ἀρχιεπίσκοπον τὸν σὸν εὐεργέτην ἠβουλήθης, κομψῶς δὴ δύο τοίχους eadem fidelia et, vt nostrates aiunt, vnica filia procis quidem pluribus digna generos tibi duos asciscens.

Ohe, inquis, iam ad calces chartae tuae deuentum est. Hic igitur desinam. Scripsisti ad me Laconice: ego ad te Asiatice fortasse, vel si qui peiores etiam fuerunt. Sed sic sum; si placeo, vtere. Rarus tardusque sum ad scribendum, multus autem scribendo; vbi incalui, tollere manum nequeo. Simul ἀντεπιστέλλειν σε προτρέπομαι, εἴ ποτε σχολὴν ἄγοις, vt paria facias; chartae dico dispendio, cui non parcere me vides. Certe quidem facies vt hanc epistolam te recepisse sciam et me interim ingrati iudicio non periclitari; quod non ante credam quam a te certior factus. Μακαρίζω σε τῆς σχολῆς ταύτης καὶ σπουδῆς τῆς περὶ τὰ θεῖα, quam mihi iam diu promitto. Sed oeconomico mihi magis esse quam φιλοσόφῳ vacat. Πῶς γὰρ ἂν τῷ γε ἓξ υἱέων πατρί τε καὶ τροφεῖ, ἑνὸς θυγατρίου ἀδελφῶν, quique ὡς φιλοστόργως ἔχω ἐν τοῖς μάλιστα; οὕτω τοὶ ἀμελῶς ἔχων ἀεὶ πρὸ τοῦ διατετέλεκα τῶν πρὸς τὴν πολυπαιδείαν ἐπιτηδείων. Vale καί με ἀγαπῶν διατέλει.

Parisiis festo ascensionis Domini, cum ego votiuam peregrinationem postridie initurus essem.

401 404. To Ulrich Zwingli.

Zurich MS. E. ii. 360. 519. Basle.
Zw. E. 1514. 2. ⟨c. 8 May 1516.⟩

[An autograph in the Staatsarchiv at Zurich; first printed by Hottinger, *Historia ecclesiastica Noui Testamenti*, 1665, vol. vi, p. 626, and then by Hess ii, p. 562, from a copy by Simmler in the Town Library at Zurich, made apparently

131. πρὸς . . . 133. περιέθηκας *B β*: ad summum Pontificem, cuius tu { dignitatem / autoritatem } ceu custodem addens tuo libro apposuisti *α*. 132. περίαπτον *β*. 133. ἐπὶ . . . 134. ψευδοθεολόγων *B β* (134. σφηκῶν *N*: σφυκῶν *B*): ad abigendos aculeatos istos crabrones, falso nomine theologos *α*. 134. δεδωρημένης . . . 136. τοίχους *B β*: dicato iam libro nihilominus vna adiungere Archiepiscopum bene de te meritum voluisti; eleganter sane duos parietes *α*. 137. *B β*: vnicā filiā . . dignā *α*. 138. deuentum *B β*: ventum *α*. 142. ἀντεπιστέλλειν . . . 143. ἄγοις *B β*: vt rescribas te oro, siquando fuerit ocium *α*. 146. Μακαρίζω . . . 147. θεῖα, quam *B β*: Beatus mihi videris ob istud ocium et studium circa diuina. Quod *α*. 148. *B β*: philosopho *α*. Πῶς . . . 151. διατέλει *B β*: Nam qui vacet sex filiorum et patri et nutricio, filiolae vnius, fratrum quinque, vt praecipue sum affectus erga meos. Ad hunc modum antehac mihi semper neglecta sunt eruditionis studia. Vale et me amare perge *α*. 149. quique *C β*: quinque *B α*. 151. *B β*: πολυπαιδίαν *C*[2]. 152. Parisiis . . . 153. essem. *om. β*. 153. τέλος *post* essem *add. α*: *om. β*.

131. praefatione] Ep. 384.

from Hottinger and corrected with the autograph. Neither text is quite accurate. Zw. E. follows Hottinger.

The month-date can be supplied approximately from Zw. E. 1516. 1, which perhaps accompanied this.]

ERASMVS ROT. HVLDERICO SVINGLIO S. D.

Maiorem in modum me delectauit et tuus tam propensus in me animus et litterarum tuarum festiua iuxta atque erudita argutia. Quibus si parum respondeo, non mihi debes imputare sed hisce laboribus nunquam opinor finiendis; per quos cum sepenumero cogar esse parum humanus in eos in quos minime velim, in meipsum tamen sum longe inhumanissimus, genii vim exhauriens, quam ne quinta quidem sarciat essentia. Lucubrationes nostras tibi probari, viro tam probato, vehementer letor, et hoc sane nomine minus mihi displicent. Gratulor Helueticae genti, cuius ingenio peculiariter etiam faueo, quam tu tuique similes optimis etiam studiis ac moribus et expolietis et nobilitabitis, principe et antesignano Glareano; qui mihi non minus ob eximiam ac variam eruditionem est gratus quam ob singularem vite morumque sanctimoniam et integritatem, homo toto pectore tibi deditus. Nos statim a festo Pentecostes Brabantiam reuisimus; sic enim res flagitant. Ab hoc coelo non libenter diuellimur. Fac, mi Hulderice, vt obiter et calamum excerceas, optimum dicendi magistrum; video fauere Mineruam, si accesserit excercitatio. Hec scripsi a coena impulsore Glareano, cui nihil negare possum, etiam si nudum saltare iubeat. Bene vale. Basileae.

Eximio domino Huldrico Zuinglio, philosopho ac theologo cum primis erudito, amico fratris vice dilecto. Apud ⟨Gla⟩reanum.

405. To Fridolin Egli.

Zurich MS. S. 3 b init. ⟨Basle.⟩
⟨1516?⟩

[An autograph, on a small scrap of paper, in the Simmler collection at the Zurich Town Library. It is printed in the *Zwingliana* of the Zwinglimuseum Society, vol. i (1904), p. 344, by Prof. Egli; who shows that Hirudaeus (hirudo = Blutegel) may be identified with Frid. Egli (or Eckyly) of Glarus, who matriculated at Basle with Glareanus and P. Tschudi (p. 384) in the summer of 1514, and who was one of the supporters of the reformed religion in Glarus in 1528 (Heer, *Glarner Reformationsgeschichte*, p. 86). He is mentioned as Glareanus' pupil in the preface, dated 15 May 1516, to the latter's *Isagoge in Musicen*, Basle, Froben, *s. a.*; and was with him in Paris on 29 Aug. 1517 (Zw. E. i, p. 27) and 25 Oct. 1518 (MS. Staatsarchiv, Zurich, E. ii. 336). By 1519 he had returned to Glarus (Zw. E. i, pp. 84, 89); and he is found there also in 1521 (ibid. p. 166).

---

6. quinta essentia] Cf. Ep. 225. 11–14.

14. Pentecostes] 11 May 1516.

21. Glareanum] The MS. reading is equally, or even more, like *-reanam*: but Dr. Nabholz, Staatsarchivar of Zurich, agrees with me in thinking that *u* has been changed into *a* by a later hand. The form 'Glareana' (*sc.* terra) occurs in Zw. E. 1516. 4, 1517. 8, 1519. 34 and VE. 140. In any case the letter was clearly entrusted to Glareanus for transmission.

A precise date for such a note is impossible; but it may come at any time during Egli's pupillage with Glareanus, preferably during the period when both they and Erasmus were at Basle. I place it conjecturally with Ep. 404, in which Erasmus appears as writing a letter at Glareanus' suggestion.]

ERASMVS FRIDOLINO SVO S.

Φθείρουσιν ἤθη χρήσθ' ὁμιλίαι κακαί. Tu vero, mi Hirudaee, si in bonis fabulis bene versaberis, non modo non corrumperis, verum etiam ex bono melior euades; precipue Henrico Glareano rerum optimarum optimo interprete. Bene vale.

406. FROM ULRICH ZASIUS.

Epistole ad Erasmum f°. h v°. Freiburg.
C^2. p. 253: F. p. 92: HN: Lond. ii. 14: LB. 213. 9 May 1516.

[1516 is the only year-date possible, for in 1515 Erasmus was in England at this time.]

VDALRICHVS ZASIVS, PVBLICVS APVD FRIBVRGVM IVRIS PROFESSOR, ERASMO ROTERODAMO S.

VIDEO, magne heros, splendissime vir, quo tendas, qui inhumanitatis nescio quam labeculam in te purgare pergis. Cui, magne Erasme, persuaderes aliqua te parum seruati officii nota laborare? qui, si quisquam in orbe, tu vnus vel omnium quae optima sunt, nedum humanitatis egregiae, honore prae caeteris decoraris? Sed colligere videor quid hac tam officiosa excusatione ductu velut figurato pertendas. Mea enim inhumanitas percellitur, mihi dica scribitur, qui tot iam tempora te cominus vicinum nunquam adierim, te virum in literis principem non conuenerim. Et esset sane ea res culpae nomine cum primis notanda, si nullae mihi in statu assumptiuo suppetiae ferrentur. Verum inofficiosus ne culper aetas defecta excusat, qui egre meum oppidum inambulo, nedum ad aliena loca proficiscerer. Accedit lectionis ciuilis ponderosa et grauitas et assiduitas: si interim negocia taceam, quae tamen me vel diuidunt, vt facile veniam homini noxiam deprecari cupienti sis daturus; et tum facilius, quod vir placabilis, amoeni ingenii, comis et totus humanus, a nostro Amorbacchio in horas praedicaris, qui in meliora vertas vel quae nigra sunt, nedum quae lucem pati possint improbes, in amico praesertim erga quem non potest sine piaculo sinistrum esse iudicium.

Vide quo me tuis illis pulcherrimis rhetoriis contrudas. Prima tuarum literarum frons permouere me poterat, vt de inhumanitate (si diis placeret) te excusarem. Sed altius consyderans magnam mei

406. 5. *H*: humanitates *B*. 17. *F Corrig.*: praediceris *B*.

405. 1. φθείρουσιν] Men. *ap.* 1 *Cor.* 15. 33.

purgandi necessitatem mihi impositam inueni: proinde occultiorem illam tuam artem (quid enim tuum est quod non artis faetissimae sit?) nisi persensissem, parum aberat quin gloriosulus mihi tuae contra singulari eruditioni improuidus patuissem. De morsu quorundam quod scribis, noli laborare; gloriam, teste Emilio Probo, sequitur inuidia comes. Hoc esse verae et primae eruditionis et admirabilis doctrinae argumentum ne dubita, si in popularis literationis dentes incidas. Haec tuus te ille Hieronymus, vt vno verbo agam, docere poterit.

Tandem te per sacra amiciciae rogo ad nos venias. Venies expectatus bonis viris, quos non parum multos hic offendes. Ego tibi hospes ero et desyderatus et praesens et ad assem volentissimus; nostrisque et gymnasii pluteis inscribetur hic fuisse Erasmum. Vale et nostrum Bonifacium ama, qui te pro numine colit: vtinam ita diuina, ita superos vt Erasmum colat, et iam calculum beatitudinis melioris in vrnam conieci. Vale, ornamentum orbis.

Ex Friburgo. vii idus Maii. An. M.D.XVI.

Parce rudi calamo; tabellarius humeros pressit.

Tuus ad pedes Zasius.

407. To Willibald Pirckheimer.

Pirckheimeri Opera p. 267. Basle.
O². p. 154: Lond. xxx. 22: LB. App. 62. 12 May 1516.

[The date is confirmed by the publications mentioned. In P the address is prefixed to the heading. Its survival probably implies that the editors of P were printing from the autograph.]

ERASMVS BILIBALDO SVO S. D.

Nec erat argumentum ad te scribendi nec otium, vtpote iam ad iter accincto; et tot iam iam mensium laboribus tantum non extinctus eram. Et tamen nactus qui perferret, non potui non scribere ad meum Bilibaldum. Nouum Testamentum vtcunque est absolutum. Hieronymus iam ad metam anhelat, propemodum exiturus in manus hominum. Excuditur nunc libellus De Institutione Principis vna cum aliis aliquot. Nos humiles quod licet molimur et rei litterariae succurrimus pro virili. Tu quo felicior es, hoc potes maiora. Quaecunque regio nos habitura est, semper Bilibaldum animo circumferemus. Etiam atque etiam te rogo vt Annotationes in Nouum

406. 30. ille *H*: ille ille *B*. 35. Vale *B N²*: Valde *N¹ Lond.* 41. Tuus ... Zasius *om. H.* 407. 8. potes *PLB*: optes *Lond.*

406. 27. gloriam] Nep. *Chabr.* 3. In the early editions the *Vitae* are attributed to Aemilius Probus.

32. Venies] Cf. Verg. *Aen.* 2. 283.

407. 7. cum aliis aliquot] Cf. Ep. 393 introd.

Instrumentum tuae vocis praeconio omnibus commendes. Scis enim nouitatem omnem obnoxiam esse inuidiae. Bene vale, litterarum decus. Basileae postridie Pentecostes, anno M.D.XVI.

Ornatissimo domino Bilibaldo Pirckheimero, senatori inclytae ciuitatis Norimbergensis.

408. To Boniface Amorbach.

Basle MS. AN. III. 15. 69. Q. p. 7.

Basle. ⟨c. 12 May 1516.⟩

[Dr. Reich is probably right in placing this letter just before Erasmus' departure from Basle in May 1516. It has some verbal resemblance with Ep. 407; and Ep. 406, with its repudiation of Erasmus' self-imputed 'inhumanitas' (cf. l. 1 here), may well be the letter to which Erasmus had not time to reply. For dating it in March 1515 the reasons are less cogent.

Boniface Amorbach (11 Oct. 1495—5 April 1562) was the third son of the printer (p. 29). After some months as a private pupil of Conrad Leontorius in the Engenthal near Basle, he was sent in the summer of 1507 to Schlettstadt, where he was under Gebwiler and Sapidus (cf. EHR. xxii. 743,4 and Basle MS. G. II. 30. 178. 9). In the summer of 1509 he matriculated at Basle, and as an inmate of his father's house enjoyed intercourse with the scholars who were occupied in the production of Jerome. He was M.A. in Jan. 1513; and in 1514 went to study law under Zasius at Freiburg, matriculating on 16 Sept. He inherited a share in his father's press (cf. p. 211); but his interest was in law, and he remained with Zasius, to whom he had become strongly attached, till 1519. In May 1520 he went to Avignon, where Alciati was lecturing, and worked there until 1524, with an interval, May 1521—May 1522, when he was driven back to Basle by the plague. In Aug. 1524 he received a lecturership at Freiburg, but in Nov. was recalled to Basle to succeed Claudius Cantiuncula as Professor of Law. After taking his Doctor's degree at Avignon in Feb. 1525, he entered upon his office; and the remainder of his life was spent at Basle in discharge of his professorial duties and in practice as a lawyer of repute.

He was one of Erasmus' most trusted friends in later years and served as executor of his will. His collections of MS. letters and papers, the celebrated Amorbachiana, were bought by the town of Basle and are now in the University Library; together with the elaborate accounts (C. VII. 19) of his administration of Erasmus' trusts. They form a rich store of material for the literary history of his time, and for the transactions of the Amorbach and Froben presses. In his book of *Horae* (AN. VI. 36) he has recorded many personal and family dates: that for his death is given in the University Register (AN. II. 3, f. 196 v°).

See sketches by Fechter, 1843, Probst, 1883, and Stintzing in *Gesch. d. deutschen Rechtswissenschaft*: also Stintzing's *Zasius*; Am. E.; ZE.; BRE.; and ADB.]

ERASMVS BONIFACIO SVO S. D.

Qvod hactenus ad te non scripserim, non meae imputas inhumanitati, que tua, mi Bonifaci, est humanitas, sat scio, sed laboribus prorsum immodicis et tibi non omnino incognitis. Amo et te et totum hoc Amerbachiorum nomen. De te summam spem concepi ex tuis litteris vel Politianum vel Zasium illum alterum Politianum referentibus. Perge gnauiter, qua coepisti, g⟨en⟩us ⟨et⟩ patriam sanctissimis moribus et optimis disciplinis illustrare.

408. 6. genus et *scripsi*: gratissimam Q. *At verbo tam longo deest in charta spatium.*

---

408. 5. alterum Politianum] Cf. Ep. 307. 19.

Nos hec iam ad iter accincti scripsimus. Argutissimis Zasii mei litteris respondere non vacabat. Vbi dabitur ocium, vel libris hominem prouocabo. Solus Germanorum mihi videtur loqui. Bene vale. Basileae.

Omnibus gratiarum dotibus expolito iuueni Bonifacio Amerbachio. Friburgi.

409. From Willibald Pirckheimer.

Deventer MS. 91, ff. 170 and 171 v°. Nuremberg.
B f°. f²: C². p. 247: F. p. 90: HN: P. p. 269: Lond. ii. 11: LB. 214. 20 May 1516.

[Between the publication of the New Testament (Ep. 384) and of B. The text of P has no important variants and probably follows one of the printed editions.

In the Deventer Letter-book the postscript is attached to Ep. 527, which is copied there on the next folio. If I have dated Ep. 527 rightly, the addition to it of this postscript, which was perhaps on a separate sheet, is clearly a mistake of the copyist; and even if Dr. Reich's date is correct, B has as good authority as the manuscript, the copying of which was not begun until the summer of 1517 (App. 8).]

BILIBALDVS PYRCKHEYMER DOMINO ERASMO S. P.

Ante quatuor ferme menses ad te literas dedi, mi amantissime et colendissime Erasme. Ceterum quia nullum a te accepi responsum, suspicor vel meas tibi vel tuas postea mihi literas redditas non fuisse; verum tamen literarum interim loco tua clarissima fuit editio, qua non minus sancte et fideliter quam fauste et feliciter Nouum explanatum est Testamentum. Vindicasti tuum nomen ab omni temporis iniuria, peregistique rem non minus Deo optimo maximo acceptam quam omnibus Christi fidelibus necessariam et vtilem. Macte igitur virtute, qui negocium cunctis hominibus a mille annis citra negatum absoluisti. Sed quid ego verbis tuam extollere doctrinam et eruditionem conor, rem viribus meis penitus imparem?

Οὐδ' εἴ μοι δέκα μὲν γλῶσσαι δέκα δὲ στόματ' εἶεν
Φωνὴ δ' ἄρρηκτος, χάλκεον δέ μοι ἦτορ ἐνείη,

vt poeta inquit. Satius igitur verecunde tacere quam laudes tuas minus digne personare; quas si nimis frigide tractare videor, non viribus sed imbecillitati meae imputandum erit.

Sed de his hactenus. Quid vero agas, quam belle valeas, quid denique parturias, admodum scire desydero, et si tibi molestum non erit, rescribe; vt habeam quod amicorum tuorum incognitorum turbae

409. 3. vel *ante* tuas *B*: seu *MS.* 5. & *post* fauste *MS.*: ac *B.* 6. tuum *B*: tu *MS.* 7. opti. et max. *B.* 10. negatum *MS.*: negotium *P.* 12. εἶεν *B*: εἶουν *MS.*

409. 14. poeta] Hom. *Il.* 2. 489,90.

respondeam, quandoquidem a me quotidie per literas quid Erasmus noster agat, anxie perquirunt. Vide, mi Erasme, quam auidi rerum tuarum, ne dicam ingrati, simus. qui cum immensa et maiora quam expectare potuissemus praestiteris, et vltra quid querimus et quodammodo exigimus. Verum id virtuti tuae, non vicio nostro, acceptum referas, et bene valeas, gloria et splendor humani generis.

Ex Nurenberg 20 Maii 1516.

Salutat te iterum Stabius, Caesaris historiographus, vir doctus et bonus. Salutant te gemine meae sorores, Abbatissa sanctae Clarae vna, et altera eiusdem regulae sectatrix, quae assidue tua scripta manibus retinent. Maxime vero iam Nouo oblectantur Testamento; quo mire afficiuntur mulieres multis viris, qui sibi scioli videntur, doctiores. Scriberent ad te Latine, nisi indignas suas existimarent litteras.

410. To John Le Sauvage.

Farrago p. 182. Antwerp.
F. p. 320: HN: Lond. vii. 11: LB. 176. 1 June ⟨1516.⟩

[The group of letters, Epp. 410–17, from similarity of subjects and language were plainly written within a few days. The year-date 1516 is supplied from the publication of the books mentioned. It is noticeable that the assigned year-dates (most of which are added in H) are very various, and that none of them is correct.

20. quid *B*: q *MS.* 22. ne *MS.*: non *P.* 23. & *ante* vltra *MS.*: etiam *B.* 29. et *om. F.* 32. litteras, &c. *P.*

27. Stabius] John Stab (†1 Jan. 1522) of Steyer in Upper Austria, after studying at Schlettstadt and Ingolstadt, became Professor of Mathematics at Vienna in 1497. In 1502 Celtis crowned him as poet laureate. From 1503 onwards he was historian to Maximilian, who engaged him to write a history of Austria (not completed) and to make researches into the Hapsburg genealogy. He used the opportunities thus given to search for MSS. (cf. BRE. 24 and SE. 126); but his principal achievements were in the field of mathematics. In 1515 he published with Dürer a map of the world. At his death he was Dean of St. Stephen's at Vienna.

See VE.; ADB.; CPR. p. 48; and Aschbach, *Gesch. d. Wiener Univ.* ii. 363–73.

28. sorores] Charitas (21 March 1466—19 Aug. 1532) entered the convent of St. Clara at Nuremberg c. 12 May 1478 and became Abbess 20 Dec. 1503. She was a friend of many learned men, and ruled her house with great fortitude and prudence in the troubled days of the Reformation. See her *Denkwürdigkeiten*, ed. C. Höfler, in *Quellensammlung f. fränk. Gesch.* iv. Bamberg, 1853. Willibald dedicated to her a translation from Plutarch, 30 June 1513 (Ep. 362. 3 n.), and an edition of Fulgentius, Hagenau, Anshelm, 1520.

Another sister, Clara (1478–1533), entered the convent in 1494; and in 1513 two daughters of Willibald, Catharine (†1563) and Crescentia. To Clara he addressed an edition of Nilus' *Sententiae morales*, Nuremberg, Peyp, c. Dec. 1516 (?), and she is associated in the dedication of Fulgentius. She succeeded Charitas as Abbess, but died after seventeen weeks of office; and was succeeded by her niece Catharine (Höfler, op. cit., Anhang).

Among the MSS. of the Town Library at Nuremberg are some Latin letters written by Charitas and Clara. A few by Charitas were printed in a volume entitled *Epistola doctoris Scheurli ad Charitatem*, &c., Nuremberg, Peyp, April 1515; reprinted in P.

See a life of Charitas by F. Binder, 1873; and ADB. xxvi. 817–19.

Not many indications are available as to Erasmus' journey. After turning back at Kaisersberg (Ep. 412. 3) he probably touched the Rhine again at Strasburg. He passed through Spires (Ep. 563. 31), Mainz (Ep. 413. 16), and Cologne (Ep. 412. 7; cf. Ep. 440. 14 n.) and arrived at Antwerp on 30 May; the journey having occupied at the most seventeen days. From Antwerp he went to Brussels and thence to St. Omer.

John Le Sauvage (1455—7 June 1518), Lord of Schaubeke, was a powerful official, who against the wishes of Maximilian and Margaret succeeded in accumulating many offices. He was already President of the Council of Flanders in 1506; on 24 June 1508 he was made President of the Privy Council, and in 1509 Chancellor of Brabant. In 1513 he was compelled to resign the Presidency of the Privy Council, but on 17 Jan. 1515 was appointed Chancellor of Burgundy, and in 1516 Chancellor of Castile. He accompanied Charles to Spain in 1517 and died at Saragossa. For some of his many embassies see Rymer xiii. Erasmus found him a liberal patron (cf. Ep. 436) and dedicated to him a new edition of the *Institutio Principis Christiani* (Ep. 393) in 1518, just after his death; but later in life was inclined to grumble at Le Sauvage's treatment of him (OE. p. 201). See Leglay, *Correspondance de Maximilian I et de Marguerite d'Autriche*; Henne; de Reiffenberg, p. 296; and Brewer. Sweert, *Athen. Belg.* p. 475, gives the inscription put up to his memory in St. Gudule's at Brussels.]

CLARISS. D. IOANNI SYLVAGIO, REGIS CATHOLICI CANCELLARIO SVMMO, ERASMVS ROTEROD. S. P. D.

Tandem explicui me e laboribus Basiliensibus, vir clarissime, fortassis serius et meis votis et amicorum expectatione, sed tamen pro operis modo pene praepropere; quippe qui libello De principe instituendo nondum absoluto discesserim, cum magnopere cuperem id muneris offerre Principi; deerat nonnihil adhuc et in Hieronymo. Quod superest, ex tuo potissimum consilio faciam quod erit faciendum.

Has literas hoc consilio reliqui Antuuerpiae, vt si forte fortuna non contigisset mihi Bruxellae aut Mechlinae tui conueniendi copia, hac saltem ratione tuam celsitudinem salutarem. Nam ipse Montioium adeo, illinc quempiam in Angliam transmissurus qui volumina Hieronymi, quorum aeditionem inscripsi Cantuariensi, illi reddat, simulque caeteros amicos meo nomine conueniat ac censum anni superioris colligat. His rebus confectis mox ad vos me recipio. Interea valeat incolumis tua celsitudo, vir incomparabilis et patrone summe.

Antuuerpiae. Calendis Iuniis. [M.D.XV.]

9. Mechliniae *E. Corrig.* 11. Montioium *E*: Montioicam arcem *H.* 17. M.D.XV. *add. H.*

4. nondum] Cf. Ep. 419. 4–6.

11. Montioium] The change made in H shows that Erasmus went not to Tournay but to Hammes. The lieutenancy of this castle Mountjoy seems to have still retained in spite of his appointment to Tournay, where he was at this time (Brewer ii. 1995).

411. To Rimaclus.

Farrago p. 181. Antwerp.
F. p. 320: HN: Lond. vii. 10: LB. 252. 1 June ⟨1516⟩.

[Rimaclus or Remaclus (1480–1524) was a native of Florennes in the Ardennes. In the preface to his *Amores*, Paris, J. Badius, 15 March 1513, he states that his father placed him in the household of John de Hoerne, Bp. of Liège, and that on his patron's death, 19 Dec. 1505, he began to study law. This was probably at Cologne, where he published a volume of *Epigrammata*, 30 Nov. 1507, and contributed verses to Ortuin Gratius' *Orationes Quodlibetice*, Cologne, H. de Nuscia, 1508; and where he was a friend of Cochlaeus (LB. App. 348). Subsequently he was servant, first to Louis Vaca, tutor to Prince Charles, then to Aloysius Marlianus (l. 8 n.); and finally to Aloysius Bontianus, a member of the Council of Brabant, whom he accompanied on an embassy to Scotland. In Jan. 1512 he was teaching in a school in London; see the preface to his *Palamedes*, Paris, G. Gourmont, *s.a.*, a prose drama dedicated with some sacred poems to his patron Peter Griphus (Ep. 243. 60 n.). Jerome Busleiden in a letter (p. 139 of the MS. from which Ep. 244[A] is taken; printed by Nève in *Annuaire de l'univ. cath. de Louvain*, 1874, p. 407) speaks of him as deserting a pupil and going to France; perhaps for the publication of the *Amores*. Before they appeared Bontianus had procured him a secretaryship in Prince Charles' household (cf. Gachard ii. 494; the description of him in the index to H as 'a sacris' is probably incorrect); and in that capacity he was present at the Diet of Worms in 1521 (Rivier, *Cl. Chansonnette*, p. 31). In the *Acta Academiae Louaniensis contra Lutherum*, *s. l. et a.*, ⟨1520⟩—which Kalkoff attributes to Erasmus—he is described as acting with Aleander and as 'notae improbitatis ganeo'; cf. Deventer MS. 91, f. 41. See Kalkoff, *Aleander gegen Luther*, pp. 20–3: and BN. i. 365, 6, where no references are given for the dates. His acquaintance with Erasmus was probably formed in London. In the *Spongia*, LB. x. 1652 c, he is credited with an attack upon Luther.]

ERASMVS ROT. RIMACLO SVO S. D.

Tandem effugi ex ergastulo Basiliensi, in quo sex annorum operas octo mensibus praestiti. Mirum, mi Rimacle, quantis studiis, quibus conditionibus me sollicitarit superior illa Germania; quae regio mihi sic modis omnibus arrisit vt nulla sub sole magis. Hanc epistolam Antuuerpiae reliqui, Bruxellam vestri conueniendi gratia aditurus; idque hoc consilio, quo si forte fortuna euenerit vt non sit congrediendi copia, hae meis verbis salutem dicerent amicis: quibus me redditum vehementer gaudeo. Bene vale; et Aloysium, si adest, meo nomine saluta diligenter. Antuuerpiae Calendis Iuniis. [M.D.XVII.]

7. hae *E*: haec *F*. dicerent *E*: diceret *F*. 9. M.D.XVII *add. H.*

8. Aloysium] Louis Marlian († a. 15 July 1521) a native of Milan, was physician to the Archduke Philip and accompanied him to Spain in 1506 (Ep. 189 introd.); perhaps making the acquaintance of Ammonius (Ep. 218 introd.) during the involuntary visit to England. He afterwards became physician and councillor to Prince Charles; for whom he invented the device 'Plus vltra'. About 1517 he received the see of Tuy in Galicia, and became a patron whom Erasmus desired to conciliate. He attended Charles to Spain 1517–20, and to Worms in Jan. 1521. See Brewer. In the *Batauia* of Cornelius Gerard (Ep. 17 introd.), which was probably written in 1515 (Ep. 78 introd.), a letter by him to Jerome Busleiden is adduced as unbiased testimony in favour of Holland; Bk. ii, pp. 69–76, ed. 1586. He also composed an oration for Charles' Chapter of the Golden Fleece in Jan. 1517 (Basle, P. Gengenbach, June 1517); and in 1520 a polemic against Luther with insinuations about Erasmus, for which see O. Clemen, *Beiträge z. Reformationsgesch.* iii. 4–9, and cf. *Spongia*, LB. x. 1652 c.

[388] 412 [424] To Thomas More.

Farrago p. 187. ⟨Brussels.⟩
F. p. 324 : HN : Lond. vii. 22 : LB. 364. ⟨c. 3 June 1516.⟩

[The month-date and place can be supplied from the indications of Erasmus' intended movements in Epp. 410, 1, and from Tunstall's arrival (l. 54 n.); the final paragraph being added later. Besides Epp. 412–17 Erasmus wrote also by Peter Meghen (l. 43) to Wolsey (Ep. 424. 67), Warham (Ep. 424. 26), Ruthall (Ep. 437. 1), Colet (Ep. 423. 1), Sixtin (Ep. 430. 1), Watson (Ep. 450. 1), Lupset (Ep. 431. 5 and 9), and probably Bedill (Ep. 426); and in reply Meghen brought back Epp. 423-6 and 429-32, reaching Antwerp not later than 9 July.]

ERASMVS ROT. MORO SVO S. D.

Caeteris aegroto, tibi vni bene valeo. Gratia superis reuersus sum incolumis Antuuerpiam tertio Calendas Iunias. Deliberatum erat iter facere per Lothoringiam. Nanque ad montem Caesaris, oppidum in alpibus situm, perueneram. Verum vbi viderem passim militum greges, rusticos passim ex agris in oppida commigrare, et rumor esset aduentare manum ingentem, verti consilium et periculum non effugi sed mutaui. Coloniae nactus sum oratores Italos, quibus adiuncti confecimus fere equites octoginta. Nec hoc numero sine periculo fecimus iter.

Episcopus Basiliensis, vir admodum natu grandis, integer et eruditus, dictu mirum qua me sit humanitate prosecutus, homo alioqui multorum consensu non admodum benignus; nam hunc neuum reperiunt in tam formoso corpore. Inuitauit, complexus est, ornauit testimonio vocis suae. Obtulit pecuniam, fortunam, donauit equum, quem vix portam egressus statim quinquaginta florenis aureis vendere potui. Parauerat poculum argenteum; verum aurifaber illi verba dederat, id quod indigne tulit. Eloqui vix possum quantopere mihi placeat hoc coelum Basiliense, quantopere genus hominum: nihil illis amicius, nihil syncerius. Quot me comitabantur equis abeuntem, quibus lachrymis dimiserunt! Quanquam et aliunde conditiones non inhonestae offerebantur. Vnam epistolam misi ex qua poteris coniicere me non omnino fingere. Nouum Testamentum et ab iis probatur quos arbitrabar maxime calumniaturos. Primariis theologis vehementer placet. Enchiridion illud exosculantur omnes. Id Episcopus Basiliensis semper circumfert. Vidi margines omneis ipsius manu depictas. Sed desino haec, ne gloriosulus videar; quanquam apud

3. Nāque *E*: Nanque *F*: iamque *N*. 12. multorum *F*: omnium *E*. nam . . . 13. corpore *add. F*. 14. *F*: aequum *E*. *Cf. Ep.* 591. 26 *n*.

---

3. montem Caesaris] Kaisersperg (E. *in marg.*) in the Vosges, 7 ms. NW. of Colmar.

6. manum ingentem] Cf. Ep. 469. 5.

10. Basiliensis] Christopher of Utenheim.

12. neuum] Cf. Hor. *S*. 1. 6. 67.

21. epistolam] Probably Ep. 386; cf. that introd.

Morum non verear vel ineptire. Sed τοσούτοις βάρεσι πιέζομαι vt non liceat ἀνακύπτειν. Vnam aut alteram fortunae plagam vtcunque ferat aliquis, ἀλλὰ πανταχόθεν δυστυχῶ. Quam difficile est sapere quibus aduersatur Rhamnusia! Et tamen animo Herculano me fulcio sustineoque.

Placuit epistola quam Antuuerpiam reuerso reddidit Petrus Aegidius. De Maruffo demiror quid homini venerit in mentem eiusmodi nugari nugas. Deposui apud hominem centum et viginti nobiles eximios, pro his syngrapham tradidit: tamen ea res citra periculum vllum confici poterit. Scripsi Cantuariensi per hunc tabellionem mihi redditam eam pecuniam opera Maruffi. Is huic tradat chirographum suum per quod possim in his regionibus accipere pecuniam. Eo apud te deposito recipiat ab Archiepiscopo pecuniam. Id si parum probatur, fac ipse recipias eam pecuniam, et scribe tuis vt hic mihi restituant; simulque mihi syngrapham mittito per quam eam reposcam. Nam literas ad Cantuariensem sic temperabo vt vtrumque liceat. Submonuit hic Petrus vnoculus optimum esse committere pecuniam negociatori cuipiam Germano, per cuius syngrapham Antuuerpiae recipiam. Proinde scribam vt tibi tradat pecuniam, per te mox ad me venturam. Mire mihi placuit illa tua ad me epistola, testis animi in nos tui; praeterea declarans te proficere dicendi virtutibus. Apologiam pro me tuam nondum totam legi, ex qua intelligo quid Martinus Dorpius scripserat. Admiror quid homini venerit in mentem. Sed tales reddit haec theologia.

Cancellarium salutaui. Aderat forte fortuna tum in coena Praepositus ille Cassiletanus, vir iuxta doctus atque humanus. Adest et Episcopus Theatinus. Et dum haec scriberem, expectabatur Tunstallus; quo salutato Montioium conueniam et Abbatem: apud hos tantisper tempus ducam, dum hic monophthalmus huc se recipiat. Mox cum Principe agam: si sensero frigere negocium, vt est Flandricum erga literas ingenium, recta Basileam, nisi si quid tu dissentis.

33. Maruffo *E*: Ruffo *F*. 34. nobiles *E*: angelatos *F*. 37. Maruffi *E*: Ruffi *F*. 45. te *E*: me *H*. 46. me *ante* venturam *E*: te *H*. 49. Martinus Dorpius *H*: M. N. D. *E*. 56. Flandricum *E*: huius regionis *F*.

51. Cancellarium] Le Sauvage; cf. Ep. 410. See also Ep. 430. 11 n.

52. Cassiletanus] George of Theimseke (†c. 1535), a lawyer and ecclesiastic, who had attained to great influence as a diplomatist. He enjoyed abundant preferment, being Dean of St. Gudule's at Brussels 1491, Dean of Bruges 1499, Dean of Courtray, and Provost of Cassel 1505. In 1503 he was appointed an ecclesiastical member of the Grand Council at Mechlin, and shortly afterwards Privy Councillor. He discharged numerous embassies between 1508 and 1532. See A. Leglay, *Cameracum Christianum*, pp. 123,4; GC. v. 258 D; and Brewer.

53. Theatinus] Cf. Ep. 287. 7 n.

54. Tunstallus] He arrived in Brussels on 3 June (Brewer ii. 2006); cf. l. 63 *infra*.

Abbatem] Antony of Bergen, at St. Omer; see Ep. 143 introd.

56. negocium] Cf. Ep. 370. 18 n.

Scribito de singulis diligenter, si quid est quod ad rem meam pertinet. Si Paceus adest, admone vt per hunc remittat omneis commentariolos meos quos apud illum deposui Ferrariae. Conueni Episcopum Theatinum cumque eo coenaui. Is toto pectore nos amat ac miratur: agit apud Carolum Principem, comitaturus eum in Hispaniam.

Hodie coenaui apud Tunstallum, vt compendio dicam, tui simillimum. Cura vt reuiuiscas; nam audio te periculose laborasse. [M.D.XVIII.]

413_{432} TO JOHN FISHER.

Farrago p. 180. St. Omer.
F. p. 319: HN: Lond. vii. 9: LB. 256. 5 June ⟨1516⟩.

[The last paragraph of this letter is undoubtedly addressed to Fisher, and therefore it is clear that the editors of E either made a mistake in the heading—perhaps in consequence of the statement in l. 3 about the New Testament—or joined parts of two letters together; cf. Epp. 119 and 128. There seems no easy point of severance; so that the former alternative is preferable.]

REVERENDISSIMO IN CHRISTO PATRI D. IOANNI EPISCOPO ROFFENSI ERASMVS ROTERODAMVS S. D.

REVERENDE pater, si per valetudinem licuisset, ipse coram salutarem amplitudinem tuam et pro tantis in me beneficiis gratias agerem. Nouum Testamentum cum tibi destinassem, cur mutato consilio summo Pontifici inscripserim, literis meis iampridem exposui: quae tua est humanitas, imo prudentia, boni consulet, spero, quod fecimus. Timebatur hoc opus antequam prodiret; caeterum aeditum mirum est quam probetur omnibus etiam theologis, vel eruditis vel integris et candidis. Prior Friburgensis, vir summae autoritatis apud suos (is est autor Margaritae philosophicae), cum degustasset opus, ait se malle carere ducentis florenis aureis quam eo libro. Ludouicus Berus, theologus Parisiensis, vir in ea promotione, vt vocant, primus, exosculatur, adorat, ac deplorat tot annos in scholasticis illis conflictatiunculis consumptos. Idem sentit Vuolphangus Capito concionator publicus Basiliensis, vir Hebraice longe doctior Reuchlino, ad haec in theo-

412. 64. laborare *F.* 65. M.D.XVIII *add. H.* 413. TIT. D. . . . ROFFENSI *F*: DN. GVLIELMO ARCHIEPISCOPO CANTVARIENSI, TOTIVS ANGLIAE PRIMATI *E.* 5. consules *F.* 13. Capito *add. F*: V. Fabritius Capito *E in marg.* 14. doctior Reuchlino *E*: doctissimus *F.*

412. 59. commentariolos] Ep. 30. 16 n.

413. 8. Prior] Gregorius Reischius: E *in marg.*; cf. Ep. 308.

11. primus] This success was evidently much valued; for in the *Liber receptoris nationis Alamanie,* 1494–1530 (Paris Univ. MS.) against the entry of Ber's inception in 1499 (f. 29), Jac. Spilmann of Basle, who was *receptor* in 1512–13, has added 'Primus in ordine Theologus Anno 1512'. Cf. also Aleander's note on Ber, written in 1535, in his *Journal*, ed. Omont, p. 39; and Ep. 456. 163–6.

14. doctior Reuchlino] A hasty comparison which obviously was not intended to be published. In spite of the correction in F, Hutten brings Erasmus to book in his *Expostulatio* (HE. 310, pp. 201,2), written in 1523; which Erasmus answers in the *Spongia* (HE. 333, pp. 278,9; LB. x. 1641 C–E).

logica palaestra exercitatissimus; vterque Graecis literis sedulo dat operam. Huic simillimum repperi Maguntiae theologum et Coloniensem suffraganeum.

Vt reliquos omittam, Episcopus Basiliensis, vir grandaeuus, vitae integerrimae et impense doctus, quid non humanitatis in me contulit? quid non obtulit? Cum omnia recusarem, coegit tamen vt equum acciperem, quem mox vrbem egressus quinquaginta florenis aureis reuendere potuissem. Dux Bauariae Hernestus misso huius rei gratia Basileam vsque nuncio ducentos obtulit aureos annue praeter sacerdotiorum spem, praeter munera magnifica, tantum vt Angelopoli (ea est Bauariae schola) viuerem. Idem fecit episcopus quidam Germanus, cuius cognomen in praesentia non succurrit. Sed desino gloriari, cum huiusmodi permulta verissime queam referre. Scio me nihil horum promereri, et tamen gaudeo nostras qualescunque vigilias non displicere bonis. Multi legunt hac occasione diuinas literas, nunquam alias lecturi, quod ipsi fatentur; complures graecari coeperunt, imo passim.

Diuus Hieronymus proximo mercatu Francfordiensi totus prodibit. Nunc per hunc Petrum vnoculum hac de causa meo sumptu meoque periculo missum mitto Archiepiscopo Cantuariensi quatuor Epistolarum volumina; quorum copiam ille tibi lubens fecerit. Ad diuum Audomarum vsque perueneram, in Angliam traiecturus; sed febricula oborta fecit quo minus me committerem nauigationi. Cum licebit, aliqua declarabo me non omnino immemorem tantae tamque effusae in me beneficentiae. Princeps Carolus ad regna nouem et decem (vt ferunt) accersitur. Mira felicitas; at precor vt ea nostrae quoque patriae sit felix, non solum Principi. Cum Basilea relicta per Lotharingiam iter facere pararem, passim obuios habui milites, vidi rusticos supellectilem in proxima oppidula comportare. Rumor erat Lotharingos adoriri velle, sed incertum erat a quo mitterentur. Mihi subolet a Caesare dimissos quaerere qui salarium illius vice dependat. O miros Christianorum principum lusus! Sic tumultuamur, sic κυβεύομεν, et tamen Christiani nobis videmur. Verum haec mihi meique similibus tantum deplorare licet. At vtinam omnes pontifices, omnes cardinales, omnes magnates, omnes theologi in hoc con-

16. theologum *add. H.* 35. tibi *add. F.* 39. vt ferunt *add. F.*

16. Coloniensem] Theodoric Wichwael (†1519) of Calcar, near Cleve; an Augustinian, who had been Suffragan Bp. of Cologne and therewith titular Bp. of Cyrene since c. 1504.

22. Hernestus] Cf. Ep. 386. 17 n. Ernestus: E *in marg.*

24. Angelopoli] Ingolstadium: E. *in marg.*

25. episcopus quidam] Emser (Ep. 527 introd.) can hardly be intended.

34. Archiepiscopo] Cf. Ep. 439. 5.

39. regna nouem et decem] Aragon and Castile seem to be meant.

spirarent, vt his malis pudendis aliquando finis imponeretur: verum id nunquam fiet, nisi semoto priuati commodi studio publica tantum spectetur vtilitas. Ita fieret vt et priuatim quisque melius haberet. Bene vale: melius valebo, si tuas merebor accipere literas.

Apud diuum Audomarum nonis Iuniis. [M.D.XVII.]

$414_{427,\ 429}$ To Andrew Ammonius.

Farrago p. 203. St. Omer.
F. p. ⟨337⟩: HN: Lond. viii. 5: LB. 158. 5 June ⟨1516⟩.

ERASMVS ANDREAE AMMONIO S. D.

Gavdeo N. ereptum e carcere regio; id si tuo quoque bono factum est, duplici nomine gaudeo. Amo Coleti tam Christianum animum; nam eius vnius opera liberatum audio: cum is semper a Coleto inter amicissimos habitus, cum iam amicus vrgeretur episcoporum calumniis, ab illius aduersariis steterit. Epistolas quas ad Leonem et Cardinales scripseram aedidi, sed locupletatas. Si quid responsum est aut si quid est quod mea refert scire, quaeso scribas per hunc vnoculum Petrum, quem hac gratia meo sumptu misimus in Angliam, mox huc rediturum; nam febricula repente oborta vetat quo minus traiiciam: et est quod Carolo sit ad dies aliquot gratificandum. Superior illa Germania sic mihi modis omnibus arrisit vt vehementer doleam tam sero mihi cognitam. Nihil non detulit honoris Erasmo Episcopus Basilensis, vir omnino frugalis, vt ferunt, alioqui; obtulit pecuniam, obtulit fortunam, equum coegit vt acciperem, quem mox vrbem egressus aureis quinquaginta reuendere poteram. Sed praestat coram hunc Thrasonem agere. Bene vale ac scribe saltem quid valeas.

Apud diuum Audomarum, nonis Iuniis. [M.D.XIII.]

413. 54. M.D.XVII *add. H.* *E Corrig.* vt ferunt *add. F.* 414. 4. iam amicus *add. F.* 13. Basiliensis 17. M.D.XIII *add. H.*

414. 1. N.] Warham; for whose resignation of the Chancellorship see Ep. 388. 86 n., and cf. l. 3 n. *infra*. This identification is discussed in detail in EHR. xvii. 303–6. The statement made there that this letter answers Ep. 389 is incorrect; see p. 199.

tuo quoque bono] Ammonius, as a member of the royal household, might well be benefited by a general shifting of offices consequent on the vacancy in the Chancellorship.

3. eius vnius opera] For Colet's influence with the King cf. Ep. 457. 28, 9 and Lond. xv. 14, LB. 435. Brewer's abstract (ii. App. 36) of a letter from More to Warham ⟨c. Feb. 1517⟩, in Stapleton, *Tres Thomae* (1588), *Vita Mori*, p. 205 (105), might be taken to mean that More had persuaded Henry to allow the resignation. More's words are, however: '⟨magistratum⟩ sua sponte deponere (quod tua paternitas magno labore vix impetrauit vt liceret facere).'

4. vrgeretur] Cf. Ep. 270. 44 n.

5. Epistolas] A.

10. Carolo] Cf. Ep. 370. 18 n.

415. To Thomas Linacre.

Farrago p. 306. St. Omer.
F. p. 414: HN: Lond. x. 7: LB. 157. 5 June ⟨1516⟩.

ERASMVS ROTERODAMVS THOMAE LINACRO MEDICO REGIO S. D.

Tametsi nouum non erat, tamen gratissimum fuit quod ex Mori literis cognoui, te tam amice nobis fauere licet immerentibus. Nouum Testamentum adeo placet vbique doctis, etiam ex ordine theologorum, vt indocti pudore obticescant. Febricula subito oborta fuit in causa quo minus me nauigationi commiserim, praesertim dissuadente medico Ghisberto. Maiorem in modum te rogo vt pharmacum quod, cum proxime essem Londini, sumpsi te autore, denuo descriptum mihi transmittas; nam puer schedulam apud pharmacopolam reliquit. Erit id mihi longe gratissimum. Caetera ex Moro cognosces. Bene vale. Ex diuo Audomaro. Nonis Iuniis.

Crocus regnat in Academia Lipsicensi, publicitus Graecas docens literas. Vtinam prodirent tuae lucubrationes, fidem omnibus facturae meae praedicationi; qua nusquam non vtor, vel quod ita res habet vel quo magis nostros ad studium inflammem. Si quid erit huius negocii in quo tibi queam gratificari, senties hominem ad obsequendum promptissimum. Rursum vale.

Grocino facito me commendatum; quem adeo non odi, ita me Deus amet, vt ex animo venerer etiam ac suspiciam. Rursum vale.

[Anno M.D.XIIII.]

416. To Christopher Urswick.

Farrago p. 228. St. Omer.
F. p. 356: HN: Lond. viii. 35 (34): LB. 255. 5 June ⟨1516⟩.

ERASMVS VRSEVVICO SVO S. D.

Eqvi tui genius mihi fuit magnopere felix; nam bis iam Basileam vsque vexit ac reuexit incolumem, itinere licet periculosissimo, non

415. 7. sumpsi *add. F.* 11. Lipsiensi *H.* 13. praedicatiōnis *N.*
18. Anno M.D.XIIII *add. H.*

415. 1. Mori literis] Cf. Ep. 388. 164–6.
6. Ghisberto] See Ep. 95. 11 n.
11. Crocus] For his work at Leipzig in 1515–17 see Hager in *Trans. of the Cambridge Philological Soc.* ii (1883), pp. 83–94. About Feb. 1516 the Faculty of Arts had petitioned Duke George of Saxony to retain him at Leipzig with a salary of 100 guilders, and on 12 March the request was repeated with urgency, as a similar sum had been offered to Croke from Prague. The Duke consented to a grant, on 16 April, of 10 florins for two Greek lectures; and the Arts Faculty had previously given him 10 florins for the printing of his Greek *Tabulae*, Leipzig, V. Schumann, 1516, with a preface, to the University, dated 25 Feb. See *Urkundenbuch d. Univ. Leipzig*, ed. B. Stübel, 1879, pp. 406, 7, and *Matrikel d. Univ. Leipzig*, ed. G. Erler, ii (1897), pp. 510, 11; in *Cod. diplom. Saxon. Reg.* ii, vols. 11, 16, 17. Also DNB.
regnat] Possibly with the signification of *regit*; 'regens, qui docet in Academiis,' Ducange. Or, as Brewer translates, 'is the great man.' There is the same ambiguity in Ep. 529. 78.
12. lucubrationes] Cf. Ep. 502. 15 n.

solum longo. Sapit iam non minus quam Homericus Vlysses, siquidem

mores hominum multorum vidit et vrbes;

tot adiit vniuersitates. Dum Basileae meipsum pene laboribus eneco mensibus decem, ille interim ociosus ita pinguit vt vix ingredi possit. Superior illa Germania dictu mirum quantopere mihi arriserit idque modis omnibus, et quam impense faueat Erasmo. Nouum Testamentum non dubito quin videris. Hieronymus totus propediem prodibit in lucem vna cum libello De principis institutione Christiani. Quatuor Hieronymi volumina misi archiepiscopo Cantuariensi per hunc Petrum vnoculum, tuum alumnum; quem offendi sic incumbentem scribendis libris vt se laboribus propemodum confecerit. Opinor homini fatum instare, qui tam sui dissimilis sit factus: quin et abstemius propemodum est redditus et vini osor, atque hinc pallor insolitus. Tuorum in me beneficiorum semper meminero, quicunque me terrarum angulus est habiturus. Bene vale.

Apud diuum Audomarum Nonis Iuniis. Anno M.D.XVI[I].

417. To William Latimer.

Epistolae ad diuersos p. 492. ⟨St. Omer.⟩
HN: Lond. xii. 19: LB. 254. 5 June ⟨1516⟩.

ERASMVS ROTERODAMVS GVILHELMO LATAMERO SVO S. D.

Per literas obtestor, humanissime Latamere, vt in Nouo Testamento adiutes. Aeditum est pro temporis angustia satis accurate; verum mihi praeter expectationem bona temporis pars praecastigandis exemplaribus ac formis denique corrigendis erat insumenda; tametsi ad id muneris duo docti magno aere fuerant conducti. Sic autem adiutabis, si admonueris per literas quid mutandum esse ducas; nam alteram mox adornabo aeditionem. Verum caue ne cui hoc suboleat typographi gratia, cui domi manerent sua volumina, si sentirent emptores.

Quanto studio me complexa sit omnis illa Germania superior non commemorabo, ne videar gloriae causa id facere. Ambit me et nostra regio. Haec tantum abest vt affectem, vt pudeat etiam honoris quo me noui indignum. Et tamen gaudeo subolescere bonas literas, ac spero breui futurum vt Erasmus infans habeatur. Bene vale.

Nonis Iuniis. An. M.D.XVI[I].

417. TIT. GVILHELMO *add. H.*

416. 5. mores] Hor. *A. P.* 142.
13. tuum alumnum] Cf. Ep. 231. 4 n.
18. terrarum angulus] Cf. Hor. *C.* 2. 6. 13, 4.
417. 4. corrigendis] Cf. Ep. 421. 53–8, and 1. p. 22. 22.
5. duo docti] Oecolampadius and Gerbell. Cf. Ep. 373 introd.
11. nostra regio] Cf. Epp. 412. 56 nn. and 414. 10.

418[471] FROM JOHN REUCHLIN.

Deventer MS. 91, f. 195. Stuttgart.
LB. App. 63. 5 June 1516.

[The month-date of this letter is quoted in Ep. 471. 2 as July. But as this is in all probability the letter referred to in Ep. 419. 3, June may be accepted as correct. A further consideration is that as Reuchlin received the New Testament through the Frankfort spring fair (l. 1), he would probably have written to express his thanks before July.]

S.D.P. Mi Erasme, quam teduit de proximis nundinis tua munera, quantumuis sacra, cum meo archetypo recepisse, quippe librum quem mihi obtulisti bilinguem, sine tuo sale; quod intellige, absque tuis litteris amicitiae inter nos haud vulgariae testibus. Nam vna potuisset epistola tua vel Laconica sensum mihi voluptate perquam delicatiori mouisse quam totum Vincentii Speculum aut si quis alius fuerit immensior codex. Et nosti autem tu reliquis longe melius de Pentateucho (vt Moysi etiam meo subblandiar); meo, inquam, quod illo nunc pro Cicerone vtor. Nosti certo in praeceptis hoc esse, In omni oblatione offer sal; quod explanant magistri nostri שיתן טעם בכל המאכלים. Esca vero mihi liber tuus est et litterae tuae animi mei solatia; quibus ne me dispolies obsecro, tui tam amantem tuaque tam libenter legentem, qui solus priscae imaginem eloquentiae nobis refers, caeteri turba sumus. Me hercle, cum tua lego, ita meorum contemptor sum vt saepe totus a calamo desideam subtristior aliquantisper, dum studiorum tuorum magnitudinem recte iudico scriptores aetatis nostrae omneis vndequaque vincere; non quod iis bonis quae tibi natura, labore, fortuna data sunt inuideam, ita me superi ament, sed quod tempora mea lugeam, quibus mihi non libri, non praeceptores fuere neque aliquod tum limae genus, quo polire aut linguam aut calamum adulescens potuissem. Nunc

vox quoque Moerim
Iam fugit ipsa.

Sed esto. ἅλις τοῦ ἀθλίου βίου τοῦ γογγυσμοῦ τε. Oro atque oro quamprimum ad me scribas quam belle habeas et quid agas. De me enim hoc scito, quod adhuc sub iudice lis est. Ab argentariis iterum mille ducatos aureos mutuati sunt Romae aduersarii mei, vt bis antea.

2. meo *LB*: me *MS.* 20. aliqđ *MS.*: aliquid *LB.* 22. Moerini *MS.* 24. ἅλις *MS.* τῆς *post* βίου *MS.* : τοῦ *LB.*

1. munera] Evidently the *Nouum Instrumentum.*

2. archetypo] One of the MSS. borrowed from Reuchlin; cf. Ep. 373 introd.

6. Vincentii] Vincent of Beauvais (c. 1190–1264), a French Dominican; author of a work embracing all knowledge, and divided into four parts, *Speculum historiale, morale, doctrinale, naturale.* As first printed at Strasburg, in 1473 and the following years, it fills eight folio volumes.

9. In omni] Lev. 2. 13.

14. turba] Cf. Ov. *Met.* 1. 355.

22. vox quoque] Verg. *Ecl.* 9. 53,4.

26. sub iudice] Hor. *A. P.* 78.

27. antea] Cf. RE. 192.

Crede mihi, dum nummus aureus restabit, vniuersa haerent, πάντα ἀλλήλοις ἐπιπλέκεται· facit id cupiditas accipiendorum. Ego vero imitabor terciae Chiliadis Herculem tuum fabre pictum, et superabo hanc inuidentiae excetram patientia mea ex quotidiana philosophiae lectione orta. Veniet, veniet qui nos reponet dies in lucem. Hunc finem agimus, ὅτι ἄν τις ποιῇ ἢ λέγει, ἐμὲ δεῖ ἀγαθὸν εἶναι· quasi dicat pariter smaragdus, Quicquid faciant homines, me oportet smaragdum esse. Virtus non vincitur. Vale quam optime, desyderatissime Desyderie. Stutgardie Nonis Iunii 1516.

Ioannes Reuchlin Phorcensis, ll. doctor.

419. From John Froben.

Deventer MS. 91, f. 197. Basle.
LB. App. 25. 17 June ⟨1516⟩.

[The correction of the manuscript date is necessary in view of the books and the letters mentioned; for though the identification of the letters from Reuchlin and Pirckheimer is not positive, there can be no doubt as to the Papal Briefs: which, moreover, did not reach Erasmus until he arrived in England (cf. Epp. 457. 37,8 and 460. 11,2).

John Froben (c. 1460—Oct. fin. 1527) of Hammelburg in Franconia, after studying at Basle University, became a citizen in 1490 and began printing; his first book, the *Biblia integra*, being published on 27 June 1491. About 1496 he joined his countryman, John Petri; and in 1500 John Amorbach (Ep. 309. 9 n.), acquiring the house 'zum Sessel', near St. Peter's Church, in 1507. After Amorbach's death Froben took over his press, in conjunction with the young Amorbachs; and completed the great edition of Jerome in 1516. The connexion with Erasmus, however promoted (cf. Ep. 283. 162 n.), had great consequences for both. On Froben's death Erasmus published a regretful testimony to his friend (Lond. xxiii. 9, LB. 922). See Stockmeyer and Reber, *Basler Buchdruckergesch.*, with a list of books printed by Froben; Heitz and Bernoulli, *Basler Büchermarken*, 1895, p. xx; Proctor, and ADB.]

S. D. Quas ad te litteras proximis post discessum tuum diebus accepimus, Breue videlicet Leonis Pont., commendationis ad Britanniae Regem exemplum, cum aliis adiunctis, et Reuchlini, Picheymerique Norinbergensis epistolas nunc misimus. Libellus tuus de Principis Institutione vna cum aliis quibusdam in officina nostra absolutus est. Hieronymus ad finem tendit. Laborauimus aliquamdiu chartaria inopia, quod Lutharingiae ad nos clausus esset aditus; id quod tu non sine damno fuisti expertus. Sed haec res adeo nos non impediet. Nam Argentina sat chartarum nobis suppeditabit, si modo precium, quod paulo maius est, arriserit. Commentarium sub Hie-

418. 33. ποιῆ *MS.* : *correxi.* 419. 1. ad *Nichols, cf. huius epistolae prooemium* : a *MS.*

418. 30. Herculem] *Adag.* 2001: 'Herculei labores.'

419. 1. litteras] Ep. 338, 339, 389.

4. epistolas] Epp. 409 and 418.

7. Lutharingiae] Cf. Epp. 412. 2-7 and 413. 41-4.

10. Commentarium] It appears from a letter of Froben to Bonif. Amorbach (Basle MS. G II. 29: ⟨c. 1515⟩) that the copy was made from a MS. in the Charterhouse at Freiburg; doubtless with the assistance of Reisch (Ep. 308).

ronymi titulo quod Fryburgi describebatur in Cantica Canticorum omittere cogimur: mutilum enim est; nam desunt tum in medio tum in calce nonnullae pagellae. Excidimus igitur a spe nostra qua sperabamus nos quiddam noui prolaturos quod hactenus paucissimis fuisset cognitum. Imprimam tanta cura Moriam tuam vt in illa impressione meipsum vicisse merito dici queam. Speramus hic omnes tuum reditum, omnem tibi humanitatem exhibituri. Salutat te Lachnerus socer et vxor, Gertrudis vxor ac tota sodalitas nostra. Bene vale, compater dilectissime.

Basileae ex officina nostra xvii[a]. Iunii Anno [1515].

Io. Frobennius, calcographus Basiliensis.

420. From Bruno Amorbach.

Basle MS. G. II. 13[a]. 7. ⟨Basle.⟩
⟨c. 17 June 1516.⟩

[An autograph. 1515 is at first sight suggested by the expectation of Erasmus' return and by the fact that four volumes of Jerome were delivered to Warham in June 1516 (Epp. 413. 34,5 and 425. 29,30.); but for the following reasons 1516 must be correct. A rough draft of this letter occurs on the verso of Ep. 464 (β), itself a rough draft; so that the two are probably near one another in date. The decision to reject the Cantica Canticorum (Ep. 419. 10–2; cf. the note on f°. γ[t] v° in the index appended to vol. i of Jerome) implies that vol. ii, containing the Ψευδεπίγραφα, was still unfinished at that date. Moreover, Epp. 419. 17,8 and 460. 1 show that there were hopes of Erasmus' return to Basle in 1516; cf. Ep. 412. 57. This letter is therefore probably contemporary with Ep. 419.]

Salve, eruditissime Erasme. Ἄγροικός εἰμι τὴν σκάφην σκάφην λέγων, quare ineptissimas meas literas aequi bonique consule. Tomus ψευδεπιγράφων etiam felicius quam mereatur procedit, quanquam antigrapha tot scateant mendis vt Augee bubile minore negocio quam hec repurgaueris. Huic, quantum coniectura colligere possum, ad Calendas

---

419. 15. Moriam] Probably the undated edition (cf. Ep. 328. 48 n.) which in Ep. 222 introd. I have wrongly attributed to the autumn of 1515. For its completion see Epp. 469, 473, and perhaps 543. A copy in the Bodleian (Mar. 860) has an owner's monogram with the date 1517 in manuscript.

18. Lachnerus] Wolfgang Lachner (c. 1465—c. Feb. init. 1518; cf. Basle MSS. G. II. 13. 102,3) of Neuburg on the Danube, came to Basle c. 1480 and in 1488 received citizenship. As a bookseller and publisher he had books printed for him by various printers; but in his later years he was in close connexion with Froben and managed the publishing branch of his business. He died of the plague.

His daughter Gertrude († 1560) married Froben as his second wife in Nov. 1510, and became the mother of Erasmius Froben. Her name appears in the colophon of Glareanus' *Elegiae*, printed 14 Nov. 1516 'in aedibus Ioannis Frobenii . . . expensis Gertrudae Lachnerae, vxoris Frobenii'. On Froben's death she married John Herwagen, who in conjunction with Jerome Froben and her son-in-law Nicholas Episcopius carried on the firm. See Heitz and Bernoulli, op. cit.

19. compater] Erasmus was godfather to Froben's infant son, Erasmus or Erasmius, the date of whose birth is not definitely known.

420. 1. Ἄγροικός] Cf. Luc. *Zeus Trag.* 32.

4. Augee bubile] Bruno's language in the rough draft is more forcible: 'Ne tu homo es lepidus, qui mihi Augiae bubile (ita enim τῶν ψευδεπιγράφων tomum appello) repurgandum delegaueris, quod ne Hercules quidem omne repurgaret; tantum in id theologici boues fimi congesserunt.'

Augusti extremam manum imponemus. Tu nisi Hieronimum periclitari velis, propediem ad nos redibis. Nos si quippiam Germana rusticitate peccauimus, pro virili emendabimus.

Raptim ex pistrino Frobenniano, apud Basileam.

Frobennius, Basilius frater, te salutant.

^{403}421$_{435}$ TO WILLIAM BUDAEUS.

Epistole ad Erasmum f°. g. ⟨Antwerp.⟩
C^1. f°. b^3 v°: C^2. p. 26: F. p. 8: HN: Lond. i. 7: LB. 251. ⟨c. 19 June 1516.⟩

ERASMVS ROTERODAMVS GVLIELMO BVDAEO SVO S. P. D.

IAM ὁ γραμματοφόρος ad iter erat accinctus, cum mihi e Principis aula Antuerpiam reuerso tuae redduntur literae, idque decimotertio Calen. Iulias, atque hae sane tandem e Colonia receptae; ad quas vt λακωνικῶς respondeam potius quam vt nihil respondeam, quid ego audio? Budaeus quicquam debet Erasmo, εὐτυχέστατος τῷ τῶν ἁπάντων δυστυχεστάτῳ? Quod in annotamentis nostris Budaei feci mentionem, operi nostro e tui splendore nominis nonnihil ornamenti conciliare volui, id captabam; tantum abest vt quicquam hinc mihi deberi putem. Quod factum si tu boni consulis, tibi vt aliis pluribus, ita hoc quoque nomine debeo; sin minus, tamen rapto fruar. Siue id feci recto iudicio siue secus, certe feliciter cecidit, posteaquam hac occasione tam eruditam, tam amicam, tam copiosam epistolam vel promeritus sum vel extorsi.

Nec est quod te sollicitum habeat τῆς ἀμοιβῆς ratio. Si quid pro studio in me tuo debebatur, id cumulatissime multoque cum foenore tua reposuit epistola. Quod si tuo animo non potes alio pacto satisfacere, quicquid est hoc nostri officii monendo docendoque referas oportet, non laudando. Nam dum ego Budaeum meum celebro, non simplici fructu id facio; primum quod videor tua legisse et eximias ingenii tui dotes agnoscere; deinde doctis omnibus meipsum commendo ὁμόψηφος ὤν, quorum nullus est qui Budaeum non suspiciat. Atque ipse quoque Linacrus, vir exacti quidem sed seueri iudicii et qui non temere probet quemlibet, Budaeo nihil non tribuit. Equidem ceu victor exultabam, cum audirem hominem totum in meam consensisse sententiam, et veteri meo de te iudicio plaudebam. Idem euenit

421. 24. consensisse *B*: discessisse *C*.

421. 25. veteri . . . iudicio] Erasmus' acquaintance with Budaeus may date back to his earliest years in Paris; since they both were friends of Faustus (cf. Ep. 44. 31 n.) and pupils of Hermonymus. Erasmus had doubtless also seen Budaeus' first publication, a translation of Plutarch's *De placitis philosophorum*, Paris, Badius, 18 March 1505 (not 12 July 1503, as Delaruelle,

apud eum in Copo, cuius omnia citra exceptionem probat. Fortasse non offui bonis studiis, dum tuas lucubrationes commendatiores reddo apud eos qui Erasmum, cum nihil sit, tamen amore quodam hallucinantes aliquid esse putant: quandoquidem video te hanc prouinciam suscepisse, vt optimas literas ab istorum ἀπαιδεύτως πεπαιδευμένων tyrannide vindices et pristinam illam laudem nostrae asseras Galliae—(nihil enim vetat eundem ditione Germanum esse et veterum cosmographorum descriptione Gallum: atque vtinam quidam non conarentur ea distrahere quae suapte natura coniuncta sunt); pulcherrimum profecto munus et cui obeundo vnus Budaeus par esse possit.

De his in quibus partim a me dissentis, partim assentiris, partim ἐπέχεις καὶ ἀμφισβητεῖς, non poteram in praesentia respondere, primum quod temporis angustia excludebar, deinde quod codex nullus adesset; nam erant responsuro relegenda loca aliquot. Fiet id alias, idque breui. Illud interim in genere dicam, tantum apud me valere Budaei iudicium, vt si quid illi serio probari sensero, non dubitaturus sim quauis etiam in re παλινῳδεῖν. Quanquam in hoc opere feci quod in aliis soleo. Decreueram leui brachio rem peragere, vt in minutiis quibusdam versaturus, et locos dumtaxat ceu digitulo indicare. Porro cum iam aedendum esset opus, instigarunt quidam vt vulgatam aeditionem mea vel correctione vel interpretatione mutarem. Eius sarcinulae accessionem cum oppido quam leuem esse ducerem, longe grauissimam esse ipsa re comperi. Deinde perpellebant vt annotationes adderem aliquanto locupletiores. Iam protinus, vt scis, retexenda omnia. Accessit et illud oneris, arbitrabar Basileae haberi emendata exemplaria. Ea spes quoniam fefellit, coactus sum praecastigare codices quibus vsuri erant τυπογράφοι. Ad haec conducti fuerant duo probe docti, alter iureconsultus, alter theologus etiam Hebraice peritus, qui formis castigandis praeessent; at hi quoniam huius laboris erant rudes, quod susceperant praestare non poterant: proinde necesse fuit extremam formarum, quas vocant, recognitionem in me recipere. Edebatur simul et cudebatur opus, excudebatur singulis diebus ternio (sic enim nunc vocant); nec interim tamen licebat totum huic vacare negotio. Excudebatur eodem tempore Hieronymus,

49. esse *om. H.* 58. Edebatur *B*: Conficiebatur *H.* cudebatur *B*: excudebatur *H.* excudebatur *B*: absoluebatur *H.*

following an incorrect description by Knod of Cat. Rhen. 270 at Schlettstadt); but the translation had been made earlier, for the dedication of it to Germain de Ganay is dated 1 Jan. 1502 (? 150$\frac{2}{3}$).

31. nostrae ... Galliae] Cf. Sapidus' poem (Ep. 399 introd.); and for Erasmus' claim to be a German (Ep. 269. 38 n.).

44. Decreueram] For the development of Erasmus' scheme see Ep. 384 introd.

52. exemplaria] For the manuscripts used by Erasmus see Ep. 373 introd.

qui sibi bonam mei partem vindicabat; et stabat sententia aut immori laboribus aut ante Pasca ex eo pistrino memet explicare. Postremo fefellit nos voluminis modus. Affirmabat typographus fore vt ad triginta plus minus terniones accresceret; excessit autem octoginta tres, ni fallor. Itaque maxima temporis parte consumpta in his quae vel ad me proprie non pertinebant vel ante destinata non fuerant, delassatus iam ac pene fractus ad adnotationes perueni. Pro temporis modo proque valetudine praestiti quod potui. Nonnulla prudens etiam preterii, ad multa sciens conniuebam, in quibus mox ab aeditione a meipso dissensi. Proinde τὴν δευτέραν παρασκευάζω ἔκδοσιν, in qua te magnopere rogo vt conantem adiutes. A tui similibus etiam obiurgari officii loco ducam. Vnum illud φυλάξεις, βέλτιστε Βουδαῖε, ne id suboleat τοῖς πολλοῖς, ἵνα μὴ τὰ βιβλία οἴκοι μένωσι τῷ ἐντυπωτῇ.

Vehementer grata fuit tam amica admonitio, quanquam quae dicas λεπτολογήματα nostra in quibus gaudeam interquiescere, non satis intelligo, nisi quod mihi sane omnia mea nugae videntur; ac saepenumero mecum demiror quid ibi sit quod quidam laudibus vehant. Nam faciunt id aliquot etiam magni. Vide quam arduum sit omnium iudicio satisfacere. Sunt qui me in ius vocent vt audaculum, qui tam nihili cum sim, tantas res aggrediar. In Enchiridio quantum ausus sum a saeculo nostro dissentire nullius autoritate deterritus! In Chiliadibus, opere minuto, quoties expatior in philosophorum ac theologorum campos ac velut oblitus argumenti suscepti, altius rapior quam pro decoro! Id magis liquebit, si legeris prouerbium, Aut regem aut fatuum nasci oportet; item Σπάρταν ἔλαχες, ταύτην κόσμει; item Γλυκὺς ἀπείρῳ πόλεμος; item Sileni Alcibiadis; nam in prouerbio Κάνθαρος ἀετὸν μαιεύεται plane lusimus ingenio. In libello De Principe Christiano ea praecipio quae nemo theologorum ausit attingere; nisi forte Luciani dialogos ac tragoedias Euripidis, in quibus exercui me, λεπτολογίας vocas. Nihil Catone minutius, in quo dieculam absumpsi. At eas quamlibet minutas nugas, ego sane τοῦ σκότου quodlibetis antepono. Caeterum in Nouo Testamento nec ignoro nec inficior permulta incidere minutula; sic enim argumenti ratio postulabat. Attamen si quis expenderit, imo si quis experiatur, quid sit ea vertere, quid tractare, is intelliget non ita multo maiore negocio iustos

68. proque *F*: pro *B*. 88. plane *add. H*.

64,5. octoginta tres] Cf. Ep. 384. 7 n.

85. Aut regem] *Adag.* 201. It was translated separately into German by Spalatinus (cf. Ep. 501 introd.), Mainz, J. Schöffer, c. 1520; see BEr[2].

86. Σπάρταν] *Adag.* 1401.

87. Γλυκὺς] *Adag.* 3001. This and the *Sileni* (*Adag.* 2201) and Κάνθαρος (*Adag.* 2601) were afterwards reprinted separately in diverse editions, the earliest being by Froben in April 1517 (see BEr[2].). Erasmus' autograph draft of the *Sileni* is in the Basle Library.

91. dieculam] Cf. p. 1.

commentarios scribi potuisse quam quo nobis ille minutae minutiae scriptae sunt.

Atque haec qualiacunque λεπτολογήματα grauissimi theologi amplectuntur, ex his se plurimum hausisse lucis fatentur; nisi forte mihi blandiuntur tot integerrimi viri, quorum et nomina recenserem et epistolas producerem, ni mihi vehementer displiceret κενοδοξία. Et alioqui si me ipsum meo pede metiri velim, nihil nisi minutum suscepturus sum, ac defugiam onus paruis animis et paruo corpore maius. Denique nescio quo modo magis arridet animo meo in nugis admiscere seria quam in magnis rebus nugari. Et mihi videtur nihil nugacius quam in his questiunculis, quibus theologi complures sibi dii videntur, argutari; ἔξεστι γὰρ πρὸς σέ γε ἀληθεύειν. Iam in hoc argumenti genere videor mihi superiores omneis, si non eruditione, certe diligentia superasse. Hieronymus in emendatione Psalterii quam multa pene friuola adnotauit! Nec mihi deero, si modo vita viresque suppetent. In Psalmum Beatus Vir praelusi. Paulum aggrediar. Hieronymus prodibit totus renatus. Haec adeo magna sunt vt ob quorundam inuidiam vix subsistam. Quam tibi magna videantur nescio, certe maiora quam pro meis viribus et fateor et intelligo. Verti ex Plutarcho libellos aliquot, in quo scriptore nihil mihi non grauissimum esse videtur. Non grauaberis igitur explicare quas λεπτολογίας a me vitari velis; vt certius hac in re tuum sequar consilium, quod vbique sequi non secus atque oraculum est animus.

De praefatione qua Nouum Testamentum Leoni dico, nihilominus admiscens Archiepiscopum Cantuariensem Moecenatem meum, nae tu probe coniectas. Istuc ipsum spectabam id temporis. Quod gratularis ocio nostro et tuam deploras fortunam, ista quidem in re, mi Budaee, longe lateque abs te dissentio. Libri tui satis testantur Budaeo non omnino deesse ocium; quanquam et alioqui tam singularis ista ingenii tui foelicitas ac foecunditas quamlibet multis occupationibus sufficere possit. Porro liberis, vxori, reliquaeque curae domesticae ego vnicam vxorem meam oppono τὴν κατάρατον πενίαν, quam nec adhuc humeris excutere possum, adeo τὸν μισοῦντα φιλεῖ. Obsecro te per tuam immortalitatem, quae te tuosque omnes haud dubia manet, vt magno infractoque animo qua cepisti pergas, et bonis succurrere literis et tuae Galliae nunquam intermoriturum decus eruditissimis tuis lucubrationibus parare. His interim contentus esto. Ad reliqua rescribam simul atque loca relegero. Bene vale et Erasmo, quod facis, faue.

Agitur hic apud Principem de inaurando me. Verum haud scio qui fit vt mea sententia nusquam quam hic contemptiores sint bonae

104. sum *B*: sim *C*². 107. complures *add. H.* 121. Archiepiscopum *add. H.* meum *add. H.* 133. parare *B*: parere *N.* 134. scribam *C.*

literae: αἴτιοι οἱ ἄρχοντες ἀμουσώτατοι. Magna tamen spes est in Ioanne Syluagio, Burgundiae Cancellario, qui quidem, vt ipse non solum maximus est ac prudentissimus verum etiam eruditissimus, ita impense fauet omnibus quos insignis eruditio commendat. Hunc heroa, si nobis superum benignitas diu velit incolumem, spes est fore vt apud nos quoque proueniant qui ingenii sui monumentis Principis sui regnum, caetera felicissimum, illustrent et ornent. Rursum vale.

422. From William Brielis.

Deventer MS. 91, f. 149.
LB. App. 64.

20 June ⟨1516⟩.

[A letter of welcome on Erasmus' second return from Basle. Of the writer nothing else seems to be known.]

GVILIELMVS BRIELIS DOMINO ERASMO S.

Qvamprimvm olfeceram ex Germania in Brabantiam iterum te recepisse, mi Erasme suauissime, haud potui diutius continere me quo non loquerer tecum absens per epistolam, cum praesertim id coram mihi non licet; quippe qui aliquid iam diu litterarum ad te dare concupieram teque meis ineptis verborum quisquiliis obtundere, ni inuidens locorum distantia arctissimaeque solitudinis nostrae professio impedimento fuisset. Itaque quid in mentem mihi scribere venit accipe, et breuiter quidem. Si locus amandi superest adhuc, precor me (licet non fecero). . . . Multos tibi patronos et amicos tum singulari eruditione tua tum vel morum vitaeque integritate conciliasti, qui profecto te tanquam patrem aut fratrem flagrantissime amplectuntur. Et felices quidem illi, qui te coram et videre et audire mereantur ac suauissima tua per litteras sepicule consuetudine frui. Atqui vtinam vel semel liceat mihi! Proinde ausim dicere, sed fortassis arrogantius et tamen vere, non minori me nexu amoris te complecti quam ii qui vnice te colunt, venerantur ac diligunt. Testis est mihi Deus, si mentior. Et quamuis beneficiis te nunc donisque temporalibus exornare non valemus, quae profecto reliquimus omnia, vt aliquando Christi Iesu paupertate ditaremur; praestiti tamen assidue atque praestabo quod habui, summam videlicet tui in precibus apud Deum commendationem, maxime in sacrosancto sancti altaris sacrificio. Quare, mi Erasme dulcissime, cadat precor in conspectu iam tuo deprecatio mea, ne repellas me a tuorum numero. At ne longiori tibi prolixitate displiceam, verbum non amplius addam. Vale, mi

422. 9. *Post* fecero, *vbi finis est versus, deest aliquid.* 20. ħeo *ante* habui *scripsit amanuensis et deleuit*: *add. LB.*

422. 18. reliquimus] Matt. 19. 27. 24. verbum] Hor. *S.* 1. 1. 121.

Erasme, meae inquam deliciae, meus animus, mea voluptas. Vide quantum mihi debeas, qui toties in hac nobis epistola in ore versaris; ex abundantia enim cordis os loquitur: πάλιν χαῖρε.

Praepropere ex oratoria nostra cellula xii^{o} Cal. Iulias.

423. FROM JOHN COLET.

Deventer MS. 91, f. 123 and B f^{o}. g^{4}. Stepney.
C^{2}. p. 249: F. p. 90: HN: Lond. ii. 12: LB. App. 84. 20 June ⟨1516⟩.

[The manuscript of this letter only goes as far as *studia tua* (l. 7), at which point the copyist discovered his error and added in the margin 'impressa est'; showing thereby that he was copying from the original autograph. From l. 7 onwards, therefore, B becomes the prime authority.

The date of the letter was misinterpreted by Leclerc, who referred it to the translation of King Edward the Confessor on 13 Oct. But this is plainly an answer to a letter sent with Epp. 412–17 by Peter Meghen, and must therefore, as Dr. Seebohm suggests, be dated 20 June, the translation of King Edward the Martyr (†978). The date of B (Oct. 1516) also precludes the later interpretation.]

IO. COLETVS ERASMO RO. S. P. D.

NON facile credideris, Erasme, quanta me leticia affecit epistola tua quam modo ad me attulit vnoculus noster. Nam ex ea intellexi vbinam locorum es, quod ante ignorabam; ex eadem etiam videris mihi reuersurus ad nos, quod erit mihi et amicis, quos habes hic quam plurimos, gratissimum. Quod scribis de Nouo Testamento intelligo. Et libri nouae aeditionis tue hic auide emuntur et passim leguntur, multis probantibus et admirantibus studia tua; nonnullis etiam improbantibus et carpentibus et ea dicentibus quae in epistola Martini Dorpii ad te scripta continentur. Sed ii sunt theologi illi quos tu in Moria tua et aliis locis non minus vere quam facete describis; a quibus laudari vituperium est et vituperari laus est. Ego vero ita amo tua studia et istam tuam nouam aeditionem ita amplector, vt in eadem varie afficiar. Nam nunc dolor me tenet quod non didicerim Graecum sermonem, sine cuius peritia nihil sumus; nunc gaudeam in ista luce quam tu ex sole tui ingenii emisisti. Profecto, Erasme, miror foecunditatem pectoris tui, qui tot concipis et tanta parturis, et tam perfecta paris cotidie; maxime nullo loco stabilis, nullis certis et magnis stipendiis adiutus. Hieronymum tuum expectamus; qui multum tibi debet, et nos quoque qui per te legemus eum nunc et emendatum et illustratum. Recte fecisti scribens De institutione principis Christiani. Vtinam

423. 4. hic *add. H.* 5. noua *MS.*: *corr. LB.* 9. ii *B*: hi *N.*

422. 27. ex abundantia] Matt. 12. 34, Luke 6. 45.

423. 9. Dorpii] Ep. 304.

14. Graecum sermonem] Cf. Epp. 468. 12, 471. 27 and introd.

15. sole] Cf. Epp. 337. 11, 344. 12, 3.

principes Christiani sequerentur bonas institutiones. Illorum insaniis interturbantur omnia. Libellum illum valde cupio; propterea quod plane scio, vti alia tua omnia, prodibit libellus ille abs te perfectus.

Quod scribis de Germania credo; quod autem mea verba de eadem et testimonium tam multis ante annis dictum citas, miror te memoria tenere. De tranquilla sede, quod scribis te optare, ego quoque eandem tibi opto et tranquillam et foelicem; nam et ista tua aetas et doctrina exposcit. Opto etiam vt ista tua sedes vltima esset apud nos, si te tanto viro digni essemus; sed quales sumus, expertus es saepius: tamen habes hic qui te summopere colunt. Cantuariensis noster, cum eram apud illum his diebus, de te multa locutus valde cupiuit praesentiam tuam. Is homo absolutus ab omni negocio nunc degit in ocio felicissimo.

De philosophatione Christiana quod scribis verum est. Nemo est, credo, in orbe iam Christiano ad illam professionem et negocium te aptior ac magis idoneus, propter multiphariam tuam doctrinam; quod ipse non scribis, sed ego hoc dico quod sentio. Legi quod in primum Psalmum scripsisti et miror tuam Copiam; desydero quae molitus es in epistolam ad Romanos. Non cessa, Erasme, sed quum dederis nobis Nouum Testamentum Latinius, illustra idem tuis expositionibus; et aede commentaria longissima in Euangelia. Tua longitudo est breuitas. Crescit appetitus, modo stomachus sit sanus, in lectione tuorum amantibus Scripturas. Si aperueris sensus, quod nemo te melius faciet, magnum beneficium conferes et nomen tuum immortalitati commendabis. Quid dico, immortalitati? Nomen Erasmi nunquam peribit, sed gloriae dabis nomen tuum sempiternae, et sudans in Iesu vitam tibi comparabis illam aeternam.

Quod deploras fortunam tuam, non fortiter. In tanto negocio, videlicet in declarandis Scripturis, non poterit tibi fortuna deesse; modo speres in Deo, qui te in primis adiuuabit, stimulabitque alios vt te in sanctissimis studiis adiuuent. Quod me exclamas foelicem, demiror. Si de fortuna loqueris, vt non est nulla mea, ita non est ampla et meis sumptibus vix sufficiens. Ego me beatum putarem, si vel in summa egestate millesimam partem tuae doctrinae et sapientiae possiderem; quam tu sine opibus comparasti, docens doctrinam singularem alia via nescio qua, sed tua ista Erasmica, &c. Applicabo me, si patieris, et adiungam lateri tuo, exhibeboque me tibi discipulum etiam in discendo Graece, quanquam iam prouectus

42. Latinius *B*: Latinis *N*.

---

26. mea verba] Cf. Lond. xv. 14, LB. 435 (459 A).

41. ad Romanos] Cf. Ep. 314. 3.

50. fortunam] Cf. Epp. 412. 29, 421. 5.

58. &c.] The mark of omission; cf. Epp. 117. 44 and 425. 20 n.

aetate et prope senex; memor Catonem senem Graecas literas didicisse, agnoscens etiam te, qui es mecum par aetate et annis, nunc Hebraicis literis te dare. Me, vt facis, ama, et si ad nos reuersus fueris, habebis me tibi deditissimum.

Vale ex rure Stepneptiano apud genitricem: quae adhuc viuit et belle senescit et de te saepius hilarem et iucundam facit mentionem.

In die sancti Eduardi: in festo suae translationis.

[412]424. From Thomas More.

Deventer MS. 91, f. 198 v°. ⟨London.⟩
LB. App. 252. ⟨c. 21 June 1516.⟩

THOMAS MORVS ERASMO RHOTERODAMO S.

Ivbes, charissime Erasme, omnibus de rebus me diligenter ad te scribere; quod quo faciam libentius eo imprimis animor, quod priorem epistolam meam intelligo placuisse tibi, amoris in te mei testimonio. At quum scribas eo praeterea nomine gratam fuisse, quod declaret virtutibus dicendi proficere, rursus profecto ad silentium inuitas; nam quidni pigeat litteras ad te dare, quas curiose expendi atque examinari videam? quippe quum profectus incrementa collaudas, rubore perfundor, conscius videlicet quantum cottidie ex illo nihil quod inerat ante decrescat. Quod certe necesse est accidat ei qui forensibus litigiis ab omni genere doctrinae tam alienis (in quod pistrinum meae me vitae ratio detrusit) assidue distringitur; quibus ineptiis ita nunc vexamur, vt neque animus cogitationi suppetat nec verba sermoni. Quamobrem si verba pensiculas, si dicendi vires examinas, hoc est si soloecismos ac barbarismos numeras, tacere iubes; sin de rebus tuis meisque audire qualibet oratione contentus es, accipe de pecunia primum vtpote re primaria.

Recepta epistola tua illico Maruffum acccerso, dico te litteras ad Archiepiscopum scripsisse, quibus testaris opera eius te recepisse pecuniam. Proin 'Cedo,' inquam, 'aut pecuniam aut syngrapham per quam Antwarpiae possit exigere.' 'Faciam' inquit, 'sedulo, postquam a Cantuariensi accepero; quam post tales Erasmi litteras illico numerandam haud dubito.' 'At Erasmus' inquam 'binas scripsit; alteras quas dixi, quas nisi pecunia aut syngrapha recepta vetuit tradi; alteras quas iussit negata pecunia substitui, quibus Episcopum facit certiorem nullum hactenus nummum ad se per-

424. 23. numerandas *MS.*: *corr. LB.* inquam *Nichols*: inqt *MS.* 25. substituit *MS.*: *corr. Nichols.*

424. 26. Episcopum] Cf. Ep. 388. 58 n.

uenisse. Tu ergo tecum delibera quid faciendum putes.' Homo vbi hoc audit, veritus offensam Episcopi, syngrapham protinus scripsit deditque mihi, accepitque litteras tuas ad Episcopum; quas festinato transmisit vna cum suis, quibus velut exigens gratias scripsit se curasse iam olim perlatam ad te pecuniam, nunc demum habere abs te litteras testes acceptae, et te misisse litteris Episcopi inclusam apocopen, quae tibi solutam declararet—(hoc ego dixeram quum flagitaret apocopen): proinde si dominationi videretur, iuberet ei dissolui qua in gratiam eius tamdiu caruisset. Archipraesul vbi has litteras Maruffi legisset (nam ita euenit vt eas prius legeret quam tuas), postea tuis resignatis, vbi apocopen nullam repperit, despicit in solum atque ad pedes circumspicit, nuncubi excidisset aperienti. Vbi nullam inuenit, iubet testes esse qui aderant, nullam apocopen fuisse inclusam epistolae; deinde lectis litteris tuis desiit apocopen desyderare, doctus adhuc desyderari pecuniam; quam e vestigio misit ad me, mandans vt quam celerrime quamque e tua re maxime curarem ad te perferendam.

Postridie rediit Maruffus insaniens. 'Heus,' inquit, 'More, errasti pessime; nempe litteras ad Episcopum, quas mittere debueras, retinuisti, misisti vero quae maxime erant supprimendae.' 'Quid ais?' inquam; 'malefactum profecto. Vide quid est vnoculum mittere tabellarium; nam ille in dinoscendis litteris lapsus est, haud ego. Ea plane epistola tradita est tibi quam ille rectam dixit ac certe scio credidit.' 'At cedo,' inquit, 'saltem nunc illam alteram quae mihi fidem apud Episcopum redintegret; quae iam siue tuo siue tabellionis errore prope interiit.' 'Atqui' inquam 'nimium cautus hac in re fui, quippe gnarus occultandam epistolam quae significabat deesse pecuniam, ratus esse quam retinueram, dum tuae securitati studeo prospicere, in ignem miser inieci.' Ibi stomachari ille ac furere, ego solari hominem ac benigne polliceri totam hanc turbam me compositurum. Itaque significaui Episcopo Maruffum scripsisse iam olim ad te vti suo nomine reciperes, quum crederet id te facturum; te vero refugisse alienum aes, atque eo factum vt ille receptam crederet, tu non accepisse scriberes. Quod si hoc quoque commentum meum tua reuincat epistola, iam dispiciendum est mihi aliud quippiam, ne meae apud dominum fidei iacturam faciam, dum alterius laboro resarcire. Caeterum Maruffi syngrapham ei restitui; nam pecuniam apud alium magis e re tua collocaui. Recipies enim pro qualibet libra nostrate Flandricae pecuniae xxxs. iiiid.; ille dabat viiid. in qualibet libra minus.

33, 34, 37, 39, 40. apocapen *MS.*: *corr. LB.* 33. declararet *scripsi*: declarat *MS.* 38. excidissent *MS.*: *corr. LB.* 39. nullam *post* vbi *LB*: nullas *MS.* 50. ac *LB*: at *MS.* 52. Atqui *correxi*: atq; *MS.*

Dominus Cardinalis letissima fronte et litteras tuas et libros quos ante misisti recepit; ac perquam benigne pollicetur, quae spero praestiturum. Basileam tibi vndique arridere gaudeo certe tua causa, cui vbique adesse cupio quod impense placeat; verum non adeo tamen vt te prorsus nobis intercipiat, qui si commodo sumus inferiores illis, amore mediusfidius haudquaquam cedimus. Fasciculum illum litterarum perlegi hominum et doctorum et te qua dignus veneratione prosequentium; in quibus tamen nihil video noui. Neque enim ab his quicquam honoris in te profectum est (quanquam plurimum), quod non vbique gentium, quibus vlla sit cura litterarum, fuerat exhibendum. Paceus neque rediit neque putatur adhuc rediturus; non dubito quin et intelligas illum a secretis esse Regi nostro. Cum Tunstallo post adeptum magistratum, quo scriniis praefectus est, versatum te et conuiuam agitasse intelligo. De versiculis nostris nihil scribo; tu vide quid statuas. De epistolio nostro ad Dorpium percupio scire quid sentias. Vale, charissime Erasme. Clemens meus quam potest maxime te salutat, &c.

425. From William Warham.

Deventer MS. 91, f. 143 v°. Otford.
B. f°. d⁴: C². p. 231: F. p. 84: HN: Lond. ii. 8: 22 June ⟨1516⟩.
LB. 261 and App. 65.

[The manuscript text is more important and plainly nearer to the original than that of the printed editions; since it contains a considerable passage omitted by them, and also a month-date which is in obvious accord with the letters carried back by Meghen (Ep. 412 introd.).

Otford is a small village in Kent, 3 ms. N. of Sevenoaks. Warham rebuilt the archbishop's palace there at great cost. Some portions of his work still remain.]

GVILIELMVS CANTVARIENSIS ARCHIEPISCOPVS ERASMO S.

Erasme doctissime, salutem. Quum non illaudati nominis aeternitatem per te sim consecutus, qua multi praeclari reges et imperatores carent et a memoria hominum penitus exciderunt, nisi quod tantum vix nominum eorum cathalogus, et id ieiune quidem, fiat; non video quid satis sit in hac mortali vita quod pro immortalitate reddam.

425. TIT. GVILIELMVS . . . ERASMO S. *MS.*: *idem fere H*: CHARISSIMO MEO ERASMO LONGE OMNIVM DOCTISSIMO *B*: EPISTOLA R. P. GVLIELMI ARCHIEPISCOPI CANTVAR. CHARISSIMO . . . DOCTISSIMO *F*. 1. Erasme . . . salutem *om. H*. 2. sim *B*: sum *MS*. 5. quid *scripsi*: quod *MS*.

---

424. 72. Fasciculum] Perhaps only Ep. 386 (cf. Ep. 412. 21), which was of a composite character.

77. Paceus] Pace was not allowed to return from his embassy (cf. Ep. 388. 94 n.) until the autumn of 1517.

80. scriniis] Tunstall was appointed Master of the Rolls 12 May 1516; Brewer ii. 1882.

81. versiculis] Erasmus had evidently proposed to print More's *Epigrammata*; cf. Ep. 461. 20 seq.

epistolio] Cf. Ep. 388. 157 n.

83. Clemens] See Ep. 388. 173 n.

Cogito enim quanta mihi tribueris vbique, vel praesens per colloquia vel absens per litteras aut communiter per volumina; quae quidem sunt maiora quam sustinere valeam. Iudicabis ergo Cantuariensem ingratissimum, nisi tui sit habiturus rationem fidelissimam et constantissimam, licet meritis inaequalem et inferiorem. Quod autem sexaginta nobiles non sunt hactenus ad te per commutationem translati, Maruffus in culpa est, qui et suscepit in se pecuniam istic tibi non defuturam, non illos solum nobiles sed nec ampliores. Professus est autem se tibi dedisse litteras credititias, per quas posses vbique locorum istic maiorem summam a mercatoribus accipere. Quod nuncium mihi retulit iterum Bedillus, quem non semel ad Maruffum et ad Morum eam ob causam miseram. Verum ne longius frauderis eius summae receptione, hodie misi eandem ad Morum, vti vis; quam tibi commode et absque mora persoluendam Antwerpiae curabit, non dubito.

Editionem tuam in Nouum Testamentum aliquot fratribus meis episcopis et theologiae doctoribus communicaui, qui maxime operae precium in ea re te fecisse vno ore profitentur. Quorum iudicio adhaerens et omnia summa iudicans quae a tuo diuino ingenio multiplicique doctrina proficiscuntur, eam omnibus laudibus effero, proinde vt Hieronymianam prouinciam, quam in eo es vt propediem absoluas: per quae opera famam immortalem inter homines, inter superos diuinam remunerationem, et a me quicquid commode et conuenienter praestare potero, consequeris. Hieronymi volumina nunquam satis laudata a praesentium latore accepi; pro quibus et Nouo Testamento, quod etiam abs te accepi, gratias habeo immortales, hoc est pro sudoribus quos in iis operibus exantlasti. Postremo rogo vti cures has meas litteras ad reuerendum et optimum fratrem Episcopum Basiliensem perferri, et te valetudine eo diligentius liberare studeas, vt quamprimum te videamus.

Otfordiae 22 Iunii.

Amantissimus tui Gulielmus Cantuariensis.

12. translati *MS.*: perlati *H.* Maruffus *MS.*: mensarius *F.* et suscepit . . . 20. non dubito *MS.*: &c. *B*, *cf. Ep.* 423. 58 *n.* 25. proinde *MS.*: perinde *B.* 31. gratiam . . . immortalem *H.* 32. iis *MS.*: his *B.* *B*: exanclasti *MS.* 36. *B*: Ortfordiae *MS.* 22 *MS.*: xxii. die *B*: vicesimasecunda die *F*: vicesima die *N.* Iunii *MS.*: mensis Iulii *B.* 37. Amantissimus . . . Cantuariensis *add. B*: *om. H.*

---

11. sexaginta nobiles] The amount of Erasmus' pension from Aldington for a year; cf. Ep. 255 introd.

33. litteras] Cf. Epp. 477, 481, and 488. 19, 20; evidently answering the letter mentioned in Ep. 456. 154. 5.

426. From Thomas Bedill.

Deventer MS. 91, f. 189 v°. Otford.
LB. App. 142. 22 June ⟨1516⟩.

Erasme doctissime, si tam facile possem dare quam dicere salutem, non interciperet aut differret reditum tuum insidiosa febris quae te molestat; nam vnus es omnium quo cum omnem vitam meam transigerem, si mea fortuna pateretur. Sed nosti sortem meam pistrino deteriorem, qui ita perpetuam rotam verso, vt non liceat latum digitum decedere. Itaque frequenter ab eo tempore quo inter nos discessum est, optaui vel Dedalus vel Menippus fieri, vt remigio alarum citus ad te deuolare possem et post pauculas horas in tuo dulci et desyderato colloquio absumptas redire. Sed hic nec aquilas nec vultures habemus, nec Mercurium quempiam qui me transportet et reuehat. Quare obsecro te, anime mi, cura te diligenter, nec sinas longius desyderio tuo nos discruciari. Hoc autem quasi de tripode dictum accipe, neminem vnquam optatiorem aduenturum domino nostro Cantuariensi, qui de te omnia summa et sentit et vbique loquitur. Is enim in animo habet tibi reuerso delectabilem, quantum potest, habitationem prouidere, in qua post Herculeos illos labores possis molliter in litteris et in ocio consenescere; nec erit aliud quicquam quod ab eo conuenienter postulabis, in quo repulsam patieris. Absentia enim tua, quam summa cum gloria transegisti, auxit amorem et desyderium (sicut in amoribus Veneris solet); nosti autem vt consuetudo perpetua minuit gratiam, quae me fortassis viliorem fecit et minoris precii. Tu autem hoc vnum age, vt cum salute quamprimum in Britanniam te recipias; caetera aliis curae erunt, vt nulla tibi desint vitae commoda.

Vale ex Otfordia xxii die mensis Iunii.

Thomas Bedillus.

414 427. From Andrew Ammonius.

Deventer MS. 91, f. 140 v°. London.
LB. App. 7. 22 June ⟨1516⟩.

[Sent by a friend of Ammonius; cf. Ep. 429. 1. For the letters mentioned see the introductions to Epp. 338 and 389.]

ANDREAS AMMONIVS ERASMO SVO S.

Semper occupationes meas causer oportet, quas hic cui has litterulas dedi, poterit forsan tibi [tibi] explicare. Non potui ad tuas litteras quas mihi nouissime ex diuo Odomaro scripsisti, respondere maturius;

426. 25. Oxfordia *LB*, *perperam*.

---

426. 7. remigio] Verg. *Aen.* 6. 19 and 1. 301.

rescripsi ad alias tuas, vt ex hoc exemplo quod his iunxi cognosces. Litteras misi ad nostrum Paceum, sed nescio vtrum illi fuerint redditae; tibi non fuisse redditas satis intelligo. Pontifex rescripsit humanissime et spem tibi optimam dedit; huic etiam Regi te perquam diligenter commendauit. Eius litteras, quas Breues vocant, tibi seruo, et te hic quamprimum videre cupio: da operam, mi Erasme, quantam potes, vt valeas, et me ama; nam a te amari vehementer gaudeo.

Londini x cal. Iulias.

428. To John Caesarius.

Grammatica Institutio Gazae, tit. v°.
Lond. xxix. 1: LB. i. 115.

Antwerp.
23 June 1516.

[The preface to *Primus liber grammaticae institutionis Theodori Gazae . . . translatus per Erasmum Roterodamum*, Louvain, Th. Martens, July 1516 (α); a piece of work which is here described as having occupied two days of his leisure (l. 52), and as undertaken for the benefit of friends (ll. 18, 9). The use of the word *redire* in Ep. 469. 23 suggests that Erasmus' Basle circle was cognizant of the book's existence; and Nesen had clearly some ground for hoping that it would be dedicated to him: so that it seems likely that the translation was made for friends at Basle, perhaps for Nesen himself, and that at Antwerp it was only polished finally for the press. Cf. p. 1.

The book was revised for a new edition by Froben in Nov. 1516 (β), reprinted by him in 1518 and again with slight changes in Feb. 1521 (δ). But Martens' editions of 1 Mar. 1518 (γ^1) and May 1524 (γ^2), which agree except in one trifling point, revert towards the end to α. The text in the *Opera* of 1540 follows δ.

In Feb. 1518 Erasmus added to this a translation of Gaza's second book. For earlier work at Gaza by him see Ep. 209. 57 n.]

ERASMVS ROTERODAMVS IOANNI CAESARIO IVLIACENSI VTRIVSQVE LITERATVRAE VINDICI S.

Habent in omni disciplina, Caesari charissime, praeceptiones natura subamarum quiddam; verum hoc molestiae comes pensat vtilitas. Proinde vt non possum non mirari quorundam fastidiosas delitias, qui quamlibet leui incommodo offensi protinus resiliunt a literis tantam vtilitatem in omnem vsque vitam allaturis; ita rursus optimo iure indignor iis qui rei per se submolestae de suo molestiam addunt. Etenim dum ostentandae eruditionis suae studio in ipso statim operis limine perplexa quaedam infulciunt quae post erant tradenda, nimirum rudem discipulum odio suo retundunt et alienant, quem allici inescarique potius oportuit commoda breuitate, luce, ordine, simplicitate aliisque id genus illecebris. At vnus omnium Gaza, vir vbique sui similis, hoc est in quauis materia insignis artifex, non minore iudicio quam fide discentis agit negocium; non id statim captans vt ipse doctus appareat, sed vt lectorem doctum reddat. Is primo libro, Deum immortalem, quo

427. 8. diligente *MS*. 428. 6. iis α: his δ. $\alpha\delta$: molestae γ. 13. minori δ.

compendio, quam miro ordine, quanta simplicitate grammatices summam complexus est, ceu simulacro quodam nobis deliniato!

Nos igitur quo magis etiam quorundam tedio consuleremus, commoditatem hanc nostra iuuimus industria, eumque librum Latinum fecimus, exemplis duntaxat exceptis. Ad haec titulis distinximus, et annotatiunculis additis nonnihil lucis addidimus, vt iam quam minimo negotio percipi possit. Mendas confessas modo sustulimus. Nam quod e doctissimis viris qui cum Theodoro consuetudinem egerunt quique huic interfuere negotio, olim audire memini, id liber ipse palam prae se fert; nimirum locos aliquot a sciolis et in alieno libro impudenter ingeniosis perperam immutatos esse. Quod genus est illud, quod comparatiuum excipit in tertia nominum declinatione: quod praesens et praeteritum imperfectum tanto verborum dispendio per modos omnis repetit, cum in his per omnia consentiant passiua cum mediis: quod verborum in *μι* desinentium passiuis additur futurum ac praeteritum perfectum, cum regula precedens negarit haec tempora illis esse propria: quod et alias in horum declinatione miscet nonnullas voces primitiuorum ac deriuatiuorum. Atque hoc erroris Demetrio imputant Chalcondylo, viro tum probo tum erudito, sed cuius mediocritas exactum illud ac sublime Theodori iudicium haud quaquam assequi potuerit.

Gratulor, mi Caesari, nostro saeculo quo videmus passim repullulascere Graecas literas. Nam vt harum neglectus omnium bonarum disciplinarum, omnium elegantiorum autorum *πανολεθρίαν* inuexit, ita spes est futurum vt his renatis et illa reflorescant. Illud aliquoties mecum soleo demirari, cum Sarmatae, cum Scotti et Hyberni Graecas literas iampridem nec illibenter nec infoeliciter amplectantur, quo fato fiat vt vna Agrippina, vrbs vt vetustissima ita celeberrima, quam conueniebat in hoc pulcherrimo negocio vel primam occupare

20. duntaxat *add.* *β*. 21. et *add.* *β*. 23. modo *β*: dumtaxat *a*.

23. cum Theodoro] In Lond. xxvi. 60, LB. 1100, Erasmus speaks of having met in Rome a former secretary of Gaza. Of his learned Italian friends only men of the older generation, such as Peter Marsus (Ep. 152. 19 n.) or Raphael Regius (Ep. 450. 22 n.), could have known Gaza († 1475). See de Nolhac.

34. Chalcondylo] Dem. Chalcondylas (c. 1424–1511) of Athens came to Italy in 1447, and in 1450 was teaching J. A. Campanus at Perugia. By Oct. 1463 he was Professor of Greek at Padua, where J. Lascaris was one of his pupils; but c. 1471 he left, and succeeded Argyropoulos in the Greek chair at Florence, where Grocin and Linacre studied under him: see Aldus' preface to Statius, Aug. 1502, and cf. Ep. 520. 131. Between June 1491 and May 1492 he transferred himself to Milan, where he spent his remaining years. He edited Homer at Florence in 1488, and was one of those who revised Ficinus' translation of Plato for Asulanus in 1491; and besides editing Isocrates 1493, and Suidas 1499, he composed a Greek grammar (first published independently by G. Gourmont, Paris, 18 Feb. 1525) and translated Galen's *Anatomicae Aggressiones*, Bologna, 1529. The Aldine Euripides, Feb. 1503, is dedicated to him. See Legrand.

41. Sarmatae] Cf. AE. 59, ordering 100 copies of Const. Lascaris' Greek grammar for Cracow, Dec. 1505.

laudem, meliores literas adeo grauatim recipiat. Etenim si studia quibus nunc solenniter vtitur recta sunt, harum accessione non obliterabuntur illa sed illustrabuntur; sin secus, magis etiam optandum vt pro nothis syncera, pro friuolis vtilia succedant, et iuxta Diomedis ac Glauci permutationem τὰ χαλκᾶ τοῖς χρυσοῖς ἀνταμείβωνται. Quis enim sanus recuset vel bona melioribus vel mala bonis commutare?

Hunc nostrum bidui laborem tibi visum est dicare, cum haud quaquam me fugeret munusculum hoc longe infra tuam esse dignitatem. Maiora merebatur ista eruditio, ista morum integritas candorque, meliora flagitabat arctissima nostra familiaritas; verum haec interim boni consulet humanitas tua, dum parantur tuis meritis digniora. Tu, mi Caesari, fac pergas de literis ac saeculo tuo benemereri et istam quoque laudem Coloniensi scholae addere. Vere generoso Comiti Hermano Nouae aquilae aut, si Graece mauis, Neaetio, bonarum literarum candidissimo Moecenati, multam ex me salutem dicito.

Antuerpiae Anno. M.D.XVI. pridie Natalis Ioannis Baptistae.

[414]429. From Andrew Ammonius.

Farrago p. 232. Westminster.
F. p. 359: HN: Lond. viii. 41: LB. 177. 26 June ⟨1516⟩.

ANDREAS AMMONIVS ERASMO S. D.

Coclitem discessisse arbitratus, amico cuidam meo traiicienti et Bruxellas (quo te venturum coniectaui) profecturo tres versus ad te confestim dedi, vna cum exemplo literarum quas tibi iampridem scripseram et per nostrum Paceum miseram; quibus iunxeram Pontificis Max. ad te Breues appellatas. Alteras eiusdem exempli apud me retinui, quas tibi per tuum coclitem nunc mitto; sed Breue quo idem Pont. Max. Regi te studiose commendat, tibi seruo, quoniam tametsi isthic haberes, huc tamen esses relaturus, et circumlatum posset excidere.

Aueo Germanicas gerras ex te audire: quanquam quid mirum si terra illa quam Tacitus 'informem, coelo asperam, tristem cultu aspectuque, nisi si patria sit,' tibi arrisit? qui possis Riphaeos montes serenare, feras et saxa mollire; cui, si propius accedas, non minus quam suo Orpheo Haemus aduletur; in quem nihil potest tam

428. 49. ac αδ: et γ². τοῖς χρυσοῖς αγ: τῶν χρυσῶν βδ. 62. M.D.XVI αγ: M.D.XVIII βδ. 429. 10. si *N*: te *E*.

428. 49. Diomedis] Hom. *Il.* 6. 236. 59. Hermano] Cf. Ep. 442. 34, 5.
429. 11. Tacitus] *Germ.* 2.

magnificum conferri, quod meritis comparatum, vt ita dicam, paruificum non sit habendum.

Sed coram, vt tu ais, melius de his nugabimur. Valde hic non a me solum sed ab omnibus expectaris. Ipse quoque Larchus, qui est apud Eboracensem summus, munusculum tibi aduentitium destinauit. Caeterum cura te amabo diligenter. Sexto Calen. Quintiles, odi enim Iulianum nomen. Ex Vuestmoñ. [Anno M.D.XV.]

430. From John Sixtin.

Deventer MS. 91, f. 153. London.
LB. App. 494. 26 June ⟨1516⟩.

[This and Ep. 431 plainly formed part of Meghen's return-budget; cf. Ep. 412 introd.]

IOANNES SIXTINVS ERASMO SVO S. P. D.

Cvm monoculum nostrum ob veterem familiaritatem perlibenter, tum hoc multo libentius vidi, quod vti optimo et candidissimo cuique, ita mihi quoque iucundissimum et gratissimum attulit nuncium reditus tui; quem ob viarum pericula hoc quidem tempore desperabam. Gratulor itaque mirum in modum reuersioni tuae, quanquam aduersa tua valetudo nonnihil sollicitat, qua tamen propediem confidimus te leuatum iri: leuiculam, non grauem, eam Petrus refert. Ago quod soleo, causas scilicet, molestas illas quidem, sed tamen ob quaestum minus graues. Ioannem nostrum Coloniensem leta et grata tuis verbis salute impertiar vel crastino; nam hunc ante diem non sunt redditae mihi tuae litterae. Cancellarium ⟨et⟩ Episcopum Theatinum gaudeo te conuenisse; quorum ille hoc post tuum discessum est adeptus, vt plus quam antea prodesse amicis possit, siquidem Scriniorum Magister omnium suffragiis omnibusque gaudentibus est declaratus. Desyderio istius regionis moueor sane, sed Regi nostro optimo, maximo, gratissimo, humanissimo sic sum ipsius erga me meritis addictus, vt prae eo parentes (si reuiuiscant), patriam, fratres, propinquos et omnia facile contemnam. Omnes tui hic bellissime valent; a quibus opinor te litteras accepturum. Valeat tua praestantia felicissime.

Londini 6 Cal. Iulias.

Huic fidem habebis quae tibi nomine meo dixerit.

429. 21. Anno M.D.XV. *add. H.* 430. 11. et *add. LB.* 17. parentes *Nichols*: pñtes *MS.*, *scilicet pro* pñtes: praesentes *LB.* *Cf. Ep.* 591. 23 *n.* 19. p̄statia *MS.*

429. 18. Larchus] Ep. 283. 166 n.

21. Iulianum] Probably a reference to Julius II. Ammonius may have had expectations from him, which had not been fulfilled; cf. Ep. 243. 25–32.

430. 11. Cancellarium] The letter here answered was probably couched in much the same terms as Ep. 412. 51–3. It appears, therefore, that to Sixtin this title meant Tunstall, who had the right to use it (Ep. 207. 22 n.), and to whom it is actually applied at this time (cf. p. 350).

13. Scriniorum] Cf. Ep. 424. 80.

431. From Thomas Lupset.

Deventer MS. 91, f. 176 v°. London.
LB. App. 459. 28 June ⟨1516⟩.

DOMINO ERASMO LVPSETVS S.

Etsi me docet Parmeno Terentianus hunc bis stulte facere qui illum amat cui scit se odio esse, cum et laborem inanem ipse capit et illi molestiam affert, tamen te (ita me Deus amet) non possum non ex animo amare, non venerari, non suspicere. Quo in me sis animo, partim ex tuis mihi proxime missis litteris, partim ex iis in quibus me accusauit Coletus, egregie intellexi. Malicia profecto nihil, incogitantia vero plurimum in te peccaui. Fateor et poenitet supplexque peto veniam; patiar me quouis supplicio damnari. Tradidissem Petro quae ex tuis abstuli, si non putassem tutius in tuum ad nos aduentum seruare; tibi igitur reuerso reddam integra et, crede, intacta. Bene vale.

Longiore epistola aures onerarem, si aut is essem qui hoc apte et Latine posset, aut si scirem te qualiacunque scriberem libenter lecturum. Iterum vale et me, si potes, ama.

Londini 4to Cal. Iulias.

[413]432. From John Fisher.

Deventer MS. 91, f. 173. Rochester.
LB. App. 103. ⟨c. 30 June 1516⟩.

[I have placed this at the end of the letters brought from England, on the assumption that Meghen, like Erasmus later in the year (cf. Epp. 452, 455, 456), may have taken Rochester on his way to the coast.]

IOANNES ROFFENSIS EPISCOPVS ERASMO SVO S. P.

Etsi plurimis negociis impediar (paro enim me Cantebrigiam iturum pro collegio nunc tandem instituendo), nolui tamen vt is tuus Petrus meis litteris vacuus ad te rediret. Ingentium gratiarum debitorem me constituisti ob Instrumentum Nouum tua opera ex Graeco traductum, quo me donaueras. Ego profecto protinus vt accepi, annotationes aliquot locis, quibus Moecenatem tuum Cantuariensem praeconiis amplissimis effers, ad eum me contuli, ea ipsa loca illi indicans. Vbi vero legerit, plurima pollicitus est se tui causa facturum, et me hortatus est vt, si quando ad te scriberem, suaderem tibi reditum.

432. 5. *Ante* annotationes *deesse videtur aliquid*: *fortasse* perscrutatus.

---

431. 1. Parmeno] Ter. *Hec.* 343,4.
9. ex tuis] Cf. Ep. 502. 9 n.
432. 2. collegio] The Instrument for the opening of St. John's College is dated 29 July 1516; see *The Funeral Sermon of Margaret, Countess of Richmond*, ed. Hymers, p. 256. The charter had been given on 9 Apr. 1511 (ibid. p. 26).

Neque enim dubito, si id feceris, quin erit in te liberalior quam fuerit hactenus.

Ego ad Reuchlinum scripsi; nescio an acceperit meas litteras, sed non desistam iterato scribere; redditae enim mihi litterae eius fuere, et prolixiores quidem, ad meam maximam voluptatem. Visus mihi est prae caeteris quorum hactenus opera legi, ex his qui supersunt palmam tenere, in rerum presertim archanarum cognitione quae vel ad theologiam vel ad philosophiam spectant. Tu, Erasme, valetudinem cura, et tuum ad nos matura reditum, qui gratus erit omnibus.

Vale ex Roffa.

433. From Alard of Amsterdam.

Deventer MS. 91, f. 104.   Louvain.
LB. App. 66.   1 July 1516.

[The year-date given in the manuscript may be accepted; for Alard's translation (ll. 32, 3) was probably made from the Greek text of the poem as first published in Erasmus' *Lucubrationes*, Sept. 1515, and the letter is copied by Hand A: so that only 1516 and 1517 are possible.

Alard of Amsterdam († 1544), a kinsman of Meynard Mann (Ep. 304. 161 n.), was perhaps born c. 1494; for in the preface to a Panegyric on Charles v, printed in his *Parasceue ad Sacrosanctam Synaxin*, Cologne, P. Quentell, 1532, f°. Z^{6}, he seems to mean to describe himself as aged about 20 at the time of Charles' inauguration at Louvain on 24 Jan. 1515. He was probably acquainted in his youth with Wm. Herman (Ep. 33 introd.); for the *Epistola Corn. Croci* (*v. infra*) contains an epitaph on Herman by him. As quite a young man he taught under Bartholomew of Cologne (Ep. 23. 67 n.), perhaps c. 1512, at Alcmar, where Peter Nannius was his pupil (Agric.^{2} p. 171 and f°. A^{2} v°). By 1514 he had settled at Louvain, where he was instrumental in securing the publication of Agricola's *De inuentione dialectica* (Ep. 336. 1 n.). He continued there, engaged in teaching and in literary work; and many books of the period have verses and prefaces (cf. Ep. 78 introd.) by him. But he was not a member of the University; for on 8 March 1519 when he was proposing to lecture on a book of Erasmus, he was prohibited on that ground (Nève, pp. 134,5; cf. Ep. 329 introd.). He became intimate with Erasmus, who dedicated to him the letter of Eucherius to Valerian appended to Martens' 1517 edition of Cato (Ep. 298); cf. also the *Apologia qua respondet inuectiuis Lei*, f°. C^{3} v°, Jortin ii. 507.

He had long cherished the desire to publish a collected edition of Agricola's works; and the preface, dated 31 Dec. 152$\frac{2}{3}$, to his *Passio . . . Iesu Christi*, Amsterdam, Dodo Petrus, 2 April 1523, shows him at work upon masses of papers lent to him by Pompeius Occo (Ep. 485. 30 n.). In 1528 he was negotiating with publishers; but the edition was not achieved until 1539, after tedious sojourns at Cologne (Agric.^{2} tom. pr., p. 458). He was opposed to the Reformation; and in his later years published many devotional books directed against heresy.

There are two contemporary woodcuts of him; one, dated 1532, in *Epistola Cornelii Croci*, Cologne, Melchior Nouesiensis, Dec. 1531, f°. G^{8}. v°, reprinted in the *Parasceue*, f°. Ee^{8} v°; the other, dated 1538, in Alard's edition of Erasmus' *Carmen bucolicum*, Leiden, P. Balen, 13 Feb. 1538, f°. H^{4}. John Murmell's edition of Persius, Cologne, Quentell, Sept. 1517, is dedicated to Alard. See J. I. Pontanus, *Rerum et vrbis Amstelodamensium Hist.*, 1611, pp. 236,7; Horawitz, *Erasmus und M. Lipsius*; EE.; and EHR. xxi. 302-9.]

---

15. prae caeteris] Perhaps a reply to Ep. 413. 14. For Fisher's admiration for Reuchlin cf. Epp. 457. 1-24 and 471. 14, 5.

ALARDVS AMSTELREDAMVS SVO D. ERASMO S.

Salveto quantum voles, humanissime idemque eruditissime D. Erasme. Ferunt diuum Augustinum, cum libros de Trinitate vno solo et vero Deo meditaretur, littus inambulasse atque inibi quem nescio puerum, caua vola vastissimum Oceanum gnauiter enitentem arctissimum in alueolum transfundere, hunc ad modum interpellasse:

Dic age quid toties vndas super ingeris vndas,
Exoneras pelagus, mox onerasque cauum?

Cum hunc itaque puerilem conatum et patris Augustini cum puero super Trinitate colloquium carminibus congessissem, nonnihil me aliquandiu torsit remotior huius ostenti historia. Principio libros omnes de Trinitate iterum atque iterum relegi, et nihil tamen quicquam, quod ad hanc faceret historiam, offendi. Proinde nihil cunctatus, praeter Dorpium illum tuum, virum ingeniosissimum et omni rerum copia instructissimum, non parum multos etiam magistros nostros, sed questionistas, sed quodlibeticos, quos vt hoc loco habemus acutissimos iuxtaque frequentissimos, consulens; mox ad vnum omnes mandant Legendam Sanctorum introspiciam; quam vt nugacissimam, ita simul et infantissimam nihil moramur. Postremo alios super alios euoluens historicos, nihilo quam antea super hoc portento certior quiui fieri. Tu itaque pro inaestimabili animi tui candore feceris, si vspiam vel apud Augustinum ipsum vel alium item quempiam autorem hac de re quippiam legeris (vt certe legeris, cum nihil quicquam, quamlibet vetustum, quamlibet reconditum, non legeris olim), praescribas quid hac de re sentias. Ego propemodum adducor vt credam aut fabulam aut fabulae simillimam; siquidem hoc persuadeo mihi, idque vt arbitror vere, plerosque omnes mortales credere multa, non quia vera videntur sed quia creduntur.

Verum de hac re nimis iam multa. Abhinc aliquot annis auspicatus sum rationes breuitatis; quare velim amore rudiusculae nostrae

7. supingeris *MS*.

2. Ferunt] This story occurs, not quite in this form, in the *Catalogus Sanctorum* (vii. cap. 128) of Peter de Natalibus, Bp. of Jesolo, c. 1400; first printed at Vicenza, 1493—the earliest source mentioned in the *Acta Sanctorum* (xxxviii. 357, 8).

17. Legendam Sanctorum] This book, also called the *Legenda Aurea*, was the work of Jacobus de Voragine (Varazze, on the coast of Liguria), a Dominican, † 1298 as Abp. of Genoa. It was first printed c. 1470.

30. rationes breuitatis] I cannot find that Alard ever published any work on this subject. In some verses, addressed 'studiosae pubi', which he appended to an edition of Erasmus' *De Constructione* (Ep. 341) and Hadr Barland's *Rhetorice Isagoge*, Louvain, Th. Martens, Sept. 1516, his interest in it at this time is shown by the following lines:—

Et hunc para libellulum, . . .
Compendiosum vt nil supra,
Breuem sed arte maximum.
Breuitas inest Laconica,
Quae rudibus vtilissima.

Hollandiae et autores et locos argumentaque, vnde breuitatis praecepta possem subodorari rimarique, subtexeres. Carmen istud tuum, ingenium periclitaturus meum, vtcunque interpretatus sum ; quod ea ad te lege[t] venit vt vapulet vtque aliquando redeat immaculatius. Non committas, oro, quin Cornelii tui labores in Hieronymum exantlatos, quanta maxima possis, iuues industria. Tyrocinia illa tua et Guilhelmi tui, praeceptoris olim nostri, tuos in vsus domi nostrae diligenter seruamus.

Vale, charissime D. Erasme, et hoc scias velim, te vno nullum quenquam mortalium mihi chariorem. Louanii Cal. Iuliis 1516.

434. From Jodocus Badius.

Deventer MS. 91, f. 125 v°. ⟨Paris.⟩
LB. App. 67. 6 July 1516.

[Between the publication of the New Testament (Ep. 384) and Badius' edition of the *Parabolae* (l. 5 n.). Mr. Nichols corrects the month-date to 7 July, because of the reference to Ep. 435 (l. 17); but it is not difficult to frame a supposition which would account for the divergence.

This and Ep. 472 seem to have reached Erasmus at the same time; cf. Ep. 477. 9, 10.]

IODOCVS BADIVS ERASMO SALVTEM.

Erasme suauissime, accepi abs te nuper litteras binas, et cum prioribus opus Similitudinum repositum ; quod quanquam magis vt pignus amiciciae quam vt Cerbero obiectam offellam amplector, tamen quia abs Theoderico nostro Alustensi his diebus impressum est, ne illi damno sim, non ausim praelo nostro committere. Sanctius enim amicitiam colo quam qui Copiam verborum magno munere mihi missam non sine praefatione tua, labores nostros non parum eleuantes, impresserunt ; ac qui Adagia, mihi tam sancte promissa,

433. 36. *LB* : posses *MS.* 434. 6. muneris . . 7. missan . . 8. eleuante *MS.* : *corr. LB.*

433. 32. Carmen] Cf. Ep. 262. 6 n. Alard's translation, which follows in the MS., is printed in LB.

35. Cornelii] Gerard ; see Ep. 17 introd.

36. Tyrocinia] Cf. vol. i, pp. 581 and 610.

37. Guilhelmi] Herman : see Ep. 33 introd.

434. 2. opus Similitudinum] Probably β in Ep. 312 introd., rather than a new revision.

3. offellam] Cf. Verg. *Aen.* 6. 420, 1.

5. non ausim] For Badius' strict notions of copyright cf. Ep. 263. 7–10 ; also Ep. 472 and Lond. vi. 24, LB. App. 242. He nevertheless published an edition of the *Parabolae*, very likely at Erasmus' recommendation, not long afterwards, with a preface to Peter Gilles, dated 29 Nov. 1516, and a *vocularum quarundam expositio*. In the preface he describes the *Parabolae* as 'mihi singulari ab ⟨Erasmo⟩ dono missa⟨e⟩' ; cf. ll. 6, 7.

6. qui Copiam] Schürer, who had already published four editions of the *Copia* (Ep. 260) in Jan. 1513, Jan. 1514, Dec. 1514, and Feb. 1516. For Badius' feelings at this see Lond. vi. 24, LB. App. 242.

8. Adagia] Cf. Ep. 219. 3 n. Badius had just published an edition of the *Collectanea Adagiorum*, 21 June 1516.

non minoris ac philippeo vendiderunt singula, sesquiannum antequam vnum (nondum enim omnia recepi) reciperem, redempta. Quam iniuriam constitueram imprimendo Nouo Testamento iisdem formulis nihil ad hoc comparatis, vlcisci; sed omnem, Erasme suauissime, amiciciae tuae et hospitis nostri remitto atque condono. Nihil sint impressores tui super priore quidem impressione solliciti, nihil illis nocuero; humaniter tamen egerint, si vicissim mihi parcant.

Sed haec hactenus. Pertuli litteras tuas ad Budaeum nostrum, qui has nostris annexas ad te dedit; item ad Fabrum, qui te plurimum colit et saluere cupit. Assurgunt tibi boni omnes et vix detrahere audent mali; malos dico bonarum lucubrationum calumniatores. Iube, precor, hospites nostros Iacobum et Petrum cum vxorculis lepidissimis etiam verbis nostris saluere, ac vale. 6[to] Iulii 1516.

$^{421}435_{480}$ FROM WILLIAM BUDAEUS.

Epistole elegantes f°. c². Paris.
C². p. 34: F. p. 11: HN: Lond. i. 9: LB. 257. 7 July ⟨1516⟩.
Budaei Epistolae (1531) f. 118 v° (β).

[This letter was polished up like Ep. 403, when Budaeus printed it in BE³. For convenience of comparison with other letters included in that volume I have retained the siglum β, although there is no α here.
Erasmus did not receive this and Ep. 434 until October; cf. Ep. 477. 9.]

GVLIELMVS BVDAEVS ERASMO ROTERODAMO S. D.

Accepi literas tuas dies abhinc quinque aut sex. Quas auidissime legissem, nisi mihi *πράγματα παρεῖχεν ἡ δυσχερὴς ἀνάγνωσις*, adeo tu *ὀλιγώρως καὶ παρημελημένως* epistolam expedieras, tabellario petasato iam, vt coniicio, et flagitante. Iam hoc vnum habeo familiaritatis et amicitiae *σύμβολον οὐ σμικρὸν*, te ad me *ταχυγράφως τε καὶ ἀπεσχεδιασμένως* scribere longissimam epistolam. Neque enim id fiduciae tribuo, quam tibi ille scribendi dicendique magister stilus ingenerasse potuit et debuit, sed *τῇ ἀφελείᾳ τοῦ τρόπου σοῦ* et candori animi tui nihil sinistrae interpretationis ab amico suspicantis, id est animum alienum ex sese aestimantis. Illud tamen *οὐ συγγνωστὸν*, quod sine die ac consule scripsisti. Vide vt posthac minus me torqueas, *ἡδέως*

435. 2. C^1 β: *παρεῖχε* C^2. *ἡ add.* β. 3. C^2: expedires C^1. 4. flagitanti β. 9. interpretationis C^2: inter praefationes C^1: interprecationis β.

---

434. 9. vendiderunt] The injury complained of here seems to have been that after Badius, as a bookseller, had bought a large number of copies (Ep. 472. 8, 9) of Froben's reprint, Aug. 1513, of the Aldine *Adagiorum Chiliades*, Froben disposed of his surplus stock at a cheap rate, in order to make way for his edition of 1515 (Ep. 269).

13. hospitis nostri] Probably Peter Gilles; cf. l. 20.

16. litteras] Ep. 421, answered by Ep. 435.

17. has nostris annexas] Ep. 435.
Fabrum] Stapulensem; see Ep. 315.

20. Iacobum] Perhaps Tutor; cf. Ep. 152.

435. 8. *σοῦ*] For this construction cf. Ep. 493. 6.

τὰ παρά σου ἀναγνωσόμενον, modo vtaris χειρογράφῳ tuo solito in epistolis, quem ego esse pulchrum et dilucidum scio. Sed scilicet tu schedam ad me pro epistola pura misisti. Vide vero, si pergas sic neglecte scribere, ne in fraudem quandam haud spernendam incidas ex hac culpa. Ego enim epistolas tuas non solum inter κειμήλια literaria ἀποτίθεμαι sed etiam hostiatim propemodum circumfero; quod ita interesse existimationis meae arbitror tantam mihi tecum intercedere necessitudinem a multis non ignorari. Et praeterea istis tuis elogiis contra obtrectationes vtar, si ita vsus venerit; multos enim meruisse me obtrectatores scio, etiam si nondum scio an obtrectatores multos habeam.

Καὶ ταῦτα μὲν δὴ ταῦτα. De altera tua editione quod scripsisti, id apud me μυστηριῶδες erit; ita enim epistolas tuas ostentabo vt id absque captione tua fiat. Si quid in sinu meo depositum esse sensero quodque clam esse volueris, id per me ne palam fiat haud periculum erit; siquidem cum opus est, στεγανώτερος τῶν μυσταγωγουμένων εἰμί. Quantum succidere temporis mihi imperiosis occupationibus licebit, adiutare te omni ope conabor, vt suggestor structorem; quod nescio an efficere possim. Nam vt praefationem tuam et apologiam in Nouum Instrumentum legi, ita annotationes aliquot in locis vidi. Paroemias tuas vltimas hodie causa tua a bibliopola mihi curaui. Antehac enim veteres tuas sufficere mihi existimabam, ita vt etiam non perlegerem, sed velut Sibyllinos libros, cum vsus venerat, adirem: Silenos tamen et alia nonnulla legeram in alienis libris, vt fit, cum apud amicos essem; haec enim loca maxime celebrari audiebam. Linacrum tuum, virum apprime doctum, vt arbitror, hic allocutus sum non semel, cum inuicem viseremus ego et ipse. Visus est mihi vir bonus, benignusque ac nihil fastus pre se ferens. Ei exemplar vnum De Asse misi, quoniam sub eius discessum liber ab officina exiit. Is mihi inter loquendum dixerat aliqua eorum quae explicuisse me plane confido, illustrari hac aetate non posse, et ego me id facturum receperam, quod ille admirabatur. Hac occasione eius amicitiam quesitam in calendarium sanctius rettuli, vbi maiusculis literis Erasmus perscriptus est.

Εἴθε σοι ἐδόκει ποτὲ παραπολαύειν τινὰς ὥρας, vt attente quasdam eius operis partes legisses, egoque resciscere alicunde iudicium tuum potuissem. In his est locus vbi respondeo vel ὑπερδιατείνομαι potius

12. solito C^1F *Corrig.*: solido C^2. 18. arbitrer *β*. 30. legi *C*: legit *β*. 44. perscriptus *Cβ*: praescriptus *Lond.*

30. Paroemias] Probably the 1515 edition of the *Chiliades* (Ep. 269). Up to this time Budaeus seems to have been content with one of the editions of the *Collectanea* (Ep. 126; cf. BEr^2).

33. Silenos] *Adag.* 2201; cf. Ep. 421. 87 n.

35. Linacrum] The date of his visit to Paris is given roughly by the publication of the *De Asse*, Paris, Badius, 15 March $151\frac{5}{6}$.

εἰς τοὺς τὰ πάντα τοῖς Ἰταλοῖς ἀπονέμοντας οὕτως ὡς τοὺς ἄλλους δυσοιωνίστως ἅψασθαι τῶν λόγων εἰπεῖν. Id, cum vacabit, leges charta duodecima, vbi causam literatorum obiter agere quoquo modo videor. Sed id melius charta nonagesima, vbi contra τοὺς καταπολιτευομένους τόν τε βασιλέα καὶ τοὺς βασιλευομένους τοὺς ἐν ἀξιώματι δηλονότι taxare non veritus sum. Quanquam haec etiam tibi haud egre remiserim, si modo tu chartam centesimam quadragesimam sextam videas, et deinceps ad finem vsque libri; vbi iam φιλοσοφικῶς obterere τὴν τύχην καὶ τὴν πᾶσαν αὐτῆς δύναμιν conatus sum, παράκλησίν τε καὶ προτροπὴν scribere τοῖς προστετηκόσι τῇ τῶν λόγων τῶν καλλίστων σπουδῇ, vt istam philosophiam dedecori eximeremus quae meo nomine male audit: ibi tu nonnihil simile inuenies, licet impar, iis quae in tuis Silenis scripsisti. Liber tamen propediem imprimetur et plenior et emendatior. Tunc enim in manibus habebam, cum haec ad te scriberem. Vt autem opto te legisse, ita a te hoc petere non ausim, ne improbus aut importunus esse dicar, si hoc commiserim vt ἀπὸ τῶν σπουδαίων τε καὶ ἱερῶν te auocare ad meas nugas videar incommodo reipublicae. Sed scitum illud quod mihi persuadere conaris. Primum, inquis, videor tua legisse eximiasque ingenii tui dotes agnoscere. Ego vt credam te nostra legisse? nisi si quis amicorum tuorum in mentionem libri inter fabulandum incidit et tibi ἀναγνώστης fuit.

Venio ad λεπτολογήματα illa, quod verbum nescio quonam modo calamo nostro excidit; volui enim συγγραμμάτιά τινα dicere, quae tamen ipsa aliquando ψευδεπιγραφούμενα posteris videbuntur, vt ingenue tecum agam. In his vnus liber est De Copia, qui nec mihi nec multis οὐ τῶν τυχόντων et tibi fauentium tantum sustinere titulum videtur. Titulum voco non tantum Copiam sed etiam Erasmum. Eum tamen et aliquot alios non diligenter legi. Sed cum alios de his loquentes audirem, dixi interdum me in Erasmo animum τοῖς ἀρκοῦσι στέργοντα desyderare; non enim satis te habuisse videri et esse πολυΐστορα, nisi etiam πολυγράφος viderere: id mihi videri obfuisse τοῖς νοήμασί σου τοῖς μείζοσι. Huiusmodi sunt Παραβολαὶ et quaedam a te traducta etiam ex quo maiores spiritus sustulisti, quae per se estimata non carent indicatione, sed cum ipsa ex locis communibus sumpseris, praeripuisse ea τοῖς ἥττοσι videris. Te enim et istius notae scriptores ἐκ τῶν ἐξαιρέτων καὶ ὑπερεχόντων sumere argumentum laudis par esse existimatur.

48. *οὕτως . . . 49. leges add. β.* 52. taxare *C*: compellare *β*. 55. vsque *add. β.* 57. *τῆς . . . σπουδῆς β.* 59. licet impar *add. β.* 63. te *add. β.* 65. inquis N^3 *LB*: inquit *C Lond.* 71. *Cβ*: *ψευδεπιγραφόμενα F.* 75. non *add.* C^2. 81. C^2: iudicatione C^1.

---

60. imprimetur] The second edition of the *De Asse* was completed by Badius on 14 Oct. 1516.

65. Primum] Ep. 421. 19, 20.

Haec est mea sententia *περὶ τῶν λεπτολογημάτων*, quando tu tantopere hoc verbo commotus es. Ego autem exemplar literarum mearum in scheda seruaui, ne tu mecum obsignatis literis acerbius agas, si quodam forte in loco *ὁ κάλαμός μοι παρώλισθε*. Hic etiam, si diis placet, Catunculum te emendasse dices, neque te poenitere laboris diecularis, ad id etiam priuatim operula dicata ; quasi vero obsolescere nomen tuum tot libellis non possit. Tu de huiuscemodi statues. Mihi autem a te permitti aequum censeo vt in hoc a te bona tua venia dissentiam, praesertim cum alios in meam sententiam discedentes habeam. Caeterum quod de Budaeo me propemodum *βουδαήμονα* facis, *ἄσμενος τὴν εἰρωνείαν ἀποδέχομαι, κἂν συνειδῶ μοι χλευαζόμενος*. Quid ni enim id faciam ? quando tu vtrunque credere me vis, et te virum bonum esse et me tibi ingenium meum probasse.

Verum cum ad epistolae finem ventum est, non potui non dolere vicem tuam meamque, etiamsi tu tuam tantum doles, in hoc certe officio mihi cedens amicitiae. Nam cum sis ipse coelebs, Peniam quandam nomine vxorem tibi esse conquereris non tantum domesticam sed etiam viatoriam, quam nulla quantumuis longa peregrinatione possis a te abigere, vsqueadeo ab inuisa vxore adamare ; huiusque toedium odiumque omnibus oeconomicis meis curis, coniugalibusque et paternis, opponis, perinde quasi Peniae tuae loco ego Plutum pusionem iucundum habeam, in quo oblectare me ex sententia animi mei possim. At ego te hoc ignorare nolo, me quidem riualem esse tibi in amore philologiae, sed quam tibi vxorem esse dicis non longe a contubernio meo abfuisse, ex quo hoc insano literarum amore captus sum. Hoc tantum refert quod tu eam *κατάρατον πενίαν* iocculariter, ego serio *πενίαν οὐκ ἀδημονοῦσαν* voco : vsqueadeo omnes vere studiosos, qui rari sunt, ista velut aemula philologiae comitatur, vmbra prope dixerim sequacior. Sicque huius aetatis moribus comparatum est ac superiorum etiam aetatum, imo sic philosophiae fert ratio, vt qui eius studiosi et cupidi esse coeperint, rem simul ac fidem ignarorum opinione amittant ; et qui diuites esse ceperunt aut meditantur, amorem ilico disciplinarum vel abiiciant vel deponant : id quod in te vereor ne experiamur, si quando (vt speras) inauratus fueris. Quod autem ad me pertinet, hactenus fatum meum agnosco et pene compertum habeo, vt me nec literarum amor nec eius comes vnquam relicturi sint. Quod vt facile patior, ita cum fortuna redire in gratiam nequeo ; cui iam dudum succenseo, quod cum illa tua Penia *προσέτι καὶ τὴν ἀρρωστίαν μοι τὴν ἐπίτριπτον* iniunxit : quae mihi annos iam vndecim omnium molestiarum, quas multas expertus sum,

90. operula *C*: opella vna *β*. 111. *ἀδημονοῦσαν scripsi*: *ἀδημονοῦς C*: *ἀσχημονοῦσαν β*. 113, 4. *C*[2]: cōptū *C*[1].

111. *ἀδημονοῦσαν*] 'extra populi consortium viuens'. Budaeus, *Lexicon*, 1554.

negocia [mihi] plurima exhibuit literis incumbenti, cum eam vt a me submoueam nihil intentatum reliquerim. Vtrunque autem incommodum, aduersae scilicet valetudinis et imminutae rei familiaris, ideo mihi amici et cognati obiiciunt et veluti philologiae vicio vertunt, quod in cunabulis neutram harum comitum nouisse mihi contigit; nam vt literis salutem dicam (quod propinqui, quod amici, quod medici me hortantur, multam grauem ni paream ipsi interminantes) adduci non possum vt faciam: non si *Πλοῦτον αὐτὸν καὶ τὸ Βάττου σίλφιον*, vt inquit comicus, fors ipsa mihi ostentet.

Haec occupatissimus ad te scripsi, et rus iamiam profecturus ac viam iniens. Ne autem mihi vacationem esse putes a curis familiaribus, ego nunc duas villas duobus in praediis aedifico longe inter se distantibus, sed villas prope Lucullianas, ad quas cursitare mihi ac vltro citroque commeare necesse est, aut desidiae culpam dispendio luculento luere. Id quam facile sit homini primum studioso deinde harum rerum imperito et, quod super omnia est, tenuiter peculiato, tu ipse estimabis. Vale, *κεχρύσωσο ἀγαθῇ τύχῃ*, vt summam votorum habeas. Parisiis nonis Iulii.

436. FROM JOHN LE SAUVAGE.

Deventer MS. 91, f. 123 v°. — Brussels.
LB. App. 68. — 8 July 1516.

[Contemporary with Ep. 439 because of the prebend.]

IOANNES BOVRGONDIAE CANCELLARIVS ERASMO RO. S.

SALVE, domine Erasme, vir disertissime. Bene feceris si, cum primum oportunitatem nactus fueris, huc te conferas; quod si certum apud te est his in terris immorari, hicque laudabili in ocio (quod alibi non nisi magno cum labore feceris) quiete iucundeque viuere, prebendam seu canonicatum Cortracensem tibi conferri etiam nunc

435. 125. mihi *om.* β. 126. submouerem β. 130. nam vt ... 133. ostentet *add.* β. 137. *C*β, *cf. Ep.* 480. 156: Lucullanas *N.* 138. dispendio C^2: desidio C^1.

---

133. comicus] Ar. *Pl.* 925.

136. duas villas] One at Marly, 10 ms. west of Paris, where Louis XIV afterwards had his 'hermitage', the other at St. Maur-les-Fossés, 7 ms. south-east (cf. Ep. 568. 12 n.).

436. 5. prebendam] From the first Erasmus entertained no idea of fulfilling the duties of this office, and at once negotiated with Barbirius to commute its income into a pension (Ep. 443). A few years later, as appears from EE. 2 and from Erasmus' correspondence with his banker Schetus, the annual value of this pension was 130 florins (in a statement drawn up by himself in 1533, Basle MS. C. VII. 19, f. 1, it is given as 130 livres), paid in two instalments at Midsummer and Christmas. As this is less than the sum offered by Barbirius' second nominee in Ep. 443 it is possible that the bargain was not now concluded; and this view is supported by the delay in the negotiations—the first mention of its completion is in Ep. 483. 6, 7—and by the fact that John de Hondt, who finally received the prebend, was introduced to Erasmus by Livinus Potelberg, Quaestor of Flanders.

faciam. Nec id solum erit quod a Catholici Regis, domini nostri, magnificentia firma ac certa spe expectare possis.

Vale ex Bruxella viii Idus Iulii 1516.

437. To Thomas Ruthall.

Farrago p. 180. Antwerp.
F. p. 319: HN: Lond. vii. 8: LB. 215. 9 July 1516.

[The year-date added in H is confirmed by the various subjects mentioned: Meghen's dispatch to England and return (Ep. 412 introd.), Erasmus' recovery from illness (cf. Ep. 415. 4 seq.), and the intention of visiting his English friends, which he shortly carried out.]

REVERENDISS. IN CHRISTO PATRI DOMINO THOMAE EPISCOPO DVNELMENSI ERASMVS ROTERODAMVS S. D.

Ornatissime Praesul, ex Petro vnoculo, per quem nuper scripsi celsitudini tuae, cognoui librum Senecae tibi non fuisse redditum. Franciscus fatetur apud Arnoldum fuisse; a quo reposces, si nondum accepisti. Nos, gratia superis, conualuimus, et breui, vt spero, veteres patronos reuisemus. Faxit Christus Opt. Max. vt vos omneis offendam incolumes. Bene valeat R. T. paternitas, cui me totum dedo dedicoque. Antuuerpiae. vii. idus Iulias. M.D.XVI.

438. To Martin Dorp.

Dorpii Oratio, tit. v°. Brussels.
N: Lond. xxvii. 58: LB. App. 423. 10 July ⟨1516?⟩.

[A congratulatory letter printed at the beginning of Dorp's *Oratio in praelectionem epistolarum diui Pauli*, Antwerp, M. Hillen, 27 Sept. 1519. In a preface (BRE. 126) dated 22 Sept. ⟨1519⟩ Dorp states that the oration was delivered three years before. Erasmus' letter was evidently written after a sight of it in manuscript.

The only years possible are 1516–19; and of these the two latter are excluded, 1518 because Erasmus was at Basle in July, and 1519 because Tunstall was in England. Between 1516 and 1517 it is not easy to decide. That in 1516 Erasmus went to Brussels about 10 July in response to the invitation conveyed in Ep. 436 may be taken as certain; although there is no definite mention of such a visit. On this view we may suppose that he met there Paludanus (Ep. 180) and was shown by him the manuscript of Dorp's oration, which contained several flatter-

437. 6. R. T. paternitas *E*: tua pietas *H*. 7. M.D.XVI *add. H*.

On the other hand, the discrepancy between the sum offered in Ep. 443 and that actually received by Erasmus is perhaps to be accounted for by deductions (cf. LB. App. 255); certainly Barbirius seems as early as 1518 to have been intimately connected with de Hondt and responsible in some way for his payments (Lond. iii. 20, LB. 307; LB. App. 255 and 257). At a later date Barbirius represented that he might have had the prebend himself, but stood aside in favour of Erasmus (EE. 141).

436. 6. Nec id solum] Cf. Ep. 475. 1–10.

437. 2. Senecae] Cf. Ep. 325 introd.

3. Franciscus] See Ep. 258. 14 n. The Arnold mentioned below is probably his brother Arn. Birckmann, who carried on a similar business as agent (cf. Ep. 403 introd.), and who in 1532 started as a publisher at Cologne.

ing references to himself,—if these were not added at the time of publication (cf. l. 3 n.); and that in pleasure at finding Dorp's opinions changed on some of the subjects which they had debated in their correspondence of 1514–15 (cf. Ep. 304. 92 n.) he wrote this note for Paludanus to carry back to Louvain; having previously spoken of the matter to Tunstall, who was in Brussels at the time (Brewer ii. 2150). We should thus have evidence of the temporary reconciliation alluded to in Ep. 474. 18; and also it is perhaps more likely that Erasmus should have written to Dorp in 1516, when he was not going to Louvain, than in 1517, when he was on his way thither.

In favour of 1517 it might be suggested that Erasmus passed through Brussels on his way from Ghent (p. 165) to Louvain (LB. App. 241); that the meeting with Paludanus had occurred at some time previously (subsequent intercourse is mentioned in LB. App. 241); that Erasmus had spoken of Dorp to Tunstall during their continued association at Ghent and Bruges (cf. LB. App. 241); and that the letter was sent in advance of his coming, as an expression of goodwill. For 1517, too, it is possible to suppose that, as in 1513 (cf. p. 11), Dorp delivered this oration at the opening of the winter session on 1 Oct., just three years before his preface. But on the whole I prefer to follow Dr. Reich and Mr. Nichols in dating 1516.

The oration was reprinted at Dorp's request by Froben in January and again in March 1520.]

D. ERASMVS ROTERODAMVS DORPIO SVO S. D.

Avdivi non sine summa animi voluptate, mi Dorpi charissime, quae nobis de te narrauit communis amicus Paludanus; quanto pectore in praefatione tua damnaris istos qui, neglectis diuinis literis, anxiis ac friuolis questiunculis insenescunt, et qua tuba tuos auditores ad diuinae Scripturae studia sis adhortatus. Macte animo virtuteque βάλλ' οὕτως, sic itur ad astra. Quaeso vt istam prouinciam tuo potissimum dignam ingenio, strennue ceptam, fortiter obeas. Nos, quoad licet, non sumus defuturi. Tu qui et aetate flores et ingenio polles et omnibus bonis literis affatim instructus es, maiora illa munia pari virtute sustinebis. Fauebimus etiam obscuritati nostrae, si ad tuae gloriae splendorem nostri nominis lucernula velut euanescet.

Quae didiceram ex Paludano narraui Tunstallo Britanniae oratori. Crede mihi, homo exiliit prae gaudio quod toto animo negocium hoc capesseres. Demereberis tibi Christum, nomen tuum orbi commendabis, ac studiosis omnibus rem vt vaehementer gratam, ita et salutarem facies. Bene vale, Dorpi multo omnium charissime.

Bruxellae. vi. Idus Iulias.

439$_{464}$ To Bruno Amorbach.

Basle MS.: G. II. 13^{a}. 45. Antwerp.
13 July ⟨1516⟩.

[A document written in a contemporary hand. It looks more like a copy made at Basle after receipt than a transcript made by a secretary for dispatch. The date is given by the mention of Jerome.]

3. damnaris] There is no trace of this in the oration as printed. The considerations which prompted the omission are easy to conjecture.

4. questiunculis] Cf. Epp. 421. 107, 456. 230, 247, 461. 6.

ERASMVS BRVNONI SVO S. D.

Qvid agit nostrum pistrinum? Quid antrum Trophonii? Iamne feliciter aufugistis vosque in pristinam vindicastis libertatem? Nos hic iam optimam prebendam venati sumus. Res procedit. Ceteram fortune meae fabulam e Lodouico Bero cognosces. Rogo addatur quod deerat voluminibus Archiepiscopo missis, et addantur reliqua volumina; preterea mittat Lachnerus septem opera Hyeronimi, cum primum licebit: quorum vnum accipiam dono, si voletis, relaturus alia via gratiam. Reliqua estimentur. Curabo vt pecunia vobis optima fide numeretur. Non enim expedit nimium esse benignos, et cupio subleuare compatrem meum, quoad potero.

Saluta Bonifacium et Basilium fratres tuos, mihi quoque charissimos. Caue ne bibliopola e mercatu Franckfurdiensi huc sine tuis veniat litteris. Bene vale.

3 Idus Iulias. Antworpiae.

M. Brunoni Amerbachio trium linguarum peritissimo.

440$_{463}$ To Henry Loriti of Glarus.

Ott MS. ⟨Antwerp.⟩
⟨c. 13 July⟩ 1516.

[A contemporary but inaccurate copy, in a German hand; perhaps by one of Glareanus' pupils.

The MS. forms part of a collection of letters made by John Henry Ott of Zurich (1617–82), and now in the possession of his descendant Major-General E. Renouard James of London. For Ott, who was Professor of Ecclesiastical History at Geneva, see *Genealogical Notes of the family of James of Austin-Friars*, by E. R. James, 1898; the geographical work and maps by Glareanus included in the same volume are discussed by E. Heawood in the *Geographical Journal*, xxv (1905), pp. 647–54, and E. R. James in the *Royal Engineers' Journal*, Sept. 1908.

The letter is clearly contemporary with Ep. 439. The date at the foot perhaps indicates the time of arrival in Basle.

Henry Loriti (June 1488—27 March 1563) was born at Mollis in canton Glarus. After schooling under Michael Rubell at Rottweil in S. Würtemberg, he matriculated at Cologne 5 June 1506, where he was a pupil of Herm. Busch and John Caesarius. He was M.A. 11 March 1510; and on 25 Aug. 1512 received the poet's laurel from Maximilian. As a supporter of Reuchlin he withdrew from Cologne in 1514, and in May matriculated at Basle. Here for a time he worked with Froben; but after a visit to Pavia in 1515 he opened an academy at Basle, in which he presided over thirty boarders and wrote numerous little books for their instruction. In 1516 Erasmus recommended him for an appointment at Ingolstadt (Ep. 394); and in 1517 gave him further support (Ep. 529) when he went to Paris with the promise of a royal stipend. He carried on his academy there, many of his pupils having followed him; but the migration was not altogether a success, and in 1522 he returned to Basle. In the Reformation he could not follow his friends Zwingli and Myconius, and accordingly

3. prebendam] Cf. Ep. 436. 5 n.
4. Bero] This letter is lost.
5. Archiepiscopo] Cf. Ep. 413. 34. and LB. App. 236. Here, as there, Erasmus wishes to convey that he desires to pay for the books; cf. Ep. 470. 7.
6. Lachnerus] Cf. Ep. 419. 18 n.
8. estimentur] Cf. Ep. 209. 51 n.
10. compatrem] Froben; cf. Ep. 419. 19 n.

retired to Freiburg, 20 Feb. 1529. He received a lecturership in Poetry, 25 Feb. 1529, and still maintained his academy; but this period of his life is notable rather for a number of editions of Roman historians and poets, and also for an original work on music, *Dodecachordon*, 1547, in which he gives sketches of the musicians of his time. His theatrical temperament was somewhat distasteful to Erasmus; and their relations, though friendly, were not always cordial. His library ultimately found its way to Munich; many of his letters are preserved in the Staatsarchiv at Zurich. See lives by Schreiber, 1837, and O. F. Fritzsche, 1890; Zw. E.; and ADB.]

ERASMVS GLAREANO SVO S. D.

MAGNOPERE optabam te hic adesse. Non potuisset deesse fortuna, verum certa polliceri non [possum] ausim toties falsus. Princeps adornat nauigacionem in Hyspaniam sub Idus Augusti, quanquam incerta omnia. Vagantur et hic passim militum greges, vt nuper apud vos. Si cupis euolare tuo Marte, quicquid Erasmus commendacione possit, id amicissimo impendet. Monioius tuas laudes auide accipiebat. Longum foret de singulis scribere singulis. Proinde de ceteris ex Ludouico Bero cognosces. Illud, mi Glareane, tibi persuasum habe, te michi ex animo charum esse, idque tuo merito.

Bene vale et rescribe quam ego copiosius: nam hec scripsi ab aula reuersus et mox aliud ingressurus iter. Discipulos tuos meo nomine salutabis omneis. Salutabis et Oswaldum nostrum. Mitte carmen tuum de me scriptum vna cum versibus Buschii. Rursum vale et Retho medico salutem dices.

Anno M.D.XVI. [Mense Septembri.]

7. accipiebam *MS.* 13. carmem *MS.* 14. scribtum *MS.* 15. Rethto *MS.* salutemm *MS.*

12. Discipulos] The names of many of these occur in Glareanus' writings; especially in Book ii of his *Elegiae*, Basle, Froben, 14 Nov. 1516. Cf. also Ep. 490. 14 n.

13. Oswaldum] Myconius.

carmen tuum] *Ad Erasmum Roterodamum, immortale Belgarum decus*, ἑκατόστιχον, which, with the poems mentioned in l. 14 and Ep. 463. 67, follows this letter in all the early editions. As the poems contain very little of value, I have not reprinted them. The ἑκατόστιχον is the first poem in Glareanus' *Elegiae* (l. 12 n.).

14. versibus Buschii] *Hermanni Buschii Pasiphili in Erasmum Coloniam recens ingressum*; probably composed in honour of a visit from Erasmus on his return from Basle in 1516 (cf. Ep. 410 introd.). If it had been prepared for his outward journey in 1515, it would presumably have been brought to his notice earlier. It is noticeable that Busch makes the E in Erasmus long; as also Ursinus in his *Genethliacon* (Ep. 548. 3 n.), where in l. 7 from the end CF read *Erasmo* for *Illi nunc* (HN), though elsewhere in the poem the E is always short. Cf. also the verse quoted in Ep. 182 introd.

15. Retho] Jerome Artolbius or Artolphus (c. 1490—c. Aug. 1541) of Chur; who since c. 1515 had been studying medicine at Basle, and who is described in Glareanus' *Elegiae*, 14 Nov. 1516, as 'medicus et musicus'. In 1520 he had a school at Basle of twenty pupils who lived with him (cf. BRE. 157). In 1528 he was at Besançon (EE. 88), perhaps practising as a physician. By 1538 he had returned to Basle, and was Rector of the University May—Oct.; the first student matriculated by him being his own son, of the same name. He died in an epidemic of the plague (*Basler Chroniken*, i. 162). See also Zw. E. 1519. 36; VE. 226 and s[3]. 77; BRE. 135 and 143.

[403]441. To William Budaeus.

Epistole ad Erasmum f^o. g^3 v°. Antwerp.
C^1. f^o. c. v^o : C^2. p. 32 : F. p. 11 : HN : Lond. i. 8 : LB. 260. 14 July ⟨1516⟩.

[Erasmus' movements at this time cannot be traced closely. He was now preparing to start for England (l. 24), and he presumably crossed shortly afterwards. Of the friends and patrons whom he desired to see many were away from London, Fisher in particular being at Cambridge (Ep. 432. 2 n.). After waiting several days in London, Erasmus was on the point of following Fisher to the University when news came of the Bishop's return (Ep. 512. 25–8). The time in London had been spent in the final composition of the appeal to Rome (cf. Ep. 447 introd.), which was one of the main purposes of this visit to England. That done and committed to Ammonius, he accompanied Fisher to Rochester for ten days (cf. Ep. 456 introd.) and then set out on his return journey; reaching Calais about 27 Aug. Thence he hastened to Brussels (Ep. 467. 4), doubtless to visit the Chancellor and make his Courtray prebend secure; and shortly afterwards to Antwerp, where he stayed for a month with Gilles. His intention on leaving England had been to settle at Louvain (cf. Epp. 465. 3 and 468. 14); but the auspices were not favourable, and he preferred to spend the winter between Brussels and Antwerp.

Valerius Andreas' statement (*Fasti acad. Louan.* p. 85) that he matriculated at Louvain on 31 Aug. 1516 as 'doctor bullatus' cannot be correct. In view of Lond. xxx. 23, LB. 274 it is probably to be referred to the following year.]

ERASMVS BVDAEO SVO S. D.

Nactvs codicem inspexi loca. Quod idem esse putas παρακολουθεῖν et *assequi*, non omnino tibi assentior. Si quis orationem intellectu perdifficilem perceperit, is assecutus recte dicetur. Caeterum qui cogitatione sequitur dicentem semper attentus, is demum παρακολουθεῖ. Annotaui multa in autoribus exempla quae in hoc consentiunt; quin et ea quae ipse adducis mecum faciunt. Porro quod admones omnia prius ordine discenda fuisse, deinde oportuisse scribere; primum sic verto quemadmodum tu vis, nisi quod typographus pro *persecutus* mutauit *prosecutus*. Caeterum in annotationibus vtrunque sensum ostendo, vt possimus παρηκολουθηκότι referre vel ad ordinem vestigantis ac discentis vel ad seriem narrationis. Et vtrunque video probe posse defendi. Nihil tamen defendo, cum liberum fecerim lectori vtrum volet eligere.

Iam de κατηχήθης, quod ita reddidi quasi κατήχησο scriptum esset, quo videris nonnihil offensus: scis tempus esse indefinitum, anceps, ni fallor, ad quamuis praeteriti rationem; proinde verti per praeteritum plusquam perfectum, quo magis significarem illum ante baptismum haec didicisse. Quod exempla profers ex autoribus verbi κατηχεῖσθαι, habeo gratiam. Quanquam is non videtur mihi lapsus memoria qui negat se meminisse; alioqui nemo non labitur memoria, quando nullus est quin quaedam non meminerit: verum

5. in *ante* autoribus *B*: ex *C*. 10. *Lond.*: παρακολουθηκότι *B*.

1. codicem] A copy of the *Nouum Instrumentum*; not a manuscript.

qui per obliuionem aliud scribit et asseuerat quam res habet, is demum labitur memoria.

Haec paucis attigi, iam ad iter accinctus et ab aula fessus. Nihil mihi potes facere gratius quam si ad hunc modum de caeteris item admoneas ita, vt facis, amice. Bene vale, decus Galliarum ac literarum antistes. Antuerpiae pridie idus Iulias.

442. From Hermann, Count of Neuenahr.

Deventer MS. 91, f. 150. Cologne.
LB. App. 69. 14 July ⟨1516⟩.

[The year-date 1516, which is suggested by the congratulations on the *Nouum Instrumentum* (Ep. 384), is confirmed by the reference to Ep. 428 in ll. 34, 5.

Hermann (1492—20 Oct. 1530) Count of Neuenahr (de Noua Aquila, Neaetius), a few miles west of the Rhine, matriculated at Cologne 14 Nov. 1504, and was a pupil of John Caesarius, with whom he went to Italy in 1508–10. He was Canon of Cologne even before he entered the University, and in virtue of his rank received abundant preferment, becoming also Canon of Liège, Provost of Aachen, Provost of Cologne, and in 1524 Chancellor of that University. In 1517 he was lecturing at Cologne in Greek and Hebrew (LB. App. 210). In 1518 Erasmus visited him at Bedburg, a lordship which he owned 16 miles west of Cologne. In April 1519 he made a journey to Rome (BRE. 103), returning in June (Basle MS. D. IV. 18. 306). At the end of 1527 he returned from a visit to Spain (Lond. xix. 59, LB. 925). He died at Augsburg of an illness contracted during the Diet. His sympathies were with the Renaissance, and the appreciation of his support is shown by the number of books dedicated to him. His own works are a letter in defence of Erasmus printed in Eev.; an essay on the origin of the Franks in his edition of Eginhard's *Vita Karoli Magni*, dedicated to Charles v, Cologne, Soter, 1521; a letter *De febri sudatoria*, ibid., Oct. 1529; and some notes on herbs contributed, with a preface dated Cologne 16 Dec. 1529, to vol. ii of an *Herbarium* edited by Otho Brunfels, Strasburg, Schott, 14 Feb. 1532. See ADB.]

DOCTISSIMO VIRO SVMMOQVE THEOLOGO ERASMO RO. HERMANNVS NVENAR COMES S. D. P.

Literae tuae ex Antwerpia redditae mihi fuerunt Cal. Iuliis; ex quibus intellexi facile et quanto me studio prosequaris, hominem immeritum scilicet qui a tali viro laudetur, et quanto me officio tibi deuinxeris, adeo vt in vtroque succumbere habeam necesse. Sed forte turpe non est ab Hercule vinci si de viribus agatur, ab Apolline si de Musis. Debeo tibi plurimum, mi Erasme, cum quod in me laudando amorem iudicio illi tuo candidissimo praeferre voluisti, tum quod me tacente et Democriti more perpetuas latebras quaeritante tu prior et a me nullis scriptis stimulatus ignorantiae professorem prouocandum duxisti; res tuo splendore digna, sed quae me adeo obtuderit vt in quam partem mihi declinandum fuerit, haud liquide perspicere potuerim. Noui candorem diuini ingenii tui; at quis omnino non nosset? Noui mediocritatem meam, imo

442. 4. deuinxeris *scripsi*: deuincieris *MS.* 13. (vel homo) *post* omnino *MS.*, *dubia scilicet lectio*; *seposuit LB.*

vt rectius dicam tenuitatem; qua tantum laboro vt mihi congrediendum minime cum talibus esse sciam. Ex a[n]duerso autem officio trahor, ratione impellor, amore concitor. Scies itaque ex meo pectore Erasmi nomen nunquam obliteratum iri posse. Hunc mihi non modo ingentia literarum monumenta verum, quod ego maximum in homine reputo, pietas humanitasque commendarunt. Preter haec Cesarii nostri communis amor effecit vt te impensius amem; cum enim tu illum ames, esse non potest quin etiam mihi pars aliqua amoris obueniat, si verum est adagium quod amicorum omnia sint communia.

Nouum Testamentum mihi cum omnibus bonis summe probatur. Vtinam reliquum Bibliae eum in modum versum in manibus nostris haberetur! Valeant osores, philargiri, sophistae, quibus nil nisi sua merda placet, homines ingenio nimirum praepostero, sordido et illiberali. In malam crucem vna abeant questuarii doctores, qui tantum curant de pane lucrando, non de moribus componendis; omnibus in popinis pauperum sudores absumentes. Ego tuae professionis partes et laudo et colo; sed vtinam tam insectari possem quam vellem! Proinde tuam humanitatem obtestor vt me quoque in angulum aliquem amicitiae tuae reiicias, contentum potius latitare quam falso prodi. Habeo gratias immortales quod meum nomen agnoscere didicisti. Non putabam etiam Athenis me cognitum iri, quemadmodum sibi accidisse gloriabatur prudens ille philosophus. Sed haec tua est liberalitas; meum autem erit te semper obseruare et diligere. Vale itaque, meum dulce decus.

Ex Colonia Agrippinensi Vbiorum pridie Eidus Iul.

443. From Peter Barbier.

Deventer MS. 91, f. 132.	Brussels.
LB. App. 70.	18 July 1516.

[Contemporary with Ep. 436.

Peter Barbier went as a chaplain with Philip's expedition to Spain in 1501 (Gachard i. 345, 6 and 369). In 1515 he was chaplain to Prince Charles' council (Gachard ii. 494). At the date of this letter he was chaplain to the Chancellor, Le Sauvage, and in 1517 accompanied him to Spain in attendance upon the King; being also a member of Charles' Grand Council (Gachard ii. 509) and holding some preferment in the Indies (Epp. 476 and 532). After Le Sauvage's death Barbier remained in Spain, and found his way into the household of Adrian of Utrecht; and on Adrian's elevation to the Papacy, followed him to Italy. Whilst there (EE. 141) he began his struggle to secure the Deanery of Tournay, in which he was ultimately successful. In 1525 he was still in Italy (Omont, *Journal d' Aléandre*, p. 45). In 1526 Erasmus wrote to him in Spain, but by 1529 he had settled at Tournay (EE. 116), and is said (GC. iii. 251) to have been already Dean. He was still living in 1535 (Al. E. ii. 140) and, according to GC., in 1551. His relations with Erasmus over this Courtray

---

20. Cesarii] Cf. Ep. 374.
35. agnoscere] Cf. Ep. 428. 59-61.
36. philosophus] Democritus; cf. Diog. Laert. 9. 7. 5.

prebend were far from unclouded; for Erasmus frequently considered that Barbier and his agents were intercepting moneys due to him. See EE.]

PETRVS BARBIRIVS DOCTISSIMO DOMINO ERASMO RO. S. P. D.

Postqvam dominationi tuae, doctissime domine mi Erasme, hinc dederam litteras, postquam item doctissimas tuas de vndecima Iulii recepi, intellexi iuuenem illum, qui primum sacerdotium (scis quid velim) petierat et cui, vt videbam, post te dominus meus nonnihil fauebat—eum, inquam, intellexi ad hoc sacerdotium non esse idoneum. Tale enim est vt possessorem in sacris ordinibus constitutum desideret, cuiusmodi nec est necdum esse potest, quantum audio, praedictus iuuenis; id quod in rem tuam faciet, ab alio siquidem longe plus consequeris. Ad triginta tamen libras Flandricae monetae vix posse peruenire puto; dicunt enim dignam esse huius sacerdotii recompensam, quotquot consului, centum philippeorum. Vnus est tamen qui mihi obtulit viginti quinque libras dictae monetae super Abbatiam sancti Michaelis Antwerpiensem assignandas; quem, nisi alium longe plus offerentem inueneris, dominationi tuae plurimum commendo, tum propter assignationis securitatem tum propter aliquam iam diu inter eum et me conceptam consuetudinem.

Certum est Cesaraugustanum Archiepiscopum nondum obiisse; spero tamen [quod] vbi aliqua contigerit vacatio, ipsum dominum meum tui non fore immemorem. Animum tuum de sacerdotio mihi, si placet, significabis, et quicquid iusseris explebo. Opus erit acceleratione; scis fugientem sinciput caluam, ne forte teneatur, occasionem esse. Vale, domine Erasme, patris loco dilecte.

Bruxellae 18 Iulii 1516.

444_{528} From Peter Viterius.

Deventer MS. 91, f. 132 v°. Paris.
LB. App. 71. 2 August 1516.

PETRVS VITERIVS DOCTISSIMO ERASMO PRAECEPTORI S.

Etsi antea rarius ad te scripsi, candidissime praeceptor, non conabor tamen, id quod plerique alii faciunt, excusationis rimam aliquam excogitare; quin quod res est potius ingenue fatebor. Sepenumero tentaui atque aggressus sum literas ad te, sed cum

443. 2. de *MS.*: die *LB.* 5. eum *scripsi*: cum *MS.*

443. 3. sacerdotium] The prebend at Courtray; cf. Ep. 436. 5 n.

9. Flandricae monetae] £1 Flemish was equivalent to 6 philippei (florins); so that Barbirius is clearly bargaining on behalf of his nominee.

18. Cesaraugustanum] Alfonso de Aragon, Abp. of Saragossa 1478—† 24 Feb. 1520; now Regent of Aragon.

19. vacatio] Seemingly Erasmus was ready to accept the see; cf. Ep. 475. 4 n.

23. occasionem] Cf. Cato *Dist.* 2. 26.

omnia displicerent quicquid molirer, pudor sepius conatum retinuit. Itaque sperans daturum mihi aliquando quod mihi non omnino displiceret, contriui in quaerendo longam aetatem. Ceterum nullus vnquam praeteriit dies quo mihi non honestissima tui recordatio subiret; sed ei cui omnia deberem (vt scis me totum tibi deberi) pudebat rescribere indignum tantis auribus, praeterea viro sic de me merito. Sed quando id praestare nequeo, vt tua equanimitas praestet necesse est. Poteris tu me testudineum vocitare et perquam lentum, nec immerito, dicereque nihil tibi dari nisi tricas et apinas. Non equidem inficias eo, quippe qui haec quoque pro leuibus nugellis mittere non vereor. Qualescunque sint tamen, pro tua in me comitate lectitabis. Huic nempe chartae vix ausim manum apponere, sed mihi humanitas tua incredibilis animum viresque suggerit; et qui me olim ab Orco mortuum in lucem restitueris, nec restitueris modo sed in patria quoque collocaueris amplissimoque praeconio immortalem effeceris, spero imbecillitatem meam benigne supportaturum. Quod te per eximiam Mineruam tuam, per Musas omneis omnesque obtestor deos, neu Viterium vere tuum spernas neu deseras.

Ego quid tibi pollicerer, cum totus tuus sim, certe non video; nisi forte qui semper aufugit ad te, animum syncerum, candidum, ingenuum. Ipse igitur tibi post immortalem Deum praecipuum ac summum amorem, obseruantiam cultumque offero; tu patronus, tu praeceptor, tu pater, denique tu mihi terrenum numen, o vtinam immortale eternumque dixerim! Sed cur non id, quaeso, diuinae illae litterae, vere diuinum ingenium, immortalis animus, iure diuinum te immortalem eternumque faciunt? Ergo, candidissime ac suauissime praeceptor, si quid a diuinis studiis ocii est, fac Viterii tui nonnunquam memineris. Magnum mihi praeconio tuo honoremque onusque imposuisti. Si quid vel breuissime ad me scripseris (ne me abs te desertum putent), tuis de me laudibus respondere longe mihi fuerit facilius; si cognouero te meis literulis non ⟨grauari⟩, quanto olim fui remissior, tanto me nunc diligentiorem reperies.

De fortuna nostra hic nihil nunc ad te scribo; est enim iuxta tenuitatem nostram mediocris, sed meliora omnia speramus et maiorem scribendi occasionem. Hec tantum dixerim. Cum primum huc me appuli, ipse egenus inopsque, vt facile diuinare

17. mihi *LB*: me *MS.* et *scripsi, cf. Ep.* 328. 27, 40: vt *MS.* 37. *Post* non *deest aliquid per lapsum in fine versus.*

13. tricas] Mart. 14. 1. 7. 19. in patria] Cf. Ep. 528. 10 seq. 19. praeconio] Cf. Ep. 66.

potes, ludum statim aperui ac in Longobardorum gymnasio palam profiteri coepi, non sine etiam laude; hoc possum sine arrogantia dicere. Sed me protinus magnis precibus nihil non pollicens in Nauarricam palaestram pellexit primarius eius loci, vbi Parrhisianam iuuentutem erudiendam tradidit, onus procul dubio tediosum et graue. Itaque cum sumus isti negocio plusquam mihi placet obnoxii, decreui denuo in libertatem meme recipere. Nam quod apud Britannos ferebam, huic neminem neque subiici neque obtemperare velim.

Si quid tu me volueris, nihil mihi fuerit suauius quam mandata tua diligentissime exequi. Alias pluribus ad te scribam. Interim istec pauca aequi bonique consulas velim. Faustus et Faber te salutant. Si Viterium tuum quam optime valere cupis, diligenter cures vt quam optime valeas.

Ex Parrhisiis 4°. nonas Augusti 1516.

445. From Thomas Grey.

Deventer MS. 91, f. 165 v°. Paris.
LB. App. 73. 5 August ⟨1516⟩.

[Contemporary with Ep. 444.]

THOMAS GREIVS DOMINO ERASMO S.

Tametsi non possum, anime mi, tibi id quod sentio litteris significare, quum propter tua innumera beneficia ineffabilemque semper erga me (licet immerito) beneuolentiam ac benignitatem, tum propter doctrinae et bonarum litterarum inopiam, tamen tua singulari humanitate fretus tibi rescribere minime verebor. Principio nanque quantas maximas excogitare licet, tibi ex animo habeo atque ago gratias, nihilominus longe tuis meritis impares. Quid enim istis tam piis, tam benignis dignum excogitari possit? Profecto nihil. Nam vt omittam quae antehac facta sunt, nequeo me hercule exprimere quantus tuorum in me beneficiorum accreuit cumulus ex suauissimis tuis litteris Basilea ad me datis; quibus veterem

444. 46. eius *scripsi, cf. Ep.* 443. 5 *n.*: cuius *MS.*: huius *LB.* 50. huic *MS.*: hic *LB.* neminem *scripsi* (nēim): nemī *MS.* 445. 6. excogitari *MS.*: *correxi.*

444. 43. Longobardorum] A college founded for poor Italians at Paris by Andrew Ghini of Florence, Bp. of Arras, and three others in $133\frac{3}{4}$.

46. Nauarricam] A college founded at Paris on a magnificent scale by Jeanne, Queen of Navarre and wife of Philip IV of France, in $130\frac{4}{5}$. See Launoi, *Regii Nauarrae Gymnasii Historia*, 1677.

primarius] Peter Duval, Master, or Moderator primarius, of the College of Navarre, 1503–18. See Launoi, pp. 229 and 981, 2.

50. apud Britannos] At Calais; cf. Ep. 528.

54. Faustus] Andrelinus; see Ep. 84 introd.

Faber] Stapulensis; see p. 37.

nostram necessitudinem neutiquam labefactatam, valetudinem tibi faustam, teque a primariis omnibus venerari, a plebe etiam tota non vulgariter amari facile perspexi. Quae quidem omnia, praeterquam quod iucundissima, etiam et optatissima mihi fuere. Taceo autem de dulcissima Beati Rhenani epistola tuo plusquam paterno suasu ad me scripta, non minus salutifera quam omni ex parte docta; cui vtcunque rescripsi, non hercle vt volui. Nam, vt inquit diuus Paulus, bene velle adest mihi tam in hac re quam in aliis, sed facere bene non reperio. Si enim par facultas ac voluntas praesto esset, et tibi imprimis et illi gratiam referrem. Deinde non possum non summopere gaudere et tibi gratulari, vsque eo te esse gratum cum reuerendo istius loci Episcopo, tum tuo quam honorificentissimo Principi Carolo. Gloria igitur sit omnipotenti Deo et Domino nostro Iesu Christo, qui te talem sibi ministrum delegit, atque ita armauit vt nec vllis huiusce mundi illecebris aut fucatis honoribus auocari queas. Non mediocris, mihi crede, gratia est tam facile talia posse contemnere ac tantos labores vltro sumere, atque, quod inter cetera praecipuum arbitror, modo perinde te ingenio valere ac si in florida esses iuuentute.

Quod quidem in multis tuae aetatis (quamuis neque tot excubiis neque tot laboribus exhausti) video non parum hebescere; id quod Fabro Stapulensi iamdudum accidit, qui me suo nomine quam diligentissime te salutare iussit, sane nulla alia causa tibi non rescribit, nisi quod nihil quicquam se dignum neque scribere neque dictare possit; te inquam summo amore prosequitur, te apud omnes praedicat non solum doctissimum sed et diligentissimum, et, quantum coniectura colligo, syncere te colit. Nam creberrime te in charitate amplecti exoptat, et vt aliquoties a te sit reprehensus, haudquaquam id in malam accipit partem, tanquam carnalis; sed eam ob causam immortalem tibi habet gratiam ceu vere spiritualis, asserens se nonnulla eorum iampridem notasse atque imprimenda in animo habuisse, ni tu prouinciam occupasses. Denique me quoque tua causa humanissime excipit, multum familiariter mecum colloquens; sed certe multum debilitatus tam vulgari sermone quam doctrina, vsqueadeo vt vix quippiam dubii enucleare possit. Multa eum rogaui, sed parum ad rem respondit, ac sepius discipulum quendam

16. plusquam tuo *MS.*: *ordinem mutaui.* 43. me quoque *scripsi*: meqꝫ *MS.*

12. necessitudinem] See Ep. 58, &c.

16. Beati Rhenani] For Grey's reply to this letter see Ep. 460. 15, 6; and for his acquaintance with Beatus Ep. 581. 24 seq.

19. Paulus] *Rom.* 7. 18. Grey quotes, loosely, from Erasmus' version in the *Nouum Instrumentum*.

23. Episcopo] Christopher of Utenheim.

33. Fabro] Cf. Epp. 460. 16, 7 and 493. 447–50. He had been ill in 1515 also; cf. MHE. ii. 35.

Franciscum interrogat, sed nondum satis maturum. Verum quo propius morti carnis accedit, hoc magis spiritui viuit. Attamen libenter audit quicquid ab eo peto, et quum sciat, non inuitus expedi[a]t; sin minus, ingenue fatetur memoria excidisse. Itaque te etiam atque etiam oro, si forte ad eum scripseris, vt ei mea causa gratias agas; siquidem ille mihi iussit vt (qua familiaritate me tuo nomine complectitur) te certiorem redderem.

Enchiridion tuum Argentorati excusum hic inuestigare nescio, credo nondum huc allatum. Quod scribis vt desinam facundiam optare, id pulchre intelligere videor; quippe quum vides me eam minime posse assequi, amice ne laterem lauem dissuades. Postremo D. Rogerium, vt iusseras, salutaui: qui haud parum tibi succenset, qui non rescripseras ei tam bene quam mihi, sed te vicissim non ioco resalutat. Quod si aliquando auspice Deo tua nimisquam optata familiaritate frui licebit, atque a quo suauissima ac saluberrima olim seminaria hausi, inde maturos demum fructus ad animae salutem exugam, nihil erit amplius mihi in hac vita expetendum. Quare si qua id commode in posterum fieri possit, fac me certiorem. Quod si superis fauentibus eueniat, tibi fidelissime vna cum liberis meis inseruiam, non minori sane beneuolentia aut obsequio quam si pater, mater ac ceteri omnes noti in te vno essent reuersi.

Caeterum quod litteras meas castigatas curasti remittendas, indulgentissimi praeceptoris munere functus, me ante tibi deditissimum hoc beneficio longe reddidisti, si fieri possit, deuinctiorem. Cuiusmodi officium vel his litteris mea causa te suscipere obtestor. Tuae humanitatis scripta ex Brabantia iamdudum expectaui haud vulgari desyderio. Idcirco fac quamprimum ad me rescribas. Bene vale, altera spes animae meae, ac mei vicissim memento.

Parisiis Nonis Augusti.

^{338}446$_{519}$ To Leo X.

Epistole ad Erasmum f°. d v°. London.
C^{2}. p. 223: F. p. 81: HN: Lond. ii. 6: LB. 181. 9 August 1516.

LEONI DECIMO PONTIFICI VERE MAXIMO ERASMVS ROTERODAMVS S. D.

Abvnde felix mihi videbar futurus, beatissime pater, si sanctitas tua boni modo consuluisset meam vel temeritatem vel sedulitatem, qui non veritus essem Pontificiae maiestatis celsitudinem et, quod est

445. 55. Enchiridion] Probably Schürer's edition of Sept. 1515 (cf. Ep. 93 introd.). Schürer's reprint also, of June 1516, must have been on the point of publication when Erasmus wrote to Grey from Basle (l. 11).

59. Rogerium] Perhaps Wentford; cf. Ep. 196 introd.

augustius, Leonis incomparabile fastigium, vltro meis interpellare literis. Verum haec, vt video, audacia mihi longe felicissime cessit. Vicit enim et spes et vota nostra pietas ista tua plusquam paterna, sponte missis duobus Breuibus, quorum altero me meaque studia locupletissimo simul et grauissimo testimonio ornat, altero regiae maiestati non minus amanter quam diligenter commendat. Summum est numinis aeterni suffragium promeruisse: huic certe proximum esse reor summi Pontificis oraculo comprobari; plus etiam Leonis, hoc est eius qui summam inter mortales dignitatem omni virtutum ac literarum genere vicissim condecorat.

Ea si mihi mature fuissent reddita Basileae tum agenti, ne itinerum quidem vlla pericula me deterrere potuissent, quo minus ad beatissimos istos pedes aduolassem. At nunc in patriam reuersum cum aetas nonnihil ingrauescens remoratur, tum vero principum retinet benignitas, et rarus quidam patriae in nos affectus alligat. Siquidem illustrissimus Princeps Carolus, Rex Catholicus, huius saeculi nostri lumen ac decus incomparabile, in cuius ditione natus sum cuiusque patri Philippo quondam fui non modo notus verum etiam charus, et absentem me annuo salario benignissime inuitauit, idque nec ambientem nec expectantem: et reuerso ac vix etiam reuerso sacerdotium tum amplum tum honorificum detulit. Caeterum quantum serenissimi Regis Anglorum pristino erga me fauori, quantum reuerendissimi Cardinalis Eboracensis in me beneuolentiae, et quantum Archiepiscopi Cantuariensis veteri erga me studio e commendatione tuae sanctitatis accesserit, certis argumentis habeo compertum. Ea tum mihi gratior accidit, tum apud illos fuit efficacior, quod non extorta precibus sed vltro prestita fuerit.

Proinde cum perspiciam me tuae beatitudini debere permultum, plurimum eidem debere cupio. Imo iuuabit omneis fortunas meas ac felicitatis summam vni Leoni acceptam ferre. Est autem meo quidem animo nonnulla felicitatis pars debere libenter. Quid id sit, reuerendus in Christo pater, Episcopus Vuigorniensis, inuictissimi Anglorum Regis apud tuam sanctitatem perpetuus orator, coram exponet, et Andreas Ammonius, tuae sanctitatis apud Anglos nuncius, literis significabit. Qua quidem in re non dubito quin eam bonitatem sensurus sim, quam mihi tum ista naturae tuae benignitas, qua vel

12. mortales *BLB*: omnes *Lond.* 27. et *add.* *C*[2].

16. in patriam] Though dated from London, this letter was evidently composed at Antwerp in July; cf. Ep. 338 introd. For the reasons for delay in dating see Ep. 447 introd.

21. Philippo] Cf. Epp. 179 and 181 introd.

22. inuitauit] Cf. Ep. 370. 18 n.

24. sacerdotium] Cf. Ep. 436. 5 n.

32. plurimum] Cf. Ep. 447 introd.

35. Vuigorniensis] Cf. Ep. 521 introd.

37. nuncius] As sub-collector of Peter's Pence in England; cf. Epp. 218 introd. and 517. 74.

maxime Christum, cuius vices meritissimo geris, refers, tum sanctitatis tuae literae vltro pollicentur: praesertim cum eiusmodi sit negocium, vt non perinde ad meam pertineat dignitatem cui candide faues, quam ad publicam orbis vtilitatem cui omnes tuae vigilant sollicitudines. Poteram ad hancce rem impetrandam summorum principum abuti commendatione, verum malui quicquid hoc est beneficii in solidum tuae vnius debere benignitati. Quod sane quanquam non ignorem fore maius quam vt vllis mortalium officiis rependi queat, ad haec eam esse fortunae tuae magnitudinem vt a nemine sibi referri gratiam postulet; mei tamen officii fuerit adniti manibus pedibusque, ne tam eximiam beneficentiam in hominem aut omnino indignum aut parum memorem parumque gratum collocasse videaris.

Nouum Testamentum simul et Graece et Latine aeditum, a nobis recognitum vna cum Annotationibus nostris iampridem in lucem exiit faustissimi tui nominis auspiciis. Quod opus an omnibus probetur nescio; certe hactenus a probatissimis ac primariis theologis probari comperio, cum primis autem ab incomparabili antistite D. Christophoro episcopo Basiliensi, quo teste liber excusus est. Nec enim hoc labore veterem ac vulgo receptam aeditionem conuellimus, sed alicubi deprauatam emendamus, aliquot locis obscuram illustramus; idque non ex animi mei somniis nec illotis, vt aiunt, manibus, sed partim ex vetustissimorum codicum testimoniis, partim ex eorum sententia quorum et doctrinam et sanctimoniam ecclesiastica comprobauit autoritas, nempe Hieronymi, Hilarii, Ambrosii, Augustini, Chrysostomi, Cyrilli: semper interim parati aut modeste rationem reddere si quid recte docuimus, aut libenter corrigere sicubi imprudentes, vt homines, lapsi sumus.

Volumen vnum recens adhuc et ab ipsa dum calens officina Romam hyeme proxima misimus, quod sanctitati tuae redditum opinor; et nunc alterum mitterem, ni scirem nusquam terrarum non iam vulgatum opus. In eo tametsi sudatum est a nobis acriter, quantum et temporis modus a Principe indulti et valetudinis ratio patiebatur; tamen haud defatigabor vnquam, haud conquiescam, donec ita locupletatum, elimatum elaboratumque reddidero, vt Leone et praeter Pontificii dignitatem maximo non omnino indignum videri possit. Hieronymus totus haud malis, vt opinor, auibus renatus, mense Septembre proximo ingenti doctorum omnium expectatione proditurus est in lucem. Quin posthac nulla ab Erasmo

47. ignoro *H*. 58. D. *om. H. BF*: Christophero C^2. 68. dum *B*: etiamnum *H*.

43. publicam orbis] In the general question of the recruitment of monasteries raised in Ep. 447.

72. temporis modus] Cf. Ep. 370. 18 n.

proditura est pagina quae Leonis optimi iuxta ac maximi Pontificis praeconium non sit habitura. Non postulat hoc tua singularis modestia, verum id debetur tuis diuinis meritis; et totius orbis interest tam vndique laudati Pontificis exemplum in posteros transmitti. Sin natura nobis ad hoc efficiendum deerit, tamen ipsa beneficii tui magnitudo, ipse huius pectoris tibi dediti ardor, ante omnia diuinae istae tuae virtutes, ingenii vim ac dicendi copiam suppeditabunt.

Bene valeat E. S. T., quam Christus Optimus Maximus religioni suae instaurandae propagandaeque ac subleuandis rebus mortalium quam diutissime seruet incolumem.

Londini quinto idus Augusti. An. M.D.XVI.

447. To Lambertus Grunnius.

Opus Epistolarum p. 982. ⟨London.⟩
N: Lond. xxiv. 5,6: LB. App. 442,3. ⟨August 1516.⟩

[The circumstances of the composition of this letter have been fully discussed by Erasmus' biographers and commentators. In form it is an appeal addressed to a papal secretary for communication to the Pope, on behalf of a young man in whom the writer is interested: and it is followed by a reply in which papal favour for the application is graciously conveyed. From what is known of Erasmus' life, it is quite evident that he himself is the suppliant, Florentius, and that Antonius is his brother Peter; and as the letter is included in H there can be no doubt as to its authorship. Though it was published without a date and not till long afterwards, there is ample evidence to show that it accompanied an appeal which Erasmus made to Rome in 1516-17; the first trace of which is in Ep. 446, the last in Epp. 566,7. The dispensations granted as the result of the application are Epp. 517,18; and Erasmus' concern in the matter and desire for its speedy dispatch are shown in Epp. 451-3, 475, 478, 479, 483, 498, 505, 539, 551, 552: cf. also Epp. 412. 28-31, 421. 5, 423. 50.

The key to the purpose of the appeal is given by the dispensations. The first (Ep. 517) is addressed to Ammonius, and absolves some person unnamed from definite breaches of ecclesiastical law committed by him in regard to the wearing of his canon's dress, at the same time relaxing his obligations in the matter for the future, and allowing him to live in the world; and it also concedes the power to hold ecclesiastical benefices, in spite of any disqualifications arising from illegitimacy of birth. The second (Ep. 518) is addressed to Erasmus, and after granting general absolution (without reference either to dress or illegitimacy) empowers him to hold ecclesiastical benefices of a certain value and character. The dates in both cases are the same; and the anonymity of Ep. 517 is dissolved by Ammonius' subscription, in which Erasmus is mentioned by name.

It is clear from Ep. 518 that one of Erasmus' desires was to be able to accept benefices such as were now being offered to him. But Ep. 517 reveals that he was aware of certain disabling conditions in his birth (cf. Ep. 517. 7 n.); and that of these he wished to say as little as possible. These two desires were conflicting, and could only be satisfied by two dispensations, such as he actually received; one in general form, which he might be authorized to employ without laying himself open to a charge of concealment, the other

83. Sin *F*: Si *B*: Sui *C*². 84. huius *add. F.* 87. E. S. T. *B*: tua sanctitas *H.* 88. instaurandae *B*: illustrandae *H.*

87. E. S. T.] Eadem Sanctitas Tua.

to absolve him expressly from his disqualifications, for use in case objections should be raised which might make it impossible for him to hold his peace.

The course of events may therefore be explained in the following way: that when he was about to receive his Courtray prebend (Ep. 436) and had a hope of further preferment (Ep. 475. 4 n.), it was once more (cf. Ep. 517. 7 n.) necessary for him to get the bar of illegitimacy removed—a bar which for some years past, as his consequence and reputation increased, he may well have been endeavouring to conceal; that accordingly, as the possibility of answering Ep. 338 offered a suitable opportunity, he determined to appeal to Rome, and with the approval of Ammonius submitted a double application on the lines indicated above; and that at the same time he applied to have a dispensation received from Julius in the matter of dress (cf. ll. 540-4 and Ep. 296. 186-9; also IV. 131-41 and nn.) ratified or renewed by Leo.

But none of these motives is quite adequate to explain the intense anxiety which his letters show to have the matter safely concluded. The fear of losing the long-desired independence and leisure which the offered preferment seemed to be holding out before him is hardly enough to account for the vehemence of his language; though Epp. 475. 10, 476. 16, 7, and 519. 6 show that simultaneous application was made on his behalf from Charles' chancery, and therefore that the Courtray prebend and the bishopric were matters of importance in the appeal. Vischer is probably right, too, in thinking that he had overstepped in some way the limits of the dispensation given by Julius. His attempt to resume his proper dress on returning to England, as described in Ep. 296. 191 seq., suggests that Julius' dispensation had originally been for Italy only; and the negotiation discussed in Ep. 226. 10 n. may have been an unsuccessful endeavour to get the dispensation extended. Any transgression in the matter would render him liable to penalties concerning which he might well have been anxious. But for the true explanation of his eager longing for safety I incline to the supposition which Vischer dismisses, namely that an attempt was being made, after his refusal of Servatius' persuasions (Ep. 296), to compel him to return to Steyn; than which no prospect could have seemed to him more appalling.

The chronology of the appeal may be arranged as follows. In July 1516 Erasmus wrote Ep. 446 in deference to suggestions made to him in Brussels (cf. Epp. 438 introd. and 446. 16 n.), but took it with him to London, in order to consult with Ammonius as to the method to be followed. The language of Ep. 446. 34 seq. implies that it was accompanied by another and larger application; which may be taken to be the letter to the Pope referred to in Epp. 451. 8, 9 and 452. 11: and Ammonius' description of this in Ep. 453. 13 as a 'commentum' makes it easy to identify this larger composition with Ep. 447. As a result of their deliberations Ammonius forwarded to Rome in September a packet containing Epp. 446, 447, and 466; and after some delay an answer came through Gigli, who enclosed a suggested draft for the dispensation to be given (Epp. 498. 9 and 505. 4, 5). On the return of this to Rome with suggestions made by Erasmus (cf. Ep. 552. 3, 4), the diplomas were prepared at the end of January and dispatched from Rome about 9 Feb., reaching Erasmus about the middle of March (Ep. 552) and enjoining him to go to England for the completion of the ceremony (cf. Ep. 566 introd.). After the receipt of the dispensations the matter disappears from his correspondence; perhaps in consequence of the fact that Ep. 552 is the last letter to his confidant Ammonius which has survived; but more probably because his desires were now satisfied.

In some points it seems clear that this letter, as we now have it, is not in its original form. Vischer is perhaps right in maintaining that the concessions asked for and granted here are wider than those conveyed in Epp. 517, 18, though the liberty granted in the former amounts practically to a release from canonical vows; certainly, as he points out, the readiness of Grunnius' reply is quite at variance with the long delay actually experienced. Mr. Nichols shows that the name of Grunnius may be taken as a figment; and there is reason to believe that the passages about Dominican and Franciscan atrocities could not in point of time have been written in 1516. It is possible also that the letter may have been written in Ammonius' name, since Ep. 517, which is the actual response to it, is addressed to him; cf. also Ep. 483. 20 n. I therefore regard Grunnius' reply as fictitious, and have not treated it as a separate letter.

Dr. Reich differs from Vischer's conclusions and maintains the authenticity of Grunnius with ingenuity; thus finding further support for the idea that the letter was written in the name of Ammonius, whom he conjectures to have added the opening and final passages. But in view of Mr. Nichols' arguments he is not convincing. He also dates the letter to Grunnius in December and the reply in January. But this is to overlook the 'commentum' of Ep. 453. 13; and with such a date he should have offered some explanation why so diffuse a statement of the circumstances should have been sent when the negotiations were almost concluded, instead of at the beginning.
For the significance of this letter even in its present form see App. 1.]

ERASMVS ROTERODAMVS LAMBERTO GRVNNIO SCRIBAE APOSTOLICO S.

Hactenvs, eruditissime Lamberte, ab hoc genere causarum lubens abstinui, licet a multis interpellatus, neque cuiquam amicorum molestus esse sustinui: verum hic singularis quaedam pietas me depulit a vetere instituto, fecitque vt et ipse nouum patrocinium susciperem, et tibi viro amicissimo in amici negocio negocium facesserem. Quapropter hoc operae primum abs te peto, vt totam rei seriem digneris cognoscere; siquidem confido futurum vt, si hoc impetro, et meum comprobes officium et tuum non illibenter impartias, non iam amicitiae nostrae, cuius gratia scio te nihil non facturum, sed ipsi causae. Agitur enim non de lana, quod aiunt, caprina, sed de salute indolis multo omnium felicissimae, quae plane viua spiransque defossa peribit, nisi nos fuerimus opitulati. Vtinam tibi perinde nota esset atque mihi est totius negocii ratio; tribus verbis, sat scio, causam hanc apud te perorauero. Sed tamen rem omnem optima fide sic tibi depingam, vt nihil aut certe quam minimum te fugiat quod scire sit operaeprecium. Nam et is cuius causam ago, a puero mihi sic cognitus est vt vix ipse mihi sim notior, et pleraque quae ad causam pertinent non audiui tantum sed perspexi oculis. Tanta autem est rei indignitas vt ipse vix haec absque lachrymis commemorare queam, nec tu fortassis, quae naturae tuae bonitas est, siccis oculis lecturus sis. Sed est hoc Christianae pietatis, mi Grunni, non tantum gaudere cum gaudentibus sed etiam flere cum flentibus.

Scio tibi, vir optime, et probe notam et insigniter inuisam esse quorundam Pharisaicorum improbitatem, qui iuxta testimonium Euangelicum non solum per maria perque terras, sed per omnes principum aulas, per omnes diuitum aedes, per omnes scholas, per omnes compotationes obambulant, vt proselytum aliquem in nassam illiciant, vixque credendis artibus insidiantur puerorum ac puellarum simplicitati. Norunt aetatem et iniuriae et fraudi idoneam, vt eos in vitae genus pertrahant vnde se non possint extricare semel irretiti: qua non alia seruitutis speties miserior; nam mancipium

TIT. *N*: LAMPERTO *H*.

10. lana] Hor. *Ep*. 1. 18. 15.

28. proselytum] Cf. Matt. 23. 15.

de lapide emptum ita potest demerere dominum suum vt ex seruo fiat libertus.

Itaque non te remorabor nimium nota commemorando, posteaquam istorum stratagematis mundus vndique plenus est. Quis enim fuit vnquam eximiae indolis aut honesto loco natus aut opulentus puer, quem isti non tentarint insidiis, cui non tetenderint retia, quem non captarint dolis, frequenter insciis, nonnunquam et inuitis, parentibus? Id quum sit quouis plagio sceleratius, tamen histriones pietatis etiam titulum audent sceleri praetexere. Ad Christum, inquiunt, etiam calcatis parentibus fugiendum est, et aduersus afflatum diuini Spiritus nihil valet parentum autoritas: quasi vero Satanas non sit et inter monachos, aut quasi quicunque cucullam accipiunt, afflati sint Christi spiritu, quum multo maxima turba vel stultitia vel inscitia vel desperatione vel ocii ventrisque studio ducatur. Quod Deus iussit liberos parentibus obtemperare, extra controuersiam est: quis spiritus instiget hominem ad monachismum, nec ipsi certum est qui trahitur.

Hic vides quantum campum nobis aperiat locus communis, sed non libet in eo commorari, quum quotidianis illaqueatorum querimoniis omnium aures calleant. Equidem nolim improbare cuiusquam institutum, nec istis patrocinabor, qui vt incogitanter se praecipitarunt in foueam, ita quod male coeperant peius relinquunt, non ad libertatem sed ad peccandi licentiam fugientes. Caeterum in tanta corporum et ingeniorum varietate non omnibus omnia congruunt, neque quicquam accidere potest praeclaris ingeniis infelicius quam vt in aliquod vitae genus vel arte inducantur vel vi propellantur, vnde se non possint explicare. In hoc enim potissimum sita est hominum felicitas, si quisque ad hoc applicetur ad quod natura compositus est. Quosdam enim ad coelibatum aut ad monachismum adigere nihilo felicius cedat quam si asinum ducas ad certamen Olympicum aut bouem ad ceroma, vt aiunt.

Hoc praefatum esse sat est. Nunc accipe simul et optimi iuuenis calamitatem et istorum plagiariorum detestandam improbitatem. Atque hic rursus oro vt mihi te praebeas attentum. Vehementer enim cupio tuo iudicio comprobari quod ago. Nam obsequii nonnunquam poenituit: quod iudicio fit, nunquam non placet.

Duo fratres sunt, Florentius et hoc natu maior Antonius. Admodum pueri matre orbati sunt; pater aliquanto post decedens exile quidem patrimonium reliquit, sed quod absoluendis studiis abunde sufficeret, nisi cognatorum rapacitas, qui morienti aderant, rem minuisset. Nam praesentis pecuniae ne pilus quidem repertus est; attamen quod supererat in rebus soli aut in syngraphis, nec perinde promptum harpyarum vnguibus, vtcunque satis erat perdiscendis artibus liberalibus, ni rursus tutorum indiligentia bona pars intercidisset. Scis quam pauci mortales sint qui in alieno negocio bona fide vigilent. Tutores autem huc animum adiecerant vt eos educarent monasterio, miram existimantes pietatem si illis de victu prospectum esset. Huc suapte sponte propensos Guardianus quidam, homo superciliosus magnaque pietatis opinione, perpulerat, praesertim vnum, sub quo ludi literarii magistro in prima puericia grammatices prima rudimenta didicerant. Erat autem is iuxta vulgarem existimationem vir pius et innocens, hoc est nec alea nec scortis nec luxu nec temulentia nec aliis criminibus infamis; sed homo sibi viuens ac mire parcus, nec iudicio quicquam vulgo praestantior, nec literas approbans, nisi quas ipse perturbatas ac paucas didicerat. Nam Florentio decimumquartum annum agenti, quum illi scripsisset aliquanto politius, respondit seueriter, vt si posthac mitteret tales epistolas, adiungeret commentarium: ipsi semper hunc fuisse morem, vt plane scriberet et 'punctuatim'; nam hoc verbo est vsus. Is videtur hoc affectu fuisse quo plurimos esse noui, vt existimaret se victimam Deo gratissimam immolare, si quem discipulorum addixisset vitae monasticae. Soletque gloriabundus commemorare quot adolescentulos quoque anno vel Francisco vel Dominico vel Benedicto vel Augustino vel Brigidae lucrifecisset.

Proinde quum iam essent maturi scholis quas Vniuersitates appellant—nam et satis erant grammatici et Petri Hispani Dialecticam magna ex parte didicerant—; tamen metuens ne illic haurirent aliquid mundani spiritus ac iugum detrectarent, curauit illos ablegandos in contubernium quorundam qui vulgo Fratres Collationarii vocantur, qui nusquam gentium non nidulantes instituendis pueris quaestum factitant. Horum illud praecipuum est studium, vt si quem puerum videant indole generosiore et alacriore, cuiusmodi fere sunt ingenia felicissima, eam plagis, minis, obiurgationibus aliisque variis artibus frangant ac deiiciant—id appellant cicurare—vitaeque monasticae fingant. Quo quidem nomine satis amantur a Dominicanis ac Franciscanis, quod dicant ipsorum ordines breui interituros, nisi penes illos aleretur seminarium;

80. Huc *scripsi, cf. vv.* 202, 3: Hac *H.* 88. illi *HLB*: ille *Lond.*

80. Guardianus] The head of a Franciscan house, probably at Gouda; where van Heussen (i. 303) mentions a settlement.

88. scripsisset] Cf. Ep. 1 introd.

98. Hispani] Peter the Spaniard (†1277), a native of Lisbon, who became Abp. of Braga c. 1272, and was elected Pope, as John XXI (XX), in 1276. He was the author of many works on logic, the best known of which, the *Summulae Logicae* and the *Parua Logicalia*, were widely used and were many times printed in XV°. Copinger (2995) mentions a *Dialectica*, printed separately, *s. a. et l.*

102. Collationarii] The Brethren of the Common Life; so called because of the special attention they paid to *collationes* (addresses). See Herzog, *Realencyklopädie* iii, p. 503; and Woodward, *Studies in Education*, pp. 82–7.

ex illorum enim cortibus legunt suos tyrones. Equidem arbitror et inter illos esse viros quosdam minime malos; sed quum optimorum autorum inopia laborent, quum in suis tenebris suis quibusdam moribus ac ritibus degant, seque non aliis sed sibi ipsis comparent, quum bonam diei partem cogantur precum et operarum pensis impendere, non video quo pacto valeant liberaliter instituere puericiam: certe res ipsa loquitur non aliunde prodire adolescentes inelegantius doctos aut moribus deterioribus.

Apud hos igitur biennium et eo amplius perdiderunt: certe iunior ille perdidit, ipsis praeceptoribus aliquanto doctior, in his duntaxat literis quas illi profitebantur. Vnus praeceptorum talis erat vt Florentius neget se vsquam vidisse monstrum vel indoctius vel gloriosius. Et tales non raro praeficiuntur pueris; non enim eliguntur eruditorum iudicio, sed arbitrio patriarchae, qui plerumque literas nescit. Alter vero qui semper visus est vnice delectari indole Florentiana, quum sentiret agi de reditu in patriam, coepit priuatis colloquiis solicitare animum adolescentis vt ipsorum accederet instituto, multa commemorans quibus pueri solent illectari. Quod vtinam esset factum. Nam aut volentem pietatis amor apud illos detinuisset, aut si res ita tulisset, licuisset in pristinam redire libertatem. Neque enim hoc hominum genus, quod habent praecipuum bonum ac priscae religionis vestigium, votis insolubilibus astringitur: et si vere piorum ac spiritualium sententia plus valeret quam crassorum iudicia, nullum posthac esset votum insolubile praeter vota baptismi, praesertim vt nunc habet mortalium vel malicia vel imbecillitas.

Quum igitur instaret ille crebris hortatibus, interim addens et blandicias et munuscula et oscula, denique puer haud pueriliter respondit, nec vitae genus nec ipsum sibi satis adhuc notum esse; simul ac maturuisset aetas, tum hac de re deliberaturum. Cessit quidem ille vir non omnino stultus nec malus; verum ex hac hominum sodalitate noui, qui non modo terriculamentis ac blanditiis verumetiam horrendis obtestationibus ac prope dixerim exorcismis et incantamentis, pueros nondum egressos annum decimum quartum, diuites ac bene natos, conati sunt obtundere, vt insciis parentibus ipsorum instituto semet addicerent. Quid est plagium, si hoc non est?

Ergo quum in patriam redissent Antonius ac Florentius, tutores, qui rem, quamuis exilem, non optima fide tractarant, agunt de instituto monastico; partim quo citius expedirentur a cura, partim quia ille ludimagister, qui solus rem administrabat (nam vnus pestilentia correptus subito decessit, nec ratione reddita, tertius

140. nec *H*: ac *N*.

homo negociator leuiter hac sollicitudine tangebatur), gratissima, vt dixi, victima se Deo litaturum arbitrabatur, si duas oues illi mactasset. Florentius, vt sensit illos sic agere quasi pupillorum voluntatem haberent obligatam, contulit cum germano, quem habebat fere triennio maiorem, ipse vixdum egressus annum decimumquintum, num vere esset eius animi vt se vellet illigari nodis quos in posterum non posset explicare. Is ingenue fatebatur se non duci amore religionis sed trahi metu tutorum. 'Quid' inquit Florentius, 'te dementius, si stulto pudore metuque hominum, a quibus tibi certe non sunt metuenda verbera, temetipsum coniicias in vitae genus quod nec cuiusmodi sit nosti, nec, si semel ingressus sis, queas referre pedem?' Ibi Antonius allegare coepit facultatulas quum per se exiguas, tum tutorum etiam attritas negligentia. 'Nihil est' inquit Florentius, 'quod metuas. Corrademus quicquid superest, et conflata summula petemus academiam. Non deerunt amici, et multi quibus omnino nihil est, sua aluntur industria. Postremo, Deus aderit ad honesta tendentibus.'

Hoc responsum adeo probauit Antonius vt multas etiam spes ostenderit quae minori non venerant in mentem. Itaque communi consilio decretum est vt monasticum negocium in aliud tempus reiiceretur, donec treis etiam aut quatuor annos in scholis versati, per aetatem ac rerum vsum rectius possent dispicere quid expediret. Constanter ambobus placuit haec sententia. Sed maior angebatur etiamnum scrupulo quomodo respondendum esset tutoribus; qui non explorata pupillorum voluntate negocium hoc sedulo serioque agebant. Hic concepta est responsionis formula; quam Antonius approbauit quidem, tantum orabat vt minor esse vellet dux verbi et amborum nomine respondere: nam erat is ad dicendum timidior, quemadmodum et indoctior. At Florentius accepit quidem conditionem, sed diligenter a fratre stipulatus propositi constantiam; 'ne, si me' inquit, 'post datum responsum destitueris, tota tragoedia deuoluatur in caput meum. Nunc potius muta sententiam, si vel blandimentis vel saeuis dictis putas te posse depelli gradu. Neque enim, mihi crede, res agitur ludicra.' Sancte deierauit Antonius, deditque fidem se dictis mansurum.

Venit post aliquot dies tutor ille, multaque praefatus de sua erga pupillos pietate deque miro studio ac vigilantia, coepit illis gratulari quod ambobus repperisset locum apud eos qui bis canonici gaudent appellari. Hic Florentius puer ex pacto pro vtrisque respondens egit quidem gratias pro beneuolentia proque sedulitate. Caeterum negauit sibi fratrique suo videri consultum vt id aetatis, ad haec

189. bis canonici] Cf. II. 65,6.

rerum humanarum imperiti, semet addicerent alicui vitae instituto; nec ipsi adhuc satis noti sibi ac prorsus ignari quale foret illud quod aggrederentur. (Nondum enim vllum monasterium fuerant ingressi; nec suspicari poterant quodnam animantis genus esset monachus). Multo videri satius vt post aliquot annos in studiis honestissimis actos tempestiuius hoc negocium ageretur. Ita rem felicius successuram.

Hanc pueri tam non puerilem responsionem quum tutor debuerit exosculari, si vir fuisset vere pius et Euangelica prudentia praeditus: immo quum adolescentes, si forte conspexisset eo puerili calore propensiores, remorari debuerit, nec statim affectui temporario fidere; tamen haud aliter incanduit quam si pugno caesus esset, et homo alioqui lenis, vt videbatur, ingenii, hic impotens irae, vix manus pudore continuit, sed miro supercilio Florentium appellauit nebulonem, negauit habere spiritum (agnoscis monachorum vocem). Abdicauit tutelam, recusauit esse fideiussor apud eos apud quos illis victum emerat, testatus est nihil superesse: ipsi dispicerent vbi caperent cibum. His aliisque multis saeuis ac plagosis conuiciis verberabat minorem; quae tum puero quidem excutiebant lacrymas, propositum tamen iudicio susceptum non excutiebant. 'Accipimus' inquit, 'tutelae abdicationem, teque nostri cura liberamus.'

Ita tum discessum est. Tutor vbi perspicit se minis et iurgiis nihil proficere, adhibet fratrem suum negociatorem, de quo dictum est, virum mire comem et blandiloquentem. Conuenitur in viridarium, iubentur considere pueri, proferuntur pocula, post amicas fabulas coeptum est accuratius etiam agi negocium, sed alia ratione. Blanda omnia, multa mentiebantur de mirifica felicitate illius instituti, ostendebant magnarum rerum praeclaras spes, addebant preces. Quid non? His delinitus maior coepit labascere, videlicet oblitus non semel deieratae constantiae. Minor nihilo secius perstat in sententia. Breuiter, perfidus ille prodito fratre accepit iugum, sed clam suffuratus si quid erat rei paratae; quod tamen illi nouum non erat. Atque illi quidem pulchre cessit res. Erat enim vt ingenio tardus, ita corpore robustus, attentus ad rem, ibi vafer et callidus, pecuniarum furax, strennuus compotor, nec scortator ignauus; in summa, adeo minori dissimilis vt suppositítius videri posset. Nec enim vnquam aliud fuit germano quam malus genius. Non ita multo post, hoc munus gessit inter suos sodales quod Iscariotes inter Apostolos. Is tamen vbi vidit fratrem misere illaqueatum, tactus conscientiae stimulis deplorabat quod eum in nassam protractum perdidisset. Audis Iudae confessionem; et vtinam ad illius exemplum sese suspendisset ante quam facinus hoc tam impium admitteret.

Erat Florentius, vt fere solent nati litteris, rerum communium et imperitus et negligens, atque in his mira simplicitas; reperias enim quosdam ante pilos astutia puberes; nec alibi quam in studiis valebat ingenium. Nam huc totum intenderat et huc vi naturae rapiebatur, ab infantiae crepundiis versatus in scholis. Corpore delicato, sed tamen ingenii rebus satis accommodo, vix dum aetatis annum ingressus decimum sextum. Postremo, febri quartana languidus, quae puerum iam supra annum tenebat, ex illa sordida et illiberali educatione collecta. Quo se verteret talis adolescentulus vndiquaque proditus ac destitutus, rerum omnium rudis nec a morbo liber? An non hic satis adhibitum est violentiae ad propellendum quouis puerilem animum? Perstitit ille tamen in non temere concepta sententia.

Interea tutor ille stolidus, ne non perficeret quod instituerat, ad peragendam fabulam subornat varias personas diuersi status atque etiam sexus, monachos, semimonachos, cognatos et cognatas, iuuenes ac senes, notos et ignotos. Inter quos erant quidam adeo natura fatui vt, nisi eos commendasset sacra vestis, pro morionibus cum auriculis ac tintinabulis publicitus obambulassent. Erant et alii quos arbitror superstitione peccasse magis quam maliciosa voluntate; sed quid refert pereuntis, stultitia iuguletur an peruerso studio? Ibi quot arietibus quatitur puerilis animus! Alius depingebat amabile simulacrum monasticae tranquillitatis, optima quaeque decerpens (sic laudari potest et quartana febris), non pauca largiter admentiens, sed diuersa supprimens. Alius μάλα τραγικῶς exaggerabat huius mundi pericula, quasi monachi sint extra mundum; quemadmodum seipsos pingunt in bene munita naui, caeteros omnes vndis iactari, perituros nisi ab illis contus porrigatur aut funis. Alius ponebat ob oculos terrificos inferorum cruciatus, quasi ex monasteriis non pateat iter in Tartara. Alius fabulosis exemplis territabat; sunt enim his instructissimi. Quidam viator labore fessus insedit tergo draconis, putans truncum arboris esse. Excitatus draco reflexo collo deuorauit hominem. Sic mundus deuorat suos. Quidam forte inuiserat monachorum sodalitatem. Quum vehementer inuitatus vt illic maneret, persisteret in sententia, discessit, sed in via obuius leo dilacerauit miserum. Narrabantur et visa prodigiosa, non minus inepta quam quae aniculae de spectris ac lemuribus solent commemorare. Quidam diuerso fabularum genere sollicitabant; de monacho quicum horis aliquot quotidie confabulabatur Christus; de Catarina Senensi, cui puellae tanta fuit cum Christo sponso vel

254. ac *H*: & *N*.

275. Catarina] of Siena (1347—29 April 1380), the champion of Italy and of Urban VI, the Italian Pope; canonized 1461. See Creighton i and ii.

amasio potius familiaritas, vt vltro citroque deambularent in cubiculo, nonnunquam et preces horarias simul absoluerent. Cum primis exaggerabant communionem illam bonorum operum; quasi ipsis haec supersint, ac non potius interdum magis egeant misericordia Domini quam laici, aut quasi non sit in toto corpore Christi benefactorum communio.

Ne longior sim, nullum machinarum genus non admotum est ingenio pueri simplicis, destituti perfidia fratris, denique valetudine fracti; nec minore cura, studio vigilantiaque aduigilatum est quam si ciuitas opulenta fuisset capienda. Tanti visum est illis plus quam Pharisaeis vnum adolescentem spirantem ac viuum defodere. Inter hos erant qui sui ordinis negocium agebant; cui tantopere fauent vt hac gratia miris odiis inter se dissideant, et Christianam professionem tantum non pro nihilo ducant. Puer erat et ingenio et litteris et facundia praestantior quam pro aetate: vnde sperabant eximium aliquod ornamentum suo sodalitio accessurum. Haec erat illa pietas, hic erat ille zelus.

Multa sciens praetereo, doctissime Grunni, ne singulis commemorandis tibi sim tedio; et tuae prudentiae est ex commemoratis coniicere caetera. Florentius interim haeret inter sacrum et saxum, vt est in prouerbiis. Dum ita pendet circumspectans sicunde deus aliquis apparens spem salutis ostenderet, forte fortuna inuisit quoddam collegium vrbi in qua tum agebat vicinum. Ibi repperit Cantelium quendam, quicum ab infantia fuerat enutritus. Is erat annis aliquot natu grandior, ingenio vafro et nunquam non spectante ad suum commodum, animi tamen excelsi. Hunc non tam pietas quam ventris studium et amor ocii pellexerant in monasterium. Erat enim natura γλίσχρος et eximie piger, in litteris parum feliciter progressus, tantum canendi peritus, quam ad rem fuerat a teneris exercitatus. In Italia frustra venatus fortunam, quum parentes rei familiaris angustiam ac liberorum turbam occinerent, ad cucullae confugit aram; quae vel hoc nomine laudanda est, quod sat commode multa nutrit θρέμματα alioqui fame peritura.

Ibi Cantelius ex colloquio deprehendens quam feliciter Florentius processisset in litteris, illico de suo negocio cogitans, incredibili affectu coepit ad eius vitae consortium exhortari (erat autem natura Mercurialis); admirandam quandam eius instituti imaginem verbis repraesentans, exaggerans beatam illam tranquillitatem, libertatem, concordiam, quid multis? angelorum contubernium; illud praecipue repetens et inculcans, quanta esset librorum copia, quantum ocium studiis. Nouerat escam qua capi poterat adolescentis animus. In

299. Cantelium] Cornelius of Woerden; see Ep. 296. 14 n. Besides the sense suggested in l. 304, Mr. Bywater refers to κανθήλιος.

summa, si audisses hominem, dixisses illic esse non monasterium sed virecta Musarum. Amabat Florentius pro naturae suae candore Cantelium puerili vehementique affectu, praesertim ex tanto interuallo praeter spem repertum, vt fere solet ea aetas feruidos amores in sodales quosdam concipere. Nondum enim nouerat mortalium ingenia, sed ex suo animo aestimabat omnes. Cantelius quidem nullum non mouebat lapidem, in omnia se vertens vt incantamentis subigeret animum pueri; nec flexit tamen.

Ab eo colloquio digressus Florentius ab alteris maiore iam impetu exceptus est. Adornarant enim validiores arietes. Ingerebatur summa rerum desperatio, amicorum omnium simultas, denique (quo genere mortis non aliud cruciabilius) *βουλιμία*, ni mundo renunciaret: sic enim illi loquuntur, contumelioso vocabulo mundum appellantes quos Christus suo sanguine redemit a mundo, ac monachis ceu proprium asserentes quod est Christianorum omnium commune. Ab his diu vexatus magis quam labefactatus redit ad Cantelium tantum fabulandi gratia. Ille summis iam viribus hoc agebat, vt sibi secretum et gratuitum praeceptorem adiungeret. Erat autem Florentius mire propensus ad amicitias ac facilis ad obsequendum amiculis. Itaque quum nullus esset obtundendi finis nec vlla spes affulgeret, ad collegium se contulit, non illud quod parauerat tutor, sed in quo forte repperit veterem collactaneum. Erat autem locus ille tam putris et insalubris vt vix bubus alendis esset idoneus, nedum tam delicato corpusculo. Verum aetas illa nec ciborum nec coeli nec loci rationem vllam habere didicerat. Nec tamen huc eo se contulit animo vt institutum amplecteretur, sed vt interim obtundentium voces effugeret, donec ipsa dies adferret melius consilium.

Cantelius interim saedulo suam rem agebat, abutens sodalis et facilitate et simplicitate. Nam Florentius illi clam vna nonnunquam nocte comoediam Terentianam totam praelegebat, vt intra paucos menses praecipuos autores absoluerent furtiuis ac nocturnis congressibus, magno discrimine tenelli corpusculi: verum hoc nihil ad Cantelium, qui nactus occasionem sibi intus canebat; nec enim quenquam amabat ex animo praeter seipsum. Interea, ne Florentius resiliret a coeptis, nihil illi non permittebatur. Arridebat puero aequalium grata sodalitas. Canebatur, ludebatur, certabatur versiculis: non adigebatur ad ieiunium, non excitabatur ad cantiones nocturnas: nemo monebat, nemo obiurgabat, fauebant et arridebant omnes.

Atque ita per incogitantiam menses aliquot effluxerunt. Vbi iam immineret dies deponendae vestis prophanae et induendae sacrae,

338. collectaneum *LB*.

338. collactaneum] The word occurs in Vulg. *Act.* 13. 1.

Florentius ad se rediens coepit canere veterem cantilenam, et accersitis tutoribus agere de libertate. Ibi rursus minae crudeles, et ostensa rerum extrema desperatio nisi pergeret in bene coeptis. Nec hic instrenue parteis suas egit Cantelius, cui non expediebat amittere nocturnum et gratuitum praeceptorem. Obsecro te, an non haec mera vis est in puerum natura simplicem, imperitum et incogitantem? Quid moror? Reclamanti iniecta est vestis, quum scirent animum nihil immutatum. Eo facto, rursus blandiciis et indulgentia lactabatur puerilis animus.

Itaque rursus per lusum et incogitantiam annus fere totus effluxit. At iam propemodum comprererat illud vitae genus nec animo nec corpusculo suo congruere. Nam animo praeter studia nihil erat suaue. Ibi vero nullus studiis vel honos vel vsus. Alioqui non abhorrebat a pietate, sed cantionibus ac ceremoniis non perinde capiebatur, quibus fere tota illorum vita constat. Ad haec, in talia sodalitia plerunque protruduntur ingenio tardi, natura semifatui, ἄμουσοι, ventrisque quam litterarum amantiores. Inter hos si quod exoriatur ingenium excellens ac disciplinis natum, per illos opprimitur, ne emergat. Et tamen tales sibi vindicant tyrannidem, ac fere fit vt qui stolidissimus est maximeque improbus, modo robusto corpore, is in eo grege valeat plurimum. Iam mihi cogita quanta sit crux ingenio Musis nato inter tales aetatem omnem degere. Nec vlla illic manumissionis spes, nisi si forte contingat praefici collegio virginum; qua seruitute nihil est infelicius. Nam praeter foeminei gregis assiduam curam, quotidie desidendum est in prolixis compotationibus non sine pudiciciae periculo; neque raro fit vt patriarcham suum iam aetate fractum et inutilem ad pristina relegent praesepia, hoc etiam miseriorem quod aliquamdiu voluptuariam vitam egerit.

Corpusculum autem adolescentis erat natura tam impatiens inediae vt cibo vltra solitam horam prolato frequenter sit periclitatus, quum ipse tamen sui ignarus nihil tale cogitaret; tantum stomachi cruciatu et cordis defectu admonebatur. Haec fortasse rident crassae pecudes, quas etiam si foeno pascas, lasciuirent. At periti medici non ignorant hanc esse proprietatem corporis admodum rari subtiliumque spirituum, cuiusmodi praescribunt cibos concoctu faciles, frequenter ac parce sumptos; quum alios reperias qui semel expleto ventre sine vlla molestia diutius durent quam vultures. Eadem corpora medici docent impatientissima frigoris, ventorum ac nebularum esse, ac citius offendi circumfuso aere quam infusis cibis. Habebat adolescens aliud peculiare incommodum, quod illi a teneris annis in hanc vsque aetatem haeret, inuincibile. Non nisi profunda vespera potest ob-

382. virginum] Cf. Ep. 296. 211-14.

dormiscere, et a semel interrupto somno non redormiscit nisi post horas aliquot. Quoties hoc deplorare solet in familiaribus colloquiis, sibi negatum aureis illis horis frui, suauissimamque diei partem somno perire! quoties conatus est vi naturam expellere, sed frustra! Porro incoenem peruigilium excipit, non absque valetudinis incommodo. A piscibus sic abhorrebat adolescens vt ad odorem modo protinus sentiret grauem capitis dolorem non sine febri. Quid talis animus, quid tale corpus faciat in monasterio, praesertim ita sito? nimirum quod piscis faceret in aruo aut bos in mari.

Haec quum illi patres non ignorarent, si fuisset in illis mica syncerae charitatis, nonne debuerant vltro subuenire puerili vel inscitiae vel incogitantiae, et his admonere verbis? 'Fili, stultum est frustra niti, nec tu congruis huic instituto nec hoc institutum tibi. Dum integrum est, aliud vitae genus delige. Vbique Christus habitat, non hic tantum: sub quauis veste bene colitur pietas, si non desit animus. Dabimus operam vt propiciis tutoribus et amicis redeas in libertatem. Ita nec tu nobis futurus es oneri nec nos tibi exitio.'

Haec erat digna vere piis oratio. At nullus verbo monuit, quin potius omnes machinas admouebant ne miser ille thynnus elaberetur e nassa. Alius dicebat hunc esse Satanae morem, vt in tali articulo omnes technas, omnes dolos admoueat, quo supplantet nouum Christi tyronem: hunc conflictum si fortiter sustineret, caetera fore prona atque etiam iucunda. Affirmabat idem ipsi vsu venisse quondam, nunc sibi videri in paradiso viuere. Alius iniiciebat scrupulum, ostendens ingens periculum ne diuus Augustinus iritatus magnum aliquod malum immitteret ob contumeliam desertae vestis; atque huius rei commemorabat horrenda aliquot exempla: alius inciderat in morbum immedicabilem, alius perierat ictus fulmine, alius a vipera morsus interierat. Addebat vestem sumptam habere tacitam professionem; nec apud Deum esse multo leuius crimen, nec apud homines minus infamiae, quam si professus desciuisset. Nullo non genere telorum vrgebant adolescentem, sed nullo grauiore quam infamiae metu. 'Nunc' inquiunt, 'serum est resilire. Missa est manus ad aratrum, non est fas in tergum respicere. Si vestem multis testibus acceptam deposueris, semper eris hominum fabula.' Hic apostatae vocabulum miris tragoediis exaggerabant. 'Quo tandem ibis?' inquiunt. 'Non poteris vnquam in bonorum virorum venire conspectum. Et monachis eris execrabilis et prophanis inuisus.' Erat autem adolescentis ingenium virgineo quodam pudore, vt mortem leuius horreret quam probrum. Ex altera

420. thynnus] Cf. Ep. 451. 7. 435. ad aratrum] Cf. Luke 9. 62.

parte vrgebant et tutores et amici, quorum aliqui rem furto minuerant. In summa, vicerunt improbitate. Adolescens et animo abhorrens et verbis reluctans coactus est capistrum accipere, non aliter quam bello capti vinciendas manus victori praebent, aut diutinis victi tormentis faciunt non quod volunt sed quod collubuit potentiori.

Animum Florentius vtcunque vicisset, caeterum corpus nemo sibi fingere potest. Interim fecit adolescens quod solent ii qui carcere sunt conclusi, solabatur se studiis, quatenus ibi licuit; nam hoc ipsum furtim erat agendum, quum palam inebriari liceat. Litteris igitur fallebat captiuitatis tedium, donec casus insperatus, veluti deus quispiam ἀπὸ μηχανῆς, spem salutis ostenderet. Id euenit; nam ab episcopo quodam praepotente euocatus in ipsius familiam, inde gradu facto profectus est ad celebrem academiam: quod ni accidisset, tam insignis indoles in ocio, in deliciis, in compotationibus computruisset. Non quod criminetur suum sodalitium, sed quod ipsius naturae non congruebat: frequenter enim quod aliis vita est, aliis mors est. Ea autem est iuuenis verecundia modestiaque vt nihil inimice de suo sodalitio veteri praedicet; sed quidam silentio et pudore plus loquuntur quam si multa verba facerent. Nec tamen horum quicquam factum est, nisi permissu atque adeo iussu episcopi ordinarii, permissu praepositi, tum domestici, tum generalis, denique cum pace totius sodalitatis. Quanquam autem esset libera conscientia sciretque se voto adacto non teneri, illud tamen interim dedit partim verecundiae naturali, prorsus immodicae, quae illi saepenumero magno fuit malo, partim hominum imperitorum ac superstitiosorum inuincibili offendiculo, ne vestem mutaret, quamuis ad hoc a suo praesule inuitatus.

Aliquanto post euenit per occasionem vt in longinquam regionem amore studiorum proficisceretur. Ibi iuxta morem Gallicae gentis togulam lineam supra vestem gestabat, putans hoc illic non insolitum esse. Verum hinc bis in praesens capitis periculum incidit, quod illic chirurgi qui pestilentia laborantes curant, candidum linteum gestant humero laeuo, a fronte et a tergo pensile, quo facile conspicui possint et ab obuiis et a sequentibus vitari: qui tamen ipsi, nisi per desertas vias obambularent, saxis impeterentur a concurrentibus; vsque adeo gens ea mortem horret, vt ad thuris etiam

455. gradu facto] This statement, that Erasmus was ordained after joining the Bp. of Cambray, should have been quoted in App. 5, as it conflicts with Beatus Rhenanus. If Erasmus, as seems probable, is correct, his residence with the Bp. must have lasted longer than is there represented (p. 589). He was certainly ordained priest at Utrecht, and not, as would have been possible, at Cambray; thus continuing his orders in the diocese in which he had first entered upon them. Such a journey would explain the circumstances of Ep. 33.

473. periculum] Cf. Ep. 296. 178 seq.

odorem efferentur quod in funeribus soleat accendi. Quodam tempore quum Florentius viseret amicum eruditum, duo forte obuii lenones aut certe satellites vocibus mire parricidialibus ac strictis gladiis erant ipsum occisuri, nisi matrona commodum praeteriens illos admonuisset non chirurgi sed ecclesiastici cultum esse. Nec illi tamen desinebant fremere nec gladios recondebant donec pulsatis foribus (nam domus erat in proximo) intro receptus esset. Alio quodam die visebat quosdam sodales conterraneos. Ibi repente fit vndique concursus cum saxis ac fustibus, furioso clamore inuicem sese cohortantium, 'Occidite canem, occidite canem.' Interim occurrit sacrificus, qui tantum arridens illi dixit, sed voce tacita et Latina, 'Asini, asini.' Illis adhuc tumultuantibus mox iuuenis quidam perquam elegans et purpurata chlamyde prodiit ex aedibus. Ad hunc velut ad aram confugit Florentius (nam vulgi linguam prorsus ignorabat); miratur quid sibi vellent. 'Hoc' inquit, 'certum habe. Nisi ponis istud linteum, aliquo die lapidaberis. Moneo te, tu monitus caue.' Itaque linteolum non deposuit sed texit summa veste. Bone Deus, quantum tragoediarum ex re nihili!

Hic exhorrescent stolidi qui summam religionis in veste collocant; quam nec ego dixerim temere abiiciendam. Sed hanc Cartusiani saepe negociatoria commutant, quo tutius perueniant ad synodum. Canonici vero vel studii gratia vel longinquae profectionis causa mutant aut celant, nullius autoritate, citra omnem reprehensionem; non enim est eadem religio lineae vestis quae caeterarum. Nam olim canonici non erant monachi, et nunc medium genus est, in fauorabilibus monachi, in odiosis non monachi. Sed horrendum facinus est si quis Dominicanus aut Franciscanus sacram vestem abiiciat. Nam Dominicanum pallium totam diuitum domum sospitat prosperatque, et pueris aliquot annis ex voto matris gestatum tuetur a morbis et horrendis casibus; Franciscana tunica etiam mortuo inducta liberat ab inferis. Quin et summus Pontifex monachos quosdam qui diuersis vestium formis conuenerant, admonet vt offendiculi vitandi gratia simili cultu vterentur omnes. Nec Pontificia decretalis fulminat in eos qui honestis de causis vestem sacram ponerent, sed qui id facerent vt licentius cum prophanis ea facerent quae solet vulgus. Nam linea vestis non est monachorum, sed episcoporum, et fortassis olim clericorum. Nec Augustinus in sua regula formam vllam vestis praescribit, immo damnat potius insignem cultum, admonens ne sit notabilis clericorum habitus, nec affectent vestibus placere sed moribus; licet satis constet eam regulam mulieribus scriptam non viris: sed cum illis nunc ago qui viris

488. sese *H*: se *N*.

508. tunica] Rud. Agricola was so buried; cf. the *Exequiae Seraphicae*, LB. i. 868 A.

scriptam existimant. Postremo cultus hic est Romani Pontificis, quum maxime pontificaliter ornari solet.

Haec quum non ignoraret Florentius, tamen vt omnem impleret iusticiam, ex amicorum consilio facillime impetrauit a summo Pontifice vt pro suo arbitrio quodcunque signum instituti quacunque corporis parte gestaret. Quum illinc reuocatus esset ad suos Moecenates, quos habebat nec indoctos nec infimae sortis, recepit cultum Gallicum, qui praeter linteolum pensile nihil differt a veste presbyteri secularis: sic enim ignominioso verbo nunc vocantur legitimi ecclesiae ministri et ab Apostolis Christoque instituti. Nec id fecit absque grauium virorum consilio. Quum ita cultus prodisset in publicum, admonitus est ab amicissimis eum ornatum in ea regione prorsus intolerabilem esse; celaret linteum. Dices, poterat totum eius gentis cultum sumere. Verum eo nihil est operosius. Opus est qui sustineat fluentem caudam, laeua retinenda est sinuosissima cuculla; nam hoc illic in primis habetur magnificum, nimirum ad exemplum cardinalium. Tum negocia cogebant eum subinde mutare regionem ac veste polypum fieri; nam cultus qui alicubi reuerendus est, alibi prodigiosus habetur. Postremo erat hospes, et quotidie illi versandum erat cum magnatibus, qui non quauis veste delectantur. Tandem visum est syncerissimis amicis vt, quemadmodum habebat liberam conscientiam, ita Pontificis autoritate in totum omni scrupulo sublato suae libertati restitueretur, ne toties ponenda sumendaque veste grauius etiam scandalum pariat male loquacibus.

Addam et illud. Vitae genus in quod protrusus est adolescens, adeo liberum est vt minimum absit a libertate secularium: nec iam loquor de libertate arrepta, sed de concessa ab iis qui fuerunt autores. Hoc admoneo, quod Pontifices solent in talibus esse faciliores ad relaxandum, quam quum disceditur ab ordine Seraphico, Cartusiano aut Brigidensi. Nam hi nec recipiunt hic Pontificis autoritatem, quum eandem largientem immensa priuilegia ac praerogatiuas habeant sacrosanctam ac tantum non Christo praeponant.

Non hic disputabo de votis monasticis, quae quidam supra modum exaggerant; quum hoc genus obligationis, pene dixeram seruitutis, nec in Nouo nec in Vetere Testamento reperiatur. Deinde quum sabbatum, autore Christo, sit constitutum propter hominem, non homo propter sabbatum, multo magis huiusmodi constitutiones cedere debent, quoties officiunt hominis saluti, praesertim animae, quum Dominus loquatur de salute corporis: agitur enim de fame et homine sanato die sabbati. Sed isti vere sunt illi Pharisaici qui bouem et asinum delapsos in puteum extrahunt violato Dei sabbato, hominem totum perire sinunt ob suum sabbatum.

Non huc adducam quanta sit turba monasteriorum in quibus adeo nulla viget disciplina pietatis, vt prae his lupanaria sint et magis sobria et magis pudica; tum quam multa in quibus praeter ceremonias et speciem externam nihil est religionis. Hi sunt illis propemodum deteriores, quod cum spiritu Christi careant, tamen ex illis Pharisaicis ceremoniis incredibile dictu quam attollant supercilium, vniuersam pietatem in extrariis constituentes, et ob has pueros ad necem quotidie caedentes. Quanquam ipsi eas miro tedio peragunt, nec omnino peracturi nisi crederent hoc spectaculum populo videri mirificum. Postremo quam mira paucitas collegiorum in quibus ex animo viuitur iuxta regulam pietatis, et in his ipsis, si Silenum aperias, si propius inspicias, si ad verae pietatis coticulam explores, immane quam pauculos reperias synceros! Quam callidae sunt artes Satanae, quam sinuosum est cor hominum, quanta simulandi vafricies, quibus rebus etiam senibus rerum peritissimis frequenter imponitur! et haec postulant vt paucis mensibus perspiciat puer! atque hanc vocant professionem!

Iam donemus repertum collegium in quo constent omnia, quid fiet quum mutatur corpus eius qui professus est? quum in locum boni patriarchae succedit stupidus, temulentus et tyrannus, quum probi sodales mutantur improbis? Mutet, inquiunt, vel domum vel institutum. Verum hic quam aegre dimittunt suos! sed multo aegrius alii recipiunt, suspicantes aliquid latere monstri, quod a vetere sodalitio recesserit, et si quem ibi nutu offenderit, protinus audit 'Quin redis ad tuos?' Ad haec, quam anxia disputatio qui sit ordo strictior, qui laxior! nam suum quisque vult videri strictissimum. Et haec est illa praeclara facultas mutandae domus aut instituti, vt denuo subeat aleam ne miser in duriorem incidat seruitutem. Porro quoniam plerosque fraudibus illectant, illectos non ad spiritualem pietatem sed ad Pharisaismum instituunt, et ad seruitutem hominum adigunt, plurimos sequitur instituti poenitudo. Itaque veriti ne ipsorum orgia proferantur in publicum, virgis, deuotionibus, brachio seculari, muris, cancellis, carceribus atque etiam mortibus suos retinent. Mentior nisi Matthaeus Card. Sedunensis

---

574. Silenum] Cf. *Adag.* 2201.

596. Sedunensis] Matthew Schinner (c. 1470—28 Sept. 1522), one of the most vigorous and influential diplomatists of the day. From the son of a Valais peasant he had risen to be Bp. of Sion in 1499 and Cardinal in 1511. In 1512 he brought the Swiss to aid Julius II in expelling the French from Milan; and as Papal Legate he was virtual ruler there until the defeat of Marignano (Ep. 360. 6 n.). Though driven from his see by a popular rising, he continued to play an active part against the French and in support of the Emperor until 1522, when he settled in Rome. In 1520 he was appointed administrator of the see of Catania.

In the course of his diplomatic movements he had several meetings with Erasmus, who wrote the Paraphrase of St. Matthew at his suggestion and dedicated to him the Paraphrases

in conuiuio multis audientibus nominatim commemorauit vicum, personas et monasterium, in quo viuum adolescentem defoderant Dominicani, quod pater eques filium furtim eo pertractum minis reposceret. Tum in Polonia nobilis quidam, qui bene potus forte in templo obdormierat, vidit duos Franciscanos post cantiones nocturnas viuos defodi. Hic pondus habet illis Pontificis autoritas, qui forte concessit hoc illis citra discrimen irregularitatis. Idem vbi liberat aliquem veste illa sacra, scinditur diploma, et qui procurauit coniicitur in carcerem.

Et post haec iactant autores ordinum suorum Benedictum, Basilium, Hieronymum, Augustinum, Dominicum, Franciscum, Brunonem. Excutiant vitam illorum et videant nunquid vnquam tale fuerit ab illis institutum aut factum; longe aliam reperient politiam. Exemplis, salubri doctrina, amicis monitis, fraterna correptione tota res agebatur. Qui his modis non emendabatur, eiiciebatur e contubernio, etiamsi sua sponte non discessisset: tantum aberat vt abire volentem retinerent. Omitto tot constitutiones humanas, tot formas vestium, tot preces ac ceremonias, in quibus quod est leuissimi momenti, nempe vestis, fit apud istos plurimi. Qui in sacra veste indulget quotidianae temulentiae, qui gulae seruit et ventri, qui scortatur clam et palam (nihil enim addam obscoenius), qui luxu profundit ecclesiae pecuniam, qui sortilegiis aliisque maleficis artibus dat operam, probus est monachus et vocatur ad abbatiam; qui quacunque de causa posuit vestem vt apostatam execrantur: quod nomen olim merito ducebatur abominandum, quum eo notarentur qui defecissent a Christi professione ad Iudaismum seu paganismum. Quod si latius porrigas, quicunque deditus est mundi deliciis, pompis, opibus caeterisque cupiditatibus quas abiurauit in baptismo, apostata est, illo nihilo melior, sed nocentior, vtcunque turba leuatur criminis inuidia. Itidem monachi qui impie viuunt (quod passim

602. Pontificis *scripsi, cf. Ep.* 389. 51 *n.*: pontificum *H.* 625. illo *H*: isto *N.*

on the Epistles of St. James (Louvain, Th. Martens, Dec. 1520) and St. John (apparently first published in Froben's collected volume of July 1521). The *Topica* of Claudius Cantiuncula (Basle, A. Cartander, June 1520) are also dedicated to him. See NBG. which must be supplemented from Brewer and Sanuto; also BRE. and Zw. E.

The date of his death given above is from Sanuto; and though it differs by a few days from those given by Ciaconius, Gams, and NBG., Brewer iii. 2632 and 2771 show that there can be no doubt as to its substantial accuracy. It is therefore surprising to find Erasmus writing to him as late as 19 Jan. 1524 (Lond. xx. 39, LB. 667). The contents of the letter, which appears first in H, make its date incontestable; nor can the address be doubted, since Schinner's offer of a salary of 500 ducats is mentioned also in Lond. xix. 112, xx. 40, xxiii. 6, LB. 629, 644, 650. On the other hand it is extremely difficult to suppose that in 1524 Erasmus was still ignorant of the Cardinal's death.

597. commemorauit] Cf. the *Exequiae Seraphicae* (LB. i. 869 F–70 A) for a fuller account of this incident.

600. in Polonia] This incident is related at greater length in the *Exequiae Seraphicae* (LB. i. 872 AB).

faciunt) apostatae sunt duplices, primum quia desciuerunt ab illa sanctissima professione qua Christo dedere nomen, deinde ab instituto quod professi sunt. In hos, inquam, oportebat execrandum apostatae nomen torquere, etiam si decem cucullis essent obuoluti.

Haec quum ita habeant, mi Lamberte, quantum flagitium est simplicem aetatem vi seu technis in nassam impellere! Si palam mali sunt, vt sunt plerique, quid aliud quam pueros in perniciem pertrahunt? Sin neque calidi neque frigidi, in quam miseram seruitutem implicant illos! Sin probitatis specie commendabiles, quum sit tanta corporum et animorum varietas, quum tam ingeniosa simulatio, quum tanta puericiae simplicitas, quum nodus sit insolubilis, vt ipsi volunt, in quod periculum tum animi tum corporis mittunt adolescentes! At pubertas, inquiunt, adfert boni malique discrimen. At non eodem anno pubescunt omnibus corpora, sed multo minus animi. Vt nihil intersit, pubertas fortasse reddit idoneum matrimonio, non item professioni monasticae; quam quidam aggressi, annos nati plus minus triginta et alioqui rerum humanarum peritissimi, resilierunt ante professionem, dicentes 'Non putaram'. Olim vix ad presbyterii gradum admittebantur triginta annos nati, et ad monasticam vitam statim idonei sunt pubescentes? Et interim perperam vsurpatis vocabulis imponunt imperitis: mundi, quasi ipsi sint extramundani: obedientiae, quum Scriptura magis commendet obedientiam Dei quam hominum: voti insolubilis, quum nondum inuenire potuerint differentiam inter votum solubile et insolubile, nisi quod Scotus commentus est ideo monachorum votum solui non posse, quod per hominem fiat Deo; nam quod soli Deo fit, facile soluitur. Atqui quum istorum status omnis Romanorum Pontificum autoritate nitatur, quur illi quoties libuit strennue oppedunt? Is quum multos liberet a monachismo, licet non sine causa, si potest quod facit, quur illius autoritatem hic pro nihilo ducunt? Si negant illum posse quod facit, an non illi crimen atrox impingunt? Ita quoties ipsis commodum est, Pontifex Christi vicarius non potest errare: quoties secus visum est, nihil agit.

Sed non est nunc animus aduersus ordines depugnare, sit hoc aut illud vitae genus huic aut illi commodum aut etiam necessarium, probetur nodus insolubilis. Quo sanctior, quo magis ardua professio est, hoc circunspectius, lentius ac serius esset suscipienda; satis mature, si ante annum quadragesimum, mea quidem sententia. Caetera vota non sunt rata, nisi constet sanam fuisse mentem, sobrium animum, a terroribus aliisque violentis curis liberum. Et hic valebit quum puer illecebris, minis, fucis, terriculamentis reclamans in laqueum impulsus est? Hic scilicet profertur metus

644. resiluerunt *N*.

cadens in constantem virum. Potius citetur fucus et terror, cadens in simplicem ac rerum imperitum adolescentem. Adde quod in multis genuina simplicitas est, aetatis et peculiaris naturae. Nullum hic discrimen, si pubes habet lanuginem. Valet votum, et adeo valet vt huius gratia deseratur sponsa nondum cognita. O leges!

Proinde Florentius, quando tot machinis perpetuo reluctans ac reclamans huc protrusus est, nec vnquam quicquam gestauit praeter vestem, sed conscientiam habuit liberam, mihi videtur nullo teneri voto, non magis quam si quid turpe iurasset piratis mortem intentantibus. Nec dubito quin Romani Pontificis pietas nihilo minus sit indignatura plagiariis istis quam hominis causae fautura. Dices, Pontifex poterit illum suae libertati restituere, quod ad forum humanum attinet, quando conscientiam habet ex se liberam; at hominum linguas non potest compescere. Atqui quum vere summus ille Pontifex ecclesiae Christus et huius haud degener discipulus Paulus doceant neminem esse iudicandum, praesertim in his rebus quae per se nec pium faciunt nec impium; certe tantum momenti deberet habere summi Pontificis autoritas, vt hominum suspitiones in bonam partem ibi deflecteret, vbi male suspicari vicium est. Sed quid tandem futurum est de rebus humanis, si talium hominum insulsis iudiciis et scurrilibus obtrectationibus perpetuo obsequemur? Infirmitati seu persuasioni inuincibili nos vult obsecundare Paulus, sed ad tempus: stultis autem ac maliciosis iudiciis obsequi, quid aliud est quam Christianae pietatis vigorem obruere? Christus hactenus obsequutus est Caesari, quod soluit didrachmum; hactenus Iudaeis, quod abstinuit a cibis lege vetitis. At in sananda contracta, in illuminando caeco, in restituendo manco, in vellendis spicis palam neglexit, imo studio prouocauit scandalum scribarum et Pharisaeorum: quod ni idem fecisset beatus Paulus, vbi nunc esset Christianismus?

Quid autem obiiciunt homines stolidissimi? Deposuit vestem lineam? Qui sciunt an intus gerat? Et si deposuit, vnde sciunt quas ob causas deposuerit? vnde sciunt quorum autoritate id factum sit? Si nesciunt, quur iudicant? et si norunt hoc summi Pontificis autoritate factum, quur non verentur damnare illius iudicium, quod alibi volunt haberi inuiolatum? Vbi est hic illa mirabilis totiesque iactata obedientia, quum nec auscultant Christo, et ecclesiae Principem Christique vicarium lacerant? Vbi est illa simplicitas quam incuruata ceruice prae se ferunt? Vbi est ille spiritus mundo mortuus? Mittamus haec. Vbi est humanitas, vbi sensus communis? Quum tot sint scelera non hic referenda quae ipsis possunt obiici, vt in quibus quotidie pene palam deprehenduntur, ne moueam τὰ ἀπόρρητα καὶ ἀκίνητα, tamen sine fine mutatam vestem velut inexpiabile crimen

674. Florentius *scripsi*: Florentiũ *H*.

obiiciunt. Quid autem inhumanius quam obiicere cuiquam suam calamitatem, in quam aliena malicia praecipitatus est? Quis tam inciuilis est vt claudicationem opprobret homini cui mula calce fregit tibiam? quis monophthalmiam ei quem in bello eluscauit hostis? quis morbum comitialem aut lepram ei quem natura sic genuit? quis paupertatem ei qui naufragio rem amisit? Qui vere sunt homines, talium miserentur potius ac fauent et, si qua possunt, opitulantur; et quo malum est atrocius, hoc impensius illis fauent. Quod autem infortunium maius possit adolescenti felicis ingenii accidere quam si in tale vitae genus protrudatur? Ergo si vehementer inhumanus est qui calamitatem pro crimine obiicit, quid de illo dicendum est qui malum opprobrat quod ipse suo vicio dedit? Veluti si chirurgus imperitus per conuicium luscum appellet eum cui ipse perdidisset oculum; aut si pirata seruitutem obiiciat illi quem ex libero traxisset in seruitutem. Nonne id optimo iure dicant omnes insignitae cuiusdam impudentiae esse, suum scelus in altero criminari? Quid porro aliud isti faciunt, qui pessimis artibus imposuerunt aetati simplici, et postea suum crimen aliis exprobrant?

An non hic vides summam inhumanitatem cum summa stulticia parique impudentia coniunctam? In istos recidit ignominia, et tamen alium volunt pudescere. Neque enim ignominia est eius qui delapsus est in foueam, sed eorum qui praecipitarunt. Posuit vestem, sed vos coegistis accipere. Quis vnquam vicio vertit homini capto quod profugit a piratis? Ne piratae quidem ipsi, opinor; caeteri gratulantur omnes. Quisque pirata est ei qui per vim adimit homini suam libertatem. Et, si placet minus odiosis exemplis vti, si sutor stomachetur in quempiam quod calceum elegantem quidem sed pedi non congruentem abiecit, nonne merito respondeat, 'Teipsum accusas, qui talem calceum induxeris pedi? Pulchrum esse non nego, sed mihi misere torquet pedem.' Nihil enim vetat quo minus aliquod institutum sit per se praeclarum, quod tamen huic aut illi sit perniciosum.

Vt finem faciam, vir amicissime, si tibi probaui causam mei Florentii, maiorem in modum te rogo vt negocium hoc et quam celerrime et quam maxime ex animi nostri sententia cures expediendum. De impendio ne fueris sollicitus, me fideiussorem accipe.

In spacio quod in huius epistolae calce vacare videtur, signaui

715. morbum *N*: morbus *H*.

749. signaui quaedam] Vischer points out that these communications, written in cipher and with invisible ink, referred presumably to the 'defectus natalium', which is so explicitly dealt with in Ep. 517.

quaedam quae fortassis ad conficiendum diploma requirentur; signaui autem notulis, quas proximis literis ad te misi, nec has tamen leges nisi chartam prunis admoueris. Per hunc veredarium expecto responsum (haerebit enim Romae diebus quindecim) aut certe per proximum. Bene vale.

LAMBERTVS GRVNNIVS ERASMO ROTERODAMO S. D.

NVLLVM vnquam negocium, Erasme charissime, suscepi libentius quam quod mihi delegasti, et vix aliud confeci magis ex animi sententia; nam me non perinde mouit tua amicitia, cui sane tribuo plurimum, atque Florentii indigna calamitas. Epistolam tuam a capite vsque ad calcem perlegi summo Pontifici, Cardinalibus aliquot ac summatibus viris praesentibus. Beatissimus pater, vt stylo tuo visus est vnice delectari, ita vix credas quam incanduerit aduersus istos vere plagiarios. Nam quo magis fauet verae pietati, tanto magis habet inuisos istos qui mundum implent aut miseris aut malis monachis, non sine graui iactura Christianae religionis. 'Spontaneam' inquit, 'pietatem amat Christus, non ergastula mancipiorum.' Iussit diploma protinus expediri, idque gratis. Ego tamen scribis ac notariis dedi ducatos treis, quo celerius auferrem: nosti hoc famelicum genus, velis nolis, aliquot offis placandi sunt. Veredarius per quem scripseras, Neapolim hinc profectus affirmabat se hac rediturum. Quid acciderit nescio; non rediit. Hic tamen commodum sese obtulit, altero ni fallor aliquanto certior, qui tibi diploma cum exemplari et subscriptione Pontificis reddet. Pactus sum cum illo dimidiato ducato, nec dabis amplius. Bene vale, et Florentium iam mihi tecum communem meo nomine salutabis amanter. Datum Romae.

448. FROM JOHN SIXTIN TO PETER GILLES.

Deventer MS. 91, f. 152 v°. ⟨London.⟩
LB. App. 495. 12 August ⟨1516⟩.

[This letter may be included here, as it is found in the Deventer book. It must be placed in 1516, since in no other year did Erasmus return to the Continent in August. I have no clue to Sixtin's business, to which Erasmus was to be a witness.]

IO. SIXTINVS DOCTISSIMO PETRO AEGIDIO S.

QVANQVAM nouum nullum ad te scribendi argumentum est, cum satis abunde per Petrum monoculum voluntatem tibi meam epistola quadam declaraui, deinde cuidam Machliniensi alteram ad te proxime

447. 767. ducatos treis] On 9 Feb. 1517 Gigli wrote to Ammonius (Brit. Museum MS. Vit. B. iii, f. 208 v°; Brewer ii. 2895) detailing his expenditure on Erasmus' behalf. The MS. is an original, hastily written, and has suffered in the Cotton fire: but, so far as I can interpret it, means that Gigli had spent 20 ducats, whereas through the ordinary channels the dispensation would have cost 300.

448. 2. epistola] sent with Ep. 430.

dedi, vt magis abs te litteras expectem, tamen Erasmum nostrum vtriusque amantissimum vacuum litterarum isthuc venire nolui; quibus id quod proximis postulo, vt certiorem me facias effeceris id quod humanitate tua fretus mandaui an nondum quidem. Si res adhuc integra sit, velim Erasmum nostrum vnum adhiberi testium. Hic si quid sit quo vel tibi vel amicis opus esse possit mea opera, erit ea semper et promptissima et paratissima. Erasmo nostro accessus isthuc meus (si nihil sit aliud quam quod a te petii) non videtur necessarius; itaque necdum statui veniam necne. Vale, cui cupio esse commendatissimus.

xii Augusti.

449_{456} FROM HENRY BULLOCK.

Epistole ad Erasmum f°. d⁴ v°. Cambridge.
C². p. 233: F. p. 85: HN: Lond. ii. 9: LB. 216. 13 August ⟨1516⟩.

[1516, because the New Testament is published.]

VNICO TEMPORIS HVIVS ORNAMENTO MAGISTRO ERASMO BOVILLVS S. D.

Tvvs in Angliam reditus, preceptor doctissime, est omnibus amicis tuis Cantabrigianis oppido quam gratus; super caeteros tamen mihi longe gratissimus, vtpote qui aliis omnibus sum tibi multis partibus deuinctior. Itaque quam libentissime te in Cantabrigia viderem, vt, si non detur multiplicibus tuis erga me beneficiis vt vellem respondere, animi saltem promptitudinem (quam solam ferme possim) ostenderem; sum enim cupidissimus te videndi ac perpetuo apud te manendi. Sed fatis prohibeor ac fortuna adhuc paulo inuidentiore; alioqui quouis gentium abires, certum esset persequi. Hic acriter incumbunt literis Graecis optantque non mediocriter tuum aduentum; et hi magnopere fauent huic tuae in Nouum Testamentum aeditioni: dii boni quam eleganti, argutae ac omnibus sani gustus suaui et pernecessariae!

Sed haec hactenus. Est hic iuuenis quidam qui continuis precibus obtinuit vt se tibi commendarem; Edmundus Polus arduus, morum perquam candidorum et tui amantissimus. Hic sibi per-

449. 9. quouis *B*: quocunque *H*. 12. et *B*: ac *N*.

449. 1. preceptor] Mr. Nichols suggests that Bullock, and similarly Watson (Ep. 450. 2), had been in Erasmus' Greek class in 1511 (cf. Ep. 233. 8 seq.).

15. Polus arduus] The President of Queens' has kindly informed me that no such name is to be found in the College records, which are incomplete. Mr. Nichols suggests Pollard. The University Grace Book B, pt. 2, ed. M. Bateson, shows that D. Pollard determined in 1521–2 (p. 99), and that M. Pollarde was admitted in 1524–5 (p. 122)—dates which well support this interesting conjecture.

suasit se futurum felicem, si possit recipi in tuum famulicium. Igitur si rescripseris an eum velis, et significes licet breuissime me illum tibi commendasse (quia alias non credet me scripsisse, sicut saepius sum illi pollicitus), feceris rem te dignam et mihi pergratam. Vale, huius nostri seculi decus. Ex Cantebrigia idibus Augusti.

450_{512} From John Watson.

Epistole elegantes f°. m°. ⟨Cambridge.⟩
C². p. 129: F. p. 44: HN: Lond. i. 23: LB. 183. ⟨c. 13 August 1516.⟩

[Between the publication of the New Testament (Ep. 384) and the completion of Jerome (Ep. 396). As Erasmus is thought to be still in England, this reply may be placed about the date of the arrival of his letter in Cambridge. It was delayed in transmission (Ep. 512. 28, 9). For Watson see Ep. 275. 5 n.]

SACRARVM LITERARVM LONGE DOCTISSIMO D. ERASMO
IO. VVATSONVS S. D. P.

Tertio idus Augusti literas quas Nonis Iuniis ad me scripseras accepi, idque, mihi crede, suauissime praeceptor Erasme, non sine ingenti laeticia, vt ex quibus intellexerim tum incolumem te esse, tum gratiam et autoritatem nactum apud vestratem Principem Carolum. Magno me munere donasti, simulatque literas ad me dedisti; quandoquidem, ita viuam, eo sum animo erga Erasmum, vt duas tresue pagellas eius ad me scriptas propemodum tanti faciam quanti sacerdotium etiam opulentissimum. At ridens dices, Probe tu quidem addis 'propemodum'. Ingenue fateor extraria haec me non prorsus contemnere, sed nec sic amplecti vt bonis literis et doctorum familiaritati praeponam, modo rationi victus fuerit satisfactum. Dubio procul adeo erant mihi gratae preciosaeque literae tuae vt, si rei votisque meis par opulentia suffragetur, singulis literis singulos aureos redderem.

Miror indies magis ac magis Erasmum, quo magis in annos processerit, eo magis grandescere ac quotidie nouum et auctiorem sese ostendere. Celebraris passim in Italia, presertim apud primi nominis doctos. Incredibile dictu est quanto affectu passim tuam Copiam complectuntur simul et Moriam haud secus quam summam sapientiam. Conueni ego multos qui mihi videbantur apud se videri doctiores, quod te nossent; apud quos et ego pluris habebar eodem nomine tituloque. Raphael Regius Venetiis adhuc profitetur Quin-

450. 1. Nonis Iuniis] Cf. Epp. 413–17.

4. autoritatem] Cf. Ep. 370. 18 n.

22. Regius] (c. 1440?—1520) of Bergamo, was Professor of Rhetoric at Padua 1482–6, but was ousted by a rival; whom after a bloody quarrel he displaced in 1503. In 1508 he was appointed Prof. of Eloquence at Venice; for his zeal in attending Musurus' lectures there on Greek see Lond. xxiii. 5, LB. 671. He edited Pliny's letters in 1490, Ovid's *Metamorphoses* 1493, and published some notes on

tilianum, impensis et mercede ex publico aerario. Doctus quidem ille et mediocriter eloquens, sed longe infra alium ibi professorem, qui Graecas literas precipit etiam publica mercede; cuius nomen excidit, qui et te nouit optime mirisque effert praeconiis. Cum Ambrosio medico, cuius meministi in prouerbio δὶς διὰ πασῶν, quotidie ferme fabulatus sum in officina aromatarii ad signum corallii; qui me fecit plurimi tua causa: quomodo fecerunt Petrus Halcionius, meo iudicio egregie facundus, et alii complures. Socer Aldi bibliopola in signo ancorae nescio quoties de te locutus promisit domum suam et omnem humanitatem, si quando libuerit tibi illuc aduenire. Spargitur quaqua versum in toto Christiano orbe fama tua, omnium doctorum vno ore et consensu praedicaris doctissimus ac vtriusque linguae peritissimus.

Caeterum vt omnes diuitias tuas proferant, siue doctrinae tam variae siue rarae cuiusdam facundiae, ego nihil ita stupeo vt modestiam, qua te omnibus infimum prebes, cum sis omnium calculis vndecunque summus. Solent huius generis literae quibus tu gaudes, inflare possessorem et, sicut singularem reddunt, ita quoque a communi hominum grege et familiaritate separare. Tu tamen totus generosus omnibus te communicas, nullius aspernaris familiaritatem, vt omnibus prosis. Quare et vbicunque es, ita viuis vti singulis locis Christiani orbis praesens esse videaris, immortali fama egregiisque monumentis deinceps semper victurus. Castigatione Noui Testamenti simul et annotationibus tuis mirum quam illustrasti Christum optime meritus de omnibus eius studiosis. Deus centuplum tibi

29. Halcionius *N*: Calcidonius *C*.

Quintilian 1492; all at Venice. Of his translation of Plutarch's Apophthegms Erasmus had not a high opinion (Lond. xxvi. 14, LB. 1091). See NBG.

24. alium] Musurus; cf. Ep. 512. 8.

27. δὶς διὰ πασῶν] *Adag.* 163, which contains a long musical disquisition by Ambrose Leo.

28. ad signum corallii] A favourite resort of Leo; cf. the signature to Lond. x. 28, LB. 324.

29. Halcionius] Peter Alcyonius († 1527), a young Venetian pupil of Musurus. In 1518 (Lond. x. 28, LB. 324) Ambr. Leo speaks of his having made translations of Demosthenes, Isocrates, and Aristotle; but only the last, which are a completion of Gaza's translations of the *Historia Animalium*, are known to have been published, Venice, Bernardinus Vitalis, April 1521, with a dedication to Leo x. In Nov. 1522 the Aldine firm printed his *Medices Legatus, de exsilio*, a dialogue between Card. John and Julian dei Medici, laid in 1512, just before their restoration to Florence, dedicated to Nich. Schönberg, professor of Theology at Rome and an intimate friend of Card. Julius dei Medici, afterwards Clement VII. The cardinal's influence had secured Alcyonius a Greek chair at Florence in 1522, and on his election to the Papacy Alcyonius followed him to Rome. But he met with little success there, and died before reaching 40, shortly after the sack of Rome. See Mazzuchelli and NBG. Paullus Manutius (*Comm. in Cic. epist. ad Att.*, Venice, 1583, pp. 396,7) accuses him of having destroyed a manuscript of Cicero's *De Gloria*, after having used it for his *De Exsilio*; but the charge is not substantiated.

30. Socer Aldi] Andrew of Asola; see Ep. 212. 5 n.

referat vna cum vita aeterna; siquidem meo iudicio non potuisti facere quicquam Christiano professore dignius. Incidi ante paucos dies in Catonem minorem quem commentariolis elucidasti; in quibus non crederes quantum me oblectarim, admirans tam dulcem et vberem frugem in tam modica gleba. Obsecro facias ascribi omnium operum tuorum indicem vni aut alteri librorum. Nam sicut de hoc libello mihi non constabat, ita vereor ne sint etiam alii quos ignorem. Hieronymum obuiis vlnis votisque omnibus excipiemus, acturi gratiam cultori et reparatori eius.

Petrum Falconem Eluetium, quem nos Angli agnomento Magnum appellauimus, valde diligo. Porro erat diligentissimus peregrinorum patronus, simul et iucundissimus comes. Habebat in triremi caudatam symeam miro ingenio, quae gestibus, cachinnis, clamore, saltu caeterisque ludicris quotidie nobis risum sardonicum mouebat. Ad haec rerum nouarum et artium ac machinarum curiosus gestabat subinde ad cingulum suspensam bombardam, accurate notabat opidorum locorumque situm et nomina, atramento ex minio facto oblinebat librum peregrinationis, et de te mecum fabulans subinde gloriabatur te vnas ad se dedisse literas. Rogo, si quando ad eum scripseris, hominem meis verbis salutes.

Gratulor tibi nobis reddito, imo nobis te redditum, quantum qui maxime. Vtinam daretur copia tecum fabulandi. Ego arbitror, si te totum mihi effuderis et ego me tibi, nec te Thrasonem agere posse, quemadmodum dicere soles, nec me Gnathonem, si quippiam in laudem tuam dixero; quippe cum nihil tale inter vere amicos esse possit, quin potius scelus esset celare aliquid. Sum auarus visendi tui. Si manseris istic vsque ad Michaelis, visam te Deo bene iuuante: quod si libebit interea te huc recipere, quod maxime velim, nemini erit optatior accessus tuus quam mihi. Agemus ferias amoenissimas. Quicquid apud me est quod aut voluptati aut vsui esse poterit, tuum erit. Bene vale.

68. qui *C*: cui *N*. 70. effuderis *F*: & fuderis *C*.

50. Catonem] Ep. 298.

53. indicem] This request perhaps prompted Barland to compose Ep. 492, He had probably seen this letter in connexion with the printing of C^1; where Ep. 492 follows Ep. 512. See p. 385.

57. Falconem] Peter Falk († 6 Oct. 1519) was early left an orphan, and at the age of 14 had to abandon a literary for an official career, retaining nevertheless an interest in learning (cf. VE. 137). He rose to be Burgomaster of Fribourg in Switzerland in 1514, and played an important part in the diplomatic relations of the Swiss with the Papacy and with France. He was enthusiastic for travel, and in 1515 went on pilgrimage to the Holy Land; travelling in the same ship with Watson and another Englishman. In 1519 he again made leisure to go on pilgrimage; but died on the return journey, and was buried at Rhodes. Glareanus' *Isagoge in musicen*, Basle, Froben, *s.a.*, is dedicated to him with a preface dated 15 May 1516. See Zw. E. 1515. 1, 1516. 2; VE. 141; EE.; and ADB.

451_{453} To Andrew Ammonius.

Farrago p. 206. ⟨London.⟩
F. p. 342: HN: Lond. viii. 14: LB. 133. ⟨c. 14 August 1516.⟩

[The letters 451-3 and 455 hang closely together and may be dated 1516, because of the New Testament (Ep. 384), and because in no other year did Erasmus leave England in August. This letter, which was left behind with More in London (Ep. 452. 10), is probably not long prior to Ep. 452, since both are answered by Ep. 453. The Monday mentioned in l. 5 may therefore be taken as 11 August.]

ERASMVS ROTERODAMVS AMMONIO SVO S. D.

Precor vt istae venationes tam sint faustae vobis quam mihi fuerunt infaustae: iam primum enim Regem mihi adimunt; deinde profecto Cardinale dies aliquot me sunt remoratae. Ad haec Vrseuuicum misso Nouo Testamento captaram: equum promissum literis petieram. Hunc cum die lunae visurus peto, ille commodum se venatum proripuit non rediturus ante septem dies. Ad hunc modum is thynnus elapsus est. Demum nunc te mihi praeripuit venatio. Proinde quod coram volebam, literis ago. Epistolam a puero scriptam ad Pontificem, si voles, resigna; mihi videtur parum apte scripta. Si iudicabis ad rem pertinere, cura denuo describendam accuratius, vt et hoc interim addas officii. Salutem meam tibi commendo. Nec rogo diligentius, cui toto pectore confido; nec polliceor magnifice, cui re, si queam, gratias referre malim quam agere. Et mihi certe spes est successurum quod agimus, non solum quod agitur per hominem mihi charissimum, verum etiam per Ammonium Erasmo felicissimum. Bene vale.

Poterant hae duae causae me dies aliquot in Anglia remorari, spes equi ab Vrseuuico, quem haud dubie daturus erat, et tuum colloquium; ni iam me taederet Britanniae, et sentirem me vetulum iam hospitem vxori Moricae supputere. Vtinam mature felix oraculum per te redeat. Rursum vale. [M.D.XI.]

452_{453} To Andrew Ammonius.

Farrago p. 223. Rochester.
F. p. 352: HN: Lond. viii. 26: LB. 146. 17 August ⟨1516⟩.

ERASMVS ROTERODAMVS ANDREAE AMMONIO SVO S. D.

Precibvs extudit Roffensis vt decem dies secum commorarer, at me sponsionis plus decies poenituit; vt hic quoque ἀληθέστατον

451. 4. promissum *add. F.* 21. M.D.XI *add. H.*

451. 1. venationes] Hunting was a fashionable sport, even for ecclesiastics (cf. Ep. 457. 8, 9); but Erasmus praises Warham in the *Ecclesiastes* (LB. v. 811 B) for abstaining from it. The season lasted till Michaelmas (Brewer iv. 4990).

4. equum] The horse which had served Erasmus so well (Ep. 416), had died in the interval (Ep. 452. 6).

7. thynnus] For this figure cf. Ep. 447. 420.

8. Epistolam] Cf. Ep. 447 introd.

20. vxori Moricae] Cf. Ep. 236. 47 n.

452. 1. Roffensis] Cf. Ep. 512. 26.

decem dies] Cf. Ep. 457. 11, 2.

senserim prouerbium, Ἐγγύα, πάρα δ' ἄτη. Interim e Latino Graecum reddam; hanc μεταμόρφωσιν in me recepi. Captaram Vrseuuicum misso Nouo Testamento, hac spe vt ille mihi vicissim nouum mitteret equum; quod vetus ille bibendo perisset, Flandrica nimirum peste. At dum ille abest in venatu, mea frustra fuit venatio. Hac gratia puerum meum isthuc remisi simulque vt te conueniat: quo si quid aliud fors in mentem venit, significes; nam hinc non discedimus ante huius finem hebdomadis. Scripsi ad te per Morum discedens, relicto exemplo epistolae ad Leonem, sed parum apte descripto. Πρὸς τῶν μουσῶν, mi Ammoni, tu, quod soles, amicum praesta; ego memorem et gratum praestabo animum. Bene vale.

Roffae. xvi. Calendas Septembres.

Plurimum, mihi crede, gratiae accedet, mi Ammoni, isti beneficio ex celeritate conficiendi; nam et citius hanc sollicitudinis nubem ex animo discutiemus, et, si quid forte extiterit tragoediae, tutiores erimus. Rursum vale.

451,2 453. FROM ANDREW AMMONIUS.

Farrago p. 210. Westminster.
F. p. 352: HN: Lond. viii. 27: LB. 145. ⟨c. 19 August 1516.⟩

[The month-date given is plainly impossible, since this letter answers Ep. 452, and in Ep. 455 the horse here mentioned has arrived. 19 or 20 August is approximately the date required; but I cannot suggest any satisfactory correction.]

ANDREAS AMMONIVS ERASMO ROTERODAMO S.

Ita visus mihi fuisti trans aequor properare vt ne bidui quidem moram abs te petere fuerim ausus. Sed audendum esse video, tametsi scio non omnes esse Roffenses, imo vero perpaucos aeque dignos qui Erasmo fruantur. Istam sponsionem ἄνευ τῆς ἄτης futuram nihil ambigo. Venationem tibi male cecidisse quis miretur, homini non eiusmodi saltibus venari assueto? Caeterum id tibi foeneratum dices. Noua certe μεταμόρφωσις, libros in equos vertere; sed quando video te equo egere, albo equo (scis quanti hoc olim fuerit) a me donaberis ex Iuuerna vltima aduecto. Accipe qualemcunque tibi nunquam imputandum.

Literae quas Moro reliquisti redditae mihi fuere; sat fore arbitror prioribus ad Leonem literis. De tuo negocio nihil aliud quam quod inter nos conuenit, occurrit. Commentum illud constanter probo;

452. 3. Ἐγγύα] *Adag.* 597.
Graecum] For Fisher's desire to study Greek cf. Epp. 520 and 540.
8. puerum] Smith (see Ep. 276 introd.); cf. Ep. 455. 1.
453. 8. scis quanti] Cf. Hor. *S.* 1. 7. 8 and Wickham's note.
9. Iuuerna] Ireland.
12. prioribus] Mr. Nichols interprets this of the existing draft of Ep. 446, for which Erasmus had proposed another copy. It might also be understood of Ep. 446 as the covering letter to Ep. 447, and thus 'prior' to it.

de eius autem cura sane quam velim in aurem te, vt dicitur, vtranque: hercle non minore studio a me curabitur quam si de meo ipsius capite ageretur. Veruntamen celeritatem non est quod eximiam expectes; nam itinera sunt tabellariis impedita, καὶ οἱ στρατιῶται multos deterrent. Persuasum vtcunque habe nullum me studiosissimi tui officium praetermissurum. Vale, et Roffensi me reuerenter commenda. [Septimo Calen. Sextiles] ex Vuestmoñ. [M.D.XIII.]

454. From Philip Melanchthon.

Erasmi Epigrammata (1518) tit. v° (a). Tübingen.
Deventer MS. 91, f. 177 v° (b). 20 August 1516.
LB. App. 119 n.

[This poem, which is Melanchthon's first communication with Erasmus, may be included in this volume on the ground that its signature gives it something of the nature of a letter; and also because it is found in the Deventer letter-book. The copy there, made by Hand A, is inaccurate in many ways: and I have therefore given precedence to the text printed in Erasmus' *Epigrammata*, Basle, Froben, March 1518. I have disregarded Hand A's practice of writing ι sometimes for υ; and in some cases where both sources agree in an irregularity, I have allowed it to stand unaltered. Kan's reading of the manuscript, accompanied by a 'lectio emendata', *Erasmiani Gymnasii Programma*, 1886, p. 1, reprinted by Hartfelder, *Melanchthoniana Paedagogica*, 1892, pp. 159,60, is not always correct.

The poem was forwarded to Erasmus through Beatus Rhenanus (Ep. 556 *fin.*).

Philip Schwarzerd (16 Feb. 1497—19 April 1560) of Bretten, north of Pforzheim, was a great-nephew of Reuchlin, who devised the Greek form of his name, Melanchthon, and gave him great encouragement to study. He matriculated at Heidelberg 13 October 1509, and was B.A. 11 June 1511. In Sept. 1512 he migrated to Tübingen, and was M.A. 25 Jan. 1514; after which he worked for Anshelm till 1516, contributing a preface to the *Clarorum Virorum Epistolae ad Ioannem Reuchlin*, March 1514 (ME. 1), and taking a considerable part in the posthumous edition of Nauclerus' Chronicle (Ep. 397; cf. Steiff, pp. 22,3 and 130,1). Erasmus praised him highly in the *Nouum Instrumentum* (ii. p. 555); and in 1516 proposed that he should go to Cambridge (Ep. 457. 55); but nothing came of the suggestion, and in Aug. 1518 he went as Professor of Greek to Wittenberg, where his teaching was much appreciated (cf. EHR. xxii. 746). He was in sympathy with the new ideas and was much influenced by Erasmus' New Testament; and he took particular interest in Greek, publishing *Institutiones Grammaticae Graecae*, Hagenau, Anshelm, May 1518. But under contact with Luther he passed further and further away from Erasmus' position, though the breach between them never became wide.]

IN ERASMVM OPT. MAX. PHILIPPVS MELANCHTHON.

Κρατῆρας ἡ Πειθὼ τυχὸν
αἰτεῖτο νεκταρίους Διὸς
παρὰ τοῦ μεγίστου, ποικιλό-
φρων ἡ θεὰ καὶ θελξίνους,
ἀμβροσίαν εἰς τῶν συμποτῶν
Παρνασσίων φιλοτησίας
φέρουσα. Τῇδ' ὁ ἤπιος
ὁ Ζεύς· 'τέκνον, ἄγ', ὦ Πειθ', ἐμὸν,
κᾳμοὶ μέλει τῷ ξεινίῳ
τῶν συμποτῶν Παρνασσίων.
Εὔθυμος οὖν τὴν δωρεὰν,
τὸ τῆς Ἀμαλθείης κέρας,
Ἐρασμικῶν τῶν ἀνθέων
τῶν ἠϋωδέων λάβε,

453. 20. *EN*[2] *Lond.*: Vuestmoneñ *FN*[3]. M.D.XIII *add. H.* 454. 4. θεὰ *a*: θεὼ *b*. 7. φεροῦσαι *b*. ἤπιος *ab*. 11. δορεὰν *b*.

νυμφῶν θυσίας οὐρειάδων,
οἷς ὠκεανὸς τοῦ νέκταρος
κἀμβροσίας εἴβει πλησμονή.
Ἔστω δ' ὁ μελιφθόγγοις δρόσος
Μούσῃσι τέρπνιστον πόμα
καλοῖς τ' Ἔρωσι κ' Ἰμέρει
καὶ ταῖς Χάρισιν ἐπισκόποις.
Αἰεὶ δὲ θάλλῃ τοῦ κέρως
Ἐρασμικοῦ τὰ λείρια
στέφη θεοῖς.' Τὰ τοῦ Διὸς
Παρνασσίοις ἀγγέλλεται
Πειθώ· θεοὶ δὲ συμπόται
χαίρουσι, τέρπονται κέρᾳ
τῶν ἀνθέων Ἐρασμικῶν.

Tubingae XIII. Calend. Septemb. Anno. M.D.XVI.

455. To Andrew Ammonius.

Farrago p. 223. Rochester.
F. p. 352: HN: Lond. viii. 28: LB. 147. 22 August ⟨1516⟩.

ERASMVS AMMONIO SVO S. D.

Plane vapulaturus erat Ioannes meus, ni Morus illi in tempore commodus patronus adfuisset. Nam is simulatque resciuit nos haesisse Roffae, accurrit iterum visurus Erasmum, quem vereri videtur ne breui non sit visurus posthac. Is igitur famulo in consilio fuit abducendi equi, posteaquam tua sponte offerres. Video circumspectius tecum agendum; adeo captas omnem donandi ansam. Remissurus eram munus tuum etiam Moro dissuadente, ni veritus fuissem ne suspicareris aut parum mihi placere aut me Ammonio parum libenter debere; cum nulli debeam libentius, vt nec amo quenquam effusius. Dispeream, Ammoni, ni istum tuum animum tam excelsum tamque amice amicum pluris facio magisque amo quam vniuersum strepitum Pontificiae fortunae; nec mihi possum vnquam parum videri fortunatus, quoad istiusmodi amici erunt incolumes. Perplacet equus candore insignis, at magis animi tui candore commendatus. Malueram in alios quosdam praedonem agere, in reuerendiss. Eboracensem, Coletum, Vrseuuicum; verum illi sapiunt: quanquam Vrseuuicus pollicetur insignem equum, nec addubito quin sit praestiturus, idque ad Calendas non Graecas sed Octobres. Bene vale, doctissime et idem humanissime Ammoni. E Brabantia scribam Eboracensi et Larcho.

Roffae. XI. Calendas Septembres. [Anno M.D.XIII.]

454. 15. οὐρειώδων *b.* 17. κἀμβρόσια *b.* 22. θαλλῇ *ab.* 455. 7. tuum *add. F.* 15. in *ante* reuerendiss. *add. H.* reuerendiss. *om. H.* 21. Anno M.D.XIII *add. H.*

455. 1. Ioannes] Smith; cf. Ep. 452. 8 n. His offence consisted in accepting the horse on his master's behalf.

20. Larcho] Cf. Ep. 283. 166 n.

[449]456. To Henry Bullock.

Epistole ad Erasmum f°. e. Rochester.

C². p. 234: F. p. 85: HN: Lond. ii. 10: LB. 148. ⟨22?⟩ August 1516.

[The central portion of this letter bears a general resemblance to the *Apologia* prefixed to the *Nouum Instrumentum*, 1516, some passages being almost verbally embodied. It was perhaps elaborated for publication as a further defence of that volume. The year-date added in H must be correct, though Leclerc changed it to 1513, in conformity to Epp. 453 and 455. The month-date, however, needs correction. Erasmus left London about 15–16 August, and writes from Calais on the 27th, having stayed ten days with Fisher at Rochester. The length of this visit may be taken as accurately given, since one mention of it occurs at the beginning (Ep. 452. 1), the other after the end (Ep. 457.11, 2); and it may therefore be dated about 16–26 August. This letter, as it answers Ep. 449, was probably written towards the end of that time. *Pridie* perhaps represents 11, mistaken by the editor of B for ii. The date of Ep. 457 cannot be corrected.]

ERASMVS ROTERODAMVS INSIGNI THEOLOGO HENRICO BOVILLO SVO S. D.

Ex tuis literis satis intelligo meas, quas apud Thomam Morum Londini reliqueram, tibi nondum esse redditas. Veterem istum erga nos animum, mi Bouille, libens et agnosco et exosculor. Atque vtinam liceat ad pristinam vitae consuetudinem ac multo iucundissimam studiorum societatem aliquando redire. Louanii sumus hyematuri. Tu interim quid e re sit tua dispicito. Nouum Testamentum nostra instauratum industria probari isthic ab optimis quibusque, imo ab omnibus qui, vt scribis, sani gustus sunt, sane gaudeo. Quanquam narrarunt mihi quidam πάνυ ἀξιόπιστοι vnum apud vos esse collegium θεολογικώτατον quod meros habet Areopagitas; qui graui senatusconsulto cauerint ne quis id volumen equis aut nauibus aut plaustris aut baiulis intra eius collegii pomoeria inueheret. Obsecro, Bouille doctissime, haec vtrum ridenda sunt an deploranda? O homines studio prauos et sibiipsis iniquos et iratos, suis ipsorum commoditatibus inuidentes! Quod genus hoc hominum, vsque adeo morosum vt officiis irritentur, quibus mansuescunt et ferae beluae; tam implacabile vt eos nec tam multae apologiae lenire possint? imo (quod est impudentius) isti damnant ac lacerant librum quem ne legerint quidem, alioqui nec intellecturi si legant. Tantum audierunt inter cyathos aut in conciliabulis fori prodisse nouum opus, quod omnibus theologis ceu cornicibus oculos tentet configere; ac mox meris conuiciis insectantur et autorem qui tantis vigiliis studiis omnium prodesse studuerit, et librum vnde poterant proficere. Istuc vero philosophicum est aut theologicum? Pestilens quaedam res sit oportet philosophia, si tales reddit; inefficax ac diluta, si tales non mutat.

21. ac *F*: at *B*.

1. apud . . . Morum] Cf. Ep. 452. 10.

21. configere] Erasmus explains this phrase (*Adag.* 275) as equivalent to 'nouo quodam inuento veterum eruditionem obscurare', but is at a loss (cf. Lond. xxi. 4, LB. 689) to account for its origin; which Forcellini, ed. de Vit, finds in the fact that the crow attacks its enemy in the eyes and attacks first.

Iam non refellunt et corrigunt quae perperam a nobis scripta censeant, sed hoc ipsum damnant scripsisse. Fas esse negant tentare quicquam huiusmodi nisi ex autoritate concilii generalis. At istoc quid iniquius? Ipsi cotidie deprauant sacros codices, sola inscitia ac temeritate in concilium adhibita: nobis non licebit ex veterum sententia restituere quod corruptum est, nisi totius orbis Christiani conuocato concilio? Adeo peiorem volunt esse conditionem mendum submouentis quam inuehentis, bene merentis sua industria quam male merentis sua incogitantia.

Verum illud mihi respondeant velim, haec ipsa quae illis tantopere placet aeditio, vtrum ab interprete suscepta fuit ex autoritate concilii generalis, an prius aedita ac deinde iudicio Patrum comprobata? Prius scriptam opinor, postea comprobatam. Atqui idem potest in hac mea euenire; quod ipse tamen nec ambio nec postulo. Tametsi ne id quidem concesserim. Mihi magis videtur vsu irrepsisse ac paulatim progressu temporis collegisse robur. Alioqui si publico concilii iudicio fuisset approbata traditaque, omnes ea communiter vsi fuissent. Nunc aliud citat Ambrosius, aliud Augustinus, aliud Hilarius, aliud Hieronymus. Imo nec huius aetatis exemplaria consentiunt.

Quod si protinus actum putant de religione Christiana, si quid vsquam varie, etiam si nos dormissemus, iam illi periculo eramus obnoxii. 'At vtuntur' inquiunt, 'hac aeditione Patrum synodi'. Veteresne an recentiores? Aut cur minus valere debeat veterum conciliorum vsus quam recentium? maxime quod ad hanc rem pertineat. Quamquam illud erat docendum, ea quae citantur in conciliorum actis a nostra emendatione dissidere. Quid quod pleraque synodorum acta Graeco sermone prodita fuerunt? Denique fieri potuit vt aliter ab illis citata mutarit aliquis ad hanc nostram aeditionem, id quod quotidie deprehendimus factum in Hieronymianis et Ambrosianis commentariis. Ante annos ferme viginti Lutetiae formis excudebantur sacrificiorum ac precum horariarum codices, iuxta ritum ecclesiae Treuerensis. At opifex qui literas gustarat modo, cum sentiret plaeraque dissonare, correxit omnia ad hanc nostram aeditionem; idque ipse mihi confessus est, arbitrans se rem preclaram moliri.

Iam non arbitror absurdum, si quid etiam fugiat generale concilium, in his praesertim quae non attinent ad necessitatem salutis.

30. consilium *N*. 36. fuit *F Corrig.*: fuerit *BH*. 47. variet *F*. 49. Aut *N*: At *B*. 50. *N*: consiliorum *B*. 51. docendum *F*: donandum *B*. 60. arbitrans *B*: arbitratus *H*.

54. hanc nostram] The Vulgate.

58. Treuerensis] I cannot find any Missal or book of Hours printed according to this use in Paris during the time of Erasmus' residence there. Possibly no copy has survived.

Satis est hoc reprehendi non posse quod agitur in synodo. Postremo quam ob rem magis trepidamus, si quid secus lectum fuerit in diuinis libris quam si quid secus enarratum? Certe vtrobique par discrimen. Atqui videmus interpretes non modo diuersa verum etiam pugnantia dicere saepenumero.

Quin et illud dilemma, si possint, explicent: vtrum permittunt aliquid nouari in sacris libris an omnino nihil? Si quicquam permittunt, cur non excutiunt potius recte mutatum sit necne? Sin minus, quid facient illis locis in quibus mendum inesse manifestius est quam vt negari dissimulariue possit? An hic sacrificum illum malint imitari, qui suum 'mumpsimus', quo fuerat viginti vsus annos, mutare noluit, admonitus a quopiam 'sumpsimus' esse legendum? Vociferantur καὶ σχετλιάζουσιν, O coelum, o terra, corrigit hic Euangelia! At quanto iustius exclamandum erat in corruptorem, O sacrilegium, deprauat hic Euangelia! Neque enim nos nouam prodimus aeditionem, sed veterem pro virili restituimus, at ita vt hanc nouam non labefactemus. Qui pro hac noua tanquam pro aris ac focis dimicant, habent quod amplectuntur; nihil illis perit, aliquid de lucro accessit. Hanc quam adamant emendatius legent posthac et rectius intelligent.

Quid si libros diuinos omneis paraphrasi explanassem, quo possent incolumi sententia et legi inoffensius et percipi facilius? num isti dicam mihi scriberent? Laudem etiam promeruit Iuuencus, qui Euangelicam historiam ausus est versibus includere. Quis in ius vocat eximium theologum Aegidium Delphum, qui totum ferme

73. malunt *N*. 80. focis *F*: foris *B*.

73. mumpsimus] Camden, *Remaines*, 1605, p. 220, quotes this word in the mouth of Henry VIII, and refers to Pace's *De Fructu* (cf. Ep. 211. 43 n.) for the origin of the story; but this seems to be the earliest source. Pace adds that the priest was English, and gives the interval as thirty years; and also uses the expression previously (ibid. pp. 80 and 50). But nevertheless he is probably reproducing this passage; for allusions to Epp. 421 and 423 (ibid. pp. 15 and 101) show that he had seen B.

85. Iuuencus] C. Vettius Aquilinus Iuuencus, a Spanish presbyter who in the reign of Constantine versified the Gospel story. This composition was first printed at Deventer, c. 1490 (Copinger 3423), probably for use in the school (cf. App. 2), since three Deventer editions are known within the last decade of xv[c], one edited by Herm. Busch. In xvi[c] it was often reprinted. Some fragments of a metrical version of the Old Testament also survive.

87. Aegidium] of Delft († 25 Apr. 1524). He graduated B.A. at Paris 1478 and M.A. 1479; and the greater part of his life was spent there. His name first appears in the Sorbonne registers in 1482, and in 1492 he became Dr. of Theology as Fellow of the Sorbonne, having been Rector of the University 16 Dec. 1486—24 Mar. 1487. His writings are numerous but rare. They include editions of Argyropylus' translation of Aristotle's *Ethics*, Paris, Jo. Higman, 26 March 1488 (Legrand iii), of the *Questiones* of John Buridanus on the same, ibid., 14 July 1489, and of Ovid's *De Remedio Amoris* with a remarkably explicit commentary, Paris, F. Baligault, 24 Nov. 1493; an appendix *De genitiuorum incrementis* (ff. 111 v°–114) added to an edition of Nic. Perotti's *Rudimenta grammatices*, F. Baligault, 18 Feb. 149$\frac{3}{4}$, which is dedicated to him by Paulus

diuinae Scripturae corpus carmine complexus est? Canuntur in templis cotidie iuxta veterem aeditionem Psalmi: et tamen extat diui Hieronymi recognitio; extat eiusdem iuxta veritatem Haebraicam interpretatio. Illa leguntur in choris, haec in scholis aut domi. Neutra alteris officiunt. Atque adeo nuper Felix Pratensis Psalterii totius nouam aedidit interpretationem ab omnibus superioribus admodum dissidentem. Quis huic vnquam mouit tragoedias? Iacobus Faber Stapulensis, amicus noster, dudum id fecit in Paulum quod ego in totum Nouum Instrumentum. Cur hic demum tanquam ad rem nouam commouentur quidam? An aliis omnibus istud licere volunt, mihi vni non volunt? Atqui Stapulensis non paulo plus ausus est quam ego. Ille suam interpretationem veteri opposuit, idque in academiarum omnium regina Lutetia; ego recognitorem modo professus locos aliquot aut corrigo aut explico. Nec hoc dixerim quo Fabrum in communem inuidiam vocem—nam vir ille iampridem gloria superauit inuidiam; sed vt palam faciam quam inique faciant quidam, qui quod iam diu est a multis factitatum citra calumniam, in me veluti subitum ac nouum calumniantur. Quid decessit Aristotelicis, posteaquam Argyropylus, Leonardus Aretinus et Theo-

104. faciunt *N*.

Malleolus; a verse translation of the seven penitential Psalms (Paris, A. Denidel, *s.a.*); arguments contributed to the Canonical Epistles, Paris, Badius, 28 Nov. 1503; a versification of the Epistle to the Romans, Badius, 5 Jan. 1507, which contains also a speech on behalf of the clergy of Flanders, delivered at Bruges in 1501 in resistance to a proposed levy for the expenses of Philip's journey to Spain, and a decision on a theological question disputed by secular clergy against the Franciscans at Ghent, 22 May 1506; and cf. also Ep. 95. 21 n. On 31 May 1519 he was staying in the Collège du Lis at Louvain, whence he dated the preface to his *Conclusiones in Sententias* ⟨Petri Lombardi⟩, Martens, June 1519. Faber Stapulensis dedicated to him an edition of the *Theologia* of John of Damascus, Paris, H. Stephanus, 15 Apr. 1507, the preface to which, dated 13 Feb. $150\frac{8}{7}$, speaks of his having recently returned to Paris, apparently after a considerable absence: and some letters from him appear in the *Epistole* of his friend Charles Fernand of Bruges, Paris, *s. a.* Some letters to Erasmus, encouraging him in his work on the New Testament, were still extant in 1525 (*Apol. adu. debacch. Sutoris*, LB. ix. 753 F); but Erasmus never thought fit to publish them. The date of his death is given from some xviii^{c} collections for the history of the Sorbonne (Paris MS. Arsenal 1021, p. 433), in which his epitaph in the old chapel is quoted.

92. Felix Pratensis] An Augustinian friar, who being at Rome in 1515 obtained permission from Leo x to make a new translation of the Bible into Latin. The first specimen of this, the Psalter, was printed at Venice, D. Bomberg, 5 Sept. 1515, and contains a papal privilege dated 10 Oct. 1515. He also edited for Bomberg a *Biblia Rabbinica*, 27 Nov. 1518, which has a preface by him to Leo dated 1517.

95. Faber] Cf. Ep. 304. 89 n.

106. Argyropylus] John A. (c. 1404–1474), a Byzantine who was teaching in Padua in 1441. From 1456–71 he taught at Florence under the patronage of Cosimo dei Medici; and afterwards went to Rome, where Politian and Reuchlin were among his pupils. See Hody, Voigt and Legrand, where the various translations from Aristotle here referred to are enumerated.

Aretinus] Leonard Bruni (1369—9 March 144$\frac{3}{4}$) of Arezzo, one of the

dorus Gaza nouam aeditionem produxerunt? Num ideo supprimenda aut abolenda censebitur horum interpretatio, ne superiores illi Aristotelice philosophiae professores quaedam ignorasse videantur? Num ea res Gulielmum Copum a vertendis Galeni et Hypocratis voluminibus deterret, ne mundus intelligat superiores medicos multa perperam interpretatos?

Dixerit aliquis, In humanis disciplinis expedit; in diuinis libris idem passim et a quibuslibet fieri graue periculum est. Principio nec passim muto, nam summa constat; de locis modo aliquot disceptatio est. Nec omnino opinor, certe quod ad hanc rem pertinet, de media plebe censendus sum. Ostendo locis aliquot lapsum esse Hilarium, lapsum Augustinum, lapsum Thomam; idque facio, sicut oportet, reuerenter citraque contumeliam: adeo vt si viuerent ipsi, mihi qualicunque sic admonenti gratiam habituri sint. Summi erant homines, sed tamen homines erant. Demonstrent isti eos recte sensisse, et mea refellant argumentis, non conuiciis; et apud me magnam inierint gratiam. Qui quicquid Lyra scripserit oraculi instar haberi volunt, tueantur illum in iis locis in quibus ab eo dissentio. Nam in Hugone querere quod reprehendas stultissimum arbitror. Paucula tantum annotaui, sed insigniter absurda; quo nimirum cautiores redderem eos qui huiusmodi scriptores summa fiducia, nullo iudicio, legunt.

Et tamen qui huiusmodi tribuunt omnia, defendant suos amasios, doceant nos hallucinatos, illos attigisse scopum. Sed indignum se iudicant ad istas grammaticorum minutias descendere; sic enim vocare solent eos qui bonas didicere literas, atrox esse conuicium existimantes grammatici cognomen; quasi vero laudi vertendum sit theologo si grammaticen nesciat. Non facit theologum sola grammaticae cognitio. At multo minus theologum facit ignorata grammatica: certe conducit ad theologiae cognitionem huius disciplinae peritia, officit imperitia. Neque negari potest Hieronymum, Ambrosium, Augustinum, quorum autoritate potissimum res theologica nititur, ex hoc grammaticorum ordine fuisse. Quandoquidem id temporis nec Aristoteles etiamnum in theologorum scholas erat receptus, et haec philosophia qua nunc in scholis vtuntur, nondum erat nata. Quanquam modesti hominis est a quocunque libenter admoneri. Cecus vti si monstret iter, tamen aspice, inquit Flaccus.

116. Nec *F*: Haec *B*. 122. et mea *B*: meaque *F*: meque *N*. 123 Lyranus *F*. 124. iis *B*: illis *H*. 132. eos *add. H*.

---

leading Florentine humanists; see Voigt and Legrand.

110. Copum] Cf. Ep. 124. 16 n.

123. Lyra] Cf. Ep. 182. 116 n.

125. Hugone] Cf. Ep. 347. 96 n.

143. Cecus] Cf. Hor. *Ep.* 1. 17. 3, 4.

Iam nec ii qui totum hoc negocium non ad iudicium sed autoritatem vocant, multum habent quod in me desyderent. Siquidem cautum esse constat in hac Synodo Lateranensi, vt liber aedatur ab ordinario comprobatus, aut ab iis quibus ille suas vices delegarit. At opus nostrum et scriptum et aeditum est teste et approbante eius loci Episcopo: neque quouis episcopo, sed praeter aetatis reuerentiam, praeter imaginum commendationem, singulari vitae integritate raraque doctrina insigni. Nec is vero comprobauit modo, verumetiam nihil non detulit, si secum manere voluissem. Et abeuntem tantis officiis, tanta munificentia prosecutus est vir incomparabilis, vt me referre pudeat. Ac ne his quidem contentus vltro scriptis ad Archiepiscopum Cantuariensem literis tum me honorificentissime commendauit, tum illi meo nomine gratias egit. Itaque si non a synodo, certe iuxta synodi constitutionem approbatus est labor meus. Talis est autor vt vnus plurimorum instar haberi debeat: et hoc plus etiam ponderis habere debet illius suffragium, quod nec precibus nec vllis obsequiis impetratum, sed vltro ac pene fugitanti delatum sit.

Quod si cui parum grauis est vnius hominis autoritas, Episcopi iudicio subscripsere duo theologiae professores, sed omnium longe principes; Lodouicus Berus, vir, id quod constat, omnibus virtutum ac disciplinarum ornamentis cumulatus: tum autem in theologica palestra sic excercitatus vt apud Parisios inter eos qui doctoris titulo insigniebantur, primum meruerit locum. Huic adeo displicuit opus nostrum vt fortunas suas omnes, quas habet amplissimas, mihi communes detulerit; e duabus prebendis quas habet, alteram vltro in manum dederit. Ad haec Vuolphangus Fabritius Capito, ob insignem theologiae cognitionem in Basiliensis ecclesiae collegium cooptatus, vbi publicum concionatorem agit, vir praeter alias egregias disciplinas trium linguarum non vulgariter peritus, Graecae, Latinae et Hebraicae; denique vita tam integra, moribus tam piis, vt nihil vnquam viderim incorruptius. His testibus liber est aeditus; quorum iudicio nihil addubitaret quamlibet graui in re fidere Episcopus, si ipse parum certo esset iudicio.

Neque tamen quisquam caeterorum theologorum damnauit opus nostrum. Tantum deplorabant nonnulli se pueros non didicisse Graece, et sibi sero librum eum prodisse in lucem. Referre poteram

144. ii *B*: hi *N*. 146. Lateranensi *add. H*. 147 *C*[2]: deligarit *B*.
169. Vuolphangus *B*: V. *C*[2]: *om. H*. Fabritius Capito *add. C*[2].

146. Lateranensi] The fifth; which sat from 1512 to 1517. This ordinance was promulgated on 4 May 1515; see Raynaldus, *Annales Eccles.* xii, pp. 96,7.

149. Episcopo] Christopher of Utenheim.

155. literis] Cf. Ep. 425. 33 n.

166. primum] Cf. Ep. 413. 11 n.

168. alteram] I know of no other mention of this transaction. It was perhaps an offer which Erasmus did not accept.

quid venerandus ille Prior Cartusiensis apud Friburgum, Gregorius Reischius, cuius sententia apud Germanos oraculi pondus habet, quid eximius ille theologus Iacobus Vuimphelingus de nostra senserit aeditione. Proferre poteram innumeras epistolas insignium virorum, quibus mihi gratias agunt quod ex meis lucubrationibus, precipue quas in Nouum aedidi Testamentum, et meliores euaserint et eruditiores; ni vererer ne quis haec a me gloriosius dici putare posset quam verius. Et tamen qui in Germania mecum egerunt consuetudinem et quibus in Anglia res omnes meae perinde vt mihi notae sunt, norunt quam parce haec attigerim, nimirum inuitus: partim quod a nulla re magis abhorream quam a iactantia; partim quod nolim amicorum cuiquam quicquam ex me inuidiae accidere. Nam vt de aliis taceam, scis ipse, mi Bouille, cuiusmodi vir sit egregius ille praesul Roffensis, vestrae academiae Cancellarius, siue virtutem ac pietatem spectes siue doctrinam.

Et non pudet istos tenebriones conuiciis insectari quos ille tantus heros approbat ac legit? Imo non pudet τριοβόλους ἀνθρωπίσκους suo arbitratu lacerare quod ipse summus approbat Pontifex? Nam ni mea probaret, non vtique scripsisset se maximi muneris loco habiturum si studiorum meorum prouentum omnem suo dicarem nomini. Plusquam approbat qui premium etiam pollicetur. Ostenderam illi literis meis quid molirer, explorans num sibi cuperet inscribi. Ille protinus vnicam epistolam duabus pensauit: altera meae respondet et amanter et honorifice et erudite; altera me meaque studia serenissimo Anglorum Regi commendat. Quam diligenter quamque effuse, probabis ipse; nam exemplar vtriusque vna cum hisce literis ad te misi. Responderat vterque Cardinalis, nimirum Grymanus et Georgianus: verum eas literas Andreas Ammonius, praecipuum quoddam vestrae Britanniae ornamentum, ad Ricardum Paceum misit, qui sui Regis nomine apud Eluetios et Maximilianum legatione fungitur, vt per eum mihi redderentur id temporis Basileae agenti; quas hactenus tamen non recepi. Misimus hyeme proxima volumen vnum Leoni, cui dicatum est: quod si redditum est, nihil addubito quin ille summis praemiis sit vigilias nostras prosecuturus.

Quid superest igitur quod isti in me desyderent? Nec primus nec temere negocium hoc aggressus sum. Secutus sum synodi constitutionem. Approbant si non omnes, certe primi. Si quid illic impium esset, displiceret piis: si nihil eruditionis, reiicerent eruditi. At

180. Gregorius Reischius *add.* C^2. 182. Vuimphelingius *F.* 193. Roffensis *add. H.* 195. quos *B*: quod *F.* 209. Heluetios *F.*

198. maximi muneris] Cf. Ep. 338. 26, 7.
200. literis] Ep. 335.
202. duabus] Epp. 338, 9.
206. vterque] Cf. the introductions to Epp. 334 and 340.

nulli magis amplectuntur quam ii quos et insignis vitae sanctimonia et eruditio non vulgaris commendat. Si quem magis mouet doctrina, probatur a doctissimis; si integritas, probatur ab integerrimis; si autoritas, probatur ab episcopis, ab archiepiscopis, ab ipso summo Pontifice. Neque quicquam tamen horum mihi prosit suffragium, si compertum fuerit me cuiusquam omnium ambisse fauorem. Quicquid hic datum est, rei datum est, non homini.

Haec tam multa non impetrant ab istis vt quod male didicerunt velint dediscere. An verentur ne ad haec auocatis iuuenibus frigeant istorum scholae? Cur non illud potius perpendunt secum? Ante annos ferme triginta nihil tradebatur in schola Cantabrigiensi praeter Alexandrum, Parua Logicalia, vt vocant, et vetera illa Aristotelis dictata Scoticasque questiones. Progressu temporis accesserunt bonae literae: accessit matheseos cognitio: accessit nouus aut certe nouatus Aristoteles: accessit Graecarum literarum peritia: accesserunt autores tam multi, quorum olim ne nomina quidem tenebantur nec a summatibus illis Iarcis. Quaeso quid hisce ex rebus accidit academiae vestrae? Nempe sic effloruit vt cum primis huius saeculi scholis certare possit; et tales habet viros ad quos veteres illi collati vmbrae theologorum videantur, non theologi. Non inficiantur id maiores, si qui sunt ingenio candido. Aliis suam foelicitatem gratulantur, suam complorant infelicitatem. An hoc istos male habet quod posthac et plures legent Euangelicas Apostolicasque literas et attentius? et vel hoc temporis his studiis decidi dolent, quibus omne tempus oportebat impartiri; malintque vniuersam aetatem in questionum friuolis argutiis conteri?

Atqui hoc sane nomine non admodum poenitet me mearum vigiliarum. Compertum est hactenus quosdam fuisse theologos qui adeo nunquam legerant diuinas literas, vt nec ipsos Sententiarum libros euoluerent neque quicquam omnino attingerent praeter quaestionum gryphos. An non expedit eiusmodi ad ipsos reuocari fontes? Ego, mi Bouille, labores, quos certe non mediocres omnibus iuuandis suscepi, cupiam omnibus esse frugiferos. Nam premii summam ab ipso Christo expecto, tantum vt promerear: verum si fieri non potest vt omnibus probemur, hoc interim me consolatur, quod vbique ferme

218. nulli *BC*²: nunc *B Corrig.* ii *B*: hi *N*.

229. Alexandrum] Mullinger, *Univ. of Cambridge*, p. 515, n. 1, is clearly right in identifying this with Alex. de Villa Dei (Ep. 31. 37 n.).

Parua Logicalia] See Epp. 328. 44 n. and 447. 98 n.

234. Iarcis] Iarcas, or Hiarchas, was a philosopher whom Apollonius of Tyana visited in India and found seated on a throne among his followers. See Jerome *Ep.* 53. 1 and Erasmus' note, ed. 1516, iv. f. 4 v°; from which it appears that this was one of the points on which he posed Standish (Ep. 481. 42 n.).

235. effloruit] Cf. Ep. 457. 58, 9.

246. Sententiarum] Cf. IV. 451 n.

247. quaestionum] Cf. Ep. 438. 4.

probamur a probatissimis. Et spero futurum vt quod nunc placet optimis, mox placeat plurimis. Aliis gratiam conciliauit nouitas, at huic operi nouitas inuidiam peperit. Proinde diuersum, opinor, accidet. Illis aetas fauorem adimit, mihi fortassis apponet. Illud certe praesagio, de meis lucubrationibus, qualescunque sunt, candidius iudicaturam posteritatem. Tametsi nec de meo saeculo queri possum. Plus mihi tribuit, non dico quam postulem, sed quam aut merear aut tueri queam. Cum enim sint tam varia tamque fastidiosa mortalium iudicia, praesertim in literis, meis tamen scriptis, non impiis quidem illis sed parum eruditis, si cum aliorum libris conferas, nemo detraxit hactenus; nisi pauculi quidam sed adeo morosi vt nihil omnino probent nisi quod ipsi faciant, aut adeo stupidi vt nihil sentiant. aut adeo supini vt nec legant quod carpunt, aut adeo indocti vt nihil iudicent, aut adeo gloriae ieiuni auidique vt carpendis aliorum laboribus sibi laudem parent. Et sunt ex hoc numero qui foris damnant et reiiciunt quod domi legunt ac probant. Fortasse pudoris est dissimulare per quos profeceris; sed tamen ingrati pudoris et illiberalis. At eorum in publico lacerare famam quorum sudoribus domi iuuaris, id vero longissime abest ab omni humanitate; quanquam hoc quoque deuorandum ei qui Christo militet.

Quod concionaris apud populum, probo tuum institutum; quod succedit, gratulor, praesertim cum Christum pure doceas, non hominum iactes aut ostentes argutias. De puero quod scribis, dicam paucis: mihi vero plus satis est, tantum abest vt pluribus onerari velim. Salutabis diligenter meis verbis amicos quos animo mecum circumfero, doctorem Phaunum, doctissimum Ioannem Brianum, humanissimum Ioannem Vachanum, officiosissimum Omfridum, ac veterem hospitem meum Gerardum bibliopolam; nam Vuatsonum audio abesse. Bene vale, doctissime Bouille.

Roffae, in aedibus Episcopi † pridie Calendas Septembres. M.D.XVI.

264. faciunt *H*. 277. vero *B*: vno *F*. 283. M.D.XVI *add. H*.

---

279. Phaunum] John Fawne, Fellow of Queens' College 1497, B.D. 1503, Vice-President of Queens' 1507, D.D. 1510, Vice-Chancellor 1512–14 (cf. Ep. 276 introd. and Brewer, i. 5121), Margaret Professor of Divinity c. 1515. In 1526 he was still living and was enjoying Foxe's patronage; cf. EE[2]. 40 *fin.*, where *Phaunum* is to be read for *Phaumi*.

Brianum] See Ep. 262. 12 n.

280. Vachanum] See Ep. 283. 119 n.

Omfridum] See Ep. 276. 9 n.

281. Gerardum] G. Godfrey († c. Sept. 1539) of Graten in Limburg, a Dutch stationer at Cambridge. He is found there first in 1503, and from 1513 was closely connected with the church of St. Mary the Great. See G. J. Gray, *Cambridge Stationers*, pp. 28–43, where a long list of books bound by him is given; E. G. Duff, *Century of the English Book Trade*, pp. 56,7; and Ep. 248. 44 n.

457_{562} To John Reuchlin.

Illustrium virorum epistolae f°. s^4 v° (*a*). Calais.
RE. 221^a. 27 August ⟨1516⟩.

[For the source see Ep. 300 introd. The month-date is confirmed by Ep. 562; in no other year between the publication of the New Testament and the appearance of the *Illust. vir. epistolae* is it possible to find Erasmus at Calais at this time.]

ERASMVS REVCHLINO SVO S. D.

Nvllo sermone consequi queam quo studio, qua veneratione, tuum nomen prosequatur magnus ille literarum ac pietatis antistes, Episcopus Roffensis; adeo vt cum antehac plurimi fecerit Erasmum, nunc admiratione Reuchlini pene contemnat: quae res adeo me nulla vrit inuidia, vt vehementer etiam gaudeam proque mea virili currentem, quod aiunt, extimulem. Nullas ad me dat literas (scribit autem crebrius) in quibus non faciat honorificentissimam tui mentionem. Decreuerat posito cultu episcopali, hoc est linea veste qua semper vtuntur in Anglia nisi cum venantur, traiicere, hac praecipue causa impulsus quo tecum colloqui liceret; tanta habet hominem discendi tuique sitis. Atque hac lege nos ad nauim properantes decem apud sese dies detinuit, vt vna traiiceremus. Verum incidit postea cur mutaret consilium; at, si rem distulit, animi propositum non mutauit. In extremo digressu sollicite me rogauit qua re posset tibi gratum facere. Respondi tuam fortunam non esse eiusmodi vt magnopere egeres pecunia, verum si mitteret annulum aut vestem aut aliud eiusmodi quod ceu sui monumentum posses amplecti, id fore gratissimum. Respondit se nihil laborare quanti constaret, modo tibi gratum esset. Collaudaui hominis animum; suspicor eum breui ad te venturum. Interim fac scribas mihi quid tibi potissimum mitti cupias; nullis ille parsurus est sumptibus. Sensi illum auidissimum calamorum νειλωτῶν, cuiusmodi mihi tres donasti; proinde si tibi sunt aliquot, nullum munus gratius mittere possis. Non grauaberis eum crebris appellare literis, et item Coletum. Vterque tui studiosissimus est, vterque talis est vt, etiam si nulla speraretur vtilitas, tamen ob egregias quibus praediti sunt virtutes et animum in te tam propensum, digni erant amore mutuo. Nunc ambo summam apud

13. at *scripsi*: & *a*. 16. egeres *Geiger*: egeret *a*. 17. sui . . . posses *Nichols*: tui . . . posset *a*.

6. literas] Cf. Ep. 432. 12. In the *Spongia* (HE. 333, p. 280; LB. x. 1642 c) Erasmus says of Fisher: 'Pene deperibat in Capnionem, tam magnifice de illo sentiens vt me prae illo putaret nihil scire, captaritque occasionem relinquendae Britanniae, vt cum Capnione velut oraculo rerum omnium reconditarum possit colloqui.'

9. venantur] Cf. Ep. 451. 1 n.

22. calamorum] For similar reed pens cf. Ep. 194. 23.

suos obtinent authoritatem ; Coletus etiam regiae maiestati intimus est et ad priuatissimum colloquium quoties vult admittitur.

Leo summus pontifex ad meam epistolam quam excusam legisti diligenter respondit ; nec minus amanter quam diligenter. Adiecit alterum Breue, quo me sua sponte Regi Anglorum commendauit haud quaquam more vulgari ; atque id nominatim adiecit, se id suapte sponte facere nec a me nec a quoquam vt id faceret rogatum. Responderat vterque Cardinalis ; verum hae literae in tuam Germaniam missae sunt ad Ricardum Paceum, hominem egregie doctum, qui nunc apud Eluetios oratorem gerit. Quin et Pontificis Breuia mihi non ante sunt reddita quam in Angliam rediissem ; quae si in tempore fuissent reddita, fortassis et Hieronymum Leoni dedicassem. Mihi vixdum in Brabantiam reuerso illustrissimus Princeps meus Carolus praebendam donauit satis et honorificam et copiosam.

Reuisi Britanniam salutaturus Moecenates meos et amicos veteres ; reperi multo nostri quam reliqueram amantiores. Archiepiscopus cum semper amarit vnice, nunc tantum adiunxit veteri in me studio vt ante parum amasse videri possit. Omnia sua mihi detulit ; recusaui pecuniam. Abeunti donauit equum et calicem cum operculo elegantissimum inauratum, pollicitus apud mensarios pecuniam quantamcunque iussero se depositurum. Nouum Testamentum plurimos amicos mihi conciliauit vbique, tametsi nonnulli strenue reclamarint, praesertim initio ; sed hi in absentem tantum et ferme tales vt nec legerint opus meum et, si legerent, non intellecturi.

Scribe ad nos frequenter, doctissime Reuchline. Quicquid Antuerpiam miseris ad Petrum Aegidium, scribam publicum, id mihi certo reddetur. Bene vale, Germaniae nostrae decus.

Si Philippum iuuenem ad Roffensem miseris tuis commendatum literis, mihi crede, tractabitur humanissime et ad amplissimam fortunam prouehetur ; nec vsquam continget plus ocii ad optimas literas. Fortassis ille sitit Italiam. At his temporibus Italiam habet Anglia et, ni plane fallor, quiddam Italia praestantius. Rursum vale.

Calecii. VI. KAL. Septembres.

36. Paceum *scripsi* : Pacorum *a*.

28. Coletus] For his intimacy with Henry cf. Lond. xv. 14, LB. 435 *ad fin.*

30. meam epistolam] Ep. 335.

32. alterum Breue] Ep. 339.

35. vterque] Cf. Ep. 456. 206.

41. praebendam] Cf. Ep. 436. 5 n.

46. calicem] There is no mention of this in the list of Erasmus' property which he had prepared on 10 April 1534 (Basle MS. C. VII. 19, f. 2). But among the gold cups is a 'poculum cum operculo, forma Anglica. Donum Guilhelmi Montioii'; where there is perhaps a mistake in the name of the donor.

55. Philippum] Geiger is clearly right in identifying with Melanchthon, who was now at Tübingen.

58. Anglia] For this high estimate of learning in England as compared with Italy cf. Ep. 540, especially ll. 50 seq. ; also Ep. 456. 235-7.

458. From Reyner Snoy.

Deventer MS. 91, f. 163. Gouda.
LB. App. 474. 1 September ⟨1516?⟩.

[The date of this letter cannot be determined with certainty. It plainly refers to Snoy's *De rebus Batauicis libri xiii* (Ep. 190. 10 n.); in which the history of Holland is carried to 1519 and there are two prefaces addressed to the reader, prefixed to Books i and v, but this letter to Erasmus does not occur.

Snoy's composition is alluded to in Corn. Gerard's *Elucidarium*, 1586, p. 50 (Ep. 17 introd.) as 'elaboratissimae Batauorum comitum et pontificum historiae'. As that was written in 1514–15, it is plain that Snoy's thirteen books cannot have been then completed; and also that this letter, which speaks of only five books, cannot have been intended for a preface. It perhaps accompanied a copy of the first part of the work, presented to Erasmus.

Wm. Herman's 'de comitibus Hollandiae fragmenta' (cf. l. 12) are mentioned also in the preface to Book v in Cool's edition, but with the statement that Herman was then dead. The omission of this fact here does not, however, constitute an argument for placing the letter before 1510, since Herman is also spoken of in the *Silua Carminum* (Ep. 190. 10 n.) without any indication that he was not then alive.

The composition of the Deventer letter-book (App. 8) gives a strong presumption against the early date assigned by Dr. Richter and Mr. Nichols; since the range of the letters copied there by this hand (A) is, except for English letters, 1514–17, and there is considerable probability that undated letters belong to the years 1516–17. I have placed this conjecturally in 1516, on the ground that in that year Erasmus was preparing to settle in the Netherlands and that Snoy may have taken the opportunity to renew their former acquaintance.]

REYNERVS GOVDANVS PHYSICVS DOMINO ERASMO S.

Salve, mi Erasme, doctissime dicam an eloquentissime ignoro; adeo tibi Venerem cum Pallade, gratias orationum cum prudentia rerum omnigena conciliasti, vt merito palmam eloquentiae omnes tibi conferant. Lubet paulisper hisce literulis interstrepere; tu pro tuo candore veniam dabis. Ego inter ardeliones vnus nescio quo fato historiam Hollandiae scribere aggressus inter subcisiua tempora, dum per occupationes licuerat, illam quindecim libris complexus sum. Verum dum mecum habitans gnarus ⟨sum⟩ quam sit mihi curta tum verborum tum orationum supellex, propriae inscitiae mihi conscius illam supprimo, atque nonum (sententia Horatiana) vt prematur in annum, famae meae conducibile duco. Impulit me ad hoc opus sane operosum aggrediendum Guilielmi Hermanni nostri fragmenta quaedam, ita lacera atque imperfecta vt Edippo opus foret; atque de Bathauia ferme descripsit nulla. Primus liber nostrae historiae descriptionem Batauiae elucidat; secundus originem atque incolas primos deducit; tercius describit Bathauica bella contra Romanos

2. orōnē *MS.*: *corr. LB.* 6. tempora *LB*: templa *MS.* 16. *LB*: primas *MS.*

7. quindecim] If this is not an error for *quinque*, the number of books planned by Snoy must be indicated.

9. supellex] Pers. 4. 52.

10. Horatiana] *A. P.* 388.

12. fragmenta] See Ep. 33 introd. The anacoluthon is noticeable.

14. Primus] This synopsis agrees with the arrangement of the first five books published by Cool.

gesta; quartus a traiectione Frisiorum in Angliam, vnde Willibrordus oriundus, ad Comites vsque decurrit; quintus a Comitibus auspicatur.

Haeccine tibi scribo, vir eloquentissime, citra omnem ambitionem; boni vt consulas, rogauerim. Ego disciplinas semper politiores amplexus, doctam eloquentiam pro mea virili ab vnguiculis dilexi. Plura scripturum tabellarii festinantia intercepit, tu saltem vt rescriberes velim; id enim magni mihi muneris loco ducerem. Vale faustus ac felix. Ex Gouda Cal. Septemb., &c.

459. From Wolfgang Köpfel.

Deventer MS. 91, f. 135. ⟨Basle.⟩
LB. App. 75. 2 September 1516.

[The manuscript date may be accepted, as the letter is probably contemporary with Epp. 460, 463, 464.

Wolfgang Faber, or Fabricius, Köpfel (Capito) of Hagenau (1478?–1541) was incorporated at Freiburg in Feb. 1505 as B.A. of Ingolstadt, and was M.A. 1506, B.D. 1510, D.D. 1512. He then went as preacher to the Benedictine abbey of Bruchsal, where his religious opinions were already advanced (CPR. pp. 42,3 and 185–7). In March 1513 he migrated to Basle (CPR. p. 43) and in 1515 was appointed cathedral preacher (see his preface to an edition of Clicthove's *Elucidatorium ecclesiasticum*, Basle, Froben, Aug. 1517). He also entered the University, becoming Rector May–Oct. 1517 and Dean of the Theological Faculty 1518–19. He published an *Institutiuncula* for Hebrew in Pellican's Psalter, Basle, Froben, 1516, expanded later into a grammar (Ep. 556. 26 n.); but the projected lexicon (l. 163) was not completed. Erasmus received support from him for the New Testament (cf. Ep. 456. 169), and had a high opinion of his attainments in Hebrew (Ep. 413. 13). After some negotiations (cf. his preface to Chrysostom's *Paraenesis prior*, Basle, Froben, Nov. 1519, dedicated to Abp. Albert) he went to Mainz in 1520 as cathedral preacher and Chancellor to the Abp. (see a study by P. Kalkoff, 1907); but in 1523 he declared for the Reformation and withdrew to Strasburg, where he had held the Provostship of St. Thomas' since 1521. His views agreed with those of Bucer, and together they framed the Confessio Tetrapolitana of 1530. He also took part in the Synod of Bern 1532, and the Wittenberg Concordia 1536.

See Baum's *Capito und Butzer*, Elberfeld, 1860, with a bibliography; Schreiber, *Gesch. d. Univ. Freiburg*, i. pp. 97–9; and EE. Portions of his correspondence are preserved at Basle (KA. C. IV. 5); and at Strasburg in the Town Archives (Epist. eccl. s. xvi) and the Archives of St. Thomas (Buceriana, 21. 1–2).]

VVOLPHANGVS FABER ERASMO RO. S. D.

Recte valeo, maxime Erasme, si est recte valere tristius pati desyderium desyderatissimi Erasmi; quo sine nihil amabile, nihil vspiam iucundum bonarum litterarum candidatis, et iis potissimum quibus illicibilis consuetudo tua mellitaque alloquia contigerunt. Sed et mihi omnium maxime dolet absentia tua, cui de praesentia idoneum fructum capere negocia prohibuerunt aduersaque valetudo. Iamque receptis viribus videnti tranquillum spem reditus tui fortuna subripuit et fauor et principum magnatumque largitas effusissima

458. 21. amplexus *LB*: ĩplexus *MS*.

---

459. 8. fauor] Cf. Epp. 370. 18 n. and 456. 5 n.

quidem, pro meritis tamen infinitis tibi minus respondens ; et profecto nunquam satis respondebit, nisi nostram Basileam frustratam esse sua expectatione satis tibi responsum crediderimus. Verum ab Erasmo hanc adhuc habemus gratiam, quod infantiam nostram adeo tenuem litteris dignatur, licet occupatissimus vel in dimittendis ablegandisque suam amicitiam ambientibus ; qui quum adhaerere non potest quibuslibet, vnum principem nataleque solum elegit. Sic abes, modo, Erasme desyderatissime, nobis abes in rem tuam, adauctus postquam abieris honoribus atque diuitiis ; nos amiculi respectu proprii commodi ne molestum duxerimus infortunium nostrum, tua pensitet felicitas.

Deinde scribis haud absurde quidem attinere ad verae pietatis et eruditionis negocium instaurandae, vt sim diu incolumis. Nam ita se res habet. A me constat vtilitas piis litteris, vere prosum rei litterariae ; neque putes dictum insolentius, quia prosum litteris simul ac pietati, et vbertim prosum, ad vberrimam videlicet Erasmi lectionem inuitans nostratium vulgus. Adhortor enim excitoque passim Erasmo studeant, diurna versent manu nocturnaque Erasmum, atque impetro a plerisque venae melioris ingeniis nihil scire quam vnum Erasmum, vniuersae doctrinae redundantem Oceanum et vindicatorem verae litteraturae. In hoc Erasmicum Pauli ad Romanos Epistolam profitebor, paucis abhinc diebus incepturus, et plenum suapte sponte cupidumque auditorium praeuideo ob vnius Erasmi longe amplissimi nomen. Preterea in triuiali ludo teneram curaui puericiam in Erasmo edoceri, vnum Erasmum domi parentibus recensere, vnum blesula illa lingua commendare, praedicare, extollere. Ad haec grauitatem theologicam studio emulationis prouoco, palam astruens in te mihi quasi tabernaculum vitae collocatum, ad acumen istud, ad humanitatem, ad facilitatem tuam temperatissimam, ingenium, mores, consuetudinem omnibus formanda quibus amor honesti doctrineque insidet ; te nihil perfectius, nihil absolutius aetatem nostram produxisse neque etiam priscorum, tam omnibus nimirum numeris probatum exemplar atque scopum studiorum. Neque his contentus quin eadem molior apud extera gymnasia. Num haec faciens videor prodesse ? Sed vtilitas adeo perspicua non tam venit a me fabro inepto quam a te faberrimo Erasmo, totius orbis decore.

Ceterum gaudeo te nouam Instrumenti Noui editionem parare, et nomine imperitae multitudinis gaudeo ; cui videtur vel de tua esse

26. versant *MS.* : *corr. LB.* 44. frabro *MS.* : *corr. LB.*

26. diurna] Cf. Hor. *A. P.* 269.

32. triuiali ludo] With such works as the *De Copia* (Ep. 260), the *De Ratione Studii* (Ep. 66), *Cato* (Ep. 298) and the *De Constructione* (Ep. 341).

46. nouam] Cf. Ep. 417. 7.

castigatione quicquid non expurgauerit properantior ista cura, vel si quando scholia diuersa sentiunt, protinus calumniantur te non bene memorem pugnare tecum, illic positum hic rursus expungere, fluctuareque incertis velis. Num titulus, aiunt, collatis Grecis et vetustissimis Latinorum exemplaribus Erasmum promittit castigatorem? Num eiusdem sunt scholia? Vnius pectoris illa interpretatio et scholia vt longo dissident interuallo! Has nenias arguttuli illi occinunt. Quamobrem admoneo, quoniam incomparabilis eruditio tua monitorem sordidum admittit, duobus saltem studiorum ministris eam iniungas prouinciam, vt Graeca Latinis ac singulis locis sua scholia conferant diligentissime; id quod in Paulinis Epistolis item praestent velim. Sepe enim dicunt scholia etiam in Paulum te clarius explicuisse et nominatim verba numerant quibus a te obscura illuminata testaris; eadem non tenet interim traductio tua, etsi est non crassior neque infelicior scholiorum versione. Mediocre tamen ingenium consonantiam ex altera praesertim emissione expectat, atque inuidia notat quantulumcunque diuersitatis compererit. Pugnantia itaque aut versa ineptius a vulgato interprete opera ministrorum agnoscas, et in consonam germanitatem facili isto ductu cogas, dignam parente reddas foeturam tuam et Pontifice patrono, ista exploratrice lingua iterum atque iterum lambendo. Nihil polliceor vel Momo desyderandum superfuturum. Nam commentaria dabis plena manu in Paulum; alioquin fusius (vt potes obiter) exponi abdita diligens lector expeteret, qui dudum Lyram, Carrensem et illius farinae commentarios fastidit te authore et ex libris tuis animatus ad frugem meliorem.

Et quia monitoris munus inepte coepi, audebo ineptiam meam petulantius prodere. Obsecro itaque nihil dixeris vel vehementius vel apertius de superstitioso ciborum delectu inter Christianos, de precibus ad numerum certum praescriptis et de his rebus vniuersis, quas ex vsu publico seculi nostri vel credulitas vel fides assumpsit. Hucusque quidem egregie praestitisti Periclem, contra voluntatem supercilii nostri pro veritate locutus, idipsum tamen non minus seuere quam constanter. Et videris nobis etiam nunc, vt es, iocundissimus atque adeo temperatus vel iis quibus adhuc dolet ab eloquentia tua illatum vulnus; hoc istud est artificium, haec authoritas, haec diuina prope maiestas tua dicendi, cui neque vexati aut, vt sibi videntur, lesi queant repugnare. Ansam tamen coeperit inuidia,

63. expectat atque *scripsi*: expectataque *MS.* 69. desyderanda *MS.*: *corr. LB.* 74. ineptiam *scripsi*: inertiam *MS.* 79. Periclem *MS.*: periculum *vult Nichols.*

71. Carrensem] Hugo († 126$\frac{3}{4}$) of St. Cher, near Vienne. Besides correcting the text of the Latin Bible, he wrote a commentary on the whole of it, which is printed with John Amorbach's edition of 1498–1502.

caue; profecto tibi anceps negotium vndecunque habita occasione facesset. Ideoque precor oroque prudentiam tuam, mi Erasme, occupatis pridem munitionibus te serues, hoc est modestiae freno copiosissimum eloquentiae tuae impetum remoreris, vt in campo suo remoratam tacito iuditio omnes demiremur. Scis, Erasme, quos mores, quem nobis animum induerit falsa doctrinae ac religionis persuasio. De poenitentia, de sacramentis, de superstitiosis constitutiunculis monachorum, aut erga diuos vulgari errore, aut de tenui expugnatione hereticorum ex coacta tantum Scriptura instructa ne verbulum addideris, nisi mira ista circumitione circumseptum. Facto semel aditu penitus irrumpet inuidiae virus, solita perfidia populo suum obtrudet negocium, et durum affecti animi dolorem fidem faciet honestique zelum; et pium Erasmum velut publicum Christiani nominis hostem deuouebunt, execrabuntur, damnabunt. Nam te non fugit, optime Erasme, quantum cupiant ii denigratum candorem tuum, quorum ignobiles artes fulgor iste praegrauat. Quare mitigata potius velim mollitaque coloribus artis tuae ea quae manifestius de poenitentia scripseras; quam eo quidem defendimus studiosius quo est tutius nostrae tyrannidi praesidium. Sin autem tibi non integrum eleuare, saltem ne auxeris. De eiusmodi rebus pro te plurimis satisfacio, argutiores technas discutiens et tuam colligens mentem cum ipsis conuenire, eoque multorum iram conflagrantem restinxi. Fidem enim apud plerosque non tam rationibus ac doctrina quam vitae et religionis opinione mereor, qua nitor pro reuocando verae pietatis studio et Erasmo defendendo pugnans. Ecce loquacem infantiam; sed auditore parente puerum balbutiae non pudet.

Postremo tibi gratiam habeo de litteris tam suauibus, tam amicis, quibus retunderem profecto pingues quospiam et ἀμούσους negantes tuam erga me beneuolentiam. Nisi ex singulari beneuolentia me rogasses iisdem litteris monitorem, haud intelligerent, pene dixissem moriones illi, quid amiciciae gratia ineptiae meae contuleris, totum contenderent vel metu vel inopia factum. Malo igitur beneuolentiam diffiteantur quam supinitatem illorum sinistre aut humilius de te sentire. Litteras itaque istas gratissimas mihi nemo videbit praeterquam fortassis Beatus noster, qui est sani iudicii et Erasmi candidus amicus. Sequentem hanc coniecturam suspicaces faciunt. Quandoquidem nullum theologum Nouum celebrat Instrumentum, neque

90. demiramur *MS.* Scis *Nichols*: Scio *MS.* 103. poenitentia *scripsi*: pñīa *MS.*: praesentia *LB.* 114. ἀμούσους *scripsi*: amυſoσ *MS.* 117. inertiae *MS.* *Cf. v.* 74.

101. artes] Cf. Hor. *Ep.* 2. 1. 13.
103. poenitentia] e.g. in Matt. 3. 2 n.
123. theologum] This word must be pressed to its narrowest sense, if the statement is to be accurate; for the *Nouum Instrumentum* contains eulogies,

me tam assiduum tecum, dum tantum opus parturiebas, intercessisse ob id putant inter nos inimicitias; perinde ac summa fuerit instituti tui theologos atque me falsis ornare laudibus, et quasi ego potius captandi nominis gratia quam fruendi affabilitate, virtutibus, eloquentia tua accesserim foecundissimam officinam. Nolunt induci vllo pacto vt credant voluisse te immerenti mihi felici benignitate ingenii tui quidpiam affingere, meque repugnasse timentem sannas consciorum ignorantiae meae; quibus non tam permisisse quam ambisse nolim etiam nunc videri.

Quocirca peto oroque vehementer, Erasme autor ingenioli mei, cui debeo iure quicquid vnquam futurus sum—oro, inquam, alteris litteris Vuolphangum tui studiosissimum condones. Praescribo materiam, ne liceat argumenti causari penuriam. Nempe quadruplici sensu Scripturam explicantes, non raro ne vno quidem assequimur, ac animo Prophetarum sepe imperspecto verbis abutimur aut ad mores fingendos aut ad Ecclesiam exponendam aut ad cetera id genus, eaque contendimus e meditullio Scripturarum manasse; quasi Spiritus Sanctus in hoc potissimum Prophetas inspirauerit neque respexerit vnquam quicquam aliud. Deinde vero reclamante, siue conuicti erroris, ad arcem nostram, sensuum varietatem, profugimus, non litterae, sed anagogae, tropologiae, allegoriae sententiam adseuerantes, cuiusmodi nos plagis venantes veritatem amittimus. Scio equidem Scripturae morem, scio quam inuoluat suauitatem veritatis metaphoris et allegoriis, scio quam non fugiat enigmata, imo inuitet aliunde, importet et in sinum suum velut congerat, tanquam data opera condat altius abstrusam veritatem. At hunc labirynthum aliis filis remetiendum censeo. Sit primum acre iudicium, instructum copiis paratis lectione bonorum authorum. Sit postea rerum sacrarum diues peritia et felicitas tractandi, eaque libertas quae fateri ingenue haud vereatur, si quid effugerit inquirentem. Ad mores quoque, ad carpenda vicia, ad mouendam pietatem vltro sequax est natura. Esto, at hae partes non sunt enarrantis proprie, sed persuasoris. Vnum igitur sensum forma optima perscrutandi peruestigemus.

Sed de hac re tuam desydero sententiam. Fac rescribas; vna quidem opera geminam gratiam inibis, et simul te praeceptore discam quid quoue modo in Scripturis tractari debeat, et simul habebo quo

126. quasi *scripsi*: qđ *MS.* 129. credat *MS.*: *corr. LB.* 135. cōdones *MS.*: condecores *voluit LB.* materiam *coni. LB*: mani, *MS.* 142. conuicti *scripsi*, *cf. Ep.* 39. 40 *n.*: cōiūcti *MS.* 147. inuitet *scripsi*: inuite *MS.* 152. quae *LB*: qua *MS.* 159. tractati *MS.*: *corr. LB.*

often at great length, of many of Erasmus' scholar-friends, including Faber Stapulensis (ibid. p. 417) and Reuchlin (ibid. p. 492), who might surely pass for theologians. The hint given here perhaps led Erasmus to insert ll. 169–174, in printing Ep. 456.

conuincam nostram amicitiam suggillantes; nempe testimonio familiaris epistolae. Comparo mihi suppellectilem Latinae linguae ex tuis potissimum operibus, vtinam satis mundam et copiosam! editurus aliquando Lexicon Hebraeum et illius generis nugas. Gestientem reprimit inopia, qui nouerim quam nihil agat in tam sterili solo rudis industria, diuitiis illis destituta. Quod si mihi proprietas foret et elegantia verborum, me confiderem in Hebraeo praestiturum quod non facile posset vel doctissimus Iudeorum. Ineptiae meae ineptissimae ne tibi sint molestae obsecro neque onerosae; nam subita lectione deuorabis hoc tedium. Et fac Rhenano nostro videar de tua familia.

4 Nonas Septemb. 1516.

Vuolfgangus Faber nuncupor vulgo, barbaro quidem vocabulo iuxta ingenii mei minime fabri conditionem. Tu velim mollias in appellatione Vuolfgangi litterarum duritiem, et quem me scripseris lubens vocabor, siue Vuolphangum Fabrum siue alterum quempiam. Episcopus noster mentionem tui facit sepissime, iugiter impatiens animi desyderium Erasmo suo exprimens. Odorem nescio quem humanitatis tuae et consummatae litteraturae nobiscum reliquisti, quo tibi alligas consules, nobiles, et praelatos et plebem. Vale.

460. From Beatus Rhenanus.

Deventer MS. 91, f. 115. Basle.
LB. App. 76. 3 September 1516.

[The manuscript date is confirmed by the mention of Erasmus' benefice (l. 4); cf. Ep. 436.]

BEATVS RHENANVS ERASMO ROTERODAMO S. D.

Qvam doleo tibi isthinc abire non licere, tam gaudeo bene tibi velle magnum Flandriae Cancellarium, cuius in te beneuolentiae certissimo fuerit argumento nuper magnificum illud tibi donatum sacerdotium; quod (ingenue dicam) vtcunque sit opulentum et splendidum, si quis virtutes tuas et altissimam istam eruditionem qua abhinc annos mille nemini maior contigit, diligenter expendat, tuis meritis inferius multo comperietur: nempe quibus summa debentur, vt quemadmodum inter litteratos viros principem agis, ita et officio digniori, respondente meritis fortuna, caeteros antecellas; id quod tunc fiet, cum aliquando te factum episcopum audiemus.

459. 164. repimit *MS.*: *corr. LB.* 169. Rhonano *LB*: Rheno *MS.* *Cf. Ep.* 473. 20.

459. 175. Episcopus] Christopher of Utenheim.

Breuia, de quibus scribis, nescio quo errore post abitum tuum huc fuerunt adlata; puto tamen Frobennium istuc remisisse. Berus Tannis nunc agit, oppido vicino. Christophorus Basiliensis Episcopus dici non potest quanti te faciat. Ego post reditum meum ex patria cum Frobennio victum non habui. Thomas Grey non epistolam sed plane libellum ex vrbe Parisiensi mihi misit. Excusauit Fabrum quod non satis commode valeat. Saluta Ioannem Smith, adulescentem optimum. Bene vale.

Ex Basilea tercio nonas Septem. 1516.

461. From Thomas More.

Deventer MS. 91, f. 128 v°. London.
LB. App. 174. 3 September ⟨1516⟩.

[The year-date is supplied from the reference to the *Utopia* (l. 1). From the frequent mention of this in Epp. 467, 474, 477, 481, 484, 487, 491, 499, 502, 508, 513, 524, 530, 534, 537, there can be no doubt that the first edition, Louvain, Th. Martens, *s. a.*, was published towards the end of Dec. 1516; perhaps with a view to its use as a *strena* (cf. Ep. 187. 1 seq. and n.). See the edition of Michels and Ziegler, 1895, pp. lii. seq.]

MORVS D. ERASMO S. P. D.

Nvsqvamam nostram nusquam bene scriptam ad te mitto: praescripsi epistolam ad Petrum meum. Cetera tu vt recte cures, expertus sum non esse opus vt te adhorter. Litteras tuas reddidi Veneto Oratori, qui videtur aequissimo animo fuisse recepturus Nouum Testamentum, quod intercepit Carmelianus. Nam totus deditus est sacris litteris, perfunctus lectione eorum pene omnium qui scribunt quaestiunculas; quibus tribuit tantum vt ne Dorpius quidem tribuat amplius. Ambitiose congressi sumus, accuratis orationibus ac longis laudibus nos inuicem scabentes. Sed vt vere dicam, plane delectat me; videtur enim honestissimus et rerum humanarum peritissimus ac iam diuinarum cognitioni deditissimus; postremo, quod ego non in postremis pono, studiosissimus tui.

A Cantuariensi de rebus adhuc nihil audio. Coletus de tua re nihil habuit sermonis cum eo: cum Eboracensi habuit; quem tam in te propensum inuenisse se dicit atque in tuas laudes tam effusum vt

461. 5. *Carmeliani nominis oblitus, littera* t *inserta nouam huic faciem indidit LB.*

460. 11. Breuia] Cf. Ep. 338 introd.
12. Tannis] Thann in Upper Alsace, NW. of Mülhausen, at the mouth of the St. Amarinthal. Its famous church-tower was completed in 1516.
14. reditum] Cf. p. 114.
15. victum non habui] Cf. LB. App. 146.
Grey] Cf. Ep. 445. 16 n.
16. Fabrum] Cf. Ep. 445. 33 n.
17. Smith] See Ep. 276 introd.
461. 1. Nusquamam] The earliest name for the *Utopia*; cf. Ep. 474. 30 n.
2. Petrum] Gilles.
3. Oratori] Giustinian; see Ep. 559 introd.
5. Carmelianus] See Ep. 262. 10 n.
6. quaestiunculas] Cf. Ep. 438. 4.

ne optare quidem potuerit amplius, nisi vt verba illa tam egregia aliquando rebus exaequet; id quod expecto et breui et ampliter facturum. Tuam pecuniam que apud me deposita est, meus Ioannes ad diui Michaelis tradet Aegidio; nam ante id festum non est venturus Antwerpiam. Si edas posthac Epigrammata mea, tu expende tecum an putes ea premenda que scripsi in Bryxium, nempe in quibus sunt quaedam amarulentiora; quanquam videri possim ab illo prouocatus conuiciis dictis in patriam. Tamen, vt dixi, tu haec consydera et denique omnia quae putabis inuidiosa. Si que sint praeterea vel inepta, ea sic dispone omnia vt ex vsu meo censebis fore: quippe vt Quintilianus ait Senecam esse eum quem vellet suo ingenio scribere et alieno iudicio, ita ego is sum quem conueniat scribere et alieno iudicio et non meo ingenio. Vale et D. Tunstal ac dominum Buslidium saluta meo nomine. Raptim Londini 3^{a} Septemb.

462_{469} To William Nesen.

De Copia, tit. v^{o}. Antwerp.
5 September 1516.

[A letter written to accompany a new edition of the *De Copia* (Ep. 260), Basle, Froben, April 1517 (α). Froben included it also in issues of March 1519 (β^1) and Feb. 1521 (β^2); but in his edition of May 1526, when Erasmus was at Basle and Nesen dead, it was omitted, leaving the verso of the title blank; and it does not appear again.]

ERASMVS ROTERODAMVS GVILIELMO NESENO NASTATENSI SVO S. D.

Sive tu istuc iudicio facis, optime Nesene, siue studio quodam amoris erga me tui, certe de Copia commentariolos antehac *οὐ πάνυ ἐρασμίους* Erasmo commendas, dum illos sic laudibus vehis, sic ediscis, sic tuis praelegis vt magis iam tui sint vsucapione quam mei qui genuerim. Eos igitur, ita vt volebas, recognoui inter nauigandum, ne vel hoc temporis mihi prorsus periret a studiis. Tuae partes erunt curare vt Frobenianis formulis maiusculis quam emendatissime simul et nitidissime rursus exeant in publicum; quo hac sane placeant, si eruditione parum commendantur lectori. Bene vale, charissime Nesene.

Antuuerpiae. Nonis Septembr. Anno a Christo nato M.D.XVI.

461. 16. vt *om. LB perperam.* 462. TIT. NASTATENSI α: NASTADIENSI β.

461. 18. Ioannes] Probably More: cf. Ep. 243. 2 n.

20. Epigrammata] Cf. Ep. 424. 81 n. They were printed by Froben in conjunction with the *Utopia*, March 1518: see Ep. 550 introd.

21. in Bryxium] Cf. Ep. 212. 1 n.

26. Quintilianus] *Inst.* 10. 1. 130.

462. 5. inter nauigandum] Either on his way down the Rhine in May, or on the journey from Calais to Antwerp, part of which was perhaps made by barge.

7. emendatissime] For Nesen's previous shortcomings see Ep. 325 introd.

[440]463. From Henry Glareanus.

Epistole elegantes f°. 1 v°. Basle.
C². p. 155: F. p. 53: HN: Lond. i. 34: LB. 217. 5 September 1516.

D. ERASMO GLAREANVS S. D.

Si quem amas, charissime Erasme, quod te amat, certe ego maxime amandus tibi: nemo enim est, tuto crede, te mihi charior: atque vtinam tam me posses intus introspicere quam extra saepissime vidisti. Videres profecto alterum Alcibiadem, ac eum qui Alcibiadem longe antecederet, tantum videlicet quantum vere Glareanicus amor vicit Socraticum, siue quantum ego plus tibi debeo quam Alcibiades Socrati. Magnum erat mores a Socrate didicisse, vitam illius monitis emendasse: atqui ego longe plura a te habeo, nempe preter alia infinita praecipuum illud, quod me Christum sapere docuisti; neque sapere solum, sed imitari, sed suspicere, sed amare. Quid, quaeso, homuntioni mihi vel vtilius vel dignius contingere potuit? Proinde minime separati sumus, beneficia tua in me collata non sinunt me tui immemorem. Quicquid ago, praesto es, ludit ante oculos meos imago Erasmi, itque reditque frequens; sine te non dormio, non edo, absens ad virtutes stimulas, excitas pigrum, rudem doces, et putas me posse te non amare? sed qui possem? Lachrymor absentiam tuam, id quod mihi minime vitio dandum existimo; quid enim aeque mihi graue? Et iam dixi, non abes, sed certe abes. Reuera non abes, loqueris enim mihi quotidie: et tamen absens es, quia te non video nec suauissima tua confabulatione fruor: sed et praesens es, quia te audio; nam mihi loqueris.

Sed ludo, idque inepte, quia amo, idque audacter, quia amo; et dum ludo, lachrymor, quia te amo, charissime Erasme: atque cum te charissimum appello, dum alii infinitis aliis te onerent, ego vnico illo titulo vnice te honoro. Quid enim erat dicere doctissimum, eloquentissimum, eruditissimum, et quae non amor sed aliquoties κολακία excogitauit plaeraque alia? nullum enim eorum te melius decet aut exprimit quam quod proxime Christum accedit. Neque tu tantumdem vel eloquentiae vel eruditioni me inniti iussisti quam amori vere Christiano; ac proinde non modo habeo tibi gratias amplissimas, immortales, ingentes, aut quicquid tale vulgus disertorum sesquipedalibus verbis refert, sed quas Christus dignis tuis in me meritis tribuat.

Caeterum vt ad epistolam quoque tuam respondeam; quae de fortuna ais, eam mihi si tecum essem non posse deesse, doleo hercule

4. Alcibiadem] Cf. Ep. 365. 3.
9. me Christum] This statement is repeated in Glareanus' poem to Oswald (l. 67).
14. itque reditque] Cf. Verg. *Aen*. 6. 122.

me tecum esse non posse, sed differo tamen non absque causa. Tumultuatur patria. Pax cum Franco nondum composita, quam Angline an Caesarea maiestas remoretur incertum. Legati Maximiliani adfuerunt et item Anglorum, non pecuniam sed aureos montes pollicentes, ne Gallis Galli coniungamur. Sunt qui suspicentur rem agi non iussu Britanni regis sed τῇ τοῦ Αὐτοκράτορος τέχνῃ. Sic ego pacem spero; quae si facta fuerit, Parisiis salarium ducentorum scutatorum annue expecto. Praeterea habeo mecum domi meae triginta optimae indolis iuuenes, qui annue soluunt centum et viginti scuta, quamuis labori meo non satis respondeat hoc praemium: illud, mi Erasme, charissime parens, vnice oro, ne damno sit mihi vel apud te vel apud alios dominos amicos forsitan aliquando futuros, non venisse tam humaniter inuitatum. Nam ad Penticostes diem, si non erit pax cum Francis, et Princeps tuus (quod vehementer opto) saluus fuerit, ausim me hercule ad te volare, etiam per medios hostes; interim ne abeam consanguinei et necessarii magnopere rogarunt: nihil tamen certi promitto.

Monioii nomen ⟨non⟩ charum esse mihi non poterit, dum Erasmus charus esse desierit; quem vt egregium ac optimum virum credam, et opera tua et praesens quondam de eius humanitate confabulatio peruicit. Berus, cum literae allatae sunt, non adfuit; itaque ex eo nihil cognoscere potuimus. Post discessum vero tuum adeo sophistae in me grassati sunt vt de templorum valuis chartulas diriperent publiceque Senecam legi prohibuerint. Ego autem iis inuitis legi, nihil eos veritus quam ne Berum quoque in suam opinionem traherent: at ipse vt vitaret inuidiam, negocio non se magnopere immiscuit, longe tamen humanior mihi cum adesset Erasmus.

Pene tamen carmen meum non misissem, vtpote iuuenile et mihi nulla in parte satisfaciens pro tanto viro; aut, si hoc tanquam adulatorium spernis, pro tanto amico. Sed spero omnia confossum iri a te; quae spes nisi me tenuisset, eas ineptias in ignem coniecissem. Misi autem et aliud carmen quod de discessu tuo ad Osualdum lusi, hominem tui studiosum ac acerrimum meum in sophistas Alciden; cuius

45. scuta C: scutatos F. 47. apud *ante* alios *add.* H. 48. Pentecostes C^2. 58. diriperent C: diripuerint H. 59. eos C^1: magis C^2. 61. longe . . . 62. Erasmus *om.* C^2.

---

37. Pax] This peace was not concluded till 29 Nov. 1516: at Fribourg. See Creighton iv. 225.

42. Parisiis] Cf. Ep. 529.

48. Penticostes] 31 May 1517.

55. opera tua] As in the prefaces to the *Adagia*; Epp. 126 and 211.

56. Berus] Cf. Ep. 460. 12.

57. sophistae] For Glareanus' feud with the University authorities see Ep. 328. 43 n.

61. longe] The awkwardness of the transition to the next subject suggests that there may have been other omissions at this point.

67. aliud carmen] *Ad Osualdum Lucernanum Heluetium Elegia Glareani*; cf. Ep. 440. 13 n.

pugnae memini, simul et horologii tui gratissimi munusculi. Literas Ἐράσμιος Γλαρεανῷ belle incidit aurarius; semper interim sericis incubuit. Buschii carmen, quod mihi summe placet, quanta potui diligentia excripsi, ex deprauato videlicet codice; quapropter peto vt tua diligentia excutiatur. Salutationem tuam Osualdus, Rhetus, atque omnes discipuli mei gratissimo animo acceperunt, vnoque ore te rursus salutare iusserunt, te felicem, saluum, incolumem omnes optant. Iussisti me longum esse cum scriberem, idque feci, sedulo forsitan magis quam feliciter. Quid enim aliud faciam, λαλεῖν ἄριστος, ἀδυνατώτατος λέγειν; Vale, charissime Erasme, meum sydus, meum decus. Basileae ex pistrino meo. Anno domini. .M.D.XVI. ad nonas septembres.

[439]464. FROM BRUNO AMORBACH.

Deventer MS. 91, f. 117 (α). Basle.
Basle MS.: Amorbachiana (β). 5 September 1516.
LB. App. 77.

[There are two manuscripts of this letter, one in the Deventer letter-book, the other an autograph rough draft in an unclassified bundle of papers belonging to the Amorbach family, which came into the Basle University Library from the Church Archives of the town. For the principles of precedence between α and β see Ep. 375 introd.
The letter evidently marks the completion of Jerome.]

SALVE, doctissime Erasme. Aufugi tandem e misero illo Trophonii antro, quod tamen ita miseris me affecit modis vt vixdum frontem exporrigere possim. Quid, inquies, nunc agis, postquam in pristinam te vindicasti libertatem? Ego longo postliminio studiis meis restitutus totum me literis deuoui, maxime autem in tuis doctissimis

463. 72. quapropter peto *restitui*: quapp peto C^1: qua perpeto C^2: quare peto *F*. 73. Rhetus C^2: Rhenis C^1. 75. salutari *H*.

463. 69. pugnae memini] In the opening lines of the poem:

Candide pars ingens nostrorum Osualde laborum,
Seu qualem Alcides Pirithousue petat,
Surgit Amasonio pharetrata caterua flagello,
Et mihi Centauri bella cruenta parant.
Huc ades, o Theseu: tua ope est opus: accipe tela,
Tela cataphractis obiicienda malis.

horologii] A sundial, described as follows in the poem:

Ille hinc digrediens docta sciotericon vmbra
Dona dedit, dextrae munera eburna meae.
'Accipe' ait 'nostri monumentum et gluten amoris,
Accipe Phidiaca dona polita manu.
Vmbra tibi vitam notat et vaga gaudia mundi,
Circulus aethereo sydera clara polo.
Elige vtrum malis: vtinam tibi sydera cordi,
Et qui syderibus praesidet orbis herus.'

70. Ἐράσμιος] This form occurs also in Ep. 539. 11, and cf. IV. 545–9; but see Ep. 551. 16.

77. λαλεῖν] Eupol. Δῆμ. 8.

pariter et elegantissimis lucubrationibus perdius pernoxque versor, vt vel sic tecum confabuler, cuius

dextram iungere dextre
Non datur ac veras audire et reddere voces.

Ego, quandoquidem de tuo ad nos reditu plane despero, ad proximum ver Italiam petam. Feceris mihi rem omnium gratissimam, si literis tuis me Bombasio commendaueris et ceteris amicis. Ego alia via pro virili gratiam referre conabor. Dabis autem literas ad me ferendas ad mercatum Francfordiensem paschalem Francisco bibliopolae.

Admodum tibi gratulor de sacerdotio nuper adepto; faxit Deus vt id quasi gradus, breui ad altiora ascensuro. Lachnerus mittit per Franciscum ea quae deerant voluminibus Archiepiscopo missis, preterea septem opera Hieronymi; de his age tuo arbitratu. Basilius et Bonifacius fratres te salutant; vterque tuus est, vterque dextrae tuae digitus haberi cupit. Conradus noster admodum dolet se adeo tibi excidisse vt ne in alienis quidem literis salutem ascripseris. Vale, bonarum literarum Aesculapi, et me ama, cum te venerer et obseruem.

Basileae ad Nonas Septemb. M.D.XVI.

Tuus Bruno Ammorbachius.

465. From William Warham to Thomas More.

Deventer MS. 91, f. 178 v°. Otford.
LB. App. 80. 16 September ⟨1516⟩.

[The letter mentioned in Ep. 468. 3 (cf. Ep. 467), as having been already despatched.]

WILHELMVS ARCHIEPISCOPVS CANTVARIENSIS THOME MORO S.

Post integerrimam salutem, dedi litteras ad Maruffum, in quibus egi vt ille decem aut, si opus erit maiori summa, xx lib⟨ras⟩ numerari curet Louanii Erasmo nostro doctissimo, promisique illi solutionem earundem ad primum conspectum litterarum domini Erasmi de receptis. Quare precor alloquaris eundem Maruffum, intelligeque si velit id negocii perficere; in quo si difficilem se praestiterit,

464. 7. fabuler *β*. 9. ac *β*: & *α*. 11. Italiam *α*: Romam *β*. 12. et ceteris amicis *om. α*. 15. nuper *α*: tibi *β*. faxit . . . 16. ascensuro *om. α*. 16. per Franciscum *add. α*. 18. *α*: Hieroymi *β*. de . . . arbitratu *add. α*. 20. *β*: Chonradus *α*. 22. bonarum *α*: pene emortuarum *β*. 24. Basileae . . . M.D.XVI. *add. α*. 25. Bruno Ammorbachius *add. α*. 465. 6. praestiterit *MS.*: praebuerit *LB*, *perperam*.

464. 8. dextram] Cf. Verg. *Aen.* 1. 408,9.
14. Francisco] Berckman; cf. Ep. 258. 14 n.
15. sacerdotio] Cf. Ep. 436.
16. Lachnerus] Cf. Ep. 469. 9–12.
20. Conradus] Probably Brunner; cf. Ep. 331. 5 n.

mandaui ministro meo Henrico Ieskyn, latori praesentium, vti adeat dominum Anthonium de Viualdis et nomine meo hoc negocium cum eodem transigat.

Ex aedibus meis de Otford 16 die Septemb.

466. From Andrew Ammonius to Leo X.

Basle MS. ⟨Westminster.⟩
Vischer p. 24. ⟨September 1516.⟩

[An autograph by Ammonius, No. 1 in a volume of the Basle University Library labelled 'Variorum epistolae ad Erasmum'. On the back of the manuscript Ammonius has written 'Exemplum litterarum ad Pontificem'. It is therefore a copy, sent for Erasmus to see and keep, of a letter written by Ammonius to the Pope, shortly after Erasmus' departure from England (cf. Ep. 478. 14, 5), in support of Ep. 447.]

Beatissime pater, etc. Nihil mihi iam pridem occurrit propter quod tantum mihi sumendum esse existimarim vt ad istum vestre sanctitatis humanique generis apicem litteras darem. Nunc autem cur id faciam iusta audendi causa cogi mihi videor, nempe vt Erasmum, eruditionis excellentia vestre sanctitati maxime commendatum, ipse etiam, quod ab omnibus litterarum studiosis faciendum esse censeo, commendatiorem reddere coner, quo ille sereniore animo rei publice litterarie possit incumbere, et vt vestre sanctitatis eternitas talem suo numini mysten deuotissimum habeat; non quod vllis laudibus crescere magis queat, sed quod numina haud melius vlla victima coluntur quam puri ingenioque maxime Deo proximi sacerdotis laude. Huic autem mee fiducie spem fecit diuina sanctitatis vestre benignitas, quae vilium quoque personarum precibus aures faciles accommodare, et studia non indulgentia solum sed auro atque argento fouere consueuit. Quod tamen postremum Erasmus non petit, sola indulgentia eximie contentus; qua eum (tametsi rara est quam postulat) idcirco dignissimum esse iudico, quod et ipse ingenio est raro, nec aequari benificentia potest nisi que rara sit. Reuerendus D. episcopus Vigorniensis tam illius quam meas preces ante vestre sanctitatis pedes vberius exponet, etc.

465. 10. Oxford *LB*, *praue*.

---

465. 8. de Viualdis] A Genoese merchant, settled in London and living in 1522 in the parish of St. Gabriel, Fenchurch. His name occurs frequently in Brewer from 1509 onwards. He was employed largely by Wolsey, and ambassadors to all parts of Europe were provided with his letters of credit. He left England in 1535 and returned to Genoa; but the financial house he had founded in London was still flourishing in 1545.

467_{474} FROM THOMAS MORE.

Deventer MS. 91, f. 188 v°. ⟨London.⟩
LB. App. 251. ⟨c. 20 September 1516.⟩

[Clearly contemporary with Epp. 461, 465, and 468. Dr. Reich and Mr. Nichols agree in placing this after Ep. 468; but as the tense used about the despatch of the bill, together with Ep. 465, is the same in both cases (*misi*; l. 6 and Ep. 468. 2), there is no reason for deciding that one of these two letters accompanied them rather than the other: for the addition of *nuper* here in l. 7 does not affect the position. It seems to me easier to suppose that More sent off Ep. 465 and the bill as soon as they arrived, c. 17 Sept., perhaps without any accompanying letter; and that both this letter and Ep. 468 were written shortly afterwards, this being the earlier and accompanying the letter mentioned in Ep. 468. 6, 7. Certainly it might be expected that a letter written from Calais c. 27 August (l. 1 n.) would reach London before rather than after 22 Sept.]

MORVS ERASMO S. P. D.

Accepi litteras abs te scriptas Caleti, quibus te (quod gaudeo) commoda nauigatione vsum intelligo. Praepositus Caseletanus rettulit mihi te, priusquam ille domo profectus est (nam nunc apud nos fungitur legatione), Bruxellas incolumem peruenisse. Maruffus nuper occurrit mihi, clamans nescio quo errore suo incommodo pecuniam tuam esse solutam. Ego praeterea misi ad te aliam syngrapham eius nuper xx li⟨brarum⟩ nostratium ab Archiepiscopo; in qua expungenda spero te eadem fortuna vsurum, si properes priusquam contra admoneat suos; nam hoc videtur omnino facturus. Is qui has perfert litteras, xx li⟨bras⟩ quas apud me deposuisti, persoluet Aegidio, videlicet xxx vestrates li⟨bras⟩ pro xx nostratibus.

Nuper egi apud Vrsuicum de equo tuo. Dicit se breui curaturum vt habeas, sed adhuc non esse sibi qualem velit ad te mittere. Misi ad te iam pridem Nusquamam, quam ego gestio et breui prodire et bene ornatam etiam egregia et magnifica laude, eaque si fieri posset a pluribus non litteratis modo, sed etiam his qui sint ab administranda republica celebrati; maxime propter vnum (quem etiam tacito nomine subire tamen tibi puto) qui nescio quo affectu (nam hoc tu diuina) dolet editam ante annorum eneada decursam. Haec tu curabis vt putabis ex vsu esse meo. Caeterum gestio scire an Tunstallo ostenderis aut saltem (quod fecisse puto) depinxeris; quod

1. litteras] Probably of about the same date as Ep. 457.

2. Caseletanus] Theimseke; see Ep. 412. 52 n. He had at first proposed to start for England on 28 Aug.; but on 31 Aug. he was still in Brussels; cf. Brewer ii. 2303 and 2322.

5. pecuniam] Cf. Epp. 388, 412, 424.

10. deposuisti] Cf. Epp. 461. 18. 468. 9, 481. 5, 6, and 499. 6.

15. ornatam] This wish was amply gratified; for the first edition of the *Utopia* contains letters or verses of eulogy from five literary friends, one of whom, Jerome Busleiden, was also a statesman.

17. vnum] Can Colet be intended?

19. eneada] Cf. Hor. *A. P.* 388.

malo. Nam sic ei bis placebit, et quod te referente res apparebit elegantior quam scribente me, et quod eum legendi labore leuaueris. Vale.

468₄₇₄ FROM THOMAS MORE.

Deventer MS. 91, f. 178. London.
LB. App. 52. ⟨22 September 1516.⟩

[From comparison with Epp. 465, 467, 481, there can be no hesitation in accepting Dr. Reich's correction of the date.]

THOMAS MORVS ERASMO S. P. D.

ERASME charissime, salue. Dominus archiepiscopus Cantuariensis curauit ad te mittendas 20 libras nostrates. Misi ergo ad te Maruffi syngrapham et simul Archiepiscopi litteras ad me, vt possis intelligere et illum esse pecuniae suae liberalem et me nequaquam malignum dispensatorem alienae; praeterea vt festines Episcopum facere acceptae pecuniae certiorem, vti sit Maruffo causa repetendi. Scripsi cuidam nostrati qui meam pecuniam nundinis istis recipiet, vt soluat Aegidio libras 30 Flandricas, quibus ille tuo nomine fateatur dissolutas illas xx libras nostrates, quas tu nuper apud me deposuisti.

Litteras tuas misi Lathimero et meas item de re Roffensis Episcopi; verum adhuc ab illo nihil accepi, sed nec ab Episcopo quidem. At Coletus iam graecatur strennue, vsus in ea re precaria opera Clementis mei; credo fore vt pergat et peruadat nauiter, maxime si tu ab Louanio vsque stimules; quanquam fortasse satius erit eum impetui suo permittere. Solet, vt scis, disputandi gratia repugnare suadentibus, etiam si id suadeant in quod ille sua sponte maxime propendeat. Adii Vrsuicum; is se memorem dicit equi esse tui breuique effecturum vt habeas; quod quum faciet, ego efficiam vt cognoscas, ne supposititio possis falli.

Raptim Londini postridie Mathaei apostoli.

⁴⁶²469. FROM WILLIAM NESEN.

Deventer MS. 91, f. 148. Frankfort.
LB. App. 106. ⟨September 1516.⟩

[This letter was written by Nesen after receiving Ep. 462 at Frankfort, whither he had accompanied Lachner (cf. l. 17 n.) for the fair. I conjecture that on returning to Basle he learnt of Erasmus' proposal—of which at this

467. 23. quam *LB*: quod *MS*. 468. 13. mei *LB*: me *MS*. 20. Mathaei *Reich*: Mathiae *MS*.

468. 5. Episcopum] Cf. Ep. 388. 58 n.
6 Scripsi] Probably with Ep. 467.
10. Litteras] Evidently written after the visit to Rochester; cf. Epp. 481. 16 seq. and 520. 12-5.
12. Coletus] Cf. Ep. 471. 27.
Clementis] Cf. Ep. 388. 173 n.
15. repugnare] For a somewhat similar feature in Colet's character see Ep. 270. 29 seq.

time he is clearly ignorant (ll. 13-6); probably made in a letter to Froben sent with a revised draft of the *De Copia* (l. 13)—to include Ep. 462 in the new edition: and that in his delight he at once wrote, as he had promised (l. 28), a new letter, Ep. 473, which alludes to Ep. 462 and repeats some portions of this letter.

This arrangement seems to me more satisfactory than that adopted by Mr. Nichols, who considers Ep. 473 to be answered by Ep. 462, and attributes the first paragraph of this letter to a promised dedication of the *De Copia*. Dr. Reich dates Ep. 473 with Ep. 490; but its close resemblance to this letter makes so long an interval undesirable.]

DOMINO ERASMO NESENVS S. D.

DOLEO, et quidem maxime, immortalitatem, quam tu vir vnus potuisses praestare, praereptam mihi a nebulone quopiam insigni; eam enim pluris feci quam decem Tagos, Pactolos et quicquid hic mundus impostor admiratur. Moria nondum est excusa. Obstiterunt nebulones milites, qui te decedente in Lotoringiam irruperunt, quo minus chartas Frobenius recipere potuit bonas. Iam tamen sub incude est: negligentiam etiam maiore diligentia resartiemus. Nihil Francfordiae erat noui praeter Celium quempiam, qui ad imitationem Plinii, si diis placet, historiam scripsit omnimodam. Lachnerus dono tibi mittit septem integra opera Hieronymi et vnum opus cum Francisco, ex quo resarties quicquid priori Hieronymo quem tecum deportabas defuit, sic vt octo habere possis.

Copiam nondum vidi (non enim Basileae sed Franchfordiae tuas litteras recepi) quam tu scribis esse meam; quomodo mea, mi

5. Latoringiam *MS.* 6. charta *MS.*: *corr. LB.* 7. rasartiemus *MS.* 9. Plimii *MS.* 11. priore *MS.*: *corr. LB.*

---

1. immortalitatem] Evidently in the dedication of Gaza; cf. ll. 22, 3 infra. The repetition of this remark there may be attributed to haste; cf. l. 30.

4. Moria] Cf. Ep. 419. 15 n.

5. nebulones milites] Cf. Ep. 412. 5, 6.

6. chartas] SE. 81, written in 1513, mentions the cheapness of paper at Basle.

8. Celium] Lud. Caelius Richerius (c. 1450-1525) of Rovigo, between Ferrara and Padua. After many years of precarious teaching he had been appointed by Francis I in 1515 to Chalcondylas' chair at Milan (cf. Ep. 428. 34 n.); but this he only enjoyed while French influence prevailed in Italy. He did not enjoy a high estimation among his contemporaries; cf. Ep. 556 and Lond. xx. 53, 54, LB. 742, 750; but see also MRE.[2] 567, 568, 570. The book here intended is his *Antiquae Lectiones*, Venice, Ald., Feb. 1516, a miscellany of notes on passages of the classics or on general topics, gathered without arrangement into sixteen books; each book having a separate dedication (cf. Ep. 556. 32). The notes appended in his name to later editions of some classical authors are perhaps drawn from these.

For this work Erasmus accuses him of having borrowed extensively from the *Adagia* without acknowledgement (cf. *Adagia*, ed. Nov. 1517-18, p. 15, and the addition made to *Adag.* 1045 in ed. Jan. 1523); and this is substantiated by O. Crusius in course of showing (*Philologus*, N. F. 1, 1888, pp. 434-48) that Caelius composed the Pseudo-Apuleius *de Orthographia*. In a further addition (*Adag.* ed. Feb. 1526, p. 16) after Caelius' death, Erasmus speaks more kindly of him.

Crusius mentions a biography by G. Oliva, Rovigo, 1868.

9. Lachnerus] Cf. Ep. 464. 16-8.

11. Francisco] Berckman; cf. Ep. 258. 14 n.

14. scribis] Cf. Ep. 462. 4.

Erasme, quae me, hominem in litteris sortis extremae, nulla epistola in fronte affixa agnoscit? Curabo tamen vt et emendate et quam ocyssime excudatur. Lachnerus mirum in modum te orat, si quid concinnaueris noui aut si quid denuo tibi sit relambendum, vt hoc illi exhibere velles, relaturus gratiam aliqua ex parte. Nemo enim gratiam tibi referre potest abunde; cui natura quicquid potuit vni tribuit, ostendens se esse minime sterilem et effoetam sed se posse veteribus parem producere. Theodorum asscriptum alteri nebuloni doleo maxime; quem sperabam ad nos redire Neseno nescio quam candido, certe non omnino maligno, inscriptum. Sed meum Erasmum mihi in alia re gratificaturum spero.

Vale, optime Erasme, et vide vt olim candor tui ingenii me quoque complectatur. Ignosce inscitiae; scripsi hec in diuersorio Franchfordiae. Scribam de omnibus rebus ex Basilaea copiosius. Omnes te tuumque ingenium vnice admirantur. Anglum meum meis verbis saluta; cui scripsissem, si tempus non defuisset.

470. To ⟨Jerome⟩ Busleiden.

Deventer MS. 91, f. 170 v°. Antwerp.
LB. App. 81. 28 September ⟨1516⟩.

[1516, because of the summons to Brussels.]

ERASMVS BVSLIDIANO SVO S. D.

Vel ipsa pecuniarum inopia me cogit equos vendere. Exhausi loculos omnes, dum vestior et armor aduersus hyemem aduentantem. Non libet equitare nudo, et nondum est meum simul et vestiri et ἱπποτροφεῖν. Habeo licitatores, sed hyems instans facit vt minoris liceantur. Tibi equos nec obtrudere cupio nec praedicare. Verum si commodum arbitraris, vel ambos vel alterum tolle, ex vsu precium estimaturus ipse aut etiam non aestimaturus; sin minus, quanti possum extrudam, ne me deuorent.

Cancellarius me iussit adesse Bruxellae. Quid rei sit nescio. Si denuo accerset, aduolabo; sin minus, hic sarcinis compositis totus Bruxellam commigrabo intra sex dies. Nam hoc consilii mihi magis ac magis arridet. Scribo λακωνικῶς, quod ante biduum scripserim. Bene vale, ornatissime Buslidi.

Antwerpiae pridie Michahel.

469. 15. quae *scripsi*: q *MS.* *inclusit LB.* 27. *Post* inscitiae *amanuensis* meae *deleuit*:

469. 16. emendate] Cf. Ep. 462. 7.
17. Lachnerus] This proposal is repeated in Ep. 473. 30 seq. in Froben's name.
22. Theodorum] Cf. Ep. 428.
29. Anglum] John Smith; cf. Ep. 460. 17.
470. 1. equos] Cf. Ep. 477. 28–30.
7. estimaturus] Cf. Ep. 439. 8 n.
9. Cancellarius] Le Sauvage; see p. 240. For his business with Erasmus see Ep. 475. 1–8.

[418]471. To John Reuchlin.

Illustrium virorum epistolae f°. t (*a*). Antwerp.
RE. 226. 29 September ⟨1516⟩.

[For the source see Ep. 300 introd. At the end of the letter occurs the following passage, without authorship assigned:

Amici sunt Reuchlino in Anglia doctissimi:
M. Guilielmus Grocinus, theologus.
Thomas Linacrus, medicus regius.
Cutbertus Dunstanus, iureconsultus, Archiepiscopi Cantuariensis cancellarius.
Guilielmus Latamerus, theologus.
Iohannes Coletus, decanus S. Pauli Londini.
Thomas Morus Londoniensis, iudex et aduocatus disertissimus.
Andreas Ammonius secretarius Lucensis, doctissimus.
Omnes sciunt Graece excepto Coleto.]

ERASMVS CAPNIONI.

Cvm has literas parassem ad primam *γραμματοφόρου* copiam, redditae sunt Antuerpiae tuae literae, sed mense Iunio scriptae, quas ego ad finem Septembris accepi. Ad has vt paucissimis respondeam, erat quidem mei officii, doctissime Reuchline, literis tibi gratias agere pro codice, hoc est deliciis tuis nobis commodato missis; sed Frobennius in causa fuit, qui me non admonito librum remiserat. Naenias meas tuo, hoc est doctissimi optimique viri, calculo comprobari vehementer gaudeo. Caeterum quod tua prae meis contemnis, age ne nimis amice et modeste plus satis. Et infoelicitatem tuam deploras? qui foelicissimo illo seculo videris Italiam, florente Agricola, Politiano, Hermolao, Pico; cui tam varia tanque recondita contigerit eruditio, qui tot summatibus viris notus ac familiaris fueris, qui nunc quoque optimis ac doctissimis quibusque sic charus sis et adamatus vt, si pater esses, omnibus intimius charus esse non possis. Adorat te propemodum Episcopus Roffensis. Ioanni Coleto sacrum est tuum nomen. Quod ni minister perdidisset epistolam tuam, haberet eam, vt aiebat, inter sacras reliquias. Nuper inuisi monasterium peruetustum Cartusiensium apud Sanctum Odomarum Artesiae oppidum. Eius loci Prior e tuis libris mire literas Hebraicas assecutus est nullo praeceptore, tibi vero sic deditus vt nomen etiam ipsum veneretur. Erat forte

2. Iunio *coni. Geiger*: Iulio *a*. *Cf. Ep.* 418 *prooem.*

1. *γραμματοφόρου*] The bearer of this letter was a Dr. of Divinity, who is mentioned, but not named, in RE. 231,2. The latter of these should be dated early in 1517, as it mentions the receipt of Ep. 402 'vix ante annum'.

10. Agricola] Geiger points out that Reuchlin cannot have met Agricola in Italy.

17. Nuper] Probably in June.

17. monasterium] A Carthusian house founded in 1298 in the valley of St. Aldegonde at Longuenesse, about a mile SW. of St. Omer; see J. Derheims, *Ville de St. Omer*, p. 597. Its Prior at this time was John Quonus. A letter from him in praise of Reuchlin to Jas. Faber ⟨Stapulensis⟩, dated 24 July ⟨? 1514; RE. p. 223 n. 2⟩, is printed on the next leaf of the *Illust. vir. epist.* See also RE. p. 80 n. 2.

apud me quaedam epistola tua; quam vbi sensit tua scriptam manu, obnixe rogauit vt apud se relinquerem, eam identidem exosculans.

Non pauci sunt, mi Reuchline, hoc in te animo. Quod tua virtute contentus negligis hominum maleuolentiam, laudo. Ipsa virtus abunde magnum sui praemium. Et si parum agnoscit haec aetas, agnoscet posteritas, denique agnoscet Christus, cui tui militant labores. Scribe vel paucis Coleto; is iam senex graecatur. Roffensis etiam processit foeliciter. Rursum vale, doctissime Reuchline.

Antuerpiae. III. KAL. Octob. Ex aedibus Petri Egidii, publici scribae; ad quas si quid miseris, id mihi facile reddetur.

472. FROM JODOCUS BADIUS.

Deventer MS. 91, f. 126. — Paris.
LB. App. 82. — 29 September 1516.

[The allusions to Ep. 434 are quite sufficient to confirm the manuscript date. As that letter had not yet reached Erasmus (cf. Ep. 477. 9, 10), some portions of it are repeated here.]

IO. BADIVS D. ERASMO S. D.

ACCEPI Similium opus tuum luculentum; quod licet (quae tua est modestia) per me ornatum iri optes, officinam meam cum primis sit ornaturum, nisi quod mihi damnum inferant plurimi, illis referre grauer. Quod si non intelligis, eiusmodi est. Ea de te est mortalium opinio vt, si recognitum quoduis operum tuorum a te praedices, etiamsi nihil addideris, prius impressum nihili aestiment; quam iacturam in Copia linguae Latine, in Panegyrico, in Moria, in Enchiridio (nam quingenta redemeram volumina) et in Adagiis, quorum 110 emeram, facere coactus sum. Itaque e re nostra faceres si vni vnam operam addiceres, nec prius quam illius exempla distraxerit immutes; quod in Similium opere seruasti ex parte, si priorem impressorem praemonuisti, et Theodericum ad ea imprimenda non es hortatus. Miseram te hortante bonam vim Panegyricorum tuorum Alemanniam, vbi quia impressi sunt, quid nisi noctuam Athenas? Quia tamen Copiae congruunt Similia, primo quoque praelo expedito iisdem formulis et similibus chartis excudentur.

472. 9. emeram *scripsi*: emere *MS.* 12. ea *scripsi*: eā *MS.*: id, *et mox* imprimendum *LB*, *violentius.*

471. 27. graecatur] Cf. Ep. 468. 12; which had probably reached Erasmus by this time.

472. 7. Copia] Cf. Epp. 260 introd. and 434. 6 n.

Panegyrico] Ep. 179.

Moria] Ep. 222.

11. impressorem] Schürer.

12. Theodericum] Th. Martens.

14. impressi sunt] By Froben in April 1516; see Ep. 179 introd.

16. iisdem] Badius' edition of the *Parabolae* is in 8vo; but the *Copia* he had printed in 4to.

Disquiro iampridem locum in fronte libri non vulgaris, cui, quanti sapientem istam eloquentiam faciam, vt arundineto illi clamitem; nihil quidem noui facturus aut vulgate opinioni additurus, sed impacienti desyderio meo ne in rabiem vertatur offellam obiecturus. Ad quam alludere memini cum superioribus tuis late responderem, et Budaei nostri litteras accurate scriptas genero Iudoci Donaret, tabellionis dominorum a secretis Gandaui agentium, ad te darem; quas receperis necne Budaeus scire percupit. Scriptae sunt postquam in Brabantiam venisti, abhinc forte dies 40. Puer hic meus referendo responso aptus fuerit.

Vale Parisii Ipso Michaelis Archan. 1516.

473. From William Nesen.

Deventer MS. 91, f. 147 v°. ⟨Basle.⟩
LB. App. 108. ⟨September fin. 1516.⟩

[For the date assigned see Ep. 469 introd.]

DOMINO ERASMO GVILIELMVS NESENVS S. D.

Etsi pleraeque res mortalium tales sint vt non statim primore aspectu vel iucundae vel amarae iudicari soleant, mihi certe ipsa ambrosia ipsumque nectar pre occasione etiam qualicunque ad te scribendi nauseam sapit; qua vtinam tam docte vti quam libenter vellem liceret, atque ita animi mei recessus facundia explicare quam infelici inopia premo. Videres nimirum Nesenum tuum, infra omnes infimos constitutum, quanti te supra omnes eximios eximie eminentem faceret. Sed malum his desidiae votis nequicquam perficitur. Quod vero mihi tuae Copiae commentarios inscribendum putasti, vix dici potest quo gaudio quibusue letitiis arcanis animum meum perfundi sentiam. Est enim egregium facinus mihique ad memoriae immortalitatem gloriosum, et quod ego haud paulo praestabilius puto quam trecentos Croesos et Crassos. Non tamen ob hoc quod quicquam tale mea meruerit simplicitas candorque, quae omnia potius mihi conciliauerunt quam mediocrem etiam dicendi supellectilem, sed quod Erasmum hominem vere diuini pectoris amicum habuisse dicor; daboque operam strenue vt Copia quam ocyssime simul et nitidissime Frobennianis typis excusa in lucem exeat. Moria

472. 21. allidere *MS.*: *corr. Nichols.* 22. Donaret *scripsi*: donaret *MS.*: donarem *LB.* 473. 9. inscribendos *LB.* 11. sentia *MS.*: *corr. LB.*

472. 20. offellam] Cf. Ep. 434. 3.
22. Budaei] Ep. 435.
Donaret] This seems clearly to be a personal name; though I am informed by M. Victor Vander Haeghen that it is not known at the Ghent archives.
25. 40] This figure is unmistakable in the MS. If it is correctly copied, Badius' memory is very much at fault.
473. 18. nitidissime] Cf. Ep. 462. 8.

tua quouis theologo prudentior iam propemodum est absoluta. Beatus Rhena⟨nus⟩ eam sub incude aliquamdiu remoratus est cum suo Gryllo a se Latinitati donato quem adiicere cupit. Schurerius Enchiridion denuo impressit.

Mirum quod pene exciderat, quam theologi theologice, id est arroganter, tuas annotationes, imo illustrationes, iudicarunt. Sed iam nunc omnis vis veteris maledicentiae emarcuit atque fumus gloriae feliciter discussus est. Non solum eloquentiam tibi, quam ipsi nunquam attigerunt, tribuunt, sed theologiam quoque, cuius verius sunt simulatores quam possessores. Vale mea vita, Erasme eloquentissime, et me vt tuum clientem amplectere. Anglum tuum meis verbis saluta.

Frobenius rogat te plurimum, si quid habeas quod vel a te castigatum vel de nouo compositum sit, vt sibi mittas; et diligenti opera et pecuniis gratiam referet.

^{467,8}474$_{481}$ To Thomas More.

Farrago p. 182. Antwerp.
F. p. 321: HN: Lond. vii. 13: LB. 218. 2 October 1516.

ERASMVS ROT. MORO SVO S. D.

Iam ad iter accincto binae simul mihi redditae sunt literae, neque puer vllus neque mercator nos visit. Maruffi syngrapham exhibui Gaspari; ea iubet dari ducatos largos iusti ponderis aut valorem—agnoscis non castrense sed mercuriale verbum. Rogaui quis esset valor. Respondit stuferos 37 cum dimidiato. 'At mihi' inquam 'valor nihil aliud significare potest quam publicam Principis aestimationem.' 'At nos' inquit 'hunc habemus morem.' 'At ista' inquam 'ratione nos fallimur, qui vestrum morem diuinare non possumus ex

473. 21. Latinitati *MS.*: *cf. Ep.* 291. 39, *vbi perperam mutaui.* 26. nuquam *MS.* 474. 4. agnoscis . . . verbum *add. F.* 5. stuferos *F*: Floreñ. *E.*

473. 21. Gryllo] Cf. Ep. 328. 49 n.

Latinitati] The dative, though not so common as the ablative, is regularly found; e.g. in a letter of Boniface Amerbach (Basle MS. D. IV. 18. 336 v°), 'Luciani dialogis a me Latine colonie donatis.'

22. Enchiridion] The edition of June 1516; see Ep. 93 introd.

30. Frobenius] Cf. Ep. 469. 17 n.

474. 1. binae] Epp. 467,8.

2. mercator] Cf. l. 19 n.

3. Gaspari] Possibly Halmal, of Ep. 570 2; who was an intimate friend of Gilles. Though not himself a money-changer, he might as an official be competent to advise on such a question.

5. stuferos] The reading of E must have arisen out of a confusion between the abbreviations ſt. and fl. Erasmus' calculation in l. 10, if not merely a hasty exaggeration, implies that he was expecting to exchange his ducats for $40\frac{5}{6}$ stufers each; a rate which may well have been above the market price: for in an ordinance of Charles v dated 15 Aug. 1521, when prices had somewhat advanced, the ducat was fixed at 40 stufers; the florin having risen to 21 (instead of as at this time 20), and the noble remaining at 60. See L. Deschamps de Pas, *Histoire monétaire des comtes de Flandre de la maison d'Autriche*, in *Revue belge de numismatique*, 1876, p. 82.

syngrapha'. Recepi syngrapham meam. Admonebis igitur hominem non esse mihi consilii quindecim florenos perdere in sexaginta nobilibus. Rogabis Archiepiscopum vt pecuniam tibi tradat; tu collocabis apud Germanos Sterlingenses, et scriptum huc mittes quo hic recipiam: nisi erit per quem huc mittas rectius. Exhausi loculos omneis dum me vestio. Crede mihi, mi More, effudi supra quadringentos florenos. Iam periculum est ne bene vestitus fame moriar. Si Tunstallus hic hyemat, illi me adiungam; nam id impensissime cupit. Stolidissimus ille N. egregias tragoedias mihi excitauit Louanii, etiam post iunctas dextras; de quo breui scribam copiosius.

Adiit, haec cum scriberem, Petrum Aegidium hospes Anglorum, offerens precia librorum; caeterum de nostra pecunia nullum verbum. De Vrseuuico fac instes. Hieronymus intra biduum aderit cum ingenti sarcina literarum ad me. Vbi accepero, faciam te certiorem, si quid erit quod te scire oporteat. De insula deque caeteris curabuntur omnia. Haec scripsi inter componendum sarcinas, mox equum conscensurus. Bene vale, charissime More, cum tuis omnibus.

Antuuerpiae. Postridie Cal. Octobr. ANNO M.D.XVI.

Curaui vt Cantuariensis, Coletus, Roffensis, Vrseuuicus et tu, si vis, inter primos accipiatis Hieronymi volumina. Rursum vale.

P. Aegidius plane te deamat. Nobiscum assidue viuis. Mire fauet tuae Nusquamae teque valde salutat cum tuis omnibus.

475_{478} TO ANDREW AMMONIUS.

Farrago p. 224. Brussels.
F. p. 353: HN: Lond. viii. 30: LB. 160. 6 October ⟨1516⟩.

[1516, because of the publication of Jerome.]

ERASMVS ROTERODAMVS ANDREAE AMMONIO SVO S. D.

VIN' ridere? Vbi Bruxellam reuersus Cancellarium Mecoenatem meum salutassem, ille ad consiliarios adstantes versus 'Iste' inquit

474. 9. meam *add. F.* 10. nobilibus *E*: angelatis *H.* 12. Sterlingenses *N*³: Sterlingñ *E*: Sterlingeñ. *N*². 17. Stolidissimus ... 18. copiosius *om. F.* 21. Vrseuuico *correxi, secundum formam in v.* 27 *restitutam*: Vrsauuico *E.* 22. si quid erit *add. H.* 27. Vrseuuicus *E Corrig.*: Vrsauuicus *EF.* 29. viuis *E*: viuit *F.* 30. Nusquamae *E*: Vtopiae *F.*

474. 14. vestio] Cf. Ep. 470. 1-4.

17. N.] Clearly Dorp; cf. Epp. 475, 477, 478, 483, 485, 491, 505. The excision in F of passages in this and subsequent letters reflecting on Dorp indicates an endeavour to preserve the better understanding arrived at in 1517; cf. Ep. 509 introd.

18. iunctas dextras] Cf. Ep. 438 introd.

19. hospes Anglorum] Presumably the host of an inn frequented by Englishmen attending the fair; from whom Erasmus might have expected news of the 'quidam nostras' (Ep. 468. 7) or the 'mercator' (l. 2) who was to pay him the money from More.

23. insula] The *Utopia.*

29. viuis] This form of compliment is of frequent occurrence, e.g. in Ep. 61. 4-9; but it is quite lost in the reading of F.

475. 1. Cancellarium] Io. Syluagius: E *in marg.* Cf. Ep. 470. 9.

'nondum nouit quantus sit'. Rursum ad me, 'Princeps' inquit 'conatur te episcopum facere, et iam contulerat episcopen haud aspernandam. Ea est in Sicilia: verum post cognitum est illam e reseruatarum, vt vocant, catalogo non esse. Proinde scripsit pro te summo Pontifici, vt patiatur te potiri'. His auditis non potui tenere risum: et tamen placet animus Principis erga me, vel potius Cancellarii qui re ipsa Princeps est. Vtinam oeconomia huius comoediae feliciter cedat; nam eodem ferme tempore et nos scripsimus ex Anglia et hi e Brabantia. Sitio audire quo pacto succedat negocium.

Hybernaturus sum Bruxellae. Quicquid Tunstallo miseris, mihi protinus reddetur; quod mihi cum homine perpetua sit consuetudo. Animus est a Louanio alienior. Illic mihi meo sumptu obseruiendum foret scholasticis. Obgannirent assidue iuuenes, 'Castiga hoc carmen, emenda hanc epistolam'; alius hunc autorem flagitaret, alius alium: neque quisquam est illic qui mihi vel ornamento vel subsidio possit esse. Super haec omnia audiendum esset nonnunquam quid obganniant theologi, genus omnium insuauissimum: inter quos egregius ille N. mihi propemodum tragoediam excitauit; in quo plane ἀπ' ὤτων τὸν λύκον ἔχω, οὔτε κρατεῖν δυνάμενος οὔτε ἀφεῖναι. Blanditur coram, mordet absens. Scribit epistolas plenas mellis, sed quae non parum fellis habeant admixtum; pollicetur amicum, praestat hostem. Omnem moui lapidem vt hominis ingenio mederer; nam indoli fauebam, amabam stilum, vt hic sumus, elegantem. Id quando non video procedere, certum est hominem negligere sinereque sibi, donec haec deferbeat ebrietas. Vtinam magnus ille Iuppiter vniuersum hoc hominum genus fulmine adigat in Tartara; qui cum nihil adferant quo vel meliores reddamur vel eruditiores, tamen omnibus facessunt negocium.

19. theologi *E*: pseudotheologi *F*. 20. egregius ille N. *E*: et nuper exortus est quidam qui *F*. 22. Scribit . . . 23. admixtum *om. F*. 24. Omnem . . . 27. ebrietas *om. F*. 28. fulmine adigat in Tartara *E*: recudat ac refingat *F*.

4. episcopen] Gams' lists for Sicily show more than one possible vacancy at this time; but the only see which is definitely stated to have fallen vacant is Syracuse, where one bishop died on 22 Aug. 1516 and another was nominated on 22 Sept. If this is the see for which Erasmus was proposed, the new bishop must have been nominated before the letters from Brussels reached Rome; but the promptness with which Erasmus was designated suggests that, notwithstanding the surprise evinced here and in Ep. 476, he may have received a promise of the next suitable vacancy (cf. Ep. 443. 19). Though he affects to laugh, Erasmus quite probably would have accepted the bishopric (cf. Ep. 460. 10), if he could have held it, like Barbirius, without residing. But nothing more is heard of such preferment for him after the failure of this proposal; so that he perhaps found it would not be practicable to treat a bishop's see as he had treated Aldington and Courtray.

6. reseruatarum] for Spanish provision.

10. nos scripsimus] Epp. 446, 447, etc.

20. N.] Dorp; cf. Ep. 474. 17 n.

Hieronymus Antuuerpiae prostabat, etiam cum illic essem. Ita Franciscus temperat huius comoediae scenas vt vbique suum agat negocium. Ne literas quidem meas voluit exhibere priusquam sibi prospexisset; tantum dixit e Germania ingentem esse sarcinam literarum, etiam ab Episcopo. Impartiar nugarum portionem aliquam simulatque recepero. Antuuerpiae recepi nuper quae tu Basileam miseras, a Paceo, sicut opinor, allata; et tamen ipse ne verbum quidem. Bene vale, Ammoni doctissime.

Bruxellae. pridiae Nonas Octobres. [Anno M.D.XIIII.]

476. To Peter Gilles.

Auctarium p. 57. Brussels.
D[2]. p. 58: F. p. 113: HN: Lond. ii. 27: LB. 219. 6 October 1516.

[Contemporary with Ep. 475.]

DES. ERASMVS ROTERODAMVS PETRO AEGIDIO SVO S. D.

Nactvs sum hic cubiculum, quod in tanta hominum frequentia perdifficile est, sed perquam angustum; vicinum tamen aulae, et, quo mihi magis commendatur, vicinum Tunstallo. Proinde fac, vt primum licebit, libros meos huc transmittas seu naui seu vehiculo, simulque per alium quenpiam scribito cui commiseris et quo iusseris deportari. Pompilius, vt video, artificem agit, morem videlicet antiquum obtinens; quo fero moderatius. Aliquando fortassis vsu veniet vt par pari referam.

Vis audire quod rideas? Quod aliis diu multumque sudantibus saepe non contingit, id mihi pene obtigit dormienti; Rex Catholicus me propemodum episcopum fecerat. Vbi? inquies. Non apud extremos Indos, vnde tamen aurum attrahit noster Barbirius, praefectus iis quos nunquam visurus est, verum apud Siculos, Graeculos olim et nunc quoque dicaces ac festiuos; sed feliciter erratum est et ex animi mei sententia. Postea compertum est eius honoris collationem ad summum Pontificem pertinere: mox Rex literis a Pontifice flagitauit vt sui respectu sineret eam collationem valere. Haec Bruxellis aguntur, dum nos Antuerpiae ociosi nugamur in literis: atque id erat cuius

475. 39. Anno M.D.XIIII *add. H.* 476. 6. *F*: Pompilium *D.* 7. veniet *F*: venit *D.*

475. 32. Franciscus] Berckman; cf. Ep. 258. 14 n.

35. Episcopo] Christopher of Utenheim.

36. quae tu Basileam] Cf. p. 114.

37. a Paceo] Sent, not brought, by Pace; who was at Zurich at this time.

476. 6. Pompilius] Probably a false name substituted in printing; cf. Ep. 545. 15 n. Possibly Berckman is intended; cf. Ep. 475. 32.

12. Indos] Barbirius (p. 283) held some preferment in the Indies, perhaps in the see of St. Domingo, which was created in 1513. Cf. Ep. 532. 28.

16. literis] Cf. Ep. 519. 6.

gratia me iusserat euocari Cancellarius; quod si suboluisset, contantius huc commigrassem. Cum aduenienti gratularentur quiqui erant conscii beneque ominarentur, ego nihil aliud quam ridere poteram, et tamen pro animo gratias egi, sed admonitis ne posthac in huiusmodi negocio susciperent inanem operam: me meum ocium cum nullo quamuis splendido episcopatu permutare. Habes somnium quod rideas; et tamen mihi non displicuit tanti Principis animus, qui fere non fauet nisi quos probos aut nouit aut certe putat.

Gaudeo, mi suauissime Petre, quod te tanta leuarim molestia: iam enim me tui tuaeque vxorculae miserescebat: nec mihi tamen hoc quicquid fuit molestiae potes imputare. Animus iste tuus amore quodam immodico officiis in me congerendis nunquam sibi satisfaciebat, vxor raro tibi, quae id cum primis habet studio. Nunc absente Erasmo fruere tua commodius. Quantulum enim est hoc quod nobis adimit locorum seiunctio? quod ipsum tamen licebit crebris sarcire literis, quas opto vt quam maxime alacres hilaresque nobis mittas; sic enim intelligam te recte valere, quod ita mihi cordi est vt nihil magis.

Huius rei pars maxima, mihi crede, tibiipsi in manu est. Plerique morbi nobis ab animo proficiscuntur, et minus offenderis studii laboribus, si ratione studia tua modereris. Bibliothecam tuam, epistolas ac schedas omneis in certos nidulos redige, neque temere nunc in hunc nunc in illum autorem rapiaris; sed vnum aliquem ex praecipuis in manus sumito, non relicturus priusquam ad calcem vsque perueneris, annotatis interim quae digna memoratu videantur. Certum aliquod vitae genus ipse tibi praescribito, quid quibus horis agere velis. Nec alia super alia congere nisi prioribus explicatis: ita diem, qui nunc pene totus intercidit, tibi reddideris longiorem. Et quoniam incusas memoriam, mea sententia profuerit, si in singulos annos fastos pares (non est res magni negocii) singulisque diebus annotes verbo si quid extiterit quod nolis obliuisci. Noui qui hac diligentia plurimum profecerint; in primis egregius ille Franciscus Buslidius, archiepiscopus Bizontinus.

Ante omnia vero te rogo etiam atque etiam vt in rebus agendis consuescas iudicio potius quam animi impetu duci. Si quid offendet, statim dispice si qua mederi possis aut si qua minui queat malum: id rectius dispicies tranquillus quam commotus. Si quid est remedii, vtere; sin minus, queso te, quid boni adfert ira aut meror, nisi quod malum tuapte culpa conduplicas? Obsecro te per amicitiam nostram,

23. negocio *add. F.* 32. tua *add. H.* 40. redigas *F.* 51. Besontinus *H.* 53. offendes *N.*

51. Buslidius] Cf. Ep. 157. 59 n.

nihil tibi sit antiquius vita et salute. Si rem tueri potes hac incolumi, tuere ; sin minus, dispendiosum compendium est rem incolumem praestare salutis aut tranquillitatis iactura. Denique si tibi ipsi parum es charus, vide ne duos eadem perdas opera. Neque enim aliter nobis videbimur incolumes nisi te incolumi ; quem ego, sic me Deus amet, potiorem mei portionem duco. Ne nimium operae sumas in rebus leuiculis. Fugax aetas et vitrea res valetudo ; non quibuslibet est impendenda. Quaedam despicienda sunt et animus ad magna erigendus. Senecam ac Platonem tibi facito familiares ; hi si crebro tecum confabulentur, animum tuum non sinent iacere. Vere magni est animi quasdam iniurias negligere, nec ad quorundam conuicia habere vel aures vel linguam. Fac aliquoties periculum quanto plus valeat obsequium et cordata blandiloquentia quam animus praeceps et impotens.

Patris optimi senectutem, ita vt facis, officiis subleua, non solum quia pater est, sed multo magis quia talis pater. Syncaeris amicis vtere, fictis abutere. Cum vxorcula sic viuito vt non tantum coitus causa te diligat, nec diligat modo verumetiam reuereatur ; ei sic fidas vt ea duntaxat communices quae vel ad rem domesticam vel ad vitae iucunditatem pertinent. Ita tuearis autoritatem erga tuos vt nihilo secius consuetudinem domesticam condiat morum comitas. De liberis educandis frustra tibi praecipiam, cum tale exemplum habeas a patre.

Vides, Petre suauissime, vt tibi consulam, ipse mihi parum consulens ; sed vt sic ineptiam, tui compellit amor. Recte vale cum tuis omnibus. Bruxellae. Anno M.D.XVI. Pridie Nonas Octobris.

477. To Peter Gilles.

Vita Erasmi p. 137 (237). Brussels.
Lond. xxx. 75 : LB. App. 388. 17 October ⟨1516⟩.

[1516 is the only year in which Erasmus and Tunstall were in Brussels together in October.]

ERASMVS ROTERODAMVS ERVDITO M. PETRO AEGIDIO AMICO INCOMPARABILI. ANTVERPIAE.

Matvra vt Hieronymus probe concinnatus huc veniat propter annotationes adscribendas. De numero et ordine voluminum Petrum consulito ; mihi satis videtur, si in sex volumina compingantur. Si

476. 68. nec *F* : & *D*. 78. *F* : secus *D*. 81. vt *add*. *F*. 477. 3. compingantur, si O^1.

477. 2. Petrum] Perhaps Meghen.

epistolas ad Basiliensem et Berum tradi⟨di⟩t Francisco, non dubito quin sint redditae. Suspicabar nos alteri commisisse. Nusquam⟨am⟩ adorno. Tu fac praefationem mittas, sed ad alium potius quam ad me, ad Buslidium potius. In caeteris fungar officio amici. Pauli sententias, si videtur, huc mitte per Franciscum, vt Badio committamus; a quo nunc binas accepi literas, et item a Budaeo prolixissimas sed amicas.

Dorpianas nugas propediem impartiam tibi. Nunquam vidi hominem inimicius amicum. Tunstallus lectis illius ad me ineptiis et ad me responso sic execratur hominem vt vix nomen ferre possit. Vide quantum profecerit. Respondi et ego vicissim illi, sed testatus me posthac non insumpturum operam in huiusmodi naeniis. Tunstallus optime de te sentit et ingenium tuum vnice amat. Nae tu homo bonae fidei es, qui non solum cum bonis ex veteri formula bene agendum existimas verum etiam cum vestiariis ac nautis. Pacisci debueras cum nauta: nunc petiit quantum libuit. Deinde ex texto Tornacensi quo vestem subduplauimus, non rediit ad nos praeter vlnas plus minus quinque, nimirum ex viginti.

Verum haec leuicula. Cocles, aut si mauult Cyclops, illotum testamentum pro loto tradidit. Si est cur te huc velis recipere, mihi sane aduentus tuus erit gratissimus. At nolebam te mea causa circumagi tuo incommodo. Nam mihi decretum est hanc perdurare hyemem: ab hac nec *στιγμὴν τοῦ χρόνου*. Si quid saeuies in Ioannem puerum tuum, in me saeuias oportet qui biduum illum remoratus sum. Equum alterum ita vendidi vt perditum putem, non venditum: rursus hunc quem donaui Abbati Bertinico, non minus arbitror periisse. Bene vale, amice incomparabilis.

4. Berum *correxi, cf. Ep.* 488. 19: Bernensem O[1], *Merula scilicet* Berū *pro* Bern̄., *i.e.* Bernen̄., *interpretante.* tradit. O[1]. 22. teſtamentum O[1]: ? vestimentum.

---

4. ad Basiliensem] Cf. Ep. 418. 19.

ad Berum] Answered by Ep. 488.

5. Nusquamam] The correction is obvious in view of Gilles' preface to Jerome Busleiden, dated 1 Nov. 1516, which stands at the beginning of the first edition of the *Utopia*. Cf. also Epp. 467. 1 and 474. 30.

7. Pauli] Perhaps the commentary of Paulus Cortesius on the Sentences, which Erasmus may have suggested to Badius to print; cf. MHE. ii. 37, dated 6 June 1516, in which Badius writes: 'conuersi sumus ad theologica imprimenda.' Froben had printed an edition in Aug. 1513; cf. BRE. 33 and 35.

9. binas] Epp. 434 and 472.

a Budaeo] Ep. 435.

11. Dorpianas] This can hardly refer to the letters, Epp. 304, 337, 347; which Gilles and Tunstall and also More (cf. Ep. 502. 6–8) must have seen before this time. The relations of Dorp and Erasmus in 1516 suggest the probability of another controversy; cf. Epp. 474. 17 n. and 487. 10.

17. formula] Cf. Cic. *Off.* 3. 15. 61; also *Fam.* 7. 12. 2 and *Top.* 17. 66.

22. Cocles] Meghen.

illotum testamentum] Mr. Nichols translates 'a soiled Testament'; but this seems hardly possible.

28. Equum] Cf. Ep. 470. 1.

30. periisse] The horse was probably one presented by Warham to the Abbot (cf. LB. App. 269); but Erasmus had perhaps expected some return present for his trouble.

Optimo parenti et suauissimae coniugi multam ex me salutem dicito.

Bruxellae pridie Natalis Lucae.

Vbi dabitur commodus γραμματοφόρος, fac habeam.

^{475}478$_{483}$ FROM ANDREW AMMONIUS.

Farrago p. 225. — Westminster.
F. p. 354: HN: Lond. viii. 31: LB. 163. — 20 October ⟨1516⟩.

ANDREAS AMMONIVS ERASMO ROTERODAMO S.

Risi equidem serio tibi isthic quoque Mecoenatem contigisse, et eum Mecoenatem qui apud istum Principem vno omnium ore aeque possit ac velit: quod nobis non nisi tua vnius causa potest placere. Περὶ τῆς ἐπισκοπῆς, vt nihil aliud ad praesens succedat, permultum sane est tantorum virorum talem erga te voluntatem perspexisse; quam tibi ex animo gratulor, spei iam solidae plenus isti tuo ingenio, doctrinae ac virtutibus fortunam diutius iniquissimam non futuram. Si Pontifex ταύτην τὴν ἐπισκοπὴν tibi dederit, magis ipsi tibi quam Principis commendationi dedisse arbitrabor. Sed vereor ne id officiat, quod non dubitabit quin Princeps hanc in te voluntatem sit constantissime seruaturus, et breui iuris eius futurum vt ad aliam episcopen te prouehat: quod ni fecerit, spero fore vt ipsemet Pontifex eum roget, vt qui te honestatum, scio, peruelit, at de alieno potius quam de suo. Scripsi ad eum et D. Vuigorniensem haud multo postquam discesseras.

Quod Bruxellae sis hyematurus, consilium probo, tum vt Louaniensium scholasticorum molestias effugias, tum vt frequens in aulica ista luce conspiceris tuosque tui coram submoneas et suspirantis fortunae flatum concipias: poteris et tibi et patriae esse vtilis, si propius vestrum Iouem accedere non grauaberis. Non longus erit labor, et aliquid ferendum et studiis nonnihil detrahendum esse censeo, vt reliquae vitae commodis et dignitati consulas. Habes aulicam sententiam.

Lupum istum si dimiseris, quod citra vllum periculum meo iudicio facere potes, Euripideus omnino exitus eum manet: quaeritat hanc famam, vt dicatur cum Erasmo contendisse. Sed tu ab ea scabie vngues abstineto, quam hoc magis foueris quo magis scalpseris. Βάλλε τουτονὶ τὸν λύκον ἐς κόρακας ἢ πρὸς τοὺς κύνας.

De tuo Hieronymo gaudeo isthuc esse allatum; breui enim ad nos transuectum iri scio. Proinde fac vt ne paginam quidem ad me mit-

14. D. *E*: episcopum *H*. 17. *F. Corrig.*: aula *E*. 18. conspiciaris *F*. 24. quaerit *H*.

478. 14. Scripsi] Ep. 466.
24. Euripideus] Euripides was torn to pieces by the dogs of his patron, Archelaus of Macedonia.

tas. Nihil propero; siquidem haud tantum ocii mihi est ,vt vel Ciceronem bis vno mense legere queam.

Vis noui aliquid? Aduenit huc Cardinalis Sedunensis ille Heluetius; quem sum allocutus, et videtur mihi homo ingeniosus, impiger, acer, facundus, strennuus et admodum theologus. Morus tuus bellissime habet. Tonstallo diligenter me commendabis, cui gaudeo te esse tam familiarem. Beatus mihi viderer, si vestris collocutionibus liceret interesse. Cura, mi Erasme, vt valeas.

Ex Vuestmoñ. XIII. Cal. Nouemb. [Anno M.D.XIIII.]

479_{483} From Andrew Ammonius.

Paris MS. Nouv. acq. lat. 1520. 3.

London.
22 October ⟨1516⟩.

[An autograph in the Bibliothèque Nationale, acquired, as M. Omont kindly informs me, in May 1882. It evidently belonged at one time to the Basle University Library and formed part of the series of documents about Erasmus' dispensation from the Pope which is still preserved there and which now commences with Epp. 466 and 498. For like the latter it is endorsed 'Manus Andreae Ammonii' by Erasmus' own hand; and also a copy of it is found in a collection of letters still in the Basle Library (G². II. 67), which are all written by one xviii^c hand, and are for the most part copies of just these same letters about the dispensation and of others of which the originals are still kept together at Basle.

It is well known that in Dec. 1841 a number of autographs were exchanged out of the Basle Library for others which it was desired to acquire. The same collection of copies, G.² II. 67, includes two letters of which the autographs are now in the collection bequeathed by M. Labouchère (cf. Ep. 537 introd.) to the Departmental Library at Nantes, and one of which I have not yet been able to trace the original. The Labouchère collection also possesses Boniface Amerbach's autograph of the *Sententia Arbitrorum* (LB. App. 346 fin.), which was purchased at the Succi sale in May 1869; and of which a copy (by Buxtorf) is preserved at Basle. It therefore seems clear that these four letters copied in G.² II. 67 and the *Sententia* passed out of the Basle Library with the others in 1841.

Before parting with the autographs the Regents responsible for the exchange had them copied, inadequately, by Buxtorf, who was then Librarian. The fact that two out of these four letters in G.² II. 67 were not recopied (that any were recopied was perhaps an oversight, for the collection is large) in 1841 'ex decreto Regentium', suggests that the collection was then known to the authorities of the Library; by 1876, when Vischer printed his *Erasmiana*, its existence must have been forgotten, since he omits to print this letter, which is of interest and importance in the series he discusses. It was first printed by E. G. Ledos in the *Revue des Bibliothèques*, 1897, p. 169, from the original.]

AND. AMMONIVS ERASMO SVO S. P. D.

Obsignatis alteris ad te literis nuncius ab Vrbe superuenit cum literis D. Vigorniensis, qui te plurimum salutat seque tibi commendat

478. 38. XIII *om. N.* Anno M.D.XIIII *add. H.*

---

478. 32. Sedunensis] See Ep. 447. 596 n. On this embassy, which was for the purpose of obtaining money for the Emperor, the Cardinal was in London from 15 Oct. to 8 Nov. 1516; see Brewer ii. 2449, 2543, and pp. cvii–cix.

38. XIII] For a similar aberration in N cf. Ep. 225. 10 n.

479. 1. nuncius] bearing letters from Rome dated 27 Sept. For two

aitque Romae te reuixisse; nam pro defuncto defletus pridem fueras. De tuo autem negocio scribit Pontificem tuas ac mea⟨s⟩ literas libenter legisse precesque audisse; produxisse tamen rem ad suum reditum. Animi enim causa plus lx mil. pas. ab Vrbe aberat, rediturus autem ad iii Cal. Nouembres ferebatur.

D. Vigorniensis omnia se impetraturum confidit, caeterum offa aliqua Datarium esse placandum, ne nimium relatret; quam vero ob rem non significat. Sed scripsi ei vt de sumptibus nihil laboraret, me hic statim resoluturum quicquid illic impenderit. Quare non est quod moram aliquam vereare; circiter Nouembris exitum aut paulo post voti compotem te expecta et vale.

Londini. xi Cal. Nouembr.

Doctissimo ac facundissimo Theologo D. Erasmo Roterodamo.

$^{435}480_{493}$ To William Budaeus.

Epistole elegantes f°. c^4 v°. Brussels.
C^2. p. 40: F. p. 13: HN: Lond. i. 10: LB. 221. 28 October 1516.

[The month-dates of this and Ep. 493 which answers it are at fault somewhere. The correction suggested by Dr. Reich is the easiest, that Budaeus in calculating his date made the not infrequent slip of writing the month present instead of the month to follow. The precise date in Oct. 1516 at which B was published is not known; but Dr. Reich is probably right in arguing that Budaeus, who comments on a misprint in it (Ep. 493. 45-9), would hardly have seen the book by 27 Oct.

A similar correction cannot be made here instead, as the order of the letters would then be inverted.]

ERASMVS BVDAEO SVO S. D.

Mirvm in modum delectatus sum proximis tuis literis, eruditissime Budaee; erant enim non solum eruditae, quod quidem vt tibi perpetuum est, ita mihi iam nouum esse non potest, verumetiam gratiis, leporibus, salibus sic vndique scatentes, vt nemo sit tam ἀγέλαστος quin his legendis hilarescat. Adest hic Cutbertus Tunstallus, apud Anglos scriniis praefectus, sui regis nomine apud Carolum Principem nostrum orator, vir praeter vtramque literaturam, qua neminem suorum non superat, iudicio excusso ac naris emunctissimae, tum modestia quadam inaudita, postremo moribus festiuis ac citra grauitatis detrimentum amoenis. Huic (quo me beatum duco) ὁμοτράπεζός

---

of these see Brewer ii. 2394,5: the former from Gigli (see Ep. 521 introd.), the latter to Ammonius from Gigli's secretary, announcing that the Pope was at Viterbo and intending to stay there till All Saints'.

479. 3. pro defuncto] Such a rumour at this time is not known to me from any other source; for a previous occasion see Ep. 270 introd.

4. tuas ac meas] Epp. 446, 447, and 466.

6. reditum] Cf. l. 1 n.

9. Datarium] Silvio Passerini († 20 Apr. 1529), a native of Cortona, created Datary by Leo x; Cardinal 1517, Legate in Umbria, Bp. of Cortona 1521, Bp. of Barcelona 1525.

εἰμι. Itaque crebro tuis literis bellariorum vice reficimur. Nam dici vix potest quantopere vir is suspiciat eruditionem tuam, quam alioqui nemo non admiratur nisi qui non intelligit. Nam sancte deierat neminem omnium τῶν νεωτερικῶν argutius aut elegantius scripsisse Graece quam Budaeum: at idem non negat tibi Romanum sermonem non solum esse purissimum castissimumque verumetiam vberem ac locupletem.

Caeterum vt paucis iam ad tuas respondeam literas, primum molestis quibusdam οἴκου τε καὶ αὐλῆς negociolis odiose distentus, deinde ἀρρώστως ἔχων ob pituitam, nae tu familiariter et amice facis quod me ob neglectius scriptam epistolam sic μαστιγοῖς. At vide quantum profecerim; πολυγράφος ὢν male scribere didici. Quanto tu consultius qui recte scribendo καὶ τὴν ταχυγραφίαν es assecutus! Quanquam est quo crimen hoc partim eleuare queam, partim in te retorquere, hoc est ἀντικατηγορεῖν. Primum enim vide ne parum ciuile sit ab homine magnis voluminibus describendis occupato, ad haec cui nonnunquam vno die viginti sint scribendae epistolae, literas accurate scriptas velut ab ocioso flagitare. Quod si laborem iterum mea describere, prorsus impar sim oneri ferendo; sin id muneris aliis delegem, vix quinque ministri suffecerint. Atqui vxor illa mea in quam tu salsissime ludis, vix vnicum ali sinit; adeo domi regnat imperiosa, domina verius quam vxor. Iam quantopere te torserit scheda vt vocas nostra, nescio. Illud scio, tuam illam puram putam epistolam tantum negocii nobis exhibuisse, vt mihi fuerit hisce digitis denuo perscribenda, quo posset primum a nobis, deinde ab eruditis amicis legi; siquidem antea vix a me ipso, a caeteris omnino non legebatur: non tam ob id quod indiligenter scripsisses, sed quod tuo more. Quanquam huic incommodo sic facile medeberis, si curaris vt frequentes huc tuae commeent literae; sic enim tua manus nobis reddetur familiarior.

Quod λεπτολογήματα vertis in συγγραμμάτια, equidem protinus agnoui risique Aristophanicam illam ἐπανορθώσεως στροφήν, Οὐ κέκλοφας ἀλλ' ἥρπακας. De lucubrationibus nostris amo te qui mecum sentias, tantum abest vt sim reclamaturus: verum quod tu de Copia sentis, Luciani dialogis et Catunculo restituto, id ipse de caeteris item omnibus sentiendum puto. Nam vt est maiusculum Adagiorum volumen, ita argumento quid esse potest humilius? Et tamen ita mihi videor in eo versatus vt superiores omneis vicerim, quorum sane extent monumenta. Tum quae functio potest esse in sacris literis humilior quam ea quam nos in Nouo suscepimus Testamento?

30. delegem C^2: delegere C^1. 34. putam *add.* C^2.

42. Aristophanicam] *Pl.* 372.

Minoribus vigiliis constaturum erat nobis longe splendidius argumentum. At quid facias si his minutis sum natus? Neque enim (vt mihi quidem videtur) tam reprehendi mereor qui argumenta huiusmodi suscipiam, quam laudari quod iuxta praeceptum Horatianum expendens,

quid ferre recusent,
Quid valeant humeri,

abstineam ab his quae sustinere non queam. Tibi fortassis debetur venia, qui studio quodam immodico mei cecutiens me posse credis quod non possum: mihi laus etiam, qui meipsum meo metiens pede mecum habitem et norim quam sit mihi curta supellex.

Iam periculum quod ostendis ne nomen meum tot libellis obsolescat, id vero ne tantulum quidem me commouet. Quicquid hoc est famae verius quam gloriae quod mihi meae peperere lucubrationes, aequissimo animo lubensque posuerim, si liceat. Alios alia delectant studia, et aliis in rebus alii valent; nec omnium idem est genius. Mihi cordi est in huiusmodi friuolis philosophari; in quibus et minus video nugacitatis et aliquanto plus fructus quam in magnificis illis, vt ipsis videtur, argumentis. Denique qui vnum hoc spectat, non vt sese ostentet sed vt prosit, huic non perinde refert in quam splendidis versetur atque in quam vtilibus. Non refugiam etiam illo contemptissimo Catunculo contemptiora, modo sensero ad prouehenda bona studia conducere. Non scribuntur haec Persiis ac Leliis, pueris et crassulis scribuntur. Et vide, doctissime Budaee, quam verum est illud Flacci nostri,

Treis mihi conuiuae prope dissentire videntur,
Poscentes vario multum diuersa palato.

Copiam quam nos contemnimus (nam hic sane *ὁμόψηφοι* sumus) complures *οὐ τῶν τυχόντων* laudibus vehunt, asseuerantes nullum vnquam opus a me scriptum vel aeque frugiferum vel dexterius. Quanquam hac in parte non satis video quomodo sibi constet tua sententia. Incusaueras quod humiliora susciperem argumenta eaque praeriperem inferioris notae scriptoribus; hic suggillas quod argumento suscepto parum responderim. Atqui longe diuersum opinor crimen est, ob iacentem parumque sibi notum animum indigna te aggredi, et ea suscipere quae suscepta sustinere non possis.

Nolim haec in eam interpreteris partem, mi Budaee, quasi quicquam tuis literis offendar; sed quod non illibenter cum amico

52. minutiis *H*. 66. *F*: genus *C*.

54. Horatianum] *A. P.* 39,40.
60. metiens] Cf. Hor. *Ep.* 1. 7. 98.
61. mecum] Cf. Pers. 4. 52.
73. Persiis] Cf. Lucil. *ap.* Cic. *de Or.* 2. 6. 25.
75. Flacci] *Ep.* 2. 2. 61,2.

festiuissimo simul et doctissimo συμπαίζομαι καὶ συμφιλοσοφῶ. Titulus tibi videtur magnum quiddam polliceri. Caeterum non probas quod ea ex locis sumpserim communibus, id sentiens, vti coniecto, e vulgatis ac passim obuiis autoribus desumpta. Sed quid facias si praeterea nemo quicquam de Copia praecepit? Fabius paucis attigit modo. Trapezontius Hermogenis compilator copiose pollicetur de Copia; at cum pollicitantem vsque sequenti mihi iam vertigo capitis oboriretur, nihil vnquam de Copia comperi quod alicuius esse momenti videretur. Venetiis καὶ τὰ τοῦ Ἑρμογένους διῆλθον magis quam legi; nec apud hunc repperi quod magno vsui futurum videretur. Post editum opus comperi apud Rodolphum Agricolam nonnihil: quem virum si fatorum inuidia superesse voluisset, haberet Germania quem Italis opponeret, qualem nunc habet Gallia Budaeum, sed vnum. Equidem videbam exemplis ex optimis autoribus allegandis permultum maiestatis accessurum operi, verum partim horrebam voluminum magnitudinem, partim perisset vtilitas iis quibus labor ille peculiariter desudabat: quando nunc quoque passim queruntur literatores argutius esse opus quam vt a mediocriter doctis possit intelligi.

Iam vero quod te mouet mediocrium causa quibus nolis suam prouinciam praeripi, eodem argumento deterrere poteras ne quicquam omnino scriberemus. Nam si magna suscipimus, ea praeripiemus maioribus, si mediocria, mediocribus, si infima, infimis. Quin illud nemo nescit, omnibus in medio palmam esse positam qui artem tractant musicam. Liberum est cuiuis et post meam aeditam Copiam de copia praecipere. Mihi sat laudis est quod de ea vel primus prodiderim aliquid vel diligentius et exactius caeteris: id quod ipse, ni fallor, non inficias ibis. Age vero quam falsum illud quod scribis, exemplum tuarum literarum tibi domi seruatum in scheda, ne quando tecum, vt ais, obsignatis literis acerbius agam. At quid tandem tibi profuerit ista tua cautio, postquam ad iudices ventum erit? Tu chirographum proferes, ego item *αὐτόγραφον*, sed tu schedam, ego puram putam epistolam. Negare non potes, talem ipse vis videri.

Sed περὶ τῶν λεπτολογημάτων nimium fortassis diu λεπτολογοῦμεν. Caeterum vt seriis agamus, agnosco nonnihil, optime Budaee, meam

97. Venetiae *F*. 98. *H*: διῆλθεν *C*. magno *om. N*. 121. putam C^2: putem C^1.

93. Fabius] Quint. *Inst. Orat.* 10. 1.

94. Hermogenis compilator] Cf. Legrand iii, p. 118.

97. Ἑρμογένους] Aldus' *Rhetores Graeci*, which includes Hermogenes, was published in Nov. 1508.

100. Agricolam] In the *De inuentione dialectica*, ii. 19–21 and iii. 5 and 16; which was not published until after Erasmus' *De Copia*. Cf. Epp. 260 and 336. 1 n.

112. omnibus] Cf. Ter. *Ph.* 16, 7.

indiligentiam vel potius infelicitatem. Et tamen tuis animati literis fortassis audebimus nonnihil μεγαλοφρονέστερον; quod vtinam tam feliciter succedat quam tu confidis. Οὐ παντὸς ἀνδρός· nec omnes Budaei sumus. Non sum ex eorum numero qui nihil nisi quod ipsi faciunt rectum putant. Suspicio tuam istam exactam diligentiam animique sublimitatem et argumentis et ipsa phrasi sese proferentem. Recte haec suscipit Budaeus qui prestare potest, cuiusque virium est ex Asse τοσαῦτα καὶ τοιαῦτα τῆς παιδείας τάλαντα depromere. Decent haec eum qui de Galliarum publica laude cum Italis μονομαχεῖ, cui cum Hermolais et Pliniis concertatio est; denique Gallum ista decet μεγαλοφροσύνη, non Hollandum, et ἵνα συλλήβδην λέξω, Budaeum decet, non Erasmum.

Sed o Deum immortalem, quid ego audio? vxoremne meam haud longe abfuisse a tuo contubernio? quanta felicitas vacare zelotypia! Vtinam illa iamdudum aliquo demigrasset, non in tuas aedes (in quas optarim omnes bonas felicitates simul commigrasse, posteaquam eas tu gratiarum et omnium virtutum domicilium ac sedem reddidisti), sed vel ad fratres Franciscanos huius procos vel ad alios si qui vehementius etiam adament. Quanquam (vt iocari desinam) mea tenuitas mihi non admodum displicet. Alioqui licuerat iam olim augere rem, ni semper hoc animo fuissem, vt mallem expeditam fortunam quam amplam. Et magnus ille meus Moecenas Cantuariensis tantum sua benignitate suppeditat quantum huic ocio, quantum huic animo satis est. Neque quicquam ambio apud serenissimum Principem meum; sed mihi parum humanum videbatur primum tali Principi, deinde patriae sic efflagitanti meum hoc qualecunque obsequium pernegare. Illud mihi vehementer molestum, mi Budaee, adesse Peniam, non item adesse Philologiam, hoc est vmbram adesse, non adesse corpus. Fortunatissimus mihi viderer, si vtraque mihi σύνοικος esset. At vide ne cui quod scribis ἀσύστατον videatur, tibi rem esse cum Penia, cum eodem tempore duas aedifices villas, easque, vt ipse fateris, Lucullianas.

Porro quod iocaris esse periculum ne quando me deserat literarum amor posteaquam contigerit inaurari, quod ad hanc sane rem attinet, in vtramuis aurem ociosum te dormire iubeo. Neque enim aut huiusmodi sunt tempora aut eiusmodi praesentis aulae status, vt inaurentur qui sic ambiunt, hoc est qui pene fugitant. Hactenus

149. serenissimum *C*: benignissimum *H*.

---

127. Οὐ παντὸς] Cf. *Adag.* 301; and Hor. *Ep.* I. 17. 36.

133. cum Italis] *De Asse*, 1557, p. 21

134. Hermolais] The index to the *De Asse* shows several places in which Budaeus combats opinions expressed by Pliny or by Herm. Barbarus (Ep. 126. 128 n.) in his *Castigationes Plinianae*.

exauramur et exhaurimur largiter, at auri ne tenuissima quidem hactenus accessit bracteola. Quanquam vt nihil vnquam accedat, iam nunc omnia me debere sentio vel optimo Principi Carolo vel omnibus omnium virtutum numeris absoluto Ioanni Syluagio Burgundiae Cancellario; qui talem quendam heroa prebet nostrae ditioni, qualem pridem ille vel tuo vnius preconio futurus immortalis a Rupeforti Guido tuae praestitit Galliae. Τὴν ἐπίτριπτον ἀρρωστίαν ἐπιτρίψοι Ζεὺς ὁ ὑψιβρεμέτης, ὡς Ὁμηρικῶς λέξω, cum mea sententia dignus sis cui contingat τὸ τοῦ Τιθωνοῦ γῆρας. Sed spero fore vt aetatis progressu commodior sit valetudo; id quod haud sane paucis vsu venisse scio. Nos praeter ἀρρωστίαν non crebram modo verum pene perpetuam iam pulsat etiam τὸ χαλεπὸν γῆρας, νόσημα φυσικὸν καὶ τούτου ἕνεκα ἀνίατον.

Ludis tu quidem tota epistola: quae res mihi non mediocri voluptati fuit, vt quae mihi testaretur Budaeum non tantum incolumem esse verumetiam alacrem ac lubentem. O te felicem cui liceat ad istum modum frui literis! At non alibi magis videre mihi ludere quam vbi serio iam agere videri vis. Negas tibi persuaderi posse libros tuos a nobis legi, nisi si quis amicorum inter confabulandum orta tui mentione fuisset anagnostes. Adeon' me aut fastidiosum existimas vt legere grauer tam erudita? aut adeo inhumanum, ne dicam inuidum, vt talis amici lucubrationibus parum delecter? Imo ne sis insciens, nihil est omnino tuorum studiorum quod non inter precipuos autores nostra habeat bibliotheca. Annotationes tuas in Pandectas et Assem oraculorum instar habeo: ad quae confugere soleo, si quid ambigo, nec ab istis vulgatis autoribus succurritur. Neque vero me piget aut pudet Budaeum inter probatos iam et aeuo consecratos autores testem adducere. Cur enim viuis hoc honoris inuideamus, si modo promereantur? cur non potius id

163 hactenus C^1 : adhuc C^2. 178. magis C^2 : mihi magis C^1.

168. Guido] Guy († 15 Jan. $150\frac{7}{8}$) of Rochefort near Dôle, a member of an old Burgundian family. Like his elder brother William (1433—12 Aug. 1492) he was at first in the service of Charles the Bold, but afterwards entered that of Louis XI, who made him Secretary of the Parliament of Burgundy, and on 15 March 1482 first President. When his brother became Chancellor of France, 12 May 1483, Guy probably followed him to Paris; for he appears shortly afterwards as a patron of letters there. Balbus' *Rhetor Gloriosus* (Ep. 23. 47,8 nn.) is dedicated to him, c. 1487 fin.; and John Fernand mentions him as present at one of his lectures (*C. Fernandi Epistole*, No. 21, *s. l. et a.*). He was appointed Chancellor of France by Charles VIII on 9 July 1497 and held that office until his death. Faustus Andrelinus' *Epistolae paroemiales ac morales* (Ep. 84 introd.) are addressed to him; as is also the *De Regibus Francorum*, Milan, Jo. de Castelliono, 22 July 1506, of Mich. Ritius of Naples; and Budaeus gives him a glowing eulogy in the *De Asse*, which was not composed until after his death. See GE. i. 292 n. and ii. 63 n.

169. Ὁμηρικῶς] *Il.* 1. 354, &c.

eruditioni tribuamus, quod vulgus tempori,

> Qui redit ad fastos et virtutem aestimat annis,

vt ait Flaccus?

Loca, tametsi iam ante non omnino indiligenter legeram, tuo monitu relegi. Ob primum illum non mediocriter tibi debent bonae literae atque harum candidati, quarum causam tam gnauiter agis. Vero verius est quod scribis: nulla regio non gignit eximia ingenia, si modo sint qui foueant prouehantque. At iis quorum arbitrio res fere versantur mortalium, nihil aeque inuisum ac ea studia sine quibus nec homines sumus. In secundo saepe demiratus sum tuam istam ὡς ἀληθῶς Φραγκικὴν παρρησίαν οὐδὲ τοῦ Ἀρχιερέως αὐτοῦ φειδομένην. Sed primum ἀσφαλέστερον καὶ ἀκινδυνώτερον δάκνεις τὸν ἀποθανόντα. Deinde prodest hac quidem in parte, quod a paucissimis intelligitur τὸ δῆγμα; siquidem cum vbique sic intendas eloquentiae tuae neruos vt non Midae sed Apollineis auribus canere videaris, tamen illic data opera Λυκοφρώνειόν τι miscuisti, Loxian quempiam nobis referens. Idque magis etiam facis in priore illa stomachatione; quam nec ipse quiui intelligere, quod res ipsas parum notas habeam, et tu nomina supprimis. Iam in operis calce mire philosopharis cum tuo Deloino, viro iam olim mihi cognito ex Coleti praedicatione, deinde ex congressu quoque prius Aurelii, mox Parisiis: at hic quoque, Deum immortalem, qua vehementia, qua libertate καταβακχεύσας καὶ ἀστράψας εἰς τοὺς ἱερέας τοὺς νῦν!

Sed illud quam festiuum exigis, vt de tuo ingenio pronunciem; quasi vero is sim qui vel assequar rarissimas istas ac pene diuinas animi tui dotes. De Budaeo iamdudum eruditissimorum hominum senatus magno consensu pronunciauit. Quorum sententiae si subscripsero, quantulum fuerit hoc momenti quod vnius homunculi plebeii possit adferre calculus? sin dissentiam, quis ferat impudentiam? Cum tua lego, mi Budaee, videre videor locupletissimum quendam patremfamilias, non qualis fuit Lucullus, cui plura domi erant quae fallerent dominum, quemadmodum inquit Horatius, et prodessent furibus; sed non minus diligentem quam locupletem, cui suae opes et probe cognitae sint, ac singulis in suos digestis nidulos cuncta in procinctu sint ac velut in numerato. Prestant hoc tibi partim accuratissimi indices, quos olim in hunc vsum ad omnes tuos codices parasti, partim atque adeo multo maxime felicissima ista memoria et quouis indice fidelior; vnde fieri video vt

196. C^2: grauiter C^1. 214. *F*: quam illud *C*.

193. Flaccus] *Ep.* 2. 1. 48.
202. τὸν ἀποθανόντα] Julius II.
206. Λυκοφρώνειόν τι] For the obscurity attributed to Lycophron, an Alexandrine poet, cf. Statius *S.* 5. 3. 157.
222. Horatius] *Ep.* 1. 6. 45,6.

aliquoties insignium rerum hinc atque hinc sese confertim offerentium copia veluti obruaris ac degraueris, neque sinaris manum de tabula tollere. Atque ita accidit fortassis vt lector ceu conuiua fastidiosulus alicubi modum apparatus in te desyderet. Ad haec cum nihil vsquam esse patiaris, nec in rebus nec in verbis, quod cum vulgo triuiisque tibi commune sit, hoc est quod non insigne sit et exquisitum eque penitissimis Musarum adytis depromptum, nusquam remissus, nusquam oscitans, sed semper vrgens et instans tibi; fieri necessum est vt non temere tuis delectetur, nisi lector egregie doctus et idem ociosus nec minus interim attentus, atque is plus prope laboret legendo quam tu scribendo. Nam tibi quidem eam facultatem diutinus iam et exactissimus dicendi scribendique vsus peperit, vt ea quoque tibi citra curam fluant quae nobis magno studio videantur elaborata.

Iam animaduerto te metaphoris ac parabolis impendio delectari, quas habes plaerasque mire raras et insigniter argutas; sed quam semel amplexus sis, ab ea vix vnquam diuelli potes: vnde fit vt cum totus sermo gemmeus sit potius quam gemmis distinctus, non-nihil videatur a naturali simplicitate recedere. Atqui cum in iis quae constant artificio alios alia capiant, quod natiuum sit, id occulta quadam vi tangit et allicit omnes, nec paulo iucundius irrepit et illabitur in animos hominum veluti cognatum. Nam quod vbique πάνυ φιλόπατρις es, a multis laudi dabitur, a nemine non facile condonabitur: quanquam φιλοσοφικώτερον est mea sententia sic de rebus et hominibus agere, vt mundum hunc communem omnium patriam esse ducamus, etiam si pulcherrimam orbis Christiani partem Galliam esse fatear. Ad haec, dum in παρεκβάσεις eruditissimas simul et amoenissimas crebrius expatiaris et in his longule commoraris, periculum fortassis est ne quis morosior ita secum cogitet: Praeclara quidem haec et splendida, sed vt olim τί ταῦτα πρὸς τὸν Διόνυσον, ita quid ista ad Assem? Caeterum ego et video, ni fallor, et probo tuum hac in re consilium. Istiusmodi locos aliquot tibi paraueras, vsurus simul atque incidisset occasio. Eos non incallide miscuisti argumento quanquam alieniori: vt hac arte pariter et laterent ac fallerent τοὺς βεβήλους et legerentur ab eruditis et candidis, nec vnquam interciderent intermixta rebus vel ob solam vtilitatem victuris. Vnum illud non satis potui coniectare, quo tandem consilio opus tam eximium et dubio procul immortale futurum nemini volueris dicare nominatim. Neque enim dubito quin id certo aliquo consilio sit factum.

Video quidem iamdudum quam sim ineptus, qui de tuo ingenio extra omnem aleam censurae posito quicquam iudicem. Sed quid

230. velut C^2. 255. Ad *F*: At *C*. 262. ac fallerent *C*: fallerentque *H*.

facerem? Ita iubet Budaeus. Minus improbum arbitror ineptire quam tibi parum esse morigerum. Neque tamen haec dixerim, quod vllam ingenii dotem in tuis scriptis desyderem aut vllo offendar incommodo. Primum enim admodum sim inciuilis, si me in corpore tam specioso vnus aut alter neuus offendat. Deinde sic amo Budaeum vt etiam si quis inesset neuus, is meis oculis blanditurus sit. Neque tamen vsque adeo amore tui cecutio quin illud vere perspexisse me credam, nihil hactenus produxisse Gallias quod cum ingenii tui monumentis in certamen venire possit, et tamen omnibus a tergo relictis cotidie temetipsum superas.

Bene vale *καὶ οἰκοδόμησον ἀγαθῇ τύχῃ*, vt summam votorum habeas, et tu mihi aliquando gratulari possis *παγχρύσῳ*, ego tibi Lucullo.

Bruxellae quinto Cal. Nouemb. anno M.D.XVI.

[474]481. From Thomas More.

Deventer MS. 91, f. 163 v°. London.
LB. App. 87. 31 October ⟨1516⟩.

[This was answered by a letter contemporary with Ep. 483; to which Ep. 499 is probably the reply. Cf. Ep. 499 introd.]

THOMAS MORVS DOMINO ERASMO SVO S.

Rescribo, mi Erasme, serius, quod certi aliquid scribere cupiebam de equo tuo ab Vrsuico; verum id vt possem ne adhuc quidem contigit, quoniam is in curam quandam suam multis ab vrbe millibus contulerat se, necdum redierat. Vbi venerit, quem indies expectamus, res agetur sedulo. Pecuniam apud me depositiciam Aegidio nostro persolutam esse non dubito; nam litteras accepi a procuratore meo scriptas Antwerpiae, quibus scribit se protinus soluturum. Eas litteras quas olim ad me legendas misisti e Basilea, non potui committere huic tabellario; sed mittam tamen breui, cum fuero nactus aliquem quem possim magno onerare fasciculo. Bedillus exhibuit mihi epistolam ab Episcopo Basiliensi ad Cantuariensem nec non eam qua respondit Archiepiscopus, vtramque

481. 2. promisso *post* Vrsuico *add. LB*: *sed cf. Ep.* 467. 7, *et l.* 8 *n. infra.* 3. curiam *LB, perperam.*

481. 3. curam] On 5 July 1516 Urswick had been appointed a commissioner of sewers for Middlesex, Essex, and Herts (Brewer ii. 2138); and that business may have called him away.

5. Pecuniam] Cf. Ep. 467. 10 n.

7. procuratore] Perhaps Berckman; cf. Ep. 491. 10.

8. e Basilea] must be connected with *litteras* (cf. l. 2 n.); for Epp. 499. 25, 6 and 502. 2, 3 show that these were letters received by Erasmus from his Basle friends. They were perhaps contemporary with Epp. 328, &c.; for Ep. 499 implies that they had been long in More's hands.

11. epistolam] Cf. Ep. 425. 33 n.

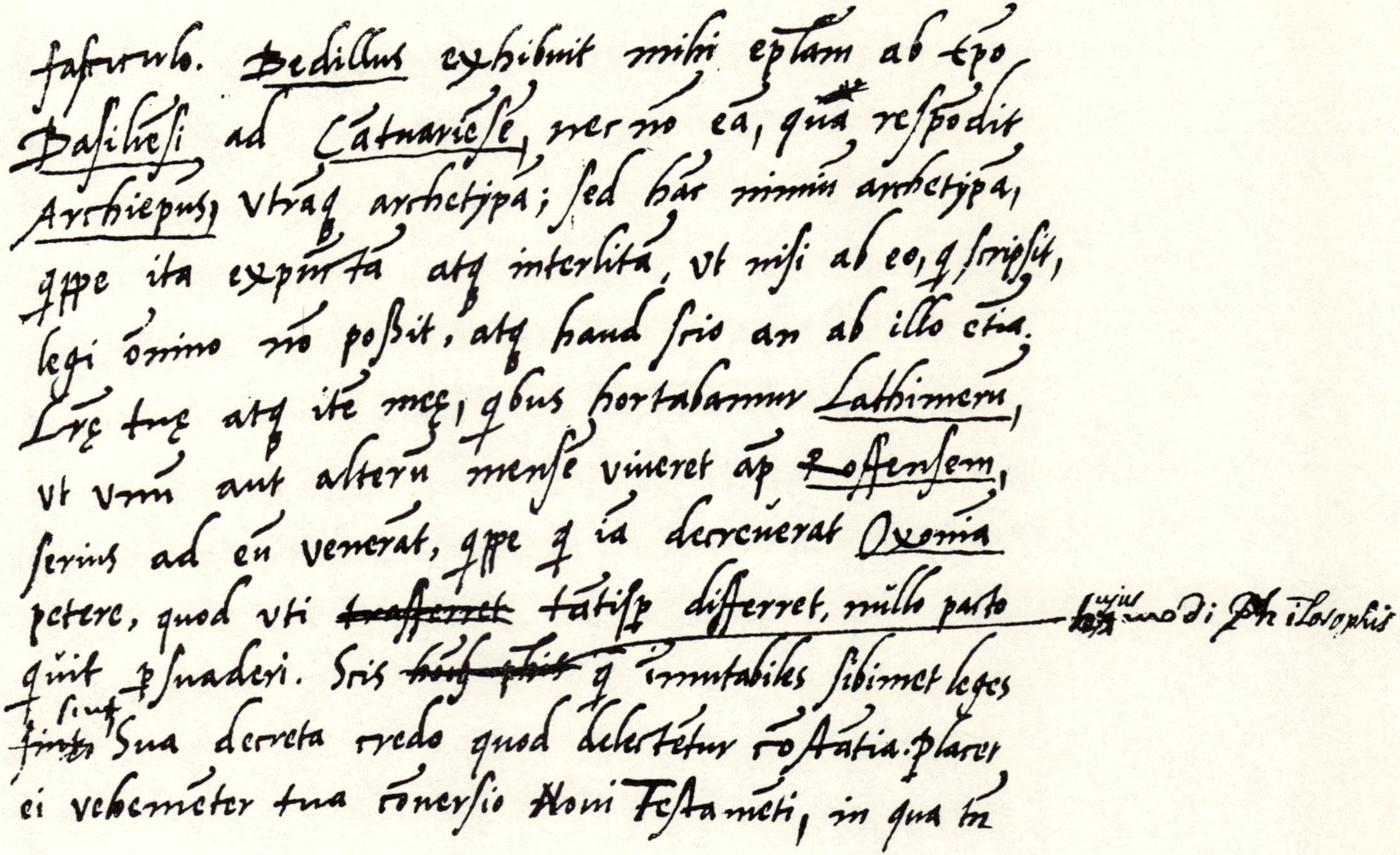

fasciculo. Bedillus exhibuit mihi epistolam ab episcopo
Basiliensi ad Cantuariensem, verum non eam, qua respondit
Archiepiscopus; utraque archetypa; sed haec nimium archetypa,
quippe ita expuncta atque interlita, ut nisi ab eo, qui scripsit,
legi omnino non possit, atque haud scio an ab illo etiam.
Literae tuae atque item meae, quibus hortabamur Lathimerum,
ut unum aut alterum mensem viveret apud Roffensem,
serius ad eum venerant, quippe qui iam decreverat Oxoniam
petere, quod uti ~~transferret~~ tantisper differret, nullo pacto cujus modi Philosophis
potuit persuaderi. Scis ~~~~ quam immutabiles sibimet leges
sint Sua decreta credo quod delectentur constantia. Placet
ei vehementer tua conversio Novi Testamenti, in qua tu

Deventer Letter-book, f. 164 : Ep. 481.

P. 371

archetypam; sed hanc nimium archetypam, quippe ita expunctam atque interlitam, vt nisi ab eo qui scripsit legi omnino non possit, atque haud scio an ab illo etiam.

Litterae tuae atque item meae quibus hortabamur Lathimerum vt vnum aut alterum mensem viueret apud Roffensem, serius ad eum venerant, quippe qui iam decreuerat Oxoniam petere; quod vti tantisper differret, nullo pacto quiuit persuaderi. Scis huiusmodi philosophi quam immutabiles sibimet leges siue sua decreta ⟨faciant⟩; credo quod delectentur constantia. Placet ei vehementer tua conuersio Noui Testamenti, in qua tamen illi religiosior videris esse quam vellet. Non placet ei quod sabbati vocem reliqueris, et quaedam talia, quae tu mutanda aut non censuisti aut non es ausus. Sed ille nullum prorsus verbum admittit quod Romanis auribus fuerit insolens. Laudaui iudicium eius quatenus Hebreorum res ac ritus paterentur. Caeterum sum hortatus (id quod facturus videtur) vt singula verba quae ille aliter verti voluisset, adnotata ad te transmitteret cum iudicio suo. Hoc studio eius scio te vehementer gauisurum.

Sed alii sunt, Erasme charissime, qui coniurarunt apud nos haud simili animo tua scripta perlegere; quorum tam horrendum consilium me sollicitat. Itaque ne properes edere quae nunc edidisti quoniam serum est consulere, hoc saltem tibi pro mea in te fide ac sollicitudine suadeo te quaesoque atque obtestor, vt celeriter ita recenseas atque emendes omnia, vti minimum vsquam locum relinquas calumniae; quippe cuius occasiones omnes acutissimi quidam viri decreuerunt et peruestigare diligenter et libenter auideque arripere. Qui sunt, inquis, hi? Nominare profecto vereor, ne tibi concidat animus terrore tam potentium hostium; sed dicam tamen, quo fias videlicet cautior. Summus ille quem nosti theologus Franciscanus, cuius tu honorificam fecisti mentionem in editione Hieronymi, inita coniuratione cum lectissimis viris eiusdem ordinis et farinae constituit contra tua, si qua inuenire possit, errata scribere. Atque id quo possit facilius fieri atque efficacius, coniura-

19. huiusmodi philosophi . . . 20. siue *corr. Erasmus ipse pro* hominibus philosophis . . . sint *a prima manu scriptum.*

16. Litterae] Cf. Ep. 468. 10 n.
22. religiosior] This opinion doubtless had weight with Erasmus when he adhered more closely to his original translation in the second edition of the New Testament; cf. p. 183.
27. facturus] But cf. Ep. 520. 9, 10 and 85–7.
42. Franciscanus] Cf. Ep. 337. 676–84. The antagonist is usually identified with Henry Standish, later Bp. of St. Asaph; and this is probably correct. But Birkhead (Lond. xv. 14, LB. 435) is also a possibility. The incident cannot have occurred later than 1514, for Mountjoy is said to have been in London shortly afterwards; and he left England c. Jan. 1515 to take up the lieutenancy of Tournay (Brewer ii. 126).

uerunt partitis inter se tuis operibus, quum singula curiose perlegerint, nihil inde prorsus intelligere. En vides quantum discriminis impendet tibi; contra curandum est pro magnitudine periculi tuas vt compares copias. Profecto, Erasme, in nocturno quodam senatu sic statuerant bene madidi. Verum postridie, vt audio, vbi villum edormierant, obliti puto propositi sui oblitteratoque decreto quippe quod vino inscripserant, destiterunt cepto atque a legendo se ad mendicandum rursus rettulerunt; quam rem ipso vsu longe sibi comprobassent vtilius.

Epistolae Obscurorum Virorum operae precium est videre quantopere placent omnibus, et doctis ioco et indoctis serio, qui, dum ridemus, putant rideri stilum tantum; quem illi non defendunt, sed grauitate sententiarum dicunt compensatum et latere sub rudi vagina pulcherrimum gladium. Vtinam fuisset inditus libello alius titulus! profecto intra centum annos homines studio stupidi non sensissent nasum quanquam rinocerotico longiorem.

Nusquamam nostram gaudeo probari meo Petro; si talibus placeat, incipiet placere et mihi. Cupio scire an Tonstallus probet, an Buslydius, an Cancellarius vester; quibus vt probetur supra votum est, hominibus tam felicibus vt in his rebus publicis suis primos ducant ordines, nisi eo propicientur quod in illa republica nostra illi tales viri, litteris ac virtute tanti, principes plane essent futuri; quum in suis quanticumque sint (sunt sane magni) magnos tamen habeant nebulones authoritate ac potentia pares, vt ne dicam superiores. Nam eo non credo moueri tales viros, quod ibi non essent multos habituri subditos ac subiectos, quomodo nunc reges populum vocant, hoc est plus quam seruos, quum tanto sit honorificentius imperare liberis, ac longe absint tam boni viri ab ea inuidia vt optent male esse aliis, quum sibi sit bene. Spero igitur fore vt illis etiam placeat opus nostrum; quod mirum in modum cupio. Quod si contrariam penitus infixit persuasionem illis fortunae suae felicitas, mihi habunde suffecerit tuus calculus ad iudicium meum. Nos duo turba sumus apud animum meum; qui mihi videor feliciter posse tecum quauis in solitudine viuere.

Vale, Erasme dulcissime mihique oculis charior.

Impetraui a Maruffo litteras benigniores; hoc mihi visum est et expeditius et consultius quam de ea re iterum sollicitare Episcopum. Non quin is libenter etiam de quauis re audiat, quae quidem ad te pertineat; sed malo tamen ab eo maiora.

Londini antelucanis horis festinanter pridie omnium diuorum.

---

55. Epistolae] See p. 152.
63. Tonstallus] Cf. Ep. 499. 35-9.
64. Cancellarius] Le Sauvage; see p. 240.
77. Nos duo] Ov. *Met.* 1. 355.
82. Episcopum] Cf. Ep. 388. 58 n.

482. From Simon Hexapolitanus.

Deventer MS. 91, f. 198. ⟨Brussels?⟩
LB. App. 452. ⟨Autumn 1516?⟩

[Being copied by Hand A this letter probably falls before 11 Nov. 1517. L. 20 shows that it was written in the autumn, and as the writer accompanies a priest awaiting preferment, it is perhaps to be dated from Brussels: and therefore in the autumn of 1516. No clue to the place is obtainable from the mention of the Carmelites, since they had houses at Brussels, Antwerp, and Louvain.

I am unable to interpret Hexapolitanus; but ll. 22, 26 suggest that the writer had come from some distance and was a German. He may possibly be identified with the Simon of Ep. 570: on the supposition that like his companion he was in quest of employment and found it with Halmal. A Simon also occurs at Zwolle in Lond. xiii. 9, LB. 270.

The letter is followed by a poem, *Ad Erasmum Rotero. perpetuo cognomento polyhistorem*: printed in LB.]

ERVDITORVM OMNIVM ERVDITISSIMO ERASMO ROTERO. SIMON HEXAPOLITANVS PERPETVAM FELICITATEM.

Noram prius quam ingenio, eruditione ac vtriusque linguae promptitudine nostri aeui mortalibus anteires, de humanitate vero tua adhuc audieram nihil; sed eam tu quoque mihi non delineasti tantum sed et graphice eam effigiasti nuper, cum praeter omnem spem obuio mihi et externo congressus, operam tuam et praesentissimam opem desponderes tam humane et liberaliter quam vni eorum qui longa tecum consuetudine coaluerint. Credo equidem animum tuum vere diuinum, et qui nihil est aliud nisi de coelo sumptus ignis, occulto quodam praesagio dixisse tibi illum esse Simonem, qui te nondum facie sed sola foeturarum fertilitate notum ardentissime amabat, atque vt ingenii parentem obseruauit semper, qui te tot annis constantissimo desyderio videre et exosculari suspirauit; dignumque ob id visum in quem humanitatis tuae officia collocares. Pro quibus quemadmodum meritas tibi nunc gratias agere non possum, ita certe habere me ac habiturum quamdiu inter homines numerer affirmare ausim; atque in hoc referre etiam videbor, si modo (quod Cicero vult) qui gratiam habet, in eo quod habet refert. Caeterum quia me hortatus es vt tibi aperiam animum meum, scias itaque theologum quicum huc veni, sacellani vicem expectare; quam si obtineret, cuperem ego quoque hic hyemare, maxime hoc secutus, vt te forte audirem fieremque tibi notior. Sin hoc fieri non poterit, certum est in patriam cum ipso redire, atque in ipso itinere nihilominus experiri fortunam. Quod si mihi litteras commendatitias ad amicos tuos dabis, perpetua me tibi gratitudine obstringes; hoc, totumque quod ex ipsis in me collatum erit, Erasmo referetur acceptum. Vale et viue, Germaniae litterarumque splendor ac

---

17. Cicero] *Off.* 2. 20. 69.

meum in afflictis nunc rebus vnicum refugium. Carmina nostra irato Apolline seminata boni consulito.

Ex Coenobio Carmelitanorum.

$^{478\ 9}$483$_{498}$ To Andrew Ammonius.

Farrago p. 226. Brussels.
F. p. 355: HN: Lond. viii. 32: LB. 151. 9 November 1516.

ERASMVS ROTERODAMVS ANDREAE AMMONIO SVO S. D.

Male precor isti τῷ τοῦ Ἀρχιερέως secessui, qui meam remoratus sit felicitatem. Crede mihi, optime Ammoni, nunc ἱερὰ ἡμῖν κεχάλασται ἄγκυρα καὶ πᾶς ἔρριπται κύβος· qui si parum ex sententia ceciderit, πέπρακται. Si succedit, debebo summam tuo animo et humanissimi Vuigorniensis: sin minus, agnoscam familiarem illum et nimium mihi notum genium meum. Praebendam arte conflaui in pensionem. Quod hortaris vt Iouem propius adeam, enitar, ac tum magis vbi certum vigilans audiero oraculum vnde rerum mearum summa pendet. Scis quam sim crassus, in hisce praesertim rebus. Quod si quid censes faciendum mihi quod gratum futurum sit Vuigorniensi, quaeso submoneas.

Itidem ne quid addubites περὶ τῶν χρημάτων· etiamsi destituat ὁ Καντουάριος ἐκεῖνος, sunt hic a quibus vnico nutu possim impetrare. Maximum hic in praesentia rerum omnium aucupium est: at ego nunc ἄχειρός εἰμι. Hoc male me habet. Italos, Hispanos, Getas, Danos candidiores experior in me quam meos: famelicum hominum genus et soli ventri natum. Cancellario debeo plurimum; at non ego solum, verum omnis haec regio. Tunstalli consuetudinem merito mihi gratularis; nihil adhuc expertus sum hoc homine amicius. Ei legi tuam illam maiorem epistolam; magnopere delectatus est ingenio tuo. Mihi subinuidere visus est, quod tu illi tam λακωνικῶς scripseris; sed cum excusarem occupationes tuas, facillime accepit.

Τὸν λύκον iam reliqueram, sed duabus epistolis seuerius acceptum, poste⟨a⟩quam sensi hominem humanitate nostra reddi ferociorem. Carmelitam βλάσφημον semper neglexi, et tamen a canibus, vt scri-

483. 24. sed . . . 25. ferociorem *om. F.* 26. *E Lond.*: Camelitam *F.*

---

483. 6. genium] Cf. Epp. 232. 1, 281. 20.
Praebendam] See Ep. 436. 5 n.
20. maiorem epistolam] Perhaps Ep. 466, which, as it survives, is incomplete; or Ep. 447, which may have been in Ammonius' name (cf. p. 292).
24. Τὸν λύκον] Dorp; cf. Ep. 474. 17 n.
26. Carmelitam] Perhaps the preacher who prophesied the coming of Antichrist in consequence of the publication of the *Nouum Instrumentum*; cf. Lond. vi. 2 and xxii. 31, LB. 380 (407 B) and 979 (1109 A).
vt scribis] Cf. Ep. 478. 24 n.

bis, accipietur et ille vt dignus est. Volumina Hieronymi iam hic diuendita sunt. Franciscus affirmat se duo milia florenorum fuisse lucraturum, si maiorem codicum vim deportasset. Quid ego audio? toties Romae morior et reuiuisco? Quis istuc Virbius aut Theseus potuit? Sed ita demum mihi videbor reuixisse, si quod agimus successerit. Tu, mi Ammoni, πράττε ὃ πράττεις et Aesculapium age. Bene vale. Bruxellae. quinto idus Nouemb. Anno M.D.XVI.

484. From Jerome Busleiden.

Deventer MS. 91, f. 172 v°. Mechlin.
LB. App. 88. 9 November ⟨1516⟩.

[Clearly accompanying the letter contributed by Busleiden to the first edition of the *Utopia* (Ep. 461 introd.). Busleiden's letter is addressed to More and is dated 'Ex aedibus nostris Mechliniae. M.D.XVI.']

ERASMO SVO HIERONYMVS BVSLIDIVS S.

Ecce tandem quam conficere iusseras tenes epistolam; qua si forte minus praestiterim quam aut expectatio de me tua aut rei de qua agitur dignitas postulabat, tu ipse videris et tibi imputa, qui tam infanti et alias parum idoneo id negocii dederis. Cui vel hoc sat erat, quod minus praestare posset, saltem conatum esse; speranti etiam hac in parte suam nauatam operam tibi non omnino improbari, ceterum admodum gratam fore, maxime in qua nauanda non sine periculo famae et dispendio aestimationis suae tibi gratificatum fuit. Clarissimum certe et plusquam confessum nostrae in te obseruantiae argumentum, cui ergo bene consulas velim; quod ita tum maxime praestabis, hanc modo epistolam multa rubigine obsitam acerrima lima tersissimi eloquii tui duxeris expoliendam. Interea recte vale me plurimum commendando clarissimo oratori serenissimi Regis Angliae.

Raptim Mechliniae 9ª Nouemb.

485. From Alard of Amsterdam.

Deventer MS. 91, f. 140 v°. Louvain.
LB. App. 89. 11 November 1516.

[There is no definite confirmation for the date given by the manuscript; but as the copyist is Hand A, no year later than 1517 is possible.]

483. 33. M.D.XVI *EN*[3]: M.D.XIII *H*.

30. Virbius] The name given to Hippolytus after restoration to life by Aesculapius; cf. Ovid, *Met.* 15. 544.
484. 13. oratori] Tunstall.

ALARDVS AMSTELREDAMVS DOMINO ERASMO S. P. D.

Qvod et Hermolaum et Politianum, inimitabili viros elegantia, mihi proponis imitandos, est quod exquisitam illam tuam admirer eruditionem, eruditissime domine Erasme; tum quod hinc admoneor omnem studii nostri rationem praeceptis simul et exemplis constare, proinde vt quisque sibi autorem proponit ad imitandum optimum, ita fit ipse optimus, pessimus vt pessimum; tum quod

Est quoddam prodire tenus, si non datur vltra.

Tuis igitur auspiciis tentanda mihi

via est, qua me quoque possim
Tollere humo victorque virum volitare per ora.

Quod autem hactenus vnas atque alteras naeniolas dederim imprimendas, vehementer admodum doleo. Quid ni doleam, cum sentiam me plures testes stulticiae meae domestico praeconio, vt Ciceronis verbis vtar, asciuisse? Quid facerem enim? Nolui deesse mihi, quanquam vel maxime defuerim, et vel concessam omnibus vel correptam iuxtaque vindicatam libertatem quiduis audendi non placuit amittere. Siquidem cum nemo meae turbae non scribat aliquid et

Communi feriat carmen triuiale moneta,

nomenque cupiant proferre omnes, non committendum putaui vt ego, quasi quinta luna prosatus aut fusca initiatus aui, haud etiam possem vtcunque

Stridenti miserum stipula disperdere carmen.
Non obtusa adeo gestamus corda Bataui,
Nec tam auersus equos nostris sol iungit ab oris,

vt quod aliis promiscue datum, nobis quoque sit in totum denegatum. Id si laudandum, communem amplector conditionem; sin vicio vertendum est, mihi iustior venia vel hinc quod sequor exemplum, non probo.

Mercatori Pompeio Occoni Phrisio nomen est; mens, vt libros ad

3. admoner *MS.*: *correxi*: admonear *LB.* 9. possim *corr. LB*: possū *MS.* 17. meae turbae *scripsi*: meas turbat *MS.* 23. stipula *LB*: stipulū *MS.* 27. sin *legi potest in MS.*: *quod voluit LB*, sui *tamen dedit.*

7. Est quoddam] Hor. *Ep.* 1. 1. 32. *quoddam* is an earlier reading, which has been discarded for *quadam*; see Wickham's note.

8. tentanda] Verg. *G.* 3. 8,9.

11. naeniolas] For some of these cf. Ep. 433. 30 and 32 nn.

13. Ciceronis] *de Or.* 2. 20. 86.

16. audendi] Cf. Hor. *A. P.* 10.

19. Communi] Juv. 7. 55.

23. Stridenti] Verg. *Ecl.* 3. 27.

24. Non obtusa] Cf. Verg. *Aen.* 1. 567,8.

30. Occoni] Pomp. Occo († 22 Nov. 1537) was the nephew of Adolphus Occo (1: 1447–1503), Agricola's physician and friend. Though a Frisian, he was a citizen of Amsterdam, and his house there was always open to

vnum omnes in vniuersum distrahat. Index mihi iam non suppetit; certo tamen scio domi suae libris amplius mille delitescere blattisque vndecunque praerodi, libris inquam reconditissimis atque eisdem vetustissimis; in quos si incidas, haud quaquam te reperisse clamabis id quod pueri in faba. Homo qui hanc apparatissimam Rodol⟨phi⟩ Agricolae suppellectilem librariam tam negligenter tamque clam omnibus asseruat, vix dum contriuit Aesopum; satrapam diuitiis, fastu Trasonem modis omnibus adumbrat. Amstelredamis habitat; cuius aedes vulgo Paradisus appellatur. Scripsi cum tabellione nostro vt *κατάλογον* mihi tuo nomine transmittat; id quod pro veteri inter nos necessitudine haud cunctanter, opinor, faciet. Ad haec,

Quod si fata meis patiantur ducere vitam
Auspiciis et sponte mea componere curas,

sub Calendas Ianuarias proximas sacris operaturus Amstelredamos concedam. Quare si ipse fortasse non transmittat, ego quoque tibi fideliter allaturus ad te quicquid indidem postulabis, etiamsi maximo foret redimendum. Non possum non satis mirari, quod praeter alia non parum multa in naeniis nostris et huius quoque versiculi,

Vt fles, vt gemis, vt micasque pectus,

structuram amice reprehendis; cum tamen modo haud ita dissimili vtatur Horatius, Si tacitus pasci posset etc.

32. suae *LB*: suas *MS.* libros etc. . . . 34. vetustissimos *scripsit LB.*

---

men of letters; and he was strong enough, when Eric Walkendorp, Bp. of Trondhjem, fleeing from Christiern II of Denmark and Norway, took refuge with him in 1521, to refuse to surrender him to the king. He had inherited Agricola's papers from his uncle, and from other sources (Agric.[2] f°. †); and he was afterwards very generous in placing them at Alard's disposal (cf. p. 269). His character is illustrated by a book of devotions, *Psalterium diui Hieronymi in modum septem horarum abbreuiatum: septem Psalmi poenitentiales Francisci Petrarchae: et aliae preces*, printed for him in Paris at his own cost, by John Dupré, 20 Dec. 1519, 16°, as a handy volume for merchants like himself to carry about. Pontanus had seen a copy, which may be the same as that afterwards in the possession of P. A. Crevenna of Amsterdam (see the *Catalogue raisonné* of Crevenna's books, 1776, vol. i, p. 52), which was sold by auction in 1790.

The Paradise was perhaps the great corner house in the Kälbergasse near the Papenbrucksteg, in which von Zesen (*Beschreibung der Stadt Amsterdam*, 1664, pp. 393,4) describes Pompeius' son Sibrand as living in 1556. A street in that neighbourhood was named after him, the Pompeiussteg. Agricola's papers were still in Sibrand's possession in 1561, when Viglius Zuichem presented him with a portrait of Agricola to be put up in his library.

See Alard's *Comploratio super immatura luctuosaque morte Pompeii Occonis*, in his edition of Erasmus' *Carmen Bucolicum*, Leiden, P. Balen, 13 Feb. 1538, f°. C[5]: J. I. Pontanus' *Rerum Amstelodamensium Hist.*, 1611, pp. 243,4; and EHR. xxi. 306–8.

34. reperisse] Cf. Plaut. *Aul.* 818,19.

36. librariam] In his scholia to Agricola's *De inuentione dialectica*, Cologne, Gymnich, 1539, p. 217, Alard states that the collection contained law-books, including a copy of the Pandects.

37. Aesopum] *Adag.* 1527.

38. Trasonem] This form is perhaps the origin of the corruption in Ep. 92. 13.

42. Quod si] Cf. Verg. *Aen.* 4. 340,1.

49. micasque] Cf. Plaut. *Aul.* 627.

51. Horatius] *Ep.* 1. 17. 50,1.

Lopsenus ille noster Aurelius serio triumphat quod, relictis leopardis, peculiaribus te leonibus addixeris. Verum non satis probe tuum noscit ingenium, vt qui aulicos deosque deasque ne pili quidem facias, tantum abest vt iis te semel deuoueas. Dorpius adhuc constantissime in illa sua heresi, scis qua, perstat, pariter et Musas et Musis amicos

Laudat amatque domi, premit extra limen iniquus:

id quod experiri manifestarie quiuis potest, si adhibeat animum et animaduertere ad id conetur. Non haec scribo vt frigidam suffundam, sed vt ille meminerit tandem Daretis et Entelli, vtque tibi herbam porrigens illud exerta voce tuis oppIoret auribus,

Tu maior; tibi me est aequum parere, Erasme.

Quod nisi propediem dixerit, iure optimo eulogii vice dicetur:

Ipse tulit precium iam nunc certaminis huius,
Qui cum victus erit tecum certasse feretur.

Vale, charissime D. Erasme, et hoc scias velim, te vno nullum quenquam mortalium chariorem. Iterum vale.

Louanii natali diui Martini 1516.

486. FROM WILLIAM BLOUNT, LORD MOUNTJOY.

Deventer MS. 91, f. 144 v°. Tournay.
LB. App. 90. 12 November ⟨1516⟩.

[1516, because of the publication of Jerome.]

GVILIELMVS MONTIOYVS HERASMO SVO S. D.

Accepi, mi Herasme, litteras tuas, et quod scribis de Hieronymo absoluto gaudeo. Sed quod magno venditur, persuasum mihi plane est lucubrationes Herasmicas non posse tanti vendi quanti valent. Decreui igitur breui, cum de precio mihi constabit, vel ad Petrum Aegidium vel ad te pro eo mittere. Quod Bruxellas commigrasti ibi hyematurus, non possum non laudare tuum consilium, tum ⟨quod⟩ possis quae cum Principe tuo agenda tibi sint conficere, tum cum Tunstallo nostro, viro tam amico et docto, quod sis sepius

486. 5. Bruxellę *MS.*: *corr. LB.* 7. quod *add. LB.*

485. 52. Lopsenus] Cf. Ep. 17 introd.
53. leopardis] i.e. the 'leones lopardés' of England. A lion was the principal feature in the arms of both Holland and Brabant.
55. Dorpius] Cf. Ep. 474. 17 n.
58. Laudat] Cf. Hor. *Ep.* 1. 19. 36.
62. opploret] Auct. Her. 4. 52. 65.
63. Tu maior] Verg. *Ecl.* 5. 4.
65. Ipse] Cf. Ov. *Met.* 13. 19,20.
486. TIT. HERASMO] For this form cf. Ep. 1. TIT. n.

consuetudinem habiturus. De praebenda tua cupio tibi omnia recte procedere. De episcopatu vero, cum longius distet et parum pinguis habeatur, videris mihi in reiiciendo sapere, quum sit tibi, vt scite scribis, onus videlicet absque subsidio, et oneri potius quam honori futurus. Epistolas abs te missas accepi, quae me plurimum legendo delectauerunt; nam legi quam plures, integrum volumen nondum perlegi; quod vero mihi eas miseris habeo tibi gratiam. Ioanni de Molendino de Hieronymo patefeci, nec displicuit ei nuncium.

Vale et me, vt facis, ama; et si non sit tibi in animo hac hyeme Tornacum visere, saltem epistolis tuis nos visere oro ne graueris. Iterum vale ex Tornaco postridie diui Martini.

Honorando viro D. Cancellario me commendatum habeas.

487. FROM GERARD GELDENHAUER.

Deventer MS. 91, f. 145. Louvain.
LB. App. 91. 12 November 1516.

[The date is confirmed by the preparations for the *Utopia*.

Gerard Geldenhauer of Nymegen (c. 1482—10 Jan. 1542) was educated at Deventer under Hegius and Ostendorp (Ep. 23. 56 n. and 67 n.). He is next found at Louvain, whence on 28 Feb. 1514 he dates a letter *de situ Zelandiae* which is printed in Dorp's Dialogue (p. 11). He had a hand in many of Martens' books, including Rud. Agricola's *De inuentione dialectica* (Ep. 336. 1 n.), and also composed a volume of *Satyrae*, 13 June 1515 (a), and a *Pompa Exequiarum . . . Ferdonandi*, 3 Apr. 1516 (b). The preface to the *Pompa* is dated from Brussels and shows that he had then become chaplain to Prince Charles, and had some tie with Philip of Burgundy, Admiral of the sea. When Philip was made Bp. of Utrecht in 1517, Geldenhauer became his secretary. During this period he composed a narrative (c) of Philip's entry into Utrecht, c. 25 May 1517, and a treatise *De Batauorum insula*, 19 Sept. 1520; and c. 24 Jan. 1517 was crowned poet laureate by Maximilian at Tirlemont. On Philip's death, 7 Apr. 1524, he entered the service of Maximilian of Burgundy, Abbot of Middelburg, who in Sept. 1525 sent him on a mission to Wittenberg; see his *Itinerarium* (d). Shortly after this he definitely went over to the Reformers. After marrying in 1527, he settled as a private teacher at Strasburg; whence in 1531 he moved to Augsburg, to be rector of a school. In 1532 he was appointed Professor of History at Marburg; and there he remained till his death, taking an active part in the development of the Reformation. His most important works in this period are a life of Philip of Burgundy, Strasburg, Chr. Aegenolph, March 1529 (e); and an *Institutio Scholae Christianae*, Frankfort, Chr. Aegenolph, Sept. 1534.

Until 1520, and probably later, he was on very friendly terms with Erasmus; but in 1529 there was an estrangement between them, because he published at Strasburg some excerpts from Erasmus' writings accompanied by some 'Evangelical' letters of his own (f). By Sept. 1536, however, when Geldenhauer contributed lives of Agricola and Wessel to Fichard's *Vitae illustrium virorum*, no trace of ill feeling remains.

12. vedelicet *MS*.

---

9. praebenda] Probably that at Courtray (cf. Ep. 436. 5 n.); for it is likely that the second attempt at Tournay (cf. Ep. 360. 15 n.) had already been decided against Erasmus.

10. episcopatu] Cf. Ep. 475. 4 n.

13. Epistolas] The *Epistole ad Erasmum* (B); which were just published.

15. de Molendino] Cf. Ep. 371. 14,5.

20. Cancellario] Le Sauvage.

See a sketch in Wm. Dilich's *Vrbs et Academia Marpurgensis*, finished c. 1626, ed. J. Caesar, 1867, pp. 23–5; a life, 1898, and an edition of his *Collectanea*, 1901 (reprinting a, b, c, d, e, f) by J. Prinsen; BEr.[2] *Annotationes*; and ADB.]

DOMINO ERASMO GERARDVS NOVIOMAGVS S. D. P.

Vtopiae imprimendae prouinciam The⟨o⟩doricus noster lubens ac gaudens suscepit. Insulae ipsius figuram a quodam egregio pictore effictam Paludanus noster tibi ostendet; si quid mutatum velis, scribes aut figurae annotabis. Exemplaria Epistolarum tuarum in aduentum tuum huc diligentissime custodiam; si vero ad te mitti velis, mittentur quamprimum. Adhibebo omnem diligentiam vt Vtopia ornate in publicum prodeat; vt prosit lectori, non offendat.

Dorpius desyderat aduentum tuum ad nos; quem si distuleris, ipse constituit venire ad te. Persancte iurat se nemini mortalium praeter vnum aut alterum ostendisse litteras tuas aut suas, neque se sparsisse aliquem rumorem apud theologos de tuis operibus, sed culpam nescio in quos reiicit. Spero rem eo peruenturam vt Dorpius Erasmi posthac consiliis non poenitendis acquiescat.

Gaudeo Michaelem theologum tibi placere; forte hoc debet Nebrissensi praeceptori suo. Multum enim refert a quo prima aetas instituatur. Sed sus Mineruam. Optime Erasme, non sit tibi molestum quod tam impudenter tibi scribo, et apud te in optimis studiis occupatissimum hiscere audeo. Condonabis hanc culpam amori erga te meo.

3. pictore] For conjectures as to identity see Michels and Ziegler's edition of the *Utopia*, 1895, p. xl.

Paludanus] Ep. 180.

4. Epistolarum] B.

10. litteras] Cf. Ep. 477. 11 n.

14. Nebrissensi] Aelius Antonius (1444–2 July 1522?) of Lebrixa, N. of Cadiz. He states in the preface to his Spanish-Latin lexicon ⟨1494⟩ that he was born in the year before the battle of Olmedo and at the time of writing was nearly fifty; that after five years at Salamanca he went at the age of nineteen to Bologna to perfect himself in Latinity; and that after ten years he was invited to return to Spain by Alphonso Fonseca, Abp. of Seville († 1473?), in whose household he then spent three years till Fonseca's death: but his figures do not quite agree. He further states that he then taught for twelve years at Salamanca, where he was professor of grammar and rhetoric; and that he had been for seven years in the household of John Stunica: an ecclesiastic who in 1503 became Abp. of Seville. On Stunica's death († 14 Oct. 1504) he returned to Salamanca, and taught there again; his attitude towards the interpretation of Scripture being very close to that of Erasmus. About 1515 attacks on his orthodoxy moved Ximenes to protect him, and to confer upon him a chair at Alcala, which he held until his death.

His writings include a Latin grammar, first published at Salamanca in 1485; a Latin-Spanish and Spanish-Latin lexicon, ibid. 1492 and *s. a.*; editions of Pomponius Mela, ibid. 1498, Persius, Seville, c. 1504, Sedulius, Salamanca, 1510, P. Martyr Anglerius, *De orbe nouo*, Seville, 1511, Prudentius, Logroño, 1512; and three *Quinquagenae* of critical notes on Scripture, ? 1514–16. About 1509 he was appointed historiographer to Ferdinand; but his work in this office was not printed until 1545. He is credited with a share in the Complutensian Polyglott, 1514–17; but his name does not appear in it. See Nic. Antonio, *Bibl. Hispana*; Prescott, *Ferdinand and Isabella*, ch. 12 and ch. 19; a sketch by H. Suaña, Madrid, 1879; and I. Bywater, *The Erasmian Pronunciation of Greek*, Oxford, 1908.

Ostendit mihi Dorpius libellum Pepricorni scriptum aduersus Epistolas Obscurorum Virorum, in quibus ostendit delitescere nescio quas hereses Bohemicas. Quid tandem fiet, si in huiuscemodi nugis reprehendendis non sint canes muti theologi sed clarissime latrent? Melius esset rem silentio contemnere quam scribendo et argumentando in infinitum augere.

Haec habui quae scriberem, doctissime Erasme; quae vt boni consulas velim. Bene vale.

Louanii postridie diui Martini 1516.

488_{507} From Louis Ber.

Epistole elegantes f^o. o^2 v°. Basle.

C^2. p. 152 : F. p. 52 : HN : Lond. i. 32 : LB. 223. 12 November 1516.

[The date is unquestionable.

Louis Ber (24 May 1479—24 Apr. 1554) was born at Basle, and in his youth lived opposite John Amorbach, from whom he received much kindness. His university education was obtained in Paris, where he became B.A. 1497–8, M.A. 1499. In 1500 he entered the Sorbonne, and became a Fellow in 1504. He continued to study theology, living in the College of St. Barbara, and in the examination for the Doctor's Degree in 1512 he stood first (cf. Epp. 305. 199 and 413. 11 n.). After that success he returned to Basle and was incorporated in the University 1512–13, entered the Theological Faculty 27 Aug. 1513, was Dean of it 1514–15, and Rector of the University 1514 and 1520. From the Bishop, Christopher of Utenheim, with whom he was much in sympathy, he received the Provostship of St. Peter's Church in Basle; but in a stronger degree than his patron he was opposed to the Reformation, and did what he could to prevent the printing of Lutheran books in Basle. In consequence of the triumph of reform he withdrew in January 1529 to Freiburg, where the remainder of his life was spent. In June 1530 (Jänig p. 45) and again in June 1535 he visited Rome. A treatise *De praeparatione ad mortem*, Basle, Jo. Oporinus, Nov. 1551 (2nd edit.), seems to be his only published work. It contains also a sensible *Responsio* in the form of a letter, dated from Freiburg 23 Feb. 1551, to some one who had questioned the propriety of flying before the plague. In BRE. 18 the form Βαίρῳ occurs for his name; but in an autograph letter at Basle he signs himself 'Ludouicus Ber', and this form occurs also in the *Responsio* f^o. V^4. The date given above for his death is from the matriculation-register at Basle (AN. II. 3).

See Aleander's *Journal*, ed. Omont, p. 39; Basle Univ. MSS. G. I. 26, G. II. 29. 18–20, KA. C. 1. 2. 47–52; Schreiber. *Gesch. d. Univ. Freiburg*, ii. p. 155; EE.]

LVDOVICVS BERVS LITERARVM OMNIVM PRINCIPI ERASMO ROTERODAMO DOMINO ET PRAECEPTORI IN PRIMIS OBSERVANDO S. D.

Qvemadmodvm quotidiana lucubrationum tuarum lectio, Erasme amicorum integerrime, incredibili animum meum semper afficit

487. 20. Pepricorni] John Pfefferkorn (1469—a. 1524), a Jew of Cologne, who had been converted to Christianity in 1503 or 4. In alliance with the Dominicans he set himself with fanatical zeal to the conversion of the Jews, and for this end proposed the destruction of all Jewish books; a scheme which was frustrated by the opposition of Reuchlin. From 1507 to 1521 he published a series of German pamphlets in support of his aims. That here intended is his defence (*Beschyrmung*, translated into Latin by O. Gratius shortly after its appearance; Böcking xxi) against Eov., in which he had been grossly attacked. See Geiger in ADB, and Creighton v. 31 seq.

voluptate, ita dici non queat quam me oblectarint litterae tuae, quibus de felici statu tuo me certiorem reddidisti. Itaque cum amicorum omnia sint communia, mihi equidem gaudeo tuaeque dignitati summae gratulor de tam honorifica et vbere a Principe oblata prebenda canonica deque tam prospero rerum tuarum successu, vt fortuna literarum et virtutis studiosis semper nouercari solita, abs te quemadmodum contempta, ita et victa et prorsus tibi dedita videatur. Nec obtrectatorum quorundam insania, magis quidem elaborantium vt accuratissima tua scripta et exquisitiorem doctrinam aliqua ex parte falso calumnientur quam vt sane et cum fructu intelligant, felicitatem tuam imminuere poterit, sed augebit potius. Quae enim spes gloriae, si nulla victoria? victoriae autem quis locus esse potest vbi pugna non est? Sed neque desunt nec vnquam deerunt Erasmo doctissimi et optimi patroni, quanquam ipse sibi abunde et patronus et semper Deo duce futurus est victor gloriosus.

Literas tuas ac item Archiepiscopi Cantuariensis ad reuerendum dominum Basiliensem eius reuerendae paternitati diligenter reddendas curaui. Aliarum etiam literarum exempla ad me transmissa, mihi quidem abs te munus gratissimum, communibus amicis nostris, vt decebat, communicaui. Vale semper felix in Christo.

Ex aedibus nostris Basileae pridie idus Nouembres. Anno. domini M.D.XVI.

489_{538} FROM LOUIS CANOSSA.

Epistole elegantes f°. l. — Amboise.
C^2. p. 125 : F. p. 43 : HN : Lond. i. 20 : LB. 224. — 13 November 1516.

[The date is unquestionable.

Louis Count of Canossa (1476—30 Jan. 1532) was born at Verona of a good family, and was trained in the court of Urbino, where he made the acquaintance of Baldassare Castiglione. Being employed on an embassy to Rome, he won the favour of Julius II, who sent him in 1512 as Papal ambassador to France. He showed himself a capable diplomatist, especially in negotiating the understanding between England and France in 1514, and as a reward he was made Bishop of Tricarico 1 Jan. 1515. Thenceforward he was employed in the interests of France, and received the see of Bayeux Aug. 1516 and later an annual pension of 4000 livres. He was sent on an embassy to Italy 1519-20, and from 1523-8 was French ambassador to Venice. Ill health compelled him to resign his various offices; and he died in his native land.

About 60 letters by him are printed in Ziletti's *Lettere di Principi*, 1581, i and ii; and there is a sketch by Manara, Verona, ⟨1845⟩, with ten more letters; see also Brewer and GC. xi. 385,6.

Two of the letters in Ziletti are to Ammonius (i. ff. 17 v° and 18 v°; Brewer ii. 2619 and 2621), dated Nov. and 1 Dec. 1516, and deal with this proposal made to Erasmus. The second alludes jestingly to his meeting with Erasmus

12. et *om. N.*

7. prebenda] Cf. Ep. 436. 5 n. 19. Literas] Cf. Ep. 425. 33 n.

in London in 1514; see Ep. 294 introd. It appears from the letter there quoted that Canossa was nettled by Erasmus' double refusal; but there is no trace of ill feeling between them in Lond. xxvi. 12, LB. 1157.]

ERASMO ROTERODAMO LVDOVICVS CANOSSA EPISCOPVS BAIOCENSIS S. D.

Ea semper mihi voluntas, ea mens, is animus fuit, vt quandocunque per fortunam aliquanto fauorabiliorem liceret, et studiis bonis nostrum omne ocium applicaremus et studiosum aliquem literatumque hominem domi foueremus. Itaque mihi persuasum cum sit eum te, Erasme, esse quem animo ipse concipio quemque vnum imprimis vna mecum esse ac viuere exopto, cuius videlicet et singulari ingenio recreari et literatis colloquiis frui et multiplici etiam doctrina pasci atque erudiri valeam, dignum equidem putaui, simulatque Christianissimi huius Regis (apud quem summi Pontificis oratorem ago) benignitate ac fauore Baiocensi ecclesiae me licet immerentem summus ipse Pontifex praefecit, tibi fortunam hanc nostram statim nunciare, teque insuper hortari et inuitare, si commodo tuo ad me demigrare potes, vna mecum deinceps commoraturus; excepturum te me, si non omnino vt ipse mereris, at saltem pro virium nostrarum quantulacunque facultate, curaturumque vt et Erasmo quantum in me erit satisfaciam et Erasmum ad Baiocensem Antistitem accessisse poenitere nunquam debeat. Quem tantisper dum beneficiis amplioribus ornauero, annua ducentorum ducatorum pensione honestabo, praeter tuam ac famuli vnius itemque equorum duorum impensam. Bene vale et mihi animum tuum renuncia.

Ambasiae idibus Nouembribus. Anno. M.D.XVI.

490. From Henry Glareanus.

Deventer MS. 91, f. 109 v°. Basle.
LB. App. 92. 13 November ⟨1516⟩.

[Not long after Ep. 463.]

DOMINO ERASMO GLAREANVS S.

Qvod ita breuis sum, charissime Erasme, in causa fuit Ioannes Frobenius, communis omnium studiosorum amicus. Nam is me scribere iusserat, caeterum nuntium abiturum post octo dies; vix octo effluxerant horae, cum nuntius litteras poscit, nullas dum a me paratas. Supersedi tamen, melius ratus quascunque dare quam nullas, occasionemque mihi ad te scribendi accipere potius quam

489. 22. Nouemb. *H*: Nouembris *N*.

praeterire. Proinde ignosce iuueni videlicet stulto, tantae tamen prudentiae quod me stultum agnoscam, Moriaeque beneficio me viuere non sum immemor.

Iusseras nuperis litteris vt Hermanni Buschii carmen et meum in laudem tuam compositum ad te mitterem. Id studiosius egi quam oportuit, nempe quod meam insaniam quoque misi. Addideram enim carmen ad Osaldum nostrum scriptum, qui nunc ludo litterario Tiguri praeest, idque, vt tum tumultuabar, non reuidi. Accidit autem vt pudendum errorem non viderim in sexto ab initio carmine; *loricatus* enim posui prima correpta, quod nemo doctus absque indignatione audire potest. Caeterum *venenatus* adscripseram margini; nescio quo fato id post praeterierim. Leuiculum est, fateor, sed res magna errorem condonat, parua minime. Proinde plus me torquet, quod in ea labor, in qua non veniam sed risum meritus sim. At vero tuus candor ingeniumque placabile Glareano hoc quoque condonabit. Oro autem vt carmen ipsum vel penitus confodiatur, in ignem iaciatur vel delitescat, prorsus indignum quod lumen videat, nisi lima Erasmi accedat; quam tamen opto melioribus aduenire scriptis.

Hoc vnum, mi Erasme, tibi persuasum habe, me vbique tuas praedicare laudes, nunquam ammirari desinere tua scripta; semper in ore meo tua esse praeconia, illudque prae caeteris, te mihi ex animo charum esse, idque tuo merito quod vere Christiana me docuisti, homo Christianissime; habeoque tibi gratias quas animo concipere, calamo exprimere non possum. Ad nundinas Francinadanas rursum aliquid litterarum a te expecto, atque tum de rebus meis te faciam certiorem; quas nunc ob breuitatem temporis ne concipere quidem potui, nedum scribere. Porro valeo bene, valent Rhetus, Osaldus, Petrus et Valentinus, omnes discipuli mei, tui

14. reuidi *MS*: recudi *LB perperam*. 15. viderim *LB*: videram *MS*.

10. Buschii] Cf. Ep. 440. 14 n.
meum] Cf. Ep. 440. 13 n.

13. carmen] Cf. Ep. 463. 67 n.
Osaldum] Glareanus uses this form frequently: e.g. in Zw. E. 1519. 2, 16, 19; cf. also VE. 170.

16. *loricatus*] *cataphractis* was substituted when the poem was printed; see Ep. 463. 69 n.

31. Francinadanas] Glareanus uses the locative *Francinadi* in Zw. E. 1520. 44.

35. Rhetus] Cf. Ep. 440. 15 n.
Petrus et Valentinus] Peter (c. 1503–? 1532) and Valentine (c. 1500–1555), brother and cousin of Aegidius Tschudi, 'the Swiss Herodotus,' with whom they were now inmates of Glareanus' academy (p. 279). They accompanied Glareanus to Paris in 1517. See BRE., VE. and Zw. E.

Peter on leaving Paris c. 1521 fin. joined the Reformers, and settled at Chur; see ADB. 38. 730,1. There are poems addressed to him in Glareanus' *De ratione syllabarum* (Nov. 1516) and *Elegiae* (14 Nov. 1516). Valentine before going to Basle (a. 31 July 1515) had been a pupil of Vadianus and had visited Pavia (VE. 100). He graduated at Paris (B.A. 1518, M.A. 1519) and in Jan. 1519 was nominated to succeed Zwingli as parish priest of Glarus (VE. 140, 156); but he remained in Paris till 1521–2, and was not inducted to his cure till 12 Oct. 1522. His subse-

studiosissimi, qui simul omnes te salutari iusserunt. Sed iam vale tu quoque. Basileae ad Idus Nouembris.

491. To Peter Gilles.

Farrago p. 194. Brussels.
F. p. 329: HN: Lond. vii. 33: LB. 345. 18 November ⟨1516⟩.

[Following Epp. 477 and 481.]

ERASMVS PETRO AEGIDIO SVO S. D.

Devm immortalem, quid imprecer istis comperhendinatoribus? Si Hieronymus nondum est concinnatus, fac modis omnibus extimules Callipides istos: sin est, cura vt quam primum ad me veniat. Petrus Cocles fortasse decumbit, nam audio non modo spoliatum verumetiam delumbatum: id si verum est, doleo vicem hominis. Iam Coleto scripsi vt succurrat homini. Tunstallus item ex animo dolet.

Nolim te huc vocari tuo incommodo; quod si est cur huc te recipias, venies gratissimus Tunstallo, tum adferes tecum argentum, relaturus aurum. Franciscus soluit, vt ait; caeterum pro Petro negat se fideiussisse. Accepi syngrapham a Maruffo, qua nonnihil auxit aestimationem ducatorum. Audio Dorpium tandem resipuisse. Vtopia in manibus est typographi. Bene vale cum dulcissima coniuge: optimum parentem meis verbis salutato diligenter.

Bruxellae. xiiii. Cal. Decembres. [Anno millesimo quingentesimo decimooctauo.]

492. From Adrian to Cornelius of Baarland.

Epistole elegantes f°. n. Louvain.
C². p. 135: F. p. 46: HN: Lond. i. 25: LB. App. 98. ⟨c. November 1516.⟩

[This letter may be regarded as one of the first attempts to respond to a request often presented to Erasmus (cf. Ep. 450. 52, 3), that he should publish some list of his writings; such as were afterwards the *Lucubrationum Index*, printed by Martens in 1519, the *Catalogus Lucubrationum* (1), and the letter to Boece of 15 March 1530 (Ep. 47 introd.). In his preface to the *Index*, 1 Jan. 1519, Martens expressly acknowledges Erasmus' assistance in his task; but Epp. 510 and 512 show that there is no reason to suppose that he had inspired this composition.

It can be dated with some precision, since it mentions the publication of B (l. 113) and was written in the autumn (l. 9).

491. 12. Audio . . . resipuisse *om. F.* 15. Anno . . . 16. decimooctauo *add. H*

---

quent life was spent there, in frequent conflict on behalf of the Reformation. He is the author of a chronicle 1524–33. See ADB.

491. 2. Hieronymus] Cf. Ep. 477. 1.

3. Callipides] This form occurs also in *Adag.* 543.

4. Cocles] Meghen.

10. Franciscus] Perhaps cf. Ep. 481. 5–8.

11. syngrapham] Cf. Epp. 481. 81 and 499. 3, 4.

12. Audio] Perhaps through Paludanus; cf. Ep. 496 introd.

Adrian of Baarland, not far from Borsselen in Zeeland (28 Sept. 1486 or 7—30 Nov. 1538), was one of the most active of the men of letters at Louvain at this period. His first education was at Baarland 'sub moderatoribus'. After four years at Ghent (l. 1 n.)—during which he was present at the christening of Prince Charles, 7 Mar. 1500—he went to Louvain, where he spent four years in the uncongenial study of philosophy. On proceeding M.A. c. 1507 he devoted himself to Latinity, and c. 1509 began to support himself by teaching; being admitted in 1512 to the Collège du Porc. He published numerous books for the encouragement of Latin studies and the benefit of his pupils; among whom was William of Croy. On the foundation of Busleiden's College he was appointed Professor of Latin there, and delivered his first lecture on 1 Sept. 1518; but within a year he resigned and returned to private teaching, receiving the charge c. 1523 of the youthful Charles of Croy, Abbot of Afflighem. On 4 March 1525 he succeeded Paludanus (Ep. 180) as Professor of Rhetoric at Louvain, an office which he held till his death.

His letter to John Becar of Borsselen (cf. Ep. 291 introd.) dated 5 Jan. ⟨1520⟩, is a brief autobiography. See also *Bibliotheca Belgica*, 2nd series, where there is a full bibliography and a very careful account of his life, correcting in many particulars and amplifying the notices in BN and Nève, *Renaissance en Belgique*, pp. 194–7. In opposition to the latter's statement that Barland was married, the *Bibl. Belgica* shows that in 1516 he was in priest's orders; and in the preface ⟨1513⟩ to the second edition of Aesop (l. 1 n.) he describes himself as 'sacris iam initiatus'. Cornelius, his brother, is known only from this source.]

HADRIANVS BARLANDVS CORNELIO FRATRI SVO SA.

LITERAS meas, quas ad literatissimum virum Petrum Schotum Gandaui olim praeceptorem meum tuumque exaraueram, scribis te per tabellarium publicum transmisisse, quandoquidem ipse, ita vt petieram, ferre non potueris: dehortante id ac prope etiam vetante matre, quae tui amantior te noluerit longius alioqui et periculosum propter nauigationem iter arripere. Id quod ego quoque iam non doleo ita euenisse; nam vix vlla vrbs est, in qua tuto subsidere hiis quatuor aut quinque mensibus potueris, quod morbus pestifer aestate superiore et hoc etiam autumno quibusdam in locis valde seuierit, in multis etiam pullulauerit tantum, idque ita occulte ac dissimulanter vt nonnulli, in tuto atque in vado salutis quod aiunt rem omnem esse putantes, in discrimen inciderint ignari. Quod tantum molestiae in animo tibi esse hoc tempore scribis vt nequeas ad me quo soles studio ac diligentia de omni tuo atque amicorum statu literas dare, nescio quid id sibi velit neque vnde ista tibi molestia moesticiaque animi orta sit: quare tuum erit officium quam primum rem omnem quae te male habet ad me transcribere, vt te quantum possim vel consilio vel re adiuuem.

1. Scotum *N*.

1. Schotum] A schoolmaster at Ghent, to whose care Adr. Barland was entrusted at the age of 11; see Barland's *Collectanea*, Louvain, Th. Martens, March 1514, f°. b^4, repeated in his autobiography. In one of Barland's *Dialogi* the school is enthusiastically praised; and Schott is perhaps the Ghent schoolmaster aged about 80, whom two friends go to visit in another (ff. c and E^3 in Hillen's edition, Antwerp, Apr. 1534). On publishing some translations from Aesop (Antwerp, Th. Martens, 22 Apr. 1512) Barland dedicated them to Schott; but in the second edition (Louvain, Th. Martens, 21 Sept. 1513) the preface to Schott is quite different.

De Erasmi lucubrationibus quod scire vis ordine, tibi nunc perscribam; quanquam non sunt hoc tempore ad manum omnia quae vir ille conscripsit, quibusque Latinam linguam ita locupletauit vt non debeamus hac tempestate magnopere queri ob amissos authores per Gothorum in Italiam incursionem. Primum igitur vt ad opera eius veniam, extat Enchiridion Militis Christiani, opusculum vere aureum et omnibus maxime conducibile, qui se a corporis voluptatibus abducere et ad virtutis iter accingere et ad Christum, qui est veritas et vita, constituerint accedere. Contionator quidam apud Antuerpienses celeber et primi nominis, cuius mihi non succurrit nomen, tantum tribuit olim in vita huic opusculo, vt saepius in consessu etiam magnorum iudicauerit ex singulis pagellis singulas posse fieri et haberi contiones. Est Panegyricus ad Philippum Principem, Archiducem Austriae, continens triumphalem illius profectionem in Hispanias felicemque in patriam ad suos reditum. De quo opere vere mihi videor posse dicere quod de Cicerone dixit Quintilianus, elucere in eo immortalis ingenii eius beatissimam vbertatem, nec eum pluuias aquas colligere sed viuo gurgite exundare. Hic Philippum adhuc iuuenem propeque imberbem laudat obiectaque virtutis imagine cohortatur ad honesta. Reliquit deinde Precationes aliquot quum eruditas tum pietatis plenas, ad Iesum et Virginem matrem. Pene mihi exciderat alter panegyricus siue, vt ipse inscripsit, Epistola exhortatoria ad capescendam virtutem, conscripta dicataque Adolpho principi Veriensi. Enchiridio, cuius supra meminimus, adiungitur subtilis, grauis, ornata Disputatio de tedio, pauore, ac tristitia redemptoris nostri Iesu.

Transtulit idem ex Luciano permultos ac varios dialogos, in quibus mihi tersus atque elegans maxime videtur. Proinde dignos eos censeo quos omnes literarum sacra colentes non modo legant sed ediscant etiam et omnium peregrinationum comites habeant. Inter dialogos est declamatio eiusdem Luciani ab Erasmo versa, cum altera eiusdem Erasmi quae Lucianicae respondet. Leguntur studiose ab eloquentiae candidatis pleni bonae frugis De Copia rerum ac verborum commentarii. Circunfertur hic libellus Similium. Ex Plutarcho in Latinum ab eodem traducta vidi haec:

Opusculum de tuenda bona valetudine.
Quo pacto quis dinoscere possit adulatorem ab amico.
Quo pacto quis efficere possit vt capiat vtilitatem ab inimico.

---

24. Enchiridion] Ep. 164.
31. Panegyricus] Epp. 179, 180.
34. Quintilianus] *Inst.* 10. 1. 109; quoting Pindar, *Ol.* 11.
38. Precationes] Cf. Ep. 93. 101 n.
41. Epistola] Ep. 93.
43. Disputatio] Epp. 108–11.
45. Luciano] Epp. 187, 191–3, 197, 199, 205, 261, 267.
51. Copia] Ep. 260.
52. Similium] Ep. 312.
Plutarcho] Epp. 268, 272, 297.

De doctrina principum.
Maxime cum principibus oportere versari philosophum.
An recte dictum sit ab Epicuro, λάθε βιώσας.
De cupiditate diuitiarum.

Euripidis poetae nobilissimi duas tragoedias, Hecubam et Iphigeniam, carmine vertit elegantissime: altera abhinc biennium hic acta et exhibita est publice ab honestis aliquot iuuenibus, quibus agentibus nos praeesse meministi.

Edidit etiam libellum De ratione studii et instituenda pueritia: in hoc docet qua potissimum via pueri ad doctrinae summam celerius emergere possint. Est etiam in manibus Contio de puero Iesu, in qua puer ille pueros ad modestiam, tolerantiam, humilitatem vitaeque castimoniam hortatur. Hanc orationem non dubito quin aliquando legeris; fuisti enim a primis annis earum rerum studiosior quae ad mores animi tui componendos attinerent, lasciuas vero poetarum fabulas et pestilentissimas Apulei facetias recte semper contempsisti. Nam quid per Deum immortalem poetae talibus nugis docent nisi peccare, nisi a virtutum castris ad vitia transfugere atque desciscere? Reliquit et Odas aliquot, quales fecit Horatius aut Prudentius noster; quantum illis nitoris, dulcedinis, pietatis inserit! Idem in oratione prosa tantus vt quod de Platone Quintiliani testimonium est, in hunc transferri iustissime possit, non hominis eum ingenio sed quodam Delphico videri oraculo instinctum.

Sed redeo ad eius opera. Scripsit abhinc quantum commemini sexennium Declamationem stultitiae, qua multum verae gloriae meruit; est enim in eo libello eruditio mira, multa libertas, plusculum etiam acerbitatis et salis. Offenderat libertas quosdam initio, qui nolebant suam stultitiam a stultitia notari. Docti certe et boni omnes tam elegantis opusculi festiuissima doctrina simul et doctissima festiuitate impense delectati sunt. Emisit et Chiliades aliquot et Centurias Prouerbiorum: quod opus plane diuinitatem quandam hominis prae se fert ob rerum verborumque beatissimam copiam. Editum vniuerso prope orbi ita placuit vt intra pauculos annos

61. Euripidis] Epp. 188, 198, 208.

62. altera] It is not clear which play is meant. The *Hecuba* was acted, presumably under Barland's direction, in Standonck's college at Louvain in Sept. 1506 (quingentesimo sexto); see Barland's dialogue by way of prologue in his *Dialogi LVII*, Antwerp, M. Hillen, March 1527, f°. F. I do not know of any second performance of it; so that possibly *decennium* should be read here; or more probably, in view of the date of the publication of Euripides (Ep. 188) and of the facts of Barland's life (his pupils acted scenes from the *Aulularia* in 1514), 14*to* should be read in the date quoted above for *ſexto*.

65. De ratione studii] Ep. 66.

67. Contio] Ep. 175.

75. Odas] Cf. Epp. 43. 28 n. and 47 introd.

77. Quintiliani] *Inst.* 10. 1. 81.

81. sexennium] Inaccurate; cf. Ep. 222 introd.

87. Prouerbiorum] Epp. 126, 211, 269.

quater a nobilissimis impressoribus formis excusum sit: primum in Italia ab Aldo Manutio, viro propter singularem vtriusque linguae doctrinam omnium memoria saeculorum dignissimo; deinde in Germania bis a Frobenio Basilaeae, semel ab Anselmo Thubingae, praecipuis chalcographis. Circumfertur et libellus concinnus ac breuis De constructione octo partium orationis; quem plaerique putant illius, nec ipse in totum negat. Tum Disticha moralia, vulgo dictus Cato: Mimi Publiani: Institutum hominis Christiani. Leguntur et Epigrammata quaedam, quae ille non inficiatur ab se scripta, sed in hoc scripta negat vt ederentur.

Nouissime Nouum Testamentum Graece simul ac Latine primus omnium nobis dedit, illa sua editione ad veterum exemplarium et interpretum vtriusque linguae collationem diligenter emendatum, vna cum annotationibus; quod opus miro studio docti candidique omnes amplectuntur. Mox Hieronymum nobis sic restituit argumentis et scholiis illustratum, vt alius videri possit pre eo quem antehac vulgo legebamus; semotis etiam iis quae illi falso inscribebantur, et adiectis in libros epistolarum argumentis et scholiis quae breuitate, luce, suauitate ac nitore dicendi mire placent. Ad legendos vtilissimos illos de quibus ante dixi commentarios de vtraque Copia non puto esse opus vt te pluribus admoneam, quum vltro in Musarum stadio decurras, neque tam calcare quam freno indigeas. Praeter ea quae commemoraui, visuntur passim in bibliopolarum officinis Epistolae aliquot Erasmi ad illustres et horum ad illum. Impressae sunt hoc anno bis adnotatiunculae eiusdem in libellum qui vulgo Cato inscribitur. Hunc nos discipulis nostris enarrauimus, vt sanctissimis praeceptis eorum animos ad virtutem et linguas ad rectam eloquutionem formaremus: nam alterum sine altero docere verius corrumpere quam docere est. Senecam etiam nuper castigauit, qui hactenus deprauatissimus extitit. Psalmum primum, Beatus Vir, doctissimo illustrauit commentario. O nos plane felices, quibus adhuc in flore primo omni ex parte absolutissimas lucubrationes videre, contrectare ac legere contigerit.

Haec fere sunt, charissime frater, quae in manus nostras peruenerunt; videbis propediem, si vixeris, alia. Nam quotidie adhuc

108. Ad C^1 : At C^2.

93. Anselmo] Cf. Ep. 397. His edition of the *Adagia* is dated March 1514.

95. De constructione] Ep. 341.

97. Cato] Ep. 298.

98. Epigrammata] The first edition of these was published in combination with the *Adagiorum Collectanea* (Ep. 126) by Badius, 8 Jan. 1507; see BEr^2.

100. Testamentum] Epp. 373, 384.

104. Hieronymum] Epp. 326, 396.

109. ante] l. 51.

113. Epistolae] B.

114. bis] $BEr.^1$ mentions editions by Schürer in March and Oct. 1516; the former I have not seen.

118. Senecam] Ep. 325.

119. Psalmum] Ep. 327.

noua scribit et veteres autores vel culpa temporum vel inscitia negligentiaque librariorum deprauatos recognoscit, homo nimirum ad restituendas literas natus: cuius scripta oro ad tuam vtilitatem semper cum lectione veterum coniungas; orationem enim tuam sic pleniorem efficies. Quod mihi scribis te Iustiniani Institutiones non solum legere sed etiam ediscere, pergaudeo, mi frater. Nolim enim te in poetarum studio, quod vulgus hominum sterile vocat, omnem aetatem consumere. Nam discenda etiam sunt quibus victum et facultates pares, quibus amicorum controuersias causasque tuearis. Apud M. Tullium hoc nomine multum effertur M. Cato, quod eloquentiae tam absolutae iuris ciuilis scientiam adiunxisset. Laudi datur apud eundem Tullium et Q. Sceuolae quod iurisperitorum eloquentissimus, eloquentium iurisperitissimus esset. Sexcentos enumerare tibi possem, si sit ocium, qui in vtroque studio clarissimi habiti sunt: de veteribus loquor, non quos nunc tenet saeculum; hodie enim praeteritis eloquentissimis iureconsultis minuti quidam glossatores leguntur, ex quibus sibi quisque leges aptas facit, neque mores legibus sed moribus suis leges accommodat. Itaque tu, mi frater, in percipienda sanctissimarum legum scientia imitare saniores homines, hoc est facundos nostri saeculi iureconsultos. Id si feceris, habebit constantior aetas tua quo laborantibus succurrat, egris medeatur, afflictos excitet, vt apud Ciceronem est: in senectute vero, ad quam vtinam peruenias, iurisscientia vteris ad decus atque ornamentum; quum omnes tui amici ad te venient, consilium expetent suarum rerum satagentes. Est enim, vt Ciceronis verbo epistolam finiam, domus iureconsulti totius oraculum ciuitatis.

Vale, mi Corneli, et hoc munus nostrum in amicam partem accipe; quod ego pro nostra necessitudine, vt qui frater sim tuus, dono tibi mitto. Louanii.

[480]493[531] From William Budaeus.

Epistole elegantes f°. d^4 v°. Paris.
C^2. p. 53: F. p. 18: HN: Lond. i. 11: LB. 220. ⟨26 November 1516.⟩
Budaei Epistolae (1531) f. 120 (β).

[For β see the introductions to Epp. 403 and 435. The frequent agreement between C^1 and β is noticeable; also the corrections of the text made in N^2 (ll. 272, 457 and 484) and lost again in N^3.]

GVILLIELMVS BVDAEVS ERASMO ROTERODAMO S. D.

Identidem literas tuas repeto, varie enim me affecerunt. Ὅτε μὲν γὰρ ὑφορώμενος τὴν δεινότητα τὴν σὴν τήν τε ἐν τοῖς λόγοις κομψότητα

493. 2. τὴν σὴν *om.* β.

492. 134. Tullium] *de Or.* I. 37. 171.
136. Tullium] Cf. *Brut.* 39. 145.
146. Ciceronem] *de Or.* I. 37. 169.
149. Ciceronis] *de Or.* I. 45. 200.

περιττὴν, δοκῶ μοι χαριέντως ὑπὸ σοῦ καταγελᾶσθαι· neque enim vsque-adeo stupide mihi faueo vt non mediocritatem meam agnoscam, quem tu inter primae notae ingenia ponis. *Ὅτε δ' αὖ πάλιν τὴν ἐπιείκειαν τὴν τρόπου σου στοχαζόμενος ἐκ τῶν συγγραμμάτων σῶν, τὴν ἐπιστολὴν δὴ τὴν ἀποδοθεῖσάν μοι παρά σου ὑπογύως οὐχ ὡς πεπαιγμένην ἀποδέχομαι ἀλλ' ὡσανεὶ ἐσπουδασμένην.* Ex hac tamen opinionum alternatione statui mihi faciendum esse vt vel *εὐήθως πιστεύσαντα* homini theologo potius me praebeam quam vt animo suspicaci de te male mereri deque amicitia ipsa videar. *Καὶ μὲν δὴ καταγνῶναί μου πονηρίαν τινὰ τοῦ ἤθους εὐλαβοίμην ἂν, εἰ ἐνωμότως σχεδόν τι γράψαντι τῷ φίλῳ σοι οὐκ ἐπίστευον.* Stat igitur sententia ita credere et confidere bona te fide scripsisse. Itaque magnopere triumpho legatum illum Regis Angliae Cutbertum Tunstallum, virum (vt tu mihi fidem fecisti) imprimis commendabilem eximia et amoena vtriusque linguae peritia, vltro etiam mihi tecum testimonium praebere, praesertim quod ad Graecam eruditionem attinet. Nam vestra amborum autoritate fretus iudicio meo ipsius interdum fidem abrogo, vt vel me quoque Graece scriptitare posse epistolia confidam: *ἐνάμιλλον δῆθεν ἐμαυτὸν τιθεὶς τὸν αὐτομαθῆ, τὸν ὀψιμαθῆ, τὸν ὡς ἔτυχε πεπαιδευμένον, τοῖς τε τῶν νεωτερικῶν ὀνομαστοτάτοις καὶ τῆς παιδομαθείας τετυχηκόσι·* id quod libens atque etiam perlibens fecerim ad te scribens, *εὐγνωμοσύνῃ δήπου τῇ σῇ τεθαρρηκὼς τοῦ πάντ' ἀρίστου.* Totum enim me tibi indicare optima fide mihi certum est: vt qui antehac in vtraque lingua praeceptore me tantum ac praelectore vsus sum (id quod gemens refero), sero saltem melior censura tua fiam. Atqui si te aliquando feriatum nostris auocamentis sensero, exercebo te sane frequentibus literis vel ad odium vsque. *Καὶ μὴν καὶ ἔγωγε ἡμῖν ἡγοῦμαι ἀμφοῖν τοῦτο πολὺ διαφέρειν, συχναῖς γε πρὸς ἀλλήλους ἐπιστολαῖς τὴν ἡμετέραν εἰς τοὐπιὸν φιλίαν εἶναι περιβόητον καὶ γνώριμον ἐν τοῖς πολλοῖς.*

Ἀλλ' ὦγαθὲ, amabo te, si quid istinc exierit, vide vt sine captione nostra fiat. Mihi enim errata *ἀξιόλογα τῶν τυπογράφων* praestare te aequum est atque etiam mea ipsius, si vsu ita venerit; praesertim si in autographis meis errata quoquomodo admissa (vt fit) oculos recognoscentes fefellerint. Quid ni enim id a te exigam, vt sartam tectamque praestes existimationem meam? etiam si merito te conquestum esse non inficior, quod idiochira nostra negotium tibi non paruum exhibuissent. Quem epistolae tuae locum cachinno

2. quem *β*: quam *C*. 12. *β*: *ἐνομότως C*. *σοι om. β*. 15. tu *C¹ β*: *om. C²*. 17. praebere *C*: accommodare *β*. 20. posse *add. β*. 21. *τε add. β*. 22. etiam *Cβ*: *om. H*. 24. mihi *om. β*. 28. te *om. β*. 29. *συχναῖς H*: *συχνῶς C*. 32. istinc *add. β*. 34. errata *ante* si *add. β*. 35. in *Cβ*: *om. N*. errata *om. β*. 36. *Cβ*: recognoscentis *F*. 38. idiochira *β*: vliochira *C*.

38. idiochira] The meaningless misreading perpetuated in all Erasmus' editions is another example of want of supervision; cf. Epp. 106. 1 n., 497. 4 n.

effuso prosecutus sum, ὅς γε αὐτὸς κακῶς χειρογραφήσας ὅμως ἐγκαλεῖν σοι κακογραφίας ὑπέμεινα: quanquam quod in te negligentia est, etiam est in me imperitia. Quare si mihi in posterum in eo indulseris, per me licebit vt quoquo modo scribas; καὶ δὴ καὶ ἤδη ἔγωγε μετὰ σοῦ συντίθεμαι ἐφ' ᾧτε αὐτὸς μήτ' ἐγκαλεῖν ὕστερον μήτ' ἐγκαλεῖσθαι ἐπὶ τούτῳ. Epistolam vnam meam vidi inter tuas impressam, in qua cum multae mendae sunt, tum id molestum fuit, quod in fine *quinque* legitur pro *quique*, id est ὥστε, non paruo meo dispendio: quippe qui bis trium filiorum pater et vnicae filiolae ad quinque filios redactus sim, quasique iure duplici trium liberorum imminutus. Proinde criminosam quampiam dicam impressori tuo dicam, nisi id mihi damnum primo quoque tempore sarcietur; atque etiam tecum fortasse experiar, si ab ipso seruare indemnem me non potuero.

Περὶ λεπτολογημάτων iam te conquieuisse puto et nostram satisfactionem accepisse. Quin tu ipse incommode interpretaris, qui id de scholiis in Nouum Instrumentum et rursum de Paroemiis, si diuis placet, intelligis; quarum ipsarum volumen tantum abest vt λεπτολογηματικὸν esse censeam, vt σεμνήν τινα λογοθήκην καὶ ἀξιοθέατον esse autumem vtriusque linguae delitiis refertam et exornatam et, si verbo Homerico vti mihi permittis, σιγαλόεσσαν: tametsi πέρα τοῦ δέοντος πολὺς εἶναί μοι δοκεῖς πρὸς τῷ παροιμιολογεῖν, vt obiter te recriminer, qui me eo nomine notasti quod manum tollere de tabula non nossem. Nae illud perplacet, quod scribis nonnihil te monitis meis extimulatum ἵν' ἐν τοῖς μετὰ ταῦτα ἐπιχειρήσῃς τοῖς μείζονος φρονήματος χωρητικοῖς. Agedum, ἀναδέχομαι τούτου τοῦ ἐγχειρήματος κίνδυνον ἐφ' ἅπασί μου τοῖς κτήμασι. Τί γὰρ ἂν οὐ κατορθώσαις, ὦ θεῖοι πανάγαθοι, ὧν γε δὴ αἱ περιτταὶ τῶν φύσεων καὶ εἰς ἄκρον τῆς παιδείας ἐξησκημέναι δύναιντ' ἂν ἐφικέσθαι; Hic tu delitias facis, mi Erasme, et 'Pede' inquis, 'meo me metior, nec omnes Budaei sumus.' Nae cauillatorem quendam facetum et callidum esse te, vir mirifice, oportet. Quasi vero quicquam mihi incommodius accidere possit quam si pes meus cum eo pede componeretur, cui vix satis esse Maximini calceus possit. Ἡμῶν γοῦν παρ' ἀλλήλους θεωρουμένων δισημιόλιόν σε φανῆναι ἂν ἐπάναγκες.

Enimuero demiror, deosculor, amplector, suspicio tuum istud tam acre, tam exactum, tam celere, tam praesens, tam sibi constans iudicium. Vt me vno obtutu totum perlustrasti, vt excussisti, vt penitus explorasti et perpendisti! Certe his literis omnem mihi

43. ἔγωγε *add.* β. 44. ἐπὶ τούτῳ *add.* β. 48. sim β : sum C. 50. dicam *post* tuo C: scribam β. 55. si diuis placet *add.* β. 59. πέρα β : παρὰ C. 69. vir mirifice *add.* β. 72. β : δυσημιόλιον C. φανῆναι ἂν C: φαίνεσθαι β. 76. et perpendisti *add.* β.

---

45. Epistolam] Ep. 403. 149.
67. Pede] Cf. Hor. *Ep.* 1. 7. 98.
71. Maximini] The Roman Emperor, 235–7, who was of gigantic stature.

spem fallendi tui in futurum praecidisti. Vsqueadeo omnes animi mei sensus velut quodam specillo pertentasti iudicii tui acrimonia, et tanquam ad manum me absentem inspicis, introspicis, perspicis: mihi adeo notior ipse esse cepi, ex quo tu me considerasti, expendisti, aestimasti. Ὦ τῆς σῆς ἀγχινοίας εὐδαιμονεστάτης τε καὶ πάντων ἐπιτυχούσης ἄν, εἰ σύγε πλειόνων τε καὶ μειζόνων ἐπιβάλλοιο. Si nostra illa iterum et tertium relegisses, et tu quiuis alius et non Erasmus esses, quid tandem vltra animaduertere posses? At ego certo certius habeo vix tibi vacasse quos tibi locos notaueram eos vellicatim legere, occupata iam mente in vrgente negocio. Sed scilicet, vt aiunt, leonem ab vnguibus, me vero etiam καὶ τοὺς τυχόντας a digitis primoribus.

Hic frontem perfricabo καὶ ἐπὶ σοῦ δικαστοῦ ἀπολογίαν ἐνστήσομαι ὁποιανδήποτε. Video enim quaenam sint illa quae tu vicio vertas, etiam si id dissimulas. Quae et si merito et acute notasti (quo nomine ingentes tibi gratias debere me fateor, qui hoc precibus meis dederis), non tamen deterrebor, nec committam vt mihi vel in mala causa adesse et superesse non potuisse dicar; quippe qui sim vnus ex bonis illis viris qui causam inferiorem dicendo facere superiorem non didicerunt quidem sed discere conati sunt. Rem mihi tamen hanc difficilem tu reddidisti, qui ita solerter et clementer officium inter amicum et emendatorem temperasti, vt de te quidem nec queri possim si velim, ni improbior videri velim atque ineptior omni philocolace; sicque tibi nihilo secius vtcunque negocium facessam, ne argumentum non habeas epistolae meae rescribendi.

Ais quae natiuam simplicitatem redolent melius et gratius insidere in animis hominum atque etiam intentioni magis et labori lectorum lenocinari: a qua simplicitate cum longius recesserim, necessum est vt non temere scriptorum meorum lectione delectetur nisi doctissimus quisque lector isque intentissimus. Hanc enim arbitror esse verborum tuorum sententiam, quoniam cum haec scriberem, epistola tua penes me non erat; quae nunc vt Appellis tabula quaedam visenda per amicos circunfertur, qui mihi eam ipsi extorserunt ostentanti. Caetera addis eodem pertinentia de translationum vsu frequenti ac pertinaci: quod ipsum vtram in partem acceperis latere me voluisti, certe intelligere non potui, etiam si suspicor. Tum illud addis, Τί ταῦτα πρὸς Διόνυσον; Haec cum inficiari nequeam, reliquum est vt excusare quoquomodo contendam, cum poenam depraecari in animum non induxerim: tametsi ea criminose non obieceris, vtpote

78. tui *add.* β. 85. eos *add.* β. 90. quaenam sint illa *add.* β. tu id vitio . . . 91. si dissimulas β. 94. dicar *C*: dictiter β. 97. hanc *add.* β. 99. atque ineptior *add.* β. 103. C^1β : animos C^2. 104. necesse β. 108. nunc *add.* β. 109. ipsi *add.* β. 110. ostentanti *add.* β.

qui singulari dexteritate emendatoris vsus ea quae plane vituperare iure tuo poteras, in laude interim ponas reprehendendo, vt hortari me magis certo quodam modo admonens erroris quam deterrere videare, et nihilo minus circunspectiorem in posterum et emendatiorem reddere, si quando auscultare meliori didicerim.

Quid igitur hic primum respondeam? Nescio, nisi si hoc dicam, ἐπιτετηδεῦσθαί μοι τὴν ἰδέαν τήνδε τοῦ λόγου ἣν οὐκ ἂν φῇς ἀποδέξασθαι τοὺς ἐντυχόντας τε καὶ τοὺς ἐντευξομένους αὐτῇ τῇ βίβλῳ, τούς γε μὴ ἄκρως πεπαιδευμένους μηδ' ἐπισχόντας τὸν νοῦν ἀτενῶς. Sic referre mea id temporis existimabam, vt a paucis intelligerer; atque ab ipsis ita intelligerer vt tamen, si res ita tulisset, in vulgus essem inficiando quod quisque me dixisse pro captu interpretaretur. Quare nonnulla αἰνιγματωδῶς ἐπετήδευσα, quae magna ex parte lucidiora fient altera editione ex persona τοῦ σχολιαστοῦ, ἵν' αὐτὸς ὡσανεὶ ἀρνητικῶς ἔχοιμι καὶ ἀσφαλῶς, et nihilo secius animo meo obsequerer εἰς τὸ παρόν: id quod tu satis intelligens Loxian illum Delphicum imitari me dicis. Nostin' illud scitum Solomonis, δόξα Θεοῦ κρύπτειν λόγον? noluit enim ille sapiens, cum de arduis et arcanis loqueretur, a profanis intelligi, ne a delicatis quidem, sicut nec caeteri oraculorum auctores. At sunt, inquies, quae ab omnibus percipi intererat, neque in iis te submittis ad popularem captum, mirum quin ad plebeium. Nam ne argumentum quidem libri et explicatio earum rerum quae ab asse et partibus eius manant nisi a semidoctis percipiuntur, ac ne ab ipsis quidem nisi attente iterunque legentibus. Nullum intractabilius argumentum suscipere, οὐδεμίαν πολυπραγμονεστέραν ὑπόθεσιν ὑποθέσθαι quisquam potuit et ad extremum proferre et absoluere. Neque id mihi primum in mentem venit, vt aggrederer explicare. Nulla res fere tot manus irritas experta est. Οὐκ ἔστιν ὅτῳ τῶν δοκίμων καὶ ἐνδόξων τῶν τε καθ' ἡμᾶς καὶ τῶν ἄνωθεν οὐ τοῦτ' ἐπολυπραγμονεῖτ' αὐτὸ, οὐδ' ἂν ἕνα εὕροις μὴ σφαλέντα ἀπὸ τῶν θεμελίων ἄχρι τῶν ἀνωτάτω· ὅμως μέντοι αὐτὸς τῶν ἀγνώτων σχεδὸν εἷς ὢν καὶ ἀφανῶν, τούτων οὕτως ἁπάντων τετυχηκέναι μοι δοκῶ δι' ὅλον τε κατορθῶσαι, ὥστ' ἐλέγξαι τις πειρώμενος τὰ συντεταγμένα ὑπ' ἐμοῦ οὐκ ἂν φθάνοι πολλὴν ἀναίδειάν τε καὶ παράνοιαν ὀφλών.

Quod ad reliqua pertinet sic sentio. Quod φιλομετάφορός εἰμι καὶ πολύτροπος, id vero exemplo procerum Latinae linguae facio, qui translationi primas partes in elocutione dederunt eique plurimum ipsi scribendo indulserunt; quod etiam φιλομετέωρος, οὐκ ἄνευγε τοῦ

122. β: ἐπιτητηδεῦσθαί C: ἐπετηδεῦσθαί F. τήνδε C^2: τήν τε C^1. 125. ab ipsis *add.* β. 129. ὡσανεὶ C: εἰσαεὶ β. 132. Salomonis β. 142. Nullas β. 146. καὶ ἀφανῶν *add.* β. 147. ὅλου β. 150. καὶ πολύτροπος *add.* β. 151. vero *add.* β. 152. C^1F: translatione C^2. eique β: iisque C.

132. Solomonis] *Prou.* 25. 2.

πρέποντος id fecisse videor. Quis enim proborum et laudatorum scriptorum non grandia et dignationis indignationisue ploena sublimiter et splendide dicere conatus est? nisi si quis excandescere et quiritari non grandi voce potest et omnibus non surdis exaudibili. Cum tua lego ἐν τοῖς Σειληνοῖς, ἐν τῷ Γλυκὺς ἀπείρῳ πόλεμος, quem nobis arrabonem Antipolemi tui dedisti, idem propemodum argumentum vario nos genere tractasse existimo. Ego τὰ ἱεραρχικὰ τοῖς πολεμικοῖς συγκεχυμένα καὶ τὴν ὁσίαν τῶν ἀνθρώπων τάξιν μεταχειρίζεσθαι τὰ εἰς τὸ πλουτεῖν ἀνήκοντα ἐδυσχέρανα, δέον αὐτοὺς κήδεσθαι τῶν ἐπ' οὐρανὸν φερόντων. Id argumentum a te accepisse videbor, si quis vtrunque nostrum legerit, cum eadem de re eadem prope dicam. Sed tu εὐλαβῶς, ὁμιλητικῶς, ἀφελῶς, δημαγωγικῶς καὶ εἰς τοὐπίπαν καθεστηκότως, ἁρμοττόντως δήπουθεν τῷ θεολογικῷ σχήματι, ὅπερ σὺ ἀρτίως ἐπανήρησαι· ἐγὼ δὲ ἀφειδῶς, ἀδεῶς, ἐνθουσιαστικῶς, νεανικῶς, ἐπιδεικτικῶς, ἐσχηματισμένως, εἴθε δ' οὐκ ἀπειροκάλως. Ταῦτα γὰρ οἶμαι οὐκ ἀσχημονεῖ ἐπὶ τοῦ ἐλευθεριάσαντος λόγου καὶ ἐπὶ τῇ παρρησίᾳ φιλοτιμησαμένου, ἣν σὺ ὡς ἀληθῶς Φραγκικὴν ὠνόμακας. Proinde nec tropis nec numeris nec reliquo apparatu epidictico parce vsus sum: nec translationibus, iis duntaxat quae se benigne, non quae grauate obtulerunt. Nam eas procaciter me accersisse aut corrogasse impudenter improbeue tu sane non contendes, qui noris me instrumento et ornamento non libenter vti translatitio et protrito: nec morose tibi videbuntur affectata quae ducuntur a me, non trahuntur aut vexantur, nisi me longe fallit opinio; id quod testari potest tenor inoffensus, vt opinor, et tractim aequabilis. Tu legibus astrictior Mineruae tuae inseruire te causaris, quam vere popularem esse et coronae iucundam tu recte interpretaris: ego enim eo amplius et senatoriam esse dixerim eam et consularem, siquidem tam populariter apud omnes ordines excipi scripta tua video, vt tibi iam inuideam. Sed quid facerem? Operis blandimentis captus, vt semel expassis velis abreptus sum in altum, nec colligere vela nec tenere modum fortasse velificando memini; ventis me permitto et quo tulit cunque ἐνθουσιασμὸς auferor, quem inhibere incalescentem nequeo: interim etiam fortasse transuersus agor, sicubi vehementius efferbui.

Quod tamen ipsum iudicii tui esse volo, id demum meminisse videor, vt cursus tenorem eundem semper seruem, vt semel cepi impetum, aura

157. et omnibus . . . exaudibili *add. β.* 160. nos genere *C*: genere te et me *β.* 162. ἐδυσχέρανα *β.* 164. dicam *C*: dicamus *β.* 166. ἐπανήρησαι *C*¹*β*: ἐπανήρησε *C*²: ἐπανήρησε *F.* 169. λόγου, καὶ *β*: .λόγου γὰρ *C.* 173. tu . . . 174. contendes *C*: tute . . . contenderis *β.* 177. id quod . . . 178. aequabilis *add. β.* 180. ego *C*: ipse *β.* eam *add. β.* 185. quem . . . 186. nequeo *add. β.* 189. *F*: eundum *C.*

158. Σειληνοῖς] *Adag.* 2201. Γλυκὺς] *Adag.* 3001.
159. Antipolemi] Cf. I. p. 37. 7–14.
166. ἐπανήρησαι] Cf. Ep. 436. 5 n.

vtique eadem a tergo iugiter aspirante, vt velis maxime, non etiam remis incitari me sentias, si propius accesseris, *οὐδὲν ὡς οἶσθα οὐριώτερον τοῦ πνεύματος ἐκείνου τοῦ ἀπὸ τῆς δόξης ὁρμωμένου.* Hoc flatu (leni quidem ipso, etiam si valido) blandiente, iactabunde, vt opinor, et aestuose, sed secundo tamen fluctu minimeque turbido deferri me iudicas. Sed paucos lectorum assequi me posse dicis tam procul emicantem ab eorum prospectu. Sit hoc verum; non enim de eo tecum altercabor, habent enim plerique scriptores multum sui. Id modo credere mihi permittas, qui semel assequuti fuerint, libenter in eandem contentionem rationemque dicendi incubituros et longe fortasse me relicturos. Tu in hoc certamine exercitatior et artis consultissimus ita vela tua in potestate habes, vt leniter et composite et aequabiliter vehare per vada, per alta, per breuia, per scopulos; et etiam medio in pelago *καὶ κατ᾽ οὖρον φερόμενος*, non tam secundo fluctu quam flumine deferare. Rara est ista felicitas et beata natura. Neque tu tamen interim, *ὦ σεμνολογώτατε*, eadem aura gloriae non incitaris, sed rationem cursus tui nouisti et modicis commodioribusque velis vteris. Quare inter nos hoc interest, quod quae tu sermocinantis more et lepide et festiuiter dicis, haec ego concionabunde quidem, non tamen immani voce sed exaudibili, effero vel etiam vociferor. Sicque fortasse ego vim affero et rapio, tu eblandiris et impetras: ego irrumpo, tu irrepis: ego *πανοπλίαν ἐνημμένος τὴν τῶν νεανικῶν*, tu *ἡμίοπλος*: tu minore sed certo conatu, ego ingenti reductisque supra modum brachiis tamen non idem quod tu efficio. Denique quid oppugnantem, expugnantem, propugnantem deceat tu melius nosti, palaestramque illam philosophicam tenes, ego *ἀπαλαίστρως* pre feruore destinatum impeto.

Sint ista sane vera, nihil, vt arbitror, vlterius et criminosius de me censere potes, nec in hac contentione *ἀντὶ τῆς ἀλκῆς ἀναιδείην ἐπιειμένον* dices. Sic apud illos maiorum gentium scriptores sua cuiusque semper fuit nota; sic semper natura tulit, vt vel viciis nostris indulgeamus vel inuitis nobis se proferant. Tutiora ista nec proinde exultantia et vibrantia te decent, sed et grandia decebunt cum voles et fulgentia, et ad summa plausibiliter assurges, denique nihil non assequere, si paulum adnitare. Nec minus ego te noui quam tu me. Plus ego mihi impero aut amplius, etiam si nihil vltra vires exigo: tu nimium tibi indulges, et intra facilitatem ac citra impetum incitaris. Quare ad noua semper capessenda integrum

192. *δόξης* *C*: *φιλοτιμίας εὐγενοῦς* *β*. 196. ab eorum *C*: a multorum *β*. 197. habent ... sui *add.* *β*. 201. habes *C*: retines *β*. 204. et beata natura *add.* *β*. 208. et *post* lepide *C*: ac *β*. 210. et rapio *add.* *β*. impetras *C*: imperas *β*. 213. tamen *add.* *β*. quod tu *C*: fortasse *β*. 214. quid C^1 *β*: quod C^2. 215. C^1 *β*: *ἀπάλαιστρος* C^2. 217. et criminosius *add.* *β*. 218. nec ... 219. dices *add.* *β*. 219. Sic *om.* *β*. 222. proinde *C*: perinde *β*. et vibrantia *add.* *β*. 223. et fulgentia *add.* *β*. 227. Quare *C*: quo fit vt *β*.

te omnes esse mirantur, nunquam fatiscente animo; quippe qui nunquam specimen sui a sese exegerit et qui assiduo labore potius quam intenso documentum sui praebeat, etsi id alius praeter te nemo efficere perinde queat. Equidem calamum deducere meum ad vulgi humilitatem non tam facile mihi persuaserim, cum haec *ἀξιωματικὰ* scribo, non e medio sumpta, quam ad eorum imitationem concinnare qui admirationem sui posteris reliquerunt. Si annotationes iam diu desitas aliquando resumpsero, deductiore filo vtendum esse meminero, in ea textura quae populari trutina omnino expendenda est; copia neutrobi deficior, vt arbitror.

Sed haec tibi fastidium peperisse videtur, etiam si mihi indulgens alienum magis iudicium quam tuum interponis. Eodem certe tendimus, nisi coniectura me fallit. *Καὶ γάρ τοι δόξαν ἄμφω οὐκ εἰκαίαν, οὐ τὴν τυχοῦσαν, οὐδ' ὡς ἂν τύχοι μέτιμεν. Σὺ δὲ δὴ καὶ μεταθεῖς,* qui nunquam interquiescis. *Ἀμέλει ἐφάμιλλον τὸν ἀγῶνα τουτονὶ ἡ τῶν ἐν ἀξιώματι τῷ τῆς παιδείας μίμησις ἡμῖν τε καὶ πᾶσι τοῖς γε τοῦ καλοῦ ὀρεγομένοις ἀπέφηνε· κἂν, ὦ φιλοσώκρατες, σὺ* redigere te in ordinem non illepide dudum coeperis, quo theologum magis agas aut istis theologis tuam probes industriam. Id etiam tu, si diis placet, cum ad me scribens placere me mihi iubes.

Quod autem *τὸ φιλοσόφημα τοὐμὸν τὸ κατὰ τὸ τέλος ἐσχάτης βίβλου οὐδὲν προσήκειν πρὸς τὴν ὑπόθεσιν τοῦ ἀσσαρίου δοκεῖ* (sic enim sentire videre), qui minus mihi quam tibi connectere res diuersissimas licuit? Tu Silenos et Paulos, personas inter se dissidentes, planipedesque petulantes cum heroica grauitate, et Liberalia cum Elusiniis istius facundiae glutino copulasti, ad vnguem exacta commissura oculosque fallente; versatilemque ibidem scenam mundi ostendens, nouas rerum facies et antea inauditas stupentibus nobis edidisti. *Τί ταῦτα πρὸς τὸν Σειληνὸν ἢ πρὸς αὐτὸν τὸν Διόνυσον;* Adeo pro aris sanctissimis concionem habiturus non dubitasti *τὴν ἀφορμὴν* themaque, vt aiunt, ipsum ab ithyphallorum propemodum carminibus mutuari; idque in rem tuam haud dubie singulari solertia vertisti. Quid huius simile in meo Asse legisti? cuius hunc esse scopum intelligere te volo, vt patefactis prisci aeui conditoriis claustrisque omnibus reseratis Aegyptiorum opes et Chaldeorum, vt elogia vestra loquuntur, longo interuallo promptas in publicumque prolatas ac aere nobis aequali aestimatas ab vno me collybista multo maiores fuisse ostenderem hominum opinione; et eas tamen quanlibet

228. mirentur *β*. 229. sui C^2 : tui C^1. 231. perinde *add.* *β*. 236. esse *Cβ* : *om.* *F*. 237. *Cβ* : neutrobique *F*. 240. fallat *β*. 243. C^1 *β* : *παιδίας* C^2. 244. *Cβ* : *ἀπέφηνε* *F*. 246. approbes *β*. 252. petulantes *om.* *β*. *Cβ* : Eleusiniis *F*. 259. singulari solertia *add.* *β*. 262. C^2 : reserans C^1.

---

235. deductiore] Cf. Hor. *Ep.* 2. 1. 225.

magnas, nihil aliud esse quam titionarii cuiusdam opulentiam, eosque qui haec fortunae munera hodie omni ope persequuntur, de asini, quod aiunt, vmbra omnibus vngulis contendere: quo ab errore cum philosophia vindicare studiosos sui possit veramque homini gloriam immortalemque parere, quid sit germana philosophia quoque ad eam pacto aspirare et euadere studiosissimi literarum possint, explicare dicendo conatus sum. Haec cum tractatu De Asse rebusque in eo proditis ita coherere censeo, vt lumina cum vmbris in pictura, si modo decenter et apte ea quam vocant harmogen vti mihi contigit. Vtrum ista eloqui non tota contentione potui, aut tantae contentioni non omni ope omnibusque adeo opibus asseruire? Tuum est istud, qui per sublimia volare aut raptim aut remisse ita soles vt alas non quatias; nos in scribendi tyrocinio vt columbae ludibundae alis plausitantibus expatiamur, vt sentire tu videris. Hoc tamen deprecor, ne mihi fraudi sit vno aut altero loco longiusculas digressiones fecisse, easque res velut emblemata locis quibusdam hiulcis inseruisse, quae sibi non perinde opportunum locum priuatim dicatis operibus inuenissent; id quod ipse εὐστόχως existimasti. Latere tamen te nolo librum eum De Asse altera editione publicatum esse multo locupletiorem; si quando forte tibi vacet non dico legere sed euoluere et singulis pagellis in quaterniones defungi.

Quod sequitur addubitare me facit. Video te, inquis, parabolis impense delectari, quas et raras et insigniter arduas habes: sed quam semel amplexus es, ab ea diuelli non potes. Βούλει τουτοισὶ τοῖς λόγοις σου πεπεισμένος ὢ τούτοις τοῖς τρόποις ὑπέρευ με χρήσασθαι. Hoc enim recte vti esse censebam, cum susceptam metaphoram non ante ponerem quam sententiam coeptam ἐμφατικῶς absoluissem: an id censes, vt potius puto, πέρα τοῦ δέοντος καὶ τοῦ ἱκανοῦ ἐνασχολεῖσθαί με καὶ ἐνδιατρῖψαι τοῖσδε τοῖς καλλωπίσμασιν, ὡς τροπομανῆ τινὰ καταχρώμενον ἀπειροκάλως τοῖς τοῦ λόγου ἡδύσμασιν;

Huius culpae germana est illa, gemmeam esse potius quam gemmis distinctam orationem meam, ita vt nulla insignia emineant, cum summi voluerint autores distinctam iis esse potius quam aptam orationem. Primum respondere possim, si velim, me ita censuisse, digressiones illas libro insertas et finem ipsius libri velut insignia

267. fortunae *add.* β. ope *C*: opere β. 268. omnibus vngulis *add.* β. 270. sit β: in *C*. 272. possent β. dicendo *C*: disserendo β. tractatu *C N*² β: de tractatu *N*¹ ³. 278. nos . . . 279. videris *add.* β. 280. tamen (tn̄) β: tantum *C*: tandem *F*. 283. inuenissent *C*: vindicauissent β. 285. dico *add.* β. 286. et *C*: ac β. 293. πέρα β: παρὰ *C*. 294. β: καλλωπίσμασι *C*: καλλοπίσμασι *F*. 295. τοῦ λόγου ἡδύσμασιν *C*: ἡδύμασιν τῆς φράσεως καὶ ποικίλμασιν β. 296. culpae β: culpa *C*. 298. iis *add.* β.

266. titionarii] 'Titionarium: locus ignis vbi titiones morantur.' Ugutio *ap.* Ducange.

272. De Asse] Cf. Ep. 435. 60 n.

294. τροπομανῆ] Not in the dictionaries; cf. γυναικομανής.

quaedam etiam esse et lumina obscuri per se tractatus, cum alioquin ponderum et nummariae rei explicatio et mensurarum scrupulosa inuestigatio refractariam lectionem haberet. Iuuat certe apud te, mi Erasme, causam dicere, velut reus factus sim apud te literarum censorem vel ipse iure tuo nomen meum detuleris ob exemplum a me proditum praelautae cuiusdam praenitentisque copiae ac luxu redundantis; contra morem institutumque maiorum, quorum haud dubie placitis pro legibus doctissimorum ordo vtitur. Equidem non adeo viciis meis faueo vt, si ita vel ingenii mei vel eruditionis ratio tulisset, non culpa carere mallem quam culpam deprecari et excusare: verum cum id mihi non contigerit quod in primis optabam, δεύτερόν φασι πλοῦν προειλόμην: secundam enim esse sortem puto in liberaliorem partem peccare. Quis enim non malit luxus ac munditiae profuse quam sordium aut frugalitatis ieiunae postulari? Scripsi aliquando tibi iocabunde villas me Lucullianarum aemulas aedificare. Tu me etiam cum Lucculliano quodam patrefamilias componis, sed qui suam supellectilem norit et promere ad vsus quamque suos didicerit. Hanc esse non minorem laudem puto quam si licentiore hac aetate Pisonem quendam frugi me esse dixisses. Nihil est omnino quod tibi succenseam ὅνγε διαιτητὴν εὑρόμην πλεῖστα μὲν πρὸς χάριν οὐδὲν δὲ πρὸς ἐπήρειαν ἀποφηνάμενον, οὐδαμοῦ δὲ παρεγκλίνοντα ἀπὸ τοῦ καθήκοντος, ἀεὶ δὲ τῆς ἀληθείας λόγον ἔχοντα. Ἐξὸν γάρ σοι προστίμου τινὸς τιμᾶσθαί μοι, εἰ κριτικῶς γε τοῖς ἐμοῖς συγγράμμασι καὶ ἐπηρεαστικῶς προσενήνεξο, πάντα δὴ σὺ τὰ ἡμαρτημένα μοι τῇ φιλίᾳ κατεχαρίσω. Καὶ μὴν οὐδεὶς ἂν οἶμαι τῶν σπουδαίων ἀντεῖπε μὴ οὐχὶ δεῖν τῷ σῷ ψηφίσματι ἀκολουθεῖν καὶ προσθέσθαι, εἰ σοί γε τοῦτο ἐδόκει, τρυφερολογίαν τινὰ ὑπερμαζῶσαν ἐμοῦ καταγινώσκειν. Νῦν δὲ τῇ σῇ κεχαρισμένῃ ψήφῳ ἀντὶ τοῦ δοῦναι δίκην τοῦ τολμήματος καὶ δόξαν δὴ οἴσομαι παρὰ τοῖς τὴν ἐπιστολὴν τὴν σὴν ἀναγνωσομένοις.

Hactenus, vt vides, τὰ κατὰ τὴν ἀπολογίαν· ἤδη γὰρ ἐξίσου σοι κοινολογοῦμαι. Custodem equidem mihi me atque etiam criminatorem apponere ipsum soleo, et ad scripta mea quasi aliena accedere ex interuallo. Haud dum tamen poenitere mihi contigit, quod naturae seruierim et ingenio obsecutus sim. Mihi enim quoque scribo, non tantum scenae seruio et populo, quanquam ab orchestra maxime plausum peto, in qua tu primarium locum obtines: et isthaec me magis capiunt, quae cum argute tum splendide dicuntur, quaeque

301. etiam *om.* β. 303. habeat β. certe *add.* β. 305. vel ipse . . . detuleris *add.* β. 309. meis *C*: vel meis vel cuiusquam β. 311. quod . . . 312. προειλόμην *add.* β. 312. enim *add.* β. 315. iocabunde *add.* β. 317. quamq₃ C^2: quāq̄ C^1. 320. γε *C*β: τε *N*. 321. *C*β: ἀποφηνάμενον *F*. 322. σοι β: τοι *C*. 324. C^1β: προσενήνεγξο C^2. 331. *H*: κανολογοῦμαι *C*. atque etiam criminatorem *add.* β. 334. et ingenio *C*: simul et animo β. 336. isthaec β: ista haec *C*.

primo aspectu non ita lectori obsequuntur et asseruiunt, vt celeri lectione perfunctus ad vlteriora deproperet; cum aculeum nullum in futurum relinquant, sed in praesens tantum mulceant. Tu mire, scite et feliciter mediocritatem illam tuam retines, quam lectores tamen, vt auide deuorant, sic diu fortasse non regustant, nec iterata saepius lectione persequuntur; quasi tu sentias quae facilius mandun-tur melius ad stomachum facere. Sed ego non praesentem tantum voluptatem attendo. In posterum etiam prospicio, et ad fastidium copiae eximendum acrimoniam pro sale esse puto. Denique cum plus me debere industriae quam naturae censeam, sentio tamen naturam priores sibi in commentatione vendicare, cuius impetum liberalitatis sic quoque scribens non minima inhibeo ex parte et imminuo. Qui si seueriore vti censura institerim, quis scit an vbertatem copiamque excindam? At enim tu copiam retines, cum modum adhibeas exultantiae, naturae id est compositae atque attemperatae. Scilicet tu rationibus tuis seruis et vides quid istud σχῆμα deceat. Itaque extra praescriptum palaestrae tuae non prosilis: ego ista religione solutus et obseruatione, quid ni latius exultantiusque expatier? Nec tamen vnquam ita adnitor vt ὑπὲρ τὰ ἐσκαμμένα emicare cupiens virium rationem non habeam impetum capiendo. Gestientis est ista ingenii culpa, stilo nimium indulgentis seseque pascentis opere, non animi vicium sibi vltra vires imperantis et exigentis: id quod tum demum sentio, cum feruor animi consedit, id est longo post tempore. Neque vero tu semper alienus ab hac animi affectione fuisti, nec ego non possim in alio genere a me operas exigere, si id alia postularit ratio; id quod ex dialogo nostro cum Deloino in fine eiusdem libri intelligere poteris. Porro autem aliquando commonefactus a te vel aetate melior factus, tui similes imitabor κεκολασμένους ῥήτορας καὶ πρὸς ἀκρίβειαν τῆς φράσεως ἐσμιλευμένους. Νῦν δὲ τὸ ἐγκατάσκευον τοῦ λόγου καὶ τὸ μὴ ἁπλοῦν ἀσπάζεσθαι πρὸς ἡλικίας εἶναι τῆς νεανικῆς ἡγοῦμαι, etiam si anno duodequinquagesimo proximus esse cepi; οὐδὲ δὴ ἀπεοικὸς τοῦτο καὶ ἀφεστηκὸς σύγε εἶναι φήσειας ἄν, ὧν γράψαι προειλόμην. Τῶν γοῦν Ἑρμολαοειδῶν τε καὶ τῶν Πολιτιανοειδῶν οὐκ ἔσθ' ὅστις οὐκ ἂν θηρῷτο ταῦτα, ἐάν τε φλήναφον ἐάν τε πολυτέλειάν τινα ἐπιπολάζουσαν ἀποκαλῆτε ὑμεῖς οἱ θεολόγοι τε καὶ σεμνοπροσωποῦντες. Τούτους τοίνυν ἄγασθαι τῆς πολυμαθείας καὶ τῶν λόγων εἴωθάς συ.

338. obsequuntur *C*: se submittunt *β*. 341. scite et feliciter *add. β*. 342. tamen *add. β*. 344. Sed ego *C*: ego vero *β*. 345. etiam *add. β*. 346. Denique . . . 352. attemperatae *add. β*. 359. sibi *C*: sibimet *β*. et exigentis *add. β*. 366. φράσεως C^2: φάσεως C^1. *CLB*: ἐγκατάσκευστον *F*. 370. οὐκ ἔσθ' ὅστις *om. β*. 371. ἐάν τε φλήναφον *Cβ*: *om. H*.

---

368. proximus] This would naturally mean that Budaeus was nearly 47; but in fact he was nearing the completion of his 48th year.

Sed rursus tu in me apparatus modum desyderas: ita non genere peccare me censes sed exuberantia. Sic sum certe, promere religiose non soleo ex copiosa penu: nec tu non habes locupletiorem penum, sed circunspecta senectus frugi te, non natura tantum ipsaque *αἵρεσις* tua fecit. Circuncisiorem etiam te in dies facit institutum theologicum; quod adeo credo omneis gloriae stimulos tibi aculeosque exemit, vt iam nec famae nec existimationi magnifice seruias, dum modo publice prosis: sic mihi omnino credere imperaui, ne non in omnia tibi obsequar. Quanquam existimem alioqui non tam male te odisse Peniam illam tuam, vt tu ais, coniugem, quam perdite amare pellicem eius Eucliam atque etiam nutricem Vlyxis Eurycliam: nec immerito, cum te velut vmbra quoquo sequatur gentium. Hic pergis argutari vel *ἀκκίζεσθαι* potius. Si magna, inquis, suscipimus, praeripimus maioribus; si mediocria, mediocribus. Quid si quaedam sunt quae tu vnus possis absoluere, et interim dum tu mediocribus operam istam nauas, aliquid tibi acciderit?—id quod diui illi auertant sacrosanctae disciplinae presides: quis hoc damnum mundo sarciet? Non manes tandem tuos ob hanc culpam poenas daturos putas, qui talenta ista tot tantaque non in rebus primae notae et indicationis summae occupas? id quod Euangelicum dogma praecipit. Equidem sic contendo: *Ὥσπερ οὐ τῶν τυχόντων ἐστὶ τῶν μετρίων ἅπτεσθαι, οὐδὲ δὴ τῶν ἐφεξῆς τούτων ἐπιβάλλεσθαι, ὧν αὐτοὶ οὐκ ἐφίκοιντ' ἄν, οὕτω τοι δήπου δεῖ τοὺς τούτων κρείττους τά γε αὐτοῖς ἀναλόγως ἔχοντα πρὸ πάντων ἀναιρεῖσθαι, καὶ τοὺς δὴ αὖ ἐξοχωτάτους καὶ τοῖς ἐξαιρέτοις γε καὶ ἐνδόξοις τῶν συγγραμμάτων ἐπιτεθεῖσθαι· οἷς δὴ σὺ συνεξεταζόμενος ἀτάκτως ἂν δοκοίης τῶν τε μετρίων καὶ τῶν κατωτέρω τούτων ἐπειλῆφθαι. Τοῦτό γε οὖν ὅμοιον εἶναι φαίη τις ἄν, ὡσανεί τις ἄρα εὔπορος ὢν τῶν εἰς τὸν βίον τὸν πολυτελῆ, ὅμως τὰ ἐν τριόδοις ἐγκαταλελειμμένα τῶν παρατυχόντων ἕρμαια ἀναιροῖτο.*

Venio ad illud quod villas Lucullianas aedificasse me argumentum esse dicis non esse mihi Peniam tuam familiarem. *Ἀλλ' ἔγωγε τοῦτο ἔλεγχον εἶναι εἴποιμ' ἄν, εἰπών τε ἐξελέγξαιμ' ἄν, τοῦ δραπέτου ἐκείνου Πλούτου ἐς κόρακας ἀποφυγόντος, τῆς πενίας δηλαδὴ τῆς σῆς εἰς τὴν ἐμὴν οἰκίαν ἀντ' ἐκείνου εὐθέως εἰσφθαρείσης. Εὖ γε τῆς δεινότητος τῆς ἐμῆς. Ὅρ' ὡς ἐλεγκτικὸν ἀπέφηνεν ἐμὲ ἡ ἐπιστολή σου ἐνθυμημάτων γέμουσα, διαμιλλώμενον δήπουθεν τῇ σῇ πολυτροπίᾳ τῇ δυσελέγκτῳ.* His structuris imprudens Peniam mihi asciui, quae simul a te migrarit, vereor ne mihi soli hederaceo amplexu obhaerescat.

Deloinus noster, qui iam tuus bona ex parte factus est, ad te

374. Sed rursus *C*: Ecce autem *β*. 377. tantum . . . 378. tua *add. β*. 383. vt tu ais *add. β*. 384. atque . . . Eurycliam *add. β*. 385. sequatur *C*: sequantur illae *β*. 391. putas *C*: superis censes *β*. 393. occupes *β*. 395. ἐπιβάλλεσθαι *add. β*. 397. αὖ *β*: ἂν *C*. 398. τε *add. β*. 400. τις ante *ἄρα C*: τῆς *β*. 401. *H*: ἐγκαταλελημμένα *C*. 406. τῆς *ante* ἐμῆς *Cβ*: *om. H*. 407. *Cβ*: ἀπέφῃνεν *F*. 408. His . . . 410. obhaerescat *add. β*.

scribet (quantum ab eo intellexi) amicissime. Literas enim tuas ei pluribusque aliis ostentare soleo, tantamque amicitiam inter amicos depredicare: quo maxime nomine fidem meam et autoritatem tueor inter eos homines qui te Varronem esse memoriae nostrae autumant, nisi quod plus eloquentiam amplecteris. Ibi tum ego si aliquantum tibi inuideam, tamen in vniuersitatis sententiam vt eam necesse est, non pedibus modo sed et ore et omnibus sensibus: vsqueadeo ista stili puritate et ingenii amoenitate omnium puncta emeruisti. Ludouicus Ruzeus, Parisinus supprefectus, quamuis in iuris studio versetur ob munus iudicandi quo fungitur, natura tamen totus ad literas amoeniores fertur; in quibus iamdiu tyrocinium posuit, in compositione facilis et elegans. Is mihi omni genere officii coniunctissimus est, vt iam Deloinus ipse nostrae non sit familiae notior et foribus, ac nescias vtrius iam limen magis teram. Hos pro Pomponio et Bruto haberem, si aliqua ex parte Ciceronis similis essem; totosque iam possiderem, nisi tu absens in meorum amicorum possessionem inuasisses, *ὦ πάντων τῶν ἐνδόξων πλεονεκτικώτατε.* Quos tamen ipsos cum nec vi nec clam nec precario possideas (vltro enim sese ingerentes tibi possides et palam sese addicentes), non est quod tibi iudicem aut recuperatorem feram, apud quem tecum interdicto contendam.

Itaque iam tecum societatem amicorum coeo, si per te licet, praesertim cum me etiam ipsum, non meos tantum, tuum feceris; vt iam sit illud inter nos pactum non vulgaris amicitiae his verbis bona fide conceptum: *αἱ δὲ συνθῆκαι ἡμῶν συντεθείσθων ἐφ' ᾧ τά τε πάντα κτησόμεθα κοινὰ καὶ τοὺς φίλους κοινοὺς ἕξομεν.* Tametsi video in hac me societate non aequas partes laturum *οὐδὲ τῶν δικαίων τευξόμενον*, siquidem illi ipsi iam tuorum scriptorum amantiores cupidioresque facti sunt quam meorum. Quapropter tuam gloriam non modo nostris sed etiam omnium prope dixerim aequalium luminibus officere intelligo: vsqueadeo ab omnibus adamare et suspicere, vt ne obtrectare quidem hic tibi quisquam audeat, si maxime cupiat, ne perfunctorie quidem laudare citra praeuaricationem, hominum opinione.

Quod librum nostrum nemini priuatim dicauimus, malo te causam quamuis suspicari quam a me certiorem fieri. Obuiam aliquot iam

415. autumant *C*: dictitant *β*. 416. eloquentiae *β*. tum ego si *C*¹ *β*: ego tametsi *C*². *Cβ*: aliquantulum *F*. 420. *C*¹ *β*: Rusaeus *C*². 424. non *add. N.* 442. ne perfunctorie . . 443. opinione *add. β*.

---

420. Ruzeus] († c. 25 Jan. 1526), an intimate friend of Budaeus. He was town-councillor of Paris 1500, member of Parliament 1511, and subsequently 'lieutenant civil' or sub-prefect of Paris. He was a patron of literature, and Longolius and Tusanus owed much to him. Robert Fortunatus' Cyprian, Paris, B. Rembolt, 13 Nov. 1512, and Badius' second edition of Quintilian, 18 Nov. 1520, are dedicated to him. In March 1519, whilst on an embassy to Liège, Ruzé indited an epistle to Erasmus; which appears in E, p. 152, but was omitted, probably through an oversight, in later editions. See BE⁴ p. 10 n.

444. librum] The *De Asse*, which is dedicated to students.

mensibus Iacobo Fabro factus sum, dum villam meam viserem. Is tunc me orauit vt verbis suis te salutarem, excusaremque aduersam valetudinem eius quod ad te non scriberet: tanta enim infirmitate erat, et adhuc est hodie (ad me enim hodie amicum quendam suum misit), vt ne epistolam quidem dictare possit. Nosti hominem esse non modo doctum sed etiam probum.

Finem hic, vt arbitror, epistolae faciam: licet summa voluptate oblecter ad te scribens moesticiamque animi mei ex infirma valetudine frustrer. Sed heus tu, literas tuas etiam vltimis longiores hoc labore paciscor ac iure meo postulo. Spero autem te ab editis illis Hieronymi voluminibus aliquid sumpturum laxamenti, *καὶ μεταξὺ σχολάζοντος ἡμᾶς ἀπολαύσειν σου.* Mi Erasme, Erasme mi, immo vero Erasme noster, *πρὸς τῆς φιλοσοφίας τῆς ἐρωμένης κοινῆς ἡμῶν, πρὸς τοῦ Διὸς τοῦ φιλίου, πρὸς τῆς δόξης σου τῆς θαυμαστῆς τῆς τῶν ἡλικιωτῶν τε καὶ τῶν καθ' ἡμᾶς εὔκλειαν (ἀπείη δὲ φθόνος) παρευδοκιμησάσης, πρὸς τῆς εὐφυΐας σου ταύτης εὐγνώμονός τε καὶ ἐπιεικοῦς καὶ σχεδόν τι θειαζούσης, μὴ ὀκνήσῃς, μὴ ἀμελήσῃς, μὴ ἀμνημονήσῃς ἐπιστέλλειν τε καὶ προσεπιστέλλειν ἐμοί τε καὶ τοῖς φίλοις μου, καὶ πολλάκις τοῦτο ποιεῖν· οὕτως ὄναιο τοσούτων καὶ τηλικούτων φιλοπονημάτων σου.* Sic denique ista tua vxor Penia inuisa tibi longissime a te facessat, sic tibi nuncium remittat, sic contubernium renunciet, et semel te tuamque domum auersetur, modo ne in meam immigret, vt tu in hoc mihi obsecutus fueris. *Σκόπει οὖν ὅπως μὴ οὕτω μηδέποτε ἐνασχοληθήσῃ, ὥστε μὴ σχολὴν ἄγειν τὸ καθῆκον θεραπεύειν.*

Ἔρρωσο καὶ ἀγαθῇ τύχῃ κέχρησο, καὶ νὴ Δία κεχρύσωσό γε, οὐ μὴν δὲ φιλόχρυσος γένοιο. Ἐμοὶ δὲ ὁ θεὸς ὅ τι βούλεται χρήσθω. Χρονίᾳ γάρ τοι τῶν δυστυχιῶν χρήσει ὁποίᾳ δήποτε τύχῃ ἐξέμαθον χρήσασθαι, ἄλλως τε ἡ αὐτάρκης καὶ μεγαλόδωρος φιλοσοφία ἴδιον ἑαυτῆς ἐμὲ χρονίᾳ τε νομῇ καὶ κτήσει ἐποιήσατο: iuris autem conditores *τὴν δεκαετίαν καὶ εἰκοσαετίαν* longam possessionem vocant, qua rerum dominia quaeri statuerunt *τοῖς καλῇ πίστει νεμομένοις.* At ego iam annos quinque et viginti bona fide seruio studio literarum: *ὥστε καὶ πολλῶν γε ἄπορος, ἐνίοτε οὐδενὸς ἐν χρείᾳ καθεστηκέναι μοι δοκῶ· ἡνίκα γε δὴ ἡ ἐρωμένη μου φιλοσοφία τῶν ἐμῶν φρενῶν κεκράτηκεν, αὐτάρκως αὐτὴ χορηγήσειν ἐμοί τε καὶ τοῖς φιλτάτοις μου κατεπαγγειλαμένη. Ἐπειδὰν δ' αὖ τρεῖς ἡμέρας καθ' ἣν ἂν αἰτίαν τύχῃ ἀφημερεύσω τε καὶ ἀποκοιτήσω ταύτης, τότε δὴ τότε αἰσθάνομαι τῆς ματαιολογίας αὐτῆς (εἰ θέμις εἰπεῖν) ἐπιδαψιλευομένης μάτην καὶ φιλοτιμουμένης ἐπὶ τῇ πολυδωρίᾳ πρὸς τοὺς ἐντυγχάνοντας. Ἀλλὰ μὴν ἴσως ὑμῖν τοῖς μετεωρο-*

457. *ἡμᾶς* C^1 N^2 *β* : *ὑμᾶς* C^2 N^3. 459,60. *τε καὶ τῶν καθ' ἡμᾶς add. β.* 460. *β* : *ἀπείῃ C.* 461. *H*: *θειαζούσῃς Cβ.* 464. *σου add. β.* 466. modo . . . 467. immigret *add. β.* 469. *κέχρησο H* : *κέχρυσο C* : *κεχρύσωσο F Corrig.* 470. *Cβ* : *χρονία H.* 471. C^2 : *ὁποιαδήποτε* C^1 : *ὁποιανδήποτε β.* 472. *τε νομῇ καὶ κτήσει β* : *νομῇ C.* 474. quaeri C^2 : queri C^1. 479. *β* : *τύχη C.* 481. *μάτην C* : *κενολβίαν β.* 482. *πολυδωρεᾷ C.*

446. Fabro] Cf. Ep. 445. 33 n.

λογοῦσί τε καὶ τοῖς τῶν σοφῶν συγγράμμασιν ἄντικρυς ἀπηντηκόσι τὰ ἀγκυροβόλια τῶν ἐλπίδων ἐν σάλῳ τοῦ βίου τουδὶ εὐσταθῶς ἐρήρεισται. Ἡμῖν δὲ τοῖς οὔπω τῆς φιλοσοφίας καρπῶν ἀπολαύσασιν ἥ τε συνοικούσης γυναικὸς καὶ τῶν φιλτάτων ἀγάπη ἐν τοσούτῳ παρενοχλεῖ. Quod si quando isti inauratores vendicare te sibi instituerint (absit enim vt vltro in eorum te seruitutem et mancipium addicas), ipsa hominum vel virorum potius assertrix philosophia, quae mihi hactenus in iudicio assertionis affuit, παραγράψεται εὖ οἶδ' ὅτι τουτουσὶ τοὺς δουλαγωγοῦντας, καὶ τῇ μακροτάτου χρόνου παραγραφῇ ἀντεχομένους σοῦ διακρούσεται τοὺς χρυσοδότας. Sin tu ἐθελοδουλήσας ποτὲ status tui controuersiam pati non recusaris, aliudue quippiam in istius doctrinae suggillationem admiseris, denuncio me tibi oblocutorem acerrimum futurum, ne dicas non praedictum.

Eo die quo haec scripsi post meridiem Ascensius Badius deducendos ad me curauit nobiles duos viros, alterum Neapolitanum, alterum Hispanum: quorum nomina si tenerem, huic epistolae inseruissem. Ii amore literarum ducti ad me se venisse aiebant, fama, quantulacumque est, nominis nostri excitati. His literas ad te daturum me spopondi; auebant enim te videre, vt ex iis intellexi. Habebam epistolam in scheda compositam; hanc in pura charta iterum mihi scribere necesse fuit: et quoniam postridie mane discessuros se dicebant, post coenam lucubrare, id quod nunquam soleo, homo scilicet grauedinosus, vt si quis vnquam. Si igitur hae ad te peruenerunt, facito vt primo quoque tempore sciam, ne me laborem perdidisse doleam et Deloinum nostrum, qui ad multam noctem literas ad me misit, quae tabellarium expectabant. Κακογραφίας σφάλματα non necesse habeo deprecari, cum et noctu et festinate scripserim, oculis cecutientibus post cibum. Ἔρρωσο πάλιν φιλείρων, qui te non Budaeum esse dicis, sed Erasmum, nec cuiusuis esse, id est tui, Corinthum adire. Vale etiam nunc iterum καὶ διατέλει τὰ πρὸς τοὺς γενναίους λόγους καὶ σωτηρίους διευθετῶν. Parisiis. sexto Cal. †Nouembris.

Habeo annotatiunculas aliquot in Nouum Testamentum, quas annotationibus in Pandectas, quas aliquando editurus sum, inserendas seruabam: sed post te verbum nunquam faciam, ne absurdus esse videar, si post Homerum errores Vlyssis scribam, et alioqui ne

483. β: *συγγράμμασι C.* 484. *ἐν σάλῳ β: ἐν γὰρ CN³: ἐν τοῖς N².* 485. *οὔπω β: μὴ οὔπω C.* 486. *γυναικὸς om. β.* *ἐν τοσούτῳ add. β.* 491. *τοὺς χρυσοδότας add. β.* 494. oblocutorem *C*: obtrectatorem *β*. 505. *Cβ*: peruenerint *F*. 511. tui *C*: tuum *β*.

497. duos viros] One of these, probably the so-called Neapolitan, was Marian Accard (Ep. 544); the other has not been identified.

507. literas] Ep. 494.

515. in Pandectas] The second edition of this work is dated c. 1519 by M. Delaruelle: *Budé*, pp. xx, xxi.

improbitatis me damnem. Si tibi igitur vsui futurae sunt, donabuntur ne pereant.

Facito me certiorem posthac vbi tu futurus sis.

494_{535} From Francis Deloynes.

Epistole elegantes f°. i v°. Paris.
C^2. p. 103: F. p. 35: HN: Lond. i. 13: LB. 201. ⟨c. 26 November 1516.⟩

[Evidently contemporary with Ep. 493, in which it is twice mentioned (ll. 411, 2 and 507).

Francis Deloynes (†1524) was connected with Budaeus by marriage and had been intimate with him from his early years. They were law-students together at Orleans c. 1483, and Deloynes subsequently taught there; Pyrrhus d'Angleberme (Ep. 140 introd.) being one of his pupils. Deloynes became member of the Parliament of Paris in 1500, and thenceforward resided there. In 1522 he was made 'Président aux Enquêtes'. See BE.^{4}

Chas. Fernand's *De animi tranquillitate*, Paris, Badius, 13 Nov. 1512, Nic. Beraldus' Lucretius, ibid. 10 Aug. 1514, and Vatellus' edition of Gaza's Greek grammar, ibid. Oct. 1521, are dedicated to him; and there is a poem to him in a MS. of Andrelinus' poems at the Bibl. Nationale (Lat. 8134, f. 233 v°.).

Erasmus, whose acquaintance with him evidently dated from the autumn of 1500, gives him a handsome eulogy in the *Apol. adu. debacch. Sutoris* (LB. ix. 788 BC.), written in 1525; and states that he still had some of Deloynes' letters in his possession.

A letter to Deloynes from Budaeus is in the Town Library at Bremen (Man. a. 8, f. 145); and there is one from Longolius in the latter's *Orationes et Epistolae*, Florence, Junta, Dec. 1524 (bk. iv. 5).]

FRANCISCVS DELOINVS ERASMO ROTERODAMO SALVTEM P. D.

Miraberis forsan, Erasme, vir vndecunque doctissime, quid me potissimum impulerit, hominem nulla dicendi facultate praeditum, nulla familiaritate tibi iunctum, vt ad te vltro scriberem: quod profecto desines admirari, si te literarum quas haud pridem ad Budaeum, vnicum Galliae nostrae decus, scripsisti, obliuio non coeperit; quibus et Coleti praedicatione et aliis item nominibus notum me tibi esse affirmas. Quanquam enim literae tuae, primum quod abs te profectae, deinde quod Budaeo scriptae, iucundissimae mihi fuerint; tamen, vt verum fatear, nulla re magis me oblectarunt quam quod tam amice, tam beneuole, in Deloini mentionem incidisti: quem etsi ipsum totum sibi Budaeus dudum vendicauerit, tamen non vsque adeo maligne possidet, vt tecum amicum communem habere eum aut alium quenquam grauetur; vt ipsum erga te affectum esse video. Iam vero non possum non deamare plurimum Coletum illum tuum, virum doctrina vitaeque sanctimonia clarissimum: qui te, vt scribis, veteris amicitiae ac consuetudinis commonuit, quae mihi cum illo non vulgaris olim intercessit, quum Aureliae studiorum causa agere-

493. 520. tu *C β*: *om. H.* 494. 3. iunctum *F Corrig.*: vinctum *C.*

494. 4. ad Budaeum] Ep. 480. 209–11.
17. Aureliae] Colet's visit to Orleans is known from this passage only. It may be dated between 1493 and 1496.

mus. Tanti ille, qua est in omnes humanitate, nostram amicitiam fecit, tam constanter seruauit, vt eius perinde ac recentis nulloque aut temporum aut locorum interuallo oblitteratae apud te meminerit; longe ab eorum moribus alienus, qui nouis amiciciis allecti veteres aut contemnunt aut negligunt.

Porro autem ecquis tam duro tamque ingrato animo esse potest quin tibi libens gratuletur, tot tanque praeclara in omnium disciplinarum genere ingenii atque industriae tuae monumenta contrectans? quibus tu plane cum ipsa antiquitate certare et omnibus nostrae aetatis scriptoribus palmam preripere videris, doctorum omnium opinione, non nostra tantum: dum e mediis ignorantiae tenebris ingenuas artes atque adeo sacras litteras vindicas, et longo veluti postliminio redeuntes in suum quodammodo regnum dignitatemque restituis. Nam Adagiorum Chiliadas, Moriae Encomium, Militem Christianum, Nouum Instrumentum, caeteraque id genus, quae ex tua officina felicibus auibus profecta ad nos plausibiliter peruenerunt, iam pene, quantum per occupationes nostras licuit, legendo contriuimus. Sunt in manibus diui Hieronymi opera, strenuus sane labor et non nisi Herculis cuiusdam, hoc est Erasmi, viribus suscipiendus: in quibus ipsum Hieronymum mihi videre videor tua cura, diligentia, labore summo in lucem rediisse et promissum sacris elogiis Anastaseos diem quodam modo praeuenisse; vt qui purgatis quibus vndique scatebat neuis, noua quadam immortalitatis veste abs te donatus, natiuo germanoque decori restitutus est. Succurrunt annotationes tuae, Deus optime, quam eruditae, quam religiosae, quam omnibus numeris absolutae! quibus ita quorundam qui se magnos videri volunt luminibus obstruxisti et, vt dici solet, cornicum oculos confixisti, vt splendore nominis tui excecati et maximis eloquentiae tuae viribus in ordinem coacti, manus tandem dare et, communem temporum suorum inopiam inscitiamque miserantes, praesentis saeculi foelicitatem admirari coeperint. Quos etiam videas abiectis crassis, ne dicam sesquipedalibus, verbis, quibus olim tumentibus buccis vti consueuerant, summissos et suo se pede nunc primum metientes.

Perge itaque, mi Erasme, de literis, de rebus diuinis, de Christiana philosophia, de republica ecclesiastica optime semper, vt facis, mereri. Qua in re vt perpetuum habebis fautorem Budaeum, ita me vtriusque vestrum, si quid infimi muneris erit, asseclam assiduum et laudum honorumque vestrorum praeconem, et si non vocalissimum, at certe animosissimum: quanquam maiora omnino merita vestra

29. vindicas C^2 : indicas C^1. 54. muneris C^2 : numeris C^1. *Cf. Epp*. 83. 2 *n. et* 317. 3 *n. et* 388. 41 *n.*

44. cornicum] Cf. Ep. 456. 21 n. 50. pede] Cf. Hor. *Ep*. 1. 7. 98.

esse intelligam quam vt cuiusquam, nedum nostro, preconio egere videantur. Quod superest, Deum optimum maximum precor vt animos istos vobis, hoc est tibi ac Budeo, noua indies proferendi, animisque istis tempus in hac vita quam longissimum tribuat, vt peractis quae promisistis, maiora concipiatis. Nam quae vltro spopondistis, appellantur quotidie et flagitantur: ac iam periculum est, vt Plinii verbis vtar, ne cogantur ad exhibendum formulam accipere. Vale et nos ama.

Quum epistolam hanc iam iam obsignaturus esset Deloinus noster, interueniens ego salutem hic Deloini ipsius consilio propria manu adscripsi tibi, id quod hospitalis cuiuspiam tesserae loco tibi fuerit. Luteciae.

Nicolaus Beraldus tuus.

495. From Gerard Lister.

Deventer MS. 91, f. 146 v°. ⟨Zwolle.⟩
LB. App. 105. ⟨November fin. 1516.⟩

[This and Ep. 500 are difficult to date securely, but as Ep. 500 repeats a passage from this letter, and Ep. 504 repeats some parts of Ep. 500, I incline to place them all at the end of 1516. A possible arrangement is that before Ep. 495 reached Brussels, Erasmus had received Ep. 496 and had sent off Longicampianus to Lister with a letter which Ep. 500 answers; and that then on receipt of Ep. 495 Erasmus replied with a letter which is answered by Ep. 504.

Gerard Lister or Lyster of Rhenen in the province of Utrecht is said to have been a pupil of Hegius at Deventer. He studied under Paludanus at Louvain, c. 1505, and afterwards at Cologne (RE. 233). By Aug. 1514 he was studying medicine at Basle, and contributed some Greek verses to the title-page of Erasmus' translations from Plutarch (Ep. 272). He worked for Froben, correcting the 1515 edition of the *Adagia* (Ep. 269) for the press, and also lectured on Greek (Basle MS. G. II. 20. 221). In Froben's edition of the *Moria*, March 1515, a commentary with a preface to Paludanus was added; and though it appeared in Lister's name, it has frequently been attributed to Erasmus. The question of authorship is solved by the following statement by Erasmus in an unpublished letter to Bucer, dated 2 March 1532 (Copenhagen MS. G. K. S. 95 Fol., f. 172): 'Conuenerat vt Lystrius in ⟨Moriam⟩ adderet scholia. Quum ille tantum polliceretur et vrgeret tempus, quo viam illi aperirem, cepi quedam annotare paucis ab ipso fusius tractanda. Quum ne ⟨si⟩c quidem prouocaretur et iam officina flagitaret exemplar, coactus perrexi donec ille tandem apponeret manum. Illius ergo quum opus esset ex parte sentiremque iuuenem hoc ambire gloriae quo facilius emergeret, cuius humanitatis fuisset et illum frustrari suo voto et mihi totum vendicare quod aliquanta ex parte erat alienum?'

In 1516 Lister was appointed rector of the school at Zwolle, and in spite of opposition applied himself vigorously to improve education; publishing there with S. Corver Erasmus' *Sileni* c. 1519, some *Disticha Moralia* in a volume of Ant. Mancinelli's verses, Dec. 1519, *Commentarioli in dialecticen Petri Hispani*, c. Feb. 1520, and *De figuris et tropis*, 1 Nov. 1520. Whilst at Zwolle he was accused, without any just reason, of having poisoned John Murmell († 2 Oct. 1517); see Reichling's *J. Murmellius*, pp. 123 seq. He contributed a letter to EEV. (BRE. 193);

59. ac *C*: & *F*. 69. tuus *om*. *N*.

63. Plinii] *Ep*. 5. 10. 1.

and in 1520 was in correspondence with Luther (NAKG. vii. 1898, p. 204). In 1522 he became Rector of the Latin school at Amersfoort, but after that nothing is known of his life.

J. E. Kapp, *Nachlese Reformations-Urkunden*, iv. 1730, pp. 500–531, prints a letter from him to the Dominicans of Zwolle in defence of Luther; and enumerates several minor works. He also wrote *Vltraiectinae regionis descriptio*, in verse, published at Marburg 1542. See H. C. Rogge in NAKG. vii. 1898.]

D. ERASMO GHERARDVS LYSTRIVS S. D.

Cvm tuas litteras legerem, D. Erasme (nam quo alio nomine te compellauero quam quod orbi notissimum charissimumque est?), animus meus exundabat gaudio, tam erant amicae atque Erasmicae; quibus dispeream si vllum aurum, si vllam gemmam comparem. Sed quid infantulus coram ipsa eloquentia balbutiam, quae iusti etiam oratoris linguam constringere posset? Hoc faciam; vno verbo, rustico quidem illo sed pleno affectus syncerissimi, animum in te meum significabo. Me fulmine Iupiter feriat, si quicquam te vno mihi in orbe est charius; pro quo vitam, nedum istas extrarias res fortunae temeritati obnoxias, profundere mihi volupe esset. Absit omne tectorium, absit omnis fucus; scis Listrium grauiorem quam qui animum ad affectandum inducere possit. Et me hercule pecus mihi aut saxum esse videtur, quod istud pectus humanum tam candidum, tam facile, tam omni virtutum genere politum non suspiciat, non deosculetur. Ineptire me dices? Scio te nihil auersioribus auribus audire quam id quo es dignissimus; quocirca ab iis vel inuitus temperare cogor.

Quod theologi negotium facessant non est mirum, dum ⟨scimus⟩ κύνας ὑλακτεῖν. Dorpium certe hic mecum omnes docti mirantur, tam diuina oratione, tam amica adhortatione non adductum esse vt vela verteret; qua vel sola interim hominem ab obliuionis iniuria vindicasti. Sentisne hominum ingratitudinem? Es, domine Erasme, nimis facilis. Vide ne ista tua modestia sit nimis immodesta, neue iste candor alios atret. Tu istas σφηκιὰς καὶ κύνας pro tua prudentia atque animi magnitudine facile contemnes.

Hec mea vitae conditio non perinde arridet, cum ob cathenatos ferreosque labores, tum ob magnam litterarum iacturam; siquidem vix vacat litteras veluti per transennam aspicere. His accedit quod non video quae mihi hic fortuna sit expectanda. Postremo fortunula nostra magnificis illis pollicitationibus parum respondet; vtpote qui vix ducentos aureos quotannis corradere possum, cum quadringentos polliciti essent. Reliquum est, mi Erasme, vt famam meam, fortunam, denique meipsum clientulum tibi deditissimum deque te vnice pendentem commendem. Tu meae eruditionis dux, tu meae famae

18. mi℞ dum *MS.*: mirandum *LB.* scimus *addidi, in fine versus.*

26. cathenatos] Cf. Mart. I. 15. 7.

buccina, tu omnium fortunarum mearum inceptor fuisti; atque vtinam aliquando sis perfector! Quid omnino sine te Listrius aut facere aut tentare potuisset? Omnia mea, qualia sunt, tibi accepta refero. Nam cum tot lucubrationibus, tot Herculeis laboribus omnem posteritatem, nedum praesens seculum tibi demeruisti, tu de me vno peculiarissime bene meruisti. Sed o me miserum, quando tandem dabitur occasio vicissim gratiam referendi?

Porro omnes hic docti atque religiosi vt te effusissime amant, ita feruentissime expectant commentaria in epistolas Pauli. Nouum Instrumentum a te illustratum etiam senes Graece lectitant. Perge, domine Erasme, nihil te inuidiae et furoris stimuli morentur; quamuis profecto eo virtutis progressus es vt iampridem inuidia virtuti cessisse debuisset. Scis coaxationibus atque latratibus vitilitigatorum obnoxium esse, tibi cum Hieronymo, cum Paulo atque Christo commune esse. Impera tuo clientulo; vtinam pectus hoc inspicere posses! Sed rursus ineptio. Vtinam quinque aut sex lineae rursus a te scribantur!

496. From Martin Dorp.

Deventer MS. 91, f. 106 v°. Louvain.
LB. App. 247. ⟨November fin. 1516.⟩

[Certainly after the publication of the New Testament (Ep. 384), and probably before Epp. 500 and 504; for it seems a clear inference that Longicampianus (l. 10) was passed on by Erasmus to Lyster. This perhaps answers a letter written about the same time as Ep. 491; in which (l. 12) there is a sign of coming reconciliation.

Dr. Reich and Mr. Nichols regard this as an answer to Ep. 438. But though the opening sentences of the two letters are strikingly similar, it seems to me that Ep. 438 is so laudatory in tone that, if this were Dorp's answer, his acquiescence would be over-complacent. Paludanus may well have made more than one visit to Brussels during Erasmus' sojourn there in 1516–17; and on this occasion he seems to have announced that Dorp had retired from his attitude of antagonism. The reference in l. 7 to an expected visit from Erasmus is also in favour of a later date (cf. Ep. 509 introd.); whereas there is nothing to show that in July his coming might have been anticipated at Louvain.]

DORPIVS D. ERASMO SVO S. P. D.

Qvae narrauit tibi humanissimus atque idem candidissimus Paludanus, ea sic vera esse tibi persuasum sit, mi Erasme optime ac doctissime, vt nihil possit esse verius. Animum illum vere praestabo quem ille tibi praedicauit, et suspendam sententiam ac Academicum agam. Ceterum te oro per candorem istum animi tui vt ne credas continuo a me profectum, si quid obloquantur, calumnientur,

495. 43. epistola *MS.*: *corr. LB.* 47. latentibus vitiligatorum *MS.*: *corr. LB.*

495. 43. commentaria] Cf. Epp. 164. 39 n., 296. 157,8, and 334. 172; where these are promised on the completion of the New Testament.

suspicentur quidam. Vbi veneris, latius agemus. Dabo operam vt intelligas me tibi vere ex animo fauisse. Interea silentium. Oro solum vt ad nos quamprimum aduoles.

Qui has meas perfert Bauarus est, nomine Ioannes Longicampianus, qui meo iudicio, quantum paruo tempore potui virum nosse, probus est, humanus, candidus ac doctus et tui nominis tuaeque gloriae studiosissimus. Summo desyderio cupiuit te videre, alloqui, frui. Orauit me vt se commendarem, persuasum habens meam commendationem pondus aliquod apud te habituram, id quod non dubito. Nihil abs te petit nisi vt te videat, tibi loquatur, te admiretur.

Quicquid inter nos interuenit, cupio vt amoueamus et pure colamus amiciciam. Si quid est, proxima editione omnibus satisfacies, si qui sint adhuc infirmiores, quibus lacte sit opus; nam cum Paulo necesse est vt omnibus omnia fias et infirmis infirmus. Ego me Christianum amicum tibi exhibebo, nec alia mens mea fuit. Vale, et hoc fac omnino vt cum aliquot nostris theologis colloquaris, praecipue cum primario nostro, qui vir est humanissimus doctissimusque ac rerum humanarum longa experientia callentissimus; id quod doctissimus M. Petrus Atrebas, amicus meus, tibi latius narrabit. Rursus vale, et Longicampianum vt hominem litteratum ac probum habe commendatissimum. Louanii.

497. To John Paludanus.

Auctarium p. 184. ⟨Brussels ?⟩
F. p. 158: HN: Lond. iii. 25: LB. 290. ⟨c. November 1516 ?⟩

[Within the limits of the Bishop's death and the publication of D¹ a precise date for this letter can only be conjectural. It may have been written after the meeting with Paludanus, which is evidently implied in Ep. 496.

James of Croy († 15 Aug. 1516) was a younger son of John of Croy, Count of Chimay († 1473; see BN.) and Mary of Lalaing. After being Provost of Liège c. 1496 and Canon of Cologne, he succeeded Henry of Bergen (Ep. 49) as Bp. of Cambray. On 28 June 1510 he was created Duke of Cambray by Maximilian. See GC. and Massaeus, *Chronica*, 1540, p. 274.]

DES. ERASMVS ROTERODAMVS PALVDANO SVO S. D.

Mitto epitaphium, ne vsquam non obsequar Paludano. Si displicebit, quod scio fore, cogita scriptum a theologo; cui generi scis quam iniquae sint Musae. Bene vale. [Anno M.D.XVII.]

496. 21. fias et *scripsi*: fiat *MS.* 497. 3. Anno M.D.XVII *add. H.*

496. 10. Longicampianus] (?Langenfeld). He had taught in Louvain, and in the autumn of 1518 was at Mainz (Lond. v. 25, LB. 357). See also Epp. 500 and 504.

20. Paulo] 1 *Cor.* 9. 22.

24. primario] Probably John Briard of Ath, who was Vice-Chancellor of Louvain in 1518 (when Th. Martens printed his *Quaestiones Quotlibeticae*, together with those of Adrian of Utrecht), and probably earlier.

26. M. Petrus] Perhaps the Peter Barbier of Arras who is mentioned as a corrector for Martens in 1513: van Iseghem, pp. 90 and 237.

EPITAPHIVM CARMINE IAMBICO TRIMETRO D. IACOBI DE CROY, DVCIS ET EPISCOPI CAMERACENSIS.

Vtriusque gentis Croicae et Lalaingicae
Decus perenne, Iacobus hoc situs loco,
Praesulne fuerit melior an dux clarior,
Tibi, Camerace, nemo facile dixerit.
Euectae ad astra virgini matri sacer,
Cui fuerat vsque pectore addictus pio,
Euexit hunc e rebus humanis dies.

[483]498. FROM ANDREW AMMONIUS.

Basle MS. Westminster.
Vischer p. 25. 4 December ⟨1516⟩.

[An autograph in the Basle University Library, No. 2 in the volume from which Ep. 466 comes: endorsed by Erasmus 'Manus Andree Ammonii'. The answer to it is mentioned in Ep. 505. 17.]

AND. AMMONIVS ERASMO S. P. D.

AEGRE haec ad te scribo, vt qui tertianula laborem quae nata mihi est ex stomachi dolore; cui dum vomitu fomentisque quibusdam calidis mederi studeo, bilis excitata in febrim erupit; qua mihi nunc primum videor leuatus. Nec paruo fuit adiumento voluptas quam ex litteris ab Vrbe de re tua nuper allatis concepi. Intellexi enim 'Αρχιερέα mirifice in te propensum, et quid impetrari queat, immo quid impetratum sit, a Vigorniense accepi: quod idcirco noluit expedire, veritus, quod est, ne satisfactum nobis ⟨non⟩ esset. Et exemplum ad me misit, vt, si nobis probetur, ad se remittamus; sin vero alia desideremus, te hortatur vt ad Pontificem Maximum rursus accurate scribas, seque tuas litteras suis precibus subsequuturum pollicetur. Ego suadeo vt et illas et alteras ad Vigorniensem conscribas in eam sententiam quam tu putaueris accommodatissimam. Id quod dixi exemplum cum his litteris accipies, et in eo videbis quaedam pro meo iudicio subinducta.

Volui Sixtinum consulere, qui vocatus ad me venit; sed quum vacare tunc ei nullo modo possem, causam indicaui cur accersiuissem et rogaui vt rediret. Promisit, sed magnis aliquibus negociis puto fuisse retentum. Mihi vero postmodum in mentem venit satius esse curam hanc tibi relinquere, vt tu ipse tuam rem discutias vel

497. 4. Lalaingicae *correxi* : Calaingicae *D*.

498. 9. exemplum] Evidently a draft of the document by which the desired relief was to be granted to Erasmus; cf. p. 292 and Ep. 505. 4.

quorum libuerit iudicio committas. Vbi vero quae visa fuerint adieceris vel deleueris, cura vt exemplum ex tua sententia correctum mundius excribatur, deinde Romam ad Vigorniensem mittito vna cum meis ad eum litteris, quibus scribo quae censeo expedire. Sed caue tuam epistolam πρὸς τὸν μέγιστον obliuiscare, et es bono animo; felix post paulo eris, quando tua felicitas ex hoc pendet quod prope in tua est manu.

Ad tuas litteras quas proxime Morus mihi reddidit, haud magnopere mihi est quod rescribam, nisi quod risum mihi mouit illud hominum genus ventri natum; et miror te istis rabulis os obstruere potuisse, et eos ita sui compotes esse vt queant tacere. De nostro Tunstale ne totum tibi vendices, ita Deus me amet vt plurimum vereor ne grauissimas eius occupationes meis ineptiis disturbem; quamobrem operam do vt eis temporis quam minimum eripiam: nam mihi ad nugas aliquot vtcunque infulciendas semper aliquid vacat. Caeterum postquam me tibi Aesculapium fecisti, gallum eximium para, quem mihi confestim sacrifices. Cura tamen vt valeas.

Prid. noñ. $\mathrm{X}^{\mathrm{bris}}$ ex Westmoñ.

Facundissimo et vndecunque doctissimo D. Erasmo Roterodamo theologo.

499. From Thomas More.

Deventer MS. 91, f. 188. ⟨London.⟩
LB. App. 250. ⟨c. 4 December 1516.⟩

[Between Epp. 481 and 502. It probably answers a letter contemporary with Ep. 483, which was delivered to Ammonius by More (Ep. 498. 28); and may therefore be placed, as Mr. Nichols suggests, with Ep. 498, which answers Ep. 483. Brewer is misled by the date 1517 wrongly added to Ep. 502 in LB.]

MORVS ERASMO S. P. D.

De equo tuo conueni Vrsuicum. Is se negat adhuc nactum talem quem dignum censeat qui mittatur ad te, sed, nisi mittat ante, ad proximas nundinas omnino missurum. Remisi nuper ad te Maruffi syngrapham cum liberalioribus litteris, vt ipse affirmat. Nam ego nequiui legere, nec Lilius noster, quanquam probe calleat Italice. Pecuniam quam apud me reliquisti Aegidius noster iamdudum habet: nam procurator meus rediit, qui dicit se soluisse.

D. Palgrauus, amicus noster et tibi, vt scis, iam olim deditissimus, Louanium petit incubiturus legibus, sed ita tamen vt bonas litteras

499. 5. nec *coni. LB*: sed *MS.*

---

499. 6. reliquisti] Cf. Ep. 467. 10 n.

8. Palgrauus] John Palgrave or Palsgrave, M.A., was 'schoolmaster' to Mary, 'Princess of Castile,' in 1513; and on her marriage to Louis XII accompanied her to France as secretary and chaplain in Oct. 1514. He was Prebendary of St. Paul's 29 Apr. 1514–

Latinas Graecasque solito sibi more adiungat. Hic quoniam audiuit te ibi commoraturum, quanquam pro vetere sua tecum consuetudine nihil sibi non possit de te polliceri, tamen (vide quantus apud te passim videor, quo ego non hercle minus triumpho quam alii regum familiaritate gloriantur) impense rogauit vt ad illam gratiam qua se valere tecum per se putat, meam etiam commendationem diligenter adiungerem; vti sibi liceat tuo consilio atque auxilio ad bonarum litterarum profectum frui. Scio, mi Erasme, non esse te multis verbis rogandum vt in studiis adiuues hominem ad litteras propensum, tantae spei, tam notae diligentiae, et qui iam nunc scis quantum promouerit, amicum praeterea et meum et tuum, hoc est bis tuum: qui velut munus quoddam hoc tibi iam olim desumpsisti, vt aetatem omnem dies noctesque in adiuuandis omnium hominum studiis insumeres. Quanquam, si quid hoc ad cumulum possit addere, etiam rogo vt quod nulli negas, hoc Palgrauo nostro praestes etiam prodigentius; cui eas litteras omnes dedi ad te perferendas, quae tibi olim ab amicis Basiliensibus missae apud ⟨me⟩ iam diu sunt seruatae. Quae res commode accidit. Nam neque certior quisquam offerri potuit qui eas perferret, neque ipse quicquam ⟨optare⟩ quo veniret gratior quam tam multas, tam diu desyderatas, pene etiam desperatas, hominum tam charorum doctissimas epistolas; quas tamen iussi ne ante tibi traderet quam stipulatione facta promiseris sic te accepturum tanquam ille tibi in singulis commenda⟨re⟩tur.

Ausculto quotidie atque arrectis auribus asto de re illa tua Siciliensi, quae Deum precor vti contingat feliciter. D. Tunstallus litteras nuper ad me dedit plenas affectus amicissimi; cuius iudicium tam candidum, tam honorificum de republica nostra, dispeream, Erasme dulcissime, nisi me magis exhilarauit quam talentum Atti-

26. me *add. LB.* 32. commendaretur *LB.*

1554 (Le Neve); but in spite of this Mary invited preferment for him from Wolsey in Nov. 1514 and Apr. 1515. In Aug. 1517 he was proposing to return to Louvain (Lond. vii. 4, 5; LB. 522, 540) to renew the studies begun at this time, after a short visit to England (LB. App. 150). In 1524 Pynson printed for him a French grammar, *Lesclarcissement de la langue Francoyse*, the first composed in England (DNB. xix. 204); but I cannot find that any copy now exists. By 1525 he had become tutor to Henry Fitzroy, Duke of Richmond (1519–36), Henry VIII's natural son; and he was still in this office in 1529. He received some preferment, but nevertheless was obliged to support himself by teaching, and in 1532 was proposing to settle at Cambridge for this purpose. In 1540 he was a member of Convocation, when Henry's marriage with Anne of Cleves was annulled. See Brewer.

25. litteras] Cf. Ep. 481. 8 n.

34. arrectis] Cf. Verg. *Aen.* 2. 303.

Siciliensi] Cf. Ep. 475. 4 n.

35. Tunstallus] Stapleton, *Tres Thomae*, 1588, *Vita Mori*, pp. 64,5, prints a letter, undated, in which More thanks Tunstall for his favourable judgment of the *Utopia*. In writing to Warham and another English friend (Stapleton, pp. 206,8) More pretended that it had been printed by Gilles without his knowledge; cf. Ep. 30. 16 n.

cum. Itaque nescis nunc quantum gestio, quantum creui, quanto memet altiorem gero: ita mihi assidue versatur ob oculos perpetuum destinari mihi principatum ab Vtopianis meis, quin iam nunc mihi videor incedere coronatus insigni illo diademate frumentaceo, conspicuus paludamento Franciscano, praeferens venerabile sceptrum e manipulo frugis, stipatus insigni Amauratorum comitatu atque ita celebri pompa legatis atque principibus aliarum gentium occurrere, miseris plane pre nobis, stulte videlicet superbientibus, quod veniant ornati pueriliter et mundo muliebri onusti, vinctique auro illi despuibili, purpura et gemmis atque aliis bullatis nugis deridiculi. Quanquam nolim aut te aut Tunstallum nostrum ex aliorum ingeniis aestimare me, quorum fortuna mores mutat. Equidem etsi superis visum est nostram humilitatem ad hoc fastigii et sublimitatis euehere, cui nullum regum posse conferri censeo, veteris tamen illius consuetudinis quae mihi olim priuato fuit vobiscum, nunquam me sentietis immemorem. Quod si non grauemini tantillum viae facere vt Vtopiam veniatis ad me, profecto efficiam vt mortales omnes quos clementiae nostrae regit imperium, id honoris exhibeant vobis quem debent eis quos intelligunt ipsorum principi esse charissimos.

Prosecuturus eram longius hoc dulcissimum somnium, sed Aurora consurgens, veh misero, discussit somnium et principatu me excussit, atque in pistrinum meum me, hoc est in forum, reuocat. Hoc tamen me consolor, quod vera regna video non multo prolixiora.

Vale, charissime Erasme.

500. From Gerard Lister.

Deventer MS. 91, f. 145 v°. Zwolle.
LB. App. 104. ⟨c. December 1516.⟩

[For the date see Ep. 495 introd.]

GHERARDVS LISTRIVS DOMINO ERASMO S.

Longicampianvm mihi a te commendatum, quantum potui, litteris Graecis docendis iuui; sed quod heae parum lucrosae esse videbantur, aut quod longo tempore indigerent, ad mathematicam, quam sibi sperat lucrosiorem fore, animum adiecit; in qua certe mihi non mediocriter videtur promouisse. Patres nostri omnesque adeo docti, qui hic tui nominis sunt studiosissimi, vehementer a te contendunt vt commentarios in sancti Pauli epistolas et scribas, vt crebro recepisti, et scriptos quamprimum aedas. Domine Erasme, ex animo

500. 8. scriptas *MS.* : *corr. LB.*

499. 42. diademate] Cf. *Utopia*, ed. Lupton, pp. 233,4.

45. legatis] ibid. pp. 177–81.

500. 7. crebro] Cf. Ep. 495. 43 n.

loquor, vix ipse credas quantum Ecclesiae, hoc est omnibus piis mentibus, consulas istis libris subinde aedendis. Sentio ego quamplurimos tuis scriptis persuasos atque inflammatos ad sacras litteras et ad pietatem Christianam rapi, porcorum siliquis, hoc est ethnicorum libris, relictis; inter quos me certe Christo lucrefeci, si Christi gratia me a proposito vitae tramite non errare dignata fuerit. Mihi variis negociis scholasticis distracto vix vacat semel atque iterum interdiu librum aperire. Si tamen quid temporis occupationibus illis suffurari possum, id totum Euangeliis et Paulinis epistolis legendis consumitur.

Scripsit mihi Caesareus Capnionem curare apud Thomam Anshelmum inprimi Artem Caballisticam et philosophiam Pythagoricam. Graecas litteras hic sic seminaui vt pueruli iam passim thematiola sua Graece scribant. Vnum me torquet, quod barbaram istam dialecticam extrudere adhuc non possim; nam barbaricam grammaticam olim eieci. Si quid Listriolus tuus vlla in re tibi commodare possit, vtere eo vt tibi deditissimo. Nosti animum meum.

Vale ex Zuol.

Mirum est, domine Erasme, et tamen verissimum, nulla est nox in qua tibi non adesse videar. Tota hac nocte vna fuimus Basileae, vt etiam aliquid somniorum meorum audias. Tam est Erasmus infixus praecordiis Listrii.

501. From George Burkhard of Spalt.

Deventer MS. 91, f. 110. Lochau.
LB. App. 94. 11 December 1516.

[The manuscript date may be accepted, for the letter is subsequent to the publication of Jerome (Ep. 396) and within the limits of Hand A (App. 8). It is amply corroborated by l. 14 n. Bludau's suggestion (*Die beiden ersten Erasmus-Ausgaben des Neuen Testaments*, 1902, p. 69), that this letter did not reach Erasmus, is untenable in view of its occurrence in the Deventer Letter-book. The easiest explanation of Erasmus' denial in Lond. v. 35, LB. 425, is to suppose that the answer to this letter failed to reach Spalatinus, who therefore wrote again (Lond. xi. 23, LB. 278); and that when the fact of Spalatinus' second letter (not the letter itself; cf. Lond. xi. 24, LB. 450) was brought to Erasmus' notice more than two years later, either he had forgotten this previous correspondence, or, as is more likely, in saying that he had not heard from Spalatinus he was thinking of the recent letter, which had not yet arrived.

George Burkhard (1482 — 16 Jan. 1545), of Spalt near Nuremberg, matriculated at Erfurt in 1498, was B.A. there in 1499, and M.A. at Wittenberg in 1502. Mutianus' influence obtained for him the post of 'praeceptor' in the monastery of Georgental near Gotha in 1505. In 1508 he was appointed tutor to Duke John Frederick (1503–1554), son of Duke John of Saxony; and subsequently chaplain, librarian, and secretary to the Elector Frederick, whom he attended to the Imperial Election at Frankfort 1519 and the Diet of Worms 1521, and

14. tramitę *MS.* 17. possum *LB* : possem *MS.*

19. Caesareus] See p. 172.
20. Artem] This volume, which is dedicated to Leo x, appeared in March 1517.

whose support he won for Luther. After Frederick's death (1525) he retired to Altenburg, where he had held a canonry since 1511, and married. He enjoyed the confidence of Duke John († 1532); and on the succession of his pupil John Frederick his influence at the Court of Saxony increased even more; and he used it to promote the interests of the University of Wittenberg.

His literary work began with a small glossary contributed to a *Laus Musarum ex Hesiodi Theogonia*, Erfurt, H. Sertorius, 1 Oct. 1501; compiled by Nich. Marschalk, to whom he was then secretary. But his principal achievements were in translation into German; from Plutarch and Justinian, Luther and Melanchthon. Of Erasmus he translated Ep. 288; the Adages, *Sileni Alcibiadis*, 1520 (BEr.[2] *Adagia*, p. 551, where Prof. Ehwald kindly informs me that the autograph dedication is by Spalatinus, not by Erasmus), and *Aut regem aut fatuum nasci oportere*, with preface dated 7 March 1520; the *Querela Pacis*, 1521 (preface 19 Apr. 1520); and the *Institutio Principis Christiani*, 1521 (preface 5 May 1520). He also wrote a life of Duke Frederick; and annals for 1513–26.

See ADB, with an excellent bibliography, especially of his letters, of which great numbers survive in MS.; and EE. For a description of his personal appearance see SE. 58.]

GEORGIVS SPALATINVS ERASMO S. P. D.

Qvanqvam, vir eruditissime et clarissime, iampridem tui, propter singularem tuam eruditionem et vt plurima ita maxima in omnia recta studia et literas optimas beneficia, amantissimus simul et obseruantissimus, nunquam tamen hactenus eiusmodi habui occasionem, quam satis idoneam putarem ad te, tam varie in republica litteraria non tam adiuuanda quam restituenda penitus occupatum, meis lituris potius quam literis interturbandum. Quamobrem neque Philippus Engentinus, amicus communis, neque C. Mutianus Rufus, praeceptor meus, vir doctissimus et integerrimus, non solum tui studiosissimus sed tuus etiam olim symmathetes in schola, si probe ex homine audiui, Dauentriensi, Alexan. Hegio praeceptore, mihi persuasit vt tibi scriberem, quamuis vterque annis ad idipsum me superioribus diligentissime per literas hortati. Caeterum nuper rogatus a sacerdote Augustiniano non minus vitae sanctimonia quam insignibus theologiae claro, eodemque et ipso tui nominis subscriptore syncerissimo, ad te salutandum, putaui impie facturum me, nisi hac occasione arrepta ad te vtcunque occupatus scriberem; eo magis quod e republica speramus futurum et praesentium et poste-

7. lituris *coni. LB* : Īris *MS.* 14. quam *LB* : q *MS.*

8. Engentinus] Cf. Ep. 344. 52 n.

Mutianus] Conrad Muth (15 Oct. 1471—30 March 1526) received his schooling at Deventer, matriculated at Erfurt in 1486 and was M.A. 1492. From 1495 to 1502 he was in Italy; and after becoming LL.D. at Bologna, visited Milan, Mantua, Florence, and Rome. In 1503 he received a canonry at Gotha, where the remainder of his life was spent in studious seclusion. His influence was great, especially among the younger humanists; and through his letters it was widespread. On questions of the advancement of learning and reform of the Church he was in sympathy with Reuchlin and Erasmus. See ADB. and Creighton v. pp. 25–28; and for his letters MRE. and an edition by K. Gillert, 1890 (MRE[2].).

10. symmathetes] Cf. MRE. 270.

14. Augustiniano] Luther; cf. LE. 22, to Spalatinus, dated 19 Oct. 1516. Ll. 50–72 are taken almost word for word from LE.

rorum id negocii quod me in praesentiarum ad scribendi officium compulit. Quamuis igitur Augustinianus coenobita, vir, mihi crede, candidissimi ingenii et fidissimi pectoris, boui (quod dicitur) clitellam, tamen eius in me studio et beneuolentia motus malui, si ita res ferret, subrusticus videri quam officium negare homini amicissimo. Quod si tu pro tua egregia et bonitate et sapientia eo animo literas nostras intellexeris quo scribuntur, spero te non modo me in posterum in albo tuorum siue clientum siue fautorum perpetuo habiturum, verum etiam studiosis omnibus diuinarum literarum et castae et intaminatae illius veteris theologiae omnibus futuris seculis, nedum hac nostra aetate, eo vehementius profuturum quo res est maioris momenti.

Hoc igitur tantum veluti praefatus, te per Christum obsecro vt aequi bonique literas nostras consulas, nihil aliud Deo teste quaerentes quam vt tibi insinuatus, sicut amici religiosissimi precibus faciam satis, ita aliquando videam profuisse vel posteritati, notum fuisse homini eruditissimo. Tantum enim abest vt malignitatis aliquid hic lateat, vt simus tui omnes amantissimi quicunque literis melioribus nomen dedimus. Sunt ingenii tui monumenta in tanto apud nos precio vt nihil cupidius in emporiis quaeratur, nihil citius apud bibliopolas vendatur, nihil etiam diligentius legatur. Habet etiam Princeps meus clementissimus, Dux Fridericus Saxoniae, Sacri Ro. Imp. Elector, non minus sapientia et religione et doctrina quam opibus praestantissimus, libros tuos omnes, quoscunque inuenimus, in sua bibliotheca ducali, comparaturus etiam reliquos quotquot posthac vbicunque edideris terrarum. Vidit nuper cum admiratione opera diui Hieronymi te recognitore adeo restituta vt ante tuam castigationem nihil minus quam Hieronymi libros habuisse possimus videri.

Sed quorsum haec? In hoc modo, mi humanissime vir, vt eo melius et libentius credas beneuole tibi a me scribi. Scribit mihi amicus te in Apostolo interpretando iustitiam operum, seu legis seu propriam, intelligere cerimoniales illas et figurales obseruantias; deinde quod velis Apostolum in epistola ad Romanos non plane loqui de peccato originali. Credit ergo fore vt, si legeris Aurel. Augustinum in libris contra Pelagianos, praesertim de spiritu et litera, item de peccatorum meritis et remissione contra duas epistolas Pelagianorum, itemque contra Iulianum, qui omnes fere in octaua parte sunt, atque adeo videris quam nihil Augustinus ex suo sensu, sed Cypriani, Nazianzeni, Hirenei, Hilarii, Olympi⟨i⟩, Innocentii, Am-

22. me *LB*: meo *MS.* 54. Delagianos *MS.*: *corr. LB.* 58. Olympii *LE* (*cf. l.* 14 *n.*), *recte.*

56. octaua parte] vol. 8 of John Amorbach's *editio princeps* (p. 30).

brosii autoritate sapiat, vt non modo recte Apostolum intelligas, verumetiam maiorem sis habiturus Augustino honorem. Nequaquam igitur amicus noster arbitratur iusticiam legis seu factorum tantum esse in cerimoniis, sed rectius in obseruatione totius decalogi. Quae si fiant extra fidem Christianam, etiam si faciant Fabritios, Regulos et in vniuersum integerrimos viros, apud homines non tamen plus sapere iusticiam quam sorba ficum: non enim, vt Aristoteli visum est, iusta agendo nos iustos effici, nisi ὑποκριτικῶς, sed iustos factos iusta operari. Necessarium ergo esse prius mutari personam, deinde opera; prius enim Deo Abelem quam eius munera placuisse. Quamuis igitur et speret et cupiat autoritatem tuam fore celeberrimam, vereri tamen te autore extituros qui defensionem mortuae, id est literalis, intelligentiae arripiant, qua pleni sunt omnes pene ab Augustini temporibus.

Hoc est, vir eruditissime, quod amicus noster ad te tanquam ad Apollinem Pythium putauit referendum me interprete; vtinam quem, si non meo ipsius, certe reipublicae totius theologicae exaudias nomine! Quamobrem rem facies, vt nobis omnibus gratissimam, ita tua pietate dignissimam, si dignatus beneuolentia has literas, gratificatus fueris amico integerrimo et mihi responderis, quantumlibet breuiter, desque id beneficentiae, vt meo in te amori, ita Principis mei illustrissimi erga te, Doctorem Reuchlin et doctissimum quemque studio et reuerentiae. Ego enim in te diligendo obseruandoque nunquam inter postremos ero. Vale, vir eruditissime.

Raptim ex arce Lochana Ducis Friderici Saxoniae Tercio eiduum Decemb. 1516.

Erit etiam et mihi et reliquis omnibus in his regionibus nominis tui studiosis magnae voluptati, si respondens mihi scripseris etiam quid post Hieronymi opera sis editurus, et quid nunc sub incude tua habeas. Scio etiam mirum in modum Principi meo placiturum tam literarum cupido, tam discendi studio⟨so⟩, vt feriatus a causis maioribus vel legat aliquid vel legentem inaudiat libentissime.

502. From Thomas More.

Deventer MS. 91, f. 129. London.
LB. App. 221. 15 December ⟨1516⟩.

[The year-date is given by Linacre's edition of Galen (l. 15 n.).
The composition mentioned in l. 10 is evidently the *Iulius Exclusus*, the third

71. arripiant *MS.*: accipiant *LE* (*cf. l.* 14 *n.*). 80. mei *LB*: me *MS.*
87. respondens *scripsi*: responderis *MS.* 90. studioso *LB.*

84. Lochana] Lochau, now the Annaburg, a hunting castle of the Dukes of Saxony, c. 15 miles SE. of Wittenberg.

character in which is 'Iulii Genius'. From this direct statement of the existence of a copy written by Erasmus' own hand, there can be no doubt that he was the author of it; although by many equivocal utterances—none of which is a direct denial—he attempted to conceal the fact. Besides this draft another can be traced somewhat earlier at Basle, where it was copied by Bruno and Boniface Amerbach (Basle MS. A. IX. 64). Bruno's work is unfinished, but Boniface brought his to a successful end and added the colophon: 'Basileiae foeliciter in edib. tuis excriptum Non. Augusti Anno M.D.XVI. *θεσμὸν ἔρως οὐκ οἶδε βιημάχος*. Bo. Amorbacch.' At the time Boniface was evidently at home for a holiday from his legal studies under Zasius. Six days later he completed his famous copy of Velleius Paterculus (p. 114), to which he appended an almost identical colophon; and other MSS. by him perhaps written at this period are Glareanus' *Heluetia* (Basle MS. O. II. 14), which is partly in his hand, and the copies of Epp. 338,9, the duplicates of which had, however, been already returned by Froben in June (Ep. 419). On the back of the Velleius, and written hastily by Boniface in his later years and by his son Basil, is a list in which the *Iulius* and the *Heluetia* are enumerated (see Robinson Ellis' Velleius Paterculus, Oxford, 1898, pp. xiii, xiv); a fact which suggests that these MSS. may have formed a group which was kept together for some years, and therefore had perhaps some unity in date of origin. The word *tuis*, which occurs in the colophons of both the *Iulius* and the Velleius (not *suis* as Orelli and Ellis), offers a clue to show in whose hands the *Iulius* then was; but I have not been able to follow it up. As author of the *Heluetia* Glareanus is possible; but the temporary possession of the Murbach MS. of Velleius and of Erasmus' Briefs from Rome points with more probability to Froben or Beatus Rhenanus. In any case it is quite clear that the *Iulius* must have been known to Erasmus' intimate friends at Basle as early as August 1516.

From another source, too, there is evidence of a copy in Erasmus' autograph—in the letter to Bucer dated 2 March 1532 (p. 407), where Erasmus, in defending himself against a charge of having published some of his works anonymously (cf. Jortin, i. 406 n.), says: 'Sed de Iulio potes et testibus docere vnde primum prodierit. Non statim is autor est qui sua manu descripsit, etsi tu testes producas istius suspitionis autores. Eadem opera inures perfidiae notam iis quos tu cupis habere fidissimos. Si cum Neseno nunquam habuissem familiaritatem, multis molestiis caruissem in quas ille me coniecit.' Bucer, it is clear, had adduced the testimony of Nesen (Ep. 329) that he had seen the *Iulius* in Erasmus' handwriting, probably at Basle; for though Nesen may have met Lupset in Paris in 1517, the draft in Lupset's possession presumably returned now to Erasmus.

Neither Erasmus' attempt to rebut Bucer's charge nor his deliverances on the subject in LB. App. 160 and 168; Lond. x. 19, LB. App. 17; Jortin ii. 397, LB. 583 amount to a denial. Even his elaborate repudiations to Campegio (Lond. xii. 1, LB. 416) and Wolsey (Lond. xi. 1, LB. 317) do not exceed his powers of equivocation, and, as Jortin points out (ii. 596 n.), the only thing that he there specifically denies is the publication; as to which he is doubtless strictly correct, considering the custom of the time: cf. vol. i, pp. 121, 594, and also the publication of the *Utopia* (p. 339).

According to his calculation in LB. 416 the *Iulius* was composed c. 1513–14; perhaps at Cambridge, since it passed into Lupset's hands (Ep. 431; cf. Ep. 270. 60 n.). It was not widely known until its appearance in print, at the beginning of 1517 (cf. Epp. 532. 23 and 543. 9). Another issue, at Cologne, in the summer of 1518, is mentioned by Nesen, Gilles, and Dorp (Basle MS. G. II. 30. 83; Lond. vii. 28 and 1, LB. 436 and 323). The first editions were undated; the earliest with a date which occurs in Böcking's list (*Hutteni Opera*, iv, pp. 422 seq.) being by Martens at Louvain, Sept. 1518. The MS. copies by J. A. Brassicanus, 24 Aug. 1517 (Vienna MS. 9846 ff. 16–59), and by the writer in the Munich MS. (p. 35), 31 Dec. 1518, were both probably made from printed books.

The secret of the authorship must have been known to many of Erasmus' friends; and thus though Morillon's suggestion in Ep. 532 may have been a mere guess, Beatus Rhenanus' ignorance in 1519 (BRE. 426) must be feigned; and again LB. App. 265 and Lond. x. 19, LB. App. 17 ⟨1519⟩, though addressed to More, must have been meant to reach other ears. More also, when in 1520 he took up arms in Erasmus' behalf (Eev. p. 118), makes no real denial; and in stating that immediately after Julius' death 'rem Parrisiis ludis actam publicis' (cf. LB. App. 160, 168), he probably means no more than that some lampoon on the subject had appeared on the stage, without any connexion with Erasmus' dialogue. His statement that Poncher, the Bishop of Paris (p. 454), attributed the book to Faustus Andrelinus does not necessarily imply that More's own opinion was the same. But the attribution, though clearly false, certainly had some vogue; for the first printed edition in Böcking's list is entitled 'F⟨austi⟩ A⟨ndrelini⟩ F⟨oroliuiensis⟩, Poete Regii, libellus de obitu Iulii Pontificis Maximi. Anno domini M.D.XIII'.]

THO. MORVS D. ERASMO S. P. D.

Non dubito redditas tibi litteras meas, Erasme charissime, quas Palgrauus noster perferendas accepit, vna cum epistolis amicorum Basiliensium. Gaudeo Dorpium resipuisse, videlicet delinitum conuiciis quem blandiciae reddiderant ferociorem. Profecto sic est quorundam hominum ingenium vt, si paululum obsequaris, insolescant, contemptius habiti frangantur et fiant abiectissimi. Cupio misere, si commode fieri posset, que vltro citroque sunt inter vos perscripta, legere.

Lupsetus restituit mihi aliquot quaterniones tuas quas olim apud se tenuerat. In his est Iulii Genius, et declamationes duae, altera de pueris statim a pueritia erudiendis, altera consolatoria; tua manu omnia, sed prima tantum scriptio, neque quicquam satis integrum. Extra haec sancte negat tui quicquam apud se esse quod tu desyderas. Haec si mitti ad te postules, illico fac intelligam.

Linacer protinus a Natali quae vertit e Galeno mittet Luteciam excudenda, comite Lupseto qui calcographis castigator aderit. Nescis quam sit gauisus ea mentione librorum suorum, quam in epistola tua fecisti quam nuper scripsisti ad me; crede mihi, is toto pectore tuus est. Wintoniensis Episcopus, vir vt scis prudentissimus, in celeberrimo cetu magnatum quum de te ac tuis lucubrationibus incidisset sermo, testatus est omnibus approbantibus versionem tuam Noui Testamenti vice esse sibi commentariorum decem, tantum afferre

7. commode *LB*: commodo *MS*.

1. litteras] Ep. 499.

3. resipuisse] Cf. Ep. 491. 12. More's letter to Dorp on this occasion is printed by Stapleton, *Tres Thomae*, 1588, *Vita Mori*, p. 69: Jortin ii. 668.

8. perscripta] Cf. Ep. 477. 11 n.

9. quaterniones] Cf. Epp. 431. 9, and 543. 33. The compositions of Erasmus' Italian period were perhaps some of those left by him at Ferrara; cf. Epp. 270. 60 n. and 30. 16 n.

10. altera] Composed at Rome in 1509, as part of the *De Copia* (Ep. 260); first published, as *De pueris statim ac liberaliter instituendis*, by the Froben firm in Sept. 1529. See Erasmus' preface, dated 1 July 1529 (LB. i. 487).

11. consolatoria] Composed at Siena in 1509; first published, as *De morte declamatio*, with the *Querela Pacis*, Basle, Froben, Dec. 1517. It also appears in the authorized edition of the *De conscrib. epistolis* (Aug. 1522; see Ep. 71 introd.) as 'aliud exemplum consolationis'.

15. e Galeno] *De sanitate tuenda*, Paris, G. Rubeus, 22 Aug. 1517; with a preface by Linacre to Henry VIII, dated London, 16 June 1517. At one time it was thought that Badius would undertake the printing; cf. Ep. 534. 58, 9.

17. epistola] Not extant.

18. tuus est] Cf. Ep. 388. 164 n.

lucis; eadem ademptis figuris Graecis Latine dici, etiam si nihil aliud in editione Vulgata fuisset mendae quod mutaretur. Vtopiam nostram, ex tuis litteris concepta spe quam auide deuoro, indies nunc expecto haud alio animo quam mater peregre redeuntem filium. Vale, Erasme dulcissime.

Londini raptim 15° Decembris.

Misi litteras tuas Lathimero, nec dubito facturum quod vis, sed etiam libenter facturum. Vxor mea millies tibi salutem iussit dici, atque agi etiam gratias de tam accurata salutatione tua, qua longaeuitatem ei precatus es; cuius est, vt ait, ideo auidior, quo mihi possit diutius esse molesta.

503_{528} FROM PETER VITERIUS.

Deventer MS. 91, f. 159 v°. ⟨Paris.⟩
LB. App. 95. 18 December 1516.

PETRVS VITERIVS DOMINO ERASMO RO. S.

SALVE multum, studiosissime praeceptor. Ego sane vehementissime doleo quod iam nihil nos respicis; qui tuo olim vnius praesidio seruatus viuo et valeo. Scilicet huc nos misisti, vt tuo gratissimo atque amenissimo aspectu careremus, vt tuo suauissimo colloquio frui non liceret. Nam quid tandem mihi animi esse credis, qui apud omnes passim Erasmi discipulus beneficio tuo immortali vociter, nec possim vel epistolulam saltem vllam ad me missam ostendere? Nimis profecto oblitus es mei, nimis erga discipulum misere amantem durus seuerusque es. Sic me iuuent superi vt scribenti mihi lachrimarum tanta vis exoritur vt vultus a carta cogar diducere, tanto desyderio accendor, tam perdite litteras tuas percupio. At dices fortasse ipsum me litterarum nihil dedisse tibi. At ego feci, per Iouem, idque sepius. Quamobrem vehementer admiror vel nullam ad te peruenisse epistolam vel, quod credere nequeo, te contempsisse aut nihili fecisse: quanquam non ignorem ita grauioribus te occupatum studiis vt vix fricare aures liceat. At respiciendus tamen nonnunquam amicus est, eiusmodi praesertim qui in te solum vnicam spem collocauit, qui tua ope adiutus, praesidio fultus, praeconio quoque illustratus non secus ac numen quoddam terrenum suspicit atque obseruat.

Hoc igitur tibi persuadeas velim, suauissime praeceptor, tam mihi nunc fore grauissimum si deseris nos, quam fuit honestissimum atque vtilissimum laudari abs te, viro non mortali sed diuino potius, saltem immortali ac diuina sapientia praedito. Quamobrem te per

502. 29. litteras] Cf. Ep. 520. 1. 503. 6. beneficio] Cf. Ep. 66.

veterem nostram amicitiam, per ingenium tuum te obtestor, vt ad me digneris vel salutem duntaxat transmittere. Hoc mihi fuerit gratius quam si a magnanimo rege summis opibus donarer. De studiis nostris nihil ad te iam rescripturus sum; scripsi proximis litteris. Hoc tantum noueris, me in docendis iuuenibus pene labore confectum; qui si quando cessat, confugio mox ad Graium tuum, vt de te, quando aliud non licet, loquamur vna. Qui mihi cum propter suas virtutes, tum hoc longe est amicior, quod tui et studiosissimum et amantissimum esse facile perspexi; sed iam ad consuetam operam, hoc est ad iuuenes erudiendos, tempus me vocat. Fac, si amas, Erasme, Viterii tui memineris.

Ex palaestra nostra Nauarrica xv Cal. Ianuarii 1516.

504. From Gerard Lister.

Deventer MS. 91, f. 108 v°. Zwolle.
LB. App. 225. 28 December ⟨1516⟩.

[Evidently accompanying the copy of the Gospels which reached Erasmus in January; cf. Ep. 515. 3–5.]

DOMINO ERASMO LYSTRIVS S. P. D.

Lectis litteris tuis, domine Erasme, statim volaui in montem, vt quamprimum mitterem Euangelia Graeca; sed ea forte fortuna Prior in terra Cliuensi cuidam patri concessit vtenda. Itaque acceptis litteris a patre puerum meum iussi ire in vltimas Cliuiae latebras. Interim bibliopola quidam isthinc venit, qui dicebat isthic constantissimam esse famam te in Angliam abiisse; itaque dubitaui mitteremne librum necne. Placuit tamen mittere; solent enim rumusculi plerumque vani esse. Sed timeo vt parum tibi liber vtilis futurus sit.

Ioannes Longicampianus egregie hic incumbit et mathematicis rebus et Graecis litteris; tanta autem meorum et laborum scholasticorum mole obruor vt vix vacet inspicere librum. Itaque incredibile dictu est quantam iacturam litterarum faciam; et quanquam merces

503. 30. ? Graium: *deformauit edit. LB. vt* Greium *legeret.* 32. amicior *quoque ncertum; quippe ab edit. LB. oblitteratum.* 504. 2. Euaggelia *MS.*: *corr. LB.*

503. 30. Graium] See Ep. 58 introd.

504. 1. montem] Mt. St. Agnes, a house of Austin canons outside Zwolle. It was founded in 1398, and was the home of Thomas à Kempis. See van Heussen, Deventer, pp. 124,5.

2. Prior] Probably Gerard of Kloster, near Wittmund in E. Friesland, to whom Lister afterwards dedicated his *De figuris et tropis* (Ep. 495 introd.) with a preface dated 23 Nov. 1519. Albert Hardenberg in his collections for the life of Wessel (Munich MS. Lat., Cam. 1, ff. 11 v°., 12) states that Gerard, whom he cites as one of his authorities, had learnt Greek and Hebrew from Wessel. See also Horawitz, *Erasmus und Martinus Lipsius*, xii, xiii, lvi.

10. Longicampianus] Cf. Ep. 496. 10n.

laboribus parum respondeat, obdurabo tamen simul tuis, simul optimorum patrum monitis parens. Cupio enim et ego quamplurimum hominibus prodesse; quod cum scribendo facere non possum ob nimiam ingenii mediocritatem, docendo, admonendo, caste integreque viuendo experiar si Germanicae iuuentae quid prodesse nostra exilitas possit. Iam dudum enim, mi Erasme, mundo, hoc est voluptatibus atque ambitioni, valedixi.

Oblatus fuit superioribus diebus mihi ab amicis aliquot canonicatus Traiectensis mediocris. Sed quia citra simoniam non offerebatur, respui; quanquam non deessent amici qui pecuniam mihi mutuo dare sponte sua pollicerentur. Malo in paupertate mea Christo viuere quam in diuitiis diabolo. Dominus Prior Sanctae Agnetis, ardentissimus tui amator, bene valet. Is vna cum Patre Cocmanno, quocum ego habito, tuarum laudum publico praecone, te salutant. Amorem meum erga te non opus est litteris testari, cum illius tot possint esse testes quot hinc egrediantur homines. Oblatratores tuos, domine Erasme, vt facis, perge contemnere, Deoque gratias age qui tibi secum hoc commune voluit esse, vt ab iis de quibus optime meritus es male audias.

Vale ex Zwolla 5 Kal. Ianuar.

505. To Andrew Ammonius.

Farrago p. 228. ⟨Brussels.⟩
F. p. 356: HN: Lond. viii. 36 (35): LB. 225. 29 December 1516.

[The date is confirmed by the subjects mentioned.]

ERASMVS AMMONIO SVO S. D.

Πρός τε τῆς εὐδαιμονίας τῆς σῆς πρός τε τῆς ἐμῆς δυστυχίας (sic et illam tibi propriam ac perpetuam esse velint superi et hanc mihi leuiorem), Ammoni humanissime, vrge literis tuis Vuigorniensem vt quam primum explicetur nostrum negocium vel iuxta exemplar huc missum, si non putabit amplius vexandum Leonem: quo confecto caetera satis succedent. Fauent omnes ferme huius aulae proceres, et cum primis Cancellarius ac Rex ipse.

Audio theologos nescio quos moliri vt publico mandato delegetur

505. 1. Πρὸς τῆς εὐδαιμονίας *N.* 4. vel iuxta . . . 6. succedent *om. F.*

504. 26. Cocmanno] John Koechman of Zwolle. He was already a member of the Fraterhaus there in 1481, and became its sixth Rector c. Nov. 1490. He was still living and showing kindness to Lister in Feb. 1520 (NAKG. vii. 1898, p. 217); but his successor was in office in March 1521. See Iacobus de Voecht's *De inchoatione domus clericorum in Zwollis*, ed. M. Schoengen, 1908, pp. ccxiii and 172 n.

505. 4. exemplar] Cf. Ep. 498. 9.

7. Cancellarius] Le Sauvage; see p. 240.

scholae Louaniensi et huius germanae Coloniensi meorum voluminum examinatio: quod si fit, primum habent quod agant in biennium; deinde quisquis delegabit examinationem, eadem opera mandabit Graecae Latinaeque linguae peritiam, qua illi ex aequo vacant. Tametsi reor hoc ἀνεμώλιον fore; nam et hic optimi quique mihi fauent et inter theologos quoque primores bene volunt. N. incipit esse fabula; et tamen ardelio ille famae interim lucrum aufert, antehac vix satis Louanii notus.

Scripsi de meo negocio ante dies aliquot per cursorem Tunstallicum: is homo magnifice de te tuoque ingenio sentit. Aiunt breui summorum principum conuentum fore Cameraci, Maximiliani, Regis Gallorum et nostri Caroli; ibi de pace nunquam interrumpenda tractabitur. Iterum atque iterum te rogo, mi Andrea, vt maturetur, quoad fieri potest, quod agimus. Ego praestabo ne possim meo merito dici ingratus.

Bene vale postridie Innocentum. Anno M.D.XVI.

506. From Alvar.

Deventer MS. 91, f. 127 v°. ⟨Brussels?⟩
LB. App. 467. ⟨1516 fin.?⟩

[The designation of Marlian (Ep. 411. 8 n.) to the see of Tuy presumably followed shortly after the death of his predecessor, a. 18 Oct. 1516. This letter may therefore be placed conjecturally towards the end of 1516. The writer was perhaps a Spaniard, temporarily resident in Brussels, who hoped to profit by an introduction to the new Bishop. The poem follows in the MS. and is printed in LB.]

ALVARVS NEMO ERASMO ROTE. S.

Erasme eruditissime et ob hoc mihi notissime, vir ignotus tibi, Aluarus, mittit hoc carmen, quo nostro Marliano designato episcopo gratuleris, in quo Aesculapius, a vanis gentibus deus olim creditus medicinae, conqueritur quia ille insignis tunc medicus fulmine percussus fuit, vt ille inquit, ob reuocatum ab inferis hominem, Lodouicus autem Marlianus mitrato capite pro iure ecclesiastici diadematis accipiat potestatem anathematizandi, hoc est iaciendi fulmina, etiam super ipsum Aesculapium. Vale et da veniam vagis et sine lege caracteribus, quos festina rudisque manus sequebatur potius quam ducebat.

505. 14. N. . . . 16. notus *om. F.* 24. Anno M.D.XVI. *add. H.*

505. 14. N.] Dorp; cf. Ep. 474. 17 n.
17. Scripsi] In answer to Ep. 498.
19. Cameraci] For this conference, which took place in March 1517, see Brewer ii. 2633, etc., and Creighton, iv. pp. 241,2.

488507 To Louis Ber.

Epistole elegantes f°. o². v°. — Brussels.
C². p. 153: F. p. 53: HN: Lond. i. 33: LB. 191. — 1 January 151 6/7.

ERASMVS ROTERODAMVS THEOLOGORVM INFIMVS LVDOVICO BERO THEOLOGORVM PRINCIPI S. D.

An merito mihi gratuleris, optime Bere, nondum scio: tu certe amantissime facis, somnians eam fortunam amico contigisse qualem amor iste tuus optaret. At qualis qualis est haec mea sors, si scias quam ambierim, noua quaedam videatur; si merita estimes, magna; si animum, satis: quanquam eam prebendam vertimus in pensionem, censui detrahentes ne quid ocio decederet, cuius nobis prior quam pecuniae ratio. Te merito amo, vir humanissime, qui pari studio procul absentem prosequeris quo presentem semper complexus es. Inuidiam merebantur fortasse qui praeclarum aliquid profitentur aut rara quapiam eruditione premunt aliorum gloriam aut submotis plerisque se iactitant. At quid rei mecum est inuidiae, qui nec profiteor quicquam et vix mediocri literatura nullius officio luminibus, neque cuiquam mortalium meipsum antepono aut aequo etiam. Tantum mea qualicunque opella pro viribus adiuuo publica studia. Sed nonnullis alicubi videor liberius incandescere, verum iis qui non perpendunt quam indignis modis acceptae sint sacrae literae ac virorum sanctissimorum lucubrationes. Cum in ipso grassarer opere, saepenumero stomachum ob rei indignitatem efferuescentem cohibuit ratio, vbique dissimulare non potui. Et tamen posthac moderatiorem fecerit mira quorundam morositas. Etenim si qua fieri possit, ita cupiam prodesse studiis vt neminem omnino mortalium offendam. Id si minus contingit, lenit nonnihil hanc molestiam primum recti conscientia, deinde quod adhuc probor a probatissimis. Et spes est fore vt quod nunc placet candidis, mox placeat omnibus. Certe quod indoctum sit aut impium, absit vt mihi vnquam placeat, vel in meis ipsius libris. Bene vale.

Apud R. P. episcopum Basiliensem tu fac mihi sis epistolae vice. Memini, memini semperque meminero, quantum illi debeam principi.

Bruxellae cal. Ianuariis Anno. M.D.XVI.

508. From William Blount, Lord Mountjoy.

Deventer MS. 91, f. 196 v°. — Tournay.
LB. App. 44. — 4 January ⟨1517⟩.

[1517, because of the *Utopia* (cf. Ep. 461 introd.).]

Litteras tuas simul et librum de Vtopiae insula a te missum accepi gratissimo certe animo, cum et litterae profectae sint a te mei

507. 2. amico *C*: mihi *N*. 11. rei *add. H.* est *add. H.* 12. *F*: literaturae *C*. 20. fecerit *C*: fecit *H*.

amantissimo, et liber ab eo editus qui non eruditione solum sed et amicitia arctissima apud nos habitus est inter primos. Opusculum nondum legi, obrutus multis negociis, breui tamen perlecturus; vt cum praesentia Mori frui ⟨non⟩ valeam, saltem in Vtopia Morum meum videam. Caeterum de tuis negociis valde cognoscere cupio, num es in fruendo nostro Tunstallo, qui tibi vir est plurimis de causis iucundissimus, etiam et possessionem praebendae nuper tibi concessae vel pensionem aliquam a Principe obtinuisti, non minus consulens vtilitati quam voluptati. Nam cum longe a me absit vt aliqua donatione te digna beatum efficere possim, non tam ingratus tamen videri velim vt ne ab aliis te felicem esse magnopere desyderem; vt tandem te conferre possis ad ocium illud litterarium, ad communem omnium studiosorum vtilitatem. Tu interea valeas, et si quid ocii tibi superfuerit et nos visere digneris, rem gratissimam nobis facies.

De reditu in Angliam nondum certi aliquid habemus. Rogo vt reuerendum dominum Cancellarium meo nomine plurimum saluere iubeas. Iterum vale. Ex Tornaco iiii Ianuarii.

Tuus ex animo G. Mountioyus.

509. From Martin Dorp.

Deventer MS. 91, f. 181. Louvain.
LB. App. 248. ⟨January 1517.⟩

[In Jan. 1517 Erasmus paid a short visit to Louvain, probably by invitation, and had a friendly interview with the theologians whose hostile criticism he had so frequently encountered; cf. Epp. 510, 515, 516, 539. The intermediary was doubtless their spokesman Dorp, and this letter perhaps indicates the occasion on which peace was made. Mr. Nichols dates it in July 1517, when Erasmus came to settle in Louvain; but Dr. Reich points out that the Jerome (ll. 8, 9) had arrived in the Netherlands in Oct. 1516 (Epp. 474,5) and that Dorp would hardly be announcing its purchase as a novelty in the following July.

It does not seem possible to determine whether Sunday 4 or 11 Jan. is meant in l. 5. Paludanus (l. 6) appears to have been Erasmus' host.]

MARTINVS DORPIVS DOMINO ERASMO S. P.

Qvod hactenus non inuiserim te, mi Erasme, vt et ego sepe volui et tua excellens virtus meretur, ne asscribas, quaeso, neque fastui neque negligentiae, tametsi huic potius, sed occupationibus quibus vere pressus sum aliquot dies. Posthac si non erit graue tibi, sepe accurram. Nunc te oro vt die Dominico digneris apud me adesse in prandio, vna cum domino Paludano. Aderit et Athensis et aliquot alii qui te tuamque istam eruditionem magno studio fauoreque

508. 6. non *add. LB.* 8. es *scripsi*: & *MS.* 9. iucundissimis *MS.*: *corr. LB.*

508. 17. reditu] Cf. Ep. 371. 10 n. Mountjoy had received permission to return on 1 Nov. 1516, but was detained until 22 Jan. 1517 (Brewer ii. 2578 and 2825).

18. Cancellarium] Le Sauvage.

509. 6. Athensis] John Briard; cf. Ep. 496. 24 n.

prosequuntur. Emi dudum opera Hieronymi compaginata, quindecim cum dimidio Renen⟨sibus⟩, et eorum lectio me detinet. Bene vale et me ama. Ex collegio Theologorum.

510. From Adrian Barland.

Deventer MS. 91, f. 170 v°. ⟨Louvain.⟩
LB. App. 100. ⟨January 1517.⟩

[This letter must have been written during Erasmus' visit to Louvain (Ep. 509 introd.), since it falls between the composition of Ep. 492 (l. 5 n.) and Ep. 512.]

HADRIANVS BARLANDVS DOMINO ERASMO S. P.

Qvvm heri, doctissime domine Erasme, te isthinc vsque in templum diui Petri comitatus essem, postea mihi tecum cupienti prolixius commentari nescio quo modo elapsus es; itaque nunc per litteras agam quod tum praesens volebam. Scripsi nuper exercendi stili gratia duas epistolas longiusculas; vnam ad fratrem meum, quem habeo bonis deditum litteris, de tuis lucubrationibus, quas ille mecum vnice semper est vt elegantissimas admiratus; alteram ad Borsalum, conterraneum meum tuique nominis studiosissimum virum, de clariss⟨ima⟩ Hieronymi Buslidii erga me beneuolentia. Has duas epistolas, etsi scio minime dignas quae a te, hoc est quasi phenice doctorum, legantur, tamen mitto tibi, vt vel tandem cognoscas meum in te tuamque incomparabilem eruditionem studium haud vulgare. Non sum ego doctus, sed amo et admiror doctos; inter quos tu primas tenes, cui me totum dedo. Epistolae nostrae tuo iudicio vel ignibus tradentur, si malae, vel, si bonae et tolerabiles, ad scrinia vnde extractae ad te veniunt, reuocabuntur; nam praelum et lucem vultusque hominum adhuc reformidant. Vale, decus Germaniae, et nos, si meruimus, ama.

511. From Augustine Agge.

Deventer MS. 91, f. 142. Paris.
LB. App. 45. 10 January ⟨1517?⟩.

[This letter is certainly later than 1513 (l. 8 n.) and probably earlier than 1518, since it is written by Hand A (App. 8). The use of *olim* in l. 8 suggests a late date; and I have therefore adopted 1517 conjecturally. But 1516—which Dr. Reich and Mr. Nichols accept from LB., evidently not knowing that it is not in the manuscript—and even 1515 are almost equally possible.

510. 1. Quum *corr. LB*: Quī *MS.*

509. 9. Renensibus] *sc.* florenis.
510. 1. templum] St. Peter's was the University Church of Louvain; cf. vol. i, pp. 380 and 390.
5. vnam] Ep. 492; cf. Ep. 512. 29, 30.
7. Borsalum] See Ep. 291 introd. I cannot find any trace of the letter mentioned here.

The question might perhaps be solved if anything were known of the 'legatio' (l. 36) which took Agge to Paris.

To the notice of him in Ep. 291. 3 n. may be added a mention in a letter written by Goswin of Halen (p. 544) to Albert Hardenberg c. Dec. 1528 (Munich MS. Lat. Cam. 1, f. 6 v°), in which he is represented as fraudulently detaining a copy of Suidas belonging to Goswin.]

DOMINO ERASMO AVGVSTINVS AGGEVS MEDICVS S. D. P.

Cogitantem me sepius aliquid ad te scribere repressit pudor, scilicet quod verebar tuis istis argutissimis et prope ad diuinitatem eruditis auribus obstrepere litteris meis incultis et ad barbariem vsque iam horrentibus; adeo interim, dum tua consuetudine et litteratissimis praeceptis destitutus sum, mi Erasme, sentio quantum mihi periit non modo litterarum, quas tum velut a limine primum tuis auspiciis salutabam, sed et ingenii, quod, vbi non exerceas, quadam rubigine exeditur. Huc accessit quod, cum olim a te discedens ex Anglia cum Sixtino nostro in patriam ad parentes et amicos me aliquando quasi postliminio reciperem, incidi illic in tempora miseriarum et erumnarum omnium plena, eaque furiis quibusdam veluti agitata in nouas semper bellorum procellas in dies magis ac magis calamitosiores erumperent; vt mihi vel dolore praesentium vel metu iam instantium malorum (quibus ante ipsos meos oculos amici et parentes simul, quid? dicam cum patria? imo cum natione tota, conficiebantur) adeo obriguerit animus

Frigidusque obstiterit circum praecordia sanguis,

vt ad Musas et litterarum tranquillitatem ne aspirare quidem mihi aut licuerit aut libuerit. Eorum quoque hominum qui animum hoc in pelago naufragantem refocillare ⟨solent⟩, id est philosophorum, penuria multum ad hanc ingenii mei calamitatem adiecit, dum de litteris et philosophia nunquam, sed pro his semper *πολεμίζετε καὶ μάχεσθον* audirem. 'Id est maximum et miserrimum mearum omnium miseriarum.

Ego et sepius ad te et plura scriberem, nisi mihi dolor meus tum omneis parteis mentis, tum maxime huius generis facultatem ademisset.' Cur enim non vtar verbis Ciceronis in re, vt puto, perquam simili? vsque adeo malis illis quae extrema homo prudentissimus iudicauit, mea haec haud multo leuiora mihi videntur. Quae vel tu, vel certe alius nemo, sic tandem mitiora reddideris, si tuis scriptis eruditissimis Augustinum tuum consolans indicaueris quibus philosophiae remis ex his potissimum fluctibus enauigare contendam, ne

6. salutaui *post* limine *ab amanuensi obelis notatum inclusit LB.* 20. refocillarent *coni. LB.*

8. olim] In 1513; cf. Epp. 273. 13 and 291. 3.

17. Frigidusque] Verg. *G.* 2. 484.

27. Ciceronis] *Att.* 3. 7. 3.

simul et ego cum aliis his tempestatibus obrutus omnino peream, sed tuorum praeceptorum remigio adiutus, vt soleo, ad tranquillitatem enatare possim. Nam etsi nunc absim paulisper ab his malis donec legatio ista postulet, nihilominus crucior animo eorum ⟨causa⟩ quae agantur in patria de meis; quos, cum in summis miseriis, erumnis maximis abiens illic reliqui, non nisi extrema aut sperare aut iam certe pati haud imprudenter auguror, vt de statu eorum magisne certum an incertum esse libeat plane ignorem.

Vale, mi Erasme, tibique persuade nullam rem esse grauiorem Augustino tuo quam tuis institutionibus, praeceptis, consuetudine, litteratiss⟨imis⟩, eruditiss⟨imis⟩, sanctiss⟨imis⟩ destitui. Vale iterum et his, quia coram non datur, fac obsecro per litteras vt omnino non caream. Per Franciscum omnia fideliter, vt puto, tradentur. Vale 3°, quia nihil magis opto quam vt rectissime valeat Erasmus ille meus, litterarum spes, columen et decus omnium.

Ex Parisiis quarto Eidus Ianuarias.

[450]512. To John Watson.

Epistole elegantes f^{o}. m^{4} v^{o}. — Brussels.
C^{2}. p. 133: F. p. 46: HN: Lond. i. 24: LB. 192. — 13 January 151$\frac{6}{7}$.

ERASMVS ROTERODAMVS IOANNI VVATSONO INSIGNI THEOLOGO S. D.

Qvam mihi rem, optime Vuatsone, narras? Itane tecum in ipsam vsque Syriam peregrinatus sum? Neque secius ipse cum amicos omneis, tum in primis Vuatsonum meum, animo mecum circumfero; quoquo terrarum me recepero, memor suauissimae familiaritatis nostrae et noctium etiam fabulis iucundissimis citra toedium nobis transmissarum. Quin et illud voluptati fuit, quod veterum amicorum quibuscum Venetiis egi consuetudinem memoriam mihi refricuisti. Caeterum cuius nomen tibi exciderat Marcus est Musurus. Noui candorem istorum; sic Erasmum onerant suis laudibus vt, si superis placet, sint qui illi inuideant etiam, id quod ego profecto nunquam expectaram fore ac vix etiamnum mihi persuadeo. Nouum Testamentum tibi, hoc est viro tum integro tum erudito, probari non moleste fero; de quo tamen ipse nihil ausim profiteri nisi nos annixos pro virili vt qualicunque industriola nostra Christi philosophiam bonis mentibus commendaremus. Tuumque, mi Ioannes, animum magnopere probo, qui sic in Scoticis labirynthis versaris vt tamen haec simpliciora crassioraque non asperneris, pariter et illis satisfaciens et tuo nihilominus fruens iudicio. Conuenit hoc istis tuis mori-

511. 37. ac *post* miseriis *add. LB.* 512. 10. sint *C N*^{2}: sunt *H Lond.*

511. 45. Franciscum] Berckman. 512. 2. Syriam] Cf. Ep. 450. 57 n.

bus ita piis vt supercilio careant, ita comibus vt absit leuitas, ita seueris vt absit asperitas. Sed desinam, ne haec videantur οὐκ ἔπαινος ἀλλ' ἀμοιβή. Petrus Falco, vir apud suos primae autoritatis, domum reuersus multa de duobus Anglis scripsit, oblitus opinor nominum. Mihi illico tetigit animum, At at, hic ille Vuatsonus meus; nam profectum acceperam.

Iam equum conscenderam Cantabrigiam aditurus, et ecce quidam nunciat R. P. episcopum Roffensem, vestrae scholae Cancellarium, eodem die Londini futurum. Hunc dum in singulos dies operior, desedi dies aliquot Londini. Nec tuae literae mihi redditae sunt nisi post menses aliquot. Quod mearum lucubrationum indicem petis, iam id inscio me prestiterat Adrianus Barlandus, homo venusto ingenio nec inamoena sermonis facilitate; ipsius igitur epistolam ad te mitto. Salutabis amicos nominatim omnes, etsi id ipse nominatim non iubeam. Bene vale, amice mellitissime.

Bruxellae Idibus ianuariis. Anno M.D.XVI.

513. From Thomas More.

Deventer MS. 91, f. 189. ⟨London.⟩
LB. App. 112. 13 January ⟨1517⟩.

[The year-date may be supplied from the evident reference in ll. 6–8 to the contributions of More's friends to the *Utopia* (p. 339).]

MORVS ERASMO S.

Marvffi syngrapham eiusdem generis esse puto cuius has meas litteras; quas miror si potes legere. Sed ignosces mihi, dulcissime Erasme; nam neque tempus ad scribendum neque animus ad cogitandum suppetit, tam assiduis negociis premor. Sed si recepisti pecuniam a Maruffo, scribendum est ad Cantuariensem, quo Maruffus quod soluit recipiat. Egi per epistolam Buslidio nostro gratias. Paludano tute ages nomine meo non minores quam Aegidio; nam quae illi scripserunt, tibi deberi voluerunt. Non credas quam vehemens amator tui, quam acer propugnator studiorum tuorum sit Linacer. Grocinus quamobrem tantopere conuentum te voluerit, nondum licuit expiscari; nam is Londinum adhuc nondum venit. Vale, Erasme dulcissime. Raptim die Hilarii.

512. 34. C^1N: Ianuarias C^2. Anno M.D.XVI. *add. H.*

---

512. 25. Cantabrigiam] Doubtless to see Fisher, who had gone down for the opening of St. John's; cf. Ep. 432. 2 n.

31. epistolam] Ep. 492.

513. 1. eiusdem generis] Cf. Ep. 499. 4, 5. The transaction with Maruffus is evidently that alluded to there and in previous letters.

6. Buslidio] Cf. Ep. 484. More's letter is not extant.

Paludano] For his contributions to the *Utopia* see Ep. 180 introd.

7. Aegidio] Cf. Ep. 477. 5 n.

9. Linacer] Cf. Ep. 388. 164 n

11. nondum venit] Grocin was probably at Maidstone; cf. Ep. 118. 22 n.

514. From Duke George of Saxony.

Dresden MS. ⟨Weimar?⟩
Horawitz i, p. 73. ⟨January 1517?⟩

[An autograph rough-draft, evidently of a first letter, in the Dresden State Archives (Loc. 10300, Religionszwiespalt 1521–45, f. 180); printed first by J. K. Seidemann, *Die Reformationszeit in Sachsen*, 1846–8, ii, p. 69, and recently by F. Gess in *Akten und Briefe zur Kirchenpolitik Herzog Georgs von Sachsen*, 1905, i, p. 351 n.

A precise date is impossible; but Lippert shows (ADB. 42. 118) that de Wertern was in the train of Maximilian in the winter of 1516–17, and that therefore this letter may be conjecturally placed at this period. Duke George (27 Aug. 1471—17 Apr. 1539) may have composed it as soon as it was determined that de Wertern should follow Maximilian to the Netherlands in the spring; or it may have been suggested by a reference to Erasmus in one of de Wertern's despatches after his arrival: in which case it should be placed somewhat later. Maximilian was in the Netherlands 14 Jan.—1 June 1517, and was frequently in Antwerp and Brussels during February and March (v. Kraus), so that de Wertern must have had many opportunities to deliver this letter; but Gess remarks that there is no reference to it in Ep. 586, and that therefore he may have failed to do so.]

Cvm de te fama ad me peruenit, quam supereminens omnes Almanos ceterasque naciones tum sciencia cum doctrina folgeas ita vtt tu prae omnibus lumen mundi merito dici possis, indies animus creuit tantum videre de quo talia dicuntur; vt et visus hoc frueretur pabulo quo auditus iam dudum refectus est. Sed quia oportunitas mihi vsque huc data non est vt scirem vbi maneres, te visitare non valui. Nunc autem te per inclitum Teodericum de Wertern, iurium doctorem, subditum et familiarem meum, hiisque meis inpolitis litteris hacque cruda Latinitate mea te visitare non erubesco. Hic tibi asseret affectum summumque desiderium meum; huic credas rogo, nec frustra eum de te mittas. Vale filiciter.

515_{516} From Peter Gilles.

Deventer MS. 91, f. 162. Antwerp.
LB. App. 113. 18 January ⟨1517⟩.

[The year-date for this and its answer can be supplied from the events mentioned.]

DOMINO ERASMO RO. THEOLOGO PETRVS AEGIDIVS S.

Mei fuit officii vt ad te scriberem, dum isthuc Nicolaus Bauarus, matheseos peritus, proficisceretur. Adfert astrolabia et sphaeras

514. 1. qua superemines *MS.* 11. nec *scripsi*: ne *MS.*

514. 7. de Wertern] (28 Sept. 1468—4 Sept. 1536), a diplomatist of strongly Catholic sympathies, who had been Chancellor of the Order of German Knighthood under Duke Frederick († 14 Dec. 1510), younger brother of Duke George. On Frederick's death he became Councillor to George.

515. 1. Nicolaus] Kratzer (1486–7—p. 3 Aug. 1550) of Munich. In his youth he was perhaps resident in the Carthusian monastery of Maur-

aliquot isthic vendendas. Is ad te fert libellum Graecum missum a patre illo, Priore diuae Agnetis; spopondi pro libro et tabellioni syngrapham dedi meapte manu subscriptam. Narrauit mihi Theodericus quam amice et blande te acceperint theologi Louanienses; quae res peperit mihi multum gaudii. Intelligo compatrem meum Tunstallum abiisse. Doleo vicem tuam; nam scio vitam tuam cum illo potius quam nostratibus conuenire. Accepi Parrhisiis Suetonium, Flauium Vopiscum, Spartianum et alios plaerosque olim in Italia impressos; hosce si tibi mitti voles, quamprimum scribito. Curabo isthuc aduolent. Puerpera et meus parens te plurimum iubent saluere. Bene vale et me ama. Ego te, vt nosti, amo.

Antvuerpiae xviii[a] Ianuarii.

---

bach, near Vienna, where he copied some mathematical and astronomical treatises by various authors in a MS. volume now in the library of Corpus Christi College, Oxford (A. 3. 10; ff. 1 and 124; inadequately described by Coxe, 152). He afterwards studied at Cologne, where, as Dr. Herm. Keussen informs me, he matriculated 18 Nov. 1506 and was B.A. 14 June 1509; and, according to the Oxford records, he graduated B.A. at Wittenberg also. At the end of 1517 he went to England (Lond. vii. 38, LB. 222), and for a time taught More's children in London; see a letter by More, 23 March ⟨1518?⟩, in Stapleton, *Tres Thomae*, 1588, *Vita Mori*, p. 230. About 1 Jan. 1519 he entered Henry VIII's household as 'deviser of the King's horologes' or 'astronomer' at £20 a year; and in Oct. 1520 was on leave at Antwerp, where he was painted by Dürer, and where Tunstall asked permission to retain him on diplomatic service (Brewer iii. 1018, 19).

Early in 1523 he was sent with the King's permission to Oxford to lecture on astronomy and geography, as a Reader on Wolsey's new foundation. He was lodged in Corpus Christi College, and erected a dial in St. Mary's churchyard. The University archives (Reg. H, ff. 83, 100–2, 104) show that he supplicated for incorporation as B.A. on 11 Feb. 152$\frac{2}{3}$, was incorporated 19 March, and permitted to proceed M.A. 20 March. This year-date is apparently contradicted by his statement, twice made, on f. 1 v° of the Corpus MS., that he was in Oxford on this duty in 1520. But 1523 is given indisputably by the first line of the accompanying verses (printed in Coxe); and on f. 66 v°, in copying some verses written for the dial by Vives, he states that he erected it in 1523. In Oct. 1524 he was again in London, whence he wrote to Dürer; see Thausing's *Dürer*, ed. Eaton, ii. pp. 323, 4, with Dürer's reply, which is printed also in Hessels' *Ecclesiae Londino-Batavae Archivum*, i, pp. 3, 4. In 1527 he composed a small work on the calendar, *Canones Horoptri*, which he presented to Henry VIII as a *strena* for 1 Jan. 1528 (Bodleian MS. 504: perhaps written by Peter Meghen).

Brewer shows him inspecting Cornish mines in 1529, and sending news from Germany to Cromwell in 1533 and 1538; and as still Henry's astronomer in 1545. There are greetings to him in the prefaces (both addressed to Englishmen) to Nic. Borbonius' Παιδαγωγεῖον, Lyons, 1536, p. 28, and Nic. Prukner's edition of G. Bonatus' *De astronomia*, Basle, 1550. See DNB. From his letter of 1538 (Brewer xiii. ii. 179) it appears that he had recently married, perhaps c. 1535.

A portrait of him painted by Holbein in 1528 is in the Louvre. His age is perhaps to be read there as 42; 'quadragessimum *secundum*,' not 'primum', as usually taken.

3. libellum] Cf. Ep. 504. 2.

5. Theodericus] Martens.

6. theologi] See Ep. 509 introd.

8. abiisse] To Tournay, on a special embassy to meet the Emperor. Brewer ii. 2765, 6.

9. Suetonium] Hain gives many Italian editions before 1500. For Erasmus' interest in Suetonius cf. Ep. 586.

[515]516. To Peter Gilles.

Farrago p. 194.   Brussels.
F. p. 329: HN: Lond. vii. 34: LB. 300.   20 January ⟨1517⟩.

ERASMVS PETRO AEGIDIO SVO S. D.

Te filia auctum gaudeo, tum compatrem Tunstallum tibi gratulor; quo viro nihil habet haec aetas nec eruditius nec melius nec humanius. Age ad istum tenorem vices gignendi fac serues, vt aequalis sit numerus filiorum ac filiarum. Mihi iam non videor viuere adempto Tunstallo, nec video tamen quo fugiam. Montioius abest longius. Louanium, tametsi cum theologis vtcunque reditum est in gratiam, durius tamen nos acciperet in quadragesima. Hic sedere diutius omnino non est animus. Si citra tuum incommodum cedere potes cubiculum vnum quod habet latrinam, fortassis istuc immigrabo, paraturus quae mittam Basileam. Quod supra solitam rationem impenderis, mihi volo imputari: ita nec te magnopere grauabo nec tu me. Fac igitur vt sciam quam primum, sed caue ne quid moueas domi tuae, donec abs te factus certior te vicissim reddidero certiorem. De pecunia nihil adhuc audio, et tamen mea nonnihil refert, ne ea diutius sit in manibus foeneratorum. Vxorculae tuae suauissimae fausta omnia precor. Fabulae rerum nostrarum prolixiores sunt quam vt literis committi possint. Nuper apud Cancellarium prandens honorificam tui feci mentionem, et accepit satis pronis auribus. Patri optimo, iam bis patri, multam ex me salutem dicito. Bene vale.

Bruxellae. pridie Agnetis. [Anno M.D.XVIII.]

517. From Leo X to Andrew Ammonius.

Basle MS. Urk. II^a. 4.   Rome.
Vischer p. 26.   26 January 1517.

[An original document, with autograph subscriptions by Ammonius and Sixtin; at one time in the possession of Erasmus, now in the University Library at Basle. The counterpart, which he had subscribed and left with Ammonius, was returned to him after Ammonius' death by Peter Vannes; and he no doubt destroyed it (cf. LB. App. 228, 132, 281). There is also at Basle a copy which is apparently in Ammonius' hand and is endorsed by Erasmus 'Commissio' (G^2. II. 66 ad fin.).

The date needs no corroboration. See Ep. 447 introd.]

LEO PAPA X^s.

Dilecte fili, salutem et apostolicam benedictionem. Exponi nobis nuper fecisti quod istic ad presens existit vir quidam doctrina praeclarus, qui tempore suae pueritiae per eos qui eius curam habebant,

516. 7. in *post* acciperet *om. H.*   21. Anno M.D.XVIII *add. H.*

516. 5. Montioius] Cf. Ep. 508. 17 n.
14. pecunia] Perhaps that mentioned in Ep. 513. 5.

oblatus fuit monasterio canonicorum regularium ; in quo potius minis, pudore et egestate quam sponte, donec inibi professionem per canonicos dicti monasterii emitti solitam emitteret, permansit. Et deinde, licet defectum natalium patiatur, ex illicito et, vt timet, incesto damnatoque coitu genitus, ad omnes etiam sacros et presbyteratus ordines promotus de licentia sui superioris existens, euocatus per Episcopum Cameracensem de licentia ordinarii et praelatorum suorum, in diuersis vniuersitatibus litterarum studio operam dedit et in virum doctissimum euasit ; ac tandem non affectate sed per occasionem coactus, habitu per dictos canonicos gestari solito primum tecto, mox omnino deposito, in habitu secularis sacerdotis incessit aliquot annis et incedit de presenti, apostasiam et alias sententias, censuras et poenas ecclesiasticas in talia presumentes etiam ex institutis dicti ordinis regularibus latas incurrendo ; cupitque pro anime suae quiete ad euitandum maius scandalum in dicto habitu seculari remanere et ab apostasia aliisque sententiis, censuris et poenis absolui, et ad beneficia quaecunque obtinenda habilitari, sibique indulgeri vt in quibusuis impetrationibus litterarum apostolicarum de defectu natalium ac dispensatione huiusmodi mentionem facere minime teneatur : nobisque supplicari fecisti vt tibi eum absoluendi ac cum eo super praemissis dispensandi et illi indultum huiusmodi concedendi licentiam et facultatem concedere de benignitate apostolica dignaremur. Nos et viri ceterisque quas audiuimus virtutibus et huiusmodi supplicationibus inclinati, tibi, vt si dictus canonicus, cuius nomen et cognomen ac qualitates et defectus huiusmodi pro expressis habemus, id humiliter petierit, eum ab apostasia ac sententiis, censuris et poenis praefatis auctoritate nostra hac vice duntaxat absoluas in forma ecclesiae consueta, iniunctis inde ipsi pro modo culpae poenitentiis salutaribus et aliis quae fuerint de iure iniungenda ; secumque super irregularitate praedicta, siquam sententiis, censuris et poenis latis missas et alia diuina officia, non tamen in

18. quietae *MS.*

7. defectum natalium] In a Brief from Julius II to Erasmus, 4 Jan. 150$\frac{5}{6}$, which Dr. Brom has very kindly placed at my disposal (Vatican Archives, Reg. Later. 1174, f. 345 v°; printed in EHR. Jan. 1910), empowering him to hold benefices in much the same terms as Ep. 518, this defect is said to consist in being 'de soluto genitus et vidua'. From the contrast with the statement here it may be conjectured that Erasmus had in the interval learned more about the circumstances of his birth; the words *vt timet* (l. 7) perhaps indicating, as Vischer notes, that some uncertainty still remained in his mind, especially as to the date when his father took priest's orders. On this occasion it was perhaps not necessary for him, after having avowed that he was born out of wedlock and the son of a priest, to be further explicit on so delicate a subject. In II. 27 he not unpardonably makes the best case for his father; but for popular tradition on the question see II. 1 n.

9. euocatus] Cf. II. 97 and Ep. 447. 454.

13. coactus] Cf. Ep. 296. 201.

26. Nos] l. 60, concedimus.

33. secumque] l. 48, dispensare.

contemptum clauium, celebrando aut alias se illis immiscendo contraxit; quodque extra monasteria dicti ordinis in locis ad hoc conuenientibus et honestis, et alias honeste viuendo, quoad vixerit, permanere ac signum tantummodo sui pristini habitus canonici regularis sub honesta presbyteri secularis veste deferre, ac quaecunque et qualiacunque beneficia ecclesiastica, secularia et quorumuis ordinum regularia, etiam si secularia canonicatus et prebendae, dignitates, personatus, administrationes vel officia, etiam si curata et electiua in cathedralibus et metropolitanis vel collegiatis ecclesiis, vel earum perpetuae vicariae, regularia vero prioratus et praeposituræ, praepositatus, dignitates etiam conuentuales, curatae et electiuae fuerint, si sibi alias canonice conferantur, aut eligatur, presentetur vel alias assumatur ad illa et instituatur in eis, recipere et retinere libere et licite valeat, dispensare, abolereque omnem inhabilitatis et infamiae maculam siue notam per eum praemissorum occasione contractam; sibique ne deinceps in litteris gratiam seu iustitiam concernentibus vel per eum vel pro eo ab apostolica sede vel eius legatis seu alias quomodolibet impetrandis vel sibi concedendis, de defectu et dispensatione praedictis, etiam si alias dispensationem aliquam ex aliqua causa super praemissis ob illius surreptionem nulliter impetrasset, etiam de illa, et quod sit canonicus regularis, nullam decetero mentionem facere teneatur, litteraeque ipsae propterea subreptitiae vel inualidae nullatenus sint censendae, sed perinde in omnibus et per omnia valeant ac si ille de legitimo thoro natus esset, indulgere libere et licite valeas, auctoritate apostolica licentiam et facultatem concedimus: non obstantibus bone memorie Otthonis et Otthoboni in regno Angliae apostolicae sedis legatorum ac prouincialibus et sinodalibus constitutionibus et ordinationibus apostolicis, necnon statutis ecclesiarum ac monasteriorum et ordinum praedictorum, iuramento, confirmatione apostolica vel quauis firmitate alia roboratis, priuilegiis quoque et indultis apostolicis illis forsan concessis, quibus, illorum omnium tenores presentibus pro sufficienter expressis habentes, illis alias in suo robore permansuris, hac vice duntaxat specialiter et expresse derogamus, ac defectu praedicto caeterisque contrariis quibuscunque.

Datum Romae apud sanctum Petrum sub annulo piscatoris die .xxvi. Ianuarii. M.D.XVII. Pontificatus nostri Anno Quarto.

Ia. Sadoletus.

---

36. quodque] l. 48, valeat.

50. sibique] l. 58, indulgere.

60. Otthonis et Otthoboni] For the constitutions of Otho le Blanc, legate of Gregory IX, 1237, and of Ottoboni Fieschi, legate of Clement IV, 1268, afterwards elected Pope as Hadrian V, see Wilkins i. 649 seq. and ii. 1 seq. Dr. Brom points out to me that the dispensation from these constitutions implies that some of the benefits granted were to be enjoyed in England.

Et ego Andreas Ammonius, sanctissimi D. N. pape Leonis x. supradicti in regno Anglie collector, etc., D. Erasmum Roterodamum humiliter a nobis petentem a sententia excommunicationis ceterisque censuris ecclesiasticis, quas incurrit propter dimissionem habitus professionis sue apostasiam incurrendo in habitu seculari aliquot annos incedens, absoluimus in forma ecclesie consueta, nec non cum eodem secundum facultatem et potestatem suprascriptam nobis factam authoritate apostolica similiter dispensamus in omnibus et per omnia. In cuius rei fidem hec mea propria manu scripsi in domo prebendae meae in sacello diui Stephani prope Westmon. Die VIIII April. M.D.XVII. Rogaui D. Io. Sixtinum, V. I. doctorem, qui omnibus supradictis interfuit, vt maiorem fidem faceret et suam manum subscriberet.

Et ego Ioannes Sixtinus, V. I. doctor, quia presens prefatae absolutioni ac dispensationi in omnibus et per omnia, dum sic vt prefertur per prefatum dominum collectorem anno die et loco agerentur, et fieri eaque sic fieri vidi et audiui, ideo hic me subscripsi manu propria in fidem et testimonium premissorum rogatus et requisitus.

Dilecto filio Andreae Ammonio, notario et collectori nostro.

518_{566} FROM LEO X.

Basle MS. Urk. IIa. 5. Rome.
Q. p. 116: Vischer p. 29. 26 January 1517.

[Like Ep. 517 an original document, at one time in Erasmus' possession.]

LEO PAPA X^s.

DILECTE fili, salutem et apostolicam benedictionem. Vitae ac morum honestas aliaque laudabilia probitatis et virtutum merita, super quibus apud nos fidedigno commendaris testimonio, nos inducunt vt te specialibus fauoribus et gratiis prosequamur. Hinc est quod nos volentes te, pro quo charissimus in Christo filius noster Henricus VIII, Angliae Rex illustris, tanquam sibi grato et accepto humiliter supplicauit, fauore prosequi gratioso, ac a quibusuis excommunicationis, suspensionis et interdicti aliisque ecclesiasticis sententiis, censuris et poenis a iure vel ab homine quauis occasione

517. 86. quia *MS.* (q2): qui *Vischer*, *cui ideo* interfui *addendum fuit post* agerentur. 88. per *corr. Vischer*: p̄ *MS.*

517. 73. D. N.] domini nostri.
81. domo] Cf. Ep. 294 introd.
518. 5. nos] l. 38, dispensamus.
6. Henricus] The nature of his application on Erasmus' behalf (cf. Ep. 519. 6) is not known. It was doubtless obtained through Ammonius, and was perhaps a statement of the customs of English canons in the matter of dress; cf. Ep. 296. 191 seq. and n.).
7. ac] The variant *teque* (l. 11, *absoluentes*) in the Brief of $150\frac{5}{6}$ (Ep. 517. 7 n.) is more intelligible.

vel causa latis, si quibus quomodolibet innodatus existis, ad effectum presentium duntaxat consequendum, harum serie absoluentes et absolutum fore censentes; tecum, vt quecunque, quotcunque et qualiacunque cum cura et sine cura beneficia ecclesiastica, etiam si duae parrochiales ecclesiae vel earum perpetuae vicariae, cantoriae, libere capellae, hospitalia vel annalia seruitia clericis secularibus in titulum perpetui beneficii ecclesiastici assignari solita, aut dignitates, personatus, administrationes vel officia in cathedralibus, etiam metropolitanis vel collegiatis ecclesiis, etiam maiores et principales ac curata et electiua fuerint, si tibi alias canonice conferantur, aut eligaris, presenteris vel alias assumaris ad illa et instituaris in eis, recipere et incompatibilia insimul, quoad vixeris, retinere, illaque simul vel successiue, simpliciter vel ex causa permutationis, quotiens tibi placuerit, dimittere, et loco dimissi vel dimissorum aliud vel alia, simile vel dissimile aut similia vel dissimilia, beneficium seu beneficia, ecclesiasticum vel ecclesiastica, quaecunque, quotcunque et qualiacunque fuerint, vsque ad summam mille ducatorum auri de camera, dummodo inter incompatibilia vltra quam duae parrochiales ecclesiae vel earum perpetuae vicariae non existant, similiter recipere et insimul, quoad vixeris, retinere libere et licite valeas; generalis concilii, necnon quibusuis aliis apostolicis, ac bone memorie Otthonis et Otthoboni olim in regno Angliae apostolicae sedis legatorum, ac in prouincialibus et sinodalibus conciliis editis generalibus vel specialibus constitutionibus et ordinationibus, statutis quoque et consuetudinibus ecclesiarum, in quibus incompatibilia beneficia huiusmodi forsan fuerint, iuramento, confirmatione apostolica vel quauis firmitate alia roboratis, caeterisque contrariis nequaquam obstantibus, auctoritate apostolica tenore presentium de specialis dono gratiae dispensamus: prouiso quod incompatibilia beneficia huiusmodi debitis propterea non fraudentur obsequiis, et animarum cura in eis, si qua illis immineat, nullatenus negligatur.

Datum Romae apud sanctum Petrum sub annulo piscatoris die .XXVI. Ianuarii. M.D.XVII. Pontificatus nostri Anno Quarto.

Ia. Sadoletus.

Dilecto filio Erasmo Rogerii Roterodamen⟨si⟩ clerico Traiecten⟨sis⟩ diocesis.

27. quam *MS. Q*: -que *Vischer*.

12. vt] l. 29, valeas.
26. mille ducatorum] Gigli's letter to Ammonius of 9 Feb. 1517 (Brewer ii. 2895) speaks of sending '⟨u⟩naltro breve, che lo dispensa haver mille duc⟨ati⟩'.
camera] *sc.* apostolica.
44. Rogerii] See App. 1, pp. 577,8.

^{446}519$_{566}$ FROM LEO X.

Epistole elegantes f°. n⁴ v°. Rome.
C². p. 146: F. p. 50: HN: Lond. i. 28: LB. 193. 26 January 151$\frac{6}{7}$.

[A private letter accompanying Epp. 517,18: and suitable for publication.]

LEO P. M. DILECTO FILIO ERASMO ROTER. SA.

Dilecte fili, salutem et apostolicam benedictionem. Vitae morumque tuorum honestas, eruditio rara, ac eximia virtutum tuarum merita, quae non solum studiorum tuorum monumentis vbique celebratis testatissima sunt, verum etiam eruditissimorum hominum suffragio, denique duorum illustrissimorum principum, Regis Angliae et Regis Catholici, litteris nobis commendata, faciunt vt te praecipuo ac singulari quodam fauore prosequamur. Vnde postulationi tuae libenter annuimus, vberius etiam nostram in te pietatem declaraturi, cum occasionem vel ipse ministrabis vel casus obiiciet; aequum esse iudicantes sanctam tuam industriam publicae vtilitati assidue desudantem dignis praemiis ad maiora conandum excitari. Datum Romae. xxvi. Ianuarii. M.D.XVI.

Anno pontificatus nostri quarto.

520$_{540}$ FROM WILLIAM LATIMER.

Deventer MS. 91, f. 183 v°. Oxford.
E. p. 318: F. p. 423: HN: Lond. x. 22: LB. 301. 30 January ⟨1517⟩.

[The year-date can be supplied from the connexion with Epp. 481 and 502.]

GVLIELMVS LATIMERVS CLARISSIMO VIRO ERASMO S. P. D.

Redditae sunt mihi literae tuae, doctissime Erasme, quas XI Calend. Decemb. ad me dederas: in quibus magnam mihi habes gratiam, quod operam meam, vt scribis, promisissem εἰς διόρθωσιν τῆς Νέας Διαθήκης; qum ego id nusquam profecto, quod sciam, fecerim. Non quod non libenter id fecissem, si eam tibi vsui fore arbitratus essem, sed quod post tantam tuam doctrinam tantamque diligentiam, quantam ex praefatione tua in eo opere adhibuisse te intelligo, neque mutaturum me quicquam nisi in deterius, neque additurum nisi ociose, videbam. Ceterum Morus noster, opinor, tibi imposuit, quo ego hanc gratiam vel falso abs te inirem. Nam egit ille mecum de hac ipsa re diligenter, qum proxime Londini apud eum essem, et simul etiam de Episcopo Roffensi, de quo tu quoque aliquot ante

520. 10, 1. de hac ipsa *MS.*: hac ipsa de *F.*

---

519. 6. Regis Catholici] Cf. Epp. 475. 4 n. and 476. 16.

520. 1. literae] Written on receipt of More's letter, Ep. 481, and forwarded on by him (Ep. 502. 29).

7. praefatione] Ep. 373.

menses ad me scripseras. Sed eas ego literas primo forte eo die legi quo Morum conueni; ex quibus ille nactus occasionem, egit de vtraque re mecum accurate. Verum qum ego vtrunque illi pernegassem, quod Episcopo nihil in tantillo tempore (mensem enim petebat) me profuturum sciebam, in altero plane intelligebam me frustra laboraturum, de Episcopo quidem mihi rem integram reliquit; de te vero coepit magis magisque instare vt, si quo modo possem, te iuuarem, tibique in retractando hoc Nouo Testamento meam qualemcunque operam commodarem. Tribuendum enim hoc affirmabat vel singulari tuae humanitati vel consuetudini ac familiaritati nostrae, tribuendum tuo in me amori ac beneuolentiae, tribuendum etiam publicae omnium, quorum asserebat te agere negocium, vtilitati; pluresque alias causas allegabat, quas vt veras ac magnas fatear esse, ita, si quid efficere potuissem, mihi certe parum necessarias.

Neque enim voluntas mihi deest, Erasme, neque deerit vnquam, vel ornandi te, si detur occasio, vel iuuandi, si qua in re tibi vsui esse possim. Sed qum octo aut nouem annos in aliis studiis ita sim versatus vt vix vllam interim paginam Graecam vel Latinam attigerim, quod vel me tacente hae literae tibi facile declarabunt, quid debui aut etiam quid potui vel Moro roganti vel tibi postulanti promittere? quando etiam me vehementer pudet—χρὴ γὰρ οἶμαι τἀληθὲς εἰπεῖν—vel ad te scribere, hominem, vt nihil aliud dicam, disertissimum. Et nisi ex literis tuis intellexissem te maius aliquid a me expectare quam aut promittere debui aut potui praestare, has ipsas literas ad te non dedissem. Neque aliis tuis literis propterea quicquam hactenus respondi, quod me tam alienum a toto hoc genere officii intelligerem: quae res et si antehac sine negligentiae vel ingratitudinis suspicione non fuerit, iam certe vera fatenti erit ignoscenda. Quid quod huic studiorum intermissioni (qua non alia maior meo iudicio literarum pernicies) accedit etiam aliud et nescio an huic rei quam a me petis maius incommodum? quod omnes fere qui in sacris literis aliquid scriptum reliquerunt, longe aliis verbis et aliis figuris quam veteres illi Graeci vsi sunt, tantumque ab illa antiquorum lingua, cui ego olim operam dedi, distant, vt parum sit quod apud eos intelligam, nihil plane quod ausim polliceri, qum nec locutionis figurae, ex quibus interdum solis sensus dependet, nec verborum proprietates sint mihi satis notae.

Quanquam si essent haec omnia mihi notissima nec aliquid surripuisset ista studiorum meorum intermissio, quid mihi tu tandem aut

21. commodarem *MS.*: commendarem *N.* *E*: tribendum *MS.* 25. fateor *F.* 33. me *om. N.* *E*: τἀληθεὺσ *MS.* 38. quod *E*: quo *MS.*

13. scripseras] Cf. Ep. 468. 10 n. and also l. 37 *infra.*

29. aliis studiis] Perhaps music: see Ep. 207. 22 n.

quid cuiquam hominum reliquisti? qui ad summam istam doctrinam et eloquentiam, in qua iam omnium confessione et iudicio excellis, tantam praeterea curam et diligentiam addideris, vt non studioso solum ac diligenti lectori, sed scrupuloso etiam atque adeo curioso abunde satisfeceris. Nam vt varias huius Noui Testamenti antiquorum editiones omittam, quarum aliqua adhuc vestigia apud scriptores extant; vt taceam etiam diuersam et interdum contrariam lectionem, de qua iudicare difficile sit propter eorum qui eam nobis reliquerunt, auctoritatem et eximiam doctrinam; vt recentiorum item quorundam praeteream annotationes, quae omnia scrutasse te et examinasse atque etiam excussisse non dubito: quis, quaeso, maiorem exoptet diligentiam quam te in ista recognitione Noui Testamenti adhibuisse ostendis? Ante omnia ad probatissimorum auctorum citationem, emendationem, enarrationem.—In his paucis verbis quantus labor, quanta cura, quanta demum solicitudo! Transeo tot praeclara nomina, Origenis, Chrysostomi, Cyrilli, Hieronymi, Ambrosii, Hilarii, quos pauci theologorum nostra aetate legunt, nemo intelligit.—Deinde ad Graecam veritatem (hoc est omissis riuulis ad fontem recurrere) et in quibus etiam oportuit locis Hebraicam: siue id solus siue, vt ais, cum Theseo tuo feceris. Nec his contentus addis vetustissimorum codicum synceram et incorruptam fidem, sine qua frustra fortassis in aliis sudaueris. Qua tamen in re nescio certe quid magis admirer, diligentiamne in inquirendo tuam an in inueniendo felicitatem: tanta est istorum librorum, Graecorum maxime, in hoc nostro orbe paucitas.

Quamobrem post istam tuam tam raram et exquisitam diligentiam, qualem nemo, credo, alius tali operi adhibuisset, non est profecto quod debeas a me quicquam expectare, in tanta praesertim istius linguae ignorantia et omnium pene bonarum literarum obliuione. Perlegam tamen haec tua studiose ac diligenter; sed perlegam non iam tua causa, sed mea, vt ex eis aliquid discam. Quanquam et tua quoque, Erasme, legam libenter; et si quid occurrerit quod mihi non probatur,—quod aut parum certe aut potius nihil futurum auguror,—non grauabor tibi per literas significare: id quod Moro quoque nostro, ni fallor, recepi me facturum, ne eum putes asperius tibi obiurgandum, quod te fefellit.

Quod autem toties ad me de Episcopo Roffensi scribis, singularem sane erga eum amorem ac beneuolentiam ostendis et simul promouendi literas Graecas mirum desyderium, qui eas tam insigni et in omni genere doctrinae excellenti pontifici labores reddere

61. scrutatum esse *F*. 72. in aliis *om. H*.

70. vt ais] Epp. 334. 127 and 335. 273.

familiares; in cuius patrocinio non modo a maledicis et detractoribus tutae, sed gratae etiam ac gratiosae vniuersae fere Britanniae futurae sunt. Quis enim ausit oppugnare defendente episcopo? aut quis noluerit amplecti, si eas intellexerit tanto praesuli placuisse? Quo loco desyderari a te ac Moro nostro video officium meum, qui me nonnihil fortassis adiumenti huic rei praestare et posse et etiam debere pro mea in patriam pietate censetis. Qua in re primum illud spero atque etiam abs te peto, Erasme, ne me tam difficilem atque inciuilem putes neue tantum ab omni humanitate alienum, vt vobis amicissimis meis rogantibus pigeret vnius libelli enarrationem suscipere aut mensis vnius subire laborem; quibus me longe plus debere intelligo quam vt possim vel pluribus mensibus persoluere: deinde neque tam imprudentem vt nolim apud tantum virum beneficium collocasse, et episcopum praeterquam singulari doctrina et vitae sanctitate, etiam auctoritate ac gratia florentem, tam paruo labore demereri, hominem, vt tu scribis et multi praedicant et ego etiam facile credo, gratissimum: postremo neque tam negligentem vt velim tam bonae deesse occasioni, qum possim in hoc vno viro et bonas literas multum iuuare et patriae etiam minimo labore magnum ornamentum afferre.

Sed aliud est, Erasme, quod me reuocat atque ab honestissimo vestro proposito dehortatur; quod sciam me tam paucis diebus neque vestrae neque Episcopi satisfacturum expectationi. Nam res est multiplex et varia, vt scis, et nonnihil etiam impedita; et licet laboriosa magis quam difficilis, tamen quae tempore egeat, saltem quo memoriae commendetur. Nec me existimes velim ex mea tarditate aliorum ingenia metiri. Credo enim, id quod a multis audiui, singulare esse Episcopo ingenium et maioribus quam de quibus nunc agitur rebus aptum. Tu de voluntate eius scribis et quanto istarum literarum ardeat desyderio; vnde futuram quoque diligentiam clare perspicio: ex quibus mihi videor tantum posse sperare profectum quantum ab homine excellenti ingenio, summa diligentia, incredibili desyderio quisquam sperare possit. Verum is quantus sit futurus in tam exiguo spacio non facile dixerim. Tu magnum sperare videris, et ego quoque pro tempore magnum sed in summa paruum futurum puto. Nam et Grocinum memini, virum (vt scis) multifaria doctrina, magno quoque et exercitato ingenio, his ipsis literis duos continuos annos, etiam post prima illa rudimenta, solidam operam dedisse; idque sub summis doctoribus, Demetrio Chalcondilo et Angelo Politiano. Linacrum item, acri ingenio virum,

92. *MS. F*: detractatoribus *E*. 94. sint *F*. 104. *E*: impudentem *MS*.
123. profectum *MS. N*[2]: prospectum *N*[1] *Lond.* 127. paruum *E*: paꝝ *MS*.

131. Chalcondilo] Cf. Ep. 428. 34 n.

totidem aut etiam plureis annos sub iisdem praeceptoribus impendisse. Nam de meipso nihil dicam, quem post sextum et septimum annum nihil pudet multa ignorare. Tunstallum etiam et Paceum praetereo, quos diutius fortassis quam eorum ingenia exigebant, praeceptoris detinuit vel ignorantia vel negligentia. Morum ipse nosti quam acutus sit, quam vehementi ingenio, quantis etiam, si coeperit, viribus incumbat; in summa, quam sit tui similis. Nolo iam propius accedere; nam de teipso et excellenti tuo ingenio te admonere cum superuacuum fuerit, tum assentationi fortassis proximum. Sed tamen neuter, opinor, vestrum est qui se tam cito haec salebrosa dicet percurrisse, vt post vnum aut alterum mensem potuerit quo vellet sine duce progredi; praesertim qum tot flexus, tot diuerticula vbique occurrant, vt possint vel expertos ducere in errorem. Quapropter si vis vt procedat Episcopus et ad aliquam in his literis frugem perueniat, fac peritum aliquem harum rerum ex Italia accersat, qui et manere tantisper cum eo velit, donec se tam firmum ac validum senserit vt non repere solum sed et erigere sese ac stare atque etiam ingredi possit. Nam hoc pacto melius mea sententia futurae eius eloquentiae consules quam si balbutientem adhuc et pene vagientem veluti in cunis relinquas. Vale.

Habes, mi Erasme, epistolam bene longam, qua praeteriti temporis silentium nimia loquacitate compensaui; sed tamen hoc ipsum tibi ipse imputabis, qui toties ad me de his rebus scripseris vt necesse haberem pluribus verbis respondere. Iterum vale.

Oxonii iii Cal. Februarii.

521_{567} From Sylvester Gigli.

Epistole elegantes f^{o}. n^{4} v^{o}. Rome.
C^{2}. p. 147: F. p. 50: Lond. i. 29: LB. 195. 31 January 151$\frac{7}{8}$.

[Contemporary with Epp. 517–19. From Ep. 552. 2, 3 this letter seems to have been edited at ll. 10 seq. before publication.

Sylvester Gigli (1463—18 Apr. 1521) of Lucca had the good fortune to succeed his uncle as Bp. of Worcester and English agent at the Papal court in 1498. In the autumn of 1504 he was sent to England on a Papal mission (see Ep. 218 introd.), and remained about the Court until the spring of 1512, when he returned to Rome as one of the English ambassadors to the Lateran Council. As a colleague and rival, he was accused of complicity in Bainbridge's death in 1514, but was acquitted. He was helpful to Wolsey in obtaining the cardinalate, and was thenceforward Wolsey's chief agent in Rome; but he failed to secure the cardinalate for himself. See Creighton, *Historical Essays*, pp. 202–20, and in DNB.]

133. & *MS.*: aut *F.* 156. *MS.*: Feb. *E*: Februarias *F.*

147. Italia] This may be contrasted with Erasmus' opinion in Ep. 457. 58, 9; reiterated in Ep. 540. 28 seq.

SYLVESTER EPISCOPVS VVIGORNIENSIS, SERENISSIMI ANGLORVM REGIS PERPETVVS APVD S.D.N. ORATOR, ERASMO ROT. S.

Venerabilis vir tanquam frater obseruande, pergratum mihi fuit datam fuisse occasionem tibi mea opera gratificandi; mirifice enim singularem doctrinam egregiasque virtutes tuas semper colui, nec quicquam magis quam propensissimum in te animum declarare posse optabam. Itaque nactus oportunitatem negocium tuum libentissime suscepi; de quo plura diligenter ac studiose cum S.D.N. egi. Qui profecto tum ob suam bonitatem, tum ob praecipuam ac singularem beneuolentiam qua dotes tuas eximias vnice prosequitur, libenter tuis votis annuit. Sed scis haec negocia plurium opera confici. Proinde non defuit vnus aut alter qui rem retardarent; sed S.D.N. per omnia fauente negocium omne ex animi sententia confecimus. Per meam diligentiam non stetit quin haec citius expedirentur; sed aduersa quaedam valetudo necnon perturbationes ducatus Vrbini non parua molestia S.D.N. affecerunt, et fuerunt in causa vt serius haec conficerentur quam nos volebamus. Quod superest, ago tibi gratias immortales de optima opinione quam te de me concepisse ex tuis humanissimis et gratissimis litteris intelligo; quod humanitati tuae, non meis meritis, asscribo. Attamen qualiscunque sum, totum tibi deditissimum esse pro certo habeto. Et quacunque in re tibi aut amicis tuis me posse prodesse arbitreris, de me aeque atque de fratre tuo germano omnia tibi polliceri potes. Optime vale et me ama.

Romae. xxxi. Ianuarii. M.D.XVI.

Filius Syluester, Episcopus Vuigorniensis.

522_{534} From William Budaeus.

Epistole elegantes f°. i³ v°. — Paris.
C². p. 109: F. p. 38: HN: Lond. i. 15: LB. 197. — 5 February ⟨1517⟩.
Budaei Epistolae (1531) f. 124 v°. (β).

[For β see the introductions to Epp. 403, 435, 493.

The year-date for this group of letters (Epp. 522, 523, 529, 531, 533–5, 537; all printed in C¹) referring to the foundation of the Collège de France can be obtained from many indications, but needs no further proof than that given by the reference in this letter (l. 122) to the New Testament. For the Collège see its *Histoire*, Paris, 1893, by M. Lefranc, who points out (pp. 346,7) that in using the 'old style' in his replies (for one of which, Ep. 537, there is manuscript authority), Erasmus is probably deferring to the usage of his correspondents.

Budaeus had as yet had no answer to Ep. 493 except a brief note (l. 1, Ep. 531. 591), which has not been preserved, despatched as precursor to a rejoinder of fitting length. The special circumstances here described

23. Filius . . . Vuigorniensis *om.* C².

14. Vrbini] For the cause of these troubles see Creighton iv. p. 222. The war of Urbino broke out in Feb. 1517: ibid. pp. 242,3.

prompted him to write without waiting further; but this letter crossed Ep. 531.]

GVLIELMVS BVDAEVS ERASMO ROTE. S.

In magna expectatione eram, cum haec scripsi, ob epistolium tuum; quod ita ad me scripsisti quasi longissimae scribendae epistolae breui nacturus occasionem. Simul scire gestiebam quid sit quod Tunstallus Britannus, regius istic orator, homo singulari doctrina, vt audio, vltro etiam ad me scripturus erat: id est ad amicitiam me prouocaturus, hominem sibi ignotum ac doctis pene omnibus, nisi qui de facie nouerunt. Interim vero dum vices meas scribendi nondum venisse interpretarer, epistolis libens supersedebam, quod quidem ad te attinet: vt qui sim ad scribendas literas etiam vernaculo sermone cunctantior ac plane etiam cessator et prolatator; etiam si non satis scribendo noui epistolarum modum, vt tu antehac expertus es. Sed huiusmodi repente se obtulit occasio quam libens arripere debeam.

Heri animi causa (id quod raro soleo) tabernis bibliopolarum obeundis pomeridianas aliquot horas consumere statueram. Ad Ioannis Parui tabernam, nobilis bibliopolae, offendi Gulielmum Paruum, illi, vt arbitror, gentilem; virum eundem magnum inprimis theologumque eximium, eorum sodalium decus quos Dominicales appellant, cognomento Praedicatores, qui nunc est a sacrosanctis confessionibus Regi: quod munus sacrum oricularium appellare soleo. Haud alio concionatore aula ac regius comitatus in magnis celebritatibus vtitur, nec Ludouici Regis tempore vsa est: vir omnino ad ecclesiasticos panegyrismos exacte a natura concinnatus. Is cum mihi familiariter amicus est amicosque meos amat, tum eo nomine eum praecipue obseruo, quod librorum reconditorum conquisitor est

10. *F*: cunctatior *C*. etiam *om.* β. et prolatator *add.* β. 11. antehac *C*: ante- β, *in fine versus*. 13. deberem β. 20. auricularium β: *sed cf. v.* 104. 22. vir *C*: viro β. 23. concinnato β.

4. Tunstallus] Cf. Ep. 571.

16. Ioannis Parui] See Ep. 263. 11 n.

17. Paruum] Wm. Petit († 8 Dec. 1536) of Montivilliers, near Havre. He entered the Dominican Order at Rouen c. 1480, became D.D. at Paris 1502; and after being Prior at Evreux in 1506 and Blois in 1508, was appointed Confessor to Louis XII c. 1509. He held the same office under Francis I, and was advanced to the bpric. of Troyes in 1519. His tolerance led to suspicions of Lutheran leanings; but nevertheless he received the see of Senlis in 1528 and held it until he died. His literary activity in Paris was great, and during the years 1508–13 with the cooperation of John Petit, Badius, and H. Stephanus he edited or encouraged others to edit a number of authors, including Durandus de Sancto Portiano on the Sentences, Hilary, Origen, Eusebius, Gregory of Tours, Sigebert of Gembloux, Sulpitius Severus' Life of St. Martin of Tours, and Aymoinus. In the preface to Hilary, Paris, Badius, Jan. 151$\frac{0}{1}$, he is said to belong to the monastery of St. Benignus at Dijon. See Quétif and Echard, *Script. Praed.* ii. 100–2; GC. x. 1441,2; and Lefranc, *Hist. du Collège de France*, p. 47 n.

atque inuestigator sagacissimus ac bibliothecarum pene compilator. Sed nescias vtrum omnia volumina auidius corroget an benignius amicis impartiat et commodet. Ad summam, cum eum hominem multis de rebus ac moribus amem, vno tantum nomine odisse eum possum (dicam enim libere), nihilque aliud ei succensere quam quod Erasmo nimium fauet, homini externo ; cui ego iam inuidere coepi ob nimiam istam gloriam, qua non modo Germaniam (de reliquis prouinciis nunc silebo) sed Galliam etiam nostram ita irradiat vt gloriolam nostram praeradiet, et iam nobis esse obscuris ac videri necesse sit: etsi Budaeus agere cum eo obstructi luminis speciose non possit, cui ex eius scriptis luminis plus accessit.

Vt ad rem redeam, Gulielmus Paruus eiusmodi mecum verba fecit, vt affirmaret nudius (vt arbitror) tertius sermonem apud Regem excitatum esse de viris literatis. Ibi cum multa de Erasmo, de aliis, de Budaeo fortasse dicerentur, Rex Mineruae, vt spero, numine afflatus ita infit: in animo sibi esse lectissimos viros in regnum suum praemiis opimis asciscere, ac seminarium, vt ita dicam, eruditorum in Francia instituere. Quae verba cum Paruus iamdiu occasioni imminens excepisset—est enim vt literatorum omnium suffragator, sic doctrinae industriaeque tuae admirator et commendator—asciscendumque Erasmum inprimis censere se dixisset; idque per Budaeum optime transigi posse, qui ob commune vtriusque linguae studium et alias summa cum illo amicitia deuinctus esset: ad postremum Regem impetu animi egregio eo esse productum (aderant enim et alii literarum tuique fautores) vt diceret eam per me conditionem tibi offerri verbis suis velle, vt si istinc demigrare in animum induceres operamque literis hic nauare quam istic consuesses, sacerdotium ipse tibi ad mille francicos et eo amplius collaturum se sponderet.

Hic fidem meam hactenus intercedere intelligis, vt internuncii, non etiam sponsoris, partes agam, et quae ab illo accepi, bona fide deferam. Neque enim in rem praesentem veni neque hac Principis voluntate mihi aliquid accessit ; ac ne accessurum quidem mihi persuadeo, qui rationes meas diuersas atque adeo auersas ab aula et huiuscemodi processibus sentiam, ac mihi eum esse genium diuinitus, vt interpretor, datum, qui nec aulae nec sibi in aula placere possit. Atqui huic meo genio ac plane ingenio vim afferam necesse est, si crescere ornamentis Fortis Fortunae mediter: tametsi haec mihi multorum votis optantur deberique existimantur, cum quibus non sentio, vt qui me melius et exploratius ad manumque aestimarim. Tua omnino fert aliud ratio, a quo nihil exigetur aliud quam quod tu facile praestare atque hilariter possis. Quod si donorum liberalita-

35. etsi *C*: etiam si β. 40. de *om.* β. 42. *H*: optimis *C*.
49. productum *C*: perductum β. 52. C^2: consuesces C^1 β.

tumque paginas Reges nostri profanis nominibus tam luculenter implere quam sacris ac spiritualibus possent, ego mihi quoque homini coniugi nonnihil in aduenticiis spei reponendum existimarem. Nunc autem ita fert ratio et institutae mihi vitae et studiorum meorum, vt mihi aulicis in rebus ac ne in publicis quidem propemodum nihil aut seratur aut metatur. Vnde fit vt homines multi consilii mei ignari ea me colere studia existiment et dictitent quae facunda multo magis quam foecunda esse possint: nec eo minus tamen inde vberem mihi frugem promitto, cum senectuti meae suffecturam, tum etiam nepotibus meis ac posteris subsidii nonnihil ad vitam aut existimationem allaturam. Sed super omnia esse duco quod in animi alimentum suppeditaturum est et ad vitae aeternae ac summi boni adeptionem conducturum.

Quaeres hic fortasse quid tibi auctor sim. Quid aliud potius quam vt hanc conditionem protinus accipias et amplectaris? primum quod ita te esse animatum velim vel mea vnius causa: deinde quod si eam acceperis, non magis fortunis tuis quam honori atque opinioni consulueris. Proh diui immortales, quam id tibi honorificum erit, quam ad omnium doctorum existimationem splendidum et fortunatum, istius te doctrinae commendatione a maximo et illustrissimo regum in longinquam regionem petitum esse et accersitum! Rex hic est non modo Francus, quod ipsum per se amplum est, sed etiam Franciscus; nomine hoc primum ab ipso inter regia relato et, vt augurari licet, ad res magnas ominoso. Idem literarum [non] nescius, quod tamen more parum mihi probato solenne est nostris regibus, sed idiomate facundus; ingeniosus, decens, mollis atque obuii accessus et gratuiti, raris corporis animique dotibus large a natura praeditus, priscorum principum admirator et praedicator, qui quidem vnquam animi magnitudine ac rebus gestis inclaruerint. His accedit quod habet omnino quod det, vt si quis vnquam regum, vtpote qui nuper opimam, amplissimam, omni aere alieno, omnibus noxis solutam creuerit haereditatem Cal. Ianuarii; et dat nemo

68. spiritualibus *C*: dedicatis *β*. 72. nihil aut . . . aut *C*: nec . . . nec *β*. 90. res magnas C^1 *β*: magnas res C^2. non *om. β, vbi res deinde latius explicatur. Forsitan addiderit C obsequii gratia.* 91. tamen . . . probato *add. β*. 93. et gratuiti *add. β*. 97. vtpote . . . 98. Ianuarii *add. β*.

98. haereditatem] I cannot satisfactorily explain the insertion of this passage in 1531. It can hardly refer to Francis' succession to Louis XII (†1 Jan. 1515). In spite of the difficulty of date, I am tempted to attribute it to Francis' inheritance from Louise of Savoy (†Sept. 1531) and to suppose that Budaeus, in defiance of the anachronism, inserted it as part of his efforts from 1529 onwards to instigate Francis to fulfil the obligations towards the Collège de France which he had contracted in 1517; see Lefranc ch. 3. Louise died after a long illness in a village at some distance from the capital, and Budaeus may have been misled by a false report of her death; for similar false rumours cf. Epp. 270 introd., 479. 3 and 541. 55 n.

largius aut benignius. Et quantum coniicere licet, praeclari cupit esse conditor instituti, vt in posterum artes liberales etiam pertinere ad compendium videantur contra quam solitum est iamdiu: quo maxime modo illustrare memoriam principatus sui potest.

Verum vt tibi successura omnia spondeam, facit quod Paruum, vt dixi, oricularium sacrum Principis, vniuersa doctorum natio atque etiam virtute prestantium habitura mihi videtur quasi actorem quendam publicum qui in commune stipuletur, assiduumque veluti admonitorem, qui praeclari propositi Principem obliuisci non sinat, in te etiam ipsum ac tua scripta peculiariter propensum. Deinde antistes Parisiensis, Stephanus Poncherius, vir summa doctrina ac moribus compositis et emendatis, vt si quis alius antistitum, ingenio atque industria singulari, cis Alpes vltra Alpes nusquam non obeundis legationibus, per omneis vitae gradus auctus, per omnia reipublicae munia exercitatus, literatorum hominum euocator et amplexator eoque nomine et alias in Italia nobilis et celebratus— quicum mihi cognitionem intercedere predicandum esse duco— legatus nunc agere Bruxellae Imperatoremque operiri dictitatur, ad renunciandam legationem: qui iam, vt opinor, te ad se accersiuerit, si Bruxellae fuisti, qua est in te voluntate affectus, vt ab eo intellexi, cum hac ipse iter fecit ad legationem properans. Is, vt ex fratris eius filio audiui, quem ferre in oculis dicitur, librorum tuorum studiosus est, quantum temporis succidere necessariis rebus licet. Vidit nuper tuam Noui Testamenti aeditionem apertam in cubiculo eius remotiore. Nam et ipse contra istos archaismi, id est inueteratae ac deploratae ignorantiae, patronos et assertores Saturnias lemas olentes (vt est in prouerbio), tui veritatisque postliminio redeuntis impugnatores propugnare tibi ac veritati summa auctoritate solet.

Ac ne Regis voluntatem impetum esse potius quam iudicium propositumque certum suspiceris, idem Praesul mihi dixit, cum de te ac summae notae scriptoribus loqueremur, cordi iam esse Regi literas altiores elegantioresque, secumque verba fecisse Regem de

115. *Cβ*: cognationem *F*. 117. *Cβ*: accersiuit *H*. 122. *β*: Vidi *C*. nuper *add*. *β*. 129. iam *add*. *β*.

115. cognitionem] For the reading of F cf. Ep. 583. 461 n.

116. legatus] To take Maximilian's oath to the Treaty of Noyon; see Creighton iv. pp. 224,5 and Brewer ii. The oath was given on 14 Feb. 1517 at Brussels; Brewer ii. 2940.

117. accersiuerit] That they met is shown by Epp. 531. 556 seq., 569. 43 seq.

120. filio] Francis Poncher († 1 Sept. 1532), Canon of Paris. He was with his uncle in Milan in 1503, and was a pupil of Janus Parrasius (Delaruelle, *Mélanges Brunot*, p. 94). In 151$\frac{0}{1}$ Aleander dedicated to him an edition of Sallust, Paris, J. Badius. He succeeded his uncle first as Abbot of St. Maur-les-Fossés, and in 1519 as Bp. of Paris. In 1526 he was charged with simony and treason; and he died in imprisonment at Vincennes. See GC. vii. 159,60, BE[4]. p. 16, and Paquier, *J. Aléandre*.

124. Saturnias] Cf. Ar. *Pl*. 581; and *Adag*. 1075.

conquirendis viris doctrinae eminentis. Dixi tum posse te honesto praemio euocari in Franciam, idque me curaturum (si res ita tulisset) pollicitus sum effecturumque: diu te Parisiis studuisse, nec minus te Franciam quam locum incunabulorum tuorum nosse. Is, quantum opinor, summe tibi fauebit. Summa autem porro ipse auctoritate apud Principem pollet, vt qui in sanctius consilium Principis allectus sit inter paucos quos apolectos et selectos appellarunt antiqui. Tu hac de re statues et ad me aut alium quemuis scribes, si alium esse tibi amiciorem me putas: vt si hanc conditionem acceperis, hoc est accipiendam censueris, noua tibi stipulatione certioreque caueatur a Principe, eius praecipue opera cuius hortatu ad te scripsi. Ipse enim maxime velim vt hoc negocium sine captione vlla tua transigatur.

Existimo Gulielmum Copum, medicum regium, hominem vtraque lingua doctum et tibi amicum ac beneuolum, de hoc ad te scripturum. et alios fortasse Principis iussu vel ipsum etiam Regem. Mirum quam tibi Gulielmorum natio dedita sit et literis; iam enim tres Guilielmos in eodem negocio studiosos habes tui. Sed Stephanus Parisiensis, id est corona, si tecum, vt spero, locutus est, magnum omen attulit ad summam felicemque manum imponendam incoepto. Vtcunque sit, si ad Regem ipsum scripseris *χαριστηρίαν ἐπιστολὴν*, rem ei gratam feceris et tibi praedicabilem: *ὡς ἥδομαι καὶ τέρπομαι καὶ χαίρομαι, τοῦ κωμικοῦ*. O quae iam tellus satis ima dehiscat corniculis istis garrulis, quarum tu oculos quotidie configis! *Τουτουσὶ τοὺς ψευδολόγους φημὶ, τοὺς ἐπαναστάντας σοι καὶ φθονοῦντας τῆσδε τῆς εὐδοξίας καὶ τοῦ πανδήμου κρότου. Καὶ μὴν καὶ ἐμοί γε (εἰ δεῖ τἀληθὲς φάναι) βασκαίνειν σοι ἔπεισι, καίπερ εὐνοικῶς τε καὶ εὐγνωμόνως πρός με διακειμένῳ, καὶ μικρόν τι μεταγνῶναι ἐφ' οἷς ἔφθην ὑπερεπαινέσας σε μεταξὺ διαλεξαμένων ἡμῶν περὶ τῶν εἰς ἄκρον τῆς καλῆς παιδείας ἐληλυθότων. Πῶς γὰρ οὐκ ἂν ἀχθεσθείην ἔγωγε τοσούτοις κροτήμασιν ὑπὸ σοῦ παρευδοκιμούμενος, καὶ ταῦτα βραβευόντων τὸν ἀγῶνα τόνδε τῶν ἡμεδαπῶν ἀνθρώπων; Φεῦ τῆς ἀτυχίας τε καὶ τῆς ἀγνωμοσύνης. Ὁ ἄγαν φιλόπατρις ἐγὼ* (id quod pene mihi vitio vertis) *καὶ τοῖς ἐμοῖς Φράγκοις νεανικῶς συνειπὼν, οὐδ' ἐπὶ τῶν ὁμοφύλων δικαστῶν τυγχάνω τῶν δικαίων. Ἀλλ', ὦ βέλτιστε, ὅπως μὴ ἀντιφθονήσεις ἐμοὶ σύγε· οὐ γὰρ δὴ ἐπίφθονα τἀμὰ τοῦ μὴ εὐροήσαντος, ὡς ἐγώ φημι, ὡς δὲ τῶν ἡμετέρων πλείους ὑπειλήφασιν, οὐ κατ' ἀξίαν πράττοντος, οἷς δὴ σὺ συγκαταθήσεσθαί μοι δοκεῖς. Ἀλλὰ μὴν ἤδη τὴν*

152. *ὡς . . .* 153. *κωμικοῦ add. β.* 159. *ἡμῶν add. β.* 165. *Cβ: ἀντιφθονήσῃς F.* *γὰρ β: καὶ C.* *εὐροήσαντος C: εὐημειρήσαντος β.*

137. apolectos] Cf. Liv. 35. 34. 2 and 36. 28. 8, where this is the reading of some early editions.

146. Regem] Francis' invitation (Vischer p. 31) did not come till 1523.

153. *τοῦ κωμικοῦ*] Cf. Ar. *Pax* 291.

tellus] Cf. Verg. *Aen.* 4. 24.

corniculis] Cf. Ep. 456. 21 n.

πενίαν τὴν σὴν ἀποσκορακιεῖς, ὦ μακάριε: apage tamen eam ab aedibus nostris.

Καὶ ταῦτα μὲν δὴ οὕτω πεπαίχθω. Temperare enim mihi nequeo ad te scribens quin te iocis prouocem, hominem iocis ac leporibus concretum, videlicet, quod aiunt, τὸν ἱππέα εἰς πεδίον προκαλούμενος Ἔρρωσο, φίλη μοι κεφαλή, καὶ διατέλει εὐτυχῶν τε καὶ εὐδοκιμῶν τῇδε τῇ φιλοπονίᾳ. Parisiis nonis Februarii.

523_{537} FROM WILLIAM COP.

Epistole elegantes f°. k³ v°. — Paris.
C². p. 121: F. p. 42: HN: Lond. i. 17: LB. 198. — 6 February ⟨1517⟩.

GVLIELMVS COPVS ERASMO ROTERODAMO PRAECEPTORI SVO SALVTEM P. D.

Qvod toties prouocatus literis tuis nihil responderim, nihil aliud causae fuisse credas velim quam crassam hanc meam barbariem, quae doctis auribus tuis obstrepere erubuit, id quod vel silente me facile intelligere poteras. Sed cogit me in praesentiarum regia maiestas silentium rumpere; id quid sit paucis accipe. Gulielmus Paruus, doctor theologus, regius confessionarius, nominis tui perquam studiosus, Franciscus de Rupe forti, Regis quum in teneris ageret paedagogus, nunc abbas, qui summis te laudibus apud proceres nostros efferre solitus est, ambo Regem quum sacris adesset adierunt, eique multis argumentis vt te in Galliam vocaret persuaserunt. Illico Rex intellecta summa ista tua eruditione iussit vt ad te literas darem, quibus animum tuum explorarem, an cum Gallis degere, et qua conditione contineri velis. Pollicetur Rex Christianissimus, si hic nobiscum viuere decreueris, adeo benigne te educaturum vt nunquam te instituti huius poenitere possit. Proinde rescribas velim. Nondum videre potui Aphorismos tuos.

Vale Luteciae octauo idus Februarias.

522. 168. eam β: iam *C*. 170. μὲν β: μὴν *C*.

522. 172. τὸν ἱππέα] Cf. Plato, *Theaet.* 183D.

523. 7. Franciscus] Fran. de Moulins, also named de Rochefort († a. 16 June 1526; cf. Lond. xxi. 40, LB. 826): High Almoner to Francis I, 1519–26, and Abbot of St. Maximin's at Micy on the Loire, SW. of Orleans for about the same period. He was nominated for the bpric. of Condom, probably when it was vacant in 1521; but was not elected. The dates given in GC. viii. 1536 conflict with that given above for his death, and with the fact that he is addressed as Abbot of St. Maximin's in Faber Stapulensis' *De Maria Magdalena Disceptatio*, Paris, H. Stephanus, 1518, and in Chas. Bovill's *Aetatum mundi septem supputatio*, Paris, J. Badius, 15 March 1521; both of which are dedicated to him.

16. Aphorismos] The *Institutio principis Christiani*, which is described in its heading as 'aphorismis digesta, quo minus onerosa sit lectio'; cf. Ep. 393. 63.

524$_{530}$ From Antony Clava.

Epistole elegantes f^o. n^3. Ghent.

C^2. p. 142 : F. p. 49 : HN : Lond. i. 26 : LB. App. 400. 6 February ⟨1517⟩.

[The year-date may be supplied from the expectation of the *Utopia*; cf. p. 339. To the notice of Clava in Ep. 175. 10 n. may be added that he died on 31 May 1529 (Besançon MS. 599, p. 246).]

ANT. CLAVA ERASMO SVO S. D. P.

Qvod nihil hactenus ad te scripserim, eruditissime Erasme, acerba mors sororis meae, quae paulo antequam literas tuas acceperam, expirauit, intensaque hec frigora fuere in causa, meque et alioquin in scribendo pigerrimum adeo inertem, adeo squalidum oscitabundunque reddidere, vt nihil aliud quam de fera, vti aiunt, comedisse videri possem. Verum quid tu? rectene meum tam diuturnum silentium accusas? qui neque antea quicquam literarum miseris neque saluere saltem iusseris, quod equidem sciam, Clauam tuum; qui tuarum et virtutum et scientiarum admirator sum, adeo vt vix ausim te interpellare a tuis illis diuinis occupationibus frugiferisque studiis, in quibus te magno prouentu bonarum literarum quam felicissime abditum esse plane noui. De Roberto Caesare quod petis, quid rerum agat accipe. Ius Caesareum iam strennue aggreditur, vtpote a se impigerrime constantissimeque defendendum. Num haec tibi magna Caesareque digna videntur? Scripsit quoque, vt mihi rettulit iampridem, ad Erasmum suum, immo nostrum; a quo responsum mirum est quantopere desyderat.

Desyderamus festiuissimum illum Thomae Mori libellum de noua insula Vtopia, quem expectamus in horas; nam librario cuidam nobis familiari mandauimus vt quam primum ad nos transmittere curet. Quod adhuc sementem modo facis, vt inquis, ignarus quid messurus sis, bene sperare te iubeo; habes et Cancellarium humanissimum virum, et Regem in doctos omnes ac probos non solum propensum sed etiam munificentissimum. Quibus fretus quid est quod desperandum putes? Si non tuis respondentes meritis, pro spiritualibus illis et diuinis quae seminare non desinis, at mundanos hosce, at carnales, vt ita loquar cum Apostolo, humanosque fructus sat vberes copiososque velis nolis te messurum non dubito. Quod

5. aliud *om. N.* vti C^1 : vt C^2. 6. *F*: possum *C*. 10. illis *C*: istis *H*. 14. a se *C*: ab ipso *H*.

---

1. nihil hactenus] In answer to the letter mentioned in Ep. 525. 2.

5. de fera] Cf. *Adag.* 1561: 'vulgo creditum carnem ferinam comesam crebras oscitationes excitare.'

15. Caesareque digna] Cf. Ep. 525. 3, for the passage in Erasmus' letter which called forth this remark.

Scripsit] Cf. Ep. 525. 1.

22. Cancellarium] Le Sauvage.

23. Regem] Charles.

27. Apostolo] Cf. 1 *Cor.* 9. 11.

reliquum est, et Caesar te plurimum salutat et Claua tuus sese tuae commendat fidei; vtque nos commendare velis communi domino praestantissimo Cancellario regio, non solum petimus sed etiam oramus. Vale, mi doctissime Erasme.

Gandaui, Octauo idus Februarii.

525. From Robert de Keysere.

Deventer MS. 91, f. 163. — Ghent.
LB. App. 102. — ⟨c. 6 February 1517.⟩

[Evidently contemporary with Ep. 524.
The notice of Robert de Keysere in Ep. 175 introd. may be greatly amplified from two publications by M. Van den Gheyn and M. Victor Vander Haeghen in the *Annales de la Soc. d'Hist. et d'Archéol. de Gand*, viii. 1907–8. He was born c. 1470, and was a brother of the miniature-painter Clara de Keysere. By 1496 he had become M.A. and was at Paris. About 1517, whilst tutor to Leopold of Austria (Ep. 585. 3 n.), he composed a book for Leopold's marriage, in which he advocated the foundation of a university at Tournay. The scheme failed at first, because of the political vicissitudes of the town (cf. Lond. xvii. 12, LB. 595); but on its restoration to the Netherlands, de Keysere renewed his proposal in 1523, only to be defeated a second time by opposition from Louvain. M. Van den Gheyn's article describes an Escurial MS. which is the presentation copy of an *Officium Salomonis* composed by de Keysere for Charles v in June 1520, and probably illuminated by his sister. He married c. Oct. 1526, and died in 1532, leaving three sons.]

ROBERTVS CAESAR DOMINO ERASMO RO. S.

Salve, mi mellitissime Erasme. An nugas meas receperis cupio scire. Refricas animum meum in litteris tuis ad Clauam, cum inquis, 'Par est illum agere quippiam Caesare dignum'. Quorsum alludis nescio. Quod Claua rescripsit me ius meum amplecti strenue, non magis mirum est quam frigidos esse Gandenses omnes. Nunquam magis me cognominis mei et amplae domus meae quam hodie puduit, cum abhinc triennium alterum contubernalem consequi non potuerim. Ita fortuna communium, vt dicitur, alterum, alterum nunc frigus pungit premitque, vt totus in vacuo meo Lynce me contineam, et mea me[a] paupertate consolans quasique limax in sua testa; cui nunc salem addis, quod Cancellario meo nos non commendas aut non poteris per occasionem. Reuiuiscam tamen, cum Caesar ad te scribet; nunc Robertus ad te scribit. Vale, litterarum praesidium. Gandaui ex Lynce.

525. 8. communium *scripsi*: coīm *siue* comī *MS.*: communi *LB.* ? communis; *cf. Ep.* 559. 35. *vnum* alterum *om. LB.* 10. me mea *LB.*

---

525. 1. nugas] Cf. Ep. 530. 10–2.
2. litteris] Answered by Ep. 524.
5. frigidos] Cf. Ep. 524. 3.
9. Lynce] M. Victor Vander Haeghen, Archiviste of Ghent, informs me that this is a xiii^{c} house, to the N. of St. Michael's church, which Caesar had bought in 1500, sold in 1508, and bought again in July 1513. It appears on the extreme right of a plate in Sanderus' *Flandria illustrata*, 1641, i, p. 128.

526. From Peter Gilles.

Deventer MS. 91, f. 177 v°. ⟨Antwerp.⟩
LB. App. 97. ⟨February init. 1517.⟩

[The date is given by the events mentioned.]

PETRVS AEGIDIVS ERASMO SVO S.

Qvod morbus te isthic alligat vehementer doleo. Ecquid ni doleam, cum altera pars animae meae langueat? Audio Tunstallum Tornaco rediisse. Cupit affinis meus, qui hasce tibi reddet, tibi commendari, quo eum facias quam commendatissimum Tunstallo, apud quem plurimum potes. Tua consuetudo, mi Erasme, erit gratissima. Patriam vero tibi displicere doleo; sed haec coram copiosius. Helias et id genus homines mihi posthac haudquaquam fucum facient. Ictus sapiam. Prostant apud nos Prognostica quaedam titulo Ortwini; nihil vidi quicquam ridiculosius, si conferantur cum nostratium medicorum prognosibus. Quid sit nugarum ignoro; tibi autem mitto quo te oblectent, si modo te capere possunt huiusmodi nugae. Vxorcula et parens te salutant. Bene vale.

527. From Willibald Pirckheimer.

Deventer MS. 91, f. 171. ⟨Nuremberg.⟩
LB. App. 110, 109. ⟨February 1517 ?⟩

[The arrangement in the manuscript, which is followed here, suggests that Pirckheimer copied out the extract and wrote his own note below. In corroboration of this view it may be noted that the copyist in the manuscript, Hand A in both cases, has not fallen into the mistake which he committed (with good reason; cf. an autograph by Emser, Basle MS. G. II. 29) in the heading of Ep. 553.

The date of the letter is doubtful. Dr. Reich attributes it to Jan. 1516,

3. affinis *MS.*: Affinius *coni. Nichols scite. Cf. Ep.* 542.

1. morbus] Cf. Epp. 528. 8, 530. 4, 531. 593.

3. rediisse] Reaching Brussels on 27 Jan.; Brewer ii. 2847.

7. Helias] I cannot identify.

8. Prognostica] *Gemma prenosticationum . . . Magistri Ortwini Gracii*, a lampoon in the form of an almanack for the year 1517. It is described fully by Böcking, *Hutteni Opp. Suppl.* ii, pp. 97,8.

Ortwin Gratius (de Graes: c. 1480—22 May 1542) as the chief butt of Eov. has acquired a reputation for obscurantism which he did not altogether deserve. He was born at Holtwick in Westphalia, and after education at Deventer under Hegius and Ostendorp matriculated at Cologne in 1501, B.A. 1502, M.A. 1506. In 1509 he became a corrector for the Quentell press in Cologne, and worked there as literary adviser for the rest of his life. His connexion with Pfefferkorn (Ep. 487. 20 n.), whose books he translated into Latin, drew down upon him the unmeasured ridicule of Reuchlin's friends; but the bibliography given by Reichling, containing editions by him of Ovid, Sallust, Boethius, and Aldus' grammar, shows that he was by no means out of sympathy with humanism. In 1535 he published a *Fasciculus rerum expetendarum* (see AHVN. xxiii. 192-224), which, as a reprint of various works on the necessity of Church reform, was in 1564 placed upon the Index. See Böcking; Geiger in ADB.; and a life by Reichling, 1884.

in which case this would be the letter to which Pirckheimer was still expecting an answer in May (Ep. 409. 1-3); and Mr. Nichols follows him, relying on the year-date added in LB. Certainty seems not possible; but I incline to place this between Epp. 514 and 553, and to regard it as an attempt to ascertain whether Erasmus would be willing to succeed Croke, whose resignation was imminent. It may be argued that there is no allusion to this letter in Ep. 553; but similarly, if this is the letter referred to in Ep. 409. 1, we might look for allusion to such important contents there also. In support of the date assigned here, it may be urged that a mention of this proposal might be expected in Epp. 412,3; for Emser, or Duke George, can hardly be the 'episcopus quidam Germanus' of Ep. 413. 25. Again so flattering an invitation would probably have been included, like Ep. 386, in B. In favour of 1516 an argument might be drawn from the fact that the postscript of Ep. 409 is attached in the manuscript to this letter; but see that introd.]

HIERONYMVS EMSER BILIBALDO S.

Erasmo Roterodamo si quando scribes, me licet incognitum commendabis, simulque commonefacies virum, si Lipsense illi gymnasium et populi Misnensis mores videre lubeat, daturum me operam apud illustrissimum principem nostrum vt id vel annuo salario vel honesto illi viatico perficere valeat. Eiusque mihi mentem desuper rescribe.

BILIBALDVS ERASMO S.

Hieronymvs Emser, iuris licenciatus, vir doctus et tui obseruantissimus, Principisque Georgii Saxoniae Ducis a consiliis, inter caetera haec quoque ad me scripsit. Vtinam tibi Saxoniam videndi desyderium incidat, vt per Nurembergam iter facias; sic enim te coram alloqui possemus.

444, 503 528 To Thomas Grey and Peter Viterius.

Epistole elegantes f°. m². Brussels.
C². p. 127: F. p. 44: HN: Lond. i. 22: LB. 199. 13 February 151$\frac{6}{7}$.

[The dates given for this and Ep. 503 are confirmed by Erasmus' residence at Brussels. His intention to return to Antwerp is announced in Ep. 516. 4 seq.]

ERASMVS ROTERODAMVS THOMAE GREIO ET PETRO VITERIO SVIS S. D.

Eodem die mihi vestrae redditae sunt literae, querelarum plenae quod nihil respondeam. Praeter has postremas expostulatrices, imo obiurgatrices, binas duntaxat a vobis accepi, hoc est a singulis singulas; quibus hactenus non respondi, sed tamen, nisi fallor, iussi vos saluere in literis ad Badium datis. Nec ideo minus vos amo, si scribo rarius, qui sic distrahor partim his aulae tumultibus, partim iniquitate fortunae, nonnihil etiam studiis, vt vix sim apud

528. TIT. ROTERODAMVS *add. C².* THOMAE *add. H.* PETRO *add. H.* SVIS *om. H.*

528. 3. binas] Epp. 444,5.

me. Haec scripsi grauiter aegrotus, non pituita sed verius peste, quae plurimos iam tenet.

Quod deploras, mi charissime Viteri, te istuc a me missum quo mea consuetudine careres, scis ipse te quorundam malitia Calecio depulsum fuisse; quem exitum ego semper expectabam. Atque vtinam nunc ea tibi esset fortuna qualem ego optarim! Sed tamen est aliquid in patria viuere, praesertim tali; et sortem tuam ita reddes tolerabiliorem, si quod sis esse velis. Quod si quid est in quo requiras officium nostrum, fac periculum num idem sim Erasmus qui semper fuerim. Litterarum officio non possim omnibus respondere, etiam si nihil agam praeterea.

Tuum, mi charissime Greie, studium atque animum tam pium dici vix possit quantopere exosculer. De filii indole gratulor ex animo. Quod ipse sacra potissimum amplecteris, hoc est ea per quae viuas feliciter et moriaris felicius, prudenter facis et rectissime tibi consulis. Quanquam tu quidem superstes eris in liberis, quibus bis pater es; quippe non contentus in hanc lucem produxisse, Christo parturis eosdem. Valete ambo, quos vt aeque tum mihi tum inter vos charos epistola quoque coniungere visum est.

Bruxellae idibus Februariis. anno M.D.XVI.

529. TO STEPHEN PONCHER.

Epistole elegantes f°. a^5 v°. Antwerp.
C^2. p. 13: F. p. 4: HN: Lond. i. 5: LB. 235. 14 February 151$\frac{6}{7}$.

[This letter follows Ep. 541 on sheet a of C^1; and from the remarkable compression in the printing it is clear that sheet b and doubtless others were already set up. For the date of printing sheet a see Ep. 546.

Stephen Poncher († 24 Feb. 1525) was received as a councillor in the Parliament of Paris on 12 Nov. 1485, and c. Dec. 1495 was appointed President of the Chamber of Inquests. In 1501 he was Chancellor of Paris University; see Clicthove's preface to an edition of Faber Stapulensis' introduction to Aristotle's Metaphysics, Paris, W. Hopyl, 25 March 1501. He was created Bp. of Paris 3 Feb. 150$\frac{2}{3}$, and shortly afterwards was sent to Italy as President of the Senate of Milan and Chancellor of the Duchy; in which capacity he acted as patron to many Italian humanists (Delaruelle in the *Mélanges Brunot*, 1904, pp. 81–102). He returned to France in 1504, and was employed in various offices of State; being ambassador to Italy in 1511, and in 1512 Pro-Chancellor of France until the death of Louis XII. In 1519 he was translated to the abpric. of Sens. Aleander was in his service 1513–14 (Paquier, *Aléandre*, pp. 103–6). See BE^4. pp. 15,6.]

REVERENDO PATRI AC D. D. STEPHANO PONCHERIO EPISCOPO PARISIENSI CHRISTIANISSIMI REGIS APVD CATHOLICVM ORATORI.

REVERENDISSIME pater et orator clarissime, S. P. Quanquam

528. 9. hic *ante* iam *add. H*; *cf. Ep.* 531. 593 *n.* 15. quid C^1H: quod C^2. 20. posset C^2. 529. TIT. REVERENDO . . . D. D. *add.* C^2 : *om. H* : ERAS. ROT. *N.* STEPHANO . . . ORATORI *add.* C^2. 1. Reuerendissime . . . clarissime *om. H.* S. P. *om.* C^2 : S. *N.*

528. 8. aegrotus] Cf. Ep. 526. 1 n. 14. in patria] Cf. Ep. 444. 19.

Franciae regnum totius orbis Christiani longe florentissimum esse constat, mihi tamen hoc nomine praecipue felix esse videtur, quod Principem nactum sit non titulo tantum Christianissimum, sed omnibus vere regiis dotibus eximie cumulatum, tum aetate florenti, vt spes sit hanc felicitatem vestrae Gallie ac nobis vicinis et amicis diuturnam, imo perpetuam, fore. Indoles erecta viuidaque, animus non rege modo sed tali quoque rege dignus, sic ardens et excelsus vt tamen ad omnem humanitatem sit propensissimus, rursum sic erectus ac simplex vt summa vigilantia prudentiaque sit praeditus; siquidem nuper in conflictu cum Eluetiis satis declarauit ita se paratum instructumque ad bellum gerendum, si pacem non liceat adipisci, vt multo tamen pacem malit quam bellum. Magis enim habet studio vt regnum suum optimis legibus, incorruptis moribus, honestissimis studiis locupletet, exornet, illustret, quam vt ditionis suae pomeria proferat. Nimirum intelligit haec demum esse vera regni decora, has veras opes, hanc veram et nullis vnquam saeculis cessuram gloriam.

Proinde parum esse putat iustis praesidiis regnum suum munisse, nisi idem viris eruditione iuxta ac vitae integritate praecellentibus ditet atque honestet; hoc potissimum pacto felicem ac magnum regem se fore iudicans, non si quam plurimis sed si quam optimis imperet. Quos cum plurimos habeat domi,—cum primis autem incomparabilem illum Gulielmum Copum, medicinae vindicem atque antistitem, quem certatim sibi vindicant hinc Gallia, hinc Germania: praeterea Gulielmum Budaeum, certissimam Galliarum gloriam, qui iamdudum Italis vtriusque literaturae palmam magno eruditorum omnium consensu praeripuit; sic caeteros omnes vincens in Romani sermonis eloquentia, vt in Graeca dictione vincat seipsum—tamen aliunde cotidie praemiis accersit allicitque, veterum ac laudatissimorum regum iamdiu obsoletum exemplum hic quoque nobis referens. Caeterum quod inter hos et nostri rationem habere non grauatur, equidem video quantum illius animo debeam. Atque vtinam is sim qui tam eximii Principis iudicio respondere queam! Onerat me quorundam candor eiusmodi laudibus quas nec agnoscere possim, nisi sim improbissimus, nec tueri, nisi longe alius sim quam ipse me noui. Alioqui Gallia vestra cum aliis de causis mihi semper cordi fuit, tum hac etiam peculiariter iucunda, quod illic annos aliquot in optimis literarum studiis suauissime sim ociatus; sed iam etas hec a vertendo solo dehortatur, vt etiam si mihi non delegissem

3. ornatissime Praesul *post* constat *add. H.* 13. C^2: studia C^1. 25. Budaeum *add.* C^2. 39. mihi *om. N.*

11. cum Eluetiis] The negotiations which followed the battle of Marignano (Ep. 360. 6 n.) led first to the Treaty of Geneva, 7 Nov. 1515, and then to the 'Perpetual Peace' (Ep. 463. 37 n.).

24. vindicant] A mode of compliment much in vogue at this period. Cf. Ep. 321. 13 n. and BRE. 26. n. 4.

hanc sedem, tamen sedendum esset vbicunque senectus deprehendisset. Ad hec alligat Caroli Principis optimi benignitas et animus in euehendis optimis studiis sic cum tui Regis animo consentiens, vt huius laudis certamen cum illo suscepisse videatur. Quamobrem nihil est quod in praesentia super hac re certo respondeam, nisi me et penitus agnoscere Regis optimi erga me studium, et gratiam habere perinde ac si delata illius benignitate iam vsus essem; neque defuturum me in posterum voluntati tanti principis vltro sua liberalitate prouocantis, si quidem id bona cum fide cunque decoro licebit. Quod si non continget, ego me nihilo minus debere putabo Galliae; et vos vicissim boni consuletis, si non praesto quod non possum. Corpusculum hoc haud possum omnibus communefacere, animum animique prouentus possum.

Caeterum quando video celsitudinem regiam tuamque paternitatem id tantopere conari, vt Galliam vestram egregie probis ac literatis viris exornetis, commodum mihi succurrit Henricus Glareanus, pridem mihi Basileae domestica consuetudine notus, homo mea sententia ad vota vestra, si quisquam alius, accommodus. Eum tibi paucis deliniabo sed verissime. Genere Eluetius (nam hec quoque natio studiorum gloriam cum militiae laude incipit coniungere), aetate florenti, quippe nondum tricesimum egressus annum, valetudine firmissima ac laboris tolerantissimus, annos iam aliquot versatus in professione liberalium disciplinarum, primum Coloniae, mox Basileae, nec id sane sine summa laude. Septem artium quas vocant Doctor, non titulo tantum, quemadmodum vulgus eius ordinis solet. Sophistices peritissimus, sed quoniam resipuit, nunc eiusdem hostis ac perfuga. Theologiam non tantum a limine salutauit, verum ad ipsa vsque penetralia progressus quondam; sed offensus partim frigidis illis argutiis quibus solis pene nunc in scholis applauditur, partim inexplicabili theologorum inter se contentione dissidioque, pedem retulit, et Christum ex ipsis fontibus quam ex illorum lacunis haurire maluit. In hunc vsum Grecam literaturam magno studio cepit amplecti. Poeta non inuenustus; nam in hoc genere quondam admodum adolescens apud Coloniam Agrippinam a Caesare Maximiliano lauream meruit. In oratione soluta talis vt nec ingenium nec eruditionem desyderes, vsum fortassis et exercitationem alicubi requiras. Magna historiarum cognitio; in musica, in cosmographia, in caeteris item disciplinis quas mathematicas vocant, exercitatissimus. Nam in his praecipue regnat ille.

41. Caroli *add. H.* 53. paternitatem *C*: amplitudinem *F.* 61. *C*[2]: firmiss. . . . tolerantiss. *C*[1] 65. *C*[2]: respuit *C*[1].

55. Glareanus] See p. 279. 73. adolescens] when aged 24.
65. Sophistices] Cf. Ep. 328. 43 n. 78. regnat] Cf. Ep. 415. 11 n.

Iam quod in hoc hominum genere rarum esse solet, moribus est adeo castis ac puris vt non animus modo sed aures etiam ab omni turpitudinis commemoratione abhorreant, vere pietatis cultor ardentissimus. Ne Momus quidem vllum in eo vicium notare possit, nisi quod in spinosos sophistas magna libertate debacchari solet; si tamen hoc vicio ac non potius iudicio tribui debet: nosti enim quam sit hoc hominum genus insolens ac procax, nisi si quis ei studio meliores literas adiunxerit. Cum his non minore animo depugnat Glareanus quam olim cum monstris Hercules; et in hos quantumuis clamosos sufficiunt illi latera, sufficit vox et imprimis animus inuictus vereque Herculanus. Et ob id non admodum illi conuenit cum theologis, non dico eruditis, cum quibus maxime conuenit, sed cum quibusdam istis qui praeter illiteratas literas et frigidas aliquot quaestiunculas nihil didicerunt. Hos eo facilius fundit conscinditque, quod ipse sit olim in illorum castris versatus. Tametsi hunc quoque feruorem et impetum ac velut ἐνθουσιασμὸν aetas indies reddit moderatiorem. Caeterum ab omni supercilio fastuque longissime abest. Moribus facillimis et ad omnem vitae consuetudinem appositis. Iusseris canere, nihil contatus canet; malis legere, leget. Libet ludere, iocabitur festiuissime; vis seriis agere, subito alius erit: atque ita facilis est vt tamen adulari nesciat.

Iam si statum hominis cupis cognoscere, totus est liber; nec libidini deditus nec admirator pecuniae nec vxori alligatus nec vllis sacris addictus extra baptismum. Is nuper ad me scripsit fore vt sibi salarium annuum apud Gallos constitueretur ex fisco regio, simul atque pax coisset inter vos et Eluetios; quam nunc coisse vehementer gaudeo. Quod si est assecutus, queso vt R. T. P. hominem velit cognoscere, expertura num falsam imaginem finxerim; sin minus, dabit operam vt accersatur, sed honesta conditione. Scio quid illius dotes promereantur, sed vt est modestissimus, erit opinor centenis coronatis contentus, quos, mihi crede, non male collocabitis. Noui quam recte moneat Horatius, etiam atque etiam aspiciendum quem cui commendemus. At in hoc nihil vereor ne mox incutiant aliena mihi peccata pudorem. Solent agere gratias quorum commendatio valuerit; at ego expecto vt mihi agantur gratiae, posteaquam Glareanus meus vobis perinde notus esse ceperit ac mihi est. Hac

104. sibi *C*: ipsi *H*. 105. Heluetios *F*. 106. R. T. P. *C*: tua humanitas *F*. 111. quam C^1F: qua C^2. *F*: recta *C*. etiam *post* atque *add*. *H*.

92. quaestiunculas] Cf. Ep. 438. 4 n.
106. R. T. P.] reuerenda tua paternitas.
109. centenis] Only half the sum expected in Ep. 463. 42, 3. The discrepancy may be conjecturally explained in many ways.
111. Horatius] *Ep*. I. 18. 76,7.

in re si quid a nobis fieri voles, impera. Nam meis literis euocatus et lubentius aduolabit et celerius, ne nihil interim magnifice de meipso dicam: maxime, si quemadmodum illum tibi, ita te illi depinxero. Sed heus tu, vacuis epistolis non est accersendus; viaticum addatur oportet velut arrabo reliqui promissi.

Vide quam familiariter tecum agam ceu tuae celsitudinis oblitus. Sed ita me tua corrupit humanitas, quae hanc docuit impudentiam; quam aut totam ignoscas oportet aut bonam certe partem tibi ipsi imputes.

Bene vale Antuerpiae decimosexto cal. Mar. Anno [no.] M.D.XVI.

Erasmus Roterodamus.

[524]530 To Antony Clava.

Epistole elegantes f^o. n^3 v°. Antwerp.

C^2. p. 144: F. p. 49: HN: Lond. i. 27: LB. App. 401. ⟨c. 14 February 1517.⟩

ERASMVS ROTERODAMVS ANTONIO CLAVAE CONSILIARIO S. D.

De sororis obitu consolarer te, vir ornatissime, ni persuasum haberem aegritudinem istam, quam in aliis lenit adimitque tempus ipsum, in te singulari tua sapientia iam dudum esse sopitam. Nos ita distraxerunt hinc morbus, hinc studiorum non vnus labor, hinc crebra migratio ac remigratio, vt vix apud me fuerim. Nec inter haec tamen vnquam excidit nobis Claua, candidissimus literatorum patronus, nimirum ipse literatissimus. Scripsimus enim semel atque iterum.

Roberti nostri πολυτεχνίαν probo; opinor omnibus tentatis aliquid successurum denique. Is ad me misit non epistolam sed, vt ipse vocat, tragoediam ac prorsus Ἰλιάδα κακῶν, verum hanc ipse comicis salibus mire condierat. At mihi nondum liquet vtri peiorem gratiam debeam, eine qui me tam inimice lacerauit, an illi qui me publicitus apud populum nimis amice laudauit, hoc est traduxit et inuidiosum reddidit. Nec enim vlla res est quae acriores inuidentiae stimulos excitet inter mortales quam si quem immodice praedices. Non ferimus id in summis viris et quorum virtus inuidia maior esse debuit: quo minus mirum si non ferunt in me qui sum et infra mediocritatem. Imo quod parochus ille sic in me debacchatus est, preconi isti meo debeo. Ἄκαιρος εὔνοια οὐδὲν ἔχθρας διαφέρει. Quorsum autem attinebat te nugis eiusmodi inuolui, melioribus occupatum? Nec referebat quid hii aut illi inter se debacchentur, ad me perscribere. Iuxta poetas nec ipse Iuppiter placet omnibus, siue pluat

529. 122. C^2: corripit C^1. 125. M D XVII C^2. 126. Erasmus Roterodamus *om. F*. 530. 4. C^2: distraxerint C^1. 11. comicis C^2: cornicis C^1. 22. hi *N*.

530. 17. inuidia maior] Cf. Hor. *C*. 2. 20. 4.

siue serenus sit. Nos quidem dedimus operam, et magis in posterum dabimus, vt placeamus vniuersis; interim tum recti conscientia, tum illo me consolor, quod optimis quibusque certe non improbamur, fortassis omnibus placituri simul atque liuor ab obitu conquieuerit.

Mori Vtopiam vbi legeris, putabis te repente in alium orbem translatum esse; adeo illic noua sunt omnia. De messe non sum anxius, modo ne reditum superent impendia. Est quod huic animo, quod huic ocio satis sit. Et haec vita mox ἐκτετοξεύσεται. Porro famae sarcinam lubens etiam abiecero ac propemodum in Epicuri sententiam pedibus eo, λάθε βιώσας. Sed heus iam abs te literas expecto semigraecas, ὃς τρίτον ἤδη ἔτος ἑλληνίζεις. Caesarem meo nomine salutato diligenter. Cancellarius ex animo tuus est.

Bene vale Antuerpiae.

[493]531. To William Budaeus.

Epistole elegantes f°. f[4] v°. Antwerp.
C^2. p. 76: F. p. 26: HN: Lond. i. 12: LB. 200. 15 February 151$\frac{6}{7}$.

[The fair copy sent to Budaeus was made by Gilles; cf. Ep. 534. 65 seq.]

ERASMVS ROTERODAMVS GVLIELMO BVDAEO SVO S. D.

Nae tu homo πάνυ βασιλικῶς munificus es, eruditissime Budaee, qui pro tam indocta epistola tam eruditam, hoc est iuxta Glaucum Homericum pro vix aerea reddideris plusquam auream, tum pro mediocri tam vberem tanque prolixam; imo non epistolam, sed volumen atque, vt melius dicam, thesaurum. Ὦ φίλαι Μοῦσαι, quantum illic eruditionis haud quaquam triuialis! quantum eloquentiae priscae nec huius omnino seculi! Quid non ibi deliciarum? quid non leporum? Vt prorsus hic Budaeum agis! vt insigniter teipsum exprimis! Hanc meam sententiam complurium calculis approbarem, ni tam paucos haberet haec regio qui tuas bilingues literas queant assequi, ne μονογλώττους quidem admodum intellecturi, ni fallor. Certe Cutbertum Tunstallum, cuius vnius iudicium mihi quantumuis frequentium comitiorum instar est, ita rapuit, tenuit, afflauit tua epistola, vt prorsus non legerit sed deuorarit, vt terque quaterque relegerit, nec omnino potuerit ea nisi conuiciis e manibus hominis extorqueri. Quod ni de repente a Principe Carolo ad Caesarem Maximilianum fuisset auocatus magnisque mox negociorum vndis obrutus, iam adornabat ad te scribere. Nec enim arbitrabatur conuenire vt cum viro non litteris tantum eximio tanque exquisitae vbique diligentiae neglectioribus literis amiciciam auspicaretur; cum

531. 14. C^1 *F*: legeret C^2. 17. Maximilianum *add. H.*

531. 17. auocatus] Cf. Epp. 515. 8. and 526. 3.

ego tuam exaggerans facilitatem autor essem vt interea scriberet ὅττι ἂν ἄκραν ἐπὶ γλῶτταν ἔλθοι. Verum ille quo doctior est, hoc penitius tuas dotes perspicit, atque ob id religiosius quam ego suspicit ac veneratur.

Iam meum iudicium quanti fiat ab aliis nescio; tu certe non potes omnino reiicere, qui vltro efflagitaris, qui ταύτην τὴν λεοντῆν imposueris ac me tuarum lucubrationum Aristarchum feceris. Equidem haud pono meum nomen in eruditorum albo. Inter tuos autem amicos sic ambio numerari, vt caetera quamlibet inferior, studio tamen tui nemini cessurum me recipiam. Nec tamen vsqueadeo sum a Musis ac bonis literis alienus, opinor, vt non aliquo modo perspiciam rarissimas istas ac pene diuinas opes ingenii tui, quando quae insigniter eminent atque elucent vel a lusciosis cerni solent: nec rursus in tantum tui studio cecutio vt amore exoculatus parum recte dispiciam, id quod tum accidere solet, quoties iudicium ex amore nascitur. Caeterum vbi contra amor a iudicio proficiscitur, tantum abest vt oculis captus sit, vt nihil sit oculatius; fitque tum vt quo impensius amamus, hoc et perspiciamus acrius et certius iudicemus.

Iam olim mihi videbar odorari tibi certamen istud susceptum cum Italia, pulcherrimum quidem illud sed idem longe difficillimum: at, ne quid fingam, propemodum desperabam successurum. Nunc adeo successisse video vt neminem hac aetate putem esse apud Italos tam improbum sibique fidentem, qui super ista sane laude cum Budaeo congredi manusque conserere sustineat: quod quidem et citra inuidiam et cum Italiae pace dictum velim, cui cum faueo multum, tum tribuo plurimum. Quis enim iam in hoc certamen velit descendere, posteaquam videmus egregios illos heroas et omnium consensu prorsus inimitabiles, Hermolaum Barbarum et Angelum Politianum, pari vtriusque litteraturae facultate copiaque, longe abs te superatos? O felicem Galliam, quas cristas tolleret si suas opes ipsa nosset! Sed ita fere est ingenium mortalium, vt inquit Flaccus, virtutem praesentem si non odimus, certe negligimus,

Sublatam ex oculis quaerimus inuidi.

Quod si fiat vt qui nunc meus est sensus, idem esset vniuersae Galliae, nimirum Budaeus ille in omnibus basilicis ὁλόχρυσος staret: quanquam ille quidem diutius victuris statuis in omnium eruditorum pectoribus consecratus dicatusque semper stabit. Atque haec quidem aliis adulantius, aliis arrogantius a me dicta videbuntur, sat scio; sed iis modo qui tuas exquisitissimas lucubrationes aut

21. ὅ τι *F.* 38. iudicemus *add. F.* 54. esset CN^2: est N^1 *Lond.* 56. C^1F: victurus C^2.

27. Aristarchum] Cf. Hor. *A.P.* 450. 51. Flaccus] *C.* 3. 24. 31,2.

nondum cognorint aut certe non assequantur. Quorum vtrunque quisquis fecerit, is me protinus vtroque crimine liberabit.

Et post hoc iocaris—τί γὰρ ἄλλο;—nos tuis officere luminibus. Dicam paucis quod sentio, mi Budaee. Si quid hactenus obstitit tuae gloriae, nihil aliud in causa fuit nisi quod perpauci mortales nouam istam ac retrusam eruditionem adhuc assequuntur: quod simul atque contigerit, dispeream ni tu protinus nominis tui fulgore et oculos perstringes omnium, et quotquot sunt vsquam qui nunc illustres habentur, laudem obscurabis. Nec vlla tamen nobis in te competet actio, vt me quoque interim ponam inter eos qui alicuius sunt nominis, hoc est ὡς ἀληθῶς τὸν κόρχορον ἐν λαχάνοις. Nam in vestro foro qui plus iusto tollunt aedificium, suum commodum vicinorum incommodo comparant et alienis damnis ipsi πλεονεκτοῦσιν. Hic ediuerso et qui lumini officit alieno, beneficio iuuat, non damnum dat; et cuius luminibus officitur, non ille quidem minus habet lucis, ac fortassis aliquanto plus, sed quod habet, id iam minus eminet. Itaque nulla hic damni dati actio, non hercule magis quam sit stellis minoribus subito solis exortu conditis atque euanescentibus. Et tamen videas quosdam adeo peruerse inuidos vt sibi detrahi iudicent quicquid aliis accreuerit. Ego porro quantumuis caetera δυστυχῶν, tamen hoc animo mihi videor non omnino infortunatus, quod amicorum gloria magis etiam delecter quam mea ipsius, et inimicorum celebritate non vrar, modo prosint aliqua bonis literis. Atque vtinam is sit iam nunc quem breui futurum auguror meliorum studiorum successus; vt Erasmus, cui quidam eruditionis nonnihil tribuunt, eloquentiae mediocritatem, neque scire quicquam et prorsus infans atque elinguis esse videatur.

Iam vt carptim ad aliquot epistolae tuae parteis respondeam, si vnquam mihi contingat apud iudices de capite periclitari, non alium mihi patronum optem quam Budaeum: tantum in ista tua apologia praestas artificem, cui non satis fuit omnia mea ἐνθυμήματα refellere, nisi mea tela protinus in me ipsum retorsisses, subitoque ex iudice faceres reum. Sic enim texis totam defensionem tuam, vt aut absoluendus mihi sis aut eadem sententia ipse me necessario condemnem, quamcunque in te pronunciauero. Vide quantum possit ista tua admirabilis facundia, qua efficis vt reo securo iudex periclitetur et bene secum agi existimet, si modo liceat reum nulla sua fraude dimittere. Hic vero cum me tecum componis committisque, confestim mihi succurrit, mi Budaee, Grecorum illud adagium, μύρμηξ ἢ κάμηλος, aut si quid his quoque dissimilius. Queso quid inter nos simile aut vllo pacto affine praeter hunc fortassis animum non abhor-

99. his CN^3: is N^1 *Lond.*: iis N^2.

rentem ab honestis studiis. Eleua tuam felicitatem quantum libet. αὐτομαθὴς, ὀψιμαθής: vno certe calculo te vinco, ἀμαθὴς καὶ ἀτεχνῶς ἀπαίδευτος. Neque vero crediderim istam collationem abs te hoc animo institutam, quod existimares hanc meam tenuitatem cum ista tua opulentia vllo pacto comparandam, sed vt me propius admoto tua magis elucescerent; quo nimirum consilio pictores in tabulis vmbras addere dicuntur, si qua velint insignitius eminere, et matronae quaedam callidae, quo magis commendent oculis intuentium formam suam per se egregiam, pedissequas parum formosas secum ducere curant. Nec aliud mihi videtur egisse Politianus, cum aliorum ad se epistolas suis intertexeret, idque nullius ferme exemplo. Sunt enim illic quorum impudentiam non alia ratione magis potuerit traducere. Sunt rursus quos per se facundos ad hunc collatos dicas obmutescere.

Neque haec dixerim quasi tute per te parum sis illustris, vt meis tenebris debeas commendari: sed hac arte mihi videris quorundam errori voluisse mederi simulque mihi falsa existimatione grauato succurrere. Sunt enim qui mihi plus nimio tribuant, quorum aliquot et ipse prodidisti, nempe Deloinum et Ruzeum, qui me, vt scribis, Varronem nostri temporis faciunt, nisi quod plus amplector eloquentiae: nec enim suspicari fas est ista te de tuo admensum esse, quo mihi illos hoc veluti lenocinio redderes commendatiores. Et sunt rursum qui mihi nihil non adimunt; illis nihil nescio, his nihil omnino scio. Nec adhuc satis mihi liquet vtri peius de me mereantur, illine prodigi quorum candor me laudibus immodicis onerat, quas nec agnoscere possim, nisi sim aut egregie φίλαυτος aut insigniter impudens; an hi quorum malignitas sic me nudat vt nihil omnino reliquum faciat. Nam quemadmodum non sum tam insolens vt id haberi postulem in re litteraria quod in re bellica fuit Achilles aut Diomedes; ita non vsqueadeo meiipsius sum ignarus vt Thersitem mihi putem anteponendum. Et tamen nonnihil molestum est quod nec illis irasci possim amore studioque mei cecutientibus, nisi hominis inhumani notam malim incurrere; nec hos refellere, quibus nescio quomodo sum aequior, quod magis ad animi mei sententiam facere videantur. Quo sane nomine te quoque amo, mi Budaee, quod ab immodicis illis admiratoribus dissentias; sic enim interpretor quod scribis, te mihi ea in parte nonnihil inuidere. Equidem istam inuidiam, hoc est iudicium seuerius, malim quam aliorum effusissimum fauorem, qui me vera onerat inuidia, hominem omnium potius misericordia, nullius inuidia dignum. Sic enim mihi placeo vt quod Socrates εἰρωνεύων, id mihi vere atque ex animo propemodum videar

118. aliquos *N*. 130. Thersiten *H*. 141. C^2: videor C^1.

posse profiteri: Vnum hoc scio, me nihil scire. Fortasse non sum aliis facturus fidem; at tu certo illud mihi credas velim, Budaee, si quid omnino credis, nihil vnquam tam feliciter a me elaboratum quod meo animo arriserit. Hic mihi continuo in os iecerit aliquis, Quorsum igitur tantum voluminum nobis offundis, si nihil istorum probas? Primum nequeo dormire; nam hoc lemmate se purgat Horatius. Deinde vt aliquid audeam scribere, quorundam insignis facit impudentia; qui cum iuxta sint infantes atque indocti, tamen miro supercilio docent quod nesciunt. Tibi Plinius, Hermolaus, Politianus ad scribendum addunt calcar. Mihi animos adiiciunt Passauantii, Hugones, summularii; siquidem ad illos plusquam mutus, tamen ἐν τούτοις ἀμουσοτάτοις ὁπωσοῦν φθέγγεσθαι τολμῶ κόρυδος.

Verum vt ad id quod institui recurram, tametsi videam id magno existimationis meae detrimento fieri, tamen interim gaudeo vtcunque conferri cum Budaeo: presertim cum tute id facias, Deum immortalem, quam erudite, quam eloquenter, quam diuinitus, vt non alibi magis declararis quanto te sim inferior quam vbi me tibi nunc parem, nunc superiorem etiam, si Musis placet, facis! Et tamen interim, vt dixi, mihi blandior, hoc certe lucri facturus, vt quamuis victus discessero, tamen cum Budaeo studiorum antistite collatus dicar, ceu Thersites quispiam cum Achille: quid mea? collatus tamen. Etenim vt sunt quos vicisse pudeat, ita sunt a quibus vinci quoque abunde pulchrum sit. Hoc laudis animo meo satis est. Cur enim tibi non fatear ambitionem meam, ὦ τῶν ἐμῶν φίλτατε, cum tu te mihi totum, vt scribis, bona fide indicaris? Negas tu quidem perinde inuisam esse mihi Peniam vxorem atque adamatam huius pellicem Eucliam; quod haud quaquam scripsisses, εὖ οἶδ' ὅτι, si me penitius et interius nosses. Etenim vt iuuenis nonnihil tangebar gloriae studio atque id sane leuiter, ita nunc nihil malim quam quicquid est hoc nominis, quod solum praemii mihi mea studia retulere—nec id tamen parum multa inuidia corruptum fermentatumque, vt non paulo plus aloes sit quam mellis—vel deponere, si detur, vel abiicere, ὅπου οἱ ἔλαφοι τὰ κέρατα· νὴ τὴν ἡμῖν κοινῶς ἐρωμένην φιλοσοφίαν, si parum credis iniurato. Hic igitur cum prorsus a te dissentiam, tamen haud iuerim inficias magno sensu voluptatis pertentari animum meum, quoties tui similium scriptis aut laudor aut certe non contemnor: quibus vel notum charumque esse praecipuam quandam felicitatis partem

143. certe *C*². 161. collatus *CLB*: collocatus *Lond.* 174. ἐρομένην *N.*

148. Horatius] *S.* 2. 1. 7.

152. Passauantii] Jas. Passavanti († 1357), a Florentine Dominican, was author of a *Specchio di vera penitenza*; first printed at Florence, 12 Mar. 149⁵⁄₆.

Hugones] Cf. Ep. 347. 96 n.

summularii] Authors of the compilations, often monumental in size, known as *summae* or *summulae*; e.g. *Summa theologica*, and even *Summa summarum*; cf. Ep. 575. 31,2.

172. plus aloes] Cf. Juv. 6. 181.

esse duco. Tuam autem eloquentiam seorsim sic amo suspicioque vt iucundum sit tali ore vel reprehendi teloque tam insigni vulnerari. Neque enim me clam est quot modis me suggilles in epistola tua, dum tuam causam defendis; vt me sursum ac deorsum salibus tuis exagites ludosque facias. Verum ista per me sepe facias licebit, modo pari facias eloquentia, etiam si nunc tu quidem amicissime quoque facis; vsque adeo tuum istud ingenium deamo. Neque verebor posthac quoquo pacto calamum tuum in me lacessere. Posteaquam coepi, certum est totum animum meum effutire. Non ignorabam, optime Budaee, morum ingeniique tui placabilitatem, et tamen nonnihil metuebam nequid offenderet mea tam audax censura lucubrationum tuarum; perinde quasi Areopagites aut Aristarchus quispiam essem ac non magis Erasmus τριοβόλιος ἀνθρωπίσκος. Verum posteaquam haec temeritas tam feliciter cecidit, nihil dubitabo posthac vel quiduis συκοφαντεῖν, modo quacunque improbitate tales epistolas liceat a Budaeo extundere.

Sed quando tua illa ἀντικατηγορία me vel ex iudice vel ex actore reum fecit, haud sane conabor cum tam confertis simul et instructis argumentorum tuorum copiis aperto Marte iustaque acie confligere, quod ipse Xerses vix posset: attamen aggrediar ceu populabundus incursionibus incessere aliquot agminis tui partes, nunc hac nunc illac assiliens, et caudae equinae pilos paulatim vellere. Singulis fortassis negocium exhibuero, quum vniuersis par esse non possim. Primum meam εἰσαγωγὴν, in qua me scribis argutari vel ἀκκίζεσθαι potius: belle tu quidem eludis, si modo per nos impune liceat auferre, quod non aliter atque maxime confessum assumis; videlicet a me praestari posse quippiam quod ab alio nemine possit. Atqui istuc ipsum est quod ego constanter clareque nego atque etiam pernego; vtpote vix mediocribus etiam par argumentis. 'Quid si quaedam sunt' inquis 'quae tu vnus possis absoluere?' Quid si coelum ruat? Ad haec cum orationis meae mediocritatem cum tua grandiloquentia componis, fortassis erat accuratius explicandum quibus tandem in rebus istam amplitudinem sitam esse putes. Etenim si in genere argumenti, nihil adhuc a nobis grande susceptum est quod cothurnum requireret. Nec tuus Assis per se grande est argumentum, nisi quatenus difficile; sed tua eloquentia grande est. Alioqui mihi videntur maxima quaecunque sint optima. Sin in ipsa phrasi maiestatem sitam esse putas, equidem in hac sum sententia, vt illud orationis genus existimem magnificentissimum quod efficacissime persuaserit id quod est institutum: hac quidem in parte nonnihil a Quintiliano dissentiens, qui negat eloquentiam esse vocandam quae

181. quot C^2: quod C^1. 191. τριωβόλιος *F*, *sed cf. Ep.* 456. 196. 193. quoduis *Lond.* 205. Atque *Lond.*

200. caudae] Cf. Hor. *Ep.* 2. 1. 45,6. 219. eloquentiam] Cic. *ap.* Quint. *Inst.* 8. 3. 6.

non habeat admirationem. Cum enim bona pars artis sit artem dissimulare, quod dicenti fidem abroget artificii significatio, non video qui possit efficax esse eloquentia quae se iactet ostentetque. Neque enim vt vestis eadem et splendida potest esse et nihilominus ad vsum accommoda, itidem potest oratio simul ad permouendos animos et ad ostentationem ingenii esse apposita. Vt optimus est iaculandi artifex, non cui pharetra sit gemmis distincta, cui arcus quam maxime insignis, sed qui certissima manu scopum feriat; vt ingens philosophus, non qui Stoicorum aut Peripateticorum dogmata pulchre teneat, sed qui philosophiae rationem vita ac moribus exprimat, qui proprius est philosophiae finis: ita summi oratoris munus absoluit quisquis quod voluit persuasit. Alioqui an non videatur ineptus, si qui populum a belli tumultu ad pacis studium reuocare instituerit, oratione phalerata atque elaborata hoc tantum persuadeat, se virum esse cum primis eruditum plurimaeque lectionis? Atqui non hoc agebatur. Ne scenae quidem quauis ex re captant admirationem. Damnatur histrio qui peregrinis opibus oculos populi detinet, cum is actione et argumento fuerat ad plausum inuitandus. Ego ad hoc vt grandis sit dictio, verborum apparatum minimum momenti adferre existimo, nec ita multum conferre schematum ornamenta, nisi si qua in rebus sita sint, non in verbis. Neque parui refert vtrum fabulam mireris an apparatum. Certe rhetorum etiam consensu illud naturale dicendi genus primam laudem obtinet. At non aliud minus est admirabile: quis enim admiretur artem, quum putet natura dici? Ac prorsus δὶς διὰ πασῶν inter se differunt quod illi primum iudicant et quod tu videris amplecti; vt sileam interim stultissimum esse admirari quod non intelligas. Vnde potissimum perspicuitati studendum est ei quisquis admirationem eloquentiae captat.

Iam scis ipse totum hoc orationis expoliendae studium vix a bonis viris olim fuisse receptum; vixque persuadent rhetores alioqui facundissimi vtilem esse rhetoricen aut viro bono dignam. Quo mihi videris iniquius facere qui scenicam etiam eloquentiam exigis a theologo Christiano; cum Cicero ab ethnico philosopho non requirat omnino vllam, hoc contentus, si intelligatur modo. At isti tui rhetores, qui, sicut par est, suae professioni impendio fauent, non probant tamen istas orationis delicias ac πολυτέλειαν, nisi in vno dumtaxat genere; nimirum encomiastico. A quo nullum longius abesse puto quam quod totum in docendo versetur: atque adeo in docendo non quasuis res (nam de fulminum aut terrae motuum causis splendide disseri possit) sed res per se minutas ac tenues, tum sic impeditas inuolutasque vt quantumuis distincte, quantumuis dilucide,

229. C^2: exprimit C^1. 232. qui *H*: quis *C*. 237. fuerit *H*. 253. isti *om. H.* 257. versatur *H*.

quantumuis simpliciter aut commode explices, tamen vix etiam ab attentis capiantur. Quod si vsquam alibi, hic certe videbatur rei difficultas orationis facilitatem desyderare, ne lector gemina oneraretur molestia, primum argumenti, deinde explicationis. Et cum aliud ex alio pendeat atque ob id lector auidus ad finem anhelet, non videbatur obiectis salebris ac lamis a cursu retardandus. Ad haec, si maxime probatur oratio quae maxime congruat rei quam tractat, vide num conueniat quiritari, vt tuo vtar verbo, in argumento tam exili. Neque enim continuo quod est difficillimum, idem est et grandissimum ; imo contra fere vsu venit vt plurimum habeant difficultatis quae sunt minutissima. Habet tamen et hoc genus suas dotes, sed mea sententia quasuis potius quam δεινότητα aut μεγαλοπρέπειαν.

Tuum ipsius animum nunc appello, Budaee. Ferresne Euclidem de figuris mathematicis istoc orationis apparatu disserentem? Sed harum rerum haud nescius, opinor, cum exquisito vndique opere ingenii tui specimen dare velles eruditiorum duntaxat panegyri, callido quodam consilio Assi tuo ceu agro senticoso digressionum aliquot virecta miscuisti, vt in his lector argumenti asperitate lassus subsideret ac respiraret. Quod idem me in Chiliadibus fecisse criminaturum te minaris, nisi te criminari desinam ; qui instituti oblitus in Silenis mundi scenam agam, in adagio Γλυκὺς ἀπείρῳ πόλεμος aduersus bellatores istos belligerer, in Scarabeo ludam ac lasciuiam, in prouerbio Σπάρταν ἔλαχες, ταύταν κόσμει aliisque compluribus declamem. Vtinam mihi liceat hic peccatum tecum commune fateri, modo idem mihi pariter successisset! Quanquam si libeat tergiuersari, respondere possem causam tuam non omnino similem meae. Tuus Assis catenae ritu sic totus sibi coheret, vt non perinde locus sit longioribus digressionibus. Mearum Chiliadum ea ratio est, vt vbivbi quoduis finieris adagium, imaginari possis iam explicitum volumen. Et incidunt permulta quae ad declamandum velut inuitent. Age, dic mihi πρὸς τῶν μουσῶν, cum ab Assis partibus exorsus πάνυ διδακτικῶς sub finem operis tam diu cum tuo Deloino desidens confabularis de statu moribusque nostrorum temporum, an non vereris ne quis Momus tibi Oratianum illud occineret,

Amphora coepit
Institui; currente rota cur vrceus exit?

266. C^1F: laminis C^2. 292. *CLB*: exortus *Lond.* 294. Horatianum C^2. occinat *H.*

---

277. digressionum] These are examined at length by M. Delaruelle, *Budé*, chap. 5.

280. minaris] Cf. Ep. 493. 248 seq.

281. Silenis] Cf. Ep. 421. 87 n.

282. Scarabeo] *Adag.* 2601.

283. Σπάρταν] *Adag.* 1401.

294. Oratianum] *A. P.* 21,2.

Expatiatur et Plinius in historia mundi, sed in amplissimo argumento, sed breuius vtroque nostrum, me etiam rarius. Expatiatur et Seneca in quaestionibus causarum naturalium, sed infrequentius. Vides quanto parcius id mihi permiserim in Nouum Testamentum, etiamsi nec hoc argumentum sic inter se contextum est vt tuus Assis. Audio quosdam idem sentire de Annotationibus tuis in Pandectas, quae quanquam plurimum attulere tibi gloriae, tamen aliquanto plus laturas fuisse, si resectis iis quae tu, non quasi diligens promus condus sed profusus quispiam Lucullus, e confertissimo penu effundis verius quam promis, ea potissimum in medium attulisses quae proprie ad institutum argumentum faciebant: veluti, vt hoc exempli gratia proferam, si vindictam enarrans, non ilico congessisses quicquid vsquam apud vllum autorum genus de vindicando, de vindicta, de vindiciis reperiatur; sed ea duntaxat quae peculiariter ad eum locum illustrandum pertinebant. Nunc eruditionem nemo quidem desyderat. Caeterum qui aut auidiores sunt aut occupatiores aut etiam morosiores, causantur ingens esse volumen et tamen ex tam multis paucos locos illustratos; quanquam quae infulcis, eruditiora sunt quam vt ociosum et candidum lectorem poeniteat τῆς παρεργίας.

Verum ad dicendi genus iam redeo. Scio, scio, doctissime Budaee, quae tua felicitas est, quodcunque dictionis genus assequi posse te, modo volueris; id quod ipse quoque significas, atque ob id dignus qui quod optimum est velis, cum efficias quicquid volueris. Mihi quidem nunquam placuit balbuties et infantia quorundam qui bonam eruditionis partem videri volunt elinguem esse aut, quod mea sententia miserius est, spurce prodigioseque dicere. Nam vt sermo praecipua mentis imago est, mentem vero decet esse purissimam, cum vicio detur vestis immundior, magis arbitror orationis puritatem ac mundiciem bono viro praestandam esse; atque huc quidem semper annisus sum a puero, quantum nostra regio, seculum, fortuna, denique quantum haec ingenii tenuitas ferebat. Et tamen cum viderem artificium dicendi a probatis viris tam grauatim probari, magis affectaui mundam orationem quam phaleratam, et solidam masculamque potius quam splendidam aut scenicam; quae rem ostenderet citius quam quae scriptoris ingenium ostentaret. Votum meum audis; caeterum an assecutus sim nescio. Et fortasse dum hoc genus sequor, ita vt fit, in aliud huic finitimum incidi, dilutum, triuiale, expositum, quod gustasse lectori abunde satis sit, videlicet vnedonum ritu: cum nihil illic sit quod paulo quis elegantiore palato regustare velit, nec vllos aculeos relinquat in futurum, sed ad praesens tantum

314. quanquam *C*: tametsi *H*. 319. ob id *C*: ob hoc *H*.

mulceat. Nam huiusmodi ferme coloribus me mihi depingis, mi Budaee, et haud scio an verissime. Plus enim tuo vnius iudicio tribuo quam aliorum complurium. At ego vt phaleratam orationem non ambio, ita puram, aptam, facilem ac dilucidam optarim, si contingat; sed ita facilem vt tamen neque neruis neque aculeis, vbi res poscit, deficiatur: quam si minus assequor, ingenii culpa est, non instituti. Quanquam vide quam interim inique mecum agitur, qui vtrinque male audio. A vestro, hoc est doctissimorum, ordine culpor, vt citra impetum, vt elumbis, vt remissus fluens; ab hoc meo reprehendor et quidem cotidie, quod nimium exquisitis schematum et verborum ornamentis plebeium lectorem procul a me submoueam, atque in ipsis etiam scholiis alia flagitent⟨ur⟩ scholia. Quid facerem? Ita tempero dictionem vt neutris per omnia obsequar et tamen vtrisque dem aliquid. Ad haec non parum assequutus videtur qui id impetrat a lectore vt totum librum auide deuoret et pari contentione ad finem vsque deproperet. Atque haud scio an tutius etiam sit facilitate transmittere lectorem quam difficultate deterrere; et tolerabilius esse non regustari quam omnino non gustari. Quanquam regustari contingit et iis qui facilitate commendantur. Alioqui quid Cicerone facilius, et quis repetitur auidius?

Quid tribuas Mineruae nostrae tu videris; ego quam sit maligna sentio. Nam quod scribis *περὶ τοῦ θεολογικοῦ σχήματος* deque legibus, quibus quod astrictior sim quam tu, cogar esse circunspectior, istud quidem eatenus valet vt mihi minus peccare liceat quam tibi, cum minus sit veniae, non vt cogar peius dicere. Nam quod ad *παρρησίαν* attinet, vt nusquam vel obscenus sum vel seditiosus (quorum vtrunque oportet a bono viro procul abesse), ita multis in locis *καθ᾽ ὑπερβολὴν παρρησιάζομαι*, neque id sine magno meo malo, *τοσαύτην τραγῳδίαν μοι ἐκίνησαν οἱ κακοδαίμονες οὗτοι ματαιολόγοι· οἷς σοί γε, βέλτιστε Βουδαῖε, ἡράκλεις μήποτε γένοιτο περιπεσεῖν ἐν τῷ βίῳ· ὧν οὐδὲν ζῷον οὔτε τῶν θαλασσίων οὔτε τῶν χερσαίων ἐξωλέστερον.* Porro quod putas me senectute frugaliorem reddi, nihil repugno; nec adeo mirum si mihi vsu venit quod Isocrati, quod Lysimacho, quod ipsi Ciceroni videmus vsu venisse. Atque vtinam vsu veniat vt quemadmodum illis, ita mihi quoque accessus aetatis orationem sic leniorem reddat, vt tamen meliorem. Quanquam si libeat vtriusque nostrum aetatem expendere, haud ita multum interest, nisi aut te aut me fallit supputatio;

349. *C*[2]: scholia *C*[1]. flagitent *C*: flagitant *H*. 354. esse *C*[1]: est *C*[2]. 366. *οἱ F*: *ἐμοὶ οἱ C*. 367. *οὔτε C*[2]: *οὐδὲ C*[1]. 368. *τῶν add. H*. *οὔτε C*[2]: *οὐδὲ C*[1]. *τῶν add. H*. *ἐξωλέστερον correxi*: *ἐξολέσθερον C*: *ἐξολέστερον H*. 372. *C*[2]: leuiorem *C*[1].

367. *ζῷον*] Cf. Ar. *Pl.* 443.
373. aetatem] For Erasmus' age see App. 2; for Budaeus' Ep. 493. 368 n.

siquidem ego iam annum ago primum et quinquagesimum, tu, vt scribis, non procul abes a duodequinquagesimo. Mihi igitur longe plus senii est quam tibi, senectutis non tam multum. Sed effundam in sinum tuum quae res stilum meum aliquanto facit deteriorem. Scis hunc lectione non secus atque agrum stercoratione reddi vegetiorem; et noualibus alternis annis vacatio permittitur, ne assidua cultura sterilescant. At ego compluribus iam annis fundum hunc, per se malignum nec soli admodum felicis, perpetuo cultu exhaurio; nec intermissionis vllo laxamento succurrens nec lectionis letamine. Nam illa tumultuaria lectio qua Chiliadum opus et annotationes in Nouum Testamentum ac Hieronymum congestae sunt, adeo non reddit ingenium vegetius vt non temere alia res eque officiat vel memoriae vel mentis acrimoniae. Tum ipsum argumenti genus respuit etiam orationis maiestatem. Tu felix, Budaee, cui contigerit argumentum ceu campum ac theatrum tibi aptum deligere, in quo rarae istius eruditionis et eloquentiae specimen orbi dares. Ego in haec incidi, cum ad nullum omnino scripti genus minus essem a natura appositus; et tamen vbi semel incideram, fabulae scenaeque seruiendum fuit. Nonnullas ὑποθέσεις amicorum praecibus dedi, vt vix vnquam hactenus mihi contigerit in mea versari harena meoque ipsius seruire genio, si quis omnino meus est genius; ne querar interim vt nihil honoris esse his studiis, praesertim apud nos, sic iudicia peruersa. Cui nunc velis placuisse? Ad cuius plausum admittas equos tuos?

Iam ne mihi sis impune suggillatus, quod manum de tabula tollere nequeas, obiter recriminaris ὅτι παρὰ τὸ δέον εἰμὶ πρὸς τῷ παροιμιολογεῖν. Verum non satis intelligo vtrum vsum adagiorum immodicum reprehendas an nimis anxiam et morosam collectionem. Memini me et fateor quondam ambitiosius hoc genere ceu meis opibus vti solere: sed post sensi, cepique frugalius adhibere. Porro in colligendo ambitiosiorem me fecit partim Robertus Gaguinus, qui mihi olim sub aliena persona suam indicans sententiam retulit in hoc me a criticis reprehensum, quod in primis illis collectaneis oppido quam ieiunus essem et e tam multis paucula modo recensuissem—partim Polydorus Vergilius, vir eruditus mihique nunc amicissimus, qui passim etiam praedicabat me suis ingredi vestigiis, aemulum operis alieni, non autorem mei: cum hoc libelli quicquid erat annos aliquot edidissem priusquam Polydori nomen nossem. Demum vbi Polydori librum essem nactus, ipsa chalcographi inscriptio declarabat me mensibus ali-

377. tam C^1 : ita C^2. 383. vllo *add. H.* 391. a *om. H.* 396. vt *add. H.* sic *add. H.*

393. amicorum praecibus] Cf. Epp. 71 and 117; and 23. 106 n.

407. collectaneis] See Epp. 126 and 211 introd.

quot anteuertisse ; cum ille ederet in Italia suum, ego meum Luteciae. Et tamen Lucas quidam Sauromata, theologus Louaniensis, vir non ob aliud, opinor, infensus bonis literis nisi quod eas annis permultis sed infeliciter planeque Musis iratis affectasset, pertinaciter asseuerabat me alienis inuentis ostentare me. Has cauillationes dum auidius studeo effugere, in vicinam incidi foueam, vt apparet, proque ieiuno immodicus esse coepi. Quanquam nec vsque adeo promiscue albaque, quod aiunt, amussi studium fuit conuerrere omnia, quin multa reiecerim quae tamen in Graecorum collectaneis habebantur ; quod mihi suboleret quaedam e vulgi horum temporum fece hausta, quaedam affectata studio maiore quam iudicio.

Iam quod argumentatus fueram non eiusdem esse hominis Peniam habere domi et Lucullianas substructiones tollere ; ita tu quidem *ἀντιστρέφεις*, vt hoc ipsum existimes argumentum, Plutum ex aedibus tuis in malam rem aliquo profugisse et in huius locum Peniam immigrasse. Recte sane istuc si predia villasque in tuis bonis non numeras, cum hinc locupletes potissimum nomen inuenerint.

Haec, optime Budaee, cauillari libuit verius quam *ἀπολογεῖσθαι* ; vel quod tu sic iusseras, vel quod dulce est quiduis cum amico tali nugari ; vel quod minus etiam tibi magnificum fore iudicabam *ἐρήμῃ νενικ⟨ηκ⟩έναι*. Caeterum nihil est tuum quod non vnice tum probem tum admirer ; id quod cum antehac semper fecerim, tamen indies quo propius te contemplor, quo penitius introspicio, hoc et amo et suspicio magis. Nec enim te solum hominem absolute doctum ac diuino quodam ingenio parique iudicio preditum declarant tuae lucubrationes, admirabili doctrinarum omnium penu refertae ; verum et integrum probumque virum arguunt, qui tanto animi ardore destomacheris in corruptissimos huius saeculi mores. Quod si quid etiam peccas in phrasi aut copia, quod ego sane non puto,—sed tamen si quid peccas, primum viciis, vt ipse verissime scribis, honestis peccas ; tum adeo feliciter vt ego sane non paulo tua malim *ἁμαρτήματα* quam aliorum *κατορθώματα*. Inter tot scriptorum species nullos minus fero

424. C^2: affectu C^1. 431. libuit C^2: licuit C^1. 433. *F*: ἐρήμη C^1.

414. anteuertisse] Erasmus is here mistaken, no doubt quite genuinely, through having seen the third edition of P. Vergil's *Prouerbiorum libellus*, Venice, Chr. de Pensis, 6 Nov. 1500, instead of the first, ibid. 10 Apr. 1498. As late as 1533, in the preface to a new edition of the *Adagia*, Erasmus was still claiming priority for his own volume, as having been published on 15 June 1500 ; cf. also Lond. xvii. 3, xxvi. 63, LB. 602, 1108.

415. Lucas] L. Walteri († 4 Sept. 1515) de Conitio (probably the Konitz in West Prussia, SW. of Danzig, since Val. Andreas calls him 'Prussus', rather than that in Moravia, W. of Olmutz). He was at Louvain University in 1497, became Professor and Canon in 1499, Lector extraordinarius Scoti 1503, and D.D. 6 July 1512. See Val. Andreas, *Fasti acad. Louan.*, pp. 78 and 99. From Lond. xvii. 3, LB. 602, in which this passage is amplified, it appears that he was 'satis familiaris congerro' to Erasmus at Louvain.

quam istos quosdam Ciceronis simios, a quo genere non ita multum abesse mihi videtur Pontanus; nam Apuleianos τερατολόγους et pueri rident. Tu mira temperatura sic es elaboratus et exquisitus, vt nec facilitas desit nec perspicuitas; sic copiosus et exuberans vt tui semper instituti memor; sic splendidus et ingens vt nusquam desint nerui vigorque; sic picturatus ac floridus vt magis tamen eruditione quam ornamentis dicendi commenderis. Hoc vni Budaeo datum est. Sed vt est nostrae mediocritatis non inuidere tuae felicitati nulli prorsus imitabili, ita tui candoris est meae sortis ac notae scriptores non fastidire; praesertim cum fatearis vt suam cuique faciem, suam cuique vocem, ita suum cuique stilum et institutum semper fuisse. Tu maluisti ab eruditis dumtaxat intelligi, ego, si possim, a plurimis; tibi propositum est vincere, mihi aut docere aut persuadere: etiamsi haec quoque tu praestas, sed non sola. Assem abs te locupletatum iampridem emi iusseram: nunc tandem cum haec scriberem, extorsi de manibus eorum qui libros concinnant. Ita tua diligentia duplici precio nos mulctat, sed vt id crebro facias opto. Vtranque editionem a capite vsque ad calcem perlegam; sed adhibito synanagnosta, quo certius deprehendam quid mutandum aut adiiciendum iudicaris. Reddet ea lectio me si non satis diligentem, certe paulo minus indiligentem. Τὸν σχολιαστὴν τὸν σὸν εὐθέως ἐκ τῆς φράσεως ἐπέγνωκα· πάνυ γὰρ προσφερῆ αὐτῷ τῷ συγγραφεῖ,

κλέπτην δὲ κλέπτης οἶδα καὶ λύκον λύκος.

Pro tam erudita tamque honorifica Deloini ad me epistola tibi quoque gratiam habeo, cuius hortatu scriptam coniicio. Alioqui qui venisset in mentem homini tanto tantis distento negociis ad nos scribere? O vere deorum vitam, si qua vsquam est! Quid enim aliud est cum talibus amicis cotidie in amoenissimis Musarum virectis versari, ludere, oblectari? O quae fabulae, quae colloquia, quae commentationes! qui sales, quales Cicero cum suo Bruto Pomponioque solet agitare! Neque enim ego dubitarim Deloinum et Ruzeum Bruto Pomponioque vel anteponere, si tu modo te patiaris aequari Ciceroni, quem nostra certe aetate refers. Hic nihil simile, sed nescio quo pacto durius adhuc habentur bonae literae. In causa est, opinor, quod frigeant Moecenates et regnent meliorum literarum hostes. Vnus prope clarissimus vir Ioannes Syluagius Burgundiae Cancellarius, vt patriae, sic etiam optimis studiis consulere studet, sed

447. Pontanus] See Ep. 337. 339 n.

459. locupletatum] Published by Badius 14 Oct. 1516.

462. mulctat] For Erasmus' defence of this practice see Ep. 269 init. and 1 init.

466. σχολιαστὴν] Judging from his own action (cf. p. 407) Erasmus seems to have attributed the marginal notes in the edition of 151$\frac{4}{5}$ to Budaeus himself: notwithstanding a letter added to the new edition (f. 193 v°.) in which Badius acknowledged the authorship.

468. κλέπτην] Cf. Arist. *Eth. Eud.* 7. 1.

469. Deloini] Ep. 494.

cuius bonam partem nobis adimunt publica regni negocia. Scis nullius boni magnopere iucundam fruitionem absque consorte. At ni forte Tunstallus adfuisset, neminem habiturus eram quicum me tuae mellitissimae literae delectassent. Iam istam conditionem quam offers perlubens accipio ; vt inuicem posthac communis sit inter nos omnis omnium amicorum possessio. Quod enim lucrum offerri potuit luculentius ? certe quod ad me pertinet, dabo operam ne cui charus sit Erasmus, quin idem optime sentiat de Budaeo. Deloino sum ausus scribere, siue quod tam amanter ab ipso lacessor, siue quod tu sic obtestaris vt religio sit non parere. Alioqui, ne quid mentiar, non alia ratione magis a scribendo deterrere poteras quam istiusmodi literis prouocando. Quod si meae existimationis tantopere mihi ratio haberetur quantopere tu putas, profecto nec illa mihi tecum communis amica philosophia, nec Iuppiter amicitiae preses, nec mei nominis gloria quam tu facis admirabilem, nec huius ingenii felicitas quam mihi prope diuinam tribuis, eo impudentiae me adegissent vt ad tam eruditas epistolas rescriberem. Nunc quoniam tuae gloriae sic faueo vt non possim impensius, et ipse famae iam pene satur sum, hoc lubentius etiam ad te scribo, quod augurer fore vt tuam eloquentiam posthac vehementius suspiciant omnes, posteaquam animaduerterint Erasmum, cui hactenus tribuebant eloquentiam, te loquente prorsus obmutuisse.

Totum illum locum περὶ τῆς χρυσώσεως, περὶ τῆς ἐθελοδουλείας risu prosequebar. Aut insigniter ignoras ingenium meum aut vaferrime dissimulas. Hactenus quidem hic sementem facio, cuiusmodi messem facturus incertus ; meo etiamnum succo victito ad cochlearum exemplum, imo polyporum in morem arrosis meis ipsius brachiis me ipsum pasco : nisi quod salarium promissum est ex aerario Principis, et vna iam data prebenda, quam ipse verti in annuam pensionem. Ἐμπίπτουσι μὲν ἐνθάδε πάμπολλα πτώματα ; sed hui vulturum immensa turba, et ego quiduis esse possum citius quam vultur. Si qua res animum meum a litteris auocare potuisset, aut haec valetudo iam caduca pridem auocasset, aut iste τοσοῦτος φθόνος, ὁ ἀπὸ τῶν ἀπαιδεύτων ματαιολόγων, quorum improbitate tantum non lapidatus sum.

Qui te istic adierant, iidem me conuenere Bruxellae ; quorum conspectus mihi partim laetus fuit, quod illorum oratio tui memoriam renouaret, partim tristis, quod sine tuis literis venirent, etsi spem tuarum literarum adferrent. Horum alter est Marianus Siculus, priscam illam gentis suae festiuitatem referens, vir praeter eruditio-

513. possim *H.* 519. partim C^2 : parum C^1.

491. Deloino] Ep. 535.
508. succo] Cf. Plaut. *Capt.* 80 seq.
510. salarium] Cf. Ep. 370. 18 n.
511. prebenda] Cf. Ep. 436. 5 n.

nem candidissimo pectore, plane ad amiciciam natus, cuius familiaritas mihi non mediocri voluptati fuit.

De tuis epistolis mendosius excusis non iniuria expostulas. Nam idem mihi quoque non mediocriter stomachum mouerat; sed vnicum hunc habemus τυπογράφον καὶ τοῦτόν γε ἄξιον ἡμῶν. Caeterum eas epistolas Petrus Aegidius, ab actis curiae Antuerpiensis, vir doctus et humanus tuique nominis inter primos studiosus, euulgandas curauit: me sane non quidem conscio, sed tamen nonnihil suspicante et conniuente verius quam volente, quod cuperem tuas saltem ab omnibus eruditis legi; vel ob hoc ipsum quo tua tam insignis praeminentia nostratium veternum excuteret et altissimum hunc somnum tuae vigilantiae claritas dispelleret. De iure trium liberorum adempto, de vno sex liberorum abducto, mecum agas oportet cuius errore id factum est; sed breui tibi sarcietur hoc damni, id curaturum me recipio, idque propediem.

At vero quod tuas in Nouum Testamentum annotationes mihi cedere vis, queso an non pudebit posthac istos qui vltro lucubrationes alienas sibi vindicant, aut qui sibi habent, in literis quicquid habent? O pectus vere candidum atque amicum et ab omni inuidentiae morbo alienissimum! Recte dictum est scriptores opera sua non secus ac liberos adamare. Tu non grauaris tuum filium fraudare, quo me dites; et cum plaerique pro gloria perinde atque pro vita digladientur, tu non recusas tuam ipsius gloriam in amicum transfundere. Quis hoc ingenium non adamet, non deosculetur? Sed caue faxis istud, mi Budaee. Neque enim mei ingenii est alienis opibus venditare me, etiamsi in Hebraicis passus sum nonnihil operae subsidiariae; sed id sane perparce, nec dissimulanter tamen. Simul de studiosis pessime merear, si ea mihi sumpsero quae scio felicius abs te tractatum iri. Denique cum publica feceris, mea nihilominus erunt quam tua, licebitque iis vti cum Budaei mei nomenclatura; quod ego non tam candide facio quam ambitiose. Illud modo volebam, degustato opere nostro submoneres si quid desyderares aut si quid offenderet, vt id in proxima aeditione, quam adorno, sarcire liceret. Nondum scio an hoc quoque nomine tibi debeam gratias agere, quod omnibus virtutibus multo ornatissimus Praesul Parisiensis, qui nunc vestri Regis nomine apud nostrum legatione fungitur, me credat aliquid esse in bonis litteris. Ac prorsus agerem, ni istud immodice fecisses, vt incusandus mihi sis potius, qui tantum virum in tantum induxeris errorem; simulque meam inopiam, quam oportebat tibi non ignotam

536. idque *C*: et quidem *F*. 538. cedere *C*: credere *F*. 539. in *C*: non *H*. 542. tuum *om. H*.

526. τυπογράφον] Martens. 547. Hebraicis] Cf. Ep. 324. 31 n.

esse, tanta expectatione onerasses. Sed quicquid hoc est seu beneficii seu sedulitatis, hoc est seu officii seu culpae, totum tibi commune est cum Fabro Copoque ; sic enim mihi visus sum intelligere ex oratione legati. Certe mihi cum primis gratum fuit virum tam pium, tam eruditum, tam humanum cognoscere, cui vix eloqui possim quam sim obstrictus : vt qui me non solum suo preconio suaque consuetudine ac mensae etiam consortio honestarit (scis enim apud poetas deos fieri quos dii suis mensis adhibere dignantur) verum etiam Christianissimi Regis nomine inuitarit ad vestrae Galliae contubernium, si modo per hunc meum Principem liceret.

De Iacobi Fabri aduersa valetudine eaque diutina ac pene perpetua rem mihi nuncias haud sane mediocriter acerbam ; siquidem is vir est ea pietate, ea humanitate doctrinaque praeditus, sic de studiis ac studiosis omnibus meritus, vt indignus sit qui aut senescat vnquam aut moriatur. Sed tamen Episcopi me recreauit oratio, qui mihi narrauit eum iam aliquanto firmiorem esse.

Efflagitaras, mi Budaee, tua quoque prolixiorem epistolam. En *ὄναιο*, habes non minus magnam quam malam. Nam tuae parem referre facile possum, similem qui possim ? Vide nunc an posthac expediat Erasmum ad prolixas epistolas prouocare. Quoque magis in posterum id metuas, addam et coronidem. Sunt hic Itali quidam quos offendit *ἐπιγραμμάτιον* quod in Assis tui frontispicio addidisti, *μωμήσασθαι ταῦτα ῥᾶόν ἐστιν ἢ μιμήσασθαι*, velut arrogantius nimirum Veneris sandalium calumniantes, cum in ipsa nihil reperiant quod vituperent. Ego negabam operaeprecium mihi videri in eo cauillari, quod fortasse chalcographus de suo addidisset. Aggrederentur potius ipsum opus, in quo si vel vnum aliquod cementum euellerent, totam ilico structuram ruituram. Vide quantum fiduciae mihi tua prebeat diligentia, qui non metuam quoslibet etiam in te prouocare, quo fias illustrior. At idem in me fieri nolim.

Iam ad te miseram epistolium velut huius arrabonem ; cui quanquam haec serius successit, tamen propere venisse dicas, si scieris quam me complures dies afflixerit pituita : publica pene omnium pestis, a qua vix post mensem reuixi. Accessit crebra migratio ac remigratio. Bene vale, amicorum doctissime et doctorum amicissime.

Antuerpiae decimoquinto calendas Martias. Anno M.D.XVI.

561. oneraris *H.* 582. tui *om. H.* 587. euellerent C^1 : conuellerent C^2. 593. hic *post* pene *add. H ; cf. Ep.* 528. 9 *n.*

591. epistolium] Cf. Ep. 522. 1. 593. pituita] Cf. Ep. 526. 1.

532. From Guy Morillon.

Deventer MS. 91, f. 109. Brussels.
LB. App. 114. 18 February ⟨1517⟩.

[The year-date is clearly indicated by the contents.

Guy Morillon († 2 Oct. 1548) appears first in Paris, where in Jan. 1507 he edited the Epistles of Horace (D. Roce), in Aug. the *Heroides* and *Ibis* of Ovid (D. Roce) for the use of pupils living in his house; and in Aug. 1508 Suetonius (G. Gourmont and D. Roce, 1509), from a MS. belonging to the Abbey of St. Victor. At some time he seems to have taught Greek at Louvain, but his alleged connexion with Busleiden's college is not substantiated. Like Barbirius he was a client of Le Sauvage, and went to Spain in 1517. Ultimately he obtained the post of secretary to Charles v, whom he accompanied to Spain in 1522 (EE². 15), remaining there continuously till 1531 (Lond. xxvii. 4, LB. 1196). In Feb. 1532 he was in the Netherlands again (OE. p. 199), but by Aug. 1534 he had returned to Spain (Jortin ii. 415). His last years were spent in retirement at Louvain, where he worked at Livy, with assistance from Budaeus, but published nothing. In the *Aduersaria* of Budaeus (Delaruelle, p. 274) he is described as 'officialis de Iosas'. About June 1517 (Ep. 587) he married Elizabeth de Mil († 20 Dec. 1552); and had two sons, Maximilian († 26 March 1586) Bp. of Tournay, and Antony († 11 Oct. 1556) who became famous as an antiquary.

See E. van Even in MSH. 1857 and 1877, and BN; and Nève in MSH. 1858, republished in his *Renaissance des Lettres en Belgique*, 1890, pp. 214–23, where Morillon's services to Erasmus are exaggerated through a misprint, *primus* for *primas*, p. 222, l. 4. Van Even's first article gives a reproduction of the triptych, with portraits, painted by Michael Coxie for the family tomb erected by Maximilian Morillon in St. Peter's Church at Louvain. Two letters from Erasmus (Jortin ii. 414,5) and one from Budaeus to Guy Morillon are printed by Hessels, *Ecclesiae Londino-Batavae Archivum*, 1887, vol. i.]

GVIDO MORILLONVS DOMINO SVO ERASMO S. D.

Non licuit theologo nostro per subitum discessum ad litteras tuas rescribere, mi domine. Iniunxit mihi vt rescriberem: imo Vtopiensem Decanum me tantisper esse iussit, dum abest. Ad id etiam theologicum caduceum meae credidit fidei, vt in me omnino sit dignitatum fores vel claudere vel aperire; fatis imputandum quod solus excludor. Vides, mi domine, quantum eum esse oportuerit cuius sola absentia factum est vt tantus essem. Omnes quaqua incedo me benigne salutant, reuerenter compellant, ad cenam vocant, quid in hoc vel in illo negocio actum, sine fine rogitant. Litterarum sarcinae vndique ad me commigrant. In summa ex Guidone pragmaticus, id est theologus, factus sum, nisi quod de ducatis mirum est interim silentium: nihil forsan ad Vtopiensem Vicarium hoc attinere putant. Si ita est, non tam honorat mandatum mihi officium quam onerat. Vix mihi persuadere possum theologum ipsum tantum negociorum strepitum tam diu sustinere potuisse, nisi fessum subinde refouisset dea illa ἀνδρῶν τε θεῶν τε quam Monaetam vocant. Nam et huius deae fauore propicio nuper ad te litteras aureas misit, ne haec commentitia putes. Rogo doceas quibus sacris

1. theologo] Barbirius; cf. Ep. 565.

3. Decanum] This title and that in l. 12 are evidently playful.

et artibus eam ex nouerca parentem mihi reddam; nam magistri mei praecepta theologica non satis feliciter procedunt.

Sed de nugis satis. Liberius tecum iocatus sum, vt congerronis cognomini responderem quo me in tuis litteris insignire voluisti. Quantum nobis arriserit Iulius, cui perpetuo risu parentauimus, quam belle, quam festiue et, ⟨vt⟩ vno dicam verbo, quam Erasmice cum Petro contendere visus sit, facilius intelligi quam explicari potest. Immensum est quod illi tribuit Cancellarius. ⟨Hic⟩ hoc mane hora sexta Cameracum festinauit cum domino de Cheruia et theologo Indico; redituri intra paucos dies, nisi ea inter reges conuenerit concordia quam vsque ad mutuum conspectum et colloquium futuram expectamus. Alioqui Imperatoriam Maiestatem et Regem nostrum Cameraci morabuntur. Opera Hieronymi hospiti tuo Martino hodie dabo iussu theologi, vt cum reliqua sarcina ad te perferantur. Humanissimo hospiti istic tuo Petro Aegidio, vxori ac reliquae familiae cupio esse quam optime, et Ioanni praesertim. Sponsa nostra saluum te optat. Vale, domine.

Bruxell. 18[a] Februarii.

533. To Francis I.

Epistole elegantes f°. k[4]. Antwerp.
C[2]. p. 123: F. p. 42: HN: Lond. i. 19: LB. 204. 21 February 151$\frac{6}{7}$.

CHRISTIANISSIMO GALLIARVM REGI FRANCISCO ERASMVS ROTERODAMVS SALVTEM D.

Cvm inclitum Franciae regnum omniumque consensu longe florentissimum plurimos aediderit principes pietate bellique gloria praestantes, Francisce, regum optime iuxta ac maxime, tu tamen in primis speciosissimum illud et Gallorum Regibus peculiare Christianissimi agnomen mihi prestare videris. Etenim cum Christus ipse, regum rex ac principum princeps, haud alio insigni symboloque suos dinosci voluerit quam mutuae inter ipsos concordiae, tu postea-

532. 23. Tulius *MS.*: *corr. Nichols.* 24. vt *addidi in fine versus.*

532. 23. Iulius] Cf. Ep. 502 introd.

27. Cameracum] Cf. Brewer ii. 2940 and 2943.

Cheruia] Wm. of Croy (1458–28 May 1521), Lord of Chièvres; a statesman who after much military experience devoted his energies to maintaining the Netherlands in peace. He rose from one responsible position to another, and in 1509 became 'governor' to Prince Charles; whose confidence he completely acquired, and over whose policy he exercised a predominating, though beneficent, influence. See Henne; de Reiffenberg, p. 203; Brewer; and BN.

28. Indico] Barbirius. Cf. Ep. 476. 12 n.

32. Martino] Davidts (†c. Feb. 1535), a canon of Brussels, with whom Erasmus lodged in 1516, and who in consequence is usually described as his 'hospes'. In 1531 he was curate at Steerbeek, 7 miles E. of Brussels (EE. 163).

34. Ioanni] Smith.

quam bello aduersus Eluetios gesto quam tibi nec animus nec apparatus ad bellum gerendum deesset declararas, tamen huc totis neruis incumbere maluisti, vt compositis in aeternum bellorum tumultibus praecipui Christianae ditionis principes perpetua iam pace inter sese conglutinarentur: nimirum prudenter illud animaduertens, ex regum inter ipsos dissidiis semel omnium rerum bonarum pestem ac perniciem; contra, malarum omnium colluuiem ac mare in vitam mortalium inuehi: quorum animos et opes si pax et amicicia syncera coniunxerit, mox futurum vt iam velut aureo quodam seculo pietas, optimae leges et quicquid est honestarum artium simul efflorescat; quae semper pacis et comites esse solent et alumnae. Intelligit, videt, perspicit animus iste tuus vere regius ita maxime fore te Principem felicem et eminentem; non si quam plurimis, sed si quam optimis ac felicissimis imperaris. Illud igitur quo magis efficiat vigilantissima tua maiestas, cum tot habeat in regno suo viros omni virtutum ac literarum genere praecellentes, tamen vndique praemiis amplissimis asciscit, quo regnum per se ornatissimum talibus honestamentis reddat ornatius; haud ignara istiusmodi decoribus multo verius ac pulchrius illustrari ditionem suam quam opibus, tropheis, pyramidibus aliisue quantumlibet magnificis substructionibus. Porro quod inter hos me quoque tua benignitas dignata est honestissimis praemiis sollicitare, video sane quantopere debeam animo tuo non minus humano quam excelso. Atque vtinam adsit mihi tanta vis ingenii et eruditionis vt aliqua saltem ex parte tanti Principis expectationi respondere queam; tantum autem eloquentiae vt heroicas istas virtutes tuas eximiaque decora dignis aliquando praeconiis posteritati commendem, atque in primis hoc diuinum restitutae pacis beneficium te cum primis adnitente partum orbi Christiano. Precor Deum optimum maximum vt posteaquam illi complacitum est pulcherrimos istos impetus animis vestris immittere, idem prouehat beneque fortunet. Vere profecto scripsit Rex ille pacificus corda regum in manu Dei esse et illius arbitrio huc aut illuc impelli. Quis enim dubitet istam mentem huius afflatu vobis dari? Proinde spes est fore vt qui nouam hanc felicitatem orbi Christiano largiri coepit, idque per te potissimum, idem munus suum vestra pietate constantiaque quam maxime diuturnum ac proprium velit esse. Is maiestatem tuam, Rex excellentissime, diutissime felicem ac rebus omnibus florentem regno, imo orbi terrarum, seruet ac tueatur; cui me totum trado dedicoque.

Antuerpiae. ix. cal. Mar. An. M.D.XVI.

---

8. Eluetios] Cf. Ep. 529. 10 n.

13. ex regum] From here to *alumnae* (l. 18) is italicized in Lond. as though a quotation; but I cannot trace it. There are reminiscences of the opening sentences in Ep. 541. 22, 3 and of the concluding words in Ep. 542. 19.

38. Rex ille] *Prou.* 21. 1.

[522]534. To William Budaeus.

Epistole elegantes f°. k^2. Antwerp.
C^2. p. 117: F. p. 40: HN: Lond. i. 16: LB. 203. 21 February 151$\frac{6}{7}$.

ERASMVS ROTERODAMVS BVDAEO SVO S. D.

Vix tandem explicaueram me ab illa loquacissima epistola, quae quam tibi molesta futura sit vel hinc coniicio, quod mihi quoque scribenti tedio fuerit: eam vixdum obsignaueram, cum alterae tuae mihi redduntur literae, quibus Christianissimi Regis animum erga me significas. Ad has λακωνικῶς respondeam oportet, simul ne te pariter ac me tedio loquacitatis enecem, simul quod eodem tempore ad plureis item alios mihi scribendum sit. Regis animum vere principe dignum atque adeo tali principe merito probo atque exosculor. Quod de nobis tam magnifice sentit, id potissimum vobis amicis debeo, qui me illi depingitis non qualis sum, sed qualem optatis haberi. Atque id sane facitis non mediocri periculo, nec id meo tantum verum etiam vestro. Quanquam eadem de re iam diligenter egerat Regis nomine clarissimus orator Episcopus Parisiensis, quem virum tu non minus vere quam graphice depingis in tuis literis. Perlongum fuerit consultantium more quae res ad hoc inuitent, quae contra deterreant, epistola complecti. Tuum consilium quod sit video: id ego felicius etiam fore iudico, quod datum sit ab homine non prudentissimo solum verum etiam amantissimo. Nam si vsquam locum habet Graecorum prouerbium ἐχθρῶν ἄδωρα δῶρα, in consiliis locum habere puto. Caeterum vt hac de re fateor me plurimum debere cum vobis omnibus tum in primis Regi munificentissimo optimoque, ita non possum in praesentia certi quicquam respondere, nisi communicato consilio cum Cancellario Burgundiae, qui nunc abest Cameracum proficiscens. Interea dum et ipse negocium meo cum animo diligentius perpendo et amicorum sententiam exquiro, ille, vt spero, redierit: cuius animum simul atque cognouero, faciam te certiorem de toto meo animo. Hoc solum in praesentia dicam, mihi Galliam multis nominibus semper fuisse charam, sed nunc haud alio nomine commendatiorem quam quod Budaeum habet: a qua non est quod me facias alienum et, vt tu vocas, externum. Nam si cosmographis credimus, ad Galliam pertinet et Hollandia.

Commodum admonuisti, quod ipse saepenumero admiratus sum, Gulielmorum gentem mihi tantopere fauere, siue id fato quodam accidit siue casu. Olim vix decem natus annos collusorem amaui

6. pariter *F Corrig.* : simul *C*. 32. C^2 : Comodum C^1.

1. epistola] Ep. 531.
19. prouerbium] Soph. *Ai.* 665.
24. Cameracum] Cf. Ep. 532. 27 n.
31. ad Galliam] Cf. Ep. 321. 13 n.
34. Olim] The two earliest Williams are otherwise unknown.

Gulielmum. Rursum quindecim annos natus sic aequalem quendam dilexi vt mihi esset me ipso charior. Huic successit Gulielmus Hermanus, homo doctus, cuius hymnos opinor vidisse te: post hunc Gulielmus Montioius, perpetuus et constantissimus Moecenas meus. Deinde Gulielmus Latamerus, vir in vtriusque literaturae praestantia Linacro non inferior, homo vere theologus, hoc est integerrimus simul et eruditissimus, nostrique cum primis studiosus. Ad haec Gulielmus Grocinus, cuius epistolam habes spherae Proculi additam. Iam quot Gulielmos aequat vnus ille Gulielmus archiepiscopus Cantuariensis! Ad hec Gulielmum Copum sic totum totus amo vt ad ipsum etiam hominis nomen recreer. De te vero parcius dicam in os. Sed ditior sum quam existimaram. Nesciebam insignem illum et omnium ore celebratum theologum Gulielmum cognomento Paruum, virtutum eminentia maximum, vsqueadeo meum esse. Mane, nondum omneis Gulielmos meos recensui. Est Basileae Gulielmus Nesenus, optimarum literarum ardentissimus consectator, mihi sic vnice deditus vt Pyladem meum appellare iure optimo possim. Is nihil contetur quoduis etiam capitis periculum adire pro suo Erasmo.

Ex oratore vestro cognoui Paulum Aemilium tandem euulgare rerum Gallicarum historiam: non enim poterit non esse absolutissimum opus, quod a viro non minus docto quam diligenti plus annis viginti sit elaboratum. Vtopiam Thomae Mori si nondum videre contigit, fac cures emendam, neque pigeat per ocium legere; non poenitebit opere insumptae. Thomae Linacri lucubrationes ex officina Badiana propediem exituras dici non potest quam gaudeam. Nihil ab eo viro expecto non absolutissimum omnibus numeris. Deum immortalem, quod saeculum video breui futurum! vtinam contingat reiuuenescere!

Petrus Aegidius hospes meus, vt bonarum literarum et admirator et egregie peritus, ita tui cum primis studiosus, rogauit vt suis verbis tibi salutem ascriberem. Is suis digitis prolixam illam scripserat epistolam, quanquam alias occupatissimus, cum mihi non vacaret rescribere, et alterum e ministris Louanium ablegassem, alter ab oculis laboraret. Bene vale.

Antuerpiae nono Cal. Martias. An. M.D.XVI.

D. Cutbertum Tunstallum a nobis auulsit Imperator Maximilianus;

39. in C^2: ni C^1. 41. Ad C^2: At C^1. *Cf. Epp.* 480. 255, 492. 108. 43. quot C^2: quod C^1. *Cf. Ep.* 531. 181. 50. C^2: Necenus C^1.

37. hymnos] Herman's *Sylua Odarum*; cf. Ep. 49.
42. epistolam] Cf. Ep. 106. 1 n.
53. oratore] Poncher.
Aemilium] Cf. Ep. 136. 1 n.
58. Linacri] Cf. Ep. 502. 15 n. Badius after all was not the printer.
66. epistolam] Ep. 531.
67. rescribere] Cf. p. 177.
ministris] Hands A and B of the Deventer MS.; one of whom must have been John Smith (cf. Ep. 532. 34).

cui posteaquam orator assignatus est, successore misso qui apud Carolum nostrum ageret, desiit diutius eodem in loco commorari. Quod vitae genus non omnino displiceret, modo bibliotheca nos quoquo iremus comitaretur. Huc si venerit, coram, sin minus, absentem litteris appellabo de literis ad te. Rursum vale.

[494]535. To Francis Deloynes.

Epistole elegantes f°. i² v°. Antwerp.
C². p. 107 : F. p. 37: HN: Lond. i. 14: LB. 202. 21 February $151\frac{6}{7}$.

[The main part of this letter must have been completed when Ep. 531. 491 was written ; the final paragraph with the date was evidently added later.]

ERASMVS ROTERODAMVS D. FRANCISCO DELOINO SVO S. D.

Video, splendidissime Deloine, quot quantisque nominibus debeam Gulielmo Budaeo, non vestrae modo Galliae, quod tu verissime scribis, verum etiam totius aeui nostri decori atque ornamento incomparabili: qui non contentus ornare me testimonio suo apud omnes vbique doctos grauissimo, nobilitare tot eruditissimis epistolis, insuper amicis tam multis locupletat beatque, atque o Deum immortalem, cuiusmodi! An non merito sic existimem, ingentem accessionem factam meis possessionibus, posteaquam Gulielmus Paruus, Franciscus Deloinus, Ludouicus Ruzeus, amicorum meorum numero additi in bonis meis esse coeperunt? Porro cum tria nomina recenseo, boni superi, quot egregias dotes, quot ornamenta rarissima compendio sum complexus! Nec hos solum illius opera lucrifacio, quin ille iam verbis conceptis mecum pactus est, quicquid vsquam gentium nobis est amicorum, id lege Pythagorica nostrum vtrique fore commune. Est ille quidem fide optima vt si quisquam alius; sed tamen est apud me huius pacti syngrapha ipsius digitis descripta, si quid inficiari velit. Quiduis patiar citius quam semel traditam possessionem tam praeclaram interuerti mihi.

Ad egregias istas laudes quas mihi tua tribuit epistola nihil habeo quod respondeam, nisi vos de me sane amantissime errare. Iam quod lucubrationes meas omneis abs te non legi modo intelligo sed excuti quoque, sed penitus introspici, vtrumne felicem me dicam, cui a summis eruditione pariter atque autoritate viris hoc dignationis et honoris habeatur: an infelicem potius, qui talis cum sim (neque enim meipsum nescio) in iudices tam oculatos inciderim? Id quo-

---

534. 71. successore] Wm. Knight (1476–1547), Fellow of New College, Oxford, Dr. of Laws and apostolic protonotary. He was chaplain to Henry VIII, and from 1512 onwards he was employed almost constantly on embassies of importance. In 1541 he was rewarded with the bpric. of Bath and Wells.

75. literis ad te] Ep. 571.

535. 16. pacti] Ep. 493. 432 seq.

ties mecum reputo, quo pudore me suffundi putas? Libet vociferari, Non scripsimus ista Deloinis, hoc est plusquam Leliis ac Persiis; ista literariae militiae tyronibus parata sunt aut certe crassulis quibusdam et amusis theologis, quibus antehac erat ad Catholicarios, ad Mammetrectarios velut ad Apollinis tripodem frustra confugiendum. Horum Cimmeriis tenebris conati sumus quantulumcunque lucis aperire. Cur vos summates viri patriciique ordinis proceres ad hoc plebeium conuiuium vosmetipsos ingeritis? Non istis palatis haec parabantur legumina. Video, video, quantum sollicitudinis mihi sit adiiciendum operis nostris, si quid posthac emisero.

Cum ante paucos menses apud Coletum tui facerem mentionem, protinus agnouit nomen Deloini, ac recordatione veteris consuetudinis visus est admodum delectari. Nicolaus Beraldus lepide nimirum hospitalis tesserae meminit in subscriptione sua. Nam memini, cum olim essem Aureliae Italiam aditurus, me hominis hospitio vsum atque apud eum dies aliquot sane quam benigne comiterque habitum. Etiam nunc audire mihi videor linguam illam explanatam ac volubilem, suauiterque tinnientem et blande canoram vocem, orationem paratam ac pure fluentem: videre os illud amicum et plurimum humanitatis prae se ferens, supercilii nihil: mores venustos, commodos, faciles minimeque molestos. Quin et interulam sericam velut apophoretum obtulit abituro, vixque ab homine impetraui vt liceret recusare. Huius igitur tessaram lubens agnosco; salutem hilaris accipio meamque multo cum foenore rescribo.

Si causaberis hanc epistolam parum esse copiosam, fac eas legas quas ad Budaeum misimus, et queri desines; posteaquam enim lex illa placet, vt amicorum omnia sint communia, si quid literarum ad illum datum est, id ad te quoque datum esse putabis. Bene vale, patrone incomparabilis, et Ruzeum meo nomine saluta diligenter. Antuerpiae nono cal. Martias. M.D.XVI.

536. To Martin Dorp.

Farrago p. 179. Antwerp.
F. p. 318: HN: Lond. vii. 7: LB. App. 424. 21 February ⟨1517⟩.

[Contemporary with Epp. 522, etc.]

ERASMVS DORPIO SVO S. D.

In alio studiorum genere fateor verum esse quod scribis, non laedit, imo saepenumero iuuat, qui dissentit. Hic qui dissentit, non

535. 55. M.D.XVI *add. H.*

535. 29. Catholicarios] Teachers of the Catholicon; cf. Ep. 26. 89 n. For the Mammetrectus see Ep. 337. 317 n.

40. olim] Cf. Ep. 194 introd.

50. eas] Ep. 531.

536. 2. iuuat] Cf. Ep. 180. 12 and note.

hoc agit vt ipse videatur eruditior, sed ne aduersarius sit Christianus. Quod etiamsi non agat ille, tamen interim apud imperitam plebeculam traducitur is cum quo certatur; et ansa datur peruersissimo isti hominum generi qui malo alieno vel pascuntur vel crescunt. Nec vnquam admodum suspectum habui tuum animum, sed fortassis melius noueram ingenia mortalium, et causae circunstantias altius atque tu perpendebam. Quod si qui cruciantur inter nos conuenire, demus operam, mi Dorpi, quo magis ac magis doleant; indigni quibus vnquam bene sit, qui malis gaudeant alienis. Rumores nihil est quod metuas: nemo mortalium est qui minus his commoueatur quam ego. Qui bene volunt Erasmo, facile amabunt et Dorpium, si senserint te mihi ex animo amicum. Heri binas a Moro literas accepi. Intra biduum ibit qui meas referet, in quibus asscribam quae cupis; imo iam quaedam de concordia nostra scripseram, nondum abs te monitus. Multorum literis magnificisque promissis inuitor in Galliam, idque Regis nomine; sed non libet rursus me theatro committere. Animus secessum flagitat; aetas haec seu potius valetudo cogit etiam quietem agere. Petrus Aegidius tuam salutem alacriter accepit et suam amanter remittit. Si quid in Angliam voles, mitte quam primum; curabitur a nobis. D. Atensem, ab omnibus laudatissimum et tamen nunquam satis laudatum, meo nomine etiam atque etiam salutabis. Bene vale.

Antuuerpiae, nono Cal. Martias.

[523]537. To William Cop.

Nantes MS. 674. 91. — Antwerp.

C^1. f^o. k^4: C^2. p. 122: F. p. 42: HN: Lond. i. 18: LB. 205. — 24 February 151$\frac{6}{7}$.

[An autograph in the collection bequeathed to the Departmental Library at Nantes by M. Pierre Labouchère († 1873); cf. p. 361. The letter occupies the recto only, the verso being blank; the address was probably on a second sheet now lost. For the date cf. p. 443.]

ERASMVS GVLIELMO COPO SVO S. D.

O felicem Galliam tali principe! o te fortunatum istiusmodi patrono! o me beatum tanti monarchae fauore! Ceterum ad tuas litteras quas Regis tui iussu scripseras ad me, nondum licet certi quippiam respondere. Sed breui statuam ac renunciabo; interim

536. 7. admodum *om. F.* 10. mi Dorpi *add. F.* 22. D. *E*: Ioannem *H.* 23. ab *om. F.*

---

536. 15. meas] The letter mentioned in Epp. 543. 1 and 545. 1, 4. 16. scripseram] Cf. Ep. 502. 3. 22. Atensem] Briard.

huius honoris vsura fruar, quod laudatissimorum hominum commendatione laudatissimo Regi placuerim: pro cuius erga me studio quantum debeam nec dissimulabo nec obliuiscar vnquam. Eius maiestati per litteras vtcunque gratias egi; sic enim iussit Budeus. Sed tu idem dexterius feceris oratione, nec ipsi solum verum etiam eximio theologo Guillielmo Paruo et reuerendo patri Francisco a Rupe forti; qui quam errant amanter, tam officiose sunt de nobis mentiti Regi. Quod Aphorismos nostros desyderas, caue putes istius esse generis cuiusmodi sunt tui Hippocratis; alia res est. At si libellum posces Erasmi De institutione principis Christiani, istoc titulo citius inueneris. Bene vale. Antwerpiae 6°. Cal. Mart. An. M.D. 16.

Audio sane et gaudeo Thomae Linacri lucubrationes excudi Lutetiae. Vtopiam Mori si nondum legisti, fac requiras, si quando voles ridere, imo si fontes ipsos intueri vnde omnia fere reipublicae mala oriuntur. Rursum vale.

[489]538. To Louis Canossa.

Epistole elegantes f°. 1 v°. Antwerp.
C^2. p. 126: F. p. 44: HN: Lond. i. 21: LB. 206. 24 February 151$\frac{6}{7}$.

REVERENDO P. AC D. DOMINO LVDOVICO CANOSSAE EPISCOPO BAIOCEN. ERASMVS ROTERODA. S. D.

Et felicitatem istam tibi gratulor, cuius meritis fauore Leonis Pontificis vere Maximi contigerit ista dignitas, et animum tuum erga bonas literas magnopere probo; denique pro tuo de me iudicio vel, vt melius dicam, pro isto tam amico de nobis errore gratiam habeo maximam, neque secus debere me puto tuae benignitati quam si quod offert (offert autem conditionem liberalissimam ac plane meis meritis ampliorem) iam accepissem. Caeterum quoniam nunc abest D. Cancellarius Burgundiae, cuius opera pridem ascitus sum in famulitium Catholici regis Caroli, non habeo quod certum in praesentia respondeam; quod tamen faciam propediem. Interea perge fauere tuo (vbivbi terrarum futurus est) Erasmo. Bene valeat T. R. P., cui me totum addico.

Antuerpiae sexto cal. Martias. Anno M.D.XVI.

537. 10. a *MS.*: de *C.* 11. valeat T. R. P. *C*: vale *H.* 538. 8. D. *om. H.* 10. quod *C*: id *H.* 13. Anno M.D.XVI *add. H.*

537. 13. tui] Cf. Ep. 124. 16 n.
16. Linacri] Cf. Ep. 502. 15 n.
538. 7. abest] Cf. Ep. 532. 26 seq.
8. opera] Cf. Ep. 370. 18 n.

539. To Andrew Ammonius.

Farrago p. 229. Antwerp.
F. p. 357: HN: Lond. viii. 38 (37): LB. 231. 24 February $151\frac{6}{7}$.

[The year-date added in H is confirmed by the events mentioned.]

ERASMVS ANDREAE AMMONIO SVO S. D.

Vix credas, mi Ammoni, quam pene hic theologorum inuidia conflagrarim. Louanii gladiatorio animo ad me affectabant viam, idque coniurati, Atensi duce, hoc nocentiore quod hostis amicum simularet; agebant et apud Principem sedulo, vt Pontificis autoritatem cum huius autoritate coniungerent. Sed ipse tandem Louanium profectus omnem illum fumum ita discussi vt cum maximis ac minimis theologis summam inierim amicitiam. In aula molitiones partim procerum fauore, qui theologos omneis vnice habent inuisos, partim eruditorum, et in his praecipue Theatini, opera coercitae sunt. Τὸν *χρησμὸν τὸν σωτήριον* iamdudum expecto. Quod si non successerit, tam periit Ἐράσμιος quam extrema faba, neque quicquam superest nisi vt illi epitaphium pares. Equidem maluissem bis Romam proficisci quam hoc tam diutino taedio cruciari. Nec hoc dico quo tuum eleuem beneficium. Scio moram hanc non tui esse animi sed mei fati. Hieronymum librariorum manibus commisi, quo concinnatum mitterem: ii suo more dant verba. Quod si nondum emisti, mittam: tum quicquid imperaris pecuniae praesto erit. Nec vnquam tamen desinam in solidum hoc beneficium tibi debere. Tantum matura vt ante Pascha sim incolumis, vereque Aesculapium praesta. Quod si quid incidet cur mihi sit desperandum, beneficii pars fuerit inani spe quamprimum liberari; quanquam ne desperem tuum ingenium facit. Offert Gallia monteis aureos: sed mihi manus obstrictae sunt. Si quid habes quod me in vitam restituat, mitte per Morum, nisi contigerit certior. Bene vale. Antuuerpiae. Sexto Cal. Martias. M D.XVI.

2. viam *F*: vi om̄i *E*. 3. Atensi *F*: N. *E*. 4. simulat *F*. 8. qui . . . inuisos *om. F*. 25. Martias *om. N*. M D.XVI *add. H*.

3. nocentiore] Cf. Ep. 337. 373 n.
5. Louanium] Cf. p. 426.
9. Theatini] Caraffa; cf. Ep. 287. 7 n.
10. *χρησμὸν*] The answer from Rome; cf. Ep. 447 introd.
11. Ἐράσμιος] Cf. Ep. 463. 70 n.
17. pecuniae] over the dispensations; cf. Epp. 479. 10, 1, 447. 767 n.
19. Pascha] 12 April 1517.
20. Aesculapium] Cf. Epp. 483. 32 and 498. 36.
22. Gallia] Cf. Epp. 522, etc.
24. per Morum] Cf. Ep. 498. 28.

520 540. To William Latimer.

Epistolae ad diuersos p. 426. HN: Lond. x. 23: LB. 363.

Antwerp. ⟨February 1517.⟩

[The date may be supplied approximately from the place.]

ERASMVS ROTERODAMVS GVIL. LATIMERO THEOLOGO INTEGERRIMO S. P. D.

Vt lubens in tuis ad me literis, doctissime Latimere, suauissimum istum ingenii tui candorem ac pudorem plusquam virgineum cum Christiana prudentia coniunctum agnoui! Nullius nomen attingis nisi cum laude. Quanta vero in laudando prudentia! Iam cum in aliorum dotibus praedicandis tam non parcus sis ac malignus, quam ipse tibi nihil sumis! Caeterum in excusando officio malebam te non perinde disertum esse. Nam cum ego mihi viderer multum argumentorum haud leuium collegisse, quo tibi persuaderem vt in Nouo Testamento recognoscendo nobis suppetias ferre velles, deinde vt incomparabili Praesuli Graecas literas ceu colophonem quendam absolutissimae suae doctrinae cupienti adiungere vel menstruam operam largireris, vtroque publicae studiorum vtilitati consulturus; tu tam densis et confertis argumentorum agminibus me premis, vt prorsus intellexerim quam essem infans ac ieiunus ad te collatus. Sed tamen, optime Latamere, facile patiar vt hic eloquentiae palmam auferas, modo vicissim per te nobis liceat auferre officium quod flagitamus; quod quidem hoc erit gratius, si non extortum argumentis sed vltro meraque animi propensione donatum videbitur.

Ac de me quidem tandem polliceris propemodum, et accipio promissum: etiamsi vereor ne istae copiae nihilo plus nobis sint opitulaturae quam olim Rhesi Troianis; iamdudum enim exemplar flagitat officina Frobeniana. Porro quod ad Episcopum Roffensem attinet, magis etiam abs te dissentio. Satius esse ducis omnino non tentare negocium, ni coeptum absoluas. Mones vt accersatur ex Italia Graecanicae literaturae insigniter peritus, qui non relinquat Episcopum nisi prouectum et adultum in hoc studiorum genere. Sed ista, mi Latamere, quoniam optare magis licebat quam efficere, placuit illud comoediae, ὡς δυνάμεθα. Procul abest Italia, quae nunc aliquanto pauciores habet in literis insignes quam habebat cum tu illic ageres: et periculum erat ne pro accersito insigni veniat ardelio quispiam. Nec ignoras Italorum ingenium quam immenso praemio conduci postulent, vt ad barbaros demigrent, etiam ii qui mediocres sunt: vt ne dicam interim, quod qui bonis literis instructi veniunt, mores

15 *et* 27. Latimere *N*. 32. ii *F*: hi *N*.

21. Rhesi] Hom. *Il.* 10. 435 seq.
28. comoediae] Menander, *Gnomae*, 190.
Italia] Cf. Ep. 457. 58, 9.

nonnunquam non perinde bonos secum adferant. Et nosti Praesulis integritatem. Itaque fit vt, dum dispicimus quis potissimum sit accersendus, dum de praestituendo salario hinc atque hinc consultatur, dum adornatur iter, bona pars temporis effluat.

Scio prudenter ac vere dictum, antequam incipias, consulto opus esse; vbi consulueris, mature faciendum quod statueris. Sed video multos nihil aliud quam consultare, vt iam serum sit exequi quod tandem decreuerint: quemadmodum quibusdam, dum consultant velintne vxorem ducere, deinde quam velint e multis deligere, furtim auolans aetas prius fit inidonea matrimonio quam possint aliquid certi decernere. Neque vero suspicari libet te confinem esse vulgarium quorundam affectui, qui nihil mirantur nisi quod e longinquo petitum sit. Mihi Italus est quisquis probe doctus est, etiam si sit apud Iuuernos natus. Mihi Graecus est quisquis in Graecis autoribus diligenter ac feliciter versatus est, etiamsi barbam non habeat. Equidem faueo gloriae Italiae vel ob hoc ipsum, quod hanc aequiorem experiar in me quam ipsam patriam. Sed vt ingenue dicam quod sentio, si mihi contingat Linacrus aut Tonstallus praeceptor (nam de te nihil dicam), non desiderarim Italiam. Proinde etiam atque etiam vide, primum ne parum consultum sit quod domi est rogare foris; deinde rem mediocrem qua sit opus aspernari, propterea quod summa non contingant; aut sortem qualemcunque reiicere, ni quis de amplissima vsura fide iubeat. Ipse Grocinus cuius exemplum adfers, nonne primum in Anglia Graecae linguae rudimenta didicit? Post in Italiam profectus audiuit summos viros, sed interim lucro fuit illa prius a qualibuscunque didicisse. Eximiis ingeniis saepe vel viam indicasse maximus profectus est.

Illud mihi tecum conuenit, in primis optandum vt elementa quoque prima discantur ab artifice summo, si modo liceat. Verum si id non datur, praestat vtcunque coepisse quam plane rudem manere, praesertim in hoc genere. Nonnihil est negocii vt prompte noscites elementorum figuras, vt expedite pronuncies, vt declines, vt coniuges. An nihil egisse videtur qui hoc taedii deuorauit? Atque ita menstruam operam abs te petimus vt taciti speremus trimestrem, etiamsi pudor est flagitare. Quod si minus continget, bona spes habet nos interim aliunde exoriturum qui fundamentis abs te iactis superstruat. Ea spes si maxime nos falsos habuerit, tamen ea est ingenii vis, is ardor discendi, vt fiducia sit illum suis praesidiis certe ad mediocritatem eluctaturum. Et fortassis ille mediocritate contentus est, quippe qui non ob aliud ambit Graecas literas nisi vt maiore cum fructu

34. nonnunquam *add. H.*

---

38. antequam] Cf. Sall. *Cat.* I. 6.
48. barbam] Cf. *Adag.* 1795.
57. in Anglia] From Corn. Vitelli at Oxford c. 1475; see OHS. xvi. pp. 339, 40.

certioreque iudicio versetur in sacris libris. Denique vt nihil horum contingat, quid fuerit dispendii? Vt minimum profuerit Episcopi studiis, tamen non minimum profuerit ad extimulandos iuuenum animos tam eximium virum amplecti Graecitatem. Iam cum in omni disciplinarum genere refert vt mature initieris, tum hic peculiariter me hortatur aetas Praesulis, ne recrastinetur negocium.

Finem faciam, illud vnum si te monuero, ne pudor iste tuus immodicus modestiaque pene dixerim immodesta nonnihil auocet a iuuandis studiis publicis. Quidam mei similes plus satis audent; sed nondum mihi liquet vtri magis peccent, hi qui nihil aggrediuntur ne quid peccent, an qui dum inconsultius prodesse student, labuntur alicubi. Alteri multa praeclara docent, quanquam non omnia succedant ex sententia: deinde suo studio aliorum excitant acuuntque studium. Alteri, dum quod habent habent sibi, magis mea sententia reprehendendi sunt quam infames auari, pecuniarum custodes verius quam domini. Siquidem ab illis congestam pecuniam, si nihil aliud, certe mors transfert in vsum aliorum: ab illorum rogo nihil redit ad haeredem, nisi suas cogitationes literis mandarint. Id vereor, mi Guilhelme, ne quando nostro eueniat Grocino, sed idem in te nolim accidere. Bene vale, vir optime simul ac doctissime, et quod pollicitus es matura. Antuuerpiae. Anno M.D.XVII[I].

541_{600} TO WOLFGANG FABRICIUS CAPITO.

Epistole elegantes f°. a[3]. Antwerp.
C[2]. p. 5: F. p. 1: HN: Lond. i. 4: LB. 207. 26 February $151\frac{8}{9}$.

EXIMIO THEOLOGO GVOLPHANGO FABRICIO CAPITONI HAGENOIO TRIVM LINGVARVM PERITISSIMO ERASMVS ROTERODAMVS S. D.

NON sum equidem admodum vitae auidus, eruditissime Guolphange, siue quod ex animo meo iam propemodum vixi satis, videlicet annum ingressus primum et quinquagesimum; siue quod in hac vita nihil adeo magnificum aut suaue video, quod magnopere sit expetendum ei cui Christiana fides vere fidem fecerit, qui pietatem hic pro sua virili fuerint amplexi, hos multo hac feliciorem manere vitam. Sed tamen in praesentia pene libeat aliquantisper reiuuenescere, non ob aliud nisi quod videam futurum vt propediem aureum quoddam saeculum exoriatur. Adeo cernimus ceu diuinitus immutatos principum animos ad pacis concordiaeque studium totis viribus incumbere, idque praecipuis autoribus Leone Pontifice non titulo

540. 78. *H*: referat *F*. 541. TIT. CAPITONI *add. C*[2]. HAGENOIO *add. C*[2]: *om. H*. 2. ex *om. C*[2].

540. 91. Id vereor] This apprehension was only too well grounded in both cases.
541. 2. annum] Cf. Ep. 531. 375.

tantum Maximo, et Francisco Galliarum Rege non minus egregiis factis quam solenni cognomine Christianissimo. Huic cum et animus et opes sic ad bellum gerendum superent vt nemini principum magis, tamen grauiter perpendens huiusmodi principum dissidiis et conflictationibus et Christianorum vires opesque maximopere labefactari, et ediuerso nostrae religionis hostibus opes et animos addi; tum, quae maior etiam pestis, quicquid est verae religionis, quicquid bonarum legum, quicquid ciuilis disciplinae, quicquid proborum morum, quicquid honestarum artium, militari licentia inter assiduos armorum crepitus aut intermori prorsus aut certe frigere vehementer; proque his semel vniuersum malorum et calamitatum agmen inundare in vitam mortalium: nihil non tum facit tum patitur submouendi belli pacisque conglutinandae studio; his quoque vltro submittens sese quibus haudquaquam par erat, si celsitudinis ac dignitatis suae rationem habere maluisset quam communibus mundi commodis consulere; hac quidem in re, sicut in caeteris omnibus, animum vere sublimem ac germane regium prestans.

Itaque postquam video summos orbis principes, Regem Galliae Franciscum, Carolum Regem Catholicum, Regem Angliae Henricum, Caesarem Maximilianum, funditus recisis bellorum seminariis pacem solidis et, vti spero, adamantinis vinculis astrinxisse, nimirum certam in spem vocor fore vt non solum probi mores pietasque Christiana, verum etiam purgatiores illae ac germanae literae ac pulcherrimae disciplinae partim reuiuiscant partim enitescant: presertim cum hoc quoque pari studio iam agunt diuersis mundi regionibus, Romae Leo P. M., apud Hispanos Cardinalis Toletanus; apud Anglos Rex Henricus eius nominis octauus, nec ipse literarum imperitus; apud nos Rex Carolus, diuinae cuiusdam indolis adolescens; apud Gallos Rex Franciscus huic negocio veluti natus, qui premiis etiam amplissimis inuitat et allicit vndecunque viros virtute doctrinaque praecellentes; apud Germanos cum alii complures egregii principes et episcopi, tum praecipue Maximilianus Caesar, cuius senectus tot iam bellis fessa in pacis artibus decreuit acquiescere: quod simul et ipsius aetati magis fuerit decorum et orbi Christiano felicius. Horum

16. et conflictationibus *C*: conflictationibusque *F*. 30. Franciscum *add. F.* Henricum *add. F.* 34. ac pulcherrimae *C*: pulcherrimaeque *F*. 36. agant C^2. 42. praecellentes *C*, *cf. Ep.* 533. 23: excellentes *F*.

37. Toletanus] Franc. Ximenes (1436—8 Nov. 1517), the confessor and councillor of Isabella, Abp. of Toledo 1495, Cardinal 1507; the munificent founder of Alcala University in 1500, and the promoter of the Polyglot Bible. On Ferdinand's death in Jan. 1516 he became Regent of Castile and Aragon. Three letters exchanged between him and Chas. Bovill in 1509–10 are printed in the latter's *Liber de intellectu*, Paris, H. Stephanus, 1 Feb. $151\frac{0}{1}$, ff. y^8 v°. and z. See Ciaconius iii. 263–88, Creighton v. 108,9 and NBG.

40. Franciscus] Cf. Ep. 533.

igitur pietati debemus quod passim videmus ceu signo dato excitari erigique praeclara ingenia et ad restituendas optimas literas inter sese conspirare. Quid enim est aliud, quod tam multi eruditissimi viri, aliunde alius operas inter sese partiti, non acriter modo verum satis etiam feliciter pulcherrimum hoc negocium aggrediuntur, vt certa pene spes sit disciplinas omneis multo purgatiores ac synceriores in lucem prodituras? Primum enim politiores literas pridem ad internitionem pene extinctas iamdudum et Scotti Danique et Hyberni colunt amplectunturque. Medicinam vero quam multi vindicant! Romae Nicolaus Leonicenus, Venetiis Ambrosius Leo Nolanus, apud Gallos Gulielmus Copus ac Ioannes Ruellus, et apud Britannos Thomas Linacrus. Ius Caesareum instaurat Luteciae Gulielmus Budaeus, apud Germanos Vdalrichus Zasius. Mathematicen apud Basileam Henricus Glareanus.

Porro in re theologica plusculum erat negocii, quod hanc fere professi sunt hactenus qui a melioribus literis pertinacissime solent abhorrere, quique suam inscitiam hoc felicius tuentur quod id faciant pretextu pietatis, vt indoctum vulgus ab his persuasum credat religionem violari, si quis illorum barbariem ceperit incessere. Nam isti apud imperitam plebeculam potissimum solent quiritari et ad lapides prouocare, si periculum viderint ne quid nescisse videantur. Verum hoc quoque successurum confido simul atque trium linguarum cognitio publicitus in scholas, ita vt cepit, recipi pergat. Nam et huius ordinis qui doctissimi sunt minimeque maligni, partim adiuuant, partim fauent huic instituto: quo quidem in negocio praeter alios non instrenuam operam prestitit Iacobus Faber Stapulensis, quem tu vt cognomento, ita plaerisque dotibus refers. Nos porro, sicut par

55. Venetiae *F*; *cf. Ep.* 480. 97 *n.* 56. Ruellius *N.* 58. apud .. Zasius *add. H.* 67. simul atque *C F Corrig.* : *om. F* : si *H.*

55. Leonicenus] of Vicenza (1428–1524), who taught medicine at Ferrara; where Erasmus saw him in 1509 (cf. Lond. xx. 53, LB. 742) and where Pace attended his lectures (Ep. 211. 43 n. and Pace's *De Fructu*, p. 50). His first publication was *De Plinii . . . in medicina erroribus*, Ferrara, L. de Valentia, 18 Dec. 1492, addressed to Politian; which involved him in some controversy. His medical principles were novel, and also aroused much opposition (Pace, ibid.). He wrote treatises on the 'morbus Gallicus' and the viper, published by Aldus in June 1497 and ⟨c. 1498⟩; and made translations from Aristotle, Dio Cassius, Galen and Hippocrates, one of which—of Galen's *De motu musculorum*—was sent to Linacre by a friend at Rome, and first printed by him with Pynson, London, 1522. Pace (ibid.) in Oct. 1517 speaks regretfully of his death; but this was a false rumour, cf. Lond. xx. 54, LB. 750, and VE. 466. The monument erected to him in Ferrara by Alfonso III of Este on 8 June 1524 gives his age as 96 and states that he taught at Ferrara for 60 years; see a copy of it in a collection of epitaphs formed by Adolphus Occo (III: † 1600), Munich MS. Lat. 23731, f. 45. Erasmus' statement that he was now at Rome is probably an error; as is also the suggestion in Trith.[3] that he was at Milan. He is sometimes confused with Nic. Leonicus Thomaeus. See Tiraboschi vi. 493–9, and NBG.

est, infimam huius operis partem sortiti, an aliquid contulerimus nescio; certe iis qui nolint mundum resipiscere, sic stomachum mouimus quasi nostra quoque industriola momenti nonnihil attulisset: quanquam mihi quidem non hac fiducia labor ille susceptus est, quod confiderem docere me posse praeclarum aliquid, sed libuit aliis maiora conaturis viam munire, quo minus offensi salebris ac lamis speciosa illa ac sublimia facilius inueherent. Et tamen hoc quicquid est industriae nostrae docti candidique non aspernantur, nec oblatrant nisi quidam adeo stupidi vt apud idiotas etiam paulo cordatiores explodantur. Nuper hic quidam apud plebem in sacra scilicet concione lachrymabili voce deplorauit actum esse de diuinis literis ac theologis qui hactenus fidem Christianam suis humeris fulsissent, posteaquam extitissent qui sacrosanctum Euangelium atque adeo ipsam orationem Dominicam emendarent: perinde quasi ego Matthaeum aut Lucam reprehendam, ac non eos potius quorum inscitia incuriaue deprauatum est quod illi recte scripserunt. Apud Anglos vnus aut alter vociferatur indignum facinus Hieronymum tantum virum a me doceri: quasi mutarim id quod ab Hieronymo scriptum sit, ac non magis restituam quod ille scripsit. Et tamen magni theologi sibi videntur qui naenias huiusmodi obganniunt, quas et fullones exsibilent paulo saniores.

Sed posteaquam nos prouinciam tradidimus, vt multo quam ante faciliorem, ita non paulo minus obnoxiam iam inuidiae, age accingere, Fabrici optime, et hanc lampadem a nobis traditam accipe. Nos pro nostra infelicitate quod licuit praestitimus; tibi nihil non egregie suppetit quod ad hoc pulcherrimum facinus requiri videatur. Aetas integra et vigens etiamnum virensque: corpus vegetum ac laborum patiens: ingenium felix, iudicium acre, trium linguarum haud vulgaris cognitio, eloquentiae tantum quantum non sustinendo solum verumetiam illustrando negocio sufficiat: pectus ardens nec vllius rei appetentius quam bene merendi de mortalium vniuerso genere: fortuna, si non amplissima, certe sufficiens atque etiam honesta: autoritas adest, tuis potissimum virtutibus tibi parta, quippe qui sub ornatissimo presule Basiliensi Christophoro in aede celeberrima concionatoris munus obeas: super omnia mores sic integri, fama sic illibata, vt nemo sit tam impudens sycophanta quem non pudeat male loqui de Fabricio. Nam vt apud Aulum Gellium olim bonam laudatamque sententiam

86. orationem *C*: precationem *H*. 99. virensque *H*: vigensque *C*.

82. quidam] The 'alter quidam κηρυκτής' of Lond. vi. 2, LB. 380; who can hardly, however, be identified, as by Bludau, *Die beiden ersten Erasmusausgaben des Neuen Testaments*, p. 76, with Egmondanus the Carmelite.

88. Apud Anglos] For one of these attacks see Ep. 481. 42 n.

106. concionatoris] See p. 333.

109. Gellium] 18. 3.

autoris improbitas eleuabat, ita iure optimo studiorum fructum autoris existimatio commendat. Adiuuabit et illud quod praeter istam penitiorem doctrinam tuam etiam illa in scholis solemnia, quae caeteri sola probant, sic calles tenesque vt non alius magis; ne (quod solent) cauillari queant te ob id ad diuersum studii genus diuertisse, quod illa parum fueris assecutus. Efficacissime refellit quisquis errorem optime nouit. Nemo melius medetur morbo quam cui malum maxime cognitum est.

Non quod optem hoc theologiae genus, quod hodie receptum est in scholis, obliterari; sed quod accessione veteris veraeque literaturae cupiam et locupletius reddi et castigatius. Neque enim hinc vacillabit sacrarum literarum aut theologorum autoritas, si quaedam posthac emendata legentur quae hactenus habebantur deprauata, aut rectius intelligentur in quibus hactenus professorum vulgus hallucinabatur; imo hoc grauior habebitur illorum autoritas, quo syncerius diuinas literas intellexerint. Primam coitionem, quam acerrimam vocat Terentius, nos sustinuimus: quanquam huic quoque difficultati tu ceu Geryon quispiam triplici literatura instructus, imo tot praesidiis armatus fultusque, maxime poteras esse par. Ad haec video tibi nec Theseos defore negocium hoc semel aggresso. Tum ea est animi tui fortitudo vt inuidiam, quae sic ex virtute eximia nasci solet quemadmodum ex lumine vmbra, facile contemnas; ea rursum morum tuorum suauitas vt morosis etiam placere possis. Quid multis? Omnia mihi pollicentur rem felicissime successuram. Vnus adhuc scrupulus habet animum meum, ne sub obtextu priscae litteraturae renascentis caput erigere conetur paganismus, vt sunt et inter Christianos qui titulo pene duntaxat Christum agnoscunt, caeterum intus gentilitatem spirant; aut ne renascentibus Hebraeorum literis Iudaismus meditetur per occasionem reuiuiscere: qua peste nihil aduersius nihilque infensius inueniri potest doctrinae Christi. Sic enim fert natura rerum humanarum, vt nullius vnquam boni tanta fuerit felicitas quin huius praetextu mali quippiam simul conaretur irrepere. Optarim frigidas istas argutias aut amputari prorsus aut certe solas non esse theologis, et Christum illum simplicem ac purum penitus inseri mentibus hominum; id quod hac potissimum via fieri posse existimo, si linguarum adminiculis adiuti in ipsis fontibus philosophemur. Sed vtinam sic hoc mali vitemus vt non incidamus in aliud fortasse grauius. Nuper exierunt in vulgus aliquot libelli merum Iudaismum resipientes. Video quantum sudarit Paulus ille noster quo Christum a Iudaismo vindicaret, et sentio quosdam eodem relabi clanculum.

127. Geryones *H*. 134. obtentu *H*.

126. Terentius] *Ph*. 346.

Tum audio nonnullos alia quaedam moliri, quae ad Christi cognitionem nihil adferant, sed fumos tantum offundant oculis hominum. Quo magis optem te hanc prouinciam capessere, cuius syncera pietas nihil aliud spectabit, sat scio, quam Christum ipsum, cui vni omnia tua desudant studia.

Reuerendo patri Christophoro episcopo Basiliensi fac me diligenter commendes. Caeteris item amicis salutem meis verbis annunciabis: nominatim autem Ludouico Bero, Henrico Glareano, Beato Rhenano, fratribus Amorbachiis, Gulielmo Neseno, ll. doctori Lucae, ll. doctori Gerardo, D. Officiali, caeterisque omnibus quorum cum istic essem suauissima consuetudine magnopere delectabar.

Bene vale Antuerpiae. iiii. calen. Martias. Anno M.D.XVI.

542. To Henry Afinius.

Questiones . . per Henricum A fine, f^o. A^4 v°. (*a*). Antwerp.
F. p. 511: HN: Lond. xiii. 23: LB. 295. ⟨February⟩ 1517.

[An 'epistola exhortatoria' printed with 3 *Questiones* on medical, astronomical, and metaphysical subjects (Antwerp, W. Vorsterman, 4 April 1517) which Afinius had publicly disputed at Louvain on 19 Dec. 1516. The dates assigned in H are therefore probably correct; and from the close similarity to Ep. 541 this letter may be placed here. In l. 19, too, there is a resemblance to Ep. 533.

Henry A fine, also Afinius or Affinius, of Lierre, 9 miles S. of Antwerp, was now chief physician of Antwerp. The introductory sheet to his volume of *Questiones* mentioned above contains, besides this letter, some complimentary verses from Peter Gilles, and a letter of eulogy from Francis Colibrantius, Secretary of Antwerp. From the latter (f^o. A^3) it appears that Afinius had at one time been a pupil in the Collegium Castri, one of the Arts Colleges at Louvain University. If Mr. Nichols' suggestion is correct (Ep. 526. 3 n.), Erasmus' acquaintance with him began about this time. In the autumn of 1517 he offered Erasmus a present of silver cups (LB. App. 227 and 256) and in return Erasmus dedicated to him the *Encomium Medicinae*, Basle, Froben, 1518. M. Ioannes Afinius Lirensis who matriculated at Basle in 1537 was probably a kinsman.]

ERASMVS ROTERODAMVS INSIGNI MEDICO HENRICO AFINIO LYRENSI S. D.

Gratvlari libet huic nostro seculo, Henrice charissime, quo mire literarum optima studia passim efflorescunt. Id quod potissimum principum humanitati pietatique debemus, penes quos precium et honos egregiis ingeniis esse coepit: maxime posteaquam ceu diuinitus immutatis animis ad pacem orbis eternis vinculis firmandam omnia sua consilia conferre instituerunt. Nam quemadmodum hyeme marcent iacentque omnia regnatque Boreas, niue, glacie, grandine seuiens; rursum

541. 159. D. *C*: Ioanni Fabro *F*.

541. 158. Lucae] Paliurus; see p. 38.
159. Gerardo] G. de Lupabus, who was LL.D. 1496 and Dean of the Law Faculty 1508 and 1513. See Herzog, *Athenae Rauricae*, p. 105.
Officiali] Faber; see Ep. 386.

solis accessu veris amoenitatem referente reuiuiscunt ac reuirescunt vniuersa, et ad pristinum cultum reuocatur hominum antea torpentium industria, dum hic aruum proscindit, ille vitem putat, alius inserit, alius stercorat: ita belli temporibus intermoriuntur neglecta studia, que principum fauore liberalitateque solent reuirescere. Posteaquam enim Leo Pontifex, multis quidem ille sed hoc precipue nomine Maximus, publica voce Christianos omnes ad mutuam concordiam inuitat, atque id totis viribus agit non titulo tantum Christianissimus Galliarum Rex Franciscus, optimi pastoris optimum consilium gnauiter exequens, et eodem incumbunt Rex Catholicus Carolus Cesarque Maximilianus, respirant omnes bonae disciplinae, que vt flores Zephyri, ita pacis alumnae semper esse consueuerunt. Accinguntur ad intermissas operas felicia ingenia. Hic rem theologicam restituit, ille rem medicam, alius situ perituros autores luci reddit, alius mendis obsitos repurgat, alius aliud molitur. Quid multis? dum passim opere omnia feruent veluti sarcientium quod bello conuulsum erat, enitescit omnis illa sophia quam tuus Galenus *ἐπιστήμην τῶν τε θείων καὶ ἀνθρωπίνων πραγμάτων* definit et suo quoque seculo neglectam spretamque fuisse queritur.

Ceterum quod tu pristinis astrologiae ac medicinae studiis nuper Grecanicae litteraturae studium adiungere coepisti, cum ad omne genus eruditionis, tum precipue ad medicinae scientiam conducibilis, iudicium animumque tuum summopere probo; quod id mature coeperis virenti adhuc etate, felicitati gratulor. Idem aggressi sunt eximii huius etatis medici Guiliemus Copus, Ambrosius Leo Nolanus. Nicolaus Leonicenus iam aetate grandiores, nec infeliciter tamen; nam Thomae Linacro et Ruellio maturius ista discere contigit. Porro Marcus Musurus gente etiam Grecus est, eruditione Grecissimus. Haud alia in arte erratur periculosius. Quo fit vt cordatissimi quique medicorum hanc studii partem adiungant, breuique futurum arbitror vt impudens habeatur absque hac medicum profiteri. Certe nonnihil est principem huius artis Hippocratem et huic proximum Galenum, Paulum Aeginitam, Dioscoridem, audire suapte lingua sonantes. Sed quemadmodum ciuilitatis est non protinus suffragiorum ius adimere velutique de ponte deiicere eos quibus non contigit Grece discere; ita par est vt hii sese libenter admoneri patiantur. Bene vale.

Antuuerpiae, M.D.XVII.

24. ἐπιστήμην . . . 25. πραγμάτων *add. F. Vacat tamen in a integrae lineae spatium.* 32. *a Lond.*: Coppus *F.* 44. Antuuerpiae, M.D.XVII *add. H.*

17. incumbunt] Maximilian had agreed in Dec. 1516 to take part in the conference at Cambray; cf. Brewer ii. 2667.

543. To Thomas More.

Farrago p. 184. Antwerp.
F. p. 322: HN: Lond. vii. 16: LB. 208. 1 March 151$\frac{6}{7}$.

[After the publication of Jerome (Ep. 396); before the death of Ammonius (Ep. 218 introd.).]

ERASMVS ROT. THOMAE MORO SVO S. D.

Nvper fasciculum epistolarum ad te misi vna cum exemplo Vtopiae per quendam tibi vehementer, vt aiebat, amicum: onerassem pluribus, sed verebar. Nunc alium nactus mitto Reuchlinica omnia in vno libello, quem ita communicabis Roffensi, vt quamprimum legat ac remittat; nam quaedam sunt quae nusquam reperias. Tu lege Propositiones plane theologicas, abyssales sapientias, et articulos Arnoldi Tungrensis. Mitto vnam epistolam ad Marlianum, quod is suspicatus esset priorem librum Vtopiae a me profectum: id nolebam serpere, quum sit nihil vanius. Dialogus ille Iulii et Petri, vt intelligo, iam τῷ Καγκελλαρίῳ μεγάλῳ in manibus est et vnice placet. Moriam in dies expectamus. Vtopiam tuam recognitam huc quamprimum mittito, et nos exemplar aut Basileam mittemus aut, si mauis, Lutetiam. Si quid habet Ammonius, cura vt quamprimum ad nos veniat; nam Princeps abitum adornat, et nos quo aut quando profecturi incertum habemus. Exigitur a populo ingens pecunia eaque praesens. Postulatio recepta est ab optimatibus ac praelatis, hoc est

TIT. THOMAE *add. H.* 2. *F*: aiebant *E.* 6. *F Corrig.*, *cf. Cic. Tusc.* 3. 18. 42: sapientia *E.* 9. quum . . . vanius *add. H.*

1. Nuper] Probably about 13 Feb.; cf. Ep. 558. 1.

Vtopiae] Probably a copy for More to revise with a view to the new edition; cf. Ep. 545. 5 and p. 502.

2. quendam] Cf. Ep. 545. 1.

3. alium] Cf. l. 23 and Ep. 545. 2.

Reuchlinica] Evidently a collection of some of the fugitive 'scripta causam Reuchlinianam spectantia' enumerated by Böcking, Suppl. vol. ii.

6. Propositiones] *Articuli siue propositiones de Iudaico fauore nimis suspecte ex libello theutonico domini Ioannis Reuchlin . . . (cui Speculi Ocularis titulus inscriptus est) extracte, cum annotationibus . . . Arnoldi de Tungeri*, Cologne, Quentel, 28 Aug. 1512. See Böcking, op. cit. p. 78.

7. Tungrensis] Arnold Luydius of Tongres († 28 Aug. 1540), one of the champions of the scholastic theology against Reuchlin. He was M.A. at Cologne 1489 and Dean of the Arts Faculty 1494. He was head of the Bursa Laurentiana about the same time, and received from the University a prebend in the church of St. Mary. On 4 July 1496 H. Quentel published for him a volume on Logic, *Epitomata siue reparationes logicae veteris et nouae Aristotelis.* A new edition appeared on 3 Feb. 1500, by which time he had become D.D. He resigned his Cologne prebend in favour of one at Liège offered to him by a former pupil, Erard a Marck, Bp. of Liège, 1506–38. Subsequently he returned to Cologne on receiving a canonry there. See Böcking and ADB. i. 583.

Marlianum] See Ep. 411. 8 n.

9. Dialogus] Cf. Ep. 502 introd.

vt intelligo] Cf. Ep. 532. 26.

11. Moriam] Perhaps Froben's undated edition (cf. Ep. 419. 15 n.); though after Ep. 473 its completion might have been expected earlier.

13. habet] from Rome; cf. Ep. 447.

15. Exigitur] For these demands see Henne ii, p. 183.

his qui soli nihil daturi sunt. Nunc ciuitates consultant. Ὁ Αὐτοκράτωρ alias ἄνοπλος nunc adest manu magnifice armata, et agri passim explentur militum gregibus, et vnde aut cuius nomine veniant incertum. O miseram hanc regionem a tot vulturibus arrosam! o felicissimam, si ciuitatum inter ipsas esset concordia!

Significa num eodem animo sit in me Cantuariensis et Coletus atque item Roffensis, de quo tibi nuper scripsi. Pater eius qui has reddit, nos lautissimo prandio accepit, vir diues ac probus, multa testatus de tuo erga se officio. Adiuua me, quaeso, tuo consilio. Curabimus mox alium epistolarum libellum excudendum, quo plures possint legere. Budaicam postremam ad te mitto. Praecor Maruffo quo dignus est cum sua syngrapha; nam Saulos istos nusquam licet comprehendere, ni Brugas proficiscar. Bene vale, More suauissime.

Antuuerpiae Calen. Martiis.

Adest isthic Franciscus. Si nondum Hieronymus expletus est Cantuariensi, ab hoc exigat; debet enim. Remitte exemplaria epistolarum quas nunc mitto, et quae reddidit Lupsetus, sed per hominem certum. Rursum vale cum tuis. M.D.XVI.

544. FROM MARIAN ACCARD.

Deventer MS. 91, f. 157 v°. Brussels.
LB. App. 115. 1 March 1517.

[Shortly after Erasmus' move from Brussels to Antwerp. Of Accard I can discover nothing beyond what is contained in Epp. 493, 531, 564.]

MARIANVS ACCARDVS SICVLVS ERASMO RO. S.

CVM hic aderas, etsi non crebro te visebam, tamen cum mihi in manu esset dulci consuetudine tua perfrui, absentiam tuam aequo animo ferebam. Sed postquam discessisti, adeo te visendi desyderio teneor vt, quoniam non mihi liceat quod te hic morante licebat, torqueor impatienter. Nec tantum doleo quod, †Sed quod, cum hic esses, saepius omiserim ex suaui ore tuo sitienter pendere, a quo

543. 19. et *E* : sed *H*. 26. Curabimus . . . 27. legere *om. F*. 34. M.D.XVI *add. H*. 544. 4. quoniam *scripsi* : *vtrum* quem *an* quim *MS. incertum, quippe oblitteratum* : quum *LB*. 5. torquear *scripsit LB*. *Post* doleo quod *deest aliquid, forsitan linea integra : sed non apparet lacuna in MS.*

543. 23. Pater] Crull; cf. Ep. 545. 2.
26. Curabimus] The suppression of this passage in F is in pursuance of Erasmus' attempt to represent that he was not responsible for the publication of C[1]; cf. vol. i, p. 594, Epp. 534, 546, and LB. App. 214.
27. Budaicam] Ep. 522.
28. Saulos] Possibly the English double sovereign. The bill may have provided for payment in these coins, which would naturally be difficult to change.
31. Franciscus] Berckman.
expletus] Warham had originally received four out of the nine volumes; cf. Ep. 413. 34, 5.
33. Lupsetus] Cf. Ep. 502 introd.

poteram non minus doceri quam delectari. O desidem hominem ac tanti viri amicitia indignum! Quis mihi ignoscat quod tricas futiles totius antiquitatis thesauro praetulerim? Sed quid irreparabile damnum reprehendere iuuat, cum irreuocabilis temporis iacturam, quam mea culpa fecerim, corrigere mihi liceat minime? Satius est isto excurrere, vt desinam inuidere Antwerpiensibus et potissimum Petro Aegidio, viro vndecunque eleganti, docto, erudito et, vt vno verbo absoluam, amicitia et praeconio tuo dignissimo. Vellem tamen ex litteris tuis intelligere an cito nos visere statueris. O si scriberes,

Ad te quamprimum, fer patienter, ero.

Caeterum si nos diu illumines relinquere destinas, ad te properabo vt videam caecitatisque meae tenebras lumine vultus tui propulsem. Interim vale, saeculi nostri splendor et decus, cum Achate tuo, cui me commendo non vulgariter. Ex Bruxell. cal. Martiis 1517.

545. To Thomas More.

Farrago p. 185. Antwerp.
F. p. 323: HN: Lond. vii. 17: LB. 237. 8 March 1517.

[Shortly after Ep. 543.]

ERASMVS ROTERODAMVS THOMAE MORO SVO S. D.

Misi duas literarum sarcinas, alteram per negociatorem quendam, alteram per filium Ioannis Crulli, cui tu operam tuam nauaueras; cui commendaui codicem, in quo erant Reuchlinica, quae misere desyderabat Roffensis. Per priorem misi libellum Reuchlini, versum meo sumptu. Mitte Vtopiam vbi primum licebit. Est Antuuerpiae senator cui vsqueadeo placet vt eam memoriter teneat. Epistola Dorpii cui tu respondisti, sic a tuis descripta est vt ne Sibylla quidem possit legere: vellem mitteres minus male scriptam. Quaeso te vt scribas de omnibus diligenter, cum primum licebit. Nam hic magna rerum mutatio videtur instare, nisi me animus fallit. Bene vale cum tuis omnibus.

Qui has perfert probus est iuuenis; ei promisit nescio quid Sixtinus. Is ea fiducia petit Angliam, ignarus ex simplici promisso

545. TIT. THOMAE *add. H.* 2. *F*: Crūli *E.* 3. cui *E*: Ei *F.*

544. 20. Achate] Gilles.
545. 2. alteram] Ep. 543.
Crulli] A commercial agent who is mentioned also in Ep. 543 and Lond. vii. 18, LB. 344. From Brewer ii. 2190 he appears to have been a citizen of Antwerp.

4. libellum] Probably the *Speculum Oculare* (cf. Ep. 543. 6 n.), which is a German composition, *Augenspiegel*.
6. Epistola Dorpii] Ep. 347. The badness of the copy mentioned here may have been the cause why another copy was made at Basle in 1518.

non nasci actionem: sed tamen extimula hominem vt magis ei faueat. Si Viues crebro fuit apud te, facile coniectabis quid ego passus sim Bruxellae, cui cotidie cum tot salutatoribus Hispanis fuerit res, praeter Italos et Germanos. Rursum vale Antuuerpiae. postridie nonas Martias. Anno M.D.XVII.

546. From Rutger Rescius.

Deventer MS. 91, f. 162 v°. Louvain.
LB. App. 54. 8 March ⟨1517⟩.

[Referring to the printing of C[1]; cf. vol. i. p. 594. As Martens' two questions concern the preface and Ep. 541, it is clear that sheet a was now being printed. The compression used to work Ep. 529 into sheet a, shows that sheet b and perhaps others, not further than m (Ep. 548), were already set up.

Reegeer Ressen († 2 Oct. 1545) of Maeseyck (hence Dryopolitanus) in Limburg, on the Meuse, was a pupil of Aleander in Paris, and was B.A. there in 1513–14. He then settled at Louvain, where he was Bachelor of Law 22 Aug. 1515, and supported himself by teaching (cf. EE. 175), and by correcting for Martens' press; the first book known to be corrected by him bearing date May 1516. When Erasmus came to Louvain in July 1517 Rescius soon became intimate with him (cf. Lond. iii. 43, LB. 232); and to this, no doubt, his appointment as first Professor of Greek in Busleiden's College, 1 Sept. 1518, was in a measure due. In 1527 Francis I invited him to fill the Greek chair in the Collège de France; but he remained faithful to Louvain, in spite of many attacks which had been made upon him there. In 1529, when Martens retired from printing, Rescius founded a press, in partnership at first with J. Sturm, and in 1530 with Barth. Gravius. In the preface to his first volume, Xenophon's *Memorabilia*, Sept. 1529, he announces his aim of printing books suitable for the students of Busleiden's College, and especially Greek; and this promise was abundantly fulfilled. He discharged the duties of his chair till the end of his life, but not always without obloquy; cf. Lond. xxx. 74, LB. 1299, and Goclen's letter which it answers. Amongst his pupils were Nic. Clenard (Ep. 291. 107 n.) and Paul Leopardus. See A. Roersch in *Revue Générale*, 1906, and in BN.]

DOMINO ERASMO ROTERODAMO RVTGERVS RESCIVS S. P. D.

Est in tua epistola ad Guolphangum Fabricium, Erasme vndecunque doctissime, non procul a fine locus nobis sane omnino inuius, sic incipiens: 'Tum audio nonnullos alia quaedam moliri, quae ad Christi cognitionem nihil adferant, sed funcios tantum offendant oculis hominum.' Quem quum Paludano et Nouiomago ostendissem, ipsi mecum in eodem haesitantes luto nihilque temere mutandum censentes consuluerunt ipsum locum tibi, antequam imprimeretur, indicandum. Dorpius *fumos tantum offundant* legendum coniectauit. Theodericus igitur hac epistolae parte excudenda relicta in praesentia ad te ipsum exemplar mittit, obnixe orans vt super istius loci lectione sibi quamprimum sententiam tuam aperias.

545. 15. Viues *E*: Pollio *F*. 16. salutatoribus *add. F*. 18. Anno M.D.XVII *add. H*.

545. 15. Viues] This reflection on Vives and on Spaniards in general (cf. LB. App. 201) is remedied to some extent in F. In E it is enforced by the marginal addition, 'Lud. Viues.'

546. 1. epistola] Ep. 541. 150, 1.

Praeterea cupit, si quid sit quod epistolarum praefationi subiungi queat commode, id ad se dari. Reseruauit enim ei integram pagellam vtrinque mundam, quum dimidiam vix partem occupabit. Bene vale, ὦ τῆς κυκλοπαιδείας ταμιεῖον. Louanii octauo Idus Martias.

547. From Richard Bartholinus.

Deventer MS. 91, f. 116. Antwerp.
E. p. 197: LB. App. 392. ⟨March 1517⟩.

[These verses are included here as they serve to confirm the dates of Epp. 548,9. They were omitted in all the authorized editions after E but are printed in LB from the manuscript. The sequence may be taken as follows: that Bartholinus being at Antwerp wrote these lines to ask for an interview; but that after this was arranged, he was prevented from coming and wrote Ep. 548 to apologize, sending with it Ursinus' *Genethliacon* (Ep. 548. 3 n.). The answer to such a complimentary effusion would hardly be long delayed.

Richard Bartholinus of Perugia held a canonry in his native town; and besides teaching there, had served on embassies to Florence and Rome. By 1515 he had become secretary to Matthew Lang (Ep. 549. 48 n.); and his first published work is an *Odeporicon*, Vienna, H. Vietor, 13 Sept. 1515, describing their journey from Augsburg (11 Feb. 1515) to Vienna for the meeting of sovereigns which culminated in the treaty of 22 July. He remained with Lang, and sought preferment by composing court poetry (see NBG.); the most notable of these productions being *Austrias*, an epic in twelve books on the war between Bavaria and the Palatinate in 1504–5, in the diplomacy of which his patron Lang had had a part; first published by Schürer at Strasburg, Feb. 1516, for the Alantsees of Vienna (cf. VE. 58, 62, 75–7, 79). But his only reward was the promise of a pension from Maximilian (VE. 108); and about Oct. 1519 he returned disappointed to Perugia to reopen his school (VE. 173). Hutten speaks of him with contempt (HE. 164). In the Index to H he is described as canon of Spoleto; but Mazzuchelli states that this is an error. From the *Odeporicon* (f°. B) it appears that he was a nephew of Marianus Bartholinus (1465–1509); for whom also see Mazzuchelli, and notes by Spiegel (p. 48) to the *Austrias*, bk. ii fin., in an edition by Schott, Strasburg, 26 Aug. 1531.]

HERASMO MVSARVM PARENTI RICCHARDVS BARTHOLINVS.

Herasme, nobis, si quid oci iam potes,
Imparties: nam principem ad te Hellanidos
Graece peritum et nobilem et probum afferam.
Depone frontis tetricae rugas tuae et
Remitte studii paululum grauis genus.
Non integrum deposcit ipse abs te diem,
Verum trientem, si minus, quincuncem. Age
Largire; si non sic lubet, sic vt lubet
Agatur. Is te videat ac noscat modo.
Namque arbitratur—sic tuum ingenium colit—
Se vel Platonem vel beatum Socratem

546. 13. cōmōde *MS.* 15. ὦ *scripsi*: o *MS.* κυκλοπαδειας *MS.* 547. TIT. ERASMO *E.* RICHARDVS *E.* 1. Erasme *E.*

546. 14. pagellam] f°. a², the verso of which is meagrely filled by the preface (see App. 11). For Tit. v° and f°. a² r° an 'Index epistolarum' was supplied.

Visurum et almum Phocidis vatem sacrae.
Nec factum ab ipso perperam tecum putes
Iniuriaue vel dolo, vt dicunt, malo.
Doctrina florens animum illexit suum,
Qua facile tu omnes litterarum gymnade
Vincis beatus teque coelitum inseris
Consortio; et quod ante studium plurimis
Concessit, vni prodiga aggessit tibi
Natura et vna pertinax industria.
Beate viue, ter beate et septies.

Carmen extemporale Antuuerpiae, quo expetit colloquium. Vale.

548

548$_{549}$ FROM RICHARD BARTHOLINUS.

Epistole elegantes f°. p. ⟨Antwerp.⟩
C^2. p. 173: F. p. 62: HN: Lond. i. 36: LB. 228. ⟨c. 10 March 1517⟩.

RICARDVS BARTHOLINVS ERASMO ROTERODAMO S. D.

VENISSEM ad te, suauissime Erasme, nisi nuncio qui crastinam profectionem significauit, impeditus fuissem. Nolui tamen vt tuis fraudareris praeconiis; mitto igitur natalem tuum versibus et pluribus et concinnis celebratum. Autor est Gaspar Velius, iuuenis

547. 15. animum illexit suum *MS. LB*: traxit huc animum viri *E*. 16. tu *add. E*: *om. LB*. 22. Carmen . . . colloquium *add. E*: *om. LB*. 548. TIT. RICARDVS . . . S. D. *add.* C^2. 2. *F*: noluit *C*.

548. 3. versibus] A *Genethliacon Erasmi*, composed c. Feb. 1517 (VE. s^3. 26), while Ursinus was at Mühldorf in Bavaria (Lond. vi. 30, LB. 319); printed in C^1 and subsequent editions, and also by Ursinus in his *Poemata*, Basle, Froben, March 1522. From two passages—
'Haec tum feceris antequam senecta
Tanges vndecimum grauante lustrum',
'Post quinquennia iam decem peracta'
—it appears that he supposed Erasmus to have just reached his 50th birthday.

4. Velius] Caspar Bernhardi (Ursinus) of Schweidnitz, SW. of Breslau (c. 1493 — 5 March 1539, not 1538) matriculated at Cracow in 1505, and at Leipzig in 1508, but took no degree. About 1510 he entered the service of Matt. Lang, Bp. of Gurk, and in 1511 went with him to Italy; where he studied Greek under Scipio Carteromachus at Bologna in 1512, going on to Rome in the same year. He remained at Rome till the autumn of 1514, enjoying its literary society to the full; and on returning to Germany re-entered Lang's service, and with Bartholinus attended the Congress of Vienna in July 1515. He matriculated at the University in the winter, and remained at Vienna for a year. In 1516 he was once more with Lang, but did not accompany Bartholinus to the Netherlands on this occasion. In 1518 John Thurzo, Bp. of Breslau, who had been his patron in his student days, presented him to a canonry at Breslau; which enabled him to leave Lang and return to Vienna. Here he worked with success, teaching Greek; but in July 1521 the plague drove him away, and he took the opportunity to visit Erasmus at Basle (matric. 1 Aug. 1521) and Zasius at Freiburg (matric. 1 Feb. 1522); and before returning to Vienna he republished with Froben in March 1522 a volume containing his early poems. After a brief stay in Vienna he made a second visit to Rome; and on return he received the chair of

tum Latinis tum Graecis literis non mediocriter eruditus, aulicus noster ac nominis tui amantissimus. Scripsit ad me vt lineas subiicerem, si quae forent quae minus foeliciter essent composita. Perlegi omnes cursim; dum iterum attentius rem scrutor, quaedam in prima statim fronte animaduerti: non quia ferula mea digna viderentur, sed vt tuum iudicium obuium haberet, si quid correctioni suae resarciendum esset. Ego prouinciam prosequi haud potui; tibi onus incumbit, quoniam in tui natalis laudem scripti sunt, vt quam candidissimi prodeant. De ingenio autem hoc affirmare ausim, me hominem in Germania similem huic reperisse neminem. Vale, et me et Paulum literarum tuarum aliquando participes facias.

Ricchardus Bartholinus.

[548]549 To Richard Bartholinus.

Epistole elegantes f°. m^2 v°. Antwerp.
C^2. p. 183: F. p. 67: HN: Lond. i. 37: LB. 210. 10 March 151$\frac{6}{7}$.

ERASMVS ROTERODAMVS RICARDO BARTHOLINO VTRIVSQVE LITTERATVRAE PRINCIPI S. D.

Mirvm quam me coeperint hendecasyllabi Gasparis Velii, doctissime Bartholine. Tam erudita facilitate fluunt omnia vt facile deprehendas ingenii venam non elegantem esse modo verum etiam

7. si qua *F.* 13. me *add. H.* 15. *C*^{2}: facies *C*^{1}. 16. Ricchardus Bartholinus *om. C*^{2}.

Rhetoric at Vienna in 1524, and in 1527 was appointed historian to Ferdinand. In 1529 he married; and in 1531 was chosen to be tutor to Ferdinand's children. His death is involved in mystery; for he left his house early one morning and was never seen again. His published writings are mostly complimentary verses; but he left unfinished a history of the war in Hungary 1526-31, which was printed in 1762. His movements may be closely followed in BRE., EE., MHE. iii, iv, OE., VE., ZE. There is a life by Bauch with a bibliography, 1886, printed also in the *Ungarische Revue*, 1887; and see Böcking, Aschbach, *Gesch. d. Wiener Univ.* ii. 382-91, and Bauch in ADB. Bauch suggests ingeniously that his name 'Velius', which appears after his first visit to Rome, was adopted by him because he lived in the ancient district named Velia, at the foot of the Palatine.

15. Paulum] P. Ricius or Ritius († p. 1541), a converted Jew, whom Erasmus had met at Pavia, probably in Sept. 1506 (Ep. 549. 42), and who between 1507-11 published there various works in which he used his knowledge of Hebrew literature to reinforce Christianity. By 1514 he had settled at Augsburg, where he continued his literary activity and began a Latin translation of the Talmud at the request of Maximilian; to whom by 1516 he had been appointed physician (ZE. p. 464). In 1519 he engaged in a bitter controversy with John Eck at Ingolstadt 'de coeli anima', maintaining the existence of a soul in the universe. In his later years he was physician to Ferdinand; and wrote, besides an oration delivered in 1529 at the Diet of Spires to urge war against the Turks, a metaphysical treatise *De coelesti agricultura*, which was printed at the request of four Italian universities in 1541 at Augsburg. See Wiedemann's *Joh. Eck*, 1865, pp. 335-44.

549. 3. venam] Cf. Hor. *C.* 2. 18. 9, 10.

diuitem ac benignam. Sed parcius eum laudem oportet quod me tam immodice laudarit ipse. Vtinam hanc operam in argumentum felicius collocasset! O felicem Germaniam, si tandem liceat a bellis conquiescere! id quod principum sapientia breui confore spes est; etiam si nonnullos adhuc habet ignobile vulgus qui belli in Gallos suscipiendi faces subiiciant. O cogitationes impias! Christianus orbis aduersus Christianae ditionis purissimam ac florentissimam partem conspirabit? Sola Gallia nec haereticis est infecta nec Bohemis schismaticis nec Iudeis nec semiiudeis Maranis, nec Turcarum confinio afflata; quemadmodum aliae quas et citra nomenclaturam suo quisque animo agnoscit. Non alibi senatus augustior: non alibi schola vel celebrior vel sanctior: nusquam maior legum auctoritas, nusquam similis regni totius concordia. Qui magis imperio digni quam qui imperant optime? Quid quod nobis interim pessime consulunt qui bellum moliuntur? Gallis sic vndique finitimi sumus, vt ipsi potius Galli simus: ianque ciuile bellum futurum sit, si Galli cum Gallis pugnemus. Ad haec quid consultius quam cum vicino proximo, tum autem vicino tam potente beneuolentia coniungi? Atque istis quidem caecum in Gallos odium certam citamque victoriam pollicetur, nec in mentem venit quot annis quam infeliciter luctati sumus cum Ghelriis: nam de Phrisiis incertus adhuc euentus est. Sed vt contingat victoria, quid aeque votis expetant Turcae et si quibus etiam inuisius est nomen Christi, quam pulcherrimam ac munitissimam orbis Christiani partem ferro ignique vastari floremque nostrae religionis indignis modis proteri? Prohibeat Deus optimus maximus vt istorum amentiae fortunae fauor aut principum calculus accedat: ἀλλὰ ταῦτα ἡμῖν γε πάρεργα.

Porro carminis aeditioni fauere qui possum, doctissimi quidem sed tamen immodice de me mentientis? quod nihil aliud quam illum qui scripsit admirabilem, me ridiculum faciet. Fauerem illius gloriae, si frontem perfricare queam. Abitum vestrum vtcunque tulero, si propediem nobis reddamini; nam et te propius introspicere et Velium nosse cupio. Porro Paulus Ricius sic me proximo colloquio rapuit, vt mira quaedam me sitis habeat cum homine saepius ac familiarius conserendi sermonem. Praeter Hebreae

23. citamque *C*: -que *H*: *om. N.* 33. qui scripsit *add. H.* 38. conferendi *H.*

12. Maranis] The name given to the Spanish Jews who had been baptized after Ferdinand's edict of 1492, but still adhered strictly to Judaism. Many of them were detected by the Inquisition and expelled; and Alexander VI had scandalized Spanish orthodoxy by receiving them in Rome. See Nauclerus' Chronicle (p. 221), vol. ii. f. 303; Ducange; Creighton iii. 172; and Paquier's *Aléandre*, p. 182.

19. finitimi] Cf. Ep. 534. 31.

24. Ghelriis] Cf. Epp. 33 introd. and 584. 35, 6. Burgundian sovereignty was not established in Guelders and Friesland until 1523.

linguae peritiam quantum ille tenet philosophiae, quantum theologiae! tum quae animi puritas, qui discendi ardor, qui docendi candor, quae disputandi modestia! Mihi sane vir ille primo statim gustu placuit olim Papiae, cum illic philosophiam profiteretur: nunc propius intuito magis etiam placet. Is demum vere mihi videtur Israhelitam agere suoque cognomini pulchre respondere: cuius omnis voluptas, omnis cura, omne ocium ac negocium in diuinis est literis. Dignus nimirum animus cui ocium contingat quam maxime honorificum. Eruditissimo eruditorum omnium Moecenati Cardinali Gurcensi facito me commendatum. Bene vale.

Antuerpiae. decimo Mar. Anno. M.D.XVI.

550. To John Huttich (?).

Querela Pacis (1517) p. 503. Antwerp.
Lond. xxix. 10: LB. i. 329. ⟨c. March ?⟩ 1517.

[The preface to a translation of Lucian's *Conuiuium*, which is added to Froben's edition, Dec. 1517, of the translations made by More and Erasmus from Lucian (cf. Ep. 187 introd.). The volume begins with the *Querela Pacis* and the *Declamatio de Morte*, and was intended to contain besides the Lucian the *Utopia* and the two friends' *Epigrammata*; but at p. 644, on reaching the end of More's *Lucubrationes*, Froben brought the book to a close; and the *Utopia* and *Epigrammata* were published in a separate volume of 356 pages in the following March.

This preface may be dated either in this period (cf. Epp. 543. 1 n. and 551. 9, 10); or, as by Dr. Reich, after Erasmus' return from England, when he was finally putting together the material for the volume and transmitting it to Basle (Epp. 584. 15–7 and 597).

John Eutychius or Eutichius is mentioned by Stromer in a letter of 24 July 1517 from Mainz (LB. App. 156); from which it appears that he had recently been in correspondence with Erasmus, and that, though usually resident in Mainz, he was then absent. He may therefore very probably be identified with John Huttich of Mainz (c. 1488—5 March 1544; cf. BRE. 383), the author of *Collectanea antiquitatum in vrbe atque agro Moguntino repertarum*, Mainz, J. Schöffer, March 1520; in the preface to which, dated 22 July 1517 'ex arce Curcellina regni deserti' (Courcelles, near Metz; or, as Falk suggests, Kirkel in Westrich, near Zweibrücken), he speaks with intimacy of Erasmus. For Huttich see Bauch in *Archiv f. Litteraturgesch.* xii (1884), pp. 360–7; and in *Beitr. z. Gesch. d. Univ. Mainz u. Giessen*, 1907, pp. 62–71.

The identification of Courcelles I owe to Mr. E. Heawood, Librarian of the Royal Geographical Society, who has pointed out to me that 'regnum desertum' must be the same as 'vastum regnum', a name given in the maps of Lorraine and Germany in Schott's edition of Ptolemy, Strasburg, 12 March 1513, to the region between the Saar and the Moselle, in which Courcelles lies; also that the same region is called 'Vuesterich' and 'Vuestñrych' in the maps of France and Germany in Münster's *Cosmographia*, Basle, H. Petri, Sept. 1554. Münster on his p. 462 admits that the meaning of the name was uncertain; so that his translation of it into 'occiduum regnum' and Huttich's earlier 'regnum desertum' may be taken as learned popular etymologies.]

44. C^2N^3 : Israhelitum C^1 : Israelitam N^2 *Lond.*

48. Gurcensi] Matthew Lang (1468—30 March 1540), an ambitious diplomatist, who had raised himself from the son of a burgher of Augsburg to be the trusted councillor of Maximilian, with the title 'Generalis Locumtenens Imperii'. He was Provost of Augsburg 1500, Bp. of Gurk 1505, Cardinal 1511, and Abp. of Salzburg 1519, after having been coadjutor in the see since 1514; and Bp. of Albano 1535. See Ciaconius, Gams and ADB. Aldus dedicated to him a volume of Gaza's translations from Aristotle, 27 Mar. 1504.

ERASMVS ROTERODAMVS IOANNI EVTYCHIO SVO S. D.

QVANQVAM hic Luciani dialogus, Eutychi doctissime, plurimum habeat artis ob decorum mire seruatum in personis tam multis tamque diuersis, tamen aliquot repperi qui dicerent esse premendum, quod liberius ac velut ἐξ ἁμάξης philosophorum omne genus laceret. At mihi videtur iustius esse stomachandum in huius saeculi mores, quo videmus philosophorum ac theologorum scholas multo puerilius etiam inter se dissidere nec minus atrociter digladiari; tum inter religionis professores nihilominus cruentam esse pugnam quam in eo conuiuio fuisse Lucianus vel finxit vel retulit. Hunc igitur libellum, quoniam forte ἀδέσποτον repperi et tamen patrono videbatur egere, Eutychio dicaui. Bene vale καὶ εὐτύχει, vt plane sis quod diceris. Antuuerpiae AN. M.D.XVII.

551. TO ANDREW AMMONIUS.

Farrago p. 229. Antwerp.
F. p. 356: HN: Lond. viii. 37 (36): LB. 211. 11 March 151$^{8}_{7}$.

[The date given in H is confirmed by the invitation to France.]

ERASMVS AMMONIO SVO S. D.

AN merito nos obiurges nondum liquet, certe consolaris tum amantissime tum eruditissime. Alioqui vel illud poteram occinere: Tu si hic sis, aliter sentias. Quod si omnes sic caecutirent in Erasmo vt tu, multo minus esset infelix. Pro studio in me tuo vel pietate potius pudet, ita me Deus amet, agere gratias. Maius enim mihi videtur hoc beneficium quam vt vulgari more conueniat gratias agere. Et referre qui possim? Et tamen adnitemur, si modo detur viuere. De Sixtino id sentis quod ego semper sensi. Hac igitur spe quam mihi praebes, animum interim fulciam. In literis sum totus; paro enim quaedam Basileam mittenda. Rex Galliae me inuitat in suam Galliam, pollicens mille florenos annuos: cui sic respondi literis vt nihil tamen certi responderim. Theologi nunc ambiunt etiam vt Louanium commigrem, quorum vnus offert de suo centum florenos. Ex Moro totam hanc fabulam melius cognosces. Bene vale, mi Ammoni, et perge σῶσαι τὸν τρισάθλιον Ἔρασμον. Antuuerpiae. Quinto Id. Mart.

Nonnihil indignor occupationibus tuis, per quas non licet Musis

551. 13. quorum . . . 14. florenos *om. F.*

551. 1. obiurges] For despondency about the result of the appeal to Rome; cf. Epp. 505. 1 and 539. 10 seq.
3. Tu si hic] Ter. *Andr.* 310.
8. Sixtino] Perhaps an allusion to the selection of Sixtin as a witness to the dispensation; cf. Ep. 517. 83–90.
10. quaedam] Cf. Ep. 550 introd.
12. literis] Ep. 533.

totum istud ingenium, vt par erat, possidere. Video Morum quoque antehac semper inuictum in procellas easdem abripi. Ego semper mei similis totis pilea sarcinis redimo. Rursum vale. 1516.

552. To Andrew Ammonius.

Farrago p. 229. Antwerp.
15 March ⟨1517⟩.

[The omission of this letter in all editions after E was clearly intentional].

ERASMVS AMMONIO SVO S.D.

Accepi literas Pontificis nomine et item a Vuingorniensi, plane amicas, sed quae nonnihil oleant pecuniam: ita quod impetratum est exaggerat, et de Datarii duricia queritur. Addit Breuis ad te exemplar, sed ex mea mutatione, vt videtur, emendatum. Sed adiicit mihi ad te concedendum: quod si necesse est, fac me quamprimum certiorem; tametsi mare istud male odi. Tamen age faciemus et Theseum praestabimus, qui Maroni itque reditque viam toties, et coram nostro fungemur officio. Sin necesse non est, praescribe quid nos facere velis et quantum sit numerandum: consulto tamen Sixtino an Breue recte habeat; posteaquam ille iam τῆς Ἐρασμικῆς δυσδαιμονίας est conscius. Vbi cognouero quo pacto tuum istum in me animum, mi Ammoni, mortalium quos hactenus expertus sum candidissime, pensare vel potius agnoscere possim, nisi rebus omnibus omissis adnitar, non recuso quominus Erasmi nomen inter ingratissimos scribas. Bene vale.

Antuuerpiae. Id. Mart.

553. From Jerome Emser.

Deventer MS. 91, f. 150 v°. Dresden.
LB. App. 116. 15 March 1517.

[The date is confirmed by the edition of the *Enchiridion*. In connexion with this letter see Ep. 527.

Jerome Emser (16 or 26 March 1477 or 8 — 7 or 8 Nov. 1527), a Swabian, of good family, matriculated at Tübingen on 19 July 1493, but before graduating migrated in 1497 to Basle, where he was B.A. in 1497–8, and M.A. in 1499; and for a few months in 1500 (cf. EHR. xxii. 740) tutor to Bruno and Basil Amorbach (pp. 66, 7). For two years he was chaplain and secretary to Cardinal Raymond Peraudi, Bp. of Gurk, whom he accompanied on his progress

551. 20. 1516 *add. H.*

---

551. 20. pilea] Caps worn by slaves on acquiring freedom; cf. Mart. 2. 68. 4.

552. 1. literas] Epp. 518, 519 and 521.

2. ita] Cf. Ep. 521 introd. and ll. 10 seq.

3. Datarii] Cf. Ep. 479. 9 n.

Breuis] Ep. 517.

7. Maroni] *Aen.* 6. 122.

10. Breue] Ep. 518.

11. δυσδαιμονίας] The stain on his birth, cf. Ep. 517. 7 n.; or perhaps his present anxiety.

throughout Germany to win support for a crusade. In 1503–4 he left the Cardinal, and spent some months at Strasburg, editing for John Prüs the works of Pico della Mirandola, 15 March 1504. At Easter he matriculated at Erfurt; but in the winter moved to Leipzig, where on 5 Jan. 1505 he was appointed to lecture in Theology. Shortly afterwards he entered the service of Duke George of Saxony, and was employed on various commissions, such as the attempt to procure the canonization of Benno, Bp. of Meissen († 1106); in aid of which he wrote a Latin hymn on the Bp. in 1505, and, after prolonged researches, biographies in Latin (1512) and German (1517). About 1511 he received prebends at Dresden and Meissen, which set him free for literary work, though still in Duke George's service. In 1519 he appeared as a champion of orthodoxy against Luther, and was thenceforward exposed to bitter abuse from the Lutherans, such as his by no means spotless character was unsuited to face. He attacked Luther's translation of the New Testament and in 1527 produced a new version of his own. Amongst the humanists he had many friends. Bebel (p. 45) dedicated to him a small treatise on Hebrew pronunciation, in his *Commentaria epistolarum conficiendarum*, Tübingen, T. Anshelm, July 1511, and Pirckheimer (p. 40) a translation of Lucian's *Rhetor*, Hagenau, T. Anshelm, Jan. 1520. See biographies by P. Mosen, 1890, with a bibliography and G. Kawerau, 1898; EE. and ADB.]

HIERONYMVS EMSER DOMINO ERASMO S.

SALVE, Erasme, vas electionis et secunde post Paulum doctor gentium. Aeditiones tuas (quas lippis tamen et inunctis lego oculis) ita veneror vt celeste numen. Quae vt singularem singulae doctrinam, ita Christianus ille tuus Miles Christianam omnem redolet pietatem: quem, quum ante duos annos rarus esset apud nos, typographo aedendum tradidi ⟨cum⟩ tali epigrammate meo licet inculto.

Rite bonas artes cum relligione vetustas
  Contulit, at nobis littera sola placet.
Scire volunt omnes hodie, bene viuere nemo:
  Heu frustra sapiunt qui sibi nil sapiunt.
Quam bene priscorum calles imitatus Erasmus
  Psalterium cytharae commodat, ora lyrae!
Oris et argentum vestiuit pectoris auro,
  Niliacasque Deo praedo sacrauit opes.
Hic tibi emendus erit distractis omnibus vnus
  Tanquam Euangelico gemma reperta in agro.

Deus coeli et terre qui te spiritu sapientiae et intellectus adimpleuit vt in medio ecclesiae suae aperires os tuum, conseruet te in resurrectionem veteris Christianismi et ruinam detrahentium tibi luporum et onagrorum Christi aulam sub ouina pelle demolientium.

Ceterum dominus Richardus Crocus Anglus, qui biennio hic Graece litteraturae rudimenta cum summa laude et morum honestate

TIT. EMSER *LB*: ZINSER *MS*. 6. cum *add. LB in fine versus.* meo licet *bis in MS.*: *corr. LB.* 15. distractis *Emser*: distractus *MS.*

553. 2 lippis] Cf. Hor. *S.* 1. 3. 25.
6. aedendum] The edition of V. Schumann, Leipzig, 27 Aug. 1515; which has a preface by Emser, and, on the title-page, the epigram given here.
16. Euangelico] Matt. 13. 46.

seminauit, et nunc patriam repetiturus has tibi litteras porrecturum se recepit, coram referet conditionem huc ad nos veniendi; quod illustrissimus Princeps noster et vniuersus ordo nobilium dudum vehementer desyderarunt. In qua re vehementer oro ad me scribas sententiam tuam Lipsim, et quanam pecunia id a te impetrari valeat; quo cognito omnem mouebo lapidem donec te noster hic aquilo suscipiat eo quo dignus honore es. Vale et rescribe.

ex Dresda Misnae Idibus Martiis 1517.

554. From Jerome Dunghersheym.

Deventer MS. 91, f. 111 v°. Leipzig.
LB. App. 117. 18 March 1517.

[Contemporary with Ep. 553. In the passage from Hilary (ll. 46-56) the following sigla are necessary: α = the editio princeps, Milan, L. Pachel, 9 July 1489; β = Erasmus' editions, Basle, Froben, Feb. 1523 and Aug. 1535; γ = the same, edited by Martin Lypsius, Basle, Froben, and Episcopius, March 1550 and also the Benedictine edition and Migne's. Except for one unimportant change of order LB follows γ.

Reich is clearly right in identifying the writer with Jerome Dungersheim (22 Apr. 1465—2, 3 March 1540) of Ochsenfurt on the Main above Würzburg. Dungersheim matriculated at Leipzig 1484, was B.A. 1485, M.A. 1489, and 'cursor' in theology 1493. After being ordained priest in 1495 and taking a theological degree at Cologne in 1496, he returned to lecture at Leipzig. In 1501 he was appointed Preacher at Zwickau, and in 1504 went at the expense of his congregation to Italy. After taking his D.D. at Siena 24 Aug. 1504, he returned in June 1505 to Leipzig, and became a member of the 'Fürsten-collegium' in 1506, and Rector of the University in the summer of 1510. Between 1514–18 he published various small books, mostly with Wolfgang Stöckel at Leipzig, including a treatise on preaching, a life of St. Scholastica, an epitome of the Sentences, some Conclusions on Thomas Aquinas, and a life of Pope Celestine v; and in 1518–19 he engaged in controversy with Luther. In 1525 he was Preacher at Mühlhausen; but he died at Leipzig. See Böcking and ADB; and for his writings Panzer and Proctor.]

HIERONYMVS DVNGHERSHEYM ERASMO RO. S.

Non in malam accipias partem obsecro, vir venerabilis, quod ignotus ego fortasse tibi occupare te litteris praesumpsi; veritatis enim sciendae desyderium in causa est. Legens etenim recognitionem tuam ac annotationes in Nouum Testamentum incidi in locum istum, 'Qui cum esset in forma Dei, non rapinam arbitratus est vt esset equalis Deo, sed semetipsum exinaniuit,' &c., ad Philippenses 2°: vbi ipsam interpretationem in annotationibus repetens, hanc clausulam, 'non rapinam arbitratus est vt esset equalis Deo,' intelligi vis de Christo, vt homo est. Ais nempe: 'Loquitur de Christo vt homine, nec est ociosus articulus apud Graecos, nimirum interpretans quid dixisset rapinam, haud dubium quin hoc ipsum, vt esset par Deo. Non vsurpabat sibi aequalitatem cum Deo, sed

554. TIT. DVNGHERSHEYM *Reich*: DVNGHERSTEȲ *MS.* 11. qd *MS., sicut in Annot. in Phil.* 2. 6: quod *LB.*

deiecit sese.' Hec ibi. At contra maiores nostri, Greci sermonis non ignari, inter quos sancti patres ac viri doctrina excellentissimi Hieronymus, Ambrosius, Hilarius, Augustinus, Leo et alii, de diuinitate Christi Apostolum in hac clausula locutum esse asserunt, et ea maxime autoritate qua contra Arianos vtuntur, qui Christi aequalitatem cum Patre secundum diuinam quoque naturam negabant, gradus in diuinis (vt nosti) ore plasphemo ponentes. Ii autem viri sancti aliique complures intendere accipiunt Apostolum, non rapinam arbitratum esse Christum esse se equalem Deo secundum formam deitatis, in qua idem est cum Deo Patre secundum deitatis essentiam, et aequalis eidem secundum personalem distinctionem, cum nec nisi vna deitatis forma esse possit, quae est ipse Deus seu deitatis essentia. Et in hoc catholice loquuti esse non dubitantur.

Nec hec ideo dico quod non aduerterim te praemonuisse lectorem in quibusdam a vulgari ⟨te⟩ editione et a sequentibus eam doctoribus non absque causa discessisse, sed quia in hoc loco (quem interim aduerti) magna mihi fidei ratio consistere videtur, adeo vt multis, praecipue Augustino cap. 7° primi libri de Trinitate, videatur is esse quasi 'regula quaedam per omnes sacras scripturas dissoluendae videlicet quaestionis, quo ipse Dominus sit minor Patre quoue aequalis,' &c.; hanc enim distinctionem Apostolum ibi manifestius commendasse insinuat ipse Augustinus. Hieronymus etiam in editione quam commentatus est, quae et ex emendatione tua impressa circumfertur, textum hunc Apostoli ponit sub eis verbis quibus vtitur Ecclesia, et in commentario dicit: 'Multi hunc locum ita intelligunt quod secundum diuinitatem se humiliauerit Christus, secundum formam videlicet secundum quam aequam aequalitatem Dei non ⟨rapinam⟩ vsurpauerit, quam naturaliter possidebat. Et exinaniuit se, non substantiam euacuans sed honorem declinans, formam serui, hoc est naturam hominis, induendo.' Item Hilarius qui, vt Hieronymus contra Ruffinum dicit, 'Homilias Origenis in Iob vertit,' &c.: qui et latius in operibus suis Latinis Grecas miscuit. In libro contra Constantium Imperatorem, hereticum Arianum, inter alia, '⟨Vetas⟩ igitur' inquit 'non scripta dici[s], et ipse non scriptis tamen vteris, neque quae scripta sunt loqueris. Similem vis Patri Filium praedicari, ne ab Apostolo audias, "Qui cum in

19. blasphemo *LB*: plasphema *MS*. 27. te *addidi in fine lineae*. 40. rapinam *Hieronymus*: *om. MS*. 41. se *Hieronymus*: si *MS*. *Vtrunque corr. LB*. 43. *Pro* contra Ruffinum *pr. man.* qua Ruffinum verberans *scripsit, et postea emendauit.* Homilias *Hieronymus, et in editione Erasmiana et in recentioribus*: 40 milia versuum *MS*. 46. Vetas *add.* $\alpha\beta\gamma$. dici $\alpha\beta\gamma$. non scriptis tn̄ β: non scriptis tm̄ *MS*. α: tamen non scriptis γ.

35. tua] vol. ix. f. 179 v°.
43. Hieronymus] *Ep.* 61; to Vigilantius, who was a follower of Ruffinus.
48. ab Apostolo] *Phil.* 2. 6,7.

forma Dei esset, non rapinam arbitratus est esse se equalem Deo, sed exinaniuit se formam serui accipiens." Non rapit quod erat Christus, id est in forma Dei esse. Non est equalitas ⟨Dei⟩ in forma Dei esse, si non equalitas hominis est esse in forma serui. Quod si in forma serui homo Christus est, quid aliud in forma Dei quam ⟨Christus⟩ Deus est? Similem itaque ob id praedicari vis, ne in fide tua sit: "Et omnis lingua confiteatur quoniam Dominus Iesus in gloria est Dei Patris." O fallax blandimentum tuum,' &c. quae ibi scribit. Putas autem Constantium Grecum Ario fauentissimum, qui et Arianos quae in eum scribebantur ponderantes habuit, hec dissimulare potuisse, nisi et in Grecis hic sensus, quem sancti ex hoc loco Apostoli accipiunt, certo contineretur? Quo etiam mutato ab hoc sensu de reliquis quoque huiusmodi suspicari contra doctores sanctos possent simplices. Omitto autem ob breuitatem alios, Ambrosium scilicet (qui pleraque e Greco interpretatus est) scribentem ad Sabinum episcopum, Leonem Papam (qui et ipse Grecas nouit) Imperatori quoque Greco scribentem, Gregorium Papam super Iob, Ruffinum (qui quantum Grecas calluerit non est ignotum) symbolum fidei exponentem. Qui omnes cum aliis pluribus hac vtuntur editione et eam in hunc sensum citant, seu sensus ille inde sequitur sicut iam citata. Et quod maximum est, Ecclesiam Romanam hac interpretatione ab antiquissimis temporibus vsam esse quis dubitet, cum qui hac vtuntur sancti multi plusquam ante mille annos vixerint? Neque vero natione Graecos moderno tempore factos quoque Latinos, inter quos et Bessarion, praefatae ecclesiae cardinalis, vtriusque linguae peritissimus, hunc locum, inter sacra legi solitum, emendatione egere prolocutos constat. Valla quoque in annotationibus suis quo ad illum passum nil mutauit, nisi quod *sentiat vnusquisque* potius haberi vult, quam pluraliter *sentite singuli*, et quod dicit plerosque codices Grecos habere *considerate*, σκοπεῖτε.

51. est *post* Non βγ: esset *MS. a.* Dei *add.* αβγ. 52. equalitas . . . esse αβγ: esset aequalitas *MS.* 54. Christus *add.* αβγ. 55. omnis αβγ: 9is *MS.* 61. contra *scripsi, cf. l.* 43 *n.*: qua *MS.* 71. ante *LB*: aut *MS.* 77. singuli *scripsi, secundum Vallae annotationem*: singulariter *MS., quod ante* sentiat *posuit LB.*

---

55. omnis lingua] *Phil.* 2. 11.

64. Grecas] *sc.* literas; cf. ll. 89, 122.

73. Bessarion] (c. 1403 — 18 Nov. 1472), a native of Trebizond; Cardinal 1439; the champion of union between the Greek and Latin Churches. See a life by H. Vast, Paris, 1878; Voigt; and Creighton.

75. Valla] In the volume from which Epp. 182,3 are derived. On the Vulgate rendering of *Phil.* 2. 4, 'Non quae sua sunt singuli considerantes, sed quae aliorum: hoc enim sentite in vobis quod in Christo Iesu' he notes: 'Plaerique codices Graeci habent considerate, σκοπεῖτε. Certe omnes habent *sentiat*, non *sentite*, φρονείσθω, quod refertur ad *vnusquisque*, quod interpres pluraliter transtulit *singuli*, ἕκαστος.'

76. passum] Locum ⟨scripturae⟩: Ducange.

Et quod Stapulensis habet, praefate sanctorum sententiae non puto contradicere.

Videtur autem et ad hec esse ratio. Nempe alioqui Arianos, Saluatoris diuinitati insidiantes, non modicam sui erroris ansam habere apparet. Nam si (quod secundum intellectum sanctorum Euangelista Ioannes habet, equidem 5to) aequalis est Filius Patri, neque tamen est equalis ei secundum naturam assumptam, quod nemo inficiabitur, erit ei aequalis secundum diuinitatem. Vnde si quod Apostolus dicit de aequalitate, de diuina natura accipiendum non est, vt tu vis, cur superfluo ipse de hac promisit? Cur etiam sancti Grecarum periti, non ad sensum debitum verbis Apostoli vtentes, in causa praesertim fidei et contra Arianos qui aequalitatem supradictam peruerse negabant? Aut si non secundum diuinitatis formam Christum Deo Patri aequalem se esse arbitratum esse vult Apostolus, ne scilicet rapinam faceret, consequens est eum non esse idem in substantia cum Deo Patre, quod est Arianum quammaxime. Ariani enim, qui plurimi Graeci erant, scripturis coacti negare non poterant Christum esse Deum; item et similem esse Patri confitebantur. At Deum minorem Patri, scilicet secundum quandam participationem deitatis, et similem secundum imitationem, longe supra ceteros quoslibet, non autem consubstantialem, garriebant. Igitur si Christus dicitur noluisse arbitrari se esse aequalem Patri, ne scilicet rapinam faciat, cum hoc, vt dictum est, de natura humana apertissimum sit, nec etiam fieri oportuit, intelligendum hoc veniet de diuina; quod est, vt dicebatur, Arianum. Vnde potius accipiendum hoc videtur secundum sanctos sic de diuina natura, quod, cum in forma Dei esset, non fecit rapinam, secundum eandem arbitratus se esse aequalem Patri. Denique si rapinam arbitratus est esse se aequalem Deo, diuinitati sue ipsemet detraxisse videbitur, cum in veritate sit aequalis ei. Est nempe Christus vnus: quo demonstrato rectissime dicitur 'Homo iste aequalis est Deo', scilicet secundum diuinam naturam; quamlibet 'iste' pro supposito stat diuinitatis, scilicet verbi. Quapropter et non ab re fit ideomatum communicatio. Aut ergo non est arbitratus rapinam esse se aequalem Deo secundum diuinam naturam, quod Apostolum velle est de mente sanctorum: aut si non est arbitratus esse se aequalem Deo, iam rapinam arbitratus est, sibiipsi detrahens iuxta praedicta; quod et cogitare impium est. Non ergo id quod de non rapina arbitratum esse Christum in verbum est Apostoli, de humana accipiendum est natura.

88. ꝑmisit *MS.*: praemisit *LB.* 107. vedebitur *MS.* 110. quamlibet *scripsi*: qm̄ li *MS.*: quoniam liber *LB.*

---

84. Ioannes] 5. 18 seq.

Sed haec collatiue duntaxat, vt in cogitatum subito venerunt, posita volo, vir mihi in Domino amantissime. Praecor ergo te ea beneuolenti animo accipias quamuis verbosius dicta: neque enim tempus deliberandi ac digestius ea dicendi mihi erat. Neque adeo adhuc in Grecis ex generoso disertoque domino Richardo Croco praeceptore venerabili profeci, quo interpretationum arbiter sedeam. Magis autem (vt decens est) sanctorum autoritatem secutus has scripsi; quas idem ad te perferre, et remittere mihi tuas (quas dare non graueris) promisit. Vale.

Datum Lyptzk Anno Christi humanati 1517. 18 Martii.

555. From Willibald Pirckheimer.

Deventer MS. 91, f. 105 v°. (α). Nuremberg.
Nuremberg MS. PP. No. 329 (β). 20 March 1517.
LB. App. 118.

[For the manuscripts and their treatment see Ep. 375. The date in α is clearly 1517; but there is a temptation to alter it to 1518, when Erasmus was about to set forth to Basle with the new edition of the New Testament. No guidance is obtainable from the invitation alluded to in l. 6, since there are invitations in Epp. 375 and 527 and Lond. iv. 12, LB. 226. In favour of 1518 it may be urged that a few other examples (Epp. 401 and 419) of wrong year-dates occur in the Deventer book; and that there is no indication of any rumour current in 1517 as to Erasmus' return to Basle. On the other hand the rumour here is quite vague and might have arisen out of his intention to re-edit the New Testament, which must have been common knowledge since the publication of Ep. 421. 70 in B. Further it has been shown that the evidence of the Deventer book points to 1517 rather than 1518. I therefore retain the manuscript date unchanged.]

BILIBALDVS PYRKHEYMER ERASMO S.

Qvamvis nil ocurrat, mi eruditissime Erasme, cur meas ad te dem literas, atamen ne inchoata amicicia nostra intercidat, pauca hec scribere volui, vt intelligeres tui memoriam minime ex animo meo excidisse. Audio te nouum quoddam absoluisse opus ac prope diem Basileam profecturum, vt impressoribus illud tradas. Rogaui te olim, si commode posses, etiam ad nos accederes. Id nunc repeto ac iterum oro, si tantisper tibi ocii supetet, vt amicos tuos, quorum numerum ingentem literis ac virtutibus tuis conciliasti, inuisere teque illis coram spectandum exhibere velis. Sat scio non te penitebit; nam preterquam quod amicis omnibus rem gratam feceris, multa quoque videbis que vidisse iuuabit; praecipue rempublicam qualem (pace aliorum dixerim) nondum in Germania conspexisti.

554. 121. ac *LB*: ad *MS*. 123. p̄ceptori *MS*. 127. humanitatis *LB*.
555. tit. bilibaldvs . . . erasmo α: roterodamo β. 3. intelligeres . . . 4. excidisse α: cerneres me tui oblitum esse minime β. 5. impressoribus illud tradas α: potissimum illic impressoribus tradetur β. 6. etiam α: vt etiam aliquando β. 7. tibi *om.* β. 8. numerum ingentem α: non paruum numerum β. 10. omnibus *om.* β. 11. praecipue α: in primis β.

Proinde etsi regio ista annis elapsis ob crebra bella latrociniis infesta esset, nunc tamen omnia pacata ac tuta sunt adeo vt nil tibi de securitate timendum sit. Fac igitur vt voti compotes euadamus; qua re nil gratius nobis euenire poterit. Vale, mi optime Erasme, felix non minus omnibus eruditis quam tibi ipsi saluus et superstes, et quid moliaris aliquando rescribe. Iterum vale.

Nurenbergae 20 die Martii Anno 1517.

556. From Beatus Rhenanus.

Deventer MS. 91, f. 117 v°. Basle.
LB. App. 119. 22 March 1517.

[The date is confirmed by the contents.]

BEATVS RHENANVS ERASMO ROTE. S. D.

Impendio magis de tuis honoribus et felicitate gratulor quam de meis ipsius vnquam commodis gaudere possim. Nam cui non placeat virum tam absolute doctum comprobari, magnifieri, ornari, summum a summo, hoc ⟨est⟩ eloquentissimum a potentissimo Principe? Narrant qui isthinc ad nos ventitant omnes, quam tu sis Regi Carolo mirum in modum charus, quam suspiciant te torquati isti, quam reliquus aulicorum grex obseruet, denique quam te singulariter colat, vt est quisque vel virtutis studiosior vel litteris ornatior. Proinde breui futurum speramus vt qui hactenus tot improbis laboribus, tot vigiliis, recta litterarum studia adiuuisti idque tam egregie, non ita multo post autoritate tua sis condecoraturus. Nam si litteras ornare volet Carolus, ecqua tandem re huius studii clarius experimentum dare queat quam si te ad illustrem aliquam dignationem auxerit? in quo tantum est eruditionis, tantum eloquentiae, tantum iudicii, quantum mirari quidem possimus omnes qui vbilibet gentium in hoc stadio decurrimus, at nullus adhuc fuerit adsecutus, nescio an quispiam sit adsecuturus. Sic Leo Ro⟨manus⟩ Pontifex nuper M. Musurum archiepiscopatu donauit, liberalissimus princeps virum doctissimum. Porro Christophorus Basiliensis episcopus optime de tuis litteris sentire et honori-

555. 13. ob crebra bella *om. β.* infesta esset *α*: infestaretur *β.* 14. pacata ac *om. β.* adeo . . . 15. euadamus *α*: Secure igitur, dumodo volueris, ad nos accedere poteris *β.* 16. euenire poterit *α*: efficere poteris *β.* 17. felix *om. β.* diu *ante* superstes *add. β.* 18. quid . . . 19. 1517 *α*: si aliquando ocium nactus fueris, quid et quemadmodum agas rescribere non dedigneris. Ex *β.* moliaris *coni. LB*: melioris *α.* 556. 4. est *add. LB.* 6, 7 *bis.* quam *LB*: quasi *MS. ter.*

556. 18. Musurum] Cf. Ep. 223. 4 n. The precise date of his elevation to Monembasia is not known. It is said to have happened *nuper*, in an undated preface to the Aldine Pausanias, July 1516 (Legrand i, p. 144).

ficentissime praedicare non cessat. Amant te studiosi, suspiciunt cuncti. Ipsa nunc, quod aiunt, Musa viuit, omnes graecantur. Rodulphus ab Hallewila, animo genteque nobilis et cathedralis templi hic aedituus, in Graecanicis rudimentis addiscendis repuerascit, quinquagesimum quintum, ni fallor, annum egressus.

Volaganius noster Hebraicarum Institutionum libros tres proximo mense est aediturus. Excudit hac hyeme typis suis Frobennius cuiusdam Coelii Lectionum Antiquarum libros XVI: in quibus si quicquam est eruditum, id autoribus e quibus sublegit acceptum referri debet; nam ipse plane est iudicii infelicis et quod ad stilum attinet neque maturus neque multum sanus. Ostendunt hoc eius infantissimae praefationes; nihil enim aliud ex eo degustaui. Vidisti tu hominem Patauii; nam illic diu priuatim docuit, sed obscuri tum nominis. Quam estis plusquam Cicerones, plusquam Lysiae, plusquam Demosthenes ad hunc comparati tu et Rodolphus Agricola! sed ad quem non? Huttenus e Bononia mihi nuper scripsit. Cupio te semper incolumi valetudine et integra fortuna viuere, mi pater et praeceptor. Saluta Io. Smyth, optimum adulescentem. Commenda me D. Dorpio et Aegidio Anwerpiensi secretario. Misi Philippi Melanchthonis ad te carmen, iuuenis illius vndiquaque doctissimi. Bene vale, eloquentissime vir, et tuum tibi Beatum commendatum habe. Basiliae XXII. Martii 1517.

557. FROM BRUNO AMORBACH.

Basle MS. Amorbachiana. ⟨Basle.⟩
⟨c. 22 March 1517.⟩

[A rough draft by Bruno in the Amorbachiana (see p. 343); probably contemporary with Epp. 556 and 561, and perhaps written before Capito had decided to inform Erasmus about the Franciscan.]

---

556. 22. Musa] Cf. *Adag.* 2223,4.

23. Hallewila] John Rudolf (c. 1462—12 Feb. 1527), of Hallwil in Aargau, was provost of the cathedral and also from 1508 of St. Ursicin's at Basle (Basle MS. G. II. 33. 30). The former office he had resigned by 1518, in order to have more leisure for study; see Capito's *Hebr. Inst.*, f°. A^3 (l. 26 n.), with a eulogy of his industry. He remained canon and custos of Basle until his death; the date of which is given by his monument in Basle cathedral. See also BRE. 188 and 196; and cf. Ep. 561.

26. Volaganius] Perhaps an intentional simplification of *Volfgangus*; cf. Ep. 459. 172–5.

Institutionum] Two books of these were published by Froben in Jan. 1518.

28. Coelii] Cf. Ep. 469. 8 n.

32. praefationes] Cf. Ep. 469. 8 n.

33. Vidisti] This seems intended as an inference rather than a statement. The truth of it cannot be established with certainty from Lond. xx. 53, LB. 742. In the *Adagia*, ed. Nov. 1517, p. 15, Erasmus speaks of meeting him at Ferrara.

36. Huttenus] This letter is lost. Hutten was in Italy from the autumn of 1515 to the summer of 1517. He was in Rome until the summer of 1516 (HE. 33 = RE. 229), when he went to Bologna.

38. Smyth] Cf. Ep. 276 introd.

40. carmen] Ep. 454.

Qvod iterum te, doctissime Erasme, ἀγράμμασι γράμμασι obtundo, partim fit ne indiligens amicicie nostre obseruator videar, partim vt a te nonnihil litterarum importunitate mea extorqueam. Tanti enim tuas litteras facio vt ne Chresi quidem opibus commutarem; quas a te mihi missas etiam ipso auro penitius recondo. Quare vel hac vna ⟨re⟩ me affatim diuitem duco, si scrinia tuis politissimis simul et eruditissimis litteris refersero. Est apud nos frater quidam ex secta eorum quos Franciscanos vocant, qui tamen in Hebraicis in Testamento tuo calumniari molitur, asinus prospectum.

Volui hec te monere. Nam Beatus et Fabricius, homines in litteris maximi, in tam paruis te monere dedignantur.

558. From William Warham.

Deventer MS. 91, f. 108. — Canterbury.
LB. App. 121. — 24 March ⟨1517⟩.

[1517, because of Charles' approaching departure for Spain. Erasmus' expectations are clearly those from Francis I and Charles.]

GVILIELMVS CANTVARIENSIS ARCHIEPISCOPVS ERASMO S. D.

Erasme doctissime, litteras dignitatis tuae Idus Februarii, in quibus ipsa ostendit quantae sibi spes vndique arrideant, accepi; ex quo nuncio vtinam plene et solide tuae felicitati gratulari possem, ipsa re tam praestita quam promissa. Nemo est enim omnium cui magis benefactum cupio. Quod si spes illae certo videntur successurae, non dissuadeo quin dominatio tua fortunam fauentem complectatur et foueat; qua in re quodcunque acciderit, talem ipsa me semper experietur qualem me futurum praesenti sum pollicitus, hoc est amicum immobilem in omne tempus et euentum. Inuitarem D. tuam ad celerem reditum in Angliam, vt in hoc secessu meo a rebus forensibus dulcissima consuetudine tua frui possem. Sed tantas spes interrumpere nolo occasionemque dare amittendae fortunae, quam in eo est vt tua D. plena manu apprehendat. Verum si post discessum Principis huc respexerit, mea cura erit secessum studiis commodum prouidere.

De pensione non est quod sollicita sit. Misi ad Maruffum intra decimum diem retro proximum, vti pecuniam ad te transmissam curaret: qui suscepit in se munus transmittendi sine foenore et diminutione, modo et forma qua inter D. tuam et ipsum est con-

557. 6. re *addidi in fine lineae*. 558. 17. trasmissā *MS*: *corr. LB.*

557. 9. asinus] Cf. *Adag.* 264: 'dici solitum in eos qui ridendo titulo quempiam calumniantur.'

558. 1. litteras] Cf. Ep. 543. 1.

10. D.] Cf. either l. 1 or l. 6. Ep. 387. 12 indicates the latter.

16. pensione] The Aldington pension was due at Lady Day; see Ep. 255.

uentum. Si quid est aliud quod ego in rem D^{is} tuae facere possum, sibi ipsa deerit, si non confidenter a me expostulabit.

Vale ex Cantuaria 24 Martii.

559. From Sebastian Giustinian.

Deventer MS. 91, ff. 97 v° (a) and 214 (β). ⟨London.⟩
LB. App. 249. ⟨March 1517?⟩

[There are two copies of this letter in the Deventer MS., by Hands A and B. The latter has been so abundantly corrected by a contemporary hand that I have divided its siglum into β^1 for the first hand and β^2 for the second. The text of a is on the whole the better; I have therefore given it the priority, correcting it where necessary from β.

The date is debateable. Mr. Nichols places it in Oct. 1516, supposing, in consequence of the error about the dedication of Jerome (l. 26), that Giustinian had not yet seen a copy of that work; but see l. 27 n. Dr. Reich assigns it to May 1517, just after Erasmus' return from England. The opening sentence implies, however, that Erasmus had been absent from England for some time, and as this is clearly the letter for which Erasmus asks in Ep. 584. 43, 4, I incline to suppose that Giustinian was writing just about the time of Erasmus' coming to England, that the letter was sent to Brussels and back again to England to More's address, arriving after Erasmus' departure: and that hence he writes to More asking that the letter should return once more to Brussels. Under this view the Deventer MS. preserves, not the letter originally despatched, but an undated copy from the rough draft. This was sent with Epp. 590 and 591, in response to Erasmus' request in Ep. 584; and thus falls within the narrow limits of time during which Hand B was copying for Erasmus.

Sebastian Giustinian (1460 — 13 March 1543) belonged to a Venetian family which traced its descent from Justinian II. After serving as ambassador to Hungary 1500–3, and Poland 1505, and as Governor of Illyria 1511–12, he was sent as resident ambassador to England, Jan. 1515—Oct. 1519. On his return to Venice he was made a member of the Council; and went as ambassador to France in 1526 and 1529. In 1540 he became Procurator of St. Mark. See his life, prefixed to a selection of his despatches, by Rawdon Brown, 1854. Erasmus made Giustinian's acquaintance, probably in 1515 or 1516, and sent him a copy of the *Nouum Instrumentum* (Ep. 461. 3–5).]

SEBASTIANVS IVSTINIANVS, EQVES, ORATOR VENETVS, ERASMO ROTERODAMO S. P. D.

Pvtabam, mi Erasme, te discedentem non diu hinc a[f]futurum; quod si diutius abesses, sperabam saltem absentiae tuae litteris damna resarciturum. Nunc vero videmus te neque praesentem verbis posse nec absentem litteris velle nobis nostraeque mederi aegritudini, qui nulla re magis quam tui desyderio dolemus et angimur. Quod adesse non possis, quod nos coram solari non liceat, tuarum plane rerum condicionem, quae tuum fortasse minime patiuntur reditum, causari voluimus. Quod vero nolis litteris saltem tuis desyderio nostro consulere, tibi certe non succensere non possumus; quandoquidem nullum vitae tempus officio vacare debeat, neque tantum tibi reor esse negocii quod queat animum tuum a

559. tit. $a\beta^2$: rhoterodamo β^1. 1. discedente β. 2. qđ a : Quem β. 6. β : posses a. 8. $a\beta^2$: volunus β^1 nobis β. 9. non *post* certe a : ideo β. $a\beta^2$: possimus β^1. 10. officio $a\beta^2$: *om.* β^1. $a\beta^2$: debent β^1.

nobis amiciciaeque nostrae studio reuocare: quam semper integram, nisi desueris aut recideris, perpetuamque seruabimus. Potes nos, Erasme, iucundissima consuetudine tua qua frui diutius sperabamus, potes epistolis, potes suauissimis ingenii tui priuare delitiis; at memoriam tui nominis gratissimamque amicitiae nostrae recordationem, quam semper viui seruabimus, animo delere oblitterareque certe non poteris. Hoc cibo, si alio non sinas, noster pascetur animus. Idque agendum duximus quod parentes cari⟨s⟩ orbati pignoribus efficere nonnunquam consueuerunt, qui cum illis frui nequeant, eorum facta recensent, eorum dicta ad memoriam reuocant, pictura effigiem parant, vt tum reminiscentia operum tum contemplatione imaginis suam quoquo modo possunt solentur orbitatem: ad diuinum proinde illud tuum Adagiorum (cum te frui non liceat) opus confugimus, epistolas aliquot tuas ad Leonem Pont. Max., cui Hieronymum tuum (vt ais) renascentem consecrasti, ad quosdam etiam Cardinales, ad Moecenatem postremo tuum, Cantuariensem Archiepiscopum, assidua lectione prosequimur; quem videmus abs te vbique tam studiose pictum tamque affabre excusum, vt tanti sit nominis quantum tu illi virtute arteque cudendo conciliaris. O quam bene vtrique consultum est, ei quod abs te celebrari contigerit, tibi qui in eo celebrando celebrari volueris et, dum illius excubas laudibus, immortalitati tuae consulis.

Mirum est profecto quid quantumque felici ista tua cuditur officina; Cantuariensem siquidem hunc tuum, hominem plane communi fato obnoxium, Britanniae contentum finibus, tanquam numen adorandum proponis, immortalem efficis ac per totum orbem diffundis. Dignus est sane quem tua incude, tuo studio tuisque laboribus optimo quodam iure dignatus sis; quicum optime actum dixerim, talem nactum esse Phidiam, talem Apellem ac Pyrgotelem, qui eum sculperet, pingeret atque ex aere duceret. Qui tametsi suomet clarus sit lumine, nemo tamen inficias ierit per te tuaeque virtutis splendorem clariorem editum. Ego illum equidem tanti feci tantique

13. $\alpha\beta^2$: desineris β^1. *LB*: perpetuam α: perpetuumꝙ β. 14. iucundissima *supra* iucundissime α: iucundissime β. 15. at α: ac β. 16. grauissimamque β. 22. vt α: & β. 25. β: confugiemus α. 26. ais $\alpha\beta^2$: eis β^1. 27. $\alpha\beta^2$: tantuariensem β^1. 29. β^2: excussum $\alpha\beta^1$. vt α: & β. 30. ille β. $\alpha\beta^2$: concilieris β^1. 31. vtrique β^2: vmque α: *om.* β^1. 36. tanquam $\alpha\beta^2$: *om.* β^1. numen α: numem β^2: ommem β^1. 38. tua *LB*: tuo $\alpha\beta$. 40. Phidiam β^2: Psidicē α: psidicem β^1. Pyrgotelem *scripsi*, *cf. Plin. N. H.* 7. 37. 125: Pergotelem α: Progotelem β: Protogenem *LB*. eū α: em̄ β. 41. clarus $\alpha\beta^2$: durus β^1.

25. epistolas] Epp. 333–5.

26. vt ais] Ep. 335. 327 seq.

consecrasti] An error, doubtless based on Ep. 334. 155.

27. Cantuariensem] Probably Ep. 396, in spite of the error just noted. From its position at the end of vol. i of Jerome, Giustinian might well have failed to comprehend that it was the preface to the whole edition, and have given precedence to Erasmus' intention announced in Epp. 334,5.

facio, quanti fieri debere existimaui ; debet siquidem plurimi. Nunc tuis formatum studiis mirum est quam mihi corde impresseris, non vt in aes incisum sculptumue marmore simulacrum, in quo nil nisi opificis probatur manus ; tua vero hac sculptura opificis aeque et operis depromitur virtus, non sine quodam mirantium in vtrumque vestrum affectu, vt illum ita nunc amem et colam quem ⟨vix⟩ videar antea dilexisse. Te vero ita admiror, quem vix hominem putem. Nec me mei piget certe iudicii, qui viros huiusmodi duxerim obseruandos ; quorum alterum ob insignes eius virtutes, admirabilemque doctrinam et sapientiam veneratur et suspicit orbis tuae vocis preconio ; alterum vero, qui bonarum artium disciplinis, morum integritate, incomparabili dicendi facultate nulli omnino sit conferendus, et pro nouo quodam hac tempestate miraculo habendus.

Et vt ad rem vnde digressus sum redeam, his tuis pascimur analectis, quandoquidem quotidianis nos tuae mensae defraudas obsoniis : puros delibabimus latices, nisi Falerni quicquam tui, cuius tibi pocula seruas, nobis impartire volueris. Hoc poterit desyderatae tuae consuetudinis damna resarcire, vnde tantum hauriemus quantum ab huiusce † sit nos possit iniuria vindicare. Quicquid interim ex ditissima istae tuae bibliothecae supellectili apud nos esse voluisti, perlegemus, amplectemur studioseque seruabimus, ne ei quam tui fecimus iacturae, hoc quoque damnum accumulemus, vt scriptorum prorsus tuorum lectione careamus. Non te expetimus, nisi ex tuo tuarumque rerum vsu sit huc proficiscendum ; non tuas quecunque sint facultates querimus, quibus non indigemus : litteras duntaxat tuas efflagitamus, vnde suauissimos istos tuos lepores [quos] ceu ex amoenissimis pratis iucundissimos flores excerpi liceat, quibusque corollas nacti, doctarum frontium premia, pascere animum et aegritudini huic nostrae mederi valeamus. Quos quum nostro fortasse languori conferre minime posse putas, quibus nullam omnino vim ad curandos natura conciliat morbos, quandoquidem primis illis vnde vis medicine paratur qualitatibus vacent, vanam a nobis expeti medicinam arbitraberis. Quod non esset rationi absonum, mi Erasme, si capitis me aut stomachi pati dolorem anhelitusue premi angustia, torqueri torminibus, seu citam effluere aluum, quam sisti oporteat.

46. aes *β* : eo *α*. 49. *β* : effectu *α*. quem *α* (q̄) : quum *β* : quam *LB*. 58. ancilectis *β*. 62. huiusce *αβ*² : huius ce *β*¹. sit *αβ* : sic *LB*. 63. *αβ* : ista *LB*. *αβ*² : apus *β*¹. 64. seruabimus *α* : scrutabimus *β*. 71. corollas *LB* : corolas *αβ*¹ : corollis *β*². nacti *scripsi* : necti *αβ* : *nisi forte, sicut ad initium Ep.* 398 *suspicatus sum, verba quaedam ex marginali spatio ad loca non sua sunt translata ; adeo vt ita sit scribendum* : 69. lepores ceu . . . 70. liceat et quasi in corollas necti . . . 71. premia, quibusque pascere. 71. frontiū *β*² : fontiū *β*¹ : foemīaꝝ, *a nescio quo, forsitan a prima manu, erasum α*. 73. putas *α* : putes *β*. 75. medicine *β* : mediāte *α*. 77. *LB* : hanelitus ve *α* : hanelitusue *β*. 78. quan *β*.

71. doctarum] Cf. Hor. *C.* I. I. 29.

existimares. Non huiusmodi languoribus excrucior, sed is morbus est animi; me vehemens quidam absentiae tuae exagitat dolor, quem cum primum desierim amare, desiturum non dubitamus. At quonam pacto te desinam amare viuens, nisi desinat in te esse quod amem? Te vero cum caream, qui abunde mihi suppeditare potes quod amo, necesse est certe quod doleam. Verum non doleo amare quo careo, sed doleo carere quod amo. Verum mihi certus eris Esculapius. Meo scite medeberis morbo, si quod amo praestiteris, sed nunquam eximes quod doleo, nisi exhibeas quod amo; nam me meus destituet dolor, si te mihi restituet amor.

Hactenus iocari licuit; sed quae his recondita sunt iocis dicta, seria puta. Nil ex te cupimus magis quam tuas litteras aut quaecunque tua cudi solent officina, quae delicias Latinae linguae solemus sepe dicere. Non est cur me litterarum tuarum priues munere, quibus tuam tum animi tum corporis valetudinem, nec non quo pacto se tecum fortuna egerit, rescire valeam. Non possum plane non dolere praesentium temporum condicionem, quibus non perinde tecum agi sentio ac decere puto; neque lumen discerni a tenebris, sed laurum subigi auro, et tritam esse ei diurnam cui trita sit nocturna lucerna. Si meo voto viuerem, Erasme mi, sique mihi aspiraret fortuna quae velorum meorum intenderet compleretque sinus, efficerem profecto vt non summum illum tuum Cantuariensem Moecenatem diceres, sed ab aliis tu Moecenas dicereris. Vale.

560. From Peter Mosellanus.

Deventer MS. 91, f. 158. — Leipzig.
LB. App. 120. — 24 March ⟨1517⟩.

[Contemporary with Epp. 553 and 554, which were carried by Croke.

Peter Schad or Schade (c. 1493 — 19 Apr. 1524) of Bruttig on the Moselle about thirty miles above Coblenz (hence 'Mosellanus' and 'Protegensis') was the son of peasants and had great difficulty in obtaining schooling. He matriculated at Cologne 2 Jan. 1512, and was a pupil of Caesarius (p. 172) and Herm. Busch; but at the end of 1513 he migrated to Saxony, where he taught in Aesticampianus' school at Freiberg for a year. In Apr. 1515 he settled at Leipzig and had exceptional success as a teacher of Latin and Greek; and when Croke (Ep. 227. 25 n.) left Leipzig in 1517, Mosellanus succeeded him as University teacher of Greek. Like Erasmus he was strongly hostile to scholasticism and was in consequence the object of many attacks; but he enjoyed the support of Duke George of Saxony, who in June 1520 made him a member of the 'Fürstencollegium' with a handsome salary. He was Rector of the University in 1520 and 1523; but his health was feeble and gave way early under stress of work.

See a funeral oration by his pupil, Julius Pflug, in which emphasis is laid on his lovable character; a life by Justinus Gobler, in Fichard's *Virorum illustrium vitae*, Frankfort, Sept. 1536; a life by O. G. Schmidt, 1867, with a bibliography;

79. $\alpha\beta^2$: langoris β^1. 81. desiturum $\alpha\beta^2$: desiueram β^1. 85. $\alpha\beta^2$: Isculapius β^1. 89. recondita *om.* β, *lacuna tamen relicta*. 90. serio β. $\alpha\beta^2$: tuis litteris β^1. 94. valeam β : valemus α. 95. conditione β. 98. sique α : si q̧ β. 99. $\alpha\beta^2$: vellorū β^1. 100. efficerem *LB* : efficere $\alpha\beta$.

and Geiger in ADB. His writings include some small educational compositions, of which his pupils thought very highly, and some translations from Isocrates, Lucian, Basil, Chrysostom, and Gregory Nazianzen; with an edition of Aristophanes' *Plutus*. Besides thirteen letters enumerated by Schmidt there are three to Capito (1520–23) among the Basle MSS. (KA. C. IV. 5, i. 72, 82, 83).]

PETRVS MOSELLANVS DOMINO ERASMO S.

Qvanqvam tanta mihi a natura insita est verecundia, Erasme doctissimorum ornatissime, vt tibi tuique similibus homo omnibus modis tenuis non nisi iusta occasione prouocatus scribere hactenus sim ausus, tamen vt hoc tempore me ipse vincerem, hoc est fronte perfricta litteras illitteratas Erasmo obtruderem, multae sane fuerunt causae. Primum enim laudatissima tua humanitas, qua etiam absolutissimam istam eruditionem vincere diceris, animum mihi fecit. Deinde velut sponte currenti calcaria subdidit Richardus Crocus Britannus, iuuenis cum imaginibus tum vtriusque litteraturae cognitione non solum in Britannia sua verumetiam Germania nostra maxime clarus, qui in litterariis nostris confabulationibus, quoties tui nominis mentio esset facta (fiebat autem sepe), non destitit suadere, hortari, vt me tibi insinuarem; neque enim hoc vel tibi fore ingratum vel mihi poenitendum, nempe quod te sit humanior nemo neque quisquam καὶ τῶν πολλῶν magis omnibus sit expositus. Aiebat praeterea noster Crocus se ita Erasmo coniunctum, vt epistolae nostrae vel hoc nomine locus esset futurus istic honoratior, quod a se apportaretur; iam tum enim hinc in patriam soluere parabat. His quasi stimulis excitatus calamum arripui, haec vtcunque scripsi, Croco perferenda dedi.

Qua re si quid est peccatum, tuo Croco in nostra culpa ignosces; is enim huius audaciae mihi author fuit (quod Greci dicunt) κορυφαῖος. Tum et nostro erga te amori dabis nonnihil, qui quam sit magnus, hoc argumento facile assequi potes, quod, dum se tibi insinuare pergit, temeritatis personam gerere sustinuit. Postremo si ne haec quidem fecerint satis, ad Theophrastum confugiam, qui hanc meam (si ita vis) petulantiam, qua tuae amicitiae candidatum ago, honestiori interpretatione palliabit dicetque apud tuum Plutarchum πάντων μάλιστα δεῖν κοινοὺς τῶν φίλων εἶναι τοὺς φίλους. Sunt adeo communes mihi tecum amici multi, nec ii gregarii, vt in ordinem redigere possis; imo Capnion ille eruditorum ἄλφα, Bilibaldus Byrchemerus, vir inter doctos honoratissimus, Philippus Melanchton, iuuenis vel tuo calculo probatissimus; quos omnes si non excludis, et Mosellanum illis iam ante non ingratum in eorum album asscribere saltem digneris qui vt tuarum lucubrationum sunt studiosissimi, ita

9. linguae *post* vtriusque *ab amanuensi obelis notatum add. LB*; *cf. Ep.* 391. 58 *n.*

26. Theophrastum] *Fr.* 75: *ap.* Plut. *am. frat.* 490 E; quoted by Erasmus in *Adag.* I.
33. tuo calculo] See p. 319.

et te earum authorem amare gestiunt maxime. Bene vale, vnicum nostri seculi decus. Lypsiae, vbi publice vtranque linguam pro viribus docemus. 9 Cal. Ap⟨r⟩il.

561. From Wolfgang Fabricius Capito.

Deventer MS. 91, f. 167 v°. ⟨Basle.⟩
LB. App. 122. 24 March 1517.

[Contemporary with Ep. 556, because of the *Hebraicae Institutiones*. In the quotations from this, ll. 19–51, *a* in the critical notes = the printed book.]

WOLPHANGVS FABER DOMINO ERASMO S.

ALTERVM locum e scholiis aduersus cauillationem, vt mihi videbatur, minus tutum cuiusdam obscuri hominis procacitas interea demonstrauit, subinde notans modestiam tuam et incomparabile istud ingenium, multo tamen insolentius Oecolampadium, quem tu alicubi fateris in Hebraeis diiudicandis tibi adiutorem; 'Erasmus' inquit, 'in Graecis multos taxauit, taxandus et ipse in Hebraeis,' et reliquum id genus improbitatis: quod ineptus iste tanquam a me fauorem captaturus, litteris ad me datis illeuit tam verbose quam impudentissime. Locus est Mathei primo capite, vbi videris refellere diuum Hieronymum in dictione videlicet הָרָה, pagina 237: 'הָרָה' inquis 'diuus Hieronymus *concipiet* vertit, cum tamen, vt Hebraici apices, duo scilicet camez, indicant, praesentis sit temporis. Preteriti autem esset, si vnum foret camez.'

Excitatus partim hominis istiusmodi petulantia, partim casu quodam, tres libros paro Institutionum in litteras Hebraeas. In primo autem libro, 14 capite, vbi de natura punctorum exposita quaedam indico, huius prophetiae locum exemplum habui, canone videlicet 2°. Cuiusmodi linguae sanctae proprietatis te obiter admoneo. Canone primo ita scripsimus: 'Preteritum perfectum ferme habet sub priore kametz, et sub altera patha, vt שָׁמַר, atque eadem puncta per omnes personas vtriusque numeri custodiunt.' Et post alia canonem 2m, qui magis ad rem est, posui ipsis verbis in he et aleph exeuntibus in hunc modum: 'Nullum preteritum verbum in aleph vel he vltimam finiens admittit patha sub proxima litera antecedente, id est in posteriori syllaba, peculiariter autem kamez, adeoque perpetuo requirit, vt הָרָה, *concepit*. Ita enim legitur Esaiae 7timo capite: quam sententiam tanti prophetae lubet explicatius

561. 10. הָרָה *LB*: הָוָה *MS.* הָרָה *Annot. in N. Instr.*: הָוָה *MS.* 12. duo *Annot. in N. Instr.*: due *MS.* 19. ferme *MS.*: plerunque *a.* 20. et *add. a.* שָׁמַר *MS.*: אָמַר, dixit, שָׁמַר, custodiuit *a*: אָמַר *LB.* 25. posteriore *a.* 26. הָרָה *a LB*: הָוָה *MS.* 27. quam *om. a.*

561. 2. hominis] A Franciscan; cf. Ep. 557. 7–9.

disquirere. Nam diuus Hieronymus post 70 interpretes הָרָה *concipiet* vertit, futuro nimirum verbo, secutus peruulgatam inter Iudeos traditionem, cuiusmodi citant e grammatica, vt ipsi vocant, לוּחות. Ad naturam, inquiunt, ac tempus primi verbi, quotquot sunt cuiuscunque temporis consequentia sub eadem periodo, quam פָּסוּק vocant, exponantur. Sic in huius loci prophecia legitur, לָכֵן יִתֵּן אֲדֹנָי הוּא לָכֶם אוֹת הִנֵּה הָעַלְמָה הָרָה וְיוֹלֶדֶת בֵּן וְקָרָאתָ שְׁמוֹ עִמָּנוּ אֵל׃

'Vbi primum verbum, יִתֵּן, id est *dabit*, futurum est; ideoque הָרָה, *concepit*, quod est praeteriti temporis, ac rursum יוֹלֶדֶת, *parit*, praesentis, non pauci neque indocti tanquam futura etiam nunc solent exponere,' quibus regula isthaec exponendi probabilis apparet; eam tamen ceu minus e dignitate linguae sanctae argumentis non omnino vanis excludo, subiecta protinus tui defensione aduersus plebeiam inuidiam. Patriciam enim ipse iamdudum exuperas, atque ego sum abunde satis ad praestandum similes, vt dicitur, labris lactucas. Indoctus cum indoctis pugnabo, vt suum ollae operculum congruat. Verba subyciam: 'Iamdudum intelligis' inquam 'eum non loqui, vt dicitur, per parietem, qui huius propheciae quodlibet verbum ad suam reddidit naturam, contra vulgarem exponendi morem Iudeorum, quo referunt totius sententiae verba semper sequenda ad primi naturam'. Et post alia te adduco tanquam meae opinionis adstipulatorem, ita scribens: 'Neque Erasmus noster, ⟨vir⟩ felicissimae censure, huic formulae exponendi, quae verba posteriora totius distinctionis ad primum ita torquet, multum videtur tribuere.'

Boni consulat admirabilis tua eruditio huiusce meam confidentiam vel, si ita videtur, improbitatem, qui ausim inani loquacitate tantopere tuis studiis obstrepere; ignosce, inquam, imperitiae tam nugacis amiculi, quem ad tantam audaciam humanitatis tue dulcedo, qua temperas nobis immensam ingenii tui maiestatem, pellexit. Caeterum nouos tibi amicos ex operibus vt eruditione infinita ita et religione synceriore eximiis etiamdum paris vel absens. Apud Basileam

28 *et* 35. הָרָה *a LB*: הוֹהָ *MS.* 29. forte *post* secutus *add. a.* 30. לוּחות *a*: לוּזוּת (?) *MS.*: דקדוק *LB.* 32. *a*: פסוּק *MS.*: הפסק *LB.* 33, 4. *Verba Hebraica secundum a dedi, quia nimium deprauauit amanuensis.* 35. יִתֵּן *a LB*: *om. MS.* 36. יוֹלֶדֶת *a*: יֹלֶדֶת *MS., LB.* 44. vt *MS.*: quod *a.* 46. contra . . 47. naturam *MS., LB*: plebeio more Iudaeorum exponendi videlicet ad primum verbum sententiae caetera quae subsequuntur . . . dissimulato *a.* 49. vir *add. a.* 51. videtur tribuere *MS., LB*: tribuit *a.* 58. *Quibus verbis iungenda sint* apud Basileam *vix liquet, quandoquidem deest vtrobique punctum.*

28. Hieronymus] vol. v. f. 15, ed. 1516.

33. prophecia] Is. 7. 14, which reads וְקָרָאת.

37. neque indocti] Matthew Adrian the Hebraist, and Gregory Reisch (Ep. 308) are cited in support of Capito's view: *Hebr. Inst.* f°. I².

42. similes] Cf. *Adag.* 971.

43. operculum] Cf. *Adag.* 972.

44. Iamdudum] *Hebr. Inst.* f°. I². loqui] Cf. *Adag.* 2354.

47. post alia] *Hebr. Inst.* f°. I² v°.

Ioannes Rudolphus Halwilerus, canonicus iste, quem bonis litteris parum propitium putasti, totus est Erasmicus. Quinquagenarius scholiis operam dat, atque hac hieme Grecae linguae rudimenta probe didicit, quo sit idoneus ad Nouum Instrumentum. In summa Erasmum loquitur, vbique Erasmum somniat; praeterea pronepotulum, maximae spei puerum, Erasmicis iussit imbui deliciis, et in hoc quoscunque potest a te libros editos assequi diligenter comparat. Miratur Moriam atque vnice librum de Principe amplectitur.

Haec scribo vt scias ex vno hoc coniicere quanti te ceteri faciant, quantumque optimo iure venerantur omnes absolutum istud virtutis et eruditionis specimen, quod insculptum tam immensis operibus orbi credideras diiudicandum. Aliquando scribam diligentius maiore ocio praeditus. Vale 3^a feria post Letare 1517.

Vrget abitum Frobenius.

[457]562. From John Reuchlin.

Deventer MS. 91, f. 123 v°. ⟨Tübingen ?⟩
LB. App. 123. 27 March 1517.

IOANNES REVCHLIN ERASMO RO. S. D. P.

Ad ea quae vi Cal. Septembres inter predones litorales Calecii extempore mihi scripsisti, non etiam consultis omnibus musis possem pari dignitate respondere, adeo ex ore tuo genialis scaturit eloquentia. Vnde subrubesco mearum aliquid ad te dare, nec facile adducor vt crebro dem, nisi Iouem lapideum iures de mea ineptitudine boni consulere; ne illud veteris cautelae audiam, Si tacuisses, philosophus mansisses. Id de me ne dubites, Erasme spes nostra. Sum erga omnes reliquos audentio⟨r⟩: quod se tuis offert oculis in praesentia, quando ad te mitto hunc librum de Arte Cabalistica Leoni Papae decimo a me dicatum. Quem si lectione tua dignaberis, desyderare comperies Erasmi limam; tamen mihi temperare non potui, quantumuis infans, ne non et ego ei musarum summo praesidi, cui nostra aetate scriptores qualescunque sua dedicant, vel has barbaras hominis Sueui operas pariter offerrem.

562. 8. audentior *LB*.

561. 60. parum propitium] In the *Hebr. Inst.*, f^o. A^3, Capito praises him for devotion to 'vetustior theologia'.

63. pronepotulum] Hartmann of Hallwil, to whom the *Hebr. Inst.* are dedicated. In the winter of 1520–1 he was at Mainz (Basle MSS. KA. C. IV. 5, i. ff. 121 v° and 34); and in May 1523 at Leipzig (ibid. i. f. 82), where he had matriculated in the summer of 1521. Six letters from him to Mathias Erb, the last dated 6 Jan. 1542 from Hallwil, survive (ibid. iii. ff. 2–7). On 10 Aug. 1544 Pellican visited him at Brugg (CPR. p. 165).

72. abitum] To the Frankfort fair.

562. 5. Iouem] Cf. *Adag.* 1533.

9. de Arte] Cf. Ep. 500. 20 n.

De sancto sacrorum praesule ac optimarum litterarum antistite Roffensi hoc velim pernoscas, me virum eum non modo, vt certe debeo, valde reuereri, sed amare non minus etiam. At metuo a tanta laude, tuque, si me amas, auerte hominem a desyderio mei. Probe nosti quam minuunt praesentia famam. Qui me vbi coram viderit, si tum, vt fit aliquando, fastidire inciperet, dii male vortissent. Iussi Thomae Anshelmo e nundinis istis Martiis ad vtrunque vestrum cum his meis litteris Cabalistica nostra dare. Acceptis tu eis alterum tibi librum retineto monumenti mei loco, alterum Roffensi nostro diligenter mittito, vt sentiat tuae de se commendationis nos minime oblitos.

Proficiscor peregre ab itinere fessus: quare nunc ad te nequeo pluribus. Postquam domum rediero, neglecta resartiam permittente Deo, qui te felicissime conseruet opto. Vale feliciter et hec vota mea cum reuerendo Episcopo Roffensi communicato.

27 die Martii Anno 1517.

563. From John Oecolampadius.

Deventer MS. 91, f. 107. Weinsberg.
E. p. 198: F. p. 332: HN: Lond. vii. 42: LB. 238. 27 March 1517.

[The occurrence of this letter in the Deventer letter-book is sufficient confirmation of the year-date given by the printed editions. Lond. vii. 43, LB. 354 is the reply.]

ERASMO OECOLAMPADIVS S.

Vbinam te locorum, gloria mea, dulce decus meum, inquiram? Cui incerto nuncio certissima desyderia, vt desyderatissimo Desyderio exponat, credam? Tabellio comparet nullus; at quid opus tabellione literis rusticanis et incultioribus quam vt coram ornatissimo prodeant Erasmo? Possent, fateor, gerrae meae intra speluncae meae angustias contineri; sed amor violentior est, secum habitare nescit, silentium fert minime: parum illi studia curaeque suae, nisi ab amato cognoscantur. Vbi ergo te gentium offendam? Iam quibus diuitiis locupletem esse, quibus voluptatibus frui licebat Basileae, absens et sero cum Phrygibus intelligo. Sed frustra Ἀδραστίαν corrigo. Sat praesens eris, si sciam te scire animo nos seiungi posse nunquam. Haeret alioqui tua maximi herois virtus et obuersatur in oculis (Hebraico tropo ignosce) pectoris mei, viuit amor, flagrat virtus,

562. 19. minuit *LB*, *perperam*. 28 *n*.
563. TIT. DECOLAMPADIVS *MS.*; *cf. Ep.* 575. 3. at *MS.*: ac *F*. 12. *MS.* N^2: obseruatur N^{13}.

562. 26. peregre] Geiger, RE. 237, suggests that Reuchlin may have been visiting Anshelm at Tübingen.

563. 6. habitare] Cf. Pers. 4. 52. 10. cum Phrygibus] Cf. *Adag.* 28. Ἀδραστίαν] Cf. *Adag.* 1538.

suauiloquentia adhuc oblectat aures, obstrepit τῶν παροιμιῶν frequentia, subtinniunt virorum optimorum laudes, Mori ciuilis, inquam, et Coleti religiosi. Insonant epiphonemata, illud inprimis, illud laudatissimum, illud aureum, nihil in sacris literis praeter Christum quaerendum. Tamque praesenter haec adsunt vt adhuc ab ore tuo pendere mihi videar neque mihi ipse ipsi esse praesentior.

Obliuiscor subinde meae humilitatis in te admirando occupatior, quoties paruulum illud, sacrum tamen et dulcissimum amiciciae monumentum, ἀρχὴν τοῦ εὐαγγελίου κατὰ Ἰωάννην deosculatus sum, eoque tacto, quo non aliud sanctius Christianis iuramentum, Erasmo me deuoui. Matri donaturus eram, si non tanti apud me Erasmus. Crucifixo meo Iesu, coram quo preculas effundo, appenderam, vt te tuamque fortunam illi commendarem (ita enim flagitabas et charitas exigit) neque a tui memoria vel inter sacra auellerer. Imprudentius tamen amiculis τὸ κειμήλιον ostentaui, glorians ab amico dulcissimo profectum; vnde factum vt Harpyia nescio quae sublegerit, non mediocri animi mei acerbitate verum citra memoriae tuae periculum. Affixurus eram et epistolium ex Spyris, vt reor, ad me datum, nisi rapaculos timerem; verum secretius lectito, subinde suauians.

Quid haec? Quomodo animo excideret eximium illud amiciciae testimonium et ornamentum, quo Theseum tuum vocas? Quamuis autem tantum onus, ne honorem dicam, male feram, non sum tamen nescius quid discedens promiserim, daturum me operam ne omnino vana super Ecolampadio dixerit Erasmus. Conor quidem, fortasse infelicius. Multum negat sterilis Minerua, multum et ambigua valitudo. Imo et haec multum commodi affert, dum compedibus aureis domi detinet. Hieronymi interpretationes cum Hebraicis confero exemplaribus, quae prope nunquam e manibus seponuntur. Est mecum adulescens paris studii ac ardoris ad quasuis literas, Ioannes Brentius, tui nominis studiosissimus. Paramus πινακίδιον in germana

19. ipseipsi *add. F*: ipsiipsi *add. E*. 29. *E*: Harpyae *MS*. 37. Oecolampadio *E*. 39. Imo *om. E*. 40. detineor *E*.

31. Spyris] Presumably when Erasmus was returning from Basle in 1516 (cf. Ep. 410 introd.); since Oecolampadius had only come to Basle in the previous autumn (Ep. 358. 5 n).

34. Theseum] Cf. Ep. 373. 69.

43. Brentius] John Brenz (24 June 1499 — 12 Sept. 1570) the Swabian reformer. He was born at Weil der Stadt, W. of Stuttgart, and was at this time a student with Oecolampadius in Heidelberg. In 1518 he was teaching Greek there to Bucer (BRE. 79); but in consequence of his attachment to Luther he was obliged to leave. He then became preacher at Hall in Swabia, where in 1527 he published the first Evangelical catechism. He suffered much during the wars of religion; but Duke Ulrich of Würtemberg protected him, and in 1553 he was appointed Provost of Stuttgart. See ADB. The dates of his age are given from the collected edition of his works, Tübingen, 1576–90, in 8 vols.

πινακίδιον] Probably the commencement of Oecolampadius' complete index to Jerome; Basle, Froben, May 1520.

diui Hieronymi opera. Ludo item tragoediam, Nemesin Theophili, sed tardiore incremento dramatis secundi finem necdum vidi, quamuis versus sint prope sesquimille. Rem mediocritati meae imparem aggressus sum, et quem exitum sortitura sit dubito. Proinde eius non meminisse satius fuerat, ne forte in spongiam; sed memor fidei datae non indicare non potui. Dabo enim operam, annuat Deus, ne friuole Oecolanpadium ornarit Erasmus. Crebras ad me dat literas Philippus Melanchthon. Semper tui meminit, semper admiratur, semper commendari tibi rogitat: plane dignissimus Erasmi amore, qui alter futurus est Erasmus facundia, ingenio, eruditione, vita. Si quisquam Germanorum, Erasmum praestabit. Id Beatum nostrum beatius apud te eiusdem nomine egisse non dubitarim. Me vero hac epistola non rhetoris sed amici a fuco plane alieni officium egisse, teque mihi semper praesentem arbitreris, mi Erasme. Vale, optime Erasme, עֲטֶרֶת רֹאשִׁי, hoc est corona capitis mei. Ex specu meo natalicio Vinimontano.

Anno M.D.XVII. VI. Calendas Apriles.

564. From Marian Accard.

Deventer MS. 91, f. 127. Brussels.
LB. App. 124. 1 April 1517.

[The date is confirmed by the supposition that Erasmus was at Antwerp. Cf. p. 526.]

MARIANVS ACCARDVS ERASMO SVO S.

Saepe viricularum mearum infirmitatis conscius, vir excellentissime, mortalitatem mei nominis deploraui. Videbam non modo post fata Leteis aquis famam meam submergi, sed et viuentis nomen tenebris inuolui ac penitus incelebre oblitterari. Caeterum tu famae filius iustae deplorationi meae consulis, qui binis litteris tuis inuita prorsus Minerua fatisque nolentibus mihi immortalitatis ⟨munus⟩ infundis. Nam si scripta tua, quae mortem nesciunt, mei meminerint, quis

563. 45. drā/matis *MS.* 50. *E*: C colāpadiū *MS.* 51. *E*: Melanchilon *MS.* 53. Erasmus *MS.*: Erasmus, si *E*: Erasmus. Quique *F.* , vita, si *E*: , vita si *F.* 55. nomine *E*: nomine apud te *MS.* 56. officio *E.* 58. ראשי . . . est *add. E. In codice tamen spatium reliquit amanuensis, nimirum linguae Hebraicae imperitus.* 59. meo *MS.*: nostro *E.* 60. Anno . . . Apriles *E*: 1517 Kal. Aprilis &c. *MS.* 564. 5. inuitis *MS.*: *corr. LB.* 6. immortalitatis *MS.*, *super* immortalitatē *scriptum*: *hoc restituit LB.*

563. 44. Nemesin] This does not seem to survive. J. J. Herzog, *Leben Johannes Oekolampads*, Basle, 1843, i, p. 123, suggests that Oecolampadius was thinking of his own circumstances; cf. l. 8 seq.

50. literas] Not in ME.

54. Beatum] Cf. Ep. 556. 40.

60. VI] An omission by the copyist is more likely than an addition by the printer.

de nominis mei immortalitate dubitabit? Sed heus tu, multo ambitiosior sum, vt ingenue fatear, quam vel ego exprimere aut tu credere posses. Nam nihil magis est in votis quam quod nostri saeculi homines ignorarent te eo ingenio esse quod multum amiciciae tribuas quodque in amicorum laudibus modum excedas. Posteritati vero facile impones, quae vt in omnibus te verissimum rei litterariae arbitrum agnoscet, itaque† et absque vllo fuco amicos laudauisse sibi persuadebit. Qua quidem spe allectus pudorem quem mihi elegantissime litterae tuae fecerunt, susque deque feci. Non enim inficior quod qui te meque norunt illas legentes in me pauonis pennibus induto graculum inspicient. Posteri vero pauonem fuisse asserent, meque a tanto viro laudatum (ob quod manes mei gestient) felicem iudicabunt. Ago igitur tibi gratias immortaleis immortalis beneficio ⟨tuo⟩ effectus, quod me ab iniuria obliuionis asserueris, et de honorifica mentione mei, quam in litteris ad Budaeum fecisti, cum potero libentissime relaturus. Ego ad praesens tot obruor negociis Siculaeque res adeo me occupatum tenent, vt vix respirandi ocium mihi sit. Cum me extricare potero, ad vos ibo, vt tercius sim in amicicia Erasmi et Petri Aegidii; quo mihi nil charius aut optabilius euenire posset. Interim da, quaeso, ad me litteras et eas quidem quam longissimas. Tuae enim quo longiores, eo gratiores; estque illis peculiare quod nunquam satiant, occupationesque meas statim eleuabunt. Vale, vtriusque linguae facile princeps, meque vt soles ama. Petro Aegidio meo nomine salutem impartire.

Ex Bruxella raptim Cal. Aprilis 1517.

565. FROM PETER BARBIRIUS.

Deventer MS. 91, f. 159. Brussels.
LB. App. 56. 3 April 151$\frac{6}{7}$.

[Not long after Ep. 532.]

PETRVS BARBIRIVS DOMINO ERASMO S.

SALVE, doctissime domine mi Erasme. Binas abhinc aliquot dies abs te recepi litteras; quibus paulo quam aequum forte tibi videri possit tardius respondi. Sed certe id effecit tum adeundi domini mei difficultas, tum mea hinc aliquot diebus absentia. Iucundum sane fuit et Guidoni et mihi tua aliquando hic praesentia, at profecto nobis

564. 14. itaqꝫ *MS*: ? ita vere 17. pennis indutum *scripsit LB.* 20. Ago *scripsi*: At *MS.* ĩmmortaleis *MS.* ĩmmortalis *MS*: immortali *LB.* 21 affectus *LB.*

564. 22. litteris] Ep. 531. 520 seq. 565. 3. domini] Le Sauvage.

iucundissimum est te tametsi damno nostro absentem conualuisse et tam paucis diebus tam multa litteris confecisse. Illud enim tametsi nobis volupe fuit te quotidie videre, tecum ridere, ex tuo ore doctissimo frequenter pendere, nobis tamen solis fiebat: hoc vero quod nunc tam prosperis ventis percurris, sicut nemini potest displicere, ita omnibus est vtilissimum. Ad hoc longe nobis est gratius te absentem bene quam praesentem male habere. De noua pecunia ad nouum Pascha ad te mittenda magnifico domino meo locutus sum. Is mihi respondens suasit vt dilationem vsque Penthecosten aequo ferre velles animo; 'non enim moris est' inquit 'pensiones nisi in fine anni persoluere'. Sed eo tempore non feres repulsam, [non] quominus possis ex sesquianno consequi statum stipendium.

Pro operibus Hieronymi statim mittam pecuniam, vbi ea huc miseris, etiamsi tunc non recepero. Si Moriam cum Hieronymo miseris, remittam simul pecuniam cum reliqua alia. Ipse Guido te benignissime salutat et frater meus. Precor vt magistrum Petrum Aegidium, hospitem tuum suauissimum, cuius consuetudine tam mellita reuixisti, meo salutes nomine. Et tu interim, doctissime domine mi Erasme, bene vale. Bruxellae tercia April. 1516.

[518,19]566. To Leo X.

Epistole elegantes f°. o. — Brussels.
C^{2}. p. 148: F. p. 51: HN: Lond. i. 30: LB. 194. — ⟨c. 4 April⟩ 151$\frac{6}{7}$.

[Epp. 518, 519, 521 reached Erasmus between 11 and 15 March (Epp. 551,2). As he had feared, it was necessary for him to go to England; to receive from the hands of Ammonius the absolution and dispensation granted by the Pope. He left Antwerp about 1 April (Ep. 572. 15 and 16 nn.) and the formal ceremony took place on 9 April in Ammonius' house at Westminster (Ep. 517. 81, 2).

Ep. 565 shows that by 3 April Erasmus had not returned to Brussels since his departure to Antwerp. On the assumption that the place-date assigned to this and Ep. 567 is correct, it may accordingly be inferred that they were written, or at least despatched, by Erasmus from Brussels during a hasty visit on his way to England. This seems easier than to suppose with Dr. Reich that he left such letters as these unanswered for two months after he had received them. Dr. Reich's conclusion, based on Ep. 565, that Erasmus did not visit Brussels when going to England, does not seem to me at all necessary.]

16. non *iugulaui*, quominus *scripsi ex mera coniectura*: nō quō *MS.*, *inter quae* vsqueadeo p *scripsit amanuensis, nec multo post deleuit*: non pro quomodo *LB.*

6. conualuisse] Cf. Ep. 526. 1.

7. litteris] Epp. 529, etc. replying to the invitations from France.

12. pecunia] Erasmus' stipend as Councillor; cf. Ep. 370. 18 n. This is perhaps the occasion referred to in a letter of 22 Aug. 1534 (printed by Miaskowski in Commer's *Jahrb. f. Philosophie*, xv, 1901, p. 334), where Erasmus accuses Barbirius of having once intercepted 100 florins, being a third part of money due to him from Charles' pension. He seems now to have proposed to write off the stipend for 1516 as unpaid, and to begin the payments for 1517 punctually.

Pascha] 12 April.

14. Penthecosten] 31 May.

21. frater] Probably Nicholas Barbirius; cf. LB. App. 155.

LEONI PONTIFICI VERE MAXIMO ERASMVS ROTERODAMVS S. D.

Vt vbique, beatissime pater, incredibilis ista tua bonitas pietasque vincit non solum merita nostra verum etiam vota. Quod meus pudor contractius parciusque rogabat, tua benignitas largius ac prolixius indulsit. Nec illud sane me clam esse voluit, quibus hoc beneficii deberem; cum ipse cuperem in solidum tuae vnius debere sanctitati. Sciebam Regem Catholicum me suis litteris tibi commendasse, sed alia de causa, atque id tamen factum est non solum absente me verum etiam inscio. Anglorum Regi licet aliis pluribus nominibus deberem, tamen hic calculus me prorsus latebat hactenus. Intelligo, intelligo, beatissime pater, quam grauem quamque multiplicem sarcinam humeris sustineam. Primum enim manibus pedibusque adnitendum est vt isto munere quod tua pietas indulsit, sic vtar vt tum dante tum accipiente dignum est. Deinde conandum est vt aliqua certe ex parte tantorum Principum commendationi respondeam; quandoquidem his beneficii tui gratiam communem esse voluisti. Postremo danda est opera vt non dicam officio (quis enim praestet officium aut Christo aut huic proximo Pontifici?) sed tamen aliqua grati animi significatione respondeam accepti muneris magnitudini, quod ipsum iam protinus difficillimum esse video: deinde Leonis amplitudini, sic modis omnibus maximi vt quantum Romani Pontificis fastigium inter reliquos mortales eminet, tantum Leo inter Romanos Pontifices excellat; id quod multo etiam difficilius. Hoc an prestaturus sim nescio; certe sic adnitar vt omnes intelligant mihi praeter vires nihil defuisse, suppetat modo vita: quam mihi non optarim longiorem quam quae posteritati consecrandis Leonis Opt. Max. diuinis virtutibus ac meritis sufficiat. Minus infeliciter aggredi solet ardua qui et libenter aggreditur et suscepti negocii pondus non ignorat. Quod si nos iustae vires destituent, auxiliares eruditorum hominum suppetias implorabimus: quorum nemo est vsquam qui non fateatur sese plurimum tuae pietati debere, pacis publicae vindici, quae semper honestorum studiorum altrix fuit. Libet interim tum mihi priuatim hanc gratulari felicitatem, cui contigerit probari non solum Pontifici Maximo sed Leoni inter maximos suis dotibus maximo: tum autem publice saeculo huic nostro, quod prorsus aureum fore spes est, si quod vnquam fuit aureum, vt in quo tuis felicissimis auspiciis tuisque sanctissimis consiliis tria quaedam precipua generis humani bona restitutum iri videam; pietatem illam vere Christianam multis modis collapsam; optimas literas, partim neglectas hactenus, partim corruptas: et publicam ac perpetuam orbis Christiani concordiam,

TIT. PONTIFICI VERE MAXIMO *C*: DECIMO *H*. 14. *F*: commendatione *C*. 19. *F*: amplitudine *C*. 21. *H*: reliquas *C*.

pietatis et eruditionis fontem parentemque. Haec erunt nunquam intermoritura Leonis decimi trophaea, quae doctorum hominum literis aeternae memoriae consecrata tuum pontificatum tuamque gentem semper illustrabunt. Deum Opt. Max. precor vt istam mentem tibi perpetuam esse velit, te nobis quam maxime diuturnum, quo rebus humanis ex animi sententia compositis serus in coelum redeat Leo.

Bruxellae. M.D.XVI.

[521]567. To Sylvester Gigli.

Epistole elegantes f°. o^2. Brussels.
C^2. p. 151 : F. p. 52 : HN : Lond. i. 31 : LB. 196. ⟨c. 4 April⟩ 151$\frac{6}{7}$.

REVERENDO IN CHRISTO PATRI AC D. P. SYLVESTRO EPISCOPO VVIGORNIENSI, SERENISSIMI BRITANNIAE REGIS APVD SVMMVM PONTIFICEM ORATORI, ERASMVS S. D.

Dvplicasti beneficii tui gratiam, amplissime Presul, dum singulari officio quo me nihil promeritum es prosecutus, addis literas humanitatis plenas. Multa mihi de singulari tua in doctos bonitate praedicauerant multi, sed nunc omnem famam infra verum fuisse comperio, qui mihi videris huic potissimum rei natus, vt de omnibus bene merearis. Quid enim non praestaturus sis aliis, cum haec praestes Erasmo vix de facie noto? Proinde mirari desino quod te pari fauore parique beneuolentia prosequuti sunt pridem Henricus eius nominis septimus, regum longe cordatissimus, nunc eiusdem nominis octauus, patri simillimus filius, quod te Leo Pont. Max. singulari charitate complectitur. Tot rerum similitudo vos conciliat. Vtrique virtus vtriusque fortunae vicibus exercita factaque illustrior; vtrique studium benemerendi priuatim ac publice de omnibus; vtrique ingenii lenitas ac benignitas mira. Ipsi per litteras vtcunque gratias egi, sed id per te fiet rectius, vt cuius opera factus sum illi obnoxius, per eundem me gratum esse cognoscat. Non grauaberis hoc velut auctarium addere tuis in nos officiis et alioqui maximis. Bene valeat T. R. paternitas, cui me totum dico dedicoque.

Bruxellae. M.D.XVI.

568. From William Budaeus.

Deventer MS. 91, f. 194. Paris.
LB. App. 60. 5 April ⟨1517⟩.

[Of the same period as Ep. 522, etc.]

BVDEVS ERASMO S.

Dvas a te litterulas accepi; vnas, quae semigraecae erant, sine die et consule, alteras die festo Annunciationi dominicae Mariae scriptas.

566. 45. sero *H*. 567. 18. paternitas *C*: sublimitas *F*. 568. 2. Annunciationis *LB*.

566. 45. serus] Cf. Hor. *C*. 1. 2. 45. 568. 1. litterulas] Both are lost.

Illi iam respondi me tum respondere non posse, cum nihildum certi haberem; alteris vix habeo quod respondeam, ἀφ' ἧς ἡμέρας τὴν ἐπιστολήν σου τῷ Βασιλεῖ πρῶτον ἐπέδωκα, ἀεὶ μέχρι τούτου. ἡ αὐλὴ γὰρ ἀπεδήμησε τῆς πόλεως, αὐτὸς δὲ ὁ Βασιλεὺς τὸ πλεῖστον διετέλεσε περινοστῶν καὶ δὴ καὶ περιδραμὼν ὅπου τὰ κέρατα οἱ ἔλαφοι ἀποβάλλουσι, ἐν τοσούτῳ δὲ κατὰ χώραν μένειν οὐκ ἠδυνήθην· μέχρις οὗ πάλιν τυχὼν τοῦ παραστησομένου ἐνέτυχον τῷ Βασιλεῖ εἰς τὴν ἐκκλησίαν ἰόντι. Ibi forte affuit ὠτακουστὴς ἐκεῖνος ὁ ἱερὸς, Guillielmus Paruus, qui τὸν Βασιλέα προσαγορευτέον εἶναι τότε ἡγήσατο· quod mihi non placebat, qui ocium a muscis poscebam. Βασιλεὺς tunc erat in pago Sammorio, vbi nos Sammorianam villam habemus ἡμιτελῆ; qui cum me agnouisset, 'Vbi' inquit 'sunt τὰ γράμματα τοῦ Ἐράσμου, ἅ σε μεταφ⟨ρ⟩άσαι ἐπέταξα?' Quas cum ego prompsissem et ille lecturum se dixisset, ad sacrum ire perrexit.

Redeunti cum iterum contra animi mei sententiam obuius factus essem, praesente Guillielmo Paruo et illo deductore meo eodemque amico tibique plurimum fauenti, quique opera tua visurum se speraret ὡς ἂν εἰ δὴ σοῦ ἀυλικοῦ γενησομένου—(sic enim eum falso existimare patiebar, vt et alios nonnullos; inter eos vnus est qui τὸν Βασιλέα παιδόθεν τὰ στοιχεῖα τῆς γραμματικῆς ἐδίδαξεν. οὗτός ἐστιν ὁ ἐμὸς χειραγωγὸς, ὁ παραστησάμενος πρῶτον τῷ Βασιλεῖ)—ibi tum igitur ὁ Βασιλεὺς 'Quid' inquit 'in animo habet Erasmus? neque enim id satis ex literis meis intelligitur.' 'Certe,' inquam 'ὦ Βασιλεῦ, ex literis tuis parum id intelligi potest.' 'Num quid explanatius ad te scripsit?' Ad haec cum ego opportune respondissem et vt in rem eam commodum esse intelligebam quam ἡμεῖς ἀπορρήτως κατασκευαζόμεθα, alter ille τῶν παραγινομένων, ὁ τοῦ Βασιλέως καθηγησάμενος παιδόθεν, his verbis sermonem excepit: 'Κύριε, εἰ τὸν Ἔρασμον προσάγεσθαι εἰς τὴν βασιλείαν σὴν δέδοκταί σοι, πάντως οὑτοσὶ (ἐμὲ δῆθεν χειροδεικτῶν) τοῦτο διαπράξεται ἢ οὐδείς γε ἄλλος· οἰκείως γάρ τοι αὐτοὶ ἀλλήλοις χρῶνται καὶ προσφιλῶς.' Etenim hoc me impetraturum ἐν τῷ κοινολογεῖσθαι iactaueram amicitiae iure, εἴ γε δὴ τὸν Βασιλέα ἀξίως καὶ ἱκανῶς animatum intellexissem; τοῦτο γὰρ ἦν ἐπινόημα μου, ἐπινενοημένον δήπουθεν ἐξ ὅσου τὰ γράμματά σου ἐκεκομίσμην τὰ Ἑλληνιστὶ φθεγγόμενα· ὅπερ οὐδεὶς συνῄδει μοι, ἵνα μὴ τὴν γνώμην σου προδῶ καὶ τὴν κατάστασιν

3. illi *MS.* : illis *LB.* 4. ἀ 'φῆς ἡνερας *MS.* : *corr. LB.* 5. αὐλὴ γὰρ *scripsi* : ἀυληγεὶν *MS.* 8. οὗ *scripsi* : ουως *MS.* : οὖν *LB.* 14. μεταφράσαι *coni. LB* : μετὰ/φάσαι *MS.* 25. ὦ *LB* : ὁ *MS.* 33. ἐν *LB* : ἐ *MS.* 37. συνῄδει *LB* : σηνῄδει *MS.*

9. παραστησομένου] Francis de Moulins; cf. Ep. 523. 7 n.
10. Paruus] See Ep. 522. 17 n.
12. muscis] Cf. Plaut. *Poen.* 690,1.
Sammorio] St. Maur-les-Fossés, which Francis visited 6–19 April; cf. the itinerary in his *Actes*, vol. 8.
13. villam] Cf. Ep. 435. 136 n.
25. literis meis] Ep. 533.
31. σὴν] Cf. Epp. 435. 8, 493. 6.

τῶν αὐτόθι πραγμάτων. οὕτω γὰρ ἐκέλευες σύγε. Verum ad haec verba ὁ Βασιλεὺς εἰς ἐμὲ ἀπιδὼν 'Quid ais?' inquit. 'Here,' inquam 'si me iubeas summo iure cum Erasmo agere et semel ad eum scribere, ausim ego spondere sese ita mihi dediturum vt consilium meum non abnuat.' Tum ille 'Volo' inquit 'vt id facias'; continuoque abiit ad prandium, οὐδεμιᾶς ἄλλης βεβαιώσεως δοθείσης. ἐνταῦθα δὲ ἡμικατηφὴς ἐγὼ εἶπον τοῖς χειραγωγήσασιν ἐμὲ, εἰ μὴ Ἐράσμῳ βεβαιότερον caueretur, nunquam ea de re quicquam me scripturum: non enim huiuscemodi spem me videre, propter quam vadimonium deseri posset.

Heri Parisiensem praesulem adii tua causa: quem tribus amplius horis expectatum vix tandem ociosum a seriis atque arduis rebus nactus sum. Τούτῳ πάντα τὰ μυστηριώδη ἐφανέρωσα, prolatis etiam tuis epistolis. Longum esset omnia narrare; τὸ δὲ κεφάλαιον, amat te vt quem summe, tibi fauet apertissime, te in ore alternis verbis habet super mensam. Cum de huiuscemodi sermones excitantur, ait se rem tentaturum certioremque me facturum. Συνελὼν δὲ φαίην ἂν τοιαύτην εἶναι παρ' ἡμῖν τῶν πραγμάτων κατάστασιν, ὥστε οὐκ ἄγαν ἐλπιστέον εἶναι· νομίσας ὅμως οὐκ ἀπεγνωσμένον τὸ πρᾶγμα εἶναι λογίζομαι.

Cras peregre aut etiam hodie profecturus ⟨haec⟩ ad te scribenda duxi, vt interim τὰ αὐτόθι πράγματα explorares καὶ περὶ τῶν ἐνθάδε consuleres. Hoc etiam quin addam abstinere nequeo. Νὴ τὸν φίλιον τὸν ἐμόν τε καὶ σὸν, πολλάκις μοι ἐπέρχεται χαίρειν ἐὰν τοὺς λόγους τοὺς προτοῦ μοι ὑπερεσπουδασμένους καὶ πάντων προτετιμημένο⟨υ⟩ς, οἳ δή μοι νοσιζομένῳ προσέτι καὶ τὴν ἀπευκταίαν πενίαν συνεζεύχασι. Si tibi videbitur, tu ad Parisiensem scribes. Fortasse etiam auctor aliquando tibi ero vt τῷ Βασιλεῖ πάλιν scribas, si sensero rem non esse obliuione transmissam. Non ante decimum aut octauum Kal. Maias rediturus sum.

Germanus Brixius, archidiaconus Albiensis, tuus olim discipulus, tibi plurimum fauet; nunc est Reginae a secretis. Epistolam quam ad me scripseras ab eo vix recipere potui. Doctus est vtraque lingua; quem plurimum amarem, nisi te pluris quam me faceret.

Vale Ramaliorum die Parisiis.

569. From Germain de Brie.

Farrago p. 55. Paris.
F. p. 224: HN: Lond. iv. 8: LB. 212. 6 April 151$\frac{6}{7}$.

[Of the same period as Ep. 522, etc., and probably sent with Ep. 568. M. Delaruelle, BE.[4] p. 19 n., quotes Lebeuf, *Mémoires d'Auxerre*, 1743, ii. 501–3,

38. ἐκέρευες *MS.* : *corr. LB.* 44. caueretur *LB* : caneretur *MS.* 53. σηνελὼν *MS.* : *corr. LB.* 56. haec *add. LB in ipso codicis margine* : *vbi finis est lineae.* 60. ὑπερεσπουδεσμένους *MS.* : *corr. LB.* προτετιμημένους *LB.* 61. σηνεζεύχασι *MS.* : *corr. LB.*

47. Parisiensem] Poncher: see Ep. 529.

who asserts from local records that de Brie is the vernacular form of Brixius' name; and corroborates this from Hergenroether, *Leonis x Regesta*, no. 6349. Lebeuf gives 27 July 1538 as the date of Brixius' death. Lond. iv. 9, LB. 359 is the reply.]

GERMANVS BRIXIVS ERASMO ROTERODAMO.

Rediit a vobis ad nos nuperrime Stephanus Poncherius, Parisiensis episcopus, legatione apud Caesarem sua feliciter functus. Antistitem hunc nostrum difficile adeo dictu est quantopere Gallia haec demiretur, quantopere obseruet, quantopere etiam reuereatur. Neque id sane temere: nempe is vnus est Parisiensis qui reliquos omnes Galliae nostrae pontifices (absit verbo inuidia) tum morum honestate, comitate, grauitate, tum vitae simplicitate, continentia, integritate, simul ingenii facilitate, candore, bonitate, simul iuris vtriusque, theologiae, philosophiae disciplinarumque pene omnium cognitione quadam incomparabili sine controuersia antecellit et longo post se interuallo relinquit; vt non immerito in eorum albo antea semper vel in primis adscriptus sit, quorum consilio, prudentia, iudicio, regni huius moles moderetur. Eundem enim iam Galliae huius reges tres quadam veluti successione alius subinde post alium, perinde atque consultissimum quendam Nestora in consiliis suis delectum, magna vbivbi penes se autoritate honestarunt, magno in precio atque aestimatione nunquam non habuerunt: vsqueadeo probata spectataque illis fuit Antistitis fides, et explorata perspectaque prudentia ac praesens quaedam in rebus agendis omnibus prouidentia. Adde quod vel in tantis reipublicae negociis ac, vt verius dicam, negociorum fluctibus, quibus ille assidue non implicatur modo verumetiam tantum non obruitur, solus de tanto episcoporum nostratium choro bonarum literarum candidatos non respicit solum aut appellat sed etiam praemiis exhortatur, liberalitate demeretur, comitate inuitat, humanitate allicit, autoritate sua fouet, dignitate protegit, splendore ornat et illustrat: atque ita demum haec omnia praestat, vt numeris omnibus singularem quendam apud nos agat Mecoenatem in eos omneis quos cognouerit literarum eruditionem cum honestate morum coniunxisse. Felicem vero ac multo fortunatissimam Galliam futuram, si decem praeterea Mecoenates huic vni similes habeat; quorum fauore et benignitate honesta tandem studia ingenuaeque artes, principum horum tenacitate et odio extinctae, excitarentur et veluti ex vmbra, quod aiunt, in lucem producerentur.

Atqui ne forte admireris, Erasme doctissime, qua ratione Episcopum apud te tot tantisque his laudibus honestandum susceperim, is sane

15. vbivbi *E*: vbique *F*.

1. Poncherius] Senonensis archiepiscopus: E. *in marg.*

si quid antea fuit de literato quoquam bene meritus, dispeream nisi recentissime de te vno affatim ambabusque manibus meritus sit: quo nomine et nos quoque illi causa tua multo etiam quam antea magis debemus; nimirum arbitrati quicquid dignationis, quicquid ornamenti atque honestamenti vsquam in te confertur, id omne et in Musas quoque nouem, quarum ipse es cultor primarius et veluti antistes incomparabilis, conferri. Age vero, Erasme, accipe quale sit quamque singulare Parisiensis in te meritum. Is cum primum ad nos legatione ea, quam ante dixi, functus rediit, nihil potius habuit, nihil sibi magis praecipuum duxit quam te, te inquam vnum, Erasme, praedicare, quam tuum ingenium, tuam doctrinam atque eloquentiam Graecam iuxta ac Latinam tum publice tum priuatim pleno ore efferre et apertis, quod aiunt, tibiis propalam decantare. Legerat quidem antea scripta tua quam plurima; te autem, quod asserit, de facie nondum nouerat. Mirum est nunc quantopere exultet, quantopere gestiat, quantopere etiam sibi placeat, quod Erasmum istic et viderit coram et Erasmi congressu ac colloquio quotiescunque libuit (libuisse autem ait creberrime) vsus fuerit. Quid non ille praedicat de Erasmo? quid ille Erasmo non tribuit? Eius de te sermones subnectere libuit: facessat tamen interim iubeo procul hinc adulatio omnis.

'Magna Erasmum fama praecesserat, maior inuentus est: quid enim vetat eadem nos de Erasmo pronunciare, quae de Iseo quondam suo Plinium pronunciasse legimus? O vere Atticum leporem, o vere Nestoream eloquentiam, o raram eruditionem ac certe non seculi nostri! Nihil vnquam Erasmo Cisalpinus orbis produxit omnibus literariis dotibus cumulatius; absit verbo inuidia. Habuit nostra haec aetas bonarum literarum proceres duos, Hermolaum Barbarum atque Angelum Politianum, Deum immortalem, quam felici ingenio, quam acri iudicio, quanta facundia, quanta linguarum, quanta disciplinarum omnium scientia praeditos! Hi Latinam linguam iampridem squalentem et multa barbariei rubigine exesam ad pristinum reuocare nitorem conati sunt; atque illis suus profecto conatus non infeliciter cessit, suntque illi de Latina lingua tam bene meriti quam qui ante eos optime meriti fuere. Itaque immortalem sibi gloriam, immortale decus parauerunt, manebitque semper in omnium eruditorum pectoribus consecrata Hermolai ac Politiani memoria, nullo aeuo, nullo casu, nullo fato abolenda. Vidi et ipse in Italia olim aliquot magni nominis magnaeque in literis opinionis, in quibus et doctrina non vulgaris et iudicium acre et rara adeo inerat facundia;

48. referre *Lond.* 50. quantopere exultet *om. H.*

---

59. Plinium] *Ep.* 2. 3. 1.

sed tamen istud ego citra inuidiam et cum Italiae pace dixerim, cui equidem cum faui antea multum, tum tribuo semper in studiis plurimum: vnus profecto Erasmus Transalpinis ac Cisalpinis omnibus palmam praeripit, vnus Erasmus omnium lumina eruditionis ac facundiae fulgore praestringit et, quod est in prouerbio, cornicum oculos configit.

'Etiam nunc Erasmum ipsum loquentem videre videor: dii superi, vt omnia apte, omnia apposite, vt nihil non erudite, nihil non eleganter et ornate, nihil non distincte et adamussim loquitur! Summa est facultas, copia, vbertas: oratio eius pura, aperta, facilis, dulcis: sermo proprius, tersus, exquisitus, grauis, sensus abstrusi ac reconditi. Occursant verba, sed cuiusmodi? quaesita, exculta, Latinissima, atque haec quam copiose, quam affatim. Vberrimum quoddam dicas eloquentiae horreum: multa lectio in familiari et vel extemporanea locutione, multa eruditio apparet: incredibilis memoria repetit altius quae loquitur, ne syllaba quidem labitur: breuiter Musam ipsam Atticam, non hominem, loqui contendas. Vt illi rhetorica subseruit, vt illi ad vnguem nota est, vt domestica illi ac familiaria rhetorices praecepta, vt schemata omnia, figuras, dicendi genera singula pro arbitrio modo hac, modo illac in cerae modum in vsum suum flectit ac reflectit! Iurares Demosthenem esse aut si quis Demosthene superior esse potest. Vt poetas omnes tum Graecos tum Latinos familiares peculiaresque habet! vt carmen vtraque lingua non poenitendum scribit! vt feliciter scribenti Apollo arridet, Musae omnes certatim aspirant! quo in genere nimirum vel antiquos ipsos prouocare videtur.

'Iam theologiam Erasmum non vulgariter esse edoctum et testantur quidem eius in ea arte scripta quam plurima; et ego qui cum homine in ea sum colluctatus palaestra, locupletissimus certe ac vere Atticus testis esse possum. Neque enim theologiam Erasmus (quod nonnulli fortasse opinantur) primoribus tantum labris degustauit, sed plane ad penetralia vsque penitissimosque recessus penetrauit. Porro philosophiam artium omnium reginam non obiter aut veluti e limine tantum salutauit. Nota illi sunt et domestica archana mysteriaque omnia, quae vel diuinitus a Platone vel ingeniose ab Aristotele vel quicunque alii in philosophia excelluerunt prodita ac relicta sunt. Atque in tanta tamque copiosa disciplinarum supellectile bonarum ecquis modo inueniri poterit qui cum Erasmo manum conserere et in harenam descendere audeat? nisi si quis forte Thersites viribus longe inferior cum Achille aut Diomede congredi praesumpserit, mox magno suo dedecore hastam abiecturus et tota harena turpiter cessu-

80. perstringit *N*. 107. e *E*: a *N*.

80. cornicum] Cf. Ep. 456. 21 n. 103. Atticus] Cf. *Adag*. 725.

rus. Hominem ipsum inuitaui regiis verbis ac stipendiis ac nonnihil etiam meis seorsum promissis ad Galliae nostrae contubernium: ac venisset quidem ille non inuitus, nisi quod suam iam fidem Catholico Regi, Principi suo, obstrinxit, et fortuna illi sua ac potius virtus fautores aliquot apud Principem, clarissimos quidem illos ac principalis aulae primarios viros, comparauit: quorum fauore atque autoritate studiorum suorum messem facere et laborum omnium fructum haud ita multo post colligere expectat.'

Haec sane sunt et his similia praeconia, quibus Erasmum Parisiensis palam ornare et honestare non desinit. Quem equidem tametsi intelligam vel iustissimos tibi titulos tribuisse nec te aliis quam tuis ipsius coloribus depinxisse, tamen non mediocrem, puto, Antistiti vel duplici nomine debes gratiam: partim quod tibi ille alioqui nihil obstrictus, tamen operam tibi suam tam liberaliter ac profuse commodauerit suumque erga te animum tam candide vltro patefecerit; partim quod non modico aestimare debes, laudari tibi contigisse a tam laudato tamque in omni virtutum genere spectabili viro: siquidem ea demum vera laus existimanda sit, quae de laudati ore procedit. Caeterum, Erasme optime, duo sunt in primis quae me adduxerunt vt apud te nunc praeconii huius testimonium ferrem: alterum quod ego vnus maxime omnium iustus tibi fidusque ac veluti ἐκ τῶν Διὸς δέλτων testis esse possum, vtpote qui Parisiensem ipsum semel atque iterum ea de re loquentem praesens exaudiui—sum enim frequens apud eum; quod ille non literatos modo osculetur verum et literarum quoque studiosos; quorum in numero, modo ita Musis placeat, et nos quoque locum aliquem nobis vendicamus—: alterum quod tua permagni interesse putaui, rescire te quibusnam maxime deberes cuiusque in aere potissimum esses, quo tu accepti meriti gratiam aut agere aut etiam, si qua daretur, quandoque referre posses. Sciebam enim ac multo etiam antea magis cognoueram te animi esse nequaquam ingrati. Adde insuper, quod ipse quoque olfaciebam, minus tibi suspectum fore nostrum quam cuiusquam alterius hac in re testimonium, atque ita te sane iudicaturum me (id quod est) pro veteri illa mea erga te fide mutuaque amicitia totam tibi rem simpliciter et aperte enunciasse, nihil adeo adhibentem fuci sed plane τοῦτο δὴ τὸ λεγόμενον, τὰ σῦκα σῦκα καὶ τὴν σκάφην σκάφην λέγοντα.

Neque enim is sum, mihi crede, qui tibi quicquam imponere velim aut qui te nunc falsis laudibus perunctum demulcere καὶ εἰς τὴν φιλαυτίαν ἄγειν pertentem; abs qua nimirum, nisi fallor, alienum te sem-

139. exosculetur *H.*

116. inuitaui] Cf. Ep. 529.
137. Διὸς δέλτων] Cf. Luc. *Merc. Cond.* 12. 667; and *Adag.* 724.
151. τὰ σῦκα] Cf. Luc. *Hist. Conscr.* 41.

per et auersum cognoui, nec quicquam aliunde pendentem ingenium istud suis ipsius dotibus ac propriis meritis aestimare solitum: nisi si quid forte, vt Homericum illud me hic vsurpare permittas,

Ἀλλοῖός μοι, ξεῖν', ἐφάνης νέον ἠὲ πάροιθεν,

et tu mores tuos ingeniique istius modestiam ac, vt verius dicam, simplicitatem, ex quo mihi visus non es, immutaueris. Concedis enim et hoc quoque nobis, vt tibi interim aurem vellicantes memoriam paulisper refricemus consuetudinis illius atque amicitiae veteris quae nobiscum olim Venetiis intercessit; dum ego sub Iano Lascare meo (cum dico 'meo', praeceptorem et veluti parentem optimum intelligo) vixdum Latinis literis initiatus Graecis operam nauare auspicarer, tu in aedibus Aldi Manutii singularis etiamdum eruditionis tuae tum Graecae tum Latinae egregia illa atque inculpata specimina diis hominibusque plaudentibus praeberes. Inter quae extant Prouerbiorum chiliades quatuor, opus non mea quidem vnius sed eruditorum sententia tanta vtriusque linguae eruditione conspersum, tam multiplici lectione distinctum, tanta venustate ac facundia conditum, vt plane si quis recte ac citra omnem inuidentiam perpenderit, vel ex eo vno manifestissimum fiat quantum Erasmus caeteros omnes literariae palaestrae athletas antecellat, καὶ ὁπόσον δὴ ἡ σάλπιγξ τοὺς αὐλοὺς καὶ οἱ τέττιγες τὰς μελίττας ὑπερφωνοῦνται; quas ipsas mehercule qui non admirantur, eas proculdubio aut omnino non legerunt aut, si legerunt, plane in literis caecutiunt. Nam vt obiter illud tantum attingam, quid eruditius, quid ornatius, quid copiosius, quid elegantius aut Latinum magis tuis illis nescio quot digressionibus? in quibus vere nobis non alium quam Erasmum ipsum, hoc est Quintilianum quendam declamantem repraesentas?

Successerunt his Moriae Encomium, Miles Christianus, Instrumentum vtrunque, Christiani principis Institutio, Hieronymi restituta ac distincta opera, atque alia id genus quam plurima, ὦ φίλαι Μοῦσαι, quo fauore, quo plausu, quibus amplexibus, quibus osculis ab omnibus hic politioris disciplinae studiosis excepta! Quibus omnibus quid aliud plane Erasmum effecisse credimus, nisi quod manifestissime nobis indicauit quam felici ingenio, quam sagaci naso, quam purgatis auribus, quam diuina memoria, quam vbere facundia, quanta vtriusque linguae eruditione, quanta stili exercitatione ac maiestate, quanta disciplinarum omnium scientia praeditus ornatusque sit? Ac per Deum immortalem, quis iam inficiabitur Erasmum quendam veluti inexhaustum perennis eloquentiae fontem latissime manantem in pectore ac

155. neque *N*. 159. istius *E* : tui *H*. 164. & *E* : ac *H*. 173. vel *om. H*. 185. hic *F Corrig.* : his *E*.

155. aliunde] Cf. Cic. *Fam.* 5. 13. 1.
157. Homericum] *Od.* 16. 181.
163. Venetiis] Cf. Ep. 212. 1 n.
183. vtrunque] in Greek and Latin.

praecordiis gestare? de quo tam varii passim tamque exundantes riuuli in studiosorum vireta copiosissime deriuantur. Quis inficiabitur in aliis quidem permultis alias atque alias dicendi dotes ac virtutes eminere, in Erasmo autem vno *τῶν πάντων ἀγαθῶν σωρὸν, τῶν πάντων ἀγαθῶν μυρμηκίαν, τῶν πάντων ἀγαθῶν θάλασσαν εἶναι*?

Iam nos, Erasme eruditissime, tametsi intelligamus scripta tua non nisi oculatissimo cuique lectori patere, nec palato huic conuenire tam delicatas tamque regales dapes ac, vt verius dicam, *ταύτην τὴν τῶν θεῶν τροφὴν*, tamen, *ὦ θεοὶ εὐδαίμονες, πῶς μὲν γὰρ ἂν οἷόστε εἴην τοιαύτης θοίνης ἀπέχεσθαι, καὶ ταῦτα εἰς τοσοῦτον λιμώττοντος καὶ διψῶντος ἐμοῦ;* Lego equidem diligentissime ac cupidissime reuoluo tuas omnes lucubrationes, quarum vel decies iam repetitarum nulla me tamen adhuc satietas, certe recens quaedam semper capit admiratio: ac mehercule, quo saepius illae a me, quo vicinius ac pressius introspiciuntur, hoc magis ac magis placent, magis afficiunt, magis delectant. Ac per deos immortales, qui non delectarent? cum et Deloinum meum—hoc est cuius ego vtor familiari consuetudine ac quotidiano prope conuictu, quae vetus hominis est in me humanitas—et Ruzaeum insuper, cuius et singularis est quaedam in nos beneuolentia, patritii ordinis summates viros, ab humanitate politioribusque literis bene audientes, non afficiunt modo aut delectant, sed plane et capiunt et eousque rapiunt vt illis Erasmus vnus in manibus versetur, Erasmus vnus instar omnium neotericorum habeatur. Et me iam poenitebit tantorum virorum exempla sequi et vestigiis tam certis inhaerere? vt sileam interim Gulielmum Budaeum, virum amplissimum et Galliae huius nostrae singulare quoddam ornamentum ac gloriam in literis incomparabilem: qui cum se tribus nobis (vt est ingenii candidissimi) familiarissimum praebeat, eumque nos praeceptoris ac veluti Apollinis cuiusdam loco veneremur, tuam adeo eruditionem, tuam istam multiplicem lectionem, eloquentiam, copiam praedicare nobis non cessat, tuaque scripta omnia magnifacere et albo, quod aiunt, calculo insignire. Ac nos sane, vt in aliis omnibus, ita in ea quoque re Budaeum ipsum emunctissimae naris iudicem *καὶ ἡμῖν μὲν ὡς Ἡρακλείαν λίθον ὄντα* sequimur; tanta est apud nos hominis vel religio vel autoritas.

Proinde, Erasme amplissime, quandoquidem subodoror me prolixitate hac tibi, homini, puto, occupatissimo et ocium istud (si quod suppetit) non nisi legendis exquisitissimis scriptis consumere solito,

195. *F*: deriuant *E*. 203. ἐμοῦ *F*: ὀντὸς ἐμοῦ *E*. 224. magnificare *N*. 225. in *post* vt *om*. *H*.

211. Ruzaeum] Cf. Ep. 493. 420 n. Rusaeus: E *in marg.*

226. Ἡρακλείαν] The magnet; cf. Plat. *Ion* 533 D.

fastidium iam ac nauseam peperisse, epistolae finem faciam: modo te vnum id praemonuerim, videlicet me tametsi tua iampridem praesentia priuatus sum et longo tecum locorum interuallo discretus, nihilo tamen secius tui memoriam assidue in animo ac pectore meo sacrosanctam circunferre, teque perinde amare atque obseruare ac si praesens praesentis quotidiano in hunc vsque diem contubernio vsus fuissem. Neque enim is sum qui amicos absentes absens aut obliuisci aut negligere soleam, cui sane nunquam illud fuit non exosum, τηλοῦ φίλοι ναίοντες οὔκ εἰσι⟨ν⟩ φίλοι. Peropto tamen ac nimirum supra quam dici potest concupisco, vti Regis huius erga te animus, qui sane haud contemnendus est, et pollicitationes, quas haud inanes futuras arbitramur, te, si qua possint, ad Galliae nostrae contubernium alliciant: tum ob alia multa, tum vt periclitari potissimum valeas meam erga te fidem ac beneuolentiam, addam et liberalitatem, eorum certe omnium quibus mediocritatem hanc nullo meo merito fortuna exornauit. Bene vale et me tui amantissimum mutuo ama. Parisiis. VIII. Idus. April. M.D.XVI.

570. FROM JOHN OF HÉRINNES.

Deventer MS. 91, f. 125. Enghien.
LB. App. 125. 6 April 1517.

[The date is confirmed by the supposition that Erasmus was at Antwerp. The writer belonged to the Chartreuse de la Chapelle at Hérinnes, N. of Enghien; which is mentioned in Dom. Ursmer Berlière's *Inventaire des obituaires Belges*, 1899, pp. 33,4.]

IOANNES HARENACEVS ERASMO RO. S. P. D.

SACRIS initiatus quidam nomine Simon, de familia honestissimi viri ac iuris periti Gasparis Halmali, tribuni Antwerpiensis, hospitio nostro vtebatur in ieiuniis nocte vna. Mane interrogatus a me de Erasmo (de viris enim eruditis mihi fere primus est sermo) respondit Erasmum perbene agere atque Antwerpiae morari cum Petro Aegidio, prudentissimo viro ac scriba ciuitatis primario, et addidit: 'Nos' inquit 'sepe loquimur cum eo familiariter, interdum in domo nostra, interdum in hospitio suo atque etiam interdum alibi.' 'Quaeso,' inquam 'cum opportunum fuerit, saluta eum nomine meo atque, si videbitur, his verbis: "Quidam Cartusiensis de domo Capellae salutat te, Erasme, quia diligit te, et rogat obnixe, si habueris illac iter

569. 240. τηλοῦ] *Paroem. ap.* Athen. *Dipn.* 5. 3; cf. *Adag.* 1286.

570. 2. Halmali] son of John van Halmale. He was Sheriff of Antwerp ten times between 1510–27, and was Burgomaster 1524, 1526, 1528. About 1514 he was sent to Bremen to allay the jealousy existing between the Hansa and Antwerp. For this information I am indebted to M. Fernand Donnet, Secretary of the Royal Academy of Archaeology at Antwerp.

B is dedicated to Halmal (App. 11); cf. also Ep. 474. 3 n.

aliquando, vt in domum Capellae digneris diuertere et fratres tui amantissimos inuisere."'

Hec fuit salutatio mea, Erasme doctissime; quae si plus satis temeraria visa fuerit, precamur humanitatem tuam vt id amori tribuas. Aliter enim te sollicitare non debeo; nam praeclara studia tua non ignoramus. Interim vero nos de te bene sentiendo, bene loquendo, bene ominando, bene precando (vt hactenus fecimus) amicicie partes tuebimur. Vale, decus aetatis nostrae dulcissimum, et nos si fieri potest dilige, quia nos te diligimus.

In domo Capellae diue Mariae prope Angiam octauo Idus Aprilis 1517.

571₅₈₃ FROM CUTHBERT TUNSTALL TO WILLIAM BUDAEUS.

Auctarium p. 68. ⟨Antwerp.⟩
F. p. 116: HN: Lond. ii. 29: LB. 253. ⟨April 1517.⟩

[This letter and its answer were included by Erasmus in his correspondence and may therefore find place here. When Ep. 572 was sent, this letter had already been composed *iamdudum*; but it was probably not dated very early in April, since it did not reach Budaeus till 6 May (Ep. 583. 50).

Dr. Reich's inference that it must be placed before 25 March, because it was written from Brussels, is based on a date added, entirely without authority, in LB.]

CVTBERTVS TVNSTALLVS GVLIELMO BVDAEO S. D.

QVOD mea sponte per ocium, vir eruditissime, facturus eram, vt ad te scriberem, mihi id in mediis meis occupationibus crebris suis literis extorsit Erasmus; qui tibi, vt ait, pollicitus est id me breui facturum. Atque ideo vt amici fidem liberem, quod in diem alioqui facere statueram, repraesentare sum coactus. Nam dum ille suis ad te literis de tua in vtraque lingua peritia meum velut idoneum affert testimonium, tuque illi de me fidem habens nostrum non aspernaris iudicium, velut me in iudicum agnoscens albo, putabam ad meam verecundiam non parum attinere vt qua arena duo nostri seculi Milones in literis amicissimis epistolis inter se certarent, quaque alter de altero censuram ageret non ineruditam, ex ea me quamprimum subducerem; cum nec is sim qui cum Erasmo censuram agere de literis, neque de Budaeo subeunte iudicium pronunciare sim idoneus. Quorum vterque, patriam suam illustrans et orbi terrarum fama cognitus, ea est apud eruditos autoritate vt quicquid vestrum vteruis in literis censuerit, magno id consensu vsque adeo defendant omnes, vt praeiudicii vim in posterum habere videatur. Itaque Oreste non iniuria videri possem insanior, si vtriusque linguae im-

571. 2. literis] Cf. Ep. 572. 1–4.
3. pollicitus est] Ep. 531. 16 seq.
5. literis] Ep. 480. 13 seq.
7. non aspernaris] Ep. 493. 18 seq.
8. albo] Cf. Suet. *Claud.* 16, *Dom.* 8.
18. Oreste] Cf. Hor. *S.* 2. 3. 133 seq.

peritus ipse iudicis mihi desumam partes inter homines extra omnem ingenii aleam in vtraque lingua positos. Sed tamen velut qui praeclaras cum admiratione quadam picturas intuentur, imperiti ipsi pingendi et nec lineamenta ducere nec colores distinguere neque vmbrarum et lucis ad exprimenda quae velint rationem habere perdocti, si quae venustate quadam se commendant quaeque spectantes tenent omnes, ea soli non laudent, maligni possent videri: ita si quae malus orationis artifex ipse stupens lego, eorum in laudes non erumpam, liuoris suspicionem vix effugiam. Itaque vt meam de vobis sententiam qualencunque maioribus iudiciis interponam: Plus ad veterem eloquentiam multis antiquatam seculis reuocandam, plus ad instaurandas humaniores literas (absit inuidia verbo) vos duo contulistis quam omnes Perotti, Laurentii, addo etiam Hermolai, Politiani caeterique omnes qui ante vos fuerunt. Illi vt ocium oblectarent suum, quo quenque vocabat ingenium, eo contendentes iucunda quaedam et ipsa varietate lectorem morantia congesserunt; velut ex amoeno quopiam prato selectissimos carpentes flosculos. Vos Herculeo quodam et indefesso labore densissimas barbarorum acies et Xersis copiis maiores magno vterque animo adorti fudistis ac iam pene profligastis; e templis alter qui sacra omnia profanabant, alter ex foro qui iudicia omnia pessundabant. Illi quae lectores morentur scripserunt multa, vos quae studiosos etiam inuitent. Illi quae vitam cultiorem reddant, sed sine quibus transigi possit; vos ea sine quibus hominibus vita nulla putanda est. Illi ne in comoediis et epigrammatis et historiis erraremus elaborarunt, vos tota de hominum vita tollendos errores curastis. Illi quae pauci lecturi sunt hique ociosi, tractarunt: vos quae nemo quantuncunque negociosus non volet in manus sumere. Illorum vos in restituendis veteribus gloriam aequastis plane et nescio an superastis: vestram illi palmam operis absterriti magnitudine desperantes non attigerunt.

Iam vero vt quae ab illis sunt scripta legantur accuratissime; quantulum ad plenam et iustam eloquentiam promouimus! Quamdiu in foro, quamdiu in templis, quibus in locis frequentissime versamur, patimur regnare barbariem! At e diuerso reducta in haec loca facundia, vbi latitandi sibi locum amplius reperiet infantia barbara? Sacras vel degustare literas Christianus nemo non solet, modo non sit ἀναλφάβητος; et qui magis in eas penetrant, abunde se putant disertos, si tandem earum assequantur φράσιν. In foro vero cuiusmodi apud omnes gentes in reddendo iure solet esse facundia, eiusmodi est populi magna ex parte sermo; quod cunctos necessitas ad eam facundiam perdiscendam adigit, sine qua sua tueri non possint

49. vt *add. F.* *F*: leguntur *D.*

commode : eorumque qui in foro sunt celebres, similes in dicendo videri cupiunt omnes. Frustra igitur ad instaurandam Latinam linguam diligentiam adhibueris, inanem omnem insumpseris operam, nisi prius in templa, nisi prius in forum, purum sermonem reuoces.

Vos itaque veram laudis ingressi viam primum haec repurganda vidistis. Vos immortalem consecuti estis gloriam, quos non operis vastitas, non difficultas moliendi, non perficiendi desperatio, non barbarorum copiae pro castris suis stantes ac veluti pro focis et aris dimicare paratae, non magnus velut augurum numerus religione vos deterrens, non fasces magistratuum ab instituto tam vtili remorari potuerunt. Ille genus omne perlustrans autorum, Adagia vetera pene tot aenigmatum speciem reddentia et graues lectoribus offundentia tenebras industria mirifica velut alter Oedipus studiosis enarrauit. Multaque itidem alia egregia aedidit opera et quaedam titulis humilibus, quae non modo ad maiora tendentibus conducunt magnopere, sed velut praeludia quaedam autorem ipsum ad eam prouinciam parem reddiderunt quam suo iure sibi desumpsit, sacras illustrandi literas. Tu non minore diligentia veteres excussisti omnes : et dum multa ex Graeco sermone vertis in Latinum, parem in vtraque lingua facundiam adeptus, Pandectas, opus immensum et in quo non pauciores erant mendae quam legum capita, commentantium vero errores multis partibus plures, tibi repurgandum putasti : et dum Accursianos errores palam facis, dumque veram reducis interpretationem, multo plus hausisti laboris quam Hercules ipse, dum Αὐγείου κόπρον e stabulis repurgat. Nam quod Assem nobis partesque eius enarrasti, ponderaque et mensuras veteres nouus nobis aedilis restituisti, opus est plusquam Herculeum et in quo seculi huius expectationem longe superasti. Quis enim vnquam putasset rem comploratam, elatam, tot seculis profunda mersam obliuione, tot eruditis viris plane desperatam, in lucem aliquando redituram? Cuius illud tentantis non arguissemus temeritatem? Quem id pollicentem non irrisissemus? An te, quaeso, tulisset quisquam, nisi prius id praestitisses quam te praediceres facturum? In caeteris itaque tuis commentariis alios longe relinquis, in illo plane vincis teipsum.

Sed quid ego in tuis ad Erasmum literis quas is mihi legendas obtulit vidi? Nonne scribis te αὐτομαθῆ καὶ αὐτοδίδακτον sine vlla praeceptorum institutione ad istam eruditionis peruenisse frugem : id quod, ni tam simplex animus omnem mendacii suspicionem longe summoueret, vix credibile videretur. Me certe in summam tui admirationem ea res concitauit, dum tuam in euoluendis tot autoribus industriam, alioqui vix credibilem, maiorem fuisse cogito quam

80. *F* : errore *D*.

94. literis] Ep. 493. 20 seq.

vt hominis videri possit; cum sub eruditissimis institutos praeceptoribus, atque eos ipsos summae diligentiae viros, αὐτομαθὴς ipse reliqueris tam longe. Deinde cum mecum reputo quas vicisti difficultates, subit diuina quadam prouidentia factum vt praeceptoribus carueris. Quantum enim sub illis diligentiae nostrae perit, dum praelegenteis securi atque oscitantes audimus! eorum secuti fidem, qui ne quid nobis ignorare videantur, ostentandi se gratia saepe falsa pro veris, dubia pro certis docent. Quo fit vt errores teneris adhuc animis inserti nobiscum adolescant, quos, vbi altius radices egerint, frustra tentes reuellere: adeo nos pudet quae imberbes didicimus, senes perdenda fateri, teste Horatio. At te discendi cupidum praeceptorum inopia singula notare, nihil pro certo nisi compertum ducere, nihil tibi temere credere; quae caeteri securi transiliunt, ad illa subsistere, nec nisi examinata, perpensa, propius inspecta, cum similibus collata praeterire subegit. Magno id, inquis, tuo incommodo tibi contigit; at aliorum incredibili futurum erat commodo. Ingens illud tedium vix tandem deuorasti, at immortalem ex hoc deportasti gloriam; quae nisi magno sudore non paratur. Tibi debebit posteritas forum repurgatum, restitutum Assem tibi acceptum feret. Tu nouus nobis Seruius Sulpicius exoriens ius ciuile cum facundia, cum qua iam multis seculis fecerat dissidium, reducis in gratiam.

Quod vero in calce literarum tuarum adiectum erat, te nouas in Pandectas annotationes parare, laetitia quadam incredibili me perfudit. Mirabar nanque cur flatu tam secundo delatus in altum, ancoram in medio lucubrationum tam vtilium cursu iecisses; et cum me in amicitiam tuam insinuare cuperem, scribendi argumentum mihi sumere decreueram, vt ad id quod orsus esses absoluendum te hortarer. Quod iam argumentum mihi praereptum esse gaudeo magnopere. Facilius enim tua sponte resumpto cursu, ex immensis difficultatum fluctibus portum tenebis optatum. Porro his Minerua quae libens tractat maiorem addit fere gratiam. Quantum illae tuae mihi placeant commentationes vel ex hoc coniicere poteris, quod, cum in adolescentia primoribus labris humaniores degustassem literas ac deinde ad iuris ciuilis studium velut ad rem augendam accommodatius amicorum suasu fuissem detrusus, praeceptores meos, viros in Italia ea tempestate celeberrimos, meros Scaeuolas et Papinianos cunctis visos, agitare interdum solebam, cum ab his legem aliquam in suam sententiam obtorto collo miseram trahi viderem, longe aliud, si per vim licuisset, sentientem: gloriantibus interea

113. secure *H*. 132. addet *F*.

111. Horatio] Cf. *Ep*. 2. 1. 85.
123. in calce] Ep. 493. 514 seq.
139. obtorto collo] Cf. Plaut. *Poen*. 790 and *Rud*. 853.

ipsis verum (si Deo placet) erutum e lege sensum, quem funditus a se obrutum verius dixissent. Hac ego commotus indignitate, nonnunquam de vera lectione, quae deprauatum locum animaduertenti mihi succurrebat interim, de recto interdum sensu submonebam hallucinantes. Verum id quoties feci, tam ego sum illis arrogans visus quam illi mihi ridiculi; Accursii enim, in cuius verba iurarant, sacrosanctam autoritatem a quoquam minui flagitium inexpiabile ducebant. Quamobrem miseram illorum temporum deflens tum sortem, optabam aliquando futurum vt veritatis assertor aliquis in medium prodiret, qui tenebras has e iure ciuili reducta luce discuteret: id quod tandem Dei Optimi Maximi benignitate nobis contigit, qui Budaeum nobis tantum non e caelo misit. Nam quis, quaeso, est qui barbaros, iuris ciuilis puritatem sordida foedantes interpretatione, ridiculaque saepe aenigmata pro iure reddentes e foro deturbat? nempe Budaeus. Quis est

qui iuris nodos, qui legum aenigmata soluat?

Quis qui veterem in foro facundiam instaurat? Budaeus. Quis qui Sceuolam, Papinianum, Vlpianum, Paulum, caeterosque iuris autores a barbaris diu in vinculis habitos in patriam ex captiuitate postliminio redeuntes in forum reducit? an non is est Budaeus?

Perge itaque, vir eruditissime, feliciter, vt coepisti, et hanc gloriam caeteris intactam tuo iure solidam amplectere. Nihil non inuestigatum ista eruditio dabit, nihil non inuentum cum studiosis communicabit iste animi tui candor. Illa vero tua ad Erasmum epistola tantopere mihi placuit, vt nihil vnquam abs te scriptum viderim vel festiuius vel elegantius vel quod eruditionis specimen prae se maius tulerit; quandoquidem adeo cum sermone Latino Graecus ex aequo certat, vt facile diiudicari non possit Graecusne eam scripserit an Latinus. Illud plane nemo non affirmauerit, eam hominis esse eruditissimi et qui vix huius seculi possit existimari. Vale.

572. From Cuthbert Tunstall.

Deventer MS. 91, f. 118. Antwerp.
LB. App. 131. 22 April ⟨1517⟩.

[1517, because of the events mentioned.]

CVTBERTVS TVNSTALLVS ERASMO ROTE. S. P. D.

Binas abs te litteras accepi, mi Erasme, quarum vtrisque me hortaris vt ad Budaeum scribam, id quod iamdudum in medio negociorum tumultu feci; partim vt eruditi viri gratiam inirem, partim vt tuam liberarem fidem. Sed tu fortasse pollicitus es me

571. 156. qui iuris] Cf. Juv. 8. 50.

572. 3. feci] Ep. 571.

soluturum aureos; at ego vix asses numeraui. Sed boni consulat oportet, quandoquidem aliud nummorum genus in arca non erat vnde promerem. Atque ideo futurum prospicio vt fides apud Budaeum tua labefactetur prorsus, cuius expectationem tuis excitatam litteris tantopere sum frustratus. Verum ἐγγύ⟨η⟩ν φεύγειν Θαλῆς Μιλήσιος ηὔδα. Hoc tu admonitus periculo nec te sponsorem, vbi nihil opus est, ingeres, et disces tandem parcius de amicis praedicare. Posterioribus vero litteris quid consulam rogas de profectione tua in Galliam, vbi nescio quid nouae spei tibi, vt scribis, affulsit: qua de re de industria distuli rescribere, vt meam tibi coram dicerem sententiam. Verum tu hinc pridie discesseras quam ego huc veni: vbi † triginta iam dies propter Pascatis solennitatem mansimus, subinde alioquin mansionem mutaturi; nam nunc motoriam agimus comoediam, non vt solemus statariam, cum essemus Bruxellae. Ignosces itaque quod de meo aduentu nihil te admonuerim, qui certe mihi ipsi non ante illum diem notus est quo iussus eram huc concedere. Statim vt ex equo descendi, cuidam ex ministris dedi negocium vt te tota requireret vrbe nec nisi inuento rediret. Is mihi ab Aegidio nostro renunciauit id quod aegre tuli, te pridie illius diei abiisse, breui tamen vt sperabatur rediturum. Sexto post die a mercatoribus nostratibus audio traiecisse te in Britanniam, visumque ab his Douoriae statim vt e naui descenderas in littus. Sublata igitur spe tui breui conueniendi, quod praesens dicere constitueram, absenti nunc significabo.

Ego, mi Erasme, tuis rebus non minus consultum quam meis ipsius cupio, et si qua offeretur condicio te digna, non negligendam putarem. Sed per Deum immortalem, quae tibi solida spes in Gallia potest esse, quando humaniores sectantes litteras indigenae ipsi vix

5. nu-/numeraui *MS.* 9. ἐγγύειν *LB.* φούγειν *MS.* 12. consulem *MS.*: *corr. LB.* 21. eram *Nichols*: eras *MS.*

10. Θαλῆς] Cf. Plat. *Charm.* 165 A; and *Adag.* 597.

16. veni] The movements of Tunstall and his fellow-ambassador in March 1517 may be traced in Brewer ii as follows: 12th, Brussels; 22nd, Lierre; 24th, 25th, Brussels; 27th, Mechlin; 29th, 30th, Lierre. On 1 April (Brewer ii. 3101) they were summoned by the Emperor to Antwerp. As Lierre is only a few miles distant, they may be presumed to have arrived on the 1st or 2nd. Erasmus' departure from Antwerp may therefore be dated 31 March or 1 April; more probably the latter, cf. the next note and l. 25 n.

triginta] The preceding analysis of Tunstall's movements necessitates some correction; *viginti* perhaps, *triginta* being a clerical amplification of *xxx*, misread for *xx*. It is not possible to read *Kl. Maias* for the date of this letter, as Tunstall left Antwerp for Brussels on 28 April (Brewer ii. 3180 and 3210).

Pascatis] 12 Apr. 1517.

17. mansimus] In Brewer ii. 3143 l. 1 read 'from Malines to Antwerp': the MS. having 'from Malyns unto this towne'.

18. motoriam] Cf. Ep. 584. 37.

25. Sexto] Letters from Greenwich, dated 3 April, reached Tunstall on the 8th; see Brewer ii. 3126. They were brought by Richmond herald, who perhaps travelled with a company of merchants.

illic Moecenates inueniunt: quod Budaeus ipse, patriae suae decus, in suis commentationibus non parum deflet. Illic militia magno est in honore; cuius apud Gallos (vt nunc sunt mores, si famae fides est habenda) scitum quoddam est vel nescire litteras vel, ne lingua quam manu promptior videatur militiae deditus, eas dissimulatione premere. Theologia vero illa Serbonica quanti eruditos faciat scis ipse. At amicus ad te Regis iussu scripsit. Quaeso, plusne is apud Galliae Regem potest, quam possit quidam, cuius non succurrit nomen, παρὰ τῷ σῷ Βασιλεῖ· οἶδας ὅτι λέγω. Ex litteris tuis non satis intelligere potui quo firmamento spes inuitatur illa. Subuereor ne amici in Gallia videndi tui cupidi, quo magis te alliciant, regium amplificauerint iussum in scribendo fecerintque elephantum ex culice. Illud praeterea mecum reputo. Sepe audiui abs te coelum illud Gallicum, quantumuis mite, tuae tamen valetudini contrarium et infestum esse: et nunc hac aetate regioni te committes, quam in flore iuuentutis vix ferre potuisti? Satius esse puto vel natali solo vel alio non minus assuetudine placito quod reliquum est aetatis commode transigere, quam cum offensione valetudinis peregrinantem nouas spes sectari. Nam Erasmo nec amici nec pecunia deesse potest.

Habes meam sententiam, quam coram pluribus verbis dixissem. Sed quia nunc sum paululum occupatior, vel Laconice mihi scribendum putaui, ne consulentem amicum silens videar negligere.

Vale. Anwerpiae x°. Kl. Maias.

573. From Cornelius Batt.

Deventer MS. 91, f. 106. Groningen.
LB. App. 129. 22 April 1517.

[1518 seems indicated by Lond. vii. 25, LB. 244, which indubitably belongs to that year, and probably answers this letter; an interval of a week being sufficient for a letter to travel from Groningen to Louvain. But there are several considerations against the correction. The strongest is the range of Hand A, which copied in the MS. only two letters which are certainly later than 16 Sept. 1517 (cf. vol. i, p. 605 n.). This is corroborated by the evidence as to letters to Reuchlin and John of Borsselen (l. 8 n.). It may also be urged that if Lond. vii. 25, LB. 244 were the answer to this letter only, some reference might be expected here to Goswin of Halen; since Erasmus speaks of him there without any specification, as though Batt would have no doubt as to the person intended. I incline therefore to follow Dr. Reich and Mr. Nichols

38. Serbonica *LB, praue.* 41. παρῇ *MS.* διδῃς *MS.* 49. placito *Bywater* : placido *MS.* 50. peregrinantem *LB* : pegrīate *MS.*

---

38. Serbonica] Cf. Ep. 403. 15.
39. amicus] The person intended appears from the next sentence to be Wm. Petit (Ep. 522. 17 n.) rather than one of the friends who actually wrote.
40. quidam] Probably Le Sauvage.
48. iuuentutis] Cf. Epp. 124. 6–8 and 146. 16–18.

in retaining the MS. date. The letter was perhaps delayed in transmission, and though it must have reached Erasmus before Hand A left him, it was perhaps kept by him for some months, because he had nothing definite to propose; and only answered at the last minute, when his approaching departure to Basle made some reply necessary. By that time another letter may have come from Batt as a reminder, containing a mention of Goswin of Halen.]

D. ERASMO ROT. PATRONO SVO CORNELIVS BATTVS S. P. D.

Qvvm multas difficultates nostras, colendissime D. Erasme, cognoueris, et ex nullis (proh dolor!) nostris meritis verum ex pietate et recordatione Iacobi Batti, patris nostri, amici tui (dum vixit) non infimi, tum viris illustribus nos tuis scriptis commendando, tum etiam suadendo largiendoque pro virili succurreris, status ad te nostri transcriptionem grati animi significationis faciundae causa assumptam boni te quoque consulturum, nec quem semel tuendum susceperis relicturum confido. Imprimis acceptas abs te Londini epistolas secundum superscriptionis indicium reddidi, ⟨vnam autem⟩ ad Io. Reuchlin per Franciscum bibliopolam reddendam curaui. Io. Borsalus tuus per commendationem tuam nobis benefecit. Princeps Veriensis ne obulum quidem dedit, sed tamen ab eius beneficentia animum non reposui. Quare eodem tempore desperatis rebus meis apud Verienses, suasu cuiusdam Ioannis Brechtii, ludimagistri Antwerpiensis, fautoris nostri, Groningham partium Phrysiae, meliore tamen consilio atque fortuna quam olim Angliam, petiui acceptis a praedicto viro commendaticeis ad quosdam Groningenses; vbi acceptus in hypodidascolum scholae et victum et cultum facile mihi possum conquirere. Cohabito enim viro patricio, qui mihi ob priuatam institutionem filiorum suorum victum tribuit. Precium insuper docendi a iuuentute Groningensi septimae classis recipio, quod fere in cultum abit; quare nec spes est magni peculii reponendi. Proinde magnam promotionem non exprecor nisi fortassis nudum sacerdotium; tercium itaque annum hoc pacto in Phrysia

8. Londino *LB, praue.* 9. vnam autem *addidi in fine lineae.* 10. reddendas *LB.* 15. partem *LB.* 16. Physiae *MS.*; *cf. Ep.* 291. 6. 18. vbi *bis in MS.*; *in fine et initio linearum.* et *scripsi ante* victum: ob *MS.*: *om. LB.* 23. expcor *MS.*: ? expecto.

8. Londini] If 1517 be retained for the date of this letter, Batt's visit to England (l. 49) may be dated from l. 24 about May 1514; at which time Erasmus was probably in London, and had letters to answer from Reuchlin and John of Borsselen (Epp. 290, 1). It seems that he gave Batt letters of introduction to Adolphus of Veere (Ep. 93) and John of Borsselen (cf. Ep. 320. 30), thus answering Ep. 291. 106 seq. in kind; and also entrusted him with his reply to Reuchlin (cf. Ep. 300. 37 n.). Erasmus was also in London in May 1515; but the evidence as to his correspondence does not accord so well.

10. Franciscum] Cf. Ep. 258. 14 n.

14. Brechtii] Perhaps the father of Livinus Brecht, the Latin poet, who was born at Antwerp in 1515; see BN.

21. septimae] The first probably being the highest, as at Deventer; cf. 11. 39, 40 nn.

traduco. Hinc est, optime patrone, quod te maximopere oratum velim, si quoquam me istic commode absque dispendio tuo promouere posses (scis enim quid possim et quibus rebus sim idoneus), litteras ad me dare ne graueris. Si enim tibi placuerit, istuc redibo, eo quidem libentius quod te in Brabantia meo natali solo velle permanere audiuerim, simul quod de futuro apud nos bello incerti sumus. Sin autem manendum censeas, scribere tamen aliquid Batto tuo ne omittas quaeso; erunt enim mihi litterae tuae multis aureis gratiores; per hoc enim me felicem et te paternae amiciciae satisfecisse existimabo. Litteras quoque, si quas scripseris, apud Franciscum bibliopolam Antwerpiensem reponas. Ego enim disposui vt Paulus bibliopola qui has praesentes Francisco reddidit, ab eo litteras ad me tuas repetat et ad me perferat.

Superest ergo vt pro omnibus istis beneficiis gratias agam; nam referre in praesentiarum, quod mihi molestissimum est, non suppetit. Quid ergo? si enim spondeam me laudum tuarum fore buccinatorem, indignus est praeco, et toti mundo iam clarus haberis. Hominis tamen grati officio functus collata in me beneficia praedicare nunquam cessabo, quod Ia. Battum, parentem meum, sic in vita dilexeris vt illo mortuo omnia beneficia in me eius filium nulla ob debita, sed tum propter Deum et humanae conditionis miserationem, tum etiam propter mutui quondam inter vos amoris recordationem, tam liberaliter contuleris vt nihil vnquam in patrem liberalius. Testes sunt Louanienses aureorum mihi abs te tam liberaliter donatorum. Et me insania quadam in Angliam venientem quam non repuleris, imo quod bono viatico litteris multis remiseris non attinet dicere, cum sciam eam beneficiorum commemorationem tibi satis esse odiosam, et magis gaudere conscientia benefactorum. Quare pro omnibus istis beneficiis Deum Opt. Max. pro felici successu tuo, longeua vita qua pluribus prodesse potes, superatione aemulorum tuorum (licet indignus peccator), quamdiu hi mihi patebunt oculi, deprecari non obliuiscar. Vale ex Groninga decimo Kal. Maii 1517.

Idem qui supra tuus cliens.

574. FROM NICHOLAS SAGUNDINUS TO MARCUS MUSURUS.

Deventer MS. 91, ff. 95 (a) and 216 (β). London.
LB. App. 130. 22 April 1517.

[There are two copies of this letter, as also of Ep. 559 and LB. App. 148, in the Deventer letter-book, by Hands A and B. For the relation of the

33. pr̄nae *MS.*: pristinae *LB.* 34. satisfecesse *MS.*

30. bello] Cf. Ep. 584. 35 n.

two and for the division of β^1 and β^2 see Ep. 559 introd. The date is confirmed by Musurus' preferment to Monembasia; cf. Ep. 556. 18 n.

Nicholas Sagundinus († p. Sept. 1533) first appears in Sanuto as holding a minor office at Venice in 1504. By Dec. 1511 he had become one of the secretaries to the Signoria, and in that capacity was appointed to accompany Giustinian's embassy to England 1515–19 (p. 514). On his return he continued his secretarial work and by 1532 had been appointed Secretary to the Council of Ten. He was a musician, and in Venice was named by his friends 'Exaudi nos'. See Rawdon Brown's Despatches of Sebastian Giustinian, 1854. His father was Alvise (Sanuto xliii. 541), son of the Nic. Sagundinus of Euboea who settled at Venice in xv[c], with an appointment in the secretariat, and made some translations from the Greek; for whom see Voigt and Legrand.]

REVERENDO IN CHRISTO PATRI D. MARCO MVSVRO, ARCHIEPISCOPO MONOVASIENSI DIGNISSIMO, NICOLAVS SAGVNDINVS S. D.

MAXIMO tenebar desyderio, Presul longe omnium doctissime, tuas accipiendi litteras; quibus meis quarto, ni fallor, Idus Augusti proxime decursi ad te vtcunque exaratis te responsurum vt mihi persuaderem, faciebat vel summus in te meus amor perpetuusque cultus et obseruantia vel tua in me pariter non mediocris beneuolentia singularisque benignitas. Quibus quidem tuis felicissimis litteris caue credas mihi his temporibus iucundius quicquam optatius honestiusue accidere potuisse. Verum dum meam me spem frustratam esse dolerem, dum multa ipse mecum tacitus animo volutarem, ecce ex litteris meorum Venetiis ad me datis factus sum certior te nuperrime a sanctissimo domino nostro Leone Pont. Max. Venetiis Romam honorificentissime accersitum Archiepiscopumque, vt aiunt, Monouasiensem auspicatissime creatum declaratumque esse. Quo nuncio pro eo ac debui sanequam sum gauisus, non tam quod te noua ista amplaque omnino dignitate auctum sentiam (qua iampridem, suauissimis tuis moribus, doctrina tua facundiaque rarissima sapientiaque ista tua, prudentia, integritate incomparabiliter praeditus, merito dignissimus habitus iudicatusque es) quam quod omnibus optimarum litterarum studiosis optime consultum intelligo; qui quidem per te in eo dignitatis gradu constitutum apudque Pont. Max. tuo merito pollentem Camoenas, tam alto hac tempestate deiectas culmine, tam misere deturbatas, in suam pristinam celsitudinem tranquillitatemque subleuatum deductumque iri non dubitabunt. Quo fit vt magnam in spem adducar vt credam [futurum, quod], cum studiosi omnes aliquid bonis litteris habitum esse honoris emolumentique Moecenatesque alicubi reperiri resciuerint, multos subinde fore Marones. Gaudeo itaque mihi ac vere et ex animo tibi gratulor, optoque munus istud tali auspicio tibi feliciter

TIT. β : MONONASIEN̄. α. 4. persuaderem *scripsi* : persuaderet $\alpha\beta$. 6. quidem β : quid α. 7. mihi β : in α, *sine dubio perperam pro* m̓. 9. dolerem *LB* : dolerent $\alpha\beta$. 13. Mononasiensem β. β : cratum α. 17. incomparabilem β. 20. qui quidem β : quicquid α. $\alpha\beta^2$: aputque β^1. 21. $\alpha\beta^2$: pollente β^1. 23. β : tranquillitatem α. 27. $\alpha\beta^2$: Suadeo β^1.

delatum esse, vt ad supremam vsque dignitatem gradus sit cum lucu-lentissimo tui nominis splendore optimarumque litterarum singulari illustratione, amicorum et clientum, quorum de grege et numero sum, perpetua iucunditate.

Verum scire te cupio, Presul clementissime, quod etsi nihil mihi accidere potest iucundius quam te florentem audire, quam te meritissimam foecundissimamque tuae strennuissimae agricolationis excipere messem postque tot turbulentas procellas fluctuumque agitationes portum tranquillum et quietum subiisse, nihilominus non possum non vehementer excruciari Venetam iuuentutem bonarum litterarum amore flagrantem, quam tuis nectareis epulis quotidie opipare pascere solebas, ex tuis totam dependentem nutibus et tanquam alterum Demosthenem Ciceronemque colentem et adorantem, te tanto ac tali viro, nostri saeculi fulgentissimo ornamento, tam importune priuari orbarique. Reliquisti tamen Venetiis praedium omnino ferax et fertile, in quo aliquot felicissimae tuis scientissimis excultae manibus insurgebant plantae, futurae aliquando inclytae reipublicae Venetae tibique vsui, fructui atque honestamento: quae tali destitutae orbataeque colono nescio an algifica sydera, nimios aestus, descendentes superne subitos imbres timere cogantur. Me miserum, qui tali ero priuatus solatio orbatusque lumine, sine quo vt cecutiam deliremque erit necesse. Sed mihi non perexigua restat spes, quae nonnihil me consolatur et recreat, te scilicet superis iuuantibus Romae videre, te praesentem affari ac tua dignissima frui consuetudine et tanquam aseclam tuum numen sequi et adorare; Romam enim adire iamdiu mihi insedit animo. Nunc vero tui visendi adorandique gratia titillat et ardet; et de his hactenus.

Nos vero adhuc Britannicum calcamus solum, tantisperque calcabimus donec expectatissima in patriam redeundi venia ab illustrissimo Senatu nobis decernatur. Sed ardet, crede mihi, iam animus in patriam redire; non enim possum tam diu charissimorum meorum dulcissimaeque patriae iucundissimo carere conspectu. Interim tamen pro virili nostra curabimus ne dies vllus Musis vacuus dilabatur. Erasmum enim saepe conuenimus, qui accersitus, vt arbitror, ab hoc diuinissimo Rege omni virtutum genere modis omnibus cumulatissimo nuperrime huc accessit; apud quem non mediocrem fortunam eum habiturum confido. Nosti enim eum tu, Antistes doctissime, quam sit dignissimus omnibus fortunis quae tribui

35. $\alpha\beta^2$: facundissimamque β^1. agrico β^1, -lationis *add.* β^2. 44. foelicissime β. β: sanctissimis α. 48. β: discendentes α. 52. tua $\alpha\beta^2$: luce β^1. 61. vacans β.

62. accersitus] For the intention of making provision for Erasmus in England see Epp. 517. 60 n. and 577. Dr. Reich points out that the other purpose of his visit had not been divulged.

63. diuinissimo] Cf. Ep. 215. 5 n.

possint homini. Nosti exactissimam emunctissimamque vtriusque linguae doctrinam eius. Non es praeterea ignarus quam totus illum suspiciat et admiretur orbis. Cui quidem felicem istam tuam ad Archiepiscopatum promotionem notam esse volui. Exhilaratus est continuo vir ille humanissimus et tuo felici successu quammaxime est letatus. Aderat enim tunc Thomas Morus, vnus ex primariis Londini ciuibus, vere optimorum morum insigne exemplar, tui nominis amantissimus; cuius celeberrimum nomen non dubito ad aures tuas antehac aduolasse. Quo viro, crede mihi, nihil in vita excogitari vel inquiri potest iucundius, suauius atque lepidius: cuius mirificam in scribendo elegantiam, orationis structuram, delectum verborum sententiarumque rotunditatem non minus omnes pleno ore apprime laudant et extollunt quam ingenii acumen Latinique sermonis policiem, omni candore, festiuitate, acutia facilitateque refertam, summopere admirantur. Totum enim me, Presul benignissime, tali viro dedi perpetuoque dicaui, totum me ei addixi insinuauique; in cuius mellitissima consuetudine tanquam in amoenissimo diuersorio sepe acquiescere soleo. Illeque, qua est humanitate vir, perbenigne amanterque me vidit et excepit: quo fit vt nunquam eum conueniam quin me doctiorem suique amantiorem dimittat. Qui quidem vir doctissimus feliciter auspicata ista tua dignitate tibi vehementer gratulatur.

Reliquum vero mihi videtur esse vt te quammaxime possum rogem obsecremque vt me diuinis istis tuis litteris dignum esse velis: quod quidem si abs te impetraro, omnium felicissimum me esse existimabo. Vale et gaude, doctissimorum hominum iubar praeclarissimum, et Nicolai tui ineptias aequo animo lege, meque in perpetuum tibi commendatum habe.

Londini Decimo Cal. Maii 1517.

575. From Beatus Rhenanus.

Deventer MS. 91, f. 180. Basle.
LB. App. 134. 24 April 1517.

[The books mentioned confirm the date.]

BEATVS RHENANVS ERASMO ROTE. S. D. P.

Reddidit mihi Bruno litteras tuas in die Parasceues. Non ⟨est⟩ cur aegreferas aeditum hic Theodori primum. Adtulerat id libelli quidam impressor Louanio veniens vt venderet, et nisi donato Nouo

574. 67. possunt β. $a\beta^2$: virtusque β^1. 69. $a\beta^2$: suspiciant β^1. quidem $a\beta^2$: quod β^1. 72. $a\beta^2$: Tomas β^1. 80. $a\beta^2$: facilitatęque β^1. 83. mellitissima a: inclytissima β. 85. videt *LB*. excipit β. 575. 1. est *add. LB.*

575. 1. Bruno] Amorbach. Parasceues] 10 Apr. 1517.
2. Theodori] Cf. Ep. 428 introd.

Instrumento sibi comparasset Frobenius, ab alio quopiam fuisset excusus; nam ambiebant multi. Mitte tu si quid praeterea Th⟨e⟩odoricum habes quod sit versum; imprimetur id quamprimum. Lachneri mentem Nesenus tibi scriptis ex Francofordia litteris exposuit. Quicquid miseris siue tuum siue alienum elucubratum, castigatum, versum, suscipient isti gratissimosque se demonstrabunt. Inter Frobenium et me propemodum bellum fuit, dum do operam vt tuum Bellum seorsim typis excudatur. Venit in aedes meas anhelus Frobenius, rogans ac obsecrans vt pauxillum illi praeberem excudendum, ne iam De Copia commentariis feriari cogeretur, dum redit ex Francofordia Lachnerus. Est autem hic mos eius tum demum exemplar venire postulatum cum iam nihil superest quod operentur operae. Protuli Silenos tuos: accepit. Veni in officinam postera luce. Deum immortalem, quam ibi indigne de se et me conquerentem audiui! videri se ex ista scilicet typographorum nota qui vernaculas cantiunculas imprimunt; non se curare id genus libellulos: in ipsum me parum amice consulere, qui pagellas, non grandia volumina, praeberem. Commouit me non mediocriter hac sua tragoedia Frobenius; tamen quando tua res, imo studiosorum potius, agebatur, meipsum cohibui, et nunc precibus, nunc minis, nunc blanditiis vix tandem effeci vt Bellum et Scarabeus itidem imprimerentur. Timent ne Prouerbiis haec aeditio sit nocitura.

Dici non potest quam ament volumina praegrandia. Proinde facile potuerunt adduci vt Coelium imprimerent. Commendauerat nondum visum hic Coelii opus Io. Oecolampadius. Posteaquam adlatum fuit, paucis ego multiplicandum exemplaribus suasi. Illi meo suum et suorum consilium anteposuerunt. Placebat hoc nomine Coelius, quia erat summarius. Nihil aliud cogitat Lachnerus quam summas, Gabrieles, Spieras, Bruliferos. Hac aestate vult in officina

28. Decolampadius *MS.*; *cf. Ep.* 563. *tit. n.* 32. Spieras *Bywater*: Seieras *MS.*

5. praeterea] Erasmus translated Gaza's Bk. II in the summer of 1517.

7. Nesenus] Cf. Ep. 469. 17 seq.

11. Bellum] The *Sileni* (*Adag.* 2201) had just been printed by Froben (l. 16) in a small quarto of 13 leaves, amplified to 18 by the addition of scholia. The *Bellum* (*Adag.* 3001) followed in the same month, and the *Scarabeus* (*Adag.* 2601) in May (l. 24); both in the same form. The *Scarabeus* was printed in continuation of the *Sileni*, and Beatus eked out the volume by adding 6 more leaves of scholia with a preface dated 28 April (BRE. 442). See BEr.², *Adagia.*

13. De Copia] Cf. Ep. 462.

27. Coelium] Cf. Ep. 469. 8 n.

31. summarius] Cf. Ep. 531. 152 n.

32. Gabrieles] Gabriel Biel (c. 1425–c. 1495) of Spires, 'the last of the Schoolmen,' after taking his M.A. at Heidelberg, studied theology at Erfurt. He was preacher in St. Martin's at Mainz c. 1460 and afterwards won the favour of Count Eberhard im Bart of Würtemberg. He received the Provostship of Urach, near Tübingen, where the Count built the church in 1472; in 1482 he accompanied his patron to Rome together with Reuchlin and Nauclerus (Ep. 397. 14 n.); and in 1484 he was appointed Professor of Theology at Tübingen, where Eberhard had founded the University in 1477. In his later years he joined the

Frobeniana Solennem quandam (sic enim titulus est) aedi Compilationem cuiusdam Aluari Hispani poenitentiarii Pontificii de potestate Papae et Cardinalium: nescio quid sit futurum. Aedetur et Chrysostomus, sed minutis illis formulis quibus Hieronymianos commentarios impresserunt. O rem indignam! Exerces hic quoque ludum tuum, Fortuna, quemadmodum in reliquis mortalium rebus. Impostorum, nebulonum, fucorum libri felicissime excuduntur, eruditorum neglectissime. Quasi vero non satis sit, quantum ad vitae conditionem attinet, hos vt plurimum inferiores esse, at istos vbique prosperrimos, nisi in litterariis quoque monumentis tuam tyrannidem post fata sentire cogantur.

Commentarii tui de Copia sunt satis nitide excusi. Profui illis mea pomeridiana deambulatione, qua Frobenianam officinam interdum inuiso. Habet castigatorem non indoctum, qui se et moneri patiatur, et quod minus intelligit, ex Fabricio, Brunone aut me non grauatim discere laborat. Glareanus ante Cal. Iunias in Galliam se conferet; habebit annue centum et quinquaginta francos. Euenit in illo quod tu semper euenturum dicebas; totus humanus factus est, benignus, mitis, et indies magis ac magis. Non puduit illum interim me crebro consulere, si quid incidisset vel historicum vel grammaticum quod non teneret: quin Wimphelingum nuper

44. ꝑfui *MS.* : praefui *LB.*

Brethren of the Common Life. Trith.[2] speaks of him as still living and 'prope septuagenarius'. The work referred to here is doubtless his *Collectorium* of Ockham's (Ep. 337. 316 n.) writings on the Sentences; first published at Tübingen, ⟨F. Meynberger, 1499⟩ (Hain-Copinger 3187) and afterwards at Basle by J. Wolff of Pforzheim in 1508 and 1512. See Bök, *Gesch. d. Univ. zu Tübingen*, 1774, p. 37: and Herzog.

Spieras] Ambrose Spiera of Treviso († 1477?), of the order of 'Seruitae'; author (1454) of a *Quadragesimale de floribus sapientie*, first printed at Venice, Wendelin of Spires, 18 Dec. 1476, also at Basle by J. Wolff of Pforzheim, 26 July 1510 and 8 June 1515. See Gianius, *Annales Fratrum Seruorum*, Lucca, 1719, i. pp. 489-92.

Bruliferos] Stephen Pillet Brulifer († c. 1490) was a Franciscan of St. Malo, and Dr. of Theology at Paris. He was the author of voluminous commentaries on the Sentences; and these also were printed at Basle by J. Wolff of Pforzheim in 1501 and 1507. See Chevalier.

34. Aluari] Alv. Pelagius († 1352), a Spanish Franciscan, who was Penitenciary to John XXII at Avignon 1330–40, and wrote there a *Compilatio solennis de planctu ecclesie*, in which the power of the Pope and Cardinals is dealt with; printed by John Zeiner of Reutlingen at Ulm, 26 Oct. 1474. It was doubtless the immense size of the work which deterred Froben from a new edition (Ep. 581. 7, 8). See Trith.[1] and Chevalier.

36. Chrysostomus] Cf. Ep. 581. 5. A second endeavour (more complete than the first by J. Wolff of Pforzheim and W. Lachner, Basle, 4 Dec. 1504) to form a collected edition of Chrysostom's works; in 5 vols. folio, July—Oct. 1517. The translations are mostly by Italians.

46. castigatorem] Angst; see p. 153. Four MS. letters from him to Boniface Amerbach at Freiburg exist at Basle (G. II. 14. 214–17), dated 8 May—6 Oct. ⟨1517⟩ from Basle. Cf. also Basle MS. G. II. 30. 70.

48. Glareanus] Cf. Ep. 529. 53 seq.

53. Wimphelingum] This attack is otherwise unknown to Knepper; see his *Wimpfeling*, p. 324 n.

lacessentem magno animo et vere Christiano contempsit. Aedentur statim Fabritii nostri Capitonis in linguam Hebraicam Institutiones. ⟨Si vis lucubrationes⟩ vel Lucianica tua hic aedi, scribe istis te id cupere. Berus adest Tannis. Commenda me tuis amicis. Bene vale, mi pater amande ac obseruande praeceptor.

Ex Basilea viii Cal. Maias 1517.

Saluus sit Ioannes Smyth.

576. From John Watson.

Deventer MS. 91, f. 101. Peterhouse, Cambridge.
LB. App. 500. ⟨April 1517.⟩

[Evidently written during Erasmus' visit to England in 1517, and probably a few days before Ep. 579.]

IO. WATSONVS DOMINO ERASMO S. D. P.

Benigne facis et amice, humanissime praeceptor, qui ad me non dedignaris aliquid litterarum dare, hominem qui tibi pro meritis erga me tuis nec officio quod delectet nec beneficio quo compensem respondere possum; animo autem solum et paribus votis contendere. Magnam habeo gratiam quod litteras meas non modo non carpis, ne deterreas a scribendo, sed laudas vt inuites, ita tamen vt colaphises, ne superbiam. Nam cum me Scotistam appellas, si recte censeo, me σκοτ⟨ί⟩ως et obscure insimulas male locati studii. Ingenue fateor, non sum tam Scotista quam velim esse, quanquam decretum est non plus fore quam sum in praesentiarum; siquidem sanctissime statutum a me est quicquid superest vitae sacris et archanis litteris vnice impendere. Vt autem quod meae humilitatis est tibi prodam amico ac paterno, nec Thomista sum nec Scotista, nec vnus aut alter, sed prorsus nullus ac stipes iners. Vtinam praestare possem vere syncereque Christianum!

Gratulor fortunae tuae, magis gauisurus cum spes nunc dilata, quae animum affligit, in rem praesentem deducta fuerit. Quod vt fiat, orabo assidue, et praesertim vt tibi hic contingat fortuna aliqua te digna, quo possis regnum hoc ornare et amicis tuis, qui hic plurimi sunt, vsui esse. Nactus sum sacerdotium intra septem milia a Cantabrigia. Aedes habet pulchras et mediocriter ad victum vtile est; porro valet viginti nostrates libras supra omnia annua, sed hoc anno nunc primo fere dimidiata portio fundetur in reparatio-

575. 56. Si vis lucubrationes *addidi in fine lineae*. 576. 22. annua *LB.*: aña *MS.*

575. 55. Institutiones] Cf. Ep. 556. 26.
56. Lucianica] Cf. p. 502.
576. 16. fortunae] Perhaps about the bishopric; cf. Ep. 475. 4 n.
spes] Cf. Prou. 13. 12.
20. sacerdotium] The rectory of Elsworth, c. 9 miles NW. of Cambridge; to which he was inducted 30 Nov. 1516. See T. Baker's *Hist. of St. John's Coll. Cambridge*, ed. J. E. B. Mayor, p. 281.

nem domus. Hoc si tibi aut voluptati aut vlli vsui esse potuerit, tuum erit tibique mecum commune; quomodo et erit quicquid et aliud est meum. Vtinam velis nos hic visere, cum primum per negocia tua licebit! Si non essem negociis plurimis implicitus, volarem statim isthuc vt te fruerer. Bene vale, patrone multum humanissime.

Cantabrigiae ex collegio diui Petri.

Bouillum audio laborare, nescio quo incommodo.

577. To Thomas Wolsey.

Farrago p. 183. London.
F. p. 321: HN: Lond. vii. 14: LB. 187. ⟨c. 28 April 1517.⟩

[This letter was evidently written by Erasmus just when the wind was blowing fair for him to cross the Channel. It must be placed in 1517, because that is the only year in which Lord Mountjoy was in London at the time of Erasmus' departure. From the reference to Prince Charles it must clearly be later than the appointment of Erasmus as Councillor (Ep. 370. 18 n.). Dr. Reich assigns it to 1515, thus conflicting with both these considerations. Mr. Nichols dates it in 1516, by supposing it to have been written from Calais instead of London, and further by altering *hic* (l. 4) to *huc*.

The business in hand was clearly some scheme to provide for Erasmus in England; cf. Ep. 574. 62 n. The tone of confidence in which the letter is couched is remarkable, and shows that Erasmus now felt secure of his position in the world and of a welcome wherever he might choose to settle.

He left England at the end of the month, reaching Calais on 1 May (Ep. 584). On his way to the coast he again made a short stay at Rochester and gave Fisher a few lessons in Greek (Ep. 592. 3 and 19 seq.).]

REVERENDISSIMO CARDINALI EBORACENSI ERASMVS ROTERODAMVS.

Reverendissime pater, salutem plurimam. Tametsi non ignorabam antea celsitudinis tuae in me fauorem, tamen id plenius hodie cognoui ex oratione clarissimi Montioii. Eram coram acturus gratias reuerendissimae T. D., sed hic ventus et libri iam pridem relicti me iamdudum reuocant: et sciebam quantis negociorum vndis in praesentia iactetur exerceaturque E. T. R. D. Quod superest huius negocii literis transigetur. Vbi vobis decretum erit quantum meo ocio satis esse putetis, meum fuerit dare operam vt ita dimittar a Principe meo, sicuti par est ab optimo ac benemerito discedere. Caeterum quicunque erit euentus, pro regia in me indulgentia proque celsitudinis tuae propensissimo studio semper debiturus sum: quam vtranque incolumem in multam aetatem tueatur omnipotens.

Londini. [M.D.XV.]

577. 4. reuerendissimae T. D. *om. H.* iam pridem relicti *add. F.* 6. E. T. R. D. *E*: tua sublimitas *H.* 9. ac *E*: & *H.* 13. M.D.XV *add. H.*

576. 31. Bouillum] Cf. Ep. 579. 7 seq.

578. From Henry Stromer.

Deventer MS. 91, f. 181. Frankfort.
LB. App. 136. 30 April 1517.

[Carried by Croke with Epp. 553,4.

Henry Stromer (1482—26 Nov. 1542) of Auerbach, S. of Chemnitz, matriculated at Leipzig in the summer of 1497, was M.A. 1502, Rector of the University 1508, M.D. 1511, and Professor of Pathology 1516. During this period he wrote a small mathematical work, *Algorithmus linealis*, Leipzig, M. Landsberg, 1504, and edited Faber Stapulensis' introduction to Aristotle's *De Anima*, Leipzig, J. Thanner, 30 March 1506; and in May 1516 he published some *Obseruationes* in German and Latin against the plague, Leipzig, M. Lotther. By Aug. 1516 he had become physician to Albert, Abp. of Mainz (RE. 222); but after marrying in March 1519 he entered the service of Duke George of Saxony, and in August retired to Altenburg because of the plague. Returning to Leipzig in Feb. 1520 he was elected on to the Town Council. He became Dean of the Medical Faculty in 1523; and in 1532 built the famous Auerbach Hof. He remained an intimate friend of Erasmus, and was in Basle at the time of the latter's death (Horawitz ii. 36), having perhaps come thither to attend him. Hutten's *Aula*, Augsburg, Grimm and Wyrsung, 17 Sept. 1518, and Chr. Hegendorff's *Encomium Somni*, Leipzig, V. Schumann, 1519, are dedicated to Stromer; also Croke's edition of an Eclogue of Ausonius, Leipzig, M. Landsberg, July ⟨1515 or 16⟩, and Mosellanus' translation of Lucian's *Apologia pro iis qui in aulis principum degunt*, Leipzig, *s. a.*

See a life by G. Wustmann, Leipzig, 1902, reviewed and amplified by O. Clemen in *N. Arch. f. sächs. Gesch.* xxiv. 1903, pp. 100-10; EE. and ADB. Wustmann prints seven letters from Stromer to Spalatinus, 1519, from the Basle MS. G. I. 31; and Clemen three from him to John Lang of Erfurt, 1520-41, from the Gotha MS. Chart. A. 399. A letter from Spiegel to Stromer, describing Maximilian's last illness, is printed by Knod, *J. Spiegel*, 1884, pp. 51-3.]

HENRICVS STROMERIVS MEDICVS DOMINO ERASMO S.

Doctissime et eloquentissime domine Erasme, lator praesentis, dominus Richardus Crocus, tui honoris diligens praeco, effecit vt meis ineptiis tuis delicatissimis auribus obstreperem. Tue dignationi ante Cal. Ianuarias scripseram reuerendissimum Archiepiscopum Maguntinensem, dominum meum clementissimum, ardenter desyderare tuam et amicitiam et praesentiam, et pleraque alia quae subita latoris abitio scribere prohibebat. Supplico tibi prioribus litteris respondeas; qua re domino meo aeque et mihi rem gratissimam facies. Alia scribenda tecum crocitabit Crocus. Vale, totius orbis lumen.

Francofurdie vltima April., non sinente Croco vt plura scriberem, 1517.

8. aeque *scripsi*: .g. *MS.* 9. crocitabat *MS.*

579. From Henry Bullock.

Deventer MS. 91, f. 120. Cambridge.
LB. App. 61. 1 May ⟨1517⟩.

[1517 is the only year after the publication of the New Testament in which Erasmus revisited England.]

DOCTISSIMO SIMVL ET ELOQVENTISSIMO MAGISTRO ERASMO HENRICVS BOVILLVS S. D. P.

Qvvm in concione nuper apud fratres quos vulgo Praedicatores vocant, ego et Briannus, homo omnium te vno excepto mihi multis nominibus charissimus, vna vt solebamus confabularemur, inter cetera rettulit mihi te in Angliam reuersum incolumem, non sine maximo per Musas mei cordis solatio: per quem ad te litteras dedissem, ni tam praecipitanter a nobis discessisset. Nunc autem cogor vti manibus alienis, vrgente graui quadam aegritudine, quae me non paucis comitata malis tam crudeliter oppressit vt desperarem de vita, per dies aliquot medici magis victurus iudicio quam meo: nunc autem meliuscule me habeo gratia superis. Auxit tamen nonnihil morbi vim huius aetatis nostrae singularis quaedam ingratitudo, que tam maligne doctorum hominum meritis respondet, maxime tuis. Vtinam maior rerum opulentia his contingeret qui et ea scirent et vellent vti! Nunc vero quibus adest facultas, si non deesset voluntas, sunt adeo egregie tenaces vt celerius ab adamante ferrum quam ab his nummulum casurum expectaueris, nisi quis strenue et impudenter mendicet vel sit quouis Gnatone adulantior aut Cretensibus mendacior. A quibus viciis tantum abhorret hic animus meus, vt malim fortiter esurire quam pudendis et malis artibus, etiam libertatis iactura, miseram quandam pecuniae summulam vix ad necessaria suffecturam parare.

Professus sum per menses aliquot Euangelium Matthei, in quo plus his tuis elegantissimis annotatiunculis quam longissimis nonnullorum commentariis sum adiutus, in nodis praesertim difficilioribus. Nactus sum casu quodam exemplar vetustissimum, quod in omnibus ferme locis, vbi tu affirmas sic in vetustioribus codicibus Latinis haberi, conuenit: quod et meis auditoribus ostendi. In cotidianis sacris dum sanus eram (vt par fuit discipulo tam multis beneficiis deuincto) non solum tui sed horum omnium quos noui iam

17. quouis *scripsi* : quos *MS.* : quis *LB.*

---

1. Praedicatores] The site and buildings of the house are now occupied by Emmanuel College.

2. Briannus] See Ep. 262. 12 n.

7. aegritudine] Cf. Epp. 576. 31 and 580. 25–7.

olim tibi fauisse vel adhuc fauere, memini. Precor Deum omnipotentem vt diutissime et felicissime valeas, doctorum omnium specimen singulare. Ex Cantebrigia Kal. Maii.

Bouillus tuus.

580. From Henry Bullock.

Deventer MS. 91, f. 105. Cambridge.
LB. App. 137. 4 May ⟨1517⟩.

[Shortly after Ep. 579; evidently answering a letter in which Erasmus apologized for the inclusion of Ep. 449 in B.]

BOVILLVS ERASMO S.

Apage, obsecro; nihil quicquam absurdius audiui. Auertat a me Deus hanc infamiam, vt nolim esse editam meam epistolam, licet non bene Latinam nec tam diligenter vt vellem conscriptam; cui tu perlonga nec minus amica, tum omnium iudicio non solum acutissima sed etiam elegantissima responderis. Adeo (vt vere dicam) non displicuit, praeceptor doctissime, vt magna mearum fortunularum parte tale quidpiam emissem; quod et facto demonstrassem, si facultas voluntati non defuisset. Quin mirabar potius generositatem seculis inauditam ac raram quandam modestiam tuam, qui non dedignareris tui nominis claritatem simul ac immortalitatem mihi licet obscurissimo communicare, tum qui meas tenebras tuo splendore velles illustrare. Nam reputanti mihi pertenuem istam eruditionis vmbram, ad quam vnius propemodum oculi per minutiores istas Graecanicas litteras et sanitatis iactura perueni, et mirabilem illam disciplinarum omnium cyclopediam quam tu iam olim absoluisti, id mihi videor tibi collatus quod ad ingentem oceanum perexiguus quidem riuulus. Sed hoc mendacium ab inuidulo quopiam est confictum, quem male habet tantum honoris mihi contigisse. Sunt nonnulli qui magna voluptate mentiuntur, licet inde nihil commodi consequantur. Sunt et alii qui inuidia moti detrahunt. Sed scio te prudentiorem quam vt illis credas, stabiliorem quam vt istis moueare. Nunquam quis hoc corculum meum a te separabit. Nihil mihi quotidie magis est in votis quam vt contingat fortuna per quam possim ostendere qualem erga te geram animum.

Egritudo lente minuitur; et quae tam celeriter et absque deliberatione inuasit, nunc magno quodam consilio an sit adhuc me relictura deliberat. Vale, rarissimum Musarum decus.

Ex Cantebrigia quarto nonas maii.

Bouillus tuus discipulus.

581. From Beatus Rhenanus.

Deventer MS. 91, f. 114.			Basle.
LB. App. 138.			10 May 1517.

[The date is unquestionable. For many of the topics mentioned cf. Ep. 575.]

BEATVS RHENANVS ERASMO ROTERODA. S. P.

Cvm accepissem Ioannem Wilerium, ciuem Basiliensem in Anglia natum, ex patre tamen Germano, Hantwerpiam profecturum, non potui committere vt meis ad te vacuus litteris discederet. Nam quod proximis litteris ambigue ad te perscripsi, nunc certius aliquanto eloquar. Imprimitur Chrisosto⟨m⟩us minutis illis formulis, idque gemino praelo. Praeter⟨e⟩a De Homine Galeotti Narniensis opusculum duobus itidem praelis cuditur. Aluari Solennis Compilatio (sic videtur) in spongiam incubuit. Expectantur indies magni tuarum lucubrationum fasces; qui vt primum adlati fuerint, omnibus posthabitis nihil nisi Erasmicum Frobenniana cudet officina. Mirantur te nihildum misisse: putant tamen in itinere esse baiulum. Monui Berum vt scriberet. Fabritius noster Capito nunc Rectorem agit huius Academiae; scribet et is ad te. Doluimus omnes iam tercio quosdam male feriatos nomen tuum suis ineptiis passim inseruisse, de nouis Obscurorum Virorum Epistolis loquor. Si illis insanire libet hanc insaniam, nullius admisceant nomen.

Credimus te iamdudum Copiam hic impressam cum litteris nostris ex Colonia accepisse. Commendari se tibi iussit Lachnerus. Pollicetur erga tuos labores se gratum fore. De recognoscendis diui Augustini

6. Narniensis *corr. Nichols*: Harmiensis *MS.*

1. Wilerium] Mentioned in BRE. 124,5 as lending money to Beatus in 1519; cf. also BRE. 143.

6. Galeotti] Galeozzo Marzio (c. 1427–1497), of Narni in Umbria, was a pupil of Guarino at Ferrara 1447–50. Till 1460 he taught classics and medicine at Padua; and then made use of his acquaintance with Janus Pannonius, a fellow-pupil under Guarino and now Bp. of Fünfkirchen, to seek his fortune in Hungary. Till 1473 he enjoyed the patronage of Matthias Corvinus and various prelates; but on returning to Italy was imprisoned in 1477–8 on a charge of heresy in his *De vulgo incognitis*, written in 1476–7. His later writings—*De dictis et factis Matthiae Coruini*, c. 1485, first published in 1563 at Vienna; *De doctrina promiscua*, 1489, dedicated to Lorenzo dei Medici; *De excellentibus*, 1492, dedicated to Charles VIII—indicate the directions in which he sought for patronage. He died in Bohemia. See E. Abel in *Ungarische Revue*, 1881, pp. 29–42; and Voigt.

In his *De Homine*, written c. 1471 (Venice, Jenson, c. 1471: Copinger 2621) and dedicated to John Vitez, Abp. of Gran, the various parts of the body are enumerated and Latin synonyms given. Froben's edition of May 1517 was perhaps reprinted from a Turin edition of 1517 (Panzer).

8. in spongiam] Cf. Suet. *Aug.* 85.

12. Rectorem] Capito was elected Rector 1 May 1517 for the ensuing half-year.

14. male feriatos] Cf. Hor. *C.* 4. 6. 14.

15. nouis] Böcking dates the first edition of the second part early in 1517: but attempts no precision.

17. litteris] Ep. 575.

19. Augustini] Evidently there was a proposal to revise John Amorbach's edition of 1506; but nothing came of it at this time, with either Froben or Koberger. The Froben firm published a complete edition of Augustine, revised by Erasmus, in 1528–9 in 10 vols.

operibus ad proximum Septembrem aliquid accipies; nam Francfordiae cum Cobergio Norinbergensi super hac re conferet. Paraphrasis apostolicarum epistolarum tua cupidissime expectatur: sed et De componendis epistolis opus et Antibarbaros, nec non Copiam retextam et auctam, omnes desyderant studiosi. Thomas Greyus Anglus nuper me per litteras consuluit sitne sibi huc aduolandum, si bellum inter Gallos et Britannos incidat. Ego meam illi mentem per Glareanum indicabo; qui nunc in patria corpus balneis curat, vt hoc mense nitidus in Galliam proficiscatur. Adibit te mox e Parisiis vbilibet, siue Hantwerpiae siue Bruxellae siue Brugis agentem. Exemplum epistolae Francisci Iulii Calui bibliopolae Ticinensis ad Io. Frobennium his inclusum habes. Optime vale, mi pater amande et obseruande praeceptor. Saluus sit Io. Smith Anglus.

Basileae Decimo die mensis Maii Anno 1517.

582. From Louis Ber.

Deventer MS. 91, f. 126. Basle.
LB. App. 139. 11 May 1517.

[Evidently the letter prompted by Beatus Rhenanus; cf. Ep. 581. 11, 2. The events mentioned confirm the date.]

LVDOVICVS BERVS D. ERASMO S. P. D.

Litterae tuae 3°. Idus Martias ad me datae lepidissime quidem et tui erga me amoris plane indices, optime Erasme, supra quam dici

Britannos
581. 21. Cobergio *MS.*: – *super primam* o *add. LB.* 26. Anglos *MS.*

581. 21. Cobergio] John Koberger (c. 1455 — 1 Mar. 1543), first cousin of Antony Koberger (1440 — 3 Oct. 1513), the celebrated printer of Nuremberg. After 1513 John carried on the firm on behalf of Antony's sons. The eldest of these, Antony (25 Mar. 1498—1532), was now beginning to take part in the business; which since 1504 had been that of publishing rather than printing. But clearly John is intended here. See O. Hase, *Die Koberger*, Leipzig, 1885, and Proctor.

Paraphrasis] The first of these, on the Romans, appeared in Nov. 1517.

23. epistolis] See Ep. 71 introd.

Antibarbaros] See Ep. 30. 16 n.

24. Greyus] See Ep. 58 introd.

30. Calui] F. J. Calvus of Ticino or Como, a bookseller who on his business journeyings had made many friends among the literary men of his time. About 1518 he changed his name from Julius to Minutius (BRE. 120, c. Aug. 1518, because D^1 is in hand; wrongly placed in 1519); in 1519 Froben calls him 'Papiensis' (LE^2. 149); but afterwards he settled at Rome as a printer, where Panzer gives books printed by him 1524-31. In 1545 he was living at Milan, where he had been ill for more than two years (BRE. 362 and 395). Twenty-six letters from Alciati to him at Rome, 1518-32, and two from Beatus Rhenanus to him at Pavia, 1519, are printed in *Marquardi Gudii Epistolae*, ed. P. Burmann, Utrecht, 1697, pp. 75-113 and 151,2.

He is not to be confused with Fabius Calvus of Ravenna, for whom he published some translations from Hippocrates, Rome, 1525; cf. Lond. xix. 16, LB. 921 and EE. 65.

The original of the letter mentioned here, dated 10 Feb. 1517, is the Basle MS. G. II. 33. 24. In it Calvus introduces himself to Froben, announces that he is going to start as a printer at Genoa, and proposes to exchange the productions of their presses.

possit me oblectantes, in me concitarunt incredibile et impatiens desyderium tui; vt qui te, virum in bonis litteris absolutissimum, praeceptorem meum, praesentem, proh pudor, minus colui, iam ex imo pectoris absentem ingemiscam. In quo tamen meo infortunio (vere amiciciae ratione habita) non parum consolor felici tuo successu, qui maximis pollicitis inuitaris a rege Francorum, a plurimis pontificibus, a Cardinali Toletano, ab Anglis et aliis principibus. Sed vtinam illis omnibus relictis (modo id tuo commodo fiat) ad nos Basileam reuertaris! vbi licet non satis digna pro meritis tuis fortuna iam offeratur, non deerit tamen, vt ipse nosti, pro tuae dignitatis statu condicio in loco salubri et amoenissimo honesta, tuta, secura, quieta, letissima, qualem Musae maximopere exoptant. Tanto tui desyderio afficitur Ioannes Frobenius, hospes tuus, vir summa integritate, vt frequentius ad me dixerit se ad vitam suam tibi in annos singulos daturum centum aureos, si huc reuertaris apud eum mansurus. Et quod ad me attinet, omnem meam fortunam quantulacunque est et meipsum tuae excellentiae offero, deuoueo ac dedo. Erunt et alii qui multa te et beneuolentia et beneficentia prosequantur; vt nihil hic defuturum sperem quod ad litterarum studia et vitam in vtroque homine beatam sis desyderaturus. Tuae igitur fuerit humanitatis vt nobis tandem significes an de tuo ad nos reditu spei quippiam sit reliquum; et si qua in re tuae dominationi gratificari possim, modo id resciuero, factum puta.

Quod autem ad Germaniae superioris statum attinet, belli grauioris principium exoriri videtur inter Franciscum de Sickinghen quendam et ciuitates imperiales, nisi Caesaris interuentu res sopiatur. Ceterum magna et grauis apud nos est vini, frumenti et omnium prope rerum ad victum humanum attinentium caritas, et (ad hominum maliciam reprimendam) longe adhuc maior imminere videtur cum alio multiplici diuino flagello, nisi oculis misericordie nos respiciat Deus Opt.

4. qui *scripsi*: quē *MS.* 9. Toletano *LB*: Tolesano *MS.* 20. ꝓsoquantur *MS.*: *corr. LB.*

9. Toletano] Ximenes; see Ep. 541. 37 n. LB. App. 241 ⟨c. 10 July 1517⟩ shows that he had invited Erasmus before; cf. also LB. App. 164. Dr. I. Bernays of Strasburg informs me that he has seen in Ximenes' correspondence (either at Simancas or Madrid) a letter from some bishop suggesting to the Cardinal that he should invite Erasmus to Spain.

27. Sickinghen] (2 Mar. 1481 — 7 May 1523), the marauding German knight, who was nevertheless regarded as a champion of liberty and Church reform. He was a defender of Reuchlin; and of Hutten, in his castle on the Ebernburg above Kreuznach; and Luther dedicated to him a book on confession (LE. 323). Maximilian courted his support and Charles made him an Imperial Councillor, 25 Oct. 1519. But an attack on Treves produced a coalition of his enemies, which led to his death in his castle at Landstuhl near Zweibrücken.

On 25 March 1517 he had plundered near Mainz a train of merchants from S. Germany; and subsequently attacked Landau, where an Upper Rhenish confederacy against him had gathered. See ADB. and NAKG. iii. 1905, pp. 93–5.

Max., cuius miserationes super omnia opera eius. Glareanus noster et alii multi adolescentes Heluetii ad Vniuersitatem Parisiorum iam proficiscentur, ibi stipendiis regiis manutenendi. Reuerendissimus dominus Basiliensis tua erga eum salutatione tuisque ad me litteris exhilaratus iussit vt eius nomine rursum te plurima salute impartirer. Si quid aliud dignum quod ad te scribatur occurrerit, praestantiam tuam reddam certiorem. Interim cum facie ad faciem te videre non liceat, doctis et praestantibus lucubrationibus tuis lectitandis intima praecordia cum exquisitissima doctrina tua assidue contemplabor. Vale, praestantissime virorum, semper felix.

Ex edibus nostris Basileae 5to. Idus Maias Anno 1517.

[571]583. From William Budaeus to Cuthbert Tunstall.

Auctarium p. 76. — Paris.
F. p. 119: HN: Lond. ii. 30: LB. 249. — 19 May ⟨1517⟩.
Budaei Epistolae (1531) f. 112 v° (β).

[For β see the introductions to Epp. 403 and 435.]

GVLIELMVS BVDAEVS CVTBERTO TVNSTALLO S. D.

Eadem opera fidem Erasmi tui meique liberasti, Cutberte doctissime, et ita me tibi obstrinxisti vt vel iuris cuiusuis vel necessitudinis nexu tenacius astringi certiusque non potuerim. Nullo enim nomine in calendarium meum referri vel auspicatius vel honorificentius poteras quam vt tu ingenii istius ac doctrinae specimen mihi dares tam graui, tam tersa, tam plena beneuolentiae atque elegantis cuiusdam ingenuaeque humanitatis epistola: quam ad me scriptam esse scio in magnis tuis occupationibus, vel Principis tui potius. Quem ego ipsum hoc praecipue nomine olim fore illustrissimum duco, quod obeundis legationibus suis viros deligere nouit doctrina iudicioque praestanteis: qui si tui similes vnum et alterum in regno suo nunc habet, etiam summe vt felix sit necesse est. Equidem epistolam tuam identidem lectitans quantum debeam Erasmi amicitiae persentisco; quo cum nuper pepigi de communicandis inter nos amicis, vt alterutri accesserint, illa, vt arbitror, epistola quam tu tibi magnopere affirmas placuisse: quo pacto non rationes meas auxisse luculenter fortunisque meis praesidium firmum quaesiuisse mihi videar? Ecquod enim conuentum, ecquis contractus, ecquae negotiatio denique rem meam auctiorem reddere vberioremque potuit aut penates meos beatiores facere (quos non tam ipsos substructionibus mirificis architectari quam

583. 2. D^2: obstruxisti D^1. 10. praestanteis *D*: praestanti β. 11. nunc *add.* β. 16. non *om.* β. 17. videar? *D*: videor. β. 18. denique *add.* β. 20. non tam ipsos *D*: equidem ipsos non β. quam *D*: sed β.

582. 33. miserationes] Cf. Ps. 144. 9. 583. 14. pepigi] Ep. 493. 432 seq.

ingenii et industriae monumentis mihi promptum est) quam isthaec cum Erasmo coita societas amicorumque communio? quorum, vt spero, iudicio et arbitratu operum meorum structuram posteris approbabo. Profecto Iouem ipsum Philium, iuris amicitiae praesidem et interpretem, iurare, si liceat, non dubitem, tanti esse mihi hoc pactum vt si mihi conditio nunc feratur, homini non locupleti, praedium tamen opimum merere vnum nolim, vt istam societatem Erasmo renunciem ex qua lucri iam tantum feci. Nec recuso quin ob vnum te Erasmus se mihi perpetuo suamque imputet amicitiam, duntaxat si id sine contemptu mei facturus est: neque enim maiorem vnquam a me inire gratiam quisquam poterit,

Οὐδ' εἴ μοι τόσα δοίη ὅσα ψάμαθός τε κόνις τε.

Neque tamen sic quoque cum Erasmo paria non facio, siue ex rerum euentis officium amicitiae, siue ex animi candore ac probitate spectes: vtpote qui omneis amicos meos in commune contulerim, viros cum caetera egregios, tum in amicitia perquam officiosos, tametsi nondum omnes apud eum professi sunt; vt ne apud me quidem Erasmi omnes amici: siquidem ita spero rem vtrinque esse transactam vt primo quoque tempore vel cum ita res tulerit, aut vltro aut citati in medium nomina daturi sint. Porro autem ne tu mihi hanc fortunarum partem aut vilem esse aut parum charam putes quam tam bona fide in medium conferam, velim ita existimes; census me bonam partem in amicis habere, nisi mihi homines imposturam factitant verborum vultuumque comitate. Sed vtinam cuiusmodi vos estis,

Τοιοῦτοι δέκα μοι συμφράδμονες εἶεν ἑταίρων.

Certe plus industriae (quam mihi pecuniae ingentis loco esse duco) in emerendis amicis occupaui quam in emercandis praediis.

Verum epistolam illam tuam iucundam, suauem, mellitam, saccharatam eandem et salsam ac mirifica quadam sensuum acrimonia conditam, accepi pridie Nonas Maias, quum non ita multos ante dies peregre redissem, nec tum satis essem commoda valetudine, ob idque subtristis et ad studium instaurandum remissus ac languidus. Hac epistola cursim primum ac pene singultim deuorata, deinde iterum iterumque lecta et regustata, ita sensim vel repente potius recreatus sum et hilaratus, vt omnem mihi tristitiam et socordiam abstersam omnemque alacritatem restitutam mecum ipse demirarer. Id demum

21. mihi promptum est *D*: institui β. isthaec *H*: istac *D*β: isthac *F*. 26. tamen *D*: ipse β. *F*: optimum *D*. 28. iam *D*: puri probique β. 30. neque enim . . . 32. κόνις τε *add.* β. 34. *D*²: euntis *D*¹. 38. siquidem *D*: & quidem β. 44. Sed vtinam . . 45. ἑταίρων *add.* β. 48. illam *om.* β.

32. Οὐδ' εἴ] Hom. *Il.* 9. 385. 45. Τοιοῦτοι] Cf. Hom. *Il.* 2. 372.

suppudebat, quod eam in me ingenii ac doctrinae praestantiam non agnoscerem quam tu mihi tribuis. Sed et hic mihi stimulus acutus fuit ad instaurandum studii mei laborem illamque animi contentionem expergiscendam, quam (vt ingenue fatear) semper aluit quaerendae gloriae cupiditas: cuius etiam ipsius igniculos ingenuisse naturam animis non sordidis nec quaestuariis video, coniecturam ex iis autoribus faciens quorum nunc scriptis literarum autoritas disciplinarumque maiestas humaniorum constat. Quanquam autem quaerendae huius gloriae propositum ita comparandum esse optimo cuique semper existimarim, vt posteritatis magis et memoriae in secula permulta perennaturae rationem habere homines doctrina praestare eximia contendentes debeant, quam vel sui seculi aequaliumque iudicii, quod plerunque aut ambitiosum aut iniquum esse solet vel praemii praesentanei. Nosti enim *ἐκεῖνο τὸ τοῦ ποιητοῦ, ὅσον ἀκονητικόν,*

Ὥς ποτέ τις ἐρέει, τὸ δ' ἐμὸν κλέος οὔποτ' ὀλεῖται.

At vero illud temporarium perinde ego esse puto ac si annua, bima, trima, quadrima (vt iuris nostri ciuilis conditores loquuntur) aut paulo maiore die soluendum ipse stipuler id operae mihi precium pro tantis tot annos exantlatis erumnis, quod non nisi aeterna persolui praestatione potest; vel, vt commodius loquar, si annua quaedam despicabilia per omnes venientis aetatis annos stipuler vergenti iam aetati sub mortem mox cessura: cuius vt semper diem ipse nondum venisse sperem (qui error est fere aeternus mortalium), ab ineunte tamen vita semper cessisse sciam. Quanquam igitur in diem fructum huius gloriae mihi promitti malim quam nunc repraesentari, fit tamen nihilo secius vt quadam aura famae sinuari vela nostra in cursu gaudeamus, vtque gloriolae afflatum quamuis tenuem captantes nostrum leuari laborem in contentione sentiamus.

Neque te autem ita existimare neque alium quempiam doctum hominem ac philosophum velim, quasi ego tantae intentionis studium non alium finem habere censeam quam memoriae nominisque commendationem, rem sane fluxam et aspernabilem: siquidem res mortalium suo ac vero precio aestimarentur, ac non populari trutina

60. quaerendae *add.* β. 62. non *D*: nec β. 64. Quanquam . . . 65. huius *D*: Quaerendae quidem hoc instituto β. 66. existimaui β. 68. eximia *add.* β. 69. aut *ante* ambitiosum *om.* D^2. 70. Nosti . . . 72. ὀλεῖται *add.* β. 73. At vero illud temporarium β: quod *D*. 74. nostri *om.* β. 77. quaedam *add.* β. 78. venientis aetatis *D*: venientes β. 81. huius *om.* β. 86. doctum . . . 87. philosophum *add.* β. 88. nominisque *add.* β.

71. ἀκονητικὸν] This word seems to be new; but Budaeus' *Lexicon*, 1554, gives ἀκόνημα· incitamentum.

72. Ὥς ποτέ] Hom. *Il.* 7. 91.

fallacique expenderentur. Est sua philosophiae libra, quam nec forum venalium nec iudiciale nouit, quod rebus ipsa caducis et tempore perituris aestimationem quanti minimo statuit, aeternis autem quanti plurimo, ne a verbis iuris conditorum recedam. Huiusmodi aestimationis fructum Philologia, altera mihi coniunx, ex dote sua tandem perceptum ire me subinde mihi spondet: quam ego non more nostratium hominum deamare, sed misere deperire ab amicis meis gentilibusque iurgabundis dictitor. Ex quo enim illam in domum meam induxi, nec fortunis nec valetudini, vt ipsi aiunt, recte consuluisse visus sum. Id quod cum mihi vicio iure vel iniuria vertatur, homini sex liberis aucto vnicaque filiola, ab iis quidem qui se ideo frugi esse homines censent, quod argentariam facere ac patrimonia quantumuis ampla architectari norint, haud dum tamen vxoris illecebris ac puerilibus blandimentis, rei familiaris procacibus auocamentis, medicorum minacibus interdictis, denique morbi taedio ac carnificina, adduci aut perpelli potui vt huius Aegerie meae congressu diurno, nocturno, domi, peregre, ruri aut in vrbe abstinerem. Cui etiam tum ipsi cum annos abhinc duodecim vxorem ducerem liberorum meorum matrem, contra omnium ferme vxoriorum hominum opinionem, nuncium non remisi: sic enim statuebam mihi esse faciundum, vt coniugem quidem legitimam haberem liberorum parentem, ex Philologia autem libros, id est nominis mei aeternam memoriam, si ingenium mediocre industriam non defecisset, prolemque immortalem gignerem. Liberos iam plureis aliquanto quam libros genui, plus corpori fortasse quam animo indulgens. Posthac, vt spero, marcescente corpore animus in dies vegetior et viuidior fiet. Vtrunque autem simul ex aequo prolificum esse nequit, sed cum emeritae facultates corporis esse coeperint, tum demum viribus animi stipendia plene procedent. In hoc autem studiorum progressu atque etiam procursu persaepe inhibitus sum ac prope retroactus aduersa valetudine, quae mihi negocia tam multa exhibuit, vt non semel impetum coeperim vitae a me institutae tenorem abrumpendi et desidiae atque inertiae affectum iam corpus

92. quod *D*: quae β. 94. conditorum *D*: -prudentium β. 98. amicis meis *D*: agnatis β. iurgabundis *add.* β. 99. vt ipsi aiunt *add.* β. 101. vnica β. 104. vxoris *D*: aut vxoriis β. ac *D*: aut β. aut *ante* rei, medicorum, denique *add.* β. 108. etiam tum *add.* β. 109. ducerem *D*: accepi β. 110. opinionem *D*: morem β. sic enim statuebam *D*: quippe qui sic statuissem β. 112. ex philologia autem *D*: caeterum ex philologia β. id est *D*: & β. 113. si ingenium . . . defecisset *add.* β. 116. marcescente *D*: marcente sensim β. 118. sed *D*: at β. tum *F*: tamen *D*. 119. procedent *D*: processura sunt β. 120. atque etiam procursu *add.* β.

108. duodecim] This passage is the sole authority for the date of Budaeus' marriage. His wife, who at the time was only 15, was Roberte Le Lieur, of a Norman family settled in Paris. See Delaruelle, *G. Budé*, p. 84.

indignabunde dedendi. Quis enim in tam longae tamque molestae valetudinis taedio non se vel medicorum placitis vel vxoris precibus vel amicorum monitis permitteret, vt complorata spe literarum? Certe nisi genesim philosophicam habuissem, iamdiu Philologiam meam domo exactam habere res suas sibi iussissem; vt priscum verbum vsurpem.

Non igitur me praeteriit, quum superiora illa dicerem, ex literarum studio recte atque ordine instituto sperandam illam esse euthymiam in scholis philosophorum cantatissimam, homini praesertim orthodoxae philosophiae initiato eiusque decretis digitis, vt aiunt, consertis haerenti; aut, si ad normam veritatis loqui volumus, euthymiae simulacrum et imaginem: quandoquidem germanam iustamque euthymiam, id est animi plenam securitatem (quae non nisi coercitis affectibus ac rationis vi compositis omnibusque sensibus ad obsequium animi tranquilli redactis suos implesse numeros dici potest), in hac vita haberi non posse existimo. Quippe diui Pauli, religionis verae ac pietatis architecti, elogio nouimus imminere nobis illum hostem infestum, simul et perpetuum demonarchen, primigeniae noxae suasorem et impulsorem, contra quem in procinctu nunquam non stare nos debere autumat, nec interim vnquam securitati indormiscere; esse enim eiuscemodi hostem qui praelio quidem interdum, bello nunquam vincatur. Is in omnes occasiones intentus et imminens, quum magnos subinde tumultus atque improuisos in sensibus cieat, non est vtique quod quisquam sartum se ac tectum fore ab eius incursionibus confidere debeat, tanquam intra philosophiae praesidia atque in arcem ipsam euthimiae penitus se abstruserit, quum nullum sit hosti praesidium inaccessum; nobili eiusdem diui Pauli exemplo, qui ne gratiae quidem maioris praerogatiua huic eximi certamini potuit.

Sed vereor ne in ἀπειροκαλείας et ineptiae vitium imprudens delapsus sim, cui in epistolae breuitate philosophari obiter succurrerit, homini philosophiae tyrunculo. Proinde ad epistolam tuam redeo, in qua illud perfacetum mihi visum est, quod Erasmum et Budaeum quasi duos Milones in arena quadam Palladia committere videris, Mercurio designatore et agonotheta instructoreque certaminis, spectatore te eodem et plausore ancipiti atque in vtriusque fauorem ambigente: quo quidem epistolae tuae loco cum a me gratiam sane

124. indignabunde *add. β*. 126. vt . . . literarum *add. β*. 128. priscum verbum vsurpem *D*: prisci loquebantur *β*. 135. iustamque *add. β*. 138. tranquilli *add. β*. 141. illum *om. β et add. post* demonarchen. 143. autumat *D*: statuit *β*. 144. securitati indormiscere *D*: securos obdormiscere *β*. 155. homini . . . tyrunculo *add. β*. 158. D^1H: aganotheta $D^2\beta$. 160. ambigente *D*: ambiguo *β*.

139. Pauli] Cf. *Ephes*. 6. 11 seq. 151. Pauli] Cf. 2 *Cor*. 12. 7–9.

bonam iniuisti, tum vero id minime periculum est, ne in Erasmi offensionem impegeris. Siquidem qua est animi aequitate Erasmus, etiam me sibi aequari non grauabitur, vt qui ne praeferre quidem sibimet ipse grauetur, quum ad Socraticam ironiam se composuit et risum genuinum e comica fronte detersit: vereor enim dicere frontem eum perfricuisse, quum vno nomine *ἀπαιδευσίας* omnia mea epitheta superasse se diceret, id est *ὀψιμαθῆ*, *αὐτομαθῆ* atque etiam *κακομάθῆ*. Atque ego nisi vtrumque vestrum opinione falli ac plane nihil videre in aestimatione mei libentius crederem, tametsi aliorum in scriptis perspicaces, bellissimos vos esse irrisores coniuratosque clamarem. Egone vt illo cum Milone conserere manus audeam, nisi confidam eum remissum ire mihi multas arctasque praehensiones nec totos in me lacertos adhibiturum, atque in vniuersum ineluctabiles illas vires ad captum submissurum mediocritatis nostrae?

Αἴθ' ὅσον ἥσσων εἰμὶ, τόσον ἕο φέρτερος εἴην,

vt votorum summam habeam. Equidem praeclare atque ample mecum agi putarem, si isti Miloni Submilo esse possem aut etiam Miloniaster. Age, quonam tandem modo athleta non ineptus, non absurdus, non explodendus esse potest, qui vt viribus fortasse non careat, athleticam tamen illam palestram, artis et industriae commendatricem, sub palestricis nunquam didicit? id quod quum de me dicam, tu fidem magis moribus meis indulgere videris quam id simile veri esse credere. At vero libens id abs te contenderim, vt si quando publicis muneribus perfunctus ludicris aliquantisper feriabere, tu cui nunc tantum vacat certamen hoc nostrum animi causa spectare, de podio vel gradibus in arenam descendas ac specimen tui praebeas. Ego enim non te spectatorem tantum esse arbitror oportere, sed etiam ex illis vnum quos ephedros appellabant; non ad spectandum tantum ipsos sedentes, sed ad id veluti subsidiarios atque succenturiatos, vt ne victorem statim securum esse palmae sinerent, victoque solatium afferrent cum victore congrediendo.

Atque cum epistolam tuam lego, non iam Erasmo, quamlibet graui auctori amplissime de te censenti, sed mihi ipsi credo; nihil apud memet gratiose amicitiae tuae tribuo: id quod illum fecisse, cum ad me de te scriberet, suspicari quis poterat. Mihi enim tute videre omneis huius palestrae numeros ita tenere vt sub paedotriba non poenitendo

164. sibimet *add.* β. 165. genuinum *D*: **αὐτοφυῆ** β. 168. Atqui β. 171. nisi D^1: ni D^2. 172. multa β. 175. Αἴθ' . . . 176. habeam *add.* β. 181. didicerit β. 182. dicam *D*: ipse fatear β. 192. Atque *D*: Enimuero β. 193. ipsi *scripsi*: ipse *D*. 194. memetipsum β. gratiosae D^2. tribuens β. 195. enim tute videre β: qui videre tu *D*: -que videre tu N^3. 196. non poenitendo *D*: memorando β.

175. Αἴθ' ὅσον] Hom. *Il.* 16. 722.

didicisse te existimare debeam, cum illoque Milone melius ac facilius paria esse facturum: si tamen eum quisquam nostrum aequare potest. Nam mihi videtur Erasmus non iam Milo, sed pentathlus quidam esse nobilis, cuius gloria quam latissime pateat: qui terrarum peragrator nullibi non documentum ingenii sui dederit ac periodon prope vicerit, in sacris, in profanis, atque in omni parte orbicularis disciplinae certauerit, quam encyclopaediam vocant, et nusquam non probatus sit. Etenim vt mittam Panegyricum et Christi Militem multorumque eius operum nobilium nomenclaturam et Morias Encomium, quod studiosi fere habent in delitiis, certe quum Iliadem (vt ita loquar) illam leporum Graecorum iuxta Latinorumque lego, quae Paroemiae vocantur, nunc logothecam Mineruae videre mihi videor; nunc Mercurii salinum, quem Logium appellant, arte sane eximia fabrefactum, et in quo tamen ipso materia cum opificio certet, vnde sales candidissimos oratoria comicaque facundia ad vsus dicteriorum sumat; nunc Pithus delitias et condimenta vel Suadae ipsam medullam, interdum visendam quandam copiosamque supellectilem, longo interuallo ex vetustis selectisque armariis promptam (si tamen vnquam sic confertim prompta est), in taberna amplissima expositam praediuitis cuiusdam institoris, eloquentiae ordine descriptam digestamque decentissime. In eo volumine atque in quibusdam eiusdem inuenias duarum elegantium matronarum poeticae et oratoriae artis cultum, mundicias et ornamentum, ornatricisque earum, quam venustatem vocant, pigmenta atque lenocinia, quibus artifices dicendi et qui logodedali dicuntur scripta quondam sua vendibiliora reddebant.

Ἔνθ' ἔνι μὲν φιλότης, ἐν δ' ἵμερος, ἐν δ' ὀαριστὺς
Πάρφασις, ἥ τ' ἔκλεψε νόον πύκα περ φρονεόντων.

Rursus quum ea lego quae in Nouum Instrumentum religionis rectae ac pietatis aedidit, quaeque in diui Hieronymi libris (quo vno ferme interprete iuris diuini prudentia nititur) immenso labore explicuit, enarrauit, digessit, interpolauit et plane instaurauit, ibi sacrosanctam disciplinam, qua viuendi moriendique ratio nobis constat, recte atque ordine constitutam, atque etiam restitutam, aetati huic nostrae posterisque gratulor. Simul istos triumpho τῶν χρονίων ὄζοντας in ordinem esse coactos, senilis infantiae ac rusticae et elinguis

198. nostrum *D*: aequalium *β*. 210. sane *add. β*. 212. dicteriorum *D*: dictorum venustiorum *β*. 213. ipsam *add. β*. 214. ex . . . 215. armariis *add. β*. 217. ordine *D*: artificio *β*. 218. atque . . . eiusdem *add. β*. 221. dicuntur *D*: dicti sunt *β*. 223. Ἔνθ' . . . 224. φρονεόντων *add. β*. 226. rectae *add. β*. 231. triumphos *β*. τῶν χρονίων ὄζοντας *add. β*.

223. Ἔνθ' ἔνι] Hom. *Il.* 14. 216,17. 231. τῶν χρονίων] Cf. Ar. *Nub.* 398.

doctrinae vt patronos et assertores, sic improbos obtrectatores elegantiae, qui nihil esse sanctum putant, nisi squalore sordibusque sermonis horreat; quique philosophiae ipsi, omnium bonarum artium auctori et locupletatrici, honestatis grauitatisque antistiti et interpreti, omni nitore atque elegantia verborum sententiarumque interdictum esse contendunt senatus orthodoxi consultis: qui ex maiorum, quod dici solet, gentium patribus conscriptisque cogebatur. Ceu vero, si quando vsu venerit vt philosophia in scaenam per prosopopoeias theatrales exitura sit (vt assolet apud nos per licentiam scholasticis antehac fere indultam regaliorum festis, quae theophania vocantur), non tragicam illi personam choragus aut praetextatam induere, sed togatam et planipedem atque adeo tabernariam debeat.

Iuuat igitur haec me legentem animaduertere Stoicastros illos barbaricam loquacitatem antea populariter clamitatricemque professos, ita nunc cum suis cauillamentis e doctorum classibus explosos atque adeo de ponte literis suffragantium esse deiectos; vt qui prius arcem tenere philosophiae putabantur et suffragiorum praerogatiuam in disciplinis habere, nunc Saturniis lemis caligare (vt prouerbio alludam) ab omnibus dictitentur; iis quidem certe qui aliquo sese numero videri inter literatos volunt. Ecquis est autem tam aduersis Gratiis natus, cui iam non sordeat pinguis illa ac tenebricosa Minerua, ex quo literae quoque sacrae Erasmi industria tersae, mundiciem priscam splendoremque receperunt? Quanquam id longe maius est quod idem eadem opera praestitit, vt veritas ipsa sacrosancta ex Cimmeriis illis tenebris emergeret; etiamsi nondum plane theologia e scholae sophisticae pedore enituit. Quod si quando factum fuerit, seculi vtique nostri primordiis debebitur. Certe hactenus iam profectum est, vt eorum partim fastum illum supercilii ponere videantur erroremque taciti agnoscere: partim quibus integrum est per aetatem et vitae institutum, sortis suae poenitentes nunc literas meliores capessere et amplecti iisque patrocinari. Eandem a me operam in literis ciuilis prudentiae eodem cum successu nauatam esse, tuarum, vt spero, literarum elogio in posterum credetur, si quando in publicum exierint.

Ac mihi quidem haec scribenti, ridere eorum vanitatem atque ineptias subit, qui obuio cuique ab aspectu aut ingressu statuere precium et aestimationem solent. Hic verba et sententiam vsurpabo cuiusdam viri grauis, solertis hominum aestimatoris, qui haud ita

244. et planipedem *add.* β. 246. clamitatricemque *add.* β. 248. explosos *add.* β. literis suffragantium *om.* β. 252. volunt *D*: cupiunt β. 255. munditiam β. 263. iisque patrocinari *add.* β. 266. quando *D*: illae aliquando β. 268. subiit β.

250. Saturniis] Cf. Ep. 522. 124 n.
270. viri grauis] Perhaps Poncher; cf. Epp. 522. 109 seq., 531. 556 seq. and 569. 34 seq.

pridem frequentem vidit Erasmum: 'Quis est enim tandem' aiebat ille 'cui de corporis totius facie atque habitu omnibusque affectibus quibus obnoxia sunt corpora humana, Erasmum aestimare in mentem venerit, nec esse famigeratum illum Erasmum suspicatus sit, qui arbitretur eum, hominem vt quemlibet se agentem, Mercurium in ore, Genium in praecordiis, Venerem in stilo cum Gratiis, postremo Palladem in capite, vt Iouem quondam illum, habere?' Et post haec audet Erasmus mentionem mei facere, non iam vt sibi paris, sed etiam, si Christo et veritati placet, maioris: quasi vero nec me nec Erasmum nouerim, qui praeclari instituti vel conditor vel relator reliquit exemplum posteritati, vt non ante theologum profiteri iure suo se quisquam posset et ad libros sacros euoluendos publice enarrandosque accedere, quam in omnibus Camaenarum fontibus manus se satis lauisse confisus sit. Cui vtinam ipsi tam par propemodum esse possem quam aequalis prope sum, vt ex eo epistolae eius loco video vbi de senectute et senio cauillatur; nisi vero credere par est illud quod de agro ingenii sui exhausto iugi foetura scribit. Qui locus etsi mihi inter alia epistolae loca multa placuit, tamen ei non assensus sum, quum ipsius ingenii foecunditatem eam esse viderem, eamque vbertatem doctrinae et copiam, quae in omneis bonas fruges semper restibilis sit, nec alia atque alia identidem lectione, velut nouis subinde riguis, indigeat. Siquidem ita fert natura, nisi fallor, vt soli praefecundi, sic eximiae atque beatae mentis, vt anniuersaria eius foetura luxurie carentem, non etiam effoetam, efficiat segetem.

Ex huiusmodi ingenio Erasmus, quasi ex letissimo quodam latifundio atque vbertatis inexhaustae, multis iam annis luculentam messem colligit solidae illius et expressae gloriae in seculaque iturae: tametsi ad eum scribens ita cum eo agere solitus sim itaque irrequietum eius animum exagitare, vt ista diligentia atque industria satis eum facere mihi negem, nisi maiora indies maioraque suscipiat, id est magnitudini ingenii sui congruentia animoque quantumuis sublimi non poenitenda. Inde illa inter nos concertatio, cum ego multa exigua vel mediocria (pro portione captus Erasmi loquor) accepto laturum me pro magnis plane nego, etiam si opera perfecta, probata, praestita lege erunt, vt vtar priscae formulae verbis: vtpote qui hoc contendam, hominem tam alto, tam volucri, tam capaci, tam

271. frequentem *D β* : *om. H.* aiebat ille *add. β.* 274. famigeratum *D* : nobilem *β.* 275. hominem . . . agentem *add. β.* 276. Venerem . . . postremo *add. β.* 278. audet *D* : non veretur *β.* Erasmus *β* : ipse *D.* 279. maioris *D*: superioris *β.* 282. possit ad librosque *β.* 284. lauisse *D* : perluisse *β.* 292. Siquidem *D* : Nam *β.* 293. atque beatae *add. β.* 294. *D*[1] *H* : luxuriae *D*[2] *β.* 296. multos iam annos *β.* 305. vtar *D* : sunt *β.* verba *β.* 306. tam volucri *add. β.*

285. epistolae] Ep. 531. 373 seq. 297. iturae] Cf. Sil. Ital. 12. 312.

versatili ingenio praeditum, in nulla non officina Musarum expolitum, grandissima quaeque opera nunc suscipere debere. Indidem illa inter nos epistolaris velitatio quam tu, vt video, animi causa spectas; quae nuper ad conserendas manus iamiam exarsura videbatur, vt illa praegrandi epistola apparet, qua omneis ipse copias argumentorum meorum disiecit prima impressione. Colligere enim vero reliquias agminis mei statueram copiasque supplere ac rursus certamen experiri. Verum id ne facerem, ab amicis meis deterritus sum, qui me imparem tandem futurum certamini videbant, si ille per ocium acrius incaluisset; quippe quibus illud Homericum in mentem veniret,

Σὺν δὲ δύ᾽ ἐρχομένω, καί τε πρὸ ὃ τοῦ ἐνόησεν
Ὅππως κέρδος ἔῃ,

in huiuscemodi lucta. Deinde non satis indulgere aut imperitiae meae aut rusticulae ferociae visus est homo vrbanitatis et facetiarum artifex. Etenim cum omnia simpliciter scribere ad eum mihi videar, fit tamen nescio quomodo, vt vel in vsurpando amicitiae iure nonnunquam vel aliter imprudens in oxymora quaedam incidam, quibus ille veluti subdolis cauillis aut figuris ambiguis nonnihil offenditur, aut certe offendi se simulat: videlicet hoc illud est quod dixi, Eorum sum similis athletarum quos apalestros vocant, qui non norunt quid deceat simul et ad id quod agitur valeat. Itaque fit vt quum ego lienem scriptitando exercere gaudeam, ille vel stomacho vel incommodae suspicioni nonnihil dare videatur; siue id immerito suspicari interdum in mentem mihi venit, siue ille veteranus certator ac plane in hac parte veterator rudem adhuc me tyronem petulantius me inferentem hoc pacto emendandum castigandumque censet; id quod ipse libentius mihi persuaserim. Quod si inter nos hac de re secus forte suspicaremur, tu iuris non modo ciuilis sed etiam amicitiae consultus ius nobis, vt arbitror, redderes, aut litem dirimeres ac componeres; certe quidem per me liceret vt id faceres, nec ei quam mihi aequior esses, vt opinor, etiam si tibi ipse familiaris est et, vt ab eo audio, propemodum sodalis: quod praedicandum merito esse putat. Nolim tamen, vir eruditissime, nolim, inquam, vt quae de offensionis suspicione dixi, serio a me tu dicta esse credas, quum

307. perpolitum *β*. 312. prima impressione *add. β*. vero *add. β*. 315. certamini *add. β*. 316. quippe . . . 320. lucta *add. β*. 320. aut *add. β*. 325. ambiguis *D β* : *om. N*. 326. videlicet *D* : nisi potius *β*. eorum sum *D* : vt eorum sim *β*. 333. petulantius *D* : non aetatis sed artis tyrocinio stolide *β*. 335. forte *add. β*. 337. dirimeres ac *add. β*. 339. merito esse *D* : sibi merito ipse *β*. 340. vir . . . inquam *add. β*. 341. a me *om. β*.

311. epistola] Ep. 531. 316. Homericum] *Il.* 10. 224,5. 326. dixi] Cf. Ep. 493. 215.

nihil minus cogitem: sed velim vt Erasmo persuadeas me ob eam suspicionem non rescribere volumini illi epistolari, quo aciem ille inuentionum mearum fudit fregitque non prorsus inconditam. Malo enim ille existimet victoriam me indulsisse ac condonasse autoritati suae integris adhuc viribus, quam herbam tum porrexisse quum vltra sustinere impetum eius nequirem. Scripsi ad eum dudum, et iterum, vt spero, scribam; sed aliud argumentum eligam mihi tractabilius, et si occasio se dederit, in articulo eum opprimam. Certe hoc non committam, vt alias quam incautum et lassum ab opere serio adoriar; tametsi nuper me *ἀναμαχεῖσθαι τὴν προτέραν ἧτταν φάσκοντα* homo non imperitus admonuit existimationisque meae studiosus, his verbis corripiens:

Τίς πόθεν εἰς ἀνδρῶν, ὃ εὖ ἔτλης ἀντίος ἐλθεῖν;

Cumque ego illud ex comoedia ferocule respondissem,

Ὁ νῦν μὲν οὐδεὶς αὔριον δ' ὑπέρμεγας,

tum ille,

Δυστήνων δέ τε παῖδες ἐῷ μένει ἀντιόωσιν.

Enimuero gratum, per (inquam) gratum est mihi, quod simplicitati morum meorum credis, id quod ad Erasmum scribens obiter deplorañueram, mihi me praeceptorem praelectoremque fuisse: nisi interim suspicarer facile id te credere, coniecturam ex stilo scriptorum meorum facientem; in quibus subuereor ne aliquid fortasse structurae refractariolae deprehenderis aut rudiusculi schematis, quod nec limam, vt dicitur, nec scobinam officinarum expertum esse videatur nec praeceptoris censuram. Sed rursus id minime sentire mihi videre, quum etiam eo nomine placere me mihi ac gratulari iubeas, idque ipsum acceptum summi loco beneficii referre prouidentiae. O festum te hortatorem, et iucundum ac solertem, qui *τἀμὰ ἐλαττώματα εἰς πλεονεκτήματα τρέπεις*, et quod summe pudendum esse censebam aut certe tegendum, si coelari potuisset, id et vtile et honestum et mihi praedicandum esse doces.

Manedum paulisper, omnia tibi indicare ac denarrare loquacius in

344. fregitque *add.* β. 345. *F*: victoria *D*. ac condonasse *add.* β. 346. tum *add.* β. 350. Certe hoc *D*: Hoc quidem certe β. 351. tametsi . . . 358. ἀντιόωσιν *add.* β. 364. refractariae β. 365. vt dicitur *add.* β. nec praeceptoris censuram *add.* β. 369. qui *D*: ὅσγε β. 370. περιτρέπεις β. 372. doces *D*: contendis β. 373. ac denarrare loquacius *add.* β.

351. ἀναμαχεῖσθαι] Cf. Plut. *Apophth.* p. 223 F.

354. Τίς πόθεν] Cf. Hom. *Il.* 21. 150.

356. Ὁ νῦν] Cf. Ar. *Eq.* 158.

358. Δυστήνων] Hom. *Il.* 21. 151.

361. praeceptorem] Cf. Ep. 493. 25, 6.

373. Manedum] This and the following paragraphs are the prime authority for Budaeus' early life. For a full examination of them see Delaruelle.

animum induxi, quandoquidem te tam clementem ac dextrum consolatorem nactus sum. Dixeram me αὐτομαθῆ τε καὶ ὀψιμαθῆ fuisse, et non modo praeceptore nullo sed etiam sero literis bonis studuisse: nunc eo amplius dico, literarum me rudimenta et grammatices principia, vt tum ferebant mores, simplicitatis nunc obsoletae, in hac vrbe didicisse triuiali sub ludi magistro literarii: cumque hiscere Latine vix coepissem, ad iuris studium transiuisse, vt assolet, aut transiluisse potius, dispendioso vtique temporis compendio. In quo studio cum triennii operam lusissem, domum reuersus salutem dixi literis, studiis vtique indulgens iuuentutis illiteratae aut emeritae certe et iam exauctoratae: quoad post aliquot annos intra paternos parietes clam studere mecum ipse institui, procul omnibus conuenticulis huius vrbis scholasticorum, excitante me tantum patris exemplo, doctrinae laudatore, vt erat hominis ingenium, et librorum emacissimo. Ibi a deterrimo quoque, vt fit, autore auspicatus, cum glossematum fecem per imprudentiam hausissem auidissime, errore tandem intellecto, cum ad libros meliores me contulissem, paulatim redundantem illam praecordiis meis fecem reieci; tametsi obhaeserat

Ἔσπετε νῦν μοι, Μοῦσαι.

Ecce autem aliud incommodum! Quum accipitrariis et venatoribus salute semel dicta annos abhinc sex et viginti, libris, vt dixi, non magistris, aliquo cum successu operam dare coepissem, statim Graecum quendam nactus sum senem, aut ille me potius (illi enim vectigal magnum attuli), qui literas Graecas hactenus aut paulo plus nouerat, quatenus sermoni literato cum vernaculo conuenit. Hic quibus me modis torserit, mox dediscenda docendo (nisi quod et legere optime et bene pronunciare sciebat) non bene tribus chartis scriberem, cum interim ipse, vt vnum eum esse Graecum in Francia audiebam, sic esse doctissimum Graece existimarem, et ille ostendens mihi Homerum nonnullosque autores famigeratos nuncupans,

Ἐξονομακλήδην ὀνομάζων ἄνδρα ἕκαστον,

flagrare me studio insano intelligeret. Accedebat illud erroris, quod quae erat in eo ignorantia, ego ludificationem esse putabam, quo

374. tam *D*: sic *β*. 379. *F*: ludimagistro *D*: magistro ludi *β*. 380. vt assolet *add.* *β*. 381. vtique *add.* *β*. 382. studio *add.* *β*. 383. aut . . . 384. exauctoratae *add.* *β* (emeritam *β*). 387. laudatoris *β*. vt . . . ingenium *add.* *β*. emacissimi *β*. 389. auidissime *add.* *β*. 391. meis *om.* *β*. tametsi . . . 392. Μοῦσαι *add.* *β*. 398. *F*: sermone *D*. 400. et bene . . . sciebat *D*: mihi et pronunciare videbatur e more literatorum *β*. 402. ostentans *β*. 403. nonnullosque *D*: aliosque *β*. famigeratos *D*: insignioreis *β*. 404. Ἐξονομακλήδην . . . ἕκαστον *add.* *β*.

375. Dixeram] Ep. 493. 20,1.

387. laudatore] Shortly after writing this Budaeus detected the anacoluthon (LB. App. 149); and he corrected it in *β*.

392. Ἔσπετε] Hom. *Il.* 2. 484, &c.

396. Graecum] Hermonymus; cf. I. p. 7. 22 n.

404. Ἐξονομακλήδην] Hom. *Il.* 22. 415.

diutius ille me stipendiarium ac pene nexum prae auiditate haberet. Tandem literis apud nostros paucis annis illustratis Italiae commercio librisque sensim vtriusque linguae huc aduectis, cum ego sarcire damnum contenderem aetatulae transactae per inscitiam, nec pecuniae in coemundis magno libris nec labori in ediscendis parcerem, ac quotidianas sesquioperas a me plane exigerem omni vacatione adempta, eo primum perueni, vt dediscere instituerem quae male edoctus eram—quae mihi discendi primordia negocia multa exhibuerunt; nihil enim didiceram πλὴν γραμμάτων, καὶ ταῦτα μέντοι κακὰ κακῶς—: deinde vt vltra praeceptori illi Graeco ne auscultarem praelegenti, etiam si ad me ventitabat, libros empturienti venditans ac scriptitans quanti semel indicasset. Quid tu hic, vir ingeniosissime? potesne iterum quod incommodo mihi verto, id tu in bonum cessisse cessurumue ostendere?

Iam vero aduersam valetudinem non tam mihi agnatam, vt arbitror, quam cognatam et ingenitam quantum mihi facessisse negociorum putas? cum mihi se semper comitem sequaciorem vmbra praeberet, quocunque agerem me terrarum, quicquid instituerem: eo iam quoque ipsa molestior, quod eius crimine literarum studium, cum a medicis, tum ab omnibus mihi obuiis propinquis iuxta alienisque, plus iam annos quindecim male audit, vt insanum et exitiabile; literarum eo amplius Graecarum, vt vesanum, vt dirum, vt piaculo dignum, etiam si nuper coepit esse plausibile et expetendum. Nec tamen ideo velim vt omnino me expungas e numeris classicorum, vt domestica atque vmbratica eruditione institutum: posse enim sic quoque mihi videor inter iuniores centuriari, cum inter munifices profiteri coeperim nec praepropere nec infelicissime, vt vestrae amborum autoritati libens aliorumque credo. Interim bis Rhomam adii vrbesque insignes Italiae, doctos vbi homines non ita multos per transennam vidi potius quam audiui, et literarum meliorum professores tanquam a limine salutaui; quantum scilicet homini licuit Italiam raptim peragranti nec ibera legatione. Sed et domi nonnunquam doctorum hominum familiaritate vsus sum: in quis praecipue colui Ioannem Lascarim, virum Graecum, vtraque lingua

407. ac pene . . . auiditate *add.* β. 408. paucis annis *D*: quoque paucis β. 409. huc *add.* β. 411. ac quotidianas *D*: quotidianas etiam β. 412. omni . . . 413. adempta *add.* β. 414. quae . . . 415. κακῶς *add.* β. 416. praelegenti *add.* β. 418. vir ingeniosissime *add.* β. 423. comitem *add.* β. 424. quicquid instituerem *add.* β. 425. quoque *add.* β. 426. propinquis iuxta alienisque *add.* β. 428. vt dirum vt β: et *D*. 429. dignum β: simile *D*. et expetendum *add.* β. 434. libens *add.* β. 435. vbi *D*: ibi β. non ita multos *add.* β. 437. quantum scilicet *D*: vtique quantum β. 440. D^2: praecipuae D^1. Lascarem β.

434. Rhomam] Cf. Ep. 403 introd. 440. Lascarim] Cf. Ep. 269. 51 n.

pereruditum; qui nunc in Vrbe Graecorum scholae praefectus est a Pontifice. Is quum omnia causa mea cuperet, non magnopere iuuare me potuit. Quum ageret fere in comitatu Regis multis ab hac vrbe milibus distractus, et ego frequens in vrbe raro in comitatu fuerim, fecit libens id demum quod potuit, vir summa comitate praeditus; vt et nonnunquam praesens mihi aliquid praelegeret, id quod vicies non contigit, et absens librorum scrinia concrederet et penes me deponeret. Certe tyrocinium nullo sub deductore feci.

En tibi, vir humanissime, studiorum meorum curriculum, quod sub patre indulgente suppeditanteque facile inchoaui, haud scio quam auspicato. Patre orbatus annos abhinc quindecim ac multa incommoda perpessus fortunaeque improbitatem multipliciter expertus, cursum nihilo secius institutum peragere velis remisque contendi, remoram tantum vnam molestissimam sensi aduersae, vt dixi, valetudinis: ac nihil aeque mihi animum illum alacrem in haec studia incumbentem contraxit ac demisit quam assidua mortis meditatio in horas imminentis, quum saepe mihi spiritum interclusum subindeque restitutum meminerim. Patri copioso haeres relictus non ex solida vncia (semissem enim maximus fratrum primigeniorum iure tulerat), ex matris haereditate eandem partem quadriennio post habui. Hoc fere fuit subsidium instituti mihi cursus cum iis quae vtcunque accesserunt, ita vt interim nihil quicquam acceptum tulerim liberalitatibus aut regum aut fortunae. In quo cursu studiorum patrimonii iacturam multam feci per incuriam ciuilis frugalitatis, etiamsi naufragium euasi.

Id quod sequitur ex tua epistola non tam mihi iucundum quam quibusdam amicorum meorum fuit, qui tibi ob eam rem multa bona dari diuinitus cupiunt. Hortaris me vt in locis iuris explicandis emendandisque erroribus qui inualuerunt ne lassescam, mihique ita gratulari videre quasi laboris et conatus ratio mihi constiterit in eorum hominum eleuanda autoritate, quos iuris magis Accursiani quam ciuilis et Rhomani consultos fuisse apud doctos conuenit. Atqui vt mihi ille labor nunquam poenitendus visus est, cum ob alia

444. raro *D*: rarissime *β*. 445. vir . . . 446. praeditus *add. β*. 447. et absens *D*: absens etiam *β*. 450. vir humanissime *add. β*. 453. improbitatem *D*: iniquitatem *β*. 455. vt dixi *add. β*. 459. *Dβ*: copiose *N*. 461. ex *β*: ac *D*. 463. vtcunque *add. β*. 464. studiorum *add. β*. 465. ciuilis frugalitatis *add. β*. 466. euasi *D*: vitaui *β*. 470. erroribus qui inualuerunt *add. β*. lassescam *D*: elangueam *β*. mihique *β*: mihi *D*. 471. videris *β*.

452. Patre] John Budé, †28 Feb. 150½.

461. matris] Catherine Le Picart, †2 Aug. 1506. Her mother was a Poncher.

472. Accursiani] Cf. Ep. 134. 26 n.

multa, tum ob id praecipue quod eius laboris fructus latissime patere et ad plurimos studiosorum pertinere dictitabatur; ita nescio quomodo piget opus diu desitum iam ac pene derelictum retractare. quodque tumultuosis primordiis memini esse inchoatum. In quo sane meam culpam et agnosco et deprecor (si etiam nunc deprecari liceat) qui flagranti tum animo moderari non potui, quo minus iuris prudentiae causam velut in concilio antiquitatis peritorum agerem, cum eorum hominum conuicio qui iuris ciuilis maiestatem imminuere ledereque non verebantur: quibus vt ipsis in crimen id verti a nonnullis videbam, ita neminem adhuc extitisse sciebam qui ex formula legum postulatos etiam perageret reos criminibus enarratis corona exaudiente ac iudicibus missis in consilium. In eos dicendi primas partes occupaui libentius sane atque alacrius quam nunc alteram actionem suscipiam. Si quis vero alius existat qui has sibi vices deposcat, est alia iam mihi instituta commentatio, quae animi mei contentionem a lectione iuris auocauit in diuersum; iuuantque me magis ea scribendi argumenta quae non tam angustis finibus circumscripta sunt: neque enim mouere se libere expatiarique potest animus lectione longa ac multiplici quasi farragine obesus et lasciuiens, nisi late patentem materiam veluti campum liberum et apertum ad excursionem habeat. Neque hoc non esse vitium interdum intelligo animi parum frugi sibique indulgentis imprudentius, sed si ad normam seueritatis et frugalitatis adigere moderarique gestientem stilum in animum induxerim, cum omnem animi alacritatem abstulerim et fortasse ieiunum exuccumque reddiderim, tum etiam meo Genio Mineruaeque repugnarim: id quod mihi in eam causam valere volo quam cum Erasmo dudum in iudicium deduxi. Verum enimuero quum hunc mihi laborem lucrifacere animoque meo obsequi hanc operam detrectanti per eorum veluti creditorum flagitationem non liceat, quod me de pollicitatione temeraria identidem appellant, ipsorumque adeo iuris studiosorum, quos iam ipsos mecum in gratiam redisse demiror ac stupeo iniuriaeque mihi persecutionem vltro etiam condonasse, quam ipsi non solum atrocem sed etiam sacrilegam esse putabant ob suggillatam a nobis numinum suorum maiestatem—non id aut gratiae aut potentiae meae sed

477. piget *D*: pigere coepit *β*. 479. sane *add. β*. 481. *D β*: consilio *N*. peritorum *D*: peritissimorum *β*. 483. in *D β*: *om. N*. 484. sciebam *D*: noueram *β*. 485. enarratis *D*: expositis *β*. 486. corona exaudiente *add. β*. 487. atque alacrius *add. β*. 488. vero *add. β*. 489. iam *D β*: *om. N*. 490. *D β*: auocarit *N*. 496. imprudentius *add. β*. 497. adigere *D β*: adigerem N^1 *Lond.*: adegerim N^3. moderarique . . . 498. stilum *D*: gestientem stilum moderarique seuerius *β*. 499. abstulero *β*. reddidero *β*. 500. meo *add. β*. repugnauero *β*. 501. dudum *add. β*. 503. hanc operam detrectanti *add. β*. 504. quod *D*: qui *β*. 506. rediisse *β*. 507. vltro etiam *add. β*. 509. aut *post* id *D β*: *om. N*.

veritati potius tribuentes, quam sensim et ipsi agnoscere coeperunt —simul cum tu eiusce rei mihi autor sis et adhortator, idque grauissimi quidam viri non nesciant, qui epistolam tuam quasi visendum quoddam mercimonium exoticumque admirantur, facere, vt opinor, non potero quin ad aliquot menses in id pistrinum rursus me dedam, aliquidque priori aeditioni annotationum addam perfunctorie, nisi forte alium comperero anteuertisse mihi; id quod diu exoptaui.

Sentio me modum epistolae superasse, quippe qui *τὰ προτοῦ πράγματά μου*

Ἐκ τῶν ποδῶν εἰς τὴν κεφαλήν ⟨σοι⟩ πάντ' ἔφην,

vt inquit Aristophanes. Sed te oblectari epistolis meis dixisti, et ego lubens tecum verba facio; et quum tu me honesto officio prouocaris, decuit me nonnihil admetiri auctarii nomine, vt debitores liberaliores faciunt: nec vero totidem verbis rependere vices tam eleganti tamque benignae epistolae potuissem. Denique hac epistola alteram a te paciscor, atque etiam alias multas, cum per ocium licebit, siquidem eodem filo eas contexturus es. Sanctius autem scrinium meum tuis et Erasmi, vt spero, literis dicabitur, habeboque epistolas vestras in delitiis, veluti tesseras quasdam amicitiae cum viris summis literarum commendatione contractae honestorumque officiorum vicissitudine cultae; quas praecipuorum legatorum instar, vt spero, charissimo cuique liberorum meorum relinquam.

Vale, Parisiis 14. Calendas Iunias.

Τουτοισὶ τοῖς γράμμασιν οἶδα μὲν πράγματά σοι παρέξων, τοῖς ἀκαθάρτοις τε καὶ κακῶς γεγραμμένοις. Δοκῶ δέ μοι δίκαιος εἶναι συγγνώμης παρά σου τυγχάνειν τῆσδε τῆς ἁμαρτίας, ὅσγε ὑπὸ τοῦ πάντ' ἀρίστου Ἐράσμου συγγνωστὸς εἶναί ποτ' ἠξιώθην· οὐ γὰρ ἂν οἶμαι ἴσα καὶ ἐκεῖνος ἐπιεικής τε καὶ εὐγνώμων εἶναι σὺ δοκῶν, ἧττον αὐτοῦ συγγνωμονικὸς δοκεῖν εἶναι ὑπομείναις ἄν. Ἔρρωσο πάλιν, ὦ πλείστου ἄξιε τῇ πατρίδι, καὶ πρόσειπέ μοι τὸν κοινὸν ἡμῶν φίλον, τὸν ἔναγχος ἀπὸ τῆς Βρεταννίας ἀφικόμενον.

510. potius *add. β*. 511. simul *D*: Tum (? cum) igitur ab illis consultatio mihi integra non sit *β*. 518. quippe . . . 521. Aristophanes *add. β*. 524. vero *add. β*. 528. vt spero *add. β*. 532. relinquam *D*: relicturus sum *β*. 534. *ἀκαθάρτως β*. 537. *ποτ' add. β*. 538. *σὺ add. β*. 539. *ἂν add. β*. 540. *τοὺς κοινοὺς ἡμῶν φίλους β*. *τὸν ἔναγχος . . . ἀφικόμενον om. β*.

521. Aristophanes] *Pl.* 649, 651. 540. *φίλον*] Clearly Erasmus.

584_{601} To Thomas More.

Farrago p. 189. ⟨Antwerp.⟩
F. p. 326: HN: Lond. vii. 24: LB. 291. ⟨30 May⟩ 1517.

[The precise date is given by Schinner's movements; l. 23 n.]

ERASMVS ROTERODAMVS MORO SVO S. D.

Calendis Maii ventis inualescentibus iamque etiam aduersis medio noctis scaphula nautica non sine periculo in rupes quasdam eiecti sumus, in Galliam haud procul a Bolonia. Mox venti asperrimi, quos reliquo itinere littus vicinum nobis exasperauit. Ii multos apud nos cynanche et pleuritide occiderunt et occidunt.

Petrus Aegidius et ego pingimur in eadem tabula: eam tibi dono breui mittemus. Verum incidit incommode quod reuersus Petrum offenderim nescio quo morbo laborantem grauiter, nec citra periculum; vnde nec adhuc satis reualuit. Nos belle valebamus, sed nescio quomodo medico venit in mentem vt purgandae bili iuberet me pilulas aliquot sumere, et quod ille stulte suasit, ego stultius feci. Iam pingi coeperam; verum a pharmaco sumpto cum ad pictorem redirem, negauit eundem esse vultum. Dilata est igitur pictura in dies aliquot, donec fiam paulo alacrior.

Epigrammata tua et Vtopiam misi Basileam per proprium ministrum, quem in hoc aliquot menses hic alueram, vna cum meis aliquot lucubrationibus. Tunstallus bellissime valet, imo triumphat; tantum hic nactus est veterum nomismatum. Perlegit Copiam meam, ac mire probat. Panegyricum quo Philippum laudaui, vnice admiratur. Budaei Assem totum excussit, et ad eundem scripsit: verum ille nondum quicquam respondit.

Cardinalis Gurcensis hinc ante dies aliquot abiit, Caesare, vt audio, non admodum aequo. Reuerendissimus Sedunensis heri discessit, apud quem eo die prandium egi: quicum mihi longa fuit disputatio

20. eundem *E*: eum *H*. 23. Reuerendissimus *E*: Card. *H*.

3. Bolonia] Bononia Gallica, E. *in marg.*

6. tabula] A diptych by Quentin Metsys, reproduced in this volume. The original of Erasmus is now in the collection of Count Grégoire Stroganoff at Rome, and there is a copy in the collection at Hampton Court; see Hymans in *Bulletin des commissions royales d'art et d'archéologie*, Brussels, 1877, vol. 16, pp. 615–44. The original of Gilles is now in Earl Radnor's collection at Longford near Salisbury; and there is a copy in the Royal Museum at Antwerp; see the catalogue of that institution vol. i (1905) p. 207.

The portraits were completed and sent to More in Sept. (LB. App. 179, 192, 193).

15. Epigrammata] Cf. p. 502.

20. scripsit] Ep. 571.

22. Gurcensis] Cf. Brewer ii. 3200, 3208, 3295.

23. heri] 29 May; cf. Brewer ii. 3296, 3301 and 3303.

24. prandium] A full account of this is given in Lond. vi. 2, LB. 380.

de Nouo Testamento, tum de bello; is palam debacchatur in Gallos et, vt Eluetium decet, ingenue. Aiebat Germanos eo tendere vt omnes reges subsint Imperatori. Caesar Maguntiam adit, nam illic, vt ferunt, consilium futurum procerum Germaniae. Carolus noster Gandaui consilium agitat, quo Caesar non accessit. Aiunt abire nondum satis placatum: dii boni, quis vnquam iratus fuit hoc felicius? Pax coitura fuerat etiam cum Ghelriis, et quidem conditionibus etiam Caesari aequissimis: verum id ille impediuit, ne nullum vsquam esset nobis bellum. Philippus episcopus Traiectensis vrbem suam ingressus est, et auspiciis felicissimis et insigni pompa. Dux Ghelriae dicitur octo milibus hominum contractis Phrysiam adoriri.

Tunstallus gaudet sibi tandem peractam fabulam illam motoriam. Is si redit ad vos, haec frustra scripsimus; sin manet, certum est, vbivbi futurus est, tempus hoc cum illo transigere. Alioqui consilium erat Louanii aestiuare, theologis etiam id magnopere flagitantibus. Solus N. murmurat adhuc nescio quid, gloriae causa, vt ne parum vir constans videatur. Caue fraudes me ista tua epistola quam inabsolutam mihi ostendisti. Si epistola Iustiniani oratoris Veneti apud te est (nam mihi periit), fac huc redeat; sin minus, roga humanissimum D. Nicolaum, secretarium illius, vt exemplar rursus huc mittat vna cum ea qua ipse M. Musuro gratulatus est. Scribam fusius intra mensem, cum mittam tabellam. De equo nihil adhuc audio, atqui nunc fuisset vsui. Bene vale cum suauissima coniuge liberisque dulcissimis. Petrus Aegidius vna cum Corneliola sua te tuamque plurimum saluere iubet.

Anno millesimo qui⟨n⟩gentesimo decimoseptimo.

26. Heluetium *N.* *F*: ingenue aiebat *E.* Germanos *F*: se *E.* 27. Moguntiam *H.* 28. vt ferunt *add. F.* 28, 29. concilium *N bis.* 32. etiam Caesari *E*: Caesari quoque *H.* 33. Traiectensis *E*: Vltratraiectinus *H.* 34. et auspiciis . . . 35. pompa *add. F.* 43. Iustiniani *add. H.* 45. D. *om. H.* 46. M. *E*: Marco *F.* 51. Anno . . . decimoseptimo *add. H.*

---

27. Maguntiam] Cf. Brewer ii. 3344.

29. Gandaui] The Court arrived at Ghent between 17–25 May; cf. Brewer ii. 3251 and 3283.

33. Philippus] The entry took place on 19 May; see Geldenhauer's narrative (p. 379) and cf. Lond. xii. 9, LB. 266.

35. Dux Ghelriae] Charles of Egmont (9 Nov. 1467—30 June 1538), Duke of Gueldres 1492. Encouraged by France he spent his life in continual warfare against the Austrian dominions in the Netherlands: see BN. In violation of an unexpired truce he had just taken up arms again; cf. Brewer ii. 3283 and 3300.

37. motoriam] In following Maximilian through the Netherlands; cf. Ep. 572. 16 n. and 18. His duties were brought to a close by the Emperor's departure for Germany; cf. Ep. 585. 3 n. and Brewer ii. 3300.

41. N.] Probably Dorp; cf. Ep. 474. 17 n.

43. epistola] Ep. 559.

46. Musuro] Ep. 574.

585. From Antony Clava.

Deventer MS. 91, f. 104. Ghent.
LB. App. 402. 4 June ⟨1517⟩.

[1517, because Erasmus is at Antwerp.]

ANTO. CLAVA DOMINO ERASMO S. D.

Et valeo, Erasme doctissime, et te valere gaudeo. Caesar noster nudius est duodecimus quo ad Caesarem a nobis abiit vna cum Leopoldo Caesaris filio. Expectamus eum speramusque propediem ad nos rediturum. D. Petrus Barberius bona fide res tuas diligenterque curat solicitusque est mirum in modum ad ornandam euehendamque dignitatem tuam. Magnus ille Cancellarius, tametsi multis et arduis variisque quotidie negociis distringitur, de te tamen quoties mentio incidit, quod quidem non admodum raro fit, libentissime audit teque fauore non vulgari prosequitur, propensusque admodum est, quantum coniicere possumus, si qua vel occasio vel fortuna letior oportune arriserit, omnibus modis tibi gratificari. Vtinam Clauae tuo talis adesset facultas qualis eius in te vel voluntas vel amor vel obseruantia vel studium dignitatis tuae!

Quas commemorasti epistolas nusquam vidi: eas videre legereque percupio. Accipies ex Barberii litteris quae in rem tuam nobis visa sunt conducere. Itaque speramus celerem aduentum ad nos tuum, simul ac petimus vt nusquam alio deflectas quam ad aedes Clauae tui. Habebis hospitem et letum et tibi obsequentissimum. Interim vale et charissimum mihi Petrum Aegidium, hospitem tuum iucundissimum, nomine meo saluere plurimum iube.

Ex Gandauo Pridie Nonas Iunias.

586. To Dukes Frederick and George of Saxony.

Basle MS. Antwerp.
Suetonius (1518) f°. a^2: Gouda MS. 1324, f. 17. 5 June 1517.
N. p. 1198: Lond. xxviii. 16: LB. 318.

[The preface to Suetonius as edited by Erasmus in the *Historiae Augustae Scriptores*. The earliest source is a manuscript, in the box which holds Epp. 338,9, 517,18, etc., written by Hand D of the Deventer Letter-book (a^1)

---

1. Caesar] See Epp. 175 introd. and 525 introd.

3. Leopoldo] of Austria (c. 1504—27 Sept. 1557), a natural son of Maximilian. With de Keysere he accompanied his father to Maestricht, but parted with him there, 31 May—1 June 1517; de Keysere taking the opportunity to offer to the Emperor his book entitled *De nuptiis Leopoldi* (cf. p. 451). In 1540–1 Leopold was appointed Bp. of Cordova, where he greatly enriched the structure of the cathedral and held the see until his death. See Van den Gheyn in *Annales de la Soc. d'Hist. et d'Archéol. de Gand*, viii (1907), pp. 97,8.

4. Barberius] See p. 283. He was evidently with Le Sauvage in attendance on the Court; cf. Ep. 584. 29 n.

14. epistolas] Probably C[1], which was dedicated to Clava; see App. 11.

16. aduentum] In view of his position as Councillor; cf. Ep. 370. 18 n.

and revised by Erasmus (α^2), who besides correcting the obvious blunders of the secretary also rewrites and amplifies the text in places. α^2 necessarily takes precedence of α^1; but it is not always easy to distinguish between them, especially when the correction is in the form of a letter, such as the addition of the cedilla by which e is made into ae. Erasmus often so transforms Hand D's e; but these corrections and such as seem made by the secretary himself are not worth reproducing.

The *Hist. Aug. Scriptores* were printed by Froben in June 1518 (β^1), Duke Frederick being included in the dedication; and again by Froben's successors in July 1533 (γ). It is noticeable that from l. 62 onwards Erasmus makes the dedication to both Dukes even in the manuscript (α^2), although the heading and opening sentences are left unchanged. In printing he seems to have designed to amplify his preface for β^1, but after a few lines he abandoned the undertaking, and the substantial revision is not made until γ. The Gouda MS. (β^2) is evidently copied from β^1.

In a preface to the reader (f°. β^8, 1518) dated 23 June 1518 and perhaps written by Erasmus, Froben states that for Spartianus and the following authors he was able to use a MS. of Spartianus borrowed from Murbach, and Egnatius' *Caesares* (Ep. 588. 55 n.), which he received through Frankfort, probably the autumn fair of 1517; but that the volume was far advanced before these reached him.

For Frederick the Wise of Saxony (17 Jan. 1463 — 5 May 1525), the champion of Luther and the Reformation, see ADB; and, for his relations to Erasmus, Hartfelder in *Zs. f. vergl. Litteraturgesch.* N. F. iv. 1891, pp. 203–14.

The date is confirmed by the fact that in no other year was Erasmus at Antwerp at this time.]

ILLVSTRISSIMIS SAXONIAE DVCIBVS, FEDERICO SACRI IMPERII ELECTORI, ETC. EIVSQVE PATRVELI GEORGIO ERASMVS ROTERODAMVS S. D.

Vt ab his viris quos fortunae calculus mundi gubernaculis admouit, Federice ac Georgi ducum incorruptissimi, haud exegerim anxiam atque exactam scholasticarum disciplinarum cognitionem, in quibus qui consenuerint, eos fere sensu etiam communi carere videmus, tantum abest vt tractandis rerum habenis sint idonei: ita vehementer ab istis dissentio qui reges prorsus ab omni librorum commercio ceu re noxia ablegant, perinde quasi hoc demum vere regium sit, nihil omnino vel scire vel agere praeter aleam, venatus, moriones et his etiam sordidiores voluptates. Cum quibus enim amicis libentius confabuletur cordatus et pius princeps quam cum iis qui et semper presto sunt et sapiunt plurimum et nihil loquuntur ad gratiam? Verum nullis ex libris, mea sententia, plus vtilitatis capi possit quam ex eorum monumentis qui res publice priuatimque gestas bona fide posteris prodiderunt, presertim si quis regalis philosophiae decretis imbutus huc accesserit. Etenim qui in hoc munere rerum gerendarum exemplum quam gestarum fidem spectare maluerunt, in quibus est Herodotus, hactenus modo prosunt, quod boni

TIT. ILLVSTRISSIMIS . . . PATRVELI β^1 (FREDERICO β^2): ILLVSTRISSIMO SAXONIAE DVCI α. 1. his $\alpha\gamma$: iis β^2. 2. Federice ac *add.* β^1 (Frederice β^2). β: incorruptissime α. 3. anxiam atque exactam *add.* β. 4. consenuerunt γ. 5. α^2: idonii α^1. 7. α^2: cōnercio α^1. 9. his $\alpha\gamma$: iis β^2. 11. iis $\alpha\gamma$: his β^2. α^2: loquntur α^1. 14. quis *add.* γ. 17. in quibus est Herodotus *add.* γ.

4. sensu] Cf. Hor. *S.* 1. 3. 66.

principis simulacrum oculis subiiciunt, si qui tamen id scite vereque effinxerunt. Ceterum ex bonae fidei scriptoribus super alias innumeras hec precipua capitur vtilitas, quod non alia res aeque vel bonorum regum animos ad res cum laude gerendas accendit vel tyrannorum cupiditates cohibet ac refrenat, dum vtrique cernunt horum literis suam vitam omnem mox in totius orbis, imo seculorum omnium, theatrum producendam; et quicquid nunc vel in abdito patrant vel ascito fuco praetexunt vel metu dissimulari cogunt verius quam ignorari, paulo post clarissima in luce sub oculos omnium traducendum, cum iam metu pariter ac spe libera posteritas, nec vllo corrupta studio, magno consensu recte factis applaudet parique libertate his diuersa explodet exsibilabitque. Nec enim arbitror quenquam, non dico principem sed tyrannum, sic penitus omnem hominis sensum exuisse, vt vitam sibi iucundam ducat, si norit suum nomen apud posteros omnium aetatum ac nationum animis tam inuisum et execrabile fore quam nunc est Neronis, Caligulae, Heliogabali, Commodi, Domitiani ac Iuliani; ad quorum mentionem, ceu portentorum verius quam principum, nemo iam non despuit, non abominatur, non detestatur. Nam Vitellius viuus etiam male gesti imperii poenas dignas dedit; quas et Nero daturus erat, ni supplicii foeditate deterritus ipse sui carnifex esse maluisset. Quod quidem exemplum vtinam in haec vsque tempora duraret, si quis (quod Deus omen auertat) similis illorum existeret. Nunc enim nihil est impunitius quam quod nulla satis grauis animaduersio pensare queat, male obiti magistratus culpa. Iam in ceteris historiae dotibus quantum aliis quisque tribuendum putet, ipse viderit suo arbitratu. Illud opinor apud eruditos omnes in confesso esse, quod ad narrationis fidem attinet, primas deberi Suetonio; qui, vt quidam non infestiuiter dixit, prorsus ea libertate scripsit Cesarum vitas qua vixerunt ipsi. Propemodum aequarunt Suetonium hac sane laude Aelius Spartianus, Iulius Capitolinus, Aelius Lampridius, Vulcatius Gallicanus, Trebellius Pollio, Flauius Vopiscus, licet eloquentiae viribus sermonisque politie multo inferiores. Proinde mihi quidem digni videbantur vt eorum lucubrationes studiosi summa fide seruarent, quorum fide factum est vt tantarum rerum tam certa memoria duret in hanc vsque nostram aetatem. Ac Suetonium quidem nescio quo deo propicio et antehac non ita passim deprauatum, nunc

20. $\alpha\gamma$: praecipue β^2. aeque β : equę α. 22. refrenat α^2 : reseruat α^1. 26. $\alpha^2\gamma$: oculis $\alpha^1\beta$. 28. $\alpha\gamma$: vlla β^2. α^2 : factus α^1. 29. his $\alpha\gamma$: iis β^2. α^2 : explodat α^1. 30. non . . . sed *add.* γ. 32. animis *add.* γ. 33. nunc *add.* γ. α^2 : Calugule α^1. 34. Domitiani ac Iuliani *add.* γ. 39. si quis . . . 40. existeret *add.* γ. 42. $\alpha\gamma$: obti β^2. $\alpha\gamma$: culpā β^2. 45. α^2 : debere α^1. 47. α^2 : equarant α^1. 50. sermonisque politie *add.* α^2. 51. vt eorum α^2 : quorum α^1. 53. vsque *add.* α^2. Ac α^2 : Et α^1.

18. oculis] Cf. Hor. *A. P.* 181.

eruditorum meaque opera purum, ni fallor, et integrum habemus; suffragante mihi ad hoc negocii peruetusto quodam codice, quem e bibliotheca monasterii apud Neruios olim, nunc Tornacenses, vulgato cognomine diui Martini, nobis exhibuit nobilissimus ille Gulielmus Montioius, qui id temporis regias vices ea in vrbe gerebat. Reliquos, quoniam nullo huiusmodi praesidio subleuabamur, quod vnum licuit, multo certe minus deprauatos dedimus. Eosque omneis vestri nominis lenocinio orbi commendare visum est, vel vestro in me studio vel mei erga bonas literas animi propensione vt id auderem prouocato, quo videlicet viri imaginibus et opibus clari magis ac magis in his philosophari consuescant et velut ad speculum vitam moresque componere. Primum enim dum videmus mutatum orbis Romani statum tanto sanguinis humani impendio constitisse, ea res pium certe principem a temere nouandis rebus deterrebit. Deinde spectare est operae precium quam, velut estuariis vicibus Euripi cuiuspiam ritu, res humane sursum ac deorsum voluantur, ni solida principum sapientia et incorrupta virtus fluxum hunc sistat inhibeatque.

Quin et illud subit admirari, in tanto principum numero vix paucos extitisse tolerabiles, paucissimos probos, plerosque non inprobos modo verum etiam ostenta mera merasque pestes humani generis, multos etiam mente captos. O nouam seculi calamitatem, cum vni furiosae bestiae totus seruiret orbis, et ingemiscens eandem caneret cantionem quam seruus Carion apud Aristophanem, Ὡς ἀργαλέον! Et tamen huiusmodi portenta parricidiis, sacrilegiis, incestis, breuiter nullo non dedecorum genere impurata, templis, aris, ac diuinis honoribus donabat hominum adulatio, fortunae vel magis sceleribus tribuens quod eximiae virtuti dari consueuit. Quis post hec recte factis grassetur ad nominis immortalitatem, si coelum datur iis qui indigni erant vt terram contingerent? Nam quod Domiti⟨an⟩us et Commodus, vterque sceleratissimus, dei vocabulum viui etiam vsurparunt, quis non videt manifestariae cuiusdam insaniae fuisse verius quam impudentiae? Porro quibus de causis hoc acciderit vt tanta fuerit bonorum principum raritas, nondum mihi

56. quem *add.* a^2. 58. nobis . . . 59. gerebat *add.* a^2. 60. a^2: subleuebamur a^1. 61. a N^2: certo N^1 *Lond.* 62. vestri a^2: tui a^1. visum est a: studui γ. vestro a^2: tuo a^1. 63. mei *add.* γ N^2: in mei N^1 *Lond.* 64. prouocato β: prouocatus $a\gamma$. 65. his $a\gamma$: iis β^2. 66. mutatum $a\gamma$: *om.* β^2 *in fine lineae.* 69. velut *add.* γ. a^2: cuius pium a^1. 70. ac *om.* γ. 76. bestiae a: beluae γ. a^2: seruiet a^1. 81. eximiae *add.* γ. $a\gamma$: posthac β^2. 84. Domitianus *LB.* β: Commodius a. 87. vt . . . raritas *add.* γ.

56. codice] It appears from Glareanus' preface to his edition of Suetonius, Basle, H. Petri, 1560, that the MS. passed into Erasmus' possession, and was given by him shortly before his death to Glareanus. C. L. Roth, ed. 1893, p. xxv, states that it afterwards returned to Tournay.

59. Montioius] Cf. Ep. 332. 3 n.

77. Aristophanem] *Pl.* 1.

satis liquet: siue quod ipsa fortunae magnitudo plurimas res secum defert, que bene nata recteque instituta ingenia queant corrumpere; id quod facilius credet qui perpenderit Neronis adolescentiam laudatissimae indolis fuisse, et quo non alius adhuc fuit orbi pestilentior, optimi tamen principis spem initio de se prebuisse; tum ab hoc multo post, Bassianum Getae fratrem, dum priuatus ageret, virum integrum ac sanctum, pessimum egisse principem:—siue quod vt quaedam nauigia immodice magna vastaque regi non queunt, ita totius orbis imperium maius est quam vt vnius hominis animo sustineri possit, cum perdifficile sit domum etiam vnam recte administrare. Itaque qui maxime cupit optima, tamen Maronis illud interdum cogitur dicere:

Fertur equis auriga, nec audit currus habenas.

Quod, opinor, intelligens Octauius Augustus, vir eruditus ac perspicax et, quod in priscis Caesaribus rarum comperies, perpetuo sanus, non semel de deponenda imperii mole cogitauit; et fecisset, si nactus fuisset in cuius humeros citra publici status perniciem onus reclinare potuisset. Hanc ob causam posteriores negociorum vndis impares imperii molem in plures partiri studuerunt:—siue id iis rebus magis ascribendum est quas permultas quidem, at non omneis tamen, in Aureliano recenset Flauius Vopiscus. Et tamen in tanta malorum principum turba, reperias licet dignas sancto principe cogitationes, audias voces absoluto principe dignas, comperias exempla in quibus nihil desyderes. Inter ethnicos inuenies qui Christiano animo reipublicae gererent imperium, non sibi; qui tam laboriose administrationis non aliud spectarent praemium quam vt de rebus humanis benemererentur; qui publicam vtilitatem liberorum affectibus, imo suae suorumque incolumitati, praeferrent. O nos felices, si Christiani principes suae quisque ditioni praestarent animum, quem Octauius iam confirmatus, quem Titi duo, quem Traianus, quem Antonini duo, quem Aurelius Alexander, orbi terrarum prestiterunt! Quin illud etiam mirandum, repertos qui ad imperatorem de imperatoribus non solum libere verum etiam contumeliose scribere auderent. Nam hodie id quidam exigunt, vt de sceleratissimis quoque regibus honorifice scribamus, id agentes ne

89. $\alpha\gamma$: deferat β^2. 91. α^2 : ad huc α^1. 92. prebuisse α^2 : prestitisse α^1. 95. α^2 : queant α^1. 98. tamen α^2 : tū α^1. 99. interdum *add.* γ. 102. priscis *add.* γ. 105. Hanc . . . 106. studuerunt *add.* γ. (vndis γ N^2 : *om.* N^1 *Lond.*) 114. α^2 : benemerentur α^1. vtilitatem *add.* α^2. 117. quem Octauius . . . Titi duo *add.* γ. 121. hodie *om.* γ. quidam α^2 : etiam α^1. 122. sceleratissimis α : iis γ. quoque α^2 : etiam α^1. regibus α : qui reipublicae praestiterunt non principes sed tyrannos γ. scribamus α : mentiamur γ.

98. Maronis] *G.* I. 514.

108. Vopiscus] See the section entitled *Corruptela principum* in his life of Aurelian, p. 405 of β^1.

quando libertatis exemplum in ipsos recidat. Sed multo magis ad rem pertinet in his contemplari nomen illud imperii, quod et olim orbi sacrosanctum augustumque fuit, et nunc etiamnum multorum affectibus religiosum ac venerabile est cum nihil fere supersit praeter inanem magni nominis vmbram, quam foedis initiis in mundum irrepserit. Primum in Iulio scelerate, mox in Octauio, Lepido et Antonio sceleratius. Quid non potest fortunae libido in rebus humanis? Potestas ea quam postea diis aequauit hominum consensus, impietate, cedibus, parricidiis, incestis, tyrannide condita consecrataque fuit. His felicibus auspiciis cepit illa regibus totius orbis adorata maiestas. Ac sceleratius fere propagata fuit quam nata. Foeda barbarorum militum colluuies frequenter non suffragiis sed insanis tumultibus dominum orbi dabat, nec alia fere succedendi lex nisi mactato superiore. His auibus olim auspicabantur imperium; quod nihilo secius tamen interim emendum erat quanticunque inexplebili militum auariciae libuisset. Nec satis erat in vnum seuire caput. Ad liberos, ad affines, ad amicos omneis crudelissima laniena proferebatur: ac sepenumero reciprocantibus, vt fit, vindictae vicibus, quos viros, quas matronas effera immanitas indigne laniabat! Sepe pluribus hinc et hinc imperium ad se trahentibus miscebantur omnia. Ita semper ad nouum imperii successorem totus terrarum orbis concutiebatur. Summa rerum in manibus erat, non senatus, non populi Romani, sed mercenarii facinorosique militis. Nec aliter imperare licuit, neque diutius imperare licuit, quam illis beluis collibuisset, qui nec bonos nec malos principes diu ferre poterant. Alius parcior erat, alius profusior, alius eruditior quam vellent, alius matri obsequentior, alius militaris disciplinae tenacior, alius imbellis, alius immodice bellator, alius in senatum propensior; alii cognomen obstabat militi parum gratiosum, alii affinitas. Quamlibet leuis causa satis erat istis ad iugulandum orbis principem.

Denique vt nihil esset causae, expediebat illis subinde mutare principem. Insatiabilis habendi fames ad res nouandas incitabat. Trucidabatur vt inutilis quem iam exuxerant, accersebatur alius qui exhauriretur, mox et ipse trucidandus. Atque hisce rebus factum est vt nonnullorum imperium paucis modo mensibus, nonnullorum paucissimis etiam diebus finiretur: vt me quidem inter legendum crebro subeat admiratio fuisse vllos qui tum temporis vellent imperii

123. ad rem *add.* α^2. 124. his $\alpha\gamma$: iis β^2. 126. est *add.* α^2. nihil fere α : aliquot iam seculis non ita multum γ. 127. inanem α : illustrem γ. 132. totius orbis *add.* γ. 133. propagata α^2 : propagataque α^1. 134. frequenter *add.* γ. 135. α^2 : insaniis α^1. fere *add.* γ. 136. olim $\alpha\gamma$: *om.* β. 138. -cunque *add.* α^2. 140. proferebatur $\alpha\gamma$: *om.* β^2. 141. indigne $\alpha\gamma$: *om.* β^2. 143. α^2 : missebantur α^1. 145. α^2 : milites α^1. 154. nouandas $\alpha\gamma$: nouas β^2. 159. tum temporis *add.* γ.

vices capessere, cum tot exemplis didicissent quibus legibus esset suscipiendum. Et hoc honoris sic venditum, imo locatum, imperium vocabant. O miserum ac deplorandum illorum temporum statum! Oppressa senatus autoritate, oppressis legibus, oppressa populi Romani libertate, sic creato principi seruiebat orbis, princeps ipse seruiebat iis qualem nemo vir probus domi vellet habere seruum. Imperatorem timebat senatus, imperator scelestam illam militum turbam formidabat: imperator leges dabat regibus, at huic leges dabant conducticii milites. Summa rerum orbis ab armata paucorum temeritate pendebat. O magnificam et exoptandam omnibus monarchiam! Et tamen nescio quo pacto velut ex composito conueniebat inter Caesares et milites Caesarum dominos, quos legimus aliquoties se decimari passos ab iis quos mox erant suo arbitratu iugulaturi, quasi vices alternas inter se pacti, dominandi ac seruiendi.

Non haec eo dicuntur vt persuadeam illegitimam fuisse Caesarum potentiam, quum vi iureque belli atque etiam scelere parta ditio paulatim consensu multitudinis radicibus actis fiat legitima. Alioqui si quis ab extremis initiis repetat ditionum origines, paucas reperiat legitime natas. Scitum est illud Octauii de Catone, Qui non patitur mutari praesentem reipublicae statum, is mihi et vir bonus et bonus ciuis videtur. Tecte confessus est Iulium per nephas occupasse monarchiam, non oportere tamen iam nouatum et constabilitum reipublicae statum denuo nouari. Satis constat nullum imperium neque patuisse latius neque mansisse diutius quam Romanorum: quanquam hoc imperium primitus penes senatum ac populum erat, nec subito sed paulatim ad vnum summa rerum attracta est. Nec senatus tamen nec imperatorum quisquam totius orbis monarchiam tenuit. Nam praeterquam quod aliquot totae regiones nunquam agnouerunt Romanum imperium, non minima pars orbis tum erat ignota, quum prodigiosae vanitatis haberetur antipodum mentio, et terra sic crederetur innatare Oceano, quemadmodum si pila innatet aquae, colle tantum aliquo prominente: denique quum hodie reperiantur terrae incognitae, quarum terminos nullus adhuc peruestigare potuit, quum compertum sit eas esse immensae vastitatis. Sed imperii Romani maiestas paulatim ad Euangelicae lucis fulgorem, veluti luna ad solis splendorem, elanguit. Tandem barbarorum inundationibus extinctum est, ac multis post seculis Romani Pontifices restituerunt, sed nomen verius quam rem. Quid enim aliud potuerunt? Certe eligendi ius a tumultuario milite ad certos principes recte translatum est, qui

161. α^2: suspiciendum α^1. 171. α^2: Caesareas α^1. 173. ac $\alpha\gamma$: et β^2. 174. Non haec . . . 210. abest vt γ: Hec cum ita habeant—neque enim negari potest—, illud oportet expendere, num eiusmodi sit nobis optandum imperium, si iam olim obsoletum (α^2: absoletum α^1) votis liceat restituere· Quod si nemo sanus optaturus sit, quanto minus α.

summa, vt par est, religione, nullo mercedis interuentu, darent orbi principem quem scirent rebus humanis maxime fore salutarem. Etenim si tot legibus minacissimis cautum est ne abbas aut episcopus eligatur vel pecuniae vel cuiuscunque sinistri affectus corruptela, quanta oportet esse integritate qui suis calculis principem dant tam late regnaturum? Alioqui longe praestabilius erat nasci principem quam per corruptelam eligi. Ergo vt boni ciuis est praesentem reipublicae statum nolle mutari, ita boni principis est iis legibus quibus suscepit administrare principatum.

An vetus illud imperium quale fuit olim renouandum sit nescio. Equidem non arbitror quenquam esse cordatum virum qui id optet, etiam si votis liceat restituere; tantum abest vt quod iam multis seculis maxima ex parte sit antiquatum extinctumque, magno rerum humanarum tumultu summaque Christiani sanguinis iactura vindicandum ac reuocandum videatur: presertim cum inter ethnicos etiam hoc animo repertus sit Otho, vt potius duxerit spontanea morte vitam abrumpere quam imperium tot hominum vita mercari; vir vel ob hoc ipsum dignus imperio, si fortuna virtuti faueret. An parum est suum quanque regionem habere dominum, nisi singulae rursus alium haberent dominum, conduplicata populi seruitute, si summa rerum inciderit in principem improbum? Nec hec dixerim quod negem optimum esse reipublicae statum monarchiam, si modo is ad aeterni numinis exemplum quantum potentia ceteris antecellit, tantundem vincat et bonitate sapientiaque: sed partim quod, vt sunt hominum ingenia, haud scio an huiusmodi quispiam possit contingere, partim quod etiamsi maxime contingat, non arbitror capacem esse tantae ditionis vnius mortalis animum. Demum vt sit, quando princeps tam procul agens, puta Constantinopoli, cognoscet quid agatur apud Aethiopas aut Gangen? et si cognouerit, quando mittet suppetias? Etenim qui vectigalibus exigendis tantum agit imperatorem, is quiduis est potius quam imperator. Non admodum desyderabit orbis monarcham, si Christianos principes inter se iunget concordia. Verus et vnicus orbis monarcha Christus est, in cuius edicta si nostri principes consenserint, sub vno principe vere florebunt vniuersa: sin humanis cupiditatibus res gerentur, aeterna rerum vicissitudine semper fluctuabimus iactabimurque. Et tamen maximam huius felicitatis partem ipsi nobis prestare possumus, si concordibus studiis ad id quod per se optimum est contendamus. Atque ego sane ita demum arbitror felices fore respublicas, si principes sancte Christiane-

213. videatur γ: videtur α. 215. ob *add.* α^2. 217. suum $\alpha\gamma$: suā β^2. β: singuli α. 218. α^2: seruitate α^1. si . . . 219. improbum *add.* γ. 221. α': potenia α^1. 224. non α: vix γ. 225. Demum . . . 227. suppetias *add.* γ. 229. admodum *add.* γ. α^2: desyderabat α^1. 230. α^2: monercham α^1. 231. α^2: monacha α^1.

que instituti, simul atque susceperint regnum, pariter et animum regno dignum suscipiant, publicis commodis metiantur consilia omnia, ab omni tyrannidis spetie velut a peste quadam abhorreant, ac pro se quisque certet, [vt] quod sortitus est regni, non amplius sed melius successori tradere: omnes pariter adnitantur, ne bellum vllum sit potius quam vt bello vincant; ne vllis sit opus copiis, magis quam vt his rebus sint instructi, pacis artibus magni videri studeant, que consiliis animique viribus constant. Equidem si quid nouari possit absque rerum tumultu, iudicarim ad publicam orbis Christiani tranquillitatem magnopere pertinere, si certis foederibus ex vsu publico sua cuique ditionis pomeria praescribantur, que semel constituta nullis affinitatibus aut pactis vel contrahi possint vel proferri, prorsus antiquato veterum titulorum iure, quos quisque pro re nata, bello affectato, solet praetexere. Quod si quis forte clamitet ius nescio quod suum adimi principibus, is illud mihi secum reputet velim, num aequum censeat ob huiusmodi iura, que siue habet aliquis fortassis siue fingit, orbem Christianum impiis ac parricidialibus armis sine fine collidi, tot innoxios aut interimi aut perdi, tot immeritas foeminas affligi corrumpique, denique totam illam malorum tragediam que bellum omne secum defert, in vitam hominum inuehi. Nam his fontibus omnia fere bella, que nostra memoria vidimus, profecta esse constat. Verum hec non tantum παρεργότερα videri possint, verum etiam impudentius ad vos scripta, principes vt magnos, ita cum primis sapientes; ad hec, quod est in ista fortuna rarissimum, librorum etiam praesidiis cum primis instructos. Siquidem tuas eximias, Federice, dotes cum sint insigniter insignes, non mirum si famae celebritas ad nos vsque deuexit. Te vero, illustrissime Georgi, patrueli laudatissimo per omnia similem ac vere germanum e propinquo cognoui, dum Phrysiam nobis finitimam administrares. Bene valete, principes vere felices, stemmatis quidem illustrissimi, sed ornamentis animi longe illustriores. Istos animos vobis seruet Christus opt. max., vos orbi Christiano, vestrique similes nobis complures velit existere. Antwerpie nonis Iuniis An. M.D. 17.

240. quadam *add.* γ. 241. vt *om.* β. 242. α^2: tradidere α^1. 243. potius *add.* α^2. ne α^2: nec α^1: neque β. magis *add.* α^2. 244. his $\alpha\gamma$: iis β^2. α^2: intructi α^1. α^2: videre α^1. 245. si quid α^2: sic α^1. 246. α^2: puplicam α^1. tranquillitatem *add.* α^2. 250. bello affectato α: quum bellum affectet γ. 254. fortassis *add.* α^2. α^2: Christianorum α^1. α^2: paracidialibus α^1. 255. fine α^2: fide α^1. 256. foeminas *add.* α^2. 258. his $\alpha\gamma$: iis β^2. 259. $\alpha\gamma$: parergotera β^2. 260. vos α^2: te α^1. α^2: principē vt magnū α^1. 261. α^2: sapientē α^1. ad hec . . . 266. administrares α^2: qui nullius egeas consilio aut monitis, nedum meis α^1. 267. valete . . . felices α^2: vale dux α^1. α^2: stemamatis quidem illustrissime α^1. 268. α^2: illustior α^1. Istos . . . 270. existere *add.* α^2.

266. administrares] For George's vigorous government of Friesland 1504–15, see Blok, *Hist. of Netherlands*, tr. Putnam, vol. ii (1899), pp. 211–20. Erasmus can hardly have had any personal experience of it.

191

ut non minus ille [illegible] mihi tua comendatione [illegible] gratus, jucundusque foret;

Referebat autem ille summa cum amoris erga te testificatione cum alia,

tum [illud,] Principi Carolo amplissimo preceptorem Erasmum conductum esse,

conditione honestissima: Que sane res quantam mihi voluptatem attulerit,

oratione haud facile assequar: Cogitabam enim meum non id, quod vulgus

fere solet, magnas te ex ea institutione dignitates opesque [assequi] consequi posse,

quas tu semper magno erectoque animo contempseris; Sed Principem in terris

clarissimum facile tua disciplina ac preceptione ita [illegible] [institui] erudirique posse,

ut dignus ille tanta [rerum] rerum imperiique successione euadat: Qui regni tam

opulenti vires et consilia [à] bellis jam plusque ciuilibus ad iusta, in impium

hostem arma conuertat; Qui litteras litteratosque [viros] ones, et amet, et foueat.

Deventer Letter-book, f. 211: Ep. 588.

p. 587

587. From Guy Morillon.

Deventer MS. 91, f. 109 v°. Ghent.
LB. App. 140. 5 June ⟨1517⟩.

[Contemporary with Ep. 585; cf. Ep. 532.]

GVIDO MORILLONVS DOMINO ERASMO S.

Helena suo obtigit Paridi. Vxorem duxi, mi domine, quam nunc tibi veluti depingerem, nisi te huc breui venturum sperarem, et ob id eam tibi ostensurum. Quo vultu leg⟨er⟩it litteras tuas D. Cancellarius, quo in te sit animo, ex litteris theologi nostri cognosces. Omnes qui tibi bene cupiunt in eo sunt vt te statim huc conferas, antequam Cancellarius ipse iter in Hispanias aggrediatur. Rogo, mi domine, vt hac in re amicis te exorabilem praebeas. Caetera coram, quae in rem tuam esse possunt, melius audies. Vxor me lectum sine fine vocat. Vale, mi domine. Gandaui v^{ta}. Iunii.

Petro Aegidio, humanissimo hospiti tuo, ego et vxor salutem plenis faucibus propinamus.

588. From Baptista Egnatius.

Deventer MS. 91, f. 210 v°. Venice.
LB. App. 141. 21 June 1517.

[The date is confirmed by Hutten's visit to Italy; cf. Epp. 365 and 556 and especially HE. 55. § 2. The copyist, Hand B (a^1), made a number of mistakes which are corrected by Erasmus (a^2), and towards the end by another contemporary hand (β).]

BAPTISTA EGNATIVS ERASMO SVO S.

Vdalricvs Huttenus, vir, quantum ex eius vno congressu coniicere licuit, cum moribus tum litteris ornatissimus, vt Erasmi discipulum agnoscas, a te mihi salutem dixit. Eum ego, vt par erat, primum tuo nomine suauissime complexus sum; mox virtus suauitasque eius effecit vt non minus ille mihi sua quam tua commendatione gratus iucundusque foret. Referebat autem ille summa cum amoris erga te testificatione cum alia tum illud, Principi Carolo amplissimo praeceptorem Erasmum euocatum esse, conditione honestissima. Quae sane res quantam mihi voluptatem attulerit, oratione haud facile assequar. Cogitabam enim mecum, non id quod vulgus fere solet, magnas te ex ea institutione dignitates opesque consequi posse, quas tu semper magno erectoque animo contempseris: sed Principem in terris

587. 7. quae *MS.* (q̄) : qui *LB.*

588. TIT. BAPTISTA *add.* a^2. 5. tuę commendatione quam sua a^1 : *corr.* a^2. 6. a^2 : summe a^1. 7. illud *add.* a^2.

587. 4. theologi] Barbirius; cf. Ep. 585. 4 and 15.

588. 8. conditione] Cf. Ep. 370. 18 n.

clarissimum facile tua disciplina ac praeceptione ita institui erudirique posse, vt dignus ille tantarum rerum imperiique successione euadat; qui regni tam opulenti vires et consilia a bellis iam plusquam ciuilibus ad iusta in impium hostem arma conuertat, qui litteras litteratosque omnes et amet et foueat. Neque vero dubito eam esse in Rege tuo indolem vt, si vel tantillum adnitare, non lente omnia cumulatissime praestet; et te ea prudentia, eo rerum vsu praeditum esse intelligo, vt non tam priuatum commodum tuum quam publicum bonum secutus sis. Adnitere igitur, Erasme charissime, vt pro ea autoritate quam tibi iam amplissimam merito comparasti, proque ea hominum de te opinione quam ingentem excitasti, [vt] dignum illum te, dignum Christiano nomine, dignum maioribus suis nobis reddas: vt gratulari auus Maximilianus iure id habeat quod de Philippo Macedonum rege memoriae proditum est; *ὥστε πολλὴν τοῖς θεοῖς χάριν αὐτὸς ἂν ἔχοι, οὐχ οὕτως ἐπὶ τῇ βασιλείᾳ τοῦ παιδὸς ὡς ἐπὶ τῷ κατὰ τὴν σὴν ἡλικίαν Κάρολον γεγονέναι.*

Ceterum de his alias. Nunc ad epistolam tuam mihi iam pridem abs te redditam venio. Scribis te audisse Aldo me in re litteraria iuuanda successorem esse factum, tanto eo meliorem vt ille per se optimus, mecum collatus, parum probari possit. Ego, Erasme charissime, nec eam agnosco laudem quae cum alienae famae detrimento mihi tribuatur, nec tantum mihi vnquam arrogem vt Aldo me parem, nedum superiorem, esse putem. Nam vt alia taceam, quis Aldi industriam, patientiam, vigilias aequet? quis ardorem litterariae rei iuuandae aemuletur? Caeterum tacite tibi ignosco, homini mei amantissimo *καὶ οὐ κατὰ τὴν ἐμὴν ἀξίαν φύσει* beneuolentissimo. Ego vero nec id oneris interim susciperem. Paucula tantum attigi, magis in eam spem vt te aliosque tui simil⟨l⟩imos excitarem quam vt ego id polliceri de me ausim. Et alioqui res est cum eo mancipe qui, vt modeste tecum agam, rem priuatam magis quam publicam curet, cuiusque ego facilius opes ac fortunam quam gratum aut beneuolum in doctos homines animum probarim. Quod si mihi *οὐ δέκα*, quod *φησὶν Ὅμηρος, συμφράδμονες*, sed vnus et alter tui similis hic adesset, sique ea proposita praemia quae tantae industriae ac labori debeantur,

13. institui α^2 : instrui α^1. 14. tantarum α^2 : tanta α^1. 15. a α^2 : in α^1. 18. lente *scripsi* : late *MS.* 36. litterariae *add.* β. 38. *φύσει* α^2 : *φασὶ* ἀ^1 *LB.* 44. *οὐδέκα* α^2 : *ευδέκα* α^1. 45. α^2 : *σηνφράδμονες* α^1. 46. si quę α^1 : si ꝗ α^2 : si *LB.*

29. epistolam] This does not survive; but it may perhaps be dated before Erasmus' journey to England (p. 526): for it reached Egnatius some time before he answered it, and therefore was probably written earlier than 30 May, when Erasmus seems to have resumed his correspondence after his return (Ep. 584). Cf. also Ep. 589. 30 n.

41. mancipe] Presumably Andr. Asulanus; cf. l. 54 n.

45. *Ὅμηρος*] *Il.* 2. 372.

haud affirmare tibi dubitem breui rem ita restitui posse vt nihil in sartis tectis praeter ruta caesa recipias. Verum interdum adeo auare, adeo maligne res agitur, vti fines meos ne vulgari quidem quinque pedum praescriptione tueri habeam.

Quod autem de scriptis tuis ad nos transmittendis admones, nos vero lubentissime ea videbimus atque vt diligentissime excudantur curabimus. Nihil enim mihi gratius esse poterit quam pro Erasmi mei gloria ac laude insudare. Sed et Asulani id mirifice cupiunt; qui te cum ⟨Aldi⟩ filiis suauissime salutant. Tu interim Caesares meos ac reliqua, quam diligenter poteris, quos Vdalricus ad te feret, leges; nec grauabere aut in his multa castigare aut quid de his sentias ingenue admonere. Bene vale. Venetiae 1517 die 21 Iunii.

589. From Andrew of Asola.

Deventer MS. 91, f. 186 v°. ⟨Venice.⟩
LB. App. 253. ⟨c. 21 June 1517.⟩

[Contemporary with Ep. 588; and cf. LB. App. 164.]

ANDR. ASVLANVS ERASMO S. D. P.

Mirabiliter gauisus sum tuis litteris ad Egnatium scriptis, quod ex his animaduerterem cum bonam tuam valetudinem tum tuam erga me beneuolentiam. Multum me delectauit tibi gratum fuisse quod aedidimus Luciani Dialogos, quos tu vertisti Latine non minus accurate quam eleganter, atque adeo Moriam, inuentum tuum dignissimum virtutis ac ingenii Erasmi: quam audio mirifice probari a nostris clarissimis et summis oratoribus. Nam vt inuenta sunt acute omnia, ita absoluta sunt bene, ac confecta adeo accurate vt nihil possit supra. Equidem, suauissime Erasme, non possum non te amare

588. 47, 8. in sartis tectis *LB*: insartis testis α. 49. fines β: senes α. quīque β: quique α. 51. β: transmittindis α. 58. Venetiis β *vel LB.* Iunii *add.* β. 589. TIT. ASVLANVS *Nichols*: MVLANVS *MS.*

588. 48. recipias] The reference is to the practice of reserving minerals and timber when selling an estate; cf. *Adag.* 3338 and Wilkins on Cic. *de Or.* 1. 39. 179 and 2. 55. 226. The suggestion is perhaps of making a complete sale with only the customary reservations; that is to say that the proposed firm would readily sell its books.

54. Asulani] Cf. Ep. 212. 2 n. and 5 n.

55. Aldi] This insertion seems necessary, and is corroborated by the concluding sentence of Ep. 589.

Caesares] The *Hist. Augustae Scriptores*, printed by the Aldine firm. The colophon is dated July 1516, but Egnatius' preface bears the date 10 June 1517; which agrees with the despatch of the volume to Erasmus at this time. For the use made of it at Basle see p. 579.

58. die 21] Böcking (HE. 52 n.) objects to this form as contrary to Egnatius' custom and attributes it to Leclerc; but it is in the MS. The fact that it is not completed by Hand B perhaps indicates that he started to transform it and then stopped because he was uncertain of his calculation.

589. 4. Luciani] Published in May 1516.

5. Moriam] Published in Aug. 1515.

vehementer tuis in his virtutibus; tum tibi persuadeas velim nihil esse quod ego magis optem quam posse pro dignitate tua nonnihil honorifice vel facere vel dicere. Nec enim clam te est quod nihil praeclarius mecum agi nunquam duxerim antehac, tum cum muniti eramus vestris studiis, quam mereri de vobis omnibus summis viris. Hoc autem tempore nihil est quod aeque laboro. Eoque factum est vt tecum per litteras rem agere voluerim, quam tibi fore spero non iniucundam, cum tibi esse non possit non honorifica. Nosti, vt opinor atque certo scio te scire atque adeo animaduertisse, cum ex multorum litteris tum ex sermone M. Musurum cooptatum in collegium pontificum; proinde locum istum vacuum esse ab his qui se exercuerint in hoc dicendi genere. Ego enim vt audio ab his viris qui possunt quicquam iudicare de ingeniis, nemo est melius quam tu-ipse qui possit vel hanc dignitatem sustinere vel hoc munus implere. Omnes boni consentiunt hos honores tibi decerni debere. Hanc ob rem haec ad te scripsi; quibus exquirere possim tui animi sententiam. Si ita sentis vero, de te rhetore, inquam, conducendo vel Graeco vel Latino, referemus ad ccc viros (is enim ordo est qui praeest his negociis curandis). In primis hoc beneficium te rogo, vt istuc ipsum mihi remittas, praesertim cum nihil est quod nolim tua causa efficere, quod possit esse ad tuam dignitatem amplificandam. De Prouerbiis quod scribis gratum est, tum de aliis tuis monumentis, quod sint tantopere expolita. Est et hoc vehementissime gratum; nam, vt Erasmus ait in Prouerbiis, Semper Affrica aliquid noui affert. Mittito ad nos vbi primum habueris cui recte dare possis. Curabo vt ita edantur vt non minorem rationem videar habuisse autoritatis nostrae officinae quam gloriae semper amplissimi Erasmi. Vale, Erasme. Ego omnia mea studia tibi defero. Vale.

Scripta iam epistola in mentem venit res quam cupiebam te scire:—proinde eam rem adscripsi. Nosti enim (nam tum aderas) quantum temporis consumpsit in emendando Therentio Aldus, gener

23. substinere *MS.* 24. deberi *MS.*: *corr. LB.*

13. tum] Cf. Ep. 211 introd.

20. pontificum] Mr. Nichols explains this of Musurus' election to a bishopric; referring to Ep. 582. 8, 9 for a similar use of the word. Or *pontificium* is an easy correction; with a reference to Leo x's College of Greek, cf. Ep. 223. 4 n.

30. Prouerbiis] Erasmus seems to have proposed that Asulanus should undertake a new edition of the *Adagia*; instead of Froben, with whom he was not then on particularly good terms (cf. LB. App. 164). It was, however, ultimately given to Froben and completed in Nov. 1517: a date which affords additional reason for placing Erasmus' letter to Egnatius early (cf. Ep. 588. 29 n.).

The Aldine *Adagia* of Sept. 1520 is a reprint of this Froben edition.

33. Affrica] *Adag.* 2610.

40. Therentio] The first Aldine Terence is dated Nov. 1517. Fr. Asulanus in his preface states that Aldus promised an edition. For Erasmus' work at Terence and Plautus see I. p. 13. 5,6 and IV. 164,5.

meus suauissimus ac charissimus—quem, quae illius virtus fuit mirifica, non possum non nominare sine multa praefatione honorum ; quem, inquam, Erasme, quae illius humanitas fuit, non sine lachrymis semper nomino— : tum in Plauto quanta vsus est industria, in qua [enim] re tu multum illum adiutasti ; vsus est enim te quasi conglutinatore Latinae Syrenis. Hos vellem aedere studiosis omnibus. Patere igitur me vti hoc tuo beneficio. Oro te per maiestatem nominis Latini, cuius tu semper fuisti studiosissimus, ad me mittas si quicquam est qui sit codex antiquus ; quo possimus vti nostri codicis quasi magistro, aut si quicquam est aliud apud te quod possit nostrum munus expolire. Nihil omittere volumus ad rem conficiendam cum accurate tum eleganter, quo bonorum omnium in nos studia augeantur. Vale.

Filii mei te multa salute impertiunt, quibus tuo nomine S.P. dixi, item Manutius primogenitus ac Antonius et Paulus, Aldi filii, tibi salutem dicunt.

590. FROM NICHOLAS SAGUNDINUS.

Deventer MS. 91, f. 96 v°. London.
LB. App. 143. 22 June 1517.

[Written after the receipt of Ep. 584 in London, and forwarded by More in July (Ep. 601) together with Epp. 591,2 and probably Ep. 593.]

SINGVLARI REIPVBLICAE LITTERARIAE ORNAMENTO ERASMO ROTERODAMO NICOLAVS SAGVNDINVS S. D. P.

QVANQVAM me nouum tironem conantem ad te, doctissimorum hominum doctissimum, aliquid in praesens scribere vel pudor quidam meus pene subrusticus vel meae (quae nulla est) doctrinae conscientia vel altitudo tui ingenii maximusque tui nominis splendor absterret (quis enim vel maxime in eloquentia versatus, quis acri pollens ingenio

589. 45. enim (n.) *ante* re *add. amanuensis postea, quasi perperam omissum* : *deceptus nimirum illo quod sequitur*, enim (n.) te. 49. c *in* quicquam *incerta* : *deformauit LB*. 55. Aldi *post* Filii *scripsit amanuensis et deleuit* : *inclusit LB perperam*.

589. 44. Plauto] In his preface to the first Aldine edition, July 1522, Fr. Asulanus refers to the work of correction done by Aldus and Erasmus, and states that their text formed the basis of his edition.

46. Latinae Syrenis] This title is applied to Valerius Cato, the grammarian, as a master of poetry ; in a couplet preserved in Suet. *Gram.* 11. Here apparently 'metre' ; cf. l. 40 n. and Lond. xxi. 4, LB. 689.

55. Manutius] (c. 1506–1568) became a priest at Asola ; see Renouard, pp. 391,2.

Antonius] († 1558 or 9) became a bookseller and printer at Bologna.

Paulus] (12 June 1512 or 1513 — 6 April 1574) became almost as famous as his father in his conduct of the Aldine press, of which he took over the management in 1533. He also won fame as a scholar, especially for his work on Cicero. In 1561 at the request of Pius IV he removed to Rome, to undertake the printing of a series of the Fathers. See Renouard.

590. 2 pudor] Cf. Cic. *Fam.* 5. 12. 1.

intrepidus ad te scriberet?), nihilominus vicit omnia ista, humanissime mi Erasme, singularis tua bonitas immensaque humanitas, animosque mihi adeo fecit vt ad te has alioqui audaces meas dare litterulas minime erubescerem. At, inquies, qua de causa? Heri dum apud doctissimum, humanissimum ac modis omnibus incomparabilem Thomam Morum essem, tua elegantissima ab eo mihi recitata fuit epistola; quam simulatque ab illo accepi, illico terque quaterque incredibili cum voluptate perlegi. Nam vt reliqua omittam, quid est per immortalem Deum quod meam illam epistolam, qua Marco Musuro gratulatus sum, ad te perferendam curem? Quam (ita me dii bene ament) vix dignam arbitror quae ab homine mediocriter docto semel legatur, tantum abest vt ad Erasmum mittatur, mea quidem sententia omnium hominum qui fuerunt, qui sunt et qui futuri sunt, longe doctissimum, ab eoque relegatur. Verum malui quod tua lectione indignissimum existimaui tibi morem gerendo mittere, quam tuae voluntati refragando retinere quod debui. Duo iccirco habebis exemplaria his annexa litteris. Alterum erit illius verae elegantissimae epistolae clarissimi oratoris mei quam scribis amisisse, alterum autem mearum nugarum.

Ad haec velim tibi persuadeas, Erasme charissime, quod si abditissimum penitissimumque cordis mei sacrarium medullitus inspicere posses, tuum haud dubie in eo insculptum inspiceres nomen: ex quo nisi haud amplius palpitante nunquam euanescet. Quod quidem nomen, omni celeberrimo dignum elogio, etsi ab Oceano ad Egyptiacam vsque regionem ipsum per se suo splendore satis affluxerit, aduolarit atque peruenerit, vbicunque tamen et apud quoscunque ero, illud omnibus quibus potero dignissimis honestare atque efferre encomiis nunquam nisi mortuus satiabor. Et si cum aliquo Zoilo mihi forte fortuna opus erit in certamen descendere, verbis et pugnis quidem ac fustibus (si acciderit) acriter dimicabo: pro quo tamen mercedis nihil abs te, mi Erasme, exigo nisi vt me diligas, me absentem aliquando memoria complecti digneris et in tuo aere me esse patiaris. Rogarem praeterea te, imo obsecrarem, vt his meis responderes ineptiis, ni me istis tuis diuinissimis litteris indignum esse cognoscerem. Nos vero hic pro more viuimus et studiis toto pectore incumbimus: quibus carentibus non possemus certe hic viuere. Ceterum vix dici potest, Erasme mi doctissime, quos mellitissimos exhauriam succos ex amoenissimis ac succi plenissimis illis tuis

35. quo . . . 36. mercedis *scripsi*: qua . . . mercede *MS.*

---

12. epistola] Ep. 584.
14. epistolam] Ep. 574.
23. epistolae] Ep. 559.

41. carentibus] This use of *carere* = *deesse* is found in the *Assumptio Moysi* (*ante* 500), 12. 11; see the *Thesaurus*.

Chiliadibus, quos pulcherrimos et omnigenos veluti apicula ex illis excerpam flosculos, illosque in meum deportem aluearium, ad operumque mearum structuram accommodem. Quibus legendis duas horas singulis diebus dicauimus. Sed dii boni, quae scripta tua sunt, mi Erasme, quae illis inest ingenii felicitas, dicendi nitor et splendor, quae mellita facundia, quae grauitas, quae lepiditas, quae inexplebilis suauitas! Macte virtute tua, vir vnice. Tu, tu, inquam, solus sapere mihi videris, praeterea nemo; tu solus Musarum alumnus merito appellari potes.

Sed quid infans ipse in te laudando prosequor? quandoquidem excellentissimae tuae virtutes insignesque animi dotes a quopiam decenter laudari atque extolli nisi tua eloquentissima ac vnica facundia certe non possent. Infelix qui te tuaque incomparabili ac suauissima consuetudine frui nequeo. Fortunatus nempe ac nimium felix essem, mi Erasme, si tibi per aliquot annos memet insinuare valerem, si tecum viuere, et meum fidissimum tibi possem praebere ministerium. Sed cum per muneris mei onus non liceat, aureum ac vere diuinum illud tuum Adagiorum opus, quo priscorum illorum monumenta non modo aequasti sed longo quidem interuallo superasti, et quicquid tuarum felicissimarum apud nos extat lucubrationum sepius lectitando exosculabimur, amplectemur; earum nectareis obsoniis nosmet ingurgitabimus, et quoquo modo a nobis fieri poterit, hoc nostrum desyderium leniemus; dulcissimam tui nominis recordationem die noctuque mente versabimus animoque recolemus. Quo fiet vt etsi non fruitione, at saltem recordatione nunquam sine Erasmo [non] erimus.

Vale, ornamentum et lux orbis nostri, et viue felix tibi, amicis et posteris: cui me obnixe ac perpetuo commendo, trado, dico atque deuoueo. Gratissimum praeterea mihi feceris, si tuis verbis et quidem honorificentissimis reuerendissimo isti domino meo Episcopo Theatino, tuis illis dignissimis praeconiis, quibus vsque ad coelum euehis, modis omnibus dignissimo, me in perpetuum commendatum esse volueris. Iterum vale, nostrae deliciae.

Londini decimo Cal. Iulii 1517.

68. nō *post* Erasmo *MS.*, *redundante nimirum Sagundino*: nostro *LB.*

---

74. Theatino] Caraffa, the Papal Nuncio; cf. Ep. 287. 7 n. For Erasmus' influence with him at this time see Ep. 539. 9; cf. also Giustinian's lengthy appeal for Erasmus' mediation in Ep. 591. 73 seq.

praeconiis] Ep. 335. 248 seq.; printed in A.

591. From Sebastian Giustinian.

Deventer MS. 91, f. 99. London.
LB. App. 145. 29 June 1517.

[Written after the receipt of Ep. 584 in London.]

SEBASTIANVS IVSTINIANVS EQVES, ORATOR VENETVS, ERASMO RHOTERODAMO S. P. D.

Ex litteris tuis ad Morum nostrum, Erasme mi, resciuimus nostram epistolam periisse, eiusque abs te exemplum vehementer efflagitari. Quod cum mihi molestum sit, habet hoc tamen iucunditatis, quod prae te feras cupere apud te esse nostri pignus amoris animique nostri testem vademque certissimum. Mittimus itaque desyderatae ad te exemplum epistolae: cui hanc annectendam curauimus nuncii officium obituram, ex qua certior fies nos recte valere tibique talem imprecari salutem qualem minime praestant pillulae illae tuae, quas desipiens medicus tibi tradidit sumendas. Posthac ne tam inconsulte, quaeso, credas, mi Erasme, mendico verius quam medico salutem tuam non Gallia quidem tota nec Germania compensandam. Nouimus te quasi naufragum in saxa vadaque eiectum nuncupatis tamen votis euasisse periculum tempestatis, pictamque iam esse tabulam naufragii templis affigendam, tibi tamen dissimili admodum imagine; cuius dissimilitudinis non est cur causeris pillularum vim plus aequo citantium aluum, quae ex pristino te corporis habitu exterminarint, sed pictoris cautelam qui pinxit existimantem quempiam huiusmodi tabulas ad euadendum naufragium vim habere, non Erasmum, quem non putarit pictor huiusmodi in re cum vulgo desipere. Probe tibi honorique tuo consultum est quod alium pro te in tabula repraesentarit. Caue posthac a naufragio, cui non proderit tabula; caue ab irato Eolo et concitato Neptuno; vel si parentem quidem habeas furorem vtriusque sedantem, si creduntur quae de diis effutit antiquitas, maturantemque vim, nec te tuae Palladis tutum arbitreris numine, quam oderit Neptunus. Procul esto a medicis qui homini atque equo nullo medentur discrimine. Non enim quo modo curent sed quomodo quaerant cogitant, alium nonnunquam pro aloe exhibentes. Satius fuerat pullas pro pillulis

23. parentem *scripsi* (pñtẽ): pñtẽ *MS.* (praesentem). *Cf. Ep.* 430. 17 *n.* furorem *scripsi*: Iunonẽ *MS.* 26. equo *LB*: ęquo *MS.* *Cf. Ep.* 412. 14 *n.* 27. alium *scripsi*: aleum *MS.*

---

1. litteris] Ep. 584; which supplies some of the topics here.
2. epistolam] Ep. 559.
14. tabulam] Cf. Hor. *C.* 1. 5. 13–16.
22. Eolo] Cf. Verg. *Aen.* 1. 52 seq.
27. alium] Secretly substituting garlic, a cheap for a costly ingredient, in their medicines.

sumpsisse. Absit pictor qui pingat plerumque cupressum pro homine; cui nemo dixerit amoueri a tabula linteum nec pelli muscam, vt eius vuas probe discernant auiculae. Mirum est quod cum his omnibus fueris implicitus, at magis certe quod explicitus.

Licuit hactenus iterum iocari, mi Erasme, non quidem Erasmica venere, cuius ioci sale sunt plusquam Elusino conditi. Pergimus quotidianam Adagiorum tuorum lectionem non sine summa iucunditate et cachinno, vt quaecunque me antea oblectarant abiecerim: et licet quae ex Graecorum Latinorumque fonte hauseris gratissima sint adagia, valeantque ad eruditionem ac varietatem plurimum, plenioremque ac gratiorem reddant orationem, longe tamen gratiora sunt quae tu adauges adagiis. Mirum est quanta eruditio, quanta varietas, quae vis, quae copia dicendi, quam iucunda festiuitas; quam scitis moretur iocis defessumque recreet lectorem. Quumque omnia sint priscorum monumentis coaequanda, illa attamen, Bellum dulce inexpertis, Aut regem aut stultum nasci oportet, Σπεῦδε βραδέως, aliaque plura, non modo cum antiquitate certare sed longo quidem interuallo superare crediderim; nec obstat veneranda illa priscorum maiestas authorum, cui si tua conferantur indice abolito, non erit in quo candidus lector recentem istam tuam diuinitatem antiquae illi maiestati non praeferat. Soleo ego recentium authorum haud libenter legere scripta, identidemque filium meum ac secretarium commonere; quandoquidem tot sint antiquorum quos possim ac debeam imitari, vt non alia desyderentur quae sequar vestigia. Cum tua vero degustarim, quaecunque antiquitatis protecta patrocinio caeteri admirantur, mihi nunc fateor quasi obsoleta contemptuique sunt. Delatae sunt quoque ad manus plusculae tuae epistolae, quibus nil eruditius, nil lepidius (illis quidem Ciceronis ad Atticum collatis) vel legimus vnquam vel audiuimus.

Quid immoror in sole illustrando, quod ineptire est ac verius desipere, cum nil ista tua cudatur officina quod numen non [non] sentiat? Perspicuum est tantum te Latinae linguae splendoris adiecisse, vt per te illam restitutam magis ac illustratam quam te per eam celebratum putem. Mei sane in tuis legendis cecutiunt atque hallucinantur oculi, stupet et admiratur mens, vt totus incredibili quodam tui ardeam affectu. Nec ⟨a⟩ me velim existimes huiusmodi de te scribi assentationis studio, ceu Terentiano illo Gnatone Thrasonem praecipitante potius quam illudente; quod officium aliis concedimus, qui a nostris moribus nostraeque vitae institutione

34. Elusino *scripsi* (*cf. Ep.* 493. 252), *tanquam* Attico: ebusino *MS.* 44. Σπεῦδε βραδέως *corr. LB*: pseude irradeos *MS.* 59. non *bis in MS.*, *in fine et initio versuum.*

29. cupressum] Cf. Hor. *A.P.* 19-21; and *Adag.* 419.
43. illa] *Adag.* 3001, 201, 1001.
55. epistolae] Perhaps C[1].

rationeque procul aber⟨r⟩ant. Non ego Gnato nec tu Thraso, atque ego Iustinianus qui nesciam fallere, et tu Erasmus ita amabilis qui a me amante non falleris, nec tu iudicando deciperis. Illi siquidem aureum clarorum virorum quibus assentantur vitae fulgorem obscurant verius quam ornant.

De hoc hactenus. Pergratum mihi fuerit, si Episcopum Theatinum, virum tum doctrina insignem tum moribus praeclarum, forte conueneris, ⟨si⟩ saluum esse dixeris meis verbis. Tibi forte rependet officium qui me non audit; cuius plurium nostrarum epistolarum desyderat⟨ur⟩ responsum, quasi noster in eum amor studiumque sordescant: quod vix in tam miti ingenio deprehendi posse videatur. At quorsum tam diuturnum, ne pertinax dixerim, silentium, haud plane liquet; quem dum hic orator ageret non putem offensum in me quicquam. Sumus quippe, vt nosti, innoxii ingenii: cupimus potius nostris obnoxios agere officiis quam nos aliis reddi noxios. Atqui forte publicae quam gerit personae rationem habuerit. Nos quoque nostrae personam reipublicae gerimus, iamque diu gessimus: nunquam propterea abrogandas amicitiae leges duximus. Vereor equidem ne erinaceorum more quod mite est ac mansuetum velit aculeorum qui tuti prominent asperitate praetegere: candidissimos siquidem ac iucundissimos mores dissimulans, seueram quandam magistratus frontem gerit promissumque supercilium. Si forte me putat secum parum vrbane egisse, neque debitis eum dum hic ageret coluisse officiis, porro perperam mecum agi queror; non enim in eum nisi forte imprudens (quod non suspicor) quicquam commerui. At si quid in me offendit, commonendus eram et non praecidenda amicitia, iuxta illud, Panem ne frangito; non tamen hoc illum existimem causari nulla omnino subeunte causa querelae. Cur vero hic mihi squalleat ager qui aliis tam laetus, tam ferax tamque foecundus redditur, non possum profecto non mirari atque aeque dolere. Cuius si mihi natura soli notior esset, colerem equidem diligentius vt frugesceret felicius; frugescit siquidem amicitia, si mutuos pariat consensus, pares affectus, animos ad officia paratos. Colitur vero scribendi vicissitudine, libera, si vacet, colloquendi facultate, mutuis consiliis, communibus studiis; et si sit denique omnis de virtute absque liuore contentio. Nam quale solum, talis moliendus est cultus. In comparandis amicis habendus est delectus; habito amicos seruandos; amiciciam, si perstat, alendam, fouendam atque excolen-

68. aberrant *corr. LB.* 71. obscurant *scripsi*: obęrant *MS.* 85. propterea *scripsi*: p̄terea *MS.* 87. asperitate *LB*: aspirate *MS.*

69. nesciam] Cf. Verg. *G.* 2. 467.
73. Theatinum] Cf. Ep. 590. 74 n.
94. Panem] One of the Pythagorean symbols; cf. Diog. Laert. 8. 1. 35.

dam, si labefactata, non dissuendam aut praescindendam, sed sarciendam, restituendam, reconciliandam fulciendamque voluere sapientes.

Non possum equidem non commoueri tanti viri consuetudinis desyderio; in quo vno sunt omnia quae rectam muniant viam ad virtutem, quae iter expediat ad felicitatem. In eo sunt lepidissimi mores, singularis innocentia, veneranda cum decenti quadam comitate grauitas ac festiua cum grauitate affabilitas, exacta multiplexque doctrina; vt non philosophiae, non iuris ciuilis pontificiique scientia, non Graecae Latinaeque litteraturae perinde ac in vtraque natus fuerit eruditio, non theologia, scientiarum finis ac meta omnium, desyderantur. Nil agit vspiam quod non rationi quadret, nil non ad perpendiculi regulam dirigit. Nullus omnino motus habitusque corporis non decorus, non venustus, non ingenui pudoris plenus, nullus sermo qui non concinat auribus. Adde quod non sit quasi illud ex aureo Amasis vase turpi vsui seruato conflatum simulacrum, at atria ei nitent omnia stemmatibus referta clarisque adornata suorum imaginibus, vt nemo miretur si huiusmodi non sinam vel incuria vel intermissione labefactari soluique amicitiam. Hunc mihi praecipue delegeram quem colerem, quem aemulari contenderem; magnum nimirum erat mihi calcar ad virtutem. Certus sum proinde impensius talis amici iacturae reparandae incumbere, illumque quasi luxatum membrum restituere. Si fieri sinat, perpulchre mihi consultum fuerit; sin minus mecum in amore consenserit, praebebit certe ad iacturam ansam gladiumque ad deploratum membrum non sine meo dolore, absque tamen mea causa, rescindendum. Quo fiet vt et vicem meam doleam, eique pro nostra spreta succenseam amicitia. Nosti, mi Erasme, nostrum in eum, quem satis superque explicuimus, animum. Da, precor, operam vt ei per te clarus, expressus atque conspicuus sit. Tu interim nos ama, redamarique scias. Vale, litteratorum reipublicae praesidium, meum decus atque animae dimidium meae.

Londini tercio Cal. Iulii 1517.

119. concinat *scripsi* : concinet *MS.* 127. lixatum *MS.* : *corr. LB.*

120. Amasis] Cf. Hdt. 2. 172.

592. From John Fisher.

Deventer MS. 91, f. 101. Rochester.
LB. App. 428. ⟨c. June 1517⟩.

[Evidently written in response to the first news of Erasmus' journey back to the Continent, and therefore to a letter contemporary with Ep. 584. As that is answered by Ep. 601, which was accompanied also by the letters from the Venetians asked for in Ep. 584, this letter may be taken as that mentioned in Ep. 601; and may therefore be dated in June or July.]

IO. EPISCOPVS ROFFENSIS DOMINO ERASMO S. P.

Qvantvm erat molestum audire tuae nauigationis discrimen, tantum sane laetor quod saluus incolumisque euaseras. Iustum quidem erat vt pena⟨m⟩ dependeres tantae properationis tuae abs me, apud quem tutus ab omni iactatione pelagi quiescere potuisti. Liber ille Cabalisticus quo me scribis a Reuchlino donatum, nondum ad me peruenit. Morus tuus epistolam ad me misit, at librum adhuc suo more detinet: quod quidem et fecit iamdudum cum Oculari Speculo. Plurimum tibi deuincior, Erasme, quum ob alia tuae in me humanitatis studia, tum quod tantopere anniteris vt Reuchlinus tam diligenter meminerit mei. Eum animo toto complector; cui et interea donec perlecto libro ad eum scribam, significes precor me gratias illi quantas animo cogitare possum, habere maximas.

In Testamento Nouo per te ad communem omnium vtilitatem traducto nemo qui sapit offendi potest, quando non solum innumera in eo loca tua eruditione plurimum illustrasti, verum etiam vniuerso operi integerrimam adhibuisti commentationem, vt nunc multo quam ante gratius multoque iucundius ab vnoquoque et legi et intelligi potest. At vereor sane ne crebrius dormitarit impressor. Nam ipse me exercitans in lectione Pauli iuxta praeceptiones tuas, repperi saepenumero dictiones Graecas illum omisisse ac nonnunquam sententias integras. Tibi et istud debeo, Erasme, quod coniicere aliquousque possum, vbi non omnino Latinis Graeca respondeant. Vtinam aliquot menses licuisset habuisse te praeceptorem.

Felix vale ex Roffa.

Discipulus tuus Io. Roffensis.

16. commentationem *scripsi*: commen/surationem *MS*. 21. quod *scripsi* (q̃): q *MS*.

---

4. Liber] printed by Anshelm at Hagenau, March 1517.

5. donatum] Cf. Ep. 562. 20 seq.

7. detinet] But cf. Ep. 593. 8,9.

593. From John Colet.

Deventer MS. 91, f. 182 v°. London.
LB. App. 246. ⟨c. June 1517.⟩

[Contemporary with Ep. 592.]

IOANNES COLETVS DOMINO ERASMO S.

Svbirascor tibi, Erasme, quod me litteris ad alios non ad me datis salutas. Nam quanquam non diffido amicitiae nostrae, tamen ista aliena et in alienis literis salutatio facit vt alii minus me abs te amari iudicent. Item alio nomine subirascor tibi quod ad Roffensem misisti Caballistica Reuchlini et non ad me: non quod noluerim misisse ad eum, sed quod voluerim simul ad me vnum librum misisses. Tam enim delector amore tuo, vt doleam quando video te minus memorem esse mei quam aliorum. Liber ille prius venit ad manus meas, priusque a me percursus est quam datus est Roffensi. De quo libro non audeo iudicare. Agnosco inscitiam meam et quam caecus sim in rebus tam remotis et in operibus tanti viri. Quanquam inter legendum nonnunquam visa fuerint mihi maiora miracula verborum quam rerum. Nam (vt docet) nescio quid misterii habeant Hebraica verba in characteribus et combinationibus.

Erasme, librorum et scientiae non est finis. Nihil melius pro hac breui vita quam vt sancte et pure viuamus ac quotidie dare operam vt purificemur et illuminemur et perficiamur. Que promittunt ista Reuchlini Pytagorica et Caballistica; sed meo iudicio nulla alia via assequemur quam ardenti amore et imitatione Iesu. Quare relictis ambagibus ad veritatem breui compendio eamus. Ego pro viribus volo.

Vale ex Londino.

6. eum *LB*: ē *MS.* 10. quam *scripsi* (q̄ʒ): q *MS.* sim *scripsi*: sum *MS.* 11. opibus *LB, perperam*; *cf. Ep.* 104. 56 *n.* 17. perficiamus *LB, perperam.* 20. veritatem *Nichols*: breuitatem *MS.*

15. librorum] Cf. Eccl. 12. 12.

APPENDIX XI

PREFACES

1. To the Epistole ad Erasmum (B).

GENEROSO D. GASPARO HALMALO IVRIS VTRIVSQUE DOCTORI AC INSIGNIS OPPIDI ANTVERPIENSIS TRIBVNO PETRVS AEGIDIVS EIVSDEM OPPIDI SCRIBA S. D.

Nec scribere nec eloqui possum, D. Gaspare clarissime atque idem iurisconsultissime, quantum mihi doloris accesserit, vbi te febri laborantem inaudieram; quae vt te incolumi pereat male, superos queso. Tuam enim salutem tanti ac meam facio. Nam cum mihi fueris etiam ab ipsa pueritia amantissimus, non potui non vehementer, vt addecuit, ingemiscere.

Cogitanti itaque mihi qua ratione valetudinem tuam, quae mihi quoque haud dubium molestissima est, quasi alexipharmaco quopiam subleuarem, visum est ex ingenti epistolarum aceruo aliquot deligere, quas Erasmus Roterodamus, theologus ille vel omnium consensu doctissimus eloquentissimusque, ad claros et insignes viros scripsisset, aut ad hunc illi; sed pauculas modo, quas diuinabam tibi gratissimas fore: quanquam nihil non sciam tibi esse gratum quicquid ab Erasmo proficiscitur; qui quidem de homine (vt dignus est) tam amanter sentis vt amantius non possis. Et illius egregiae dotes sic orbi vniuerso notae sunt, sic excellentium virorum literis celebratae, sic quoque summi Pontificis authoritate comprobatae, vt nullius egeant suffragio. Ipse vero hoc est animo vt prorsus huiusmodi subsidia refugiat. Sed vt esset quo te oblectares, has epistolas collegi tibi; quae, qua es erga virum charitate et quo soles oblectamine capi, quoties Erasmeum aliquid offertur, [et] te, vti spero et opto, pristinae sanitati restituent. Cura igitur vt mox te et saluum et nitidum videamus. Vale.

Anuerpiae sexto Calendas Octobres. An. M.D.XVI.

2. To the Epistole Elegantes (c).

CLARISSIMO D. ANTONIO CLAVAE CONSILIARIO FLANDRIAE PETRVS AEGIDIVS SALVTEM.

Qvod tu petis, ornatissime Antoni, idem cotidie complures a nobis efflagitant, vt quod nuper feci in edendis aliquot insignibus et doctis epistolis, idem nunc faciam in aliis quae deinde successerunt illis etiam eruditiores; quibus inter se amantissime conflictantur Erasmus et Budaeus: quandoquidem hac in parte typographorum opera scribarum vice vtimur; tot enim hominum votis vix centum notarii sufficiant. Age parebo, et hoc officii multis quidem, sed vnius Clauae titulo, praestabo; quanquam hoc sane nomine haudquaquam magnam initurus gratiam apud Erasmum meum, qui huiusmodi (vt ille solitus est appellare) nugas grauatim patitur euulgari, ne quam ansam praebeat φιλολοιδόροις. Scio quum aliis eruditis omnibus, tum tibi eruditissimo vehementer fore iucundum spectaculum videre duos litterarum proceres, alterum a Gallis, alterum a nostratibus, veluti in quodam eloquentiae campo commissos, sic suis vtrunque virtutibus, eisque diuersis maximum, vt dubites vtrum vtri anteponas, sed tamen vnumquenque sic mireris vt summum. Bene vale, doctissime Claua.

Antuerpiae tertio Nonas Martias. Anno. M.D.XVII.

3. To the Auctarium (d).

BEATVS RHENANVS MICHAELI HVMELBERGIO RAVENSPVRGENSI, IVRECONSVLTO LATINE GRAECEQVE DOCTO, S. D.

Avdi, Michael optime, quam audax facinus proximis diebus designarim. Erasmum incomparabilem illum optimorum studiorum et extinctae propemodum theologiae vindicem compilaui. Hui, quid hoc nouae rei est? inquies: ludis me forsan. Imo serio loquor: paucis rem accipe. Nactus sum hic ex Erasmi bibliotheca nuper propitio Mercurio fasciculos aliquot epistolareis, e quibus nonnullas statim epistolas sublegi, nempe insignioreis, quarum illius quaedam sunt, quaedam doctissimorum huius aeui virorum illis respondentes. Animauit autem ad hoc me furtum in primis quod quemadmodum beatos istos rebus omne genus cumulatissimos quaedam etiam sublata fallunt, sic Erasmum τοῖς τῶν Μουσῶν κειμηλίοις instructissimum non sensurum putabam, etiamsi aliquid sustulissem: deinde quod hic vir me minus quidem merentem sic amat ex animo vt etiam in se

3. 12. censurum D^2.

grauius aliquid admittenti noxam sit facile condonaturus. Vide quam fiduciam amicitia syncera pariat. Gratulor per Musas non modo Germaniae nostrae sed et Galliae et Britanniae, quarum vnaquaelibet viros nunc habet insigniter disertos et eximia praeditos eruditione. Quid enim Erasmo vel doctius vel eloquentius? quid Budaeo politius aut excussius aut Atticum magis? quid Tunstallo vel candidius vel tersius vel modis omnibus absolutius? vt de aliis interim taceam.

Eas epistolas post Erasmi discessum Frobenio typis excudendas tradidi, cum vt esset aliquid quod tibi mitterem, qui proximis literis tantopere desyderare visus sis Erasmicum aut Budaicum aliquid accipere, tum vt studiosis nonnihil prodessem, quos scio non mediocrem vtilitatem ex harum lectione sibi comparaturos. Denique literarium sodalitium huius vrbis recentem quam ex tanti viri discessu tristitiam contraxit, hiis legendis aut discutiet aut certe solabitur. Adhuc enim praesentem audire se putabunt cum illius epistolas omnium elegantiarum ornamentis illustreis legent; et qui nuper facundissimi oris eloquentiam mirabantur, his nunc se scriptis elegantissimis oblectabunt. Bene vale et operam meam boni consule.

Basileae. †XI. Calendas Septembreis. An. M.D.XVIII.

INDEX OF CORRESPONDENTS AND SOME BIOGRAPHICAL NOTICES

(*A Complete Index will be provided at the end of the final volume.*)

The references are to the numbers of the letters, unless p. is prefixed.

INDEX OF CORRESPONDENTS